LOIS, DÉCRETS,

ORDONNANCES, RÉGLEMENS,

AVIS DU CONSEIL-D'ÉTAT.

TOME VINGTIÈME.

DE L'IMPRIMERIE DE A. GUYOT,

IMPRIMEUR DU ROI, DE LA MAISON D'ORLÉANS,

ET DE L'ORDRE DES AVOCATS AUX CONSEILS ET A LA COUR DE CASSATION,

Rue Neuve-des-Petits-Champs, N° 37.

COLLECTION COMPLETE

DES

LOIS,

Décrets, Ordonnances, Réglemens,

AVIS DU CONSEIL-D'ÉTAT,

PUBLIÉE SUR LES ÉDITIONS OFFICIELLES DU LOUVRE; DE L'IMPRIMERIE NATIONALE,
PAR BAUDOUIN; ET DU BULLETIN DES LOIS;

(Depuis 1788, par ordre chronologique),

Avec un choix d'*Actes inédits*, d'*Instructions ministérielles*, et des Notes sur chaque Loi,
indiquant: 1° les Lois analogues; 2° les *Décisions* et *Arrêts* des Tribunaux et du Conseil-
d'État; 3° les *Discussions* rapportées au Moniteur;

SUIVIE D'UNE TABLE ANALYTIQUE ET RAISONNÉE DES MATIÈRES,

Par J. B. DUVERGIER,

Avocat à la Cour royale de Paris.

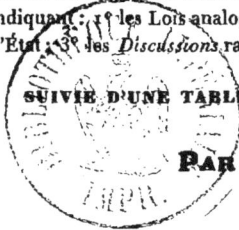

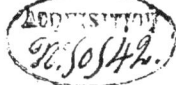

TOME VINGTIÈME.

➤➤●◄◄

Deuxième Edition.

➤➤●◄◄

PARIS,

CHEZ A. GUYOT ET SCRIBE, LIBRAIRES-ÉDITEURS,

RUE NEUVE-DES-PETITS-CHAMPS, N° 37.

●●●●●●●●●●●●●

1837.

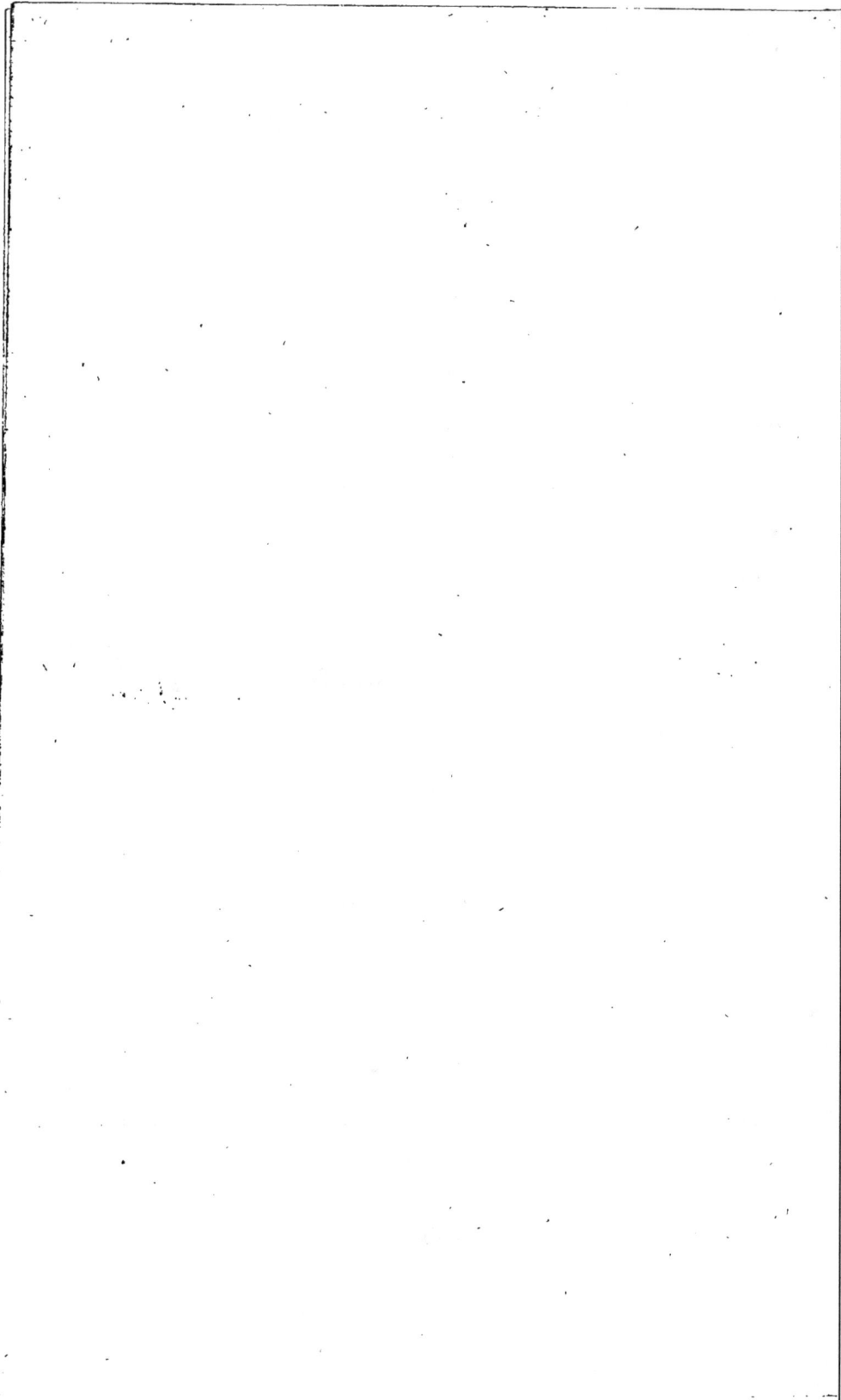

COLLECTION COMPLÈTE

DES

LOIS, DÉCRETS,

ORDONNANCES, RÉGLEMENS,

ET

AVIS DU CONSEIL-D'ÉTAT,

DEPUIS 1788 JUSQU'A 1830.

GOUVERNEMENT ROYAL.

(SECONDE RESTAURATION.)

---

25 JUIN = Pr. 12 JUILLET 1815. — Proclamation du Roi. (7, Bull. 1ᵉʳ, n° 1ᵉʳ.)

Louis, par la grâce de Dieu Roi de France et de Navarre, à tous ceux qui ces présentes verront, salut.

Dès l'époque où la plus criminelle des entreprises, secondée par la plus inconcevable défection, nous a contraint à quitter momentanément notre royaume, nous vous avons avertis des dangers qui vous menaçaient, si vous ne vous hâtiez de secouer le joug du tyran usurpateur. Nous n'avons pas voulu unir nos bras ni ceux de notre famille aux instrumens dont la Providence s'est servie pour punir la trahison.

Mais aujourd'hui que les puissans efforts de nos alliés ont dissipé les satellites du tyran, nous nous hâtons de rentrer dans nos États pour y rétablir la constitution que nous avions donnée à la France, réparer, par tous les moyens qui sont en notre pouvoir, les maux de la révolte, et de la guerre qui en a été la suite nécessaire, récompenser les bons, mettre à exécution les lois existantes contre les coupables, enfin pour appeler autour de notre trône paternel l'immense majorité des Français, dont la fidélité, le courage et le dévouement ont porté de si douces consolations dans notre cœur.

Donné au Cateau-Cambresis, le 25ᵉ jour du mois de juin, l'an de grâce 1815, et de notre règne le vingt-unième.

Signé LOUIS.

Par le Roi:

Le ministre secrétaire d'État de la guerre, Signé DUC DE FELTRE.

---

28 JUIN = Pr. 12 JUILLET 1815. — Proclamation du Roi. (7, Bull. 1ᵉʳ, n° 2.)

Louis, par la grâce de Dieu Roi de France et de Navarre, à tous nos fidèles sujets, salut.

Les portes de mon royaume viennent enfin de s'ouvrir devant moi. J'accours pour ramener mes sujets égarés, pour adoucir les maux que j'avais voulu prévenir, pour me placer une seconde fois entre les armées al-

20.

1

liées et les Français, dans l'espoir que les
égards dont je peux être l'objet tourneront à
leur salut : c'est la seule manière dont j'aie
voulu prendre part à la guerre. Je n'ai permis qu'aucun prince de ma famille parût
dans les rangs des étrangers, et j'ai enchaîné
le courage de ceux de mes serviteurs qui
avaient pu se ranger autour de moi.

Revenu sur le sol de la patrie, je me plais
à parler de confiance à mes peuples. Lorsque
je reparus au milieu d'eux, je trouvai les
esprits agités et emportés par des passions
contraires, mes regards ne rencontraient de
toutes parts que des difficultés et des obsta-
cles : mon Gouvernement devait faire des
fautes; peut-être en a-t-il fait. Il est des temps
où les intentions les plus pures ne suffisent
pas pour diriger, où quelquefois même elles
égarent. L'expérience seule pouvait avertir:
elle ne sera pas perdue. Je veux tout ce qui
sauvera la France.

Mes sujets ont appris, par de cruelles
épreuves, que le principe de la légitimité des
souverains est une des bases fondamentales
de l'ordre social, la seule sur laquelle puisse
s'établir, au milieu d'un grand peuple, une
liberté sage et bien ordonnée. Cette doctrine
vient d'être proclamée comme celle de l'Europe entière. Je l'avais consacrée d'avance
par ma Charte, et je prétends ajouter à cette
Charte toutes les garanties qui peuvent en assurer le bienfait.

L'unité du ministère est la plus forte que
je puisse offrir; j'entends qu'elle existe, et
que la marche franche et assurée de mon
conseil garantisse tous les intérêts et calme
toutes les inquiétudes.

On a parlé, dans les derniers temps, du
rétablissement de la dîme et des droits féodaux. Cette fable, inventée par l'ennemi commun, n'a pas besoin d'être réfutée. On ne
s'attendra pas que le Roi de France s'abaisse
jusqu'à repousser des calomnies et des men-
songes. Le succès de la trahison en a trop
indiqué la source.

Si les acquéreurs de domaines nationaux
ont conçu des inquiétudes, la Charte aurait
dû suffire pour les rassurer. N'ai-je pas
moi-même proposé aux Chambres et fait
exécuter des ventes de ces biens? Cette
preuve de ma sincérité est sans réplique.

Dans ces derniers temps, mes sujets de
toutes les classes m'ont donné des preuves
égales d'amour et de fidélité. Je veux qu'ils sa-
chent combien j'y ai été sensible, et c'est
parmi tous les Français que j'aimerai à choisir ceux qui doivent approcher de ma personne et de ma famille.

Je ne veux exclure de ma présence que
ces hommes dont la renommée est un sujet
de douleur pour la France et d'effroi pour
l'Europe. Dans la trame qu'ils ont ourdie,

j'aperçois beaucoup de mes sujets égarés et
quelques coupables.

Je promets, moi qui n'ai jamais promis en
vain (l'Europe entière le sait), de pardonner
aux Français égarés tout ce qui s'est passé
depuis le jour où j'ai quitté Lille, au milieu
de tant de larmes, jusqu'au jour où je suis
rentré dans Cambrai, au milieu de tant
d'acclamations.

Mais le sang de mes enfans a coulé par une
trahison dont les annales du monde n'offrent
pas d'exemple: cette trahison a appelé l'é-
tranger dans le cœur de la France; chaque
jour me révèle un désastre nouveau. Je dois
donc, pour la dignité de mon trône, pour
l'intérêt de mes peuples, pour le repos de
l'Europe, excepter du pardon les instiga-
teurs et les auteurs de cette trame horrible.
Ils seront désignés à la vengeance des lois
par les deux Chambres, que je me propose
d'assembler incessamment.

Français, tels sont les sentimens que rapporte au milieu de vous celui que le temps
n'a pu changer, que le malheur n'a pu fati-
guer, et que l'injustice n'a pu abattre.

Le Roi dont les pères règnent depuis huit
siècles sur les vôtres revient pour consacrer
le reste de ses jours à vous défendre et à
vous consoler.

Donné à Cambrai, le 28e jour du mois de
juin de l'an de grâce 1815, et de notre règne
le vingt-unième.

Signé Louis.

Par le Roi.

*Le ministre secrétaire d'Etat des affaires
étrangères,*

Signé LE PRINCE DE TALLEYRAND.

7 = Pr. 12 JUILLET 1815 (Saint-Denis). — Ordonnance du Roi relative aux fonctionnaires
de l'ordre administratif et judiciaire, et aux
commandans et officiers des gardes nationales
en activité de service au 1er mars dernier. (7,
Bull. 1er, n° 3.)

Voy. ordonnance du 12 JUILLET 1815.

Louis, etc.

Considérant la nécessité de rétablir dans
leurs fonctions les individus qui en ont été
écartés par la violence, depuis le 20 mars
dernier, avons ordonné et ordonnons ce qui
suit:

Art. 1er. Les fonctionnaires de l'ordre administratif et judiciaire, les commandans et
officiers des gardes nationales, qui étaient
en activité de service le 1er mars dernier,
reprendront à l'instant leurs fonctions.

2. Nos ministres sont chargés de l'exécution du présent décret.

7 = Pr. 12 JUILLET 1815 (Saint-Denis). — Ordonnance du Roi portant que le lieutenant général comte Dessolle reprendra le commandement de la garde nationale de Paris. (7, Bull. 1ᵉʳ, n° 4.)

Louis etc.

En conformité de notre ordonnance de ce jour qui rétablit dans leurs fonctions les personnes qui occupaient des emplois au 20 mars dernier, nous avons ordonné et ordonnons ce qui suit :

Le lieutenant général comte Dessolle, ministre d'Etat, reprendra le commandement de la garde nationale de notre bonne ville de Paris, sous les ordres de notre cher frère Monsieur.

_____

7 JUILLET 1815. — Ordonnance du Roi qui accorde des lettres de déclaration de naturalité au sieur Jérôme Favre, capitaine honoraire à l'Hôtel des Invalides. (7, Bull. 122, n° 1323.)

9 = Pr. 12 JUILLET 1815. — Ordonnance du Roi qui nomme à différens ministères. (7, Bull. 1ᵉʳ, n° 5.)

Louis, etc.

Voulant donner à notre ministère un caractère d'unité et de solidarité qui inspire à nos sujets une juste confiance, nous avons ordonné et ordonnons ce qui suit :

Le prince de Talleyrand, pair de France, est nommé président du Conseil des ministres et secrétaire d'Etat au département des affaires étrangères ;

Le baron Louis, ministre secrétaire d'Etat au département des finances ;

Le duc d'Otrante, ministre secrétaire d'Etat au département de la police générale ;

Le baron Pasquier, ministre secrétaire d'Etat au département de la justice et garde-des-sceaux ;

Le maréchal Gouvion Saint-Cyr, pair de France, ministre secrétaire d'Etat au département de la guerre ;

Le comte de Jaucourt, pair de France, ministre secrétaire d'Etat au département de la marine ;

Le duc de Richelieu, pair de France, ministre secrétaire d'Etat au département de notre maison ;

Le portefeuille de l'intérieur sera provisoirement confié au ministre de la justice.

_____

9 = Pr. 12 JUILLET 1815. — Ordonnance du Roi qui crée une commission chargée de veiller aux intérêts des citoyens des départemens occupés par les armées étrangères. (7, Bull. 1ᵉʳ, n° 6.)

Voy. ordonnance du 10 JANVIER 1816,

Louis, etc.

N'ayant rien de plus à cœur que de veiller aux intérêts de nos sujets dans les départemens qui, par suite des événemens de la guerre, se trouvent occupés par les armées étrangères, et de leur éviter, autant qu'il dépendra de nous, les malheurs qui pourraient résulter du défaut d'ensemble dans les mesures et de bonne intelligence avec les commandans militaires, nous avons ordonné et ordonnons ce qui suit :

Art. 1ᵉʳ. Il sera formé une commission chargée de suivre spécialement, avec les préfets des départemens occupés par les armées étrangères, la correspondance relative à cette occupation, de leur prescrire toutes les mesures qui seront commandées par la nécessité de subvenir aux réquisitions demandées, de les proportionner aux besoins, et d'en assurer le remboursement aux personnes sur lesquelles elles auront été placées.

2. La commission prendra, auprès des ministres de l'intérieur, de la guerre et des finances, toutes les instructions et recevra toutes les directions qui pourront lui être nécessaires.

3. Notre ministre des affaires étrangères fera connaître l'existence de cette commission aux chefs des armées des puissances étrangères.

4. Sont nommés membres de cette commission :

Le comte Corvetto, conseiller d'Etat ;

Le baron de la Bouillerie, maître des requêtes ;

Le baron Portal, maître des requêtes.

Le baron Dudon est nommé secrétaire de la commission et aura voix délibérative.

_____

9 = Pr. 13 JUILLET 1815. — Ordonnance du Roi portant que les places, ponts et édifices publics de Paris reprendront les noms qu'ils avaient au 1ᵉʳ janvier 1790. (7, Bull. 2, n° 7.)

Louis, etc.

Voulant rendre leurs véritables noms aux anciens édifices publics de notre bonne ville de Paris, et en donner aux nouveaux qui ne rappellent que des époques de réconciliation et de paix ou leur utilité particulière pour les habitans, nous ordonnons ce qui suit :

Art. 1ᵉʳ. Les places, ponts et édifices publics de notre bonne ville de Paris, reprendront les noms qu'ils portaient au 1ᵉʳ janvier 1790, et toute inscription contraire sera effacée.

2. En conséquence, le pont qui communique de la rue de la Concorde et de la place Louis XV au palais du Corps-Législatif reprendra son nom de pont de Louis XVI ;

I.

Celui qui communique du palais des Tuileries à la rue du Bac, son nom de Pont-Royal;

Celui qui communique du quai des Bons-Hommes au Champ-de-Mars prendra le nom de Pont des Invalides;

Celui qui communique de la Râpée au Jardin du Roi prendra le nom de pont du Jardin du Roi.

3. Notre ministre de l'intérieur est chargé de l'exécution du présent décret.

10 JUILLET 1815. — Ordonnances du Roi qui accordent des lettres de déclaration de naturalité aux sieurs Croce et Capeillères. (7, Bull. 120 et 123, nᵒˢ 1289 et 1342.)

12 = Pr. 13 JUILLET 1815. — Ordonnance du Roi relative aux fonctionnaires de l'ordre judiciaire, aux notaires, avoués et autres officiers ministériels nommés depuis le 20 mars dernier. (7, Bull. 2, n° 8.)

Voy. ordonnance du 29 JUILLET 1815.

Louis, etc.

Déjà, par notre ordonnance du 7 de ce mois, nous avons rétabli dans leurs fonctions judiciaires les individus qui en avaient été écartés par la violence, depuis le 20 mars dernier : il nous reste à faire connaître nos intentions à l'égard de ceux qui ont été appelés à des places vacantes, soit par décès, soit autrement. En conséquence, nous avons ordonné et ordonnons ce qui suit :

Art. 1ᵉʳ. Les membres de l'ordre judiciaire nommés à la Cour de cassation, à celle des comptes, aux cours royales, tribunaux de première instance, justices de paix, depuis le 20 mars dernier, cesseront à l'instant leurs fonctions.

2. Les jugemens et autres actes auxquels ils auront concouru sont néanmoins valides, sauf les moyens légitimes de nullité que les parties intéressées auraient à faire valoir.

3. Les notaires, avoués et autres officiers ministériels nommés depuis l'époque indiquée dans l'article 1ᵉʳ, seront tenus, dans le mois de la publication de la présente, de se pourvoir pour obtenir de nous une nouvelle institution.

4. Les confirmations obtenues par ceux qui avaient été nommés par nous à des fonctions publiques avant le 20 mars, sont annulées; ils continueront l'exercice de leurs fonctions en vertu de notre nomination.

5. Les fonctionnaires qui remplissaient une place avant le 20 mars dernier, et qui, depuis cette époque, avaient été nommés à une autre, ne rentreront dans la première qu'autant qu'ils auront obtenu une nouvelle nomination de notre part.

6. Notre ministre de la police et le garde-des-sceaux sont chargés de l'exécution de la présente ordonnance.

12 JUILLET 1815. — Ordonnance du Roi qui nomme aux préfectures des départemens de l'Allier, Aube, Aveyron, Bouches-du-Rhône, Calvados, Charente-Inférieure, Côte-d'Or, Eure-et-Loir, Gard, Haute-Garonne, Gironde, Ille-et-Vilaine, Vienne, Loir-et-Cher, Loire-Inférieure, Meurthe, Nièvre, Nord, Somme, Tarn, Vaucluse, Moselle, Aisne, Maine-et-Loire, Oise, Vendée, Var et Eure. (7, Bull. 4, n° 11.)

13 = Pr. 14 JUILLET 1815. — Ordonnance du Roi portant dissolution de la Chambre des députés, convocation des colléges électoraux, et réglement provisoire pour les élections. (7, Bull. 3, n° 9.)

Voy. Charte constitutionnelle; ordonnances des 31 JUILLET et 9 AOUT 1815.

Louis, etc.

Nous avions annoncé que notre intention était de proposer aux Chambres une loi qui réglât les élections des députés des départemens. Notre projet était de modifier, conformément à la leçon de l'expérience et au vœu bien connu de la nation, plusieurs articles de la Charte touchant les conditions d'éligibilité, le nombre des députés, et quelques autres dispositions relatives à la formation de la Chambre, à l'initiative des lois et au mode de ses délibérations.

Le malheur des temps ayant interrompu la session des deux Chambres, nous avons pensé que maintenant le nombre des députés des départemens se trouvait, par diverses causes, beaucoup trop réduit pour que la nation fût suffisamment représentée; qu'il importait surtout dans de telles circonstances que la représentation nationale fût nombreuse; que ses pouvoirs fussent renouvelés; qu'ils émanassent plus directement des colléges électoraux; qu'enfin les élections servissent comme d'expression à l'opinion actuelle de nos peuples.

Nous sommes donc déterminé à dissoudre la Chambre des députés et à en convoquer sans délai une nouvelle; mais, le mode des élections n'ayant pu être réglé par une loi, non plus que les modifications à faire à la Charte, nous avons pensé qu'il était de notre justice de faire jouir dès à présent la nation des avantages qu'elle doit recueillir d'une représentation plus nombreuse et moins restreinte dans les conditions d'éligibilité : mais voulant cependant que, dans aucun cas, aucune modification à la Charte ne puisse devenir définitive que d'après les formes constitutionnelles, les dispositions de la présente ordonnance seront le premier objet des délibérations des Chambres. Le pouvoir législatif dans son ensemble statuera sur la loi des élections, sur les changemens à faire à la Charte dans cette partie, changemens dont nous ne prenons ici l'initiative que dans les points les plus indispensables et les plus urgens, en nous imposant même l'obligation de nous rapprocher, autant que possible, de la Charte et des formes précédemment en usage :

A ces causes, nous avons déclaré et déclarons, ordonné et ordonnons ce qui suit :

Art. 1er. La Chambre des députés est dissoute.

2. Les colléges électoraux d'arrondissement se réuniront le 14 août de la présente année.

3. Les colléges électoraux de département se réuniront huit jours après l'ouverture des colléges électoraux d'arrondissement.

4. Le nombre des députés des départemens est fixé conformément au tableau ci-joint (1).

5. Chaque collége électoral d'arrondissement élira un nombre de candidats égal au nombre des députés du département.

6. Nos préfets transmettront au président du collége électoral du département les listes de candidats proposés par les colléges électoraux d'arrondissement, listes qui leur seront transmises par les présidens de ces colléges.

7. Les colléges électoraux de département choisiront au moins la moitié des députés parmi ces candidats. Si le nombre total des députés du département est impair, le partage se fera à l'avantage de la portion qui doit être choisie dans les candidats.

8. Les électeurs des colléges d'arrondissement pourront siéger, pourvu qu'ils aient vingt-un ans accomplis.

Les électeurs des colléges de département pourront siéger au même âge; mais ils doivent avoir été choisis sur la liste des plus imposés (2).

9. Si le nombre des membres de la Légion-d'Honneur qui, conformément à l'acte du 22 février 1806, peut être adjoint aux colléges d'arrondissement ou de département, n'est pas complet, nos préfets pourront, sur la demande des légionnaires, proposer de nouvelles adjonctions, qui recevront une exécution provisoire. Toutefois les légionnaires admis aux colléges électoraux de département devront, conformément à l'article 40 de la Charte, payer au moins trois cents francs de contribution directe.

Toutes adjonctions faites depuis le 1er mars 1815 sont nulles et illégales (3).

10. Les députés peuvent être élus à l'âge de vingt-cinq ans accomplis (4).

11. Conformément aux lois et réglemens antérieurs, toute élection où n'assisterait pas la moitié plus un du collége sera nulle. La majorité absolue parmi les membres présens est nécessaire pour la validité de l'élection.

12. Si les colléges électoraux d'arrondissement n'avaient pas complété l'élection du nombre de candidats qu'ils peuvent choisir, le collége de département n'en procéderait pas moins à ses opérations.

13. Les procès-verbaux d'élection seront examinés à la Chambre des députés, qui prononcera sur la régularité des élections.

Les députés élus seront tenus de produire à la Chambre leur acte de naissance, et un relevé de leurs contributions constatant qu'ils paient au moins mille francs d'impôts.

14. Les articles 16, 28, 35, 36, 37, 38, 39, 40, 41, 42, 43, 44, 45 et 46 de la Charte, seront soumis à la révision du pouvoir législatif dans la prochaine session des Chambres (5).

15. La présente ordonnance sera imprimée et affichée dans le lieu des séances de chaque collége électoral.

Les articles de la Charte ci-dessus mentionnés seront imprimés conjointement.

---

(1) *Voy.* notes sur l'article 36 de la Charte.

(2) L'article 40 de la Charte, modifié par cet article, a été rétabli par l'ordonnance du 5 septembre 1816.

(3) *Voy.* ordonnance du 21 juillet 1815.

(4) L'article 38 de la Charte, modifié par cet article, a été rétabli par l'ordonnance du 5 septembre 1816.

(5) *Voy.* ordonnance du 5 septembre 1816. Plusieurs de ces articles ont été modifiés, nonobstant l'ordonnance du 5 septembre 1816. *Voy.* les notes sur les articles 36, 37 et 46.

TABLEAU DES DÉPUTÉS

QUI DOIVENT ÊTRE ÉLUS PAR LES COLLÉGES ÉLECTORAUX.

DÉPARTEMENS.	NOMBRE ancien.	NOMBRE actuel.	POPULATION	DÉPARTEMENS.	NOMBRE ancien.	NOMBRE actuel.	POPULATION
Ain.	5	7	(1)322,608	Lot-et-Garonne .	3	4	326,127
Aisne.	4	6	442,989	Lozère	1	2	143,247
Allier.	2	3	254,558	Maine-et-Loire. .	4	6	404,489
Alpes (Basses). .	1	2	147,910	Manche.	4	7	581,429
Alpes (Hautes). .	1	2	121,523	Marne	3	4	311,017
Ardèche	2	3	284,743	Marne (Haute). .	2	3	237,785
Ardennes.	2	4	345,980	Mayenne.	3	4	332.253
Ariége	2	3	222,936	Meurthe	3	4	365,810
Aube.	2	3	238,819	Meuse	2	4	284,703
Aude.	2	3	240,993	Mont-Blanc . . .	3	3	180,000
Aveyron	3	4	318,047	Morbihan	4	6	403,423
Bouches-du-Rh..	3	4	293,235	Moselle.	4	7	562,700
Calvados	4	6	505,420	Nièvre	2	3	241,520
Cantal	2	3	251,436	Nord.	8	12	899,890
Charente	3	4	326,885	Oise	3	4	581,424
Charente-Infére.	4	5	393,011	Orne	4	5	425,920
Cher	2	3	228,158	Pas-de-Calais . .	4	8	580,457
Corrèze.	2	3	254,271	Puy-de-Dôme . .	4	7	542,834
Corse.	3	4	174,572	Pyrénées (Basses)	3	5	383,502
Côte-d'Or.	3	5	355,436	Pyrénées (Haut.).	2	3	198,763
Côtes-du-Nord. .	4	7	519,620	Pyrénées-Orient.	1	2	126,626
Creuse	2	3	226,224	Rhin (Bas). . . .	4	7	500,000
Dordogne	4	6	424,113	Rhin (Haut). . .	3	6	391,642
Doubs	2	3	226,093	Rhône	3	5	347,381
Drôme	2	3	253,372	Saône (Haute). .	2	4	305,546
Eure	4	6	421,481	Saône-et-Loire. .	4	6	463,782
Eure-et-Loir. . .	2	4	265,996	Sarthe	4	5	410,380
Finistère..	2	6	452,895	Seine.	8	10	631,531
Gard	3	4	322,144	Seine-et-Marne .	3	4	304,068
Garonne (Haute)	4	6	367,551	Seine-et-Oise . .	4	6	430,972
Gers	3	4	286,499	Seine-Inférieure.	6	9	642,948
Gironde	5	7	514,562	Sèvres (Deux). . .	2	3	254,105
Hérault.	3	4	301,099	Somme.	4	6	495,105
Ille-et-Vilaine. .	4	7	508,344	Tarn	2	4	295,885
Indre.	2	3	204,721	Tarn-et-Garonne	2	3	238,882
Indre-et-Loire. .	2	4	275,292	Var.	3	4	283,296
Isère	4	5	471,660	Vaucluse.	2	3	205,832
Jura	2	4	292,882	Vendée.	3	4	268,786
Landes	2	3	240,146	Vienne.	2	3	253,048
Loir-et-Cher. . .	2	3	212,552	Vienne (Haute)..	2	3	243,195
Loire.	3	4	315.858	Vosges	3	4	33.,169
Loire (Haute). .	2	3	268.202	Yonne	3	4	326,324
Loire-Inférieure.	4	6	407.827				
Loiret	3	4	287,395				
Lot.	4	4	272,233		262	402(2)	

(1) Plus , l'arrondissement de Gex, réuni depuis.

(2) Réduit plus tard à 395 par des distractions de territoire.

14 JUILLET 1815. — Ordonnance du Roi qui nomme aux préfectures des départemens des Basses-Alpes, Ariége, Cantal, Charente, Cher, Loire, Haute-Marne, Basses-Pyrénées, Hautes-Pyrénées, Pyrénées-Orientales, Saône-et-Loire, Ain, Vosges, Hautes-Alpes, Dordogne, Haute-Vienne, Haute-Saône, Corse, Finistère, Morbihan, Creuse, Pas-de-Calais, Deux-Sèvres, Hérault, Puy-de-Dôme, Côtes-du-Nord, Drôme, Meuse, Seine-et-Marne, Doubs, Ardennes, Yonne, Mayenne, Corrèze, Allier, Haut-Rhin et Isère. (7, Bull. 4, n° 12.)

14 JUILLET 1815. — Ordonnances du Roi qui nomment MM. Guizot secrétaire général du ministère de la justice, et de Barante secrétaire général du ministère de l'intérieur. (7, Bull. 4, n°ˢ 13 et 14.)

14 JUILLET 1815. — Ordonnance du Roi qui nomme de Vaublanc, Barante, Frondeville et Valsuzenay conseillers d'Etat honoraires. (7, Bull. 5, n° 21.)

15 JUILLET 1815. — Ordonnance du Roi qui nomme M. de Fortis secrétaire général du ministère de la police générale du royaume. (7, Bull. 9, n° 42.)

16 = Pr. 18 JUILLET 1815. — Ordonnance du Roi qui crée une commission pour l'examen des actes et des opéraitons par lesquels des rentes inscrites sur le grand-livre au nom de la caisse d'amortissement, etc., ont été engagées et transférées jusqu'à concurrence de cinq millions, sans l'intervention de cette caisse. (7, Bull. 4, n° 10.)

Louis, etc.

Il nous a été rendu compte que, du 16 mai au 6 juillet 1815, des rentes inscrites au nom de la caisse d'amortissement et de divers particuliers et établissemens étrangers, ont été, jusqu'à concurrence d'une somme de cinq millions de rentes annuelles, engagées et transférées sans l'intervention de la caisse d'amortissement ni des autres titulaires, et sans que les inscriptions primitives eussent été annulées, en sorte qu'il existe de doubles extraits d'inscriptions pour les mêmes sommes de rentes;

Considérant que ces dépôts et transferts n'étaient pas autorisés par les lois constitutives du grand-livre de la dette publique et de la caisse d'amortissement; qu'ils étaient nuisibles au crédit public, ainsi qu'aux intérêts de tous les propriétaires de rentes, dont la valeur a été affaiblie par une émission secrète et considérable;

Que la plus grande partie de ces négociations ont été faites à un taux inférieur au cours de la place;

Que cependant ces rentes ont, pour la plupart, été acquises de bonne foi par des particuliers qui en ignoraient l'origine, et qu'il n'en existe plus qu'une somme d'un million sept cent mille francs en dépôt, et une somme de six cent soixante-neuf mille francs entre les mains des cessionnaires des premiers agens de l'opération, et susceptibles de suspension provisoire;

Voulant faire examiner cette opération, ses causes et ses résultats; sur le rapport de notre ministre et secrétaire-d'Etat des finances,

Nous avons ordonné et ordonnons ce qui suit :

Art. 1ᵉʳ. Une commission spéciale et extraordinaire est chargée d'examiner les actes et les opérations par lesquels des rentes inscrites sur le grand-livre, au nom de la caisse d'amortissement et de divers particuliers, ont été engagées et transférées jusqu'à concurrence d'une somme de cinq millions.

2. Les actes des 8 et 16 mai, 24 juin derniers, et 3 juillet courant, toutes les autres pièces originales et les comptes détaillés de ces opérations, seront remis à la commission. Elle pourra entendre ceux qui y ont concouru; exiger la représentation de toute pièce et registre qu'elle jugera nécessaire.

3. La commission discutera les diverses questions que présente cette affaire, et en proposera la solution : elle examinera principalement :

Jusqu'à quel point les traités conclus pour l'aliénation de ces rentes sont obligatoires pour le Trésor;

Quel parti doit être pris à l'égard des doubles extraits d'inscriptions existant à la caisse d'amortissement, et entre les mains des propriétaires étrangers, pour les mêmes rentes qui ont été transférées par le Trésor;

Quelle responsabilité ont encourue ceux qui ont participé à ces opérations;

Quel recours pourrait être exercé par le Trésor, dans quelle forme et contre quels individus.

4. Le bordereau des six cent soixante-neuf mille francs de rentes dont le transfert a été provisoirement suspendu sera imprimé et remis au syndic des agens de change.

La commission proposera à notre ministre et secrétaire d'Etat des finances de lever ou de maintenir la suspension mise au transfert de tout ou partie de ces rentes.

5. La commission indiquera ses vues sur les mesures les plus propres à rendre impossible toute émission et négociation de rentes non créées ni autorisées par les lois.

6. Sont nommés membres de la commission spéciale créée par la présente ordonnance :

M. Lainé; ex-président de la Chambre des députés, président de la commission;

M. Delpierre, président en la cour des comptes;

M. Tarrible, maître des comptes;

M. Pernot, référendaire de première classe à la cour des comptes;

M. Hottinguer, négociant à Paris, l'un des régens de la Banque;

M. Rodier, sous-gouverneur de la Banque de France.

7. Notre ministre secrétaire d'Etat des finances est chargé de l'exécution de la présente ordonnance.

16 = Pr. 22 JUILLET 1815. — Ordonnance du Roi relative aux ventes de bois de l'Etat. (7, Bull. 5, n° 15.)

Voy. loi du 28 AVRIL 1816, tit. IV.

Art. 1er. Les adjudications de bois de l'Etat faites du 20 mars au 7 juillet 1815 sont maintenues et sortiront leur plein et entier effet, soit qu'elles aient été faites payables en numéraire, soit qu'elles aient été faites payables en ordonnances pour créances arriérées, liquidées et ordonnancées conformément à la loi du 23 septembre, et revisées par le conseil institué par notre ordonnance du 10 octobre 1814.

2. Les décrets des 30 avril et 8 mai relatifs à la souscription d'obligations par les acquéreurs de bois de l'Etat et à l'émission, par le Trésor, de soumissions et délégations admissibles en paiement des bois de l'Etat, sont annulés.

3. Les obligations souscrites par les acquéreurs seront annulées et leur seront rendues sans retard par les receveurs de l'enregistrement et des domaines : lesdits acquéreurs continueront de faire leurs paiemens aux échéances, ou pourront les anticiper, conformément à notre ordonnance du 7 octobre 1814 et au cahier des charges de l'adjudication.

4. Le paiement de douze millions six cent quarante-six mille cinq cent quarante francs quatre-vingt-trois centimes, fait par le Trésor public les 7, 8 et 9 juin pour la liste civile, avec imputation sur le crédit de la dette publique de 1814, en exécution d'un décret du 31 mai dernier, est annulé.

Les délégations et déclarations admissibles en paiement de bois de l'Etat et délivrées par le Trésor sous les numéros et sur les départemens ci-après désignés, sont également annulées, et devront être rapportées sans retard au Trésor par tout détenteur.

NUMÉROS		DÉPARTEMENS	MONTANT
des délégations émises pour les quatre cinquièmes.	des déclarations numéraires pour le complément.	sur lesquels les délégations et déclarations ont été délivrées.	total DES DÉLÉGATIONS et déclarations.
223 à 247	386 à 410	Ardennes.	1,369,332 78
503 à 507	508 à 512		
3 à 71	589 à 657	Côtes-d'Or.	2,337,764 82
150 à 189	411 à 450	Doubs.	1,250,858 22
190 à 222	353 à 385	Marne.	1,688,239 27
91 à 123	470 à 502	Meuse.	1,100,091 48
248 à 304	658 à 714	Moselle.	1,129,391 89
72 à 90	451 à 469	Saône (Haute-). . . .	1,174,912 58
305 à 352	539 à 588	Saône-et-Loire. . . .	1,521,154 34
124 à 149	513 à 538	Vosges	1,074,495 45
		Total. . . .	12,646,540 83

5. Les ventes de bois de l'Etat continueront à avoir lieu, comme par le passé, conformément à la loi du 23 septembre et à notre ordonnance du 7 octobre 1814.

6. Notre ministre des finances est chargé de l'exécution de la présente ordonnance.

16 = Pr. 22 JUILLET 1815. — Ordonnance du Roi concernant les ventes de biens communaux. (7, Bull. 5, n° 16.)

Voy. loi du 28 AVRIL 1816, tit. IV.

Art. 1er. Les ventes de biens communaux ordonnées par les lois des 20 mars 1813 et 23 septembre 1814, et par nos ordonnances des 6 juin et 7 octobre 1814, continueront à avoir lieu conformément auxdites lois et ordonnances, aux cahiers des charges et aux instructions antérieures au 20 mars dernier : toutes dispositions postérieures sont abrogées.

2. Les ventes desdits biens faites aux enchères pendant l'intervalle écoulé du 20 mars au 7 juillet 1815, sont confirmées, à charge, par les acquéreurs, d'en effectuer le paiement conformément aux lois, ordonnances et instructions rappelées ci-dessus.

3. Les obligations souscrites par les receveurs de l'enregistrement et des domaines, en exécution du décret du 30 avril 1815, et payables sur le produit à recouvrer sur les ventes des biens communaux, sont annulées.

4. Les porteurs desdites obligations devront les rapporter aux payeurs, qui leur remettront et annulleront jusqu'à due concurrence les quittances données pour paiemens faits en ces valeurs.

Par la remise desdites obligations et annulation ou réduction de leurs quittances, les porteurs rentreront dans tous leurs droits résultant de leurs créances originaires.

5. Les bons émis en exécution du décret du 9 mai 1815, et remboursables sur le produit des biens communaux restant à vendre au 1er mai 1815, sont annulés.

6. Notre ministre des finances est chargé de l'exécution de la présente ordonnance.

16 JUILLET = Pr. 11 AOUT 1815. — Ordonnance du Roi relative à l'organisation d'une nouvelle armée. (7, Bull. 12, n° 54.)

Louis, etc.

Considérant qu'il est urgent d'organiser une nouvelle armée, attendu que, d'après notre ordonnance du 23 mars, celle qui existait se trouve licenciée ;

Considérant aussi que la nouvelle organisation doit se faire sur des bases qui assurent à la France son indépendance au-dehors et la tranquillité au-dedans, qu'autant on a cherché à détacher l'armée des intérêts de la patrie pour n'en faire que l'instrument des projets d'une ambition personnelle et déréglée, autant il convient à l'ordre public de maintenir celle qui va être formée dans les principes qui constituent une armée vraiment nationale ;

Voulant, à ces fins, constituer une force militaire et la mettre désormais en harmonie avec les dispositions libérales de notre Charte constitutionnelle, en établissant dans l'armée une discipline assez forte pour garantir des succès dans la guerre, et maintenir invariablement nos institutions, si des factions nouvelles pouvaient encore menacer de troubler l'État,

Nous avons ordonné et ordonnons ce qui suit :

Art. 1er. La force militaire active de la France consistera, savoir :

En quatre-vingt-six légions d'infanterie, de trois bataillons chacune (1) ;
Huit régimens d'artillerie à pied (2) ;
Quatre régimens d'artillerie à cheval (3) ;
Un régiment de carabiniers royaux (4) ;
Six régimens de cuirassiers (5) ;
Dix régimens de dragons (6) ;
Vingt-quatre régimens de chasseurs (7) ;
Et six régimens de hussards (8).

2. Il sera formé un corps royal du génie pour être en proportion avec l'organisation générale des autres armes (9).

3. Notre ministre secrétaire d'État au département de la guerre nous présentera, dans le plus bref délai, l'organisation détaillée de ces différens corps.

16 JUILLET 1815. — Ordonnance du Roi qui nomme le sieur Barairon aux fonctions du directeur général de l'administration de l'enregistrement et du domaine, et le sieur Calmon à celles d'administrateur (10).

17 = Pr 22 JUILLET 1815. — Ordonnance du Roi qui réunit la direction générale des mines à celle des ponts-et-chaussées. (7, Bull. 5, n° 17.)

Art. 1er. La direction générale des mines est et demeure supprimée.

2. Les fonctions attribuées au directeur général par le décret du 18 novembre 1810 seront remplies par notre directeur général des ponts-et-chaussées.

(1) *Voy.* ordonnances du 3 août 1815, du 5 août 1817, du 23 octobre 1820.

(2 et 3) *Voy.* ordonnance du 31 août 1815.

(4, 5, 6, 7 et 8) *Voy.* ordonnance du 30 août 1815.

(9) *Voy.* ordonnances des 6 et 22 septembre 1815.

(10) Cette ordonnance n'est point au Bulletin des Lois ; elle est rappelée dans celle du 25 septembre 1815, qui confirme la nomination provisoire.

3. Toutes les dispositions dudit décret portant organisation du corps royal des ingénieurs des mines sont maintenues en ce qui n'est pas contraire à la présente ordonnance.

4. Notre ministre de la justice ayant le portefeuille de l'intérieur est chargé de l'exécution de la présente ordonnance.

---

17 JUILLET 1815. — Ordonnance du Roi qui nomme aux préfectures des départemens du Jura, Lot, Manche, Vienne et Mayenne. (7, Bull. 5, n° 22.)

---

17 JUILLET 1815. — Ordonnance du Roi qui supprime les fonctions de conseiller d'État chargé des travaux maritimes (1).

---

17 JUILLET 1815. — Ordonnance du Roi qui permet aux sieur et demoiselle de Penne-Villemur de ne porter que le nom de Villemur. 7, Bull. 5, n° 24.)

---

18 JUILLET = Pr. 8 AOUT 1815. — Ordonnance du Roi portant que, d'ici au 1er juillet 1816, il ne sera proposé à sa majesté aucune demande de nomination ou d'avancement de grade dans l'armée de terre. (7, Bull. 9, n° 34.)

Voy. ordonnance du 21 JUILLET 1815.

Louis, etc.

Nous étant fait rendre compte de l'état général des officiers des différentes armes de terre, nous avons reconnu que leur nombre était hors de proportion avec l'organisation sur le pied de paix, telle que l'armée doit la recevoir dans les circonstances actuelles. D'un autre côté, l'épuisement des finances nous fait un devoir, pour le soulagement de nos peuples, d'adopter les mesures d'économie qui peuvent se concilier avec les besoins réels de l'État. Dans cet état de choses, ne pouvant nous livrer au mouvement de notre cœur, qui nous porte à récompenser immédiatement ceux qui nous ont donné des preuves non équivoques de leur attachement à notre personne, soit pendant notre séjour à Gand, soit en restant dans l'intérieur de la France, nous avons décidé que, jusqu'au 1er juillet 1816, il ne nous serait proposé aucune demande de nomination ou d'avancement de grade.

En conséquence, nous avons ordonné et ordonnons ce qui suit :

Art. 1er. Considérant le nombre d'officiers de tout grade qui sera disponible par suite de la nouvelle organisation de l'armée, et voulant qu'ils soient appelés le plus promptement possible à occuper des emplois titulaires au fur et à mesure des vacances, notre ministre de la guerre ne pourra nous faire, d'ici au 1er juillet 1816, aucune proposition quelconque, soit pour des nominations à des emplois d'office, soit pour des avancemens de grade dans l'armée.

2. Notre ministre de la guerre est chargé de l'exécution de la présente ordonnance.

---

19 = Pr. 22 JUILLET 1815. — Ordonnance du Roi qui prescrit la cessation des pouvoirs des commissaires extraordinaires envoyés dans les départemens. (7, Bull. 5. n° 18.)

Louis, etc.

Les circonstances extraordinaires dans lesquelles se sont trouvés nos peuples depuis trois mois, et l'impossibilité de les faire gouverner par les magistrats institués par nous, qui presque tous avaient été ou s'étaient éloignés de leurs fonctions, nous ont mis dans le cas de déléguer, soit par nous-même, soit par les princes de notre sang, soit par nos ministres, des pouvoirs extraordinaires à quelques sujets dévoués qui nous ont servi avec zèle et courage, et qui presque toujours ont agi avec succès pour faire reconnaître notre autorité légitime et comprimer les factions. Aujourd'hui que nous avons repris les rênes de notre gouvernement, que notre ministère est organisé, qu'il correspond avec les administrateurs régulièrement nommés par nous, les fonctions de nos commissaires extraordinaires sont devenues superflues, et seraient même nuisibles à la marche des affaires en détruisant l'unité d'action, qui est le premier besoin de toute administration régulière :

À ces causes,

Nous avons ordonné et ordonnons ce qui suit :

Art. 1er. Les pouvoirs des commissaires extraordinaires qui exercent des fonctions dans les départemens de notre royaume cesseront aussitôt la publication de la présente ordonnance, soit que ces pouvoirs émanent de nous, des princes de notre sang, ou de nos ministres.

2. Toutes nominations et délégations de pouvoir faites par lesdits commissaires cesseront pareillement d'avoir leur effet aussitôt la publication de la présente ordonnance.

3. Nos ministres sont chargés de l'exécution de la présente ordonnance.

---

(1) Cette ordonnance n'est point au Bulletin des Lois; elle est rappelée par celle du 18 septembre 1816, relative à la composition de la commission mixte des travaux publics.

19 JUILLET = Pr. 8 AOUT 1815. — Ordonnance du Roi qui nomme aux préfectures maritimes. (7, Bull. 9, n° 43.)

Sont nommés :

A la préfecture maritime du deuxième arrondissement, M. le baron de Molini, capitaine de vaisseau ;

A la préfecture maritime du troisième arrondissement, M. le vice-amiral comte Truguet ;

A la préfecture maritime du quatrième arrondissement, M. le comte d'Augier, contre-amiral ;

A la préfecture maritime du cinquième arrondissement, M. le comte de Gourdon, contre-amiral ;

A la préfecture maritime du sixième arrondissement, M. le comte Burgues de Missiessy, vice-amiral.

20 = Pr. 22 JUILLET 1815. — Ordonnance du Roi concernant l'exécution de la loi du 21 octobre 1814, relative à la liberté de la presse. (7, Bull. 5, n° 19.)

Voy. la loi du 21 OCTOBRE 1814, et les notes ; l'ordonnance du 8 AOUT 1815.

Louis, etc.

La loi du 21 octobre 1814 a autorisé le directeur général de la librairie et les préfets des départemens à surveiller la publication des ouvrages de vingt feuilles d'impression et au-dessous ; mais nous avons reconnu que cette restriction apportée à la liberté de la presse présentait plus d'inconvéniens que d'avantages, c'est pourquoi nous avons résolu de la lever entièrement, nous reposant d'ailleurs sur le zèle de nos magistrats pour poursuivre et réprimer, conformément aux lois, les délits qui pourraient être commis par ceux qui tenteraient d'abuser de cette pleine et entière liberté :

A ces causes,

Nous avons déclaré et déclarons, ordonné et ordonnons ce qui suit :

Art. 1er. Notre directeur général de la librairie et nos préfets n'useront point de la liberté qui leur est laissée par les articles 3, et 5 de la loi du 21 octobre 1814.

2. Toutes les autres dispositions de la loi du 21 octobre seront exécutées suivant leur forme et teneur.

3. Provisoirement, et en attendant qu'une loi ait réglé la poursuite des délits de la presse, nos procureurs généraux, nos préfets, et nos procureurs de première instance, tiendront la main à l'exécution des dispositions actuelles du Code pénal contre cette nature de délits.

4. Nos ministres de la justice, de l'intérieur et de la police, sont chargés de l'exécution de la présente ordonnance.

20 JUILLET = Pr. 3 AOUT 1815. — Ordonnance du Roi relative au licenciement des corps francs. (7, Bull. 7, n° 26.)

Art. 1er. Tous les corps francs sont licenciés.

2. Tous les commandans, officiers et soldats de ces corps se retireront dans leurs foyers.

3. Les généraux, officiers et soldats qui ne se conformeraient pas à la présente ordonnance, ou qui s'opposeraient au licenciement des corps francs, seront arrêtés et traduits devant les conseils de guerre, pour y être jugés conformément aux lois militaires (1).

4. Notre ministre de la guerre est chargé de l'exécution de la présente ordonnance.

20 JUILLET 1815. — Ordonnance du Roi qui autorise la commune de Paris à s'imposer extraordinairement la somme de neuf millions six cent dix-neuf mille trois cents francs, destinée à subvenir à l'entretien des troupes alliées. (Mon. n° 206.)

Louis, etc.

Vu l'article 14 de la loi du 23 septembre 1813 sur les finances, portant que, dans le cas où les cinq centimes épuisés, les communes auront à pourvoir à une dépense urgente, elles pourront être autorisées à s'imposer extraordinairement ; vu la délibération du conseil général du département de la Seine, faisant fonctions de conseil municipal de la ville de Paris, du 17 juillet ; vu l'avis de M. le préfet du département, sous la même date ;

Sur le rapport de notre ministre secrétaire d'État de l'intérieur, et de l'avis de notre conseil,

Nous avons ordonné et ordonnons ce qui suit :

Art. 1er. La commune de Paris est autorisée à s'imposer extraordinairement la somme de neuf milions six cent dix-neuf mille

_____

(1) Les commandans des corps francs autorisés par le décret du 22 avril 1815 étaient essentiellement militaires. Les délits qu'ils peuvent avoir commis dans le commandement de ces corps francs, jusqu'au licenciement par la présente ordonnance, ne peuvent être poursuivis par la justice criminelle ordinaire (30 juin 1820 ; Cass. S. 20, 1, 352).

trois cents francs, savoir : six millions six cent dix-neuf mille cinq cents francs sur les valeurs locatives, et deux millions neuf cent quatre-vingt-dix-neuf mille huit cents francs sur les revenus fonciers.

2. Cette imposition communale extraordinaire, destinée à subvenir à l'entretien des troupes alliées et à couvrir les dépenses occasionnées par leur présence, sera établie conformément aux dispositions de la délibération du conseil général et aux états qui y sont attachés; ladite délibération et états resteront annexés à la présente ordonnance, pour en faire partie.

3. Elle sera acquittée par quart, et de quinzaine en quinzaine, en vertu de rôles particuliers, confectionnés par le directeur des contributions, rendus exécutoires par le préfet de la Seine, et remis aux percepteurs des contributions directes.

4. Le premier quart sera versé dans les cinq jours de la publication de la présente ordonnance.

5. Le montant de cette imposition communale extraordinaire sera versé dans la caisse municipale, pour être compris au budget de l'année courante, et en rendre compte en la forme ordinaire.

6. Les retardataires seront poursuivis par voie administrative, en conformité des lois et réglemens.

7. Les frais de confection des rôles, réglés par le préfet aux simples déboursés, et les remises des percepteurs, seront compris dans la somme de neuf millions six cent dix-neuf mille trois cents francs dont le recouvrement est autorisé.

21 = Pr. 22 JUILLET 1815. — Ordonnance du Roi qui autorise les préfets à ajouter aux colléges électoraux de département et d'arrondissement le nombre de membres nécessaire pour les compléter. (7, Bull. 5, n° 20.)

Louis, etc.

Il nous a été rendu compte qu'un assez grand nombre de colléges électoraux se trouvaient en ce moment incomplets, notamment ceux de la série la plus anciennement appelée et dont la dernière convocation a huit années de date. Il importe cependant que les députés soient nommés par un nombre d'électeurs qui puisse donner à leur élection le caractère de régularité qu'elle doit avoir.

C'est pourquoi nous avons résolu d'user de la faculté accordée au Gouvernement par l'article 27 de l'acte du 16 thermidor an 10 (5 août 1802), fidèle en cela à la règle que nous nous sommes imposée dans toutes les mesures que nous avons à prendre pour la formation d'une nouvelle Chambre des députés, de nous rapprocher toujours, autant qu'il sera possible, tant de la Charte que des formes précédemment en usage :

A ces causes,

Nous avons déclaré et déclarons, ordonné et ordonnons ce qui suit :

Art. 1er Nos préfets de département sont autorisés à ajouter aux colléges électoraux de département vingt membres pour chaque collége, pris, savoir, dix parmi les trente plus imposés du département, s'ils ne sont déjà électeurs, et les dix autres parmi ceux de nos sujets qui ont rendu des services à l'Etat.

2. Nos préfets sont également autorisés à adjoindre à chaque collége d'arrondissement dix membres pris parmi les citoyens qui ont rendu des services à l'Etat.

3. Notre ministre de l'intérieur est chargé de l'exécution de la présente ordonnance.

———

21 JUILLET = Pr. 8 AOUT 1815. — Ordonnance du Roi relative aux officiers généraux et autres commandans militaires des départemens et villes du royaume qui ont comprimé ou comprimeraient l'élan et l'expression de la fidélité des sujets de sa majesté. (7, Bull. 9, n° 35.)

Louis, etc.

D'après le compte qui nous a été rendu que plusieurs officiers généraux et autres commandans militaires des départemens et villes du royaume avaient comprimé, par une résistance coupable et par la violence, l'expression des sentimens de nos sujets; et considérant qu'en les empêchant de se réunir sous les couleurs établies, ils avaient armé les Franç is contre des Français, et fait couler le sang dans des querelles civiles,

Avons ordonné et ordonnons ce qui suit :

Art. 1er. Les officiers généraux et autres commandans militaires des départemens et villes de notre royaume qui ont comprimé ou comprimeraient l'élan et l'expression de la fidélité de nos sujets par la violence et la force des armes, seront arrêtés et traduits devant les conseils de guerre, pour y être jugés conformément aux lois militaires.

2. Notre ministre de la guerre est chargé de l'exécution de la présente ordonnance.

———

21 JUILLET = Pr. 8 AOUT 1815. — Ordonnance du Roi qui supprime l'inspection générale de la gendarmerie. (7, Bull. 9, n° 36.)

Art. 1er. L'inspection générale de la gendarmerie est supprimée.

2. Les bureaux et archives de l'inspection générale de la gendarmerie sont réunis au ministère de la guerre pour former, avec les bureaux de la gendarmerie, de la police militaire et des déserteurs, une seule division dirigée par un général, sous la dénomination

de *division de la gendarmerie et de la police militaire.*

3. Toutes les parties de l'administration et des diverses comptabilités de la gendarmerie seront réunies à cette division, conformément aux principes établis par les lois des 16 février 1791 et 20 juillet 1794 (2 thermidor an 2).

4. Notre ministre secrétaire d'Etat de la guerre nous présentera un projet d'ordonnance qui contiendra une nouvelle rédaction de notre ordonnance du 11 juillet 1814 sur l'organisation de la gendarmerie, avec les changemens et modifications qu'il sera nécessaire d'y apporter.

---

11 JUILLET = Pr. 8 AOUT 1815. — Ordonnance du Roi qui supprime les emplois des deux premiers inspecteurs généraux de l'artillerie et du génie. (7, Bull. 9, n° 37.)

Art. 1er. Les emplois des deux premiers inspecteurs généraux de l'artillerie et du génie, créés par arrêté du 5 janvier 1800 (15 nivose an 8), sont supprimés.

2. A l'avenir le comité central de l'artillerie et celui du génie seront présidés par e plus ancien des inspecteurs lieutenans généraux de chaque arme présent à Paris.

3. Notre ministre de la guerre est chargé de l'exécution de la présente ordonnance.

---

11 JUILLET = Pr. 8 AOUT 1815. — Ordonnance du Roi qui rend applicable au département de la marine l'ordonnance du 18 de ce mois, portant que, d'ici au 1er juillet 1816, il ne sera proposé à sa majesté aucune nomination ou promotion dans l'armée de terre. (7, Bull. 9, n° 38.)

Art. 1er. L'ordonnance du 18 de ce mois, portant que, d'ici au 1er juillet 1816, il ne nous sera proposé aucune nomination ou promotion dans l'armée de terre, est rendue applicable au département de la marine.

2. Notre ministre de la marine et des colonies est chargé de l'exécution de la présente ordonnance.

---

1 JUILLET = Pr. 8 AOUT 1815. — Ordonnance du Roi portant organisation des bureaux du ministère de la marine et des colonies, et révocation de l'ordonnance du 8 juin 1814. (7, Bull. 9, n° 39.)

Art. 1er. Notre ordonnance du 8 juin 1814 sur l'organisation du ministère de la marine et des colonies est révoquée.

2. Les bureaux de ce ministère seront formés ainsi qu'il suit :

Secrétariat général :
1re division, personnel ;
2e *idem,* matériel ;
3e *idem,* vivres ;
4e *idem,* fonds et comptabilité ;
5e *idem,* caisse des invalides ;
Administration des colonies.

3. Le sieur Baillardel de Lareinty, maître des requêtes, est nommé secrétaire général.

4. Le sieur Jurien, conseiller d'Etat, reprendra la direction supérieure de l'administration du matériel, dont il était chargé au 20 mars dernier.

Le sieur Portal, maître des requêtes, sera chargé de la direction supérieure de l'administration des colonies.

5. Notre ministre de la marine et des colonies est chargé de l'exécution de la présente ordonnance.

---

21 JUILLET 1815. — Ordonnance du Roi qui nomme conseiller d'Etat honoraire le sieur de Talleyrand, préfet du Loiret. (Mon. n° 206.)

---

21 JUILLET 1815. — Décision de sa majesté qui nomme le lieutenant comte de Vioménil au commandement de la onzième division militaire, et M. le maréchal-de-camp la Tour-Foissac au commandement du département de la Gironde. (7, Bull. 10, n° 50.)

---

23 JUILLET 1815. — Ordonnance du Roi qui nomme M. George de Caraman secrétaire de la légation française à La Haye. (Mon. n° 206.)

---

24 JUILLET P. = 8 AOUT 1815. — Ordonnance du Roi contenant la liste des personnes qui ne font plus partie de la Chambre des pairs. (7, Bull. 9, n° 40.)

Louis, etc.

Il nous a été rendu compte que plusieurs membres de la Chambre des pairs ont accepté de siéger dans une soi-disant Chambre des pairs nommée et assemblée par l'homme qui avait usurpé le pouvoir dans nos Etats, depuis le 20 mars jusqu'à notre rentrée dans le royaume. Il est hors de doute que des pairs de France, tant qu'ils n'ont pas encore été rendus héréditaires, ont pu et peuvent donner leur démission, puisqu'en cela ils ne font que disposer d'intérêts qui leur sont purement personnels. Il est également évident que l'acceptation de fonctions incompatibles avec la dignité dont on est revêtu suppose et entraîne la démission de cette dignité ; et, par conséquent, les pairs qui se trouvent dans le cas ci-dessus énoncé ont réellement abdiqué leur rang, et sont démissionnaires de fait de la pairie de France :

A ces causes,

Nous avons ordonné et ordonnons ce qui suit :

Art. 1er. Ne feront plus partie de la Chambre des pairs les dénommés ci-après :

Le comte Clément de Ris, le comte Colchen, le comte Cornudet, le comte d'Aboville, le maréchal duc de Dantzick, le comte de Croix, le comte Dedeley d'Agier, le comte Dejean, le comte Fabre de l'Aude, le comte Gassendi, le comte Lacépède, le comte de la Tour-Maubourg, le duc de Praslin, le duc de Plaisance, le maréchal duc d'Elchingen, le maréchal duc d'Albuféra, le maréchal duc Conégliano, le maréchal duc de Trévise, le comte de Barral, archevêque de Tours; le comte Boissy d'Anglas, le duc de Cadore, le comte de Canclaux, le comte Casa-Bianca, le comte de Montesquiou, le comte de Pontécoulant, le comte Rampon, le comte de Ségur, le comte de Valence, le comte Belliard.

2. Pourront cependant être exceptés de la disposition ci-dessus énoncée ceux des dénommés qui justifieront n'avoir ni siégé ni voulu siéger dans la soi-disant Chambre des pairs à laquelle ils avaient été appelés, à la charge par eux de faire cette justification dans le mois qui suivra la publication de la présente ordonnance (1).

3. Notre président du conseil des ministres est chargé de l'exécution de la présente ordonnance.

24 JUILLET = Pr. 8 AOUT 1815. — Ordonnance du Roi qui prescrit l'arrestation et la traduction devant les conseils de guerre compétens de plusieurs généraux et officiers y dénommés, et met provisoirement sous la surveillance du ministère de la police générale divers individus aussi dénommés. (7, Bull. 9, n° 41.)

Voy. loi du 12 JANVIER 1816; ordonnances des 16 JANVIER 1816, et 1er DÉCEMBRE 1819 (2).

Louis, etc.

Voulant, par la punition d'un attentat sans exemple, mais en graduant la peine et limitant le nombre des coupables, concilier l'intérêt de nos peuples, la dignité de notre couronne et la tranquillité de l'Europe, avec ce que nous devons à la justice et à l'entière sécurité de tous les autres citoyens sans distinction,

Avons déclaré et déclarons, ordonné et ordonnons ce qui suit :

Art. 1er. Les généraux et officiers qui ont trahi le Roi avant le 23 mars, ou qui ont attaqué la France et le Gouvernement à main-armée, et ceux qui, par violence, se sont emparés du pouvoir, seront arrêtés et traduits devant les conseils de guerre compétens, dans leurs divisions respectives (3), savoir :

Ney (4), Labédoyère, les deux frères Lallemant, Drouet d'Erlon, Lefebvre-Desnouettes, Ameilh, Brayer, Gilly, Mouton Duvernet, Grouchy, Clauzel, Laborde, Debelle, Bertrand, Drouot, Cambronne, Lavalette (5), Rovigo.

2. Les individus dont les noms suivent, savoir :

Soult, Alix, Excelmans, Bassano, Marbot, Félix, Lepelletier, Boulay (de la Meurthe), Méhée, Fressinet, Thibaudeau, Carnot, Vandamme, Lamarque (général), Lobau, Harel, Piré, Barrère, Arnault, Pommereul, Regnaud (de Saint-Jean-d'Angely), Arrighi (de Padoue), Dejean fils, Garrau, Réal, Bouvier-Dumolard, Merlin (de Douai), Durbach, Dorat, Defermon, Bory-Saint-Vincent, Félix, Desportes, Garnier de Saintes, Mellinet, Hullin, Cluys, Courtin, Forbin-Janson fils aîné, Lelorgne-Dideville, sortiront, dans trois jours, de la ville de Paris, et se retireront dans l'intérieur de la France, dans les lieux que notre ministre de la police générale leur indiquera, et où ils resteront sous sa surveillance, en attendant que les Chambres statuent sur ceux d'entre eux qui devront, ou sortir du royaume, ou être livrés à la poursuite des tribunaux.

Seront sur-le-champ arrêtés ceux qui ne se rendraient pas au lieu qui leur sera assigné par notre ministre de la police générale (6).

---

(1) Parmi ces pairs exclus, les uns ont été *rétablis*, comme n'ayant pas siégé dans la Chambre des pairs des cent jours, les autres ont été *nommés de nouveau.*

Ont été rétablis : MM. d'Aboville et de Croix (ordonnance du 25 juin 1817) — *Voy.* aussi les ordonnances des 10 et 26 juin 1822 relatives au comte Belliard et au maréchal duc d'Albuféra, quoiqu'ils aient été renommés par l'ordonnance du 5 mars 1819.

Ont été renommés : M Boissy-d'Anglas (ordonnance du 17 août 1815), — MM. Colchen, Cornudet, le duc de Dantzick, Dejean, Lacépède, La Tour-Maubourg, le duc de Plaisance, le duc d'Albuféra, le duc de Conégliano, le duc de Trévise, le duc de Cadore, de Montesquiou, de Pontécoulant et Rampon (ordonnance du 5 mars 1819), — MM. Clément de Ris, Dedeley-d'Agier, Fabre, Gassendi, le duc de Praslin, Casa-Bianca, Ségur et Valence (ordonnance du 21 novembre 1819).

(2) Cette dernière ordonnance autorise la rentrée des individus compris dans la seconde liste : plusieurs avaient été rappelés antérieurement.

(3) *Voy.* ordonnance du 2 août 1815.

(4) *Voy.* ordonnances des 11 et 12 novembre 1815.

(5) *Voy.* ordonnance du 6 septembre 1815.

(6) Lorsqu'une décision royale a révoqué le

3. Les individus qui seront condamnés à sortir du royaume auront la faculté de vendre leurs biens et propriétés dans le délai d'un an, d'en disposer, d'en transporter le produit hors de France, et d'en recevoir, pendant ce temps, le revenu dans les pays étrangers, en fournissant néanmoins la preuve de leur obéissance à la présente ordonnance.

4. Les listes de tous les individus auxquels les articles 1 et 2 pourraient être applicables sont et demeurent closes par les désignations nominales contenues dans ces articles, et ne pourront jamais être étendues à d'autres, pour quelque cas et sous quelque prétexte que ce puisse être, autrement que dans les formes et suivant les lois constitutionnelles, auxquelles il n'est expressément dérogé que pour ce cas seulement (1).

25 JUILLET 1815. — Arrêté de son excellence le ministre de la marine, relatif au séjour dans la capitale de tous les officiers de vaisseau, des troupes et de l'administration de la marine qui ont suivi le Roi et sont rentrés avec sa majesté. (*Gazette officielle*, n° 9.)

25 JUILLET 1815. — Arrêté de son excellence le ministre de la guerre relatif aux militaires de tous grades qui ont été dépossédés des emplois dont ils étaient pourvus depuis le 20 mars dernier. (*Gazette officielle*, n° 10.)

26 JUILLET 1815. — Ordonnance du Roi portant nomination des présidens des colléges de département et des colléges électoraux d'arrondissement. (7, Bull. 6, n° 25.)

26 JUILLET 1815. — Ordonnance du Roi qui admet les sieurs Verneur et Elias Pharaon à établir leur domicile en France. (7, Bull. 9, n° 47.)

26 JUILLET 1815. — Ordonnance du Roi qui nomme sous-préfet de l'arrondissement d'Aix, département des Bouches-du-Rhône, le sieur de Foresta, référendaire à la cour des comptes. (Mon. n° 211.)

18 JUILLET = Pr. 9 AOUT 1815. — Ordonnance du Roi portant régularisation de toutes les dépenses qui ont eu lieu, pour le département de la guerre, depuis le 20 mars 1815. (7, Bull. 10, n° 48.)

Voy. ordonnance du 8 SEPTEMBRE 1815.

Louis, etc.

Il nous a été rendu compte que des dépenses très-considérables ont eu lieu depuis l'époque du 20 mars, pour les services du ressort du département de la guerre;

Considérant que ces dépenses, qui ont épuisé les finances, anéanti le crédit, et sensiblement augmenté la dette de l'Etat, n'ont aucun caractère légal, puisqu'elles ne sont autorisées par aucun acte émané de notre autorité;

Considérant néanmoins que celles qui ne sont pas encore soldées ont, en grande partie, pour objet des traitemens militaires et des fournitures faites par réquisition, telles que les remontes, les approvisionnemens de siége qui existent encore dans les places;

Voulant régulariser et légitimer lesdites dépenses, et donner à nos sujets une nouvelle preuve de notre clémence et de notre justice,

Avons ordonné et ordonnons ce qui suit :

Art. 1er. Toutes les dépenses qui ont eu lieu pour le département de la guerre depuis le 20 mars 1815, en vertu d'ordres émanés d'autres autorités que la nôtre, et qui seront justifiées dans les formes prescrites par les réglemens, seront considérées comme dépenses de l'Etat allouées au budget du ministère de la guerre pour l'exercice 1815.

2. Notre ministre secrétaire d'Etat de la guerre fera établir l'état général de celles de ces dépenses qui n'ont pas été acquittées, et en ordonnera la liquidation et le paiement.

3. Les paiemens faits jusqu'à ce jour pour solde et indemnités acquises en vertu de grades ou emplois militaires, bien qu'ils aient été accordés depuis le 1er mars 1815 par un Gouvernement illégal, seront alloués dans les comptes des payeurs qui les auront effectués.

4. Le ministre secrétaire d'Etat de la guerre prendra, sur-le-champ, les mesures nécessaires pour qu'à compter de ce jour il ne soit fait aucun paiement pour solde et indemnités à des officiers ou employés de l'armée, pour des grades ou emplois qui n'auraient pas été accordés par nous ou en vertu de nos ordres, conformément aux dispositions de notre ordonnance du...... du courant.

5. Nos ministres de la guerre et des finances sont chargés de l'exécution de la présente ordonnance.

---

annissement prononcé contre l'un des individus compris dans cette ordonnance, sans révoquer a peine pécuniaire à laquelle il avait été également soumis, cette révocation ne peut pas résulter d'une simple décision ministérielle (29 janvier 1823, ord. Mac. 5, 329).

(1) La proclamation de Cambray, du 28 juin

1815, et l'ordonnance du 24 juillet de la même année, ne peuvent être invoquées comme loi d'amnistie par des individus prévenus d'avoir pris part à l'usurpation de Bonaparte (16 juin 1816; Cass. S. 20, 1, 459).

Voy. notes sur l'art. 5 de la loi du 12 janvier 1816.

28 JUILLET 1815. — Ordonnance du Roi qui annulle toutes les nominations faites dans la Légion-d'Honneur par l'usurpateur et la commission dite du Gouvernement, depuis le 27 février 1815 jusqu'au 7 juillet suivant. (7, Bull. 79, n° 568.)

28 JUILLET 1815. — Ordonnance du Roi qui annulle l'ancienne décoration dite *des Deux-Siciles*, et qui défend à tout Français d'en prendre les titres et d'en porter la décoration. (7, Bull. 79, n° 569.)

28 JUILLET 1815. — Ordonnance du Roi qui abolit l'ordre de la Réunion, et qui défend à tout Français d'en prendre les titres et d'en porter la décoration. (7, Bull. 79, n° 570.)

28 JUILLET 1815. — Ordonnance du Roi qui règle la manière de provoquer les mesures nécessaires pour échanger des ordres étrangers conservés. (Mon. 1816, n° 82.)

29 JUILLET = Pr. 3 AOUT 1815. — Ordonnance du Roi qui établit une règle uniforme ayant pour objet de diriger les ministres dans les dispositions relatives aux fonctionnaires qui ont perdu leur place depuis le 20 mars 1815, et à ceux qui en ont été pourvus. (7, Bull. 7, n° 27.)

Voy. ordonnance du 20 SEPTEMBRE 1815.

Louis, etc.

Voulant établir une règle uniforme qui dirige nos ministres ordonnateurs dans les dispositions relatives aux fonctionnaires qui ont perdu leur place depuis le 20 mars et à ceux qui en ont été pourvus,

Sur le rapport de notre ministre secrétaire d'Etat des finances,

Nous avons ordonné et ordonnons ce qui suit :

1° Les fonctionnaires civils et judiciaires qui, dans l'intervalle du 20 mars 1815 au 7 juillet suivant, ont été écartés par la violence, et ceux qui, pour ne pas servir un Gouvernement désavoué, se sont volontairement éloignés, recevront une indemnité équivalente à la moitié du traitement personnel dont ils auraient joui, si leurs fonctions n'avaient pas été interrompues ;

2° Les fonctionnaires des différens ordres qui nous ont accompagnés n'ayant pas cessé de remplir les devoirs de leur place et ayant supporté des dépenses extraordinaires, ont droit au rappel de leur traitement intégral depuis la date où le paiement en a été arrêté;

3° Les dépenses autorisées par les deux articles précédens seront liquidées, réglées et ordonnancées par les ministres compétens, et imputées sur leurs budgets respectifs;

4° Le paiement des sommes non soldées pour traitemens, indemnités, gratifications, aux divers salariés du Trésor, mis en fonctions depuis le 20 mars dernier, et non conservés par nous depuis notre retour, est et demeure suspendu;

5° Les agens et fonctionnaires qui sont restés dans les fonctions qu'ils remplissaient au 20 mars, et ceux qui, par des causes étrangères aux circonstances politiques et par une application naturelle des règles établies avant le 20 mars, ont remplacé des fonctionnaires et agens décédés, promus, ou retirés comme invalides, recevront le traitement qui peut leur rester dû, sur le pied réglé pour les places auxquelles ils ont été appelés;

6° Nul des nouveaux fonctionnaires désignés dans l'article précédent n'aura droit au paiement que cet article autorise qu'après avoir été confirmé dans sa place par l'autorité à laquelle sa nomination appartient.

Nos ministres sont chargés de l'exécution de la présente ordonnance.

29 JUILLET = Pr. 5 AOUT 1815. — Ordonnance du Roi qui maintient provisoirement, avec quelques modifications, les changemens apportés par l'acte du 8 avril 1815 à la perception des droits sur les boissons. (7, Bull. 8, n° 30.)

Louis, etc.

Nous étant fait rendre compte de l'état de la perception des droits sur les boissons, établis par la loi du 8 décembre 1814, nous avons reconnu que, pendant notre absence, et en vertu d'un acte du 8 avril dernier, dont le caractère est essentiellement illégal, il a été fait des changemens qui ont eu pour effet de dénaturer l'organisation de la régie des contributions indirectes, de soustraire la matière imposable à la connaissance de ses agens, et conséquemment de détruire les élémens de la perception, ce qui rend impossible le retour immédiat à l'exécution régulière de la loi ;

Voulant néanmoins adoucir, autant qu'il peut dépendre de nous, ce que le régime substitué à celui de la loi du 8 décembre a de trop onéreux pour les redevables, et conserver, en même temps, à l'Etat une branche importante de revenu, en attendant que les Chambres aient pu statuer sur un mode d'impositions indirectes approprié aux ressources de la France, à sa situation, et aux besoins du Trésor;

Sur le rapport de notre ministre secrétaire d'Etat des finances.

Nous avons ordonné et ordonnons ce qui suit :

Art. 1er. Les changemens apportés par l'acte du 8 avril dernier à la perception des droits sur les boissons sont provisoirement maintenus.

2. Néanmoins, et en vertu de l'art. 73 de la loi du 8 décembre 1814, la régie est autorisée, pour le quatrième trimestre de 1815, à réduire, en faveur des redevables d'une commune, la somme à répartir d'après l'article 7 du susdit acte toutes les fois qu'il sera reconnu que ces redevables seraient imposés au-delà de l'importance de leur commerce, si l'on prenait pour base unique les produits de 1812.

3. Notre ministre des finances est chargé de l'exécution de la présente ordonnance.

———

29 JUILLET 1815.—Ordonnance du Roi relative aux officiers civils et militaires de la marine (1).

———

31 JUILLET = Pr. 3 AOUT 1815. — Ordonnance du Roi relative aux membres du collége électoral de l'arrondissement de Rambouillet, et à ceux des ci-devant colléges électoraux de divers départemens ou arrondissemens qui ne font plus partie du territoire français. (7, Bull. 7, n° 29.)

Louis, etc.

Vu notre ordonnance du 13 juillet 1815 sur la réunion des colléges électoraux pour le renouvellement de la Chambre des députés; vu pareillement la loi du 19 juillet 1811 pour la création de l'arrondissement de Rambouillet, et les lois et ordonnances qui ont apporté des changemens à la division du royaume depuis le 1er avril 1814.

Sur le rapport de notre ministre secrétaire d'Etat au département de la justice, chargé, par *intérim*, du portefeuille de l'intérieur,

Nous avons ordonné et ordonnons ce qui suit :

Art. 1er. Le collége électoral de l'arrondissement de Rambouillet (Seine-et-Oise) sera formé des membres du collége électoral de Versailles qui ont été nommés par les cantons de Rambouillet, Chevreuse, Limours et Montfort-l'Amaury, et de ceux du collége d'Etampes nommés par les deux cantons de Dourdan. Les noms de ces électeurs seront effacés des listes des colléges de Versailles et d'Etampes.

2. Le collége électoral de l'arrondissement de Gex, département de l'Ain, sera formé des membres du ci-devant collége électoral de l'arrondissement de Genève élus par les cantons de Gex et de Collonges, pourvu qu'ils aient continué de résider en France, et des membres du même collége élus par les

anciens cantons dont des portions ont servi à former le nouveau canton de Ferney, pourvu que ces personnes aient continué de résider en France.

3. Le collége électoral de l'arrondissement de Rumilly (Mont-Blanc) sera formé des membres des colléges d'arrondissement de Genève, Anneci et Chambéry, élus par les anciens cantons qui ont concouru à former les cinq cantons dont se compose cet arrondissement, pourvu qu'ils aient continué de résider en France.

Les noms des membres des colléges d'Anneci et de Chambéry qui seront placés dans le nouveau collége de Rumilly seront effacés des listes des membres de ces deux colléges.

4. Les membres des ci-devant colléges d'arrondissement de Genève et de Bonneville qui sont restés Français, et ont été élus par les cantons ayant servi à former les nouveaux cantons de Cruseille et Thorens, arrondissement d'Anneci, prendront place dans le collége électoral de cet arrondissement.

5. Les membres du ci-devant collége électoral du département du Léman qui sont restés Français, et qui ont été élus par des cantons réunis en totalité ou en partie aux départemens de l'Ain et du Mont-Blanc, entreront respectivement dans les colléges électoraux de ces deux départemens.

6. Les membres du ci-devant collége électoral de l'arrondissement de Porentruy et du collége électoral du département du Haut-Rhin, élus par les cantons de Montbéliard et d'Audincourt, et qui ont continué de résider en France, entreront dans le collége électoral de l'arrondissement de Saint-Hippolyte et dans le collége électoral du département du Doubs.

En conséquence, les noms des membres du collége du département du Haut-Rhin élus par ces deux cantons seront effacés de la liste des membres de ce collége.

7. Les membres du ci-devant collége d'arrondissement de Sarrebruck, et ceux du ci-devant collége électoral du département de la Sarre, élus par les cantons de Sarrebruck, d'Arneval et de Leybach, et qui ont continué de résider en France, entreront respectivement dans le collége électoral de l'arrondissement de Sarreguemines et dans le collége électoral du département de la Moselle.

8. Les membres du ci-devant collége électoral de l'arrondissement de Dinan élus par les cantons de Beauraing, de Florennes et Valcourt, ceux du ci-devant collége électoral de l'arrondissement de Saint-Hubert élus par le canton de Gédines, et ceux du ci-devant

———

(1) Cette ordonnance n'est point au Bulletin des Lois; elle est rappelée par l'ordonnance du 10 août 1815, qui déclare nulles les nominations et promotions faites dans la marine pendant les cent jours.

collège électoral du département de Sambre-et-Meuse élus par ces quatre cantons, entreront dans le collège électoral de l'arrondissement de Rocroy et dans le collège électoral du département des Ardennes, pourvu qu'ils aient continué de résider en France.

9. Les membres du ci-devant collège électoral de l'arrondissement de Charleroy et du ci-devant collège électoral du département de Jemmape, élus par le canton de Chimay, et qui ont continué de résider en France, entreront aussi dans le collège électoral de l'arrondissement de Rocroy et dans celui du département des Ardennes.

10. Les membres des mêmes ci-devant collèges de Charleroy et de Jemmape, élus par les cantons de Beaumont et de Merbes-le-Château, et qui ont continué de résider en France, entreront dans le collège électoral de l'arrondissement d'Avesnes et dans le collège électoral du département du Nord.

11. Les membres du ci-devant collège électoral de l'arrondissement de Mons, et du ci-devant collège électoral du département de Jemmape, élus par les cantons de Dour, et qui ont continué de résider en France, entreront dans le collège électoral de Douai et dans le collège électoral du département du Nord.

12. Pour que les individus désignés dans les articles précédens prennent place dans un collège électoral, il leur suffira, pour cette fois, de représenter leur ancienne carte d'électeur, et de justifier, par un certificat du maire du lieu de leur résidence, qu'ils continuent de résider en France.

En conséquence, pour cette fois seulement, les règles sur la translation du domicile politique, et la disposition de l'article 2 de la loi du 14 octobre 1814, qui exige dix ans de résidence sur le territoire actuel de la France pour donner les droits de cité aux habitans des ci-devant départemens réunis, ne seront pas rigoureusement suivies.

13. Le ministre d'Etat du département de la justice, chargé, par *interim*, du portefeuille de l'intérieur, est chargé de l'exécution de la présente ordonnance.

31 JUILLET 1815. — Ordonnance du Roi, additionnelle à celle du 26 juillet 1815, portant nominations des présidens des collèges électoraux de département et d'arrondissement. (7, Bull. 7, nᵒ 28.)

1ᵉʳ = Pr. 5 AOUT 1815. — Ordonnance du Roi qui annule les nominations et promotions à des grades militaires, et la réintégration sur le tableau d'activité des officiers en retraite, qui ont eu lieu pendant le temps de l'usurpation. (7, Bull. 8, nᵒ 31.)

Voy. ordonnance du 10 août 1815.

Louis, etc.

D'après le compte qui nous a été rendu par notre ministre secrétaire d'Etat de la guerre, qu'un grand nombre de nominations et promotions à des grades militaires avaient eu lieu pendant le temps de l'usurpation, et que la plus grande partie des officiers en retraite avaient été appelés à reprendre de l'activité; considérant que ces nominations, promotions et réintégrations sur le tableau d'activité, outre qu'elles sont nulles de plein droit, ont eu encore pour effet de surcharger le Trésor de l'Etat, et de nuire aux intérêts des officiers déjà existant dans nos armées,

Avons ordonné et ordonnons ce qui suit :

Art. 1ᵉʳ. Les nominations et promotions à des grades militaires, et la réintégration sur le tableau d'activité des officiers en retraite, qui ont eu lieu pendant le temps de l'usurpation, sont déclarées nulles et non avenues.

2. Les officiers qu'elles concernent rentreront dans la position où ils étaient antérieurement au 1ᵉʳ mars dernier : toutefois, ils n'éprouveront point de retenues pour les paiemens qui leur auront été faits.

1ᵉʳ = Pr. 5 AOUT 1815. — Ordonnance du Roi qui détermine les droits que les officiers de différens grades des armées de terre peuvent avoir dans les diverses positions où ils se trouvent. (7, Bull. 8, nᵒ 32.)

Louis, etc.

Nous étant fait rendre compte par notre ministre secrétaire d'Etat au département de la guerre : 1ᵒ des dispositions qui ont été prescrites pendant notre absence relativement aux officiers qui, faisant partie de nos armées, n'ont point repris de service, et à ceux qui ont été réformés ou destitués par suite de l'attachement qu'ils avaient montré à notre personne; 2ᵒ des mesures qui ont été ordonnées pour la remise en activité des officiers qui jouissaient de la solde de retraite ou de la demi-solde; 3ᵒ de l'avancement qui a été accordé dans nos armées;

Attendu que les officiers qui n'ont point voulu reprendre du service n'ont pas dû perdre leur activité pendant le temps de notre absence, que ceux qui ont été frappés de destitution par un Gouvernement illégal ont des droits à notre bienveillance, et que l'avancement qui a été donné est nul de plein droit;

Voulant déterminer les droits que nos officiers de différens grades peuvent avoir dans les diverses positions où ils se trouvent;

Sur le rapport de notre ministre secrétaire d'Etat de la guerre,

Avons ordonné et ordonnons ce qui suit :

Art. 1ᵉʳ. Les officiers de nos armées de terre qui étaient en activité de service à l'époque où nous avons quitté notre royaume, et qui n'ont point servi pendant notre absence, ceux qui ont été destitués ou réformés par suite de l'attachement qu'ils ont montré à notre personne, seront rappelés de leur traitement d'activité, sans aucune indemnité ni frais de bureau, depuis l'époque où ils ont cessé d'être payés.

2. Les officiers rappelés au service qui, au 1ᵉʳ mars 1815, jouissaient de la solde de retraite ou de la demi-solde, ou qui n'avaient aucun traitement, rentreront dans la position où ils se trouvaient à ladite époque du 1ᵉʳ mars, nonobstant les dispositions de notre ordonnance du 9 du même mois, et à l'exception de ceux qui, depuis le 8 juillet dernier, auraient reçu des lettres de service de notre ministre de la guerre.

Ceux de ces officiers qui ont été mis en activité illégal pendant la durée du Gouvernement illégal ne pourront prétendre au paiement du traitement d'activité qui ne leur aura pas été soldé au moment de leur licenciement; ils n'auront droit qu'à la solde de retraite ou à la demi-solde qui aura couru depuis le dernier paiement de leur traitement d'activité; mais ils pourront recevoir l'indemnité de route pour retourner dans leurs foyers.

La même indemnité sera accordée, pour le même objet, à ceux des officiers en retraite ou en demi solde qui, appelés en exécution de notre ordonnance du 9 mars, se sont déplacés et n'ont point eu d'activité : notre ministre de la guerre pourra même, suivant la justice des réclamations, allouer auxdits officiers, en dédommagement des frais de séjour ou de courses occasionnés par leur rappel, une solde d'activité sans accessoires, dont il réglera la durée, sans pourtant qu'elle puisse excéder trois mois.

Quant à ceux desdits officiers rappelés pendant l'interrègne sans avoir reçu d'activité, il ne leur sera payé que l'indemnité de route pour leur retour chez eux, et leur solde de retraite ou demi-solde sera le seul traitement qu'ils pourront réclamer depuis le dernier paiement du traitement d'activité.

3. Les officiers ou administrateurs militaires qui, n'étant pas en activité à l'époque de notre départ, y ont été rappelés, et ont cessé cette même activité avant notre retour, seront payés pour le temps de leur activité momentanée, mais seulement en raison du traitement affecté au grade dont ils étaient légalement pourvus avant le 20 mars 1815; et s'ils ont été réemployés dans un grade inférieur, ils ne recevront que le traitement de ce dernier grade.

4. Les promotions à des grades militaires ou administratifs qui ont été faites par un Gouvernement illégal depuis le 20 mars 1815 étant nulles de plein droit, les officiers promus ne pourront être compris dans les revues des inspecteurs aux revues que pour le traitement du grade dont ils étaient précédemment pourvus. Néanmoins, il ne sera fait aucune retenue pour les paiemens déjà effectués.

Ceux qui ont été nommés à des grades ou emplois, et qui n'en avaient aucun avant leur nomination, n'auront droit qu'à une indemnité de route au moment de leur licenciement, le paiement de ce qui resterait alors à solder sur leur traitement demeurant suspendu, à moins qu'ils ne soient confirmés dans leurs grades ou emplois par l'autorité compétente.

5. Notre ministre secrétaire d'Etat de la guerre prendra des mesures pour que les rappels de traitement qui pourront avoir lieu en exécution de notre présente ordonnance ne s'opèrent que successivement.

6. Les officiers qui réclameraient relativement aux démissions de leurs emplois données pendant notre absence adresseront leurs réclamations à notre ministre de la guerre, qui nous en rendra compte pour y être statué.

7. Nous n'entendons, par la présente ordonnance, modifier en aucune manière les dispositions de notre autre ordonnance de ce jour concernant les retraites.

8. Nos ministres de la guerre et des finances sont chargés de l'exécution de la présente ordonnance.

1ᵉʳ AOUT 1815. — Ordonnances du Roi concernant les retraites militaires. (7, Bull. 14, n° 57.)

Voy. ordonnances des 27 AOUT 1814, 4 SEPTEMBRE 1815, et 20 MAI 1818; lois du 25 MARS 1817, tit. IV; du 15 MAI 1818, art. 21; du 14 JUILLET 1819, tit. Iᵉʳ, et du 19 JUILLET 1820, tit. Iᵉʳ.

Louis, etc.

Ayant reconnu que la force actuelle de nos armées de terre excédait de beaucoup l'état de paix, et était, surtout, hors de proportion avec les revenus du royaume; que le principe le plus juste, et en même temps le plus favorable à l'organisation d'une bonne armée, est de faire porter d'abord les réformes sur les officiers qui, n'étant plus dans la vigueur de l'âge, sont moins capables du service actif; désirant en même temps adoucir l'effet de ces réformes pour ceux qu'elles auront frappés avant qu'ils aient le temps de service prescrit par les réglemens généraux pour l'obtention d'une retraite;

Sur le rapport de notre ministre secrétaire d'Etat de la guerre,

Nous avons ordonné et ordonnons ce qui suit :

TITRE Iᵉʳ. Retraites et gratifications.

Art. 1ᵉʳ. Sont à la retraite de plein droit, et sans exception quelconque :

1° Les lieutenans généraux, maréchaux-de-camp, officiers supérieurs d'état-major et des corps ;

Les inspecteurs en chef, inspecteurs, sous-inspecteurs aux revues, adjoints de première classe aux sous-inspecteurs aux revues, commissaires - ordonnateurs , commissaires des guerres, officiers de santé en chef et principaux ,

Qui seront, au 1ᵉʳ septembre prochain , dans leur trentième année de service, ou dans leur cinquante-cinquième année d'âge,

Et ceux que des blessures ou des infirmités mettront hors d'état de continuer leur service actif ;

2° Les officiers généraux et d'état-major des places qui seront, à la même époque, dans leur trente-cinquième année de service, ou dans leur soixantième année d'âge ;

3° Les officiers d'état-major et des corps, autres que les officiers supérieurs ;

Les adjoints aux sous-inspecteurs aux revues de deuxième classe, adjoints aux commissaires des guerres, et les officiers de santé des corps et hôpitaux ,

Qui seront dans leur vingt-cinquième année de service, ou dans leur cinquantième année d'âge ,

Et ceux que des blessures ou des infirmités mettront hors d'état de continuer le service actif.

2. Sont susceptibles d'être mis à la retraite, sur leur demande ou autrement :

1° Les lieutenans généraux, maréchaux-de-camp, officiers supérieurs d'état-major et des corps ,

Les inspecteurs en chef, inspecteurs et sous-inspecteurs aux revues, adjoints de première classe aux sous-inspecteurs aux revues, commissaires - ordonnateurs , commissaires des guerres, officiers de santé en chef et principaux ,

Qui seront, au 1ᵉʳ septembre prochain , dans leur vingt-cinquième année de service ;

2° Les officiers généraux et d'état-major des places qui, à la même époque, seront dans leur trentième année de service ;

3° Les officiers d'état-major et des corps, autres que les officiers supérieurs ,

Les adjoints aux sous-inspecteurs aux revues de deuxième classe, adjoints aux commissaires des guerres, et les officiers de santé des corps et des hôpitaux ,

Qui seront dans leur vingtième année de service.

3. La solde de retraite pour le nombre d'années de service déterminé pour chaque classe , par les deux articles précédens, sera portée au *maximum* d'ancienneté.

Ce temps de service exigible sera diminué de cinq années pour les officiers, administrateurs militaires et autres, qui auraient l'âge indiqué pour leur classe dans l'article 1ᵉʳ ci-dessus.

4. Ceux qui , réunissant plus de dix années d'activité, seront reconnus hors d'état de servir, obtiendront, quel que soit leur âge, la moitié du *maximum* de la solde de retraite, à moins que , par la gravité de leurs blessures , ils ne soient susceptibles d'en recevoir une plus forte, d'après notre ordonnance du 27 août 1814.

5. Les officiers qui ont moins de dix ans de service effectif, et que des blessures ou des infirmités empêcheront de continuer à servir, toucheront dans leurs foyers, à titre de gratification, si leurs blessures ne sont pas assez graves pour donner lieu, d'après les réglemens , à leur admission à la solde de retraite, une année de leurs appointemens sur le pied de paix , qui leur sera payée sur revues par trimestre.

6. Les officiers amputés qui occupent des emplois militaires dans les places ou ailleurs, excepté à l'hôtel et aux succursales des invalides, seront placés, sans exception, à la retraite, qui sera réglée au *maximum* affecté à ce genre de mutilation, quel que soit le nombre d'années de service.

7. Les officiers et administrateurs militaires seront dispensés de justifier de deux années de service effectif dans leur grade actuel, pour obtenir la retraite de ce grade.

8. Notre ministre secrétaire d'Etat de la guerre mettra en exécution, d'ici au 1ᵉʳ septembre prochain, ce qui concerne les officiers généraux, ceux d'état-major de l'armée et des places, et ceux de l'administration militaire.

Les inspecteurs généraux d'armes exécuteront ce qui est relatif aux corps, au fur et à mesure qu'ils en feront la réorganisation.

9. Toutes les dispositions ci-dessus ne sont applicables qu'en faveur des officiers qui se trouvaient employés au 1ᵉʳ juillet 1815.

Elles cesseront d'avoir leur exécution dès que l'armée aura été réorganisée ; et, à dater de cette réorganisation, les officiers conservés en activité ne seront plus admis qu'aux retraites déterminées par les réglemens ordinaires, en remplissant toutes les conditions qu'ils prescrivent.

TITRE II. Dispositions particulières.

10. Les soldes de retraite ou pensions qui ont été converties en traitemens d'activité ou de non-activité payés sur les fonds de la solde de l'armée seront rétablies sur leur ancien pied. Il ne pourra plus être accordé d'autre traitement que la solde de retraite aux

officiers qui ne seront plus susceptibles d'être employés.

11. Les soldes de retraites ne pourront, sous quelque prétexte que ce soit, excéder le *maximum* affecté à chaque grade.

Les pensions qui seront accordées aux veuves des militaires ou à leurs orphelins ne pourront aussi, dans aucun cas, excéder le taux déterminé par notre ordonnance du 14 août 1814.

TITRE III. Demandes d'emplois.

12. A compter de ce jour, aucune demande d'activité de service dans notre maison militaire, dans l'armée et dans la gendarmerie, ne pourra être admise à vingt ans de service effectif, ou cinquante ans d'âge.

Il n'en sera plus admis pour les emplois d'état-major des places après trente ans de service ou soixante ans d'âge.

13. Une fois à la retraite, nul ne sera admis à reprendre un emploi militaire.

Notre ministre de la guerre est chargé de l'exécution de la présente ordonnance.

___

2 = Pr. 9 AOUT 1815. — Ordonnance du Roi qui charge le conseil de guerre permanent de la première division militaire de connaître des crimes imputés aux militaires désignés dans l'ordonnance du 24 juillet dernier. (7, Bull. 10, n° 49.)

Louis, etc.

Vu notre ordonnance du 24 juillet dernier, et considérant que l'état de licenciement actuel de l'armée et la dissolution des états-majors ne permettent pas de former des conseils de guerre dans les divisions militaires dans lesquelles se trouvaient placées les personnes désignées dans notredite ordonnance, à l'époque où ont été commis les délits dont elles sont prévenues;

Sur le rapport de notre ministre secrétaire d'État au département de la guerre,

Nous avons ordonné et ordonnons :

Art. 1er. Le conseil de guerre permanent de la première division militaire est chargé de connaître des crimes imputés aux militaires désignés dans notre ordonnance du 24 juillet dernier.

2. Notre ministre de la guerre est chargé de l'exécution de la présente ordonnance.

___

2 AOUT 1815. — Ordonnance du Roi qui traduit le maréchal Ney par-devant le conseil de guerre de la première division militaire (1).

___

2 AOUT 1815. — Ordonnances du Roi portant nomination des présidens des colléges d'arrondissement de Clermont et de Compiègne. (7, Bull. 9, n° 44.)

___

2 AOUT 1815. — Ordonnance du Roi qui nomme M. Kergariou préfet du département de la Seine-Inférieure. (7, Bull. 9, n° 45.)

___

3 = Pr. 5 AOUT 1815. — Ordonnance du Roi qui maintient provisoirement la prohibition de la sortie des grains, farines, légumes, fourrages et bestiaux, par toutes les frontières de terre et de mer. (7, Bull. 8, n° 33.)

Voy. ordonnances du 6 SEPTEMBRE 1815; des 7 AOUT, 22 NOVEMBRE et 9 DÉCEMBRE 1816; des 27 AOUT 1817 et 10 FÉVRIER 1818; et les notes sur la loi du 2 DÉCEMBRE 1814.

Louis, etc.

Nous étant fait rendre compte des mesures qui ont été prises depuis le 20 mars dernier, relativement à l'exécution de la loi du 2 décembre 1814 sur l'exportation des grains, farines et légumes, nous avons appris que la sortie de ces denrées, ainsi que celle des fourrages et bestiaux, a été généralement suspendue par des actes et décisions en date des 21 avril, 9 et 31 mai derniers.

L'intérêt de l'agriculture et du commerce nous a fait d'abord désirer de faire cesser cette prohibition, et de remettre immédiatement en vigueur le régime libéral établi par la loi précitée; mais considérant que la consommation extraordinaire de grains, farines, légumes, fourrages et bestiaux, à laquelle donne lieu la présence des armées alliées sur le territoire français, exige l'emploi de toutes les ressources de notre royaume; considérant pareillement que les résultats de la récolte des grains, légumes et fourrages, ne pourront être connus que dans quelques mois : ces puissans motifs nous déterminent à ajourner momentanément l'exécution de la loi du 2 décembre dernier, et à user de la faculté qui nous est réservée par l'article 34, n° 3, de celle sur les douanes, en date du 17 du même mois, qui nous autorise, en cas d'urgence, à suspendre provisoirement l'exportation des produits du sol et de l'industrie nationale :

A ces causes,

De l'avis de notre Conseil,

Nous avons ordonné et ordonnons ce qui suit :

Art. 1er. L'exportation à l'étranger des grains, farines, légumes, fourrages et bestiaux, continuera à être suspendue provisoirement par toutes les frontières de terre et de mer de notre royaume.

___

(1) Cette ordonnance n'est point au Bulletin des Lois; elle est citée dans l'ordonnance du 29 du même mois, qui destitue le maréchal Moncey.

2. Nos ministres de l'intérieur et des finances sont chargés de l'exécution de la présente ordonnance.

---

3 = Pr. 14 AOUT 1815. — Ordonnance du Roi sur l'organisation des légions départementales. (7, Bull. 13, n° 56.)

Voy. ordonnances des 23 MARS, 8 AVRIL et 2 AOUT 1818; des 17 FÉVRIER 1819, 23 OCTOBRE 1820, et 27 FÉVRIER 1825 (1).

TITRE Ier. Formation des légions départementales.

Art. 1er. Les régimens d'infanterie de ligne et légère étant licenciés par notre ordonnance du 23 mars, il sera formé une légion dans chaque département.

2. Chaque légion prendra le nom du département où elle sera formée.

3. Partie des militaires pourront être admis dans la légion de leur département.

4. Chaque légion se composera :
D'un état-major,
De deux bataillons d'infanterie de ligne,
D'un bataillon de chasseurs à pied,
De trois cadres de compagnie formant le dépôt.
On pourra y ajouter :
Une compagnie d'éclaireurs,
Et une compagnie d'artillerie.

5. Chaque bataillon d'infanterie de ligne sera composé de huit compagnies, dont une de grenadiers, six de fusiliers et une de voltigeurs.

Le bataillon de chasseurs à pied sera également composé de huit compagnies; mais elles seront toutes de chasseurs.

6. Il sera créé dans chaque légion un lieutenant-colonel; il conservera les marques distinctives qui étaient attribuées au ci-devant major, ses appointemens, et son rang dans le corps. Ses fonctions seront de commander la légion sous les ordres du colonel, en sa présence et en son absence, et d'être l'intermédiaire de cet officier supérieur dans toutes les parties du service.

7. Il sera créé dans chaque légion un major ayant rang de chef de bataillon; il en aura les appointemens et il en portera l'épaulette à droite : jusqu'à ce que ses fonctions soient plus amplement déterminées, il remplira celles dont les anciens majors étaient chargés, sous le rapport administratif.

Il concourra avec les chefs de bataillon pour l'avancement; et, après deux ans de fonctions, il sera libre de prendre le commandement d'un bataillon, et susceptible,

après quatre ans, d'être présenté pour l'emploi de sous-inspecteur aux revues.

Quel que soit son rang d'ancienneté, il ne commandera jamais la légion avant les chefs de bataillon.

8. L'état-major et les compagnies de chaque légion seront organisés ainsi qu'il suit, savoir :

ÉTAT-MAJOR.

Officiers. — Colonel, un ; lieutenant-colonel, un ; chefs de bataillon, trois; major, un ; adjudans-majors, quatre ; trésorier, un ; capitaine d'habillement, un ; officier payeur, un; porte-drapeau, un; chirurgien-major, un; aides-chirurgiens, trois. — Total, dix-huit.

Troupe. — Adjudans sous officiers, quatre ; tambour-major, un ; caporaux-tambours, quatre; musiciens, dont un chef, douze; maître tailleur, un ; guêtrier, un; cordonnier, un ; armurier, un. — Total, vingt-cinq.

COMPAGNIE D'INFANTERIE DE LIGNE.

Officiers. — Capitaine, un; lieutenant, un ; sous-lieutenant, un. — Total, trois.

Troupe. — Sergent-major, un; sergens, quatre; caporal-fourrier, un; caporaux, huit; soldats, cinquante-deux; tambours, deux. — Total, soixante-huit.

COMPAGNIE DE CHASSEURS A PIED.

Officiers. — Capitaine, un; lieutenant, un; sous-lieutenant, un. — Total, trois.

Troupe. — Sergent-major, un; sergens, quatre; caporal-fourrier, un; caporaux, huit; chasseurs, vingt-huit; tambours, deux. — Total, quarante-quatre.

COMPAGNIE DE DÉPÔT.

Officiers. — Capitaine, un; lieutenant, un; sous-lieutenant, un. — Total, trois.

Troupe. — Sergent-major, un; sergens, deux; caporal-fourrier, un; caporaux, quatre; tambour, un. — Total, neuf.

COMPAGNIE D'ÉCLAIREURS.

Officiers. — Lieutenant, un; sous-lieutenant, un. — Total, deux.

Troupe. — Maréchal-des-logis chef, un ; maréchaux-des-logis, deux; brigadier-fourrier, un; brigadiers, quatre; éclaireurs, trente-six; trompettes, deux. — Total, quarante-six.

COMPAGNIE D'ARTILLERIE.

Officiers. — Capitaine en second, commandant la compagnie, un; lieutenant en second, un. — Total, deux.

---

(1) Cette dernière ordonnance rétablit les *régimens.*

Troupe. — Sergent-major, un; sergens, quatre; caporal-fourrier, un; caporaux, quatre; artificiers, quatre; ouvriers, dont un en fer et un en bois, deux; canonniers de première classe, huit; de deuxième classe, vingt; tambours, deux. — Total, quarante-six.

Ainsi la force de chaque légion sera de seize cent quatre-vingt sept hommes, dont cent trois officiers et quinze cent quatre-vingt-quatre sous-officiers et soldats.

TITRE II. Licenciement des régimens d'infanterie de ligne et légère.

9. Notre ministre secrétaire d'Etat au département de la guerre désignera des officiers généraux ou supérieurs pour opérer le licenciement des régimens d'infanterie de ligne et légère actuellement existans.

10. Afin de procéder régulièrement à ce licenciement, le colonel ou commandant de chaque corps ou portion de corps fera dresser deux états nominatifs distincts, pour chaque département, des militaires employés sous ses ordres.

Un de ces états sera particulier aux officiers, l'autre aux sous-officiers et soldats.

Les étrangers et les militaires sans domicile fixe devront désigner le département dans lequel ils auront l'intention de concourir à l'organisation des légions; ils seront en conséquence portés sur l'état de ce département.

11. Le conseil d'administration fera, en même temps, établir le relevé des services et le décompte de chaque officier, sous-officier et soldat. S'il n'y a pas suffisamment de fonds en caisse pour réaliser les paiemens, chaque militaire recevra, avec le relevé de ses services, le certificat de non-paiement.

12. Le conseil d'administration de chaque régiment licencié, ainsi que le quartier-maître et le capitaine d'habillement, seront provisoirement conservés pour la garde des archives, de la caisse et des effets en magasin, pour la reddition des comptes et les renseignemens à fournir.

13. Les officiers, sous-officiers et soldats d'un même département, formeront un détachement qui sera commandé par l'officier le plus élevé en grade, et, dans ce grade, le plus ancien.

Chaque détachement, s'il est au-dessus de vingt hommes, sera nécessairement commandé par un officier. Ceux de moindre force seront commandés par un sous-officier ou caporal.

Les détachemens seront traités pendant la route comme troupes en marche.

Les sous-officiers et soldats emporteront leurs effets d'habillement équipement et armement. Notre ministre secrétaire d'Etat de la guerre prendra les mesures nécessaires pour la conservation de ces effets.

TITRE III. Examen, lors de l'arrivée au chef-lieu de chaque département, des militaires provenant des régimens licenciés.

SECTION Ire. *Dispositions relatives aux officiers.*

14. A leur arrivée au chef-lieu de chaque département, les officiers se présenteront au général commandant le département.

Le général les passera en revue, et accordera à ceux qui le demanderont une permission de deux mois, avec jouissance de solde de semestre.

Ceux qui ne témoigneront pas le désir de jouir de ces permissions resteront au chef-lieu du département, où ils continueront à recevoir le traitement d'activité de leur grade.

SECTION II. Dispositions relatives aux sous-officiers et soldats.

15. Un conseil réuni au chef-lieu du département, et composé :

Du préfet, président,
Du général commandant le département,
Du capitaine de gendarmerie,
examinera les sous-officiers et soldats des régimens licenciés, à l'arrivée successive de chaque détachement au chef-lieu.

16. Le conseil d'examen accordera des congés de réforme :

1° Aux militaires qui, à raison de leurs infirmités, lui paraîtront impropres au service;
2° A ceux qui ont moins d'un mètre quatre cent soixante-onze millimètres (quatre pieds onze pouces).

Ce conseil fera délivrer des congés absolus, s'ils en réclament :

1° Aux militaires ayant huit ans de service et au-delà;
2° Aux militaires actuellement mariés;
3° A ceux qui sont les indispensables soutiens de leur famille.

17. Les militaires dont le conseil d'examen aura prononcé la réforme, ou auxquels il sera accordé des congés absolus, seront renvoyés dans leurs foyers.

18. Les militaires qui prétendront avoir droit à des récompenses adresseront leurs réclamations au général commandant le département, qui les remettra à l'inspecteur général au moment de l'organisation, afin que ce dernier puisse faire à leur égard les propositions convenables. S'ils n'ont pas, dans leur domicile, de moyens d'existence, ils seront placés dans les compagnies provisoires.

19. Les militaires jugés par le conseil d'examen non susceptibles de réforme ou de congé absolu sont destinés à entrer dans la légion départementale. Le général commandant le département accordera à ceux de ces militaires qui le demanderont une permission de deux mois, avec solde de semestre.

Les sous-officiers et soldats qui ne voudront point participer à la délivrance des permissions de deux mois seront formés, au chef-lieu du département, en compagnies provisoires, auxquelles on attachera les enfans de troupe que leurs pères n'emmèneront point avec eux.

Ces compagnies seront mises provisoirement sous le commandement des officiers restés au chef-lieu.

20. Les sous-officiers et soldats des compagnies provisoires jouiront de la solde et des fournitures accordées aux troupes en station.

TITRE IV. Organisation des légions départementales.

Dispositions principales.

21. Notre ministre secrétaire d'État au département de la guerre nous présentera les officiers généraux ou supérieurs qu'il conviendra de charger de l'organisation des légions départementales.

Il nous présentera également les colonels, lieutenans-colonels, chefs de bataillon et majors qui devront faire partie de ces légions.

L'organisation des légions s'opère au chef-lieu de chaque département.

SECTION Ire. Choix des officiers.

22. Les officiers susceptibles de concourir à la formation des légions sont,

Tous les Français qui ont servi dans le grade d'officier qui ne sont pas démissionnaires ou en retraite, ou qui n'entreront pas dans l'organisation de la garde royale.

23. L'inspecteur général examinera tous les officiers qui désirent concourir à l'organisation, et fera, sur chacun d'eux, un rapport spécial, ainsi qu'il sera expliqué dans les instructions de notre ministre secrétaire d'État au département de la guerre.

24. L'inspecteur général fera des propositions de solde de retraite pour les officiers qui y auront droit, comme il suit :

Les officiers supérieurs seront susceptibles d'être admis à la retraite à vingt-cinq ans de service effectif; à trente ans, ils y seront de droit et sans exception.

Les officiers inférieurs seront susceptibles d'être admis à la retraite à vingt ans de service effectif; à vingt-cinq ans, ils y seront placés de droit et sans exception.

Les officiers de tout grade qui ont cinquante ans d'âge auront de droit leur retraite, quelle que soit d'ailleurs leur ancienneté de service. (Cette disposition s'applique aux officiers, depuis le grade de sous-lieutenant jusqu'à celui de chef de bataillon exclusivement).

Les officiers admis à la retraite par l'effet de la nouvelle organisation jouiront du *maximum* de la retraite de leur grade.

L'inspecteur général recevra la démission pure et simple des officiers qui voudront la donner.

Il proposera pour la non-activité et la jouissance des quatre cinquièmes de solde, à moins d'ordres contraires de notre part, les officiers nés en pays étrangers : s'il en est parmi eux qui désirent retourner dans leur pays, il proposera, pour ces derniers, une récompense proportionnée à la durée de leur service.

Tous ces officiers seront renvoyés dans leur domicile : ceux en retraite y jouiront sur-le-champ de la solde de retraite qui leur est accordée.

On se conformera au surplus, pour les autres cas dans lesquels la solde de retraite peut être accordée, aux dispositions de notre ordonnance du 1er de ce mois.

25. L'inspecteur général s'occupera ensuite du choix des officiers destinés à former les cadres de la légion; il placera les plus capables sous le double rapport de la moralité et de l'instruction.

A mérite égal, l'ancienneté de grade déterminera les choix.

Les officiers ne pourront prétendre qu'au grade dont ils étaient pourvus au 20 mars dernier, à moins qu'ils ne justifient que nous leur avons accordé de l'avancement depuis cette époque.

26. L'inspecteur général ne nous proposera cependant, en premier lieu, que la moitié des officiers nécessaires pour remplir les cadres; les officiers non choisis par l'inspecteur général rentreront dans leur domicile, pour y jouir des quatre cinquièmes de solde de la dernière classe de leur grade.

Les officiers supérieurs jouiront de la demi-solde.

Les officiers non employés seront susceptibles d'être admis aux emplois qui viendront à vaquer dans les légions départementales, d'après les bons témoignages qui nous seront parvenus sur leur compte.

27. Si le choix de l'inspecteur général, pour remplir les fonctions de trésorier, se fixe sur un officier déjà quartier-maître d'un conseil d'administration provisoirement conservé, l'officier payeur de la légion remplira, jusqu'à l'installation du quartier-maître, les fonctions de trésorier.

28. Le choix des officiers appelés à commander la compagnie d'éclaireurs et celle d'artillerie sera fait, d'après les principes posés ci-dessus, par l'inspecteur général, parmi les officiers de cavalerie et d'artillerie domiciliés dans le département; mais ils ne seront placés en activité que lorsque nous donnerons des ordres à cet effet.

29. Le choix ou le classement des officiers, arrêté par l'inspecteur général, ne sera définitif que lorsque notre ministre secrétaire d'Etat au département de la guerre aura fait connaître que nous y avons donné notre approbation.

SECTION II. Incorporation définitive des sous-officiers et soldats des compagnies provisoires, et de ceux qui ont obtenu des permissions de deux mois.

30. A l'époque qui sera indiquée par l'inspecteur général, les sous-officiers et soldats porteurs de permissions de deux mois seront convoqués au chef-lieu par le général commandant le département.

31. L'inspecteur général procédera à la formation des différentes compagnies des deux bataillons d'infanterie de ligne et du bataillon de chasseurs à pied de la légion, en y plaçant, suivant le genre de service que chacun aura déjà fait ou auquel il sera reconnu propre, les sous-officiers et soldats formant les compagnies provisoires, et les militaires rentrés de permission.

Si l'effectif des hommes est plus considérable que les besoins, ceux qui formeront l'excédant seront provisoirement renvoyés dans leurs foyers, à l'exception de ceux qui n'y auraient pas de moyens d'existence.

32. Si, lors de l'incorporation, quelques militaires sont jugés hors d'état de servir, l'inspecteur général les réformera.

Il se fera en même temps présenter ceux qui auront demandé des récompenses; il s'assurera des droits qu'ils peuvent avoir à les obtenir, et il fera les propositions convenables à cet effet; il réformera simplement ceux dont les réclamations ne seraient pas fondées.

33. Les enfans de troupe, quel qu'en soit le nombre, seront tous conservés dans l'organisation de la légion; mais, à l'avenir, il ne devra y en avoir que deux par compagnie.

TITRE V. Rappel des hommes destinés à compléter les légions.

34. Les militaires rentrés dans le département, et qui ne sont porteurs d'aucun titre légal qui les dispense du service, seront convoqués par le préfet, pour comparaître devant le conseil d'examen, en même temps que les sous-officiers et soldats dont il est fait mention à l'article 30 ci-dessus.

Le conseil d'examen prononcera sur ces hommes, conformément aux dispositions des articles 16, 17 et 19 de la présente ordonnance.

35. Les hommes que le conseil d'examen aura jugés en état de servir entreront dans la légion du département, jusqu'à concurrence du complet.

Ceux d'entre eux qui excéderont le complet de la légion seront renvoyés dans leurs foyers; ils pourront servir, d'après la répartition qui sera faite par notre ministre secrétaire d'Etat au département de la guerre, à compléter les légions des départemens voisins.

Les militaires dont il est question à l'article 32 sont aussi destinés à ce recomplétement.

36. Les hommes qui n'obéiront pas aux convocations dans les délais fixés seront considérés et poursuivis comme déserteurs.

TITRE VI. Dispositions générales.

37. Les compagnies, à l'exception de celles de grenadiers et de voltigeurs, d'éclaireurs et d'artillerie, prendront le nom de leurs capitaines.

38. La solde, les indemnités et les masses seront payées conformément à ce qui est prescrit par les réglemens.

La compagnie d'éclaireurs jouira de celles accordées aux régimens de chasseurs, et la compagnie d'artillerie, de celles accordées aux régimens d'artillerie à pied.

39. L'administration et la comptabilité seront provisoirement établies d'après les bases fixées par les réglemens en vigueur.

Le conseil d'administration sera composé ainsi qu'il est prescrit par l'ordonnance du 20 janvier 1815, ayant en outre le lieutenant-colonel. Le major rapporteur ne prendra rang qu'après le chef de bataillon.

Lorsqu'il y aura partage de voix dans les délibérations, celle du président sera prépondérante.

40. Il y aura un drapeau par légion, et un fanon par bataillon. Notre ministre secrétaire d'Etat au département de la guerre nous présentera le modèle de drapeau, dont le fond sera blanc, portant l'écusson de France et la désignation de la légion.

Nous nous réservons de fixer l'époque à laquelle les drapeaux seront distribués.

41. Des réglemens particuliers auront pour objet:

1° De fixer le rang des officiers et sous-officiers, pour les mettre en harmonie avec la formation actuelle;

2° De déterminer l'uniforme et les distinctions de chaque légion;

3° D'établir le mode d'avancement aux différens grades.

42. Nos ministres de la guerre et des finances sont chargés de l'exécution de la présente ordonnance.

---

4 AOUT 1815. — Ordonnance du Roi qui annulle le décret du 1er mai dernier, relatif à la réunion de l'Institut, de l'école des beaux-

arts et de la bibliothèque Mazarine sous une seule et même administration. (Mon. n° 218)

Art. 1er. Le décret du 1er mai dernier, relatif à la réunion de l'Institut, de l'école des beaux-arts et de la bibliothèque Mazarine, sous une et même administration, est annulé.

2. Les choses seront entièrement rétablies sur le pied où elles étaient avant ce décret, et la bibliothèque Mazarine, l'école des beaux-arts, l'Institut, auront chacun leurs fonds et leur administration distincts et séparés.

4 AOUT 1815. — Ordonnance du Roi portant nomination du président du collége électoral du département du Haut-Rhin, et des présidens des colléges électoraux des arrondissemens de Bellay et Saumur. (7, Bull. 9, n° 46.)

4 AOUT 1815. — Ordonnance du Roi qui nomme M. le comte de Dienne secrétaire général de la préfecture de police, en remplacement du chevalier Piis, démissionnaire. (7, Bull. 19, n° 90.)

7 = Pr. 11 AOUT 1815. — Ordonnance du Roi qui annulle toute disposition et aliénation que des donataires auraient faites ou tenteraient de faire au préjudice du droit de retour assuré au domaine extraordinaire par les titres constitutifs des dotations et majorats. (7, Bull. 12, n° 55.)

Louis, etc.

Sur le compte qui nous a été rendu qu'un prétendu décret du 21 juin dernier, en contradiction avec les actes constitutifs des majorats, en avait autorisé l'aliénation, nous avons reconnu la nécessité de maintenir l'exécution des divers actes antérieurs, et de prévenir ou annuler toute disposition et aliénation que des donataires auraient pu faire ou tenteraient de faire au préjudice du droit de retour appartenant au domaine extraordinaire d'après les conditions mêmes stipulées dans les titres et contrats de dotation;

Sur le rapport de notre ministre secrétaire d'Etat des finances,

Nous avons ordonné et ordonnons ce qui suit :

Art. 1er. Toute aliénation de biens immobiliers, tout transfert de rentes ou d'actions quelconques, enfin toute disposition qui aurait pu être faite à quelque titre que ce soit par les donataires, en vertu de prétendus décrets des 13 et 21 juin dernier, et de l'arrêté de la commission de Gouvernement en date du 28 du même mois, sont et demeurent annulés, comme contraires aux actes et titres constitutifs des majorats, et notamment l'article 29 de l'acte du 30 janvier 1810.

2. En conséquence, toutes les rentes, ins-

criptions ou actions comprises en dotation continueront d'être immobilisées; toutes les inscriptions hypothécaires qui ont été prises sur les immeubles pour sûreté des droits du domaine extraordinaire ne pourront être radiées, et celles qui l'auraient été seront prises d'office par les conservateurs des hypothèques;

3. Les rentes et actions dont il aurait été disposé au préjudice du droit de retour appartenant au domaine extraordinaire devront être rétablies par le donataire dans le délai de trois mois, à peine de toute poursuite, dommages et intérêts, sur ses biens personnels.

4. Les biens immeubles affectés à des dotations, et dont il aurait été disposé par vente ou hypothèque, au mépris de leur origine et de leur affectation publique, rentreront sous le régime des dotations, libres de toute charge, sauf les droits et recours des tiers-acquéreurs et créanciers sur le donataire.

5. Notre ministre des finances est chargé de l'exécution de la présente ordonnance.

7 AOUT 1815. — Ordonnance du Roi qui nomme les présidens des colléges des départemens du Calvados, Drôme, Hérault, Nièvre, Saône-et-Loire et Seine-et-Oise (7, Bull. 11, n° 52)

8 = Pr. 22 AOUT 1815. — Ordonnance du Roi qui assujétit tous les journaux à une nouvelle autorisation du ministre de la police générale, et soumet tous les écrits périodiques à l'examen d'une commission. (7, Bull. 16, n° 70.)

Voy. la loi du 21 OCTOBRE 1814, et les notes sur cette loi. *Voy.* ordonnance du 14 AOUT 1815; lois des 28 FÉVRIER et 30 DÉCEMBRE 1817, et 9 JUIN 1819.

Art. 1er. Toutes les autorisations données jusqu'à ce jour aux journaux, de quelque nature qu'ils soient, sont révoquées, et aucuns desdits journaux ne pourront paraître, s'ils ne reçoivent une nouvelle autorisation de notre ministre de la police générale, avant le 10 août prochain, pour les journaux de Paris, et avant le 20 août prochain, pour ceux des départemens.

2. Tous les écrits périodiques seront soumis à l'examen d'une commission dont les membres seront nommés par nous, sur la présentation de notre ministre de la police générale.

3. Notre ministre de la police générale est chargé de l'exécution de la présente ordonnance.

9 = Pr. 10 AOUT 1815. — Ordonnance du Roi qui autorise les préfets à déterminer, de concert avec les présidens des colléges électoraux, les lieux où, par suite des événemens de la

guerre, il sera nécessaire de tenir les prochaines assemblées électorales. (7, Bull. 11, n° 51)

Louis, etc.

Sur le compte qui nous a été rendu que, dans quelques départemens, les événemens de la guerre pourraient apporter des difficultés à la tenue de colléges électoraux, convoqués par notre ordonnance du 13 juillet, dans les mêmes lieux qui leur ont été précédemment assignés,

Nous avons ordonné et ordonnons ce qui suit :

Art. 1er. Les préfets sont autorisés à déterminer, de concert avec les présidens des colléges électoraux, les lieux où, par suite des événemens de la guerre, il sera nécessaire de tenir les prochaines assemblées électorales.

2. Notre ministre de la justice, ayant provisoirement le portefeuille de l'intérieur, est chargé de l'exécution de la présente ordonnance.

9 AOUT 1815. — Ordonnance du Roi qui permet au sieur Delaplace d'ajouter à son nom celui de Gérardin. (7, Bull. 14, n° 64.)

9 AOUT 1815. — Ordonnance du Roi qui autorise le sieur Christiany à se faire naturaliser dans le duché de Nassau. (7, Bull. 14, n° 65.)

9 AOUT 1815. — Ordonnance du Roi qui accorde des lettres de déclaration de naturalité aux sieurs Carlom frères. (7, Bull. 14, n° 66.)

9 AOUT 1815. — Ordonnance du Roi qui admet les sieurs Harteley et Estienne à établir leur domicile en France. (7, Bull. 14, n° 67.)

10 = Pr. 17 AOUT 1815. — Ordonnance du Roi concernant le papier timbré qui ne porterait pas le type royal. (7, Bull. 14, n° 58.)

Art. 1er. Vingt jours après la publication de la présente, il ne pourra plus être fait usage d'aucun papier timbré qui ne porterait pas le type royal, conformément à notre ordonnance du 11 novembre 1814.

2. Les administrations publiques et tous particuliers à qui il resterait des papiers timbrés à l'extraordinaire depuis le 1er mai dernier, seront admis, dans le même délai, à les faire contre-timbrer sans frais.

10 = Pr. 17 AOUT 1815. — Ordonnance du Roi portant dissolution de l'équipage des marins de la garde, organisé en conformité d'un acte du 5 mai 1815. (7, Bull. 14, n° 59.)

Art. 1er. Le nouvel équipage des marins de la garde, organisé en conformité d'un acte du 6 mai dernier, est dissous.

La comptabilité en sera arrêtée au 15 août.

2. Les officiers appartenant actuellement à ce corps rentreront dans la situation où ils se trouvaient placés avant l'acte du 6 mai.

10 = Pr. 17 AOUT 1815. — Ordonnance du Roi qui déclare nulles les nominations et promotions faites dans le département de la marine par le Gouvernement usurpateur, et contient des dispositions relatives aux officiers militaires et civils de ce département. (7, Bull. 14, n° 60.)

Louis, etc.

Considérant que, pendant la durée d'un pouvoir usurpé, les mesures que nous avions adoptées pour la composition de notre marine ont éprouvé des modifications également contraires aux vrais intérêts du corps et aux principes d'une juste économie; qu'indépendamment des nominations ou promotions qui ont été faites, un grand nombre d'officiers dont l'activité avait précédemment cessé ont été rappelés au service sans utilité pour les armemens, et sont rentrés, avec la totalité de leurs traitemens, à la charge de l'Etat; considérant aussi que les officiers connus par leur attachement à notre personne ont été privés des emplois que nous leur avions accordés; voulant déterminer les droits des officiers militaires et civils du département de la marine, dans les différentes positions où ils se trouvent; vu notre ordonnance du 29 juillet, rendue d'après les propositions du ministre des finances; vu également nos ordonnances du 1er août, spécialement applicables au département de la guerre.

Sur le rapport de notre ministre secrétaire d'Etat de la marine et des colonies.

Nous avons ordonné et ordonnons ce qui suit :

TITRE Ier. Des nominations, promotions et confirmations.

Art. 1er. Les nominations ou promotions faites dans le département de la marine par le Gouvernement usurpateur sont déclarées nulles et non avenues.

Les officiers et autres qui, n'étant pas déjà entretenus au service, ont obtenu, pendant notre absence, des grades ou emplois, n'auront droit qu'à l'indemnité de route pour retourner dans leurs foyers.

Les officiers militaires et civils promus à de nouveaux grades pendant l'usurpation ne pourront être portés sur les états que pour le traitement du grade dont ils étaient précédemment pourvus: néanmoins les paiemens déjà effectués ne pourront donner lieu à aucune retenue.

2. A compter du 1er juillet de la présente

année, les officiers de vaisseau nommés à prendre rang seront considérés comme pourvus définitivement des grades que nous leur avions conférés, et ils auront droit aux émolumens de ces grades.

3. Les officiers militaires et civils de la marine en activité au 20 mars qui, depuis cette époque et jusqu'au 8 juillet, ont été appelés à remplir des fonctions comportant un traitement supérieur à celui de leur grade, n'auront droit, pour ce qui resterait encore à leur solder, qu'au traitement dudit grade, sans supplément ni indemnité de quelque nature que ce puisse être.

Nous exceptons toutefois de cette disposition ceux que nous aurions maintenus dans les fonctions qui leur avaient été attribuées.

4. Sont déclarés nuls et non avenus tous actes de confirmation appliqués à des nominations ou promotions faites par nous antérieurement au 20 mars, dans le département de la marine.

TITRE II. Des officiers rappelés à l'activité.

5. Les officiers militaires et civils de la marine, quel que soit leur grade, qui, au 1er mars 1815, jouissaient du traitement de réforme, de la solde de retraite ou de demi-solde, et dont le rappel à l'activité a été postérieurement ordonné, rentreront dans la situation où ils se trouvaient à ladite époque du 1er mars, nonobstant les dispositions de l'arrêté ministériel du 14 du même mois.

6. Lesdits officiers rappelés au service actif pendant l'usurpation ne pourront prétendre au paiement du traitement d'activité qui ne leur aura pas été soldé au moment de la publication de la présente ordonnance; ils n'auront droit, suivant leurs positions respectives, qu'au traitement de réforme, à la solde de retraite, ou à la demi-solde, depuis l'époque à laquelle ils auront cessé de toucher leur traitement d'activité: mais ils pourront, cette fois seulement, et sans tirer à conséquence, recevoir l'indemnité de route pour retourner dans leurs foyers.

7. Quant à ceux des officiers rappelés pendant le même temps, sans avoir reçu d'activité, leur rappel sera considéré comme non avenu, et ils n'auront droit qu'à l'indemnité de route.

8. Sont exceptés des dispositions du présent titre les officiers militaires et civils qui, depuis le 8 juillet 1815, auraient reçu de notre ministre de la marine des ordres de service.

TITRE III. Des officiers éliminés.

9. Les officiers civils et militaires de la marine qui étaient en activité de service à l'époque du 20 mars dernier, et qui n'ont point servi pendant notre absence; ceux qui, par suite de leur attachement à notre personne, ont été destitués ou rayés des listes, seront rappelés du traitement d'activité de leur grade, sans supplément ni indemnité.

10. Les officiers militaires et civils de la marine en inactivité à la même époque, qui se trouvent dans les cas prévus par l'article précédent, seront également rappelés de leur traitement d'inactivité.

11. Ne sont pas compris dans les dispositions des art. 9 et 10 les officiers militaires et civils de la marine admis ou rappelés à la retraite depuis le 20 mars dernier, et qui sont l'objet d'une ordonnance spéciale de ce jour.

12. Les officiers et autres entretenus du département de la marine qui nous ont accompagné, et qui ont reçu des destinations d'après nos ordres, auront droit, jusqu'au 1er août, à la moitié du traitement qui leur avait été réglé. A partir de cette époque, ils se trouveront dans la position où ils étaient au 20 mars, et ils jouiront des allocations que cette position comportait.

Les officiers et autres personnes qui, n'étant pas portés sur les états de la marine au 20 mars, ont reçu depuis, d'après nos ordres, des commissions provisoires, recevront, avec le décompte de leur traitement jusqu'à ladite époque du 1er août, l'indemnité de route pour retourner dans leurs foyers.

TITRE IV. Dispositions générales.

13. Notre ministre secrétaire d'Etat de la marine prendra des mesures pour que les rappels de traitement qui devront avoir lieu en exécution de la présente ordonnance ne s'opèrent que successivement.

14. Les officiers militaires et civils qui, ayant donné leur démission pendant notre absence, demanderaient à reprendre du service, seront l'objet d'un rapport particulier, que nous présentera le ministre secrétaire d'Etat de la marine.

15. Sont exceptés des dispositions de la présente ordonnance relative aux traitemens et indemnités les individus qui, en exécution d'une autre ordonnance du 29 juillet, doivent être rayés des états de la marine.

16. Nos ministres de la marine et des finances sont chargés de l'exécution de la présente ordonnance.

10 AOUT 1815. — Ordonnance du Roi qui rétablit, dans le département de la marine, les pensions, soldes de retraite et traitemens de réforme, tels qu'ils étaient avant le 20 mars 1815, et annulle ceux réglés depuis cette époque jusqu'au 7 juillet de la même année. (7, Bull. 16, n° 77.)

10 AOUT 1815. — Ordonnance du Roi qui nomme M. Lachadenède à la préfecture de la Moselle. (7, Bull. 14, n° 61.)

12 AOUT 1815. — Ordonnance du Roi qui nomme M. de Bouthillier à la préfecture du Bas-Rhin. (7, Bull. 14, n° 62.)

12 AOUT 1815. — Ordonnance du Roi qui nomme M. d'Humières président du collége électoral du département du Cantal. (7, Bull. 14, n° 63.)

14 = Pr. 22 AOUT 1815. — Ordonnance du Roi qui prescrit le prompt désarmement des forts maritimes et batteries des côtes du royaume. (7, Bull. 16, n° 71.)

Louis, etc.

Sur le compte qui nous a été rendu par notre ministre secrétaire d'Etat au département de la guerre que les forts et batteries des côtes de notre royaume avaient été armés, et qu'il avait été organisé, pour le service de ces batteries, cinquante compagnies de canonniers garde-côtes, et dix compagnies de canonniers sédentaires; considérant que cet armement est sans objet, et que ces soixante compagnies de garde-côtes sont inutiles,

Nous avons ordonné et ordonnons ce qui suit :

Art. 1er. Les directeurs d'artillerie feront procéder sur-le-champ au désarmement des forts maritimes et batteries des côtes de leurs arrondissemens respectifs.

2 Les bouches à feu, affûts, poudres, projectiles, armement, etc., seront rentrés dans les magasins de l'artillerie par les compagnies de canonniers garde-côtes.

3. Ce désarmement devra être totalement effectué le 15 septembre prochain, époque où les compagnies de canonniers garde-côtes et les compagnies de canonniers sédentaires seront licenciées.

4. Notre ministre de la guerre est chargé de l'exécution de la présente ordonnance.

14 = Pr. 22 AOUT 1815. — Ordonnance du Roi qui nomme les membres de la commission instituée par l'article 2 de l'ordonnance du 8 août du présent mois, relative aux journaux et écrits périodiques. (7, Bull. 16, n° 72.)

Louis, etc.

Vu l'art. 2 de notre ordonnance du 8 de ce mois, relative aux journaux et écrits périodiques;

Sur la présentation de notre ministre secrétaire d'Etat au département de la police générale,

Nous avons nommé et nommons membres de la commission instituée par l'article 2 de la susdite ordonnance, les sieurs Fiévée, de Torcy, Pellenc, Auger et Mutin.

Notre ministre de la police générale est chargé de l'exécution de la présente ordonnance.

14 AOUT 1815. — Ordonnance du Roi qui nomme le sieur Foudras inspecteur général de police dans le ressort de la préfecture de police, sous les ordres immédiats du ministre de la police. (7, Bull. 19, n° 91.)

14 AOUT 1815. — Ordonnance du Roi qui nomme le sieur de Senneville lieutenant de police à Lyon. (Mon. n° 232.)

15 = Pr. 18 AOUT 1815. — Ordonnance du Roi qui maintient provisoirement l'organisation des académies, et la taxe du vingtième des frais d'études établie par le décret du 17 mars 1808, et charge une commission d'exercer, sous l'autorité du ministre de l'intérieur, les pouvoirs attribués au grand-maître et autres officiers de l'Université. (7, Bull. 15, n° 68.)

Voy. notes sur le décret du 17 MARS 1808, et sur l'ordonnance du 17 FÉVRIER 1815. *Voy.* aussi ordonnance du 21 DÉCEMBRE 1820.

Louis, etc.

Notre ordonnance du 17 février dernier n'ayant pu être mise à exécution, et les difficultés des temps ne permettant pas qu'il soit pourvu aux dépenses de l'instruction publique ainsi qu'il avait été statué par notre ordonnance susdite; voulant surseoir à toute innovation importante dans le régime de l'instruction, jusqu'au moment où des circonstances plus heureuses, que nous espérons n'être pas éloignées, nous permettront d'établir par une loi les bases d'un système définitif,

Nous avons ordonné et ordonnons ce qui suit :

Art. 1er. L'organisation des académies est provisoirement maintenue.

2. La taxe du vingtième des frais d'études, établie par le décret du 17 mars 1808, continuera d'être perçue à dater du 7 juillet dernier, jusqu'à ce qu'il en ait été autrement ordonné; le recouvrement de l'arriéré dû le 17 février dernier sera poursuivi conformément aux décrets et réglemens.

3. Les pouvoirs attribués au grand-maître et au conseil de l'Université, ainsi qu'au chancelier et au trésorier, seront exercés, sous l'autorité de notre ministre secrétaire d'Etat au département de l'intérieur, par une commission de cinq membres, laquelle prendra le titre de *Commission de l'instruction publique.*

4. Elle régira les biens et percevra les droits, rentes et revenus qui formaient la dotation de l'Université.

5. La présence de trois membres au moins sera nécessaire pour la validité de ses actes.

6. Le président de la commission délivrera les diplômes et ordonnoncera les traitemens et pensions, conformément aux états arrêtés par la commission.

7. Les dénommés en notre ordonnance du 21 février dernier rempliront les fonctions d'inspecteurs généraux des études.

8. Nous avons nommé et nommons membres de la commission de l'instruction publique :

Les sieurs Royer-Collard, conseiller d'Etat et conseiller au conseil royal de l'instruction publique, président de la commission ;

Cuvier, conseiller d'Etat et conseiller au conseil royal de l'instruction publique ;

Le baron Silvestre de Sacy, membre de l'Institut, professeur au collége royal, recteur de l'université de Paris ;

L'abbé Frayssinous, inspecteur général des études ;

Guéneau de Mussy, ancien inspecteur général des études.

Le sieur Petitot, inspecteur de l'Université de Paris, est nommé secrétaire général de ladite commission.

9. Le sieur Ampère est nommé inspecteur général des études, en remplacement de l'abbé Frayssinous, nommé membre de la commission de l'instruction publique.

10. Notre garde-des-sceaux, ministre de la justice, chargé par *intérim* du porte-feuille de l'intérieur, est chargé de l'exécution de la présente ordonnance.

15 = Pr. 22 AOUT 1815. — Ordonnance du Roi qui fixe le nombre des aides-de-camp attribué à MM. les maréchaux de France, les lieutenans généraux et les maréchaux-de-camp. (7, Bull. 16, n° 73.)

Voy. ordonnances du 6 MAI 1818, tit. IV; des 22 JUILLET et 2 AOUT 1818.

Louis, etc.

Considérant que l'économie dans les dépenses exige que le nombre des aides-de-camp soit fixé ainsi qu'il l'était au 20 mars dernier.

Sur le rapport de notre ministre secrétaire d'Etat de la guerre;

Nous avons ordonné et ordonnons ce qui suit :

Art. 1er. Le nombre des aides-de-camp est fixé, savoir :

Pour MM. les maréchaux de France, indépendamment d'un adjudant-commandant employé près de leur personne,

A un colonel, un chef d'escadron ou de bataillon, deux capitaines ou deux lieutenans ;

Pour MM. les lieutenans généraux, à un chef d'escadron ou de bataillon, un capitaine ou un lieutenant;

Pour MM. les maréchaux-de-camp, à un capitaine ou un lieutenant.

2. Notre ministre de la guerre est chargé de l'exécution de la présente ordonnance.

15 = Pr. 22 AOUT 1815. — Ordonnance du Roi qui prescrit la levée de l'état de siége de toutes les places des neuf divisions militaires y désignées. (7, Bull. 16, n° 74.)

Voy. note sur l'article 14 de la Charte.

Art. 1er. L'état de siége de toutes les places des 8e, 9e, 10e, 11e, 12e, 13e, 14e, 15e, et 18e divisions militaires est levé.

2. Nos ministres de la guerre et de l'intérieur sont chargés de l'exécution de la présente ordonnance.

15 AOUT 1815. — Ordonnance du Roi qui nomme M. Kersaint préfet du département de la Meurthe. (7, Bull. 16, n° 75.)

16 = Pr. 22 AOUT 1815. — Ordonnance du Roi qui prescrit la perception, à titre de réquisition de guerre, d'une contribution extraordinaire de cent millions, dans les proportions déterminées pour chaque département par l'état y annexé. (7, Bull. 15, n° 69.)

Voy. loi du 28 AVRIL 1816, art. 4, et ordonnance du 29 MAI 1816.

Louis, etc.

L'attentat commis sur la France a forcé les puissances étrangères à y faire entrer leurs armées pour atteindre l'ennemi de leur sûreté. Elles occupent notre territoire : ces maux auraient été prévenus, si notre voix eût été mieux écoutée. Mais loin de notre cœur toute récrimination! Les souffrances de nos peuples ne nous permettent de songer qu'à les adoucir, en attendant le moment peu éloigné qui doit y mettre un terme. Les circonstances sont telles, que nous n'avons pas le choix des moyens; nous avons dû nous arrêter à celui qui nous a paru présenter le moins d'inconvéniens, et être le plus propre à soulager ceux de nos sujets qui ont le plus souffert, en appelant à partager leurs charges ceux sur lesquels les réquisitions ont moins porté.

Nous nous sommes déterminés à établir provisoirement une contribution extraordinaire, répartie sur les divers départemens en proportion de leurs ressources, espérant que, quelque pesans que soient ces sacrifices, ils le seront moins que le maintien d'un régime sans calculs et sans règles.

Plein de confiance dans le patriotisme des principaux négocians, propriétaires et capitalistes, nous désirons les associer à notre sollicitude, pour le soulagement de leurs compatriotes ruinés par les événemens, sans prétendre pourtant que les sommes qu'ils paieront au-delà de leur part contributive restent définitivement à leur charge, et ne considérant ces excédans que comme des prêts faits pour donner à la perception extraordinaire une accélération proportionnée à l'urgence des besoins.

Considérant que le mal, qui s'accroît chaque jour, ne nous permet pas d'attendre la réunion des deux Chambres pour concerter avec elles les mesures qu'il nous commande :

A ces causes,

Nous avons ordonné et ordonnons ce qui suit :

Art. 1er. Il sera levé extraordinairement et versé au Trésor royal, comme réquisition de guerre, une somme de cent millions sur les départemens, et dans les proportions déterminées par l'état ci-joint.

2. Il sera ajouté au contingent de chaque département un fonds de non-valeurs de dix centimes par franc, au moyen duquel la totalité de ce contingent devra rentrer au Trésor.

3. La somme qui, sur ce fonds de non-valeurs, restera disponible, appartiendra au département, et sera employée à ses dépenses particulières. Dans le cas où le produit des dix centimes ne couvrirait pas les non-valeurs, la différence serait de nouveau répartie sur le département.

4. Le préfet prononcera sur les non-valeurs, d'après l'avis du sous-préfet, et sur le rapport du directeur des contributions directes.

5. La charge extraordinaire dont il s'agit sera provisoirement supportée par les principaux capitalistes, patentables et propriétaires de chaque département.

6. Il sera statué par le pouvoir législatif, à la prochaine session des deux Chambres, sur le mode d'une répartition définitive de cette contribution de guerre, et du remboursement des sommes qui auraient été payées au-delà du contingent définitif.

7. Pour déterminer la somme à fournir par chaque capitaliste, patentable et propriétaire, il sera formé auprès de chaque préfet un comité composé :

Du maire du chef-lieu du département,

Du receveur général,

De cinq membres choisis par le préfet dans le conseil général, dans le conseil de préfecture, et parmi les principaux propriétaires et capitalistes.

Pourront être appelés par le préfet et prendre part aux délibérations les directeurs des contributions directes et indirectes et de l'enregistrement.

8. Ce comité sera chargé :

1° De répartir entre les différens arrondissemens le contingent qui est assigné au département ;

2° De procéder, pour l'arrondissement du chef-lieu, à la répartition individuelle entre les principaux capitalistes, patentables et propriétaires.

9. Pour la répartition individuelle du contingent des autres arrondissemens il sera formé un comité particulier, composé du sous-préfet, d'un membre du conseil de l'arrondissement et de deux notables habitans, tous trois désignés par le sous-préfet, du maire de la ville chef-lieu de l'arrondissement, et du receveur particulier.

Pourront être appelés par le sous-préfet et prendre part aux délibérations :

Le contrôleur des contributions,

L'inspecteur ou le receveur de l'enregistrement et des domaines.

10. Les comités de département et d'arrondissement formeront, dans le délai de dix jours, les états de la répartition individuelle des contingens qui leur seront respectivement assignés.

11. Ces états seront arrêtés et rendus exécutoires par le préfet.

12. La somme assignée sur chacun des principaux capitalistes, patentables et propriétaires sera acquittée par quart, du 15 septembre au 15 novembre, aux échéances qui seront déterminées par le comité.

13. Les receveurs généraux et particuliers, dans leurs arrondissemens respectifs, feront des traites payables aux échéances indiquées, sur les individus portés sur les états arrêtés et rendus exécutoires par le préfet.

14. Les traites devront, à présentation, être acceptées par les tirés, payables, soit au domicile de leur receveur général ou particulier, soit au domicile à Paris, à leur choix, à peine de toutes poursuites judiciaires, comme pour effets de commerce.

15. Tout refus ou retard d'accepter à présentation lesdites traites sera constaté par un protêt dans la forme ordinaire, et rendra le montant de la traite immédiatement exigible : le recouvrement en sera poursuivi par voie de contrainte et de garnisaire.

16. Les receveurs généraux et particuliers jouiront, pour le recouvrement de cette contribution extraordinaire, des mêmes taxations que pour les contributions directes ordinaires : lesdites taxations seront prélevées sur le fonds de non-valeurs.

Il sera alloué sur le même fonds aux percepteurs qui concourront à l'acceptation et au recouvrement des traites une remise qui ne pourra pas excéder celle des receveurs particuliers.

17. Les taxes au-dessous de quatre cents francs seront recouvrées par les voies ordinaires, en numéraire, dans les proportions et aux époques déterminées par le comité, comme pour les traites.

18. Les traites à souscrire en exécution de la présente ordonnance ne seront, comme les autres effets publics, assujéties à aucun timbre.

19. Notre ministre des finances est chargé de l'exécution de la présente ordonnance.

État de répartition de la contribution extraordinaire à verser au Trésor royal comme réquisition de guerre, annexé à l'ordonnance du 16 août 1815.

Seine	13,340,000ᶠ
Gironde	5,330,000
Indre-et-Loire	1,480,000
Manche	2,680,000
Nord	4,330,000
Orne	1,800,000
Pas-de-Calais	3,000,000
Puy-de-Dôme	1,740,000
Seine-Inférieure	5,350,000
Somme	3,330,000
Tarn-et-Garonne	1,280,000
Bouches-du-Rhône	2,200,000
Calvados	3,540,000
Charente	1,700,000
Charente-Inférieure	2,000,000
Côtes-du-Nord	1,200,000
Eure-et-Loir	2,000,000
Garonne (Haute)	2,000,000
Hérault	2,530,000
Ille-et-Vilaine	1,330,000
Loire-Inférieure	1,800,000
Loiret	1,800,000
Moselle	1,480,000
Rhône	2,600,000
Sarthe	1,330,000
Vienne	950,000
Vienne (Haute)	800,000
Allier	670,000
Ardennes	940,000
Aude	940,000
Aveyron	340,000
Cantal	500,000
Cher	540,000
Côte-d'Or	1,270,000
Dordogne	1,000,000
Doubs	600,000
Eure	1,740,000
Finistère	800,000
Gard	940,000
Gers	800,000

Isère	1,140,000ᶠ
Jura	670,000
Loir-et-Cher	740,000
Loire	800,000
Lot-et-Garonne	1,145,000
Maine-et-Loire	135,000
Mayenne	1,000,000
Morbihan	400,000
Nièvre	670,000
Deux-Sèvres	800,000
Var	740,000
Vaucluse	470,000
Ain	270,000
Aisne	740,000
Alpes (Basses)	95,000
Alpes (Hautes)	70,000
Ardèche	135,000
Ariége	95,000
Aube	70,000
Corrèze	174,000
Creuse	135,000
Drôme	300,000
Indre	300,000
Landes	135,000
Loire (Haute)	240,000
Lot	334,000
Lozère	135,000
Marne	200,000
Marne (Haute)	135,000
Meuse	135,000
Mont-Blanc	27,000
Oise	270,000
Pyrénées (Basses)	240,000
Pyrénées (Hautes)	100,000
Pyrénées-Orientales	160,000
Rhin (Bas)	200,000
Rhin (Haut)	135,000
Saône (Haute)	135,000
Saône-et-Loire	270,000
Seine-et-Marne	270,000
Seine-et-Oise	400,000
Tarn	440,000
Vendée	270,000
Vosges	270,000
Yonne	270,000

Total 100,000,000

---

16 Aout 1815. — Ordonnance du Roi relative à l'octroi de Paris, et portant établissement du décime additionnel (1).

16 Aout 1815. — Ordonnance du Roi qui admet le sieur Darieu à établir son domicile en France. (7, Bull. 16, n° 78.)

16 Aout 1815. — Ordonnance du Roi qui autorise la ville de Paris à faire un emprunt de douze millions pour subvenir à ses dépenses (2).

---

(1) Cette ordonnance n'est point au Bulletin des Lois; elle est rappelée dans les ordonnances relatives à l'octroi et aux emprunts de Paris, des 13 septembre 1815, 8 janvier et 14 mai 1817, et 23 décembre 1818.

(2) Cette ordonnance n'est point au Bulletin des Lois; elle est rappelée par celle du 13 septembre même année, qui autorise la ville de Paris à créer un million de rentes.

17 = Pr. 28 AOUT 1815. — Ordonnance du Roi portant nomination de pairs de France. (7, Bull. 18, n° 86.)

Voy. sur l'article 27 de la Charte et sur l'ordonnance du 4 JUIN 1814, l'indication des diverses ordonnances portant nomination de pairs.

Louis, etc.

En vertu de l'art. 27 de la Charte constitutionnelle,

Avons ordonné et ordonnons ce qui suit :

Sont nommés membres de la Chambre des pairs :

MM.

Le marquis d'Alberta,
Le marquis d'Aligre,
Le duc d'Aumont,
Le comte Charles d'Autichamp,
Le marquis d'Avaray,
De Bausset ancien évêque d'Alais,
Berthier, fils aîné du maréchal Berthier, prince de Wagram, qui prendra séance à l'âge prescrit par la Charte constitutionnelle,
Bessières, fils aîné du maréchal Bessières, duc d'Istrie, qui prendra séance à l'âge prescrit par la Charte constitutionnelle,
Le comte Boissy-d'Anglas,
Le marquis de Boisgelin (Bruno),
Le comte de la Bourdonnaye-Blossac,
De Boissy du Coudray,
Le baron Boissel de Monville,
Le marquis de Bonnay, ministre plénipotentiaire du Roi en Danemark,
Le marquis de Brézé,
Le comte de Brigode, maire de Lille,
Le comte de Blacas,
Le prince de Beauffremont,
Le duc de Bellune,
Le comte de Clermont-Tonnerre, officier des mousquetaires gris,
Le duc de Caylus,
Le comte du Cayla,
Le comte de Castellanne, ancien préfet de Pau,
Le vicomte de Chateaubriant,
Le comte de Choiseul Gouffier,
Le comte de Coutade,
Le comte de Crillon,
Le comte Victor de Caraman, ministre de sa majesté près le Roi de Prusse,
Le marquis de Chabannes,
Le comte de la Châtre, ambassadeur du Roi en Angleterre,
Le général Compans,
Le comte de Durfort, capitaine lieutenant des gendarmes de la garde du Roi,
Emmanuel Dambray,
Le comte Etienne de Damas,
Le chevalier Dandigné,
Le duc de Dalberg, qui prendra séance lorsqu'il aura reçu ses lettres de grande naturalisation,

MM.

Le comte d'Ecquevilly,
Le comte François d'Escars,
Le comte Ferrand,
Le marquis de Frondeville, ancien préfet de l'Allier,
Le comte de la Ferronnais,
Le comte de Gand,
Le marquis de Gontaut-Biron, fils aîné,
Le comte de la Guiche,
Le marquis de Grave,
L'amiral Gantheaume,
Le comte d'Haussonville,
Le marquis d'Herbouville, ancien préfet de Lyon,
Le marquis de Juigné,
Le comte de Lally Tollendal,
Lannes, fils aîné du maréchal Lannes, duc de Montebello, qui prendra séance à l'âge prescrit par la Charte constitutionnelle,
Le marquis de Louvois,
Christian de Lamoignon,
Le comte de la Tour-du-Pin-Gouvernet,
Le comte de Lauriston,
Le comte de Machaut d'Arnouville,
Le marquis de Mortemart,
Le comte Molé, directeur général des ponts-et-chaussées,
Le marquis de Mathan,
Le comte de Mailly,
Le vicomte Mathieu de Montmorency,
Le comte de Mun,
Le comte de Muy,
Le général Monnier,
Le comte de Sainte-Maure-Montosier,
L'abbé de Montesquiou,
Le comte de Nicolaï (Théodore),
Le comte de Noé,
Le comte de Narbonne-Pelet,
Le marquis d'Orvilliers,
Le marquis d'Osmond, ambassadeur **près** sa majesté le roi de Sardaigne,
Le comte Jules de Polignac,
Le marquis de Raigecourt,
Le baron de la Rochefoucauld,
Le comte de Rougé, des Cent Suisses,
Le comte de la Roche-Jacquelin, fils aîné de feu le marquis de la Roche-Jacquelin,
Le général Ricart,
Le marquis de Rivière,
Le comte de la Roche-Aymon,
De Saint-Roman,
Le comte de Reuilly,
Le Peletier de Rosambo,
Le comte de Sabran, maréchal-de-camp,
De Sèze, premier président de la Cour de cassation,
Le baron Séguier, premier président de la cour royale de Paris,
Le comte de Suffren-Saint-Tropez,
Le marquis de la Suze,
Le comte de Saint-Priest,

20.

3

MM.

Le marquis de Talaru,
Le comte Auguste de Talleyrand, ministre
de sa majesté en Suisse,
Le marquis de Vence,
De Vibraye, l'aîné de la branche aînée,
Le vicomte Olivier de Vérac,
Morel de Vindé.

18 AOUT 1815. — Ordonnance du Roi qui nomme
M. Deforton président du collége électoral
de l'Hérault (1). (7, Bull. 16, n° 76.)

19 = Pr. 28 AOUT 1815. — Ordonnance du Roi
concernant l'hérédité de la pairie (2). (7, Bull.
18, n° 87.)

Voy. ordonnances des 23 MARS 1816, et
25 et 31 AOUT 1817; lettres-patentes des 20
DÉCEMBRE 1817, 8 JANVIER 1818, et 30 AVRIL
et 2 AOUT 1822. *Voy.* aussi ordonnances du
5 MARS 1819, art. 2; du 8 JANVIER 1823,
du 15 JUILLET 1829.

Louis, etc.

Voulant donner à nos peuples un nouveau
gage du prix que nous mettons à fonder de
la manière la plus stable les institutions sur
lesquelles repose le gouvernement que nous
leur avons donné, et que nous regardons comme le seul propre à faire leur bonheur; convaincu que rien ne consolide plus le repos des
Etats que cette hérédité des sentimens qui s'attache dans les familles à l'hérédité des hautes
fonctions publiques, et qui crée ainsi une
succession non interrompue de sujets dont la
fidélité et le dévouement au prince et à la
patrie sont garantis par les principes et les
exemples qu'ils ont reçus de leurs pères :

A ces causes, usant de la faculté que nous
nous sommes réservée par l'article 27 de la
Charte,

Nous avons déclaré et déclarons, ordonné
et ordonnons ce qui suit :

Art. 1er. La dignité de pair est et demeurera héréditaire, de mâle en mâle, par ordre
de primogéniture, dans la famille des pairs
qui composent actuellement notre Chambre
des pairs.

2. La même prérogative est accordée aux
pairs que nous nommerons à l'avenir.

3. Dans le cas où la ligne directe viendrait
à manquer dans la famille d'un pair, nous
nous réservons d'autoriser la transmission du
titre dans la ligne collatérale qu'il nous plaira
de désigner; auquel cas, le titulaire ainsi
substitué jouira du rang d'ancienneté originaire de la pairie dont il se trouvera revêtu (3).

4. Pour l'exécution de l'article ci-dessus,
il nous sera présenté incessamment un projet d'ordonnance portant réglement tant sur
la forme dans laquelle devra être tenu le
registre-matricule où seront inscrites, par
ordre de dates, les nominations de pairs qu'il
nous a plu ou qu'il nous plaira de faire, que
sur le mode d'expédition et sur la forme des
lettres-patentes qui devront être délivrées aux
pairs, en raison de leur élévation à la pairie.

5. Les lettres-patentes délivrées en exécution de l'article ci-dessus porteront toutes
collation d'un titre sous lequel sera instituée
chaque pairie.

6. Ces titres seront ceux de baron, vicomte, comte, marquis et duc.

7. Nous nous réservons, suivant notre bon
plaisir, de changer le titre d'institution des
pairies, en accordant un titre supérieur à
celui de la pairie originaire.

8. Notre président du conseil des ministres est chargé de l'exécution de la présente
ordonnance.

---

(1) Cette nomination a été annulée, comme
double emploi, par un *erratum* qui se trouve à
la fin du Bulletin n° 17.

(2) Cette ordonnance a été considérée généralement comme une concession de même nature que la Charte, irrévocable comme elle,
non-seulement en ce sens, que les pairies alors
existantes ne peuvent pas cesser d'être héréditaires, mais encore en ce sens, que le Roi ne
peut plus nommer des pairs non héréditaires. Il
faut remarquer que l'article 1er de l'ordonnance
du 25 août 1817 dispose que nul, à l'avenir,
ne sera appelé à la Chambre, les ecclésiastiques
exceptés, s'il n'a, préalablement, formé un majorat; que cependant, par diverses ordonnances
portant nomination de pairs, les pairs nommés
ont été dispensés d'exécuter l'article 1er, précité, de l'ordonnance du 25 août 1817, et ont
été admis à siéger sans avoir formé de majorat

(*voy.* notamment l'article 2 de l'ordonnance du
5 mars 1819); qu'enfin ce même article 2 ajoute
que les pairs, pour jouir du bénéfice de l'ordonnance du 19 août 1815, et rendre la pairie
héréditaire dans leurs familles, devront instituer
un majorat au titre qui leur sera conféré.

Il semble bien résulter de cette dernière disposition que le pair nommé avec dispense de
constituer un majorat, et qui n'en constituerait
pas avant sa mort, ne transmettrait pas sa pairie; cependant, ne serait-ce pas un moyen in-
direct de nommer des pairs non héréditaires, et
de modifier gravement les principes posés dans
l'ordonnance du 19 août 1815 ?

(3) Les ordonnances portant transmission de
la pairie ne sont pas susceptibles d'être atta-
quées devant le Conseil-d'Etat par la voie contentieuse (16 décembre 1831, ord. S. 32, 2, 103).

19 AOUT 1815. — Ordonnance Roi du qui nomme membre de la commission instituée pour l'examen des journaux et écrits périodiques, le sieur Boscheron-Desportes, en remplacement du sieur Fiévée, démissionnaire. (7, Bull. 17, n° 85.)

23 = Pr. 27 AOUT 1815. — Ordonnance du Roi portant organisation du Conseil-d'Etat. (7, Bull. 17, n° 79.)

Voy. ordonnances des 29 JUIN 1814, 19 et 21 SEPTEMBRE, 13 NOVEMBRE 1815, 19 AVRIL 1817 et 16 JUILLET 1820; avis du comité du contentieux des 14 AVRIL et 12 DÉCEMBRE 1821, 27 NOVEMBRE = Pr. 17 DÉCEMBRE 1823; ordonnances du 26 AOUT 1824 et 18 JANVIER 1826.

Louis, etc.

Sur le compte qui nous a été rendu de la nécessité de mettre l'organisation et les attributions de notre Conseil-d'Etat en harmonie avec les formes de notre Gouvernement et avec le caractère d'unité et de solidarité que nous avons jugé à propos de donner à notre ministère;

Considérant que notre ordonnance du 29 juin de l'an de grace 1814 ne saurait, à cet égard, remplir le but que nous proposons, et qu'il est indispensable d'opérer sans délai les changemens nécessaires à cet effet, tant afin de pourvoir à la prompte expédition des affaires contentieuses que notre Conseil-d'Etat est appelé à examiner, que pour donner à notre ministère les secours dont il peut avoir besoin pour la préparation des ordonnances et travaux législatifs qui doivent nous être soumis;

A ces causes,

Nous avons ordonné et ordonnons ce qui suit:

Art. 1er. Notre ordonnance du 29 juin 1814, concernant l'organisation du Conseil-d'Etat, est rapportée.

2. Il sera dressé un tableau général de toutes les personnes à qui il nous aura plu de conserver ou de conférer le titre de conseiller d'Etat ou de celui de maître des requêtes.

3. Ce tableau comprendra, tant nos conseillers d'Etat et maîtres des requêtes en service actif, que nos conseillers d'Etat et maîtres des requêtes honoraires.

4. Nos conseillers d'Etat et maîtres des requêtes en service actif seront distribués en service ordinaire et service extraordinaire.

5. Au 1er janvier de chaque année, notre garde-des-sceaux soumettra à notre approbation le tableau de ceux de nos conseillers d'Etat et de nos maîtres des requêtes qui devront être mis en service ordinaire.

6. Le nombre des conseillers d'Etat et des maîtres des requêtes mis en service ordinaire ne pourra s'élever, pour les premiers, au dessus de trente, et pour les seconds, au-dessus de quarante.

7. Nos conseillers d'Etat et nos maîtres des requêtes en service ordinaire seront distribués en cinq comités, savoir:
Le comité de législation,
Le comité du contentieux,
Le comité des finances,
Le comité de l'intérieur et du commerce,
Le comité de la marine et des colonies.

8. Le comité de législation sera composé de six conseillers d'Etat et de cinq maîtres des requêtes; le comité du contentieux, de sept conseillers d'Etat et de huit maîtres des requêtes; le comité des finances, de cinq conseillers d'Etat et de cinq maîtres des requêtes; le comité de l'intérieur et du commerce, de sept conseillers d'Etat et de six maîtres des requêtes; le comité de la marine et des colonies, de quatre conseillers d'Etat et de trois maîtres des requêtes.

9. Le nombre des conseillers d'Etat et des maîtres des requêtes composant les divers comités de notre Conseil-d'Etat pourra être augmenté selon les besoins du service, et sur la proposition qui nous en sera faite par notre garde-des-sceaux, sans que cependant le total de ce nombre puisse dépasser la limite fixée par l'article 6 de la présente ordonnance.

10. Notre comité de législation et notre comité du contentieux seront présidés par notre garde-des-sceaux, ministre secrétaire d'Etat au département de la justice, et, à son défaut, par le conseiller d'Etat qu'il croira devoir déléguer à cet effet.

Nos comités des finances, de l'intérieur et du commerce, et de la marine et des colonies, seront présidés chacun par celui de nos ministres dans le département duquel il se trouve placé, et, à son défaut, par le conseiller d'Etat que chacun de nos ministres croira devoir déléguer à cet effet.

11. Nos comités de législation, des finances, de l'intérieur et du commerce, et de la marine et des colonies, d'après les ordres et sous la présidence de nos ministres secrétaires d'Etat, prépareront les projets de lois, ordonnances, réglemens et tous autres relatifs aux matières comprises dans les attributions des départemens ministériels auxquels ils sont attachés.

12. Chacun desdits comités connaîtra en outre des affaires administratives que le ministre dont il dépend jugera à propos de lui confier, et notamment de celles qui, par leur nature, présenteraient une opposition de droits, d'intérêts ou de prétentions diverses, telles que les concessions de mines, les établissemens de moulins, usines, les dessèchemens, les canaux, partages de biens communaux, etc.

3.

13. Le comité du contentieux connaîtra de tout le contentieux de l'administration des divers départemens ministériels, d'après les attributions assignées à la commission du contentieux par les décrets du 11 juin et du 22 juillet 1806.

Le comité du contentieux exercera en outre les attributions précédemment assignées au conseil des prises (1).

14. Ses avis, rédigés en forme d'ordonnances, seront délibérés et arrêtés en notre Conseil-d'Etat, dont les divers comités se réuniront, à cet effet, deux fois par mois, et plus souvent si le besoin des affaires l'exige.

Nos ministres secrétaires d'État prendront séance dans cette réunion.

15. Les rapports seront faits au comité du contentieux par les maîtres des requêtes, et au Conseil-d'État par les conseillers d'État ou par les maîtres des requêtes, au choix de notre garde des-sceaux, qui pourra, selon l'importance des affaires, ordonner l'impression et la distribution du rapport aux membres du Conseil-d'Etat.

16. Les ordonnances délibérées par notre Conseil-d'Etat, sur le rapport du comité du contentieux, seront présentées à notre signature par notre garde-des-sceaux, ministre secrétaire d'État au département de la justice.

17. Sur la demande de l'un de nos ministres secrétaires d'État, notre président du conseil des ministres pourra ordonner la réunion complète du Conseil-d'Etat, ou celle de deux ou de plusieurs comités.

18. Lorsque nous ne jugerons pas à propos de présider le Conseil-d'Etat réuni, cette présidence appartiendra au président de notre conseil des ministres, et, en son absence, à notre garde-des-sceaux, ministre secrétaire d'Etat au département de la justice.

Le secrétaire du comité du contentieux tiendra la plume, avec le titre et en qualité de secrétaire du Conseil-d'Etat.

19. Lorsque deux ou plusieurs comités seulement seront réunis, la présidence appartiendra à notre garde-des-sceaux, et, à son défaut, à celui de nos ministres secrétaires d'Etat qui aura provoqué la réunion.

20. Nos conseillers d'Etat en service ordinaire recevront un traitement de seize mille francs.

21. Nos maîtres des requêtes en service ordinaire recevront un traitement de six mille francs.

22. Notre ministre de la justice est chargé de l'exécution de la présente ordonnance.

23 AOUT 1815. — Ordonnance du Roi qui nomme M. Roux commissaire de sa majesté près la commission du sceau, et MM. Anisson-Duperon et Tabary membres de cette commission. (7, Bull. 17, n° 82.)

23 AOUT 1815. — Ordonnance du Roi qui nomme le sieur Dampmartin membre de la commission des journaux, en remplacement du sieur Auger, démissionnaire. (7, Bull. 19, n° 92.)

24 == Pr. 27 AOUT 1815. — Ordonnances du Roi contenant le tableau nominatif des conseillers d'Etat et maîtres des requêtes distribués en service ordinaire et service extraordinaire. (7, Bull. 17, n° 80.)

Art. 1er. Le tableau des conseillers en notre Conseil-d'Etat est et demeure arrêté ainsi qu'il suit :

Conseillers d'Etat en service ordinaire : — MM. Allent, Balaiuvilliers, Becquey, Begouen, Benoist, Béranger, La Besnardière, Deblaire, Bourienne, de Colonia, Corvetto, de Saint-Cricq, Cuvier, de Géraudo, Delamalle, Dudon, Dupont, Durand, Faure, d'Hauterive, Siméon, La Bouillerie, Malcors, Molé, Mounier, Portal, Portalis, Reinhard, Royer Collard.

Conseillers-d'Etat en service extraordinaire : — MM. Doutremont, Laforest, Fumeron de Verrières, Cromot de Fougy, Lambert ainé, Laporte Lalanne, Dupont de Nemours, Dubourblanc, Laumond, de La Bourdonnaye de Blossac, Jourdan, administrateur général des cultes ; Henrion de Pansey, président en la Cour de cassation ; Bergon, directeur général des eaux et forêts ; de La Maisonfort ; Chabrol de Volvic, préfet de la Seine ; Séguier, premier président de la cour royale de Paris, Julien, intendant des armées navales, directeur du matériel de la marine ; Chabrol de Crousol, préfet du Rhône ; Vaublanc, préfet des Bouches-du-Rhône ; de Valsuzenay, préfet de l'Aube ; de Barante, secrétaire général du ministère de l'intérieur ; de Talleyrand, préfet du Loiret ; Decaze, préfet de police.

Conseillers d'Etat honoraires : — Messieurs Joly de Fleury, ancien procureur général au parlement de Paris ; de Grosbois, ancien premier président du parlement de Besançon ; le marquis de Frondeville ; Dompierre d'Hornoy, ancien président au parlement de Paris ; de Chauvelin, Gau, Foullon de Doué, ancien intendant de Moulins ; d'Agay, ancien intendant d'Amiens ; Foullon d'Ecotier, ancien intendant de la Guadeloupe ; Dominique Bertrand ; Barrairon, administrateur des

_____

(1) Voy. ordonnance du 5 septembre 1815.

domaines; Dufresne de Saint-Léon, commissaire pour la liquidation; de Chaumont, ancien inteudant à Strasbourg; Dufaur de Rochefort, ancien intendant de Bretagne; Rouillé d'Orfeuil, ancien intendant de Champagne; Raillard-Granvelle, ancien maitre des requêtes de l'hôtel; Decaze, Asselin de Crevecœur; d'Orvilliers, pair de France, ancien maitre des requêtes de l'hôtel; Moudragon de Pluvault, ancien maitre des requêtes de l'hôtel, Forestier, intendant des dépenses de la maison du Roi; Flury, chef de division aux affaires étrangères; de Capelle, préfet du Doubs.

2. Le tableau des maitres des requêtes en notre Conseil-d'Etat est et demeure arrêté ainsi qu'il suit :

Maitres des requêtes en service ordinaire : — MM. Sallier, Pastoret, Hély d'Oissel, ancien préfet; A. de Malartic, Esmangard de Freynes, Labaye de Cormenin, Roux, Leblanc de Castillon, de Sugny; Lerebours, ancien avocat-général à la cour des aides; Heury de Longuève, Maurice, Héron de Villefosse; Emmanuel Dambray, pair de France; Ramond, d'Arlincourt (Charles), Pichon, Duhamel, Adrien de Portes, Paulze d'Ivoy, Vandœuvre, Schiaffino, Lechat, Chopin d'Arnouville; Prévost, ancien secrétaire d'embassade à Pétersbourg; Fumeron fils.

Maitres des requêtes en service extraordinaire : — MM. Taboureau, Malleville, Berard, Tercier, Froidefond de Bellisle, Joly de Fleury fils, Amyot, Jules Pasquier; Jacquinot, procureur du Roi au tribunal de première instance de Paris; Le Pileur de Brevannes, préfet de l'Hérault; de Gasville, préfet de l'Eure; Favard de l'Anglade, conseiller à la Cour de cassation; Coffinhal-Dunoyer, idem; d'Arlincourt, Cardon de Montiguy; Zangiacomi, conseiller à la Cour de cassation; Rolland de Chambaudoin; Camus-Dumartroy, préfet de l'Ain; Boissy-d'Anglas, de La Bourdonnaye de Blossac; d'Espagnac, Lambert; Pepin de Bellisle, préfet des Côtes-du-Nord; Prugnon, ancien membre de l'assemblée constituante; Saur fils; Tabary, ancien conseiller au parlement de Paris; de Riguy, préfet de Saône-et-Loire; Janzé, Jauffret, Chaudruc de Crazannes; de la Chèze, ancien magistrat; d'Ormesson, Debonnaire-D-forges; Boula du Colombier, préfet des Vosges; d'Argout, préfet des Basses Pyrénées; Rivière secrétaire général de la liquidation de la dette du Roi et des princes; O'Donnel, Le Riche de Cheveigné; Brochet de Veriguy, préfet du Gers; de Gourgues, Bastard de l'Etang, Emile Patry, Brière, Feutrier, Galz de Malvirade, Lambert, Rivière, de Thury; de Breteuil, préfet d'Eure-et-Loir; Rayneval, premier se-

crétaire de légation à Londres; Tassin de Nonneville, préfet de la Loire; Malouet, préfet du Pas-de-Calais; d'Arbelles, préfet de la Mayenne; Baillardel de Lareinty, secrétaire général du ministère de la marine et des colonies; Guizot, secrétaire général du ministère de la justice; Guilhermy, intendant à la Guadeloupe; Anisson-Duperon, directeur de l'imprimerie royale; Besson, Redon; Challaie, chef de division au ministère des affaires étrangères; Bourgeot, idem; Lendu, secrétaire général du département de la Seine.

3. Secrétaire du Conseil-d'Etat, remplissant les fonctions de secrétaire de la commission du comité du contentieux,

Le sieur Hochet.

4. Notre ministre de la justice est chargé de l'exécution de la présente ordonnance.

24 = Pr. 27 AOUT 1815. — Ordonnance du Roi relative aux vacances de la Cour de cassation. (7, Bull. 17, n° 83.)

Voy. réglement du 15 JANVIER 1826, § 6.

Louis, etc.

Il nous a été représenté que, par une loi du 23 septembre 1791, il avait été accordé des vacances à la Cour de cassation comme à tous les autres tribunaux ; que des lois postérieures avaient dérogé à cette disposition, et avaient déclaré que la Cour de cassation n'aurait pas de vacances; que, les considérations qui ont pu autoriser cette exception n'existant plus aujourd'hui, il était juste d'accorder aux membres de cette Cour une faveur dont jouissent les autres magistrats, et qui leur est nécessaire autant pour se délasser des fatigues de leurs fonctions que pour vaquer à leurs affaires domestiques ;

Sur le rapport du garde-des-sceaux de France, ministre secrétaire d'Etat au département de la justice,

Nous avons ordonné et ordonnons ce qui suit :

Art. 1er. Les deux sections civiles de notre Cour de cassation vaqueront, comme les autres tribunaux civils, depuis le 1er septembre jusqu'au 1er novembre.

2. La section criminelle continuera son service pendant ledit temps pour l'expédition de toutes les affaires dont la connaissance lui est attribuée.

3. La même section fera de plus les fonctions de section de vacation en matière civile; en conséquence, elle connaitra, pendant ledit temps, des demandes en réglement de juges, en renvoi d'un tribunal à un autre en matière civile, lorsqu'il y aura urgence; dans ce cas, elle prononcera préalablement sur l'urgence.

4. En cas que, par absence, maladie ou autre empêchement de ses membres, la section criminelle ne se trouvât pas composée d'un nombre de juges suffisant, elle pourra appeler, pour se compléter, des juges des sections civiles. A cet effet, chacune des deux sections civiles désignera, avant le 1er septembre, deux de ses membres pour servir au besoin de suppléans dans la section criminelle.

5. Pendant le temps des vacations, deux de nos avocats généraux seront spécialement attachés au service de la section criminelle.

6. Notre ministre de la justice est chargé de l'exécution de la présente ordonnance.

---

24 AOUT 1815. — Ordonnance du Roi qui accorde des lettres de déclaration de naturalité aux sieurs Moreno dit Petit, Valdony, Deheine et Flory. (7, Bull. 17, n° 84.)

---

24 AOUT 1815. — Ordonnance du Roi qui permet au sieur Durant d'ajouter à son nom celui de Mareuil. (7, Bull. 19, n° 93.)

---

24 = Pr. 27 AOUT 1815. — Ordonnance du Roi contenant la répartition des conseillers d'Etat et maîtres des requêtes en service ordinaire, entre les divers comités du Conseil-d'Etat. (7, Bull. 17, n° 81.)

---

28 = Pr. 31 AOUT 1815. — Ordonnance du Roi qui prohibe provisoirement la sortie des beurres. (7, Bull. 19, n° 88.)

Voy. ordonnance du 1er mars 1816.

Louis, etc.

Dans le but de favoriser l'agriculture et le commerce, nous avions rendu, le 3 mars dernier, une ordonnance qui permettait la libre sortie des beurres, moyennant un droit modique, et cette ordonnance, à laquelle il avait été porté atteinte pendant la durée de l'usurpation, a été depuis remise en vigueur.

Mais, considérant qu'une partie des troupes des puissances alliées ont pris leurs cantonnemens dans les départemens qui produisent le plus abondamment la denrée dont il s'agit ici; que leur présence y occasionne une consommation extraordinaire, soit de beurre, soit des animaux qui le procurent; que l'on peut appréhender une diminution notable dans nos ressources en ce genre; qu'enfin le cultivateur trouve dans le renchérissement des prix en France l'équivalent des avantages qu'il pouvait attendre de l'exportation :

A ces causes, de l'avis de notre Conseil,

Avons ordonné et ordonnons ce qui suit :

Art. 1er. La sortie des beurres est provisoirement prohibée par toutes les frontières de terre et de mer de notre royaume, nonobstant toutes dispositions contraires.

2. Nos ministres de l'intérieur et des finances sont chargés de l'exécution de la présente ordonnance.

---

28 AOUT 1815. — Ordonnance du Roi portant nomination et institution de cinq conseillers en la Cour de cassation, et nomination d'un avocat général près cette cour. (7, Bull. 19, n° 89.)

---

29 AOUT = Pr. 6 SEPTEMBRE 1815. — Ordonnance du Roi qui destitue M. le maréchal Moncey, et lui applique la peine portée par l'article 6 de la loi du 13 brumaire an 5. (7, Bull. 20, n° 95.)

Louis, etc.

Vu nos ordonnances en date des 24 juillet et 2 août, en vertu desquelles le maréchal Ney est traduit par-devant le conseil de guerre de la 1re division militaire séant à Paris (département de la Seine);

Vu l'arrêté en date du 21 août, par lequel notre ministre secrétaire d'Etat au département de la guerre a désigné les membres qui doivent former ledit conseil de guerre ;

Considérant qu'aux termes de cet arrêté et en vertu de l'article 5 de la loi du 4 fructidor an 5, le maréchal Moncey, duc de Conégliano, est appelé à présider ledit conseil de guerre, comme étant le plus ancien des maréchaux de France;

Vu les lettres de M. le maréchal Moncey, desquelles il résulte qu'il n'a point, pour se dispenser de siéger dans ledit conseil de guerre, la seule excuse qui, d'après l'article 6 de la loi du 13 brumaire an 5, puisse être considérée comme valable;

Considérant que le refus de M. le maréchal Moncey ne peut être attribué qu'à un esprit de résistance et d'indiscipline d'autant plus coupable, qu'on devait attendre un exemple tout-à-fait contraire du rang éminent qu'il occupe dans l'armée, et des principes de subordination que, dans sa longue carrière, il a dû apprendre à respecter,

Nous avons résolu de lui appliquer la peine portée par l'article 6 de la loi du 13 brumaire an 5 contre tout officier qui, sans excuse valable, refuse de siéger dans le conseil de guerre où il est appelé :

A ces causes,

Nous avons ordonné et ordonnons ce qui suit :

Art. 1er. M. le maréchal Moncey est destitué; il subira une peine de trois mois d'emprisonnement.

2. Notre ministre de la guerre est chargé de l'exécution de la présente ordonnance.

29 AOUT 1815. — Décision du Roi portant que le traitement d'activité sera payé à tous les officiers de l'armée pour tout le temps qu'aura duré cette activité, c'est-à-dire jusqu'au moment où leur licenciement leur aura été notifié. (7, Bull. 21, n° 102.)

30 AOUT = 6 SEPTEMBRE 1815. — Ordonnance du Roi qui prescrit la rectification de la formule des actes, arrêts ou jugemens expédiés pendant l'absence de sa majesté. (7, Bull. 20, n° 96.)

Voy. sénatus-consulte du 28 FLORÉAL an 12; avis du Conseil-d'Etat, du 4ᵉ complémentaire an 13; arrêtés des 7 AVRIL 1814 et 26 JUIN 1815.

Louis, etc.

Les actes, arrêts ou jugemens expédiés pendant notre absence l'ont été au nom de ceux qui se sont successivement emparés de l'autorité. On continue de s'en servir, et les exécutions et poursuites judiciaires sont la plupart du temps fondées sur des actes qui rappellent un pouvoir illégitime et retracent aux Français des souvenirs odieux et affligeans. Il nous a paru urgent de faire cesser un tel état de choses, et d'imprimer aux titres dont nos sujets sont dans le cas de faire usage, un caractère de légitimité qui ne peut émaner que de nous :

A ces causes, sur le rapport du garde-des-sceaux de France, ministre secrétaire d'Etat de la justice,

Nous avons ordonné et ordonnons ce qui suit :

Art. 1ᵉʳ. Du jour de la publication de la présente ordonnance, il ne pourra plus être mis en exécution, dans l'étendue de notre royaume, aucun acte, arrêt ou jugement qui ne sera pas revêtu de la formule royale, à peine de nullité (1).

2. Les porteurs des grosses et expéditions des actes ou jugemens délivrés pendant notre absence au nom du pouvoir illégitime seront tenus de s'en procurer de nouvelles. Ils auront cependant la liberté de se servir de celles qu'ils possèdent, en les présentant préalablement à un greffier de nos cours ou tribunaux, pour les arrêts et jugemens, ou à

un notaire royal, pour les actes publics, aux fins d'en faire rectifier la formule.

3. Le greffier ou le notaire bâtonnera la formule existante soit au commencement de l'acte, soit à la fin, et y substituera, par interligne ou à la marge, la formule royale : il datera et signera cette rectification, qui sera faite sans frais (2).

4. Les grosses nouvelles seront aux frais de ceux qui les demanderont; elles seront considérées comme premières grosses; l'obtention n'en sera soumise à aucune autorisation.

Le notaire qui la donnera en fera seulement mention dans l'expédition.

5. Les procédures commencées en vertu de grosses portant l'ancienne formule, et antérieurement à la présente ordonnance, seront continuées.

6. Le ministre de la justice est chargé de l'exécution de la présente ordonnance.

30 AOUT = Pr. 11 SEPTEMBRE 1815. — Ordonnance du Roi concernant le licenciement et la nouvelle organisation de la cavalerie. (7, Bull. 21, n° 101.)

Voy. ordonnances des 2 AOUT 1818 et 27 FÉVRIER 1825.

Louis, etc.

Vu notre ordonnance du 23 mars dernier, portant licenciement de l'armée; vu également notre ordonnance du 16 juillet, portant création de quarante-sept régimens de cavalerie;

Sur le rapport de notre ministre secrétaire d'Etat de la guerre,

Nous avons ordonné et ordonnons ce qui suit :

TITRE Iᵉʳ. Du licenciement et des opérations préliminaires relatives à la nouvelle organisation de la cavalerie.

Art. 1ᵉʳ. Le licenciement des régimens de cavalerie de l'ancienne armée s'opérera dans les lieux que notre ministre secrétaire d'Etat de la guerre désignera à cet effet.

Il nous présentera les officiers généraux qu'il conviendra d'en charger, et qui procéderont ensuite à la formation des nouveaux

---

(1 et 2) La rectification de la formule exécutoire d'un acte notarié, quoique irrégulière en ce qu'elle n'est ni datée ni signée, suffit pour la validité des poursuites en saisie immobilière faites en vertu de l'acte rectifié (22 mai 1823; Cass. S. 23, 2, 209).

La formule exécutoire d'un jugement ou arrêt n'est requise que sur l'expédition de la minute ; l'omission de cette formalité sur la copie signifiée n'entraîne pas nullité de la signification et de ce qui a suivi; en tout cas, la nullité serait

couverte si les parties avaient exécuté le jugement ou arrêt sans faire aucune réserve expresse (28 novembre 1827; Cass. S. 28, 1, 195; D. 28, 1, 35).

On peut réclamer collocation dans un ordre en vertu d'un jugement qui porte l'intitulé de l'ancien Gouvernement; la rectification n'est exigée que dans le cas où il s'agit de mettre ce jugement à exécution par voie de contrainte ou de saisie (2 janvier 1828; Cass. S. 28, 1, 319; D. 28, 1, 81).

régimens dont l'organisation est fixée par le titre II de la présente ordonnance.

2. Les inspecteurs généraux désigneront pour la retraite les invalides ou la vétérance, les sous-officiers et cavaliers qui y auront droit à raison de leurs blessures, de leurs infirmités ou de leur ancienneté de service.

Ceux désignés pour les invalides ou la vétérance seront dirigés de suite sur les hôtels, succursales ou compagnies qui auront été indiqués d'avance par le ministre secrétaire d'État de la guerre.

Ceux désignés pour la retraite rentreront de suite dans leurs foyers, où le ministre donnera les ordres les plus prompts pour les faire jouir de leur pension.

Les inspecteurs généraux donneront des congés de réforme : 1° aux sous-officiers et cavaliers qui leur en paraîtront susceptibles; 2° à ceux qui ont moins d'un mètre cinq cent quatre-vingt-dix-sept millimètres (quatre pieds onze pouces) ; et des congés absolus, s'ils en réclament : 1° aux sous-officiers et cavaliers ayant huit ans de service et au-delà; 2° à tous ceux qui sont les indispensables soutiens de leur famille. Ces militaires rentreront de suite dans leurs foyers.

Le décompte de tous les militaires mentionnés au présent article leur sera fait individuellement avant leur départ. S'il n'y a pas assez de fonds en caisse pour les solder, il leur sera délivré des certificats de non-paiement.

3. Les inspecteurs généraux appliqueront les dispositions de l'article précédent aux sous-officiers et cavaliers rentrés isolément dans leurs foyers.

Dans les départemens où il n'y aura pas d'inspecteur général de cavalerie, le conseil d'examen, le général commandant le département, et l'inspecteur général d'infanterie, statueront, chacun en ce qui le concerne, sur le sort desdits sous-officiers et cavaliers, ainsi qu'il est réglé pour l'infanterie par les articles 16, 18 et 19 de notre ordonnance du 3 de ce mois.

4. Les inspecteurs généraux accepteront la démission pure et simple des officiers qui voudront la donner.

5. Ils placeront à la retraite tous les officiers qui en seront susceptibles à raison de leur âge, de leurs blessures, de leurs infirmités, ou de leur ancienneté de service, conformément aux dispositions de notre ordonnance du 1er de ce mois.

Ils désigneront pour les invalides ou les vétérans ceux qui y auront droit, et qui le demanderont.

Tous ces officiers se retireront de suite dans leur domicile, soit pour y jouir de leur retraite, soit pour y attendre leur destination.

6. Les inspecteurs généraux désigneront à notre ministre secrétaire d'État de la guerre les officiers, sous-officiers et brigadiers qui demanderont à entrer dans notre gendarmerie royale, pourvu toutefois que, par leur taille, leur instruction et leur moralité, ils en soient susceptibles.

7. Après les éliminations résultant de l'application des dispositions des articles 2, 3, 4, 5 et 14 de la présente ordonnance, et des exceptions que les inspecteurs généraux jugeront nécessaires d'après les instructions qui leur seront données, les nouveaux régimens se formeront de volontaires royaux et d'hommes choisis par les colonels, sauf l'approbation des inspecteurs généraux, parmi d'anciens militaires de chaque arme qui présentent le plus de garantie de leur fidélité : les colonels seront responsables des choix.

8. Les sous-officiers et cavaliers rentrés dans leurs foyers, qui, d'ici au 1er novembre prochain, ne se seront pas pourvus d'un titre légal qui les dispense du service, d'après la faculté qui leur en est accordée par l'article 3, seront rappelés, à l'époque qui sera indiquée, pour compléter les nouveaux régimens.

S'il en est parmi eux qui soient jugés hors d'état de servir, les inspecteurs généraux les réformeront, et feront droit d'ailleurs à toutes leurs réclamations, s'ils les jugent fondées.

Ceux qui n'obéiraient pas dans les délais fixés seront considérés et poursuivis comme déserteurs.

9. Si l'effectif en hommes est plus considérable que les besoins, ceux qui formeront l'excédant pourront être ou versés d'une arme ou d'un corps dans un autre, ou renvoyés dans leurs foyers, à l'exception de ceux qui n'y auraient pas de moyens d'existence.

10. Le conseil d'administration, le quartier-maître trésorier et l'officier d'habillement de chaque régiment licencié, seront provisoirement conservés pour la garde des archives, de la caisse, des effets en magasin, pour la reddition des comptes et les renseignemens à fournir.

11. Les officiers susceptibles de concourir à la formation des régimens sont tous les Français qui ont servi dans leur grade comme officiers de cavalerie, et qui ne sont ni démissionnaires, ni en retraite, ni susceptibles de la retraite, ou qui n'entreront pas dans l'organisation de notre garde royale.

Les officiers démissionnaires et les officiers en retraite avant le 20 mars dernier, soit qu'ils aient ou n'aient pas repris du service, ne seront point admis.

12. Les inspecteurs généraux examineront tous les officiers qui désireront concourir à l'organisation, et feront sur chacun d'eux un rapport spécial, ainsi qu'il sera expliqué dans

les instructions de notre ministre secrétaire d'Etat de la guerre.

Le ministre nous proposera les colonels, lieutenans-colonels, chefs d'escadron et majors qui devront faire partie de nos régimens de cavalerie. Il chargera les colonels de présenter les autres officiers aux inspecteurs généraux, qui les examineront et ne les admettront qu'après s'être assurés de leurs opinions, de leur conduite, de leur instruction et de leurs droits. Les plus capables, sous le double rapport de la moralité et de l'instruction, seront placés; à mérite égal, l'ancienneté de grade déterminera la préférence. Il ne sera rempli, en premier lieu, que les deux tiers des emplois d'officiers; nous nous réservons de désigner plus tard l'autre tiers.

Les officiers ne pourront prétendre qu'au grade dont ils étaient pourvus au 20 mars dernier, à moins qu'ils ne justifient que nous leur avons accordé de l'avancement depuis cette époque.

Le choix et le classement des officiers ne seront définitifs que lorsque notre ministre secrétaire d'Etat de la guerre aura fait connaître que nous y avons donné notre approbation.

13. Les officiers non employés par les inspecteurs généraux rentreront dans leur domicile. Ils y jouiront, savoir : les officiers supérieurs, de la demi-solde de leur grade et de leur arme; et les autres, les quatre cinquièmes de la solde de la dernière classe de leur grade et de leur arme.

Les officiers non employés seront susceptibles d'être admis aux emplois qui viendront à vaquer dans nos régimens de cavalerie, d'après les bons témoignages qui nous seront parvenus sur leur compte.

14. Les officiers nés en pays étrangers seront placés de droit à la non-activité, et jouiront, au domicile qu'ils choisiront en France, du traitement fixé par le premier paragraphe de l'article précédent.

S'il en est qui désirent retourner dans leur pays, les inspecteurs généraux proposeront pour eux une gratification proportionnée à la durée de leurs services.

Titre II. Nouvelle organisation.

15. Notre cavalerie sera composée de quarante-sept régimens, savoir :

Un de carabiniers,
Six de cuirassiers,
Dix de dragons,
Vingt-quatre de chasseurs,
Six de hussards.

16. Chaque régiment sera dès à présent de quatre escadrons.

La formation des escadrons de deux compagnies ayant le désavantage de diviser, pour la police, le service et l'administration, ce qu'elle réunit pour manœuvrer, marcher et combattre, l'escadron sera à l'avenir d'une seule compagnie. Cette dernière dénomination et celle de *subdivision* cesseront d'être en usage dans notre cavalerie, comme étrangères à la formation à cheval, afin que la troupe soit, dans son organisation intérieure, ce qu'elle est sur le terrain, et que les officiers et sous-officiers aient toujours les mêmes subordonnés.

Chaque escadron prendra le nom de son capitaine commandant.

17. L'institution des régimens de lanciers ne paraissant pas avoir été calculée sur la possibilité de réunir en un petit nombre de corps, sans nuire à la bonne composition des autres, tous les hommes et les chevaux que leur agilité rend propres au service de cette arme, et les comptes que nous sommes fait rendre nous ayant donné lieu d'observer que, l'emploi de ce genre de cavalerie étant plus particulièrement utile dans la poursuite, il est préférable de donner cet avantage à un plus grand nombre de régimens, en leur conservant en même temps tous ceux de leur constitution particulière, nous voulons qu'au lieu de régimens de lanciers, le dernier escadron de chacun de nos régimens de chasseurs soit armé de lances, et composé des cavaliers les plus agiles et des chevaux les plus vites et les plus maniables.

Cet escadron, qui ne paraîtra avec la lance qu'à cheval, partagera toutes les espèces de service avec les autres, dont il aura, en outre, l'armement.

Il n'aura aucune distinction ni de paie, ni de rang ni d'uniforme.

18. Sur ce qu'il nous a été représenté que les compagnies d'élite énervent les corps, en réunissant dans une seule de leurs fractions tout ce qu'ils ont de meilleur en hommes, en chevaux et en effets; que les abus qui en résultent sont surtout funestes à la guerre, où les corps sont souvent privés desdites compagnies, nous voulons qu'à l'avenir aucun des escadrons ne soit distingué sous le nom d'*escadron d'élite*.

19. Il sera créé, dans chacun de nos régimens de cavalerie, un lieutenant-colonel qui aura les marques distinctives, les appointemens attribués en dernier lieu aux majors, et le second rang dans le régiment.

Les fonctions de lieutenant-colonel seront, conformément aux principes des ordonnances de constitution de 1776, 1788 et 1791, de commander le régiment sous les ordres du colonel, en sa présence et en son absence, et d'être ainsi son intermédiaire dans toutes les parties du service. Elles seront au surplus déterminées dans tous leurs détails par les réglemens à intervenir sur le service intérieur.

Le choix des lieutenans-colonels aura lieu, pour cette fois, parmi les majors que nous jugerons mériter une juste préférence.

Dans la suite, cet emploi sera donné comme avancement aux chefs d'escadron, ainsi qu'aux majors de nouvelle création dont il va être parlé à l'article ci-après.

20. Il sera créé, dans chaque régiment de cavalerie, un major ayant rang de chef d'escadron. Il en aura les appointemens, et en portera l'épaulette à droite.

Jusqu'à ce que ses fonctions soient plus amplement déterminées, il remplira spécialement celles dont les anciens majors étaient chargés sous le rapport administratif.

Il concourra avec les chefs d'escadron pour l'avancement.

Il sera libre, après deux ans de fonctions, d'opter pour l'emploi de chef d'escadron, en cas de vacance, et susceptible, après quatre ans, d'être présenté pour l'emploi de sous-inspecteur aux revues.

Quel que soit son rang d'ancienneté, il ne commandera jamais le régiment avant les chefs d'escadron.

21. Les fonctions des chefs d'escadron consisteront, comme précédemment, en attendant qu'elles soient plus amplement déterminées, dans le commandement et la surveillance spéciale, sous les ordres du lieutenant-colonel, de tous les détails de deux escadrons, tant dans l'intérieur des quartiers ou cantonnemens, que dans les manœuvres.

Le plus ancien commandera les deux escadrons de droite ; le moins ancien, les deux escadrons de gauche. Ils alterneront pour le service de semaine, conformément au réglement du 24 juin 1792.

22. En conséquence des dispositions qui précèdent, l'état-major et les escadrons de chacun de nos régimens de cavalerie seront composés ainsi qu'il suit :

ÉTAT-MAJOR.	OFFICIERS	TROUPE.	CHEVAUX	
			d'officiers.	de troupe.
Colonel.	1	"	3	"
Lieutenant-colonel	1	"	3	"
Chefs d'escadron.	2	"	4	"
Major.	1	"	2	"
Adjudans-majors	2	"	4	"
Trésorier	1	"	1	"
Officier d'habillement	1	"	1	"
Porte-étendard ou guidon	1	"	1	"
Chirurgien-major	1	"	1	"
Chirurgien-aide	1	"	1	"
Adjudans-sous-officiers.	"	2	"	2
Maréchal vétérinaire en premier	"	1	"	1
Maréchal vétérinaire en second	"	1	"	1
Trompette maréchal-des-logis.	"	1	"	1
Trompette brigadier	"	1	"	"
Maîtres { tailleur.	"	1	"	"
sellier.	"	1	"	"
bottier.	"	1	"	"
armurier-éperonnier	"	1	"	"
	12	10	21	6

ESCADRON.	OFFICIERS.	TROUPE.	CHEVAUX	
			d'officiers.	de troupe.
Capitaine commandant.	1	"	2	"
Capitaine en second	1	"	2	"
Lieutenant en premier.	1	"	1	"
Lieutenant en second	1	"	1	"
Sous-lieutenans.	4	"	4	"
Maréchal-des-logis en chef. .	"	1	"	1
Maréchaux-des-logis.	"	8	"	8
Brigadier-fourrier	"	1	"	1
Brigadiers.	"	16	"	16
Cavaliers { montés	"	92	"	92
Cavaliers { non montés. . . .	"	12	"	"
Trompettes	"	2	"	2
Résultat.	8	132	10	120
Force d'un régiment. { État-major.	12	10	21	6
Force d'un régiment. { Quatre escadrons. .	32	528	40	480
Complet . . .	44	538	61	486
Force totale des 47 régimens.	2,068	25,286	2,867	22,842

dont deux maréchaux-ferrans.

23. Chaque escadron sera partagé en *divisions*, *pelotons*, *sections* et *escouades*, tant pour le service journalier et intérieur que pour l'ordre de bataille, conformément au tableau ci-dessous :

Capitaine commandant, capitaine en second, maréchal-des-logis en chef, brigadier-fourrier, deux trompettes.

Ire DIVISION. — LIEUTENANT EN PREMIER.							
PELOTONS.							
Premier.				Deuxième.			
1 Sous-Lieutenant.				1 Sous-Lieutenant.			
SECTIONS.							
1re.		2e.		3e.		4e.	
Mar.-des-logis.		Mar.-des-logis.		Mar.-des-logis.		Mar.-des-logis	
ESCOUADES.							
1re	2e	3e	4e	5e	6e	7e	8e
Brigadiers.	1	1	1	1	1	1	1	1
Cavaliers	6	7	6	7	6	7	6	7
Force de chaque escouade.	7	8	7	8	7	8	7	8

IIe DIVISION. — LIEUTENANT EN SECOND.							

PELOTONS.

Troisième.	Quatrième.
1 Sous-Lieutenant.	1 Sous-lieutenant.

SECTIONS.

5e.	6e.	7e.	8e.
Mar.-des-logis.	Mar.-des-logis.	Mar.-des-logis.	Mar.-des-logis.

ESCOUADES.

	9^e	10^e	11^e	12^e	13^e	14^e	15^e	16^e
Brigadiers	1	1	1	1	1	1	1	1
Cavaliers	6	7	6	7	6	7	6	7
Force de chaque escouade.	7	8	7	8	7	8	7	8

Total des seize escouades. 120	⎫	Les trompettes et les maréchaux ferrans seront placés aux 1re et 9e escouades, afin que chacun d'eux cantonne avec une division différente.
Maréchal-des-logis en chef 1	⎬ 12	
Maréchaux-des-logis 8		
Brigadier-fourrier. 1		
Trompettes 2	⎭	
Force de l'escadron (non compris les huit officiers). . . . 132		

Pour effectuer la formation de l'escadron, des pelotons, sections et escouades, telle qu'elle est portée au tableau ci-dessus, l'escadron assemblé, on extraira des rangs, pour les répartir ensuite dans les escouades, les hommes qui entrent rarement en ligne, tels que maréchaux, ouvriers, etc.; on formera l'escadron de la droite à la gauche, par ancienneté, plaçant les maréchaux-des-logis et les brigadiers comme ils doivent l'être dans l'ordre de bataille à cheval.

Les pelotons ainsi composés seront partagés en deux sections, qui resteront dans cette formation pour les chambrées et les ordinaires, afin que les officiers et sous-officiers aient les mêmes subordonnés à commander dans toutes les situations possibles.

L'escadron disposé de cette sorte, il en sera fait un contrôle qui sera le seul en usage pour commander le service et les rassemblemens tant à pied qu'à cheval, armés ou non armés. Dans les dragons, il y aura de plus, en temps de paix seulement, un contrôle pour le rang de taille à pied. Dans toutes les armes,

le rang de taille à cheval sera établi, autant que possible, par le choix des chevaux.

Cette formation de l'escadron aura lieu tous les ans, pendant la paix, au retour des semestres. On aura soin de répartir les recrues et les remontes de manière à maintenir constamment l'ordre dont il s'agit. En campagne, le contrôle sera renouvelé aussi souvent que les colonels le croiront nécessaire.

24. Tous les enfans de troupe, quel qu'en soit le nombre, seront conservés dans l'organisation des régimens; mais, à l'avenir, il ne devra y en avoir que quatre par escadron.

25. Le régiment de carabiniers prendra le nom de *carabiniers de Monsieur*, et aura la droite de toute la cavalerie de la ligne.

Le premier régiment de cuirassiers prendra le nom de *cuirasiers de la Reine*,

Le 2e celui de	*cuirassiers du Dauphin*,	
Le 3^e	idem	d'*Angoulême*,
Le 4^e	idem	de *Berry*,
Le 5^e	idem	d'*Orléans*,
Le 6^e	idem	de *Condé*.

Le premier régiment de dragons prendra la dénomination de dragons *du Calvados*,

Le 2e celle de *dragons du Doubs*,
Le 3e idem *de la Garonne*,
Le 4e idem *de la Gironde*,
Le 5e idem *de l'Hérault*,
Le 6e idem *de la Loire*,
Le 7e idem *de la Manche*,
Le 8e idem *du Rhône*,
Le 9e idem *de la Saône*,
Le 10e idem *de la Seine*.

Le premier régiment de chasseurs prendra la dénomination de *chasseurs à cheval de l'Allier*.

Le 2e celle de *chasseurs à cheval des Alpes*,
Le 3e idem *des Ardennes*,
Le 4e idem *de l'Ariége*,
Le 5e idem *du Cantal*,
Le 6e idem *de la Charente*,
Le 7e idem *de la Corrèze*,
Le 8e idem *de la Côte-d'Or*,
Le 9e idem *de la Dordogne*,
Le 10e idem *du Gard*,
Le 11e idem *de l'Isère*,
Le 12e idem *de la Marne*,
Le 13e idem *de la Meuse*,
Le 14e idem *du Morbihan*,
Le 15e idem *de l'Oise*,
Le 16e idem *de l'Orne*,
Le 17e idem *des Pyrénées*,
Le 18e idem *de la Sarthe*,
Le 19e idem *de la Somme*,
Le 20e idem *du Var*,
Le 21e idem *de Vaucluse*,
Le 22e idem *de la Vendée*,
Le 23e idem *de la Vienne*,
Le 24e idem *des Vosges*.

Le premier régiment de hussards prendra la dénomination de *hussards du Jura*,

Le 2e celle de *hussards de la Meurthe*,
Le 3e idem *de la Moselle*,
Le 4e idem *du Nord*,
Le 5e idem *du Bas-Rhin*,
Le 6e idem *du Haut-Rhin*.

26. Le rang des régimens de même arme entre eux sera déterminé par un tirage au sort que le ministre secrétaire d'Etat de la guerre fera faire en sa présence, et dont il fera notifier le résultat par les inspecteurs généraux, lors de l'organisation.

27. Il y aura un étendard par chaque régiment de carabiniers, cuirassiers, chasseurs et hussards, et un guidon par chaque régiment de dragons. Notre ministre secrétaire d'Etat de la guerre nous présentera le modèle des étendards et guidons, dont le fond sera blanc, portant l'écusson de France et la désignation des régimens.

28. Dans tous nos regimens de cavalerie, les officiers des divers grades seront classés entre eux selon leur rang d'ancienneté.

Dans la présente organisation, les quatre plus anciens capitaines deviendront, de droit, capitaines commandans; les quatre moins anciens seront capitaines en second; les quatre plus anciens lieutenans deviendront, de droit, lieutenans en premier; et les quatre moins anciens, lieutenans en second.

29. Les capitaines commandans et les lieutenans en premier seront portés aux appointemens de première classe; les capitaines et lieutenans en second, aux appointemens de de seconde classe.

Les appointemens et indemnités des autres officiers, ainsi que la solde des sous-officiers et cavaliers de toute arme, restent au surplus tels qu'ils sont établis par les réglemens en vigueur.

30. Le conseil d'administration de nos régimens de cavalerie sera composé ainsi qu'il est prescrit par notre ordonnance du 20 janvier 1815, ayant en outre le lieutenant-colonel.

Le major rapporteur ne prendra rang qu'après le chef d'escadron.

Lorsqu'il y aura partage de voix dans les délibérations, celle du président sera prépondérante.

L'administration et la comptabilité, la solde, les indemnités et les masses, seront provisoirement établies d'après les bases fixées par les réglemens en vigueur.

31. Toute troupe de cavalerie, de quelque espèce et dénomination que ce soit, non comprise dans la présente organisation, cessera d'exister. Les individus pourront être admis dans les nouveaux régimens, ou dans notre garde royale, selon qu'ils en seront jugés susceptibles.

32. Nos ministres de la guerre et des finances sont chargés de l'exécution de la présente ordonnance.

30 AOUT 1815. — Ordonnance du Roi qui étend à toute la famille dont est chef le sieur Charles de Roux, marquis de la Fare, les dispositions de l'ordonnance du 13 décembre 1814, qui autorise le sieur M. L. J. Hilarion de Roux à continuer de prendre le nom de Ruffo. (7, Bull. 20, n° 98.)

30 AOUT 1815. — Ordonnances du Roi qui permettent au sieur Chanalet et au sieur de Calouin, baron de Tréville, d'ajouter à leurs noms ceux de Valpêtre et de Trevenfest. (7, Bull. 20, n°s 99 et 100.)

30 AOUT 1815. — Ordonnance du Roi qui accorde des lettres de déclaration de naturalité au sieur Sauvaire-Panto. (7, Bull. 21, n° 103.)

30 AOUT 1815. — Ordonnance du Roi qui autorise l'acceptation d'une somme offerte par le sieur Salien dit Bandart, pour son admission dans l'établissement de Sainte-Périne de Chaillot, et celle d'un legs fait aux pauvres du douzième arrondissement de la ville de Paris. (7, Bull. 21, nᵒˢ 104 et 105.)

---

31 AOUT = Pr. 12 SEPTEMBRE 1815. — Ordonnance du Roi sur le licenciement des troupes d'artillerie, et sur leur réorganisation. (7, Bull. 22, nᵒ 106.)

Voy. ordonnance du 22 SEPTEMBRE 1815.

Louis, etc.

Vu notre ordonnance du 23 mars dernier qui prescrit le licenciement des troupes de toutes armes, et celle du 16 juillet, relative à la réorganisation des corps qui doivent composer l'armée française ;

Sur le rapport de notre ministre secrétaire d'Etat au département de la guerre,

Avons ordonné et ordonnons ce qui suit :

TITRE Iᵉʳ. Licenciement des troupes d'artillerie.

Art. 1ᵉʳ. Les officiers, sous-officiers et soldats des régimens d'artillerie à pied et à cheval, du bataillon de pontonniers, des compagnies d'ouvriers et des escadrons du train d'artillerie, seront renvoyés dans leurs foyers en attendant la réorganisation du corps royal de l'artillerie.

2. Il sera formé des détachemens de sous-officiers et soldats de tous les corps d'artillerie pour se rendre dans leurs départemens respectifs; et ces détachemens sont commandés par des officiers, suivant la force de chacun d'eux.

3. Les officiers qui ne seront pas employés au commandement de ces détachemens se rendront directement dans le lieu de leur domicile.

4. Les chevaux de l'artillerie à cheval et du train d'artillerie seront répartis dans les départemens voisins des lieux où ils se trouvent, et seront placés chez les cultivateurs.

5. Notre ministre secrétaire d'Etat au département de la guerre désignera des inspecteurs généraux d'artillerie qui se rendront sur-le-champ près des troupes d'artillerie pour en effectuer le licenciement.

6. Les inspecteurs généraux d'artillerie proposeront pour la solde de retraite tous les officiers d'artillerie qui, d'après notre ordonnance du 1ᵉʳ de ce mois, doivent y être admis de droit et sans exception, et feront des propositions d'admission à la retraite pour ceux des officiers qu'ils en jugeront susceptibles d'après l'article 2 de l'ordonnance précitée.

7. Les inspecteurs d'artillerie proposeront pour la retraite les sous-officiers et soldats qui ont des droits à la pension, et donneront des congés de réforme à tous ceux qui, à raison de leurs infirmités ou faiblesse de constitution, leur paraîtront impropres au service d'artillerie : ils accorderont des congés absolus aux militaires ayant plus de dix ans de service ou qui seront mariés, et qui demanderont à quitter le service.

8. Tous les officiers de l'artillerie renvoyés dans leurs foyers par suite du licenciement des troupes, ou pour y attendre la solde de retraite, jouiront, les officiers supérieurs de la demi-solde de leur grade, et les officiers subalternes des quatre cinquièmes de la solde de la dernière classe de leur grade, jusqu'à ce qu'ils soient rappelés au service, s'ils doivent faire partie du nouveau corps de l'artillerie, ou jusqu'à ce qu'ils aient obtenu leur pension de retraite.

TITRE II. Mesures transitoires avant la réorganisation.

9. Les sous-officiers et soldats des divers corps d'artillerie, renvoyés dans leurs foyers par suite du licenciement des corps dont ils faisaient partie, et ceux qui auront quitté leurs corps avant le licenciement pour rentrer dans leurs foyers, seront assujétis aux dispositions de notre ordonnance du 3 août sur l'organisation des légions départementales, relatives à l'examen, au classement, à l'incorporation et au rappel des hommes qui doivent les composer.

10. Les canonniers à pied formeront la compagnie d'artillerie attachée à chaque légion; et, en cas d'insuffisance, on y incorporera des canonniers à cheval, des pontonniers, des ouvriers et des soldats du train d'artillerie.

Dans le cas où il y aurait un excédant de sous-officiers et soldats de ces divers corps, ces militaires compteront, pour mémoire seulement, à la suite de ces compagnies d'artillerie des légions départementales.

11. Il sera fait choix, dans chaque département, d'un officier supérieur d'artillerie pour tenir le contrôle de tous les militaires de cette arme existant dans le département et pour en avoir la surveillance.

12. Cet officier supérieur d'artillerie fera partie du conseil d'examen du département, lorsqu'il s'agira de prononcer sur le sort, l'incorporation et le rappel des militaires de l'arme de l'artillerie.

13. Le conseil d'administration de chaque corps d'artillerie licencié, ainsi que le quartier-maître et le capitaine d'habillement, seront provisoirement conservés pour la garde des archives, de la caisse et des effets en ma-

gasin, pour la reddition des comptes et pour les renseignemens à fournir.

14. Les sous-officiers et soldats sans domicile seront autorisés à rester près du conseil d'administration de leur ancien corps, en attendant la réorganisation du nouveau corps royal de l'artillerie.

15. Les compagnies d'artillerie détachées dans les places de guerre seront licenciées par les inspecteurs généraux d'artillerie au fur et à mesure de leurs tournées dans ces places, et les officiers, sous-officiers et soldats qui composent ces compagnies seront renvoyés dans leurs foyers.

16. Les officiers supérieurs et particuliers employés au service du matériel de l'arme dans les écoles, arsenaux, directions, places de guerre, manufactures d'armes, fonderies, forges et poudreries, resteront provisoirement aux postes qu'ils occupent aujourd'hui, pour veiller à la conservation et à l'entretien du matériel de l'artillerie.

Titre III. Composition du nouveau corps royal de l'artillerie.

17. Le corps royal de l'artillerie sera composé de :
Un état-major général pour le service du matériel,
Huit régimens d'artillerie à pied,
Quatre régimens d'artillerie à cheval,
Un bataillon de pontonniers,
Douze compagnies d'ouvriers,
Une compagnie d'artificiers,
Huit escadrons du train d'artillerie.

18. Chacun des huit régimens d'artillerie à pied sera composé d'un état major, de seize compagnies, et d'un cadre de compagnies, comme dépôt.

Etat-major.

Colonel, un; lieutenant-colonel, un; chefs de bataillon, quatre; major (rang de chef de bataillon) un; trésorier, un; capitaine d'habillement, un; adjudans-majors, deux; lieutenans sous-adjudans-majors, quatre; officier payeur, un; lieutenant porte-drapeau, un; chirurgien-major, un; aides-chirurgiens, deux. Total des officiers, vingt.

Artificier chef, un; tambour-major, un; tambours-maîtres, deux; musiciens, dont un chef, douze; maître tailleur, un; maître cordonnier, un; maître guêtrier, un; armurier, un. Total, vingt.

Composition d'une compagnie.

Capitaine en premier, un; capitaine en second, un; lieutenant en premier, un; lieutenant en second, un. Total des officiers, quatre.

Sergent-major, un; sergens, quatre; fourrier, un; caporaux, quatre; artificiers,
quatre; ouvriers en fer et en bois, quatre; premiers canonniers, douze; seconds canonniers, vingt; tambours, deux. Total, cinquante-deux.

Cadre de la compagnie de dépôt.

Capitaine en premier, un; capitaine en second, un; lieutenant en premier, un; lieutenant en second, un. Total des officiers, quatre.

Sergent-major, un; sergens, quatre; fourrier, un; caporaux, quatre; tambours, deux. Total, douze.

Ainsi le complet d'un régiment d'artillerie à pied sera de quatre-vingt-huit officiers, huit cent soixante-quatre sous-officiers et soldats. Total, neuf cent cinquante-deux hommes.

19. Chacun des régimens d'artillerie à cheval sera composé d'un état-major et de six compagnies.

Etat-major.

Colonel, un; lieutenant-colonel, un; chefs d'escadron, trois; major (rang de chef d'escadron) un; trésorier, un; capitaine d'habillement, un; adjudant-major, un; lieutenans sous-adjudans-majors, deux; chirurgien-major, un; aide-chirurgien, un. Total, treize.

Artificier chef, un; brigadier-trompette, un; vétérinaire, un; maître tailleur, un; maître bottier, un; maître sellier, un; armurier-éperonnier, un. Total, sept.

Composition d'une compagnie.

Capitaine en premier, un; capitaine en second, un; lieutenant en premier, un; lieutenant en second, un. Total, quatre.

Maréchal-des-logis chef, un; maréchaux-des-logis, quatre; fourrier, un; brigadiers, quatre; artificiers, quatre; ouvriers en bois et en fer, quatre; premiers canonniers, douze; seconds canonniers, vingt; maréchal-ferrant, un; trompette, un. Total, cinquante-deux.

Ainsi la force d'un régiment d'artillerie à cheval sera de trente-sept officiers, trois cent dix-neuf sous-officiers et soldats, dont deux cents seulement montés en temps de paix. Total, trois cent cinquante-six hommes.

20. Le bataillon de pontonniers conservé par notre ordonnance du 12 mai 1814 sera réorganisé, et sera composé d'un état major et de six compagies.

Etat-major.

Lieutenant-colonel commandant, un; chef de bataillon, un; major (rang de chef de bataillon) un; trésorier, un; capitaine d'habillement, un; adjudant-major, un; lieutenans sous-adjudans-majors, deux; chirurgien-ma-

jor, un ; aide-chirurgien, un. Total des officiers, dix.

Maître constructeur, un; tambour-maître,
un; maître tailleur, un ; maître cordonnier,
un ; maître guêtrier, un ; maître armurier,
un. Total, six.

Composition d'une compagnie.

Capitaine en premier, un ; capitaine en second, un; lieutenant en premier, un; lieutenant en second, un. Total, quatre.

Sergent-major, un; sergens, quatre ; fourrier, un; caporaux, quatre; maîtres ouvriers,
quatre; pontonniers, première classe, douze;
deuxième classe, vingt-quatre; tambours,
deux. Total, cinquante-deux.

Ainsi, le bataillon de pontonniers sera
composé de trente-quatre officiers, trois cent
dix-huit sous-officiers et soldats. Total, trois
cent cinquante-deux hommes.

21. Les compagnies d'ouvriers d'artillerie
conservées par notre ordonnance du 12 mai
1815 seront organisées, et la composition de
chacune d'elles sera comme il suit :

Capitaine commandant, un; capitaine en
second, un; lieutenant en premier, un ; lieutenant en second, un. Total, quatre.

Sergent-major, un; sergens, quatre; fourrier, un; caporaux, quatre; maîtres ouvriers,
quatre; ouvriers 1re classe, huit; ouvriers 2e
classe, douze; apprentis, seize; tambours,
deux. Total, cinquante-deux.

Ces deux compagnies porteront le nom de
leurs capitaines, en conservant entre elles
leur rang d'ancienneté d'après la date de leur
formation.

Ainsi, la force des douze compagnies d'ouvriers d'artillerie sera de quarante-huit officiers, six cent vingt-quatre sous-officiers et
soldats. Total, six cent soixante-douze hommes.

22. Il sera créé une compagnie d'artificiers
chargée spécialement de la confection des artifices de guerre, et dont la composition sera
comme il suit :

Capitaine commandant, un ; capitaine en
second, un; lieutenant en premier, un; lieutenant en second, un. Total, quatre.

Sergent-major, un; sergens quatre; fourrier, un; caporaux quatre; artificiers, 1re
classe, quatre; artificiers de 2e classe douze ;
apprentis, seize; ouvriers en bois, quatre ;
ouvriers en fer, quatre, tambours, deux.
Total, cinquante-deux.

23. Les huit escadrons du train d'artillerie
créés par nos ordonnances des 12 mai et 9
septembre 1814 seront réorganisés et composés chacun d'un état-major et de quatre
compagnies.

Etat-major.

Chef d'escadron commandant, un ; capitaine adjudant-major, un ; trésorier, un ;

lieutenant d'habillement, un; sous-lieutenant sous adjudant-major, deux ; chirurgien-
major, un. Total, sept.

Vétérinaire, un; brigadier-trompette, un;
maître sellier-bourrelier, un; maître tailleur,
un ; maître bottier, un ; maître éperonnier,
un. Total, six.

Composition d'une compagnie.

Capitaine, un ; lieutenant, un ; sous-lieutenant, un. Total, trois.

Maréchal-des-logis chef, un ; maréchaux-
des-logis, quatre ; fourrier, un ; brigadiers,
quatre; soldats de 1re classe, quinze ; maréchaux ferrans, deux; bourrelier, un; trompettes, deux. Total, trente.

Ainsi, la force de chaque escadron du train
d'artillerie sera de dix-neuf officiers, cent
vingt-six sous-officiers et soldats, avec cent
vingt chevaux de selle et de trait en temps de
paix. Total, cent quarante-cinq hommes.

24. La force totale du corps royal de l'artillerie sera, en conséquence, de sept mille
six cent seize officiers, sous-officiers et soldats pour les huit régimens d'artillerie à pied;
mille quatre cent vingt-quatre officiers pour les
quatre régimens d'artillerie à cheval; trois cent
cinquante-deux pour le bataillon de pontonniers ; six cent soixante douze pour les douze
compagnies d'ouvriers; cinquante-six pour
la compagnie d'artificiers ; mille cent soixante
pour les huit escadrons du train. Total, onze
mille deux cent quatre-vingts hommes et mille
sept cent soixante-dix chevaux de selle et de
trait.

25. Il sera statué par ordonnance particulière sur l'organisation de l'état-major d'artillerie, basée d'après celle que nous avons
approuvée par notre ordonnance du 12 mai
1814.

TITRE IV. Mode de réorganisation des nouveaux
régimens et corps d'artillerie.

26. Les nouveaux régimens, bataillons,
compagnies et escadrons de l'arme de l'artillerie seront successivement organisés, et aux
époques que nous indiquerons dans les huit
écoles d'artillerie conservées par notre ordonnance du 12 mai 1814.

27. Les régimens d'artillerie à pied et à
cheval et les escadrons du train d'artillerie
prendront la dénomination des écoles où ils
auront été organisés : les compagnies d'ouvriers porteront le nom de leur capitaine.

28. Il sera fixé des arrondissemens territoriaux pour chacune des huit écoles d'artillerie, où notre ministre de la guerre aura la
faculté de faire rejoindre les sous-officiers et
soldats des anciens corps d'artillerie et non
libérés du service militaire, pour composer
les nouveaux corps d'artillerie.

29. Le choix des officiers supérieurs des-

tinés à commander les nouveaux corps d'artillerie sera fait par notre ministre secrétaire d'Etat au département de la guerre, et
soumis à notre approbation.

30. Les inspecteurs généraux d'artillerie
qui seront chargés de l'organisation des nouveaux régimens proposeront à notre ministre
secrétaire d'Etat au département de la guerre
le choix des capitaines et lieutenans qui devront entrer dans les cadres de ces nouveaux
régimens.

TITRE V. Dispositions générales.

31. L'administration et la comptabilité des
nouveaux corps d'artillerie seront établies
d'après les bases fixées par les réglemens en
vigueur. Le conseil d'administration sera
composé ainsi qu'il est prescrit par notre ordonnance du 20 janvier 1815, ayant en outre
le lieutenant-colonel : le major, rapporteur,
prendra rang après le chef de bataillon, s'il
est moins ancien de grade.

Lorsqu'il y aura partage de voix dans les
délibérations, celle du président sera prépondérante.

32. La solde, les indemnités et les masses
des nouveaux corps d'artillerie, seront les
mêmes que celles qui étaient attribuées aux
anciens corps de cette arme.

33. Les fonctions de lieutenant-colonel des
régimens seront de commander le régiment
sous les ordres du colonel, en sa présence et
en son absence, et d'être l'intermédiaire de
cet officier supérieur dans toutes les parties
du service.

Il aura pour marques distinctives celles
qui étaient attribuées au ci-devant major : il
eu conservera les appointemens et son rang
dans le corps.

34. Le major actuel aura le grade de chef
de bataillon, et sera choisi parmi les officiers
de ce grade ; il remplira les fonctions dont les
anciens majors étaient chargés sous le rapport administratif, en attendant qu'elles
soient plus amplement déterminées par un
nouveau réglement.

Il jouira des appointemens de son grade,
et en portera l'épaulette à droite.

35. Chacun des nouveaux régimens d'artillerie à pied recevra un drapeau, et chacun
des nouveaux régimens d'artillerie à cheval
recevra un étendard dont le fond sera blanc,
parsemé de fleurs-de-lis, portant l'écusson de
France et la désignation du régiment.

Nous nous réservons de fixer l'époque à
laquelle ces drapeaux seront distribués.

36. Nos ministres de la guerre et des finances sont chargés de l'exécution de la présente ordonnance.

1er = Pr. 6 SEPTEMBRE 1815. — Déclaration
du Roi sur les troubles des départemens du
Midi. (7, Bull. 20, n° 97.)

Louis, etc.

Nous avons appris avec douleur que, dans
les départemens du midi, plusieurs de nos
sujets s'étaient récemment portés aux plus
coupables excès ; que, sous prétexte de se
faire les ministres de la vindicte publique,
des Français, satisfaisant leur haine et leur
vengeance privées, avaient versé le sang des
Français, même depuis que notre autorité
était universellement rétablie et reconnue
dans toute l'étendue de notre royaume.

Certes, de grands crimes, d'infames trahi-
sons, ont été commis et ont plongé la France
dans un abîme de maux ; des persécutions
atroces ont été exercées contre ceux de nos
fidèles sujets qui, suivant la bannière de notre bien-aimé neveu, ont tenté courageuse-
ment avec lui de sauver la France : mais la
punition de ces crimes doit être nationale, so-
lennelle et régulière ; les coupables doivent
tomber sous le glaive de la loi, et non pas suc-
comber sous le poids des vengeances particulières. Ce serait offenser la justice, ce serait perpétuer les discordes et ouvrir la porte
à mille désordres, ce serait bouleverser l'ordre
social, que de se faire à la fois juge et exécuteur pour les offenses qu'on a reçues, ou même
pour les attentats commis contre notre personne. Nos intentions et nos ordres avaient suffisamment fait connaître que la nation aurait justice des auteurs de ces maux, et que l'indulgence accordée à la faiblesse ou à l'erreur ne
s'étendrait pas sur les coupables dont le crime
public et avéré peut être poursuivi, sans causer d'alarmes à la foule qui a obéi, sans doute
en gémissant, à la force des circonstances.
Nous espérons que cette odieuse entreprise
de prévenir l'action des lois et de notre autorité a déjà cessé : elle serait un attentat contre nous et contre la France ; et, quelque vive
douleur que nous en puissions ressentir, rien
ne serait épargné par nous pour punir de tels
crimes. Notre digne neveu, dont le nom se
trouve désormais lié aux sentimens d'amour
et de dévouement qu'ont manifesté nos provinces du midi, qui, par son caractère d'o-
béissance, de conciliation et de force, les a
préservées et les préserve encore des maux
de l'invasion, serait aussi notre mandataire
pour les sauver des discordes civiles, et pour
réprimer et faire punir ceux qui prétendraient abuser de notre nom et du sien. Mais
sans doute le noble lien qui s'est établi entre
lui et les habitans du midi ne sera pas rompu
par le coupable égarement de quelques hommes avides de vengeance et de désordres.
C'est dans cette confiance et avec cet espoir
que nous avons recommandé par des ordres
précis, à nos ministres et à nos magistrats,

4

de faire strictement respecter les lois, et de ne mettre ni indulgence ni faiblesse dans la poursuite de ceux qui les ont violées et qui tenteraient de les violer encore, bien convaincu que notre voix ne sera pas vainement entendue dans une contrée où nous avons reçu tant de preuves de fidélité et d'affection.

1ᵉʳ = Pr. 18 SEPTEMBRE 1815. — Ordonnance du Roi concernant la formation d'une garde royale. (7, Bull. 24, n° 115.)

Voy. règlement du 23 SEPTEMBRE 1815; ordonnances des 23 SEPTEMBRE et 17 OCTOBRE 1815, 5 NOVEMBRE 1816 et 2 AOUT 1818.

Art. 1ᵉʳ. Notre maison militaire, telle qu'elle a existé depuis 1814, recevra les modifications ci-après :

Les quatrième et cinquième compagnies françaises des gardes-du-corps sont supprimées; les quatre autres compagnies seront réduites à quatre brigades chacune.

Chaque compagnie sera forte de deux cent cinquante gardes et cinquante surnuméraires (1).

Les compagnies de gendarmes, chevau-légers, mousquetaires et gardes de la porte, sont supprimées : elles cesseront leur service au 1ᵉʳ novembre prochain ; et désirant donner un témoignage de notre satisfaction aux officiers qui les composent, nous nous réservons d'employer dans notre garde royale et dans nos régimens de ligne tous ceux qui ne seraient pas dans le cas de la retraite ou d'un autre placement. La compagnie des grenadiers à cheval entrera dans la composition d'un des régimens de grenadiers à cheval de notre garde.

2 Les compagnies supprimées ainsi que celle de gardes-du-corps de notre bien-aimé frère Monsieur (2), seront remplacées par une garde royale, composée ainsi qu'il suit, et entièrement dans les attributions de notre ministre secrétaire d'Etat de la guerre :

			CHEVAUX	
	OFFICIERS.	TROUPE.	d'officiers	de troupe.
INFANTERIE. 1ʳᵉ *Division.* 1ʳᵉ Brigade.				
1ᵉʳ régiment de la garde royale. 4ᵉ *idem.*				
2ᵉ Brigade.				
2ᵉ *idem.* 5ᵉ *idem.*				
2ᵉ *Division.* 3ᵉ Brigade.				
3ᵉ régiment de la garde royale. 6ᵉ *idem.*				
4ᵉ Brigade.				
1ᵉʳ régiment suisse de la garde royale. 2ᵉ *idem.*				
Chaque régiment sera de trois bataillons organisés comme ceux de la ligne : mais les compagnies seront portées sur-le-champ à 90 sous-officiers et soldats ; ce qui formera pour les huit régimens	720	17,480	"	"
CAVALERIE. 1ʳᵉ *Division.* 1ʳᵉ Brigade.				
1ᵉʳ régiment de grenadiers à cheval de la garde royale. 2ᵉ *idem.*				
2ᵉ Brigade.				
1ᵉʳ régiment de cuirassiers de la garde royale. 2ᵉ *idem.*				
2ᵉ *Division.* 3ᵉ Brigade.				
Régiment de dragons de la garde royale. Régiment de chasseurs à cheval *idem.*				

(1 et 2) *Voy.* ordonnance du 25 septembre 1815.

	OFFICIERS	TROUPE.	CHEVAUX	
			d'officiers.	de troupe.
4e Brigade.				
Régiment de lanciers de la garde royale.				
Régiment de hussards idem.				
Chaque régiment sera sur le même pied que ceux de notre cavalerie de ligne, à l'exception qu'il sera sur-le-champ de six escadrons, chacun de 132 hommes et 120 chevaux, ce qui portera la force des huit régimens à...	480	6,416	«	5,808
ARTILLERIE.				
Brigade d'artillerie.				
Régiment d'artillerie à pied de la garde royale. Il sera de huit compagnies, et fort de . . .	42	434	«	«
Régiment d'artill. à cheval de la garde royale. Il sera composé de 4 compagnies, et fort de	«	288	«	«
MATÉRIEL.				
Il y aura une batterie attelée pour chaque brigade d'infanterie, une pour chaque division de cavalerie, et un caisson de service, également attelé, pour chaque bouche à feu. Ce train d'artillerie sera composé, en hommes et en chevaux, de.	18	390	«	600
GÉNIE.				
En cas de guerre, il sera attaché à notre garde royale les officiers et les troupes du génie qui seront jugées nécessaires.				
Ainsi, au pied de paix, la force totale de notre garde royale sera de	1,260	25,008	«	6,408

3. Il y aura un inspecteur aux revues et un commissaire-ordonnateur pour l'infanterie, un inspecteur aux revues et un commissaire ordonnateur pour la cavalerie, et un sous-inspecteur aux revues et un commissaire des guerres pour chaque division d'infanterie ou de cavalerie. L'artillerie sera réunie, pour l'administration et la comptabilité, savoir : le régiment à pied, à la première division d'infanterie; et le régiment à cheval, à la division de cavalerie légère.

4. Quatre maréchaux de France, désignés par nous, rempliront alternativement et par quartier les fonctions de major général de notre garde auprès de notre personne.

Le major général commandera le service extérieur de nos palais, et aura, en conséquence, sous ses ordres, les corps de notre garde qui seront dans la résidence royale que nous habiterons, et ceux cantonnés dans les départemens.

Les divisions seront commandées par des lieutenans généraux, et les brigades par des maréchaux-de-camp.

Les chefs d'état-major des divisions pourront être maréchaux-de-camp.

Les lieutenans-généraux, et, sous leurs ordres, les maréchaux-de-camp, rempliront habituellement les fonctions d'inspecteurs généraux, et correspondront directement avec notre ministre secrétaire d'État de la guerre,

5. Dans nos compagnies de gardes-du-corps, les cadres et les dénominations des grades seront, autant que possible, en rapport avec ceux de notre cavalerie de ligne. Le garde surnuméraire aura rang de lieutenant, comme la garde en pied, et ainsi de suite pour le grade supérieur, le rang immédiatement au-dessus pour chaque grade. L'espèce et le nombre des officiers et des sous-officiers dans chaque compagnie seront ultérieurement déterminés.

Les marques distinctives seront celles du grade dont on aura le rang.

Après quatre ans de service, en temps de paix, dans les gardes-du-corps, et dans le même grade, on sera susceptible de passer dans la ligne avec le grade dont on aura le rang.

La retraite sera réglée sur le pied de la ligne et du grade dont on aura le rang, après deux ans d'exercice du grade inférieur.

L'administration de nos compagnies de gardes-du-corps sera dans les attributions du ministre de notre maison.

Notre ordonnance du 23 mai 1814 sera modifiée en conséquence des dispositions ci-dessus, et de celles qui seraient en outre reconnues utiles.

6. Nos régimens de la garde royale prendront la droite de toutes les autres troupes

Les officiers de ces régimens auront dans

l'armée le rang et le titre immédiatement supérieurs à leur grade dans la garde, et en porteront les marques distinctives; à grade égal, ils commanderont, quelle que soit l'ancienneté. Les officiers généraux commanderont selon la leur.

En temps de paix, après quatre ans de grade dans les régimens de notre garde royale, on sera susceptible de passer dans la ligne avec le grade correspondant au rang et au titre dont on jouit dans la garde.

La retraite sera toujours réglée dans le grade dont on aura le rang, après deux ans de service dans celui dont on sera pourvu.

7. La solde sera de moitié en sus de celle de la ligne pour les capitaines et officiers inférieurs, ainsi que pour les sous-officiers et soldats, et du quart en sus pour les officiers supérieurs et les officiers généraux.

8. Le personnel et l'administration des régimens de la garde seront dans les attributions de notre ministre secrétaire d'Etat de la guerre.

Les propositions d'avancement seront soumises, par les lieutenans généraux commandans les divisions, à notre ministre secrétaire d'Etat de la guerre, qui nous les présentera.

Les régimens de notre garde ne suivront, pour le service intérieur, l'instruction, l'administration et la comptabilité, d'autres réglemens que ceux qui sont et seront en usage dans nos troupes de ligne.

Tous les Français, militaires et autres, qui réuniront les qualités nécessaires, seront admis à concourir à la première formation de notre garde. Le recrutement se fera ensuite sur l'armée seulement: le mode en sera déterminé, ainsi que celui de l'avancement, en même temps que pour l'armée. Il n'est rien changé, à cet égard, aux réglemens et capitulations applicables aux régimens suisses.

Notre ministre secrétaire d'Etat de la guerre nous présentera incessamment un règlement sur l'uniforme de notre garde royale.

9. Nos ministres de la guerre, des finances, et de notre maison sont chargés de l'exécution de la présente ordonnance.

2 = Pr. 18 SEPTEMBRE 1815. — Ordonnance du Roi qui réduit provisoirement le nombre des ingénieurs de tout grade composant le corps royal des ponts-et-chaussées, et contient des dispositions relatives à la retraite de ceux de ces officiers qui y sont admis. (7, Bull. 24, n° 116.)

Louis, etc.

Ayant reconnu que le nombre des ingénieurs de notre corps royal des ponts-et-chaussées était hors de proportion avec l'étendue et les revenus de notre royaume, et trouvant juste de faire porter les réformes indispensables sur ceux qui, par leur âge, leurs infirmités et leur ancienneté, sont moins capables d'un service actif; désirant toutefois adoucir l'effet de ces réformes à l'égard des ingénieurs sur lesquels elles porteront, avant qu'ils aient atteint le degré d'ancienneté qui leur donnerait droit au *maximum* de la retraite;

Sur le rapport de notre garde-des-sceaux, ministre secrétaire d'Etat de la justice, ayant par *interim* le portefeuille de l'intérieur,

Avons ordonné et ordonnons ce qui suit:

Art. 1er. A dater du 1er octobre prochain, le nombre des ingénieurs de tout grade composant notre corps royal des ponts-et-chaussées est provisoirement réduit ainsi qu'il suit:

Inspecteurs généraux, y compris les deux attachés à la marine, six.

Inspecteurs divisionnaires, quinze.

Ingénieurs en chef, cent cinq.

Ingénieurs ordinaires ou aspirans, trois cents.

2. Sont admis à la retraite:

1° Les trois inspecteurs généraux et les trois inspecteurs divisionnaires les plus anciens de grade;

2° Les vingt-six ingénieurs en chef qui se trouveront à la fois les plus anciens d'après l'ordre du contrôle, et avoir plus de soixante années d'âge;

3° Les quarante ingénieurs ordinaires qui se trouveront à la fois les plus anciens selon l'ordre du contrôle, et avoir vingt années de service, ou cinquante années d'âge;

3. La retraite des inspecteurs généraux, inspecteurs divisionnaires, ingénieurs en chef et ingénieurs ordinaires, qui auront au moins trente années de service et plus de soixante ans d'âge, sera portée au *maximum* fixé par l'article 36 du décret du 25 août 1804.

4. La retraite des ingénieurs ordinaires qui compteront moins de trente mais plus de vingt années de service, ou cinquante ans d'âge, sera du *maximum* alloué pour trente ans d'activité par l'article 36 du même décret.

5. Le montant des retraites qui seront accordées en vertu de la présente ordonnance sera imputé sur le fonds des charges administratives de l'administration des ponts-et-chaussées.

6. Toutes les dispositions du décret du 25 août 1804, portant organisation du corps des ingénieurs des ponts-et-chaussées, sont maintenues et confirmées en tout ce qui n'est pas contraire à la présente ordonnance.

7. Notre ministre de la justice est chargé de l'exécution de la présente ordonnance.

2 SEPTEMBRE 1815. — Ordonnance du Roi portant proclamation des brevets d'invention, de perfectionnement et d'importation délivrés, pendant le deuxième trimestre de 1815, aux sieurs Cauchoix, Faizar, Nazo, Baslier, Burks, Edwards, Schwickardi, Réal, Valters, Viart, Andriel-Perin, Wilcox et Crépu. (7, Bull. 24, n° 417.)

4 = Pr. 12 SEPTEMBRE 1815. — Ordonnance du Roi qui prescrit aux gouverneurs commissionnés par sa majesté de ne se rendre dans leurs gouvernemens respectifs qu'après en avoir reçu l'ordre, et contient des dispositions sur leur traitement, etc. (7, Bull. 22, n° 107.)

Voy. ordonnances des 7 MARS 1817 et 30 DÉCEMBRE 1818.

Art. 1er. Les gouverneurs que nous aurons commissionnés ne se rendront dans leurs gouvernemens respectifs, pour y exercer leur emploi, que lorsqu'ils en recevront l'ordre de notre part. Ils y résideront pendant le temps déterminé par la nature de leurs missions ou par les instructions qui leur seront données, d'après nos ordres, par notre ministre secrétaire d'Etat de la guerre. Un réglement déterminera les honneurs militaires qui leur seront rendus.

2. Le traitement des gouverneurs sera réduit à vingt mille francs; mais ces traitemens pourront être cumulés avec la solde d'activité ou de retraite.

3. Lorsque ces gouverneurs seront envoyés dans leurs gouvernemens, il sera pourvu, par notre ministre secrétaire d'Etat de la guerre, à leur indemnité de logement, ameublement et frais de poste.

4. Nos ministres de la guerre et des finances sont chargés de l'exécution de la présente ordonnance.

4 = Pr. 23 SEPTEMBRE 1815. — Instruction approuvée par le Roi pour l'exécution de plusieurs dispositions de l'ordonnance royale du 1er août 1815, concernant les retraites militaires. (7, Bull. 26, n° 129.)

Voy. ordonnance du 1er AOUT 1815.

Art. 1er. Sa majesté entend que les officiers généraux, officiers supérieurs et subalternes, administrateurs militaires, officiers de santé, tous les militaires quelconques ayant grade d'officier dans l'armée, qui sont actuellement employés dans sa maison militaire, soient classés avec les officiers du grade correspondant aux paragr. 1er et 3 des art. 1er et 2 de l'ordonnance du 1er août 1815, concernant les retraites militaires, chacun selon le grade dont il a le rang effectif, par brevet, dans l'état-major général de l'armée ou dans la ligne, et qu'ils jouissent, dans cette circonstance extraordinaire, de mêmes retraites accordées par ladite ordonnance aux autres officiers de ce grade, nonobstant les dispositions de celles du 16 septembre 1814, qui leur sont moins favorables. (*Art.* 1er et 2 de l'ordonnance.)

2. Les commissaires ordonnateurs en chef d'armée nommés par le Roi seront classés au parag. 1er des art. 1er et 2, et admis à une solde de retraite égale à celle du grade d'inspecteur en chef aux revues.

Les officiers généraux, officiers supérieurs et subalternes, admistrateurs militaires et officiers de santé, employés, soit à l'hôtel ou dans les succursales des invalides, soit dans les écoles militaires, soit dans les compagnies de vétérans en activité, ainsi que les inspecteurs généraux du service de santé des armées, seront classés au paragr. 2 desdits articles, avec les officiers généraux et d'Etat-major des places. (*Art.* 1er et 2 de l'ordonnance.)

3. Le classement aura lieu, et les retraites seront réglées, selon le grade dont les officiers auront l'activité, sans avoir égard aux grades obtenus à titre purement honorifique. (*Art.* 1er et 2 de l'ordonnance.)

4. Ne peuvent être considérés comme officiers d'état-major des places de guerre, les officiers généraux, officiers supérieurs et subalternes qui, aux époques indiquées ci-après (11, 12, 13, 14), ne touchaient pas le traitement d'activité ou de non-activité attribué aux commandans d'armes ou aux adjudans de places, bien qu'ils eussent obtenu l'expectative d'emplois dans les places de guerre. (*Art.* 1er et 2 de l'ordonnance.)

5. Les lieutenans généraux, maréchaux-de-camp, officiers supérieurs d'état-major et des corps, et les autres officiers ou fonctionnaires classés au paragr. 1er des articles 1er et 2 de l'ordonnance, qui, au 1er septembre, auront eu vingt-neuf ans un jour de service, seront réputés dans leur trentième année de service, ils sont de plein droit à la retraite, et la recevront au *maximum*, quel que soit leur âge. (*Art.* 1er de l'ordonnance).

Ils seront susceptibles de la même retraite à vingt-quatre ans un jour de service, quel que soit leur âge. (*Art.* 2.)

S'ils sont nés avant le 1er septembre 1761, il leur suffira de dix-neuf ans un jour de service, pour avoir également le *maximum* de la retraite. (§ 2 de l'art. 3.)

Les officiers généraux et d'état-major des places qui auront trente-quatre ans un jour de service seront censés dans leur trente cinquième année de service, et obtiendront le *maximum* de la retraite, quel que soit leur âge. (*Art.* 1er.)

Ils seront susceptibles de la même retraite à vingt-neuf ans un jour de service, quel que soit leur âge. (*Art.* 2.)

S'ils sont nés avant le 1er septembre 1756, il ne leur faudra que vingt-quatre ans un jour de service pour obtenir le *maximum* de la retraite. (§ 2 *de l'art.* 3.)

Les officiers d'état-major et des corps, autres que les officiers supérieurs, les autres officiers ou fonctionnaires classés au paragr. 3 des art. 1er et 2, qui auront vingt-quatre ans un jour de service seront réputés dans leur vingt-cinquième année de service, et recevront leur retraite au *maximum*, quel que soit leur âge. (*Art.* 1er.)

Ils seront susceptibles de la même retraite à dix-neuf ans un jour de service, quel que soit leur âge. (*Art.* 2.)

Enfin, s'ils sont nés avant le 1er septembre 1766, le *maximum* de la retraite leur sera accordé, s'il prouvent seulement quatorze ans un jour de service. (§ 2 *de l'art* 3.)

6. L'âge indiqué dans l'article 1er de l'ordonnance met de plein droit, et sans exception, l'officier à la retraite, quelle que soit la durée de son service, Mais il est clair, d'après l'article 3, que cet âge ne donne lieu au *maximum* de la solde de retraite, qu'autant que l'on y joint, ainsi qu'il vient d'être expliqué ci-dessus,

Dix-neuf ans un jour de service effectif. . . .	selon la classe dans laquelle l'officier
Vingt-quatre ans un jour.	est rangé par l'ar-
Quatorze ans un jour . .	ticle 1er.

Au-dessous de ce temps de service, la retraite est celle qui est déterminée par les art. 4 et 5. (*Art.* 3, 4 et 5.)

7. Les années de service seront comptées conformément aux règles ordinaires suivies pour constater le droit à la retraite par ancienneté; c'est-à-dire que l'on ne comptera que le service admissible dans la fixation de la solde de retraite (*ordonnance du 27 août 1814*), déduction faite des interruptions, et sans y comprendre le bénéfice des campagnes : mais l'on y fera entrer la totalité du temps passé en jouissance du traitement de non-activité, et la moitié du temps pendant lequel on aura reçu le traitement de réforme, sans que cette moitié puisse s'élever au delà de cinq années. (*Art.* 7 et 8 *de la même ordonnance.*)

La destitution, la suspension ou la démission forcée n'est pas regardée comme interruption de service, si la réintégration a été accompagnée du rappel de la solde d'activité ou de la demi-solde pour l'intervalle écoulé depuis la cessation jusqu'à la reprise de l'activité. L'officier, par le fait de ce rappel, a été remis dans le même état que s'il était resté disponible ou en non-activité.

Si l'officier réintégré n'a obtenu, pour ce même intervalle, que le rappel du traitement de réforme, il est considéré comme si, dès la cessation de ses fonctions, il eût été admis au traitement de réforme, et l'inter-

valle lui est compté pour moitié, en conformité de ce qui vient d'être expliqué.

Mais s'il n'a eu aucun rappel, ou s'il a joui d'une pension de retraite, le temps d'interruption est déduit en entier.

Le service fait à l'étranger est compté en totalité, pour leur retraite, aux officiers en faveur desquels il a été pris en considération lors de leur admission au service de France. (*Art.* 1er, 2, 3, 4 et 5.)

8. Les dispositions de l'article 6 concernant les officiers amputés qui occupent les emplois militaires dans les places ou ailleurs, et celles des autres articles et de la présente instruction où l'on s'est seulement servi du mot générique *officier*, s'appliquent aux officiers généraux, aux officiers supérieurs, à tous officiers de troupe et sans troupe, à ceux de l'administration militaire et du service de santé.

L'exception mentionnée dans l'art. 6 pour ceux qui sont employés à l'hôtel et dans les succursales des invalides, n'a lieu qu'autant qu'ils ne sont pas atteints par les dispositions du paragr. 2 des articles 1er et 2, concernant les officiers généraux et d'état-major des places auxquels ils sont assimilés. (*Art.* 6.)

9. Pour cette fois, le *maximum* de la solde de retraite des lieutenans généraux et maréchaux-de-champ qui ont eu un ou plusieurs membres amputés sera augmenté dans la même proportion que l'a été, dans les tarifs du 27 août 1814, la retraite des colonels amputés. (*Art.* 6.)

10. Sa majesté ayant considéré que dans le nombre des officiers atteints par les dispositions de son ordonnance concernant les retraites, il en est beaucoup qui ont pu espérer de conserver plus long-temps leur activité, a jugé convenable de leur accorder une indemnité.

Elle a, en conséquence, ordonné que les retraites des officiers généraux, de ceux d'état-major de l'armée et des places et de ceux de l'administration militaire, ne commenceront à courir que du 1er janvier prochain, et que, d'ici à cette époque, les officiers des différens grades qui les auront obtenues continueront à toucher leur traitement actuel d'activité, mais sans accessoires, quand leur activité n'aura pas été réelle. Ceux qui ont la demi-solde pourront demander que le paiement de leur solde de retraite ait lieu, à partir du 1er septembre présent mois, s'ils la préfèrent à leur demi-solde.

Les retraites à accorder aux officiers des corps ne commenceront également à courir que trois mois après le jour où ils auront été admis par le travail de l'inspecteur général d'armes. Ils continueront, pendant ces trois mois, à jouir de leur solde d'activité, sans accessoires; et ceux qui n'auraient qu'une demi-solde inférieure à leur retraite pourront aussi opter pour leur solde de retraite, à dater du jour qu'ils y auront été admis par l'inspecteur général d'armes.

L'article 8 de l'ordonnance du 31 août dernier, concernant la réorganisation de l'artillerie, est modifié par la présente disposition, en ce qui a rapport aux officiers admissibles à la retraite. (*Art.* 8.)

11. Ne doivent pas être réputés employés au 1er juillet 1815, les officiers dont la nomination ou la réintégration sur le tableau d'activité obtenue pendant l'usurpation, est nulle de plein droit; ni ceux qui, appelés en exécution de l'ordonnance du 9 mars 1815, n'ont point eu d'activité réelle. (*Ordonnance du 1er août 1815, concernant les officiers nommés pendant l'usurpation, et article 2 de l'ordonnance du même jour, qui détermine les droits des officiers suivant leur position.*)

Aussi l'officier qui, par suite des inspections, organisations et décisions antérieures aux événemens de mars dernier, avait cessé d'être en activité, et avait été admis ou désigné pour être admis, soit à la solde de retraite, soit au traitement de réforme, soit dans les vétérans, n'est susceptible que de la même solde de retraite ou du même traitement auquel il était admissible au moment de la cessation primitive de ses fonctions;

Tandis qu'au contraire l'officier que l'ordonnance spéciale du 1er août 1815 a rétabli dans l'activité dont il avait été privé pendant l'usurpation, doit être réputé en activité au 1er juillet de la même année. (*Art.* 9.)

12. Sera également réputé en activité au 1er juillet 1815 l'officier qui, après avoir été désigné pour la solde de retraite, le traitement de réforme ou les vétérans, n'avait pas reçu, à l'époque du 20 mars dernier, l'ordre de quitter les fonctions qu'il remplissait alors. (*Art.* 9.)

13. L'intention du Roi étant que les officiers généraux, officiers supérieurs, administrateurs militaires, et autres officiers de tout grade, tant de sa maison militaire que de l'armée et des états-majors, qui ont été mis en activité en vertu de ses ordres postérieurement au 1er juillet 1815, soient compris dans la mesure générale, sa majesté, par une exception spéciale, a consenti à les faire jouir des retraites accordées par son ordonnance du 1er août 1815, comme s'ils avaient été employés au 1er juillet, et quand bien même ils auraient précédemment été mis à la retraite; auquel cas, leur ancienne solde de retraite sera élevée au taux de l'ordonnance. (*Art.* 9.)

14. On ne peut non plus faire aucune difficulté de considérer comme employés au 1er juillet 1815 les officiers qui, au 1er mars, étaient en demi-solde, comme susceptibles d'être appelés au premier ordre.

Mais ceux qui, après avoir été désignés pour la retraite ou la vétérance, n'avaient obtenu la demi-solde qu'à titre de traitement provisoire, en attendant qu'ils se fussent mis en règle pour faire liquider leur pension, sont censés en retraite, à partir de la cessation de leurs fonctions. C'est abusivement qu'ils ont eu la demi-solde, et s'il en est qui l'aient conservée, ils doivent cesser d'en jouir, et être renvoyés à faire liquider leur retraite, conformément à l'ordonnance du 27 août 1814. (*Art.* 9.)

15. Quant aux anciens officiers qui ne jouissent d'aucun traitement d'activité ou de demi-activité, et qui ont passé l'âge d'être employés, le Roi a trouvé juste qu'ils fussent traités de la même manière que ceux qui ont obtenu leur retraite en 1814. En conséquence, la jouissance de retraite aura lieu à dater du 1er octobre 1814, époque à compter de laquelle doivent remonter le règlement et le paiement desdites soldes de retraite, conformément à l'instruction approuvée par le Roi, du 23 septembre 1814, qui ne peut avoir d'effet rétroactif. En conséquence, ils les recevront sur le pied des grades et services qui leur seront reconnus, conformément aux ordonnances des 31 mai, 23 septembre 1814, et aux décisions qui les concernent.

Les anciens officiers qui auraient obtenu la demi-solde, à titre de traitement provisoire, en attendant la retraite, rentrent purement et simplement dans leurs droits à cette solde de retraite, qui sera réglée sur les mêmes bases que s'ils fussent restés sans traitement. (*Art.* 9.)

16. L'officier en activité ou jouissant du traitement de non-activité pourra passer d'une arme dans une autre arme, ou de la demi-activité à l'activité réelle, s'il y a des emplois vacans, et s'il n'est point mis de plein droit à la retraite par les §§ Ier et III de l'article 1er, ni par l'article 6 de l'ordonnance. (*Art.* 12, 1er *alinéa.*)

17. Les commandans d'armes et adjudans de place en non-activité sont seuls susceptibles de passer aux emplois d'état-major des places, en profitant de la disposition de l'article 12 (*second alinéa*), relative à ce genre d'emplois. Ainsi, les autres officiers généraux, officiers supérieurs et subalternes en activité ou en demi-solde qui, dans leur position actuelle, se trouveraient à la retraite de plein droit, ne pourront demander les emplois d'état-major des places. (*Art.* 12, 2e *alinéa.*)

18. Le Roi conserve aux officiers qui, dans l'organisation opérée en 1814, avaient été désignés pour être employés dans les compagnies de vétérans, le droit de concourir aux premiers emplois qui viendront à vaquer dans ces compagnies, bien qu'en

attendant ils aient reçu leur retraite, et pourvu qu'ils aient moins de cinquante ans d'âge. (*Art.* 3.)

19. Enfin, sa majesté a ordonné que les officiers généraux, officiers supérieurs et subalternes, administrateurs militaires, officiers de santé, tous les officiers militaires quelconques, tant de sa maison que du département de la guerre en général, qui auront été conservés en activité après la prochaine organisation, seront pourvus, d'ici au premier janvier 1816, de nouvelles commissions, lesquelles ne seront délivrées qu'après examen des actes de naissance en état de service; en sorte qu'il ne reste dans l'organisation nouvelle que des officiers généraux et autres à qui l'ordonnance du 1er août ne pouvait être applicable au 1er septembre présent mois.

Approuvé ce 4 septembre 1815.

Signé LOUIS.

4 SEPTEMBRE 1815. — Ordonnance du Roi qui convoque la Chambre des pairs et celle des députés des départemens pour le 25 septembre présent mois. (7, Bull. 20, n° 94.)

5 = Pr. 12 SEPTEMBRE 1815. — Ordonnance du Roi qui prescrit la remise des archives du conseil des prises au secrétaire du Conseil-d'Etat, et rapporte l'ordonnance du 9 janvier 1815. (7, Bull. 22, n° 108.)

Louis, etc.

Vu notre ordonnance du 23 août dernier, qui a réuni au Conseil-d'Etat les attributions du conseil des prises,

Avons ordonné et ordonnons ce qui suit :

Art. 1er. Les archives du conseil des prises seront remises au secrétaire de notre Conseil-d'Etat, qui délivrera à qui de droit expédition des anciens jugemens et autres pièces faisant partie des archives.

2. En conséquence de la présente, notre ordonnance du 9 janvier est rapportée.

3. Notre ministre de la justice est chargé de l'exécution de la présente ordonnance.

5 SEPTEMBRE 1815. — Ordonnance du Roi portant que les membres de la commission d'instruction publique jouiront du traitement qui est assigné aux conseillers du conseil royal de l'instruction publique. (Mon. n° 252.)

Art. 1er. Les membres de la commission d'instruction publique, institués par notre ordonnance du 15 août dernier, jouiront, en cette qualité, du traitement que nous avons assigné aux conseillers en notre conseil royal de l'instruction publique.

2. Notre garde-des-sceaux, ministre de la justice, ayant, par *interim,* le portefeuille de l'intérieur, est chargé de l'exécution de la présente ordonnance.

6 = Pr. 13 SEPTEMBRE 1815. — Ordonnance du Roi portant que les dépenses ordinaires des communes dont les budgets sont réglés par sa majesté seront payées en 1816 d'après les allocations des budgets de l'exercice de 1815. (7, Bull. 23, n° 109.)

Voy. ordonnances des 16 MARS 1816, 21 MAI 1817, et 8 AOUT 1821, et loi du 28 AVRIL 1816.

Louis, etc.

Il nous a été représenté que les conseils municipaux n'ayant pas été réunis en session ordinaire, au mois de mai, ainsi que le prescrit notre ordonnance du 28 janvier dernier, les budgets communaux de l'année prochaine n'ont pu être encore dressés; que, dans le cas même ou les autorités locales, détournées de leurs occupations ordinaires par les soins les plus importans, se livreraient sans retard à ce travail, les budgets de l'année 1816 ne pourraient être réglés que long-temps après le commencement de l'exercice, et que les dépenses ordinaires seraient donc nécessairement, pendant plusieurs mois de l'année, acquittées d'après les allocations des budgets de 1815;

Considérant, d'autre part, que la portion de revenus ordinairement affectée aux dépenses dites *extraordinaires* est, en raison des circonstances, dans presque toutes les communes, employée, par anticipation, à acquitter une partie des charges auxquelles donne lieu la présence des troupes alliées, et voulant faciliter toutes les dispositions qui tendent au soulagement de nos sujets, en même temps que nous entendons maintenir la régularité dans l'emploi des ressources municipales;

De l'avis de notre Conseil,

Nous avons ordonné et ordonnons ce qui suit :

Art. 1er. Les dépenses ordinaires des communes dont les budgets sont réglés par nous seront payées en 1816, d'après les allocations des budgets de l'exercice 1815.

2. Notre ministre secrétaire d'Etat de l'intérieur pourra néanmoins accorder les augmentations de crédit qui seraient réclamées par délibérations des conseils municipaux.

3. Toutes dépenses extraordinaires en 1816 seront autorisées par décisions spéciales de notre ministre secrétaire d'Etat de l'intérieur, sur les demandes des maires, en vertu des délibérations des conseils municipaux, et de l'avis de nos préfets.

4. Les préfets réuniront incessamment les conseils municipaux pour la révision des comptes de l'exercice 1814.

5. Notre cour des comptes se conformera, en ce qui lui appartient, aux dispositions de la présente ordonnance; notre ministre secrétaire d'Etat de l'intérieur est chargé de son exécution.

6 = Pr. 13 septembre 1815. — Ordonnance du Roi portant que divers prélèvemens prescrits pour les années 1814 et 1815 continueront d'avoir lieu pendant 1816. (7, Bulletin 23, n° 110.)

Louis, etc.

Les nombreux prélèvemens que supportaient les revenus municipaux permettant difficilement aux communes de pourvoir à leurs dépenses ordinaires, nous avions eu, dès les premiers temps de la restauration, l'intention d'alléger les charges qui pesaient sur elles, afin de favoriser les entreprises d'amélioration et d'embellissement que comportent les localités, et déjà nous avions, en partie, réalisé cette résolution par nos ordonnances du 27 décembre 1814 et du 28 janvier 1815; mais les dépenses immenses qui, dans les circonstances actuelles, retombent sur le Trésor royal, exigent que nous lui conservions toutes ses ressources, et nous forcent à ajourner encore le projet, que nous n'abandonnons pas, de soulager nos communes :

A ces causes,

De l'avis de notre Conseil,

Nous avons ordonné et ordonnons ce qui suit :

Art 1er. Le prélèvement de cinquante pour cent au profit du Trésor, qui a été prescrit par notre ordonnance du 27 décembre 1814, sur les fonds provenant des coupes de quart en réserve ou autres coupes extraordinaires des bois communaux, versés ou à verser dans la caisse d'amortissement pendant les années 1814 et 1815, continuera d'avoir lieu sur les fonds de même nature qui seront versés dans ladite caisse en numéraire ou traites à échoir, pendant l'année 1816.

2. L'emploi fixé par l'article 3 de l'ordonnance citée, des cinquante pour cent restans, est maintenu.

3. Les dispositions des articles 4 et 5 de l'ordonnance du 28 janvier 1815, portant que la moitié du traitement des préfets sera répartie sur les communes, sont prorogées pour 1816.

4. Le prélèvement du centième sur les revenus communaux pour la dotation de l'Hôtel des Invalides, ordonné par le décret du 25 mars 1811, et maintenu implicitement par l'article 4 de l'ordonnance du 12 décem-

bre 1814, continuera d'avoir lieu, jusqu'à ce qu'il en soit autrement ordonné.

5. Nos ministres de l'intérieur et des finances sont chargés de l'exécution de la présente ordonnance.

6 = Pr. 13 septembre 1815. — Ordonnance du Roi qui crée, sous la présidence du ministre de l'intérieur, une commission de subsistances, et nomme les membres de cette commission. (7, Bull. 23, n° 111.)

Louis, etc.

Sur le compte qui nous a été rendu de la nécessité d'apporter une sérieuse attention à ce qui concerne les subsistances dans l'étendue de notre royaume, et notamment dans les provinces occupées par les troupes alliées, et où la consommation s'est nécessairement accrue dans une proportion qu'il était impossible de prévoir; convaincu qu'une sage répartition de tous les produits des différens départemens, et l'assurance entière de la plus libre circulation, sont les meilleurs moyens de remédier aux inconvéniens de cette extraordinaire consommation; voulant, en outre, faciliter et encourager, autant qu'il dépend de nous, les entreprises commerciales dont le résultat serait d'opérer une importation utile et propre à maintenir les prix dans une juste proportion avec les facultés de nos sujets,

Nous avons ordonné et ordonnons ce qui suit :

Art. 1er. Il sera formé, sous la présidence de notre ministre secrétaire d'Etat de l'intérieur, une commission de subsistances.

2. Notre ministre de l'intérieur, sur le rapport de cette commission, nous proposera tous les réglemens qu'elle jugera nécessaires pour assurer la libre circulation des subsistances, notamment des grains et farines, et même pour faciliter et encourager les transports qui peuvent être les plus utiles d'une partie du royaume dans l'autre.

3. La commission fera vérifier avec le plus grand soin l'état des magasins de la réserve de Paris, et si le complet de son approvisionnement, au taux de deux cent cinquante mille quintaux métriques, n'existe pas, elle veillera à ce qu'il soit incessamment rétabli, soit par des achats faits en régie, soit par un marché général ou des marchés particuliers, suivant ce qu'elle jugera plus avantageux.

4. Elle se fera rendre un compte exact de la situation des subsistances dans toute l'étendue du royaume, et ouvrira, à cet effet, une correspondance avec les préfets, administrateurs et toutes autres personnes dont elle croira pouvoir recevoir des renseignemens utiles.

5. Si les connaissances qu'elle acquerra par cette correspondance lui démontrent que quelque ville ou quelque département soient plus spécialement menacés d'embarras graves dans leurs subsistances, elle pourra arrêter et conclure tels marchés qu'elle jugera convenables pour assurer à ces différentes localités les quantités qui leur seront nécessaires dans les différentes natures de subsistances.

À cet effet, elle se concertera avec les préfets et les autorités locales pour combiner avec eux les moyens de crédit qui peuvent être utilement employés pour la passation de ces marchés.

6. Il nous sera présenté tous les quinze jours, par notre ministre de l'intérieur, un rapport sur les travaux de la commission, auquel rapport sera joint un tableau de la situation générale des subsistances dans l'étendue du royaume, et de celle particulièrement de notre bonne ville de Paris.

7. Sont nommés membres de la commission : MM. Bégouen, conseiller d'État; Saint-Cricq, conseiller d'État; Portal, conseiller d'État; de la Bouardière, l'un des maires de la ville de Paris.

M. Taboureau, maître des requêtes, remplira les fonctions de secrétaire.

8. Notre ministre de l'intérieur est chargé de l'exécution de la présente ordonnance.

---

6 = Pr. 20 SEPTEMBRE 1815. — Ordonnance du Roi concernant l'école royale militaire de Saint-Cyr. (7, Bull. 25, n° 122.)

Voy. ordonnance du 31 DÉCEMBRE 1817.

Art. 1er. Il sera établi à Saint-Cyr, dans le local qu'occupait l'école militaire, une seconde école préparatoire, dont l'organisation et le régime seront les mêmes qu'à notre école royale militaire de La Flèche, tels qu'ils ont été prescrits par notre ordonnance du 23 septembre 1814.

2. Notre ministre de la guerre est chargé de l'exécution de la présente ordonnance.

---

6 SEPTEMBRE = Pr. 27 OCTOBRE 1815. — Ordonnance du Roi sur le licencement des troupes du génie, et sur leur réorganisation. (7, Bull. 34, n° 178.)

Voy. ordonnance du 22 SEPTEMBRE 1815.

Louis, etc.

Vu notre ordonnance du 23 mars dernier, qui prescrit le licenciement des troupes de toutes armes, et celle du 16 juillet, relative à la réorganisation des corps qui doivent composer l'armée française;

Sur le rapport de notre ministre secrétaire d'État au département de la guerre,

Avons ordonné et ordonnons ce qui suit :

TITRE Ier. Licenciement des troupes du génie.

Art. 1er. Les officiers, sous-officiers et soldats des régimens du génie, de la compagnie d'ouvriers et de l'escadron du train du génie, seront renvoyés dans leurs foyers en attendant la réorganisation du corps royal du génie.

2. Il sera formé des détachemens des sous-officiers et soldats de tous les corps des troupes du génie pour se rendre dans leurs départemens respectifs : ces détachemens seront commandés par des officiers, suivant la force de chacun d'eux.

3. Les officiers qui ne seront pas employés au commandement de ces détachemens se rendront directement dans le lieu de leur domicile.

4. Les chevaux du train du génie seront vendus, ou répartis chez les cultivateurs dans les départemens voisins des lieux où ils se trouvent.

Les voitures, outils, agrès, machines, etc.; dont se compose le matériel du génie, attelé, seront déposées dans les magasins des fortifications des places les plus voisines des lieux où se trouvent ces objets.

5. Notre ministre secrétaire d'État au département de la guerre désignera un ou plusieurs inspecteurs généraux du génie qui se rendront sur-le-champ près des troupes du génie pour en faire effectuer le licenciement.

6. Les inspecteurs généraux du génie proposeront, pour la solde de retraite, tous les officiers des troupes du génie qui, d'après notre ordonnance du 1er août, doivent y être admis de droit et sans exception, et feront des propositions d'admission à la retraite pour ceux des officiers qu'ils en jugeront susceptibles d'après l'article 2 de l'ordonnance précitée.

7. Les inspecteurs généraux du génie proposeront pour la retraite les sous-officiers et soldats qui ont des droits à la pension, et donneront des congés de réforme à tous ceux qui, à raison de leurs infirmités ou faiblesse de constitution, leur paraîtront impropres au service du génie : ils accorderont des congés absolus aux militaires qui, ayant plus de dix ans de service ou étant mariés, demanderont à quitter le service.

8. Tous les officiers des troupes du génie renvoyés dans leurs foyers par suite du licencement de ces troupes, ou pour y attendre leur solde de retraite, jouiront, les officiers supérieurs, de la demi-solde de leur grade, et les officiers subalternes, des quatre cinquièmes de la solde de la dernière classe de leur grade, jusqu'à ce qu'ils soient rappelés au service, s'ils doivent faire partie du nouveau corps royal du génie, ou jusqu'à ce qu'ils aient obtenu leur pension de retraite.

Nota. Cet article doit être considéré comme modifié, en ce qui a rapport aux officiers admissibles à la retraite, par les dispositions de l'article 10 de l'instruction du 4 septembre concernant les retraites militaires. *Le ministre secrétaire d'Etat de la guerre*, signé LE MARÉCHAL GOUVION-SAINT-CYR.

TITRE II. Mesures transitoires avant la réorganisation.

9. Les sous-officiers et soldats des troupes du génie renvoyés dans leurs foyers par suite du licenciement des corps dont ils faisaient partie, et ceux qui auront quitté leurs corps avant le licenciement pour rentrer dans leurs foyers, seront assujétis aux dispositions de notre ordonnance du 3 août, sur l'organisation des légions départementales, relatives à l'examen, au classement, à l'incorporation et au rappel des hommes qui doivent les composer.

10. Les militaires jugés non susceptibles de réforme ou de congés absolus sont destinés à former trente compagnies de sapeurs qui seront organisées à l'époque que fixera notre ministre secrétaire d'Etat au département de la guerre, dans les trente chefs-lieux indiqués au tableau annexé à la présente ordonnance.

Les mineurs, les ouvriers et les soldats du train du génie seront provisoirement incorporés dans ces compagnies.

11. Un officier supérieur du génie sera désigné pour procéder à l'organisation de chacune des trente compagnies de sapeurs.

Les officiers de ces compagnies seront désignés par notre ministre secrétaire d'Etat au département de la guerre, sur la proposition qu'en feront les officiers supérieurs du génie chargés de l'organisation.

12. Les sous-officiers et soldats des troupes du génie rentrés dans leurs foyers par suite du licenciement ou avant le licenciement des corps dont ils faisaient partie seront examinés par le conseil d'examen du département au chef-lieu duquel sera formée chacune des trente compagnies de sapeurs.

L'officier supérieur du génie chargé de l'organisation fera partie du conseil d'examen, lorsqu'il s'agira de prononcer sur le sort, l'incorporation et le rappel des militaires de l'arme du génie.

13. Les hommes qui n'obéiront pas aux convocations dans les délais fixés seront considérés et poursuivis comme déserteurs.

14. Les officiers supérieurs du génie chargés d'organiser les trente compagnies de sapeurs autorisés à recevoir les enrôlemens volontaires des ouvriers d'art en fer et en bois qui désireront entrer dans ces compagnies, quand d'ailleurs ces ouvriers réuniront les conditions requises pour être admis dans les troupes du génie.

15. Le conseil d'administration de chaque corps des troupes du génie licencié, ainsi que le quartier-maître et le capitaine d'habillement, seront provisoirement conservés pour la garde des archives, de la caisse et des effets de magasin, pour la reddition des comptes et pour les renseignemens à fournir.

16. Les sous-officiers et soldats sans domicile seront autorisés à rester près du conseil d'administration de leur ancien corps, en attendant la réorganisation du nouveau corps royal du génie.

17. Les compagnies des troupes du génie détachées dans les places de guerre seront licenciées par les officiers généraux ou supérieurs du génie sous les ordres desquels elles se trouvent: les officiers, sous-officiers et soldats qui composent ces compagnies seront renvoyés dans leurs foyers, et les dispositions des articles précédens leur seront applicables.

18. Ces dispositions sont également applicables à la compagnie de sapeurs de la ci-devant garde, afin de mettre cette compagnie à portée de concourir à la formation des nouvelles troupes du génie.

TITRE III. Composition des nouvelles troupes du corps royal du génie.

19. Les troupes du corps royal du génie seront composées de :

Trois régimens du génie,
Une compagnie d'ouvriers,
Deux compagnies et le cadre de l'état-major,
Un escadron du train du génie.

20. Chacun des trois régimens du génie sera composé d'un état-major, de deux bataillons, et d'un cadre de compagnie comme dépôt.

Chaque bataillon, de six compagnies, dont une de mineurs et cinq de sapeurs.

Etat-major.

Colonel, un; lieutenant-colonel, un; chefs de bataillon (dont un commandant en second l'école régimentaire établie auprès de chaque régiment du génie par notre ordonnance du 12 mai 1814), trois; major, un; trésorier, un; capitaine d'habillement, un; adjudans-majors, deux; lieutenans sous-adjudans-majors, deux; lieutenant porte-drapeau, un; chirurgien-major, un; aides-chirurgiens, deux. Total des officiers, seize.

Tambour-major, un; tambours-maitres, deux; musiciens, dont un chef, douze; maitre tailleur-guêtrier, un; maître cordonnier, un; maître armurier, un. Total des sous-officiers et ouvriers, dix-huit.

Composition d'une compagnie de mineurs ou de sapeurs.

Capitaine en premier, un; capitaine en

second, un; lieutenant en premier, un; lieutenant en second, un. Total des officiers, quatre.

Sergent-major, un; sergens, six; fourrier, un; caporaux, huit; artificiers ou maîtres ouvriers, quatre; mineurs ou sapeurs de première classe, seize; mineurs ou sapeurs de deuxième classe, quatorze; tambours, deux. Total des sous-officiers et soldats, cinquante-deux.

Cadre de la compagnie de dépôt.

Capitaine en premier, un; capitaine en second, un; lieutenant en premier, un; lieutenant en second, un. Total des officiers, quatre.

Sergent-major, un; sergens, quatre; fourrier, un; caporaux, quatre; tambours deux. Total des sous-officiers et soldats, douze.

Ainsi, le complet d'un régiment du génie sera de soixante-huit officiers, et six cent cinquante-quatre sous-officiers et soldats. Total, sept cent vingt-deux hommes.

21. La compagnie d'ouvriers du génie sera composée ainsi qu'il suit :

Capitaine en premier, un; capitaine en second, un; lieutenant en premier, un; lieutenant en second, un. Total des officiers, quatre.

Sergent-major, un; sergens, quatre; fourrier, un; caporaux, huit; maîtres ouvriers, six; ouvriers de première classe, vingt; ouvriers de deuxième classe, dix; tambours, deux. Total des sous-officiers et soldats, cinquante-deux.

22. Le cadre de l'état-major d'un escadron et les deux compagnies du train du génie seront composés ainsi qu'il suit :

Etat-major.

Chef d'escadron commandant, un; adjudant-major, un; trésorier, un; lieutenant d'habillement, un; sous-lieutenant sous-adjudant-major, un; chirurgien-major, un. Total des officiers, six.

Vétérinaire, un; brigadier-trompette, un; maître sellier-bourrelier, un; maître tailleur, un; maître bottier, un; maître éperonnier, un. Total des sous-officiers et ouvriers, six.

Composition d'une compagnie.

Capitaine, un; lieutenant, un; sous-lieutenant, un. Total des officiers, trois.

Maréchal-des-logis chef, un; maréchaux-des-logis, quatre; fourrier, un; brigadiers, quatre; soldats de première classe, quinze; maréchaux-ferrans, deux; bourrelier, un; trompette, deux. Total des sous-officiers et soldats, trente.

Ainsi, la force du train du génie sera de douze officiers, soixante-six sous-officiers et soldats, avec cinquante chevaux de selle et

de trait en temps de paix. Total, soixante-dix-huit hommes.

23. La force totale des troupes du corps royal du génie sera, en conséquence, de deux mille cent soixante-six officiers, sous-officiers et soldats pour les trois régimens, cinquante-six *idem* pour la compagnie d'ouvriers, soixante-dix-huit *idem* pour le train du génie. Total, deux mille trois cents hommes, dont deux cent vingt officiers et deux mille quatre-vingts sous-officiers et soldats.

TITRE IV. Mode de réorganisation des nouvelles troupes du génie.

24. Les nouvelles troupes du corps royal du génie seront successivement organisées, et aux époques que nous indiquerons.

25. Les trois régimens du génie prendront les dénominations suivantes :

Le 1er régiment portera le nom de *régiment de Metz*; le 2e régiment portera le nom de *régiment d'Arras*; le 3e régiment portera le nom de *régiment de Montpellier*.

Les compagnies prendront le nom de leurs capitaines.

26. Il sera fixé des arrondissemens territoriaux pour chacune des garnisons des troupes du génie, où notre ministre de la guerre aura la faculté de faire rejoindre les sous-officiers et soldats des anciennes troupes du génie non libérés du service, pour composer les nouvelles troupes.

27. Le choix des officiers supérieurs destinés à commander les nouveaux corps du génie sera fait par notre ministre secrétaire d'Etat au département de la guerre et soumis à notre approbation.

28. Les inspecteurs généraux du génie qui seront chargés de l'organisation des nouvelles troupes de cette arme proposeront à notre ministre secrétaire d'Etat au département de la guerre le choix des capitaines et lieutenans qui devront entrer dans les cadres de ces nouvelles troupes.

A mérite égal, l'ancienneté de grade déterminera le choix.

29. Les inspecteurs généraux proposeront pour la non-activité et la jouissance des quatre cinquièmes de solde, à moins d'ordres contraires de notre part, les officiers nés en pays étranger. S'il en est parmi eux qui désirent retourner dans leur pays, ils proposeront pour ces derniers une récompense proportionnée à la durée de leur service.

TITRE V. Dispositions générales.

30. L'administration et la comptabilité des nouvelles troupes du génie seront établies d'après les bases fixées par les réglemens en vigueur.

Le conseil d'administration sera composé ainsi qu'il est prescrit par notre ordonnance du 20 janvier 1815, ayant en outre le lieutenant-colonel. Le major, rapporteur, prendra rang après le chef de bataillon, s'il est moins ancien de grade.

Lorsqu'il y aura partage de voix dans les délibérations, celle du président sera prépondérante.

31. La solde, les indemnités et les masses seront payées conformément aux ordonnances et réglemens existans.

Le train du génie jouira de celles accordées au train d'artillerie.

32. Les fonctions de lieutenant-colonel des régimens seront de commander le régiment sous les ordres du colonel, en sa présence ou en son absence, et d'être l'intermédiaire de cet officier supérieur dans toutes les parties du service.

Il aura pour marques distinctives celles qui étaient attribuées au ci-devant major : il en conservera les appointemens et son rang dans le corps.

33. Le major actuel aura le grade de chef de bataillon, et sera choisi parmi les officiers de ce grade; il remplira les fonctions dont les anciens majors étaient chargés sous le rapport administratif, en attendant qu'elles soient plus amplement déterminées par un nouveau réglement.

Il jouira des appointemens de son grade, et en portera l'épaulette à droite.

34. Chacun des nouveaux régimens du génie recevra un drapeau dont le fond sera blanc, parsemé de fleurs-de-lis, portant l'écusson de France et la désignation du régiment.

Nous nous réservons de fixer l'époque à laquelle ces drapeaux seront distribués.

35. Un réglement particulier aura pour objet d'établir le mode d'avancement aux différens grades dans les nouvelles troupes du génie.

36. Nos ministres de la guerre et des finances sont chargés de l'exécution de la présente ordonnance.

Tableau des trente Chefs-Lieux de département dans chacun desquels sera organisée une compagnie de sapeurs.

DÉSIGNATION des départemens destinés à la formation de chaque compagnie.	CHEFS-LIEUX où chaque compagnie devra être organisée.	DÉSIGNATION des départemens destinés à la formation de chaque compagnie.	CHEFS-LIEUX où chaque compagnie devra être organisée.
Ille-et-Vilaine, Loire-Inférieure, Mayenne. . . .	Nantes.	Vienne, Charente	Poitiers,
Maine-et-Loire, Sarthe, Indre-et-Loire	Tours.	Indre, Creuse, Hte-Vienne.	Guéret.
		Dordogne, Corrèze	Périgueux.
Loire-et-Cher, Eure-et-Loir, Loiret.	Blois.	Lot, Aveyron, Tarn, Tarn-et-Garonne	Cahors.
Nièvre, Cher, Yonne. . .	Bourges.	Hérault, Aude, Pyrénées-Orientales	Montpellier.
Puy-de-Dôme, Allier, Loire	Clermont.	Manche, Calvados, Orne.	Caen.
		Seine-Inférieure, Eure . .	Rouen.
Cantal, Haute-Loire, Ardèche, Lozère	Aurillac.	Seine, Seine-et-Oise, Seine-et-Marne	Versailles.
Vaucluse, Bouches-du-Rhône, Gard.	Nîmes.	Pas-de-Calais, Nord . . .	Lille.
		Somme, Oise, Aisne . . .	Amiens.
Vendée, Charente-Inférieure, Deux-Sèvres. . .	La Rochelle.	Ardennes, Marne, Meuse.	Verdun.
		Moselle, Meurthe, Vosges.	Metz.
Finistère, Côtes-du-Nord, Morbihan	Brest.	Bas-Rhin, Haut-Rhin. . .	Strasbourg.
Basses-Pyrénées . . . . . . Hautes-Pyrénées.	Bayonne.	Haute-Marne, Côte-d'Or, Aube	Troyes.
Gironde, Landes, Lot-et-Garonne.	Bordeaux.	Haute-Saône, Doubs, Jura.	Besançon.
		Saône-et-Loire, Ain, Rhône	Lyon.
Gers, Haute-Garonne, Ariége	Toulouse.	Isère, Hautes-Alpes, Drôme, Mont-Blanc.	Valence.
		Basses-Alpes, Var, Corse.	Toulon.

6 = **Pr.** 18 SEPTEMBRE 1815. — Ordonnance du Roi concernant le licenciement des huit régimens connus sous le nom de *régimens étrangers*, et la réorganisation d'une légion sous le nom de *légion royale étrangère*. (7, Bull. 24, n° 118.)

Louis, etc.

Vu les dispositions de notre ordonnance du 23 mars dernier;

Sur le rapport de notre ministre secrétaire d'Etat au département de la guerre,

Nous avons ordonné et ordonnons ce qui suit :

TITRE Ier. Licenciement.

Art. 1er. Les huit régimens d'infanterie connus sous la dénomination de *régimens étrangers* sont licenciés.

2. Tous les militaires qui composent ces régimens, officiers sous-officiers et soldats, sont libres de retourner dans leur patrie ; il leur sera délivré, à cet effet, des feuilles de route avec indemnité, en raison de leur grade, jusqu'à la frontière.

Les officiers qui nous ont donné des témoignages de fidélité et de dévouement pourront être proposés pour une indemnité une fois payée, d'après la durée de leurs services en France.

3. Les militaires de ces corps qui ont droit à une solde de retraite, d'après la durée de leurs services ou d'après leurs blessures, seront proposés pour l'obtenir, conformément à ce qui est prescrit par les réglemens militaires.

4. Les officiers qui ont été admis dans ces régimens depuis le 20 mars dernier, rentreront dans la position où ils étaient avant cette époque, en attendant qu'ils puissent retourner dans leur patrie.

TITRE II. Organisation.

5. Le licenciement des huit régimens étrangers opéré, et après le renvoi des officiers, sous-officiers et soldats qui en faisaient partie et qui ne doivent plus rester au service, il sera formé, par un choix fait dans ceux qui resteront, une légion qui portera la dénomination de *Légion royale étrangère*.

6. Cette légion sera composée d'un état-major et de trois bataillons, qui seront organisés conformément à ce qui est prescrit par notre ordonnance du 3 août dernier.

7. Les officiers qui en feront partie seront nommés par nous, sur les propositions qui nous seront faites par notre ministre secrétaire d'Etat au département de la guerre.

8. Les sous-officiers et soldats des huit régimens ci-dessus indiqués qui étaient à notre service avant le 20 mars dernier, et qui n'auront pas demandé à se retirer dans leur pays, ou qui n'auront pas été jugés susceptibles de la retraite, pourront, d'après les bons témoignages qui nous auront été transmis sur leur compte, entrer dans la composition de cette légion.

Les uns et les autres seront formés en détachemens et dirigés sur le lieu indiqué pour le rassemblement de la légion.

Les sous-officiers et soldats des huit régimens licenciés qui ne seront pas admis dans la légion, seront renvoyés dans leurs pays avec une feuille de route portant indemnité jusqu'à l'extrême frontière.

9. L'administration et la comptabilité, la solde et les masses de cette légion, seront les mêmes que celles des légions départementales.

Son uniforme sera ultérieurement déterminé.

———

6 = **Pr.** 13 SEPTEMBRE 1815. — Ordonnance du Roi qui renvoie Lavalette devant ses juges naturels. (7, Bull. 23, n° 112.)

Louis, etc.

Ayant reconnu que le sieur Lavalette, l'un des individus désignés dans l'art. 1er de notre ordonnance du 24 juillet dernier, n'était ni militaire ni attaché aux armées lors des faits pour lesquels il doit être livré à la poursuite des tribunaux ;

Et voulant conserver scrupuleusement à nos sujets les droits que leur assurent les articles 63 et 64 de la charte constitutionnelle,

Nous avons ordonné et ordonnons ce qui suit :

Art. 1er. La disposition de notre ordonnance susdatée, par laquelle le sieur Lavalette a été renvoyé devant un conseil de guerre, est et demeure non avenue.

2. Ledit sieur Lavalette sera poursuivi à la requête de notre ministère public par-devant les Tribunaux, aux termes du Code d'instruction criminelle.

3. Notredite ordonnance sortira au surplus son plein et entier effet.

4. Notre garde-des-sceaux, ministre de la justice, est chargé de l'exécution de la présente ordonnance.

———

6 SEPTEMBRE 1815. — Ordonnances du Roi qui nomment lieutenans de police MM. Decazes à Bordeaux et Deperron à Marseille. (7, Bull. 23, n°s 113 et 114.)

———

7 SEPTEMBRE 1815. — Ordonnance du Roi qui permet aux sieurs de Viliers d'ajouter à son nom celui de l'Ile-Adam, et au sieur Louis dit Augustin, de substituer au nom de Louis celui d'Augustin, et d'ajouter à ce dernier le surnom d'Aulnois. (7, Bull. 24, n° 121.)

———

7 SEPTEMBRE 1815. — Ordonnance du Roi qui accorde des lettres de déclaration de naturalité aux sieurs Cloux, Rogés, Frésia, Fiando et Pidot. (7, Bull. 24, n° 120.)

7 SEPTEMBRE 1815. — Ordonnance du Roi qui nomme MM Tiron et Germeau référendaires près la commission du sceau. (7, Bull. 24, n° 119.)

8 = Pr. 26 SEPTEMBRE 1815. — Ordonnance du Roi contenant des dispositions ayant pour objet de régulariser les dépenses de l'administration de la guerre, et de faire cesser tout paiement ou fourniture à tout corps de troupe qui n'aurait pas été formé en vertu des ordres de sa majesté, ainsi qu'à tout militaire qui ne se trouverait pas dans les cas prévus, et ne ferait pas les justifications prescrites. (7, Bull. 28, n° 134.)

Louis, etc.

Il nous a été rendu compte que, sur plusieurs points du royaume, il a été fait des paiemens et des fournitures de toute espèce, soit à des officiers de tout grade dont les nominations n'émanent pas de notre autorité immédiate, soit à des corps de troupe, dont la formation n'a pas été autorisée par nous ;

Considérant que ces paiemens et ces fournitures ont pu avoir lieu dans des circonstances extraordinaires où la France vient de se trouver, et lorsque des commissaires que nous avions revêtu de pouvoirs illimités ont jugé convenable, pour le bien de notre service et le rétablissement de notre autorité, d'organiser des corps de troupe, de nommer des officiers pour les commander, et enfin de pourvoir à tous leurs besoins ;

Voulant, maintenant que ces circonstances ont changé, rendre à l'administration de la guerre toute la régularité dont elle est susceptible, et éviter qu'aucune dépense ne soit faite que dans les vrais intérêts de l'Etat ;

Vu notre ordonnance du 19 juillet dernier, qui a fait cesser les fonctions de nos commissaires extraordinaires, et celles des 16 juillet et 3 août, qui prescrivent la réorganisation de l'armée ;

Sur le rapport de notre ministre secrétaire d'Etat au département de la guerre ,

Avons ordonné et ordonnons ce qui suit :

Art. 1er. A partir du 16 septembre prochain, il ne sera fait aucun paiement ni aucune fourniture à des corps de troupe, à moins qu'ils n'aient été formés en vertu de nos ordres, et, par suite, organisés en exécution de ceux de notre ministre secrétaire d'Etat de la guerre.

2. A compter de la même époque, aucun traitement d'activité ne pourra être alloué à des officiers sans troupe, s'ils ne sont porteurs de lettres de service délivrées par notre ministre secrétaire d'Etat de la guerre depuis le 8 juillet 1815, ou si leur paiement n'a été formellement autorisé par lui, aussi postérieurement au 8 juillet dernier.

3. A partir du même jour, aucun traitement de non-activité ne sera alloué à des officiers sans troupe ou des corps, s'ils ne justifient, par pièces émanées du ministère de la guerre, qu'ils jouissaient de la demi-solde à l'époque du 1er mars 1815, ou qu'elle leur a été accordée depuis cette époque en exécution de nos ordonnances, et s'ils ne sont pas dans l'un des cas prévus par l'ordonnance du 3 août dernier.

4. Sont exceptés de ces dispositions :

1° Les corps de troupe de toutes armes dont la dislocation et le licenciement n'auraient pas encore été opérés ;

2° Les officiers sans troupe qui étaient en activité réelle de service au 1er mars 1815, et qui, ne se trouvant pas dans le cas d'avoir cessé ni dû cesser leur activité, n'auraient cependant pas encore reçu de nouvelles lettres de service.

Ces officiers doivent continuer à jouir provisoirement de leur traitement d'activité.

Néanmoins ces deux exceptions ne pourront, sous aucun prétexte, s'étendre au-delà du 1er octobre prochain, à moins d'autorisation spéciale de notre ministre secrétaire-d'Etat de la guerre.

5. Les officiers sans troupe et ceux des corps dont le traitement de non-activité n'a pas été réglé par l'ordonnance du 3 août, et qui ont cessé leurs fonctions, doivent rentrer dans la position où ils étaient au 1er mars 1815, et continuer à jouir de la solde de non-activité sur le pied fixé par les ordonnances de 1814.

6. Quant aux officiers de tout grade qui ont reçu, antérieurement au 19 juillet 1815, des nominations de la part de nos commissaires extraordinaires, ils auront droit à réclamer le traitement qui ne leur aurait pas été payé, mais seulement jusqu'à l'époque du 31 juillet pour ceux qui n'auraient pas cessé leurs fonctions avant ce terme.

Il ne sera fait d'exceptions que pour ceux qui auront été dans la nécessité de continuer leurs services après le 1er août ; et, à cet égard, il en sera rendu compte à notre ministre secrétaire d'Etat de la guerre, qui prononcera sur les réclamations qui lui seront adressées.

7. Nos ministres de la guerre et des finances sont chargés de l'exécution de la présente ordonnance.

10 SEPTEMBRE = Pr. 27 OCTOBRE 1815. — Ordonnance du Roi concernant la gendarmerie.
(7, Bull. 34, n° 179.)

Voy. ordonnances de 18 NOVEMBRE 1815,
et 29 OCTOBRE 1820.

Louis, etc.

Vu notre ordonnance du 21 juillet dernier,
sur la réunion de l'inspection de la gendarmerie royale au ministère de la guerre ;

Sur le rapport de notre ministre secrétaire
d'Etat de la guerre,

Nous avons ordonné et ordonnons ce qui
suit :

Art. 1er. Le corps de notre gendarmerie
royale formera huit inspections et vingt-quatre légions, dont la division en escadrons,
compagnies, lieutenances et brigades, est réglée conformément au tableau annexé à la
présente ordonnance.

2. La première légion fera le service du
département de la Seine, de nos voyages et
chasses et de nos résidences royales.

3. La force des vingt-quatre légions sera :

OFFICIERS.	Colonels.	24	
	Chefs d'escadron.	46	
	Capitaines en premier.	89	167
	Capitaines en second.	8	
	Dont deux pour la première légion, et six pour les compagnies maritimes.		
	Lieutenans en premier.	383	
	Lieutenans en second (pour les compagnies maritimes).	6	483
	Trésoriers. { Lieutenans en premier.	48	
	{ Lieutenans en second.	46	
1,550 brigades à cheval, chacune de huit hommes.	Maréchaux-des-logis	516	
	Brigadiers.	1,034	12,400
	Gendarmes et trompettes	10,850	
620 brigades à pied, cha-cune de huit hommes ...	Maréchaux-des-logis.	206	
	Brigadiers.	414	4,960
	Gendarmes et trompettes	4,340	

Total. 18,010

4. Il y aura huit inspecteurs généraux de
la gendarmerie, du grade de lieutenant général ou de maréchal-de-camp. Ils prendront
rang, selon leur ancienneté, parmi les inspecteurs généraux de cavalerie, et jouiront des
mêmes honneurs, traitemens et indemnités.

Leurs arrondissemens respectifs d'inspection sont fixés par le tableau annexé à la présente ordonnance.

Les inspecteurs généraux devront passer,
chaque année, au moins quatre mois en tournée d'inspection dans leur arrondissement;
cette tournée commencera du 15 août au 1er
septembre, sans préjudice de celles que le bien
du service pourrait rendre nécessaires en d'autres temps.

Les huit inspecteurs généraux de la gendarmerie se réuniront à Paris dans le courant
de janvier, pour proposer en comité tout ce
qui pourrait intéresser l'administration et le
service de cette arme.

Ainsi qu'il sera détaillé dans l'ordonnance
que nous nous proposons de rendre incessamment sur le service de la gendarmerie, et outre ce qui est prescrit par la présente, les
inspecteurs généraux rempliront dans leurs
arrondissemens, pendant leurs diverses tournées seulement, les fonctions attribuées aux
inspecteurs généraux des autres armes; ils

interviendront dans toutes les parties du service particulier de la gendarmerie de leur
arrondissement, donneront tous les ordres
nécessaires pour lui assurer une marche régulière, et en rendront compte au ministre
de la guerre.

5. Nos inspecteurs généraux de cavalerie
et d'infanterie désigneront, dans leurs revues
annuelles, le nombre de sous-officiers, brigadiers ou caporaux, que notre ministre secrétaire d'Etat de la guerre aura jugé nécessaire pour entretenir le complet de la gendarmerie.

Ces militaires prendront rang dans notre
gendarmerie royale, selon les principes établis ci-après :

Les adjudans, les maréchaux-des-logis chefs
et sergens-majors, qui auront occupé ces emplois pendant au moins un an, seront admis
comme brigadiers. Ils en porteront les marques distinctives dès le jour de leur arrivée ;
mais ils n'en toucheront la solde qu'après
avoir été pourvus des premiers emplois vacans, dans le cas où il ne s'en trouverait pas
lors de leur admission. Ces sous-officiers seront, de droit, candidats pour les places de
maréchaux-des-logis, après un an de service
comme brigadiers titulaires.

Les sergens, maréchaux-des-logis et fourriers ne seront admis que comme gendarmes; mais, après un an de service dans cet emploi, ils seront de droit candidats pour le grade de brigadiers.

Les brigadiers et caporaux seront également admis en qualité de gendarmes, mais sans pouvoir être candidats de droit.

Si quelques-uns des candidats de droit donnaient lieu à des plaintes sur leur conduite ou sur leur service, le colonel les examinerait avec attention, et pourrait, selon la gravité des faits, et sauf l'approbation de l'inspecteur général, les rayer de la liste des candidats, ou passer leur tour à la première élection.

Il n'est pas dérogé par les dispositions ci-dessus aux conditions d'admission dans notre gendarmerie royale, où nul ne pourra être reçu, quel que soit son grade, s'il ne sait lire et écrire correctement, s'il n'est d'une conduite éprouvée, et s'il ne justifie de quatre années de service au moins dans notre garde ou dans la ligne (cette dernière condition ne sera pas de rigueur pour la formation actuelle, où les volontaires royaux qui justifieront avoir servi dans les corps levés en 1815 seront susceptibles d'être admis sans avoir quatre années de service), enfin s'il n'est âgé de vingt-cinq ans au moins et de quarante au plus.

L'indemnité de première mise continuera d'être accordée aux militaires sortant immédiatement des corps.

Nos inspecteurs généraux de gendarmerie se feront présenter, à chacune de leurs tournées, les sous-officiers, brigadiers et caporaux fournis par nos troupes depuis la dernière inspection; ils les examineront, et renverront à leurs corps ceux qui seraient reconnus manquer de capacité ou de conduite.

Les sous-officiers et soldats de toute arme porteurs d'un congé absolu, et qui, réunissant toutes les conditions ci-dessus énoncées, voudraient entrer dans la gendarmerie, en se montant, s'habillant et s'équipant à leurs frais, se présenteront au capitaine de la gendarmerie de leur département, qui, après avoir pris des renseignemens sur eux et sur leurs familles, en fera, s'il y a lieu, la proposition au colonel, qui la soumettra à l'acceptation de l'inspecteur général, lequel est autorisé à remplir les places vacantes, en rendant compte à notre ministre secrétaire d'Etat de la guerre.

Les adjudans et autres sous-officiers qui seraient admis dans notre gendarmerie en vertu de cette disposition jouiront des avantages accordés à ceux choisis dans les corps, s'ils justifient y avoir servi dans leur grade le temps exigé ci-dessus pour ces derniers.

6. Seront susceptibles de concourir à la nouvelle formation : 1° les officiers actuels de la gendarmerie; 2° ceux des compagnies supprimées de notre maison et des corps licenciés; 3° ceux des corps royaux organisés en 1815 et qui ont fait campagne.

A l'avenir, et après la formation actuelle, les officiers, pour être admis dans la gendarmerie, devront être âgés de trente ans au moins, et de quarante-cinq ans au plus, joindre l'instruction aux formes qui les rendent propres aux relations journalières qu'ils doivent avoir avec les autorités administratives et judiciaires.

Le service de la gendarmerie exigeant une instruction pratique, les officiers ne pourront, après la formation actuelle, y entrer que dans les grades de lieutenans et chefs d'escadron, ainsi qu'il est dit ci-après, art. 8, afin qu'ils aient le temps d'acquérir l'expérience nécessaire pour commander dans les emplois de capitaine et de colonel; et ils devront être pourvus d'un grade au moins égal, l'avoir occupé pendant deux ans, et compter au moins six ans de service.

7. Chaque année, à l'approche des inspections, les lieutenans désigneront les gendarmes et les brigadiers propres à l'avancement.

Sur ces désignations, chaque capitaine dressera une liste de huit candidats pour les places de brigadiers qui seraient ou deviendraient vacantes, et de quatre candidats pour les places de maréchaux-des-logis.

Le capitaine enverra ces listes au chef d'escadron, qui les transmettra, avec ses observations, au colonel; celui-ci les remettra, avec ses notes particulières, à l'inspecteur général, qui s'assurera par lui-même de la bonté des choix.

Le colonel gardera un double des listes par devers lui; et lorsqu'il vaquera un emploi dans la légion, il en adressera une de trois candidats, pris, s'il y a lieu, sur celles de toutes les compagnies, à l'inspecteur général, qui, après s'être concerté avec MM. les préfets, et avoir pris communication des renseignemens qu'ils auront reçus des sous-préfets et maires, sur la conduite des gendarmes dans les arrondissemens et les communes, choisira, fera entrer en fonctions, et rendra compte au ministre secrétaire d'État de la guerre.

Les gendarmes et brigadiers ne seront susceptibles d'avancement qu'après au moins deux ans de service dans leur emploi, sauf les exceptions résultant de l'article 5.

Les maréchaux-des-logis de chaque arrondissement d'inspection concourront entre eux pour l'avancement aux places de lieutenans.

Les colonels remettront chaque année à l'inspecteur général l'état des maréchaux-des-logis ayant cinq ans d'exercice dans ce grade, qui, par leur zèle, leur conduite et leurs moyens, mériteront de l'avancement. L'inspecteur général s'assurera de l'exactitude de cet état, et y prendra trois sujets qu'il présentera à notre ministre secrétaire d'Etat de la guerre pour chaque place vacante au tour de la gendarmerie.

La moitié des emplois de lieutenant qui viendront à vaquer sera donnée à des sous-officiers de gendarmerie; l'autre moitié, à des officiers de l'armée, à notre choix.

Le conseil d'administration de chaque compagnie d'une même légion désignera un maréchal-des-logis pour un emploi de trésorier vacant dans la légion : l'inspecteur général en choisira un, et le proposera au ministre secrétaire d'Etat au département de la guerre.

Chaque année, au mois de janvier, nos ministres secrétaires d'Etat de la justice, de l'intérieur, de la marine, de la police générale, adresseront au ministre secrétaire d'Etat de la guerre un tableau des officiers et gendarmes qui auront le mieux servi dans leurs rapports avec ces divers ministères, et de ceux dont les services auraient mérité des reproches.

8. Conformément aux dispositions de l'article 6, les lieutenans concourront entre eux pour le grade de capitaine, savoir : un tiers à l'ancienneté, et deux tiers à notre choix.

Le tiers à l'ancienneté et un tiers au choix rouleront sur l'arrondissement d'inspection seulement où sera la vacance.

L'autre tiers à notre choix roulera sur toute l'arme.

Les trésoriers concourront entre eux et par ancienneté pour le grade de lieutenant en premier dans leur emploi ; les trésoriers lieutenans en premier concourront avec les autres lieutenans pour l'avancement au grade de capitaine, qu'ils ne pourront obtenir que pour passer au commandement d'une compagnie : toutefois ils seront libres de préférer l'emploi de trésorier, en renonçant au grade de capitaine.

L'avancement au grade de chef d'escadron aura lieu, deux tiers sur toute l'arme de la gendarmerie, dont un tiers à l'ancienneté et un tiers à notre choix. L'autre tiers sera à notre choix dans notre garde royale et dans l'armée.

Ne pourront être proposés pour de l'avancement les lieutenans-trésoriers, lieutenans en premier, capitaines et chefs d'escadron de gendarmerie, qui n'auraient pas quatre ans de service révolus dans leurs grades respectifs.

L'avancement au grade de colonel roulera sur toute l'arme, un tiers à l'ancienneté, les deux autres tiers à notre choix. Pour les places au choix, les inspecteurs généraux, réunis en comité, établiront annuellement une liste de dix chefs d'escadron qui méritent le mieux l'avancement. Ce sera sur cette liste

que notre ministre secrétaire d'Etat de la guerre pourra proposer les sujets qui devront remplir les vacances à mesure qu'elles auront lieu.

La moitié des emplois d'inspecteurs généraux du grade de maréchal-de-camp sera donnée aux colonels de notre gendarmerie, indépendamment de l'avancement que nous nous réservons la faculté de leur donner dans l'armée.

Lors de chaque vacance, notre ministre secrétaire d'Etat de la guerre nous présentera une liste de trois candidats qu'il aura choisis après avoir consulté le comité des inspecteurs généraux.

La moitié des emplois d'inspecteurs généraux de gendarmerie, du grade de lieutenant général, sera donnée, sur la présentation de notre ministre secrétaire d'Etat au département de la guerre, aux maréchaux-de-camp inspecteurs de gendarmerie.

9. Les brevets des officiers et les commissions des sous-officiers, brigadiers et gendarmes, seront expédiés par notre ministre secrétaire d'Etat de la guerre.

10. Les démissions, changemens de résidence ou de compagnie des sous-officiers et gendarmes seront proposés par les capitaines au colonel, et par celui-ci à l'inspecteur général, lequel, lors de sa tournée, statuera définitivement sur ces sortes de demandes, excepté toutefois si le changement de résidence ne devait pas s'effectuer dans son arrondissement; auquel cas, il en référerait à notre ministre secrétaire d'Etat de la guerre.

L'inspecteur général lui proposera les changemens de résidence et les démissions des officiers.

11. La solde de la gendarmerie reste telle qu'elle a été fixée par les lois, ordonnances et réglemens antérieurs.

Les indemnités seront les mêmes jusqu'à ce qu'il soit statué à cet égard.

Lorsque les officiers de tout grade de notre gendarmerie royale ne recevront pas le logement en nature, ils auront droit à l'indemnité attribuée à leurs grades respectifs.

12. Conformément aux ordonnances du 28 avril 1778 et antérieures, et à celle du 16 février 1791, la gendarmerie prend la gauche des troupes de notre maison et la droite des troupes de ligne. Les officiers, sous-officiers et gendarmes ont le rang du grade immédiatement supérieur; mais ils n'en jouissent pour le commandement qu'après les titulaires de ce même grade dans l'armée, et ils n'en ont la retraite qu'après dix ans de service dans le grade qu'ils exercent et dans le corps de la gendarmerie.

13. Les dispositions des lois, ordonnances et réglemens antérieurs applicables à la gendarmerie, auxquelles il n'est pas dérogé par

la présente ordonnance continueront provisoirement à recevoir leur exécution.

14. Les dispositions de notre ordonnance du Ier de ce mois relatives aux retraites seront appliquées sur-le-champ au corps actuel de la gendarmerie.

Les officiers, sous-officiers et gendarmes dans le cas de la retraite recevront ordre de se retirer sur-le-champ dans leurs foyers, pour y jouir, les officiers, du traitement réglé par la dernière ordonnance, et les sous-officiers et gendarmes, de la moitié de leur solde, jusqu'au moment où ils recevront leur brevet de pension : cette demi-solde sera payée par les soins du conseil d'administration de la compagnie de gendarmerie du département dans lequel les sous-officiers et gendarmes établiront leur domicile.

Nos inspecteurs généraux de gendarmerie accepteront les démissions et donneront des congés absolus aux officiers, sous-officiers et gendarmes qui les solliciteront ; ils réformeront les sous-officiers et gendarmes qui, n'étant pas dans le cas de la retraite, seraient cependant incapables de continuer leur service.

15. Pour l'organisation réglée par la présente ordonnance, les officiers, sous-officiers et gendarmes, seront choisis, tant parmi les anciens officiers, sous-officiers et gendarmes jugés, par nos inspecteurs généraux, susceptibles d'être conservés en raison de leurs opinions et de leur bonne conduite, que parmi les volontaires royaux et autres militaires réunissant les qualités et les conditions requises.

Les inspecteurs généraux choisiront et installeront les sous-officiers et gendarmes, et en rendront compte à notre ministre secrétaire d'Etat de la guerre, qui fera expédier les commissions.

Les officiers seront nommés par nous, sur la présentation de notre ministre secrétaire d'Etat de la guerre. En conséquence, ceux que nosdits inspecteurs généraux auront provisoirement jugés susceptibles d'être maintenus ne le seront définitivement qu'après avoir été confirmés.

Les quartiers-maîtres actuels concourront pour les emplois de trésoriers. Ceux conservés et les trésoriers admis prendront rang entre eux, selon leur ancienneté, pour les grades de lieutenans en premier et lieutenans en second. Les quartiers-maîtres qui ne seront pas maintenus, et les sous-lieutenans aujourd'hui dans les compagnies, concourront avec les lieutenans, selon leur position respective. ——

16. Les officiers non compris dans l'organisation et non susceptibles de la retraite se retireront dans leurs foyers, pour y jouir, les officiers supérieurs, de la demi-solde, les autres, des quatre cinquièmes de leur solde, conformément à ce qui a été réglé pour les autres armes.

17. Il ne sera plus reconnu d'officiers à la suite du corps de notre gendarmerie royale.

18. Notre ministre secrétaire d'Etat rédigéra un projet de réglement général sur le service de la gendarmerie, et, après s'être concerté avec les ministres respectifs, il nous le présentera pour en ordonner l'exécution.

19. Nos ministres sont chargés de l'exécution de la présente ordonnance.

Tableau des inspections générales, des légions, escadrons et compagnies, ainsi que du nombre des individus de chaque grade dont elles sont composées.

12 SEPTEMBRE 1815. — Ordonnance du Roi qui détermine la couleur et la forme de l'habit attribué aux députés. (Mon. n° 257.)

Louis, etc.

Sur le compte qui nous a été rendu de la convenance qu'il y aurait de déterminer, avant l'ouverture des Chambres, l'habit à attribuer aux députés ; nous étant fait représenter l'article 3 du titre XIII du réglement arrêté par nous le 23 juin 1814,

Nous avons ordonné et ordonnons ce qui suit :

L'habit des députés sera bleu de roi, boutonnant sur le devant, boutons blancs portant trois fleurs-de-lis, et orné au collet et aux manches d'une broderie de fleurs-de-lis, en argent, conformément au modèle.

13 = Pr. 26 SEPTEMBRE 1815. — Ordonnance du Roi qui autorise la ville de Paris à créer pour un million de rentes, à l'effet de lui procurer les moyens de faire face à ses dépenses extraordinaires (1). (7, Bull. 28, n° 135.)

Voy. ordonnances des 4 OCTOBRE 1815, et 14 MAI 1817.

Louis, etc.

Nous avions, par notre ordonnance du 16 août dernier, autorisé notre bonne ville de Paris à emprunter jusqu'à concurrence de la somme de douze millions de francs, pour la mettre à portée de faire face aux dépenses

---

(1) Les villes dont les revenus excèdent 100,000 francs ne peuvent emprunter qu'en vertu d'une loi. (loi du 15 mai 1818, art. 43.)

extraordinaires du moment ; mais les négociations entamées pour réaliser cet emprunt ont prouvé que la ville de Paris trouverait plus de facilité et d'avantages à se procurer les fonds dont elle a besoin, au moyen de la création et du dépôt d'un million de francs de rente au denier vingt :

A ces causes, sur le rapport de notre ministre secrétaire d'Etat des finances,

Nous avons ordonné et ordonnons ce qui suit :

Art. 1er. Notre bonne ville de Paris est autorisée à créer pour un million de francs de rentes au porteur, au denier vingt, divisées en quatre mille coupons de deux cent cinquante francs chaque, avec jouissance du 1er octobre prochain.

2. Les arrérages de ces rentes, exempts de toute retenue présente ou future, seront payés de six mois en six mois aux porteurs des coupons, à la caisse du receveur municipal de notre bonne ville de Paris.

3. Les propriétés immobilières de notre bonne ville de Paris seront et demeureront affectées à la sûreté du capital.

4. Le montant des arrérages des rentes qui seront constituées en vertu de la présente ordonnance formera l'article premier des dépenses portées au budget de la ville de Paris pour l'exercice 1816 et les suivans, jusqu'à leur extinction ; et sur les produits des revenus ordinaires et extraordinaires compris au budget de ses recettes, notamment ceux établis par notre ordonnance du 16 août, sera prélevée annuellement la somme nécessaire au paiement desdits arrérages.

5. Notre bonne ville de Paris est autorisée à engager et déposer tout ou partie des rentes et abandonner la jouissance des intérêts, pour obtenir en échange les avances nécessaires à ses dépenses, à charge de remboursement, aux époques qui seront réglées sur les produits de ses revenus et contributions extraordinaires.

6. Lors du remboursement des avances, les rentes créées par l'article premier seront rapportées et annulées jusqu'à due concurrence.

7. Les titres constitutifs des rentes et tous autres actes auxquels l'exécution des dispositions ci-dessus pourrait donner lieu demeureront affranchis de tous droits d'enregistrement, et ne seront soumis qu'à ceux du timbre.

8. Nos ministres de l'intérieur et des finances sont chargés de l'exécution de la présente ordonnance.

13 SEPTEMBRE 1815. — Ordonnance du Roi qui admet les sieurs Garcia et Menten à établir leur domicile en France. (7, Bull 25, n° 127.)

13 SEPTEMBRE 1815. — Ordonnances du Roi qui permettent aux sieurs Jérôme Delandine, de Bourgnon, de Reculot et Devaulx, d'ajouter à leurs noms ceux de Saint-Esprit, de Layre, de Poligny, et de Chambord. (7, Bull. 25, nos 125 et 126.)

13 SEPTEMBRE 1815. — Ordonnance du Roi qui accorde des lettres de déclaration de naturalité aux sieurs Henri de Mylius, Faber, Krefft, Mangels, Cibert, Van, Remoortère, Giordano et Barziza. (7, Bull. 25, n° 124.)

14 SEPTEMBRE = Pr. 12 OCTOBRE 1815. — Ordonnance du Roi sur la composition des régimens d'artillerie à pied et à cheval de la garde royale. (7, Bull. 30, n° 152.)

Voy. ordonnance du 18 NOVEMBRE 1815.

Louis, etc.

Vu notre ordonnance du 1er de ce mois concernant la formation de la garde royale ; considérant que la composition des troupes d'artillerie qui doivent en faire partie n'est qu'indiquée, et qu'il est indispensable de la déterminer d'une manière détaillée ;

Sur le rapport de notre ministre secrétaire d'Etat au département de la guerre ,

Nous avons ordonné et ordonnons ce qui suit :

Art. 1er. Le régiment d'artillerie à pied de notre garde royale sera composé d'un état-major et de huit compagnies.

ÉTAT-MAJOR.

Officiers : un colonel, un lieutenant-colonel, trois chefs de bataillon, un major (rang de chef de bataillon), un trésorier, un adjudant-major, un sous-adjudant-major, un chirurgien-major. Total, dix.

Troupes : un tambour-major, un tambour-maître, douze musiciens, dont un chef, un maître tailleur, un maître cordonnier, un maître guêtrier, un maître armurier. Total, dix-huit.

2. Chacune des huit compagnies aura la composition ci-après indiquée :

Officiers : capitaine-commandant, un ; capitaine en second, un ; lieutenant en premier, un ; lieutenant en second, un. Total, quatre.

Sous-officiers et canonniers : sergent-major, un ; sergens, quatre ; fourrier, un ; caporaux, quatre ; artificiers, quatre ; ouvriers en fer et en bois, quatre ; premiers canonniers, douze ; deuxièmes canonniers, vingt ; tambours, deux. Total, cinquante-deux.

3. La force totale du régiment d'artillerie à pied de notre garde royale sera en conséquence de :

	OFFICIERS.	SOUS-OFFICIERS et canonniers.
État-major . .	10	18
Compagnies . .	32	416
Total. . .	42	434

conformément à notre ordonnance du 1er de ce mois.

4. Le régiment d'artillerie à cheval de notre garde royale sera composé d'un état-major et de quatre compagnies.

ÉTAT-MAJOR.

Officiers : un colonel, un lieutenant-colonel, deux chefs d'escadron, un major (avec rang de chef d'escadron), un trésorier, un adjudant-major, un sous-adjudant-major, un porte-étendard, lieutenant, un chirurgien-major. Total, dix.

Troupes : un trompette maréchal-des-logis, un brigadier-trompette, un vétérinaire en premier, un maître tailleur, un maître bottier, un maître sellier, un armurier-éperonnier. Total, sept.

5. Chacune des quatre compagnies aura la composition ci-après indiquée :

Officiers : capitaine commandant, un ; capitaine en second, un ; lieutenant en premier, un ; lieutenant en second, un. Total, quatre.

Sous-officiers et canonniers : maréchal-des-logis-chef, un, monté ; maréchaux-des-logis, quatre, montés ; fourrier, un, monté ; brigadiers, quatre, montés ; artificiers, quatre, montés ; ouvriers en fer et en bois, quatre, non-montés ; premiers canonniers, seize, montés ; deuxièmes canonniers, trente-quatre, dont six non montés, y compris deux maréchaux-ferrans ; trompettes, deux. Total, soixante-dix.

6. Ainsi la force du régiment d'artillerie à cheval sera de :

	OFFICIERS	SOUS-OFFICIERS et Canonn^rs.	CHEVAUX de troupe.
État-major . .	10	7	3
Compagnies. .	16	280	240
Totaux . . .	26	287	243

7. Le train d'artillerie formera un régiment composé d'un état-major et de six compagnies.

ÉTAT-MAJOR.

Officiers : un lieutenant-colonel commandant, un major (rang de chef d'escadron), un adjudant-major capitaine, un trésorier, un sous-adjudant major sous-lieutenant, un chirurgien aide-major. Total, six.

Troupes : un vétérinaire en premier, un vétérinaire en second, un brigadier-trompette, un maître sellier bourrelier, un maître tailleur, un maître bottier. Total, six.

8. Chacune des six compagnies de ce régiment sera composée comme il suit :

Officiers : capitaine, un ; lieutenant, un. Total, deux.

Sous-officiers et soldats : maréchal-des-logis chef, un, monté ; maréchaux-des-logis, quatre, montés ; fourrier, un, monté ; brigadiers, quatre, montés ; soldats de 1re classe, seize ; soldats de 2e classe, dont deux maréchaux-ferrans, trente-six, ayant quatre-vingt-huit chevaux de trait ; trompettes, deux, montés. Total, soixante-quatre.

9. Ainsi la force du régiment du train sera de :

	OFFICIERS	SOUS-OFFICIERS et soldats.	CHEVAUX de troupe.
État-major . .	6	6	"
Compagnies . .	12	384	600
Totaux . . .	18	390	600

conformément à notre ordonnance du 1er de ce mois.

10. La direction du matériel de l'artillerie sera confiée à un colonel d'artillerie, qui aura aussi celle de l'instruction théorique et pratique : il aura sous ses ordres un professeur de mathématiques, un professeur de fortifications et de dessin, un maître artificier, un chef d'ouvriers d'état, un garde d'artillerie de 1re classe, deux conducteurs d'artillerie. Total, sept.

11. L'entretien et la réparation du matériel auront lieu par les ouvriers des compagnies d'artillerie à pied et à cheval.

12. Le matériel d'artillerie se composera, en temps de paix, de vingt-quatre canons de campagne, douze obusiers de campagne, trente-six caissons à munitions, dix-huit caissons d'infanterie, un caisson d'outils, deux chariots à munitions, quatre forges de campagne, trois affûts de rechange. Total, cent voitures d'artillerie.

13. L'officier général commandant la brigade d'artillerie de notre garde royale aura pour chef d'état-major un officier supérieur du grade de lieutenant-colonel ou de chef de bataillon.

14. Notre ministre secrétaire d'État de la guerre est chargé de l'exécution de la présente ordonnance.

15 = Pr. 25 septembre 1815. — Ordonnance du Roi sur la formation d'une légion départementale corse. (7, Bull. 28, n° 136.)

Voy. ordonnance du 3 juillet 1816.

Louis, etc.

Sur le rapport qui nous a été fait par notre ministre secrétaire d'État au département de la guerre; considérant que les dispositions de notre ordonnance du 10 octobre 1814, concernant la force armée de l'île de Corse, ont éprouvé quelques modifications, et voulant lui donner une organisation conforme à celle de nos légions départementales créées par notre ordonnance du 3 août dernier,

Nous avons ordonné et ordonnons ce qui suit :

Art. 1er. Les bataillons de chasseurs corses créés par notre ordonnance du 10 octobre 1814, sont dissous.

2. Il sera formé une légion sous la dénomination de *légion de la Corse*, d'après les dispositions prescrites par notre ordonnance du 3 août.

3. Cette légion comprendra un état-major et trois bataillons : elle n'aura pas de compagnies de dépôt; mais on pourra y attacher une compagnie d'artillerie et une de chasseurs à cheval. Il sera d'ailleurs procédé à l'organisation de cette légion de la même manière que pour les autres.

4. L'uniforme et l'armement de la légion seront les mêmes que ceux qui ont été réglés par nos ordonnances des 10 octobre 1814 et 15 février 1815, pour les anciens bataillons corses.

En conséquence, l'uniforme des deux premiers bataillons de la légion sera composé ainsi qu'il suit : veste, revers et collet, de drap brun-marron; paremens et liserés verts; doublure en cadis brun; gilet de tricot blanc sans poches; pantalon de tricot vert; guêtres en peau jaune; boutons blancs empreints d'une fleur-de-lis, avec la légende : *Légion corse*; ceinture à la corse; chapeau retroussé à la corse; capote en drap brun.

L'uniforme du troisième bataillon, dit *de chasseurs*, sera le même que celui des deux premiers bataillons; mais le collet sera vert.

L'armement se composera d'un fusil de chasse sans baïonnette, et d'un sabre à deux tranchans, avec une poignée demi-ronde,

sans garde, terminée par un pommeau arrondi.

Les officiers non montés de la légion seront armés d'un sabre de même forme que celui du soldat, et d'un fusil semblable à celui des officiers de voltigeurs d'infanterie.

5. Nos ministres de la guerre et des finances sont chargés de l'exécution de la présente ordonnance.

15 septembre 1815. — Décision de sa majesté qui fixe le nombre des généraux et officiers d'état-major qui pourront être portés sur le tableau d'activité. (Mon. n° 266.)

1° Les généraux et officiers d'état-major, supérieurs et subalternes, tant de l'état-major de l'armée que de celui des places de guerre, qui sont présentement en activité, et qui n'auront pas reçu, au 1er octobre prochain, des lettres de service expédiées par le ministre de la guerre postérieurement au 8 juillet dernier, seront tenus de se retirer dans leur domicile. Il y aura exception seulement pour les officiers d'état-major des places que les généraux commandant les divisions militaires auront compris dans les états qui leur ont été demandés par la circulaire du 30 août dernier, comme devant être conservés définitivement ou provisoirement, et à l'égard des officiers d'état-major des divisions militaires que les mêmes généraux auront demandé à conserver, conformément à la circulaire du 7 de ce mois; mais leur nombre ne pourra excéder celui fixé par ladite circulaire.

Les officiers compris dans ces deux classes continueront à servir, et conserveront leur traitement d'activité jusqu'à nouvel ordre.

2° Les généraux et officiers d'état-major qui seront rentrés dans leur domicile et auxquels ne s'appliquera pas l'ordonnance du 1er août, sur les retraites, jouiront, à compter du 1er octobre prochain, savoir :

Les lieutenans généraux, maréchaux-de-camp et officiers supérieurs, de la demi-solde de leur grade;

Les officiers d'état-major et aides-de-camp autres que les officiers supérieurs, des quatre cinquièmes de leur solde, sans indemnité.

3° Les dispositions ci-dessus sont applicables aux inspecteurs et sous-inspecteurs aux revues, et aux commissaires-ordonnateurs et commissaires des guerres.

4° Sont admis à concourir pour des emplois de leur grade dans la ligne, les officiers d'état-major et aides-de-camp, officiers supérieurs et subalternes qui se trouvent en ce moment sans destination, et ceux qui se trouveront sans emploi par suite de la nouvelle organisation de l'état-major.

Les officiers qui désireront jouir de la faveur de cette disposition devront justifier de leur position et de leurs titres aux inspecteurs qui seront chargés de l'organisation des corps, et aux colonels des légions et régimens.

5° La dénomination d'adjudant-commandant est supprimée; elle sera remplacée par celle de colonel d'état-major.

La dénomination de capitaine-adjoint est supprimée; elle sera remplacée par celle de colonel d'état-major.

Les officiers-généraux désignés pour les inspections prendront la qualification d'inspecteurs d'infanterie, d'inspecteurs de cavalerie.

Les généraux et officiers supérieurs qui commandent les places ne pourront, dans aucune circonstance, prendre d'autre titre que celui de lieutenant de Roi de 1re classe, de 2e, de 3e ou de 4°.

Les officiers généraux et supérieurs passés à l'inspection aux revues ne pourront, dans aucune circonstance, prendre d'autre titre que celui d'inspecteur ou sous-inspecteur aux revues.

Toutes dénominations pour des officiers sans troupe non comprises dans celles ci-dessus rappelées sont et demeurent supprimées.

6° A compter du 1er octobre prochain, MM. les officiers généraux, inspecteurs et sous-inspecteurs aux revues, commissaires-ordonnateurs et commissaires des guerres, cesseront d'employer les dénominations supprimées, et ne se serviront plus que de celles qui leur sont substituées.

7° Les généraux et officiers d'état-major supérieurs et subalternes qui seront rentrés dans leur domicile, comme n'étant plus compris sur le tableau d'activité, feront connaître le lieu où ils se seront retirés au général ou à l'officier commandant le département. Ils indiqueront leurs prénoms, leurs grades et leur dernière destination.

Le général ou l'officier commandant le département dressera, tous les quinze jours, un état nominatif et par arme de ces officiers, contenant les indications ci-dessus. Il adressera, les 16 et 1er de chaque mois, les états qu'il aura établis, au lieutenant général commandant la division militaire, qui les transmettra au ministre de la guerre.

15 SEPTEMBRE 1815. — Ordonnance du Roi qui nomme au gouvernement de la douzième division militaire M. le lieutenant général comte de Vioménil, et à celui de la troisième division, M. le duc de Feltre. (7, Bull. 26, n° 130.)

18 = Pr. 20 SEPTEMBRE 1815. — Ordonnance du Roi portant nomination et institution des membres de la cour royale de Paris. (7, Bull. 25, n° 123.)

Louis, etc.

La justice fonde la sécurité des peuples et la véritable gloire des rois; la rendre à nos sujets est le premier devoir et le plus beau privilège de notre puissance. C'est aux magistrats à qui nous remettons ce soin qu'il appartient surtout de faire chérir et respecter notre autorité : appelés à protéger la tranquillité de l'Etat et le repos des familles, leur fidélité est l'un des plus sûrs appuis de notre trône, qui doit également s'honorer de leurs vertus. Leur fermeté veillera au prompt rétablissement de la paix publique; leurs exemples hâteront le retour des bonnes mœurs, et leur inflexible équité ramènera cette confiance parfaite que le maintien des lois inspire à tous les citoyens. Dans les temps difficiles où il a plu à la Providence de placer notre vie et notre règne, nous avons senti que, pour atteindre à ce but si désirable, il était nécessaire de donner sans retard à la magistrature cette stabilité que lui assure notre institution royale, et qui fait sa force et son éclat : notre intention est donc d'étendre successivement ce bienfait à tous les tribunaux de notre royaume. En instituant d'abord notre cour royale de Paris, nous nous plaisons à rappeler aux hommes qui doivent siéger dans son sein les devoirs sacrés que leur imposent les fonctions qui leur sont confiées ; notre désir est que cette cour serve de modèle à toutes les cours de notre royaume, et qu'elle leur donne l'exemple de la fidélité, de la sagesse et du courage que réclament ses augustes fonctions. Le soin que nous avons apporté dans le choix des magistrats que nous appelons à ce poste éminent nous donne lieu d'attendre que nous ne serons pas déçu dans notre espoir :

A ces causes, nous avons ordonné et ordonnons ce qui suit :

Art. 1er. Nous avons nommé et nommons, institué et instituons membres de la cour royale de Paris, savoir :

Premier président. — Le sieur Séguier, pair de France, premier président actuel.

Présidens. — Les sieurs Agier, président actuel; Faget de Baure, *idem ;* Amy, conseiller en la cour ; Bastard de l'Estang, *idem;* de Merville, *idem,*

Conseillers. — Les sieurs Parisot, conseiller actuel; Lepoitevin, *idem ;* Cholet, *idem;* Hardoin, *idem;* Hinen, *idem,* Bouchard, *idem ;* Jolly, *idem;* Cottu, *idem;* Baron, *idem ;* Brière, *idem;* Sylvestre de Chanteloup, *idem;* Lechanteur, *idem;* Busson, *idem;* Plaisant-Duchateau, *idem;* Titon, *idem;* Pinot-Cocherie, *idem;* Debonnaire, *idem;* Lucy, *idem;* Vanin, *idem;* Delaselle, *idem;*

Chopin d'Arnouville, *idem*; Dupaty, *idem*; Pavyot de Saint-Aubin, *idem*; Leschassier de Mery, *idem*; de Berny, *idem*; Malleville, *idem*; Sanegon, *idem*; Monmerqué, *idem*; Bretin d'Aubigny, *idem*; d'Harauguier de Quincerot, conseiller auditeur en la cour; Delavau, *idem*; Malartic, président à la cour royale de Pau; Frasans, ancien magistrat; Montcloux de la Villeneuve, *idem*; de la Huproye, président du tribunal de première instance de Troyes; Crespin, président du tribunal de première instance de Provins; Moreau de la Vigerie, vice-président au tribunal de première instance du département de la Seine; Gabaille, *idem*; Villedieu de Torcy, juge au tribunal de première instance du département de la Seine; Romain-Desèze, avocat; Hémery, *idem*; Larrieu, *idem*; Moreau, *idem*; le Picard, ancien secrétaire général de la chancellerie.

Conseiller honoraire. — Le sieur Lecourbe.

Conseillers-auditeurs. — Les sieurs Dehaussy, conseiller-auditeur actuel; de Vatisménil, *idem*; Debroé, *idem*; Sylvestre, *idem*; Brisson, *idem*; Godard de Belbeuf, *idem*.

2. Conformément à notre ordonnance du 14 août dernier, le sieur Bellart est nommé notre procureur général près la cour.

3. Nous nommons, pour remplir les fonctions d'avocats généraux :

Les sieurs Colomb, notre procureur près le tribunal de première instance de Marseille; Hua, avocat; Maximilien Jaubert, avocat général actuel; Quequet, avocat.

Nous nommons, pour remplir les fonctions de substituts :

Les sieurs Mallet, substitut actuel; Despatys, *idem*; Meslier, *idem*; Dameuve, *idem*; Legris, *idem*; Berthelin, *idem*; de Schonen, *idem*; de la Palme, *idem*; Gay, *idem*; Lacave-Laplagne, *idem*; Agier, *idem*; Vandeuvre, *idem*; Meslier, président du tribunal de première instance d'Avalon; Amelin, substitut de notre procureur près le tribunal de première instance de la Seine; Ambroise Rendu, avocat.

Lesquels exerceront, tant qu'il nous plaira, lesdites fonctions.

Nous nommons le sieur Duplès, greffier en chef.

4. Les membres de la cour royale et du parquet nommés par les précédens articles, le greffier en chef et les officiers ministériels actuellement en fonctions, se rendront, aux jour et heure qui leur seront indiqués, même pendant la durée des vacations, au lieu ordinaire des séances, sur l'ordre qui leur sera individuellement adressé, pour y être installés par notre garde-des-sceaux, ministre secrétaire d'Etat au département de la justice, et pour y prêter entre ses mains le serment de nous être fidèles, de garder et faire observer les lois du royaume, ainsi que nos ordonnances et réglemens, et de se conformer à la Charte constitutionnelle que nous avons donnée à nos peuples. Le même serment sera préalablement prêté entre nos mains par le premier président, notre procureur général l'ayant déjà prêté en cette forme.

5. Il sera tenu registre de ladite prestation de serment, et mention en sera faite par le greffier en chef sur les provisions, signées de nous, qui seront incessamment délivrées à tous ceux qui sont compris dans la présente nomination.

6. Les membres de la cour royale et du parquet qui ne sont pas compris dans la présente nomination pourront porter le titre d'*honoraire*, s'ils obtiennent de nous les lettres à ce nécessaires : ils se retireront, dans le délai d'un mois, par-devant notre garde-des-sceaux, ministre secrétaire d'Etat au département de la justice, pour y faire liquider, s'il y a lieu, leur pension de retraite.

7. Notre garde-des-sceaux, ministre secrétaire d'Etat au département de la justice, est chargé de l'exécution des présentes, dont il adressera une expédition en forme au sieur Bellart, notre procureur général.

18 = Pr. 26 SEPTEMBRE 1815. — Ordonnance du Roi qui contient, pour les armées de terre, la maison militaire de sa majesté et la garde royale, des dispositions relatives aux grades honoraires et honorifiques, et aux brevets de grade sans emploi. (7, Bull. 27, n° 131.)

Louis, etc.

Sur le compte qui nous a été rendu par notre ministre secrétaire d'Etat au département de la guerre, d'où il résulte que, lors de la réorganisation de l'armée en 1814, il existait un grand nombre d'officiers qui avaient acquis, par leurs services, des droits à des récompenses, et que, les cadres de l'armée et la situation des finances de notre royaume ne permettant pas d'augmenter le nombre des grades supérieurs fixés par nos ordonnances d'organisation, nous nous étions déterminé à leur conférer, soit des grades honoraires et supérieurs à ceux dont ils exerçaient les emplois, soit des grades honorifiques sans fonctions, soit des brevets pour prendre ou tenir rang d'un grade supérieur à celui dont ils étaient titulaires;

Considérant qu'au moment de la nouvelle réorganisation de l'armée il importe de fixer le sort de chacun de ces officiers, et voulant qu'à l'avenir il n'y ait pas de grades sans emploi, ni de brevets sans fonctions;

Sur le rapport de notre ministre secrétaire d'Etat au département de la guerre,

Avons ordonné et ordonnons ce qui suit :

DISPOSITIONS RELATIVES A NOS ARMÉES DE TERRE.

TITRE Ier. Grades honoraires.

Art. 1er. Les officiers de tout grade employés au 20 mars 1815, soit dans les corps, soit dans l'état-major général de l'armée et des places, et ceux en demi-solde, pourvus à cette époque d'un grade immédiatement supérieur à celui dont ils exerçaient l'emploi, seront considérés comme titulaires du grade que nous ne leur avions accordé que comme grade honoraire.

2. Seront également considérés comme titulaires du grade dont ils sont pourvus comme honoraires les officiers à qui nous en avons accordé depuis le 20 mars jusqu'au 18 juillet dernier, soit qu'ils aient exercé, exercent, ou non, l'emploi du grade immédiatement inférieur.

3. Les officiers auxquels les dispositions des deux articles précédens sont applicables prendront rang, comme titulaires, à dater du 1er juillet 1815, et seront classés entre eux dans leurs grades et armes respectifs, selon la priorité de leur nomination au grade honoraire, mais après tous ceux qui étaient titulaires à cette époque.

4. Cette disposition n'empêchera point l'effet de notre ordonnance du 1er août à l'égard de tous ceux des officiers qui doivent et peuvent être mis à la retraite; mais leurs pensions seront réglées sur le grade dont ils sont investis titulairement par la présente ordonnance.

5. Le traitement des officiers promus par la présente ordonnance aux grades dont ils n'avaient que le titre honoraire, ne sera payé que de la date de ce jour, et sans rappel pour le temps écoulé depuis l'époque où ces officiers auront pris rang desdits grades.

TITRE II. Grades honorifiques.

6. Les grades accordés, antérieurement à la présente ordonnance, aux officiers de tout rang et de toute arme qui ont été admis à la retraite, continueront d'être purement honorifiques, et ne donneront lieu à aucune augmentation de pension; les marques distinctives de ces grades ne pourront être portées qu'avec l'uniforme qui sera affecté aux officiers en retraite.

7. Les officiers généraux, supérieurs et particuliers, à qui nous avons accordé des grades honorifiques sans expectative d'emploi et de traitement, et qui, en conséquence, n'ont pas reçu jusqu'à ce jour des lettres de service,

pourront porter l'uniforme desdits grades; mais, dans le cas où ils demanderaient du service, ils ne pourront y être admis comme titulaires que dans le grade dont ils justifieront avoir été pourvus pendant deux ans, conformément aux réglemens.

Sont exceptés de cette disposition les officiers qui nous ont accompagné ou rejoint depuis le 20 mars 1820.

TITRE III. Brevets de grades sans emploi.

8. Les officiers de tout grade non employés à qui nous avons accordé des brevets *pour remplir les fonctions, jouir des honneurs, prérogatives, émolumens,* etc., prendront rang parmi les titulaires, conformément aux dispositions du titre Ier.

9. Ceux à qui nous avons accordé des brevets *pour tenir ou prendre rang à partir du....* sans qu'il y soit exprimé *pour remplir les fonctions, jouir des émolumens,* etc., entreront dans la catégorie des officiers désignés en l'article 7.

TITRE IV. Dispositions relatives à notre maison militaire et à notre garde royale.

10. Les dispositions des articles précédens sont applicables à tous les officiers de notre maison militaire dont les grades ou brevets sont indépendans de leur position dans les compagnies conservées ou supprimées.

11. Ceux des officiers de notre maison qui devront entrer dans les corps et états-majors de notre armée seront susceptibles d'y être admis dans les grades dont ils ont les brevets, en raison de leur position effective dans les compagnies de notre maison.

12. Ceux qui entreront dans la garde royale seront susceptibles d'y être admis dans le grade immédiatement inférieur, attendu qu'ils y trouveront le rang dont ils sont pourvus par brevet. Pourront néanmoins y être reçus avec le grade dont ils ont le brevet :

1° Ceux qui ont servi au moins un an comme officiers avant leur entrée dans notre maison;

2° Ceux qui nous ont accompagné ou rejoint depuis le 20 mars;

3° Les brigadiers, maréchaux-des-logis, etc. des diverses compagnies, qui avaient, avant d'y entrer, le brevet du grade dont ils sont actuellement pourvus, ou qui nous ont accompagné ou rejoint à Gand.

13. Pour faciliter l'emploi d'un plus grand nombre d'officiers du grade de lieutenant dans notre maison, ceux desdits officiers qui ne se trouveront pas remplir les deux premières conditions ci-dessus énoncées pourront sur leur demande, être admis comme sous-lieutenans dans les corps de la garde royale ou de la ligne.

TITRE V. Dispositions générales.

14. A dater de la promulgation de la présente ordonnance, il ne sera plus accordé ni grades ni brevets honoraires ou honorifiques pour prendre ou tenir rang, et sous aucune autre dénomination quelconque, voulant qu'à l'avenir tout grade et tout avancement soient effectifs, et non accordés qu'à raison des vacances d'emplois dans les cadres constitutifs de l'armée.

15. Néanmoins nous nous réservons, comme moyen de récompenser les bons services, d'accorder, quand nous le jugerons convenable, et sur la proposition de notre ministre de la guerre, le brevet honorifique du grade immédiatement supérieur, aux officiers qui seront admis à la retraite, et qui auront plus de dix ans de service dans le grade où ils sont admis à la pension, sans que la pension puisse être réglée sur le grade honorifique que nous pourrons accorder.

16. Toutefois, il n'est point dérogé aux dispositions de notre ordonnance du 11 juillet 1814, ni à celles de notre ordonnance du 27 août suivant, en ce qui est relatif aux retraites accordées aux officiers de gendarmerie, d'artillerie et du génie, ayant plus de dix ans de service dans leur grade.

17. Notre ministre secrétaire d'Etat au département de la guerre nous présentera, sous le plus bref délai, des états indiquant :

1° Les officiers pourvus de grades honoraires, et qui deviennent titulaires desdits grades en vertu de la présente ordonnance;

2° Ceux qui, ne jouissant ni d'une pension de retraite, ni d'aucun traitement militaire, sont pourvus de grades honorifiques sans emploi et sans expectative d'activité :

Afin que ces listes soient closes et définitivement arrêtées pour chacune des armes qui composent nos armées.

18. Notre ministre de la guerre est chargé de l'exécution de la présente ordonnance.

———

18 = Pr. 26 SEPTEMBRE 1815. — Ordonnance du Roi qui déclare valables les diplômes délivrés, dans les formes établies par les statuts de l'Université, depuis le 20 mars 1815 jusqu'au 7 juillet, et ceux qui ont été délivrés, par quelques facultés, depuis cette dernière époque jusqu'au moment de la publication de l'ordonnance du 15 août même année. (7, Bull. 27, n° 132.)

Louis, etc.

Sur le compte qui nous a été rendu de la nécessité de prévenir les difficultés auxquelles peuvent donner lieu les variations produites par les circonstances particulières où s'est trouvé le corps enseignant, depuis six mois, dans la distribution et la forme des diplômes des grades ;

Considérant que, quelle qu'ait été la forme des diplômes remis aux gradués, leur capacité n'en a pas moins été constatée par les mêmes épreuves et avec le même soin ;

Sur le rapport de notre ministre secrétaire d'Etat de la justice, garde-des-sceaux, chargé par intérim du portefeuille de l'intérieur,

Nous avons ordonné et ordonnons ce qui suit :

Art. 1er. Les diplômes délivrés dans les formes établies par les statuts et réglemens de l'Université, depuis le 20 mars dernier jusqu'au 7 juillet, sont déclarés valables.

2. Sont également valables ceux qui ont été délivrés par quelques facultés, depuis 7 juillet jusqu'à l'époque de la publication de l'ordonnance du 15 août, qui a déterminé dans quelle forme les diplômes de grade doivent être actuellement expédiés.

3. Notre ministre de la justice, ayant par intérim le portefeuille de l'intérieur, est chargé de l'exécution de la présente ordonnance.

———

19 SEPTEMBRE = Pr. 28 OCTOBRE 1815. — Ordonnance du Roi relative à la formation d'un conseil privé et aux membres de ce conseil. (7, Bull. 35, n° 182.)

Voy. ordonnance du 23 AOUT 1815, et les notes; ordonnances des 5 OCTOBRE 1815, et 19 AVRIL 1817.

Louis, etc.

Voulant nous entourer des lumières des personnes les plus recommandables, soit par les talens dont elles ont fait preuve, soit par les services qu'elles ont déjà rendus à l'Etat et à nous, soit par les marques d'attachement qu'elles ont données à notre personne, nous avons résolu de former un conseil privé, nous réservant de faire discuter dans ce conseil les affaires que, d'après leur importance et leur nature, nous en jugerons susceptibles, et spécialement celles de haute législature :

A ces causes,

Avons ordonné et ordonnons ce qui suit :

Art. 1er. Il sera formé un conseil privé.

2. Le nombre des membres de ce conseil n'est pas fixé.

3. Il ne s'assemble que sur convocation spéciale et faite d'après nos ordres par le président de notre conseil des ministres, et il ne discute que les affaires qui lui sont spécialement soumises.

4. Sont membres de ce conseil, les princes de notre famille et de notre sang que nous jugerons à propos d'y appeler.

Nos ministres secrétaires d'Etat ayant département en font partie.

5. Sont appelés à ce conseil les ministres d'État dont les noms suivent :

Le sieur Dambray, chancelier de France, pair de France ;

Le duc de Dalberg, pair de France ;

Le comte de Beurnonville, pair de France ;

Le maréchal Oudinot, duc de Reggio, pair de France ;

Le comte Dessolle, pair de France ;

Le comte Ferrand, pair de France ;

Le comte Dupont, lieutenant général, ancien ministre de la guerre ;

L'abbé de Montesquiou, pair de France, ancien ministre de l'intérieur ;

Le duc de Feltre, pair de France, ancien ministre de la guerre ;

Le comte Beugnot, directeur général des postes, ancien ministre de la marine ;

Le baron de Vitrolles ;

Le maréchal Macdonal, duc de Tarente, pair de France ;

De La Luzerne, ancien évêque de Langres, pair de France ; ·

Le comte Garnier, pair de France ;

Le duc de Lévis, pair de France ;

Le comte Barbé-Marbois, pair de France ;

Le comte de Fontanes, pair de France ;

Le comte de Choiseul-Gouffier, pair de France ;

Le comte de Lally-Tollendal, pair de France ;

Le vicomte de Châteaubriant, pair de France ;

Le baron Anglès ;

Le sieur Bourrienne ;

Le comte Alexis de Noailles.

6. Le baron de Vitrolles remplira les fonctions de secrétaire du conseil privé.

7. Les ministres d'État faisant partie du conseil privé recevront annuellement un traitement de vingt mille francs.

---

20 SEPTEMBRE = Pr. 18 OCTOBRE 1815. — Ordonnance du Roi portant formation d'une commission chargée de prendre connaissance des pensions et traitemens provisoires accordés, depuis le 1er avril 1814, aux fonctionnaires de l'ordre administratif et judiciaire, et nomination des membres de cette commission. (7, Bull. 31, n° 161.)

Louis, etc.

Lorsque la divine Providence nous rappela l'an dernier sur le trône de nos pères, nous crûmes devoir écarter des fonctions publiques quelques hommes à qui de justes raisons ne nous permettaient pas d'accorder la confiance dont les magistrats et les administrateurs doivent toujours être investis. Cependant, sur le compte qui nous fut rendu des longs services de quelques-uns d'entre eux, et dans l'intention de donner à nos sujets une

nouvelle preuve de notre justice et de notre munificence royale, nous nous plûmes à accorder à plusieurs des fonctionnaires ainsi éloignés des places qu'ils avaient occupées long-temps, des pensions de retraite ou des traitemens provisoires : l'espoir que nous avions conçu de rétablir en peu d'années les finances de notre royaume, et le succès de nos premiers efforts, nous permirent même d'étendre cette mesure bienfaisante et d'y apporter une grande libéralité. Mais nous avons été informé que, dans les jours désastreux qui ont suspendu le cours des bienfaits que nous nous occupions de répandre sur nos peuples, plusieurs des individus à qui nous avions accordé ces marques de notre bonté se sont empressés, sous la domination de l'usurpateur, soit de rentrer dans leurs anciennes fonctions, soit d'en accepter de nouvelles : la part qu'ils ont prise ainsi au soutien de l'entreprise criminelle qui a causé tous les maux dont la France gémit encore leur a fait perdre tout droit aux faveurs que nous avions bien voulu leur conférer ; et le désordre que ces maux ont jeté dans les finances de l'État, les charges immenses que nos fidèles sujets sont appelés à supporter, malgré tous nos soins pour en alléger le fardeau, nous imposent l'obligation de contenir désormais nos libéralités dans les bornes d'une sévère justice et de la plus stricte économie.

Cependant, en remplissant ce devoir, nous avons voulu nous assurer que la mesure que nous nous proposons d'ordonner serait exécutée avec discernement et équité ; que les torts des hommes à qui elle doit s'appliquer seraient examinés et jugés avec l'impartialité la plus rigoureuse ; que ces torts seraient mis en balance avec la longueur et l'importance des services anciennement rendus ; enfin que, si, dans certain cas, le superflu devait être retranché à des hommes à qui notre générosité s'était plu à l'accorder, notre justice, néanmoins, leur conserverait encore le nécessaire.

A ces causes,

Nous avons ordonné et ordonnons ce qui suit :

Art. 1er. Il sera formé, auprès de notre ministre secrétaire d'État au département des finances, une commission chargée de prendre connaissance des pensions et traitemens provisoires accordés par nous, depuis le 1er avril 1814, aux fonctionnaires de l'ordre administratif et judiciaire que nous n'avons pas jugé à propos de maintenir dans leur emploi.

2. Ladite commission se fera fournir les renseignemens qu'elle jugera nécessaires pour constater l'origine et les motifs de ces récompenses, ainsi que les noms et qualités de ceux qui les ont obtenues.

3. Elle examinera, en outre, quelle part

ont prise, aux événemens qui se sont passés depuis le 20 mars jusqu'au 7 juillet de la présente année, les hommes à qui lesdites pensions ou traitemens provisoires avaient été accordés, afin de nous mettre en état de décider quelles sont les radiations et les réductions qu'il convient d'ordonner.

4. La commission fera un rapport sur chacune des radiations et des réductions qui lui paraîtront devoir être proposées.

5. Ces rapports seront remis à notre ministre secrétaire d'Etat au département des finances, qui en référera à notre conseil, pour être statué ce qu'il appartiendra.

6. Sont nommés membres de ladite commission : les sieurs Siméon père, conseiller d'Etat, président; Becquey, Royer-Collard, conseillers d'Etat; Favard de Langlade, maître des requêtes; Harmand, directeur de la dette inscrite; Rosman, chef de la division des fonds du ministère de l'intérieur, remplissant les fonctions de secrétaire.

7. Notre ministre des finances est chargé de l'exécution de la présente ordonnance.

---

21 SEPTEMBRE 1815 = Pr. 23 JANVIER 1816. — Ordonnance du Roi portant que les rapports sur la mise en jugement des fonctionnaires publics seront faits au comité du contentieux. (7, Bull. 60, n° 375.)

Voy. constitution du 22 FRIMAIRE an 8, art. 75.

Louis, etc.

Sur le rapport de notre garde-des-sceaux, ministre secrétaire d'Etat de la justice; considérant que les décisions à intervenir sur la mise en jugement des fonctionnaires publics appartiennent par leur nature au contentieux de l'administration;

Nous avons ordonné et ordonnons ce qui suit :

Art. 1er. Les rapports sur la mise en jugement des fonctionnaires publics seront faits au comité du contentieux qui, sous notre approbation, statuera sur ces affaires ainsi qu'il appartiendra, et dans les formes voulues par notre ordonnance du 23 août dernier.

2. Le ministre de la justice est chargé de l'exécution de la présente ordonnance.

---

21 SEPTEMBRE 1815. — Ordonnance du Roi qui accorde des lettres de déclaration de naturalité aux sieurs Jordans, Staglièno, Moreau, Bogarelli, Isan et Francesconi. (7, Bull. 27, n° 133.)

21 SEPTEMBRE 1815. — Ordonnance du Roi qui admet les sieurs Thomsen, Demeuse, Wouwermans et Blangini à établir leur domicile en France. (7, Bull. 28, n° 142.)

21 SEPTEMBRE 1815. — Ordonnance du Roi qui permet au sieur Rebut d'ajouter à son nom celui de la Rhoellerie, et au sieur Pétion de substituer à son nom celui de Blanc. (7, Bull. 28, n° 143.)

22 (1) = Pr. 26 SEPTEMBRE 1815. — Réglement arrêté par le Roi sur l'uniforme des corps qui composent la garde royale. (7, Bull. 28, n° 137.)

Voy. ordonnance du 14 OCTOBRE 1815.

DE PAR LE ROI.

Sa majesté s'étant fait représenter son ordonnance du 1er septembre 1815, concernant la formation de la garde royale; vu l'article 8 de ladite ordonnance, qui porte que l'uniforme des troupes de cette garde sera déterminé par un réglement;

Sur le rapport du ministre secrétaire d'Etat au département de la guerre,

A ordonné et ordonne ce qui suit :

Art. 1er. La coupe, les dimensions et les proportions de toutes les parties de l'habillement, du grand et du petit équipement, ainsi que du harnachement, seront, pour les troupes de la garde royale, les mêmes que pour celles de l'arme correspondante de la ligne.

2. Toutes les troupes qui composent la garde royale auront le bouton blanc empreint d'un écusson aux armes de France.

Dans toutes les armes, le gilet sera en drap, et le pantalon en étoffe de laine croisée.

L'infanterie et l'artillerie à pied auront la capote en drap bleu-de-roi, avec le collet de la couleur distinctive affectée à chaque régiment : celle de l'artillerie à pied aura le collet bleu-de-roi.

Les troupes à cheval auront le manteau-capote en drap blanc piqué de bleu et garni de brandebourgs de la couleur distinctive affectée à chaque régiment.

Le manteau-capote de l'artillerie à cheval sera en drap bleu-de-roi, garni de brandebourgs écarlates.

Celui du train d'artillerie sera en drap gris-de-fer.

Le pantalon de cheval sera, pour toutes ces troupes, en drap gris, garni des bandes de la couleur distinctive : ce même pantalon sera, pour l'artillerie à cheval, en drap bleu-de-roi, et pour le train d'artillerie, en drap gris-de-fer.

Les grenadiers à cheval et l'artillerie à cheval porteront sur l'épaule droite une aiguil-

---

(1) *Lisez* : 23. *Erratum* du Bulletin des Lois.

lette en laine écarlate, et sur l'épaule gauche, un trèfle de la même couleur.

Les cuirassiers, les dragons, les chasseurs à cheval et les lanciers porteront l'aiguillette et le trefle en blanc.

Le train d'artillerie aura deux trèfles en écarlate.

Les officiers, sous-officiers et soldats de tous les corps qui composent la garde royale, porteront les cheveux coupés et sans poudre.

3. Les six régimens d'infanterie française de la garde royale auront l'habit, le collet et les paremens, en drap bleu-de-roi; le gilet et le pantalon seront blancs. Les revers, les pattes des paremens et les retroussis seront en drap de la couleur distinctive affectée à chaque régiment, et qui est déterminée ainsi qu'il suit :

Le premier régiment aura le jonquille; le deuxième régiment, l'écarlate; le troisième régiment, le rose foncé; le quatrième régiment, le cramoisi, le cinquième régiment, l'aurore; le sixième régiment, le bleu céleste.

Les compagnies de grenadiers auront pour coiffure un bonnet de peau d'ours, sur le devant duquel sera placé une grenade en métal blanc.

Les compagnies de carabiniers des bataillons de chasseurs, ainsi que les compagnies de voltigeurs, auront pour coiffure le schako recouvert d'une peau d'ours. Les compagnies de fusiliers et de chasseurs porteront le schako en feutre noir.

Les grenadiers, carabiniers, chasseurs et voltigeurs, seront distingués par des épaulettes à franges : celles des grenadiers et carabiniers seront en laine écarlatte, celles des voltigeurs en laine chamois, et celles des chasseurs en laine verte.

Les épaulettes des fusillers seront en drap de la couleur distinctive et sans franges.

Les ornemens des retroussis seront :

Pour les grenadiers et les carabiniers, deux grenades;

Pour les voltigeurs, deux cors de chasse;

Pour les fusiliers, deux fleurs de lis;

Et pour les chasseurs, un corps de chasse et une fleur de lis.

4. Les deux régimens d'infanterie suisse auront l'habit, le collet et les paremens en drap écarlate; le gilet et le pantalon seront blancs ; les revers et les pattes des paremens seront en drap de la couleur distinctive affecté à chaque régiment, et qui est déterminée ainsi qu'il suit :

Le premier régiment aura le jonquille;

Le deuxième régiment, le bleu-de-roi.

Les retroussis de l'habit, ainsi que les liserés des revers, paremens et poches, seront en drap blanc.

La coiffure de ces deux régimens, les distinctions des compagnies d'élite et les ornemens des retroussis seront les mêmes que

dans les régimens d'infanterie française de la garde.

5. Le régiment d'artillerie à pied aura l'habit, le collet et les pattes des paremens, en drap bleu-de-roi; le gilet et le pantalon seront de la même couleur; les paremens et les retroussis de l'habit seront en drap écarlate; la coiffure sera le schako en feutre noir.

Les sous-officiers et canonniers porteront des épaulettes à franges en laine écarlate.

Les ornemens des retroussis seront une grenade et une fleur de lis.

6. Les deux régimens de grenadiers à cheval auront l'habit, le collet et les paremens en drap bleu-de-roi; le gilet et le pantalon seront en blanc.

Les revers, les pattes des paremens et les retroussis seront en drap de la couleur distinctive affectée à chaque régiment, et qui est déterminée ainsi qu'il suit :

Le premier régiment aura le jonquille;

Le deuxième régiment, le cramoisi.

La coiffure sera un bonnet de peau d'ours, sans écusson.

Les ornemens des retroussis seront deux grenades.

7. Les deux régimens de cuirassiers auront l'habit et les paremens en drap bleu-de-roi; le gilet et le pantalon seront en blanc. Le collet, les pattes des paremens et les retroussis seront en drap de la couleur distinctive affectée à chaque régiment, et qui est déterminée ainsi qu'il suit :

Le premier régiment aura l'écarlate;

Le deuxième régiment, l'aurore.

Les cuirassiers auront le casque pour coiffure, et porteront la cuirasse affectée à leur arme.

Les ornemens des retroussis seront deux grenades.

8. Le régiment de dragons aura l'habit, le collet et les paremens en drap vert : le gilet et le pantalon seront en blanc ; les revers, les pattes des paremens et les retroussis seront en drap rose foncé.

Ce régiment aura le casque pour coiffure.

Les ornemens des retroussis seront une grenade et une fleur de lis.

9. Le régiment des lanciers aura l'habit à la polonaise, le collet et les paremens en drap vert; le gilet sera blanc, et la culotte hongroise verte; les revers et les retroussis seront en drap cramoisi.

Le ceinturon à la polonaise sera en galon de laine rayé cramoisi et blanc.

La coiffure sera le schako polonais en drap cramoisi bordé en cuir noir.

Il n'y aura point d'ornemens aux retroussis.

Les boutons seront bombés à la hussarde et sans empreinte.

10. Le régiment des chasseurs à cheval aura l'habit, les revers et les paremens, en drap vert; le gilet sera blanc, et la culotte hongroise verte; le collet, les retroussis et les passe-poils seront en drap blanc.

La coiffure sera le schako en feutre noir.

Les ornemens des retroussis seront deux corps de chasse.

Les boutons seront bombés à la hussarde et sans empreinte.

11. Le régiment des hussards aura la pelisse et le dolman en drap bleu-de-roi; le gilet et la culotte hongroise seront cramoisis; le collet et les paremens du dolman seront en drap cramoisi.

La ceinture, les ganses et les agrémens seront mélangés de laine cramoisie et blanche.

La sabretache sera en cuir noir verni, unie, sans bordure, et portant au milieu l'écusson de France en métal blanc.

La coiffure sera le schako en feutre noir.

Les boutons seront bombés et n'auront point d'empreinte.

12. Le régiment d'artillerie à cheval aura l'habit, le collet et les revers en drap bleu-de-roi; le gilet et la culotte hongroise seront de la même couleur; les paremens et les retroussis seront en drap écarlate.

La coiffure sera le schako en feutre noir.

Les ornemens des retroussis seront une grenade et une fleur de lis.

Les boutons seront bombés, avec l'empreinte déterminée par l'article 2.

13. L'uniforme du train d'artillerie sera entièrement pareil à celui de ce corps dans l'armée.

14. Toutes les parties de l'habillement, de l'équipement et du harnachement, dont il n'est pas fait mention expresse dans les articles précédens, seront en tout conformes à ce qui sera prescrit pour chacune des armes correspondantes de la ligne, par le réglement qui interviendra incessamment sur les uniformes de toute l'armée.

15. La composition de l'armement des officiers, sous-officiers et soldats des corps de toutes armes qui composent la garde royale, sera la même que pour les troupes de l'armée, excepté que, dans l'infanterie de la garde, les compagnies de fusiliers et de chasseurs porteront le sabre-briquet, de même que les compagnies d'élite.

16. L'habillement uniforme des officiers des divers régimens qui composent la garde royale sera parfaitement semblable à celui de leurs corps respectifs, tant pour les couleurs que pour la coupe, excepté qu'il sera confectionné en drap fin, et que, pour les officiers des régimens d'infanterie et d'artillerie à pied, l'habit aura les basques plus longues: les officiers des troupes à cheval seront au-torisés à faire usage d'un surtout dont la forme sera déterminée.

17. Les épaulettes, aiguillettes et autres distinctions des officiers de tous les grades, seront en argent et entièrement conformes à ce qui sera prescrit pour les grades d'officiers dans l'armée, dont l'ordonnance du 1er septembre les autorise à porter les décorations.

L'uniforme des colonels ne différera en rien de celui de leurs régimens: ils porteront deux étoiles en or sur leurs épaulettes; et en petite tenue, ils auront le chapeau sans bord, garni d'une plume noire frisée.

Les officiers généraux, ceux d'état-major, les inspecteurs et sous-inspecteurs aux revues, les commissaires-ordonnateurs et ordinaires des guerres employés près des troupes de la garde royale, ne pourront porter que l'uniforme du grade dont ils sont titulaires; ils y ajouteront, sur l'épaule droite, une aiguillette de la couleur du bouton.

18. Le ministre secrétaire d'État au département de la guerre donnera de suite, à tous les corps qui composent la garde royale, les instructions de détail nécessaires pour l'exécution du présent réglement.

____

22 = Pr. 26 [SEPTEMBRE 1815. — Ordonnance du Roi concernant la réorganisation du corps royal du génie. (7, Bull. 28, n° 138.)

Louis, etc.

La conservation et l'entretien des places de guerre et des établissemens militaires exigeant la prompte réorganisation de l'état-major de notre corps royal du génie; vu nos ordonnances des 12 mai 1814 et 6 mars 1815 relatives à l'organisation de cette arme, et conformément à l'article 2 de notre ordonnance du 16 juillet dernier;

Sur le rapport de notre ministre secrétaire d'État au département de la guerre,

Nous avons ordonné et ordonnons ce qui suit:

Art. 1er. L'état-major de notre corps royal du génie sera réorganisé d'après les dispositions de notre ordonnance du 6 mars 1815, sauf les modifications suivantes:

2. L'emploi de premier inspecteur général du génie étant supprimé par notre ordonnance du 17 juillet 1815, le nombre des lieutenans généraux, inspecteurs généraux, est définitivement réduit à quatre.

Le comité central des fortifications devant être composé de cinq membres, notre ministre secrétaire d'État au département de la guerre adjoindra au comité un maréchal-de-camp de cette arme, indépendamment des deux officiers généraux de ce grade qui doivent y être appelés, conformément aux dispositions de l'article 8 de l'ordonnance du 6 mars 1815.

Notre ministre de la guerre soumettra à notre approbation un réglement sur les attributions à donner au comité central du génie.

3. Le nombre des inspections particulières du génie, fixé à douze par notre ordonnance du 6 mars, sera réduit à dix. Il sera fait, en conséquence, par notre ministre secrétaire d'Etat au département de la guerre, une nouvelle démarcation des arrondissemens mentionnés en l'article 3 de ladite ordonnance.

Les lieutenans généraux et maréchaux-de-camp inspecteurs du génie, quel que soit leur nombre, n'alterneront plus pour remplir les emplois déterminés par cet article et l'article 2. En conséquence, les dispositions de l'article 25 de notre ordonnance du 12 mai 1814 sont et demeurent supprimées.

Les officiers généraux ci-dessus dénommés font partie de l'état-major de l'armée.

4. Le nombre des directeurs du génie sur le continent et en Corse est fixé à vingt-cinq: en conséquence, le nombre des colonels-directeurs est réduit à vingt-cinq.

Le nombre des majors actuels est fixé à vingt-cinq; ils auront la dénomination de lieutenans-colonels. A l'avenir, les directions du génie dans les îles, celle de l'arsenal, les fonctions de commandant en second de l'école d'application, de secrétaire du comité central du génie chargé du dépôt des plans et archives, seront confiées à des officiers de ce grade.

5. Le nombre des grades de chefs de bataillons, capitaine, lieutenans et élèves sous-lieutenans, est maintenu tel qu'il a été fixé par l'article 3 de notre ordonnance du 12 mai 1814.

Les grades dévolus aux officiers de notre corps royal du génie qui doivent être employés dans les trois régimens du génie dont nous avons déterminé l'organisation par notre ordonnance du 6 de ce mois, sont en sus du nombre déterminé ci-dessus pour l'état-major.

6. Seront admis à concourir aux emplois de l'état-major du corps royal du génie et des troupes de cette arme:

1° Les officiers généraux, supérieurs et particuliers, qui faisaient partie de ce corps à l'époque du 1er mars 1815, et à qui les dispositions de notre ordonnance du 1er août, sur les retraites, ne sont pas applicables;

2° Les officiers qui avaient servi en cette qualité dans le corps royal du génie avant le 1er janvier 1792, et qui ont demandé, ou demanderont d'ici au 1er janvier 1816, à reprendre du service, en tant qu'ils ne seront pas compris dans les dispositions de l'ordonnance précitée sur les retraites.

7. Notre ministre secrétaire d'Etat au département de la guerre nous proposera les officiers généraux, supérieurs et particuliers, dont il aura fait choix pour composer l'état-major de notre corps royal du génie.

8. En attendant les nominations et remplacemens successifs qui auront lieu, les officiers chargés du service des places, casernement, écoles, arsenal, comité et dépôt des plans et archives, resteront à leurs postes actuels, jusqu'à ce qu'ils aient reçu les ordres de notre ministre de la guerre pour leur admission à la retaite, à la demi-solde ou à leur nouvelle destination.

9. Dans le cas où, par l'effet de la réorganisation et de l'admission à la retraite, il se trouverait quelques emplois vacans, notre ministre de la guerre est autorisé à conserver provisoirement en activité le nombre d'officiers généraux ou supérieurs nécessaire pour remplir ces emplois vacans, en choisissant les moins âgés parmi ceux admis à la retraite.

10. Il ne sera point conservé, dans notre corps royal du génie, d'officiers étrangers, à moins qu'ils ne se soient fait naturaliser Français.

11. Toutes les dispositions contenues dans nos ordonnances des 12 mai 1814, 6 mars 1815 et celles antérieures relatives à notre corps royal du génie, sur l'avancement, la solde, et autres qui étaient en vigueur au 1er mars 1815, et qui ne sont pas contraires à la présente, continueront de recevoir leur exécution.

————

22 = Pr. 26 SEPTEMBRE 1815. — Ordonnance du Roi relative à la composition et à la réorganisation de l'état-major du corps royal de l'artillerie. (7, Bull. 28, n° 139.)

Louis, etc.

Vu notre ordonnance du 31 août dernier, relative au licenciement des troupes d'artillerie et au mode de réorganisation du nouveau corps royal de l'artillerie; vu notre ordonnance du 12 mai 1814, qui avait fixé les bases d'organisation de l'état-major général de cette arme; considérant que le service du matériel d'artillerie dans les places et dans les établissemens exige qu'il soit pris de promptes mesures pour la composition et la réorganisation de l'état-major de ce corps, qui doit en être spécialement chargé;

Sur le rapport de notre ministre secrétaire d'Etat au département de la guerre,

Avons ordonné et ordonnons ce qui suit:

TITRE Ier. Composition de l'état-major du corps royal de l'artillerie.

ART. 1er. L'état-major du corps royal d'artillerie sera composé, à dater du 1er octobre prochain, de huit lieutenans généraux, douze maréchaux-de-camp faisant partie de l'état-major général de l'armée, trente-six colonels, vingt-quatre lieutenans-colonels, quatre-vingts chefs de bataillon, quarante capitaines de première classe, quarante *idem* de seconde classe, soixante *idem* en résidence fixe, cinquante élèves sous-lieutenans. Total, trois cent cinquante.

2. Les employés militaires et civils, attachés au service de l'artillerie dans les écoles, arsenaux, directions et établissemens, se composeront d'un examinateur des élèves, neuf professeurs de mathématiques, huit répétiteurs, dix professeurs de dessin, douze gardes d'artillerie de première classe, trente-six *idem* de seconde classe, deux cents *idem* de troisième classe, vingt-deux conducteurs d'artillerie, deux mécaniciens attachés au dépôt central, huit maîtres artificiers, huit chefs d'ouvriers d'état, huit sous-chefs *idem*, quatre-vingts ouvriers d'état, huit contrôleurs d'armes de première classe, vingt-quatre *idem* de seconde classe, trente-six reviseurs d'armes, trois contrôleurs des fonderies, cinq contrôleurs des forges. Total, quatre cent quatre-vingts.

3. Les employés d'artillerie seront répartis dans les places et les établissemens, conformément à notre ordonnance du 12 mai 1814, et suivant les besoins du service.

TITRE II. Fonctions des officiers généraux, supérieurs et particuliers de l'état-major du corps royal de l'artillerie.

4. Les huit lieutenans généraux d'artillerie seront inspecteurs généraux de cette arme pour le service du matériel et du personnel, et composeront le comité central de l'artillerie, sous la présidence du plus ancien de grade.

5. Des douze maréchaux-de-camp du corps d'artillerie, huit seront employés en qualité de commandans des écoles d'artillerie, deux seront adjoints au comité central, un sera commandant de l'école des élèves, un sera commissaire près la régie générale des poudres et salpêtres. Total, douze.

6. Les fonctions des trente-six colonels d'artillerie sont ainsi déterminées : trente directeurs d'arsenaux ou de places, deux adjoints au comité central, un directeur général des manufactures d'armes, un des forges, un des fonderies, un des ponts. Total, trente-six.

Les arrondissemens des directions d'artillerie restent fixés comme ils étaient, au 1er janvier de la présente année.

7. Les emplois des vingt-quatre lieutenans-colonels du corps royal de l'artillerie sont fixés comme il suit : huit sous-directeurs des arsenaux de construction, huit adjoints aux commandans des écoles d'artillerie, six commandans d'artillerie dans les places, deux

inspecteurs des manufactures d'armes. Total, vingt-quatre.

8. Les fonctions des quatre-vingts chefs de bataillon d'artillerie qui font partie de l'état-major de l'arme se composent de celles ci-après indiquées :

Vingt-deux sous-directeurs dans les directions sans arsenaux, quarante-quatre commandans d'artillerie dans les places, cinq inspecteurs des manufactures d'armes, trois sous-directeurs des fonderies, quatre sous-directeurs des forges, deux employés à l'école des élèves. Total, quatre-vingts.

Les sous-directeurs des directions d'artillerie résideront au chef-lieu de la direction, et suppléeront le directeur, en cas d'absence ou de tournée dans les autres places de sa direction.

9. Les capitaines de première et de seconde classe seront pourvus du commandement de l'artillerie dans les places où il ne se trouvera point d'officier supérieur de cette arme.

Les capitaines de première classe rouleront avec ceux des régimens pour le grade de chef de bataillon, et les capitaines de seconde classe avec ceux des régimens pour le commandement des compagnies.

10. Les capitaines en résidence fixe seront employés, sous les ordres des officiers supérieurs, dans les places ou dans les établissemens de l'artillerie.

11. Notre ministre secrétaire d'Etat au département de la guerre soumettra à notre approbation la répartition dans les places et établissemens de l'artillerie des cent quarante officiers supérieurs et des cent quarante capitaines de l'état-major affectés au service du matériel de l'artillerie.

TITRE III. Mode de nomination et de réorganisation.

12. Seront admis à concourir aux emplois de l'état-major du corps royal de l'artillerie et des troupes de cette arme :

1° Les officiers généraux, supérieurs et particuliers, qui faisaient partie de ce corps à l'époque du 1er mars 1815, et à qui les dispositions de notre ordonnance du 1er août sur les retraites ne sont pas applicables ;

2° Les officiers qui avaient servi en cette qualité dans le corps royal de l'artillerie avant le 1er janvier 1792, et qui ont demandé, ou demanderont d'ici au 1er janvier 1816, à reprendre du service, en tant qu'ils ne seront pas compris dans les dispositions de l'ordonnance précitée sur les retraites.

13. Notre ministre secrétaire d'Etat au département de la guerre soumettra à notre approbation la nomination des officiers généraux, supérieurs et particuliers, dont il aura fait choix pour composer l'état-major du corps royal de l'artillerie.

14. En attendant les nominations et remplacemens successifs qui auront lieu, les officiers chargés du service des écoles, des arsenaux, des directions, des manufactures d'armes, des forges et des fonderies, resteront à leurs postes actuels, jusqu'à ce qu'ils aient reçu les ordres de notre ministre secrétaire d'Etat de la guerre, pour leur admission à la retraite ou leur nouvelle destination.

TITRE IV. Dispositions générales.

15. L'emploi de premier inspecteur général de l'artillerie étant et demeurant supprimé, notre ministre secrétaire d'Etat de la guerre soumettra à notre approbation un réglement sur les attributions à donner au comité central de l'artillerie, composé des huit lieutenans-généraux de cette arme, auxquels il sera adjoint deux maréchaux-de-camp et deux colonels, mais sans voix délibérative.

16. Le nombre des lieutenans-généraux, maréchaux-de-camp, colonels, lieutenans-colonels et chefs de bataillon, sera réduit à celui qui est fixé par la présente ordonnance; et, en cas d'excédant d'officiers de ces grades, notre ministre secrétaire d'Etat de la guerre admettra à la retraite ceux qui ont plus de vingt-quatre ans de service, conformément au premier paragraphe de l'article 2 de notre ordonnance du 1er août.

17. En conséquence de ces dispositions, il n'y aura plus d'alternat pour les emplois des grades supérieurs de notre corps royal de l'artillerie, et il n'y aura aucun officier général ou supérieur en non-activité à la suite du corps.

18. Dans le cas où, par l'effet de la réorganisation et de l'admission à la retraite, il se trouverait quelques emplois vacans, notre ministre secrétaire d'Etat au département de la guerre est autorisé à conserver provisoirement en activité le nombre d'officiers généraux ou supérieurs nécessaire pour remplir ces emplois vacans, en choisissant les moins âgés parmi ceux admis à la retraite, et jusqu'à ce qu'il en soit autrement ordonné.

19. Il ne sera point conservé dans notre corps royal de l'artillerie d'officiers étrangers, à moins qu'ils ne se soient fait naturaliser Français.

20. La solde, les appointemens et les indemnités des officiers de l'état-major du corps royal de l'artillerie restent fixés conformément aux réglemens existans.

21. Notre ministre de la guerre est chargé de l'exécution de la présente ordonnance.

22 SEPTEMBRE 1815. — Ordonnance du Roi portant que l'ouverture de la session des deux Chambres est remise au 2 octobre de la présente année. (7, Bull. 26, n° 128.)

22 SEPTEMBRE 1815. — Ordonnance du Roi portant réduction du nombre des inspecteurs généraux membres du comité des fortifications (1).

23 = Pr. 26 SEPTEMBRE 1815. — Ordonnance du Roi relative à la gestion des revenus de la caisse des invalides de la guerre. (7, Bull. 28, n° 140.)

Voy. les notes sur l'ordonnance du 12 DÉCEMBRE 1814.

Art. 1er. Les revenus de la caisse des invalides de la guerre, créée par notre ordonnance du 12 décembre 1814, seront à l'avenir administrés et perçus, comme ils le sont maintenant, par les soins de l'intendant et du trésorier de notre hôtel des invalides, sous la direction du conseil d'administration de cet établissement et l'autorité de notre ministre secrétaire d'Etat au département de la guerre.

2. Les autres dispositions de notre ordonnance du 12 décembre sont maintenues, et continueront à recevoir leur pleine et entière exécution.

3. Notre ministre de la guerre est chargé de l'exécution de la présente ordonnance.

23 SEPTEMBRE = Pr. 27 OCTOBRE 1815. — Ordonnance du Roi concernant les changemens à opérer dans diverses parties de l'uniforme des troupes de toutes les armes, de l'habillement, équipement, armement, harnachement, etc. (7, Bull. 34, n° 180.)

Louis, etc.

Le moment où nous nous occupons de la réorganisation de notre armée nous paraissant le plus propre à introduire dans l'armement, l'habillement et équipement de nos troupes, et dans le harnachement des chevaux, les changemens dont l'expérience a démontré la nécessité; voulant aussi faire cesser un luxe ruineux pour nos officiers de tous les grades, et sans objet d'utilité;

Sur le rapport de notre ministre secrétaire d'Etat au département de la guerre,

Nous avons ordonné et ordonnons ce qui suit:

Art. 1er. Le fond de l'habit de nos troupes d'infanterie sera blanc; les légions départementales seront distinguées entre elles par la

(1) Cette ordonnance, qui n'est point au Bulletin des Lois, est citée dans ll'ordonnance du 18 septembre 1816 relative à la composition de la commission mixte des travaux publics.

couleur du collet, des revers, des paremens, etc. (1).

2. Le shako sera en feutre noir, et de la même forme pour tous les corps qui ont cette coiffure; il y sera adapté un couvre-nuque.

Le havre-sac en peau dont nos troupes d'infanterie font usage sera supprimé, et remplacé par un sac en toile imperméable.

Le règlement d'habillement en fixera la forme et la dimension.

Le casque sera de la même forme pour tous les corps qui en font usage; on substituera à la crinière flottante une chenille en crin.

Le plumet sera supprimé pour les troupes de toutes les armes; il sera remplacé par un pompon, dont le règlement d'habillement déterminera la forme.

Les officiers, sous-officiers et soldats de nos troupes de toutes les armes auront les cheveux coupés et sans poudre.

Les effets de buffleterie seront en blanc pour tous les corps; les régimens de troupes à cheval qui portent la cuirasse, n'auront point de giberne.

3. Ceux de nos régimens de cavalerie qui faisaient usage de la culotte de peau, la remplaceront par un pantalon en étoffe de laine croisée.

Tous les régimens de troupes à cheval auront le manteau à manches en drap blanc piqué de bleu, et un pantalon de cheval en drap gris.

4. Les bottes lisses et celles à genouillères, dites à l'écuyère, seront supprimées dans ceux de nos régimens de troupes à cheval qui en faisaient usage, et remplacées par des bottes qui ne monteront qu'à deux doigts au-dessous du genou.

Les bottes, pour toute la cavalerie, seront à coutures latérales, sans plis ni soufflet: elles auront des talons larges, auxquels on fixera des éperons de cinq centimètres de long au plus.

Pour la cavalerie et les dragons, le haut de la tige sera coupé droit en obliquant vers la partie postérieure.

Pour les chasseurs et les hussards, elle continuera d'être coupée à la hongroise.

Chaque sous-officier et cavalier de toutes les armes aura pour chaussure deux paires de bottes: il ne lui sera plus fourni ni souliers ni guêtres.

5. Les régimens de grenadiers à cheval de notre garde, ceux de carabiniers, de cuirassiers et de dragons, seront armés d'une forte épée à poignée couverte, et dont la lame aura un mètre de longueur pour la grosse cavalerie

et quatre-vingt-dix centimètres de longueur pour les dragons.

Les régimens de chasseurs, de hussards et d'artillerie à cheval, seront armés d'un sabre dont la courbure sera déterminée.

Les régimens de grenadiers à cheval de notre garde, ceux de dragons, de chasseurs et de hussards, auront un mousqueton sans baïonnette; le mousqueton des chasseurs et des hussards n'aura que cinquante centimètres de canon.

Les régimens de cavalerie de toutes les armes n'auront qu'un pistolet par homme; et il sera placé un outil au côté opposé de la selle.

6. Les régimens de grenadiers à cheval de notre garde, ceux de carabiniers, de cuirassiers et de dragons, auront une selle du même modèle: le modèle que l'on adoptera sera plus léger et plus approprié au nouvel équipement de la cavalerie que celui dont on s'est servi jusqu'à ce jour.

Les régimens de chasseurs, de hussards et de l'artillerie à cheval, continueront à faire usage de la selle hongroise. Le régiment de lanciers de notre garde leur sera assimilé.

La schabraque et demi-schabraque sera, pour les officiers, en peau de mouton noir, et en mouton blanc pour la troupe.

Le manteau sera porté sur le devant de la selle.

Le porte-manteau sera rond dans toutes les armes; ses dimensions actuelles seront réduites pour la cavalerie et les dragons.

7. L'uniforme de nos régimens de hussards continuera à être façonné à la hongroise. La pelisse et le dolman seront de la même couleur; le pantalon de tenue sera de couleur tranchante; les gauses et agrémens seront mélangés.

Le règlement d'habillement fixera l'uniforme de chaque régiment.

8. Les épaulettes des divers grades seront confectionnées en galon d'or ou d'argent, suivant la couleur du bouton, et du même dessin pour toutes les armes, sans aucune espèce de broderies, paillettes ni chiffres.

Le règlement d'habillement fixera les dimensions et le poids des épaulettes de tous les grades, de manière à diminuer considérablement leur volume et leurs prix actuels.

Les franges à torsades, dites cordes à puits, seront exclusivement réservées aux officiers supérieurs, les officiers particuliers ne pourront faire usage que de franges enfilées dites graines d'épinards.

Les inspecteurs et les chefs de corps tiendront sévèrement la main à ce que les officiers ne portent que les épaulettes affectées à leurs grades. Les capitaines commandans

_____

(1) *Voy.* ordonnance du 27 octobre 1820.

porteront seuls l'épaulette pleine en or ou en argent.

Les capitaines en second porteront la même épaulette, traversée dans le milieu de sa longueur, par un cordon de soie tressée couleur de feu.

Les lieutenans en premier ne pourront porter l'épaulette pleine en or ou en argent: le galon sera losangé de carreaux de soie couleur de feu; la frange qui terminera l'épaulette sera de filé d'or ou d'argent et de soie, dans la même proportion que le galon.

Les lieutenans en second porteront la même épaulette que les lieutenans en premier, à la seule différence qu'elle sera traversée, dans le milieu de sa longueur, par un cordon de soie couleur de feu.

L'épaulette des sous-lieutenans sera pareille à celle des lieutenans en premier, mais la soie entrera en quantité double dans les carreaux losangés et dans la composition de la frange.

Les adjudans sous-officiers porteront l'épaulette à fond de soie couleur de feu; elle sera traversée, dans le milieu de sa longueur, dè deux cordons de tresse d'or ou d'argent, suivant la couleur du bouton.

Les sous-officiers des régimens ou des compagnies qui portent pour distinction des épaulettes de laine à frange, ne pourront, sous aucun prétexte, avoir leurs épaulettes mélangées d'or ou d'argent.

9. La tenue des officiers de nos régimens de hussards sera simplifiée, autant que possible, de manière que la dépense qu'elle leur occasionnera n'excède point celle des officiers des autres corps de troupes à cheval; à cet effet, les ganses et agrémens qui font partie de leur uniforme seront mélangés de la couleur tranchante et de celle du bouton, et leur nombre sera réduit.

Les galons qui servent à distinguer les grades continueront à être en or ou en argent plein : mais ils ne seront portés que sur les manches de la pelisse et du dolman.

La sabretache sera en cuir noir verni, sans broderie ni galon; elle aura au centre un écusson aux armes de France.

10. Il n'y aura, pour les officiers généraux, supérieurs et particuliers de toutes les armes, qu'un seul modèle d'épée, dont la poignée et les garnitures seront en métal doré.

Le hausse-col sera pareil pour tous les officiers des troupes à pied.

Les officiers de troupes à cheval porteront l'épée ou le sabre doré du modèle adopté pour l'arme dont ils font partie; ceux des régimens qui sont armés de mousquetons auront, étant de service, une giberne dont

la banderole sera en buffle blanc, et le coffret recouvert en cuir noir verni, sans broderie ni galon, et portant au centre un écusson aux armes de France.

11. Les officiers généraux auront un grand et un petit uniforme.

Le grand uniforme ne sera brodé qu'au collet, aux paremens et au bas de la taille.

Le petit uniforme sera uni, sans broderie, et il sera porté avec des épaulettes.

L'écharpe sera le signe de service des officiers généraux; ils la porteront toutes les fois qu'ils seront avec les troupes et dans les cérémonies.

Le galon d'or du chapeau uniforme sera supprimé (1).

12. L'uniforme des colonels d'état-major n'aura de boutonnières brodées qu'au collet et aux paremens; ils porteront les épaulettes de leur grade; les capitaines d'état-major auront une boutonnière brodée de chaque côté du collet seulement, avec l'épaulette de leur grade.

13. Les aides-de-camp auront l'habit bleu-de-roi et le collet chamois, avec l'épaulette de leur grade; toute autre espèce d'uniforme leur est interdite. Leur coiffure sera le chapeau français à trois cornes, sans plume ni plumet, quel que soit leur grade; il sera conforme au modèle général que l'on adoptera.

Ils porteront au bras gauche, étant de service, un bracelet de la même couleur que l'écharpe de leurs généraux.

14. Les officiers retirés avec pension auront le droit de porter pour uniforme un habit de drap bleu-de-roi, sans retroussis, avec un collet en velours cramoisi. Ils auront les épaulettes de leur grade en or (2).

15. Les médecins, chirurgiens et pharmaciens employés dans nos hôpitaux militaires et près de nos troupes conserveront le fond de leur uniforme actuel; mais toute espèce de broderie leur est interdite, leurs grades devant n'être distingués que par les galons en or.

16. Le réglement de détail sur l'habillement, auquel les dispositions de la présente ordonnance serviront de base, sera incessamment présenté à notre approbation.

17. Notre ministre de la guerre est chargé de l'exécution de la présente ordonnance.

23 SEPTEMBRE = Pr. 28 OCTOBRE 1815. — Ordonnance du Roi faisant suite à celle du 1er septembre 1815, concernant l'organisation de la garde royale. (7, Bull. 35, n° 184.)

Louis, etc.

Vu notre ordonnance du 1er septembre

---

(1) *Voy.* ordonnance du 14 août 1816.

(2) *Voy.* ordonnances du 14 août 1816 et du 23 mars 1818.

présent mois, portant création de notre garde royale; voulant fixer, d'une manière précise et invariable, les attributions du major général, des aides-majors généraux, lieutenans-généraux et maréchaux-de-camp de notre-dite garde, et compléter les dispositions de notre ordonnance susmentionnée, afin de ne rien laisser à l'arbitraire ou à l'indécision;

Sur le rapport de notre ministre secrétaire d'Etat de la guerre,

Nous avons ordonné et ordonnons ce qui suit:

Art. 1er. Le major général de service recevra et fera exécuter nos ordres concernant le service de notre garde royale auprès de notre personne. Il aura d'ailleurs sur notre-dite garde toute l'autorité attribuée aux généraux en chef.

En conséquence de cette dernière disposition, le major général de service sera chargé de la surveillance supérieure de tous les détails, comme de l'ensemble du service de notre garde royale, de son instruction, de sa police, de sa discipline et de sa tenue. Il sera particulièrement responsable de l'exécution des réglemens militaires qui sont communs à notre garde royale et à notre armée, et correspondra sur cet objet avec notre ministre secrétaire d'Etat de la guerre.

Le major général pourra, quand il le jugera convenable, réunir, pour l'inspection ou l'instruction, les diverses troupes de notre garde royale, de service auprès de notre personne, et après nous en avoir rendu compte.

Quand il y aura lieu à réunir la totalité des régimens de notre garde pour les inspecter et les exercer aux manœuvres de ligne, le major général de service le proposera au ministre secrétaire d'Etat de la guerre, qui prendra nos ordres.

2. Le major général prendra, chaque jour, nos ordres: il réglera le service en conséquence, et sera responsable envers nous de leur stricte exécution.

Il donnera le mot d'ordre à l'aide-major général de service, qui le transmettra aux généraux et officiers de service.

3. Le service auprès de notre personne se fera habituellement par une division d'infanterie, une brigade de cavalerie, deux batteries d'artillerie à pied, une batterie d'artillerie à cheval.

La division d'infanterie et la brigade de cavalerie seront commandées chacune par un lieutenant-général.

La division d'infanterie restera dans sa composition habituelle. Elle sera relevée tous les six mois, à partir du 1er janvier 1816.

La brigade de cavalerie se composera d'un régiment de la division de grosse cavalerie, et d'un régiment de la division de cavalerie légère, lequel sera plus particulièrement

chargé du service des courses et escortes. Elle sera relevée tous les trois mois à partir du 1er janvier prochain. Les lieutenans-généraux alterneront, ainsi que les maréchaux-de-camp, pour le commandement de cette brigade.

Les deux batteries d'artillerie à pied seront sous les ordres du lieutenant-général d'infanterie, et seront relevées tous les six mois, à partir du 1er janvier 1816.

La batterie d'artillerie à cheval sera sous les ordres du lieutenant général de cavalerie, et sera relevée tous les trois mois, à partir de la même époque.

Ces mouvemens seront exécutés d'après les ordres du major général, qui en préviendra chaque fois notre ministre secrétaire d'Etat de la guerre.

Lorsque nous jugerons convenable d'augmenter ou de diminuer le nombre des troupes de notre garde de service auprès de notre personne, nous nous réservons d'en donner l'ordre exprès à notre ministre secrétaire d'Etat de la guerre, qui sera chargé de son exécution.

Les officiers généraux, officiers supérieurs et autres de l'état-major général et des corps, les sous-officiers et soldats, recevront, pendant la durée de leur service à Paris seulement, et en sus de la solde réglée par notre ordonnance du 1er septembre, le supplément accordé à la garnison de la capitale; mais ce supplément sera calculé sur la solde ordinaire de l'armée.

4. Le rapport de tout ce qui est relatif au service, à la police, à la discipline et à l'instruction, sera fait chaque jour par les colonels ou commandans des corps de service dans notre résidence aux maréchaux-de-camp, par ceux-ci aux lieutenans-généraux, et transmis par ces derniers au major général de service, qui décidera, s'il y a lieu, ou prendra nos ordres.

Quant aux troupes en garnison, les maréchaux-de-camp enverront, tous les cinq jours, au lieutenant-général, s'il est à Paris ou dans notre résidence royale, et celui-ci, tous les dix jours, au major général de service, une situation sommaire accompagnée du rapport sur tous les objets de service, police, discipline et instruction.

5. Les aides-majors généraux rempliront alternativement, et par semestre, à dater du 1er octobre, les fonctions de chef d'état-major près du major général de service.

Ils seront dépositaires de tous les registres, papiers et documens concernant notre garde royale, autres que ceux qui doivent exister dans les bureaux respectifs de chaque arme au ministère de la guerre.

Ils seront chargés de s'entendre avec le major de nos gardes-du-corps, afin que le service de notre garde royale et celui de nosdits gardes-du-corps marchent toujours de concert.

L'aide-major général de service aura sous ses ordres quatre officiers supérieurs et quatre capitaines d'état-major.

Les bureaux, les archives et les officiers de l'état-major général de service, seront établis dans notre château des Tuileries.

Les frais de bureau de l'état-major général seront ceux attribués, en 1814, aux chefs d'état-major des corps d'armée; ceux des chefs d'état-major des divisions seront également ce qu'ils étaient alors pour les chefs d'état-major des divisions.

6. Les officiers de l'état-major, les aides-de-camp et les administrateurs militaires des troupes de la garde, continueront à faire partie de l'état-major général de l'armée. Ils ne porteront que les marques distinctives de leur grade, avec l'aiguillette, et ne pourront prétendre à un rang supérieur, ni obtenir d'avancement que suivant le mode qui sera réglé pour l'armée.

Leur solde sera sur le pied de celle arrêtée pour notre garde royale.

7. Les majors généraux de notre garde royale résideront habituellement à Paris, et devront prendre notre agrément pour s'absenter.

Les lieutenans-généraux, lorsqu'ils ne seront pas de service, pourront résider ou à Paris, ou près de leur division, et ne pourront choisir une autre résidence qu'après en avoir obtenu notre autorisation, sur la proposition du major général de service.

Les maréchaux-de camp résideront toujours auprès de leur brigade, sauf les permissions que nous jugerons à propos de leur accorder, sur la proposition du lieutenant-général, approuvée par le major général.

8. Nul major général, aide-major général, lieutenant-général ou maréchal-de-camp de notre garde royale, appelé par son tour à être de service auprès de notre personne, ne pourra être substitué par un autre sans notre agrément formel.

9. Les maréchaux-de-camp commandant les brigades d'infanterie, de cavalerie et d'artillerie de notre garde royale, feront tous les ans deux revues d'inspection de leur brigade respective : la première aura lieu dans le courant du mois d'avril, la seconde dans le courant du mois de septembre.

Ces revues porteront sur l'administration, l'instruction, la police, la composition en hommes et en chevaux, l'armement, l'équipement, les retraites, les réformes, enfin sur tous les objets qui sont attribués par les réglemens existans aux inspecteurs généraux d'infanterie, de cavalerie et d'artillerie, et selon les instructions de détail qui seront données à cet effet par notre ministre secrétaire d'Etat de la guerre.

Les maréchaux-de-camp rendront compte de leurs opérations aux lieutenans généraux de leur division, qui les approuveront et ajourneront les dispositions qui leur paraitraient devoir l'être, ou qu'ils se réserveraient d'examiner à leur revue définitive, dont il sera parlé à l'article ci-après.

10. Chaque lieutenant-général passera, tous les ans, une revue d'inspection définitive de sa division, dans le courant du mois d'octobre.

Cette revue aura pour objets principaux la tenue, l'esprit du corps, l'instruction dans les détails et dans l'ensemble, l'administration et les décisions à porter sur les objets qu'ils auraient cru devoir ajourner, enfin les arrêtés de comptabilité.

Les lieutenans-généraux correspondront avec le ministre pour toutes les opérations de leur revue et de celles des maréchaux-de-camp, conformément à ce qui est prescrit par l'article 4 de notre ordonnance du 1er de ce mois, et ils en feront connaitre le résultat au major général de service.

Les inspecteurs et sous-inspecteurs aux revues assisteront les lieutenans-généraux et maréchaux-de-camp dans leurs revues, chacun en ce qui le concerne.

11. Le maréchal-de-camp commandant la brigade d'artillerie remplira, pour sa brigade, les fonctions attribuées aux lieutenans-généraux commandant les divisions, relativement au commandement, à l'inspection, et à leurs rapports avec notre ministre secrétaire d'Etat au département de la guerre et le major général. Ces revues auront lieu par semestre.

Ce maréchal-de-camp aura pour chef d'état-major un officier supérieur, du grade de lieutenant-colonel ou de chef de bataillon. Ses frais de bureau seront de moitié de ceux attribués aux chefs d'état-major des divisions.

Le régiment du train d'artillerie sera réuni, comme l'artillerie légère, pour l'administration et la comptabilité, en ce qui concerne le service des inspecteurs aux revues et des commissaires-ordonnateurs, à la division de cavalerie légère.

Il sera établi un polygone pour l'instruction pratique des troupes d'artillerie de notre garde royale, dans leur garnison.

12. Toutes les propositions d'avancement, dans le cas où il ne serait pas dévolu à l'ancienneté d'après la loi à intervenir sur cette matière, seront faites par les officiers supérieurs de chaque régiment, réunis sous la présidence du maréchal-de-camp de la brigade, qui arrêteront une liste de trois candidats. Cette liste sera soumise par le maréchal-de-camp au lieutenant-général, qui y ajoutera son avis, et l'adressera au major général de service. Ce maréchal en concertera avec les trois autres maréchaux réunis en commission, et l'enverra ensuite, avec

leur avis commun, au ministre secrétaire d'Etat de la guerre.

Les propositions d'avancement devront se faire, autant que possible, à l'époque des revues d'inspection.

Aucun officier ne pourra être renvoyé de notre garde royale que par le concours des divers avis exigés ci-dessus pour l'avancement.

13. Les officiers de tout grade seront susceptibles d'être admis dans les régimens de notre garde royale, avec le grade immédiatement inférieur à celui dont ils sont titulaires; mais s'ils rentrent dans l'armée sans avoir eu d'avancement, ils y reprendront le grade dont ils jouissaient avant d'en sortir.

Après la première formation, il faudra avoir quatre ans d'ancienneté du même grade pour en obtenir un pareil dans la garde royale (1).

14. Les officiers de tout grade qui quitteront notre garde royale, autrement que par avancement ou par retraite, ne conserveront que leur grade effectif, et non le grade dont ils auront le rang, à moins qu'ils ne se trouvent dans le cas prévu par le paragraphe premier de l'article précédent.

15. Notre ministre de la guerre est chargé de l'exécution de la présente ordonnance.

___

23 SEPTEMBRE 1815. — Uniforme. *Voy.* 22 SEPTEMBRE 1815.

24 SEPTEMBRE 1815. — Ordonnance du Roi qui nomme ministres et secrétaires d'Etat des affaires étrangères, le duc de Richelieu, pair de France; de la guerre, le duc de Feltre, pair de France; de la marine et des colonies; le vicomte Dubouchage, lieutenant-général; de l'intérieur, le comte de Vaublanc, préfet du département des Bouches-du-Rhône; et de la police générale, le sieur Decazes, conseiller d'Etat. (Mon. n° 269.)

25 = Pr. 26 SEPTEMBRE 1815. — Ordonnance du Roi qui accorde un traitement de non-activité aux employés d'administration des armées qui étaient en activité de service au 1er avril 1814, et qui se sont trouvés licenciés par suite du traité de paix de Paris. (7, Bull. 28, n° 141.)

Louis, etc.

Considérant que les employés d'administration aux armées ont rendu d'utiles services pendant les longues guerres que la France a soutenues, et dans lesquelles ils ont souvent partagé les fatigues, les privations et les dangers des combattans; que, d'un autre côté, la bonne composition du personnel des administrations aux armées est attachée à la conservation des cadres actuels, formés d'hommes qui joignent à la théorie une longue expérience du service; qu'ainsi il est à la fois de la justice et de l'intérêt du Gouvernement d'étendre aux employés de tous les services les dispositions de notre ordonnance du 2 janvier dernier, par laquelle nous avons accordé un traitement de non-activité à ceux du service des hôpitaux;

Sur le rapport de notre ministre secrétaire-d'Etat de la guerre,

Nous avons ordonné et ordonnons ce qui suit:

Art. 1er. Les employés d'administration des armées qui étaient en activité de service au 1er avril 1814, et qui se sont trouvés licenciés par suite du traité de paix de Paris, depuis le grade de régisseur jusqu'à celui de garde-magasin ou de préposé comptable dans les services des vivres, fourrages et habillement, et depuis le grade d'agent en chef jusqu'à celui de chef de parc dans le service des équipages auxiliaires inclusivement, jouiront, pendant le temps qu'ils ne seront pas en activité, d'un traitement de non-activité proportionné à celui du grade qu'ils occupaient au moment de leur licenciement, et dont le montant sera réglé d'après le tableau ci-après, savoir:

Régisseur des différens services . . . . } Agent en chef des équipages auxiliaires . . . . }	2,000 f
Directeur du service. . . . . } Direct^r de correspondance ou de comptabilité. } Caissier. . . . . }	1,500 ... 1,200
Directeur des équipages ordinaires. . . . . . } Inspecteur. . . . . } des autres services. . . . } Contrôleur . . . . }	1,000
Inspecteur des équipages auxiliaires . . . . . } Garde-magasin . . } des autres services. . } Préposé comptable. . }	800
Chef de parc des équipages auxiliaires	600

2. Pour avoir droit à ce traitement, il faudra faire preuve d'au moins dix ans effectifs de service dans un emploi de l'administration militaire au compte du Gouvernement, soit aux armées, soit dans l'intérieur, sans aucune interruption, autre que celle qui aurait été occasionnée par licenciement.

3. Les employés auxquels nous accordons ce traitement de non-activité ne seront admis à en jouir qu'après qu'ils auront justifié de leurs services dans les formes que prescrira notre ministre secrétaire d'Etat de la guerre.

4. Les employés admis au traitement de non-activité devront en être payés à compter du 1er octobre 1815; toutefois, le paiement en sera suspendu pour les employés comptables, jusqu'à ce qu'ils aient justifié de leur libération.

5. Notre ministre de la guerre est chargé de l'exécution de la présente ordonnance.

___

(1) *Voy.* ordonnance du 5 novembre 1816.

25 SEPTEMBRE = Pr. 10 NOVEMBRE 1815. — Ordonnance du Roi concernant l'organisation de ses quatre compagnies des gardes-du-corps. (7, Bull. 38, n° 199.)

Voy. ordonnances des 31 DÉCEMBRE 1815, 2 AOUT et 30 DÉCEMBRE 1818, et 28 AVRIL 1819.

Louis, etc.

Vu notre ordonnance du 25 mai 1814 (1), concernant nos gardes-du-corps, et celle du 1er septembre, présent mois, concernant notre garde royale; voulant régler, sur les principes posés par les rois nos prédécesseurs, l'organisation des quatre compagnies de gardes-du-corps que nous avons conservées par la dernière desdites ordonnances, et en même temps la mettre, autant qu'il se peut, en analogie avec la constitution actuelle des corps qui composent notre garde royale et des autres corps de l'armée;

Sur le rapport de notre ministre secrétaire d'État de la guerre, nous avons ordonné et ordonnons ce qui suit:

Art. 1er. Il y aura un état-major pour nos quatre compagnies des gardes-du-corps, lequel sera constamment de service dans le lieu de notre résidence, et composé ainsi qu'il suit:

GRADES ET EMPLOIS DANS LE CORPS.	RANG DANS L'ARMÉE.
1 Major des gardes-du-corps	Maréchal-de-camp.
2 Aides-majors lieutenans	Colonel.
1 Maréchal-des-logis en chef de l'hôtel . .	Capitaine commandant.
1 Inspecteur aux revues	
(*Pour les quatre compagnies.*)	
4 Sous-inspecteurs aux revues	Assimilés à ceux de la garde royale.
(*Un pour chaque compagnie.*)	

2. Les quatre compagnies conserveront entre elles le rang qu'elles ont aujourd'hui, et porteront le nom de leur capitaine.

La dénomination de compagnie *écossaise* est supprimée, et les expressions de *quartier* et de *guet* seront remplacées par celle de *service*.

Le service sera fait à l'avenir par compagnie, et celui des capitaines sera réglé de manière qu'ils soient, autant que possible, de service en même temps que leur compagnie.

Chaque compagnie sera composée ainsi qu'il suit:

GRADES ET EMPLOIS DANS LE CORPS.	RANG DANS L'ARMÉE.
1 Capitaine des gardes	Lieutenant-général.
1 Lieutenant commandant	Maréchal-de-camp.
4 Lieutenans	Colonel.
1 Adjudant-major lieutenant	*Idem.*
8 Sous-lieutenans	Lieutenant-colonel.
1 Ajudant sous-lieutenant	Chef-d'escadron.
2 Porte-étendards sous-lieutenans.	*Idem.*
1 Trésorier	(*Selon son grade dans la compagnie.*)
1 Chirurgien-major.	
1 Aumônier.	
1 Maréchal-des-logis chef.	Capitaine commandant.
8 Maréchaux-des-logis.	*Idem.*
2 Brigadiers fourriers	Capitaine en second.
2 Brigadiers-instructeurs.	*Idem.*
16 Brigadiers.	*Idem.*
240 Gardes, dont { 120 de 1re classe . . .	Lieutenant en premier.
{ 120 de 2e classe . . .	Lieutenant en second.
60 Surnuméraires	Sous-lieutenant.
1 Maréchal vétérinaire.	Maréchal-des-logis chef.
1 Tompette-major	Maréchal-des-logis.
8 Trompettes	Brigadier.
1 Piqueur.	*Idem.*

(1) *Lisez* ordonnance du 25 mai 1814.

Les six escouades d'artillerie créées par notre ordonnance du 25 mai 1814 sont et demeurent supprimées.

3. Les officiers supérieurs sont les capitaines, le major, les lieutenans commandans, les lieutenans, les aides-majors, les adjudans-majors, les sous-lieutenans, les adjudans et les porte-étendard.

Les officiers inférieurs sont les maréchaux-des-logis, les brigadiers-fourriers et les brigadiers.

4. Toute dénomination et toute assimilation de rang non conservées par la présente ordonnance sont et demeurent supprimées, dérogeant, à cet effet, à tout usage et à toutes dispositions contraires, notamment à celles de l'art. 5 de notre ordonnance du 1er de ce mois, en ce qui concerne les gardes surnuméraires.

5. Les officiers venus jusqu'à présent de nos armées avec un grade supérieur ou égal au rang que leur donnerait leur emploi dans nos gardes-du-corps, et ceux qui y auraient reçu des grades depuis la formation, conserveront les distinctions et les droits que leur donnent lesdits grades, sauf l'effet des dispositions de notre ordonnance du 19 du courant, sur les grades honoraires, à l'égard de ceux auxquels elles peuvent être applicables.

6. La première formation s'exécutera sur chacune des quatre compagnies existantes; si, après les réductions opérées par l'application des diverses dispositions de notre ordonnance du 1er août dernier sur les retraites et l'élimination des gardes qui ne réuniraient pas les conditions exigées pour être conservés, il reste des vacances, elles seront remplies, autant qu'il y aura lieu, par ceux des officiers supérieurs, inférieurs et gardes, qui faisaient partie des 4e et 5e compagnies supprimées, que les capitaines des quatre compagnies conservées nous présenteraient. Ils y prendront leur rang d'ancienneté dans les opérations de la présente organisation, après toutefois que les services antérieurs ou dans les gardes-du-corps auront été examinés, tant au ministère de la guerre que sur les registres des compagnies.

Les officiers et gardes, tant des compagnies conservées que des deux compagnies supprimées, qui, n'étant pas susceptibles de la retraite, ne seront pas compris dans la nouvelle organisation, seront placés, soit dans notre garde royale, soit dans la ligne, conformément aux dispositions de nos ordonnances des 1er et 19 septembre courant.

7. Les surnuméraires pourront être reçus dès l'âge de seize ans, pourvu qu'ils soient d'une constitution qui promette la taille demandée pour servir dans les gardes-du-corps.

Ils seront admis par le capitaine de chaque compagnie, qui s'assurera, avant de nous les présenter, que leur famille s'oblige à leur

faire une pension d'au moins quinze cents francs, pour leur tenir lieu de solde pendant qu'ils seront surnuméraires.

Pour être reçu garde-du-corps, il faut être âgé de dix-huit ans au moins et de vingt-cinq ans au plus, avoir un mètre sept cent quatre-vingt-sept millimètres (cinq pieds six pouces), et présenter : 1° son acte de naissance; 2° un certificat du maire et de trois notables constatant la bonne conduite du postulant et l'état de sa famille ; 3° l'obligation par elle de lui assurer au moins six cents francs de pension. S'il a des services militaires, il en produira le certificat en bonne et due forme.

La vérification de toutes les conditions ci-dessus est dans les attributions et la responsabilité du major des gardes, qui en rendra compte au capitaine de la compagnie dans laquelle l'aspirant doit entrer.

8. On n'entrera dans les gardes-du-corps qu'avec le grade inférieur à celui dont on y trouvera le rang. Nul n'y sera reçu, à l'avenir, avec un grade égal ou supérieur.

9. Les surnuméraires recevront, dès leur admission, un brevet de garde-du-corps surnuméraire, avec rang de sous-lieutenant.

Après deux ans de service, les surnuméraires pourront être admis comme sous-lieutenans dans les corps de la ligne; après quatre ans, ils pourront y être reçus comme lieutenans en second, ou dans la garde royale comme sous-lieutenans.

Les surnuméraires ayant atteint leur dix-huitième année et la taille nécessaire passeront de droit gardes de seconde classe, au fur et à mesure des vacances et à leur tour d'ancienneté. Ils prendront la gauche des gardes, et le temps écoulé de leur surnumérariat leur comptera pour passer dans la ligne, selon les règles établies ci-après.

10. Les cent vingt plus anciens gardes-du-corps de chaque compagnie sont de première classe, et ont le rang de lieutenant en premier; les cent vingt autres sont de seconde classe, ont le rang de lieutenant en second, et passent à la première classe à leur tour d'ancienneté, au fur et à mesure des vacances.

Les gardes de première classe pourront, après quatre ans, passer dans la ligne avec le grade de lieutenant en premier, ou dans notre garde royale avec le grade de lieutenant en second.

Ceux de seconde classe pourront, après le même temps, passer comme lieutenans en second dans la ligne, ou comme sous-lieutenans dans la garde.

Après dix ans de service dans nos gardes-du-corps, les gardes seront susceptibles de passer dans la ligne : ceux de première classe, avec le grade de capitaine commandant; ceux de seconde, avec celui de capitaine en second.

11. Les places de brigadier seront données, moitié à l'ancienneté aux gardes de première classe, moitié au choix du capitaine parmi les gardes de l'une et l'autre classe.

Celle de brigadier-fourrier sera donnée au choix du capitaine parmi les brigadiers ou gardes des deux classes.

Le brigadier-fourrier sera considéré comme le premier brigadier.

12. Les places de maréchal-des-logis seront données au brigadier-fourrier et aux brigadiers, moitié à l'ancienneté, moitié au choix du capitaine.

Celle de maréchal-des-logis chef sera donnée à un maréchal-des-logis, au choix du capitaine.

Le maréchal-des-logis chef sera le premier des maréchaux-des-logis, commandera le service, et remplira toutes les fonctions attribuées jusqu'ici au fourrier.

Le maréchal-des-logis en chef de l'hôtel sera choisi par les quatre capitaines parmi les brigadiers-fourriers et brigadiers. Il sera susceptible de passer, avec de l'avancement, dans une compagnie, au choix d'un capitaine, et selon son grade.

13. Le trésorier sera au choix du capitaine, qui l'aura préalablement fait examiner par l'inspecteur aux revues. Il pourra être pris, soit hors du corps, dans l'ordre civil, soit dans l'une des compagnies parmi les gardes, brigadiers ou maréchaux-des-logis. S'il est pris hors du corps, il aura le rang de lieutenant en second; s'il est pris dans les compagnies, il aura celui que lui donnait son emploi. Il prendra rang parmi ceux de son grade, et avancera à son tour d'ancienneté, et sans discontinuer ses fonctions, jusqu'au grade de capitaine commandant seulement, à moins qu'il ne soit admis à quitter l'emploi de trésorier pour servir activement dans son grade.

14. Le maréchal-des-logis chef et les maréchaux-des-logis concourront entre eux pour les emplois d'adjudant et de porte-étendard. Ces emplois seront au choix du capitaine, et pourront être donnés à des capitaines commandans de l'armée.

15. Les capitaines proposeront aux emplois de sous-lieutenans alternativement le plus ancien des maréchaux-des-logis, y compris le maréchal-des-logis chef, et un chef d'escadron ou major de notre garde royale ou de nos autres troupes à cheval.

16. Les aides-majors seront choisis, par les quatre capitaines, parmi les lieutenans des quatre compagnies et les quatre plus anciens sous-lieutenans, et présentés par le capitaine de service.

L'adjudant-major sera choisi, par le capitaine de la compagnie, parmi les lieutenans et le plus ancien sous-lieutenant.

17. Les lieutenances seront données alternativement au plus ancien sous-lieutenant de la compagnie où la vacance existera, et à un lieutenant-colonel de notre garde royale ou de l'armée.

L'adjudant et les porte-étendards concourront, pour l'avancement, avec les sous-lieutenans, d'après leur ancienneté, bien qu'ils aient un rang inférieur.

18. La place de lieutenant commandant appartiendra de droit au plus ancien lieutenant de la compagnie.

Néanmoins, jusqu'à ce que, par suite de la disposition prescrite par l'art. 8, il n'y ait plus, parmi les lieutenans de chacune de nos compagnies des gardes-du-corps, aucun officier pourvu du grade de lieutenant général ou de maréchal-de-camp, cet emploi appartiendra successivement, à ce titre, au plus élevé, ensuite au plus ancien de ces officiers généraux, et ce à commencer de la formation actuelle.

19. Le major de nos gardes-du-corps sera choisi par les quatre capitaines, tant parmi les lieutenans commandans que parmi les lieutenans, et nous sera présenté par le capitaine de service.

20. L'avancement roulera sur les quatre compagnies, pour l'état-major du corps, et dans chaque compagnie, sur elle-même, pour tous les emplois.

Conformément aux bases posées par nos ordonnances des 1er, 19 et 23 septembre présent mois, les officiers sortant soit de notre garde royale, soit de la ligne, n'entreront dans nos gardes-du-corps qu'après quatre ans de service dans le grade immédiatement inférieur à celui dont ils prendraient le rang par l'emploi qu'ils y viendraient occuper.

Les officiers supérieurs et inférieurs de nos gardes-du-corps pourront passer dans notre garde royale et dans la ligne avec le grade dont ils auront eu le rang pendant quatre ans. Quand ils l'auront eu pendant dix ans, ils seront susceptibles de passer dans la ligne avec le grade immédiatement supérieur, ou de l'obtenir avec leur retraite, si elle leur est due, et conformément à l'art. 15 de notre ordonnance du 19 de ce mois sur les grades honoraires.

Les officiers faisant actuellement partie de nos gardes-du-corps, et pourvus d'un grade effectif dans l'armée égal ou supérieur à celui dont leur emploi dans nosdits gardes leur donnerait le rang d'après la présente ordonnance, seront en tout temps susceptibles d'entrer dans la ligne avec ce grade, et d'y être admis dans le grade supérieur, jusqu'à celui de lieutenant général inclusivement, lorsqu'ils auront complété les dix années d'ancienneté de grade exigées ci-dessus.

21. Toute proposition d'admission dans nos gardes-du-corps, de militaires sortant de no-

tre garde royale ou de la ligne devra, avant de nous être présentée par les capitaines de nosdits gardes, avoir été examinée par notre ministre secrétaire d'Etat de la guerre, qui s'assurera que les candidats ont le service et les qualités nécessaires; et, dans le cas où ils ne se trouveraient pas admissibles, nos capitaines des gardes nous en présenteraient d'autres.

Les ordres de passe seront donnés par notre ministre secrétaire d'Etat de la guerre, au vu de l'état d'admission approuvé par nous, et qui lui aura été transmis, à cet effet, par le capitaine.

22. Tous les ans, au 1er novembre, époque de la clôture des revues d'inspection de l'armée, les capitaines dresseront la liste des officiers de tout grade, gardes et surnuméraires qui demanderaient à passer dans les régimens de notre garde royale ou dans la ligne, en vertu des articles 9, 10 et 20 de la présente ordonnance, et l'adresseront à notre ministre secrétaire d'Etat de la guerre, qui, après avoir vérifié leurs services, les y placera selon les règles sur l'avancement, en proportion des vacances et des autres concurrens.

23. Les inspecteurs et les sous-inspecteurs aux revues attachés à nos gardes-du-corps concourront avec ceux de notre garde royale et de la ligne pour l'avancement.

24. Nos capitaines des gardes continueront de travailler directement avec nous sur tout ce qui intéresse les récompenses et l'avancement dans leurs compagnies respectives, ainsi que sur leur service, dérogeant à toute ordonnance ou disposition contraire.

Toute demande ou réclamation d'avancement, de rang, de récompense, de retraite, d'entrée dans la ligne, et autre quelconque, devra être soumise au capitaine de la compagnie, voulant qu'aucun mémoire ne nous soit adressé, non plus qu'à nos ministres, que par son intermédiaire.

25. Les officiers supérieurs, inférieurs, gardes-du-corps et surnuméraires, faisant partie intégrante de l'armée, seront pourvus d'un brevet délivré par notre ministre secrétaire d'Etat de la guerre, énonçant l'emploi dans nos gardes-du-corps, et le rang dans l'armée à raison dudit emploi.

Ceux des officiers introduits jusqu'à ce jour dans nos gardes-du-corps, qui ont un grade effectif dans l'armée, supérieur à celui dont leur emploi dans nosdits gardes leur donne le rang, seront pourvus en outre d'un autre brevet dudit grade supérieur conforme à ceux des officiers de l'armée, voulant expressément que les brevets d'emploi dans nos gardes-du-corps n'énoncent d'autre rang que celui qui résulte desdits emplois.

Aussitôt que la nouvelle composition du corps sera effectuée, chacun des quatre capitaines dressera et certifiera l'état nominatif des officiers, gardes et surnuméraires de sa compagnie, et en fera l'envoi à notre ministre secrétaire d'Etat de la guerre, afin qu'il fasse expédier les brevets, conformément à ce qui est dit ci-dessus. Le major en fera de même pour l'état-major : l'état en sera approuvé par le capitaine de service.

A l'avenir, le major de nos gardes-du-corps adressera à notre ministre secrétaire d'Etat de la guerre copie certifiée des pièces constatant les services, et le certificat de réception des individus admis comme gardes-du-corps ou surnuméraires, pour que les brevets soient expédiés en conséquence.

26. Dans nos compagnies des gardes-du-corps, les marques distinctives seront, pour les officiers généraux ou en ayant le rang, les étoiles placées sur les épaulettes, selon le grade ; pour les autres officiers supérieurs, inférieurs, gardes et surnuméraires, elles seront rigoureusement celles du grade dont ils ont le rang, et conformes en tout à celles que nous avons déterminées pas notre ordonnance du 23 septembre présent mois.

Les officiers qui ont le grade ou le rang d'officier général pourront seuls porter, en petite tenue, le chapeau garni de plumes noires; nos capitaines des gardes l'auront garni de plumes blanches.

27. L'administration de nos gardes-du-corps, conformément à notre ordonnance du 1er de ce mois, est dans les attributions du ministre de notre maison.

Celle de chaque compagnie sera dirigée par l'adjudant-major et le trésorier, sous la surveillance du capitaine.

L'administration et les affaires communes à toutes les compagnies seront examinées dans un conseil composé des quatre capitaines, assistés du major et de l'inspecteur aux revues.

28. La solde et les fourrages seront réglés ainsi qu'il suit :

GRADES.	FIXATION annuelle de la solde.	FOURRAGES. NOMBRE DE CHEVAUX		OBSERVATIONS.
		d'officiers.	de troupe.	
Etat-major.				
Major des gardes-du-corps. . .	20,000 ͭ	3	»	
Aide-major lieutenant.	12,000	3	»	
Maréchal-des-logis en chef de l'hôtel.	2,000	"	1	
Inspecteur aux revues.	"	"	"	Seront traités comme
Sous-inspecteur aux revues. . .	"	"	"	ceux de la garde royale.
Compagnie.				
Capitaine des gardes.	40,000	3	"	
Lieutenant commandant	15,000	3	"	
Lieutenant	12,000	3	"	
Adjudant-major-lieutenant . . .	12,000	3	"	
Sous-lieutenant	6,000	3	"	
Adjudant-sous-lieutenant. . . .	6,000	3	"	
Porte-étendard sous-lieutenant.	4,000	2	"	
Trésorier.	3,000	"	1	
Chirurgien-major	3,000	"	"	Monté en campagne seulement, où il aura droit à deux rations de fourrages.
Aumônier	1,500	»	"	Aura droit à un cheval et aux fourrages en campagne seulement.
Maréchal-des-logis en chef. . .	2,400	"	1	
Maréchal-des-logis	2,000	"	1	
Brigadier-fourrier	1,800	"	1	
Brigadier-instructeur	1,800	"	1	
Brigadier.	1,600	"	1	
Garde de première classe. . . .	1,000	"	1	
Garde de seconde classe	1,000	"	1	
Garde surnuméraire.	"	"	"	Les gardes surnuméraires n'ont pas de solde; mais le logement leur sera fourni au quartier et en marche. En campagne, ceux présens à l'armée seront traités comme les gardes de seconde classe.
Maréchal vétérinaire	1,200	"	"	Aura un cheval et les fourrages en campagne seulement.
Trompette-major	820	"	1	
Trompette.	720	"	1	
Piqueur	1,000	"	»	

La solde sera payée à l'effectif à la fin de chaque mois.

Le supplément de trois cents francs accordé au premier homme d'armes, et celui de deux cents francs accordé à chacun des huit gardes de la manche, par notre ordonnance du 25 mai 1814, continueront de leur être payés avec la solde.

Les officiers de tout grade dont le traitement (appointemens et indemnités compris) était plus fort dans la ligne, seront considérés et traités comme ceux de notre garde royale, à moins que leurs fonctions dans nos gardes-du-corps ne leur donnent un traitement égal ou supérieur.

Il est accordé à chacun des officiers supérieurs des quatre compagnies de nos gardes-du-corps et de l'état-major, trois rations de fourrages par jour, sous l'obligation par eux d'avoir à leur compagnie deux chevaux d'escadron et un cheval de course pour le service. Les porte-étendard n'auront que deux rations. Les officiers qui auront droit aux fourrages sur le pied de la garde, d'après le paragraphe précédent, ne recevront pas de fourrages de la compagnie.

Les fourrages, tant pour les chevaux d'officiers et de troupe mentionnés ci-dessus, que pour ceux du service dont il sera parlé ci-après, article 30, seront fournis par les soins du corps, au prix courant des marchés, constaté par le certificat des autorités civiles. Ce prix sera déterminé à l'avance pour trois mois, à l'expiration desquels il sera augmenté ou diminué suivant le cours, et ainsi de trois mois en trois mois. Cette dépense sera payée au corps avec la solde; et pour les chevaux qui auront été présens à l'effectif pendant le mois, la ration sera la même que celle fixée pour la grosse cavalerie de l'armée.

29. Jusqu'au 1er janvier 1817, époque où une nouvelle fixation des masses aura lieu, nous accordons:

1° Une masse de deux cent cinquante francs par an, sous le titre de *masse d'habillement*, pour chaque maréchal-des-logis en chef, maréchal-des-logis, brigadier-fourrier, brigadier, garde-du-corps, maréchal vétérinaire, trompette-major, trompette et piqueur: cette masse sera payée au complet; elle pourvoira à l'entretien et au renouvellement du grand uniforme et du grand équipement, d'après le modèle que nous arrêterons;

2° Une masse de trois cents francs par cheval et par an, sous le titre de *masse de remonte et du harnachement ;* cette masse sera payée au complet dès chevaux de troupe; elle pourvoira à l'achat des chevaux, à l'entretien et au renouvellement du harnachement et de l'équipement du cheval, au ferrage et aux médicamens, aux frais d'écurie, et généralement

à toutes les dépenses y relatives, à l'exception des gages des palefreniers;

3° Une somme de soixante-six mille francs par an et par compagnie, sous le titre de *masse extraordinaire d'entretien :* cette masse sera chargée de pourvoir au paiement des gages, salaires, entretien, habillement, chauffage des maréchaux ferrans, palefreniers, selliers, armuriers et autres ouvriers quelconques; aux frais de bureau, aux chauffage et éclairage des corps de-garde de police, salles d'étude et d'exercice, à l'éclairage des corridors, cours et écuries des hôtels et quartiers, aux dépenses de convois militaires en cas de marche dans l'intérieur, enfin à toutes les dépenses imprévues.

Ces trois masses seront payées par douzième à l'expiration de chaque mois, en même temps que la solde.

En cas de guerre, et le corps faisant campagne, nous entendons que tous les frais non encore indiqués, tels que ceux d'achat et d'entretien des effets de campement dont chaque compagnie aura à se pourvoir, soient payés sur les fonds des masses, après qu'elles auront satisfait aux dépenses de leur principal objet, nous réservant, dans ce cas, de donner aux compagnies de nos gardes-du-corps les secours que nous jugerons leur être nécessaires.

30. Il sera payé une somme de cinquante mille francs par an pour l'entretien de l'équipage du service des officiers supérieurs.

31. Nous accordons, et il sera mis annuellement à la disposition de chacun de nos capitaines des gardes, une somme de dix mille francs pour être distribuée, soit comme indemnité, soit en gratification, aux officiers inférieurs et gardes qu'ils en jugeront susceptibles.

32. Les arsenaux et magasins militaires pourvoiront à l'armement nécessaire à nos gardes-du-corps.

33. Il sera présenté à notre approbation, d'ici au 1er janvier prochain, deux réglemens de détail, l'un sur le service et la discipline intérieure du corps, tant dans les quartiers que dans le lieu de notre résidence royale, l'autre sur le mode d'administration. Le premier devra être concerté avec notre ministre secrétaire d'État de la guerre, afin qu'il soit en harmonie avec ceux concernant notre garde royale et l'armée : le second sera concerté avec le ministre de notre maison.

34. Nos ministres sont chargés de l'exécution de la présente ordonnance.

———

25 SEPTEMBRE 1815. — Ordonnance du Roi qui nomme M. Barrairon directeur général de l'administration de l'enregistrement et des do-

maines, et M. Calmon administrateur de la même régie. (7, Bull. 30, n° 153.)

26 SEPTEMBRE 1815. — Traité dit *de la Sainte-Alliance* (Mon. n° 37, de 1816.)

Voy. traité du 20 NOVEMBRE 1815.

AU NOM DE LA TRÈS-SAINTE ET INDIVISIBLE TRINITÉ.

Leurs majestés l'empereur d'Autriche, le roi de Prusse et l'empereur de Russie, par suite des grands événemens qui ont signalé en Europe le cours des trois dernières années, et principalement des bienfaits qu'il a plu à la divine Providence de répandre sur les Etats dont les Gouvernemens ont placé leur confiance et leur espoir en elle seule, ayant acquis la conviction intime qu'il est nécessaire d'asseoir la marche à adopter par les puissances dans leurs rapports mutuels sur les vérités sublimes que nous enseigne l'éternelle religion du Dieu Sauveur, déclarons solennellement que le présent acte n'a pour objet que de manifester à la face de l'univers leur détermination inébranlable de ne prendre pour règle de leur conduite, soit dans l'administration de leurs Etats respectifs, soit dans leurs relations politiques avec tout autre Gouvernement, que les préceptes de cette religion sainte, préceptes de justice, de charité et de paix, qui, loin d'être uniquement applicables à la vie privée, doivent au contraire influer directement sur les résolutions des princes, et guider toutes leurs démarches, comme étant le seul moyen de consolider les institutions humaines et de remédier à leurs imperfections.

En conséquence, leurs majestés sont convenues des articles suivans :

Art. 1er. Conformément aux paroles des saintes écritures, qui ordonnent à tous les hommes de se regarder comme frères, les trois Monarques contractans demeureront unis par les liens d'une fraternité véritable et indissoluble ; et se considérant comme compatriotes, ils se prêteront, en toute occasion et en tout lieu, assistance, aide et secours ; et regardant, envers leurs sujets et armées, comme pères de famille, ils les dirigeront dans le même esprit de fraternité dont ils sont animés pour protéger la religion, la paix et la justice.

2. En conséquence, le seul principe en vigueur, soit entre lesdits Gouvernemens, soit entre leurs sujets, sera celui de se rendre réciproquement service, de se témoigner, par une bienveillance inaltérable, l'affection mutuelle dont ils doivent être animés, de ne se considérer tous que comme membres d'une même nation chrétienne, les trois princes alliés ne s'envisageant eux-mêmes que comme

délégués par la Providence pour gouverner trois branches d'une même famille, savoir, l'Autriche, la Prusse et la Russie ; confessant ainsi que la nation chrétienne, dont eux et leurs peuples font partie, n'a réellement d'autre souverain que celui à qui seul appartient en propriété la puissance, parce qu'en lui seul se trouvent tous les trésors de l'amour, de la science, de la sagesse infinie, c'est-à-dire, Dieu, notre divin Sauveur, Jésus-Christ, le verbe du Très-Haut, la parole de vie.

Leurs majestés recommandent en conséquence, avec la plus tendre sollicitude, à leurs peuples, comme unique moyen de jouir de cette paix, qui naît de la bonne conscience, et qui seule est durable, de se fortifier chaque jour davantage dans les principes et l'exercice des devoirs que le divin Sauveur a enseignés aux hommes.

3. Toutes les puissances qui voudront solennellement avouer les principes sacrés qui ont dicté le présent acte, et reconnaîtront combien il est important au bonheur des nations, trop long-temps agitées, que ces vérités exercent désormais sur les destinées humaines toute l'influence qui leur appartient, seront reçues avec autant d'empressement que d'affection dans cette sainte alliance.

Fait triple et signé à Paris, l'an de grace 1815, le 14 (26) septembre.

Signé FRANÇOIS, FRÉDÉRIC-GUILLAUME, ALEXANDRE.

Conforme à l'original :

Signé ALEXANDRE.

A Saint-Pétersbourg, le jour de la naissance de notre Sauveur, le 25 décembre 1816.

26 SEPTEMBRE 1815. — Ordonnance du Roi portant que M. de Barante, conseiller d'Etat, est chargé, par *interim*, du portefeuille du département de l'intérieur. (7, Bulletin 29, n° 146.)

26 SEPTEMBRE 1815. — Ordonnance du Roi qui nomme le duc de Richelieu président du conseil des ministres ; M. le comte Barbé-Marbois, ministre et secrétaire au département de la justice, et garde-des-sceaux ; et M. le comte Corvetto, ministre et secrétaire d'Etat au département des finances. (Mon. n° 269.)

26 SEPTEMBRE 1815. — Ordonnance du Roi qui nomme au gouvernement de la onzième division militaire M. le duc de Grammont, et à celui de la vingt-troisième, M. le comte de Damas-Crux. (Mon. n° 273.)

28 SEPTEMBRE 1815. — Ordonnances du Roi qui nomment ministres d'Etat MM. le prince de

Talleyrand, le comte de Jaucourt, le maréchal comte de Gouvion Saint-Cyr, le baron Louis et le baron Pasquier. (7, Bull. 29, nos 147, 148, 149, 150 et 151.)

28 SEPTEMBRE 1815. — Ordonnances du Roi qui nomment MM. le comte de Jaucourt grand-cordon de la Légion-d'Honneur, le prince de Talleyrand grand-chambellan, et le baron Louis grand-cordon de la Légion-d'Honneur. (Mon. n° 273.)

29 SEPTEMBRE 1815. — Ordonnances du Roi qui autorisent l'acceptation de legs faits aux pauvres des paroisses de Saint-Etienne-du-Mont, de Saint-Thomas-d'Aquin et de Sainte-Marguerite de Paris, et de la commune de Charonne. (7, Bull. 35, nos 187 et 188, et 36, n° 191.)

29 SEPTEMBRE 1815. — Ordonnance du Roi qui nomme préfet de police M. le comte Anglès, ministre d'Etat. (7, Bull. 30, n° 154.)

29 SEPTEMBRE 1815. — Ordonnance du Roi portant que la société anonyme formée pour l'exploitation des manufactures de glaces et de verres de Saint-Quirin et de Monthermé, départemens de la Meurthe et des Ardennes, est autorisée à exister jusque et y compris l'année 1840, terme du bail emphytéotique de la verrerie de Saint-Quirin, conformément aux dispositions du traité passé, le 27 octobre 1813, entre les intéressés de cette entreprise. (7, Bull. 36, n° 192.)

30 SEPTEMBRE = Pr. 28 OCTOBRE 1815. — Ordonnance du Roi portant suppression du bureau de l'arriéré de la cour des comptes. (7, Bull. 31, n° 162.)

Louis, etc.

Art. 1er. Le bureau de l'arriéré établi près notre cour des comptes est supprimé.

2. Les employés de ce bureau cesseront leurs fonctions à dater du 1er octobre 1815: ils continueront à jouir de leur traitement, à titre d'indemnité, jusqu'au 31 décembre prochain.

3. Ceux d'entre eux qui, à raison de leur âge et de leurs services, auront droit à des pensions de retraite ou de réforme, adresseront leurs titres à notre secrétaire d'Etat ministre des finances, qui fera liquider leurs pensions sur le Trésor, conformément aux articles 8, 9 et 10 du réglement du 10 février 1811, concernant les employés du greffe de notre cour des comptes.

4. Ceux des employés qui ont fait preuve de plus d'exactitude et de capacité, et qui sont sans fortune, seront conservés en nombre suffisant pour achever les travaux commencés de l'arriéré de la liquidation générale, et

pour faire les opérations d'ordre et vérifications de calculs des grandes comptabilités, auxquelles le premier président les appliquera, sous la direction des conseillers référendaires de première classe.

5. Le premier président les classera, réglera les grades et traitemens de chacun d'eux, et pourra les destituer et les remplacer pour aussi long-temps que nous jugerons leur conservation nécessaire.

6. Il est, pour cet effet, réservé, sur le fonds de deux cent vingt-sept mille huit cents francs, affecté au bureau de l'arriéré, une somme de quarante-sept mille huit cents francs, qui sera ajoutée aux dépenses annuelles de notre cour des comptes. La somme de cent quatre-vingt mille francs demeure éteinte et supprimée au profit du Trésor.

7. Les employés conservés auront droit, jusqu'à concurrence de leur mise, aux pensions et secours affectés sur les fonds de retraites des employés de notre cour des comptes: à cet effet, ils seront sujets, à dater du 1er janvier 1816, à la retenue de deux centimes et demi par franc sur leurs traitement.

Notre garde-des-sceaux et notre ministre des finances sont chargés de l'exécution de la présente ordonnance.

30 SEPTEMBRE 1815. — Ordonnance du Roi portant que l'ouverture de la session des deux Chambres est remise au 7 octobre de la présente année. (7, Bull. 29, n° 145.)

1er OCTOBRE 1815. — Ordonnances du Roi qui nomment MM. Defortis secrétaire général de la préfecture de police, et Bertin de Vaux secrétaire général du ministère de la police générale. (7, Bull. 30, nos 155 et 156.)

2 OCTOBRE 1815. — Ordonnance du Roi qui nomme M. le marquis d'Herbouville directeur général de l'administration des postes. (7, Bull. 30, n° 157.)

2 OCTOBRE 1815. — Ordonnance du Roi qui accorde des lettres de déclaration de naturalité aux sieurs Benedetti, Carvalho, Souza, Bourbaki, Beau et de Linden. (7, Bull. 31, n° 166.)

4 = Pr. 12 OCTOBRE 1815. — Ordonnance du Roi qui autorise la ville de Paris à faire usage et à disposer, ainsi qu'elle le croira convenable à ses besoins, du million de rentes créé par l'ordonnance du 13 septembre 1815. (7, Bull. 30, n° 158.)

Voy. ordonnance du 14 MAI 1817.

Louis, etc.

En confirmation de notre ordonnance du 13 septembre 1815, etc.

Art. 1er. Notre bonne ville de Paris est autorisée à faire usage et à disposer du million de rentes créé par ladite ordonnance, ainsi qu'elle le croira convenable à ses besoins.

2. Nos ministres de l'intérieur et des finances sont chargés de l'exécution de la présente ordonnance.

---

5 = Pr. 12 octobre 1815. — Ordonnance du Roi qui ajourne le traitement annuel des ministres d'État, fixé à vingt mille francs par l'ordonnance du 19 septembre dernier. (7, Bull. 3o, n° 159.)

Louis, etc.

Nous nous sommes fait représenter notre ordonnance du 19 septembre dernier, qui institue notre conseil privé, nomme les ministres d'État appelés à en faire partie, et porte qu'ils recevront annuellement un traitement de vingt mille francs.

Notre attention a dû se fixer sur les nouvelles circonstances qui imposent des privations et des sacrifices extraordinaires à tous les serviteurs de l'État, et particulièrement à ceux qui, en approchant du trône, se trouveront le plus honorés de suivre l'exemple que nous nous proposons nous-même de donner :

A ces causes,

Nous avons ordonné et ordonnons ce qui suit :

Art. 1er. Le traitement annuel des ministres d'État, fixé à vingt mille francs par notre ordonnance du 19 septembre, est ajourné jusqu'à l'époque où il sera modéré et déterminé par la loi des finances.

2. Nos ministres de la justice et des finances sont chargés de l'exécution de la présente ordonnance.

---

5 = Pr. 12 octobre 1815. — Ordonnance du Roi portant que M. de Saint-Cricq, directeur général de l'administration des douanes, en prendra définitivement le titre. (7, Bull. 3o, n° 160.)

Louis, etc.

Art. 1er. Le sieur de Saint-Cricq, notre conseiller d'État en service ordinaire, directeur de l'administration des douanes, prendra définitivement le titre de directeur général de nos douanes, dont il remplit les fonctions depuis le 8 juillet de cette année. Il travaillera exclusivement avec notre ministre secrétaire d'État des finances.

2. Notre ministre des finances est chargé de l'exécution de la présente ordonnance.

---

5 = Pr. 20 octobre 1815. — Ordonnance du Roi relative à la liquidation des réquisitions de denrées, de chevaux et de toutes fournitures militaires qui ont pu avoir lieu dans les départemens occupés par les armées royales. (7, Bull. 32, n° 167.)

Voy. loi du 28 avril 1816, art. 4 et suiv.

Louis, etc.

Sur le compte qui nous a été rendu des dépenses faites pour le service des armées royales dans quelques départemens de l'ouest et du midi, nous avons considéré que ces charges de guerre étaient de la même nature que toutes celles supportées par nos sujets sous le nom de *réquisitions*, en 1813 et 1814 :

A ces causes,

Nous avons ordonné et ordonnons ce qui suit :

Art. 1er. Les réquisitions de denrées, de chevaux et de toutes fournitures militaires, qui ont pu avoir lieu dans les départemens occupés par les armées royales, seront liquidées dans les formes prescrites pour les réquisitions de 1813 et 1814.

2. Les préfets de ces départemens adresseront à nos ministres secrétaires d'État de l'intérieur et des finances le tableau des réquisitions faites pour le service des armées royales, afin qu'il puisse être pourvu par une loi au remboursement de ces dépenses extraordinaires.

3. Nos ministres des finances et de l'intérieur sont chargés de l'exécution de la présente ordonnance.

---

5 = Pr. 28 octobre 1815. — Ordonnance du Roi portant nomination de divers membres du conseil privé. (7, Bull. 35, n° 183.)

Louis, etc.

Sont nommés membres du conseil privé, les ministres d'État dont les noms suivent :

Le prince de Talleyrand, le maréchal comte Gouvion Saint-Cyr, le comte de Jaucourt, le baron Pasquier, le baron Louis.

---

5 octobre 1815. — Ordonnances du Roi qui changent les jours de la tenue des foires d'Antibes et des Grands-Chezeaux, et qui rétablissent celles annuelles dans le lieu de Grammont, commune de Saint-Sylvestre, arrondissement de Bellac. (7, Bull. 38 et 39, n°s 202, 203 et 207.)

5 octobre 1815. — Ordonnances du Roi qui autorisent l'acceptation de donations faites aux hospices de Saint-Nicolas-de-Port, Verdun, Chambéry, Saumur et Metz, et aux pauvres de Rével. (7, Bull. 40, n°s 209 à 214.)

6 OCTOBRE 1815. — Ordonnance du Roi qui autorise les princes à siéger à la Chambre des pairs à la session de 1815. (Mon. du 26 octobre 1815.)

Art. 1er. Conformément à l'article 31 de la Charte constitutionnelle, les princes de notre famille et de notre sang prendront, pendant la présente session, à la Chambre des pairs, le rang et séance qui leur appartiennent par droit de naissance.

2. Les présentes seront insérées au Bulletin des Lois.

7 OCTOBRE 1815. — Discours du Roi à l'ouverture de la session de 1815. (Mon. du 9 octobre)

Messieurs ,

Lorsque l'année dernière j'assemblai, pour la première fois, les deux Chambres, je me félicitais d'avoir, par un traité honorable, rendu la paix à la France : elle commençait à en goûter les fruits; toutes les sources de la prospérité publique se rouvraient; une entreprise criminelle, secondée par la plus inconcevable défection, est venue en arrêter le cours; les maux que cette occupation éphémère a causés à notre patrie m'affligent beaucoup; je dois cependant déclarer ici que, s'il eût été possible qu'ils n'atteignissent que moi, j'en bénirais la Providence; les marques d'amour que mon peuple m'a données dans les momens mêmes les plus critiques m'ont soulagé dans mes peines personnelles; mais celles de mes sujets, de mes enfans, pèsent sur mon cœur, et pour mettre un terme à cet état de choses plus accablant que la guerre même, j'ai dû conclure, avec les puissances qui, après avoir renversé l'usurpateur, occupent aujourd'hui une grande partie de notre territoire, une convention qui règle nos rapports présens et futurs avec elles : elle vous sera communiquée sans aucune restriction aussitôt qu'elle aura reçu sa dernière forme. Vous connaîtrez, Messieurs, et la France entière connaîtra la profonde peine que j'ai dû ressentir. Mais le salut même de mon royaume rendait cette grande détermination nécessaire; et quand je l'ai prise j'ai senti les devoirs qu'elle m'imposait, j'ai ordonné que cette année, il fût versé du trésor de ma liste civile dans celui de l'Etat une portion considérable de mon revenu : ma famille, à peine instruite de ma résolution, m'a offert un don proportionné; j'ordonne de semblables diminutions sur les traitemens et dépenses de tous mes serviteurs, sans exception; je serai toujours prêt à m'associer aux sacrifices que d'impérieuses circonstances imposent à mon peuple : tous les états vous seront remis , et vous connaîtrez l'importance de l'économie que j'ai commandée dans les départemens de mes ministres, et dans toutes

les parties de l'administration; heureux si ces mesures pouvaient suffire aux charges de l'Etat! Dans tous les cas, je compte sur le dévouement de la nation et sur le zèle des deux Chambres.

Mais, Messieurs, d'autres soins plus doux et non moins importans vous réunissent aujourd'hui, c'est pour donner plus de poids à vos délibérations, c'est pour en recueillir moi-même plus de lumière, que j'ai créé de nouveaux pairs, et que le nombre des députés de département a été augmenté; j'espère avoir réussi dans mes choix; et l'empressement des députés dans ces conjonctures difficiles est aussi une preuve qu'ils sont animés d'une sincère affection pour ma personne et d'un amour ardent de la patrie.

C'est donc avec une douce joie et une pleine confiance que je vous vois rassemblés autour de moi, certain que vous ne perdrez jamais de vue les bases fondamentales de la félicité de l'Etat, union franche et loyale des Chambres avec le Roi, et respect pour la Charte constitutionnelle; cette Charte que j'ai méditée avec soin avant de la donner, à laquelle la réflexion m'attache tous les jours davantage, que j'ai juré de maintenir, et à laquelle vous tous, à commencer par ma famille, allez jurer d'obéir, est sans doute, comme toutes les institutions humaines, susceptible de perfectionnement; mais aucun de nous ne doit oublier qu'auprès de l'avantage d'améliorer est le danger d'innover.

Assez d'autres objets importans s'offrent à nos travaux : faire refleurir la religion, épurer les mœurs, fonder la liberté sur le respect des lois, les rendre de plus en plus analogues à ces grandes vues, donner de la stabilité au crédit, recomposer l'armée, guérir les blessures qui n'ont que trop déchiré le sein de notre patrie, assurer enfin la tranquillité intérieure, et par là faire respecter la France au dehors : voilà où doivent tendre nos efforts. Je ne me flatte pas que tant de biens puissent être l'ouvrage d'une session; mais si, à la fin de la présente législature, on s'aperçoit que nous en ayons approché, nous devrons être satisfaits de nous : je n'y épargnerai rien, et, pour y parvenir, je compte, Messieurs, sur votre coopération la plus active.

8 OCTOBRE 1815. — Ordonnance du Roi qui nomme M. Villeneuve-Bargemont préfet des Bouches-du-Rhône, et M. de Guer préfet de Lot-et-Garonne. (7, Bull. 31, n° 163.)

9 OCTOBRE 1815. — Ordonnance du Roi qui nomme M. le maréchal duc de Reggio général en chef de la garde nationale de Paris, et M. le duc de Mortemart major général de ladite garde. (7, Bull. 31, n° 164.)

11 = Pr. 24 octobre 1815. — Ordonnance du Roi qui proroge, jusqu'au 1er janvier 1817, la perception des octrois par voie d'abonnement. (7, Bull. 33, n° 175.)

Voy. loi du 28 avril 1816, art. 147, et ordonnance du 3 juin 1818.

Louis, etc.

Sur le compte qui nous a été rendu que, d'après les dispositions du décret du 25 septembre 1813, le mode de perception des octrois par abonnement a dû cesser au 1er janvier 1815, mais que les divers événemens qui se sont succédés n'ont pas permis, sur plusieurs points de notre royaume, de réunir les conseils municipaux, pour qu'ils eussent à délibérer sur les moyens de pourvoir au remplacement de cette perception; qu'ainsi un certain nombre de communes seraient privées de la principale partie de leurs revenus pour la présente année, si nous ne les autorisions pas à continuer à percevoir les droits d'octroi dans la forme qu'elles avaient adoptée; vu le décret du 25 septembre 1813; vu notre ordonnance du 9 décembre 1814;
- Sur le rapport de notre ministre secrétaire d'Etat des finances,

Nous avons ordonné et ordonnons ce qui suit :

Art. 1er. Le mode de perception d'octroi par voie d'abonnement est prorogé jusqu'au 1er janvier 1817 pour les communes où il était en usage antérieurement au 1er janvier de la présente année.

2. Dans les villes où ce mode était établi, il sera formé des rôles d'abonnement pour l'exercice 1815, à moins que l'octroi n'ait été supprimé ou remplacé par une autre perception, dans la forme indiquée par les articles 85, 86 et 87, de notre ordonnance du 9 décembre 1814.

3. Les rôles seront rendus exécutoires par les préfets.

11 = Pr. 18 octobre 1815. — Ordonnance qui nomme un maire honoraire à la ville de Bordeaux. (7, Bull. 31, n° 165.)

Louis, etc.

Il nous a été exposé que M. le comte Lynch, appelé par nous à la haute dignité de pair de France, ne pourrait pas constamment résider à Bordeaux, et serait souvent retenu à Paris pour assister aux délibérations de la Chambre.

L'importante administration de notre bonne ville de Bordeaux ne permettant pas qu'elle soit ainsi privée de son premier magistrat, et voulant en même temps donner au comte Lynch une nouvelle marque de la satisfaction que nous a donnée la conduite noble et courageuse par laquelle il a illustré l'exercice de ses fonctions de maire de Bordeaux,

20.

Nous avons ordonné et ordonnons ce qui suit :

Art. 1er. Le sieur Lynch est nommé maire honoraire de la ville de Bordeaux.

2. Notre ministre de l'intérieur est chargé de l'exécution de la présente ordonnance.

———

11 octobre 1815. — Ordonnance du Roi qui accorde des lettres de déclaration de naturalité aux sieurs Brachi, Loos, Poncin, Castellino, Vaccari, Marochetti et Campana. (7, Bull. 35, n° 185.)

———

11 octobre 1815. — Ordonnances du Roi qui permettent aux sieurs comte de Beaucorps et Tailleur d'ajouter à leurs noms ceux de Créquy et de Mathis. (7, Bull. 40, n° 186.)

———

11 octobre 1815. — Ordonnance du Roi qui admet le sieur Gaillard à établir son domicile en France. (7, Bull. 40, n° 215.)

———

12 = Pr. 20 octobre 1815. — Ordonnance du Roi portant formation d'une commission chargée d'examiner la conduite des officiers de tout grade qui ont servi pendant l'usurpation. (7, Bull. 32, n° 168.)

Voy. instruction du 6 novembre 1815.

Louis, etc.

Art. 1er. Il sera formé, près notre ministre secrétaire d'Etat de la guerre, une commission qui sera présidée par un de nos cousins les maréchaux de France, et composée de deux lieutenans généraux, d'un maréchal-de-camp, d'un inspecteur ou sous-inspecteur aux revues, et d'un commissaire-ordonnateur. Les fonctions de secrétaire seront remplies par un officier supérieur.

Le président et les membres de cette commission, ainsi que le secrétaire, seront nommés par nous, sur la proposition de notre ministre secrétaire d'Etat de la guerre.

2. Cette commission sera chargée d'examiner la conduite des officiers de tout grade qui ont servi pendant l'usurpation.

3. Notre ministre secrétaire d'Etat de la guerre nous soumettra le résultat du travail de la commission, et y joindra ses propositions.

4. Aucun des officiers mentionnés dans l'article 2 ne pourra occuper un emploi dans notre armée qu'après que la commission aura examiné sa conduite et exprimé une opinion favorable.

5. Notre ministre de la guerre est chargé de l'exécution de la présente ordonnance.

7

12 = Pr. 20 OCTOBRE 1815. — Décision du Roi portant nomination des membres de la commission chargée d'examiner la conduite des officiers de tout grade qui ont servi pendant l'usurpation. (7, Bull. 32, n° 169.)

RAPPORT AU ROI.

Sire, j'ai l'honneur de désigner à votre majesté, pour composer la commission créée par son ordonnance de ce jour pour examiner la conduite des officiers de tout grade qui ont servi pendant l'usurpation :

MM. le maréchal duc de Bellune, président; le lieutenant général comte Lauriston; le lieutenant général comte Bordessoult, le maréchal-de-camp prince de Broglie; le sous-inspecteur aux revues Duperreux; le commissaire-ordonnateur Chefdebien, l'adjudant-commandant chevalier de Querelles, secrétaire.

_____

12 OCTOBRE 1815. — Ordonnance du Roi qui nomme les gouverneurs des douzième et treizième divisions militaires, et les commandans des diverses divisions y désignées. (7, Bull. 32, n° 170.)

12 OCTOBRE 1815. — Ordonnance du Roi qui nomme M. le comte de Rochechouart commandant de Paris. (7, Bull. 32, n° 171.)

12 OCTOBRE 1815. — Ordonnance du Roi qui nomme M. Lainé président de la Chambre des députés. (7, Bull. 32, n° 172.)

12 OCTOBRE 1815. — Ordonnance du Roi qui nomme le sieur Despinois commandant de la première division militaire. (Mon. n° 301.)

14 OCTOBRE = Pr. 14 NOVEMBRE 1815. — Réglement additionnel à celui qui a été arrêté par le Roi, le 23 septembre 1815, sur l'uniforme des corps qui composent la garde royale. (7, Bull. 40, n° 208.)

Sa majesté, s'étant fait représenter le réglement qu'elle a arrêté, le 23 septembre 1815, sur l'uniforme de la garde royale; jugeant utile de donner plus d'extension à quelques-unes des dispositions de ce réglement, et d'établir des distinctions plus apparentes dans l'uniforme d'une partie des troupes de la garde royale, en s'écartant toutefois le moins possible des dispositions générales qui seront déterminées par le réglement sur l'habillement de l'armée;

Sur le rapport de son ministre secrétaire d'Etat au département de la guerre,

A ordonné et ordonne ce qui suit :

Art. 1er. L'habit uniforme des régimens d'infanterie de la garde royale n'aura pas de revers; il sera boutonné par-devant, et garni, de chaque côté, de neuf boutonnières en galon de fil blanc,

Il sera adopté une couleur distinctive pour chaque brigade : le premier régiment de la brigade portera cette couleur aux paremens et aux retroussis; le deuxième régiment de la brigade la portera aux pattes de paremens et aux retroussis.

Le premier et quatrième régiment d'infanterie française, qui forment la première brigade de la première division, auront pour couleur distinctive le cramoisi.

Les 2e et 5e régimens, qui forment la 2e brigade de cette division, auront le rose foncé.

Les 3e et 6e régimens, qui forment la 1re brigade de cette division, et les deux régimens suisses, qui forment la 2e brigade de cette division, auront le jonquille.

Les compagnies de fusiliers porteront deux épaulettes à franges, en fil blanc : dans les régimens suisses, les épaulettes blanches des compagnies de grenadiers seront distinguées par une torsade en laine écarlate, placée entre le corps de l'épaulette et la frange.

2. L'habit uniforme des deux régimens de grenadiers à cheval aura les basques longues; il sera sans revers, boutonné par-devant, et garni, de chaque côté, de sept brandebourgs en fil blanc : il y aura trois brandebourgs sur chaque patte de poche.

Le collet, les paremens, les pattes de paremens et les retroussis, seront de la couleur du fond de l'habit; il sera appliqué sur le collet deux grenades brodées en fil blanc.

Chaque sous-officier et grenadier à cheval aura un surtout de drap bleu-de-roi, uni, sans brandebourgs.

Le 2e régiment sera distingué du 1er par un passe-poil cramoisi, qui sera porté au collet, aux paremens, aux pattes de paremens et le long de l'habit.

Les bottes uniformes seront, pour ces deux régimens seuls, du modèle dit à la cavalière.

3. Les deux régimens de cuirassiers auront pour couleur distinctive l'écarlate : le 1er régiment portera cette couleur au collet, aux paremens et aux retroussis; le 2e régiment la portera au collet, aux pattes de paremens et aux retroussis.

Le collet de l'habit sera garni, de chaque côté, d'un brandebourg en fil blanc; il y en aura trois à chaque patte de poche.

4. La coiffure du régiment des chasseurs à cheval sera un casque, dont le ministre secrétaire d'Etat de la guerre déterminera la forme.

5. Les ganses et agrémens de l'uniforme du régiment de hussards seront en blanc, sans mélange.

Il y aura sur la pelisse et le dolman trois rangs de boutons.

Ce régiment aura, en outre, pour distinction particulière, un petit galon servant d'encadrement, et placé à l'extrémité extérieure des ganses qui forment les boutonnières sur la pelisse et le dolman.

La coiffure sera un shako recouvert de peau d'ours.

Les galons qui servent à distinguer les grades des officiers ne seront placés que sur les manches de la pelisse et du dolman.

6. Les troupes d'artillerie de la garde royale auront les boutons et les distinctions en jaune.

Le régiment d'artillerie à pied aura pour coiffure un bonnet de peau d'ours, sans plaque.

Le régiment d'artillerie à cheval aura pour coiffure un shako recouvert de peau d'ours.

7. Les régimens de troupes à cheval de la garde porteront une aiguillette et deux épaulettes à franges, en fil blanc; l'artillerie à cheval les portera en laine écarlate; le train d'artillerie aura deux épaulettes en laine écarlate, sans franges; tout mélange d'argent ou d'or est expressément interdit, tant dans l'aiguillette que dans les épaulettes des sous-officiers.

8. Sa majesté entend que les officiers de sa garde royale ne puissent porter, chacun dans son grade, que les épaulettes de la forme réglée par l'ordonnance du 23 septembre 1815, pour le grade dont ils sont autorisés à porter les distinctions, sans y faire aucune espèce de changement.

9. Les dispositions renfermées dans les articles précédens n'étant qu'une modification de quelques parties du réglement du 23 septembre 1815, sa majesté veut que ledit réglement ait sa pleine et entière exécution dans les articles auxquels il n'a pas été expressément dérogé par le présent.

10. Afin de ne rien laisser à l'arbitraire, et que toutes les parties de la tenue soient de la plus parfaite uniformité, le ministre secrétaire d'Etat de la guerre fera établir, au plus tôt, des modèles de tous les effets d'habillement, équipement et harnachement à l'usage des officiers, sous-officiers et soldats de la garde royale; ces modèles seront adressés à tous les régimens de la garde, en même temps que l'instruction de détail annoncée par l'article 18 du réglement du 23 septembre 1815.

14 OCTOBRE 1815. — Ordonnance du Roi qui nomme M. le chevalier Maine de Biran et M. le marquis de Puyvert questeurs de la Chambre des députés. (7, Bull. 32, n° 173.)

14 OCTOBRE 1815. — Ordonnance du Roi qui nomme M. Paulinier de Fontenille secrétaire général du ministère de l'intérieur. (7, Bull. 32. n° 174.)

15 OCTOBRE = Pr. 8 NOVEMBRE 1815. — Ordonnance du Roi relative aux traitemens des membres de la cour de cassation et de la cour des comptes. (7, Bull. 37, n° 193.)

Voy. loi du 28 AVRIL 1816, art. 78 et 79; ordonnance du 24 JANVIER 1816; lois des 25 MARS 1817, art. 136, 137 et 138; 15 MAI 1818, art. 92; 17 JUILLET 1819, art. 6; 23 JUILLET 1820, art. 7, et 31 JUILLET 1821, art. 8.

Louis, etc,

Nos cours de cassation et des comptes s'étant empressées de répondre aux intentions que nous avons manifestées pour la diminution des dépenses dans les différentes parties de l'administration, et nous ayant exprimé leurs vœux pour contribuer au soulagement de notre Trésor, nous avons pensé qu'il était de notre justice de ne pas différer à revêtir de notre autorité cet exemple de désintéressement des deux premières cours de notre royaume:

A ces causes,

Sur le rapport de notre garde-des-sceaux, ministre secrétaire d'Etat de la justice,

Nous avons ordonné et ordonnons ce qui suit:

Art. 1er Les traitemens des membres de notre cour de cassation ne seront employés, dans les états joints à la loi de finances qui sera proposée pour l'exercice 1816, qu'à la déduction d'un cinquième, qui aura lieu aussi long-temps que les besoins de nos finances l'exigeront.

2. Les traitemens des membres de notre cour des comptes éprouveront une semblable retenue pour le même temps, à l'exception du traitement fixe des conseillers référendaires de deuxième classe, qui n'y sera point assujéti.

3. Les préciputs et récompenses des conseillers référendaires, qui sont maintenant fixés à cinq mille francs pour chacun, ne seront portés dans lesdits états qu'à raison de quatre mille francs.

4. Les appointemens des employés attachés aux greffes, archives, secrétariats et bureaux de nos cours de cassation et des comptes, seront soumis aux réductions générales qui seront ultérieurement par nous ordonnées sur la proposition de notre ministre des finances.

5. Nos ministres de la justice et des finances sont chargés de l'exécution de la présente ordonnance.

17 = Pr. 24 OCTOBRE 1815. — Ordonnance relative à la maison militaire du Roi. (7, Bull. 33, n° 176.)

Louis, etc.

Considérant que les délais qu'exige l'orga-

2.

nisation de notre garde royale, prescrite par notre ordonnance du 1er septembre dernier, ne permettent pas que les régimens de cette garde soient en état de prendre, au 1er novembre prochain, le service des compagnies de notre maison militaire qui, à cette époque, devaient être supprimées;

Voulant que les régimens de notre garde soient promptement organisés, ce qui ne pourrait avoir lieu s'ils commençait leur service avant d'être complétement formés;

Sur le rapport de notre ministre de la guerre,

Nous avons ordonné et ordonnons ce qui suit :

Art. 1er Les compagnies de gendarmes, chevau-légers, mousquetaires et garde de la porte, ainsi que les compagnies des gardes-du-corps de notre bien-aimé frère Monsieur, continueront leur service jusqu'au 1er janvier prochain.

2. La dépense qu'occasionnera la prolongation du service des compagnies dont il est question sera acquittée sur les fonds de notre liste civile.

3. Nos ministres de la guerre et de notre maison sont chargés de l'exécution de la présente ordonnance.

---

18 octobre 1815. — Ordonnance du Roi qui nomme M. le baron de Barante directeur général de l'administration des contributions indirectes. (7, Bull. 33, n° 177.)

18 octobre 1815. — Ordonnance du Roi qui permet aux sieurs Guillot, de la Nativité et de Lallemand d'ajouter à leurs noms ceux de Lagarde, d'Ellies et de Liocourt. (7, Bull. 34, n° 181.)

18 octobre 1815. — Ordonnance du Roi qui accorde des lettres de déclaration de naturalité aux sieurs Hamaovy, Elsen, Weyer, Leinberger, Pasquier, Lavaux, Melcherts, Brausch, Tordo, de Golstein et Walvvein. (7, Bull. 37, n° 198.)

18 octobre 1815. — Ordonnance du Roi qui admet les sieurs Pasteris, Rech, Scholl, Fischer, Diefenbach, Dietrich, Schindler, et Burgmann, à établir leur domicile en France. (7, Bull. 36, n° 190.)

18 octobre 1815. — Ordonnances du Roi qui autorisent l'acceptation de legs faits aux hospices de Dunkerque, Aubenas, Montpellier, Apt, Rouen, Amiens, Dijon, Chambéry; aux pauvres de Valognes, Villiers-le-Bel, Loup-Fougères, Evron, Rével, Pruillé-Léguiflé et Cottevrard; à la fabrique de Lucheux, et aux

écoles de charité de l'abbaye Saint-Germain-des-Prés à Paris. (7, Bull. 40 et 42, n°s 234 à 239.)

23 octobre .= Pr. 8 novembre 1815. — Ordonnance du Roi relative au licenciement et à la réorganisation du train des équipages militaires. (7, Bull. 37, n° 195.)

Voy. ordonnance du 30 mars 1816.

Louis, etc.

Vu nos différentes ordonnances sur le licenciement des troupes de toutes armes; voulant régler ce qui concerne le train des équipages militaires;

Sur le rapport de notre ministre secrétaire d'état de la guerre,

Nous avons ordonné et ordonnons ce qui suit:

TITRE Ier. Licenciement du train des équipages militaires.

Art. 1er. Les quatre escadrons du train des équipages militaires, conservés et organisés d'après notre ordonnance du 14 (1) septembre 1814, seront licenciés.

2. Les officiers, sous-officiers et soldats de ces escadrons seront renvoyés dans leurs foyers. Il en sera formé des détachemens pour se rendre dans leur département respectif. Ces détachemens seront commandés par des officiers quand leur force le fera juger nécessaire. Les officiers qui n'auront point de détachement à conduire se rendront directement dans le lieu de leur domicile.

3. Les chevaux des escadrons du train des équipages militaires seront remis aux cultivateurs des départemens les plus à proximité, sauf toutefois à avoir égard aux départemens qui en demanderaient ou qui auraient éprouvé des pertes dans ce genre.

4. Les officiers, sous-officiers et soldats des deux compagnies d'ouvriers d'équipages militaires créées par notre ordonnance du 23 décembre 1814 seront renvoyés dans leurs foyers, suivant le mode prescrit à l'article 2 ci-dessus, en attendant la réorganisation de ces mêmes compagnies.

5. Un officier général d'artillerie sera chargé du licenciement des escadrons du train des équipages militaires, et du renvoi dans leurs foyers des officiers, sous-officiers et soldats des deux compagnies d'ouvriers du même train.

Il proposera pour la solde de retraite tous les officiers auxquels il croira applicables les dispositions de notre ordonnance du 1er août et celles de l'instruction du 4 septembre dernier, sur les retraites. Tous les officiers qui auront été jugés susceptibles de rentrer au ser-

---

(1) *Voy.* 12 septembre 1814

vice, et qui auront appartenu aux escadrons du train des équipages militaires, pourront être admis dans les corps de cavalerie, ou, en cas d'impossibilité, dans les légions départementales. En attendant, et dans tous les cas, ils jouiront de la moitié de la solde attribuée à leur grade respectif.

6. L'officier général d'artillerie proposera également pour la solde de retraite et pour le corps des vétérans les sous-officiers et soldats qui auront droit à l'une ou à l'autre.

Il donnera des congés de réforme à tous ceux qui, à raison de leurs infirmités ou de la faiblesse de leur constitution, lui paraîtront impropres au service.

Il délivrera des congés absolus aux sous-officiers et soldats ayant huit ans de service, ou mariés, qui demanderaient à quitter le service, ainsi qu'à ceux qui sont indispensables au soutien de leurs familles.

7. Les dispositions de l'article qui précède sont applicables aux sous-officiers et soldats, tant des escadrons que des compagnies d'ouvriers des équipages militaires, qui sont rentrés dans leurs foyers. Cette application sera faite par le conseil d'examen de chaque département. L'officier supérieur d'artillerie désigné dans les articles 11 et 12 de notre ordonnance du 31 août dernier sur le licenciement et la réorganisation des troupes d'artillerie prendra séance au conseil pour ce qui concerne l'examen de ces hommes. Il en tiendra un contrôle et en aura la surveillance.

8. Le conseil d'administration de chaque escadron licencié et de chaque compagnie d'ouvriers, ainsi que les quartiers-maîtres et les officiers d'habillement, seront conservés jusqu'à l'apurement des comptes de leur gestion respective. Dès que cet apurement sera consommé, les caisses, les archives et les effets en magasin seront versés, sur inventaires dûment en forme, au parc principal de construction des équipages militaires, et mis sous la surveillance du directeur.

9. Les sous-officiers et soldats des escadrons et des compagnies d'ouvriers qui se trouveraient sans ressources et sans domicile sont autorisés à rester auprès de leur conseil d'administration, et, lors de la remise de la caisse des archives au parc de construction, ils seront réunis à ce parc en escouade provisoire, et y recevront le traitement ordinaire de station, jusqu'à ce qu'il leur ait été donné la destination indiquée aux articles 16 et 19 ci-après.

TITRE II. Parc des constructions des équipages militaires.

10. Les bâtimens et terrains affectés aux constructions, répartitions et emmagasinemens des équipages militaires des armées, dans les communes de Sampigny (Meuse) et de Vernon (Eure), continueront d'avoir cette destination.

11. Il ne sera conservé pour la direction, l'administration, la conservation et l'entretien de ces établissemens, que le personnel qui, par notre ordonnance du 23 décembre 1814, avait été affecté au seul parc de Sampigny, et qui se compose des grades ci-après :

Un major du train des équipages militaires, directeur : cet officier prendra, à l'avenir, le titre de lieutenant-colonel, en conservant son rang et ses marques distinctives ; un chef d'escadron, sous directeur ; deux capitaines adjoints : ces deux officiers prendront dorénavant la dénomination de capitaines d'état-major ; un garde d'équipages de première classe ; un idem de deuxième classe ; deux idem de troisième classe ; un chef d'ouvriers vétérans ; trois sous-chefs de idem ; quatre ouvriers vétérans. Total, seize.

Les quatre officiers auront la solde déterminée par notre ordonnance du 12 octobre 1814, concernant la solde du train des équipages militaires.

Quant aux frais de représentation, de bureau et de tournée, ils sont fixés : pour le parc principal, à deux mille quatre cents francs ; pour le parc secondaire, à dix-huit cents francs.

Les gardes d'équipages, ainsi que le chef, les sous-chefs et les ouvriers vétérans, jouiront du traitement affecté aux mêmes grades dans l'artillerie.

Il y aura, en outre, trois portiers, dont le traitement sera le même que celui des portiers-consignes.

12. Notre ministre secrétaire-d'Etat de la guerre répartira le personnel indiqué dans l'article ci-dessus, suivant les besoins de chaque établissement.

13. Les deux compagnies d'ouvriers créés pour les travaux de construction, d'entretien et de réparation du matériel des équipages militaires, seront réorganisées à l'époque que, par notre ordonnance du 31 août dernier, nous nous sommes réservé d'indiquer pour la réorganisation des compagnies d'artillerie. Chaque compagnie aura la composition ci-après, savoir :

Capitaine en premier, commandant, un ; capitaine en second, un ; lieutenant en premier, un ; lieutenant en second, un. Total, quatre.

Sergent-major, un ; sergens, quatre ; fourrier, un ; caporaux, quatre ; maîtres ouvriers, quatre ; ouvriers de 1re classe, huit ; de 2e classe, douze ; apprentis, vingt ; tambours, deux. Total, cinquante-six.

14. Ces deux compagnies porteront le nom de leur capitaine commandant, en conservant toutefois entre elles leur rang d'ancienneté, d'après l'ordre de leur formation.

15. La solde, les masses et les indemnités

de ces compagnies, seront les mêmes que celles fixées pour les compagnies d'ouvriers d'artillerie.

16. Il sera conservé et organisé pour la garde, le service et les transports tant intérieurs qu'extérieurs des parcs, deux compagnies du train des équipages militaires. Chaque compagnie aura la composition ci-après :

Capitaine, un; lieutenant, un ; sous-lieutenant, un. Total, trois.

Maréchal-des-logis chef, un ; maréchaux-des-logis, quatre; fourrier, un ; brigadiers, huit ; soldats de 1re classe, dix ; de 2e classe, douze; trompettes, deux ; maréchal-ferrant, un ; bourrelier, un. Total, quarante.

Il sera attaché à chaque compagnie trente-cinq chevaux, tant de selle que de trait.

17. Ces deux compagnies seront commandées par un chef d'escadron ; mais elles seront, pour le service journalier, sous les ordres du directeur des parcs.

Elle portera les nos 1 et 2.

Il y sera attaché un quartier-maître et un aide-chirurgien-major. Ce dernier servira également pour les compagnies d'ouvriers.

18. La solde, les masses et les indemnités de ces deux compagnies, seront les mêmes que celles fixées pour le train d'artillerie.

Titre III. Dispositions générales.

19. Les sous-officiers et soldats des compagnies d'ouvriers d'équipages militaires qui, d'après les dispositions des articles 6 et 7 de la présente ordonnance, ne seront pas libérés de tout service militaire, resteront exclusivement affectés à la réorganisation de ces compagnies.

A l'égard des sous-officiers et soldats des escadrons licenciés, il sera pris, parmi ceux qui, d'après les mêmes articles, auront été jugés en état de continuer à servir, un nombre suffisant des uns et des autres pour la composition des deux compagnies à former en exécution de l'article 16. Tous les hommes excédant ce nombre pourront être admis soit dans le train d'artillerie, soit dans les corps de cavalerie.

Les sous-officiers et soldats dont il est fait mention dans l'article 9 seront incorporés les premiers dans ces compagnies respectives.

20. Il sera établi un seul conseil d'administration pour les établissemens de Sampigny et de Vernon ; ce conseil sera composé à l'instar de celui des arsenaux de construction de l'artillerie.

Le conseil d'administration de chaque compagnie d'ouvriers, et le conseil d'administration des deux compagnies du train, auront chacun une composition conforme à celle qui est réglée par notre ordonnance du 20 janvier 1815 pour les compagnies d'ouvriers d'artillerie.

Toutes les autres dispositions de cette même ordonnance seront suivies à l'égard des conseils d'administration de ces compagnies, en tant qu'elles pourront leur être appliquées.

21. Nos parcs de construction de Sampigny et de Vernon fourniront à notre garde royale, comme aux autres corps de l'armée, et sur le même pied, le matériel nécessaire aux services d'administration en campagne.

22. L'escadron du train des équipages militaires de l'ex-garde est licencié, et les dispositions de la présente ordonnance lui sont applicables.

23. Nos ministres de la guerre et des finances sont chargés de l'exécution de la présente ordonnance.

___

23 octobre = Pr. 8 novembre 1815. — Ordonnance du Roi qui complète le nombre des membres de la commission créé par l'ordonnance du 31 mai 1814 pour l'examen des titres des anciens officiers. (7, Bulletin 37, n° 194.)

Louis, etc.

Plusieurs des officiers généraux nommés par nous pour faire partie de la commission créée, par notre ordonnance du 31 mai 1814, pour l'examen des titres des anciens officiers, s'en trouvant éloignés par l'effet des circonstances, nous avons jugé nécessaire de compléter le nombre des membres de cette commission, de manière à la mettre à même d'atteindre le but de sa création et de terminer promptement ses opérations :

A ces causes,

Et sur le rapport de notre ministre secrétaire d'Etat de la guerre,

Avons ordonné et ordonnons ce qui suit :

Art. 1er. Sont nommés membres de la commission créée par notre ordonnance du 31 mai 1814, pour l'examen des titres des anciens officiers, les officiers généraux dont les noms suivent :

MM. le comte de Beurnonville, lieutenant-général, président; le prince de la Trémouille, lieutenant-général; Dandigné, maréchal-de-camp; le duc de Caylus, idem ; de Conchy, idem ; Paultre de la Motte, idem.

2. Notre ministre de la guerre est chargé de l'exécution de la présente ordonnance.

___

24 octobre 1815. — Ordonnances du Roi qui autorisent l'acceptation de legs faits aux fabriques de Neuville, Saint-Vaast et Bailleul-lès-Pernes, à la commune de Courchaton, et aux pauvres d'Aumerval, Rochebrune et Saint-Roch de la ville de Paris. (7, Bull. 42, 43 et 44, nos 240, 242, 254 et 262.)

24 OCTOBRE 1815. — Ordonnance du Roi qui fixe les jours de la tenue des foires d'Aigrefeuille, et qui en établit deux nouvelles dans cette commune. (7, Bull. 43, n° 255.)

24 OCTOBRE 1815. — Ordonnance du Roi portant établissement d'une chambre de commerce dans la ville de Metz. (7, Bull. 41, n° 228.)

25 OCTOBRE 1815. — Ordonnance du Roi qui nomme M. Deflorac préfet du département de l'Hérault. (7, Bull. 37, n° 196.)

25 OCTOBRE 1815. — Ordonnance du Roi qui admet les sieurs Westphalen et Perez à établir leur domicile en France. (7, Bull. 38, n° 200.)

25 OCTOBRE 1815. — Ordonnance du Roi qui accorde des lettres de déclaration de naturalité aux sieurs Bianchi, Accinelli, Sandfort, Brambilla, Perrichon, Violle, Noos, Fischer, Raci-Madoux, Rouix, d'Anders et Cambreleng. (7, Bull. 39, n° 205.)

25 OCTOBRE 1815 — Ordonnance du Roi portant nomination et institution des membres de la cour royale de Lyon, et des présidens et conseillers honoraires en ladite cour. (7, Bull. 47, n°s 278 et 279.)

25 OCTOBRE 1815. — Grandes lettres de naturalisation accordées par le Roi à M. Nicolas comte de Loverdo. (7, Bull. 65, n° 414.)

29 = Pr. 31 OCTOBRE 1815. — Loi relative à des mesures de sûreté générale. (7, Bull. 36, n° 189; Mon. des 19, 22, 24 et 29 octobre et 2 novembre 1815.)

Voy. lois des 12 JANVIER 1816 et 26 MARS 1820, et les notes sur l'art. 4 de la Charte. *Voy.* aussi loi du 9 NOVEMBRE 1815.

Louis, etc.

Art. 1er. Tout individu, quelle que soit sa profession, civile, militaire ou autre, qui aura été arrêté comme prévenu de crimes ou de délits contre la personne et l'autorité du Roi, contre les personnes de la famille royale, ou contre la sûreté de l'Etat, pourra être détenu jusqu'à l'expiration de la présente loi, si, avant cette époque, il n'a été traduit devant les tribunaux.

2. Les mandats à décerner contre les individus prévenus d'un des crimes mentionnés à l'article précédent ne pourront l'être que par les fonctionnaires à qui les lois confèrent ce pouvoir : il en sera pour eux rendu compte dans les vingt-quatre heures au préfet du département, et par celui-ci au ministre de la police générale, qui en référera au conseil du Roi.

Le fonctionnaire public qui aura délivré le mandat sera tenu, en outre, d'en donner connaissance, dans les vingt-quatre heures, au procureur du Roi de l'arrondissement, lequel en informera le procureur général, qui en instruira le ministre de la justice.

3. Dans le cas où les motifs de prévention ne seraient pas assez graves pour déterminer l'arrestation, le prévenu pourra provisoirement être renvoyé sous la surveillance de la haute police, telle qu'elle est réglée au chapitre III du livre 1er du Code pénal.

4. Si la présente loi n'est pas renouvelée dans la prochaine session des Chambres, elle cessera de plein droit d'avoir son effet.

30 OCTOBRE = Pr. 29 NOVEMBRE 1815. — Ordonnance du Roi portant réunion d'une partie du territoire de la commune de Grignan (Drôme) à la commune de Grillon (Vaucluse). (7, Bull. 45, n° 268.)

Louis, etc.

Vu un extrait du procès-verbal de délimitation des communes de Grillon, département de Vaucluse, et de Grignan, département de la Drôme ;

Vu le rapport du directeur des contributions et du cadastre ;

Vu les délibérations des conseils municipaux des deux communes, les avis des sous-préfets de Montélimart et d'Orange, et des préfets des départemens ;

Notre Conseil-d'Etat entendu,

Nous avons ordonné et ordonnons ce qui suit :

Art. 1er. Les limites entre les communes de Grignan, département de la Drôme, et de Grillon, département de Vaucluse, sont fixées par la rivière de Lez ; en conséquence, le terrain de vingt arpens environ qui dépendait de la commune de Grignan, dont il était séparé par le Lez, et qui formait enclave dans la commune de Grillon, sera exclusivement imposé dans le département de Vaucluse, et dans ladite commune de Grillon, sous la réserve toutefois, en faveur de la commune de Grignan, des droits de propriété, parcours et autres, qu'elle pourrait avoir sur ledit terrain.

2. Notre ministre de l'intérieur est chargé de l'exécution de la présente ordonnance.

30 OCTOBRE = Pr. 29 NOVEMBRE 1815. — Ordonnance du Roi portant distraction de la commune de Marmont-Pachas (Lot-et-Garonne) du canton de Francescas, et sa réunion à celui de la Plume, arrondissement d'Agen. (7, Bull. 45, n° 269.)

Louis, etc.

Sur le rapport de notre ministre de l'intérieur, sur ce qui nous a été représenté qu'il était convenable de distraire la commune de Marmont-Pachas du canton de Francescas, arrondissement de Nérac, département de Lot-et-Garonne, dont elle dépend actuellement, pour la réunir à celui de la Plume, arrondissement d'Agen;

Vu les plans des lieux, la délibération du conseil municipal de Marmont-Pachas, celle du conseil d'arrondissement et du conseil général du département, ensemble les avis du premier président et du procureur général de notre cour royale d'Agen;

Considérant que la commune de Marmont-Pachas, presque entièrement enclavée dans l'arrondissement d'Agen, n'a aucune relation avec celui de Nérac; que l'hiver elle se trouve entièrement isolée des chefs-lieux de canton et d'arrondissement par de grandes distances et des chemins impraticables;

Notre conseil d'Etat entendu,

Nous avons ordonné et ordonnons ce qui suit :

Art. 1er. La commune de Marmont-Pachas, département de Lot-et-Garonne est distraite du canton de Francescas, et réunie à celui de la Plume.

2. Nos ministres de la justice, de l'intérieur et des finances, sont chargés de l'exécution de la présente ordonnance.

30 OCTOBRE 1815. — Ordonnance du Roi portant proclamation des brevets d'invention, de perfectionnement et d'importation délivrés, pendant le troisième trimestre de l'année 1815, à MM. Chambon de Montaux, Julien, le Roy, Dobson, Fouques, Girard, Ellis, Billaudot, Breton, Badeigts de la Borde, Andrieux, Thory, le Noir, Lhermiller, Maillet, Maelzel, et Nozarzewski. (7, Bull. 37, n° 197.)

30 OCTOBRE 1815. — Ordonnances du Roi qui autorisent l'acceptation de dons et legs faits aux pauvres et aux hospices de Sollevast, Salazac, Valence, Abbeville, Aubusson, Aix, Narbonne, Besançon, Sorel, Châteaudun, Rémollon, Saint-Laurent-sur-Sèvres, Thouars, Chambroulel, Boësse, Saumur, Angers, Saint-Germain - en - Coglais, Semur, Marvejols, Amiens, le Puy, Cheraulte, Bélabre et Saint-Pol. (7, Bull. 42, 44, 45, 47, 48, 52, et 53, n°s 243 à 248, 263, 266, 267, 270 à 272, 281 à 283, 288, 290 à 292, 315, 319 à 321.)

30 OCTOBRE 1815. — Ordonnance du Roi contenant règlement sur l'exercice de la profession de boulanger dans la ville de Nevers, département de la Nièvre. (7, Bull. 44, n° 265.)

30 OCTOBRE 1815. — Ordonnance du Roi relative aux établissemens dits britanniques existant en France (1).

30 OCTOBRE 1815. — Ordonnance du Roi qui concède le droit d'exploiter la mine de houille de Lobsann, canton de Soulz, arrondissement de Wissembourg. (7, Bull. 44, n° 264.)

30 OCTOBRE 1815. — Ordonnance du Roi qui autorise le maire de Coulie à acquérir un terrain pour servir de cimetière. (7, Bull. 48, n° 289.)

31 OCTOBRE 1815. — Ordonnance du Roi qui accorde des lettres de déclaration de naturalité au sieur Neukirche, baron de Nyvenheim. (7, Bull. 42, n° 249.)

2 NOVEMBRE 1815. — Ordonnance du Roi qui accorde des lettres de déclaration de naturalité aux sieurs Fausson de Montelupo, de Prélis, de Lima, de Palma, Trinchesse, Beltrut, Ruspaggiari, Kilbert, Bagetti et Moreau. (7, Bull. 39, n° 206.)

2 NOVEMBRE 1815. — Ordonnance du Roi qui admet le sieur Miroglio à établir son domicile en France. (7, Bull. 42, n° 250.)

2 NOVEMBRE 1815. — Ordonnance du Roi qui autorise le sieur Bachelier à se faire naturaliser dans le royaume des Pays-Bas. (7, Bull. 42, n° 251.)

6 NOVEMBRE 1815. — Instruction pour la commission chargée d'examiner la conduite des officiers qui ont servi pendant l'usurpation. (Gazette officielle, n° 53.)

Voy. décision du 12 OCTOBRE 1815.

Le Roi, en ordonnant la formation de la commission, a eu pour objet :

1° D'écarter du tableau d'activité des hommes dangereux, capables de corrompre encore l'esprit des troupes;

2° D'établir une distinction nécessaire entre les officiers qui se sont associés à l'attentat de l'usurpateur, par l'empressement qu'ils ont mis à le seconder, et ceux qui ont cédé à l'exemple funeste qui leur a été donné.

Il est dans l'intention du Roi de ne pas confondre ces derniers avec les autres; car on s'exposerait à classer parmi les plus coupables, des hommes qui peuvent désormais servir utilement le Roi et l'Etat; et quoique la réduction opérée dans les cadres de l'ar-

(1) Elle est rappelée et rapportée en partie par l'article 36 de l'ordonnance du 17 septembre 1818 relative à l'instruction des jeunes catho-liques d'Angleterre, d'Écosse et d'Irlande. Elle n'est point au Bulletin des Lois.

mée éloigne, pour beaucoup d'entre eux ; le moment où ils pourront être appelés à l'honneur de servir sa majesté, il est convenable de ne pas les placer, en attendant ce moment, sous une sorte de réprobation qui pourrait les rendre accessibles aux intrigues des ennemis de l'autorité légitime.

Pour donner à la commission des règles fixes, à l'aide desquelles elle puisse évaluer le degré de confiance qu'il est encore permis d'accorder aux officiers qui ont servi pendant l'usurpation, le Roi a voulu qu'il fût établi différentes classes, d'après la position particulière où ces officiers ont été placés, et d'après la part plus ou moins active qu'ils ont prise à la rebellion de l'armée.

L'ordre numérique des classes servira à fixer l'ordre de préférence pour la remise en activité.

L'opération de la commission se réduira à constater, par l'examen de la conduite de l'officier, la classe à laquelle il doit appartenir. Cette indication déterminera le rang qu'il doit prendre parmi ceux auxquels l'indulgence du Roi laisse encore l'espérance de rentrer dans l'armée, ou elle marquera sa place parmi les officiers qui doivent en être exclus.

Ainsi, on rangera dans la 1re classe les officiers généraux, officiers de tous grades et de toutes armes, administrateurs et employés militaires qui, vingt jours après l'arrivée de Buonaparte à Paris, ont abandonné le service militaire;

Dans la 2e classe, ceux qui, sans quitter le service, ont refusé de signer le serment de fidélité à Buonaparte, et aux articles additionnels des prétendues constitutions de l'empire;

Dans la 3e classe, ceux qui, ayant signé ce serment, ont expié cette oubli de leur devoir, en quittant, par une démission volontaire, le service de l'usurpateur;

Dans la 4e classe, les officiers qui, d'abord entraînés dans la rébellion, ont abandonné le parti de l'usurpateur avant le retour du Roi, et se sont ralliés aux partisans de l'autorité royale;

Dans la 5e classe, ceux qui, d'abord employés dans l'armée, ont été destitués comme suspects au gouvernement de Buonaparte, et non pour des motifs qui porteraient atteinte à leur réputation;

Dans la 6e classe, ceux qui sont restés au service, mais contre lesquels il existe dans les bureaux des ministères des dénonciations qui honorent leur attachement à la cause du Roi;

Dans la 7e classe, ceux qui, étant en non-activité à l'arrivée de l'usurpateur, n'ont formé jusqu'au retour du Roi aucune demande pour obtenir de l'activité;

Dans la 8e classe, les officiers de tous gra-des et de toutes armes et administrateurs militaires qui ont conservé la destination qu'ils avaient obtenue avant le retour du Roi, et n'en ont point sollicité de nouvelle;

Dans la 9e classe, les officiers qui ont fait dans l'intérieur un service sédentaire, soit dans les places, soit auprès des gardes nationales;

Dans la 10e classe, les officiers de tous grades et de toutes armes et administrateurs militaires qui, après le départ du Roi, ont demandé et obtenu des destinations, des grades, des récompenses ou la confirmation des grades et récompenses qu'il avait plu au Roi de leur accorder;

Dans la 11e classe, les officiers de tous grades et de toutes armes, administrateurs et employés militaires, qui ont fait partie de l'une des armées formées par Buonaparte et qui en ont suivi les mouvemens jusqu'après la rentrée du Roi à Paris;

Dans la 12e classe, ceux dénommés ci-dessus qui ont signé des adresses à Napoléon Buonaparte.

Dans la 13e classe, les officiers qui ont commandé des bataillons de fédérés ou des corps de partisans.

La 14e classe se composera des officiers et administrateurs militaires placés dans une des positions ci-après déterminées:

1° Les officiers de tous grades et de toutes armes, administrateurs et employés militaires, qui se sont déclarés pour Buonaparte dans les vingt jours qui ont précédé le départ du Roi, ont excité les troupes à l'insurrection, et favorisé, dans cet intervalle. d'une manière quelconque, les progrès de l'usurpateur;

2° Les officiers généraux et supérieurs qui, dans les divisions militaires et dans les places, ont arboré, de leur propre mouvement, l'étendard de l'usurpation, et publié des proclamations séditieuses;

3° Les officiers généraux et supérieurs qui, dans leur commandement, ont réprimé ou puni les mouvemens des fidèles serviteurs du Roi en faveur de l'autorité légitime.

4° Les commandans de places et forts qui, sommés au nom du Roi et par des officiers envoyés par le ministre secrétaire d'État de la guerre, ont refusé d'ouvrir leurs places, et les ont exposées à tous les dangers d'un siége, s'il est constaté qu'ils ont opposé avec intention une résistance coupable aux ordres du Roi;

5° Les officiers généraux et supérieurs qui ont marché contre les troupes royales rassemblées dans l'intérieur;

6° Les officiers de tous grades et de toutes armes, administrateurs et employés militaires, qui seront convaincus d'avoir insulté l'effigie du Roi ou des princes, ou les décorations qu'ils avaient précédemment obtenues de la bienveillance de sa majesté;

7° Les officiers à demi-solde qui volontairement ont quitté leurs foyers pour se porter sur le passage de Buonaparte, et qui l'ont accompagné jusqu'à Paris.

Les officiers compris dans la 14ᵉ classe resteront dans l'état de non-activité, à moins que des renseignemens ultérieurs ne fournissent la preuve de leur repentir et de leur retour aux vrais principes.

La commission répartira les officiers soumis à son examen dans ces quatorze classes, d'après les circonstances de leur conduite.

Elle dressera, à cet effet, des tableaux divisés par classes, dans lesquels seront inscrits les noms des officiers, et elle ajoutera ses observations sur les considérations particulières qui atténueraient les torts de ces officiers, et solliciteraient des exceptions en leur faveur. Les officiers de tous grades et de toutes armes, administrateurs et employés militaires, qui ont servi pendant l'usurpation, et qui, depuis le retour du Roi, ont conservé ou obtenu des emplois dans l'armée ou dans la garde royale, ne seront pas moins obligés, conformément à l'article 4 de l'ordonnance du 12 octobre dernier, de fournir à la commission tous les renseignemens qu'elle aura à leur demander.

Le ministre secrétaire d'Etat de la guerre, d'après l'opinion de la commission, prendra les ordres du Roi sur leur destination.

Tous les officiers seront tenus d'adresser directement leurs demandes au ministre secrétaire d'Etat de la guerre, qui règlera l'ordre dans lequel elles devront être examinées, et il sera dressé, à cet effet, des listes nominatives des officiers sur lesquelles il importera au ministre de connaître de préférence l'opinion de la commission.

La commission remarquera qu'il ne s'agit pas, en dernier résultat, d'imposer des peines afflictives, mais d'écarter de l'armée des hommes qui, lors même qu'ils ne seraient sous le poids d'aucune prévention, n'auraient qu'une espérance en quelque sorte incertaine d'y reprendre leur place, à cause de la disproportion qui existe aujourd'hui entre le nombre des concurrens et celui des emplois; que, par une faveur particulière du Roi, ces officiers trouvent dans la solde de non-activité qui leur est accordée une indemnité de la préférence que d'autres obtiendront sur eux; et la commission reconnaîtra dès-lors la nécessité d'éviter l'excès de l'indulgence, parce que rien ne serait plus contraire au service du Roi que de rendre à l'armée des officiers qui n'offriraient pas une garantie suffisante de leurs intentions, lorsqu'il leur est permis de conserver dans leurs foyers un traitement avantageux, sans exercer sur les troupes une influence qui pourrait être dangereuse.

Le ministre secrétaire d'Etat de la guerre,
Signé duc de FELTRE.

8 = Pr. 16 NOVEMBRE 1815. — Ordonnance du Roi qui proroge jusqu'au 31 décembre prochain les dispositions de celle du 18 novembre 1814, faisant remise des amendes encourues aux particuliers qui se soumettraient aux formalités du timbre et de l'enregistrement. (7, Bull. 41, n° 227.)

Louis, etc.

Nous nous sommes fait représenter notre ordonnance du 18 novembre 1814, par laquelle nous avions accordé la remise des amendes et droits en sus pour contraventions aux lois sur l'enregistrement et le timbre, antérieures à sa publication, à la charge par les particuliers qui auraient encouru lesdites amendes et droits en sus, de payer les droits simples et ordinaires avant le 1ᵉʳ avril 1815.

Il nous a été rendu compte que cette ordonnance n'a pu recevoir son entière exécution, à raison des événemens survenus en mars, dernier mois du délai qu'elle avait fixé. Nous référant aux motifs développés dans le préambule de cette ordonnance; voulant même en étendre les dispositions bienfaisantes en les rendant applicables aux contraventions postérieures à la date de sa publication;

Sur le rapport de notre ministre secrétaire d'Etat des finances,

Nous avons ordonné et ordonnons ce qui suit:

Art. 1ᵉʳ. L'exécution de notre ordonnance du 18 novembre 1814, qui prononce la remise des amendes et droits en sus en matière de timbre et d'enregistrement, est prorogée jusqu'au 31 décembre prochain, à la charge de payer, d'ici à cette époque, les droits simples et ordinaires résultant des formalités qu'on a négligé de remplir.

2. L'application de cette remise sera faite aux actes faits et aux délais expirés avant la publication de la présente ordonnance.

8 NOVEMBRE 1815. — Ordonnance du Roi qui détermine le cas dans lequel les rang, titre et qualité de pair de France dont est revêtu M. le comte de Sémonville seront transmis héréditairement au comte Louis-Desiré de Montholon, son beau-fils. (7, Bull. 41, n° 229.)

8 NOVEMBRE 1815. — Ordonnance du Roi qui détermine, pour chaque arme, la somme à verser comme représentant la valeur des effets

de petit équipement que doit contenir un sac ou porte-manteau (1).

8 NOVEMBRE 1815. — Ordonnance du Roi qui accorde des lettres de déclaration de naturalité aux sieurs Aymonin, Dunkaert, Class, Deutz, Blavier, Simondi, van Dedem, van de Gelder, Haller-Hallet et Vanden Vaéro. (7, Bull. 42, n° 233.)

8 NOVEMBRE 1815.— Ordonnance du Roi qui admet le sieur Spielberg à établir son domicile en France. (7, Bull. 47, n° 284.)

9 = Pr. 11 NOVEMBRE 1815. — Loi relative à la répression des cris séditieux et des provocations à la révolte. (7, Bull. 39, n° 204; Mon. des 17, 25, 28, 29, 30 et 31 octobre et 9 novembre 1815.)

Voy. loi du 17 MAI 1819.

Louis, etc.

Nous eussions voulu laisser toujours à l'action sage et mesurée des tribunaux ordinaires la répression de tous les délits; mais après de si longs troubles, au milieu de tant de malheurs, de grandes passions s'agitent encore. Il faut, pour les comprimer, pour arrêter le désordre que produirait leur explosion, des formes plus simples, une justice plus rapide, et des peines qui concilient les droits de la clémence et la sûreté de l'Etat. Notre Charte constitutionnelle a réservé, par l'article 63, le tribunal que réclament les circonstances. La juridiction prévôtale a en sa faveur l'expérience des temps passés, et nous promet les heureux résultats qu'elle a produits sous les rois nos ancêtres. Mais tandis que notre Conseil prépare avec maturité les dispositions de la loi qui doit la rétablir, nous avons cru devoir chercher un remède momentané dans une législation provisoire;

Nous avons proposé, les Chambres ont adopté,

Nous avons ordonné et ordonnons ce qui suit :

Art. 1er. Seront poursuivies et jugées criminellement toutes personnes coupables d'avoir ou imprimé, ou affiché, ou distribué, ou vendu, ou livré à l'impression, des écrits; d'avoir, dans des lieux publics ou destinés à des réunions habituelles de citoyens, fait entendre des cris ou proféré des discours, toutes les fois que ces cris, ces discours, ou ces écrits auront exprimé la menace d'un attentat contre la vie, la personne du Roi, la vie ou la personne des membres de la famille royale; toutes les fois qu'ils auront excité à s'armer contre l'autorité royale, ou qu'ils auront provoqué directement ou indirectement au renversement du Gouvernement, ou au changement de l'ordre de successibilité au trône, lors même que ces tentatives n'auraient été suivies d'aucun effet, et n'auraient été liées à aucun complot. Les coupables des crimes ci-dessus énoncés seront punis de la peine de la déportation.

2. Seront punies de la même peine toutes personnes coupables d'avoir arboré, dans un lieu public ou destiné à des réunions habituelles de citoyens, un drapeau autre que le drapeau blanc.

3. Seront punies de la déportation toutes personnes qui feront entendre des cris séditieux dans le palais du Roi ou sur son passage.

4. Les cours d'assises connaîtront des crimes énoncés aux articles précédens.

5. Sont déclarés séditieux tous cris, tous discours proférés dans les lieux publics ou destinés à des réunions de citoyens (2), tous écrits imprimés, même tous ceux qui, n'ayant pas été imprimés, auraient été ou affichés, ou vendus, ou distribués, ou livrés à l'impression, toutes les fois que, par ces cris, ces discours ou ces écrits, on aura tenté d'affaiblir, par des calomnies ou des injures, le respect dû à la personne ou à l'autorité du Roi, ou à la personne des membres de sa famille, ou que l'on aura invoqué le nom de l'usurpateur, ou d'un individu de sa famille, ou de tout autre chef de rébellion (3); toutes les fois encore que l'on aura, à l'aide de ces cris, de ces discours ou de ces écrits, excité à désobéir au Roi et à la Charte constitutionnelle.

6. Sont aussi déclarés coupables d'actes séditieux les auteurs, marchands, distributeurs expositeurs de dessins ou images dont la gravure, l'exposition ou la distribution tendrait au même but que les cris, les discours et les écrits mentionnés en l'article précédent.

7. Sont déclarés actes séditieux l'enlèvement ou la dégradation du drapeau blanc,

---

(1) Cette ordonnance, qui n'est point au Bulletin des Lois, est rappelée et confirmée par l'article 2 de l'ordonnance du 14 août 1816 relative à l'indemnité de remplacement militaire.

(2) Une chambre d'auberge ne peut pas être réputée lieu public, relativement à des particuliers qui en sont locataires; en conséquence, au cas de discours séditieux, il n'y a pas lieu à application des dispositions pénales (24 janvier 1816; Colmar; S. 16, 2, 366.)

Voy. les notes sur la loi du 17 mai 1819 et 25 mars 1822, où une question analogue paraît résolue en sens contraire.

(3) La loi qui inflige une peine à quiconque invoque le nom de l'usurpateur ne peut être appliquée à un fait antérieur à la loi. (25 janvier 1816; Cass. S. 16, 1, 279.)

des armes de France et autres signes de l'autorité royale; la fabrication, le port, la distribution de cocardes quelconques et de tous autres signes de ralliement défendus ou même non autorisés par le Roi.

8. Sont coupables d'actes séditieux toutes personnes qui répandraient ou accréditeraient soit des alarmes touchant l'inviolabilité des propriétés qu'on appelle nationales, soit des bruits d'un prétendu rétablissement des dimes ou des droits féodaux, soit des nouvelles tendant à alarmer les citoyens sur le maintien de l'autorité légitime et à ébranler leur fidélité (1).

9. Sont encore déclarés séditieux les discours et écrits mentionnés dans l'article 5 de la présente loi, soit qu'ils ne contiennent que des provocations indirectes aux délits énoncés aux articles 5, 6, 7, 8 de la présente loi, soit qu'ils donnent à croire que des délits de cette nature, ou même les crimes énoncés aux articles 1, 2 et 3, seront commis, ou qu'ils répandent faussement qu'ils ont été commis (2).

10. Les auteurs et complices des délits prévus par les articles 5, 6, 7, 8 et 9 de la présente loi seront poursuivis et jugés par les tribunaux de police correctionnelle; ils seront punis d'un emprisonnement de cinq ans au plus et de trois mois au moins. Ils seront, en outre, condamnés à une amende, dont le *minimum* sera de cinquante francs, qui pourra être élevée jusqu'à la somme de vingt mille francs.

Tout condamné qui se trouvera jouir d'une pension de retraite civile ou militaire, ou d'un traitement quelconque de non-activité, sera privé de tout ou partie de sa pension de retraite ou de tout ou partie du son traitement de non-activité, pour un temps qui sera déterminé par le tribunal.

L'interdiction mentionnée en l'art. 42 du Code pénal pourra être ajoutée à la condamnation, pour dix ans au plus et cinq ans au moins.

Les condamnés demeureront, en outre, après l'expiration de la peine, sous la surveillance de la haute police, pendant un temps qui sera déterminé par le jugement, et qui ne pourra excéder cinq années, le tout conformément au chapitre III du livre Ier du Code pénal, sans préjudice des poursuites criminelles et de l'application des peines plus graves prescrites par le Code pénal, dans le cas où les cris, les discours, écrits et actes séditieux auraient été suivis de quelque effet ou liés à quelques complots.

En cas de récidive, les coupables seront punis d'une peine double, de telle manière que l'emprisonnement pourra être de dix années, et la mise en surveillance de dix années pareillement.

11. Les dispositions de l'art. 114 du Code d'instruction criminelle, et celles de l'art. 463 du Code pénal, ne pourront être appliquées dans les cas prévus par la présente loi.

12. Les tribunaux pourront ordonner l'impression et l'affiche des jugemens portant condamnation, dans tout ou partie du ressort de l'arrondissement.

13. Les dispositions du Code d'instruction criminelle et du Code pénal continueront d'être exécutées dans tout ce à quoi il n'est pas dérogé par la présente loi, notamment en ce qui touche les attentats et complots contre la personne du Roi et contre sa famille, et les crimes tendant à troubler l'Etat par la guerre civile, tels qu'ils sont désignés dans la section II du chapitre Ier du livre III du Code pénal.

10 = Pr. 21 NOVEMBRE 1815. — Ordonnance du Roi portant que les adjudans et gardes du génie qui sont étrangers ne pourront continuer leurs fonctions, comme officiers de police judiciaire, qu'après s'être fait naturaliser Français. (7, Bull. 42, n° 230.)

Louis, etc.

Sur le rapport de notre ministre secrétaire d'Etat au département de la guerre, ayant considéré que les adjudans et les gardes du génie, bien qu'ils n'aient, sous le rapport militaire, qu'un grade plus ou moins élevé de sous-officier, selon leur classe respective, devaient néanmoins avoir la qualité de Français pour remplir les fonctions d'officier de police judiciaire qui leur sont attribuées par la loi du 29 mars 1806 sur la garde et la conservation des établissemens militaires,

Nous avons ordonné et ordonnons ce qui suit :

Art. 1er. L'article 10 de notre ordonnance du 12 septembre dernier, sur l'organisation de notre corps royal du génie, sera applicable aux adjudans et gardes du génie étrangers.

Ils ne pourront, en conséquence, continuer l'exercice de leurs fonctions, comme officiers de police judiciaire, qu'après s'être fait naturaliser Français.

2. Nos ministres de la guerre et de la justice sont chargés de l'exécution de la présente ordonnance.

---

(1) Une lettre est essentiellement secrète; on ne peut assimiler le fait d'écrire des nouvelles alarmantes........ ou séditieuses, dans une lettre, au fait de répandre des nouvelles alarmantes...... séditieuses. (7 décembre 1816; Cass. S. 17, 1, 35.)

(2) La publication d'un écrit séditieux, quoique accompagnée d'une réfutation, est un délit, si la réfutation est insuffisante. (30 janvier 1815; Paris, S. 17, 2, 321.)

11 NOVEMBRE 1815. — Ordonnance du Roi qui attribue à la Chambre des pairs le jugement du maréchal Ney accusé de haute trahison. (Mon. n° 316.)

Voy. les notes sur l'article 33 de la Charte.

Louis, etc.

Vu l'article 33 de la Charte constitutionnelle;

Nos ministres entendus,

Nous avons ordonné et ordonnons ce qui suit :

La Chambre des pairs procèdera sans délai au jugement du maréchal Ney, accusé de haute trahison et d'attentat contre la sûreté de l'Etat. Elle conservera pour ce jugement les mêmes formes que pour les propositions de lois, sans néanmoins se diviser en bureaux. Le président de la Chambre interrogera l'accusé pendant l'audience, et dirigera les débats; les opinions seront prises suivant les formes usitées dans les tribunaux.

La présente ordonnance sera portée à la Chambre des pairs par nos ministres secrétaires d'Etat, et par notre procureur général près de notre cour royale de Paris, que nous chargeons de soutenir l'accusation et la discussion.

12 NOVEMBRE 1815. — Ordonnance du Roi qui règle définitivement les formes à suivre dans l'instruction et le jugement du maréchal Ney. (Mon. n° 318.)

Voy. notes sur l'article 33 de la Charte.

Louis, etc.

Par notre ordonnance du 11 de ce mois, nous avons déterminé que la Chambre des pairs, dans l'exercice des fonctions judiciaires qui lui sont attribuées, conserverait son organisation habituelle, et nous avons déjà prescrit les principales formes de l'instruction et du jugement.

Voulant donner à notredite ordonnance le développement nécessaire, voulant donner aussi au débat qui doit précéder le jugement la publicité prescrite par l'article 64 de la Charte constitutionnelle,

Nous avons ordonné et ordonnons ce qui suit :

Art. 1er. La procédure sera introduite sur le réquisitoire de notre procureur de la cour royale de Paris, l'un des commissaires délégués par notre ordonnance susdite.

2. Les témoins seront entendus et le prévenu sera interrogé par notre chancelier, président de la Chambre des pairs, ou par celui des pairs qu'il aura commis. Procès-verbal sera dressé de tous les actes d'instruction, dans les formes établies dans le Code d'instruction criminelle.

3. Les fonctions attribuées par la loi aux greffiers des cours et tribunaux, dans les affaires criminelles, seront exercées par le secrétaire-archiviste de la Chambre des pairs, lequel pourra s'adjoindre un commis assermenté.

4. L'instruction étant terminée, sera communiquée à nos commissaires, qui dresseront l'acte d'accusation.

5. Cet acte d'accusation sera présenté à la Chambre des pairs, qui décernera, s'il y a lieu, l'ordonnance de prise de corps, et fixera le jour des débats.

6. L'acte d'accusation, l'ordonnance de prise de corps et la liste des témoins seront notifiés à l'accusé par un huissier de la Chambre des pairs. Il lui sera également donné copie de la procédure.

7. Les débats seront publics. Au jour fixé par la Chambre des pairs, l'accusé comparaîtra assisté de son conseil; l'un de nos commissaires remplira les fonctions du ministère public.

8. Il sera procédé à l'audition des témoins, à l'examen, au débat, à l'arrêt et à l'exécution dudit arrêt, suivant les formes prescrites pour les cours spéciales par le Code d'instruction criminelle.

Néanmoins, si la Chambre des pairs le décide, l'arrêt sera prononcé hors la présence de l'accusé, mais publiquement et en présence de ses conseils. En ce cas, il lui sera lu et notifié à la requête du ministère public par le greffier, qui en dressera le procès-verbal.

13 = Pr. 23 NOVEMBRE 1815. — Ordonnance du Roi qui détermine par qui sera présidé provisoirement le Conseil-d'Etat, lorsque le président du conseil des ministres, et, à son défaut, le gardes des sceaux seront empêchés de le présider. (7, Bull. 43, n° 253.)

Voy. notes sur l'ordonnance du 23 AOUT 1815.

Louis, etc.

Voulant que, conformément à notre ordonnance du 23 août dernier, notre Conseil-d'Etat puisse être réuni aussi souvent que l'exigera le bien du service, et considérant que la session des deux Chambres s'oppose à ce qu'il soit toujours présidé, soit par le président de notre conseil des ministres, soit, à son défaut, par notre garde-des-sceaux;

Vu notre ordonnance du 23 août dernier,

Nous avons ordonné et ordonnons ce qui suit :

Art. 1er. Lorsque le président de notre conseil des ministres, et, à son défaut, notre garde-des-sceaux, seront empêchés de présider notre Conseil-d'Etat réuni, ils seront remplacés par l'un de nos ministres secrétaires-d'Etat, si l'un d'eux est présent, et suivant l'ordre des ministères, si plusieurs sont présens.

2. Dans le cas où aucun de nos ministres secrétaires d'Etat ne serait présent au Conseil-d'Etat réuni, ledit conseil sera présidé par un de nos conseillers d'Etat nommé par nous pour l'année.

3. Nous nommons, à cet effet, le sieur de Balainvilliers, chancelier de notre bien-aimé frère Monsieur, et conseiller en notre Conseil-d'Etat, pour remplir au besoin, lesdites fonctions jusqu'à la fin de la présente année et pendant toute l'année 1816.

4. Le président de notre conseil des ministres et notre garde-des-sceaux sont chargés de l'exécution de la présente ordonnance.

13 NOVEMBRE 1815. — Ordonnance du Roi relatives aux gardes nationales (1).

13 NOVEMBRE 1815. — Ordonnances du Roi qui nomment MM. Ferdinand de Bertier et Dalmas préfets des départemens du Calvados et de la Charente-Inférieure. (7, Bull. 42, nos 231 et 232.)

13 NOVEMBRE 1815. — Ordonnance du Roi qui établit trois nouvelles foires à Sancerre. (7, Bull. 49, n° 298.)

15 NOVEMBRE 1815. — Ordonnance du Roi qui permet aux sieurs Groeffling, Delcourt et Catalani d'établir leur domicile en France. (7, Bull. 44, n° 260.)

15 NOVEMBRE 1815. — Ordonnances du Roi qui accorde des lettres de déclaration de naturalité aux sieurs Bertola, Muller, Guide-Montiglio, Macari, Collignon, Devaux, Piana et Wolff. (7, Bull. 44, n° 259.)

18 = Pr. 25 NOVEMBRE 1815. — Ordonnance du Roi portant qu'il sera formé dans chaque département un jury chargé de procéder à l'organisation des brigades de la gendarmerie. (7, Bull. 44, n° 257.)

Voy. notes sur l'ordonnance du 10 SEPTEMBRE 1815.

Louis, etc.

Considérant qu'il est urgent pour le maintien de l'ordre et la sûreté intérieure d'organiser sans délai, et sur tous les points du royaume, le nouveau corps de notre gendarmerie;

Sur le rapport de notre ministre secrétaire d'Etat de la guerre,

Nous avons ordonné, et par ces présentes nous ordonnons:

Art. 1er. Il sera formé, dans chaque département, un jury chargé de procéder à l'organisation des brigades.

2. Ce jury sera composé du préfet, du général commandant le département, de notre procureur près la cour royale; à son défaut, du substitut près la cour d'assises,

Et de deux officiers de gendarmerie du département, désignés par notre ministre de la guerre.

3. Le jury choisira parmi les sous-officiers et gendarmes en activité ceux qu'il jugera susceptibles d'entrer dans la nouvelle composition des brigades; il pourvoira aux emplois vacans, en se conformant aux dispositions du septième paragraphe de l'article 5 de notre ordonnance du 10 septembre, relatif aux admissions aux emplois de sous-officiers et gendarmes.

4. Les militaires choisis par le jury entreront de suite en fonctions, dans les résidences qui leur auront été assignées.

Provisoirement la force des brigades ne devra pas excéder six hommes.

5. Pour cette fois seulement, la solde de retraite sera accordée aux sous-officiers et gendarmes qui ne seront point conservés par l'effet de la nouvelle organisation, s'ils sont dans leur cinquante-cinquième année d'âge ou vingt-cinquième année de service (2).

6. Notre ministre secrétaire d'Etat au département de la guerre est chargé de l'exécution de la présente ordonnance.

---

(1) Cette ordonnance, qui n'est point au Bulletin des Lois, est rappelée dans celle du 17 juillet 1816 qui organise la garde nationale.

(2) Addition approuvée, le 25 décembre 1815, par le Roi, à l'article 5 de l'ordonnance du 18 novembre 1815 sur la gendarmerie.

Cette solde de retraite pour les sous-officiers et gendarmes qui sont dans leur vingt-cinquième année de service effectif, sera fixée à la moitié du *maximum* d'ancienneté déterminé par l'ordonnance du 27 août 1814; et si les campagnes, cumulées avec la durée de l'activité, élèvent la

totalité des services à plus de 30 ans, la solde s'augmentera d'un vingtième en sus pour chaque année au-delà de 30.

Toutefois, le sous-officier ou gendarme qui se trouvera dans sa cinquante-cinquième année d'âge devra, pour obtenir la moitié du *maximum* de la solde de retraite, justifier de dix ans au moins de service effectif, ou de blessures reçues dans l'exercice de ses fonctions. Celui qui ne réunirait ni l'une ni l'autre de ces deux conditions sera réformé avec une récompense une fois payée.

18 = Pr. 25 NOVEMBRE 1815. — Ordonnance du Roi additionnelle à celle du 14 septembre 1815, sur la formation de l'artillerie de la garde royale. (7, Bull. 44, n° 258.)

Voy. ordonnances des 21 JUIN et 4 SEPTEMBRE 1816.

Art. 1er. Les emplois de chefs de bataillon dans le régiment d'artillerie à pied de notre garde sont réduits à deux.

2. Il est créé dans l'artillerie de notre garde les emplois suivans, savoir :

Un sous-directeur du matériel, ayant le grade de chef de bataillon;

Un répétiteur de mathématiques;

Un porte-drapeau dans le régiment à pied, ayant le grade de lieutenant et faisant les fonctions de sous-adjudant-major;

Un capitaine chargé des détails de l'habillement dans le régiment à pied;

Un lieutenant chargé des mêmes fonctions dans le régiment à cheval;

Un lieutenant chargé du même service dans l'escadron du train d'artillerie.

3. Il sera attaché à l'artillerie de notre garde un sous-inspecteur aux revues et un commissaire des guerres, spécialement chargé du service administratif de ce corps, conformément aux réglemens.

4. Notre ministre de la guerre est chargé de l'exécution de la présente ordonnance.

18 NOVEMBRE = 9 DÉCEMBRE 1815. — Ordonnance du Roi portant création d'un comité près S. A. R. *Monsieur*, et sous sa présidence, à l'effet de s'occuper, d'après ses ordres et ses instructions, des détails relatifs aux attributions accordées au colonel général des gardes nationales du royaume par l'ordonnance du 16 juillet 1814. (7, Bull. 46, n° 274.)

Voy. ordonnances des 21 NOVEMBRE et 27 DÉCEMBRE 1815.

Louis, etc.

Voulant établir l'administration des gardes nationales du royaume, de manière qu'elle soit d'accord avec l'unité du ministère et le système d'économie que prescrivent les circonstances, en conservant à notre bien-aimé frère Monsieur les moyens d'exercer avec utilité pour notre service ses fonctions de colonel général;

Sur le rapport de notre ministre de l'intérieur,

Nous avons ordonné et ordonnons ce qui suit :

Art. 1er. Il y aura près de notre bien-aimé frère Monsieur et sous sa présidence immédiate, en remplacement de l'état-major général des gardes nationales du royaume, un comité composé de trois inspecteurs généraux des gardes nationales; il s'occupera, d'après ses ordres et ses instructions, des détails relatifs aux attributions accordées au colonel général en vertu de notre ordonnance du 16 juillet 1814.

Un secrétaire-rédacteur sera attaché à ce comité; les fonctions desdits inspecteurs seront honoraires; ils n'auront droit à une indemnité que dans le cas où notre bien-aimé frère, de concert avec notre ministre secrétaire d'Etat de l'intérieur, jugera convenable de leur conférer une mission relative au service des gardes nationales.

2. Toutes dispositions de nos ordonnances précédentes concernant les gardes nationales du royaume qui seraient en opposition avec les présentes sont et demeurent supprimées, excepté celles qui sont relatives à la formation actuelle de l'état-major de la garde nationale de Paris et du département de la Seine.

Il n'est rien changé non plus aux rapports directs du commendant en chef de la garde nationale de Paris et du département de la Seine avec le prince colonel général.

3. Notre ministre de l'intérieur est chargé de l'exécution de la présente ordonnance.

18 NOVEMBRE 1815. — Ordonnance du Roi par laquelle il est permis au sieur Antoine Vimal, membre de la Chambre des députés, d'ajouter à son nom celui de Teyras. (7, Bull. 44, n° 261.)

20 NOVEMBRE 1815. — Traité et conventions conclus à Paris (1). (7, Bull. 44, n° 404.)

Voy. traités des 30 MAI 1814 et 26 SEPTEMBRE 1815; loi du 23 DÉCEMBRE 1815; les conventions des 25 avril 1818 (à la date du 15 JUIN 1818), et 9 = 13 OCTOBRE 1818 (à la date du 26 octobre 1818); lois des 6 mai 1818, et 2 FÉVRIER 1819.

AU NOM DE LA TRÈS-SAINTE ET INDIVISIBLE TRINITÉ.

Les puissances alliées ayant, par leurs efforts réunis et par le succès de leurs armes, préservé la France et l'Europe des bouleversemens dont elles étaient menacées par le dernier attentat de Napoléon Buonaparte, et par le système révolutionnaire reproduit en France pour faire réussir cet attentat;

Partageant aujourd'hui avec sa majesté très-chrétienne le désir de consolider, par le maintien inviolable de l'autorité royale et la remise en vigueur de la Charte constitutionnelle, l'ordre de choses heureusement rétabli

(1) Présentés à la Chambre le 25, publiés au Bulletin le 14 février 1816.

en France, ainsi que celui de ramener entre la France et ses voisins ces rapports de confiance et de bienveillance réciproques que les funestes effets de la révolution et du système de conquête avaient troublés pendant si longtemps;

Persuadées que ce dernier but ne saurait être atteint que par un arrangement propre à leur assurer de justes indemnités pour le passé et des garanties solides pour l'avenir,

Ont pris en considération, de concert avec sa majesté le roi de France, les moyens de réaliser cet arrangement; et ayant reconnu que l'indemnité due aux puissances ne pouvait être ni toute territoriale, ni toute pécuniaire, sans porter atteinte à l'un ou à l'autre des intérêts essentiels de la France, et qu'il serait plus convenable de combiner les deux modes, de manière à prévenir ces deux inconvéniens, leurs majestés impériales et royales ont adopté cette base pour leurs transactions actuelles; et se trouvant également d'accord sur celle de la nécessité de conserver pendant un temps déterminé, dans les provinces frontières de la France, un certain nombre de troupes alliées, elles sont convenues de réunir les différentes dispositions fondées sur ces bases, dans un traité définitif.

Dans ce but et à cet effet, sa majesté le roi de France et de Navarre, d'une part, et sa majesté le roi du royaume-uni de la Grande-Bretagne et d'Irlande, pour elle et ses alliés, d'autre part, ont nommé leurs plénipotentiaires pour discuter, arrêter et signer ledit traité définitif, savoir:

Sa Majesté le roi de France et de Navarre,

Le sieur Armand Emmanuel du Plessis-Richelieu, duc de Richelieu, chevalier de l'ordre royal et militaire de Saint-Louis, et des ordres de Saint-Alexandre Newsky, Saint-Wladimir et Saint-George de Russie, pair de France, premier gentilhomme de la chambre de sa majesté très-chrétienne, son ministre et secrétaire d'Etat des affaires étrangères, et président du conseil de ses ministres;

Et Sa Majesté le roi du royaume-uni de la Grande-Bretagne et d'Irlande,

Le très-honorable Robert Stewart, vicomte Castlereagh, chevalier de l'ordre très-noble de la jarretière, conseiller de sadite majesté en son conseil privé, membre du parlement, colonel du régiment de milice de Londonderry, et son principal secrétaire-d'Etat ayant le département des affaires étrangères,

Et le très-illustre et très-noble seigneur Arthur, duc, marquis et comte de Wellington, marquis de Douro, vicomte Wellington de Talavera et de Wellington, et baron Douro de Wellesley, conseiller de sadite majesté en son conseil privé, feldmaréchal de ses armées, colonel du régiment royal des gardes à cheval, chevalier du très-noble ordre de la jarretière, chevalier grand'-croix du très-ho-

norable ordre du bain, prince de Waterloo, duc de Ciudad-Rodrigo et grand d'Espagne de la première classe, duc de Victoria, marquis de Torrès-Vedras, comte de Vimiera en Portugal, chevalier de l'ordre très-illustre de la toison d'or, de l'ordre militaire d'Espagne de Saint-Ferdinand, chevalier grand'-croix de l'ordre impérial militaire de Marie-Thérèse, chevalier grand'croix de l'ordre impérial de Saint-George de Russie, chevalier grand'-croix de l'ordre de l'aigle noir de Prusse, chevalier grand'-croix de l'ordre royal militaire de Portugal de la tour et de l'épée, chevalier grand'-croix de l'ordre royal militaire de Suède de l'épée, chevalier grand'-croix des ordres de l'éléphant de Danemarck, de Guillaume des Pays-Bas, de l'annonciade de la Sardaigne, de Maximilien-Joseph de Bavière, et de plusieurs autres, et commandant en chef les armées de Sa Majesté britannique en France et celles de Sa Majesté le roi des Pays-Bas;

Lesquels, après avoir échangé leurs pleins-pouvoirs, trouvés en bonne et due forme, ont signé les articles suivans:

Art. 1er. Les frontières de la France seront telles qu'elles étaient en 1790, sauf les modifications de part et d'autre qui se trouvent indiquées dans l'article présent:

1° Sur les frontières du nord, la ligne de démarcation restera telle que le traité de Paris l'avait fixée, jusque vis-à-vis de Quiévrain; de là elle suivra les anciennes limites des provinces belges, du ci-devant évêché de Liége et du duché de Bouillon, telles qu'elles étaient en 1790, en laissant les territoires enclavés de Philippeville et Marienbourg, avec les places de ce nom, ainsi que tout le duché de Bouillon, hors des frontières de la France. Depuis Villers près d'Orval (sur les confins du département des Ardennes et du grand-duché de Luxembourg) jusqu'à Perle, sur la chaussée qui conduit de Thionville à Trèves, la ligne restera telle qu'elle avait été désignée par le traité de Paris. De Perle, elle passera par Launsdorf, Walwich, Schardorf Niederweiling, Pellweiler, tous ces endroits restant avec leurs banlieues à la France, et jusqu'à Houvre, et suivra de là les anciennes limites du pays de Sarrebruck, en laissant Sarrelouis et le cours de la Sarre, avec les endroits situés à la droite de la ligne ci-dessus désignée et leurs banlieues, hors des limites françaises. Des limites du pays de Sarrebruck, la ligne de démarcation sera la même qui sépare actuellement de l'Allemagne les départemens de la Moselle et du Bas-Rhin, jusqu'à la Lauter, qui servira ensuite de frontière jusqu'à son embouchure dans le Rhin. Tout le territoire sur la rive gauche de la Lauter, y compris la place de Landau, sera partie de l'Allemagne; cependant la ville de Weissembourg, traversée par cette rivière, restera tout entière à la France, avec un rayon sur la rive gauche n'excédant pas mille toises, et qui sera plus particulièrement déterminé par les commissaires que l'on chargera de la délimitation prochaine.

2° A partir de l'embouchure de la Lauter, le long des départemens du Bas-Rhin, du Haut-Rhin, du Doubs et du Jura, jusqu'au canton de Vaud, les frontières resteront comme elles ont été fixées par le traité de Paris. Le thalweg du Rhin formera la démarcation entre la France et les Etats de l'Allemagne; mais la propriété des îles, telle qu'elle sera fixée à la suite d'une nouvelle reconnaissance du cours de ce fleuve, restera immuable, quelques changemens que subisse ce cours par la suite du temps. Des commissaires seront nommés de part et d'autre par les hautes parties contractantes, dans le délai de trois mois, pour procéder à ladite reconnaissance. La moitié du pont entre Strasbourg et Kehl appartiendra à la France, et l'autre moitié au grand-duché de Bade.

3° Pour établir une communication directe entre le canton de Genève et la Suisse, la partie du pays de Gex bornée à l'est par le lac Léman, au midi par le territoire du canton de Genève, au nord par celui du canton de Vaud, à l'ouest par celui de la Versoix et par une ligne qui renferme les communes de Collex-Bossy et Meyrin, en laissant la commune de Ferney à la France, sera cédée à la confédération helvétique, pour être réunie au canton de Genève. La ligne des douanes françaises sera placée à l'ouest du Jura, de manière que tout le pays de Gex se trouve hors de cette ligne.

4° Des frontières du canton de Genève jusqu'à la Méditerranée, la ligne de démarcation sera celle qui, en 1790, séparait la France de la Savoie et du comté de Nice. Les rapports que le traité de Paris de 1814 avait rétablis entre la France et la principauté de Monaco cesseront à perpétuité, et les mêmes rapports existeront entre cette principauté et sa majesté le roi de Sardaigne.

5° Tous les territoires et districts enclavés dans les limites du territoire français, telles qu'elles ont été déterminées par le présent article, resteront réunis à la France.

6° Les hautes parties contractantes nommeront, dans le délai de trois mois, après la signature du présent traité, des commissaires pour régler tout ce qui a rapport à la délimitation des pays de part et d'autre; et aussitôt que le travail de ces commissaires sera terminé, il sera dressé des cartes et placé des poteaux qui constateront les limites respectives.

2. Les places et les districts qui, selon l'article précédent, ne doivent plus faire partie du territoire français seront remis à la disposition des puissances alliées, dans les termes fixés par l'article 9 de la convention militaire annexée au présent traité, et sa majesté le roi de France, renonce à perpétuité, pour elle, ses héritiers et successeurs, aux droits de souveraineté et propriété qu'elle a exercés jusqu'ici sur lesdites places et districts.

3. Les fortifications d'Huningue ayant été constamment un objet d'inquiétude pour la ville de Bâle, les hautes parties contractantes, pour donner à la confédération helvétique une nouvelle preuve de leur bienveillance et de leur sollicitude, sont convenues entre elles de faire démolir les fortifications d'Huningue; et le Gouvernement français s'engage, par le même motif, à ne les rétablir dans aucun temps, et à ne point les remplacer par d'autres fortifications à une distance moindre que trois lieues de la ville de Bâle.

La neutralité de la Suisse sera étendue au territoire qui se trouve au nord d'une ligne à tirer depuis Ugine, y compris cette ville, au midi du lac d'Annecy, par Faverge, jusqu'à Lecheraine, et de là au lac du Bourget jusqu'au Rhône, de la même manière qu'elle a été étendue aux provinces de Chablais et de Faucigny par l'article 92 de l'acte final du congrès de Vienne.

4. La partie pécuniaire de l'indemnité à fournir par la France aux puissances alliées est fixée à la somme de sept cents millions de francs. Le mode, les termes et les garanties du paiement de cette somme seront réglés par une convention particulière, qui aura la même force et valeur que si elle était textuellement insérée au présent traité (1).

5. L'état d'inquiétude et de fermentation dont, après tant de secousses violentes, et surtout après la dernière catastrophe, la France, malgré les intentions paternelles de son Roi et les avantages assurés par la Charte constitutionnelle à toutes les classes de ses sujets, doit nécessairement se ressentir encore, exigeant, pour la sûreté des Etats voisins, des mesures de précaution et de garantie temporaires, il a été jugé indispensable de faire occuper pendant un certain temps, par un corps de troupes alliées, des positions militaires le long des frontières de la France, sous la réserve expresse que cette occupation ne portera aucun préjudice à la souveraineté de sa majesté très-chrétienne, ni à l'état de possession tel qu'il est reconnu et confirmé par le présent traité.

Le nombre de ces troupes ne dépassera pas cent cinquante mille hommes. Le com-

_____

(1) *Voy.* ci-après convention n° 1.

mandant en chef de cette armée sera nommé par les puissances alliées.

Ce corps d'armée occupera les places de Condé, Valenciennes, Bouchain, Cambray, le Quesnoy, Maubeuge, Landrecies, Avesnes, Rocroy, Givet avec Charlemont, Mézières, Sédan, Montmédy, Thionville, Longwy, Bitche, et la tête du pont de Fort-Louis.

L'entretien de l'armée destinée à ce service devant être fourni par la France, une convention spéciale réglera tout ce qui peut avoir rapport à cet objet. Cette convention, qui aura la même force et valeur que si elle était textuellement insérée dans le présent traité réglera de même les relations de l'armée d'occupation avec les autorités civiles et militaires du pays.

Le *maximum* de la durée de cette occupation militaire est fixé à cinq ans. Elle peut finir avant ce terme, si, au bout de trois ans, les souverains alliés, après avoir, de concert avec sa majesté le roi de France, mûrement examiné la situation et les intérêts réciproques et les progrès que le rétablissement de l'ordre et de la tranquillité aura faits en France, s'accordent à reconnaître que les motifs qui les portaient à cette mesure ont cessé d'exister. Mais, quel que soit le résultat de cette délibération, toutes les places et positions occupées par les troupes alliées seront, au terme de cinq ans révolus, évacuées sans autre délai, et remises à sa majesté très-chrétienne ou à ses héritiers et successeurs (1).

6. Les troupes étrangères autres que celles qui feront partie de l'armée d'occupation évacueront le territoire français dans les termes fixés par l'article 9 de la convention militaire annexée au présent traité.

7. Dans tous les pays qui changeront de maître, tant en vertu du présent traité que des arrangemens qui doivent être faits en conséquence, il sera accordé aux habitans naturels et étrangers, de quelque condition et nation qu'ils soient, un espace de six ans, à compter de l'échange des ratifications, pour disposer, s'ils le jugent convenable, de leurs propriétés, et se retirer dans tel pays qu'il leur plaira de choisir.

8. Toutes les dispositions du traité de Paris du 30 mai 1815 relatives aux pays cédés par ce traité, s'appliqueront également aux différens territoires et districts cédés par le présent traité.

9. Les hautes parties contractantes s'étant fait représenter les différentes réclamations provenant du fait de la non-exécution des articles 19 et suivans du traité du 30 mai 1814, ainsi que les articles additionnels de ce traité signés entre la France et la Grande-Bretagne,

désirant de rendre plus efficaces les dispositions énoncées dans ces articles, et ayant, à cet effet, déterminé par deux conventions séparées la marche à suivre de part et d'autre pour l'exécution complète des articles susmentionnés, les deux dites conventions, telles qu'elles se trouvent jointes au présent traité, auront la même force et valeur que si elles y étaient textuellement insérées (2).

10. Tous les prisonniers faits pendant les hostilités, de même que tous les otages qui peuvent avoir été enlevés ou donnés, seront rendus dans le plus court délai possible. Il en sera de même des prisonniers faits antérieurement au traité du 30 mai 1814, et qui n'auraient point encore été restitués.

11. Le traité de Paris du 30 mai 1814, et l'acte final du congrès de Vienne, du 9 juin 1815, sont confirmés et seront maintenus dans toutes celles de leurs dispositions qui n'auraient pas été modifiées par les clauses du présent traité.

12. Le présent traité, avec les conventions qui y sont jointes, sera ratifié en un seul acte, et les ratifications en seront échangées dans le terme de deux mois, ou plus tôt si faire se peut.

En foi de quoi, les plénipotentiaires respectifs l'ont signé, et y ont apposé le cachet de leurs armes.

Fait à Paris, le 20 novembre, l'an de grâce 1815.

Signé RICHELIEU, CASTLEREAGH, WELLINGTON.

Article additionnel.

Les hautes puissances contractantes, désirant sincèrement donner suite aux mesures dont elles se sont occupées au congrès de Vienne relativement à l'abolition complète et universelle de la traite des nègres d'Afrique, et ayant déjà, chacune dans ses États, défendu sans restriction à leurs colonies et sujets toute part quelconque à ce trafic, s'engagent à réunir de nouveau leurs efforts pour assurer le succès final des principes qu'elles ont proclamés dans la déclaration du 4 février 1815, et à concerter, sans perte de temps, par leurs ministres aux cours de Paris et de Londres, les mesures les plus efficaces pour obtenir l'abolition entière et définitive d'un commerce aussi odieux et aussi hautement réprouvé par les lois de la religion et de la nature.

Le présent article additionnel aura la même force et valeur que s'il était inséré mot à mot au traité de ce jour. Il sera compris dans la ratification dudit traité.

---

(1) *Voy.* ci-après convention n° 2.

(2) *Voy.* ci-après convention n°s 3 et n° 4.

En foi de quoi, les plénipotentiaires respectifs l'ont signé et y ont apposé le cachet de leurs armes.

Fait à Paris, le 20 novembre, l'an de grâce 1815.

Suivent les signatures.)

Le même jour, dans le même lieu et au même moment, le même traité, ainsi que les conventions et articles y annexés, a été conclu entre la France et l'Autriche, entre la France et la Prusse, entre la France et la Russie.

Nº Iᵉʳ.

20 NOVEMBRE 1815. — Convention conclue en conformité de l'article 4 du traité principal, et relative au paiement de l'indemnité pécuniaire à fournir, par la France, aux puissances alliées. (7, Bull. 44, nᵒ 404.)

Le paiement auquel la France s'est engagée vis-à-vis des puissances alliées, à titre d'indemnité, par l'article 4 du traité de ce jour, aura lieu dans la forme et aux époques déterminées par les articles suivans.

Art. 1ᵉʳ. La somme de sept cents millions de francs, montant de cette indemnité, sera acquittée, jour par jour, par portions égales, dans le courant de cinq années, au moyen de bons au porteur sur le Trésor royal de France, ainsi qu'il va être dit.

2. Le Trésor remettra d'abord aux puissances alliées quinze engagemens de quarante-six-millions deux tiers, formant la somme totale de sept cents millions, payables, le premier le 31 mars 1816, le second le 31 juillet de la même année, et ainsi de suite, de quatre mois en quatre mois, pendant les cinq années successives.

3. Ces engagemens ne pourront être négociés ; mais ils seront échangés périodiquement contre des bons au porteur négociables, dressés dans la forme usitée pour le service ordinaire du Trésor royal.

4. Dans le mois qui précèdera les quatre pendant lesquels un engagement sera acquitté, cet engagement sera divisé par le Trésor de France en bons au porteur, payables à Paris par portions égales, depuis le premier jusqu'au dernier jour des quatre mois.

Ainsi l'engagement de quarante-six-millions deux tiers échéant le 31 mars 1816, sera échangé, au mois de novembre 1815, contre des bons au porteur payables, par portions égales, depuis le 1ᵉʳ décembre 1815 jusqu'au 31 mars 1816. L'engagement de quarante-six millions deux tiers échéant le 31 juillet 1816 sera échangé, au mois de mars de la même année, contre des bons au porteur, payables, par portions égales, depuis le 1ᵉʳ avril 1816 jusqu'au 31 juillet de la même année, et ainsi de suite, de quatre mois en quatre mois,

5. Il ne sera point délivré un seul bon au porteur pour l'échéance de chaque jour ; mais cette échéance sera divisée en plusieurs coupures de mille, deux mille, cinq mille, dix-mille et vingt mille francs, dont la réunion formera la somme totale du paiement de chaque jour.

6. Les puissances alliées, convaincues qu'il est autant de leur intérêt que de celui de la France qu'il ne soit pas émis simultanément une somme trop considérable de bons au porteur, conviennent qu'il n'y en aura jamais en circulation pour plus de cinquante millions de francs à la fois.

7. Il ne sera payé par la France aucun intérêt pour le délai de cinq années que les puissances alliées lui accordent pour le paiement des sept cents millions.

8. Le 1ᵉʳ janvier 1816, il sera remis par la France aux puissances alliées, à titre de garantie de la régularité des paiemens, une rente sur le grand-livre de la dette publique de France de la somme de sept millions de francs, au capital de cent quarante millions. Cette rente servira à suppléer, s'il y a lieu, à l'insuffisance des recouvremens du Gouvernement français, et à mettre, à la fin de chaque semestre, les paiemens de niveau avec les échéances des bons au porteur, ainsi qu'il sera dit ci-après.

9. Les rentes seront inscrites au nom des personnes que les puissances alliées indiqueront ; mais ces personnes ne pourront être dépositaires des inscriptions que dans le cas prévu à l'article 11 ci-après. Les puissances alliées se réservent en outre le droit de faire faire les transcriptions sous d'autres noms, aussi souvent qu'elles le jugeront nécessaire.

10. Le dépôt de ces inscriptions se trouvera sous la garde d'un caissier nommé par les puissances alliées, et d'un autre nommé par le Gouvernement français.

11. Il y aura une commission mixte, composée de commissaires alliés et français, en nombre égal des deux côtés, qui examinera, de six en six mois, l'état des paiemens et réglera le bilan. Les bons du Trésor acquittés constateront les paiemens ; ceux qui n'auront pas encore été présentés au Trésor de France, entreront dans les déterminations du bilan subséquent ; ceux enfin qui seront échus, présentés et non payés, constateront l'arriéré et la somme d'inscriptions à employer au taux du jour, pour couvrir le déficit. Dès que cette opération aura eu lieu, les bons non payés seront rendus aux commissaires français, et la commission mixte donnera des ordres aux caissiers pour la remise de la somme ainsi fixée, et les caissiers seront autorisés et obligés à la remettre aux commissaires des puissances alliées, qui en disposeront d'après leurs convenances.

8.

12. La France s'engage à rétablir aussitôt, entre les mains des caissiers, une somme d'inscriptions égale à celle qui aurait été employée d'après l'article précédent, de manière que la rente stipulée à l'article 8 soit toujours tenue au complet.

13. Il sera payé par la France un intérêt de cinq pour cent par année, depuis le jour de l'échéance des bons au porteur, pour ceux de ces bons dont le paiement aurait été retardé par le fait de la France.

14. Lorsque les six cents premiers millions de francs auront été payés, les alliés, pour accélérer la libération entière de la France, accepteront, si cet arrangement convient au Gouvernement français, la rente stipulée à l'article 8, au cours qu'elle aura à cette époque, jusqu'à concurrence de ce qui restera dû des sept cents millions. La France n'aura plus à fournir que la différence, s'il y a lieu.

15. Si cet arrangement n'entrait pas dans les convenances de la France, les cent millions de Francs qui resteraient dus seraient acquittés ainsi qu'il est dit aux articles 2, 3, 4 et 5; et après l'entier paiement des sept cents millions, l'inscription stipulée à l'article 8 serait remise à la France.

16. Le Gouvernement français s'engage à exécuter, indépendamment de l'indemnité pécuniaire stipulée par la présente convention, tous les engagemens contractés par les conventions particulières conclues avec les différentes puissances et leurs coalliés relativement à l'habillement et à l'équipement de leurs armées, et à faire délivrer et payer exactement les bons et mandats provenant desdites conventions, en tant qu'ils ne seraient pas encore réalisés à l'époque de la signature du traité principal et de la présente convention.

Fait à Paris, le 20 novembre, l'an de grace 1815.

(Suivent les signatures.)

Nº II.

20 NOVEMBRE 1815. — Convention conclue en conformité de l'article 5 du traité principal, et relative à l'occupation d'une ligne militaire en France par une armée alliée (7, Bull. 64, nº 404)

Art. 1er. Le composition de l'armée de cent cinquante mille hommes qui, en vertu de l'article 5 du traité de ce jour, doit occuper une ligne militaire le long des frontières de la France, la force et la nature des contingens à fournir par chaque puissance, de même que le choix des généraux qui commanderont ces troupes, seront déterminés par les souverains alliés.

2. Cette armée sera entretenue par le Gouvernement français, de la manière suivante :

Le logement, le chauffage, l'éclairage, les vivres et les fourrages doivent être fournis en nature. Il est convenu que le nombre total des rations ne pourra jamais être porté au-delà de deux cent mille pour hommes, et de cinquante mille pour chevaux, et qu'elles seront délivrées suivant le tarif annexé à la présente convention.

Quant à la solde, l'équipement et l'habillement, et d'autres objets accessoires, le Gouvernement français subviendra à cette dépense, moyennant le paiement d'une somme de cinquante millions de francs par an, payable en numéraire de mois en mois, à dater du 1er décembre de l'année 1815, entre les mains des commissaires alliés. Cependant les puissances alliées, pour concourir, autant que possible, à tout ce qui peut satisfaire sa majesté le Roi de France et soulager ses sujets, consentent à ce qu'il ne soit payé, dans la première année, que trente millions de francs sur la solde, sauf à être remboursées dans les années subséquentes de l'occupation.

3. La France se charge également de pourvoir à l'entretien des fortifications et bâtimens militaires et d'administration civile, ainsi qu'à l'armement et à l'approvisonnement des places qui, en vertu de l'article 5 du traité de ce jour, doivent rester, à titre de dépôt, entre les mains des troupes alliées.

Ces divers services, pour lesquels on se réglera d'après les principes adoptés par l'administration française de la guerre, se feront sur la demande qui en sera adressée au Gouvernement français par le commandant en chef des troupes alliées, avec lequel on conviendra d'un mode de constater les besoins et les travaux propre à écarter toute difficulté et à remplir le but de cette stipulation d'une manière qui satisfasse également aux intérêts des parties respectives.

Le Gouvernement français prendra, pour assurer les différens services énoncés dans cet article et l'article précédent, les mesures qu'il jugera les plus efficaces, et se concertera, à cet égard, avec le général en chef des troupes alliées.

4. Conformément à l'article 5 du traité principal, la ligne militaire que les troupes alliées doivent occuper s'étendra le long des frontières qui séparent les départemens du Pas-de-Calais, du Nord, des Ardennes, de la Meuse, de la Moselle, du Bas-Rhin et du Haut-Rhin, de l'intérieur de la France. Il est de plus convenu que ni les troupes alliées ni les troupes françaises n'occuperont (à moins que ce ne soit pour des raisons particulières et d'un commun accord) les territoires et districts ci-après nommés, savoir : dans

le département de la Somme, tout le pays au nord de cette rivière, depuis Ham jusqu'à son embouchure dans la mer ; dans le département de l'Aisne, les districts de Saint-Quentin, Vervins et Laon ; dans le département de la Marne, ceux de Reims, Sainte-Ménehould et Vitry ; dans le département de la Haute-Marne, ceux de Saint-Dizier et Joinville ; dans le département de la Meurthe, ceux de Toul, Dieuze, Sarrebourg et Blamont ; dans le département des Vosges, ceux de Saint-Diez, Bruyères et Remiremont ; le district de Lure dans le département de la Haute-Saône, et celui de Saint-Hippolyte dans le département du Doubs.

Nonobstant l'occupation par les alliés de la portion de territoire fixée par le traité principal et la présente convention, S. M. T. C. pourra entretenir dans les villes situées dans le territoire occupé des garnisons, dont le nombre toutefois ne dépassera pas ce qui est déterminé dans l'énumération suivante :

A Calais, mille hommes ; à Gravelines, cinq cents ; à Bergues, cinq cents ; à Saint-Omer, quinze cents ; à Béthune, cinq cents ; à Montreuil, cinq cents ; à Hesdin, deux cent cinquante ; à Ardres, cent cinquante ; à Aire, cinq cents ; à Arras, mille ; à Boulogne, trois cents ; à Saint-Venant, cinq cents ; à Lille, trois mille ; Dunkerque et ses forts, mille ; à Douai et fort de Scarpe, mille ; à Verdun, cinq cents ; à Metz, trois mille ; à Lauterbourg, deux cents ; à Weissembourg, cent cinquante ; à Lichtenberg, cent cinquante ; à Petite-Pierre, cent ; à Phalsbourg, six cents ; à Strasbourg, trois mille ; à Schelestadt, mille ; à Neuf-Brisach et fort Mortier, mille ; à Béfort, mille ;

- Il est cependant bien entendu que le matériel du génie et de l'artillerie, ainsi que les objets d'armement qui n'appartiennent pas proprement à ces places, en seront retirés et transportés à tels endroits que le Gouvernement français jugera convenables, pourvu que ces endroits se trouvent hors de la ligne occupée par les troupes alliées et des districts où il est convenu de ne laisser aucune troupe, soit alliée soit française.

S'il parvenait à la connaissance du commandant en chef des armées alliées quelque contravention aux stipulations ci-dessus, il adresserait ses réclamations à cet égard au Gouvernement français, qui s'engage à y faire droit.

Les places ci-dessus nommées étant en ce moment dépourvues de garnisons, le Gouvernement français pourra y faire entrer, aussitôt qu'il le jugera convenable, le nombre de troupes qui vient d'être fixé, en en prévenant toutefois d'avance le commandant en chef des troupes alliées, afin d'éviter toute difficulté et retard que les troupes françaises pourraient éprouver dans leur marche.

5. Le commandement militaire, dans toute l'étendue des départemens qui resteront occupés par les troupes alliées, appartiendra au général en chef de ces troupes : il est bien entendu cependant qu'il ne s'étendra pas aux places que les troupes françaises doivent occuper en vertu de l'article 4 de la présente convention, et à un rayon de mille toises autour de ces places.

6. L'administration civile, celle de la justice, et la perception des impositions et des contributions de toute espèce, resteront entre les mains des agens de sa majesté le Roi de France. Il en sera de même par rapport aux douanes : elles resteront dans leur état actuel, et les commandans des troupes alliées n'apporteront aucun obstacle aux mesures prises par les employés de cette administration pour prévenir la fraude ; ils leur prêteront même, en cas de besoin, secours et assistance.

7. Pour prévenir tout abus qui pourrait porter atteinte au maintien des réglemens de douane, les effets d'habillement et d'équipement et autres articles nécessaires destinés aux troupes alliées ne pourront être introduits que munis d'un certificat d'origine, et à la suite d'une communication à faire, par les officiers commandant les différens corps, au général en chef de l'armée alliée, lequel, à son tour, en fera donner avis au Gouvernement français, qui donnera des ordres en conséquence aux employés de l'administration des douanes.

8. Le service de la gendarmerie, étant reconnu nécessaire au maintien de l'ordre et de la tranquillité publique, continuera à avoir lieu, comme par le passé, dans les pays occupés par les troupes alliées.

9. Les troupes alliées, à l'exception de celles qui doivent former l'armée d'occupation, évacueront le territoire de France en vingt-un jours après celui de la signature du traité principal. Les territoires qui, d'après ce traité, doivent être cédés aux alliés, ainsi que les places de Landau et de Sarrelouis, seront remis par les autorités et les troupes françaises, dans le terme de dix jours, à dater de la signature du traité.

Ces places seront remises dans l'état où elles se trouvaient le 20 septembre dernier. Des commissaires seront nommés de part et d'autre pour vérifier et constater cet état, et pour délivrer et recevoir respectivement l'artillerie, les munitions de guerre, plans, modèles et archives appartenant tant auxdites places qu'aux différens districts cédés par la France, selon le traité de ce jour.

Des commissaires seront également nommés pour examiner et constater l'état des places occupées encore par les troupes françaises, et qui, d'après l'article 5 du traité principal, doivent être tenues en dépôt, pendant un certain temps, par les alliés. Ces places seront de même remises aux troupes alliées dans le terme de dix jours à dater de la signature du traité.

Il sera nommé aussi des commissaires, d'une part par le Gouvernement français, de l'autre par le général commandant en chef les troupes alliées destinées à rester en France, enfin par le général commandant les troupes alliées qui se trouvent aujourd'hui en possession des places d'Avesnes, Landrecies, Maubeuge, Rocroy, Givet, Montmédy, Longwy, Mézières et Sédan, pour vérifier et constater l'état de ces places et des munitions de guerre, cartes, plans, modèles, etc., qu'elles contiendront au moment qui sera considéré comme celui de l'occupation en vertu du traité.

Les puissances alliées s'engagent à remettre, à la fin de l'occupation temporaire, toutes les places nommées dans l'article 5 du traité principal dans l'état où elles se seront trouvées à l'époque de cette occupation, sauf toutefois les dommages causés par le temps, et que le Gouvernement français n'aurait pas prévenus par les réparations nécessaires.

Fait à Paris, le 20 novembre, l'an de grace 1815.

(Suivent les signatures.)

Article additionnel à la convention militaire.

Les hautes parties contractantes étant convenues, par l'article 5 du traité de ce jour, de faire occuper pendant un certain temps, par une armée alliée, des positions militaires en France, et désirant de prévenir tout ce qui pourrait compromettre l'ordre et la discipline qu'il importe très-particulièrement de maintenir dans cette armée, il est arrêté par le présent article additionnel que tout déserteur qui, de l'un ou de l'autre des corps de ladite armée, passerait du côté de la France, sera immédiatement arrêté par les autorités françaises, et remis au commandant le plus voisin des troupes alliées; de même que tout déserteur des troupes françaises qui passerait du côté de l'armée alliée sera immédiatement remis au commandant français le plus voisin.

Les dispositions du présent article s'appliqueront également aux déserteurs de côté et d'autre qui auraient quitté leurs drapeaux avant la signature du traité, lesquels seront, sans aucun délai, restitués et délivrés aux corps respectifs auxquels ils appartiennent.

Le présent article additionnel aura la même force et valeur que s'il était inséré mot à mot dans la convention militaire de ce jour.

En foi de quoi, les plénipotentiaires respectifs l'ont signé et y ont apposé le cachet de leurs armes.

Fait à Paris, le 20 novembre, l'an de grace 1815.

————

Tarif annexé à la convention relative à l'occupation d'une ligne militaire en France par une armée alliée.

I. Vivres, fourrages, logement, chauffage.

Portion ordinaire du soldat.

Deux livres poids de marc de pain de méteil, ou une livre deux tiers de farine, ou une livre un seizième de biscuit.

Un quart de livre de gruau, ou trois seizièmes de riz, ou une demi-livre de farine fine de froment, de pois ou lentilles, ou une demi-livre de pommes de terre, carottes, navets et autres légumes frais.

Une demi-livre de viande fraîche, ou un quart de lard.

Un dixième de litre d'eau-de-vie, ou un demi-litre de vin, ou un litre de bière.

Un trentième de livre de sel.

1° Dans le cas où les troupes seraient logées chez les habitans, elles auraient place au feu et à la chandelle. Dans les casernes, le bois de chauffage et de cuisine, et l'éclairage des chambres et corridors, seront fournis d'après les localités, conformément au besoin; il en sera de même pour les corps-de-garde;

2° Les surrogats ne se donneront pas au gré de la troupe, mais d'après les circonstances. On tâchera de varier les denrées selon les saisons, en s'en tenant, autant que possible, aux légumes secs. Le lard ne se donnera que d'un commun accord avec la troupe;

3° La farine pour le pain ne sera fournie à la troupe que de son gré, et l'on y ajoutera le bois et les fours nécessaires pour cuire le pain. Le biscuit se donnera seulement en cas de marche ou d'urgence, ou pour compléter la provision de réserve de dix jours dont les troupes doivent être pourvues dans leurs ambulances : ce complément se donnera outre l'approvisionnement journalier. Du reste, pour assurer l'exactitude de l'approvisionnement, il est entendu que, dans le délai de deux mois, on montera les magasins de telle sorte, qu'à l'exception de la viande, il y ait toujours pour quinze jours une réserve de vivres et fourrages sous l'inspection de gardes-magasins français. Les administrations des corps d'armée auront le droit d'examiner cette réserve quand il leur paraîtra nécessaire;

4° La viande se livrera abattue, sans y comprendre les têtes, pieds, poumons, foie et autres intestins. Si, du gré de la troupe, on préfère de donner le bétail sur pied, le poids en sera fixé d'après une juste estimation, en y comprenant la tête, le suif et tout ce qui est mangeable. Dans ce cas, la peau restera à la troupe;

5° En marche et dans d'autres occasions où le soldat sera nourri par étape, le même tarif servira de base. Alors le soldat recevra sa portion ou un équivalent suffisant, préparé et réparti sur ses deux repas, et le matin une partie du pain avec sa portion d'eau-de-vie;

6° Les reçus seront donnés par les régimens, compagnies et détachemens, par portions et rations, et seront revus et vérifiés à chaque corps d'armée par une commission mixte, dont les frais de bureau seront réglés et payés par le Gouvernement français;

7° La troupe de plusieurs de ces armées étant accoutumée au tabac à fumer, et les soldats n'étant pas en état de l'acheter au prix très-haut qui existe en France, il est convenu que les régimens, compagnies et détachemens, pourront demander par mois un demi-kilogramme de tabac pour chaque homme présent, en payant soixante centimes le demi-kilogramme de tabac de la qualité inférieure, mais fraîche, qui se vend dans les magasins. Pour éviter, à cette occasion, toute contrebande, on donnera aux régimens des livrets où seront notées les quantités de tabac délivrées.

Portion d'officier.

Deux livres de pain blanc.
Un quart de gruau fin ou surrogats.
Deux livres de viande.
Une portion de liqueur de bonne qualité.
Deux chandelles de suif, dont huit à la livre.

} Pour éviter différens inconvéniens, il est à désirer que cette partie de la portion soit évaluée, pour tous les corps d'armée, en argent et à un prix moyen par jour, et qu'elle se donne toujours en argent.

En outre,
Un quinzième de stère de bois dur de chauffage, ou, d'après les localités, du bois léger, de la houille ou de la tourbe, suivant les proportions fixées dans les réglemens français.
Dans les provinces où l'on brûle généralement du charbon de terre, la commutation entre bois et charbon se fera, tant pour l'officier que pour le soldat, d'après le tarif de commutation des mêmes articles en usage dans l'armée française.
En outre, le logement avec les lits.

Cette partie de la portion se donnera toujours en nature, excepté pendant les marches.
La ration d'été sera de la moitié, et on comptera six mois d'hiver.

Les portions d'officiers et le logement seront donnés d'après le tableau suivant :

DÉSIGNATION DES GRADES.	NOMBRE de portions de bouche.	NOMBRE de portions de chauffage.	NOMBRE de chambres d'une grandeur convenable	NOMBRE d'emplacemens pour les domestiques.	OBSERVATIONS.
Officiers subalternes. . . .	1	1	1	1 à 2	
Capitaines d'infanterie et de cavalerie, et capitaines en second	2	2	2	3	
Majors.	3	3	3	3	S'ils commandent un régiment, une portion de bouche, une chambre, une portion de bois, un emplacement de domestique de plus.
Lieutenans-colonels. . . .	4	3	3	4	
Colonels	5	3	3	4	
Généraux-majors	7	4	4	5	S'ils commandent une division ou sont attachés à l'état-major, ils reçoivent en tout une portion de plus.
Lieutenans-généraux . . .	9	5	5	7	
Généraux de cavalerie ou d'infanterie, ou commandans d'un corps d'armée.	12	"	"	"	Les généraux en chef et commandans des corps habiteront des hôtels convenables, qui seront chauffés au besoin.

1° Les domestiques recevront la portion de soldat, mais d'après l'état effectif de présence, et pas au-delà du nombre déterminé pour chaque armée;

2° Les employés dans les administrations et les officiers de santé seront, d'après leur grade, assimilés en tout aux militaires;

3° En cas de nécessité, surtout en marche, on se contentera d'un moindre nombre de chambres. Dans les casernes, les quartiers seront réglés d'après les circonstances, et conjointement avec MM. les commandans.

FOURRAGES.

Ration légère.

Avoine, cinq huitièmes de boisseau de Paris.
Foin, dix livres.
Paille, trois livres.

Ration pesante.

Avoine, un boisseau de Paris.
Foin, dix livres.
Paille, trois livres.

1° Les rations pesantes se donneront aux chevaux de selle des officiers, aux chevaux de la cavalerie régulière, tant pesante que légère, aux chevaux de l'artillerie qui mènent les canons et les caissons qui y appartiennent. Tous les autres, ainsi que les chevaux de cosaques, auront la ration légère, excepté le cas où, d'après les réglemens particuliers d'une armée, il se trouverait encore des équipages qui dussent recevoir la ration pesante. Dans les marches ou déplacemens qui dureraient plus de quatre jours, tous les chevaux en marche auront la ration pesante;

2° En cas de nécessité, les fourrages pourront être remplacés, en comptant six rations d'orge, et, en cas d'extrême disette, six de seigle, au lieu de huit rations d'avoine, et une demi-ration légère d'avoine pour cinq livres de foin. Ce dernier surrogat pourra être demandé de droit par les troupes dont la ration de foin est ordinairement moindre de dix livres, et celle d'avoine plus forte;

3° La paille sera fournie des magasins aux écuries des places, et le fumier restera à la troupe, qui l'enlèvera elle-même; chez l'habitant, celui-ci fournira la paille, d'après le tarif, et profitera du fumier;

4° Les écuries seront assignées aux régimens et compagnies d'après l'effectif des chevaux, en y joignant l'éclairage et l'emplacement pour la garde, les bagages et les fourrages;

5° Les fourrages, pour les officiers de différens gardes, seront délivrés à chaque troupe d'après les états de son organisation, tels qu'ils existaient avant ce tarif. On les délivrera d'après ces tableaux, sans aucune déduction. Les écuries pour les officiers seront également assignées, d'après l'effectif, avec l'emplacement pour les bagages et les fourrages, mais sans éclairage. On comptera par cheval quatre pied en largeur et huit pieds en longueur.

Note générale.

Les troupes ne pourront rien demander au-delà de ce tarif, et seront obligées d'acheter à leurs frais les objets qui n'y sont pas compris, tels que savon, beurre, craie, etc. Les villes arrangeront, à leurs frais, les corps-de-garde et les guérites.

II. Hôpitaux.

Les hôpitaux en général seront administrés par les autorités françaises, d'après l'ordre établi; mais, quant à l'entretien des malades, on se conformera aux réglemens publiés par chaque armée lors de son entrée en France. Tous les articles nécessaires, les médicamens y compris, seront fournis aux frais du Gouvernement français. On ne fournira cependant rien pour les hôpitaux des régimens, excepté l'emplacement et les portions ordinaires, que les régimens demanderont comme pour les autres militaires présens. Chaque corps d'armée déléguera à chaque hôpital destiné à ses malades les médecins et commissaires nécessaires pour en assurer le bon traitement. On ne pourra refuser d'admettre les militaires qui seront envoyés aux hôpitaux : ceux-ci seront établis à des distances convenables.

III. Charrois.

Lorsque les corps seront en mouvement, le Gouvernement français fournira les moyens de transport, sur la demande du commandant en chef. Il en sera de même pour le transport des malades. On fournira aussi les relais nécessaires pour les communications entre les différentes parties d'un corps d'armée; mais on observera, à cet égard, beaucoup de réserve. Pour ce qui concerne les convois d'effets militaires qui arrivent à la troupe des pays hors des frontières de la France, le transport ne devra se faire par les relais du pays que jusqu'au 1er février 1816, et seulement pour des quantités modérées.

IV. Postes.

Toutes les lettres qui concernent le service intérieur des corps et la correspondance avec les autorités françaises, et qui seront munies du contreseing officiel, seront reçues aux postes ordinaires et transmises sans paiement.

Quant aux estafettes et à la correspondance particulière des militaires, on les paiera suivant la taxe ordinaire. Les courriers et voyageurs, militaires ou non, paieront exactement les chevaux de poste.

V. Douanes.

Les effets destinés pour l'habillement de ces troupes jouiront de la libre entrée, moyennant des certificats valables. Les militaires qui rejoindront les corps ou quitteront la France, seront libres de tout paiement aux douanes pour tout ce qui sert à leur propre usage ou à celui de la troupe.

Arrêté et signé à Paris, le 20 novembre, l'an de grace 1815.

(*Suivent les signatures.*)

N° III.

20 NOVEMBRE 1815. — Convention conclue en conformité de l'article 9 du traité principal, et relative à l'examen et à la liquidation des réclamations à la charge du Gouvernement français. (7, Bull. 64, n° 404.)

Pour aplanir les difficultés qui se sont élevées sur l'exécution de divers articles du traité de Paris du 30 mai 1814, et notamment sur ceux relatifs aux réclamations des sujets des puissances alliées, les hautes parties contractantes, désirant faire promptement jouir leurs sujets respectifs des droits que ces articles leur assurent, et prévenir, en même temps, autant que possible, toute contestation qui pourrait s'élever sur le sens de quelques dispositions dudit traité, sont convenues des articles suivans :

Art. 1er. Le traité de Paris du 30 mai 1814 étant confirmé par l'article 11 du traité principal, auquel la présente convention est annexée, cette confirmation s'étend nommément aux articles 19, 20, 21, 22, 23, 24, 25, 26, 30 et 31 dudit traité, autant que les stipulations renfermées dans ces articles n'ont pas été changées ou modifiées par le présent acte, et il est expressément convenu que les explications et les développemens que les hautes parties contractantes ont jugé à propos de leur donner par les articles suivans ne préjudicieront en rien aux réclamations de tout autre nature qui seraient autorisées par ledit traité, sans être spécialement rappelées par la présente convention.

2. En conformité de cette disposition, S. M. T. C. promet de faire liquider, dans les formes ci-après indiquées, toutes les sommes que la France se trouve devoir dans les pays hors de son territoire, tel qu'il est constitué par le traité auquel la présente convention est annexée, en vertu de l'article 19 du traité de Paris du 30 mai 1814, soit à des individus, soit à des communes, soit à des établissemens particuliers, dont les revenus ne sont pas à la disposition des Gouvernemens.

Cette liquidation s'étendra spécialement sur les réclamations suivantes :

1° Sur celles qui concernent les fournitures et prestations de tout genre faites par des communes ou des individus, et en général par tout autre que les Gouvernemens, en vertu de contrats ou de dispositions émanées des autorités administratives françaises, renfermant promesse de paiement, que ces fournitures et prestations aient été effectuées dans et pour les magasins militaires en général, ou pour l'approvisionnement des villes et des places en particulier, ou enfin aux armées françaises, ou à des détachemens de troupes, ou à la gendarmerie, ou aux administrations françaises, ou aux hôpitaux militaires, ou enfin pour un service public quelconque.

Ces livraisons et prestations seront justifiées par les reçus des garde-magasins, officiers civils ou militaires, commissaires, agens ou surveillans, dont la validité sera reconnue par la commission de liquidation dont il sera question à l'article 5 de la présente convention.

Les prix en seront réglés d'après les contrats ou autres engagemens des autorités françaises, ou, à leur défaut, d'après les mercuriales des endroits les plus rapprochés de celui ou le versement aura été fait.

2° Sur les arriérés de solde et de traitemens, frais de voyage, gratifications et autres indemnités revenant à des militaires ou employés à l'armée française devenus, par les traités de Paris du 30 mai 1814 et du 20 novembre 1815, sujets d'une autre puissance, pour le temps où ces individus servaient dans les armées françaises, ou qu'ils étaient attachés à des établissemens qui en dépendaient, tels qu'hôpitaux, pharmacies, magasins ou autres.

La justification de ces demandes devra se faire par la production des pièces exigées par les lois et réglemens militaires.

3° Sur la restitution des frais d'entretien des militaires français dans les hospices civils qui n'appartenaient pas au Gouvernement, en tant que le paiement de cet entretien a été stipulé par des engagemens exprès : la quotité de ces frais sera justifiée par les bordereaux certifiés par les chefs de ces établissemens.

4° Sur la restitution des fonds confiés aux postes aux lettres françaises qui ne sont pas parvenus à leur destination, le cas de force majeure excepté.

5° Sur l'acquit des mandats, bons et ordonnances de paiemens fournis soit sur le Trésor public de France, soit sur la caisse d'amortissement, ou leurs annexes, ainsi que des bons donnés par cette dernière caisse : lesquels mandats, bons ou ordonnances, ont été souscrits en faveur d'habitans, de communes ou d'établissemens situés dans les provinces qui ont cessé de faire partie de la France, ou se trouvent entre les mains de ces habitans, communes et établissemens, sans que, de la part de la France, on puisse refuser de les payer, par la raison que les objets par la vente desquels ces bons, mandats et ordonnances devaient être réalisés, ont passé sous un Gouvernement étranger.

6° Sur les emprunts faits par les autorités françaises civiles ou militaires avec promesse de restitution.

7° Sur les indemnités accordées pour non-jouissance de biens domaniaux donnés en bail ; sur toute autre indemnité et restitution pour fait d'affermage de biens domaniaux, ainsi que sur les vacations, émolumens et honoraires pour estimation, visites ou expertise de bâtimens et autres objets, faites par ordre et pour compte du Gouvernement français, en tant que ces indemnités, restitutions, vacations, émolumens et honoraires ont été reconnus être à la charge du Gouvernement, et légalement ordonnés par les autorités françaises alors existantes.

8° Sur le remboursement des avances faites par les caisses communales, par ordre des autorités françaises, et avec promesse de restitution.

9° Sur les indemnités dues à des particuliers pour prise de terrain, démolition, destruction de bâtimens, qui ont eu lieu d'après les ordres des autorités militaires françaises, pour l'agrandissement ou la sûreté des places fortes et citadelles, dans le cas où il est dû indemnité, en vertu de la loi du 10 juillet 1791, et lorsqu'il y aura eu engagement de payer, résultant soit d'une expertise contradictoire réglant le montant de l'indemnité, soit de tout autre acte des autorités françaises.

3. Les réclamations du sénat de Hambourg concernant la banque de cette ville seront l'objet d'une convention particulière entre les commissaires de S. M. T. C., et ceux de la ville de Hambourg.

4. Seront également liquidées les réclamations que présentent plusieurs individus contre l'exécution d'un ordre daté de Nossen, le 8 mai 1813, en vertu duquel on a saisi, à leur préjudice, des denrées coloniales dont ils avaient acquis une partie du Gouvernement français, et en vertu duquel ils ont été contraints de payer une seconde fois, pour des cotons, les droits et doubles droits des douanes, quoiqu'ils se fussent libérés, en temps utile, de ce qu'ils devaient légalement. Ces réclamations seront liquidées par les commissaires établis par la convention de ce jour, et leur montant sera payé en inscrip-

tions au grand-livre de la dette publique, à un cours qui ne pourra pas être au-dessous de 75, de la même manière qu'il a été convenu par la présente convention à l'égard des cautionnemens à rembourser.

5. Les hautes parties contractantes, animées du désir de convenir d'un mode de liquidation propre en même temps à en abréger le terme, et à conduire, dans chaque cas particulier, à une décision définitive, ont résolu, en expliquant les dispositions de l'article 20 du traité du 30 mai 1814, d'établir des commissions de liquidation, qui s'occuperont en premier lieu de l'examen des réclamations, et des commissions d'arbitrage, qui en décideront dans le cas où les premières ne seraient pas parvenues à s'accorder. Le mode qui sera adopté à cet égard sera le suivant :

1° Immédiatement après l'échange des ratifications du présent traité, la France et les autres hautes parties contractantes, ou intéressées à cet objet, nommeront des commissaires-liquidateurs et des commissaires-juges qui résideront à Paris, et qui seront chargés de régler et faire exécuter les dispositions renfermées dans les art. 18 et 19 du traité du 30 mai 1814, et dans les articles 2, 4, 6, 7, 10, 11, 12, 13, 14, 17, 18, 19, 22, 23 et 24 de la présente convention.

2° Les commissaires-liquidateurs seront nommés par toutes les parties intéressées qui voudront en déléguer, au nombre que chacune d'elles jugera convenable. Ils seront chargés de recevoir, d'examiner, dans l'ordre d'un tableau qui sera établi pour cela et dans le plus bref délai, et de liquider, s'il y a lieu, toutes les réclamations.

Il sera libre à chaque commissaire de réunir dans une même commission tous les commissaires des différens Gouvernemens, pour leur présenter et faire examiner par eux les réclamations des sujets de son Gouvernement, ou bien de traiter séparément avec le Gouvernement français.

3° Les commissaires-juges seront chargés de prononcer définitivement et en dernier ressort sur toutes les affaires qui leur seront renvoyées, en conformité du présent article, par les commissaires-liquidateurs qui n'auront pas pu s'accorder sur elles. Chacune des hautes parties contractantes ou intéressées pourra nommer autant de ces juges qu'elle trouvera convenable, mais tous ces juges prêteront, entre les mains du garde-des-sceaux de France, et en présence des ministres des autres hautes parties contractantes résidant à Paris, serment de prononcer, sans partialité aucune pour les parties, d'après les principes établis par le traité du 30 mai 1814 et par la présente convention.

4° Immédiatement après que les commissaires-juges nommés par la France et par deux au moins des autres parties intéressées auront prêté ce serment, tous ces juges présens à Paris se réuniront sous la présidence du doyen d'âge pour convenir de la nomination d'un ou de plusieurs greffiers et d'un ou de plusieurs commis, qui prêteront serment entre leurs mains, ainsi que pour délibérer, s'il y a lieu, la tenue des registres, et autres objets d'ordre inférieur.

5° Les commissaires destinés à former les commissions d'arbitrages étant ainsi institués, lorsque les commissaires liquidateurs n'auront pu s'accorder sur une affaire, il sera procédé devant les commissaires-juges comme il va être dit.

6° Dans le cas où les réclamations seraient de la nature de celles prévues par le traité de Paris ou par la présente convention, et où il ne s'agirait que de statuer sur la validité de la demande, ou de fixer le montant des sommes réclamées, la commission d'arbitrage sera composée de six commissaires-juges, savoir : trois Français et trois personnes désignées par le Gouvernement réclamant. Ces six juges tireront au sort pour savoir lequel d'entre eux devra s'abstenir. Les commissaires, étant ainsi réduits au nombre de cinq, statueront définitivement sur la réclamation qui leur sera présentée.

7° Dans les cas où il s'agirait de savoir si la réclamation contestée peut être rangée parmi celles prévues dans le traité de Paris du 30 mai 1814 ou dans la présente convention, la commission d'arbitrage sera composée de six membres, dont trois Français et trois désignés par le Gouvernement réclamant. Ces six juges décideront à la majorité si la réclamation est susceptible d'être admise à la liquidation ; en cas de partage égal d'opinions, il sera sursis à l'examen de l'affaire, et elle fera la matière d'une négociation diplomatique ultérieure entre les Gouvernemens.

8° Toutes les fois qu'une affaire sera portée à la décision d'une commission d'arbitrage, le Gouvernement dont le commissaire liquidateur n'aura pas pu s'accorder avec le Gouvernement français, désignera trois commissaires-juges, et la France en désignera autant, les uns et les autres pris parmi tous ceux qui auront prêté ou prêteront, avant de procéder, le serment prescrit. On fera connaître ce choix au greffier, en lui transmettant le dossier des pièces. Le greffier donnera acte de cette désignation et de ce dépôt, et inscrira la réclamation sur le registre particulier qui aura été établi à cet usage. Lorsque, dans l'ordre de ces inscriptions, le tour d'une réclamation sera venu, le greffier convoquera les six commissaires-juges désignés.

S'il s'agit d'un des cas énoncés dans le paragraphe 6 du présent article, les noms de ces six commissaires-juges seront mis dans une urne, et le dernier sortant sera éliminé de droit, de telle sorte que le nombre des juges soit réduit à cinq. Il sera néanmoins libre aux parties de s'en tenir, si elles en conviennent d'un commun accord, à une commission de quatre juges, dont le nombre, pour obtenir un nombre impair, sera réduit de la même manière à trois. Dans le cas prévu par le paragraphe 7 du présent article, les six juges, ou les quatre, si les deux parties sont convenues de ce nombre, entrent en discussion sans l'élimination préalable d'un de leurs membres. Dans l'un et l'autre cas, les commissaires-juges convoqués pour cet effet s'occuperont immédiatement de l'examen de la réclamation ou du chef de réclamation dont il s'agit, et prononceront, à la pluralité des voix, en dernier ressort. Le greffier assistera à toutes les séances et y tiendra la plume. Si la commission d'arbitrage n'a point décidé d'un chef de réclamation, mais d'une réclamation même, cette décision terminera l'affaire. Si elle a prononcé sur un chef de réclamation, l'affaire, dans le cas que ce chef est reconnu valable, retourne à la commission de liquidation, pour que cette dernière s'accorde sur l'admissibilité de la réclamation particulière et de la fixation de son montant, ou qu'elle la renvoie de nouveau à une commission d'arbitrage, réduite au nombre de cinq ou de trois membres. La décision rendue, le greffier donnera à la commission de liquidation connaissance de chaque sentence prononcée, afin qu'elle la joigne à ses procès-verbaux, ses jugemens devant être envisagés comme faisant partie du travail de la commission de liquidation.

Il est au reste bien entendu que les commissions établies en vertu du présent article ne peuvent point étendre leur travail au-delà de la liquidation des obligations résultant du présent traité et de celui du 30 mai 1814.

6. Les hautes parties contractantes, voulant assurer l'accomplissement de l'article 21 du traité de Paris du 30 mai 1814 et déterminer, en conséquence, le mode d'après lequel il sera tenu compte à la France de celles des dettes spécialement hypothéquées dans leur origine sur des pays qui ont cessé d'appartenir à la France, ou contractées pour leur administration intérieure, lesquelles ont été converties en inscriptions au grand-livre de la dette publique de France, sont convenues que le montant du capital que chacun des Gouvernemens de ces pays respectifs sera dans le cas de rembourser à la France sera fixé au cours moyen du prix que les rentes du grand-livre auront eu entre le jour de la signature de la présente convention et le 1er janvier 1816. Ce capital sera bonifié à la France sur les états que la commission éta-

blie par l'article 5 de la présente convention dressera et arrêtera, de deux mois en deux mois, après vérification des titres sur lesquels l'inscription a eu lieu.

On ne remboursera pas à la France le montant des inscriptions provenant des dettes hypothéquées sur des immeubles que le Gouvernement français a aliénés, quelle que soit la nature de ces immeubles, pourvu que les acquéreurs de ces immeubles aient payé le prix entre les mains des agens du Gouvernement français, à moins que lesdits immeubles ne se trouvent aujourd'hui (autrement que par voie d'acquisition à titre onéreux, faite pendant la durée de l'administration française) entre les mains soit des Gouvernemens actuels ou d'établissemens publics, soit des anciens possesseurs. Le Gouvernement français reste chargé du paiement des rentes de ces inscriptions.

La compensation entre ce qui sera dû à la France du chef des inscriptions et les paiemens auxquels celle-ci s'est engagée par la présente convention ne pourra avoir lieu que de gré à gré, sauf ce qui va être dit dans l'article suivant.

7. Seront déduits de ces remboursemens :

1° Les intérêts des inscriptions sur le grand-livre de l'Etat, jusqu'à l'époque du 22 décembre 1813 : de même les intérêts que la France pourrait avoir payés postérieurement à cette époque lui seront bonifiés par les Gouvernemens respectifs;

2° Les capitaux et intérêts hypothéqués sur des immeubles aliénés par le Gouvernement français, encore bien que lesdits capitaux n'aient pas été convertis en inscriptions sur le grand-livre de la dette publique, sans toutefois que, par la présente stipulation, il soit dérogé en rien aux lois ou actes du Gouvernement qui prononçaient des prescriptions, des déchéances, et en vertu desquels les créances devaient s'éteindre au profit de la France par voie de confusion ou de compensation.

8. Le Gouvernement français ayant refusé de reconnaître la réclamation du Gouvernement des Pays-Bas relative au paiement des intérêts de la dette de Hollande qui n'aurait pas été acquittée pour les semestres de mars et de septembre 1813, on est convenu de remettre à l'arbitrage d'une commission particulière la décision du principe de ladite question.

Cette commission sera composée de sept membres, dont deux à nommer par le Gouvernement français, deux par le Gouvernement des Pays-Bas, et les trois autres à choisir dans les Etats absolument neutres et sans intérêt dans cette question, tels que la Russie, la Grand-Bretagne, La Suède, le Danemarck et le royaume de Naples. Le choix de ces

trois derniers commissaires se fera de manière qu'un d'eux soit désigné par le Gouvernement français, l'autre par le Gouvernement des Pays-Bas, et le troisième par les deux commissaires neutres réunis.

Elle s'assemblera à Paris, le 1er février 1816. Ses membres prêteront le même serment auquel sont astreints les commissaires-juges qui sont institués par l'article 5 de la présente convention, et de la même manière.

Aussitôt que la commission sera constituée, les commissaires-liquidateurs des deux puissances lui soumettront par écrit les argumens, chacun en faveur de son opinion, afin de mettre les arbitres à même de décider lequel des deux Gouvernemens, du Gouvernement français ou de celui des Pays-Bas, sera tenu à payer les susdits intérêts arriérés, en prenant pour base la disposition du traité de Paris du 30 mai 1814 ; le remboursement, que le Gouvernement des Pays-Bas sera dans le cas de faire à la France, des inscriptions de dette des pays réunis à sa couronne et détachés de la France peut être exigible sans déduction des rentes de la dette de Hollande arriérées sur les échéances de 1813.

9. Il sera procédé à la liquidation des intérêts non payés des dettes hypothéquées sur le sol des pays cédés à la France par les traités de Campo-Formio et de Lunéville, résultant d'emprunts formellement consentis par les Etats des pays cédés, ou de dépenses faites pour l'administration effective desdits pays.

Les commissaires-liquidateurs devront prendre pour règle de leurs opérations et les dispositions des traités de paix, et les lois et actes du Gouvernement français sur la liquidation ou l'extinction des créances de la nature de celles dont il s'agit.

10. Comme, par l'article 23 du traité de Paris du 30 mai 1814, il a été stipulé que le Gouvernement français rembourserait les cautionnemens des fonctionnaires ayant eu maniement de deniers publics, dans les pays détachés de la France, six mois après la présentation de leurs comptes, le seul cas de malversation excepté, il demeure convenu :

1° Que l'obligation de présenter leurs comptes au Gouvernement français ne s'étend point aux receveurs communaux ; néanmoins, comme le Gouvernement français a été intéressé pour certaines portions dans les recettes dont ces comptables étaient chargés, et que, par conséquent, il conserve son recours contre eux en cas de malversation, aucune réclamation pour restitution de leurs cautionnemens ne sera présentée sans être accompagnée d'un certificat des autorités supérieures du pays auquel ces comptables appartiennent, déterminant la somme qui, après vérification de leurs comptes, aura été reconnue revenir au Gouvernement français par la cause susdite, et que celui-ci déduira du

nutionnement, ou constatant qu'il ne revient rien à ce Gouvernement, sauf, dans l'un et l'autre cas, la déduction de ceux des débets que la France s'est réservés par l'article 24 de la présente convention.

2° Les comptes des employés qui ont manié des fonds du Gouvernement français et qui étaient tenus de faire apurer leur gestion, par la cour des comptes, seront examinés par le Gouvernement français, de concert avec le commissaire du Gouvernement actuel de la province dans laquelle le comptable a été employé. L'examen de chaque compte se fera dans les six mois qui suivront immédiatement la présentation : si, dans ce délai, il n'a été rendu aucune décision sur un compte, le Gouvernement français renonce à tout recours contre le comptable. Cette stipulation ne déroge pas, à l'égard des comptables, au terme de déchéance fixé par l'article 16 ; bien entendu que, dans le cas de non-présentation de compte, le Gouvernement français se réserve le droit de poursuivre les comptables par les voies ordinaires.

3° Les employés ne pouvant être rendus responsables de ce qui s'est passé relativement à leurs caisses depuis l'entrée des troupes étrangères, il a été expressément convenu que le Gouvernement français ne pourra répéter sur eux les soldes qu'ils devaient à cette époque, et que ce ne sera qu'une malversation évidente, commise avant l'entrée de ces troupes, qui puisse autoriser le Gouvernement français à retenir totalité ou partie de cautionnement. Dans tous les autres cas, celui-ci sera remboursé de la manière énoncée par l'article 19, paragraphe 2.

11. Conformément à l'article 25 du traité du 30 mai 1814, les fonds déposés par les communes et les établissemens publics dans les caisses des Gouvernemens leur seront remboursés, sous la déduction des avances qui leur auraient été faites. Les commissaires-liquidateurs vérifieront le montant desdits dépôts et des avances. Néanmoins, lorsqu'il existerait des oppositions sur ces fonds, le remboursement n'aura lieu qu'après que la main-levée aura été ordonnée par les tribunaux compétens, ou donnée volontairement par les créanciers opposans. Le Gouvernement français sera tenu de justifier desdites oppositions. Il est bien entendu que les oppositions faites par des créanciers non français n'autoriseront pas le Gouvernement français à retenir des dépôts.

12. Les fonds qui existaient dans la caisse d'agriculture de la Hollande, et qui ont été remis, à titre de dépôt, dans la caisse d'amortissement, dans la caisse de service, ou dans toute autre caisse du Gouvernement, seront remboursés comme tout autre dépôt, sauf les compensations que lesdites caisses

pourraient être dans le cas d'imputer sur lesdits fonds.

13. Les commissions de liquidation et d'arbitrage établies en vertu de l'article 5 de la présente convention s'occuperont aussi de la liquidation des objets relatés dans les articles 22 à 25 du traité du 30 mai 1814, et suivront, pour ces objets, la même marche que pour les autres liquidations dont elles sont chargées. Le Gouvernement français s'engage à faire remettre, quatre mois après la signature de la présente convention, aux commissaires-liquidateurs respectifs, des états exacts, dressés sur les registres du Trésor et autres, de toutes les sommes et créances dont il est question dans les susdits articles ; et ces états seront comparés avec les reçus des réclamans, pour être vérifiés de cette manière.

14. L'article 26 du traité du 30 mai 1814, qui décharge le Gouvernement français, à dater du 1er janvier de la même année, du paiement de toute pension civile, militaire et ecclésiastique, solde de retraite et traitement de réforme à tout individu qui se trouve n'être plus sujet français, est maintenu. Quant aux arrérages des pensions jusqu'à l'époque ci-dessus déterminée, le Gouvernement français s'engage à les constater, en fournissant des états exacts tirés des registres des pensions, lesquels seront comparés à ceux qui existent auprès des autorités administratives locales.

15. Comme il s'est élevé des doutes sur l'article 31 de la paix du 30 mai 1814, concernant la restitution des cartes des pays qui ont cessé d'appartenir à la France, on est convenu que toutes les cartes des pays cédés, et notamment celles que le Gouvernement français a fait exécuter, seront exactement remises, avec les planches qui y appartiennent, dans un délai de quatre semaines après l'échange des ratifications du présent traité. Il en sera de même des archives, cartes et planches qui pourraient avoir été enlevées dans les pays momentanément occupés par les différentes armées, ainsi qu'il est stipulé dans le deuxième paragraphe de l'article 31 du traité susdit.

16. Les Gouvernemens qui ont des réclamations à faire au nom de leurs sujets s'engagent à les faire présenter à la liquidation dans le délai d'une année, à dater du jour de l'échange des ratifications du présent traité, passé lequel terme, il y aura déchéance de tout droit, réclamation et répétition.

17. Tous les deux mois il sera dressé un bordereau des liquidations définitivement arrêtées, agréés ou jugées, indiquant le nom de chaque créancier, et la somme pour laquelle sa créance doit être acquittée, soit en principal, soit en intérêts arrérages. Les sommes qui sont à payer en numéraire par

le Trésor royal, soit pour capitaux, soit pour intérêts, seront remises aux commissaires-liquidateurs du Gouvernement intéressé, sur leurs quittances visées par les liquidateurs français. Quant aux créances qui, d'après les articles 4 et 19 de la présente convention, doivent être remboursées en inscriptions sur le grand-livre de la dette publique, elles seront inscrites au nom des commissaires liquidateurs des Gouvernemens intéressés ou de ceux qu'ils désigneront. Ces inscriptions seront prises du fonds de garantie établi par l'art. 20 de la présente convention, et de la manière qui est stipulée par l'article 21.

18. Toutes les créances auxquelles il est attaché un intérêt, soit par les termes des lois, soit par ceux du traité du 30 mai 1814, continueront à en jouir au même taux. Quant à celles auxquelles il n'est attaché aucun intérêt, ni par leur nature, ni par ledit traité, elles en produiront un de quatre pour cent à dater de la signature de la présente convention. Tous les intérêts seront payés en numéraire et sur le montant de la valeur nominale de la créance. Les stipulations relatives aux intérêts seront réciproques entre la France et les autres puissances contractantes.

19. Le traité du 30 mai 1814, en réglant les termes dans lesquels les paiemens devaient être accomplis, avait indiqué trois classes de créances. Pour se rapprocher d'une pareille disposition, il a été arrêté par la présente convention, qu'on adopterait aussi trois classes de remboursemens, comme il suit :

1° Les dépôts judiciaires et consignations faits dans la caisse d'amortissement seront remboursés en argent dans le terme de six mois, à compter de l'échange des ratifications de la présente convention, pour autant que la remise des pièces ait eu lieu dans les trois premiers mois de la liquidation. Les objets dont les pièces auront été remises plus tard seront liquidés dans les trois mois suivans.

2° Les dettes provenant de versemens de cautionnemens ou de fonds déposés par les communes et établissemens publics dans la caisse de service, dans la caisse d'amortissement, ou dans toute autre caisse du Gouvernement français, seront remboursées en inscriptions sur le grand-livre de la dette publique, au pair, à condition toutefois que, dans le cas que le cours du jour du règlement fût au-dessous de soixante-quinze, le Gouvernement français bonifiera la différence entre le cours du jour et soixante-quinze.

3° Les autres dettes non comprises dans les deux paragraphes précédens seront également remboursées en inscriptions au pair, avec la différence que le Gouvernement

français ne leur garantit qu'un cours de soixante, en s'engageant à bonifier la différence entre le cours du jour et soixante.

20. Il sera inscrit, le 1er janvier prochain au plus tard, comme fonds de garantie, sur le grand-livre de la dette publique de France, un capital de trois millions cinq cent mille francs de rente, avec jouissance du 22 mars 1816, au nom de deux, de quatre ou de six commissaires, moitié sujets de S. M. trèschrétienne, et moitié sujets des puissances alliées, lesquels commissaires seront choisis et nommés, savoir : un, deux ou trois par le Gouvernement français, et un, deux ou trois par les puissances alliées.

Ces commissaires toucheront lesdites rentes de semestre en semestre.

Ils en seront dépositaires sans pouvoir les négocier.

Ils en placeront le montant dans les fonds publics, et ils en recevront l'intérêt accumulé et composé au profit des créanciers.

Dans le cas où les trois millions cinq cent mille francs de rente seraient insuffisans, il sera délivré aux susdits commissaires des inscriptions pour plus fortes sommes, et jusqu'à concurrence de celles qui seront nécessaires pour payer les dettes indiquées par la présente convention.

Ces inscriptions additionnelles, s'il y a lieu, seront délivrées avec jouissance de la même époque que celle fixée pour les trois millions cinq cent mille francs de rente ci-dessus stipulés, et elles seront administrés par les mêmes commissaires et d'après les mêmes principes ; en sorte que les créances qui resteront à solder seront acquittées avec la même proportion d'intérêts accumulés et composés que si le fonds de garantie avait été suffisant dès le commencement.

Lorsque les paiemens dus aux créanciers auront été effectués, le surplus des rentes non assignées, s'il y en a, ainsi que la proportion d'intérêts accumulés et composés qui leur appartiendra, seront remis à la disposition du Gouvernement français.

21. A mesure que les bordereaux de liquidation prescrits par l'article 18 de la présente convention seront présentés aux commissaires dépositaires des rentes, ceux-ci les viseront, afin qu'ils puissent être inscrits immédiatement sur le grand-livre de la dette publique, au débit de leur dépôt, et au crédit des commissaires-liquidateurs des Gouvernemens réclamans.

22. Les souverains actuels des pays qui ont cessé d'appartenir à la France renouvellent l'engagement qu'ils ont contracté par l'article 21 de la paix du 30 mai 1814, de tenir compte au Gouvernement français, à partir du 22 décembre 1813, de celles des

dettes de ces pays qui ont été converties en inscriptions au grand-livre de la dette publique de France. Les états de toutes ces dettes seront dressés et arrêtés par les commissions établies par l'article 5 de la présente convention; bien entendu que le Gouvernement français continuera de payer les rentes de ces inscriptions.

23. Les mêmes Gouvernemens renouvellent l'engagement de rembourser aux sujets français, serviteurs des pays cédés, les sommes qu'ils ont à réclamer à titre de cautionnemens, dépôts ou consignations, dans leurs trésors respectifs. Ces remboursemens se feront de la même manière qui a été convenue par l'article 19 de la présente convention à l'égard des sujets de ces pays qui ont fait des versemens de la même nature.

24. Il est réservé au Gouvernement français la faculté de déduire des cautionnemens que, par l'article 22 du traité du 30 mai 1814 et par l'article 10 de la présente convention, il s'est engagé à rembourser, les débets des comptables qu'un jugement de la cour des comptes rendu avant le 30 mai 1814 aurait déclarés rétentionnaires de deniers publics. Cette déduction se fera sans préjudice des poursuites qui, en cas d'insuffisance des cautionnemens, pourront être dirigées contre les rétentionnaires par les voies ordinaires, et par-devant les tribunaux du pays où ces comptables sont domiciliés.

25. Dans les pays cédés par la paix du 30 mai 1814 et par le présent traité, les souscripteurs d'effets négociables au profit du Trésor royal, ou de la caisse d'amortissement, autres que les receveurs des contributions directes, qui ne les auraient point acquittés à leur échéance, pourront être poursuivis en remboursement devant les tribunaux ordinaires du pays où ils sont domiciliés, à moins qu'ils n'eussent été contraints de se libérer antérieurement au 30 mai 1814, ou, pour les pays cédés par le présent traité, antérieurement au 20 novembre 1815, entre les mains des agens des nouveaux possesseurs du pays.

26. Tout ce qui a été convenu par la présente convention, à l'égard du terme dans lequel les créanciers de la France présenteront leurs réclamations à la liquidation, des époques où les bordereaux de liquidation seront dressés, des intérêts alloués aux diverses classes de créances et du mode dont elles seront payées, s'applique également aux créances que les Français ont à former contre les Gouvernemens détachés de la France.

Fait à Paris, le 20 novembre 1815.

(*Suivent les signatures.*)

Article additionnel.

La maison des comtes de Bentheim et Steinfurt ayant formé contre le Gouvernement français une réclamation à différens titres, savoir :

En vertu d'une convention du 22 mai 1814, la somme de huit cent mille francs;

Intérêt, à six pour cent, de cette somme, quatre cent quatre-vingt mille francs;

Pour restitution de contribution foncière, soixante-dix-huit mille deux cents francs;

Déblaiement de l'Yssel, trente mille francs;

Pour diverses aliénations et indemnités, six cent trente-quatre mille francs;

Pour revenu du comté de Bentheim, depuis la prise de possession par le Gouvernement français, deux millions deux cent vingt-cinq mille francs;

Total, quatre millions deux cent quarante-sept mille deux cents francs, il a été convenu, par forme de transaction, que le Gouvernement français paiera à cette maison, pour toute réclamation quelconque :

1° La somme de huit cent mille francs en numéraire, payable par douzièmes, de mois en mois, à commencer du 1er janvier 1816;

2° Celle de cinq cent dix mille francs en inscriptions au grand-livre de la dette publique au pair, en lui garantissant le cours de soixante-quinze, ou bonifiant la différence entre le cours du jour et soixante-quinze. Ces inscriptions seront délivrées d'ici au 1er janvier et avec jouissance du 22 mars 1816.

Au moyen du paiement de cette somme d'un million trois cent dix mille francs, la maison des comtes de Bentheim et Steinfurt renonce à rien demander ni répéter du Gouvernement français, à tel titre et pour telle cause que ce soit, ledit abandon étant fait à titre de transaction.

Fait à Paris, le 20 novembre 1815.

Suivent les signatures.)

N° IV.

20 NOVEMBRE 1815. — Convention conclue en conformité de l'article 9 du traité principal, et relative à l'examen et à la liquidation des réclamations des sujets de sa majesté britannique envers le Gouvernement français. (7, Bull. 64, n° 404.)

Art. 1er. Les sujets de sa majesté britannique porteurs de créances sur le Gouvernement français, lesquels, en contravention à l'article 2 du traité de commerce de 1786, et depuis le 1er janvier 1793, ont été atteints à cet égard par les effets de la confiscation ou du séquestre décrétés en France, **seront,** cenformément à l'article 4 additionnel du traité de Paris de 1814, eux, leurs héritiers ou ayant-cause, sujets de sa majesté britannique, indemnisés et payés, après que leurs créances auront été reconnues légitimes et que le montant en aura été fixé, suivant les formes et sous les conditions stipulées ci-après :

2. Les sujets de sa majesté britannique possesseurs de rentes perpétuelles sur le Gouvernement français, et qui, depuis le 1er janvier 1793, ont été atteints à cet égard par les effets de la confiscation ou du séquestre décrétés en France, seront, eux, leurs héritiers ou ayant-cause, sujets de sa majesté britannique, inscrits sur le grand-livre de la dette consolidée de France, pour la même somme de rentes dont ils jouissaient avant les lois et décrets de séquestre ou de confiscation susmentionnés.

Dans le cas où les édits constitutifs des rentes mentionnées ci-dessus auraient ajouté des conditions utiles ou des chances favorables, il en sera tenu compte aux créanciers, et une augmentation fondée sur une juste évaluation de ces avantages s'appliquera au montant de la rente à inscrire.

Les nouvelles inscriptions seront fournies avec jouissance du 22 mars 1816.

Sont exceptés des dispositions mentionnées ci-dessus ceux desdits sujets de sa majesté britannique qui, en recevant leurs rentes au tiers, après le 30 septembre 1797, se sont soumis eux-mêmes aux lois existantes sur cette matière.

3. Seront également inscrits sur le grand-livre de la dette viagère de France ceux des sujets de sa majesté britannique, ou leurs héritiers ou ayant-cause sujets de sa majesté britannique, possesseurs de rentes viagères sur le Gouvernement français avant les décrets qui en ont ordonné la confiscation ou le séquestre, pour la même somme de rentes viagères dont ils jouissaient en 1793. Sont exceptés ceux desdits sujets de sa majesté britannique qui ont innové en recevant leurs rentes au tiers et se soumettant ainsi eux-mêmes aux lois existantes sur cette matière.

Les nouvelles inscriptions seront fournies avec jouissance du 22 mars 1816.

Avant que ces nouvelles inscriptions puissent être délivrées, les réclamans seront tenus à produire des certificats, selon les formes prescrites, constatant que les personnes sur la tête desquelles leurs rentes viagères avaient été prises sont encore en vie. Quant à ceux des susdits sujets de sa majesté britannique dont les rentes viagères portaient sur des personnes qui ne sont plus en vie, ils seront tenus à produire des extraits mortuaires suivant les formes prescrites, constatant les époques des décès; et dans ce cas, les rentes seront payées jusqu'à ces époques,

4. Les arrérages liquidés et reconnus des rentes viagères et perpétuelles qui seront dus jusqu'au 22 mars prochain inclusivement, sauf les cas d'exception spécifiés aux articles 2 et 3, seront inscrits sur le grand-livre de la dette publique de France, au taux qui résultera du terme moyen entre le pair et le cours de la place au jour de la signature du présent traité ; les inscriptions seront fournies avec jouissance du 22 mars 1816 inclusivement.

5. Pour régler la somme principale qui sera due relativement aux propriétés immobilières qui appartenaient à des sujets de sa majesté britannique, à leurs héritiers ou ayant-cause, également sujets de sa majesté britannique, et qui ont été séquestrées, confisquées et vendues, on procédera de la manière suivante :

Lesdits sujets de sa majesté britannique auront à produire : 1° l'acte d'achat constatant qu'ils étaient propriétaires; 2° les actes prouvant le fait du séquestre et de la confiscation sur leur tête, ou sur celle de leurs devanciers ou cédans, sujets de sa majesté britannique. On admettra toutefois, au défaut de preuves écrites, vu les circonstances dans lesquelles les confiscations et séquestres ont eu lieu, et celles qui sont survenues depuis, telle autre preuve que les commissaires de liquidation jugeront qu'il sera parlé plus bas jugeront suffisante pour les remplacer.

Le Gouvernement français s'engagera, en outre, à faciliter de toutes les manières la production des titres et preuves servant à constater les réclamations auxquelles se rapporte le présent article ; et les commissaires seront autorisés à faire toutes les recherches qu'ils jugeront nécessaires pour parvenir à la connaissance ou obtenir la production de ces titres et preuves. Il pourront même, en cas de besoin, interroger, sous serment, les employés des bureaux qui se trouveraient en état de les indiquer ou de les fournir.

La valeur desdites propriétés immobilières sera déterminée et fixée sur la remise de l'extrait de la matrice des rôles de la contribution foncière pour l'année 1791, et sur le pied de vingt fois le revenu mentionné dans lesdits rôles.

Si les matrices n'existaient plus et que les extraits ne pussent pas être fournis, les réclamans pourront être autorisés à fournir telles autres preuves qui seraient agréées par la commission de liquidation mentionnée dans les articles ci-après.

Le capital ainsi liquidé et reconnu sera inscrit sur le grand-livre de la dette publique de France, au même taux qui a été fixé à l'article 4 pour l'inscription des arrérages des rentes, et les inscriptions seront fournies avec jouissance du 22 mars prochain inclusivement.

Les arrérages dus sur ledit capital, depuis l'époque du séquestre, seront calculés à raison de 4 pour cent par an sans retenue, et le montant total de ces arrérages, jusqu'au 22 mars prochain exclusivement, sera inscrit sur le grand-livre de la dette publique de France, aux taux susmentionné, et avec jouissance du 22 mars prochain inclusivement.

6. Pour régler la somme principale ainsi que les arrérages qui seront dus à ceux des sujets de sa majesté britannique dont les propriétés mobilières en France ont été confisquées, séquestrées et vendues, ou à leurs héritiers ou ayant-cause sujets de sa majesté britannique, on procédera de la manière suivante :

Les réclamans auront à produire : 1° le procès-verbal d'inventaire des effets mobiliers saisis ou séquestrés; 2° le procès-verbal de vente desdits effets, ou, à défaut de preuves écrites, telle autre preuve que les commissaires respectifs des deux puissances jugeront suffisantes pour les remplacer.

D'après le principe établi dans l'article précédent, le Gouvernement français s'engage, à cet égard, aux mêmes facilités, et les commissaires sont autorisés aux mêmes recherches et démarches qui ont été établies pour les propriétés immobilières dans l'article précédent.

On déterminera ainsi le montant des créances provenant des saisies et ventes de mobiliers, en ayant toutefois égard aux époques où le papier-monnaie était en circulation, et à l'augmentation fictive du prix qui en est résultée.

Le capital liquidé et reconnu sera inscrit sur le grand-livre de la dette publique de France, au même taux qui a été fixé par les articles précédens, et les inscriptions seront fournies avec jouissance du 22 mars prochain inclusivement.

Les arrérages liquidés et reconnus dus sur ledit capital, depuis l'époque où le réclamant a été privé de la jouissance du mobilier, seront calculés à raison de trois pour cent par an sans retenue, et le montant total desdits arrérages, jusqu'au 22 mars prochain exclusivement, sera inscrit sur le grand-livre de la dette publique de France, au taux susmentionné, et avec jouissance du 22 mars prochain inclusivement.

Ne seront point admis à la liquidation et aux paiemens mentionnés dans le présent article les vaisseaux, navires, cargaisons et autres effets mobiliers qui auraient été saisis et confisqués, soit au profit de la France, soit au profit des sujets de sa majesté très-chrétienne, par suite des lois de la guerre et des lois prohibitives.

7. Les créances des sujets de sa majesté britannique provenant des différens emprunts faits par le Gouvernement français, ou d'hypothèques sur des biens séquestrés, saisis et vendus par ledit Gouvernement, ou toute autre créance non comprise dans les articles précédens et qui serait admissible d'après les termes de l'article 4 additionnel du traité de Paris de 1814 et de la présente convention, seront liquidées et fixées en suivant, relativement à chacune d'elles, les modes d'admission, de vérification et de liquidation qui seront relatifs à leurs natures, et qui seront précisés et fixés par la commission mixte dont il sera parlé dans les articles suivans, d'après les principes mentionnés aux articles ci-dessus.

Ces créances ainsi liquidées seront payées en inscriptions sur le grand-livre au taux susmentionné, et les inscriptions seront fournies avec jouissance du 22 mars prochain inclusivement.

Dans le cas où les édits constitutifs des rentes mentionnées ci-dessus auraient assuré aux créanciers le remboursement des capitaux, et autres conditions utiles ou chances favorables, il en sera tenu compte aux créanciers, comme il est ci-dessus détaillé dans l'article 2.

8. Le montant des inscriptions revenant à chaque créancier pour ses créances liquidées et reconnues sera partagé par les commissaires dépositaires en cinq portions égales, dont la première sera délivrée immédiatement après la liquidation faite, la seconde trois mois après, et ainsi de suite pour les autres, de trois mois en trois mois.

Néanmoins, les créanciers recevront les intérêts de leurs créances totales liquidées et reconnues, à dater du 22 mars 1816 inclusivement, aussitôt que leurs réclamations respectives auront été reconnues et admises.

9. Il sera inscrit, comme fonds de garantie, sur le grand-livre de la dette publique de France, un capital de trois millions cinq cent mille francs de rente, avec jouissance du 22 mars 1816, au nom de deux ou de quatre commissaires, moitié Anglais, moitié Français, choisis par leurs Gouvernemens respectifs. Ces commissaires recevront lesdites rentes, à dater du 22 mars 1816, de semestre en semestre; ils en seront dépositaires, sans pouvoir les négocier, et ils seront tenus, en outre, à en placer le montant dans les fonds publics et à en percevoir l'intérêt accumulé et composé au profit des créanciers.

Dans le cas où les trois millions cinq cent mille francs de rente seraient insuffisans, il sera délivré auxdits commissaires des inscriptions pour plus fortes sommes, et jusqu'à concurrence de celles qui seront nécessaires pour payer toutes les dettes mentionnées dans le présent acte.

Ces inscriptions additionnelles, s'il y a lieu, seront délivrées avec jouissance des mêmes époques que les trois millions cinq cent mille francs ci-dessus stipulés, et administrées par les commissaires, d'après les mêmes principes; en sorte que les créances qui resteront à solder seront acquittées avec la même proportion d'intérêt accumulé et composé que si le fonds de garantie avait été suffisant dès le commencement; et lorsque tous les paiemens dus aux créanciers auront été effectués, le surplus des rentes non assignées, avec la proportion d'intérêt accumulé et composé qui leur appartiendra, sera rendu, s'il y a lieu, à la disposition du Gouvernement français.

10. A mesure que les liquidations seront faites et que les créances seront reconnues, avec distinction des sommes représentant les valeurs capitales et des sommes provenant des arrérages ou intérêts, la commission de liquidation, dont il sera parlé aux articles suivans, délivrera aux créanciers reconnus deux certificats pour valoir inscription, avec jouissance du 22 mars 1816 inclusivement, l'un des certificats relatif au capital de la créance, et l'autre relatif aux arrérages ou intérêts liquidés jusqu'au 22 mars 1816 exclusivement.

11. Les certificats mentionnés ci-dessus seront remis aux commissaires dépositaires des rentes, qui les viseront, afin qu'ils soient inscrits immédiatement sur le grand-livre de la dette publique de France, au débit de leur dépôt, et au crédit des nouveaux créanciers reconnus et porteurs desdits certificats, en ayant soin de distinguer les rentes perpétuelles des rentes viagères; et lesdits créanciers seront autorisés, dès le jour de la liquidation définitive de leurs créances, à recevoir, de la part desdits commissaires, les rentes qui leur sont dues, avec les intérêts accumulés et composés, s'il y a lieu, à leur profit, et avec une portion du capital qui aura été payé, d'après ce qui a été réglé par les articles précédens.

12. Un nouveau délai sera accordé, après la signature de la présente convention, aux sujets de sa majesté britannique formant des prétentions sur le Gouvernement français pour des objets spécifiés dans le présent acte, à l'effet de faire leurs réclamations et de produire leurs titres. Ce délai sera de trois mois pour les créanciers qui sont résidens en Europe, de six mois pour ceux qui sont dans les colonies occidentales, et de douze mois pour ceux qui sont dans les Indes-Orientales, ou dans d'autres pays également éloignés.

Après ces époques, lesdits sujets de sa majesté britannique ne seront plus admissibles à la présente liquidation.

13. A l'effet de procéder aux liquidations et reconnaissances de créances mentionnées aux articles précédens, il sera formé une commission composée de deux Français et

de deux Anglais, qui seront désignés et nommés par leurs Gouvernemens respectifs.

Ces commissaires, après avoir reconnu et admis les titres, procéderont, d'après les bases indiquées, à la reconnaissance, liquidation et fixation des sommes qui seront dues à chaque créancier.

A mesure que ces créances auront été reconnues et fixées, ils délivreront aux créanciers les deux certificats mentionnés dans l'article 10, l'un pour le capital, l'autre pour les intérêts.

14. Il sera nommé en même temps une commission de sur-arbitres, composée de quatre membres, dont deux seront nommés par le Gouvernement britannique et deux par le Gouvernement français.

S'il y a nécessité d'appeler les sur-arbitres pour vider le partage, les quatre noms des sur-arbitres français et anglais seront mis dans une urne, et le nom de celui des quatre qui sortira, sera le sur-arbitre de l'affaire spéciale sur laquelle il y aura eu partage.

Chacun des commissaires-liquidateurs prendra à son tour dans l'urne le billet qui désignera le sur-arbitre.

Il sera dressé procès-verbal de cette opération, et ce procès-verbal sera joint à celui qui sera dressé pour la liquidation et fixation de cette créance spéciale.

S'il survient une vacance, soit dans la commission de liquidation, soit dans celle des sur-arbitres, le Gouvernement, qui devra pourvoir à la nomination d'un nouveau membre, procédera à cette nomination sans aucun délai, afin que les deux commissions restent toujours complètes, autant que faire se peut. Si l'un des commissaires liquidateurs est absent, il sera, pendant son absence, remplacé par un des sur-arbitres de la même nation; et comme, dans ce cas, il ne resterait qu'un sur-arbitre de cette nation, les deux sur-arbitres de l'autre nation seront de même réduits à un par la voie du sort.

Et si l'un des sur-arbitres était dans le cas de s'absenter, la même opération aurait lieu pour réduire à un les deux sur-arbitres de l'autre nation. Il est généralement entendu que, pour obvier à tout retard dans l'opération, la liquidation et l'adjudication ne seront pas suspendues, pourvu qu'il se trouve présent et en activité un commissaire et un sur-arbitre de chaque nation, conservant en tout cas le principe de la parité entre les commissaires et les sur-arbitres des deux nations, et le droit de la rétablir au besoin par la voie du sort. Dans le cas où l'une ou l'autre des puissances contractantes aurait à procéder à la nomination de nouveaux commissaires-liquidateurs, dépositaires ou sur-arbitres, lesdits commissaires seront tenus, avant de procéder, de prêter le serment, et dans les formes qui sont indiquées dans l'article suivant.

15. Les commissaires-liquidateurs, les commissaires-dépositaires et les sur-arbitres prêteront, en même temps serment, entre les mains de M. le garde-des-sceaux de France, et en présence de M. l'ambassadeur de sa majesté britannique, de bien et fidèlement procéder, de n'avoir aucune préférence ni pour le créancier ni pour le débiteur, et d'agir dans tous leurs actes d'après les stipulations du traité de Paris du 30 mai 1814, des traités et conventions avec la France signés aujourd'hui, et notamment d'après celles du présent acte.

Les commissaires-liquidateurs, ainsi que les sur-arbitres, seront autorisés, toutes les fois qu'ils le jugeront nécessaire, à appeler des témoins et à les interroger sous serment, dans les formes prescrites, sur tous les points relatifs aux différentes réclamations qui font l'objet de cette convention.

16. Après que les trois millions cinq cents mille francs de rente mentionnés dans l'art. 9 auront été inscrits au nom des commissaires-dépositaires, et à la première demande du Gouvernement français, sa majesté britannique donnera les ordres nécessaires pour effectuer la rétrocession des colonies françaises, telle qu'elle a été stipulée par le traité de Paris du 30 mai 1814, y compris la Martinique et la Guadeloupe, qui ont été occupées depuis par les forces britanniques. L'inscription mentionnée ci-dessus aura lieu d'ici au 1er janvier prochain, au plus tard.

17. Les prisonniers de guerre, officiers et soldats de terre et de mer, ou de quelque qualité que ce soit, faits pendant les hostilités qui viennent de cesser, seront de part et d'autre renvoyés immédiatement dans leurs pays respectifs, sous les mêmes conditions qui se trouvent consignées dans la convention du 23 avril et dans le traité du 30 mai 1814, et le Gouvernement britannique renonce à toute somme ou droit quelconque qui pourrait lui revenir pour tout le surplus de l'entretien desdits prisonniers de guerre, mais toujours sous la condition spécifiée dans l'art. 4 additionnel du traité de Paris du 30 mai 1814.

Fait à Paris, le 20 novembre, l'an de grace 1815.

(*Suivent les signatures.*)

Article additionnel.

Les réclamations des sujets de sa majesté britannique, fondées sur la décision de sa majesté très-chrétienne, relativement aux marchandises anglaises introduites à Bordeaux par suite du tarif des douanes publié dans ladite ville par son altesse royale monseigneur le duc d'Angoulême, le 24 mars 1814, seront liquidées et payées d'après les principes et le but indiqués dans cette décision de sa majesté très-chrétienne.

La commission créée par l'article 13 de la convention de ce jour est chargée de procéder immédiatement à la liquidation de ladite créance, et à la fixation des époques du paiement en argent effectif.

La décision qui sera rendue par les commissaires sera exécutée immédiatement selon sa forme et teneur.

Le présent article additionnel aura la même force et valeur que s'il était inséré mot à mot dans la convention de ce jour relative à l'examen et à la liquidation des réclamations des sujets de sa majesté britannique envers le Gouvernement français.

En foi de quoi, les plénipotentiaires respectifs l'ont signé et y ont apposé le cachet de leurs armes.

Fait à Paris, le 20 novembre, l'an de grace 1815.

(*Suivent les signatures.*)

Pour ampliation : le ministre et secrétaire d'État au département des affaires étrangères, président du conseil des ministres,

Signé RICHELIEU.

21 = Pr. 23 NOVEMBRE 1815. — Ordonnance du Roi portant qu'il sera procédé sans délai contre l'auteur de l'assassinat commis sur la personne du général Lagarde, et contre les auteurs et complices de l'émeute qui a eu lieu à Nîmes, le 12 du présent mois. (7, Bull. 43, n° 252.)

Voy. ordonnance du 10 JANVIER 1816.

Louis, etc.

Un crime atroce a souillé notre ville de Nîmes : au mépris de la Charte constitutionnelle, qui reconnaît la religion catholique pour la religion de l'État, mais qui garantit aux autres cultes protection et liberté, des séditieux attroupés ont osé s'opposer à l'ouverture du temple protestant. Notre commandant militaire, en tâchant de les dissiper par la persuasion avant que d'employer la force, a été assassiné, et son assassin a cherché un asile contre les poursuites de la justice. Si un tel attentat restait impuni, il n'y aurait plus d'ordre public ni de gouvernement, et nos ministres seraient coupables de l'inexécution des lois :

A ces causes,

Nous avons ordonné et ordonnons ce qui suit :

Art. 1er. Il sera, à la diligence de notre procureur général et de notre procureur ordinaire, procédé, sans délai, contre l'auteur de l'assassinat commis sur la personne du général Lagarde, et contre les auteurs, fauteurs et complices de l'émeute qui a eu lieu dans la ville de Nîmes, le 12 du présent mois.

2. Des troupes en nombre suffisant seront

9.

envoyées dans ladite ville : elles y demeureront aux frais des habitans, jusqu'à ce que
l'assassin et ses complices aient été traduits
devant les tribunaux.

3. Il sera procédé au désarmement de ceux
des habitans qui n'ont pas le droit de faire
partie de la garde nationale.

4. Notre ministre garde-des-sceaux, nos
ministres de la guerre, de l'intérieur, et de
la police générale, sont chargés de l'exécution
de la présente ordonnance.

21 NOVEMBRE = Pr. 9 DÉCEMBRE 1815. — Ordonnance du Roi portant nomination des inspecteurs généraux des gardes nationales, membres du comité présidé par S. A. R. *Monsieur.*
(7, Bull. 46, n° 275.)

Art. 1er. Sont nommés inspecteurs généraux
des gardes nationales, membres du comité
présidé par notre bien-aimé frère Monsieur :
Le comte de Bruges, lieutenant général ;
Le comte Jules de Polignac, maréchal de
camp, pair de France ;
Le chevalier Allent, conseiller d'Etat, ancien chef d'état-major des gardes nationales
du royaume.

2. Le sieur Kintzinger, colonel, est nommé
secrétaire-rédacteur du comité.

3. Notre ministre secrétaire-d'Etat de l'intérieur est chargé de l'exécution de la présente ordonnance.

22 NOVEMBRE = Pr. 11 DÉCEMBRE 1815. — Ordonnance du Roi concernant l'admission des
services militaires dans la liquidation des pensions de retraite des employés des régies et
administrations des finances. (7, Bull. 47,
n° 280.)

Voy. ordonnances des 20 JUIN 1817, 6 MAI
1818, et 12 JANVIER 1825, art. 24 et suiv.

Louis, etc. — Le Roi en son Conseil,

Vu les divers arrêtés, décrets et ordonnances, relatifs aux pensions de retraite que les
administrations accordent à leurs employés
sur leur fonds de retenue ;

Vu l'article 17 de notre ordonnance du 25
novembre 1814 et l'article 14 de celle du 9
décembre, même année, particuliers aux administrations des impositions indirectes et de
la loterie, par lesquels les employés de ces administrations sont admis à faire valoir dans
la liquidation de leurs pensions les services
militaires non récompensés ;

Considérant qu'il est convenable de traiter également les employés de toutes les administrations qui dépendent du département
des finances et d'adopter à cet égard un
mode général et uniforme ;

Sur le rapport de notre ministre secrétaire
d'Etat des finances,

Avons ordonné et ordonnons ce qui suit :

Art. 1er. Les services militaires non récompensés seront (à l'exception de ceux qui auront cessé pour cause de participation à la
révolte du 20 mars 1815) admis à l'avenir et ajoutés aux services administratifs,
pour servir de base à la liquidation des pensions de retraite à accorder aux employés
par les diverses administrations qui dépendent du département des finances, pourvu
toutefois que l'employé ait au moins dix ans
de service dans l'administration de laquelle
il réclame la pension, et sans qu'il soit dérogé
par la présente ordonnance à aucun des réglemens en vigueur.

2. Les dispositions de l'article précédent
n'auront d'effet, à l'avenir, qu'à dater du jour
de la présente ordonnance, sans qu'il puisse
être fait aucune réclamation à cet égard pour
les pensions déjà liquidées.

3. Notre ministre des finances est chargé
de l'exécution de la présente ordonnance.

22 NOVEMBRE 1815. — Ordonnance du Roi qui
admet le sieur Eberlé à établir son domicile
en France. (7, Bull. 52, n° 316.)

22 NOVEMBRE 1815. — Ordonnances du Roi qui
accordent des lettres de déclaration de naturalité aux sieurs de Carrega, Vander-Heyde,
Rachis, Elias Pharaon, chevalier Plonniès,
Bockmann, de Lohausen, Opperzi, Masirella
et Philippon de Montbel. (7, Bull. 49, 54, 67,
72, 109, 141 et 199, n°s 296, 326, 426, 490,
1050, 1779 et 3646.)

23 = Pr. 25 NOVEMBRE 1815. — Loi portant
création des compagnies départementales. (7,
Bull. 44, n° 256; Mon. des 27 octobre, et 7,
9, 15 et 21 novembre 1815.)

Voy. décret du 24 FLORÉAL an 13 ; ordonnances des 31 MAI 1814, et 9 JANVIER 1816.

Art. 1er. Il sera formé dans chaque département une compagnie d'infanterie qui portera le nom de *compagnie départementale.*

2. Ces compagnies seront particulièrement destinées à fournir la garde des hôtels
de préfecture, des archives des départemens,
des maisons de détention, des dépôts de
mendicité, des prisons. Leur service n'apportera aucun changement aux obligations et à
la surveillance de la gendarmerie.

3. La force des compagnies, le mode de
recrutement, leur organisation et leurs dépenses seront réglés par le Roi, en proportion des besoins du service, sans toutefois
que les compagnies de première classe puissent excéder cent soixante hommes, les officiers compris.

4. Les dépenses de première mise et les
dépenses annuelles seront payées sur les fonds
mis à la disposition du ministre de l'intérieur
pour le service de son département.

23 NOVEMBRE 1815. — Ordonnance du Roi qui nomme M. de Roussy à la préfecture du département de la Vendée. (7, Bull. 46, n° 276.)

29 NOVEMBRE = Pr. 11 DÉCEMBRE 1815. — Ordonnance du Roi qui relève de la déchéance résultant de l'expiration des délais fixés par le réglement du 22 juillet 1806 ceux qui, à raison des événemens arrivés depuis le 20 mars 1815, auraient été empêchés de se pourvoir au Conseil-d'Etat dans lesdits délais, et fixe celui dans lequel devront être présentées au Conseil les requêtes en relief de laps de temps. (7, Bull. 47, n° 277.)

Art. 1er. Ceux de nos sujets qui, à raison des événemens arrivés depuis le 20 mars, auraient été empêchés de se pourvoir en notre Conseil-d'Etat dans les délais fixés par le réglement du 22 juillet 1806, contre des décisions dont l'appel y ressortit, pourront être relevés de la déchéance résultant de l'expiration desdits délais.

2. Les requêtes en relief de laps de temps devront être présentées en notre Conseil-d'Etat dans le délai d'un mois, à compter de la publication de notre présente ordonnance. Il y sera statué dans les formes prescrites par le réglement (1).

3. Notre ministre de la justice est chargé de l'exécution de la présente ordonnance.

29 NOVEMBRE = Pr. 16 DÉCEMBRE 1815. — Ordonnance du Roi sur la nouvelle formation du corps des officiers de la marine. (7, Bull. 49, n° 293.)

Voy. réglement du 16 DÉCEMBRE 1815; ordonnances des 31 janvier 1816, et 22 OCTOBRE 1817.

Louis, etc.

Vu notre ordonnance du 23 mars dernier, portant licenciement de nos armées de terre et de mer; considérant que le bien de notre service exige la prompte réorganisation du corps de la marine; voulant faire jouir du bénéfice de notre ordonnance du 25 mai 1814 les officiers qui avaient été éloignés de ce corps pour prix de leur fidélité et de leur dévouement à notre personne; voulant aussi assurer aux officiers qui ont acquis des titres à notre confiance les avantages auxquels les services qu'ils ont rendus et ceux qu'ils peuvent rendre encore leur permettent de prétendre; voulant enfin concilier ces dispositions bienveillantes avec les mesures d'ordre et d'économie que commandent les circonstances et l'allégement des charges qui pèsent sur nos peuples,

Nous avons ordonné et ordonnons ce qui suit :

Art. 1er. Les officiers de tout grade du corps de la marine licenciés en vertu de notre ordonnance du 23 mars dernier cesseront tout service le 31 décembre de la présente année.

2. Il sera procédé, sans délai, à une nouvelle formation du corps des officiers de vaisseau.

A cet effet, notre ministre secrétaire d'Etat au département de la marine et des colonies nous présentera l'état des officiers généraux, officiers supérieurs et autres qui seront reconnus susceptibles d'être admis dans la nouvelle formation.

3. Pourront être indistinctement portés sur l'état de proposition tous les officiers dignes et capables de nous servir, soit qu'ils se trouvent aujourd'hui en activité ou en non-activité, soit même qu'ils n'aient pas été compris dans les listes arrêtées par nous le 31 décembre 1814. Toutefois, ceux qui auraient obtenu des grades honorifiques ne pourront être admis dans la nouvelle formation qu'avec le grade auquel ils auraient eu droit d'après les dispositions de notre ordonnance du 25 mai 1814.

4. Les listes des officiers de tout grade qui composeront le corps de la marine seront par nous arrêtées avant le 10 décembre prochain, et ces officiers seront portés sur les revues à dater du 1er janvier 1816.

5. Tous les officiers compris dans la nouvelle formation seront habiles à être employés aux services des ports, au commandement de nos vaisseaux, et dans les états-majors des bâtimens armés, lorsqu'ils auront été pourvus de *lettres de service* par notre ministre secrétaire d'Etat au département de la marine.

6. Le nombre des officiers qui seront pourvus de lettres de service ne pourra excéder, dans chaque grade, les fixations ci-après, savoir :

Capitaines de vaisseau. 100
Capitaines de frégate 120
Lieutenans de vaisseau. 400
Enseignes de vaisseau. 500

A l'égard des officiers généraux, ils seront tous considérés, par le fait seul de leur nomination, comme étant pourvus de lettres de service, et pourront exercer tel emploi ou

___

(1) *Voy.* des exemples dans plusieurs ordonnances rapportées dans la *Jurisprudence du Conseil-d'Etat*, de Sirey, tome 3, pages 234, 237, 238, 248 et 249. — Il résulte de ces ordonnances que le relief de laps de temps n'est accordé que lorsque le délai du pourvoi n'était pas expiré au 20 mars 1815.

recevoir telle destination qu'il nous plaira de leur donner.

7. Les listes des officiers qui devront être pourvus de lettres de service, soit au moment de la nouvelle formation, soit ultérieurement, seront signées par nous, et notre ministre secrétaire d'Etat au département de la marine en adressera des expéditions aux commandans, intendans et commissaires-ordonnateurs de nos ports.

8. Tout officier à qui il sera expédié une lettre de service recevra la conduite attribuée à son grade, depuis le lieu où cet ordre lui aura été notifié jusqu'au port pour lequel il sera destiné; mais il n'aura droit à aucune indemnité de route pour le retour à son domicile.

9. Les officiers pourvus de lettres de service seront répartis dans les cinq arrondissemens maritimes; ils devront résider habituellement dans le chef-lieu de l'arrondissement, et se tenir prêts à exécuter les ordres qui leur seront transmis par le commandant de la marine.

10. Ils jouiront de la totalité de leurs appointemens annuels à dater du jour de leur arrivée dans le port.

11. Les officiers auxquels il n'aura pas été expédié de lettres de service ne seront pas tenus à résidence dans un port; ils auront la faculté d'habiter tel lieu qu'ils jugeront convenable, à la charge par eux de faire connaître leur domicile à notre ministre secrétaire d'Etat au département de la marine.

Ils ne pourront s'absenter du royaume sans notre permission.

12. Les dits officiers jouiront des deux tiers de leurs appointemens annuels.

13. Les officiers non pourvus de lettres de service seront à la disposition de notre ministre secrétaire d'Etat au département de la marine, et pourront être employés à des inspections des classes, à des commandemens dans les colonies, et à toutes autres fonctions et missions particulières dont nous jugerons à propos de les charger.

Ils jouiront, dans ce cas, de tels supplémens d'appointemens, traitemens et vacations qu'il nous paraîtra convenable de leur assigner.

14. Pour que lesdits officiers puissent recevoir exactement le traitement qui leur est alloué, ils seront portés sur des états de revues que notre ministre secrétaire d'Etat au département de la marine arrêtera à l'expiration de chaque trimestre, sur le vu des lettres que ces officiers seront tenus de lui écrire pour constater leur existence et le lieu de leur domicile.

Notre ministre pourvoira à ce que ledit traitement soit acquitté sans délai et à domicile.

15. Tout officier qui, dans une période de trois années consécutives, n'aurait pas été pourvu d'une lettre de service, sera de droit admis à prendre sa retraite, et il lui sera réglé une pension d'après la durée de ses services et conformément aux ordonnances.

16. Les officiers de tout grade pourvus ou non de lettres de service qui demanderont, en temps de paix, à naviguer sur les bâtimens de commerce, pourront en obtenir l'autorisation de notre ministre secrétaire d'Etat au département de la marine.

Ils seront admis à commander ces bâtimens, sans qu'il y ait lieu à leur expédier d'autre titre que la susdite autorisation.

17. Tout officier qui commandera ou naviguera pour le commerce jouira, pendant la durée de la campagne, du tiers des appointemens annuels attribués à son grade.

18. Les officiers qui auront obtenu la permission de naviguer pour le commerce seront d'ailleurs assimilés à ceux qui ne sont pas pourvus de lettres de service, et, comme tels, soumis aux dispositions de l'article 15 de la présente ordonnance.

19. Les officiers de la marine qui n'auront pas été compris dans la nouvelle formation pourront obtenir des pensions de retraite, conformément aux ordonnances et réglemens, si, d'après les titres qu'ils devront produire, ils en sont reconnus susceptibles par leur bonne conduite, la nature et la durée de leurs services.

20. Les officiers qui cesseront leur service au 31 décembre de la présente année recevront les appointemens qui pourront leur être dus à cette époque, ainsi que la conduite attribuée à leur grade jusqu'au lieu du domicile qu'ils auront choisi, et qu'ils devront faire connaître au major général de la marine, ou chef de service du port où ils se trouveront employés, et, à Paris, à notre ministre secrétaire d'Etat au département de la marine.

21. Ceux desdits officiers qui se trouveraient à la mer ou qui seraient employés hors du royaume en vertu d'ordres supérieurs, ou enfin qui ne pourraient pas être immédiatement remplacés dans le service qu'ils remplissent, seront portés sur les états d'appointemens jusqu'à l'époque où ils cesseront réellement leurs fonctions, soit par leur retour dans un de nos ports, soit par l'arrivée des nouveaux titulaires, soit par l'effet des ordres de notre ministre secrétaire d'Etat au département de la marine.

22. Il sera statué par une ordonnance spéciale sur l'organisation des aspirans de la marine : ceux qui ont obtenu ce grade continueront, en attendant, de servir à bord de nos bâtimens et dans nos ports, et seront portés, en conséquence, sur les états de revues.

23. Est et demeure annulée notre ordonnance du 1er juillet 1814 concernant les officiers de la marine en non-activité de service.

24. Notre ordonnance du même jour sur la composition du corps de la marine, et sur le service, l'avancement, les appointemens et le rang des officiers, continuera d'être exécutée dans sa forme et teneur, en ce qui n'est pas contraire aux dispositions de la présente.

Mandons et ordonnons à notre cher et bien-aimé neveu le duc d'Angoulême, amiral de France, aux officiers militaires et civils de la marine, et tous autres qu'il appartiendra, de tenir la main à l'exécution de la présente ordonnance.

Donné à Paris, au château des Tuileries, le 29e jour du mois de novembre, l'an de grace 1815, et de notre règne le vingt-unième.

Signé Louis.

Par le Roi : *le ministre secrétaire d'État de la marine et des colonies*,

Signé le vicomte DU BOUCHAGE.

———

Louis-Antoine de France, fils de France, duc d'Angoulême, amiral de France;

Vu l'ordonnance ci-dessus à nous adressée.

Mandons aux officiers militaires et civils de la marine, et tous autres qu'il appartiendra, de tenir la main à l'exécution de la présente ordonnance.

Donné à Cahors, le 4 décembre 1815.

Signé LOUIS-ANTOINE.

Et plus bas : Par son altesse royale,

Signé le chevalier DE PANNAT.

———

29 NOVEMBRE = Pr. 16 DÉCEMBRE 1815. — Ordonnance du Roi concernant la régie et administration générale et particulière des ports et arsenaux de marine. (7, Bull. 49, n° 294.)

Voy. loi du 2 BRUMAIRE an 4; décrets des 7 FLORÉAL, et 1er et 7 THERMIDOR an 8; réglement du 16 DÉCEMBRE 1815.

Louis, etc.

Notre attention s'étant portée sur les actes qui constituent la régie et l'administration de nos ports et arsenaux de marine, nous avons reconnu :

Que les divers pouvoirs qui avaient été sagement répartis par les ordonnances des rois nos prédécesseurs, entre l'autorité militaire et l'autorité civile, sont aujourd'hui réunis entre les mains d'un chef unique;

Que l'effet de ce système est de concentrer et de confondre des attributions essentiellement distinctes, de rendre illusoires une responsabilité et une surveillance trop étendues, d'abandonner à une seule volonté l'exécution de nos ordres et les intérêts de notre service;

Que l'inspection n'a pas assez d'indépendance réelle et une organisation assez forte pour balancer un pouvoir absolu;

Que la nécessité de faire cesser un tel état de choses ramène naturellement à des institutions dont l'expérience de plus d'un siècle à démontré les avantages, et qui ont si puissamment contribué aux succès de la marine militaire, en même temps qu'elles ont apporté la plus parfaite régularité dans les opérations administratives;

Qu'il importe enfin de mettre en harmonie les principes qui devront diriger l'administration maritime avec ceux que nous avons adoptés pour l'administration intérieure de notre royaume;

Sur le rapport de notre ministre secrétaire d'État de la marine et des colonies,

Nous avons ordonné et ordonnons ce qui suit :

TITRE Ier. Organisation du service de la marine dans les ports militaires.

Art. 1er. Il sera établi, dans chacun de nos ports militaires, un commandant et un intendant de la marine (1).

2. Le commandant et l'intendant de la marine recevront respectivement les ordres directs de notre ministre secrétaire d'État au département de la marine et des colonies, et ils les exécuteront et feront exécuter, chacun en ce qui le concerne.

3. Il y aura dans chacun de nos ports militaires un contrôleur de la marine.

4. Il sera formé dans chacun desdits ports un conseil d'administration de marine.

TITRE II. Du commandant de la marine.

5. Le commandant de la marine aura dans ses attributions la garde et police militaire de l'arsenal, ainsi que des forts et batteries, postes et autres établissemens dépendant de la marine;

La protection de la côte, les sémaphores, signaux, vigies et phares dépendant de la marine;

L'inspection de la rade et des bâtimens qui y sont mouillés.

La direction de tous les bâtimens armés

———

(1) *Voy.* l'ordonnance du 27 décembre 1826, qui rétablit les préfets maritimes.

qui, par la nature de leur destination, ne seront pas hors de sa dépendance ;

Les constructions, radoubs, armemens, mouvemeus du port et travaux du parc d'artillerie ;

La garde et la conservation des bâtimens flottans dans le port ;

Le commandement supérieur des officiers de vaisseau, ingénieurs-constructeurs et officiers d'artillerie présens dans le port ou attachés à son arrondissement, ainsi que des corps de troupes appartenant au département de la marine ;

Enfin, la surveillance des élèves de la marine.

6. Il présidera le conseil d'administration du port.

7. Il aura sous ses ordres immédiats :

Le major général de la marine,

Le directeur des constructions,

Le directeur du port,

Le directeur d'artillerie.

8. Le major général de la marine sera chargé, sous l'autorité du commandant de la marine :

Du commandement des officiers de vaisseau de tout grade, et des troupes appartenant au domaine de la marine ;

De la garde militaire et sûreté du port, ainsi que des forts et postes qui en dépendent ;

De la désignation des officiers de vaisseau qui devront composer les états-majors des bâtimens de guerre ;

Enfin, du choix des officiers qui seront attachés au détail des mouvemens, et de ceux qui devront être de garde ou de ronde, faire les visites d'hôpitaux, de casernes et autres, et assister aux recettes de matières et de vivres.

Il aura sous ses ordres des aides-majors et sous-aides-majors de la marine.

En cas d'absence ou de maladie du commandant de la marine, le major général de la marine le remplacera de droit, jusqu'à ce que nous en ayons autrement ordonné.

9. Le directeur des constructions sera chargé de la construction, refonte, radoub et entretien de tous les bâtimens flottans ;

De tous les travaux à exécuter dans les divers chantiers et ateliers de construction ;

Des ateliers des forges à l'usage de la construction, de ceux de la mâture, des huues et cabestans, de la corderie, de la voilerie, de la poulierie, de la tonnellerie, de la serrurerie, de la menuiserie, de la sculpture, de la peinture, de l'avironnerie, des gournables, des étoupes, et de tous autres où s'exécuteront des travaux de même nature ;

De l'inspection, l'arrangement et la disposition des bois de construction, bois de mâture et autres, ouvrés ou non ouvrés ;

De la répartition des ouvriers dans les chantiers et ateliers de construction ;

Et de la proposition au conseil d'administration de la marine des avancemens en grades et en solde des préposés et ouvriers employés dans sa direction.

Le directeur des constructions aura sous ses ordres les ingénieurs et sous-ingénieurs constructeurs employés dans son arrondissement.

10. Le directeur du port sera chargé du mouvement, amarrage, lestage et délestage des bâtimens flottans, de leur garde et conservation dans le port ;

Du mâtement et démâtement, de l'abattage en carène, de l'entrée des bâtimens dans les ports et bassins ainsi que de leur sortie, du halage à terre et de toutes les manœuvres à faire dans le port, de l'arrangement et entretien des grémens des bâtimens dans les magasins destinés à cet effet ;

Des ateliers, de la garniture, des pompes et des boussoles ;

Du curage ordinaire des ports et du placement des tonnes et balises ;

Des secours à donner aux bâtimens en armement et désarmement, et à ceux qui courent des dangers ;

De la surveillance des pilotes lamaneurs, des pompes à incendie et pompiers ;

Des signaux, phares, vigies, et du commandement des préposés à ces divers services ;

Enfin, de la répartition des ouvriers, marins et journaliers employés dans sa direction, et de la proposition au conseil d'administration de la marine des avancemens de paie et de grade dont ils pourront être susceptibles.

Le directeur du port aura sous ses ordres le nombre d'officiers de vaisseau nécessaire pour le seconder dans les opérations qu'il devra diriger.

11. Le directeur d'artillerie sera chargé de l'inspection des bouches à feu, poudres, bombes, boulets et autres projectiles, armes et munitions servant à l'armement des vaisseaux et des batteries ;

De l'entretien et de l'arrangement de ces objets dans la salle d'armes, les magasins et parcs ;

Des épreuves des bouches à feu et des poudres, de la garde et conservation des poudres et artifices ;

Des ateliers des forges à l'usage de l'artillerie, des affûts, du charronnage et de l'armurerie ;

Du commandement supérieur des compagnies d'ouvriers d'artillerie, de celles des apprentis canonniers, des écoles d'artillerie, des maîtres canonniers entretenus et de tout le personnel de la direction d'artillerie ;

Enfin, de la proposition au conseil d'administration de la marine des avancemens de grade et de paie qu'il jugera devoir être accordés aux ouvriers employés dans sa direction.

Le directeur d'artillerie sera secondé par des officiers qui seront spécialement attachés à sa direction,

TITRE III. De l'intendant de la marine.

12. L'intendant de la marine aura dans ses attributions :

Les approvisionnemens, la recette, la garde et la dépense des matières et munitions de toute nature ;

Les travaux des bâtimens civils, la construction et l'entretien des ouvrages fondés à la mer ;

La revue et le paiement des officiers militaires et civils, des entretenus et ouvriers, des équipages des bâtimens armés, et enfin de tous les individus employés à terre et à la mer au service de la marine ;

La levée, la répartition et le congédiement des marins et des ouvriers ;

La liquidation et la répartition des prises ;

L'administration et la police des hôpitaux et bagnes ;

L'emploi et la répartition des fonds, et la comptabilité ;

La surveillance et l'inspection sur tous les comptables employés dans son arrondissement pour le service de la marine, et spécialement sur les trésoriers de la caisse des invalides et de celles des gens de mer et des prises ;

Enfin, les revues et la comptabilité, tant en matières qu'en deniers, des bâtimens armés.

13. Il aura sous ses ordres immédiats :

Un commissaire général ou principal de la marine ;

Les commissaires de la marine chargés des divers détails du port, et les administrateurs préposés à l'inscription maritime dans son arrondissement ;

Le directeur des vivres ;

Les ingénieurs des ponts-et-chaussées, chargés de la surveillance et direction des travaux maritimes ;

Les médecins, chirurgiens et pharmaciens en chef;

Les aumôniers de la marine ;

Le commissaire rapporteur près le tribunal maritime ;

L'officier de gendarmerie commandant les brigades de cette arme attachées au département de la marine.

Enfin, il exercera l'autorité supérieure sur les administrateurs, employés civils, officiers de santé, et autres entretenus ou non entretenus, lesquels par la nature de leur emploi,

ne sont pas sous les ordres du commandant de la marine.

14. L'intendant présidera le conseil institué pour la révision des jugemens rendus par le tribunal maritime.

15. Le commissaire général ou principal de la marine sera toujours chargé de la direction supérieure du détail des approvisionnemens du port.

Il surveillera toutes les parties de service confiées aux commissaires de la marine.

Il inspectera le détail des vivres.

Il proposera à l'intendant la destination des divers employés dans les détails de l'administration, ainsi que celle des administrateurs et agens de comptabilité qui devront être embarqués sur nos bâtimens.

Il lui présentera, chaque mois, les projets de répartition des fonds.

Il présidera le tribunal maritime spécial, dans tous les cas de contravention aux ordonnances et réglemens sur la police et la justice des chiourmes.

Il remplacera, de droit, l'intendant, en cas d'absence ou de maladie.

16. Les détails du service sont divisés ainsi qu'il suit :

Approvisionnemens,
Fonds et revues,
Armemens et prises,
Chantiers et ateliers,
Hôpitaux,
Bagnes.

Il sera préposé à chacun de ces détails un commissaire de la marine, lequel aura sous ses ordres tel nombre d'administrateurs et d'employés de tout grade qui sera déterminé.

Un garde-magasin sera chargé, sous les ordres du commissaire préposé aux approvisionnemens, de la garde, conservation, arrangement, réception et délivrance de toutes les marchandises, munitions et effets appartenant à la marine.

Le détail des vivres sera administré par le directeur des vivres, qui sera également secondé par les préposés nécessaires.

Un commissaire de la marine pourra être chargé de plusieurs détails, lorsque la situation du service permettra de les réunir.

17. L'ingénieur en chef des ponts-et-chaussées directeur des travaux maritimes dirigera les constructions nouvelles, réparations et entretien des édifices de nos ports, quais, cales, bassins, et généralement tous les ouvrages d'architecture ou travaux hydrauliques dont nous aurons ordonné la confection.

Il sera secondé par des ingénieurs ordinaires et par des élèves ingénieurs du même corps.

Les travaux d'entretien et les réparations urgentes seront ordonnés par l'intendant de la marine ; mais les constructions nouvelles et les réparations considérables ne pourront être entreprises qu'avec l'approbation de notre ministre secrétaire d'Etat au département de la marine.

18. Le service de santé continuera d'être dirigé par le conseil de santé de chaque port, lequel sera composé des officiers de santé en chef et des professeurs, et présidé par le premier médecin de la marine.

Lorsque l'inspecteur général du service de santé de la marine se trouvera dans un port, la présidence du conseil lui sera déférée.

Le commissaire de la marine chargé du détail des hôpitaux assistera au conseil de santé ; il prendra part aux délibérations, veillera aux intérêts de notre service, requerra l'exécution des ordonnances et réglemens, et son opinion sur chacun des objets mis en discussion sera consignée au procès-verbal de la séance.

19. Le commissaire rapporteur près le tribunal maritime, et le capitaine de la gendarmerie, rendront compte directement à l'intendant de la marine de tous les faits qui auront exigé ou qui exigeraient l'intervention de leur autorité.

Titre IV. Du contrôleur de la marine.

20. Le contrôleur de la marine aura inspection sur toutes les recettes et dépenses de fonds et de matières, sur la conservation des effets et munitions dans les magasins, sur les revues des entretenus et des équipages, sur l'emploi des matières et du temps des ouvriers, et sur les formes et l'exécution des adjudications, marchés et traités pour fournitures et ouvrages.

Il vérifiera toutes les opérations de comptabilité ; il enregistrera et visera toutes les pièces à la décharge du payeur.

Il requerra ou maintiendra, dans toutes les parties du service, l'exécution ponctuelle des ordonnances et réglemens, et des ordres ministériels.

Il inspectera et vérifiera les caisses des invalides, prises et gens de mer, et rendra compte à l'intendant du résultat de cette opération.

Il aura l'enregistrement et le dépôt des lois, ordonnances, réglemens, décisions, ordres, brevets, commissions, devis, mémoires et procès-verbaux, et il en délivrera, au besoin, des copies collationnées.

21. Le contrôleur exercera ses fonctions dans une entière indépendance de toute autorité ; mais il ne pourra diriger ni suspendre aucune opération.

Il informera l'intendant de la marine des abus ou irrégularités qu'il aura remarqués, et il aura la faculté de correspondre directement avec notre ministre secrétaire d'Etat au département de la marine, sur tout ce qui pourra intéresser le bien de notre service.

22. Tous les bureaux, ateliers et magasins, lui seront ouverts, et il lui sera donné communication de tous les états, registres ou pièces quelconques dont il demanderait à prendre connaissance.

23. Le contrôleur aura sous ses ordres des sous-contrôleurs et des employés, dans un nombre proportionné aux besoins du service.

Titre V. Conseil d'administration.

24. Le conseil d'administration de marine sera composé ainsi qu'il suit :

Le commandant de la marine, président,
L'intendant de la marine,
Le major général de la marine,
Le commissaire général de la marine,
Le directeur des constructions,
Le directeur du port,
Le directeur de l'artillerie,
L'ingénieur en chef des ponts-et-chaussées directeur des travaux maritimes,

Le contrôleur sera tenu d'assister au conseil ; il y aura voix représentative dans toutes les discussions, et voix délibérative lorsqu'il s'agira d'adjudications et de marchés.

Un sous-contrôleur remplira les fonctions de secrétaire.

25. Le conseil pourra, en outre, appeler tels officiers ou administrateurs dont il jugera convenable de prendre l'avis ; ils auront voix délibérative sur l'objet pour lequel ils auront été convoqués.

26. Les marchés et adjudications de tous les ouvrages et approvisionnemens, et tous les traités pour fournitures quelconques au-dessus de la somme de quatre cents francs, seront faits et arrêtés par l'intendant en présence du conseil, et lesdits marchés, traités et adjudications, seront revêtus de la signature de tous les membres du conseil. Ils seront faits par double expédition, et adressés, par l'intendant, à notre ministre secrétaire d'Etat au département de la marine, qui les renverra revêtus de son approbation, s'il y a lieu.

27. Le conseil nommera, tous les trois mois, trois de ses membres, ou tels autres officiers et administrateurs qu'il lui plaira commettre, pour discuter et arrêter les marchés d'ouvrages et de fournitures dont le prix n'excédera pas la somme de quatre cents francs, et les commissaires ainsi nommés signeront lesdits marchés et en feront leur rapport au conseil.

28. Le conseil prendra connaissance du projet que l'intendant aura dressé des approvisionnemens qui devront être faits, pour chaque année, en bois, chanvres, fers, bouches à feu, projectiles, armes, marchandises

et munitions nécessaires aux différens services du port.

Il examinera les plans et devis d'ouvrages de toute nature, dressés respectivement par les ingénieurs-constructeurs et les ingénieurs des travaux maritimes.

Il réunira, examinera et comparera les comptes des dépenses en matières et main-d'œuvre qui seront respectivement dressés par le magasin général et par chacune des directions.

Il prononcera sur les comptes qui seront rendus, au retour des campagnes, par les administrateurs embarqués sur nos bâtimens.

Il statuera sur les demandes d'admission et d'avancement des maîtres entretenus, et sur celles d'augmentation de grade et de paie des ouvriers du port.

Enfin, son attention se portera sur tous les objets de service indiqués par l'ordonnance du 27 septembre 1776.

29. Les délibérations du conseil, signées du président et du secrétaire, seront adressées en double expédition à notre ministre secrétaire d'Etat de la marine, lequel renverra l'une de ces expéditions revêtue de sa décision.

30. Les registres des délibérations du conseil d'administration de la marine, ainsi que les mémoires, devis, états et autres pièces qui ne seront pas de nature à être envoyées à notre ministre ou remises dans les bureaux du port, seront déposés au contrôle de la marine.

TITRE VI. Dispositions générales.

31. Le territoire maritime sera, jusqu'à nouvel ordre, divisé en cinq arrondissemens.

Le premier s'étendra du point extrême de la frontière du nord aux limites actuelles du second arrondissement : les autres conserveront les limites qui leur ont été précédemment assignées.

Le chef-lieu du premier arrondissement sera Cherbourg;

Du second, Brest;

Du troisième, Lorient;

Du quatrième, Rochefort;

Du cinquième, Toulon.

Chacun de ces arrondissemens sera désigné par le nom du chef-lieu.

32. Dans les ports de Lorient et de Cherbourg, les fonctions attribuées par la présente ordonnance à l'intendant de la marine seront remplies par un commissaire général ou principal ayant le titre d'ordonnateur.

Conformément à notre ordonnance du 1er juillet 1814, les fonctions du major général de la marine seront exercées par un major, et celles des directeurs par des directeurs de deuxième classe.

33. Dans les ports de Dunkerque, du Havre, Saint-Servan, Nantes, Bordeaux et Bayonne, le service sera dirigé par l'administrateur en chef de chacun desdits ports, sous l'autorité de l'intendant de la marine de l'arrondissement. Toutefois, l'administrateur en chef correspondra directement avec notre ministre secrétaire d'Etat au département de la marine, sur tous les objets qu'il jugera susceptibles d'être immédiatement portés à sa connaissance.

Il sera destiné, pour chacun desdits ports, des sous-contrôleurs de la marine, lesquels rempliront les fonctions attribuées par la présente ordonnance aux contrôleurs de nos ports militaires.

Le conseil d'administration des ports ci-dessus nommés se composera des chefs de chaque service et des officiers militaires ou civils que l'administrateur en chef, président dudit conseil, jugera convenable d'y appeler.

34. Les comptes en matières et main-d'œuvre seront rendus dans chaque port, par direction, conformément aux ordres et instructions qui seront donnés, à cet effet, par notre ministre secrétaire d'Etat au département de la marine.

35. Les fonctions et devoirs attribués jusqu'à ce jour au chef supérieur du port, dans les affaires de la compétence du tribunal maritime, seront remplis par l'intendant de la marine ou par l'administrateur qui doit le remplacer.

L'intendant se concertera, pour la nomination des juges dudit tribunal, tant avec le commandant de la marine, qu'avec le président du tribunal de première instance.

36. Les écoles d'hydrographie établies dans les ports de Brest, Toulon, Rochefort, Lorient et Cherbourg, seront sous l'autorité du commandant de la marine.

Dans les autres ports du royaume, l'administrateur supérieur de la marine veillera à ce que les professeurs des écoles d'hydrographie donnent exactement leurs leçons, et se conforment aux dispositions des ordonnances et réglemens.

37. Jusqu'à ce qu'il ait été pourvu aux détails du service, par de nouveaux réglemens qui précisent les attributions et les devoirs de chaque fonctionnaire, les ordonnances et réglemens du 27 septembre 1776 et du 1er janvier 1786 seront exécutés en tout ce qui n'est pas contraire aux dispositions de la présente.

38. Nous voulons et ordonnons que la présente ordonnance reçoive son exécution à dater du 1er janvier 1816.

Mandons et ordonnons à notre cher et bien-aimé neveu le duc d'Angoulême, amiral de France, aux officiers civils et militaires de la marine, et tous autres qu'il appartiendra, de tenir la main à l'exécution de la présente ordonnance.

Donné à Paris, au château des Tuileries, le 29ᵉ jour du mois de novembre 1815, et de notre règne le vingt-unième.

Signé LOUIS.

Par le Roi :

Le ministre secrétaire d'Etat de la marine et des colonies,

Signé le vicomte DU BOUCHAGE.

———

Louis-Antoine de France, fils de France, duc d'Angoulême, amiral de France, vu l'ordonnance ci-dessus à nous adressée,

Mandons aux officiers militaires et civils de la marine et tous autres qu'il appartiendra, de tenir la main à l'exécution de la présente ordonnance.

Donné à Cahors, le 4 décembre 1815.

Signé LOUIS-ANTOINE.

Et plus bas : Par son altesse royale,

Signé le chevalier DE PANNAT.

———

29 NOVEMBRE = Pr. 16 DÉCEMBRE 1815. — Ordonnance du Roi portant nomination des intendans, des commissaires généraux ordonnateurs et des commissaires généraux de la marine dans les ports y désignés. (7, Bull. 69, n° 449.)

Voy. ordonnance du 9 DÉCEMBRE 1815.

Art. 1ᵉʳ. Sont nommés intendans de la marine dans nos ports :

De Brest, le sieur de Toulon, le sieur Dupont, conseiller d'Etat ;

De Rochefort, le sieur Baillardel de la Reinty, maître des requêtes.

2. Le sieur Redon de Beaupréau est nommé commissaire général ordonnateur à Lorient.

Le sieur Fromant remplira les fonctions de commissaire général ordonnateur à Cherbourg.

Rempliront les fonctions de commissaire général :

A Brest, le sieur Mullet-Desessarts ;

A Toulon, le sieur Pouyer ;

A Rochefort, le sieur Fontaine.

———

29 NOVEMBRE = Pr. 9 DÉCEMBRE 1815. — Ordonnance du Roi concernant la perception d'un droit de navigation sur la rivière de Seille. (7, Bull. 46, n° 273.)

Louis, etc.

Sur le rapport de notre ministre secrétaire d'Etat au département des finances ;

Vu la loi du 30 floréal an 10 ;

Notre Conseil-d'Etat entendu,

Nous avons ordonné et ordonnons ce qui suit :

Art. 1ᵉʳ. Il sera perçu un droit de navigation sur la partie de la rivière de Seille rendue navigable et comprise entre Louhans et l'embouchure de cette rivière dans la Saône, département de Saône-et-Loire.

2. Il sera établi, à cet effet, deux bureaux de perception, le premier à Louhans, et le second à Cuisery.

3. Le droit de navigation sera perçu, au bureau de Louhans sur les bateaux qui descendront de Louhans à Cuisery, ou lieux intermédiaires, conformément au tarif qui suit :

Pour un kilolitre de blé, orge ou seigle, un franc dix-sept centimes ;

Idem d'avoine et autres menues graines, soixante-quatorze centimes ;

Idem de farine de blé, orge ou seigle, quatre-vingt-quinze centimes ;

Idem de son, drêche, soixante-quatorze centimes ;

Idem de légumes, un franc onze centimes ;

Idem de fruits de toute espèce, un franc onze centimes ;

Idem de sel, un franc trente-trois centimes ;

Idem de cendres neuves, un franc six centimes ;

Idem de charbon de bois, trente-deux centimes.

Le dixain de myriagrammes de cristaux et porcelaines, trente-deux centimes ;

Idem de faïence, verre à vitre et verre blanc, seize centimes ;

Idem de bouteilles, onze centimes.

Le dizain de fer et autres métaux ouvrés, seize centimes ;

Idem de fer et autres métaux non ouvrés, treize centimes ;

Idem de scories de métaux, dix centimes ;

Idem de paille et autres fourrages, onze centimes.

Pour le mètre cube de mines et minéraux, un franc quatre-vingt-six centimes ;

Idem de marbre, un franc quatre-vingt-six centimes ;

Idem de pierre de taille, cinquante-huit centimes ;

Idem de moellons, plâtre non cuit et pierre à chaux, quarante-deux centimes ;

Idem de plâtre cuit, chaux et briques, tuiles, cendres lessivées, quarante-huit centimes ;

Idem de houille ou charbon de terre et ardoises, quarante-huit centimes ;

Idem de terre argileuse, sable, sablon et gravier, trente-sept centimes ;

Idem de fumier, trente sept centimes ;

Idem de bois d'écarrissage, sciage et autres, cinquante-huit centimes ;

Idem de bois à brûler, trente-sept centimes ;

Idem de fagots et charbonnettes, trente-sept centimes ;

Idem écorce, tan, trente-sept centimes.

Un bateau en vidange, quel qu'il soit, trois francs quarante-cinq centimes.

Une bascule à poisson, par mètre carré de tillac et chaque centimètre d'enfoncement, déduction faite de six centimètres pour son tirant d'eau, un franc six centimes.

Un poinçon vide de deux cent vingt-huit litres, cinq centimes ;

Idem de vin de la capacité de deux cent vingt-huit litres, soixante-quatre centimes ;

Idem de vinaigre et autres boissons, soixante-quatre centimes ;

Idem d'eau-de-vie et autres liqueurs, quatre-vingt-quinze centimes ;

Idem de lie, trente-sept centimes.

4. Le bureau de Cuisery aura la perception :

1° Sur les bateaux qui descendront de Cuisery à l'embouchure de la Seille ;

2° Sur les bateaux remontant de l'embouchure de la Seille au port de Cuisery ;

3° Sur les bateaux remontant de Cuisery à Louhans ou lieux intermédiaires.

La perception se fera sur les bateaux naviguant de Cuisery à l'embouchure, ou de l'embouchure à Cuisery, conformément au tarif qui suit :

Pour un kilolitre de blé, orge ou seigle, cinquante-sept centimes ;

Idem d'avoine et autres menues graines, trente-six centimes ;

Idem de farine de blé, orge ou seigle, quarante-sept centimes ;

Idem de son, drêche, trente-six centimes ;

Idem de légumes, cinquante-cinq centimes ;

Idem de fruits de toute espèce, cinquante-cinq centimes ;

Idem de sel, soixante-cinq centimes ;

Idem de cendres neuves, cinquante-deux centimes ;

Idem de charbon de bois, seize centimes.

Le dizain de myriagrammes de cristaux et porcelaines, seize centimes ;

Idem de faïence, verre à vitre et verre blanc, huit centimes ;

Idem de bouteilles, cinq centimes ;

Idem de fer et autres métaux ouvrés, huit centimes ;

Idem de fer et autres métaux non ouvrés, six centimes ;

Idem de scories de métaux, cinq centimes ;

Idem de paille, foin et autres fourrages, cinq centimes.

Pour le mètre cube de mines et minéraux, quatre-vingt-onze centimes ;

Idem de marbre, quatre-vingt-onze centimes ;

Idem de pierre de taille, vingt-neuf centimes ;

Idem de moellons, plâtre non cuit et pierre à chaux, vingt-un centimes ;

Idem de plâtre cuit, chaux, briques, tuiles, cendres lessivées, vingt-trois centimes ;

Idem de houille ou charbon de terre et ardoises, vingt-trois centimes ;

Idem de terre argileuse, sable, sablon, gravier, dix-huit centimes ;

Idem de fumier, dix-huit centimes ;

Idem de bois d'écarrissage, sciage et autres, vingt-neuf centimes ;

Idem de bois à brûler, dix-huit centimes ;

Idem de fagots et charbonnettes, dix-huit centimes ;

Idem d'écorce, tan, dix-huit centimes.

Un bateau en vidange, quel qu'il soit, un franc soixante-neuf centimes.

Une bascule, à poisson, par mètre carré de tillac et chaque centimètre d'enfoncement, déduction faite de six centimètres de tirant d'eau, cinquante-deux centimes.

Un poinçon vide de deux cent vingt-huit litres, trois centimes ;

Idem de vin de la capacité de deux cent vingt-huit litres, trente-un centimes.

Un poinçon de vinaigre et autres boissons, trente-un centimes ;

Idem d'eau-de-vie et autres liqueurs, quarante-sept centimes ;

Idem de lie, dix-huit centimes.

Les bateaux remontant de Cuisery à Louhans ou lieux intermédiaires seront assujétis au tarif fixé pour le bureau de Louhans.

5. Les droits à percevoir sur les objets non compris aux présens tarifs seront les mêmes que ceux du tarif du canal du Centre : en cas de fraction, le centime entier sera perçu.

Le droit de navigation sera perçu à chaque bureau pour tout l'espace compris entre ce bureau et le bureau qui suit ou celui qui précède, et toujours sans avoir égard au point de départ ou de débarquement.

Les poids ne seront pas comptés au-dessous de dix myriagrammes, et les cubes au-dessous du kilolitre et du dixième de mètre cube.

6. L'administration des contributions indirectes sera chargée de pourvoir à la perception des droits dont il s'agit, au moyen de taxations ou d'appointemens qui seront ultérieurement réglés par notre ministre des finances.

7. Notre ministre secrétaire d'État au département des finances est chargé de l'exécution de la présente ordonnance.

Donné à Paris, le 29e jour du mois de novembre, l'an de grace 1815, et de notre règne le vingt-unième.

29 NOVEMBRE 1815. — Ordonnances du Roi qui admettent les sieurs Whitelocke et Larson Thomerecq à établir leur domicile en France. (7, Bull. 47, et 54, n°ˢ 285 et 286.).

29 NOVEMBRE 1815. — Ordonnances du Roi qui accordent des lettres de déclaration de naturalité aux sieurs Macario, Rocca, Rolando, Brasseur, Ferrogio, Delpiano, Viotti, de Ruo, Venuste-Beuret, Pâris et Pedemonte (7, Bull. 49, 54, 57, 72 et 87, n°ˢ 297, 327, 330, 347, 348, 491 et 718.)

29 NOVEMBRE 1815. — Ordonnances du Roi qui autorisent les hospices, bureaux de bienfaisance et maires des communes de Châtillon-sur-Seine, Alais, Saint-Lô, Coulommiers, Arras, Niort, Jouarre, Limoux, Beauvais, Levroux, Loches, Vaast, Sielles-sur-Cher, Douai, Mans, Montmarault, Troyes, Dreux, Aigues-Mortes et Aix à faire des acquisitions, concessions et acceptations de dons et legs faits en leur faveur. (7, Bull. 49, n° 299.)

29 NOVEMBRE 1815. — Ordonnance du Roi relative à plusieurs concessions et propriétés de mines de houille. (7, Bull. 51, n° 310.)

29 NOVEMBRE 1815. — Ordonnance du Roi qui nomme M. le marquis d'Osmond, pair de France, ambassadeur de sa majesté près sa majesté britannique. (*Gazette officielle*.)

1ᵉʳ DÉCEMBRE 1815. — Ordonnance du Roi qui nomme M. le conseiller-d'État comte Reinhardt ministre plénipotentiaire près la diète germanique et près la ville libre de Francfort. (Mon. n° 345.)

5 DÉCEMBRE 1815. — Ordonnance du Roi qui nomme M. le duc de Luxembourg, pair de France, ambassadeur extraordinaire près la cour du Brésil. (Mon. 1816, n° 49.)

7 = Pr. 12 DÉCEMBRE 1815. — Loi relative à la perception de droits sur les denrées coloniales. (7, Bull. 48, n° 287; Mon. des 3, 9, 12 et 19 décembre 1815.)

Voy. loi du 28 AVRIL 1816, sur les douanes.

Art. 1ᵉʳ. La disposition de la loi du 8 floréal an 11 (28 avril 1803) qui assujétit à un droit spécial les denrées coloniales françaises réexportées par mer est annulée: lesdites marchandises, aussi bien que les marchandises étrangères de même espèce ayant la même destination, n'acquitteront que le droit de balance du commerce.

Les droits d'entrée et de consommation auxquels se trouvent encore imposées, d'après la même loi, les mélasses et coufitures importées des colonies françaises sur bâtimens français seront annulés et convertis en un droit unique d'entrée, lequel sera dû seulement lorsque ces denrées seront retirées pour la consommation du royaume, et qui reste fixé à seize francs par quintal métrique de mélasse ou de confiture.

2. Toutes les denrées coloniales françaises jouissant d'une modération de droits qui seront importées régulièrement par navires français jouiront aussi de la faculté de l'entrepôt fictif, sous les articles 14 et 15 de la loi du 8 floréal an 11 (28 avril 1803), dans les ports ouverts au commerce des colonies françaises: mais, indépendamment de la soumission d'entrepôt, les liquides tels que le tafia, les liqueurs, sirops et mélasses devront être conservés par les consignataires dans un magasin fermé à deux clefs, dont une restera à la douane.

3. La faculté du transit accordée par la loi du 17 décembre 1814 pour les denrées coloniales étrangères désignées à l'article 4 de ladite loi est applicable, sous les mêmes conditions et formalités, aux mêmes espèces de denrées coloniales françaises importées par navires français dans tous les ports où elles seront admissibles à l'entrepôt fictif.

4. Le droit de balance du commerce, que l'article 21 de la loi du 8 floréal an 11 obligeait de payer pour les denrées coloniales et autres marchandises étrangères à leur entrée en entrepôt réel, ne sera plus acquitté qu'à la sortie, et seulement sur les quantités déclarées pour la réexportation par mer ou pour le transit.

8 DÉCEMBRE 1815. — Ordonnance du Roi qui nomme M. de Montureux préfet de la Dordogne, et M. Duhamel préfet de la Vienne. (7, Bull. 49, n° 295.)

9 = Pr. 19 DÉCEMBRE 1815. —Ordonnance du Roi concernant les nouveaux types des monnaies. (7, Bull. 50, n° 300.)

Voy. ordonnances des 19 MAI 1817, et 1ᵉʳ MAI 1825.

Art. 1ᵉʳ. Les nouveaux types adoptés pour la fabrication des pièces de cinq francs seront substitués aux anciens dans toutes les monnaies, à dater du 1ᵉʳ janvier 1816.

2. Les chiffres et les lettres indicatifs de la valeur de la pièce seront placés sur le revers, près et aux deux côtés de l'écusson.

Il en sera de même pour les pièces de quarante et de vingt francs, et pour les divisions de la pièce de cinq francs.

3. Notre ministre des finances déterminera l'époque à laquelle il sera fait usage des nouveaux types pour les pièces mentionnées en l'article précédent.

4. Les dispositions de notre ordonnance du 10 mai 1814 auxquelles il n'a pas été dérogé par les articles précédens sont maintenues.

5. Notre ministre des finances est chargé de l'exécution de la présente ordonnance.

---

9 = Pr. 19 DÉCEMBRE 1815. — Ordonnance du Roi portant nomination de trois administrateurs de la loterie royale, en remplacement du directeur. (7, Bull. 50, n° 301.)

Louis, etc.

Nous nous sommes fait rendre compte des effets produits dans le régime de la loterie royale par le changement qu'y a introduit notre ordonnance du 17 mai 1814, en substituant un seul directeur à trois administrateurs.

L'expérience a fait apercevoir que si, dans les premiers momens, la direction d'un seul était convenable pour concentrer un service que les circonstances forçaient à restreindre et à simplifier, elle est devenue insuffisante pour en suivre la marche avec une constante activité et en surveiller complètement les détails.

Nous avons jugé qu'on pouvait aujourd'hui revenir sans inconvénient à l'ancien mode de régir la loterie, en la confiant à une administration collective, dont les délibérations, dans les cas qui intéressent l'établissement ou le public, doivent avoir plus de poids et inspirer plus de confiance et de sécurité qu'une décision individuelle prise sans contradiction :

A ces causes ;
De l'avis de notre Conseil ;
Ouï le rapport de notre ministre secrétaire d'Etat des finances,
Nous avons ordonné et ordonnons ce qui suit :

Art. 1er. Les attributions inhérentes à la place de directeur de la loterie, vacante par le décès du sieur Amabert, seront, sous l'autorité de notre ministre et secrétaire d'Etat des finances, exercées par un comité composé de trois administrateurs, qui jouiront chacun d'un traitement de dix mille francs.

2. Notre ministre et secrétaire d'Etat des finances réglera par ses instructions l'ordre de travail de ce comité, et ses rapports avec le ministère des finances.

3. Sont nommés administrateurs de la loterie royale :
Les sieurs Demazis, sous directeur actuel, Lainé, Both de Tauzia.

Notre ministre des finances est chargé de l'exécution de la présente ordonnance.

---

9 = Pr. 19 DÉCEMBRE 1815. — Ordonnance du Roi qui fixe la solde des pontonniers de 1re et de 2e classe du corps royal d'artillerie. (7, Bull. 50, n° 302.)

Louis, etc.

Voulant régler la solde qui sera affectée à chacune des classes de pontonniers créées dans les six compagnies du bataillon de pontonniers de notre corps royal de l'artillerie, par notre ordonnance du 31 août 1815, et mettre entre ces deux classes, sans augmenter les dépenses, la même proportion qui existe dans l'artillerie à pied,
Avons ordonné et ordonnons ce qui suit :

Art. 1er. La solde proprement dite des douze pontonniers de 1re classe est fixée à *cinquante-quatre centimes* par jour.

La solde des vingt-quatre pontonniers de 2e classe est fixée à *quarante-cinq centimes*.

2. Ces pontonniers jouiront, en outre, comme les autres troupes, de l'augmentation de quinze centimes de masse d'ordinaire, et des supplémens déterminés par les réglemens, suivant leur position.

3. Nos ministres de la guerre et des finances sont chargés de l'exécution de la présente ordonnance.

---

9 = Pr. 27 DÉCEMBRE 1815. — Ordonnance du Roi qui supprime les titre et emploi de premier inspecteur général de la marine. (7, Bull. 51, n° 312.)

Art. 1er. Les titre et emploi de premier inspecteur général de la marine, qui avaient été confirmés par notre ordonnance du 18 mai 1814, sont supprimés.

2. Les traitemens et prérogatives attachés auxdits titre et emploi cesseront d'avoir lieu à dater du 1er janvier 1816.

3. Notre ministre de la marine est chargé de l'exécution de la présente ordonnance.

---

9 = Pr. 27 DÉCEMBRE 1815. — Ordonnance du Roi qui rétablit l'emploi d'inspecteur général des classes. (7, Bull. 52, n° 313.)

Art. 1er. L'emploi d'inspecteur général des classes, créé par l'ordonnance du 31 octobre 1784, est rétabli.

2. L'inspecteur général des classes sera toujours choisi parmi les officiers généraux de la marine.

3. Les fonctions de l'inspecteur général des classes seront déterminées par un réglement particulier.

4. Notre ministre de la marine et des colonies est chargé de l'exécution de la présente ordonnance.

9 DÉCEMBRE 1815. — Ordonnance du Roi relative aux officiers de marine admis à la retraite avec un grade supérieur (1).

9 DÉCEMBRE 1815. — Ordonnance du Roi qui nomme inspecteur général des classes M. le comte Ganteaume, vice-amiral, pair de France. (7, Bull. 52, n° 314.)

9 DÉCEMBRE 1815. — Ordonnance du Roi portant que la qualification de comte sous laquelle M. Louis Henri - Casimir de la Guiche a été nommé pair de France, par l'ordonnance du 17 août 1815, sera rectifiée et remplacée par celle de marquis. (7, Bull. 54, n° 332.)

9 DÉCEMBRE 1815. — Ordonnance du Roi portant nomination de l'intendant de la marine à Brest. (7, Bull. 69, n° 450.)

9 DÉCEMBRE 1815. — Ordonnances du Roi qui admettent les sieurs Madiona, Nobre, Colla, Osmond, Tonnesen - Molier, Roisseco, Morello, Barbagelata, Durieux, Costa, Wasserfall, Ansaldo et Molésini à établir leur domicile en France. (7, Bull. 50, 70 et 86, n°s 305 et 306, 331, 476 et 693.)

9 DÉCEMBRE 1815. — Ordonnance du Roi qui permet au sieur Roland d'ajouter à son nom celui de Chabert. (7, Bull. 54, n° 333.)

9 DÉCEMBRE 1815. — Ordonnance du Roi qui nomme M. Delaumoy référendaire près la commission du sceau, et qui fixe définitivement le nombre des référendaires près cette commission à dix, sans qu'il puisse être augmenté. (7, Bull. 62, n°s 398 et 399.)

11 DÉCEMBRE 1815. — Ordonnance du Roi portant que le titre de pair de France et celui de comte dont est revêtu M. Shée sont déclarés transmissibles, et passeront, après son décès, à son petit-fils Edmond Dalton. (7, Bull. 50, n° 303.)

13 DÉCEMBRE 1815. — Ordonnances du Roi qui accordent des lettres de déclaration de naturalité aux sieurs Riolfo, Héraud et Maroné. (7, Bull. 54, 59 et 67, n°s 358 et 427.)

13 DÉCEMBRE 1815. — Ordonnance du Roi qui admet les sieurs Launaro, Costa, Bucelli et Endrés à établir leur domicile en France. (7, Bull. 54, n° 334.)

13 DÉCEMBRE 1815. — Ordonnance du Roi qui détermine le cas dans lequel les rang, titre et qualité de pair de France dont est revêtu M. le comte de Lally-Tolendal seront transmis héréditairement à Henry Raimond comte Patron d'Aux de Lescout, son gendre. (7, Bull. 50, n° 304.)

14 = Pr. 24 DÉCEMBRE 1815. — Ordonnance du Roi qui réunit aux attributions du ministère de l'intérieur celles de la direction générale de l'agriculture, du commerce, des arts et manufactures; de la direction générale des communes, des hospices et des octrois municipaux, et de l'intendance des arts et monumens publics. (7, Bull. 51, n° 309.)

Louis, etc.

Le ministre secrétaire d'État de l'intérieur devant, en exécution de nos ordres, apporter la plus sévère économie dans l'emploi du crédit qui sera ouvert pour le service de son département pendant l'année 1816, nous avons résolu de confirmer la suppression, provisoirement opérée au mois de juillet dernier, de plusieurs directions générales dépendant de son ministère :

A ces causes ;

Sur le rapport de notre ministre secrétaire d'État de l'intérieur;

Et de l'avis de notre Conseil,

Nous avons ordonné et ordonnons ce qui suit :

Art. 1er. L'ordonnance du 16 mai 1814, qui crée une direction générale de l'administration de l'agriculture, du commerce, des arts et manufactures ; celle du 11 janvier 1815, qui établit une direction générale de l'administration des communes, des hospices et des octrois (2) ; enfin, celle du 28 janvier 1815, qui nomme un intendant général des arts et des monumens publics, et en détermine les attributions, sont rapportées.

2. Les attributions de ces directions et intendance sont réunies aux attributions du ministère de l'intérieur.

3. Notre ministre de l'intérieur est chargé de l'exécution de la présente ordonnance.

14 DÉCEMBRE 1815 = Pr. 21 MARS 1816. — Ordonnance du Roi concernant la réorganisation de la compagnie des cent-Suisses. (7, Bull. 74, n° 514.)

Voy. ordonnance du 21 MAI 1817.

Louis, etc.

Vu nos ordonnances du 15 juillet 1814 et 15

_____

(1) Cette ordonnance, qui n'est point au Bulletin des Lois, est citée dans l'article 16 de l'ordonnance du 27 août 1817, relative aux pensionnaires de la marine.

(2) Une ordonnance du 7 juillet 1819 a créé une direction générale de l'administration départementale et communale, qui, aujourd'hui, est réunie au secrétariat général du ministère de l'intérieur.

23 janvier 1815, concernant la compagnie des cent gardes-suisses ordinaires de notre corps; vu les preuves constantes de fidélité que ladite compagnie a données aux rois nos prédécesseurs, et, dans ces derniers temps, à nous-même; considérant que cette compagnie a besoin d'être augmentée pour pouvoir suffire au service qui lui est attribué auprès de notre personne, et qui va s'accroître au 1er janvier prochain, à raison des suppressions et réductions que nous avons jugé a propos de prescrire dans notre maison militaire par notre ordonnance du 1er septembre dernier relative à la formation d'une garde royale;

Sur le rapport de notre ministre secrétaire d'Etat de la guerre,

Art. 1er. La compagnie des cent gardes-suisses ordinaires de notre corps sera composée à l'avenir, savoir:

GRADES ET EMPLOIS dans la compagnie.	ÉTAT-MAJOR.	RANG dans L'ARMÉE.
1 Capitaine colonel		Maréchal-de-camp.
1 Adjudant-major lieutent.		Lieutenant-colonel.
1 Adjudant – major sous-lieutenant		Major.
1 Porte-drapeau		Major.
1 Fourrier-major trésorier, et chargé du détail de l'habillement		Major.
1 Aumônier.		
1 Chirurgien-major.		

COMPAGNIE.

2 Lieutenans-commandans, dont un pour la ligne française et un pour la ligne suisse		Colonel.
2 Lieutenans, dont un Français et un Suisse		Lieutenant-colon.
8 Sous – lieutenans, dont quatre Français et quatre Suisses		Chef de bataillon
10 Sergens, dont cinq Français et cinq Suisses		Capit. en second.
1 Fourrier.		Lieutenant.

TROUPE SUISSE.

6 Caporaux		Lieutenant.
6 Caporaux		Sous-lieutenant.
12 Sous-caporaux		Sergent-major.
250 Gardes.		Sergent.
4 Tambours.		
2 fifres.		

310

2. Nul ne sera admis à un emploi d'officier supérieur ou inférieur de la compagnie des gardes-suisses ordinaires de notre corps, s'il n'a été pourvu, pendant quatre ans, du grade inférieur à celui dont il trouvera le rang dans ladite compagnie; nul n'y sera reçu avec un grade égal ou supérieur.

3. Les officiers supérieurs et inférieurs de la compagnie pourront passer dans notre garde royale ou dans la ligne avec le grade dont ils auront eu le rang pendant quatre ans. Ils seront, après dix ans dans un grade, susceptibles de passer dans la ligne avec le grade immédiatement supérieur, ou d'obtenir, avec leur retraite, si elle leur est due, ce grade supérieur, conformément aux dispositions de l'article 15 de notre ordonnance du 19 septembre dernier sur les grades honoraires et honorifiques.

4. Notre capitaine-colonel des gardes-suisses ordinaires de notre corps continuera de travailler directement avec nous, comme cela s'est toujours pratiqué, tant sur ce qui intéresse le service, que pour les avancemens et récompenses dans sa compagnie. Mais toute proposition d'admission dans ladite compagnie d'officiers de notre garde royale ou de la ligne devra, avant de nous être présentée par le capitaine-colonel, avoir été examinée par notre ministre secrétaire d'Etat de la guerre, qui s'assurera que les candidats ont le service et les qualités nécessaires; et, dans le cas où ils ne se trouveraient pas admissibles, le capitaine-colonel nous en présentera d'autres. Les ordres de passe seront donnés par notredit secrétaire d'Etat, au vu de l'état d'admission approuvé par nous, et qui lui aura été transmis, à cet effet, par le capitaine-colonel.

5. Toute demande ou réclamation quelconque d'un officier supérieur ou inférieur de la compagnie devra être soumise au capitaine-colonel, voulant qu'aucun mémoire ne nous soit adressé, non plus qu'à nos ministres, que par son intermédiaire.

6. L'administration de la compagnie des gardes-suisses ordinaires de notre corps est, comme celle de nos autres compagnies des gardes-du-corps, dans les attributions du ministre secrétaire d'Etat de notre maison; elle sera dirigée par l'adjudant-major lieutenant et le fourrier-major, sous la surveillance du capitaine-colonel.

7. Les sous-lieutenans seront pris alternativement parmi les sergens, au choix du capitaine-colonel, sans pouvoir intervertir les lignes française et suisse, et parmi les capitaines-commandans de notre garde royale ou de la ligne.

8. Les officiers de l'état-major seront pris indifféremment dans la compagnie ou dans la ligne, au choix du capitaine-colonel.

20.

10

9. Le lieutenant-commandant de la ligne française commandera toujours la compagnie en l'absence du capitaine-colonel, quel que soit le rang du lieutenant-commandant de la ligne suisse, conformément aux anciennes ordonnances.

10. Il sera présenté à notre approbation, d'ici au 1er janvier prochain, deux réglemens de détail : l'un, sur le service et la discipline intérieure de la compagnie ; l'autre, sur le mode de son administration. Le premier sera en harmonie avec celui de nos gardes-du-corps, qui doit être concerté avec notre ministre secrétaire d'Etat de la guerre ; le second sera concerté avec notre ministre secrétaire d'Etat de notre maison.

11. La solde de la compagnie des gardes-suisses ordinaires de notre corps est et demeurera fixée ainsi qu'il suit, à partir du 1er janvier 1816 :

	SOLDE par an.	NOMBRE de chevaux.
ÉTAT-MAJOR.		
Capitaine-colonel.	25,000 f	2
Adjudant-major lieutent.	6,000	1
Adjudant-major sous-lieutenant.	4,000	"
Porte-drapeau	3,000	"
Fourrier-major trésorier.	3,000	"
Aumônier.	1,500	"
Chirurgien-major.	1,500	"
COMPAGNIE.		
Lieutenant-commandant.	7,500	1
Lieutenant. . . . . . ! . .	5,000	"
Sous-lieutenant.	4,000	"
Sergent	1,500	"
Fourrier.	1,200	"
Caporal	1,000	"
Sous-caporal	810	"
Garde.	720	"
Tambour	650	"
Fifre.	600	"

L'officier commandant l'hôtel de la compagnie, dans le lieu de notre résidence, jouira, conformément à l'ordonnance du 15 juillet 1814, d'un supplément de solde de mille deux cents francs par an.

La solde sera payée à l'effectif, à la fin de chaque mois.

12. Jusqu'au 1er janvier 1817, époque à laquelle une nouvelle fixation des masses aura lieu pour nos gardes-du-corps, nous accordons à la compagnie des gardes-suisses ordinaires de notre corps une masse de deux cent cinquante francs par an, sous le titre de masse d'habillement, pour chaque sergent,

fourrier, caporal, sous-caporal, garde, tambour et fifre. Cette masse sera payée au complet de deux cent quatre-vingt-onze hommes : elle pourvoira à l'entretien et au renouvellement de l'habillement et de l'équipement.

Une masse de chauffage sera également payée à la compagnie au complet de deux cent quatre-vingt-onze hommes, sur le même pied qu'au sergent dans la garde royale.

13. Nous accordons et mettons annuellement à la disposition du capitaine-colonel de la compagnie une somme de six mille francs pour être distribuée en gratifications aux sergens, fourriers, caporaux, sous-caporaux et gardes-suisses, qu'il en jugera susceptibles.

14. Les dispositions de nos ordonnances du 15 juillet 1814 et du 23 janvier 1815, en ce qui n'est pas contraire à la présente, sont maintenues et continueront d'être exécutées.

15. Nos ministres sont chargés de l'exécution de la présente ordonnance.

---

14 DÉCEMBRE 1815. — Ordonnance du Roi qui autorise l'acceptation de dons et legs faits aux pauvres et aux hospices de plusieurs communes. (7, Bull. 63, n° 403.)

15 DÉCEMBRE 1815 = Pr. 22 JUILLET 1816. — Ordonnance du Roi concernant les élèves vice-consuls, et le mode d'admission et d'avancement dans la carrière des consulats. (7, Bull. 51, n° 919.)

Voy. réglement du 11 JUIN 1816.

Louis, etc.

Les consulats étant institués pour protéger le commerce et la navigation de nos sujets auprès des autorités étrangères, pour exercer la justice et la police sur nosdits sujets, et pour fournir au Gouvernement les documens qui doivent le mettre à même d'assurer la prospérité du commerce extérieur, nous avons reconnu que cette destination ne pouvait être remplie, si les personnes appelées aux fonctions de consul n'avaient acquis, par des études spéciales et appropriées au but de l'institution, ainsi que par une expérience suffisante, des connaissances positives dans le droit public, dans la législation et les matières de commerce ;

En conséquence, et vu l'ordonnance du 3 mars 1781 concernant les consulats ;

Sur le rapport de notre ministre secrétaire d'Etat au département des affaires étrangères,

Nous avons ordonné et ordonnons ce qui suit :

Art. 1er. Des élèves vice-consuls seront placés près de nos consuls généraux et consuls, tant en Levant que dans les autres pays de consulat. Le nombre des élèves est fixé à douze. Les résidences auxquelles ils devront être attachés seront ultérieurement déterminées.

2. La somme de seize mille francs, affectée à cette dépense par notre décision du 13 juin 1814, sera portée à vingt-quatre mille francs.

3. Les postulans aux places d'élèves vice-consuls ne pourront y être admis que depuis l'âge de vingt ans jusqu'à l'âge de vingt-cinq ans, et après avoir subi un examen, conformément au réglement qui sera donné à cet effet par notre ministre secrétaire d'Etat au département des affaires étrangères.

4. Les élèves vice-consuls seront logés chez les consuls et nourris à leur table. Il sera alloué pour cette dépense, auxdits consuls, une somme annuelle de cinq cents francs, à prélever sur le traitement attribué aux élèves vice-consuls.

5. L'article 2 du titre 1er de l'ordonnance du 3 mars 1781, qui règle le mode d'admission et d'avancement dans la carrière des consulats, sera remis en vigueur; et il ne pourra y avoir d'exception à cet égard qu'en faveur des personnes ayant déjà rempli les fonctions de consul, et de celles attachées, soit à l'administration des consulats, soit aux autres branches du département des affaires étrangères, mais seulement après quatre ans de service effectif.

6. Notre ministre secrétaire d'Etat au département des affaires étrangères est chargé de l'exécution de la présente ordonnance.

16 DÉCEMBRE 1815 = Pr. 28 FÉVRIER 1816. — Réglement portant fixation du nombre, des grades, classes, appointemens et frais de bureau des officiers militaires et civils de la marine employés dans les ports du royaume. (7, Bull. 69, n° 451.)

DE PAR LE ROI.

Sa majesté s'étant fait représenter son ordonnance du 29 novembre dernier, sur la régie et administration des ports et arsenaux de la marine, considérant que, pour assurer et compléter l'exécution de ladite ordonnance, il importe de déterminer, d'une manière fixe et invariable, le nombre et le grade des officiers militaires et civils de toute classe qui devront être répartis et employés dans les divers ports du royaume, et de régler en même temps leurs appointemens, supplémens d'appointemens et frais de bureau; voulant concilier les besoins et la dignité de son service avec l'ordre, la régularité et l'économie qu'il convient d'observer dans les dépenses;

Ouï le rapport du ministre d'Etat de la marine et des colonies,

Elle a ordonné et ordonne ce qui suit :

Art. 1er. Le nombre, les grades et les classes des officiers militaires et civils de la marine qui seront employés dans chacun des ports et arsenaux du royaume sont réglés conformément au tableau n° 1, annexé au présent réglement.

2. Les appointemens annuels attribués auxdits officiers civils et militaires sont déterminés par le tableau n° 2.

3. Les supplémens d'appointemens, frais d'écrivains et frais de bureau, alloués à ceux desdits officiers qui remplissent les emplois supérieurs ou des fonctions particulières, sont fixés par le tableau n° 3.

4. Sa majesté déterminera, par une décision spéciale, les appointemens et supplémens d'appointemens qui devront être alloués aux commandans et intendans de la marine, ainsi qu'aux officiers et administrateurs qui rempliraient, par *interim*, l'une ou l'autre de ces fonctions.

5. Le premier secrétaire du commandant sera payé sur les fonds de la marine : dans les ports de Brest, Toulon et Rochefort, il aura, pendant la durée de ses fonctions, le rang et les appointemens de sous-commissaire, et celui de commis principal dans les ports de Lorient et de Cherbourg.

Le commandant de la marine sera tenu de payer les autres secrétaires et commis de son bureau particulier.

6. Les fournitures de bureau nécessaires au secrétariat du commandant et de l'intendant de la marine, ainsi que des ordonnateurs des grands ports, seront délivrées par le magasin général, sur état qu'ils en arrêteront respectivement.

Ils pourvoiront eux-mêmes au chauffage et à l'éclairage tant de leur hôtel que de leur bureau particulier.

7. Les majors généraux, directeurs des constructions du port et de l'artillerie, seront tenus, au moyen des sommes qui leur sont allouées pour frais de bureau et d'écrivains, de payer les secrétaires, dessinateurs et écrivains qu'ils emploieront dans leurs directions, et de se procurer toutes les fournitures de bureau, ainsi que le chauffage et luminaire; en conséquence, aucun de ces objets ne leur sera délivré des magasins de la marine.

Défend sa majesté que les ouvriers du port puissent être, dans aucun cas et sous quelque prétexte que ce soit, employés comme écrivains dans les directions, ou à tout autre service qu'à celui de leur profession.

8. Lorsque sa majesté ordonnera des armemens ou travaux dans les ports secondaires, les officiers de la marine et d'artillerie, et les ingénieurs constructeurs qui seront chargés en chef de ces opérations, recevront des frais de bureau que le ministre secrétaire d'Etat de la marine réglera suivant l'importance du service dont ils seront chargés.

9. Le ministre secrétaire d'Etat de la ma-

10.

rine déterminera, chaque année, les supplémens d'appointemens et frais de bureau qui devront être alloués aux ingénieurs des ponts-et-chaussées employés pour le service de la marine, en raison de leur grade, de leurs fonctions et des travaux qu'ils auront à diriger.

10. Il ne sera point alloué de frais de bureau en argent aux administrateurs et contrôleurs des ports pris collectivement ou séparément ; toutes les fournitures de bureau, de chauffage et de luminaire nécessaires au service leur seront faites en nature par le magasin général, sur l'état qui en sera arrêté par l'intendant ou ordonnateur de la marine.

11. L'intendant ou l'ordonnateur de la marine fera une répartition proportionnelle, entre les divers détails du port, de la somme allouée pour frais d'écrivains ; mais les chefs desdits détails ne pourront employer dans leurs bureaux que des sujets dont le choix aura été agréé par ledit intendant ou ordonnateur.

Il ne sera point attribué de frais d'écrivains aux contrôleurs de la marine, le service du contrôle devant être fait exclusivement par les commis principaux et commis attachés à ce détail.

12. Le directeur des constructions ou l'ingénieur constructeur qui sera chargé de la surveillance et de l'instruction des élèves ingénieurs recevra un supplément de deux mille francs par an.

13. Il sera statué particulièrement sur le supplément qui devra être attribué à chacun des officiers chargés de la direction et surveillance des forges, fonderies et ateliers d'artillerie affectés à la marine.

14. Le ministre secrétaire d'Etat de la marine répartira, chaque année, entre les diverses écoles d'hydrographie, une somme de dix mille francs pour frais de bureau et autres menues dépenses nécessaires à cette partie du service.

15. Les supplémens d'appointemens autres que ceux attribués à un grade, ainsi que les frais de bureau et d'écrivains, ne pourront être considérés comme faisant partie du traitement personnel du titulaire d'une place ; mais ils seront toujours payés à celui qui en remplira les fonctions.

16. Lorsque les commandans, intendans de la marine et commissaires généraux ordonnateurs des grands ports recevront l'ordre de voyager pour le service de sa majesté, les dépenses qu'ils auront faites pendant la durée de leur mission leur seront remboursées sur le mémoire qu'ils en produiront.

17. Les majors généraux, les commissaires généraux des grands ports et les directeurs des constructions du port et de l'artillerie, recevront les frais de route et vacations qui avaient été réglés pour les chefs de service dans les grands ports.

Ceux desdits majors généraux ou directeurs qui seraient pourvus du grade d'officier général recevront les frais de route et vacations attribués à leur grade.

Les contrôleurs de la marine de première classe recevront les frais de route et vacations alloués aux commissaires principaux de la marine ; les contrôleurs de seconde classe recevront ceux alloués aux commissaires ordinaires, et les sous-contrôleurs, ceux alloués aux capitaines de frégate.

18. Les commis aux revues et aux approvisionnemens destinés à être embarqués sur les vaisseaux et frégates de sa majesté seront toujours choisis parmi les commis entretenus de la marine.

Dans le cas où la multiplicité des armemens forcerait de détacher des bureaux du port un trop grand nombre d'employés, ils seront suppléés par des écrivains, et, à cet effet, les frais d'écrivains pourront, avec l'approbation du ministre secrétaire d'Etat de la marine, être augmentés d'une somme équivalente au deux tiers des appointemens des commis embarqués.

Cette augmentation ne sera que temporaire, et devra se réduire successivement à mesure de la rentrée desdits commis dans les bureaux du port.

19. Les officiers militaires et civils qui exerceront, dans la nouvelle formation, des emplois autres que ceux dont ils étaient antérieurement pourvus continueront à jouir des appointemens qui leur avaient été alloués, jusqu'à ce qu'ils soient appelés à un grade ou une classe qui leur assure des appointemens égaux ou supérieurs.

20. Les appointemens et traitemens attribués à des agens de la marine non compris dans les tableaux annexés au présent réglement continueront, jusqu'à ce qu'il en ait été autrement ordonné par sa majesté, d'être payés d'après les fixations établies.

21. Les commandans, intendans, majors généraux et commissaires généraux des ports de Brest, Toulon et Rochefort ; les commandans et commissaires généraux des ports de Lorient et Cherbourg, et les administrateurs en chef des ports de Dunkerque, le Havre, Saint-Servan, Nantes, Bordeaux, Bayonne et Marseille, auront seuls droit à être logés dans les établissemens dépendant de la marine, ou dans des maisons particulières qui seront louées à cet effet, ou enfin à recevoir une indemnité pour frais de logement, laquelle sera réglée par le ministre secrétaire d'Etat de la marine.

22. Il sera statué, par un réglement spécial, sur le nombre, le grade et les appointemens et supplémens des administrateurs de la marine, préposés et syndics attachés au service des classes.

23. Sont et demeurent abrogées toutes dispositions contraires à celles du présent réglement, lequel recevra son exécution à dater du 1er janvier 1816.

(*Suivent les tableaux.*)

20 == Pr. 27 DÉCEMBRE 1815. — Loi qui rétablit les juridictions prévôtales (1). (7, Bull. 52, n° 311; Mon. des 18 novembre, et 3, 8, 10, 11, 16 et 19 décembre 1815.)

Voy. décret du 18 OCTOBRE 1810; art. 63 de la Charte; lois des 28 AVRIL 1816, art. 48 et suiv.; 27 MARS 1817, art. 12 et suiv.; et 21 AVRIL 1818, art. 37.

TITRE Ier. Des cours prévôtales et de leur organisation.

Art. 1er. Il sera établi dans chaque département, et dans le lieu où siége la cour d'assises, une cour prévôtale.

2. Les cours prévôtales seront composées d'un président, d'un prévôt et de quatre juges, dont un désigné pour remplir les fonctions d'assesseur.

3. Le président et les juges seront choisis parmi les membres du tribunal de première instance du lieu où siégera la cour prévôtale.

4. Les prévôts seront pris parmi les officiers de l'armée de terre ou de mer, ayant le grade de colonel au moins, et âgés de trente ans accomplis.

5. Le Roi nommera, pour la durée de la loi, le président de la cour prévôtale et le prévôt. Les juges et assesseurs seront annuellement désignés par le premier président de la cour royale du ressort; néanmoins, ils le seront, pour la première fois, par le ministre secrétaire d'Etat au département de la justice.

6. Les fonctions du ministère public seront exercées, près de chaque cour prévôtale, par le procureur du Roi près le tribunal de première instance, ou par l'un des substituts.

7. Les fonctions de greffier seront remplies par les greffiers des tribunaux de première instance, ou par leurs commis assermentés.

TITRE II. De la compétence (2).

8. Les cours prévôtales connaîtront des crimes qui étaient attribués aux cours spéciales par le Code d'instruction criminelle.

9. Les cours prévôtales procèderont contre tout individu, quelle que soit sa profession, civile, militaire, ou autre, qui se serait rendu coupable du crime de rébellion armée, ou qui aurait été arrêté faisant partie d'une réunion séditieuse, ou qui, sans droit ou sans motif légitime, aurait pris le commandement d'une force armée, d'une place forte, d'un port ou d'une ville, ou qui aurait levé ou organisé une bande armée, ou qui aurait fait partie d'une telle bande, ou lui aurait fourni des armes, des munitions, ou des vivres (3).

10. Elles procéderont également contre toute personne prévenue d'avoir affiché, distribué ou vendu dans des lieux publics des écrits, d'avoir, dans des lieux publics ou destinés à des réunions habituelles de citoyens, fait entendre des cris ou proféré des discours, toutes les fois que ces cris, ces discours ou ces écrits auront exprimé la menace d'un attentat contre la personne du Roi ou la personne des membres de la famille royale, toutes les fois qu'ils auront excité à s'armer contre l'autorité royale, ou qu'ils auront provoqué au renversement du Gouvernement ou au changement de l'ordre de successibilité au trône.

11. Elles procéderont contre toutes personnes prévenues d'avoir arboré, dans un lieu public ou destiné à des réunions habituelles de citoyens, un drapeau autre que le drapeau blanc, et contre toutes personnes qui feront entendre des cris séditieux dans le palais du Roi ou sur son passage.

12. Seront justiciables des cours prévôtales les prévenus d'assassinat ou de vol avec port d'armes ou violence, lorsque ces crimes auront été commis sur les grands chemins. Ne sont pas regardées comme grands chemins les routes dans les villes, bourgs, faubourgs et villages.

13. Seront justiciables des cours prévôtales les militaires et les individus à la suite des armées ou des administrations militaires prévenus de vol ou d'actes de violence qualifiés crimes par le Code des délits et des peines, toutes les fois que lesdits actes ne pourront être considérés comme des infractions aux lois sur la subordination et la discipline militaire (4).

---

(1) *Voy.* le Traité de législation criminelle, 2e édit. par M. Legraverend, tome 2, pag. 526.

(2) *Voy.* les lois du 18 pluviose an 9 et du 23 floréal an 10, et les notes sur ces lois.

(3) Une tentative de vol commise par une réunion quelconque d'hommes armés dans l'habitation d'un simple particulier n'est pas de la compétence des cours prévôtales.—Pour avoir le caractère de *bande armée*, il faut que la réunion ait eu pour objet le pillage ou envahissement de propriétés publiques, ou quelques-uns des crimes prévus par l'art. 96 du Code pénal (22 août 1817; Cass. S. 18, 1, 143).

(1) Une cour prévôtale n'est pas compétente pour juger un militaire prévenu du crime de faux, encore que le faux ait été fait pour commettre un vol (21 août 1817; Cass. S. 18, 1, 201).

14. Sont compris dans la disposition de l'article précédent les militaires en activité de service ou jouissant d'un traitement d'activité ou de non-activité autre que la solde de retraite, et les militaires licenciés ou congédiés, pendant l'année qui suivra leur licenciement ou la délivrance de leur congé absolu (1).

15. Si, dans une affaire qui n'aurait été renvoyée devant la cour prévôtale qu'à cause de la qualité des prévenus, il se trouve un ou plusieurs d'entre eux qui n'en soient point justiciables par leur qualité, le procès et les parties seront renvoyés devant qui de droit.

16. Lorsque, dans une affaire portée devant la cour prévôtale à cause de la nature de l'accusation, le crime dont l'accusé est prévenu se trouvera, par le résultat des débats, dépouillé des circonstances qui le rendaient cas prévôtal, la cour renverra l'accusé et le procès devant qui de droit.

17. Si, par le résultat des débats, le fait dont l'accusé est convaincu n'était pas de nature à entraîner peine afflictive ou infamante, la cour appliquera les peines correctionnelles ou de police encourues par l'accusé.

18. Si les accusés, ou quelques-uns des accusés compris dans le même procès, sont en même temps prévenus de crimes autres que ceux dont la poursuite est attribuée aux cours prévôtales, lesdites cours, après avoir statué sur l'affaire dont elles doivent connaitre, renverront, pour le surplus, s'il y a lieu, devant qui de droit.

19. Tous les crimes prévus par la présente loi et commis postérieurement à sa promulgation seront jugés par la cour prévôtale ; en conséquence, immédiatement après son installation, les procès et les prévenus lui seront renvoyés, sans préjudice aux poursuites et à l'instruction préalable qui seront faites jusque-là par les juges ordinaires.

Les crimes de la compétence des cours spéciales commis même antérieurement à la promulgation de la présente loi seront jugés par les cours prévôtales (1).

TITRE III. Du prévôt.

20. Les prévôts sont spécialement chargés de la recherche et de la poursuite de tous les crimes dont la connaissance est attribuée aux cours prévôtales.

21. Dans le cas de flagrant délit ou de clameur publique, les prévôts sont tenus de se transporter sur les lieux, pour dresser les procès-verbaux des faits et tout ce qui pourra servir à la décharge ou conviction des accusés ; ils réuniront tous renseignemens.

22. Les prévôts, en cas de flagrant délit, feront saisir les prévenus présens contre lesquels il existerait des indices graves.

23. Lorsque les prévôts auront reçu des plaintes ou dénonciations relatives à des faits de la compétence des cours prévôtales, ils informeront contre les prévenus ; ils pourront se transporter, s'il est besoin, sur les lieux, à l'effet d'y dresser tous les procès-verbaux nécessaires ; ils pourront décerner des mandats d'amener ; ils seront, dans les circonstances prévues par le présent article, assistés de leur assesseur.

24. Les prévôts feront citer devant eux les personnes qui auront été indiquées par la plainte, par la dénonciation ou par le procureur du Roi, et celles qu'ils jugeront utile d'entendre.

25. Après avoir entendu les prévenus et le procureur du Roi, les prévôts pourront décerner des mandats d'arrêt.

26. Les prévôts peuvent requérir directement la gendarmerie et toute autre force publique.

27. En l'absence du prévôt, et dans les cas de sa compétence, les juges-de-paix, officiers de gendarmerie, commissaires généraux de police, maires, adjoints de maire, et commissaires de police, seront tenus de dresser tous procès-verbaux et tous actes ; en cas de flagrant délit ou de clameur publique, ils feront saisir les prévenus, ou décerneront mandat d'amener contre eux.

28. Tous officiers de gendarmerie seront tenus d'instruire le prévôt de tous les faits de sa compétence qu'ils viendraient à découvrir ; ils doivent lui fournir tous les renseignemens qu'il leur demandera.

29. Lorsque le prévôt jugera qu'il y a lieu d'instruire prévôtalement, il en donnera avis au procureur du Roi du tribunal du lieu où siège la cour prévôtale.

TITRE IV. De l'instruction et du jugement.

30. Les crimes dont la connaissance est attribuée par la présente loi aux cours prévôtales seront poursuivis d'office par les procureurs du Roi près des lieux où siège la cour d'assises, sous la surveillance des procureurs généraux.

31. Les plaintes et dénonciations pourront

---

(1) Les crimes et délits militaires dont la connaissance avait été attribuée, par des lois d'exception, aux cours spéciales et prévôtales sont, depuis la suppression de ces cours, rentrés dans la compétence des tribunaux militaires (17 septembre 1819 ; Cass. S. 20, 1, 66).

(2) Lorsqu'il s'agit de crimes commis antérieurement à la promulgation de la loi, on doit suivre toutes les formes prescrites par le Code d'instruction criminelle pour les cours spéciales (24 octobre 1817 ; Cass. S. 18, 1, 118).

être reçues par tous les officiers de police judiciaire, qui les adresseront, en ce cas, dans les vingt-quatre heures, au procureur du Roi près le tribunal du chef-lieu du département.

32. A l'instant même de la capture, le prévenu sera traduit dans les prisons les plus prochaines, et transféré, sans délai, dans celles de la cour prévôtale.

33. Dans les vingt-quatre heures de l'arrivée du prévenu dans les prisons de la cour le prévôt procédera à son interrogatoire, et, dans le plus court délai, à l'audition des témoins.

Il sera assisté de son assesseur, et, en cas d'empêchement, d'un juge désigné par le président de la cour; l'assesseur signera l'interrogatoire et le procès-verbal d'audition des témoins; le tout à peine de nullité. L'assesseur pourra requérir le prévôt de faire à l'accusé telle question qu'il jugera nécessaire à l'éclaircissement de l'affaire.

34. Dans le cours de l'interrogatoire, le prévenu sera averti qu'il sera jugé prévôtalement, en dernier ressort et sans recours en cassation; il sera sommé de proposer ses exceptions contre la compétence, s'il en a à présenter; il sera fait mention, dans le procès-verbal, de ladite sommation et des réponses du prévenu; il lui sera demandé s'il a fait choix d'un conseil, et, s'il ne l'a pas fait, le prévôt lui en nommera un d'office, le tout à peine de nullité.

35. Sur le vu des pièces communiquées au ministère public, la cour jugera sa compétence.

36. Les jugemens de compétence seront rendus en la chambre du conseil, et hors la présence de l'accusé, sur le rapport du prévôt ou du juge qui l'aura assisté, et sur les conclusions écrites du ministère public.

37. Ce jugement sera signifié dans les vingt-quatre heures à l'accusé.

38. Dans le cas où la cour prévôtale se déclarerait incompétente, elle renverra l'accusé et les pièces devant qui de droit. Le ministère public pourra, dans les dix jours de ce jugement, se pourvoir contre par-devant la cour royale du ressort, chambre d'accusation. Si cette dernière cour réforme le jugement, elle renverra la cause et les parties à une autre cour prévôtale de son ressort, qui procédera immédiatement au jugement définitif (1).

39. Dans le cas où la cour prévôtale se déclarerait compétente, elle prononcera, s'il y a lieu, la mise en accusation, et décernera l'ordonnance de prise de corps; le jugement de compétence sera envoyé immédiatement au procureur général, qui sera tenu, toute affaire cessante, de le soumettre à la délibération de la chambre d'accusation de la cour royale, pour qu'elle statue définitivement, sans recours en cassation (2).

40. L'instruction sur le fond du procès ne sera pas suspendue par l'envoi du jugement de compétence à la cour royale; mais il sera sursis aux débats et au jugement définitif jusqu'à ce qu'il ait été prononcé par ladite cour sur ce jugement de compétence.

41. La cour prévôtale saisie d'une affaire par le renvoi que lui en aura fait une cour royale procédera au jugement définitif sans jugement préalable sur sa compétence (3).

42. L'acte d'accusation sera dressé par le ministère public.

43. Les cours prévôtales se conformeront, en tout ce qui concerne la recherche des prévenus, l'audition des témoins, les récusations de juges, l'examen, la défense de l'accusé, la police de l'audience, le jugement et l'exécution, aux formes établies par le Code d'instruction criminelle pour les cours spéciales, sauf les modifications prescrites par la présente loi.

44. Les cours prévôtales ne peuvent infliger d'autres peines que celles portées par les lois.

45. Les arrêts des cours prévôtales seront rendus en dernier ressort, et sans recours en cassation.

46. Ils seront exécutés dans les vingt-quatre heures, à moins que la cour prévôtale n'ait usé de la faculté accordée par l'article 595 du

---

(1) Encore bien que la cour royale soit souveraine sur les jugemens de compétence rendus par la cour prévôtale, il y a lieu néanmoins à réglement de juges entre la cour royale et la cour prévôtale, lorsque, sur le renvoi qui lui est fait de l'affaire par la cour royale, la cour prévôtale se déclare incompétente et que son jugement est passé en force de chose jugée (17 janvier 1817; Cass. S. 17, 1, 104).

Il n'y a pas lieu à réglement de juges par la Cour de cassation, lorsqu'un tribunal correctionnel, sur le renvoi qui lui est fait par la chambre d'accusation de la cour royale, se déclare incompétent, attendu que les faits lui paraissent de la compétence de la cour prévôtale.

— C'est le cas de se pourvoir par appel contre le jugement du tribunal correctionnel (13 décembre 1816; Cass. S. 17, 1, 75).

(2) Les arrêts des cours prévôtales ne sont soumis aux cours royales, qu'en ce qui touche la compétence. — Toute décision des cours royales, sur le mérite des mises en accusation par une cour prévôtale, est un excès de pouvoir donnant lieu à cassation (19 mai 1817; Cass. S. 18, 1, 5).

(3) Les cours prévôtales sont tenues de prononcer préalablement sur leur compétence, seulement lorsqu'elles sont saisies directement de la connaissance d'un délit, et non lorsqu'elles sont saisies par le renvoi d'une cour royale (3 octobre 1817; Cass. S. 18, 1, 71).

Code d'instruction criminelle, pour recommander le condamné à la commisération du Roi.

47. Lorsque le prévenu n'aura pu être saisi, ou qu'après avoir été saisi il s'évadera, il sera procédé contre lui par contumace.

48. La cour jugera sa compétence, et, après avoir pris connaissance de la procédure et de l'acte d'accusation, elle prononcera sur le procès principal.

49. Les effets de la contumace demeurent, au surplus, tels qu'ils sont réglés par le Code d'instruction criminelle.

TITRE V. Dispositions générales.

50. En cas d'absence ou d'empêchement légitime, les membres des cours prévôtales seront remplacés, savoir : le président, par le juge le plus ancien ; le prévôt, par l'officier commandant la gendarmerie du département ; les juges, par des membres du tribunal de première instance, et, à leur défaut, par des avocats inscrits sur le tableau.

51. La cour prévôtale, sur la réquisition du prévôt ou du procureur du Roi, et après délibération, pourra se transporter et siéger dans les lieux du département qu'elle aura indiqués.

52. Les cours prévôtales ne peuvent juger qu'au nombre de six membres.

53. Les présidens des cours prévôtales présideront aussi les audiences de police correctionnelle du tribunal dont ils font partie.

54. Les présidens et les prévôts prêteront serment, avant d'entrer en fonctions, devant la cour royale du ressort.

55. La présente loi cessera d'avoir son effet après la session de 1817, si elle n'a été renouvelée dans le courant de ladite session.

20 = Pr. 28 DÉCEMBRE 1815. — Ordonnance du Roi portant suppression des sous-préfectures des chefs-lieux de département. (7, Bull. 53, n° 318.)

Louis, etc.

Les grands sacrifices auxquels la France a été contrainte nous obligent à porter la plus sévère économie dans toutes les branches du service public, à opérer toutes les suppressions que l'expérience a démontrées possibles, et à faire céder toute autre considération à cette loi, d'une impérieuse nécessité :

A ces causes,

De l'avis de notre Conseil,

Nous avons ordonné et ordonnons ce qui suit:

Art. 1er. Les sous-préfectures des chefs-lieux de département sont supprimées, et, dans le mois qui suivra la publication de la présente ordonnance, l'administration en sera réunie à celle des préfectures.

Cette réunion ne pourra donner lieu à aucune augmentation des frais de bureau des préfets.

2. Notre ministre de l'intérieur est chargé de l'exécution de la présente ordonnance.

20 = Pr. 30 DÉCEMBRE 1815. — Ordonnance du Roi qui maintient celle du 16 décembre 1814, et contient des dispositions relatives aux officiers nés Français qui se trouvaient au service de l'étranger, et qui sont rentrés en France postérieurement au 15 avril 1815. (7, Bull. 54, n° 322.)

Louis, etc.

Considérant qu'un grand nombre d'officiers nés Français ne sont rentrés du service étranger qu'après le délai prescrit par notre ordonnance du 16 décembre 1814, et qu'ils ont encouru les peines portées par l'article 1er de ladite ordonnance; voulant cependant user d'indulgence à leur égard, à raison des circonstances atténuantes qui militent en faveur de plusieurs d'entre eux,

Avons ordonné et ordonnons ce qui suit :

Art. 1er. Les dispositions prescrites par notre ordonnance du 16 décembre 1814 à l'égard des officiers nés Français qui se trouvaient à cette époque au service de l'étranger sont maintenues.

2. Les militaires qui sont rentrés en France postérieurement au 15 avril 1815, contre les dispositions de notre précédente ordonnance, devront se pourvoir pour se faire relever de la déchéance qu'ils ont encourue, et il leur est accordé, à cet effet, un délai de deux mois, qui expireront le 1er mars 1816 (1).

3. Notre ministre secrétaire d'Etat au département de la guerre nous soumettra les demandes qui seront faites à cet égard, et pourra nous proposer de relever, par exception, de la déchéance qu'ils ont encourue, et même d'admettre dans notre armée, dans le grade dont ils seront jugés susceptibles, ceux de ces officiers qui se seraient rendus dignes de cette faveur par leur conduite et par leurs services.

4. Notre ministre de la guerre est chargé de l'exécution de la présente ordonnance.

20 DÉCEMBRE 1815. — Ordonnance du Roi qui supprime les inspecteurs des hôpitaux militaires de l'intérieur (2).

_____

(1) Voy. ordonnance du 6 mars 1816.

(2) Cette ordonnance, qui n'est point au Bulletin des Lois, est citée dans l'article 3 de l'ordonnance du 16 octobre 1816 relative au traitement de non-activité accordé aux employés licenciés des administrations militaires.

20 DÉCEMBRE 1815. — Ordonnances du Roi qui accordent des lettres de déclaration de naturalité aux sieurs Novaro, Glerici et Marin. (7, Bull. 58, 95, 97 et 111, nᵒˢ 350, 866 et 1085.)

20 DÉCEMBRE 1815. — Ordonnance du Roi qui admet les sieurs Pericoli et Orienski à établir leur domicile en France. (7, Bull. 54, nᵒ 337.)

20 DÉCEMBRE 1815. — Ordonnance du Roi portant que celle du 17 août 1815, relative à la nomination des pairs de France, est rectifiée en ce qui concerne la désignation de M. Bonabe-Louis-Victurnien-Alexis de Rougé, pair de France, par le titre de comte de Rougé, auquel sera substitué celui de marquis de Rougé. (7, Bull. 54, nᵒ 336.)

21 DÉCEMBRE 1815 = Pr. 13 JANVIER 1816. — Ordonnance du Roi relative aux dépenses des chambres de commerce. (7, Bull. 57, nᵒ 345.)

Voy. lois des 17 JUILLET 1819, art. 10; et 23 JUILLET 1820, art. 15.

Louis, etc.

Considérant que les dépenses des chambres de commerce n'ayant pas été comprises dans la loi sur les finances du 23 septembre 1814, il est urgent de pourvoir à leur rembourse-ment, jusqu'à ce que les frais de ces établissemens aient été déterminés par une loi;

Notre Conseil-d'Etat entendu,

Nous avons ordonné et ordonnons ce qui suit :

Art. 1er. Les sommes fixées pour les dépenses des chambres de commerce du royaume en 1814, leur seront également allouées pour chacun des exercices de 1815 et 1816.

2. Celles de ces chambres auxquelles il est assigné des ressources particulières continueront à en jouir comme par le passé.

3. Il sera pourvu aux dépenses de ces chambres pendant ces exercices conformément au décret du 23 septembre 1806 et à la loi du 28 ventose an 9, par une contribution proportionnelle sur les patentes de première et seconde classe et sur celles d'agens-de-change et courtiers.

4. Le nombre de centimes à ajouter à ces patentes, dans chaque ville ou département, est fixé conformément au tableau annexé à la présente. Notre ministre secrétaire d'Etat de l'intérieur, qui est chargé de régler les budgets des chambres de commerce, autorisera les préfets à faire dresser les rôles nécessaires, à la charge d'en donner connaissance à notre ministre des finances.

5. Nos ministres de l'intérieur et des finances sont chargés de l'exécution de la présente ordonnance.

État des centimes alloués pour subvenir aux dépenses des chambres de commerce.

NOMS des CHAMBRES de commerce.	DÉPENSES en 1814.	SOMMES allouées		Nombre de centimes à ajouter aux patentes de 1re et 2e classe, à celles d'agens de change et courtiers, pour chacun des exercices de 1815 et 1816.	OBSERVATIONS.
		pour 1815.	pour 1816.		
Amiens	"	2,700f 00c	2,700f 00c	6 c. par f.	Ces six centimes ne seront prélevés qu'en 1816. La chambre ayant eu en caisse de quoi subvenir aux dépenses de 1815, son budget a été arrêté pour ladite année : il sert de base pour 1816.
Avignon	1,000f 00c	1,000 00	1,000 00	4 *idem.*	Dans tout le département.
Bayonne . . .	3,900 00	3,900 00	3,900 00	13 *idem.*	Dans les départemens des Basses-Pyrénées et des Landes.

NOMS des CHAMBRES de commerce.	DÉPENSES en 1814.	SOMMES allouées		Nombre de centimes à ajouter aux patentes de 1re et 2e classe, à celles d'agens de change et courtiers, pour chacun des exercices de 1815 et 1816.	OBSERVATIONS.
		pour 1815.	pour 1816.		
Bordeaux...	50,550 00	50,900 00	50,900 00	10 *idem.*	Dans tout le département pour une somme de 20,000 francs.
Carcassonne..	2,250 00	2,250 00	2,250 00	10 *idem.*	Dans tout le département.
Dieppe ...	1,950 00	1,350 00	1,350 00	7 *idem.*	Les dépenses de 1815 et 1616 ont été réduites à 1,350 francs, l'excédant porté en 1814 ayant servi à couvrir un arriéré qui est éteint.
Le Havre...	900 00	900 00	900 00	"	
Rouen.....	8,100 00	8,100 00	8,100 00	"	On a réduit les centimes, à cause d'un excédant de 4,703 francs 76 c. sur les recettes de 1814, qui sera porté en première ligne au budget de 1815.
Dunkerque..	3,600 00	3,600 00	3,600 00	6 *idem.*	Dans tout le département.
Lille......	5,000 00	4,500 00	4,500 00	6 *idem.*	Dans tout le département il y a une diminution de 500 francs, qui servaient à éteindre un arriéré.
Montpellier..	3,397 75	3 397 75	3,397 75	4 *idem.*	Dans tout le département.
Nantes ...	6,000 00	6,000 00	6,000 00	10 *idem.*	Dans tout le département.
Nîmes.....	1,900 00	1,900 00	1,900 00	3 *idem.*	Dans tout le département.
Orléans....	4,500 00	4,500 00	4,500 00	9 *idem.*	Six centimes pour la chambre de commerce et trois pour la bourse, seulement sur les patentes de la ville.
Paris	8,000 00	8,000 00	8,000 00	2 *idem.*	Sur les patentes de la ville seulement.
La Rochelle..	4,175 00	4,175 00	4,175 00	6 *idem.*	Dans tout le département pour une somme de 3,000 francs seulement.
Toulouse...	2,150 00	2,150 00	2,150 00	8 *idem.*	Sur les patentes de la ville de Toulouse.

Nota. Il y a en tout vingt-cinq chambres de commerce. Parmi celles non portées au tableau ci-dessus, trois, savoir: celles de Lyon, Marseille et Strasbourg, ont des ressources particulières qui les dispensent de recourir à l'imposition de centimes additionnels; trois autres: Lorient, Saint-Malo et Tours, n'ont jamais rien demandé; et enfin les deux chambres de Metz et Granville, nouvellement créées, ne sont point encore organisées.

11 DÉCEMBRE 1815. — Ordonnance du Roi contenant réglement sur l'exercice de la profession de boulanger dans la ville de Saint-Quentin. (7, Bull. 59, n° 359.)

—— Pr. 24 DÉCEMBRE 1815. — Loi relative au recouvrement provisoire, sur les rôles de 1815, des quatre premiers douzièmes des contributions de 1816 (1). (7, Bull. 51, n° 307; Mon. des 5, 13, 14 et 27 décembre 1815.)

Louis, etc.

Les circonstances n'ayant pas permis que la loi sur les finances, pour l'année 1816, fût présentée à une époque utile pour que l'exécution puisse en être commencée avec l'exercice, il est nécessaire de prévenir les inconvéniens que ce retard par une mesure législative qui empêche la suspension des recouvremens;

Nous avons proposé, les Chambres ont adopté,

Nous avons ordonné et ordonnons ce qui suit :

Art. 1er. Provisoirement, et attendu le retard forcé qu'éprouvera la confection des rôles de 1816, les quatre premiers douzièmes de la contribution foncière, de la contribution personnelle et mobilière, de la contribution des portes et fenêtres, et de celle des patentes, seront recouvrés sur les rôles de 1815.

2. Toutes les mesures seront prises pour que l'émargement des sommes payées provisoirement soit exactement fait sur les rôles de 1816, aussitôt qu'ils seront confectionnés.

3. Jusqu'à la promulgation de la nouvelle loi sur les finances, les impositions indirectes seront perçues en 1816 d'après les lois rendues dans la session de 1814 pour l'exercice 1815.

—— Pr. 24 DÉCEMBRE 1815. — Loi relative à la création des rentes nécessaires pour l'exécution du traité du 20 novembre 1815. (7, Bull. 51, n° 308; Mon. des 5, 13, 14, 20 et 27 décembre 1815.)

Voy. les notes sur le traité du 20 NOVEMBRE 1815.

Louis, etc.

Le traité de paix conclu à Paris, le 20 novembre 1815, entre nous et les puissances alliées, et les conventions particulières qui en ont été la suite, contiennent, relativement aux sommes dues par la France aux puissances alliées et à l'indemnité pécuniaire qu'elle s'est engagée à leur payer, diverses

stipulations dont l'exécution ne peut être ajournée,

Nous avons proposé, les Chambres ont adopté,

Nous avons ordonné et ordonnons ce qui suit :

Art. 1er. Il sera créé et inscrit sur le grand-livre de la dette publique, avec jouissance du 22 mars 1816, conformément à l'article 8 de la convention du 20 novembre 1815, relative à l'indemnité pécuniaire explicative de l'article 4 du traité principal du même jour, une rente perpétuelle de sept millions de francs, au capital de cent quarante millions. Cette rente sera donnée en garantie de la régularité des paiemens à faire aux puissances alliées; elle sera inscrite et déposée conformément aux articles 8 et 9 de ladite convention, et il n'en sera disposé que dans le cas prévu par l'article 11.

Il ne sera point payé d'arrérages tant que les inscriptions resteront en dépôt.

2. Pour l'exécution du traité de Paris du 30 mai 1814, et pour celle de l'article 9 de la convention du 20 novembre 1815 relative à la liquidation des réclamations des sujets de sa majesté britannique, et pour garantie du paiement des sommes qui seraient reconnues être dues auxdits sujets, il sera créé et inscrit au grand-livre de la dette publique une rente perpétuelle de trois millions cinq cent mille francs, au capital de soixante-dix millions, avec jouissance du 22 mars 1816.

3. Pour l'exécution de l'article 20 de la convention du 20 novembre 1815 relative aux réclamations des sujets des diverses puissances autres que l'Angleterre, et pour garantie du paiement des sommes qui seraient reconnues être dues auxdits sujets, il sera créé et inscrit au grand-livre de la dette publique une rente perpétuelle de trois millions cinq cent mille francs, au capital de soixante-dix millions, avec jouissance du 22 mars 1816.

4. Pour l'exécution de la convention conclue, le 20 novembre 1815, avec la maison des comtes de Bentheim et Steinfurt, il sera créé et inscrit au grand-livre de la dette publique une rente perpétuelle de trente-quatre mille francs, au capital de cinq cent dix mille francs, avec jouissance du 22 mars 1816.

5. Dans le cas où il serait nécessaire de pourvoir au remplacement des rentes dont on aurait disposé, en exécution des articles 11 et 12 de la convention du 20 novembre 1815 relative à l'indemnité de sept cent millions, ou de suppléer à l'insuffisance des rentes créées par les articles 1, 2, 3 et 4 de la pré-

1) C'est en 1822 seulement qu'a cessé la nécessité de voter des douzièmes provisoires. *Voy.* loi du 17 août 1822, qui règle d'avance le budget de 1823.

sente loi, pour payer les créances reconnues être dues aux sujets de sa majesté britannique et à ceux des autres puissances, ainsi qu'à la maison des comtes de Bentheim et Steinfurt, aux termes du traité de Paris du 30 mai 1814 et des conventions particulières du 20 novembre 1815 relatives aux créances réclamées par lesdits Etats, le Gouvernement est autorisé à créer et à faire inscrire, à mesure des besoins, jusqu'à concurrence de deux millions de rentes, au capital de quarante millions. Lesdites rentes seront mises en dépôt, ou délivrées aux puissances, s'il y a lieu, en raison du déficit que présenterait le dépôt, ou de l'insuffisance des inscriptions déjà remises, comparées avec les créances reconnues et liquidées conformément auxdites conventions.

6. Les arrérages des rentes supplémentaires ne seront payés qu'à mesure des créations; mais la jouissance remontera au 22 mars 1816, aux termes des conventions énoncées ci-dessus.

7. Il sera rendu compte, à chaque session des deux Chambres, jusqu'à la fin des liquidations, de l'émission et de l'emploi des rentes créées par la présente loi, et de ce qui restera à en émettre.

23 DÉCEMBRE 1815 = 20 JANVIER 1816. — Ordonnance du Roi qui décide que les arrêtés des conseils de préfecture non contradictoires sont susceptibles d'opposition devant le conseil même qui a rendu l'arrêté. (7, Bull. 59, n° 357.)

Louis, etc.

Sur le rapport du comité du contentieux;

Vu la requête présentée, le 30 novembre 1814, par les sieurs Louis-Félix Chalas, Louis Gaidon, Louis Sayerle, et autres habitans non désignés de la commune de Saint-Chapte, département du Gard, tendant: 1° à l'annulation de deux arrêtés du conseil de préfecture de ce département, en date des 13 et 27 janvier 1814, par lesquels, sans avoir entendu les requérans, ce conseil a déclaré que des biens communaux de la commune de Saint-Chapte, réclamés par les requérans au nom de la commune, ont fait partie de la vente de divers communaux de la même commune adjugés au profit des sieurs Reilhe et Mathieu, en exécution de la loi du 20 mars 1813; 2° à l'annulation d'un arrêté du même conseil de préfecture, en date du 1er septembre 1814, qui rejette leur opposition aux susdits arrêtés, en se fondant sur ce qu'une autorité n'a pas le droit de se

réformer elle-même; vu lesdits arrêtés des 13 et 27 janvier au 1er septembre 1814; vu les mémoires en défense des sieurs Reilhe et Mathieu, présentés les 2 mai et 6 septembre 1815; vu les décrets et arrêts qui décident que les arrêtés des conseils de préfecture qui ne sont pas contradictoires sont susceptibles d'opposition jusqu'à exécution;

Notre Conseil-d'Etat entendu,

Nous avons ordonné et ordonnons ce qui suit:

Art. 1er. L'arrêté du conseil de préfecture du département du Gard en date du 1er septembre 1814 est annulé.

2. Les habitans de la commune de Saint-Chapte sont renvoyés devant ledit conseil de préfecture, pour faire valoir leur opposition aux arrêtés des 13 et 27 janvier 1814.

3. Les sieurs Reilhe et Mathieu sont condamnés aux dépens.

4. Notre garde-des-sceaux et notre ministre de l'intérieur sont chargés de l'exécution de la présente ordonnance.

23 DÉCEMBRE 1815. — Ordonnances du Roi qui, sur l'opposition des sieurs Lauriagon, Bréchard de Chaumont et Thiébaut, révoquent les permissions accordées aux sieurs Mignette, Deschamps et François, pour faire des additions et changemens à leurs noms. (7, Bull. 59, n°s 360 à 362.)

23 DÉCEMBRE 1815. — Ordonnance du Roi relative à l'octroi de Paris (1).

24 DÉCEMBRE 1815. — Ordonnance du Roi qui nomme maître de requêtes en service extraordinaire M. de Moydier, intendant de la marine à Brest. (7, Bull. 54, n° 323.)

25 = Pr. 28 DÉCEMBRE 1815. — Loi relative à la suppression des places de substituts des procureurs généraux faisant fonctions de procureurs criminels dans les départemens. (7, Bull. 53, n° 317; Mon. des 2, 17, 22 et 28 décembre 1815.)

Louis, etc.

Art. 1er. Les places de substituts des procureurs généraux faisant fonctions de procureurs criminels dans les départemens sont supprimées.

2. Les fonctions du ministère public qui étaient attribuées à nos procureurs au criminel seront exercées par nos procureurs près les tribunaux de première instance des arrondissemens dans lesquels siègeront les cours d'assises, ou par leurs substituts.

(1) Cette ordonnance, qui n'est point au Bulletin des Lois, est rappelée par celle du 23 décemb. 1818 sur la même matière.

3. Les fonctions de surveillance qui étaient attribuées à nos procureurs au criminel, par le Code d'instruction criminelle et les réglemens postérieurs, seront exercées directement par nos procureurs généraux.

———

25 DÉCEMBRE 1815 = Pr. 23 JANVIER 1816. — Ordonnance du Roi concernant l'organisation des deux compagnies des gardes-du-corps de *Monsieur*. (7, Bull. 60, n° 373.)

Voy. ordonnances des 11 AVRIL et 5 JUIN 1816, 21 AVRIL et 4 AOUT 1819, et 16 SEPTEMBRE 1824.

Louis, etc.

Vu nos ordonnances des 15 juillet et 28 octobre 1814 concernant les gardes-du-corps de notre bien-aimé frère Monsieur, et nonobstant les dispositions de l'article 2 de notre ordonnance du 1er septembre 1815 sur la formation de la garde royale;

Regardant comme service rendu à nous-même celui que les deux compagnies des gardes-du-corps de Monsieur remplissent, tant auprès de sa personne qu'auprès de Madame, duchesse d'Angoulême, et des princes nos bien-aimés neveux le duc d'Angoulême et le duc de Berry, et voulant régler définitivement l'organisation de ces deux compagnies par analogie avec l'organisation que nous avons jugé à propos de donner aux quatre compagnies de nos gardes-du-corps par notre ordonnance du 25 septembre 1815;

Sur le rapport de notre ministre secrétaire d'Etat de la guerre,

Avons ordonné et ordonnons ce qui suit :

Art. 1er. Les deux compagnies des gardes-du-corps de Monsieur auront un état-major qui sera composé ainsi qu'il suit :

GRADES ET EMPLOIS DANS LE CORPS.	RANG DANS L'ARMÉE.
1 Major.	Colonel.
1 Aide-major	Lieutenant-colonel.
1 Maréchal-des-logis en chef de l'hôtel.	Capitaine commandant.
1 Trésorier.	(Selon son grade dans le corps).
1 Chirurgien-major.	
1 Maréchal vétérinaire.	
1 Piqueur.	

2. Les deux compagnies conserveront entre elles le même rang qu'elles ont aujourd'hui, et chacune d'elles sera composée, savoir :

GRADES ET EMPLOIS DANS LE CORPS.	RANG DANS L'ARMÉE.
1 Capitaine des gardes	Maréchal-de-camp.
2 Lieutenans. . . . { 1 premier lieutenant. . . . . { 1 second lieutenant	Lieutenant-colonel.
8 Sous-lieutenans. { dont cinq avec appointemens. et trois sans appointemens. .	Chef d'escadron.
4 Maréchaux-des-logis, dont le plus ancien portera l'étendard	Capitaine en second.
4 Brigadiers	Lieutenant.
60 Gardes	Sous-lieutenant.
1 Trompette	

3. Le garde-du-corps de Monsieur, après quatre ans de service, pourra passer dans la ligne avec le grade de lieutenant en second, ou dans notre garde royale en qualité de sous-lieutenant.

4. Les places de brigadiers, dans chaque compagnie, seront données aux gardes, moitié à l'ancienneté, moitié au choix du capitaine.

Les places de maréchal-des-logis seront de même données aux brigadiers, dans chaque compagnie, moitié à l'ancienneté, moitié au choix du capitaine.

La place de maréchal-des-logis en chef commandant l'hôtel, sera donnée à un maréchal-des-logis au choix des deux capitaines.

Le trésorier sera au choix des deux capitaines; il pourra être pris parmi les gardes, brigadiers, ou maréchaux-des-logis, ou bien hors du corps dans l'ordre civil. Dans le premier cas, il conservera le rang qu'il avait dans le corps; dans le second cas, il aura le rang de sous-lieutenant dans l'armée.

Le chirurgien-major, le maréchal vétérinaire et le piqueur, seront au choix des deux capitaines.

5. Les sous-lieutenances, dans chaque compagnie, seront données, la première vacante au plus ancien maréchal-des-logis, la seconde à un capitaine commandant de nos troupes à cheval, au choix du capitaine de la compagnie; et ainsi de suite au fur et à mesure des vacances.

Les lieutenances seront de même données, dans chaque compagnie, la première vacante, au plus ancien sous-lieutenant; la seconde, à un chef d'escadron de nos troupes à cheval, au choix du capitaine.

L'aide-major sera au choix des deux capitaines; ils pourront le prendre, ou parmi les sous-lieutenans du corps, ou parmi les officiers de nos troupes à cheval du grade de chef d'escadron.

Le major sera choisi par notre bien-aimé frère Monsieur, soit parmi les lieutenans du corps, soit parmi les officiers de nos troupes à cheval du grade de colonel ou de lieutenant-colonel.

6. L'avancement pour l'état-major du corps roulera sur les deux compagnies, et dans chaque compagnie, sur elle-même, sauf le concours réservé aux officiers de nos troupes à cheval par les articles précédens.

7. Les officiers supérieurs et inférieurs des gardes-du-corps de Monsieur pourront passer dans notre garde royale, ou dans la ligne avec le grade dont ils auront eu le rang pendant quatre ans. Quand ils l'auront eu pen-

dant dix ans, ils seront susceptibles de passer dans la ligne avec le grade immédiatement supérieur, ou de l'obtenir avec leur retraite, si elle leur est due, et conformément à l'article 15 de notre ordonnance du 19 septembre dernier, sur les grades honoraires et honorifiques.

8. Toute proposition d'admission, dans le corps, de militaires sortant ou de notre garde royale ou de la ligne devra, avant de nous être présentée, avoir été examinée par notre ministre secrétaire d'Etat de la guerre, et avoir reçu son assentiment.

9. Les officiers supérieurs, inférieurs et gardes, faisant partie intégrante de l'armée, seront pourvus, par notre ministre secrétaire d'Etat de la guerre, d'un brevet énonçant leur emploi dans les gardes-du-corps de Monsieur, et leur rang dans l'armée à raison dudit emploi.

Aussitôt que la nouvelle composition du corps sera effectuée, le major, avec le concours du sous-inspecteur aux revues, qui sera désigné par le ministre secrétaire d'Etat de notre maison, dressera, en deux expéditions dûment certifiées par les deux capitaines des gardes, l'état nominatif des officiers supérieurs, inférieurs et gardes, et en fera l'envoi, tant à notre secrétaire d'Etat susdit, pour ordre, qu'à notre ministre secrétaire d'Etat de la guerre, afin qu'il fasse expédier les brevets ainsi qu'il est dit ci-dessus.

A l'avenir, le major adressera à notre ministre secrétaire d'Etat de la guerre copie certifiée des pièces constatant les services et le certificat de réception des militaires et autres qui seront admis dans le corps, pour que leurs brevets soient expédiés en conséquence.

10. L'administration générale des gardes-du-corps de Monsieur est, comme celle des gardes de notre corps, dans les attributions du ministre secrétaire d'Etat de notre maison.

L'administration intérieure du corps sera confiée à un conseil, qui sera composé du capitaine des gardes de service, président; de l'aide-major et d'un lieutenant ou sous-lieutenant au choix des deux capitaines. Le sous-inspecteur aux revues assistera, de droit, au conseil, qui sera tenu à la fin de chaque trimestre pour l'examen et la vérification des comptes des trois mois écoulés : il concourra à l'arrêté et à la clôture desdits comptes. Le major pourra suppléer dans la présidence du conseil le capitaine de service, si ce capitaine le juge à propos.

11. La solde et les fourrages seront réglés ainsi qu'il suit, à compter du 1er janvier 1816 :

	FIXATION annuelle DE SA SOLDE.	FOURRAGES — NOMBRE de chevaux.	OBSERVATIONS.
ÉTAT-MAJOR. Major.	12,000 f	2	Les chevaux des officiers, au nombre de quarante-huit, seront nourris par le magasin des fourrages du corps.
Aide-major.	5,000	2	
Maréchal-des-logis en chef.	1,800	«	
Trésorier	2,400	«	
Chirurgien-major.	1,200	"	
Maréchal vétérinaire	1,000	"	
Piqueur.	800	«	
COMPAGNIE. Capitaine des gardes	24,000	2	
Premier lieutenant	8,000	2	
Second lieutenant.	7,000	2	
Sous-lieutenant	5,000	2	
Maréchal-des-logis.	1,600	«	
Brigadier.	1,200	«	
Garde.	800	"	
Trompette.	720	"	

La solde sera payée à l'effectif, à la fin de chaque mois.

Les fourrages, tant pour les chevaux d'officiers que pour les chevaux de course dont il sera parlé ci-après, seront fournis par les soins du corps, lequel sera remboursé de cette dépense à la fin de chaque mois, suivant l'effectif des chevaux.

12. Nonobstant le nombre des officiers inférieurs et gardes dont se composent les deux compagnies des gardes-du-corps de Monsieur, il n'y aura, pour assurer le service attribué auxdites compagnies, que cent chevaux de course, à la remonte et à l'entretien desquels il sera pourvu par une masse particulière.

13. Nous accordons au corps:

1° Une masse d'habillement de cent cinquante francs par an pour chacun des cent quarante-un officiers inférieurs, gardes, maréchal vétérinaire, trompettes et piqueur, composant les deux compagnies : cette masse sera payée au complet, par douzième, chaque mois, en même temps que la solde;

2° Une masse de fourrage calculée sur le pied de quatre cents francs par cheval et par an, qui pourvoira à la dépense de la nourriture des cent chevaux de course et des quarante-huit chevaux d'officiers; mais on n'allouera que la dépense justifiée pour les chevaux présens;

3° Une masse de remonte, de harnachement et de ferrage, de deux cents francs par an : cette masse qui doit pourvoir au renouvellement du cheval, à son équipement et aux ferrages et médicamens, sera payée par douzième, chaque mois, au complet de cent chevaux de course;

4° Enfin, une masse extraordinaire d'entretien de trente mille francs par an, payable au corps par douzième, chaque mois, pour subvenir au salaire des ouvriers et palefreniers, à l'éclairage de l'hôtel des gardes et au chauffage d'un corps-de-garde dans ledit hôtel.

14. En assurant, par la présente ordonnance, l'existence militaire et la récompense des services des officiers supérieurs, inférieurs et gardes des deux compagnies de gardes-du-corps de notre bien-aimé frère Monsieur, notre volonté est de pourvoir, sur nos propres revenus, à la dépense de la solde et des masses que nous venons de leur régler.

Une somme annuelle de quatre cent vingt mille francs, payable par douzième chaque mois, sera, en conséquence, régulièrement versée dans notre trésor particulier dans la caisse du trésorier de notre maison militaire, pour être spécialement affectée à l'entretien desdites compagnies, et le ministre secrétaire d'Etat de notre maison en fera surveiller et régulariser l'emploi.

15. Nos ministres de la guerre et de notre maison sont chargés de l'exécution de la présente ordonnance.

25 DÉCEMBRE 1815. — Ordonnance du Roi portant que la dignité de pair de France et le titre de prince dont est revêtu le prince de Talleyrand sont, à défaut de descendans mâles, déclarés transmissibles et passeront, après son décès, à son frère le comte Archambaud-Joseph de Talleyrand-Périgord. (7, Bull. 54, n° 324.)

26 DÉCEMBRE 1815. — Ordonnance du Roi qui porte que le titre de pair de France et celui de comte dont est revêtu M. Shée sont déclarés transmissibles et passeront, après son décès, à son petit-fils Edmond-Dalton de Lignières, et autorise ce dernier à joindre à son nom celui de Shée, et à prendre, dès à présent, le titre de baron. (7, Bull. 55, n° 339. *Voy.* Bull. 50, n° 303.)

26 DÉCEMBRE 1815. — Ordonnance du Roi qui nomme M. le duc de Dalberg, pair de France, son ambassadeur à Turin, et M. Fénélon son chargé d'affaires à Darmstadt. (Mon. 1816, n° 40.)

27 = Pr. 30 DÉCEMBRE 1817. — Ordonnance du Roi qui rapporte celle du 3 janvier 1815 qui prescrit la translation à Moulins-en-Gilbert du tribunal de première instance établi à Château-Chinon. (7, Bull. 54, n° 325.)

Louis, etc.

Vu notre ordonnance du 3 janvier 1815 qui ordonne la translation du tribunal de Château-Chinon à Moulins-en-Gilbert ; considérant que Château-Chinon est le centre d'un commerce considérable, destiné en grande partie à l'approvisionnement de notre bonne ville de Paris, et que les principaux motifs qui avaient déterminé notre ordonnance précitée n'existent plus,

Nous avons ordonné et ordonnons ce qui suit :

Art. 1er. L'ordonnance du 3 janvier qui prescrit la translation à Moulins-en-Gilbert du tribunal de première instance établi à Château-Chinon est et demeure rapportée.

2. Notre ministre de la justice est chargé de l'exécution de la présente ordonnance.

27 DÉCEMBRE 1815 = 6 JANVIER 1816. — Ordonnance du Roi concernant le personnel, le service ordinaire et extraordinaire, l'instruction et la discipline des gardes nationales du royaume. (7, Bull. 55, n° 338.)

Voy. la loi du 29 SEPTEMBRE = Pr. 14 OCTOBRE 1791, et les notes. *Voy.* ordonnances des 17 JUILLET 1816 et 30 SEPTEMBRE 1818.

Louis, etc.

Vu les dispositions non abrogées des lois et réglemens sur les gardes nationales ;

Vu spécialement les lois des 10 juillet et 14 octobre 1791, et le sénatus-consulte du 24 septembre 1805 (2 vendémiaire an 14), en ce qui concerne l'organisation des gardes nationales, la nomination de leurs officiers, leur service, et leurs rapports avec les autorités civiles et militaires ;

Vu les arrêtés et décrets rendus en exécution desdites lois et sénatus-consulte, et notamment le décret du 24 décembre 1811,

en ce qui concerne le service des gardes nationales dans les places ;

Vu nos ordonnances des 13 mai et 16 juillet 1814, et du 18 novembre 1815, dans les dispositions qui instituent l'office de colonel général des gardes nationales, déterminent ses rapports avec notre ministre secrétaire d'Etat de l'intérieur, et portent que les objets qui exigent notre décision continueront de nous être soumis sur leur proposition ;

Sur le rapport de notre ministre secrétaire d'Etat au département de l'intérieur ;

De l'avis de notre bien-aimé frère Monsieur, colonel général des gardes nationales ;

Notre Conseil-d'Etat entendu,

Nous avons ordonné et ordonnons ce qui suit :

CHAPITRE 1er. Du personnel.

Art. 1er. Les officiers des gardes nationales seront nommés par nous, notre Conseil, sur la présentation de notre bien-aimé frère Monsieur, colonel général, d'après les listes des candidats, arrêtées de concert avec notre ministre secrétaire d'Etat de l'intérieur dans les formes ci-après déterminées.

2. Lorsqu'il y aura lieu de remplacer les inspecteurs généraux et le secrétaire du comité créés et nommés par nos ordonnances des 18 et 21 novembre dernier, les listes des candidats seront établies directement par notre bien-aimé frère, conjointement avec notre ministre de l'intérieur.

3. Il y aura dans chaque préfecture un inspecteur des gardes nationales du département.

Il sera choisi sur une liste de candidats dressée par le préfet, ou sur une liste supplémentaire, si notre bien-aimé frère et notre ministre de l'intérieur jugent à propos de la demander.

D'après ces listes, notre bien-aimé frère, de concert avec notre ministre, arrêtera les présentations à nous faire, conformément à l'article 1er.

4. Pour tous les grades inférieurs au sien, l'inspecteur du département adressera une liste de candidats en double expédition, en remettra une au préfet, et adressera l'autre au prince colonel général.

Le préfet joindra à cette liste ses apostilles ou une liste supplémentaire, et adressera le tout à notre ministre de l'intérieur.

Sur ces listes, notre bien-aimé frère, de concert avec notre ministre, arrêtera l'état des nominations à nous présenter.

5. Nos ordonnances de nomination seront contresignées, suivant l'usage, par notre ministre secrétaire d'Etat de l'intérieur.

D'après lesdites ordonnances, les brevets seront délivrés en notre nom par notre bien-aimé frère le prince colonel général.

6. Les formes prescrites ci-dessus pour les nominations seront suivies pour les autres parties du personnel.

CHAPITRE II. Du service ordinaire, de l'instruction et de la discipline.

7. Le prince colonel général, de concert avec notre ministre de l'intérieur, nous soumettra, en notre Conseil, les projets de règlement et les autres objets concernant le service ordinaire, l'instruction et la discipline, qui exigent notre décision ou notre approbation.

8. Réciproquement, et pour mettre une entière unité dans la direction des gardes nationales, notre ministre de l'intérieur concertera avec notre bien-aimé frère les réglemens d'organisation et d'administration, spécialement dans les points qui touchent au service, à l'instruction ou à la discipline.

9. Le comité créé par notre ordonnance du 18 novembre dernier, sous la présidence du prince colonel général, donnera son avis sur tous les objets qui lui seront renvoyés ou communiqués par le prince ou par notre ministre de l'intérieur.

10. La personne qui sera chargée en chef (au ministère) du détail des gardes nationales aura l'entrée au comité toutes les fois qu'elle aura à y faire une communication du ministre; elle y sera invitée toutes les fois qu'on y discutera des objets qui intéresseront le ministère.

11. Les inspecteurs généraux, d'après le renvoi du prince, feront l'examen préparatoire des affaires, les rapporteront au comité, et en suivront l'exécution.

Le comité entendu, le prince décidera, en ce qui le concerne, ou arrêtera le travail à présenter. Sa décision sera consignée sur un registre à ce destiné.

Le secrétaire tiendra la plume au comité, en gardera les registres et papiers, et en dirigera le bureau. Il surveillera les dépenses, le local, le mobilier, et en suivra la comptabilité.

12. Le secrétaire du comité contresignera les brevets et toutes les expéditions ou dépêches signées du prince colonel général. Il rédigera toutes les autres au nom du prince, et les signera par son ordre.

Toutes les dépêches du dehors, en demande ou réponse, seront adressées au prince colonel général.

13. Dans les préfectures, les inspecteurs de département dirigeront, sous les ordres et d'après les instructions du prince, mais de concert avec le préfet, le service ordinaire, l'instruction et la discipline.

Réciproquement le préfet se concertera avec l'inspecteur sur tous les points où l'organisation et l'administration des gardes nationales touchent au service de l'inspection.

En cas de dissentiment, ou si l'objet exige la décision de l'autorité supérieure, le préfet en référera au ministre, et l'inspecteur au prince. -

En cas d'urgence, le préfet, comme magistrat, décidera, et l'inspecteur déférera à sa réquisition provisoirement, et sauf la décision définitive de l'autorité supérieure, d'après les comptes rendus.

14. Dans le service ordinaire, l'inspecteur du département pourra toujours, de concert avec le préfet, et après en avoir prévenu le sous-préfet et le maire, passer la revue des gardes nationales, mais sans déplacer les gardes urbaines de la commune, ni les gardes rurales du canton.

Lorsque le préfet assistera à la revue, ou la requerra, pour faire, comme magistrat, l'inspection des armes ou effets appartenant à l'État, au département et aux communes, ou pour toute autre inspection administrative, l'inspecteur du département conservera le commandement et l'inspection militaire; mais il fera rendre au magistrat tous les honneurs qui lui sont dus, l'accompagnera et le fera respecter dans l'exercice de ses fonctions.

CHAPITRE III. Du service extraordinaire.

15. Hors le cas d'urgence, les gardes nationales ne peuvent être requises pour un service extraordinaire que d'après nos ordres transmis aux préfets par notre ministre secrétaire d'État de l'intérieur.

En cas d'urgence, les préfets, les sous-préfets et les maires peuvent faire ces réquisitions d'office, ou sur la demande des commandans militaires, mais à la charge d'en rendre compte sur-le-champ, les préfets à notre ministre de l'intérieur, et les commandans militaires à notre ministre de la guerre.

Hors les cas où, par la loi du 10 juillet 1791 et le décret du 24 décembre 1811, les gardes nationales passent de droit sous leurs ordres, les commandans militaires ne peuvent les requérir d'aucun service que par l'intermédiaire des magistrats.

16. Le prince colonel général sera prévenu, par notre ministre de l'intérieur, des réquisitions adressées d'après nos ordres, et l'inspecteur du département lui rendra compte des réquisitions faites sur les lieux et d'urgence.

17. Lorsque les réquisitions de service extraordinaire seront faites directement par notre ministre de l'intérieur ou par les préfets, sous-préfets et maires, pour un objet purement civil, hors des places de guerre et sans aucune intervention de l'autorité mili-

taire et des troupes de ligne, l'inspecteur du département et les autres chefs des gardes nationales seront chargés de l'exécution, conformément aux règles prescrites par la loi du 14 octobre 1791 et par l'instruction du 2 mai 1799 (13 floréal an 7).

18. Lorsque les réquisitions de ˙service extraordinaire, adressées aux gardes nationales par notre ministre de l'intérieur, ou, en cas d'absence, par les magistrats, auront lieu sur la demande de notre ministre de la guerre ou des commandans militaires, soit pour suppléer ou seconder la garnison des places fortes, soit pour faire un service extérieur conjointement avec les troupes de ligne, le rang, le commandement et les autres rapports de service continueront d'être déterminés d'après les règles établies pour les divers états des places ou les divers cas de service par les titres III de la loi du 10 juillet 1791 et du décret du 24 décembre 1811.

CHAPITRE IV. Dispositions générales.

19. Dans le département de la Seine, les fonctions attribuées par la présente ordonnance aux inspecteurs généraux ou de département seront remplies par le commandant en chef de la garde nationale parisienne, qui conservera ses rapports actuels avec le prince colonel général.

Il n'est rien changé d'ailleurs aux réglemens actuels de ladite garde.

20. Notre bien-aime frère Monsieur, colonel général des gardes nationales, et nos ministres secrétaires d'Etat de l'intérieur et de la guerre sont chargés de l'exécution de la présente ordonnance.

27 DÉCEMBRE 1815. — Ordonnance du Roi portant que celle du 17 août 1815 relative à la nomination des pairs de France est rectifiée en ce qui concerne la désignation de M. de Saint-Roman, qui sera dénommé comte de Saint-Roman. (7, Bull. 58, n° 352.)

27 DÉCEMBRE 1815. — Ordonnances du Roi qui accordent des lettres de déclaration de naturalité aux sieurs Readshaw-Merley, Delfi, Zoeller, Donnea, Pecoud et Marin. (7, Bull. 58, 59, 73 et 245.)

27 DÉCEMBRE 1815. — Ordonnance du Roi qui réintègre le sieur Gauderique Boixo dans la qualité et les droits de citoyen français (7, Bull. 59, n° 364.)

28 DÉCEMBRE 1815. — Ordonnances du Roi contenant réglement sur l'exercice de la profession de boulanger dans les villes de Montpellier, de Limoges et sur celle de boucher dans la ville de Versailles. (7, Bull. 59 et 60, n°s 366, 367 et 374.)

30 DÉCEMBRE 1815. — Ordonnance du Roi qui autorise l'acceptation d'un legs fait à la commune de Jumillec-le-Grand. (7, Bull. 60, n° 376.)

31 DÉCEMBRE 1815 = Pr. 12 MARS 1816. — Ordonnance du Roi concernant le service intérieur et extérieur des palais royaux, et les attributions de la maison militaire de sa majesté et de la garde royale. (7, Bull. 71, n° 477.)

Louis, etc.

Vu notre ordonnance du 25 septembre qui règle, sur les principes posés par les rois nos prédécesseurs, l'organisation de nos gardes-du-corps;

Vu aussi notre ordonnance du 1er septembre concernant la formation de notre garde royale, et celle du 23 du même mois, qui y fait suite;

Voulant, d'une part, maintenir les droits et priviléges attachés aux grandes charges de la couronne; de l'autre, coordonner les attributions, rang et préséances de notre maison militaire, avec ceux qu'il nous plait d'accorder aux majors généraux et à notre garde royale, et, enfin, fixer d'une manière précise et invariable le service que chacune d'elles aura à remplir auprès de notre personne et des princes et princesses de la famille royale:

A ces causes,

Sur le rapport de notre ministre secrétaire d'Etat de la guerre,

Nous avons ordonné et ordonnons ce qui suit :

Art. 1er. Le service de nos palais et résidences royales se divise en service intérieur et service extérieur. Cette division servira de base pour régler les rangs et commandemens, l'emploi des diverses troupes, escortes et détachemens, le placement des corps, postes et factionnaires, et généralement tout ce qui a rapport au service militaire auprès de notre personne dans nosdits palais et résidences royales.

2. Le service intérieur comprend nos appartemens, escaliers, corridors, et tout ce qui est en dedans des murs, à l'exception, quant au rez-de-chaussée, des portes, passages, communications, entrées de voûtes et issues de souterrains.

Le service extérieur comprend ces mêmes portes, passages, communications, entrées de voûtes et issues de souterrains des rez-de-chaussée, les cours, jardins, grilles, et généralement toutes les dépendances extérieures.

3. Le service intérieur, tant auprès de notre personne que des princes et princesses de la famille royale, sera fait par nos compagnies des gardes-du-corps, cent-suisses, et gardes de notre bien-aimé frère, Monsieur, et le service extérieur sera fait par notre

garde royale : mais, lorsque nous sortirons de nos palais, il sera fait concurremment par ces divers corps, et de la manière qui sera déterminée ci-après.

4. Voulant donner à notre garde royale un témoignage éclatant de la confiance que nous mettons dans son zèle, sa fidélité et son dévouement à notre personne, nous nous déclarons et instituons son colonel général.

5. Nos capitaines des gardes-du-corps et des cent-suisses de service continueront à jouir, dans l'intérieur de nos palais et résidences royales, des rangs, honneurs et préséances qui leur ont été attribués jusqu'à ce jour.

Notre major général de service portera le bâton de commandement, et jouira dans l'intérieur des mêmes entrées et honneurs militaires que nos capitaines des gardes-du-corps en service.

6. A l'extérieur de nos palais et résidences royales, et dans les cérémonies auxquelles nous assisterons, le capitaine des gardes-du-corps de service conservera sa place habituelle près de notre personne; et lorsque, hors de notre présence et de celle des princes et princesses de notre famille, il viendra à passer devant les troupes et postes de notre garde royale, il recevra les honneurs militaires dus au grade de lieutenant général, ou à celui de maréchal de France, s'il en est pourvu.

Notre major général de service se tiendra, dans tous les cas, et particulièrement dans les cérémonies publiques, en avant et sur notre droite, pour être à portée de prendre nos ordres; hors de notre présence et de celle des princes et princesses de notre famille, nos troupes, tant de la maison militaire que de notre garde royale, lui rendront les honneurs dus à un maréchal commandant en chef d'armée.

7. Nos capitaines des gardes et cent-suisses prendront directement nos ordres pour le service militaire de l'intérieur, chacun en ce qui le concerne.

Notre major général de service prendra également nos ordres directs, et commandera tout le service militaire extérieur, sans préjudicier toutefois aux attributions des gouverneurs de nos palais et résidences royales.

8. Dans toutes les occasions où notre maison militaire et notre garde royale seront réunies, ou feront un service commun à l'extérieur, nous nous réservons de donner à notre capitaine des gardes et à notre major général de service des ordres pour déterminer les fonctions qui, dans ce cas, seront attribuées à chacun d'eux.

Dans les mêmes cas de réunion et de service commun, nos gardes-du-corps et cent-suisses prendront respectivement la droite

sur la cavalerie et sur l'infanterie de notre garde royale.

9. Nos gardes-du-corps conserveront, comme par le passé, la garde immédiate de notre personne dans toutes les occasions.

10. Les escortes ordinaires près de notre personne, en voiture ou à cheval, seront fournies habituellement par nos gardes-du-corps.

Les escortes extraordinaires seront composées, en partie de nos gardes-du-corps, en partie de notre garde royale. Dans ces escortes, nos gardes-du-corps et leurs officiers conserveront leur poste d'usage aux roues de derrière.

Un piquet de cavalerie légère de notre garde précédera celui de nos gardes-du-corps qui doit marcher en avant de nous, et un autre piquet de cavalerie fermera la marche.

Les officiers commandant les piquets de notre garde royale se tiendront aux roues de devant de droite et de gauche, et suivant leur rang d'ancienneté.

Il y aura en outre un officier à la tête de chaque piquet de cavalerie de notre garde royale, pour en diriger les mouvemens d'après les ordres que lui transmettra l'officier commandant.

11. Les cortéges se composeront de troupes à cheval et à pied de notre maison militaire et de notre garde. Les chœurs d'église, les emplacemens destinés au trône, soit dans la Chambre des pairs, soit dans celle des députés, soit partout ailleurs, seront considérés comme notre intérieur; tout le surplus sera considéré comme extérieur.

L'un et l'autre service sera établi sur ce principe, d'après les dispositions que nous aurons ordonnées, et qui seront transmises par notre grand-maître des cérémonies.

12. Les officiers généraux et supérieurs de notre garde royale jouiront, dans nos palais et résidences royales, à parité de rang et de grade, des mêmes prérogatives dont jouissent nos gardes-du-corps.

Tous les officiers généraux et supérieurs titulaires de notre garde royale porteront la plume noire au chapeau.

13. Nos capitaines des gardes et cent-suisses et notre major général en service recevront, tous les soirs, le mot d'ordre directement de nous, et dans notre cabinet; chacun d'eux le transmettra aux officiers de service sous son commandement.

14. La garde des théâtres royaux, dans la capitale, sera désormais confiée à notre garde royale, à l'exclusion de toute autre troupe de ligne. Elle sera, pour la police tant extérieure qu'intérieure, sous la direction de l'autorité civile.

Pourront néanmoins les commissaires de police et officiers de paix avoir à leur disposition un piquet de la gendarmerie royale de

Paris, qui sera établi sous le péristyle et à l'extérieur.

Lorsque nous nous rendrons dans l'un de ces théâtres, notre service s'y fera comme par le passé, nos loges et les escaliers qui y conduisent étant considérés comme intérieur.

15. Nous nous réservons de remettre nous-même aux divers corps de notre garde royale, et en notre qualité de colonel général, les drapeaux, guidons et étendards, après qu'ils auront été solennellement bénits, le tout avec les cérémonies usitées jusqu'à ce jour pour les étendards de nos gardes-du-corps.

Ces drapeaux, guidons et étendards seront déposés chez le colonel commandant.

16. Il sera assigné, dans nos résidences royales, ou à portée, le logement nécesssaire à notre major général, pour lui, ses officiers de service et ses bureaux, ainsi qu'il en est accordé au château des Tuileries, par l'article 5 de l'ordonnance du 23 septembre, pour l'état major, les bureaux et archives.

17. Notre ordonnance du 23 janvier 1815 portant rétablissement de la prévôté de l'hôtel est maintenue.

Dispositions générales.

La garde nationale de Paris conservera le droit que nous lui avons accordé par notre ordonnance du 5 août 1814 de faire seule près de nous le service, tous les ans, le jour anniversaire de notre rentrée à Paris.

Elle continuera d'ailleurs à faire le service d'un poste d'honneur au château des Tuileries, pendant notre résidence à Paris.

Dans tous les cas non prévus par la présente ordonnance, nos ministres secrétaires d'État de notre maison et de la guerre prendront directement nos ordres pour les transmettre à qui de droit.

1ᵉʳ = Pr. 9 JANVIER 1816.—Ordonnance du Roi contenant le tableau des conseillers d'État et maîtres des requêtes en service ordinaire pour l'année 1816, et celui des conseillers d'État en service extraordinaire ou honoraires, et des maîtres des requêtes en service extraordinaire, pour la même année. (7, Bull. 56, n° 340.)

Voy. ordonnance du 19 AVRIL 1817.

Louis, etc.

Vu l'article 5 de notre ordonnance du 23 août 1815, portant : « Au 1ᵉʳ janvier de chaque année, notre garde-des-sceaux soumettra à notre approbation le tableau de ceux de nos conseillers d'État et de nos maîtres des requêtes qui devront être mis en service ordinaire; »

Sur le rapport de notre garde-des-sceaux, ministre secrétaire d'État de la justice,

Nous avons ordonné et ordonnons ce qui suit :

Art. 1ᵉʳ. Le nombre de nos conseillers d'État et maîtres des requêtes en service ordinaire demeure fixé, pour l'année 1816, conformément au tableau n° 1ᵉʳ annexé à la présente ordonnance.

2. Le nombre de nos conseillers d'État en service extraordinaire ou honoraires, et celui de nos maîtres des requêtes en service extraordinaire, demeure fixé, pour l'année 1816, conformément au tableau n° 2 annexé à la présente ordonnance.

3. Ceux des membres de notre Conseil-d'État en service ordinaire qui jouiraient d'un autre traitement payé par notre Trésor n'auront droit qu'à la moitié du traitement fixé pour le service ordinaire, de sorte, néanmoins, que leurs traitemens réunis ne puissent être inférieurs à ce dernier traitement complet.

4. Notre ministre de la justice est chargé de l'exécution de la présente ordonnance.

N° 1ᵉʳ.

Tableau des conseillers d'État et maîtres des requêtes en service ordinaire pour l'année 1816, et de leur répartition dans les divers comités du Conseil-d'État.

COMITÉ DE LÉGISLATION.

Conseillers d'État. — MM. Siméon, Royer-Collard, Portalis, Molé, Mounier, de Serre, membre de la Chambre des députés.

Maîtres des requêtes. — MM. Sallier, de Malartic, de Pastoret, Jacquinot-Pampelune, procureur du Roi près le tribunal de première instance de Paris.

COMITÉ DU CONTENTIEUX.

Conseillers d'État. — MM. de Ballainvilliers, Bellemont de Malcor Delamalle, Faure, Benoist, Allent, de Blaire.

Maîtres des requêtes. — MM. Roux, de Brevannes (Amédée), Héron de Villefosse, Pavée de Vendeuvre, Lahaye de Cormenin, Leblanc de Castillon, Pichon, Schiaffino.

COMITÉ DE L'INTÉRIEUR ET DU COMMERCE.

Conseillers d'État. — Becquey, Laporte-Lalanne, Cuvier, de Gérando, d'Hauterive, Bourrienne.

Maîtres des requêtes. — MM. Henri de Longuève, Maleville, Emmanuel Dambray, Paulzedivoy, Hély d'Oissel, Charles d'Arlincourt, Camet de la Bonardière, un des maires de Paris.

COMITÉ DES FINANCES.

Conseillers d'Etat. — MM. de la Bouillerie, de Colonia, Bérenger, de Saint-Cricq, Dudon, Laumond, de Capelle.

Maîtres des requêtes. — MM. Duhamel, Maurice, Taboureau, Ramond, Prévost, Fumeron d'Ardeuil, Feutrier, Rivière, secrétaire général de la liquidation de la dette du Roi et des princes.

COMITÉ DE LA MARINE ET DES COLONIES.

Conseillers d'Etat. — MM. Bégouen, Forestier, Durant, de Mareuil, Portal.

Maîtres des requêtes. — MM. Esmangart, Amiot, le Riche de Cheveigné, Choppin d'Arnouville.

N° II.

Conseillers d'Etat en service extraordinaire. — MM. Henrion de Pansey, président en la Cour de cassation; de la Bourdonnaye de Blossac, pair de France; Lambert aîné, Dupont de Nemours, Doutremont, Dupont, intendant général de la marine à Toulon; Jourdan, administrateur général des cultes; Chabrol de Crousol, préfet du département du Rhône; Dubourblanc, Fumeron de Verrières; Jurien, intendant des armées navales; Bergon, directeur général des eaux-et-forêts; la Forest, la Bernardière, Reinhard, Chabrol de Volvic, préfet du département de la Seine; Seguier, premier président de la cour royale de Paris, pair de France; de la Maisonfort, de Barante, directeur général des contributions indirectes; Valsuzenay, préfet du département de l'Aube; Cromot de Fougy; de Talleyrand, préfet du département du Loiret.

Conseillers d'Etat honoraires. — MM. Joly de Feury, de Grosbois, de Compierre d'Hornay, Chauvelin, Gau, Foullon de Doué, d'Agay, Foullon d'Ecotier, de Chaumont, Dufaur de Rochefort, membre de la commission du sceau; Rouillé d'Orfeuil, de Caze (Alexandre), membre de la commission du sceau; Baillard de Granvelle, Asselin de Crèvecœur, membre de la commission du sceau; Dorvilliers, pair de France; Mondragon de Pluvault; de Frondeville, pair de France; Bertrand (Dominique); Barrairon, directeur de l'administration des domaines et de l'enregistrement; Dufresne de Saint-Léon, Flury.

Maîtres des requêtes en service extraordinaire. — MM. de la Chèze, Lechat, le Rebours, de Guilhermy, Favard de Langlade, Dunoyer (Coffinhal), Zangiacomi, Bérard, Froidefond de Belisle, Joly de Fleury fils, de Gasville (Maurice), de Chambeaudoin, Camus-Dumartroy, Boissy d'Anglas, de la Bourdonnaye de Blossac fils, d'Espagnac; Lambert, ancien préfet d'Indre-et-Loire; Pepin de Belisle, Saur fils; Tabary, membre de la commission du sceau; de Rigny, Janzé (Henri de), Jauffret, de Crazannes, d'Aillncourt (Victor), Rivière (Lambert), de Sugny, de Portes (Adolphe), d'Ormesson, Debonnaire de Forges, Boula, du Colombier, d'Argout, O'Donnel, Brochet de Vérigny, de Gourgues, Bastard de l'Etang, Emile Patry, Brière; Galz de Malvirade, Redon, de Breteuil; Anisson-Duperon, membre de la commission du sceau; Rayneval, Tassin de Noneville, Malouet, Besson, d'Arbelles, Baillardel de Larenti; Tercier, membre de la commission du sceau; Prugnon, de Thury, Guizot, Chaillaje, Bourgeot, Rendu, Pasquier (Jules); Moydier, intendant du port de Brest; Ardant, ancien avocat au Conseil.

1er JANVIER = Pr. 28 FÉVRIER 1816. — Ordonnance du Roi concernant la compagnie des gardes de la prévôté de l'hôtel. (7, Bull. 70, n° 468.)

Voy. ordonnance du 27 AVRIL 1817.

Louis, etc.

Ayant, par notre ordonnance du 31 décembre 1815 sur les attributions de notre maison militaire et sur celles de notre garde royale, décidé, article 17, que la compagnie des gardes de la prévôté de notre hôtel serait maintenue dans le service auquel elle est appelée par notre ordonnance du 23 janvier 1815, et voulant que les dispositions de ladite ordonnance du 23 janvier 1815 soient, autant qu'il se peut, comme celles des 25 septembre et 14 décembre 1815 concernant nos gardes-du-corps et cent-suisses, en analogie avec la constitution actuelle de notre garde royale et des autres corps de l'armée;

Sur le rapport de notre ministre secrétaire d'Etat de la guerre,

Nous avons ordonné et ordonnons ce qui suit:

Art. 1er. La compagnie des gardes de la prévôté de notre hôtel sera divisée en trois brigades, qui seront commandées chacune par un lieutenant et deux sous-lieutenans. Elle sera composée, savoir:

GRADES ET EMPLOIS DANS LA COMPAGNIE.	RANG DANS L'ARMÉE.
ÉTAT-MAJOR.	
1 Capitaine-colonel grand-prévôt de l'hôtel.	Colonel.
1 Lieutenant-général d'épée	Lieutenant-colonel.
1 Adjudant-major (1).	Chef de bataillon.
1 Aumônier.	
1 Adjudant.	Lieutenant.
1 Fourrier	Sous-lieutenant.
2 Trompettes.	
1 Chirurgien-major.	
1 Secrétaire.	
1 Trésorier	Lieutenant.
COMPAGNIE.	
4 Lieutenans, dont un sera détaché près du garde-des-sceaux de France	Capitaine.
6 Sous-lieutenans.	Lieutenant.
6 Brigadiers.	Sous-lieutenant.
6 Sous-brigadiers	Sergent-major.
98 Gardes, dont deux seront détachés près du garde-des-sceaux de France.	Sergent.

(1) L'adjudant-major et l'adjudant remplacent l'aide-major et le sous-aide-major qui avaient été établis par l'ordonnance du 23 janvier 1815.

2. Toute dénomination et toute assimilation de rang non conservées par la présente ordonnance sont et demeurent supprimées; mais les officiers venus jusqu'à présent de nos armées avec un grade supérieur, ou qui auraient reçu dans la compagnie un grade supérieur au rang que leur donne aujourd'hui l'emploi qu'ils y occupent, conserveront les distinctions de leur grade et les droits attachés à ces mêmes grades, sauf l'effet des dispositions de notre ordonnance du 19 septembre 1815, sur les grades honorifiques, à l'égard de ceux auxquels elles peuvent être applicables.

3. Les officiers de la compagnie, ce qui ne doit s'entendre que de ceux ayant au moins le rang de lieutenant dans l'armée, pourront passer dans notre garde royale, ou dans la ligne, avec le grade dont ils auront eu le rang pendant quatre ans; et quand ils l'auront eu pendant dix ans, ils seront susceptibles de passer dans la ligne avec le grade immédiatement supérieur, ou de l'obtenir avec leur retraite, si elle leur est due, et conformément à l'article 15 de notre ordonnance du 19 septembre dernier sur les grades honorifiques.

Quant au fourrier, aux brigadiers, sous-brigadiers et gardes, ils seront, après quinze années de service dans leurs emplois, susceptibles d'obtenir avec leur retraite, si elle leur est due, le grade immédiatement supérieur à celui dont ils auront eu le rang pendant les-

dites quinze années, ou leur admission dans ce grade à notre Hôtel royal des Invalides.

4. Les officiers et les sous-officiers de la compagnie, jusque et compris ceux qui ont le rang de sous-lieutenant dans l'armée, recevront de notre ministre secrétaire d'Etat de la guerre des brevets énonçant l'emploi dans la compagnie et le rang dans l'armée à raison dudit emploi.

5. L'administration de la compagnie de la prévôté de notre hôtel reste et demeure, comme celles de nos gardes-du-corps et cent-suisses, dans les attributions du ministre secrétaire d'Etat de notre maison.

6. Les dispositions de notre ordonnance du 23 janvier 1815, en ce qui n'est pas contraire à la présente, sont maintenues et continueront d'être exécutées.

7. Nos ministres sont chargés de l'exécution de la présente ordonnance.

1ᵉʳ JANVIER = Pr. 28 FÉVRIER 1816. — Ordonnance du Roi concernant le corps de ses maréchaux et fourriers des logis. (7, Bull. 70, n° 469.)

Voy. ordonnance du 23 AVRIL 1817.

Louis, etc.

Vu notre ordonnance du 1ᵉʳ octobre 1814 concernant le corps des maréchaux et fourriers des logis de notre maison, et voulant que les dispositions de ladite ordonnance soient, autant qu'il se peut, comme celles des 25 septembre et 14 décembre 1815 concernant nos gardes-du-corps et cent-suisses, en analogie avec la constitution actuelle de notre garde royale et des autres corps de l'armée;

Sur le rapport de notre ministre secrétaire d'Etat de la guerre,

Nous avons ordonné et ordonnons ce qui suit :

Art. 1er. Le corps des maréchaux et fourriers-des-logis de notre maison sera composé, savoir :

GRADES ET EMPLOIS DANS LE CORPS.	RANG DANS L'ARMÉE.
1 Grand-maréchal-des-logis	Colonel.
6 Maréchaux-des-logis	Chef d'escadron.
13 Fourriers-des-logis, dont { les six plus anciens	Capitaine.
les sept autres	Lieutenant.

Nota. L'un des fourriers-des-logis, au choix du grand-maréchal-des-logis, sera chargé du détail ; mais il n'aura que le traitement qui est attribué aux autres fourriers-des-logis.

2. Toute dénomination et toute assimilation de rang non conservées par la présente ordonnance sont et demeurent supprimées; mais les maréchaux et fourriers-des-logis venus jusqu'à présent de nos armées avec un grade supérieur, ou qui auraient reçu dans le corps un grade supérieur au rang que leur donne aujourd'hui l'emploi qu'ils y occupent, conserveront les distinctions de leurs grades et les droits attachés à ces mêmes grades, sauf l'effet des dispositions de notre ordonnance du 19 septembre 1815 sur les grades honorifiques, à l'égard de ceux auxquels elles peuvent être applicables.

3. Les maréchaux-des-logis et les fourriers-des-logis pourront passer dans notre garde royale, ou dans la ligne, avec le grade dont ils auront eu le rang pendant quatre ans; et quand ils l'auront eu pendant dix ans, ils seront susceptibles de passer dans la ligne avec le grade immédiatement supérieur, ou de l'obtenir avec leur retraite, si elle leur est due, et conformément à l'article 15 de notre ordonnance du 19 septembre dernier sur les grades honoraires.

4. Les officiers composant le corps des maréchaux et fourriers-des-logis de notre maison recevront de notre ministre secrétaire d'Etat de la guerre des brevets énonçant l'emploi dans le corps, et le rang dans l'armée à raison dudit emploi.

5. La première place de maréchal-des-logis qui viendra à vaquer sera donnée au plus ancien des fourriers-des-logis ayant rang de capitaine dans l'armée;

La seconde sera donnée, sur la présentation de notre grand-maréchal-des-logis, à un

capitaine de l'armée ayant au moins quatre ans d'ancienneté dans le grade de capitaine;

La troisième, à un fourrier-des-logis ayant rang de capitaine, et au choix du grand maréchal-des-logis, sans qu'il soit le plus ancien, mais pourvu qu'il ait le rang de capitaine depuis quatre ans; et ainsi de suite, en recommençant en faveur du plus ancien fourrier-des-logis capitaine et dans le même ordre, au fur et à mesure des vacances.

Les fourriers-des-logis ayant rang de lieutenant monteront de droit au rang de capitaine, sans concurrence avec les officiers de l'armée, mais seulement à mesure que les places de fourriers ayant rang de capitaine viendront à vaquer.

Enfin, une place de fourrier-des-logis du rang de lieutenant devenant vacante, elle sera donnée, sur la présentation de notre grand maréchal-des-logis, à un officier de l'armée du grade de lieutenant, ou du grade de sous-lieutenant seulement, pourvu qu'il ait au moins quatre ans de service dans ce dernier grade.

Les choix qui seront faits par le grand maréchal-des-logis dans l'armée ne devront porter que sur les officiers dont l'instruction aura été dirigée pour la castramétation, et leur admission n'aura lieu qu'après que notre ministre secrétaire d'Etat de la guerre y aura donné son assentiment.

6. Il n'est apporté aucun changement à la fixation de la solde attribuée aux emplois de grand-maréchal-des-logis et de maréchal et fourrier-des-logis par notre ordonnance du 1er octobre 1814; mais, à compter du 1er janvier 1816, nous accordons une indemnité de fourrages, savoir :

· Au grand-maréchal-des-logis, pour trois chevaux ;

A chaque maréchal-des-logis, pour deux chevaux ;

Et à chaque fourrier-des-logis, pour un cheval.

Cette indemnité sera payée, à la fin de chaque mois, en même temps que la solde, et sur le même pied qu'aux officiers d'état-major dans notre place de Paris.

7. L'administration du corps des maréchaux et fourriers-des-logis reste et demeure, comme celle de nos gardes-du-corps et cent-suisses, dans les attributions du ministre secrétaire d'État de notre maison.

8. Les dispositions de notre ordonnance du 1ᵉʳ octobre 1814, en ce qui n'est pas contraire à la présente, sont maintenues et continueront d'être exécutées.

9. Nos ministres sont chargés de l'exécution de la présente ordonnance.

---

3 JANVIER 1816. — Ordonnance du Roi qui nomme M. le duc de Coigny gouverneur de l'Hôtel royal des militaires invalides et de ses succursales. (7, Bull. 62, n° 391.)

M. le duc de Coigny, pair de France, lieutenant général de nos armées, est nommé gouverneur de notre Hôtel royal des Invalides et de ses succursales.

---

3 JANVIER 1816. — Ordonnance du Roi portant nomination des membres du grand conseil d'administration de l'Hôtel royal des militaires invalides et de ses succursales. (7, Bull. 62, n° 392.)

M. le duc de Lorges et M. le comte de Villemanzy, pairs de France, sont nommés membres du grand conseil d'administration de notre Hôtel royal des militaires invalides et de ses succursales.

---

3 JANVIER 1816. — Ordonnance du Roi portant nomination des membres du conseil d'administration de l'Hôtel royal des militaires invalides et de ses succursales. (7, Bull. 62, n° 393.)

M. le marquis d'Avaray, lieutenant général,

M. le baron Millet de Mureau, lieutenant général,

M. le comte Edouard de Dillon, lieutenant général,

M. Le maréchal-de-camp de Vieusseux,

Sont nommés membres du conseil d'administration de notre Hôtel royal des militaires invalides et de ses succursales.

---

3 JANVIER 1816. — Ordonnance du Roi portant nomination et institution des membres de la cour royale de Rennes. (7, Bull. 56, n° 341.)

3 JANVIER 1816. — Ordonnance du Roi qui nomme M. Véron référendaire près la commission du sceau. (7, Bull. 57, n° 344.)

8 JANVIER 1816. — Ordonnance du Roi qui nomme M. le chevalier de Vernegues son ministre à Florence. (Mon. n° 40.)

---

9 = Pr. 13 JANVIER 1816. — Loi qui distrait du département du Haut-Rhin les cantons de Montbéliard et d'Audincourt, et les réunit au troisième arrondissement du département du Doubs. (7, Bull. 57, n° 342; Mon. des 1ᵉʳ, 12, 15 et 31 décembre 1815.)

Louis, etc.

Art. 1ᵉʳ. Les cantons de Montbéliard et d'Audincourt seront distraits du département du Haut-Rhin et réunis au troisième arrondissement du département du Doubs.

2. Cet arrondissement se composera des cantons de Montbéliard, d'Audincourt, de Blamons, de Maiche, de Pont-de-Roide, de Saint-Hippolyte et de Russey.

3. La sous-préfecture et le tribunal de première instance seront transférés de Saint-Hippolyte à Montbéliard.

La présente loi, discutée, délibérée et adoptée par la Chambre des pairs et par celle des députés, et sanctionnée par nous cejourd'hui, sera exécutée comme loi de l'État ; voulons, en conséquence, qu'elle soit gardée et observée dans tout notre royaume, terres et pays de notre obéissance.

---

9 = Pr. 25 JANVIER 1816. — Ordonnance du Roi concernant la formation des compagnies départementales. (7, Bull. 61, n° 379.)

Voy. loi du 23 NOVEMBRE 1815.

Art. 1ᵉʳ. Les compagnies départementales se distinguent en cinq classes. Leur force sera :

Pour la première classe, de cent soixante hommes, officiers compris ; pour la deuxième, de cent vingt ; pour la troisième, de cent ; pour la quatrième, de soixante ; pour la cinquième, de trente-six, conformément au tableau ci-annexé.

2. Les officiers seront nommés par nous, sur la proposition de notre ministre de la guerre, et choisis parmi les officiers d'un grade au moins égal à celui qu'ils devront occuper.

3. Les traitemens de retraite seront précomptés sur les traitemens d'activité.

4. Les sergens-majors, fourriers, sergens et caporaux, seront nommés par le préfet, et choisis parmi les sous-officiers et soldats qui auront obtenu un congé en bonne forme.

5. Les compagnies seront inspectées par les colonels de gendarmerie, aux époques fixées par notre ministre de la guerre, et en vertu de ses ordres. Hors le cas de revues d'inspection générale, les colonels de gendarmerie ne s'occuperont en aucune manière, ni sous quelque prétexte que ce soit, du régime intérieur des compagnies, qui resteront soumises à l'autorité immédiate des préfets.

6. Les inspecteurs aux revues passeront la revue des compagnies départementales, comme des autres corps de l'armée, afin de constater leur situation et d'en fournir les revues pour servir d'appui à la comptabilité.

7. Les capitaines enverront, toutes les semaines, l'état de situation de leurs compagnies au colonel de gendarmerie commandant la légion dans l'arrondissement de laquelle le département sera compris. Cet officier supérieur pourra se faire remettre cet état aussi souvent que le bien du service l'exigera.

8. Les compagnies se recruteront: 1° au moyen des hommes excédant le complet des légions départementales, et qui seront restés à la disposition du ministre de la guerre, en vertu de l'article 35 de notre ordonnance du 3 août; 2° par enrôlemens volontaires.

9. Le traitement des officiers des compagnies est fixé:

	CAPITAINE	LIEUTE-NANT.	SOUS-LIEUTEN.
Pr la 1re clse, à	2,400f	1,250f	1,000f
Pr la 2e clse, à	2,000	1,100	1,000
Pr la 3e clse, à	1,800	1,100	1,000
Pr la 4e clse, à	1,800	1,100	"
Pr la 5e clse, à	"	1,100	"

10. Au moyen de ces traitemens, les officiers n'auront à prétendre aucune indemnité pour le logement, les fourrages, ou à quelque autre titre que ce soit.

11. Les sous-officiers et soldats jouiront de la solde fixée pour l'infanterie de ligne.

12. Il sera formé pour chaque compagnie les masses suivantes:

Masse générale, masse de logement, masse de boulangerie, masse d'étape, masse de chauffage.

Ces masses seront soldées sur le même pied et de la même manière que celle de l'infanterie de ligne.

Il sera formé à chaque sous-officier et soldat une masse de linge et chaussure.

13. La direction et l'emploi du fonds des masses seront confiés, dans chaque compagnie, à un conseil d'administration composé des trois personnes les plus élevées en grade. Mais les sergens-majors et caporaux-fourriers, chargés de la gestion de la compagnie, ne pourront, dans aucun cas, faire partie des conseils d'administration, qui seront composés du lieutenant, du sous-lieutenant et du plus ancien sergent, dans les compagnies où il n'y aura que deux officiers.

Les fonds de la compagnie seront conservés dans une caisse à trois clefs, déposée chez le préfet.

14. La comptabilité de chaque compagnie sera arrêtée, tous les ans, par le colonel de gendarmerie chargé de l'inspecter, ou par l'officier qui sera autorisé à le remplacer dans cette opération, à l'époque de la revue générale d'inspection, et après qu'elle aura été vérifiée et visée par le sous-inspecteur aux revues chargé de la surveiller.

15. Les frais de bureau seront réglés, chaque année, par le conseil d'administration. Ils ne pourront, dans aucun cas, excéder la proportion suivante:

Pour la première classe. 400f
Pour la seconde. 350
Pour la troisième 300
Pour la quatrième. 250
Pour la cinquième. 150

16. Le préfet assistera aux conseils toutes les fois qu'il le jugera convenable, et, en ce cas, il les présidera. Toutes les délibérations, même celles qui auront été prises en sa présence, lui seront adressées pour être par lui approuvées, s'il y a lieu; nulle ne pourra être exécutée sans son approbation spéciale.

17. Les compagnies départementales seront soumises, pour les revues, la comptabilité et la discipline, aux réglemens concernant l'infanterie de ligne. Le préfet réglera leur service, sous l'autorité du ministre de l'intérieur.

18. Les sous-officiers et soldats seront casernés; à cet effet, le ministre de la guerre remettra au préfet les bâtimens militaires disponibles. Les casernes seront entretenues et réparées au moyen de la masse de logement.

A défaut de bâtimens disponibles, le préfet pourra être autorisé à en louer ou à en acquérir pour le compte du département.

19. Le munitionnaire général des vivres sera tenu, lorsqu'il en aura été requis par le conseil d'administration, de fournir la

quantité de pain qui lui sera demandée. Cette fourniture lui sera payée, de trois mois en trois mois, par les soins du conseil d'administration.

20. Les entrepreneurs des lits militaires seront tenus de fournir, au prix de leur marché, les lits qui leur seront demandés par les conseils d'administration.

21. Les hommes des compagnies départementales seront reçus et traités dans les hôpitaux civils, de la même manière que les autres citoyens. Les administrations de ces établissemens ne pourront exiger que la retenue à faire sur la solde.

22. Les préfets exerceront sur les officiers, sous-officiers et soldats des compagnies départementales la même autorité et les mêmes droits que les colonels ont sur les officiers, sous-officiers et soldats des régimens qu'ils commandent, sans que ces magistrats puissent néanmoins porter aucune marque distinctive du grade de colonel.

23. Dans les villes où il n'y a point de général employé, ou de commandant d'armes, les préfets donnent le mot d'ordre au capitaine, qui le transmet aux gardes et patrouilles fournies par la compagnie. Ils règlent le service et donnent les consignes générales et particulières.

Dans les villes où il y a un général commandant, ou un commandant d'armes, les préfets reçoivent chaque jour, sous cachet, le mot d'ordre du commandant, et le font donner aux gardes et patrouilles de la compagnie. Ils continuent à régler le service; mais ils doivent ajouter aux consignes qu'ils ont données celles qui leur sont transmises par écrit et cachetées par le commandant.

24. Le colonel de gendarmerie ne pourra donner aucun ordre aux compagnies soumises à son inspection, ni les faire sortir des villes où elles seront stationnées, pour les inspecter. Il s'adressera au préfet, qui expédiera l'ordre de prendre les armes ou d'assembler le conseil.

Cet officier supérieur communiquera au préfet ses observations sur la comptabilité, l'administration, la tenue, la discipline, la police et l'instruction, et il adressera son travail à notre ministre secrétaire d'Etat de la guerre.

25. Toutes les fois que les hommes d'une compagnie départementale seront obligés de s'absenter du lieu de leur casernement habituel, ils recevront le supplément de traitement accordé aux troupes de ligne en marche. Ce supplément sera payé sur la masse d'état du corps.

26. Les officiers et sous-officiers des compagnies départementales prendront rang à la gauche des troupes de ligne ; à égalité de grade, ils seront commandés par les officiers et sous-officiers de la ligne.

27. Le ministre de la guerre fera fournir, au compte de l'Etat, les armes nécessaires aux compagnies départementales. Ces armes seront entretenues aux dépens de la masse générale. Elles seront renouvelées selon le besoin constaté par l'inspecteur.

L'équipement militaire sera fourni et renouvelé aux dépens de la masse générale.

28. L'uniforme des compagnies départementales est réglé comme il suit :

Habit blanc sans revers, boutonné sur le devant par neuf boutons ;

Collet et paremens brun-marron ;

Paremens coupés en pointe ;

Poches en travers à trois pointes;

Boutons jaunes, portant le nom du département;

Schako avec une plaque en cuivre, forme de losange, portant une fleur-de-lis.

TABLEAU DU CLASSEMENT ET DE LA FORCE
DES COMPAGNIES DÉPARTEMENTALES.

DÉPARTEMENS.	CLASSES DES COMPAGNIES.	LEUR FORCE, officiers compris.	OBSERVATIONS.
Ain	5e	36	Ce tableau ne comprend que des compagnies de 2e, 3e, 4e et 5e classe; il n'en est pas formé de 1re classe en ce moment.
Aisne	5e	36	
Allier	5e	36	
Alpes (Basses)	5e	36	
Alpes (Hautes)	5e	36	
Ardèche	5e	36	
Ardennes	5e	36	
Ariége	5e	36	
Aube	5e	36	
Aude	5e	36	
Aveyron	5e	36	
Bouch.-du-Rhône	2e	120	
Calvados	4e	60	
Cantal	5e	36	
Charente	5e	36	
Charente-Inférre	5e	36	
Cher	5e	36	
Corrèze	5e	36	
Corse	"	"	
Côte-d'Or	4e	60	
Côtes-du-Nord	5e	36	
Creuse	5e	36	
Dordogne	5e	36	
Doubs	5e	36	
Drôme	5e	36	
Eure	5e	36	
Eure-et-Loir	5e	36	
Finistère	5e	36	
Gard	4e	60	
Garonne (Haute)	3e	100	Point de compagnie pour le moment.
Gers	5e	36	
Gironde	2e	120	
Hérault	5e	36	
Ille-et-Vilaine	5e	36	
Indre	5e	36	
Indre-et-Loire	5e	36	
Isère	5e	36	
Jura	5e	36	
Landes	5e	36	
Loir-et-Cher	5e	36	
Loire	5e	36	
Loire (Haute)	5e	36	
Loire-Inférieure	3e	100	

DÉPARTEMENS.	CLASSES DES COMPAGNIES.	LEUR FORCE, officiers compris.	OBSERVATIONS.
Loiret	4e	60	
Lot	5e	36	
Lot-et-Garonne	5e	36	
Lozère	5e	36	
Maine-et-Loire	5e	36	
Manche	5e	36	
Marne	5e	36	
Marne (Haute)	5e	36	
Mayenne	5e	36	
Meurthe	5e	36	
Meuse	5e	36	
Morbihan	5e	36	
Moselle	5e	36	
Nièvre	5e	36	
Nord	3e	100	
Oise	5e	36	
Orne	5e	36	
Pas-de-Calais	4e	60	
Puy-de-Dôme	4e	60	
Pyrénées (Basses)	5e	36	
Pyrénées (Hautes)	5e	36	
Pyrénées-Orient.	5e	36	
Rhin (Bas)	4e	60	
Rhin (Haut)	5e	36	
Rhône	2e	120	
Saône (Haute)	5e	36	
Saône-et-Loire	4e	60	
Sarthe	5e	36	
Seine			La formation d'une compagnie pour le département de la Seine n'a pas été jugée nécessaire pour le moment.
Seine-Inférieure	2e	120	
Seine-et-Marne	5e	36	
Seine-et-Oise	4e	60	
Sèvres (Deux)	5e	36	
Somme	4e	60	
Tarn	5e	36	
Tarn-et-Garonne	5e	36	
Var	5e	36	
Vaucluse	5e	36	
Vendée	5e	36	
Vienne	5e	36	
Vienne (Haute)	5e	36	
Vosges	5e	36	
Yonne	5e	36	

9 JANVIER 1816. — Ordonnance du Roi qui approuve les statuts des filles hospitalières de la Très-Sainte-Trinité établies dans la commune de Sainte-Croix, département de la Sarthe. (7, Bull. 61, n° 383.)

10 = Pr. 13 JANVIER 1816. — Ordonnance du Roi portant révocation des mesures prescrites par l'ordonnance du 21 novembre 1815, à l'égard des habitans de la ville de Nîmes. (7, Bull. 57, n° 343)

Louis, etc.

Nous sommes informé que notre ordonnance du 21 novembre dernier a trouvé dans la ville de Nîmes le respect et la soumission que nous devions attendre; que si le coupable que la justice réclame n'est pas encore sous sa main, des recherches sévères ont été faites; qu'elles ont été secondées par la garde nationale et par les habitans; que tout annonce que l'assassin du général Lagarde n'a, dans Nîmes, ni asile ni protecteur. D'un autre côté, l'article de la Charte constitutionnelle qui, en reconnaissant la religion catholique pour la religion de l'Etat, garantit aux autres cultes liberté et protection, a été fidèlement exécuté; le temple des protestans est ouvert, et ils y jouissent de toute la sécurité que leur garantissent les lois.

Après un retour aussi éclatant aux principes et à l'ordre, nous ne voulons point différer la révocation des mesures rigoureuses que la nécessité nous avait arrachées :

A ces causes,

Nous avons ordonné et ordonnons ce qui suit :

Art. 1er. Les troupes mises en garnison chez les habitans de Nîmes seront retirées sans délai et réparties dans les casernes et dans les autres lieux du département du Gard que notre commandant militaire jugera convenables.

2. Notre préfet témoignera aux habitans et à la garde nationale de Nîmes que nous sommes satisfaits du zèle avec lequel ils ont concouru au maintien de la tranquillité et au rétablissement de l'ordre dans notredite bonne ville.

3. Nos ministres garde-des-sceaux, de la guerre, de l'intérieur, de la police générale, sont chargés de l'exécution de la présente ordonnance.

10 = Pr. 20 JANVIER 1816. — Ordonnance du Roi par laquelle sa majesté conserve aux princes de son sang, leur vie durant, les titres honorifiques de colonels généraux des différentes armes. (7, Bull. 59, n° 355)

Louis, etc.

Vu notre ordonnance du 15 mai 1815 par laquelle nous avons conféré les titres hono-

rifiques de colonels généraux des différentes armes de l'armée aux princes de notre sang, et considérant les changemens survenus dans l'organisation de l'armée ;

Sur le rapport de notre ministre secrétaire d'Etat de la guerre,

Nous avons ordonné et ordonnons ce qui suit :

Art. 1er. Les princes de notre sang conserveront, leur vie durant, les titres honorifiques de colonels généraux des différentes armes comprises dans la nouvelle organisation de l'armée.

2. Notre ministre de la guerre est chargé de l'exécution de la présente ordonnance.

10 = Pr. 20 JANVIER 1816. — Ordonnance du Roi qui supprime, à compter du 1er février prochain, la commission instituée, le 9 juillet 1815, pour veiller aux intérêts des départemens occupés par les armées étrangères. (7, Bull. 59, n° 356.)

Louis, etc.

Nous avons vu, par le compte que nous nous sommes fait rendre des travaux de la commission instituée par notre ordonnance du 9 juillet 1815 pour veiller aux intérêts des départemens envahis, qu'elle avait rempli ses fonctions avec un zèle et un discernement conformes à notre attente.

Le retour de la paix ayant fait cesser les circonstances qui ont rendu cette commission nécessaire, il importe de rendre à leurs fonctions ordinaires les membres qui la composent:

A ces causes,

De l'avis de notre Conseil;

Ouï le rapport de notre ministre secrétaire d'Etat des finances,

Nous avons ordonné et ordonnons ce qui suit :

Art. 1er. La commission établie par notre ordonnance du 9 juillet dernier cessera ses fonctions à compter du 1er février prochain. Les opérations qui restent à suivre et à consommer relativement à l'objet de son institution rentreront dans les attributions de nos ministrès des affaires étrangères, de l'intérieur et des finances, chacun pour ce qui le concerne.

2. Nos ministres sont chargés de l'exécution de la présente ordonnance.

10 = Pr. 27 JANVIER 1816. — Ordonnance du Roi relative à la dotation et à l'administration de l'Hôtel royal des militaires invalides. (7, Bull. 62, n° 390.)

Voy. ordonnance du 14 MAI 1820.

Louis, etc.

Voulant déterminer d'une manière précise

la destination qu'il convient de donner aux revenus de la caisse des invalides de la guerre, créée par notre ordonnance du 12 décembre 1814; ayant reconnu d'ailleurs des imperfections dans la composition du conseil de l'Hôtel des Invalides, et désirant à la fois faire reposer sur de meilleures bases l'administration de cet établissement, et apporter dans ses dépenses toute l'économie dont elles paraissent susceptibles;

Sur le rapport de notre ministre secrétaire d'Etat de la guerre,

Nous avons ordonné et ordonnons ce qui suit :

Art. 1er. Les revenus de la caisse des Invalides de la guerre, créée par notre ordonnance du 12 décembre 1814, seront répartis dans la proportion suivante, savoir :

L'Hôtel et les succursales des Invalides, huit douzièmes;

Les écoles militaires, trois douzièmes;

En cas d'insuffisance des produits de la dotation, il y sera pourvu sur les fonds du budget du ministère de la guerre;

Les pensions que nous jugerons convenable d'accorder aux grand's croix, commandans et chevaliers de l'ordre royal et militaire de Saint-Louis, un douzième.

2. Les dispositions de notre ordonnance du 21 septembre qui chargeaient l'intendant de l'Hôtel des Invalides des fonctions attribuées au directeur de la caisse des invalides de la guerre cesseront d'avoir leur effet ; il sera pourvu à la nomination du directeur de la dotation instituée par notre ordonnance du 12 décembre 1814. Ses fonctions consisteront principalement à surveiller et poursuivre la rentrée des revenus de la dotation près de nos ministres, des fonctionnaires et agens du Trésor chargés de les recevoir.

3. Les fonctions de trésorier de la dotation continueront à être exercées par le trésorier de l'Hôtel. La caisse à trois clés sera, conformément aux dispositions en vigueur avant l'ordonnance du 12 décembre 1814, déposée chez le gouverneur de l'Hôtel, et le trésorier n'aura à sa disposition que les sommes strictement nécessaires aux paiemens journaliers : il fournira un cautionnement en immeubles de cent cinquante mille francs.

Notre ministre secrétaire d'Etat de la guerre déterminera d'une manière précise, par un réglement qui sera soumis à notre approbation, les fonctions du directeur et celles du trésorier de la dotation.

4. Les lieutenans généraux de nos armées pourront seuls concourir à l'emploi de gouverneur de l'Hôtel des Invalides et de ses succursales. Cependant, dans le cas où nous jugerions convenable d'élever le gouverneur à la dignité de maréchal de France, il pourra conserver son gouvernement.

5. L'intendance dudit Hôtel est supprimée : un administrateur comptable sera chargé de l'administration intérieure des dépenses de l'Hôtel et de ses succursales.

6. Le traitement du gouverneur de l'Hôtel est fixé à quarante mille francs : il pourvoira avec cette somme à ses frais de bureau et de représentation; il ne lui sera alloué aucune indemnité;

Celui de l'administrateur comptable, à dix mille francs;

Le traitement du directeur de la dotation, à quinze mille francs ;

Celui du trésorier de la dotation, payeur de l'Hôtel, à dix mille francs.

Ces divers traitemens seront payés sur les fonds de la dotation.

Il sera statué particulièrement sur les frais de bureau du directeur, du trésorier de la dotation, et des fonctionnaires et employés de l'Hôtel des Invalides.

7. Le conseil d'administration de l'Hôtel des Invalides sera, à l'avenir, composé comme il suit : 1° le lieutenant général, gouverneur; 2° le commandant; 3° quatre lieutenans généraux ou maréchaux-de-camp en retraite, qui seront nommés par nous et pour cinq années, sur la proposition de notre ministre secrétaire d'Etat de la guerre : il sera alloué à chacun d'eux, sur les fonds de la dotation, une gratification annuelle de trois mille francs; 4° l'inspecteur aux revues.

L'administrateur comptable, le payeur de l'Hôtel et le commissaire des guerres seront appelés au conseil; mais ils n'y auront pas voix délibérative.

8. Aucune délibération ne sera valable sans la participation de trois des officiers généraux ci-dessus désignés; leur présence sera toujours mentionnée dans les procès-verbaux.

9. Deux pairs de France, désignés par nous pour cinq années, feront partie du grand conseil annuel présidé par notre ministre secrétaire d'Etat de la guerre. Les officiers généraux membres du conseil feront aussi partie du grand conseil de l'Hôtel. Le directeur et le trésorier de la dotation y assisteront, ainsi qu'à celui des écoles militaires, mais ils n'y auront pas voix délibérative. Ils rendront compte au grand conseil de l'emploi de la partie de la dotation affectée à l'ordre royal et militaire de Saint-Louis.

10. Les dispositions contenues dans les lois, réglemens et ordonnances antérieurs et qui n'éprouvent aucune modification par la présente continueront à recevoir leur exécution.

11. Nos ministres sont chargés de l'exécution de la présente ordonnance.

10 = Pr. 27 JANVIER 1816.—Ordonnance du Roi portant nomination de l'administrateur comptable de l'Hôtel royal des militaires invalides et de ses succursales. (7, Bull. 62, 394.)

Le sieur Walville, commissaire des guerres, est nommé administrateur comptable de notre Hôtel royal des militaires invalides et de ses succursales.

10 = Pr. 27 JANVIER 1816.—Ordonnance du Roi portant nomination du directeur de la dotation des invalides de la guerre. (7, Bull. 62, n° 395.)

Le sieur Adolphe de Portes, maître des requêtes, est nommé directeur de la dotation des invalides de la guerre, conformément à notre ordonnance du 10 de ce mois.

10 = Pr. 27 JANVIER 1816.—Ordonnance du Roi portant nomination du trésorier de la dotation des invalides de la guerre, et payeur de l'Hôtel royal des militaires invalides. (7, Bull. 62, n° 396.)

Le sieur Labbé de Moranbert, référendaire à la cour des comptes, est nommé trésorier de la dotation des invalides de la guerre, et payeur de notre Hôtel royal des militaires invalides, en conformité de notre ordonnance du 10 de ce mois.

10 JANVIER = Pr. 16 FÉVRIER 1816. — Ordonnance du Roi concernant une nouvelle organisation de la garde royale de la ville de Paris, sous la dénomination de *gendarmerie royale de Paris*. (7, Bull. 65, n° 405.)

Voy. ordonnances des 2 SEPTEMBRE 1818; 28 MAI et 29 OCTOBRE 1820, sur la gendarmerie en général, et 1er SEPTEMBRE 1824.

Louis, etc.

Vu nos ordonnances des 31 mai, 14 août et 23 décembre 1814, concernant la garde royale de notre bonne ville de Paris;

Sur le rapport de nos ministres de la guerre et de la police générale,

Nous avons ordonné et ordonnons ce qui suit :

TITRE Ier. Composition et administration du corps.

Art. 1er. La garde royale de notre bonne ville de Paris prendra la dénomination de *gendarmerie royale de Paris*.

Ce corps sera composé de quatre compagnies, dans chacune desquelles un certain nombre d'hommes sera à pied, et l'autre à cheval.

2. Le préfet de police aura à sa disposition immédiate la gendarmerie royale de Paris, commandée par un colonel, qui sera sous ses ordres. Cet officier supérieur aura le titre de *colonel de la ville de Paris*, et sera, en outre, chargé du service des corps-de-garde de la police de cette ville; il prêtera serment entre nos mains.

3. La gendarmerie royale de Paris aura un trésorier; il sera sous les ordres immédiats du préfet de police.

4. L'administration du corps sera confiée à un conseil composé comme il suit : le colonel, président; le lieutenant-colonel; un chef d'escadron; un major, rapporteur (avec voix consultative seulement); deux capitaines, deux lieutenants.

Le trésorier y fera les fonctions de secrétaire, et n'aura pas voix délibérative.

5. Le chef d'escadron, les capitaines et lieutenants seront, à tour de rôle, et par ordre d'ancienneté, membres du conseil d'administration; ils seront renouvelés tous les ans, les capitaines et les lieutenants par moitié seulement; ces derniers seront pris dans des compagnies différentes, de manière qu'il y aura toujours un officier pour chaque compagnie.

En cas d'absence légitime ou d'empêchement prévus par les réglemens, les membres du conseil seront remplacés, savoir : les officiers supérieurs, par des officiers du grade immédiatement inférieur; les capitaines et lieutenants, par des officiers de leur grade.

6. Indépendamment de la surveillance de l'inspecteur aux revues sur les opérations du conseil, le préfet de police les surveillera. A cet effet, toutes les délibérations du conseil lui seront adressées, visées par l'inspecteur aux revues.

7. La direction et l'emploi des fonds de masses seront confiés au conseil d'administration, qui se conformera aux lois et réglemens en vigueur sur la tenue de la comptabilité.

8. Les frais de bureau seront réglés, chaque année, par le préfet de police, sur les états présentés par le conseil d'administration.

9. Le corps de la gendarmerie royale de Paris sera soumis, pour les revues et la comptabilité, aux règles et formes déterminées par les réglemens militaires.

10. L'état-major sera composé ainsi qu'il suit :

Officiers.

Colonel, un; lieutenant-colonel, un; chefs d'escadron, deux; major (rang de chef d'escadron), un; trésorier, un; adjudans-majors, lieutenans en premier, deux; chirurgien-major, un; chirurgien-aide-major, un. Total, dix.

Petit état-major.

Adjudans-sous-officiers, quatre ; artiste vétérinaire, un ; maîtres ouvriers non montés : tailleur, un ; cordonnier, un ; armurier, un ; sellier, un ; trompette-major, un ; tambour-major, un. Total, onze.

11. Les quatre compagnies seront composées ainsi qu'il suit :

Officiers.

Capitaine en premier, un ; capitaine en second, un ; lieutenans en premier, deux ; lieutenans en second, deux. Total, six.

Troupe.

Cavalerie : maréchal-des-logis chef, un ; maréchaux-des-logis, quatre ; brigadier-fourrier, un ; brigadiers, huit ; gendarmes de première classe, quarante-quatre ; gendarmes de seconde classe, quarante-quatre ; trompette, deux. Total, cent quatre.

Infanterie : maréchaux-des-logis, six ; brigadiers, seize ; gendarmes de première classe, cinquante-huit ; gendarmes de seconde classe, cinquante-huit ; tambours, deux. Total, cent quarante.

12. En conséquence des dispositions ci-dessus, le corps de la gendarmerie royale de Paris présentera, au complet, une force de mille vingt-un hommes, dont quatre cent cinquante-six à cheval, et cinq cent soixante-cinq à pied, savoir :

		COMPLET des		TOTAUX des	
		hommes.	chevaux.	hommes.	chevaux.
ETAT-MAJOR.	Colonel	1	4		
	Lieutenant-colonel	1	3		
	Chefs d'escadron	2	4		
	Major (avec rang de chef d'escadron)	1	2		
	Trésorier	1	1		
	Adjudans-majors, lieutenans en premier	2	4		
	Chirurgiens. { major	1	2	21	27
	{ aide-major	1	1		
	Adjudans-sous-officiers	4	4		
	Artiste vétérinaire	1	1		
	Maîtres. { tailleur	1	"		
	{ cordonnier	1	"		
	{ armurier	1	"		
	{ sellier	1	"		
	Trompette-major	1	1		
	Tambour-maître	1	"		
OFFICIERS.	Capitaines en premier	4	8		
	Capitaines en second	4	4	24	28
	Lieutenans en premier	8	8		
	Lieutenans en second	8	8		
TROUPE.	Maréchaux-des-logis chefs	4	4		
	Maréchaux-des-logis	40	16		
	Brigadiers-fourriers	4	4		
	Brigadiers	96	32	976	416
	Gendarmes. { première classe	408	176		
	{ seconde classe	408	176		
	Trompettes	8	8		
	Tambours	8	"		
	Totaux			1,021	471

TITRE II. Recrutement.

13. La gendarmerie royale de Paris se recrutera : 1° sur toute la gendarmerie ; 2° par d'anciens militaires qui auront les qualités requises. Ces derniers seront tenus de se monter, s'habiller et s'équiper à leurs frais.

Le recrutement, dans le corps de la gendarmerie, aura lieu sur les listes que les colonels des légions de gendarmerie devront fournir à l'avance. Ces listes seront communiquées, par notre ministre de la guerre, au préfet de police, qui fera le choix des sujets. Notre ministre de la guerre donnera des ordres pour que les gendarmes que le préfet de police aura choisis arrivent au corps ; ils devront être pourvus de leurs chevaux et effets d'équipement.

Les anciens militaires que le préfet de police reconnaîtra susceptibles de servir dans la gendarmerie royale de Paris n'y seront admis définitivement qu'après l'approbation de notre ministre de la guerre. La première formation effectuée, ces admissions ne pourront avoir lieu que pour le quart des emplois de gendarmes qui deviendront vacans.

14. Pour subvenir à la dépense de première mise de ceux des militaires ci-dessus qui, au moment de leur admission, ne pourront se procurer, à leurs frais, des chevaux, ou tout ou partie de leurs effets d'habillement et d'équipement, il sera mis à la disposition du corps, et par forme d'avance, une somme de cent mille francs, dont le remboursement sera effectué à notre Trésor royal, à raison d'un douzième par mois.

Cette somme sera payée au corps par notre Trésor royal, sur le mandat du préfet de police ; l'emploi en sera surveillé comme il est dit à l'article 7 ci-dessus.

15. Les officiers seront nommés par nous, sur la présentation qui sera faite par notre ministre de la guerre, d'après une liste de proposition du préfet de police, approuvée par notre ministre de la police générale.

16. Les sous-officiers et gendarmes seront nommés et commissionnés par notre ministre de la guerre, sur la proposition du préfet de police.

17. Le trésorier, les chirurgien-major et aide-major, le trompette-major et le tambour-maître seront nommés par le préfet de police, sur la présentation du colonel.

Les maîtres ouvriers seront pareillement nommés par le préfet de police, sur la proposition du conseil d'administration.

18. Les sous-officiers et gendarmes devront savoir lire et écrire correctement, et être en état de rédiger un rapport.

TITRE III. De l'avancement et des retraites.

19. L'avancement, dans la gendarmerie royale de Paris, aura lieu, pour les emplois d'officiers de chaque grade, ainsi qu'il suit, savoir :

Un quart à l'ancienneté ;

Moitié au choix dans le corps ;

Un quart à des officiers de notre maison militaire ou de l'armée ;

Les officiers du corps ne pourront être proposés pour de l'avancement qu'après quatre ans de service révolus dans leurs grades respectifs.

Ceux pris dans notre maison militaire ou dans l'armée devront être pourvus d'un grade au moins égal, l'avoir occupé pendant deux ans, et compter au moins six ans de service.

20. Les remplacemens aux emplois vacans de sous-officiers et gendarmes de première classe auront lieu sur une liste double, qui sera formée par les capitaines en premier, et présentée à notre préfet de police par le colonel du corps, avec ses observations.

Néanmoins, un quart des emplois de sous-officiers qui deviendront vacans dans la gendarmerie royale de Paris pourra être donné à des militaires de notre garde royale ou de l'armée. Ces derniers ne pourront y être nommés s'ils ne sont au moins pourvus du grade correspondant, ou s'ils n'en ont le rang.

21. Après la formation actuelle, nul ne pourra être nommé à l'emploi de maréchal-des-logis ou de brigadier dans la gendarmerie royale de Paris s'il n'a au moins deux années d'activité dans son grade.

22. Les officiers et sous-officiers de la gendarmerie royale de Paris, des grades ci-après désignés, pourront passer avec de l'avancement dans le corps de notre gendarmerie ; à cet effet, ils seront susceptibles de concourir, savoir :

Les adjudans-sous-officiers et maréchaux-des-logis, pour la moitié des emplois de lieutenant qui doit être donnée à des officiers de l'armée à notre choix ;

Les lieutenans en premier, pour le tiers des emplois de capitaine que nous nous sommes réservé à notre choix sur toute l'arme de la gendarmerie ;

Les capitaines en premier, pour le tiers des emplois de chef d'escadron de gendarmerie qui est à notre choix dans notre garde royale ou dans l'armée ;

Les chefs d'escadron, pour le second tiers des emplois de colonel qui sont à notre choix parmi les chefs d'escadron de notre gendarmerie.

Les propositions, pour cet avancement, seront faites à notre ministre de la guerre par le préfet de police, et approuvées par notre ministre de la police générale.

23. Les officiers, sous-officiers et gendarmes de la gendarmerie royale de Paris seront assimilés, pour la retraite et le rang, aux militaires de leurs grades respectifs dans notre gendarmerie. La solde de retraite leur sera payée sur les fonds de notre Trésor royal.

24. Les dispositions des décrets et ordonnances relatives aux pensions des veuves et enfans des militaires morts au service seront applicables aux veuves et enfans des militaires faisant partie de la gendarmerie royale de Paris.

TITRE IV. Dépenses du corps.

25. La solde, les masses et les indemnités attribuées aux officiers, sous-officiers et gendarmes seront réglées conformément au tableau annexé à notre présente ordonnance; elles seront payées sur les états d'effectif dressés par quinzaine, vérifiés et arrêtés par l'inspecteur aux revues conformément aux réglemens: les mandats en seront délivrés par le préfet de police, sur le crédit ouvert à la caisse municipale de Paris pour les dépenses du corps.

26. Conformément aux réglemens sur notre gendarmerie, les sous-officiers et gendarmes de la gendarmerie royale de Paris devront toujours avoir en dépôt, à la caisse du corps, savoir: les hommes à cheval, trois cents francs; les hommes à pied, cent francs.

Cette masse sera destinée à parer aux pertes qu'ils pourront éprouver, ainsi qu'au remboursement des avances qui leur auront été faites pour première mise; elle sera la propriété de l'homme, et devra être formée par une retenue sur la solde proprement dite. Le préfet de police, d'après l'avis du conseil d'administration, déterminera la quotité de la retenue pour chaque grade.

27. Les adjudans de la ville de Paris seront réduits à vingt-quatre, à compter du 1er janvier 1816. Le traitement attribué à leur grade respectif sera payé par la ville, sur les mandats du préfet de police, d'après les états dressés par le conseil d'administration, et visés par l'inspecteur aux revues. Ils seront sous les ordres du colonel de la gendarmerie royale de Paris, et chaque jour ils iront à l'ordre chez lui, pour la surveillance des corps-de-garde.

Ceux qui ne seront pas conservés obtiendront une pension qui leur sera payée sur les fonds généraux de notre Trésor royal.

28. Les dépenses pour loyer et entretien des casernes et autres frais extraordinaires du corps seront également acquittés en vertu de mandats délivrés par le préfet de police, sur le crédit ci-après énoncé.

Il sera joint à ces mandats les pièces justificatives des dépenses.

29. Pour subvenir aux dépenses ci-dessus énoncées, ainsi qu'à tous autres frais extraordinaires du corps, il sera mis annuellement à la disposition du préfet de police, dans la caisse municipale de la ville de Paris, une somme d'un million cinq cent cinquante-trois mille cent quarante francs soixante-quinze centimes.

Cette somme sera portée, chaque année, dans le budget de la ville de Paris, au chapitre des dépenses de la préfecture de police.

30. Les fonds nécessaires pour acquisitions et constructions relatives au premier établissement des casernes seront portés, dans le budget de la ville de Paris, au chapitre des dépenses de la préfecture de la Seine.

Le préfet de la Seine se concertera, à cet égard, avec le préfet de police.

31. Les fonds destinés à payer la solde et les masses seront versés dans une caisse à trois clefs, qui sera déposée à la préfecture de police.

Chaque année, la comptabilité en sera réglée par l'inspecteur aux revues, en présence du conseil d'administration, et arrêtée définitivement par le préfet de police.

Aussitôt après cet arrêté définitif, il sera fait décompte, aux sous-officiers et gendarmes, du résidu de la masse d'entretien, s'il y en a. Quant aux autres masses, il n'en sera jamais fait de décompte particulier; les *boni* obtenus seront mis en réserve dans la caisse du corps, pour subvenir aux augmentations que des circonstances extraordinaires pourraient occasionner dans la dépense de ces mêmes masses.

32. Les registres de recettes et dépenses du corps actuel seront arrêtés et balancés, à la date du 1er janvier 1816, par le préfet de police, en présence du conseil d'administration et de l'inspecteur aux revues.

Il sera dressé aussi, à la même date, un état de situation des finances du corps, présentant, à ladite époque, le montant de la dépense sur chaque nature de masses ou de fonds, et de ce qui reste dû pour les solder. Cet arriéré ne sera point confondu avec les dépenses courantes; il sera acquitté par des fonds particuliers, composés des recettes sur les avances et sur les crédits antérieurs, et des fonds spéciaux qui pourront être affectés à son extinction.

33. La retenue de deux pour cent en faveur de l'Hôtel royal des Invalides sera exercée sur la solde des officiers, conformément au tableau ci-annexé.

Le montant des sommes provenant de cette retenue sera versé, tous les trois mois, à la caisse des Invalides. A cet effet, l'inspecteur, après avoir établi sa revue de trimestre, fera connaître au conseil d'administration de l'Hôtel royal des Invalides la quotité des sommes qu'il aura à recevoir.

34. Les militaires extraits des légions de gendarmerie pour passer dans la gendarmerie royale de Paris auront le droit, pendant leur route, aux indemnités de service extraordinaire attribuées par les réglemens à notre gendarmerie; ils en seront payés sur les revues de comptabilité du corps.

35. Le colonel de la gendarmerie royale de Paris et le trésorier recevront le logement en nature. La dépense en sera comprise dans le montant des frais de casernement du corps.

36. Les officiers ne pourront être logés ailleurs que dans les bâtimens affectés au casernement, à moins que l'impossibilité de les y placer ne soit reconnue, et qu'ils n'aient obtenu la permission du préfet de police de prendre un autre logement.

37. Les bâtimens occupés par la garde royale de Paris continueront d'être affectés au logement du nouveau corps.

En cas d'insuffisance, il y sera pourvu, et la dépense en sera acquittée sur les fonds déterminés par l'article 30.

38. Les sous-officiers et gendarmes feront chambrée ensemble, et mangeront à l'ordinaire. Le conseil d'administration proposera au préfet de police la quotité des sommes qui devront être laissées, à cet effet, à l'ordinaire.

39. L'uniforme restera tel qu'il a été déterminé pour la garde royale de la ville de Paris, à l'exception du chapeau bordé, qui sera remplacé par un bonnet d'oursin, avec plaque aux armes de France, et de la légende du bouton, qui portera : *Gendarmerie royale de Paris.*

40. Les hommes malades seront reçus et traités dans les hôpitaux civils de Paris; ils paieront par jour, à l'administration des hospices, soixante quinze centimes. A cet effet, il sera retenu sur leur solde proprement dite, savoir : à ceux atteints de maladies syphilitiques, les cinq sixièmes de leur solde; et aux malades ordinaires, les deux tiers.

Il sera fait de ces retenues un fonds de masse avec lequel les dépenses seront payées, chaque trimestre, à l'administration des hospices.

En cas d'insuffisance, le surplus de la dépense sera pris sur les fonds affectés aux dépenses extraordinaires du corps.

41. Il sera prélevé, sur la solde de chaque sous-officier et gendarme à cheval, une somme de quatorze francs soixante centimes, et, sur la solde de chaque sous officier et gendarme à pied, une somme de sept francs trente centimes.

Ces prélèvemens formeront une masse de secours extraordinaires destiné à procurer une indemnité aux sous-officiers et gendarmes qui auraient éprouvé des pertes qui ne proviendraient pas de leur faute.

Le conseil d'administration proposera au préfet de police la quotité de l'indemnité qui devra être accordée.

TITRE V. Du service et de la discipline.

42. Le drapeau du corps sera déposé chez le préfet de police.

43. Les officiers, sous-officiers et gendarmes qui, par d'autres causes que l'inconduite ou des infirmités, cesseraient d'être propres au service de Paris seront désignés par le préfet de police à notre ministre de la guerre, pour être placés dans la gendarmerie des départemens.

Notre ministre de la guerre leur assignera des destinations, et ils seront remplacés, dans la gendarmerie royale de Paris, par des hommes du même grade qui seront extraits des légions de gendarmerie sur la désignation du préfet de police.

Ces désignations, pour ce qui concerne les officiers, devront être approuvées par notre ministre de la police générale.

44. Le préfet de police, sur la demande motivée du conseil d'administration, arrêtera la liste des congés absolus qu'il jugera convenable d'accorder, et la transmettra à notre ministre de la guerre, qui délivrera les congés.

Les congés limités et sans solde seront accordés par le préfet de police, sur la proposition du colonel; ceux avec appointemens et solde seront accordés par notre ministre de la guerre, sur la proposition du préfet de police.

45. Les permissions de mariage seront accordées aux officiers par notre ministre de la guerre, sur la proposition du préfet de police; celles des sous-officiers et gendarmes, par le préfet de police, sur l'avis du conseil d'administration.

46. Les retraites et pensions seront accordées par nous, sur la proposition de notre ministre de la guerre, auquel seront remis, à cet effet, les mémoires du conseil d'administration, visés par l'inspecteur aux revues, et approuvés par le préfet de police.

47. La gendarmerie royale de Paris jouira des prérogatives et avantages qui sont accordés à notre gendarmerie par nos ordonnances ; elle remplira les mêmes fonctions de police

judiciaire dans les cas prévus par les lois et réglemens, et marchera sur la même ligne que notredite gendarmerie.

En conséquence, elle prendra rang immédiatement après les corps de notre maison; et, lorsque les détachemens des légions de gendarmerie et de la gendarmerie royale de Paris se trouveront réunis pour un service quelconque, ces détachemens prendront rang entre eux, seulement tant que durera ce service, en donnant la priorité du rang à celui des détachemens qui se trouvera commandé par l'officier ou sous-officier le plus élevé en grade.

48. La gendarmerie royale de Paris sera spécialement chargée de faire le service aux hôtels de notre ministre de la police générale, à la préfecture de police, aux spectacles, bals publics, marchés, etc., les grands théâtres exceptés.

49. Le préfet de police réglera la rétribution qui sera due pour le service des spectacles, bals, etc.

Le tiers de la rétribution sera dû à celui ou à ceux qui auront fait le service, et le surplus sera réparti tous les mois, partie entre les sous-officiers et gendarmes, et partie employée pour l'amélioration de la tenue, le tout sur des états arrêtés par le préfet de police.

50. Les sous-officiers et gendarmes qui seront de service aux spectacles y seront chargés de faire les fonctions d'officiers civils, et les vétérans ou autres troupes en garnison à Paris prêteront seulement main-forte sur leur réquisition.

51. Le colonel commandant la gendarmerie royale de Paris communiquera, chaque jour, au gouverneur de la première division militaire les consignes qui lui auront été données par le préfet de police; il enverra, à cet effet, un officier à l'état-major du gouverneur de Paris.

52. Le gouverneur donnera des ordres pour que les troupes de la garnison concourent à l'exécution desdites consignes, en tout ce qui peut intéresser l'ordre public.

53. Dans des circonstances extraordinaires, si, indépendamment du service du jour, il est nécessaire d'avoir des réserves pour dissiper des rassemblemens, le général commandant la première division militaire, requis par le préfet de police, sera chargé de prendre les mesures nécessaires à la tranquillité publique. Dans ce cas seul, il donnera les consignes; et le colonel de la gendarmerie royale de Paris sera sous ses ordres.

54. Toutes les lois et réglemens sur la police et la discipline de notre gendarmerie sont applicables au corps de la gendarmerie royale de Paris.

55. Toutes les fois que la gendarmerie royale de Paris arrêtera un individu qui, par suite, sera convaincu et condamné comme contrebandier, il lui sera payé, par la caisse de l'octroi, une somme de cent francs.

Les effets, denrées et marchandises de contrebande que la gendarmerie royale de Paris aura saisis seule seront vendus à son profit.

En cas de saisie faite en concurrence avec les employés, les sommes provenant de la saisie seront partagées entre les gendarmes et les employés, en raison du nombre d'individus de chaque corps qui auront concouru à la saisie.

Le préfet de la Seine jugera les discussions qui pourront s'élever entre la gendarmerie royale de Paris et les employés, sur les faits de capture ou saisie.

La somme accordée à la gendarmerie royale de Paris, pour les captures et pour les saisies, sera répartie moitié entre les individus qui auront fait la capture ou saisie, et la moitié restante ainsi qu'il est prescrit par le dernier paragraphe de l'article 49 ci-dessus.

56. Nos ministres sont chargés de l'exécution de la présente ordonnance.

TARIF DE LA SOLDE, DES MASSES

DÉSIGNATION DES GRADES.	TRAITEMENT DES OFFICIERS.	
	A payer net, pour solde, indemnité de fourrages et de logement.	Retenue de deux pour cent au profit de l'Hôtel royal des Invalides, sur la solde proprement dite des officiers.
OFFICIERS.		
Colonel	11,797f 96c	202f 04c
Lieutenant-colonel.	7,884 67	115 33
Chef d'escadron	5,913 38	86 62
Major.	4,933 38	66 62
Trésorier	4,419 49	80 51
Adjudant-major, lieutenant en 1er	3,453 30	46 70
Chirurgiens. . . . { major.	2,965 46	34 54
{ aide-major	2,365 81	34 19
Capitaine en 1er	4,435 46	64 54
Idem en 2e.	3,935 97	64 03
Lieutenant en 1er.	3,443 81	56 19
Idem en 2e.	2,953 81	46 19
	Solde de la troupe.	
TROUPE.		
Adjudant sous-officier	1,788 50	"
Artiste vétérinaire	1,183 55	"
Maître-ouvrier	418 75	"
Trompette-major	894 25	"
Tambour-maître	795 70	"
Maréchal-des-logis chef.	1,492 85	"
Maréchal-des-logis. . . . { à cheval	1,193 55	"
{ à pied	1,095 00	"
Brigadier-fourrier	1,193 55	"
Brigadier . . . . { à cheval	919 80	"
{ à pied	821 25	"
Soldats de 1re classe . . . { à cheval	620 50	"
{ à pied	492 75	"
Soldats de 2e classe . . . . { à cheval	492 75	"
{ à pied	346 75	"
Trompette.	492 75	"
Tambour	492 75	"

T INDEMNITÉS ATTRIBUÉES A CHAQUE GRADE.

d'entretien.	SOMMES AFFECTÉES A LA FORMATION DES MASSES				TOTAL du TRAITEMENT annuel.	OBSERVATIONS.
	de boulangerie.	de fourrages.	de chauffage.	de secours.		
"	"	"	"	"	12,000ᶠ 00ᶜ	
"	"	"	"	"	8,000 00	
"	"	"	"	"	6,000 00	
"	"	"	"	"	5,000 00	
"	"	"	"	"	4,500 00	
"	"	"	"	"	3,500 00	
"	"	"	"	"	3,000 00	
"	"	"	"	"	2,400 00	
"	"	"	"	"	4,500 00	
"	"	"	"	"	4,000 00	
"	"	"	"	"	3,500 00	
"	"	"	"	"	3,000 00	
383 25	73	474 50	51 10	14 60	2,784 95	
383 25	73	404 50	51 10	14 60	2,190 00	
200 75	73	"	51 10	7 30	750 90	
383 25	73	474 50	51 10	14 60	1,890 70	
200 75	73	"	51 10	7 30	1,127 85	
383 25	73	474 50	51 10	14 60	2,489 30	
383 25	73	474 50	51 10	14 60	2,190 00	
200 75	73	"	51 10	7 30	1,427 15	
383 25	73	474 50	51 10	14 60	2,190 00	
383 25	73	474 50	25 55	14 60	1,890 70	
200 75	73	"	25 55	7 30	1,127 85	
383 25	73	474 50	25 55	14 60	1,591 40	
200 75	73	"	25 55	7 30	799 35	
333 25	73	474 50	25 55	14 60	1,463 65	
200 75	73	"	25 55	7 30	653 35	
383 25	73	474 50	25 55	14 60	1,463 65	
200 75	73	"	25 55	7 30	799 35	

10 = Pr. 23 JANVIER 1816. — Ordonnance du Roi portant rétablissement du conseil de santé militaire. (7, Bull. 60, n° 372.)

Nous étant fait rendre compte de l'organisation de l'inspection du service de santé militaire, nous avons reconnu que les dépenses qui en résultaient n'étaient plus en proportion avec l'étendue et les ressources de notre royaume.

Cependant, ayant jugé qu'un objet aussi essentiel que celui du soin et de la conservation des hommes dévoués au service de l'Etat devrait être continuellement éclairé et dirigé par des gens habiles qui connussent par une longue expérience les maladies de l'homme de guerre, et les remèdes qui y sont propres;

Vu les ordonnances des rois nos prédécesseurs, de glorieuse mémoire, du 4 août 1772 et du 18 mai 1788, portant établissement d'un conseil de santé militaire;

Sur le rapport de notre ministre secrétaire d'Etat de la guerre,

Nous avons ordonné et ordonnons ce qui suit :

Art. 1er. L'inspection du service de santé militaire, créée par décret du 9 frimaire an 12 (1er décembre 1803), est supprimée.

2. Ceux des inspecteurs du service de santé militaire qui ne seront pas maintenus en activité, soit comme membres du conseil de santé dont il sera ci-après parlé, soit comme officiers de santé en chef d'un hôpital militaire, jouiront du *maximum* de la pension de retraite affectée à leur grade.

3. Il sera établi, sous l'autorité de notre ministre secrétaire d'Etat de la guerre, un conseil de santé composé d'un médecin, d'un chirurgien et d'un pharmacien.

Il sera attaché à ce conseil, pour l'expédition des affaires, un secrétaire et un commis.

4. Les fonctions du conseil de santé auront pour objet toutes les parties de l'art de guérir appliquées à l'homme de guerre;

En conséquence, il devra entretenir une correspondance régulière avec les officiers de santé des hôpitaux et des corps armés.

Il sera chargé d'examiner les candidats qui solliciteront leur admission dans le service de santé militaire, de faire connaître à notre ministre secrétaire d'Etat de la guerre le degré de leur aptitude et de leur instruction, et de lui indiquer les grades dans lesquels ils seraient susceptibles d'être admis.

D'après la demande de notre ministre secrétaire d'Etat de la guerre, il lui fera également connaître son opinion sur la moralité, la capacité et le mérite de ceux des officiers de santé qui seraient présentés pour l'avancement et des récompenses. Il proposera les moyens qu'il jugera les plus convenables à l'amélioration du service de santé, et les plus propres à étendre les progrès de l'art. Il examinera les remèdes dont on proposerait l'emploi, et fera analyser ceux qui en seraient susceptibles.

Il sera consulté, au besoin, sur les modifications proposées dans le traitement des militaires malades, sur les précautions à prendre contre les épidémies et sur les moyens d'en arrêter les progrès, sur les mesures générales de salubrité, en temps de paix comme en temps de guerre, et sur l'admission des objets destinés au service des hôpitaux militaires et des ambulances.

Enfin, il surveillera la méthode suivie pour le traitement des maladies dans les hôpitaux militaires, et concourra, lorsque cela sera jugé nécessaire, à la rédaction des instructions relatives au service.

5. Le conseil de santé étant destiné à résider auprès de notre ministre secrétaire d'Etat de la guerre, aucun de ses membres ne pourra être employé comme officier de santé en chef d'armée, ou, le cas échéant, il sera tenu d'opter.

6. Le conseil de santé s'assemblera tous les jours, excepté les dimanches et fêtes, dans le lieu et aux heures qui seront indiquées par notre ministre secrétaire d'Etat de la guerre.

7. Le conseil de santé sera tenu d'avoir un registre sur lequel sera inscrit sommairement le résultat de ses délibérations, ainsi que le résumé par articles des travaux de chaque séance.

8. Les trois membres du conseil de santé auront les mêmes droits et prérogatives, sans qu'aucun d'eux puisse prétendre à une préséance particulière.

9. Les trois membres du conseil de santé seront nommés par nous, sur la présentation de notre ministre secrétaire d'Etat de la guerre. Pour la première organisation, ils seront pris parmi les inspecteurs du service de santé actuellement en exercice; à l'avenir, ils seront choisis parmi ceux des officiers de santé qui, étant ou ayant été employés, soit comme officiers de santé en chef d'armée, soit comme premiers professeurs dans les hôpitaux militaires d'instruction, se seront le plus distingués par leur zèle, leur moralité, leurs connaissances et leurs talens dans le service de santé militaire.

Le secrétaire et le commis seront nommés par notre ministre secrétaire d'Etat de la guerre, sur la présentation du conseil de santé.

10. Les appointemens de chacun des membres du conseil de santé seront fixés à dix mille francs par an, sans aucune autre espèce d'indemnité. Notre ministre secrétaire d'Etat

de la guerre réglera le traitement à accorder au secrétaire et au commis.

11. Les membres du conseil de santé pourront être envoyés en tournée, lorsque notre ministre secrétaire d'Etat de la guerre le jugera convenable; dans ce cas seulement, il leur sera accordé une indemnité de sept francs par poste pour tous frais de voyage.

12. L'uniforme des membres du conseil de santé sera le même que celui des officiers de santé en chef des armées.

13. La retraite des membres du conseil de santé sera calculée sur le même pied que celle des officiers de santé en chef d'armée.

14. Notre ministre secrétaire d'Etat de la guerre est chargé de l'exécution de la présente ordonnance.

10 JANVIER 1816. — Ordonnances du Roi qui accordent des lettres de déclaration de naturalité aux sieurs Culmann, Josse-Boone, Boyer, Lamare, Vachat, Prudat, Genaud, Ducrest, Muston, Charles baron Devaux, Duverger, Picot, Desvvatines, Nillis et Sachetti. (7, Bull. 57, 59, 60, 61, 62, 67, 68, 72, 78, 167, 494.)

10 JANVIER 1816. — Ordonnance du Roi qui admet les sieurs Gaude, Ippolite, Manuel Ripoles, Story, Donlevy et Brizio à établir leur domicile en France. (7, Bull. 61, n° 382.)

10 JANVIER 1816. — Ordonnances du Roi qui autorisent l'acceptation de legs faits aux séminaires de Lyon et de Rouen, et à la fabrique de l'église de Louye. (7, Bull. 61, n°s 384 à 386.)

10 JANVIER 1816. — Ordonnance du Roi qui établit deux foires dans la commune de Prast-de-Mollo. (7, Bull. 68, n° 436.)

10 JANVIER 1816. — Ordonnance du Roi concernant l'exercice de la profession de boulanger dans la ville d'Alby, département du Tarn. (7, Bull. 68, n° 432.)

10 JANVIER 1816. — Ordonnance du Roi qui autorise l'acceptation de dons et legs faits aux pauvres protestans, à la bourse de l'église réformée de Paris, et à la fabrique de l'église de Tathinghem. (7, Bull. 68, n°s 433 à 435.)

10 JANVIER 1816. — Ordonnance du Roi qui nomme M. Guérin directeur de l'école française à Rome, et fixe son traitement à six mille francs. (Mon. n° 17.)

11 = 25 JANVIER 1816. — Ordonnance du Roi relative à l'uniforme des gardes nationales dans les villes où des raisons d'économie

ne permettraient pas d'adopter ou de conserver l'uniforme déterminé par les réglemens. (7, Bull. 61, n° 380.)

Louis, etc.

Par notre ordonnance du 23 septembre 1815, nous avons saisi le moment où nous réorganisions l'armée pour introduire dans les uniformes de nos troupes les changemens dont l'expérience avait démontré la nécessité, et pour faire cesser un luxe qui devenait ruineux sans aucun objet d'utilité.

Les mêmes règles sont, à plus forte raison, applicables aux gardes nationales, dont le service, purement honoraire, est pour les citoyens un sacrifice qu'il est juste et sage de proportionner aux moindres fortunes.

Ce motif, qui nous porte à ne faire aucun changement aux uniformes anciens dont la dépense est faite, nous prescrit en même temps de déférer au vœu d'un grand nombre de préfets et d'inspecteurs ou commandans des gardes nationales tendant à ce qu'il soit déterminé, pour celles qui n'ont point encore d'uniforme, ou qui trouvent l'uniforme actuel d'un entretien pénible et dispendieux, un modèle qui réunisse à l'économie et au facile entretien le bon effet et la simplicité.

Cet objet nous a paru parfaitement rempli, soit par l'uniforme que portent dans la petite tenue les officiers d'état-major et beaucoup d'officiers des légions de la garde nationale parisienne, soit par les petites tenues d'hiver et d'été prises, en vertu des réglemens de ladite garde, par plusieurs compagnies de grenadiers et de chasseurs.

Nous avons été confirmé dans cette opinion, en apprenant que les mêmes vues ont conduit aux mêmes résultats les gardes nationales de plusieurs départemens :

A ces causes,

Voulant favoriser le zèle des citoyens qui composent les gardes nationales par la simplicité de l'uniforme, et faire disparaître, dans toutes ses parties, l'arbitraire qui en détruit l'effet et ôte le caractère d'unité qu'il importe de conserver à cette masse homogène de la force publique;

Sur la proposition de notre bien-aimé frère Monsieur, colonel général, de concert avec notre ministre secrétaire d'Etat de l'intérieur;

Notre Conseil-d'Etat entendu,

Nous avons ordonné et ordonnons ce qui suit :

Art. 1er. Dans les villes et cantons où des raisons d'économie ne permettront pas d'adopter ou de conserver l'uniforme déterminé par les anciens réglemens, celui de la garde à pied est et demeure déterminé comme il suit :

Habit bleu de-roi, doublé de même, boutonné sur le devant de neuf gros boutons, recouvrant entièrement le gilet ; les poches dans les plis ; collet droit, évasé de manière à ne pas gêner les mouvemens du cou ; paremens ronds, boutonnés en dessous de deux petits boutons ; liséré rouge au collet, aux paremens et sur les bords extérieurs ; deux boutons à la taille ; retroussis agrafés, portant pour les grenadiers des grenades, et pour les chasseurs des cors de chasse, et pour les fusiliers des fleurs-de-lis de même couleur que le liséré ; épaulettes en laine rouge pour les grenadiers, en laine verte et rouge pour les chasseurs, et vert uni pour les fusiliers ;

En été, pantalon large de toile blanche couvrant la cheville, et demi-guêtre de toile blanche, le tout sans bandes ni liséré ;

En hiver, pantalon bleu de drap, casimir ou tricot de même coupe, bottes ou demi-guêtres noires de même étoffe, le tout sans bandes ni liséré ; les bottes ou demi-guêtres sous le pantalon.

La coiffure des grenadiers et chasseurs, dans les départemens où il est admissible, sera le bonnet de poil ou de crin, avec plaques aux deux LL surmontées d'une couronne, pour les grenadiers seulement.

Pour les fusiliers dans tous les départemens, et pour les grenadiers dans ceux où le bonnet de poil ou de crin n'est point admissible, la coiffure sera le schako arrondi au sommet, avec visière et couvre-nuque, et chenille en crin, ayant sur le devant une plaque portant une grenade pour les grenadiers, un cor pour les chasseurs, une fleur-de-lis pour les fusiliers.

Le plumet ou le pompon seront rouges pour les grenadiers, rouges et verts pour les chasseurs, vert pour les fusiliers. Le plumet ne sera adopté que pour la grande tenue et dans les compagnies où tout le monde en pourra faire la dépense.

La buffleterie sera, autant que possible, en cuir blanc verni : néanmoins, la buffleterie en cuir noir et verni sera admise partout où des motifs d'économie obligeront de l'adopter.

Le bouton uniforme sera, pour toute la garde à pied, en métal blanc, portant la fleur-de-lis sur fond sablé, avec ces mots autour : *Gardes nationales de France.*

2. L'uniforme des autres corps de la garde nationale, tels que la garde à cheval, les canonniers et sapeurs volontaires, sera déterminé dans tous ses détails par notre bien-aimé frère Monsieur, de concert avec notre ministre de l'intérieur, en prenant pour base l'uniforme de la garde à pied, et les différences établies dans la coupe et dans les accessoires pour les chasseurs, canonniers et sapeurs de la ligne.

3. Toutes les marques distinctives des grades, qui sont en or dans l'état-major, l'infanterie de ligne, les chasseurs à cheval, les canonniers et sapeurs de l'armée, seront en argent dans les gardes nationales.

D'après cette base et d'après celles qui sont établies pour les divers grades et emplois par l'ordonnance du 23 septembre 1815, notre bien-aimé frère, de concert avec notre ministre de l'intérieur, déterminera l'uniforme et les marques distinctives des officiers généraux et d'état-major, des officiers et sous-officiers des diverses armes.

4. Des modèles de toutes les parties de l'uniforme approuvé par notre bien-aimé frère, de concert avec notre ministre de l'intérieur, seront déposés au comité des inspecteurs généraux, et communiqués aux inspecteurs des départemens, qui tiendront la main à ce que l'application en soit uniforme.

5. Dans les villes et cantons où il existe déjà des uniformes, sans qu'ils aient été généralement adoptés, les inspecteurs prendront ou proposeront, de concert avec les préfets, les mesures convenables pour ramener le plus tôt possible l'uniforme et ses accessoires aux règles de la présente ordonnance.

Dans ces mesures, ils s'attacheront d'abord à faire abandonner les uniformes purement arbitraires et qui tendent, soit à augmenter les dépenses, soit à établir des distinctions préjudiciables à la paix et à la bonne intelligence entre les divers corps de même arme.

6. Le présent réglement n'est point applicable à la garde nationale de Paris, dont les réglemens sur l'uniforme continueront d'être exécutés.

7. Notre bien-aimé frère, Monsieur, colonel général, et notre ministre secrétaire d'Etat de l'intérieur, sont chargés, chacun en ce qui le concerne, de l'exécution de la présente ordonnance.

Charles-Philippe de France, fils de France, Monsieur, comte d'Artois, colonel général des gardes nationales du royaume ;

Vu l'ordonnance ci-dessus,

Mandons et ordonnons aux inspecteurs généraux, inspecteurs des départemens, commandans et officiers des gardes nationales, de tenir la main, en ce qui les concerne, à l'exécution de la présente ordonnance.

Donné à Paris, le 12 janvier 1816,

Signé CHARLES PHILIPPE.

Et plus bas : par son altesse royale,

Le secrétaire du comité des gardes nationales.

Signé KENIZINGER.

12 = Pr. 14 janvier 1816. — Loi qui accorde, sauf les exceptions y contenues, une amnistie pleine et entière à tous ceux qui, directement ou indirectement, ont pris part à la rébellion et à l'usurpation de Napoléon Buonaparte. (7, Bull. 53, n° 349; Mon. des 9 et 28 décembre 1815, et 3, 4, 5, 6, 7, 8 et 10 janvier 1816.)

Louis, etc.

Art. 1er. Amnistie pleine et entière est accordée à tous ceux qui directement ou indirectement ont pris part à la rébellion et à l'usurpation de Napoléon Buonaparte, sauf les exceptions ci-après.

2. L'ordonnance du 24 juillet continuera à être exécutée à l'égard des individus compris dans l'art 1er de cette ordonnance (1).

3. Le Roi pourra, dans l'espace de deux mois, à dater de la promulgation de la présente loi, éloigner de la France ceux des individus compris dans l'art 2. de ladite ordonnance qu'il y maintiendra, et qui n'auront pas été traduits devant les tribunaux; et, dans ce cas, ils sortiront de France dans le délai qui leur sera fixé, et n'y rentreront pas sans l'autorisation expresse de sa majesté : le tout sous peine de déportation.

Le Roi pourra pareillement les priver de tous biens et pensions à eux concédés à titre gratuit (2).

4. Les ascendans et descendans de Napoléon Buonaparte, ses oncles et ses tantes, ses neveux et ses nièces, ses frères, leurs femmes et leurs descendans, ses sœurs et leurs maris, sont exclus du royaume à perpétuité, et sont tenus d'en sortir dans le délai d'un mois, sous la peine portée par l'article 91 du Code pénal. Ils ne pourront y jouir

d'aucun droit civil, y posséder aucun bien, titre, pensions, à eux accordés à titre gratuit, et ils seront tenus de vendre, dans le délai de six mois, les biens de toute nature qu'ils possédaient à titre onéreux (3).

5. La présente amnistie n'est pas applicable aux personnes contre lesquelles ont été dirigées des poursuites ou sont intervenus des jugemens avant la promulgation de la présente loi; les poursuites seront continuées et les jugemens seront exécutés conformément aux lois (4).

6. Ne sont point compris dans la présente amnistie les crimes ou délits contre les particuliers, à quelque époque qu'ils aient été commis; les personnes qui s'en seraient rendues coupables pourront être poursuivies conformément aux lois (5).

7. Ceux des régicides qui, au mépris d'une clémence presque sans bornes, ont voté pour l'acte additionnel ou accepté des fonctions ou emplois de l'usurpateur, et qui, par là, se sont déclarés ennemis irréconciliables de la France et du Gouvernement légitime, sont exclus à perpétuité du royaume, et sont tenus d'en sortir, dans le délai d'un mois, sous la peine portée par l'article 33 du Code pénal; ils ne pourront y jouir d'aucun droit civil, y posséder aucun bien, titre ni pensions, à eux concédés à titre gratuit (6).

13 janvier = Pr. 16 février 1816. — Ordonnance du Roi qui fixe les époques du renouvellement des maires et adjoints et des conseils municipaux. (7, Bull. 65, n° 406)

Art. 1er. Le renouvellement des maires et adjoints, qui devait avoir lieu en 1818, aura

---

(1) Voy. ordonnance du 17 janvier 1816, du 1er décembre 1819.

(2) Le rappel d'un banni n'emporte point restitution des biens dont il a été privé, surtout s'il s'agit d'actions sur le canal du Midi, qui faisaient partie du domaine extraordinaire, et qui, ayant fait retour au domaine de l'État, ont été restituées, en vertu de la loi du 5 décembre 1814, à leurs anciens propriétaires émigrés (29 janvier 1823; ordonnance; S. 24, 2, 138).

En supposant que les biens rendus aux anciens propriétaires émigrés, durant l'absence des bannis, dussent être restitués aux bannis après leur rappel, du moins la possession des anciens émigrés pendant la durée du bannissement serait une possession de bonne foi, dans le sens de l'article 550, Code civil, qui leur ferait gagner les fruits (23 mars 1824; Cass. S. 25, 1, 79).

(3) Voy. ordonnance du 22 mai 1816.

(4) Il y a poursuite contre un individu, dans le sens de cette loi, par cela seul qu'il y a un mandat de dépôt décerné contre lui (10 juin 1816; Cass. S. 21, 1, 173.)

(5) Dans la loi d'amnistie sont compris les meurtres commis par des particuliers sur d'autres particuliers, si ces meurtres ont eu lieu dans un mouvement populaire, dans une lutte de deux partis agissant hostilement l'un contre l'autre, pour et contre l'usurpateur; de tels événemens, ayant le caractère de crimes politiques, ne sont pas des crimes contre les particuliers, et ne peuvent donner lieu qu'à des réparations civiles (8 février 1817; Cass. S. 17, 1, 253).

(6) Les individus bannis du royaume à perpétuité n'ont pas été frappés de mort civile, et n'ont pas perdu la capacité de succéder en France (20 janvier 1821; Cass. S. 21, 1, 172).

Un régicide peut être puni comme ayant enfreint son ban, par cela seul qu'il est déclaré par le jury qu'il a voté la mort du Roi, qu'il a accepté l'acte additionnel, et qu'il est rentré en France; peu importe qu'aucun acte administratif ou judiciaire ne l'eût déclaré nominativement compris dans les dispositions de la loi du 12 janvier 1816 (27 avril 1820; Cass. S. 20, 1, 271).

lieu en 1816, 1821, 1826, et ainsi de suite de cinq ans en cinq ans.

2. Le renouvellement des conseils municipaux, qui devait avoir lieu en 1823, aura lieu en 1821, 1831, et ainsi de suite de dix ans en dix ans.

3. Notre ministre de l'intérieur est chargé de l'exécution de la présente ordonnance.

___

14 JANVIER 1816. — Ordonnance du Roi qui nomme M. Hyde de Neuville, membre de la Chambre des députés, son envoyé extraordinaire et ministre plénipotentiaire près les États-Unis d'Amérique. (Mon. n° 40.)

___

15 JANVIER 1816. — Ordonnance du Roi relative à la création et à l'aliénation d'un million cinq cent mille francs de rente perpétuelle pour liquider les dettes de la ville de Paris (1).

___

16 = Pr. 23 JANVIER 1816. — Loi portant prorogation du sursis accordé par l'article 14 de la loi du 5 décembre 1814, relative aux biens non vendus des émigrés. (7, Bull. 60, n° 371; Mon. des 6 et 11 janvier 1816.)

Voy. loi du 12 AVRIL 1818.

Art. 1er. Le sursis prononcé par l'article 14 de la loi du 5 décembre 1814, à toutes actions de la part des créanciers des émigrés sur les biens dont la remise est ordonnée par ladite loi, est prorogé jusqu'au 1er janvier 1818.

2. Les effets des actes conservatoires autorisés par ledit article 14 seront restreints à la propriété desdits biens, et aux prix et valeurs qui la représenteraient.

___

17 = Pr. 20 JANVIER 1816. — Ordonnance du Roi portant que tous les individus dénommés dans l'article 2 de l'ordonnance du 24 juillet 1815 sont maintenus sur la liste comprise audit article, et qu'ils seront tenus de sortir du royaume le 25 février au plus tard. (7, Bull. 59, n° 354.)

Art. 1er. Tous les individus dénommés dans l'art. 2 de l'ordonnance du 24 juillet dernier sont maintenus sur la liste comprise audit article.

Ils seront tenus de sortir du royaume le 25 février au plus tard, et ne pourront y rentrer sans notre autorisation, le tout sous les peines portées par l'art. 2 de la loi du 12 janvier.

2. Nos procureurs généraux et ordinaires feront les diligences nécessaires contre ceux qui ne se seraient pas conformés à notre présente ordonnance.

3. Nos ministres sont chargés de l'exécution de la présente ordonnance.

___

17 = Pr. 25 JANVIER 1816. — Ordonnance du Roi qui dispense les conscrits ou parens de conscrits expropriés et adjudicataires de leurs propres biens de payer les sommes qu'ils redoivent, et autorise l'administration des domaines à leur faire la remise de celles restant à recouvrer sur les adjudications faites à des tiers. (7, Bull. 61, n° 381.)

Voy. les notes sur l'ordonnance du 23 AVRIL 1814.

Louis, etc.

Vu l'ordonnance du 23 avril 1814 rendue par notre bien-aimé frère Monsieur, en qualité de lieutenant général du royaume, portant que toutes les poursuites pour faits et délits relatifs à la conscription sont annulées;

Vu la décision prise en conséquence par le ministre des finances, le 12 septembre de la même année;

Sur le rapport de notre ministre secrétaire d'État des finances,

Nous avons ordonné et ordonnons ce qui suit:

Art. 1er. Les conscrits ou parens de conscrits expropriés et adjudicataires de leurs propres biens seront, eux ou leurs enfans et héritiers, dispensés de payer les sommes qui peuvent encore être dues sur le prix des adjudications de ces biens.

2. Les sommes restant dues par les tiers-acquéreurs des mêmes biens seront versées dans la caisse de l'administration des domaines, qui en fera la remise aux anciens propriétaires, leurs héritiers ou ayant-cause, en vertu d'arrêtés des préfets, approuvés par notre ministre secrétaire d'État des finances.

3. Notre ministre des finances est chargé de l'exécution de la présente ordonnance.

___

17 = Pr. 25 JANVIER 1816. — Ordonnance du Roi concernant l'apurement et la libération des gestions des comptables justiciables de la cour des comptes, dont le jugement est suspendu par l'effet de circonstances extraordinaires. (7, Bull. 62, n° 397.)

Louis, etc.

Il nous a été rendu compte qu'un grand nombre de dépositaires de deniers publics,

___

(1) Cette ordonnance n'est point au Bulletin des Lois, elle est citée dans celle du 14 mai

1817 qui autorise un emprunt de trente-trois millions

justiciables de notre cour des comptes, se sont trouvés placés dans des circonstances extraordinaires qui ne leur ont pas permis de suivre, dans toutes leurs opérations, les règles de l'administration et de la comptabilité; que d'autres comptables ont perdu tout ou partie de leurs pièces, et sont ainsi dans l'impossibilité d'établir leurs comptes et d'en justifier les résultats avec la régularité et l'exactitude que notre cour des comptes doit exiger, conformément aux lois et réglemens.

Voulant remédier à cet état de choses, et empêcher qu'il ne s'établisse ni arriéré dans la présentation des comptes de nos finances, ni lacune dans leurs justifications, ni retard dans leurs jugemens, nous avons résolu de donner aux comptables qui se trouvent dans les cas susdits les facilités nécessaires pour établir et justifier leur situation par tous les moyens possibles, et mettre notre cour des comptes à portée de statuer définitivement sur tous les cas d'exception qui ne sont pas prévus par la législation actuelle, en lui confiant, à cet effet, des pouvoirs semblables à ceux dont elle a déjà usé avec sagesse pour terminer les comptabilités arriérées, et qui cesseront aussitôt qu'il n'y aura plus lieu d'en faire l'application.

En conséquence,

Nous avons ordonné et ordonnons ce qui suit :

Art. 1er. Les receveurs généraux, les payeurs qui comptent directement à la cour, les régies et administrations de nos finances, les agens comptables qui en dépendent, et tous autres dépositaires de deniers publics justiciables de notre cour des comptes feront, dans chacun de leurs comptes des années 1812, 1813, 1814 et 1815, qu'ils devront rendre à notredite cour dans les délais fixés par les réglemens, recette intégrale des sommes du recouvrement desquelles ils ont été chargés pour le compte de l'Etat, en vertu des lois et décisions du Gouvernement.

2. Les dispositions de l'article précédent ne donneront lieu à aucune répétition de la part de notre cour des comptes, relativement aux comptes finaux qui auraient été formés et soumis à son jugement antérieurement à la publication de la présente ordonnance.

3. Les comptables dénommés dans l'art. 1er établiront dans leurs comptes un chapitre particulier de reprise pour le montant des pertes, non-valeurs, enlèvement de fonds et dépenses irrégulières résultant d'événemens de force majeure survenus pendant le cours de leur gestion. Ces reprises seront détaillées et classées par articles distincts et séparés, correspondans aux articles de recette qui en feront l'objet.

4. Ils produiront, à l'appui de ces articles de reprises, les registres, journaux, acquits, récépissés, procès-verbaux, états des rentes à recouvrer, et généralement toutes les pièces justificatives des faits de leur gestion, dans l'état où ils auront pu réunir lesdites pièces à l'expiration des délais fixés pour la reddition de leurs comptes.

5. Dans le cas où, par suite d'événemens de force majeure et de notoriété publique, un comptable aurait perdu en totalité ou en partie les livres-journaux, registres et pièces nécessaires à la formation de ses comptes, il en fera sa déclaration motivée et certifiée autant que possible par les autorités locales, et il pourra réclamer auprès de notre ministre secrétaire d'Etat des finances tous les renseignemens et documens qui seraient nécessaires pour suppléer aux pièces manquantes, et pour établir et rendre les comptes de sa gestion.

6. Notre cour des comptes statuera sur les pertes et enlèvemens de fonds, non-valeurs, restes à recouvrer, et sur tous les autres cas d'exception que présenteront les comptes qui lui seront produits, en conformité des articles précédens : lorsqu'elle aura reconnu que les reprises qui en résultent doivent être admises, elle en prononcera définitivement l'allocation à la décharge des comptables.

Ces dispositions seront spécialement applicables aux pertes de fonds et de pièces justificatives éprouvées par les receveurs et payeurs des armées, pendant les années 1812, 1813, 1814 et 1815. Il sera fait emploi, dans les comptes des payeurs généraux du Trésor, de la portion de ces pertes comprise dans les comptes des payeurs d'armée.

7. Notre cour des comptes est autorisée à demander à chacun de nos ministres tous les documens et toutes les communications qui seraient de nature à éclairer son jugement sur les comptes qui lui seront soumis.

8. Dans le cas où les pièces rapportées par les comptables à l'appui de leurs comptes, et les autres renseignemens recueillis par notre cour des comptes, ne lui fourniraient pas assez de preuves pour asseoir son jugement sur quelques articles de recette ou de dépense, elle en référera à notre ministre secrétaire d'Etat des finances, qui nous en fera un rapport, sur lequel nous statuerons définitivement.

9. Sont annulées toutes les dispositions qui déféraient le jugement des comptes précédens de divers agens de l'administration des finances à des commissions spéciales créées hors du sein de notre cour des comptes : ces comptes seront, en conséquence, rendus à notredite cour, et jugés par elle.

10. Les dispositions de la présente ordonnance sont déclarées communes aux trésoriers et receveurs municipaux, et généralement à tous les dépositaires de de-

niers publics, justiciables de notre cour des comptes, en tant qu'elles pourraient leur être applicables.

11. Notre cour des comptes est autorisée à faire l'application des dispositions de cette ordonnance aux comptes des exercices antérieurs à 1812, à l'effet de lever toutes les difficultés qui en auraient arrêté l'apurement.

12. Notre ministre des finances est chargé de l'exécution de la présente ordonnance.

----

17 JANVIER 1816.—Ordonnance du Roi qui admet les sieurs Dimemme, Liberti et Vilalda à établir leur domicile en France. (7, Bull. 68, n° 438.)

17 JANVIER 1816. — Ordonnances du Roi qui accordent des lettres de déclaration de naturalité aux sieurs Kindélans et Rattazy. (7, Bull. 68, n°s 439 et 440.)

17 JANVIER 1816.—Décision de sa majesté qui met à la disposition du ministre de la marine une somme de deux cent mille francs pour être distribuée, à titre de secours, aux marins qui se trouvent sans emploi dans les divers quartiers du royaume. (Mon. n° 54.)

18 JANVIER = 16 FÉVRIER 1816.—Ordonnance du Roi portant suppression des facultés des lettres et des sciences dans les villes y désignées. (7, Bull. 65, n° 407.)

Louis, etc.

Sur le compte qui nous a été rendu que plusieurs facultés des lettres et des sciences, organisées par des statuts du conseil ou des actes du grand-maître de l'Université, en vertu des art. 13 et 15 du décret du 17 mars 1808, n'ont pas attiré un nombre d'étudians proportionné aux dépenses que ces institutions exigent ; et que la pénurie où se trouvent les finances de l'instruction publique fait une loi de supprimer ou de réduire des établissemens dont les dépenses ne sont pas compensées par leur utilité ;

Voulant toutefois ménager à ceux qui désirent être admis aux facultés supérieures les moyens d'obtenir sans déplacement coûteux le grade de bachelier ès-lettres que les lois et réglemens exigent d'eux ; vu l'arrêté de notre commission de l'instruction publique du 31 octobre dernier,

Et sur le rapport de notre ministre secrétaire d'État de l'intérieur,

Nous avons ordonné et ordonnons ce qui suit :

Art. 1er. L'arrêté de notre commission de l'instruction publique du 31 octobre 1815, qui supprime les facultés des lettres d'Amiens, de Bordeaux, de Bourges, de Cahors, de Clermont, de Douai, de Grenoble, de Limoges, de Lyon, de Montpellier, de Nancy, de Nimes, d'Orléans, de Pau, de Poitiers, de Rennes et de Rouen, et les facultés des sciences de Besançon, de Lyon et de Metz, est confirmé pour être exécuté à compter dudit jour 31 octobre 1815.

2. Dans toutes les académies, à l'exception de celles qui conservent des facultés des lettres, il sera formé une commission qui sera chargée d'examiner les candidats au grade de bachelier ès-lettres.

3. Notre ministre de l'intérieur est chargé de l'exécution de la présente ordonnance.

18 JANVIER 1816. — Ordonnance du Roi portant proclamation des brevets d'invention, de perfectionnement et d'importation délivrés, pendant le quatrième trimestre de 1815, aux sieurs Chaumette, Fabre, Berte et Grevenich Hart, Redon, Migneron, Leroy, Cadet de Vaux, Darcet, Thory, Baglioni, Sené, Vanhoutem, Dandiez, Winsor, Gemgembre, Moulard=Dufour, Didot fils, Galés, Forest, Descroizilles, Vilain, Chalot et Bougon, et Ollivier. (7, Bull. 65, n° 408.)

18 JANVIER 1816.—Ordonnance du Roi contenant réglement sur l'exercice de la profession de boulanger dans la ville d'Auxerre, département de l'Yonne. (7, Bull. 68, n° 441.)

18 JANVIER 1816. — Ordonnances du Roi qui autorisent l'acceptation d'une donation faite aux pauvres et à la fabrique de l'église de Beuville, et aux fabriques des églises de plusieurs communes. (7, Bull. 71, n° 443.)

19 JANVIER = Pr. 2 FÉVRIER 1816.—Loi relative au deuil général du 21 janvier, et à l'érection de monumens publics et expiatoires. (7, Bull. 63, n° 401 ; Mon. des 14 décembre 1815, et 10, 12, 14, 18 et 19 janvier 1816.)

Art. 1er. Le 21 janvier de chaque année, il y aura dans le royaume un deuil général, dont nous fixerons le mode : ce jour sera férié (1).

----

(1) Cette loi n'a pas été abrogée par le seul fait de la révolution de 1830, et par la publication d'une Charte nouvelle (30 novembre 1831, Limoges, S. 32, 2, 192.)

Elle a donc continué a être obligatoire pour les tribunaux, jusqu'à ce qu'elle ait été abrogée par la loi du 26 janvier 1833, qui néanmoins qualifie le 21 janvier de jour funeste et à jamais déplorable.

2. Il sera fait le même jour, conformément aux ordres donnés par nous à ce sujet l'année dernière, un service solennel dans chaque église de France.

3. En expiation du crime de ce malheureux jour, il sera élevé au nom et aux frais de la nation, dans tel lieu qu'il nous plaira de désigner, un monument dont le mode sera réglé par nous.

4. Il sera également élevé un monument, au nom et aux frais de la nation, à la mémoire de Louis XVII, de la reine Marie-Antoinette, et de madame Elisabeth.

5. Il sera aussi élevé un monument, au nom et aux frais de la nation, à la mémoire du duc d'Enghien.

19 JANVIER = Pr. 16 FÉVRIER 1816. — Lettres-patentes relatives à un fils de pair. (7, Bull. 65, n° 409.)

Le sieur comte Octave de Choiseul-Gouffier, fils du sieur comte de Choiseul, pair de France, établi en Lithuanie avec sa famille, nous fait exposer les circonstances et les motifs qui le portent à désirer de continuer à résider dans ce pays, et à y prendre, au besoin, du service, sans perdre ses droits de sujet français, et nous supplie très-humblement de lui accorder notre autorisation pour cet effet :

A ces causes,

Voulant traiter favorablement l'exposant ;

Sur le rapport de notre garde-des-sceaux ministre secrétaire-d'Etat,

Nous avons accordé et, par ces présentes, accordons audit sieur comte Octave de Choiseul-Gouffier la permission de continuer à résider en Lithuanie avec sa famille, à y prendre au besoin du service sans perdre la qualité de sujet français, à la charge cependant de ne point porter les armes contre nous, sous les peines contenues dans les ordonnances de notre royaume.

En foi de quoi nous lui avons fait délivrer les présentes, signées de notre main, contre-signées par notre garde-des-sceaux, ministre secrétaire d'Etat, et auxquelles nous avons fait apposer le sceau de l'Etat; voulons et ordonnons que lesdites présentes soient insérées au Bulletin des Lois, et enregistrées à la cour royale du dernier domicile de l'impétrant.

Donné à Paris, le 19 janvier de l'an de grâce 1816, et de notre règne le vingt-unième.

19 JANVIER 1816. — Ordonnance du Roi qui autorise l'acceptation de deux legs au séminaire diocésain de Saint-Brieuc. (7, Bulletin 68, n° 444.)

19 JANVIER 1816. — Ordonnance du Roi qui prescrit le rétablissement des statues équestres de Louis XIII, Louis XIV et Louis XV (1).

20 JANVIER 1816. — Ordonnance du Roi qui nomme M. de Scey préfet du département du Doubs. (7, Bull. 63, n° 402.)

24 = Pr. 27 JANVIER 1816. — Ordonnance du Roi qui autorise provisoirement, et en attendant la loi de finances, à opérer les retenues que doivent supporter les salaires, traitemens et remises pendant l'année 1816. (7, Bull. 62, n° 389.)

Voy. loi du 28 AVRIL 1816, article 79.

Louis, etc.

Les retenues proposées sur les salaires, traitemens et remises, payés par le Trésor public, dans le projet de loi de finances soumis aux Chambres, devant commencer à s'opérer sur le service de janvier, et la loi qui doit autoriser ces retenues n'étant pas encore rendue, il est nécessaire d'y pourvoir par un réglement provisoire :

A ces causes ,

De l'avis de notre Conseil ,

Et sur le rapport de notre ministre secrétaire d'Etat des finances ,

Nous avons ordonné et ordonnons ce qui suit :

Art. 1er. Les retenues projetées sur les salaires, traitemens et remises, pour l'année 1816, auront lieu à partir du mois de janvier courant, conformément au tarif annexé à la loi de finances que nous avons fait proposer à la Chambre des députés.

2. Ces retenues frapperont tout ce qui , à partir de plus de cinq cents francs, représentera les rétributions attachées au travail personnel et payées directement ou indirectement des deniers du Trésor public, ou sur des fonds spéciaux dont l'emploi est réglé par les ordonnances de nos ministres. Les fonctionnaires dont le traitement se compose d'appointemens et de frais de service ne supporteront personnellement la retenue que sur la somme destinée à leurs appointemens.

Il sera , pour cet effet, distrait du montant brut des abonnemens un cinquième, conformément à l'usage, comme représentant la dépense du matériel: les quatre autres cinquièmes sont considérés comme destinés à être

(1) Cette ordonnance est rappelée par l'art. 3 de celle du 14 février 1816 relative à la mise en activité des travaux de la Magdelaine, etc.

distribués en traitement à divers, à raison de deux mille francs par tête ; et ils seront, d'après cette proportion, soumis à la retenue.

3. Les ministres continueront à délivrer leurs ordonnances de traitemens et accessoires pour leur somme intégrale.

Ils diviseront ces sommes ainsi qu'il suit :

Traitemens personnels, déduction faite de la retenue . . . . o o
Retenue . . . . o o
Quatre cinquièmes des abonnemens accessoires, déduction faite de la retenue. o o
Retenue sur les quatre cinquièmes . . . o o
Montant du cinquième des abonnemens représentatifs des frais matériels de bureau. . . . . o o
                                     ——————
          Total . . . . o o

Le Trésor fera dépense du montant intégral des ordonnances, et recette du montant des retenues.

4. Les remises passibles de la retenue sont celles qui font partie intégrante des traitemens ordinaires, et qui sont prélevées sur les produits.

Le calcul de la retenue sur les émolumens qui se composent de traitemens et de remises, ou seulement de remises, s'établira provisoirement sur les derniers décomptes annuels qui ont été arrêtés. Lorsque les décomptes de l'année courante seront réglés, il sera fait raison au Trésor de ce qu'il aurait reçu de moins, ou il remboursera ce qu'il aura reçu de trop.

5. Les taxations des receveurs-généraux et particuliers seront cumulées avec le traitement fixe, et le total déterminera la classe dans laquelle ils devront être rangés pour la perception de la retenue. Le Trésor réglera, en fin d'exercice, le décompte de cette retenue.

Le décompte de la retenue supportée par les percepteurs sera également réglé, en fin d'exercice, par les receveurs généraux et particuliers.

6. La retenue pour le fonds de retraites continuera à être faite sur le traitement intégral, les pensionnaires ne pouvant éprouver de diminution dans une ressource alimentaire invariablement fixée, et qui est la stricte récompense de leurs anciens services.

Ne sont point assujétis à la retenue les secours temporaires accordés à titre d'indemnité provisoire à des fonctionnaires déplacés ni les sommes et primes données pour encouragement d'arts, de manufactures et de commerce.

8. Nos ministres sont chargés de l'exécution de la présente ordonnance.

24 JANVIER=Pr. 31 OCTOBRE 1816.—Ordonnance du Roi concernant la délivrance des certificats de vie aux rentiers viagers et pensionnaires de l'Etat domiciliés dans les colonies ou servant dans les armées françaises. (7, Bull. 119, n° 1261.)

Voy. les notes sur le décret du 21 AOUT 1806; les ordonnances des 20 MAI et 29 JUILLET 1818, et 26 JUILLET 1821.

Art. 1er. Les certificats de vie des rentiers viagers et des pensionnaires de l'Etat domiciliés dans nos colonies seront délivrés par les notaires, à la charge par ceux-ci de se conformer aux dispositions du décret du 21 avril 1806 (1) et au modèle ci-annexé.

2. Les certificats de vie des militaires servant dans nos armées qui jouissent de rentes viagères ou de pensions, ou sur la tête desquels reposent des rentes viagères ou de pensions, continueront à être délivrés par les conseils d'administration des corps, ou officiers en remplissant les fonctions, pour les militaires en troupe, et par les inspecteurs ou sous-inspecteurs aux revues, pour les officiers sans troupe et les employés des armées, en se conformant au modèle ci-joint.

Modèle de certificat de vie à délivrer par les notaires dans les colonies.

Je soussigné, notaire à certifie que (mettre les noms et prénoms, profession et domicile), né à département d suivant son acte de naissance qu'il m'a représenté, jouissant d'une pension sur l'Etat de inscrite N° (ou) sur la tête duquel existe une rente viagère de N° est vivant, pour s'être présenté aujourd'hui devant moi (2).

En foi de quoi, j'ai délivré le présent, qu'il a signé avec moi.

Fait à le (Faire légaliser la signature du notaire par le président du tribunal dans le ressort duquel il exerce.)

————————————

(1) *Lisez* 21 août 1806.

(2) *Pour les certificats à délivrer aux pensionnaires, il faut ajouter la déclaration suivante :*

I. quel m'a déclaré (*ou*) nous a déclaré que depuis l'obtention de la pension ci-dessus désignée, n'a joui d'aucune autre pension ni d'aucun traitement d'activité.

Pour les pensions provenant de solde de retraite, ajouter : aucun traitement d'activité militaire.

Modèle de certificat à délivrer aux militaires et employés des armées.

Nous membres composant le conseil d'administration du (ou) Je soussigné, commandant un détachement de (ou) Je soussigné, inspecteur (ou) sous-inspecteur aux revues, certifi que (mettre les nom, prénoms et profession), né à département d le suivant son acte de naissance qu'il nous a représenté, jouissant d'une pension sur l'Etat de inscrite N° (ou) sur la tête duquel il existe une rente viagère de N° est vivant, pour s'être présenté cejourd'hui devant nous (1).

En foi de quoi, nous avons délivré le présent, qu'il a signé avec nous.

Fait à le

(Faire légaliser par l'inspecteur ou sous-inspecteur aux revues).

24 JANVIER 1816. — Ordonnance du Roi relative aux établissemens dits britanniques existans en France (2).

24 JANVIER 1816. — Ordonnance du Roi portant nomination et institution des membres de la cour royale de Bordeaux. (7, Bull. 65, n° 410.)

24 JANVIER 1816. — Ordonnance du Roi qui affecte la moitié de la maison des bénédictines du Saint-Sacrement, située à Paris, rue Saint-Louis, au Marais, au service de l'institution de ces religieuses, réunies dans cette ville. (7, Bull. 69, n° 455.)

24 JANVIER 1816. — Ordonnance du Roi qui autorise les vicaires généraux capitulaires de Saint-Brieuc à établir une seconde école ecclésiastique dans le département des Côtes-du-Nord, et à la fixer dans la ville de Tréguier. (7, Bull. 69, n° 459.)

24 JANVIER 1816 — Ordonnances du Roi qui accordent des lettres de déclaration de naturalité aux sieurs Foncet baron de Montailleur, Elena, Lefebure, Evrard, Behagnel, Garella, Mayna et Matrod (7, Bull. 68, 71, 73 et 78.)

24 JANVIER 1816 — Ordonnance du Roi qui nomme aux fonctions de prévôts et de présidens des cours prévôtales des départemens d'Ille-et-Villaine, Eure et Ain. (Gazette officielle, n° 81.)

24 JANVIER 1816. — Ordonnances du Roi qui autorisent l'acceptation de dons et legs faits aux fabriques des églises de Charchigné, Esquermes, Landroff, Joui-le-Moutier; aux séminaires de Cahors et de Soissons, et à divers établissemens de charité. (7, Bull. 69 et 73, n°s 457 et 458.)

24 JANVIER 1816 — Ordonnance du Roi qui nomme les membres des tribunaux de première instance des départemens de Seine-et-Oise, Ain, Loire, Finistère, Manche, Marne, Eure-et-Loir et Ille-et-Vilaine. (Gazette officielle, n° 81.)

31 JANVIER = Pr. 28 FÉVRIER 1816. — Ordonnance du Roi portant création d'un collége royal de marine, et de compagnies d'élèves de la marine. (7, Bull. 69, n° 452.)

Voy. loi du 30 VENDÉMIAIRE an 4. titre VIII, IX et X; décret du 27 SEPTEMBRE 1810; réglemens des 31 JANVIER et 2 FÉVRIER 1816; ordonnances des 22 et 28 JANVIER et 8 SEPTEMBRE 1824.

Louis, etc.

Après avoir réglé, par nos ordonnances des 1er juillet 1814 et 29 novembre 1815, l'organisation et le service des officiers de notre marine militaire, nous avons porté notre attention sur les mesures à prendre pour former la pépinière de ce corps. Nous avons considéré que l'éducation première des jeunes gens qui se vouent au métier de la mer doit tendre à développer par degrés leur intelligence, éclairer leur jugement, et diriger leurs études vers les connaissances dont ils doivent faire un jour l'application; qu'après avoir été préparés par une théorie spéciale, il importe de les façonner de bonne heure à la discipline, aux difficultés, aux fatigues et aux dangers de leur noble profession; que l'instruction pratique doit être combinée de manière à leur fournir de nombreux termes de comparaison, en leur faisant successivement parcourir de nouveaux parages, et à hâter leur expérience, soit par l'exécution et le commandement alternatifs de toutes les manœuvres, soit par l'observation et l'analyse de toutes les opérations mécaniques qui sont pratiquées dans les divers ateliers de nos arsenaux; qu'enfin ce n'est que par la réunion de ces soins, de ces efforts et de ces travaux, que les élèves de la marine peuvent se distinguer sur nos vaisseaux et nos flottes, et soutenir dignement l'honneur du pavillon français :

_____

(1) *Voy.* la note 2 de la page précédente.

(2) Cette ordonnance est rappelée et rapportée en partie par l'article 36 de l'ordonnance

du 17 décembre 1818 relative aux établissemens fondés en France pour l'instruction des jeunes catholiques d'Angleterre, d'Ecosse et d'Irlande.

A ces causes,

Et sur le compte qui nous a été rendu que le système d'éducation adopté dans les écoles spéciales de Brest et de Toulon ne peut promettre ces heureux résultats ; qu'il présente au contraire le grave inconvénient de comprimer, par une vie trop sédentaire et trop isolée, le développement des facultés physiques et morales des élèves, et de les former pour des fonctions subalternes, plutôt que pour le service honorable qu'ils sont appelés à remplir ;

Sur le rapport de notre ministre secrétaire d'Etat au département de la marine et des colonies,

Nous avons ordonné et ordonnons ce qui suit :

TITRE Ier. De l'éducation des jeunes gens qui se destinent au service de la marine.

Art. 1er. Les jeunes gens qui se destinent à notre marine militaire recevront une éducation théorique et pratique, spécialement appropriée au service qu'ils sont appelés à remplir.

2. L'éducation théorique leur sera donnée dans un établissement à ce destiné, sous la dénomination de collége royal de la marine.

L'éducation pratique leur sera donnée dans nos ports et sur des corvettes d'instruction que nous ferons armer à cet effet.

3. Les jeunes gens qui seront admis au collége royal de la marine auront le titre d'élèves de la marine de troisième classe.

Ceux qui, après avoir terminé au collége royal leur éducation théorique, seront embarqués sur les corvettes d'instruction, auront le titre d'élèves de la marine de seconde classe.

Ceux enfin qui auront terminé, sur les corvettes d'instruction, leur éducation pratique, auront le titre et le grade d'élèves de la marine de première classe.

4. Les élèves de première et de seconde classe seront réunis en compagnies dans nos ports de Brest, Toulon et Rochefort, sous l'autorité d'officiers de la marine, que nous préposerons spécialement pour les commander.

TITRE II. De l'établissement du collége royal de la marine, de l'admission des élèves, de leur enseignement et de leur avancement.

5. Le collége royal de la marine sera établi en notre ville d'Angoulême.

6. Le nombre des élèves du collége royal ne pourra, dans aucun cas, s'élever au delà de cent cinquante.

Les places ne seront successivement accordées par nous que dans la proportion des remplacemens annuels qui seront reconnus ou présumés devoir s'effectuer dans le corps de la marine.

7. Les nominations n'auront lieu qu'une fois par an, après l'examen des élèves qui auront terminé leurs cours.

8. Nul ne pourra nous être proposé pour être admis au collége royal de la marine avant d'avoir atteint l'âge de treize ans, ni après avoir passé celui de quinze.

Nul ne sera admis s'il n'est d'une bonne constitution, et s'il ne justifie qu'il a eu la petite-vérole naturelle ou qu'il a été vacciné. La surdité, la myopie et toute difformité corporelle sont des causes absolues d'exclusion.

Tout candidat devra écrire avec netteté et correction, savoir les élémens de la langue latine, et l'arithmétique jusqu'aux logarithmes : il subira un examen sur ces objets d'instruction, en se présentant au collége.

Les parens du candidat devront en outre s'engager, par écrit, à payer pour lui une pension annuelle de huit cents francs pendant tout le temps qu'il restera au collége royal, et à fournir, au moment où il y entrera, une somme de six cents francs pour la valeur de son trousseau.

9. Seront admis de préférence au collége royal les fils d'officiers militaires et civils de la marine, ainsi que ceux des officiers de toutes armes et des magistrats qui, nous ayant servi avec zèle et fidélité, auront transmis les mêmes principes à leurs enfans.

10. Nous nous réservons d'accorder un certain nombre de places gratuites ou à demi-pension aux fils des officiers de la marine qui auraient été tués ou blessés grièvement, ou qui auraient acquis, par leurs services, des droits particuliers à notre bienveillance.

11. Sera considérée comme nulle et non avenue la nomination de tout candidat qui ne se sera pas rendu au collége royal dans le délai de quatre mois après l'expédition de sa lettre d'admission.

12. Le trousseau de chaque élève sera composé ainsi qu'il suit :

Habillement.

Un habit grand uniforme en drap bleu, paremens et collet de même, une veste de drap bleu ; deux habits vestes ou paletots de drap bleu, revers, collet et paremens de même couleur ; un gilet de drap bleu, garni de deux rangées de petits boutons ; deux culottes longues en drap bleu ; une capote en grosse étoffe bleue ; les revers de l'habit-veste garnis de cinq boutons, manches coupées et garnies chacune de quatre boutons ; la doublure du grand uniforme en serge bleue ; les boutons de cuivre doré, timbrés d'une ancre ; un chapeau monté à la française, avec ganse d'or ; un chapeau rond à la matelotte, bordé d'un galon de poil.

Petit équipement.

Douze chemises; six caleçons; douze paires de bas; douze cravates de perkale; trois cols de soie noire plissés, ou cravates noires; douze mouchoirs; six bonnets de coton, vingt-quatre serviettes; quatre paires de souliers; une paire de boucles unies de cuivre doré; des demi-guêtres d'étamine noire; des demi-guêtres de toile blanche; une brosse à habit; deux peignes; un couvert complet en fer étamé.

13. L'entretien du trousseau sera à la charge du collége royal pendant tout le temps que l'élève y séjournera; et les effets qui le composent lui seront remis en bon état au moment de sa sortie.

L'établissement pourvoira également aux dépenses relatives au coucher des élèves.

14. Le collége royal sera pourvu des livres, cartes et instrumens nécessaires à l'instruction des élèves; les principaux professeurs seront respectivement chargés, sur inventaire, des objets qui se rapportent à leur partie d'enseignement, et devront veiller à ce qu'ils ne soient ni enlevés ni détériorés.

15. Le collége royal sera sous l'autorité et la surveillance d'un contre-amiral ou capitaine de vaisseau, lequel aura le titre de gouverneur des élèves de la marine royale.

Le gouverneur aura sous ses ordres :

2 Capitaines de vaisseau ou de frégate, sous-gouverneurs.

5 Lieutenans de vaisseau, aides-majors.

2 Professeurs : 1 de 1re classe, 1 de 2e.... } de belles-lettres et d'histoire.
1 Répétiteur.......

2 Professeurs : 1 de 1re classe, 1 de 2e.... } de langue française.
1 Répétiteur.......

1 Professeur de 1re classe, 1 Répétiteur.... } de langue anglaise.

2 Professeurs : 1 de 1re classe, 1 de 2e.... de mathématiques
2 Répétiteurs....... et d'hydrographie.

1 Professeur de 1re classe, 1 Répétiteur.... } de dessin.

1 Professeur de 2e classe | de géographie.

1 Quartier-maître trésorier.

2 Aumôniers, qui, indépendamment de leurs fonctions ecclésiastiques, seront chargés d'instruire les élèves sur la morale et sur les principes de la religion.

1 Chirurgien-major.

1 Econome.

Des sous-officiers d'artillerie de la marine seront employés dans le collége royal comme maîtres d'exercices militaires, et des officiers mariniers, comme maîtres de natation.

16. Nous entendons choisir le gouverneur, les sous-gouverneurs et les officiers majors du collége royal, parmi les officiers de la marine les plus recommandables par leurs principes et leur instruction, ainsi que par l'ancienneté et la distinction de leurs services.

Entendons pareillement que les professeurs et les aumôniers soient reconnus dignes, par leur conduite autant que par leurs talens, de diriger chaque partie de l'instruction des élèves, et qu'ils ne puissent leur donner que des préceptes et des exemples de véritable honneur, d'attachement à leurs devoirs et de fidélité à notre personne et à l'Etat.

17. L'économe du collége royal sera nommé par notre ministre secrétaire d'Etat de la marine.

Il sera chargé de l'exécution de tous les marchés relatifs à la subsistance et à l'entretien des élèves; de la surveillance et conservation du mobilier; de la tenue des comptes et de tous les détails d'administration intérieure de l'établissement.

18. Indépendamment des officiers, professeurs et maîtres, et de l'économe, désignés aux articles ci-dessus, notre ministre secrétaire d'Etat au département de la marine déterminera le nombre des agens inférieurs qu'il sera nécessaire d'employer dans le collége royal : ces employés devront être pris exclusivement parmi les gens de mer et les canonniers de la marine, et de préférence parmi ceux qui jouissent d'une demi-solde, en considération de leurs services, ou qui ont été blessés dans les combats.

19. Les élèves du collége royal seront divisés en cinq brigades, chacune sous les ordres d'un officier-major.

Les brigades seront composées d'un nombre égal d'élèves; le degré d'instruction déterminera l'ordre numérique des brigades : ainsi la première comprendra les plus instruits; et la cinquième, ceux qui n'auront encore que les premiers élémens d'instruction.

20. Les élèves seront examinés, tous les trois mois, par les professeurs du collége, en présence du gouverneur, des sous-gouverneurs et des officiers majors; et d'après un scrutin secret, ils passeront d'une classe inférieure à une classe supérieure, ou vice versâ, suivant les progrès positifs ou négatifs qu'ils auront faits.

21. Les officiers-majors resteront toujours attachés à leur brigade respective.

A la suite de chaque examen de trimestre, le gouverneur choisira, pour chaque brigade, deux élèves distingués par leur conduite et leur application, et les préposera, sous les ordres de l'officier-major, à la tête de la brigade, le premier en qualité de brigadier, le second en qualité de sous-brigadier.

22. Les élèves du collége royal seront examinés tous les ans, à l'époque du 1er avril, par un des examinateurs de la marine.

L'examen aura lieu en présence du gouverneur des élèves, des sous-gouverneurs et de tous les officiers et professeurs du collége.

Les élèves qui, à l'époque de l'examen, auront, dans le collége, le grade de brigadier et de sous-brigadier, et ceux qui composeront la première et la seconde brigade, seront seuls susceptibles d'être admis à concourir pour le grade d'élève de la marine de seconde classe.

L'examen portera :

1º Sur la langue française, l'histoire et la géographie ;

2º Sur les élémens de la langue anglaise ;

3º Sur le cours de mathématiques, comprenant :

L'arithmétique,

La géométrie,

Les deux trigonométries,

Le traité de navigation,

Les élémens de statique ;

4º Sur le dessin, en ce qui concerne la construction des cartes, le lavis des plans et les vues de côtes.

23. L'examinateur adressera à notre ministre secrétaire d'Etat de la marine le procès-verbal de l'examen qui aura été fait conformément à l'article précédent ; et le gouverneur adressera également des notes sur la force physique, les facultés morales et la conduite de chaque élève examiné.

Ce procès-verbal, ainsi que les notes, sera mis sous nos yeux, et nous conférerons le grade d'élève de la marine de seconde classe à ceux des candidats que nous aurons reconnus dignes de l'obtenir.

24. Nous enjoignons expressément au gouverneur du collége royal de la marine de faire respecter les aumôniers et les professeurs par les élèves, et de punir exemplairement ceux d'entre eux qui leur manqueraient.

25. Tout élève qui, dans le cours d'une année, aurait rétrogradé de deux brigades, sera licencié.

26. Tout élève qui, après trois ans d'admission au collége royal, ou ayant atteint l'âge de dix-sept ans, n'aura pas été reconnu susceptible de subir avec succès l'examen prescrit par l'article 22 de la présente ordonnance sera licencié.

27. Le gouverneur, étant spécialement chargé d'exercer une surveillance paternelle sur les élèves et de leur donner tous ses soins, devra rendre compte, tous les trois mois, à notre ministre secrétaire d'Etat de la marine, de la santé, de l'instruction, des mœurs et de la conduite de chacun d'eux ; et tous ceux qui se seraient écartés des prin-

cipes de la religion et de la morale, ou qui n'auraient pas secondé les efforts et les bonnes intentions de leurs instituteurs, seront, d'après les ordres que notredit ministre transmettra au gouverneur, exclus de l'établissement.

28. Le temps que les élèves de la marine passeront au collége royal ne leur sera compté comme service militaire qu'autant qu'ils obtiendront le grade d'élève de la marine de première classe.

29. Le régime intérieur et économique du collége royal sera confié à un conseil d'administration composé du gouverneur, des sous-gouverneurs, et de deux officiers-majors du collége désignés annuellement par notre ministre secrétaire d'Etat de la marine.

Le quartier-maître trésorier remplira les fonctions de secrétaire.

Le conseil d'administration passera tous les marchés pour subsistances, entretien et autres objets nécessaires à l'établissement ; il surveillera la gestion de l'économe et la comptabilité du quartier-maître, arrêtera les recettes et dépenses de chaque année, et le gouverneur en adressera le compte au ministre.

30. Les appointemens annuels du gouverneur, des sous-gouverneurs, des officiers et du chirurgien-major du collége royal, seront les mêmes que si ces officiers étaient embarqués ; le gouverneur recevra, en outre, tous les ans, un supplément de trois mille francs et une somme de quinze cents francs pour frais de bureau et de secrétariat.

Les appointemens des professeurs, du quartier-maître trésorier, des aumôniers et de l'économe, sont réglés ainsi qu'il suit :

Professeurs	de 1re classe	3,600f
	de 2e classe	3,000
Répétiteurs.		1,200
Quartier-maître		2,000
Aumôniers		1,800
Econome.		2,000

Notre ministre de la marine réglera la solde des agens inférieurs et servans qui seront employés, d'après ses ordres, au collége royal.

31. Le gouverneur, les sous-gouverneurs, le quartier-maître, les aumôniers, le chirurgien-major et l'économe auront un logement dans l'intérieur de l'établissement.

Les officiers majors, les sous-officiers d'artillerie de la marine et les officiers-mariniers jouiront aussi de cet avantage, si la localité le permet.

32. Sur le compte qui sera rendu du zèle des professeurs et maîtres du collége royal pour l'instruction des élèves, et des succès

qu'ils auront obtenus, notre ministre secrétaire d'État de la marine est autorisé à leur accorder des gratifications extraordinaires, soit sur les fonds du collége royal, soit sur ceux du département de la marine.

33. Toutes les dépenses du collége royal seront acquittées sur le fonds des pensions; et, en cas d'insuffisance, il y sera pourvu au moyen de sommes qui seront mises à la disposition de notre ministre secrétaire d'État de la marine.

34. Notre ministre secrétaire d'État de la marine déterminera, par un réglement spécial, les dispositions à suivre pour la justification des actes de naissance et des certificats de santé ou de solvabilité des candidats, le mode de paiement des pensions, les fonctions des officiers et du quartier-maître, les devoirs des professeurs, les règles de l'administration et de la comptabilité du collége royal, la subsistance des élèves, leur habillement, leur régime intérieur, la police et la discipline de l'établissement.

TITRE III. Des élèves de la marine de seconde classe.

35. Les jeunes gens à qui nous aurons conféré le titre d'élève de la marine de seconde classe sortiront du collége royal, et seront dirigés sur le port de Rochefort, pour recevoir, sur nos bâtimens, l'instruction pratique qu'ils doivent acquérir.

36. Les élèves de seconde classe seront tenus de faire deux campagnes d'instruction, chacune de la durée d'environ dix mois.

Ces campagnes auront pour objet de leur faire connaître les côtes, ports et établissemens maritimes du royaume, de les familiariser avec les événemens qu'on peut éprouver, soit à la voile, en pleine mer et près des côtes, soit à l'ancre; et de leur enseigner toutes les manœuvres importantes à exécuter et à commander.

37. Les élèves de seconde classe seront embarqués, en nombre égal, sur deux corvettes ou bâtimens à trois mâts, lesquels navigueront de conserve pendant une partie des campagnes, pour mettre ces jeunes gens à portée de former leur coup-d'œil sur les manœuvres, les mouvemens et la marche d'un bâtiment relativement à un autre, et pour entretenir ou exciter leur émulation.

38. Les commandans des bâtimens sur lesquels les élèves seront embarqués devront être choisis parmi les capitaines de vaisseau distingués par leur caractère, leur expérience et leur instruction.

Il en sera de même pour les officiers composant l'état-major de chacun desdits bâtimens.

Le capitaine de frégate, ou, à son défaut, l'officier ayant, à bord, le détail général, sera spécialement chargé de la surveillance, police et discipline desdits élèves; il sera secondé plus particulièrement par un des officiers de l'état-major du bâtiment choisi à cet effet par le capitaine.

39. Pour que chaque bâtiment sur lequel seront embarqués les élèves n'ait que le nombre d'hommes qui doit former son équipage conformément aux réglemens, il n'y sera point embarqué de novices.

40. La première campagne d'instruction des élèves commencera dans le mois de juin de chaque année, et se terminera au mois d'avril de l'année suivante.

Les deux bâtimens partiront de Rochefort, et, après avoir parcouru de conserve les ports et parages qui leur seront indiqués par nos ordres et instructions, il se sépareront, l'un pour aller à Brest, l'autre à Toulon, où ils seront réparés et réarmés.

41. La seconde campagne commencera, au plus tard, vers le 15 juillet, et se terminera dans le courant du mois de mai de l'année suivante.

Les bâtimens partiront de Brest et de Toulon, se rejoindront sur un point déterminé, et se rendront ensuite dans les ports et parages indiqués par nos ordres et instructions, après quoi, celui qui, dans l'année précédente, aura relâché à Brest ira déposer à Toulon les élèves qui devront rester dans cet arrondissement, tandis que celui qui aura relâché à Toulon déposera également une partie des élèves à Brest; l'un et l'autre rentreront ensuite à Rochefort avec ceux desdits élèves qui devront être attachés à ce port, et ils y seront désarmés.

42. Dans le cas où des circonstances quelconques ne permettraient pas d'expédier des bâtimens pour les parages ci-dessus indiqués, il serait tenu armé dans nos rades de Brest, de Toulon et de Rochefort, le nombre de corvettes nécessaire pour que l'instruction des élèves n'eût pas à souffrir de cet état de choses.

Les élèves seraient exercés sur les rades et sur les côtes à toutes les manœuvres, opérations, travaux, études et autres objets d'instruction théorique et pratique, dont la nomenclature et la progression sont indiqués par l'article 61 ci-après.

Les commandans de la marine veilleraient en même temps à ce que les commandans de ces corvettes étendissent, autant que possible, leur navigation, et ne négligeassent rien pour suppléer aux moyens dont on se trouverait momentanément privé.

43. Pendant la première campagne, les élèves de seconde classe seront subordonnés au maître de l'équipage, au maître canonnier et au chef de timonnerie, et n'auront aucun commandement sur l'équipage.

13.

A la seconde campagne, ils resteront subordonnés à ces maîtres, mais ils commanderont tous les autres hommes de l'équipage.

44. Pendant la durée de chaque campagne, le capitaine de frégate ou lieutenant de vaisseau chargé du détail général tiendra un contrôle des élèves.

Il y consignera, mois par mois, des notes sur le zèle, l'aptitude et la conduite de ces jeunes gens, ainsi que sur leur application et leurs progrès dans l'étude des diverses connaissances pratiques qu'ils doivent acquérir dans le cours de la campagne.

A la fin du mois, ce contrôle sera présenté au capitaine du bâtiment, lequel réunira les élèves dans la chambre du conseil, et leur témoignera, en présence des officiers de l'état-major, sa satisfaction ou son mécontentement.

Lorsque la campagne sera terminée, le contrôle, signé du capitaine de frégate ou lieutenant de vaisseau chargé du détail, et visé par le capitaine du bâtiment, sera adressé à notre ministre secrétaire d'Etat de la marine, par la voie du commandant de la marine, pour être mis sous nos yeux, lorsqu'il y aura lieu à statuer sur l'avancement de chacun des élèves.

45. Tout élève qui, pour cause de santé ou pour toute autre, n'aurait pas fait une des deux campagnes spéciales déterminées par les articles 40 et 41 de la présente ordonnance ne pourra, sous quelque prétexte que ce soit, être dispensé d'entreprendre la même campagne l'année suivante.

Toutefois, il pourra être embarqué, en attendant, sur tel bâtiment que notre ministre secrétaire d'Etat de la marine jugera convenable.

46. Tout élève qui, pour un motif quelconque, aurait manqué pendant trois années successives une des deux campagnes spéciales qu'il est tenu de faire sera, par ce seul motif, considéré comme n'appartenant plus au service de la marine.

47. Tout élève qui, pendant les deux campagnes d'instruction, aura été noté d'une manière défavorable, sous le rapport de la conduite, de l'application ou de la discipline, sera licencié.

48. Les élèves qui, après avoir terminé leur seconde campagne, auront été favorablement notés, seront admis à subir un examen sur les diverses parties d'instruction pratique qu'ils auront dû acquérir pendant la durée de leur navigation.

Cet examen aura lieu en présence du commandant de la marine, du major général, du commandant de la compagnie des élèves de la marine, et de quatre capitaines de vaisseau nommés par notre ministre secrétaire d'Etat de la marine.

L'examen portera sur l'arrimage, l'installation et le gréement d'un vaisseau; sur les principales manœuvres à la voile; sur les mouillages et appareillages dans divers cas; sur les observations astronomiques et les opérations nautiques; sur l'exercice du canon et de la mousqueterie.

Les élèves seront aussi examinés sur les mathématiques, l'hydrographie, les principes de la langue anglaise, la grammaire française et l'histoire, pour s'assurer qu'ils ont continué ces études.

49. Ce procès-verbal sera adressé à notre ministre secrétaire d'Etat du département de la marine, par le commandant de la marine.

50. Tout élève qui, dans le procès-verbal d'examen, aura été noté comme n'ayant pas acquis les connaissances requises sera tenu de faire une troisième campagne d'instruction, après laquelle, s'il ne satisfait à un nouvel examen, il sera licencié du service de la marine.

51. Les élèves de seconde classe qui auront subi avec succès l'examen prescrit par l'article 48 du présent titre seront par nous nommés élèves de la marine de première classe.

Leur rang sera fixé dans la promotion, d'après le degré d'instruction dont ils auront fait preuve dans cet examen.

TITRE IV. Des élèves de la marine de première classe.

52. Les élèves de la marine de première classe seront répartis dans nos ports de Brest, Toulon et Rochefort.

Ils seront dirigés de ces ports principaux sur tels ports secondaires où nous ordonnerons des armemens.

53. Les élèves de première classe seront embarqués sur nos bâtimens de guerre, au nombre déterminé par nos ordonnances et réglemens sur la composition des états-majors et équipages desdits bâtimens.

Toutefois, et d'après l'ordre qui en sera donné par notre ministre de la marine, il pourra être embarqué, en temps de paix, un nombre d'élèves supérieur à celui déterminé par le règlement.

54. Ils recevront successivement, et autant que possible, des destinations différentes et qui puissent comporter une navigation toujours plus difficile, ou présumée telle, un plus long séjour à la mer, et un plus grand développement de connaissances pratiques.

Ces destinations seront réglées par notre ministre secrétaire d'Etat de la marine, d'après les propositions qui lui en seront faites par le commandant de la marine, sur les demandes des commandans des compagnies des élèves de la marine.

55. A la fin des campagnes, les capitaines de nos bâtimens de guerre remettront au commandant de la marine, dans le port de désarmement, des notes et apostilles sur la conduite, les dispositions et les progrès de chacun des élèves qui auront été embarqués sous leurs ordres.

56. Les élèves de première classe qui réuniront trois années de navigation aux deux campagnes d'instruction qu'ils auront faites en qualité d'élèves de deuxième classe, et qui, par leur bonne conduite et leur aptitude au service, auront obtenu des notes favorables seront susceptibles d'être promus au grade d'enseigne de vaisseau.

57. Les élèves de première classe qui se seraient distingués par une action d'éclat ne pourront nous être proposés pour le grade d'enseigne de vaisseau qu'autant qu'ils auront au moins quatre années complètes de navigation, y compris leurs campagnes d'instruction, autrement, nous leur accorderons telle récompense dont ils nous paraîtront susceptibles.

58. Si, par un événement quelconque, un de nos bâtimens se trouvait sans officiers de la marine, nous voulons que le commandement en appartienne au plus ancien élève de première classe, préférablement à tous autres.

59. Les élèves de première classe auront le rang de lieutenant en second d'artillerie.

TITRE V. Dispositions communes aux élèves de première et deuxième classe pendant qu'ils seront embarqués.

60. Les élèves de la marine de première et de seconde classe seront successivement et progressivement exercés, dans le cours de leurs campagnes, sur toutes les parties d'instruction théorique et pratique relatives au service qu'ils sont appelés à remplir, savoir :

Pendant la navigation. — Le grément, la mâture, la voilure, l'exercice du canon et de la mousqueterie, l'exercice de la manœuvre, les observations astronomiques et celles des variations de la boussole, le pilotage.

Pendant les relâches. — La levée des plans de rades et ports, le dessin des vues de côtes, la marche des montres marines, l'étude des signaux et de la tactique, les simulacres de descente sous voile et à l'ancre, l'arrimage, l'installation, et enfin toutes les manœuvres et opérations relatives à l'armement et au désarmement des bâtimens.

61. Pour cultiver et entretenir à la mer les connaissances que les élèves auront puisées soit au collège royal, soit dans les ports, soit enfin dans les campagnes précédentes, le capitaine du bâtiment réglera les heures auxquelles ils seront tenus de continuer, à bord, leurs études, tant sur la théorie que sur la

pratique. Un officier restera toujours avec eux pendant lesdites études, et assistera aux leçons qui leur seront données, en conséquence des ordres du capitaine, par les officiers et les principaux maîtres du bâtiment.

62. Quoique l'embarquement des élèves ait principalement pour objet leur instruction, nous entendons toutefois qu'ils remplissent à bord un service habituel.

Ils seront, en conséquence, partagés sous les ordres des officiers chargés du quart, ils monteront dans les hunes pour inspecter les hommes chargés de prendre ou de carguer des ris, feront toutes les corvées qui leur seront prescrites, et commanderont les chaloupes et canots.

Ils seront alternativement employés près le commandant en second du bâtiment, lequel leur fera connaître et exécuter, en sa présence, toutes les opérations du détail général.

63. Les élèves de première et seconde classe seront tenus de faire leurs journaux à la mer, et de les représenter à l'officier chargé du détail, auquel ils remettront chaque jour leur point. A la fin de la campagne, lesdits journaux seront examinés par le commandant de la compagnie et par le professeur d'hydrographie, qui feront remarquer auxdits élèves les fautes qu'ils auront pu faire.

64. Les élèves de première et seconde classe mangeront ensemble à bord, et coucheront dans les postes qui leur auront été destinés, d'après l'ordre du capitaine du bâtiment.

65. Les élèves recevront, pendant qu'ils seront embarqués, un supplément d'un franc par jour à titre de traitement de table, et une ration en nature.

66. Nous défendons qu'aucun élève de première ou de seconde classe soit habituellement admis, soit à la table du capitaine, soit à celle des officiers de l'état-major.

TITRE VI. Organisation des élèves de première et seconde classe en compagnies, leur instruction dans les ports, leur solde, police et discipline.

67. Conformément à l'article 4 de la présente ordonnance, les élèves de la marine de première et seconde classes seront partagés en trois compagnies, dont la première servira à Brest, la seconde à Toulon, et la troisième à Rochefort.

68. Chaque compagnie sera composée ainsi qu'il suit :

Capitaine de vaisseau commandant. .	1
Capitaine de vaisseau ou de frégate commandant en second	1
Lieutenans de vaisseau chefs de brig^e.	5
Enseignes de vaisseau brigadiers . . .	5

12

Élèves de 1ʳᵉ classe sous-brigadiers. 5 ⎫
Élèves de 1ʳᵉ classe . . . . 70 ⎬ 100
Élèves de 2ᵉ classe . . . . 25 ⎭
Tambours 2
                                      ——————
                        Total. 114

69. Le nombre des élèves des deux classes sera susceptible d'être augmenté suivant les besoins de notre service, sans qu'il y ait lieu néanmoins à accroître celui des officiers.

70. Les élèves de première et seconde classe conserveront respectivement entre eux leur rang d'ancienneté, à dater du jour de leur nomination, et d'après leur inscription sur la liste générale par nous arrêtée.

71. Les commandans, chefs de brigade et brigadiers de la compagnie, seront nommés par nous, sur la proposition de notre ministre secrétaire d'Etat de la marine.

Les places de sous-brigadiers seront accordées par le commandant de la marine, sur la proposition du commandant de la compagnie, à ceux des élèves de première classe qui se distingueront davantage par leur application et leur bonne conduite.

72. Les officiers de tout grade attachés aux compagnies des élèves de la marine jouiront de leurs appointemens d'activité à la mer.

Il sera alloué aux élèves sous-brigadiers un supplément de douze francs par mois, pendant qu'ils rempliront ces fonctions.

Les tambours auront une solde de trente francs par mois, au moyen de laquelle ils seront tenus de pourvoir à leur subsistance et à leur petit équipement.

Il leur sera délivré, des magasins de la marine, un habillement uniforme, et ils seront casernés, soit dans le local destiné à l'instruction des élèves soit au quartier de l'artillerie de la marine.

73. Il sera entretenu, dans chacun des ports de Brest, Toulon et Rochefort, pour l'instruction des élèves, un professeur et un répétiteur de mathématiques et d'hydrographie, un professeur de langue anglaise, un professeur de dessin, un maître de manœuvre, un maître de construction et un maître d'artillerie.

Leurs appointemens seront déterminés par notre ministre secrétaire d'Etat de la marine, savoir : ceux des professeurs, d'après les fixations du tableau n° 2, annexé au réglement du 16 décembre 1815, et ceux des maîtres, d'après la fixation établie pour les maîtres de différentes professions employés dans les ports, et suivant la classe à laquelle ils appartiendront.

74. Chaque jour, excepté les dimanches et fêtes, les élèves de première et seconde classe qui seront à terre se rassembleront, sous le commandement des officiers de la compagnie, dans les salles qui auront été disposées pour les écoles; ils se conformeront, pour le temps des études et la police de l'école, aux dispositions de notre réglement de ce jour.

75. Le capitaine de la compagnie répartira les élèves des deux classes entre les différens professeurs et maîtres; il veillera également à ce que les maîtres se conforment, dans les leçons, à un ordre suivi et régulier.

76. Le professeur et le répétiteur de mathématiques et d'hydrographie feront alternativement revoir aux élèves le cours complet qu'ils auront suivi pendant leur séjour au collège royal; ils leur expliqueront les principes d'après lesquels sont construits les instrumens de navigation, et la manière de les vérifier; ils leur feront faire et calculer les observations, et principalement celles de longitude, et leur démontreront, dans les plus grands détails, tout ce qui concerne la réduction et la correction des routes, la manière de lever les plans des ports et rades et celle de tracer les configurations des îles et des côtes d'après les relèvemens faits à la mer, et l'estime du chemin parcouru.

Le professeur de mathématiques fera en outre un cours d'algèbre, de mécanique et de géométrie descriptive.

77. Le professeur de langue anglaise exercera successivement les élèves à expliquer, écrire et parler cette langue; il emploiera de préférence, pour donner ses leçons, des ouvrages sur la marine et la navigation.

78. Le professeur de dessin s'attachera plus particulièrement à faire dessiner aux élèves des plans et des vues de côtes, et il pourra les conduire à cet effet sur le terrain.

79. Le maître de manœuvre donnera des leçons aux élèves sur toutes les parties du grément et de la voilure; il les conduira successivement dans les ateliers de la garniture, de la voilerie, de la corderie et tous autres qui ont rapport à son art; et les directeurs du port et des constructions ordonneront respectivement aux chefs desdits ateliers d'expliquer aux élèves tous les travaux qui s'y exécutent.

Ledit maître de manœuvre mènera pareillement les élèves dans le port lorsqu'il s'y fera quelque opération importante, et leur en expliquera l'objet et les détails d'exécution.

Il leur donnera enfin des leçons très-étendues sur la manœuvre des vaisseaux, et sur le mouillage et l'appareillage.

80. Le maître de construction leur fera connaître, d'abord sur des plans, toutes les parties d'un vaisseau; il les conduira ensuite dans les chantiers pour leur montrer, dans le plus grand détail, toutes les pièces en place et leur assemblage; il leur expliquera les travaux qui s'exécutent dans les ateliers de la mâture, ainsi que dans tous autres qui ont rapport à la construction; et lorsqu'ils seront suffisamment imbus de ces connaissances pratiques, il leur enseignera la manière de tra-

cer les plans des vaisseaux et d'en calculer le déplacement. Le directeur des constructions tiendra la main à ce que les ingénieurs et les maitres sous ses ordres contribuent, en ce qui dépend de leur art, à l'instruction desdits élèves.

81. Le maître d'artillerie démontrera aux élèves les principes théoriques de l'artillerie, tant pour le recul des pièces, que pour les portées des projectiles ; il les conduira souvent dans le port pour leur faire observer toutes les manœuvres relatives au transport, à l'embarquement et au débarquement des canons, et dans le parc d'artillerie, pour leur expliquer les tracés des constructions des affûts et attirails d'artillerie.

Le directeur d'artillerie veillera à ce que les chefs d'ateliers sous ses ordres procurent auxdits élèves les instructions relatives à cette partie du service.

82. Les jours et heures auxquels les élèves seront conduits par leurs professeurs et maitres, soit sur le terrain, soit dans les ateliers de l'arsenal, seront fixés par le commandant de la compagnie : lesdits élèves s'y rendront toujours sous le commandement d'un ou deux de leurs officiers.

83. Les élèves de première classe les plus instruits et qui auront le plus navigué recevront aussi des leçons sur les principales évolutions navales. Ce cours sera fait par l'un des officiers de la compagnie désigné par le capitaine.

84. Il sera fourni aux écoles les livres, cartes et instrumens nécessaires pour l'instruction des élèves. Tous ces objets seront à la garde et sous la responsabilité des professeurs.

85. A de certains jours de la semaine, déterminés par le capitaine de la compagnie, les élèves de première et seconde classe seront instruits et exercés au maniement des armes et aux manœuvres d'infanterie jusques et compris l'école de bataillon.

86. Ils se rendront également, à des jours fixés par le commandant de la compagnie, et sous le commandement d'un de leurs officiers, à l'école du canonnage du port, pour y faire l'exercice des bouches à feu.

87. Le commandant de la marine, sur la proposition du capitaine de la compagnie, répartira successivement les élèves les plus instruits dans les directions du port, des constructions et de l'artillerie, afin qu'ils puissent étendre et perfectionner les connaissances qu'ils auront acquises sur les travaux et opérations mécaniques qui s'y exécutent.

88. Les élèves de première et seconde classe qui se trouveront passagèrement dans un port autre que celui auquel ils sont attachés, mais où il y aura une compagnie d'élèves de la marine, prendront place à la suite de la compagnie, et seront soumis à la même discipline et aux mêmes exercices que les autres élèves, jusqu'à ce qu'ils reçoivent une nouvelle destination, ou l'ordre de rejoindre leur département.

Ceux qui se trouveront dans un port où il n'y aurait pas de compagnie d'élèves de la marine seront commis aux soins d'un officier de l'amirauté, qui surveillera leur conduite, leurs mœurs et leur instruction, tant qu'ils resteront dans ledit port.

89. Les élèves de seconde classe auront une solde de quarante francs par mois.

Les élèves de première classe auront une solde annuelle de huit cents francs.

90. Il ne pourra être accordé de congés aux élèves que dans le cas de maladie ou de blessures, ou à la suite d'une campagne, et, dans ce dernier cas, la durée du congé ne pourra excéder trois mois.

91. L'uniforme des élèves de première et de seconde classe sera le même que celui des élèves du collège royal.

A la mer, ils auront toujours un habit-veste, un pantalon et le chapeau à la matelote.

Dans le port, ils porteront le grand uniforme.

Les élèves de première classe seront distingués par une aiguillette en or, qu'ils porteront sur l'épaule droite, et ceux de la seconde, par une aiguillette mélangée d'or et de soie bleue.

Ils devront toujours être revêtus de leur uniforme, soit dans les ports, soit à la mer, et ne pourront y faire aucun changement : toutefois, il leur est permis de porter des vestes blanches pendant l'été.

92. Les élèves ne pourront s'éloigner du port de plus d'une lieue sans congé, ni sortir de la ville avec des fusils, sans permission, sous peine de prison pour la première fois, et sous des peines plus graves en cas de récidive.

93. Tout élève qui s'absentera du port auquel il sera attaché, sans en avoir obtenu la permission, sera renvoyé à sa famille.

94. Tout élève qui, ayant obtenu un congé ne rejoindra pas sa compagnie ou le lieu de sa destination au temps fixé sera mis en prison, et privé de sa solde pendant autant de jours qu'il aura excédé le terme de son congé.

95. Nous défendons aux élèves de première et seconde classe de se marier sans en avoir obtenu la permission de notre ministre secrétaire d'Etat de la marine, sous peine d'être renvoyés de notre service.

96. Ils ne pourront quitter le service sans en avoir obtenu notre permission, à peine d'être regardés comme inhabiles à remplir aucun emploi militaire.

97. Les officiers des compagnies auront le droit d'ordonner les arrêts, et, s'il y a lieu de faire mettre en prison les élèves qu'ils trouveront en faute, dans quelque occasion et en quelque lieu que ce soit ; et ils en rendront compte sur-le-champ au commandant de la compagnie.

98. Nous ordonnons, sous peine d'interdiction, aux commandans et officiers des compagnies, de veiller sur la conduite des élèves de la marine, d'empêcher qu'ils ne commettent des désordres, et ne troublent en aucune manière le repos public : enjoignons aux commandans de la marine d'y tenir la main, et de rendre compte sur-le-champ à notre ministre secrétaire d'Etat de la marine des manquemens en ce genre qui viendraient à leur connaissance.

99. Nous voulons que tous les élèves, sous peine d'être renvoyés à leur famille, et sous plus grande peine, si le cas l'exige, obéissent en tout point, non-seulement aux officiers particulièrement attachés à leur compagnie, mais encore à tous officiers de la marine auxquels ils sont de droit subordonnés.

100. Tout officier de la marine qui trouvera un élève en faute hors des écoles pourra lui ordonner les arrêts, à la charge d'en informer sur-le-champ le commandant de la compagnie ; et ledit élève devra s'y rendre sans délai, sous peine d'être puni comme coupable d'insubordination.

101. Tout élève qui rompra ses arrêts sera cassé.

102. Dans le cas où un élève commettrait une faute qui comportât une punition prompte et exemplaire, nous autorisons le commandant de la marine à le renvoyer provisoirement à sa famille, et sur le rapport que lui aura fait le commandant de la compagnie.

Le commandant de la marine rendra compte du fait à notre ministre secrétaire-d'Etat de la marine, lequel recevra nos ordres sur le parti définitif qui devra être pris à l'égard du délinquant.

TITRE VII. Dispositions générales.

103. Au moyen de l'institution du collége royal de la marine créé par la présente ordonnance, les écoles spéciales de marine établies dans les ports de Brest et Toulon sont et demeurent supprimées.

Sont également supprimés la dénomination et le grade d'aspirant de la marine.

Nous nous réservons de faire connaître, par un réglement transitoire, les dispositions qui devront être prises à l'égard des aspirans supprimés.

104. Nous plaçons les élèves de la marine sous la protection de notre cher et bien-aimé neveu l'amiral de France.

Nous maintenons et confirmons la prérogative attribuée à sa charge et dignité par nos ordonnances des 1er janvier 1786 et 25 mai 1814, de former éventuellement à son choix, parmi les élèves de la marine de première classe, une compagnie de soixante gardes du pavillon. Ladite compagnie, pendant le séjour de l'amiral de France, soit dans nos ports soit à la mer, remplira le service réglé par ces ordonnances.

105. Nous nous réservons, sur le rapport de notre ministre secrétaire d'Etat de la marine, et lorsque le bien de notre service pourra l'exiger, de charger les commandans de nos ports, ou des officiers généraux de la marine, de procéder à l'inspection du collége royal ; et le compte qu'ils en rendront à notre ministre secrétaire d'Etat de la marine sera mis sous nos yeux, pour être pris par nous, à l'égard des personnes et des choses, telle décision que notre justice et notre sollicitude pourront comporter.

106. Toutes dispositions des ordonnances et réglemens contraires aux présentes sont et demeurent abrogées.

———

31 JANVIER = Pr. 28 FÉVRIER 1816. — Réglement sur le service, la discipline et la police des compagnies d'élèves de la marine. (7, Bull. 69, n° 453.)

Voy. notes sur l'ordonnance précédente, du 31 JANVIER.

DE PAR LE ROI.

Sa majesté ayant établi, par une ordonnance de ce jour, le mode d'admission dans la marine militaire et les bases de l'éducation théorique et pratique que les jeunes gens qui se destinent à cette carrière devront recevoir, elle a jugé convenable de déterminer en même temps, par un réglement particulier, le service et les devoirs des officiers et élèves qui composeront les compagnies des élèves de la marine, ainsi que les mesures d'ordre, de police et de discipline auxquelles ils devront être respectivement soumis :

En conséquence,

Et sur le rapport de notre ministre secrétaire d'Etat de la marine et des colonies,

Sa majesté a voulu et ordonné, veut et ordonne ce qui suit :

Art. 1er. Le commandant de chacune des compagnies d'élèves de la marine établies dans les ports de Brest, Toulon et Rochefort, prendra les ordres du commandant de la marine, sur le service dont il est chargé.

2. Il tiendra la main à ce que les officiers de sa compagnie remplissent exactement les devoirs de leur place.

3. Il aura autorité sur les professeurs et maitres d'exercices, en les traitant d'ailleurs avec tous les égards convenables.

4. Il fera observer l'ordre et la discipline parmi les élèves de la marine; il surveillera et fera surveiller, avec le plus grand soin, leurs mœurs, leur conduite et leur instruction.

5. Les officiers de la compagnie seront alternativement chargés, par le commandant, des différens détails du service.

Chaque chef de brigade et brigadier, à tour de rôle, sera de *jour* auprès du commandant de la compagnie, soit pour notifier les ordres qu'il y aurait lieu de donner, soit pour recevoir les rapports des officiers de la compagnie, ou de tous autres officiers de la marine, soit enfin pour se porter immédiatement sur les lieux où sa présence deviendrait nécessaire.

Il y aura toujours deux chefs de brigade, deux brigadiers et deux sous-brigadiers de service aux salles d'études.

Un chef de brigade ou brigadier sera chargé de la visite de l'hôpital et de la prison.

Un autre chef de brigade et un brigadier seront de garde aux salles de spectacles, et feront des tournées dans les cafés et promenades publiques.

Les uns et les autres seront renouvelés toutes les semaines.

Enfin, le commandant, avec l'autorisation du commandant de la marine, fera choix d'un des chefs de brigade ou brigadiers, pour être chargé du détail de la compagnie; cet officier remplira ces fonctions pendant une année, et pourra être nommé de nouveau.

6. Les élèves seront subordonnés aux sous-brigadiers, et leur obéiront en tout ce qu'ils leur ordonneront pour le service de la compagnie.

7. Les officiers des compagnies de semaine aux salles feront, tous les jours, leur rapport au commandant sur tout ce qui se sera passé aux études et aux exercices.

Le même compte sera rendu, chaque jour, audit commandant par les autres officiers de semaine, sur les détails de service qui leur seront repectivement confiés.

8. L'officier chargé du détail tiendra le contrôle de la compagnie, et annotera tous les mouvemens, recueillera les certificats, notes et apostilles des élèves, tiendra l'état de leurs logemens et auberges, assurera le paiement des hôtes et traiteurs, et sera chargé de la comptabilité de la caisse particulière dont il sera parlé ci-après.

9. Tous les matins, le commandant de la compagnie rendra compte au commandant de la marine de tous les détails et objets de service relatifs à sa compagnie, notamment des fautes qu'auront commises les élèves, et des punitions qui leur auront été infligées.

Dans le cas où il ne pourrait se rendre de sa personne près du commandant, il se fera suppléer par l'officier *de jour*.

10. Il assistera souvent aux instructions qui seront données aux élèves dans les salles d'étude et aux exercices. Il aura la plus grande attention à ce que les officiers préposés sous ses ordres au service desdites salles y soient toujours présens.

11. Il inscrira sur un registre particulier le précis des observations qu'il aura faites, ou des comptes qui lui auront été rendus sur la conduite, l'aptitude, l'application et les progrès de chacun des élèves, et il y annotera les punitions qu'ils auront subies.

Tous les trois mois, il remettra au commandant de la marine un rapport général sur lesdits élèves, lequel contiendra, par extrait, les notes portées au registre.

Le commandant de la marine transmettra ce rapport au ministre secrétaire d'Etat de la marine.

12. Le commandant de la compagnie sera chargé de veiller à la sûreté et à l'entretien du bâtiment destiné aux écoles, et fera connaître à l'intendant de la marine les travaux et réparations qu'il croira nécessaires pour la conservation de cet édifice.

13. Tous les officiers de la compagnie, quel que soit le service spécial dont ils seront chargés, devront surveiller les élèves, les punir lorsqu'ils les trouveront en faute, et rendre compte au commandant des faits qui seront venus à leur connaissance, ainsi que des punitions qu'ils auront cru devoir infliger.

Ils tiendront particulièrement la main à ce que lesdits élèves ne commettent pas de désordre, et ne troublent en aucune manière la tranquillité publique.

14. Nul professeur ou maître ne pourra, sous aucun prétexte, se dispenser de se trouver aux salles d'études ou d'exercices aux heures indiquées; et, en cas de maladie, il en fera prévenir sur-le-champ le commandant de la compagnie.

15. Tous les dimanches et fêtes, à huit heures et demie du matin, les élèves se réuniront aux salles, en grande tenue, et se rendront, sous le commandement de leurs officiers, à la chapelle du commandant de la marine, pour y entendre la messe. Les officiers seront très-attentifs à maintenir, pendant l'office divin, le bon ordre et la décence, et puniront sur-le-champ ceux qui ne les auraient pas observés.

16. Les élèves se trouveront aux salles d'études tous les jours de la semaine, excepté les dimanches et fêtes, depuis huit heures et demie du matin jusqu'à midi, et depuis deux heures après midi jusqu'à quatre.

Les sous-brigadiers feront chaque fois l'appel desdits élèves, et remettront au chef de brigade de service l'état des absens, des malades, et de ceux qui seraient retenus aux arrêts ou en prison. Cet état sera porté tous les jours au commandant de la compagnie.

17. Ceux des élèves qui manqueront de se rendre aux salles et exercices, sans motifs valables, ou sans dispense du commandant de la compagnie, subiront vingt-quatre heures de prison pour la première fois, et huit jours en cas de récidive; ceux qui ne seront pas présens aux appels passeront vingt-quatre heures aux arrêts, et seront punis plus sévèrement si cette négligence se renouvelle.

18. Les officiers de service aux salles concourront tous à entretenir le bon ordre et l'émulation parmi les élèves, et à fixer leur attention sur l'objet de leurs études.

Sa majesté leur recommande expressément de faire respecter les professeurs et maîtres, voulant que les élèves à qui il arriverait de leur manquer soient punis exemplairement.

19. Les élèves seront divisés, pour l'instruction, en deux détachemens égaux en nombre : ces détachemens seront partagés chacun en subdivisions, sans égard au nombre, afin de réunir les sujets d'une égale capacité et parvenus au même degré d'instruction, de leur faire suivre les mêmes cours, et d'en obtenir les mêmes progrès.

La division des élèves en détachemens et subdivisions sera faite par les professeurs et maîtres, et approuvée par le commandant de la compagnie.

20. Les détachemens et subdivisions seront successivement occupés, et pendant le temps qui sera fixé par le commandant de la compagnie, à l'étude des mathématiques, de la langue anglaise, du dessin, de la construction, de la manœuvre, de l'artillerie, etc., et lesdits détachemens se relèveront mutuellement pour passer d'un exercice à un autre.

21. Les élèves ne pourront, sous aucun prétexte, passer d'un détachement ou d'une subdivision à un autre, sans l'intervention du professeur et l'ordre du commandant de la compagnie.

S'il arrivait qu'un élève ne pût suivre le cours de la subdivision où il aurait été placé, ou qu'il fût en état de faire partie d'une subdivision plus instruite, il fera ses représentations au professeur, qui prendra, s'il y a lieu, l'ordre dudit commandant.

22. L'officier chargé du détail fournira des cahiers aux élèves qui en auront besoin : il écrira sur chaque cahier le nom de celui à qui il l'aura remis et la date de cette remise. il n'en délivrera pas de nouveau, s'en s'être fait représenter celui qui aura été rempli, et punira tout élève qui aura fait un mauvais emploi de ses cahiers.

23. Le commandant de la compagnie fera, une fois par semaine, l'inspection des cahiers de tous les élèves; il verra s'ils sont bien tenus, et jugera si chacun a mis à profit les leçons, et à fait des progrès. Il inspectera également, une fois par semaine, les plans et dessins.

24. Il sera placé en sentinelle, à la porte des salles, des canonniers du corps royal d'artillerie de la marine.

La sentinelle ne laissera sortir aucun élève pendant les études, sans la permission du chef de brigade, et refusera l'entrée des salles à tout étranger qui s'y présenterait.

Le commandant de la compagnie désignera, en outre, des élèves pour être en sentinelle ou de planton dans l'intérieur des salles, avec ordre de ne laisser entrer aucun élève après l'appel, sans en avoir préalablement averti le chef de brigade de service; de ne laisser passer aucun élève d'une salle dans un autre sans l'ordre du chef de brigade; et enfin de ne souffrir ni bruit ni désordre, et d'informer le chef de brigade de toute atteinte portée à la discipline.

25. Le commandant de la compagnie fera choix d'un gardien pour le service des salles, lequel sera pris parmi les marins hors de service et jouissant d'une demi-solde.

Ce gardien sera porté sur les états à la paie de trente-six francs par mois, qu'il cumulera avec sa demi-solde.

26. Le gardien sera chargé d'entretenir les salles en état de propreté; il aura soin, chaque jour, de nettoyer les tables et tableaux de géométrie, et de mettre en ordre, après les leçons et exercices, les livres, cahiers, écritoires, plans, etc.

Dans l'hiver, il allumera les poêles une demi-heure avant l'entrée des élèves, et il les éteindra aussitôt après leur sortie.

Il sera personnellement responsable du mobilier des salles, ainsi que des modèles et autres objets qui y seront déposés.

27. Le commandant de la marine inspectera les salles d'étude au moins une fois par mois, et plus souvent, s'il le juge nécessaire : il se fera rendre compte des détails de l'enseignement, des progrès que les élèves auront faits, et de la conduite qu'ils auront tenue.

Il témoignera sa satisfaction à ceux qui auront mérité des éloges, et son mécontentement à ceux contre lesquels il lui sera porté des plaintes, ou qui auront encouru des punitions.

28. Le commandant de la compagnie fixera les jours et heures auxquels les élèves devront se rendre sur le terrain, soit en corps, soit en détachemens, pour faire les manœuvres d'infanterie; et à l'école d'artillerie, pour celles de canonnage.

Lorsqu'ils se rendront-à ces exercices, ils marcheront toujours en troupe, sous le commandement de leurs officiers.

29. Le commandant de la compagnie prendra des arrangemens nécessaires pour que les élèves soient logés et nourris convenablement, mais aux moindres frais possibles, et il ne leur permettra pas d'excéder, pour leur logement et leur auberge, le prix qu'il aura fixé, sans égard à leur plus ou moins d'aisance.

Ledit commandant leur assignera leur logement, leur auberge et leur table; ils ne pourront en changer sans sa permission, et il sera intimé aux hôtes et traiteurs les plus expresses défenses de leur faire aucun crédit, sous peine de perdre toute garantie de leurs créances.

Les élèves seront réunis par tables de douze à quinze; un sous-brigadier, ou un élève désigné par le commandant de la compagnie, sera chargé de la police de la table, et d'y maintenir l'ordre et la décence.

Un des officiers de la compagnie, à tour de rôle, devra, en outre, faire sa tournée dans les auberges aux heures du repas.

30. Les élèves ne devront fréquenter ni les cafés, ni les maisons de jeux : il leur sera, toutefois, permis de se réunir dans une salle particulière, où seuls ils seront admis, sous la surveillance de leurs officiers.

31. Il est ordonné à tous les élèves de se retirer dans leurs logemens à dix heures du soir en hiver, et à onze heures en été, sous peine d'être punis, s'ils sont rencontrés plus tard par leurs officiers.

32. Il sera établi dans chaque compagnie une caisse particulière, qui se formera d'une somme de cent francs que chaque élève de seconde clesse y versera au moment de son incorporation.

Tout élève de seconde classe qui passera à la première versera également dans ladite caisse une somme de cinquante francs.

Les sommes ainsi versées appartiendront exclusivement à la caisse, et aucun élève ne pourra prétendre à en retirer tout ou partie, soit lorsqu'il obtiendra de l'avancement, soit dans le cas où il quitterait le service.

33. Les fonds de la caisse seront destinés à procurer, soit par une avance remboursable, soit à titre de gratification, des effets d'habillement et d'équipement aux élèves qui auraient éprouvé des pertes ou dommages par des événemens à la mer;

A former une bibliothèque pour les élèves;

A pourvoir à l'achat des cartes, instrumens et autres objets nécessaires à l'instruction desdits élèves, ou qui leur seront accordés en récompense de leur application et de leurs progrès;

A subvenir à l'excédant de dépenses que pourrait occasionner un renchérissement momentané des logemens et auberges;

Enfin, à payer la solde du gardien des salles.

34. La caisse particulière des élèves de la marine sera déposée chez le commandant de la compagnie.

L'officier chargé du détail y versera les sommes qu'il aura reçues pour le compte de ladite caisse, et le commandant mettra à sa disposition celles dont il aura besoin pour subvenir aux dépenses.

Le commandant aura toujours un état de situation exact de ladite caisse, et les mouvemens en seront constatés par l'officier chargé du détail, toutes les fois qu'il y aura lieu à entrée ou sortie de fonds.

Le 1er de chaque mois, le commandant de la compagnie remettra l'état de situation de la caisse au commandant de la marine.

35. Pour faciliter le paiement du logement et de la nourriture des élèves, leur solde sera versée, à la fin de chaque mois, dans la caisse, et l'officier chargé du détail paiera les hôtes et traiteurs, sur le compte que chaque élève aura arrêté, et conformément aux prix déterminés par le commandant de la compagnie.

Ce paiement fait, la somme qui pourra rester à l'élève sera remise à l'élève par ledit officier.

36. Il ne pourra être fait emploi d'aucune somme appartenant au fonds de la caisse, même pour les dépenses courantes, sans un ordre du commandant de la compagnie, revêtu de l'autorisation du commandant de la marine.

Nulle récompense ou gratification ne pourra être accordée sans l'autorisation préalable du ministre secrétaire d'Etat de la marine.

37. Les élèves de la marine seront admis dans les hôpitaux de la marine, sur un billet signé du commandant de la compagnie, enregistré au bureau des revues du port.

38. Ils seront traités comme officiers, et réunis, autant que possible, dans une même salle.

39. Lorsqu'un élève entrera à l'hôpital, il déposera son habit et son épée entre les mains du directeur ou administrateur de cet établissement.

Le malade sera pourvu d'un vêtement que l'hôpital lui fournira, et il n'en portera pas d'autre pendant la durée de sa maladie.

40. Il est défendu à tout élève malade à l'hôpital d'en sortir, sous quelque prétexte que ce soit, jusqu'à son entière guérison.

Ceux qui auront besoin de se promener pendant leur convalescence devront être pourvus d'une permission par écrit du commandant de la compagnie, laquelle ne leur sera donnée que sur le rapport de l'officier de santé en chef. Cette permission n'aura son effet que pour certaines heures déterminées.

41. Nul élève ne pourra entrer à l'hôpital sous prétexte d'y visiter ses camarades, s'il n'est muni d'une permission par écrit du commandant de la compagnie.

42. L'officier de semaine pour le service de l'hôpital visitera tous les jours les élèves malades : il les interrogera sur leurs besoins, prendra des informations sur leur état, et s'assurera s'ils sont bien soignés par les officiers de santé et infirmiers. Dans le cas où ceux-ci lui porteraient des plaintes contre un malade, il jugera si elles sont fondées, et en rendra compte au commandant de la compagnie.

Il fera la même visite aux élèves qui seront malades dans leur chambre, prendra les mêmes informations, et leur procurera tous les secours qui leur seront nécessaires.

43. Les élèves éprouveront une retenue d'un franc par jour sur leur solde, pendant le temps qu'ils seront à l'hôpital : le surplus de la dépense qu'ils y occasionneront sera supporté par sa majesté.

44. Les élèves qui seront à l'hôpital se conformeront en tout point aux réglemens de police des hôpitaux.

45. Les élèves qui devront être mis en prison seront toujours conduits par un brigadier, et ils ne pourront en sortir pour se rendre à la messe, aux salles et aux exercices, qu'accompagnés d'un officier de la compagnie.

Ils seront nourris par le concierge, moyennant une somme journalière qui sera fixée par le commandant de la compagnie.

46. Tout élève qui sera mis en prison devra être placé seul dans une chambre, sans pouvoir communiquer avec un autre prisonnier, même aux heures des repas.

Il aura ses livres d'étude, ses cahiers et dessins, et il lui sera fourni du papier, des plumes, de l'encre et des crayons.

47. Il est expressément défendu au concierge, sous peine d'être renvoyé, de laisser pénétrer dans la prison d'autres vivres que ceux qu'il devra fournir lui-même, et de permettre à qui que ce soit de visiter les prisonniers, à moins qu'il ne soit accompagné du brigadier de service.

48. Dans le cas où un élève détenu en prison se trouverait indisposé, le concierge fera avertir sur-le-champ l'officier de semaine, lequel se rendra immédiatement sur les lieux avec un officier de santé.

Nul élève détenu ne pourra être envoyé à l'hôpital qu'il n'ait été préalablement visité.

49. Le concierge rendra compte à l'officier de semaine des désordres que commettraient les prisonniers.

Il sera fait une visite exacte de la prison, à l'entrée et à la sortie de chaque prisonnier, et les dégradations qu'il aura pu commettre seront réparées à ses dépens.

50. La peine de la prison et celle des arrêts ne pourront cesser qu'en vertu de l'ordre du commandant de la compagnie.

51. Les élèves seront toujours revêtus de leur uniforme.

Il leur est défendu de porter des épées courtes, ainsi que des cannes ou bâtons, et de se montrer en public avec leur épée sous le bras ou à la main.

Tout contrevenant à ces dispositions sera puni par la prison.

52. Seront rigoureusement punis tous élèves qui se permettraient de maltraiter quelqu'un de paroles, et de le frapper : dans ce dernier cas, et s'il est reconnu qu'un élève ait été l'agresseur, il sera mis en prison ; et, sur le compte qui en sera rendu par le commandant de la marine, le ministre secrétaire d'État de la marine prendra, à son égard, les ordres de sa majesté.

53. Les revues des élèves de la marine seront faites aux salles d'école par le commissaire de marine préposé aux revues.

Les élèves de première classe prendront les armes et auront leurs officiers à leur tête.

Les élèves de deuxième classe passeront la revue sans armes, à la suite des élèves de première classe.

54. Les dispositions du présent réglement ne seront exécutoires que pour les officiers et élèves présens dans les ports.

55. Tout élève de première et de deuxième classe sera tenu d'avoir un exemplaire du présent réglement, afin d'en connaître et exécuter les dispositions. Il représentera ledit exemplaire aux officiers de la compagnie, toutes les fois qu'ils l'exigeront.

31 JANVIER 1816.— Ordonnance du Roi qui nomme les sieurs de Choiseul, de Tocqueville, de Vaulchier et de Rigny préfets des départemens de l'Oise, de la Côte-d'Or, de Saône-et-Loire et de la Corrèze. (7, Bull. 65, n° 411.)

31 JANVIER 1816.— Ordonnance du Roi contenant réglement sur l'exercice de la profession de boulanger dans la ville d'Abbeville, département de la Somme. (7, Bull. 69, n° 462.)

31 JANVIER 1816.— Ordonnances du Roi qui changent le jour de la tenue des foires établies dans les communes de Saint-Vallier, et de Prades. (7, Bull. 69, n°s 460 et 463.)

31 JANVIER 1816.— Ordonnances du Roi qui accordent des lettres de déclaration de naturalité aux sieurs Dombrowski, André, Palluat, Dekock, Sauquan et Combet. (7, Bull. 69, 71, 73, 79, 80 et 86.)

31 JANVIER 1816. — Ordonnance du Roi qui admet les sieurs Lars-Biorgenson, Rosander et Grandjean à établir leur domicile en France. (7, Bull. 69, n° 464.)

2 = Pr. 28 FÉVRIER 1816. — Réglement sur la première formation des compagnies d'élèves de la marine établies dans les ports de Brest, Toulon et Rochefort. (7, Bull. 69, n° 454.)

Voy. notes sur l'ordonnance précédente, du 31 JANVIER.

DE PAR LE ROI.

Des considérations dictées par l'expérience ayant déterminé sa majesté à changer le mode d'admission dans la marine militaire, elle a établi, par une ordonnance de ce jour, les conditions à remplir de la part des jeunes gens qui se destineront à ce service, et les détails de leur éducation. Mais l'intention de sa majesté étant d'organiser le plus promptement possible les compagnies d'élèves de la marine, et voulant aussi que des sujets recommandables par leur zèle et leur capacité ne puissent être enlevés à la carrière qu'ils ont entreprise, elle a estimé juste et convenable de lier, par des mesures transitoires, l'état actuel des choses à celui qui servira de règle pour l'avenir :

En conséquence,

Et sur le rapport de notre ministre secrétaire d'Etat de la marine et des colonies,

Sa majesté a ordonné et ordonne ce qui suit :

Art. 1er. Les deux cent vingt-huit élèves le la marine de première classe, et les soixante-douze élèves de la marine de deuxième classe, qui doivent former les compagnies établies par l'ordonnance du 31 janvier 1816 dans les ports de Brest, Toulon et Rochefort, seront choisis parmi les aspirans de la marine de première classe.

2. Il sera formé dans chacun des ports de Brest, Toulon, Rochefort, Lorient et Cherbourg, une commission d'examen des aspirans de la marine, laquelle sera présidée par le commandant de la marine, et composée du major général ou major de la marine, du directeur des constructions, du directeur des ports, du directeur d'artillerie, et de deux capitaines de vaisseau nommés à cet effet par le ministre secrétaire d'Etat de la marine.

Cette commission commencera ses opérations le 15 mars prochain.

Ses séances et délibérations seront secrètes.

3. Nul ne pourra être admis dans les compagnies d'élèves de la marine,

S'il n'est reconnu d'une constitution assez forte pour supporter les fatigues de la mer;

S'il n'a été pourvu, par une commission ministérielle, du grade d'aspirant de première classe;

S'il n'a été rendu des comptes avantageux de sa conduite;

Et enfin, s'il ne subit un examen sur la théorie et la pratique de la navigation.

4. Le major général ou major de la marine remettra à la commission la liste générale des apirans de la marine de première classe qui se trouvent dans le port et arrondissement; il y joindra leurs états de services, les certificats et apostilles des capitaines sous les ordres desquels ils auront été embarqués, avec les notes qu'il aura pu recueillir sur leur conduite.

5. La commission examinera, avec la plus scrupuleuse attention, les documens qui lui auront été fournis par le major général ou major de la marine; après quoi elle procédera à l'examen de chaque aspirant.

6. L'examen portera sur les connaissances théoriques et pratiques ci-après déterminées, savoir :

L'arithmétique, la géométrie, les deux trigonométries, le traité de navigation, les élémens de la statique, le grément, la manœuvre, le canonnage.

La commission pourra, si elle le juge nécessaire, faire interroger en sa présence chaque aspirant, par le professeur d'hydrographie du port, sur la théorie; et par des maîtres de manœuvre, de canonnage et de timonnerie, sur la pratique.

7. Le commission dressera un procès-verbal du résultat de son examen, lequel comprendra tous les élémens de son travail.

Ce procès-verbal sera divisé en quatre séries :

La première comprendra, par ordre de mérite, les aspirans qui auront répondu avec succès sur toutes les parties d'instruction théorique et pratique, et qui réuniront d'ailleurs toutes les conditions détaillées en l'article 3 ci-dessus;

La deuxième, ceux qui, sortant des écoles et n'ayant que peu ou point de navigation effective, n'auront pas complètement justifié de l'instruction exigée, mais qui seront jugés capables de l'acquérir, et qui méritent des encouragemens par leur conduite et leur application;

La troisième, ceux qui ont totalement négligé leurs études, ou qui manquent de dispositions naturelles ou de volonté;

La quatrième enfin, ceux qui, par leurs principes, leurs mœurs ou leur conduite, quel que soit le degré de leur instruction, ne sont pas susceptibles d'être admis dans le corps de la marine.

8. Sa majesté recommande aux commissions d'examen d'apporter autant d'attention que d'impartialité dans les jugemens qu'elles auront à porter sur le mérite et la conduite des candidats, et de n'avoir en vue que le

bien de son service et la justice qu'elle veut rendre à tous.

9. Le commandant de la marine adressera le procès-verbal de la commission au ministre secrétaire d'Etat de la marine; il y joindra les documens remis à ladite commission par le major général ou major, ainsi que ses notes particulières sur chacun des aspirans qui auront été examinés.

10. Sur le vu du travail des commissions, le ministre secrétaire d'Etat de la marine prendra les ordres de sa majesté.

Les aspirans compris dans la première série seront susceptibles d'être nommés par sa majesté élèves de la marine de première classe.

Ceux compris dans la seconde série pourront être nommés élèves de la marine de deuxième classe.

A l'égard de ceux compris dans la troisième et la quatrième série, ils seront immédiatement licenciés.

11. Les aspirans qui seraient en congé ou employés dans des ports secondaires au service de sa majesté devront se rendre immédiatement dans un des cinq ports principaux désignés par l'art. 2 du présent réglement; il leur sera délivré, à cet effet, par qui de droit, des passe-ports et feuilles de route.

Ceux desdits aspirans qui ne seraient pas rendus dans l'un desdits ports avant que la commission d'examen eût terminé ses opérations seront considérés comme ayant renoncé au service de la marine.

12. Quant aux aspirans qui se trouvent en ce moment à la mer, sur les bâtimens de sa majesté, il sera sursis à leur examen jusqu'à la fin du premier mois qui suivra leur retour en France, et de nouvelles commissions se formeront pour procéder, à leur égard seulement, ainsi qu'il est prescrit par le présent réglement.

Il sera, en conséquence, réservé dans les compagnies d'élèves de la marine un nombre de places calculé d'après celui des aspirans à qui leur absence pour le service de sa majesté n'aura pas permis de se présenter à l'examen.

13. Les compagnies d'élèves de la marine devront être organisées le 1er mai prochain pour tout délai.

A dater de cette époque, les aspirans qui auront été nommés par sa majesté élèves de la marine de première et de seconde classe seront soumis aux dispositions de l'ordonnance et du réglement du 31 janvier 1816.

14. A dater dudit jour 1er mai prochain, tous les aspirans non embarqués sur les bâtimens de sa majesté qui n'auront pas été compris dans les compagnies d'élèves de la marine cesseront d'être portés sur les états de revue.

Les aspirans qui se trouvent à la mer sur les bâtimens de sa majesté continueront d'être portés sur les états jusqu'à ce qu'ils aient pu remplir les obligations qui leur sont imposées par l'article 12 du présent réglement.

15. Il sera pourvu à ce que les aspirans qui, dans la nouvelle formation, auront été nommés élèves de deuxième classe puissent recevoir promptement l'instruction théorique et pratique dont ils auront à faire preuve pour obtenir le grade d'élève de première classe.

16. Les aspirans compris dans la première et la seconde série qui, en raison du trop grand nombre de concurrens, ne pourraient trouver place dans les compagnies d'élèves de la marine, seront susceptibles d'obtenir des lettres de capitaine au long cours, pourvu qu'ils aient vingt-quatre ans d'âge et soixante mois de navigation.

———

2 FÉVRIER 1816.—Ordonnance du Roi qui nomme le sieur Villeneuve à la préfecture du département du Cher. (7, Bulletin 65, n° 412.)

———

2 FÉVRIER 1816.—Ordonnance du Roi qui établit deux foires dans la commune de Chenoise, département de Seine-et-Marne. (7, Bull. 69, n° 465.)

———

3 = Pr. 21 FÉVRIER 1816.—Ordonnance du Roi qui rend applicable aux missions de Saint-Lazare et du Saint-Esprit l'ordonnance du 2 mars 1815, en faveur des missions dites *Missions étrangères*, rue du Bac. (7, Bull. 66, n° 419.)

Voy. ordonnance du 10 OCTOBRE 1816.

Louis, etc.

Vu notre ordonnance du 2 mars 1815 qui rapporte le décret du 26 novembre 1809, et rétablit conséquemment la congrégation des missions, rue du Bac;

Sur le rapport de notre ministre secrétaire d'Etat de l'intérieur,

Nous avons ordonné et ordonnons ce qui suit:

Art. 1er. Notre ordonnance du 2 mars 1815, en faveur des missions dites *Missions étrangères*, rue du Bac, est applicable aux missions de Saint-Lazare et du Saint-Esprit.

2. La congrégation de Saint-Lazare est réintégrée dans son ancienne maison, rue du Vieux-Colombier.

La congrégation du Saint-Esprit est réintégrée dans son ancienne maison, rue des Postes, à la charge de se concerter avec l'Université pour la translation de l'école normale dans un autre édifice.

Elle ne pourra requérir sa mise en possession qu'après que ladite translation aura été consentie et effectuée.

3. Notre ministre de l'intérieur est chargé de l'exécution de la présente ordonnance.

3 FÉVRIER 1816.—Ordonnances du Roi qui autorisent l'acceptation de dons et legs faits aux fabriques des églises d'Embermenil, Lyon, Pithiviers, Maubeuge, Angers. Carcassonne, Mans, Tarascon, Chévaulte, Tronquay, et Garlan. (7, Bull. 69, 72 et 73, n°s 467, 494 et 503.)

3 FÉVRIER 1816. — Ordonnances du Roi portant que les religieuses Ursulines de la ville de Morlaix sont définitivement maintenues dans la possession de leur maison conventuelle; que celles qui étaient chargées du service des hôpitaux de Saint-Sauveur et de Saint-Jean-Baptiste à Lille reprendront leurs fonctions dans lesdits hôpitaux, et que la maison des sœurs hospitalières de Saint-Joseph de Lyon, existant à la Rochelle, département de Seine-et Marne, est approuvée. (7, Bulletin 73, n°s 501 à 505.)

3 FÉVRIER 1816.—Ordonnance du Roi relative à une concession de bois nationaux faite aux hospices du département du Pas-de-Calais. (7, Bull. 69, n° 466.)

5 FÉVRIER 1816.—Ordonnance du Roi concernant la nouvelle décoration spécialement et exclusivement affectée à la garde nationale de Paris, et remplaçant la fleur-de-lis qui lui avait été accordée par l'ordonnance du 5 août 1814. (Mon. n° 38.)

Voy. ordonnance du 18 AVRIL 1816.

Louis, etc.

Touché des marques de fidélité et de dévouement qui nous ont été données par la garde nationale de notre bonne ville de Paris, et voulant, par un témoignage éclatant de notre satisfaction, perpétuer le souvenir de ses bons et loyaux services; de l'avis de notre bien-aimé frère Monsieur, comte d'Artois, colonel-général des gardes nationales du royaume.

Nous avons ordonné et ordonnons ce qui suit :

Art. 1er. La fleur-de-lis affectée à la garde nationale de notre bonne ville de Paris par notre ordonnance du 5 août 1814 sera remplacée par une décoration d'argent, émaillée en blanc et bleu, portant d'un côté notre effigie, et pour exergue ces mots : *Fidélité, Dévouement*; de l'autre, la fleur-de-lis, et pour exergue, les dates 12 *avril et 3 mai 1814*, 19 *mars et 8 juillet* 1815. Le ruban auquel cette décoration sera suspendue restera bleu et blanc; mais chaque liséré bleu sera d'une largeur égale au tiers de celle du ruban, le tout conforme aux modèles joints à la présente ordonnance.

2. Ceux de nos fidèles sujets qui ont obtenu le brevet constatant le droit de porter la décoration du lis affectée à la garde nationale de Paris, ou ceux qui, sans avoir encore ce brevet, ont les qualités requises pour en faire la demande, seront seuls susceptibles d'obtenir, en ce moment, l'autorisation de porter la nouvelle décoration que nous instituons pour la garde nationale de Paris, s'ils justifient:

1° Qu'ils sont porteurs dudit brevet, ou qu'ils sont dans le cas d'en faire la demande ;

2° Qu'ils ont l'uniforme, l'armement et l'équipement complets et en bon état ;

3° Qu'ils font leur service avec exactitude.

3. Le droit de porter ladite décoration se perdra par la radiation des contrôles dûment prononcée pour fait tendant à compromettre l'honneur de la garde nationale.

4. A l'avenir, ceux de nos sujets qui ne font point encore partie de la garde nationale de Paris ne seront susceptibles d'obtenir le droit de porter la nouvelle décoration qu'après deux années, au moins, d'un service exact et sans reproche dans ladite garde.

5. Pour récompenser d'une manière particulière ceux de nos fidèles sujets qui, dans la garde nationale, auront montré le plus de zèle pour le service, ou donné des preuves signalées de dévouement, nous nous réservons de leur accorder le droit de porter ladite décoration en or, sur la demande qui nous en sera faite par notre bien-aimé frère, et sur la proposition du commandant en chef de ladite garde ; mais nul ne pourra l'obtenir sans avoir porté pendant un an, au moins, la nouvelle décoration en argent.

6. Les décoration et ruban spécifiés dans les articles précédens sont et demeurent spécialement et exclusivement affectés à la garde nationale de notre bonne ville de Paris.

Défenses sont faites à toutes personnes étrangères à ladite garde de prendre et porter lesdits ruban et décoration, sous les peines prononcées par les lois contre ceux qui prennent une décoration qu'ils n'ont pas le droit de porter.

Pareilles défenses sont faites, sous les mêmes peines, aux gardes nationaux qui n'auraient point obtenu l'autorisation de porter lesdits ruban et décoration, ou qui se trouveraient dans le cas prévu par l'article 3 de la présente ordonnance.

7. Les brevets pour la nouvelle décoration seront délivrés sur la proposition du commandant en chef de la garde nationale, par notre bien-aimé frère, en suivant les formes qu'il aura déterminées ; mais les brevets déjà délivrés en exécution de notre ordonnance du 5 août 1814 pourront en tenir lieu, lorsqu'ils auront été révisés par le conseil général des brevets et récompenses, et revêtus, par notre bien-aimé frère, de l'autorisation expresse de porter ladite décoration.

7 FÉVRIER 1816. — Ordonnances du Roi qui accordent des lettres de déclaration de naturalité aux sieurs Gismondi, Molina, Dubois, Pagliano, Borelly, Sibuel, Loncke, Kreiss, Parisio-Landini, Dehenault, Orianne, Abraham de Cologna, Levetto et Herpers. (7, Bull. 73, 74, 79, 80, 95, 102, 120 et 122.)

7 FÉVRIER 1816. — Ordonnance du Roi qui admet les sieurs Borgard, Rodrigues, Dacunha-Moreira et de la Terre à établir leur domicile en France. (7, Bull. 74, n° 515.)

8 = Pr. 21 FÉVRIER 1816. — Ordonnance du Roi relative aux primes pour la pêche de la morue. (7, Bull. 66, n° 417.)

Voy. ordonnance des 13 FÉVRIER 1815, 21 OCTOBRE 1818, 4 OCTOBRE 1820, 21 NOVEMBRE 1821, 20 FÉVRIER 1822, et 24 FÉVRIER 1825.

Louis, etc.

Sur le rapport de notre ministre secrétaire-d'Etat de l'intérieur,

Notre sollicitude pour la portion industrieuse de nos sujets qui consacre ses capitaux ou son travail à l'exploitation des pêches lointaines, et l'importance de ces expéditions dont les retours alimentent nos colonies, accroissent la masse des subsistances et vivifient le commerce de nos peuples, ont appelé nos regards sur cette branche intéressante de l'économie de notre royaume.

Nous nous sommes fait rendre compte du mouvement et des progrès de nos pêches maritimes aux dernières périodes de paix, et nous avons reconnu que le haut degré de prospérité qu'elles avaient atteint dans les années 1787 et 1788 était le fruit des encouragemens combinés que leur avaient offerts les arrêts des 30 août 1784, 18 septembre 1785, 11 février 1787, et les décisions des 11 janvier 1784, 7 janvier 1785, 25 décembre 1785 et 9 février 1788.

Considérant, à l'égard de la pêche de la morue en particulier que l'état et les conditions d'une paix maritime semblable à celle qui l'a vue prospérer, réclament des moyens analogues aux mesures protectrices dont l'expérience a constaté le succès;

Vu les susdits arrêts et décisions; vu la loi du 7 mars 1791; vu les arrêtés des 17 ventose et 17 prairial an 10;

Notre conseil-d'Etat entendu,

Nous avons ordonné et ordonnons ce qui suit :

TITRE Ier. Encouragemens.

Art. 1er. Pendant trois ans à compter de ce jour, il sera donné en primes aux armateurs pour la pêche de la morue, et aux négocians français qui exporteront les produits de cette pêche, savoir ;

1° Aux armateurs pour la pêche aux îles de Saint-Pierre et de Miquelon, et à la côte de Terre-Neuve dite *la grande pêche*, 50 fr. par homme embarqué pour ladite pêche, depuis le capitaine jusqu'aux mousses inclusivement;

2° Aux armateurs pour la pêche d'Islande, la pêche du Doggerbank et la pêche du grand banc de Terre-Neuve, appelée *petite pêche*, 15 francs par homme embarqué pour lesdites pêches depuis le capitaine jusqu'aux mousses inclusivement;

3° Par quintal métrique de morue de pêche française exportée de France ou directement des lieux de pêche sur des bâtimens français aux colonies françaises, 24 francs;

4° Par quintal métrique de morue de pêche française exportée des ports français de la Méditerranée sur des navires français en Espagne, en Portugal, en Italie, ou aux échelles du Levant, 12 francs.

5° Par quintal métrique de morue de pêche française portée directement des lieux de pêche en Italie, en Espagne et en Portugal, 10 francs;

6° Par kilogramme d'huile de morue de pêche française importée sur navire français des lieux de pêche dans un port français, 10 centimes ;

7° Par kilogramme de rogues ou œufs de morue de pêche française préparés et conditionnés de manière à servir d'appât pour la pêche de la sardine, et importés dans un des ports de France sur bâtiment français, 20 centimes.

TITRE II. Conditions, formalités.

2. Les primes seront payées par notre ministre secrétaire d'État de l'intérieur, sur les fonds d'encouragement du commerce et de la navigation, aux époques et aux conditions qui seront ci-après spécifiées.

3. La prime accordée à raison du nombre d'hommes embarqués pour la pêche sera payée sur la copie des rôles certifiés par le commissaire de la marine d'après la revue qu'il en aura passée.

Une expédition en sera délivrée à l'armateur, qui la présentera, après le départ du navire, à notre ministre secrétaire d'Etat de l'intérieur, lequel ordonnancera la prime dans le mois suivant.

4. Ladite prime est accordée à charge par l'armateur : 1° de faire suivre à son navire sa destination pour la pêche;

2° De faire son retour dans l'un des ports de la France, de ses colonies, de l'Espagne, du Portugal ou de l'Italie;

3° De n'apporter dans lesdits ports que des produits de pêche française.

En cas de violation de ces conditions, l'armateur rendra le double de la prime, et donnera, à cet effet, s'il en est requis, une caution, qui sera reçue par le préfet du département.

5. La prime accordée pour l'exportation de France aux colonies françaises, en Espagne, en Portugal, en Italie, ou aux échelles du Levant, sera payée aux conditions portées en l'article qui précède, et, en outre, à la charge par l'armateur ou capitaine :

Premièrement, de déclarer aux bureaux de la marine et des douanes du port du départ : 1° le nom de la colonie et du port où il va ; 2° la quantité de poisson qu'il exporte ; 3° le nom du navire, de l'armateur et du capitaine ;

Secondement, de faire attester par un certificat de deux courtiers, visé par le président du Tribunal de commerce, que la morue est de pêche française et de bonne qualité ;

Troisièmement, de faire vérifier et attester par deux employés, l'un des douanes, et l'autre de la marine, qui seront nommés à cet effet par les autorités compétentes, la quantité de morue faisant partie de sa cargaison, et de justifier qu'elle est pareille à celle portée dans ses connaissemens ;

Quatrièmement, de se faire délivrer, par le commissaire de la marine et le directeur ou receveur des douanes au port du départ, un certificat de la déclaration par lui faite dans les bureaux ;

Cinquièmement, de présenter à son retour un certificat constatant : 1° qu'il a exhibé les certificats et déclarations ci-dessus exigées ; 2° qu'il a mis à terre et vendu dans le port où il a abordé la quantité de morue chargée à son bord ; ledit certificat délivré par l'intendant de la colonie, ou le commissaire de la marine, et le directeur ou receveur des douanes dans les colonies, par le consul ou vice-consul de France en pays étranger.

6. La prime accordée pour la morue portée directement du lieu de pêche dans les colonies françaises, l'Espagne, le Portugal et l'Italie, sera payée aux conditions portées en l'article 4, et, en outre, aux conditions suivantes :

1° Le capitaine, assisté de trois principaux officiers-mariniers ou matelots de son bâtiment, fera à l'intendant de la colonie, ou au commissaire de la marine, ou au consul ou vice-consul du port où il abordera, la déclaration du lieu où il a péché, de la quantité de morue qu'il a à bord, du nom du navire, de l'armateur, et du port de France d'où il est parti ;

2° De faire, en présence d'un employé de la marine qui lui sera désigné, ou d'un secrétaire du consul ou vice-consul de France en pays étranger, le déchargement et la pesée de sa cargaison ;

3° De rapporter un certificat de l'intendant de la colonie, ou du commissaire de la marine, ou du consul ou vice-consul de France en pays étranger, constatant qu'il a fait les déclarations et exhibitions ci-dessus ordonnées, et énonçant la quantité de morue déchargée, pesée et vendue par lui dans le port colonial ou étranger.

7. Les primes accordées aux huiles et rogues de morue seront payées aux conditions suivantes :

1° Aussitôt l'arrivée du navire, le capitaine ou armateur déclarera par-devant le préfet ou le commissaire de la marine : 1° le nombre de kilogrammes d'huiles ou de rogues de morue chargés à son bord ; 2° que ces huiles et ces rogues sont exclusivement des produits de pêche française ; 3° il exhibera, à l'appui de cette déclaration, son journal de bord.

En cas de disproportion entre les quantités d'huiles et de rogues et les circonstances de la pêche, le préfet ou le commissaire de marine entendra collectivement ou séparément les hommes de l'équipage.

2° Ledit capitaine ou armateur fera constater par un certificat de deux courtiers, visé par le président du Tribunal de commerce, la quantité et la bonne qualité desdites huiles ou rogues.

3° Ledit capitaine ou armateur remettra ledit certificat au préfet ou au commissaire de la marine, qui lui délivrera expédition desdites déclaration, exhibition et vérification.

8. Les déclaration et certificat exigés par les articles ci-dessus seront conformes aux modèles joints à la présente ordonnance.

9. Les préfets ou commissaires de la marine du lieu du départ de France ou de l'arrivée aux colonies seront tenus : 1° d'enregistrer lesdits certificat et déclaration sur un registre tenu à cet effet ; 2° d'en envoyer sans délai les expéditions, par duplicata, à notre ministre secrétaire d'État de la marine et des colonies, lequel en transmettra une au ministre secrétaire d'État de l'intérieur.

10. Les consuls et vice-consuls de France en pays étranger les adresseront, par duplicata, à notre ministre secrétaire d'État des affaires étrangères, qui les transmettra à notre ministre secrétaire d'État de l'intérieur et à celui de la marine et des colonies.

11. Les directeurs ou receveurs des douanes auront des registres pareils à ceux dont la tenue est prescrite par l'article 9, et feront l'envoi des déclarations et certificats qu'ils y enregistreront, par duplicata, à notre ministre secrétaire d'État des finances, qui en transmettra un à notre ministre secrétaire d'État de l'intérieur, et l'autre à celui de la marine et des colonies.

12. Notre ministre secrétaire d'Etat de l'intérieur confrontera les expéditions qui lui seront ainsi parvenues avec celles que lui représenteront les armateurs ou capitaines : si elles sont conformes entre elles, régulièrement faites et délivrées, il fera payer la prime accordée, dans le délai d'un mois. Si notre ministre secrétaire d'Etat de la marine et des colonies découvre quelque irrégularité ou fraude dans les pièces qui lui seront adressées, il en préviendra sans délai notre ministre secrétaire d'Etat de l'intérieur.

TITRE III. Droits d'entrée en France et aux colonies sur la morue de pêche étrangère.

13. Le droit d'entrée sur les morues et poissons salés de pêche étrangère introduits dans nos colonies continuera d'être perçu sur le pied de trois francs par demi-quintal métrique, conformément à l'article 5 de l'arrêté du 30 août 1784.

14. Les droits d'entrée en France sur la morue de pêche étrangère continueront d'être perçus suivant le tarif actuellement existant.

15. Nos ministres des affaires étrangères, de la marine et des colonies, des finances, de l'intérieur, sont chargés de l'exécution de la présente ordonnance.

N° Ier.

Modèle de la déclaration à faire par le capitaine ou armateur pour la pêche de la morue, afin d'avoir droit à la prime de quinze ou de cinquante francs par homme embarqué. (Art. 3 et 4 de l'ordonnance du 8 février 1816.)

Je soussigné (capitaine *ou* armateur) du navire du port de tonneaux, déclare devoir partir pour la pêche de la morue,

à Saint-Pierre et miquelon,
sur les fonds de Terre-Neuve,
sur le grand banc de Terre-Neuve,
à la côte d'Islande,
sur le Dogger-bank,

ayant hommes d'équipage destinés à ladite pêche.

De laquelle déclaration j'ai demandé acte à M. (le préfet maritime ou commissaire de marine) au port de lieu de l'armement.

Fait à le

N° II.

Modèle de la déclaration à faire au bureau de la marine et des douanes par les capitaines ou armateurs qui voudront exporter de la morue des ports de France aux colonies et dans les mers du midi. (Art 5 de l'ordonnance du 8 février 1616.)

Je soussigné (capitaine *ou* armateur) du navire de tonneaux, ayant hommes d'équipage, armateur capitaine déclare vouloir me rendre au port de colonie de ou dans les Etats de avec quintaux métriques de morue sèche, laquelle a été reconnue de bonne qualité et de pêche française par les sieurs courtiers, suivant le certificat ci-joint par eux délivré le visé par le président du tribunal de commerce, et dont la quantité a été vérifiée et reconnue pareille à celle portée aux connaissemens par un employé des douanes et un employé de la marine, suivant le certificat ci-joint, par eux délivré le

De laquelle déclaration j'ai requis acte et expédition.

A le

N° III.

Modèle du certificat à délivrer par les courtiers chargés de vérifier la qualité de la morue et si elle est de pêche française. (Art. 5 de l'ordonnance du 8 février 1816.)

Nous soussignés, courtiers de commerce près la bourse de département d arrondissement d dûment assermentés et patentés, attestons, après vérification faite, que la quantité de quintaux métriques de morue, destinée par le sieur , armateur, à être embarqué sur le navire le capitaine du port de tonneaux, est de bonne qualité et de pêche française.

En foi de quoi, nous avons marqué de la marque (les balles, boucauts *ou* barils) contenant ladite morue au nombre de du N° à inclusivement, et avons délivré le présent po. valoir ce que de raison.

A le

Vu par nous, président du Tribunal de commerce.

A le

N° IV.

Modèle du certificat à délivrer par l'employé des douanes et celui de la marine chargés de vérifier le poids de la morue. (Art. 5 de l'ordonnance du 8 février 1816.)

Nous soussignés (*on énoncera le nom et le grade de chaque employé*), nommés, l'un par   , l'autre par   , à l'effet de faire la vérification du poids de la morue destinée, par   , armateur, à être embarquée sur le navire le   du port de   tonneaux   , capitaine   , avons reconnu que ladite morue est contenue en (barils, boucauts *ou* balles), N°   à   , pesant ensemble, d'après la pesée que nous avons fait faire en notre présence, quintaux métriques, et que le nombre, les numéros et le poids des (barils, boucauts *ou* balles) sont conformes à ce qui est énoncé dans les connaissemens qui nous ont été représentés en règle par le capitaine.

En foi de quoi, nous avons délivré le présent.

A   le

N° V.

Modèle du certificat à délivrer dans les colonies, par l'intendant de la colonie ou par un commissaire de la marine, et par le directeur des douanes ou par le consul ou vice-consul de France en pays étranger, aux capitaines qui y porteront de la morue sèche de pêche française venant d'un port de France. (Art. 5 de l'ordonnance du 8 février 1816.)

Je soussigné (*on mettra les qualités du fonctionnaire public*) certifie que le sieur   , capitaine du navire le   du port de   tonneaux, partant du port français   , est entré dans le port de   le   ; qu'il m'a exhibé les certificats prescrits par l'ordonnance du 8 février 1816, article 5 ; que ces certificats sont en règle, et qu'en conformité de leur contenu il a mis à terre et vendu en ce port la quantité de   quintaux métriques de morue sèche, portée tant dans ses connaissemens que dans ses certificats de chargement.

En foi de quoi, je lui ai délivré le présent.

A   le

N ° VI.

Modèle du certificat à délivrer par l'intendant de la colonie ou par le commissaire de marine aux colonies, ou par le consul ou vice-consul de France en pays étranger, aux capitaines des navires qui apporteront de la morue sèche directement du lieu de la pêche. (Art. 6 de l'ordonnance du 8 février 1816.)

Je soussigné (*on mettra le nom du fonctionnaire public*) atteste que le sieur   capitaine du navire le   , de   hommes d'équipage   , armé le   par le sieur   venant de la pêche, a déclaré, en présence des sieurs

(*officiers-mariniers ou matelots de son bord au nombre de trois*) avoir à son bord la quantité de   quintaux métriques de morue sèche, laquelle a été déchargée en ce port, pesée en présence des sieurs (*on mettra le nom et le grade de l'employé aux bureaux de la marine, et du commissaire des relations commerciales*), reconnue du poids de   et a été vendue en ce port.

En foi de quoi, je lui ai délivré le présent.

A   le

N° VII.

Modèle de la déclaration des huiles et des rogues.

Par-devant M. (le préfet maritime *ou* M. le commissaire de marine) du port de   ,
Je soussigné (armateur *ou* capitaine) du navire   déclare rapporter de ma pêche à   kilogrammes d'huile de morue.

Affirme que lesdites huiles et rogues sont des produits de pêche française.

En foi de quoi, j'ai exhibé mon journal de bord, et j'ai signé le présent, dont je demande acte et expédition.

Fait à   le

N° VIII.

Modèle du certificat de la quantité et de la qualité des huiles et des rogues à délivrer par les courtiers de commerce.

Nous soussignés   , courtiers de commerce près de la bourse de   département de   , arrondissement d   , dûment assermentés et patentés,

Attestons, après vérification faite, que la quantité de   kilogrammes d'huile de morue a été pesée devant nous, et qu'elle est de la préparation et qualité requises pour servir d'appâts dans les pêches de la sardine.

En foi de quoi, nous avons signé le présent.

Fait à   le

Vu par nous président du tribunal de commerce.

A   le

------

8 = Pr. 21 FÉVRIER 1816. — Ordonnance du Roi relative aux primes pour la pêche de la Baleine. (7, Bull. 66, n° 418.)

Voy. ordonnance des 14 FÉVRIER 1819, 11 DÉCEMBRE 1821, et 5 FÉVRIER 1823.

14.

Louis, etc.

Sur le rapport de notre ministre secrétaire d'État au département de l'intérieur;

Les anciens succès de nos sujets basques et les progrès récens des armateurs de Dunkerque et de plusieurs de nos autres ports dans les pêches de la baleine et du cachalot nous ont fait sentir la nécessité de reproduire, en faveur de cette pépinière de nos matelots, les encouragemens accordés en 1785 et 1786, confirmés par la loi du 27 mai 1792, renouvelés par les arrêtés des 9 nivose et 17 prairial an 10, et dont les guerres maritimes ont seules suspendu les bons effets;

Notre Conseil-d'État entendu,

Nous avons ordonné et ordonnons ce qui suit:

TITRE Ier. Encouragemens.

Art. 1er. Aux termes de la loi du 27 mai 1792, les armateurs des ports de notre royaume jouiront d'une prime de cinquante francs par tonneau de jauge de chacun des navires qu'ils expédieront, pour les pêches de la baleine ou du cachalot, dans les mers du nord ou du sud.

2. La prime sera payée sur le nombre des tonneaux que pourra porter le bâtiment, sans aucune déduction; à l'effet de quoi il sera jaugé contradictoirement par le jaugeur des douanes et le jaugeur de la marine du port de l'armement.

3. Dans le cas où le navire, ayant doublé le cap de Horn ou franchi le détroit de Magellan, aurait fait ladite pêche des baleines ou des cachalots, ou de tous autres cétacés ou amphibies à lard, dans l'Océan-Pacifique, et rentrerait dans un port de France, chargé de produits d'une telle pêche, après une navigation de plus de seize mois et de moins de vingt-six, l'armateur recevra, au retour dudit navire, une seconde prime égale à celle déterminée par l'article 2.

4. La prime de cinquante francs par tonneau sera avancée par notre ministre secrétaire d'État de l'intérieur, sur les fonds d'encouragement du commerce et de la navigation mis à sa disposition.

5. Pendant trois ans à compter de ce jour les armateurs, pour les susdites pêches, pourront se pourvoir de navires étrangers qui seront naturalisés avant leur départ et sans frais, à charge de ne pouvoir les employer qu'auxdites pêches, sauf une autorisation spéciale de notre secrétaire d'État ministre de la marine, laquelle ne pourra être accordée qu'après au moins une campagne de pêche faite par ledit navire.

6. Pendant trois ans à compter de ce jour les armateurs pourront composer leurs équipages, tant en états-majors qu'en matelots,

de deux tiers d'individus étrangers et d'un tiers de Français.

7. Du jour où le rôle d'équipage aura été remis par l'armateur au commissaire de l'inscription maritime, les individus y portés ne pourront être commandés pour le service de nos vaisseaux, jusqu'au retour du navire pêcheur.

8. Le harponneur, le timonier et les matelots loveurs de ligne de chacune des chaloupes baleinières d'un navire baleinier ne pourront être commandés pour ledit service tant qu'ils exerceront ou seront engagés pour exercer ladite pêche.

TITRE II. Conditions, formalités.

9. Les primes sont accordées à la charge par l'armateur:

1° De faire suivre à son vaisseau sa destination pour les pêches susdites;

2° De faire son retour dans un port de notre royaume;

3° De n'apporter dans lesdits ports aucun fanou, blanc, huile, ni matière quelconque résultant de pêche étrangère;

1° De tenir journal de sa navigation.

10. L'armateur déclarera au bureau de la marine du lieu du départ, à laquelle des deux pêches, septentrionale ou méridionale, il destine son navire.

Le rôle d'équipage contiendra la désignation spéciale des âges, lieu de naissance et fonctions de pêche des individus engagés comme timoniers, loveurs de ligne et harponneurs de chacune des chaloupes de pêche.

11. Au retour de chaque navire, le préfet maritime, ou le commissaire de marine entendra collectivement ou séparément les hommes de l'équipage, et conférera avec leurs déclarations le journal de bord, pour reconnaître si les conditions prescrites par les articles précédens ont été suivies.

En cas de contravention à l'article 9, l'armateur rendra le double de la prime à lui avancée: à l'effet de quoi, avant le départ, il fournira une caution, qui sera admise, si elle est recevable, par le préfet maritime ou le commissaire de marine.

12. En cas de relâche dans un port où se trouve un fonctionnaire public français, ou de rencontre d'un de nos vaisseaux, le capitaine du navire pêcheur sera tenu de déclarer au fonctionnaire ou à l'officier français les principaux faits de sa navigation et de sa pêche, et d'en prendre acte sur son journal de bord.

13. Nos ministres de l'intérieur, de la marine, des colonies, et des finances sont chargés de l'exécution de la présente ordonnance.

8 = Pr. 16 FÉVRIER 1816. — Ordonnance du Roi contenant des dispositions relatives au contre-seing des ministres secrétaires d'Etat dont les ordonnances, réglemens et actes qui émanent de l'autorité royale doivent être revêtus. (7, Bull. 65, n° 413.)

Louis, etc.

Les ordonnances, réglemens et actes d'administration qui émanent de notre autorité royale, devant être revêtus du contreseing de l'un de nos ministres secrétaires d'Etat, dans leurs attributions respectives,

Nous avons ordonné et ordonnons ce qui suit :

Art. 1er. En l'absence ou dans le cas d'empêchement de l'un de nos ministres secrétaires d'Etat, ainsi que dans le cas ou nous n'aurions pas nommé à l'un des départemens du ministère, les actes de l'administration de ces départemens ne pourront être contresignés que par celui de nos autres ministres secrétaires d'Etat que nous nommerons à cet effet.

2. Les actes qui doivent être contresignés par notre ministre secrétaire d'Etat au département de notre maison le seront, jusqu'à ce qu'il nous plaise d'en ordonner autrement, par le duc de Richelieu, président de notre conseil des ministres.

3. Ledit président de notre conseil, ministre secrétaire d'Etat au département des affaires étrangères, et notre garde-des-sceaux, ministre secrétaire d'Etat au département de la justice, sont chargés de l'exécution de la présente ordonnance.

8 FÉVRIER 1816. — Ordonnance du Roi qui autorise l'acceptation d'un legs fait aux églises réformées du Vigan et de Saint-Afrique. (7, Bull. 74, n° 517.)

8 FÉVRIER 1816. — Ordonnance du Roi qui transfère le siége de la justice de paix du canton de Wail dans la commune du Parcq. (7, Bull. 74, n° 518.)

8 FÉVRIER 1816. — Ordonnance du Roi qui accorde des lettres de déclaration de naturalité au sieur Darzon. (7, Bull. 116.)

10 FÉVRIER = Pr. 6 MARS 1816. — Ordonnance du Roi qui déclare que l'avis du Conseil-d'Etat, du 18 juin 1809, qui attribue aux conseils de préfecture le jugement des usurpations de terrains communaux, n'est applicable que lorsque la qualité communale du terrain n'est pas contestée, et que, dans le cas contraire, les tribunaux ordinaires sont juges de la question de propriété (1). (7, Bull. 70, n° 470.)

Voy. la note sur l'avis du Conseil-d'Etat, du 18 JUIN 1809.

Louis, etc.

Sur le rapport du comité du contentieux ;

Vu la requête présentée, le 3 mars 1815, par le sieur Guinier, tendant à l'annulation d'un arrêté du conseil de préfecture du département de l'Yonne, en date du 30 décembre 1814, lequel a décidé qu'un terrain formé par alluvion sur les bords de l'Yonne, et dont le requérant est en possession, ne lui appartient que dans la partie seulement contiguë à sa maison et dépendances, et, en conséquence, lui a enjoint de restituer aux autres propriétaires riverains les parties adjacentes à leurs héritages, et notamment à la commune de Monéteau la partie adjacente à un chemin public, jusqu'à la rivière, dans une largeur de six mètres ;

Vu ledit arrêté ; vu la requête en réponse, présentée, le 7 décembre 1815, par le maire de la commune de Monéteau, le plan des lieux, ensemble toutes les pièces jointes au dossier et respectivement produites ;

Considérant que l'avis du Conseil-d'Etat du 18 juin 1809, *sur la compétence en matière d'usurpation de biens communaux*, ne s'applique qu'à des usurpations de terrains dont la qualité communale n'est pas contestée ; considérant, dans l'espèce, que le sieur Guinier prétend que le terrain dont la propriété a été attribuée à la commune de Monéteau, par l'arrêté du conseil de préfecture, lui appartient en vertu de titres anciens, de la possession immémoriale, et des dispositions du Code civil ; que dès lors il s'élève entre les parties une question de propriété, dont les tribunaux seuls peuvent connaitre ;

Notre Conseil-d'Etat entendu,

Nous avons ordonné et ordonnons ce qui suit :

Art. 1er. L'arrêté du conseil de préfecture du département de l'Yonne, du 30 décembre 1814, est annulé pour cause d'incompétence, et les parties sont renvoyées à se pourvoir devant les tribunaux ordinaires.

2. Le maire de la commune de Monéteau est condamné aux dépens.

3. Nos ministres de la justice et de l'intérieur sont chargés de l'exécution de la présente ordonnance.

_____

(1) *Voy.* application, ordonnance du 1er septembre 1819, J. C. t. 5, p. 268.

12 FÉVRIER 1816. — Ordonnance du Roi qui nomme le sieur de la Salle à la préfecture du département des Ardennes. (7, Bull. 67, n° 421.)

14 = Pr. 22 FÉVRIER 1816. — Ordonnance du Roi concernant le remboursement ou la compensation des cautionnemens fournis par les fonctionnaires et les comptables nés en France ou naturalisés Français, pour les places qu'ils ont exercées dans les départemens séparés de la France. (7, Bull. 67, n° 420.)

Louis, etc.

Vu les articles 15, 16, 17, 18 et 19 de la loi du 2 ventose, et les autres lois relatives aux cautionnemens à fournir par les comptables du Trésor, par les agens de change, courtiers de commerce, notaires et officiers de justice;

Considérant qu'il importe de statuer sur le remboursement des cautionnemens qui ont été fournis par des individus nés en France, ou naturalisés Français depuis le 30 mai 1814, pour les places qu'ils ont exercées dans les départemens aujourd'hui séparés de la France;

Voulant accélérer ce remboursement, autant que le permet la situation de notre Trésor;

Considérant qu'il importe aussi de régler que la nomination d'un comptable à une autre place de comptable de la même nature ne donne pas lieu à exiger un nouveau cautionnement, puisque, dans ce cas, la gestion nouvelle n'est qu'une continuation de la gestion première, sauf le changement de résidence;

Sur la proposition de notre ministre secrétaire-d'Etat des finances,

Avons ordonné et ordonnons, etc. :

Art. 1er. Les cautionnemens fournis par des Français, ou par des étrangers naturalisés Français, depuis le traité du 30 mai 1814, pour les places qu'ils ont exercées dans les départemens aujourd'hui séparés de la France, serviront :

1° A compenser les débets qui pourraient résulter des comptes rendus par lesdits individus ;

2° A garantir les nouvelles fonctions auxquelles ils auraient pu ou pourraient être appelés en France.

2. Dans le cas où ces ex-fonctionnaires ne seraient ni débiteurs ni replacés, leurs cautionnemens leur seront remboursés, aux termes de la loi du 2 ventose an 13, en rapportant, pour les receveurs généraux, un arrêté de leur compte, réglé par notre Trésor royal, au lieu du compte de clerc-à-maître, qui ne peut plus être arrêté par leurs successeurs; pour les receveurs particuliers, le *quitus* du receveur général; pour les percepteurs, la décharge du receveur particulier; pour les payeurs, celle du payeur général duquel ils

dépendent; pour les autres comptables, l'extrait de leur compte arrêté par les régies et administrations auxquelles ils étaient subordonnés; et pour les autres fonctionnaires des certificats de non-opposition, conformément aux lois des 25 nivose et 6 ventose an 13, et à notre ordonnance du 10 février 1815.

3. Notre ministre secrétaire-d'Etat des finances est autorisé à faire ce remboursement en bons de notre Trésor royal, payables par tiers, à huit, douze et seize mois d'échéance, et portant intérêt de six pour cent par année.

4. Ce remboursement n'aura lieu qu'après qu'il aura été fourni un cautionnement en immeubles, pour garantie de l'apurement de leur gestion, par ceux de ces fonctionnaires qui sont assujétis à cette obligation par la loi du 2 ventose an 13.

5. Tout fonctionnaire assujéti à un cautionnement qui sera appelé à une autre fonction de même nature ne sera pas tenu de fournir un nouveau cautionnement : le premier cautionnement garantira la nouvelle gestion, et l'excédant en numéraire pourra même être retiré, en se conformant à la loi du 2 ventose an 13.

6. Notre ministre des finances est chargé de l'exécution de la présente ordonnance.

14 = Pr. 22 FÉVRIER 1816. — Ordonnance du Roi relative à la remise en activité des travaux de l'église de la Madelaine, aux monumens expiatoires ordonnés par la loi du 19 janvier 1816, et aux rétablissemens des statues équestres des rois Louis XIII, Louis XIV et Louis XV. (7, Bull. 67, n° 422.)

Art. 1er. Les travaux de l'église de la Madeleine seront de suite remis en activité.

2. Les monumens expiatoires ordonnés par la loi du 19 janvier dernier, et qui doivent être élevés à Louis XVI, à Louis XVII, à la reine Marie-Antoinette, et à Madame Elisabeth, seront placés dans cette église.

Le monument à élever au duc d'Enghien sera placé dans l'église de Vincennes.

3. Les statues équestres de Louis XIII, Louis XIV et Louis XV, dont le rétablissement a été prescrit par notre ordonnance du même jour 19 janvier, seront érigées, la première, sur la place Royale; la seconde, sur la place des Victoires; la troisième, sur la place Louis XV.

4. Ces statues et ces monumens seront en marbre.

5. Les fonds nécessaires pour ces travaux seront portés successivement au budget de l'intérieur et par exercice.

6. Notre ministre de l'intérieur est chargé de l'exécution de la présente ordonnance.

14 = Pr. 22 FÉVRIER 1816. — Ordonnance du Roi relative à l'érection de trophées et statues pour la décoration du pont de Louis XVI. (7, Bull. 67, n° 423.)

Art. 1er. Le pont de Louis XVI sera décoré de quatre trophées en marbre, et de douze statues représentant :

Bayard et Duguesclin, Turenne et Condé, l'abbé Suger et le cardinal de Richelieu, Sully et Colbert, Duguai-Trouin et Tourville, Duquesne et Suffren.

2. Trois cent mille francs sont alloués pour cette entreprise, et seront portés successivement au budget de l'intérieur.

3. Notre ministre de l'intérieur est chargé de l'exécution de la présente ordonnance.

14 FÉVRIER 1816. — Ordonnance du Roi relative à la sortie provisoire des charbons et perches provenant de la forêt des Ardennes (1).

14 FÉVRIER 1816. — Ordonnance du Roi qui autorise l'érection en annexes des églises de Teix et de Manson, situées dans la commune de Saint-Genest-Champanelle, diocèse de Clermont, département du Puy-de-Dôme. (7, Bull. 75, n° 532.)

14 FÉVRIER 1816. — Ordonnances du Roi qui accordent des lettres de déclaration de naturalité au sieur Lecoq, aux vicomtes et marquis de Désaudrouin et Pé de Arras. (7, Bull. 74, 77, 80 et 87.)

14 FÉVRIER 1816. — Ordonnance du Roi qui permet au sieur Philippe d'ajouter à son nom celui de Darsenay. (7, Bull. 74, n° 520.)

14 FÉVRIER 1816. — Ordonnances du Roi qui réintègrent les sieurs Philippe comte de Thuméry et Audibert Roze dans la qualité et les droits de citoyen français. (7, Bull. 74, et 75, n°s 521 et 534.)

14 FÉVRIER 1816. — Ordonnance du Roi qui autorise les sieurs Sarato, Sartario, Modena et Zecchini à établir leur domicile en France. (7, Bull. 74, n° 522.)

14 FÉVRIER 1816. — Ordonnances du Roi qui autorisent l'acceptation de dons et legs faits aux fabriques des églises de Saffloz, Son, Agneaux, Saint-Brieuc, Falga, Villefranche-de-Louchapt, Croixille et les Etaux, et à la congrégation des sœurs de la Charité de Besançon. (7, Bull. 75 et 77, n°s 528, 533 et 549.)

14 FÉVRIER 1816. — Ordonnances du Roi portant nomination et institution des membres des cours royales de Dijon et d'Orléans. (7, Bull. 68 et 70, n°s 430 et 471.)

14 FÉVRIER 1816. — Ordonnances du Roi portant réduction du nombre des foires actuellement existantes dans la commune de Maiour, et fixation des jours de la tenue de celles de Saint-Valery, Saint-Lombez, Saint-Magne et Mont-Cénis. (7, Bull. 75, et 77, n°s 529, 530, 535, 548 et 551.)

14 FÉVRIER 1816. — Ordonnance du Roi qui autorise le sieur Grasset à transformer en fourneaux catalans ses forges situées commune de Pinsot. (7, Bull. 75, n° 531.)

15 FÉVRIER 1816. — Ordonnance du Roi qui nomme le sieur Destouches préfet du département de Seine-et-Oise. (7, Bulletin, 67, n° 424.)

17 FÉVRIER 1816. — Ordonnance du Roi qui nomme les sieurs Bascot et Terray préfets des départemens d'Indre-et-Loire et Loir-et-Cher. (7, Bull. 67, n° 425.)

19 FÉVRIER 1816. — Ordonnance du Roi qui nomme les sieurs de Barrin à la préfecture de la Lozère, et Defrossac à celle de la Haute-Vienne. (7, Bull. 70, n° 472.)

21 = Pr. 23 FÉVRIER 1816. — Loi portant que le sursis accordé aux colons de Saint-Domingue et à leurs cautions par la loi du 2 décembre 1814 est prorogé jusqu'à la fin de la session de 1817. (7, Bull. 68, n° 429; Mon. des 1er, 12 et 31 décembre 1815.)

Voy. loi du 15 AVRIL 1818.

Art. 1er. Le sursis accordé aux colons de Saint-Domingue et à leurs cautions par la loi du 2 décembre 1814, ainsi que les dispositions contenues aux arrêtés et décrets auxquels ladite loi se réfère à l'égard des créanciers, sont prorogés jusqu'à la fin de la session des deux Chambres qui s'ouvrira en 1817.

2. Le ministre de la marine et des colonies continuera ses diligences auprès des chambres de commerce et partout où besoin sera, pour rassembler les renseignemens nécessaires sur l'étendue et la nature des créances qui sont l'objet desdits arrêtés et décrets, et recueillera leurs avis sur les moyens les plus propres à concilier les intérêts des colons et ceux de leurs créanciers.

(1) Cette ordonnance, qui n'est point au Bulletin des Lois, est rappelée par l'ordonnance du 8 septembre 1819 qui permet leur exploitation jusqu'au 1er septembre 1820.

3. Ces renseignemens et avis seront joints au projet de loi qui sera proposé dans la session indiquée dans l'article 1er.

---

21 FÉVRIER = Pr. 6 MARS 1816.— Ordonnance du Roi qui considère comme non avenu le décret du 23 août 1811, et porte que les officiers qui ont été ou qui seront remis en activité de service reprendront le rang auquel leur ancienneté de grade leur donne droit de prétendre. (7, Bull. 70, n° 473.)

Louis, etc.

Nous étant fait représenter le décret du 23 août 1811 qui porte que les chefs de bataillon, capitaines, lieutenans et sous-lieutenans qui seront remis en activité de service après deux ans d'interruption ne seront admis à prendre rang qu'à dater du décret par lequel ils auront été remis en activité, et que leurs services antérieurs ne compteront que pour la retraite ou la pension;

Considérant que ce décret prive les officiers remis en activité du rang auquel ils doivent prétendre par leurs services précédens;

Sur le rapport de notre ministre secrétaire d'Etat au département de la guerre,

Nous avons ordonné et ordonnons ce qui suit :

Art. 1er. Le décret du 23 août 1811 sera considéré comme nul et non avenu.

Les officiers des corps qui avaient quitté le service, et qui ont été ou seront remis en activité reprendront, dans les corps où ils auront été ou seront admis, le rang auquel leur ancienneté de grade leur donne droit de prétendre.

Ce rang sera fixé, chaque année, à l'époque de la revue qui sera passée par l'inspecteur général : cependant, s'il survenait des vacances d'emplois de capitaine et de lieutenant dans l'intervalle de deux revues, l'officier remis en activité pendant cet intervalle qui aurait droit à l'emploi vacant par son ancienneté de grade en serait de suite pourvu.

2. L'admission dans les régimens de notre garde royale donnant le rang supérieur du grade dont on remplit les fonctions, les officiers qui y seront admis, quelle que soit d'ailleurs leur ancienneté de grade dans d'autres corps, ne prendront rang dans le régiment de la garde où ils seront admis qu'à dater du jour de l'expédition de leurs lettres de service pour ce régiment.

3. Notre ministre de la guerre est chargé de l'exécution de la présente ordonnance.

---

21 FÉVRIER = Pr. 6 MARS 1816. — Ordonnance du Roi ayant pour objet de prévenir les conflits de juridiction auxquels peut donner lieu l'incertitude de la jurisprudence en matière de législation repressive de la désertion.(7, Bull. 70, n° 474.)

Voy. ordonnances des 22 MAI et 3 JUILLET 1816, 22 AVRIL et 14 OCTOBRE 1818.

Louis, etc.

Considérant que les circonstances n'ont pas encore permis d'établir dans un nouveau Code pénal militaire les bases de la législation répressive de la désertion;

Voulant prévenir les conflits de juridiction auxquels peut donner lieu l'incertitude de la jurisprudence sur cette matière;

Vu les lois des 13 brumaire an 5 (3 novembre 1796), 18 vendémiaire an 6 (9 octobre 1797), l'arrêté du 19 vendémiaire an 12 (12 octobre 1803), et autres actes subséquens relatifs aux moyens de répression de la désertion.

Sur le rapport de notre ministre secrétaire d'Etat de la guerre,

Nous avons ordonné et ordonnons ce qui suit :

Art. 1er. Il ne sera plus formé de conseils de guerre spéciaux pour juger les prévenus de désertion : la connaissance de ce délit est restituée aux conseils de guerre permanens.

2. Les conseils de guerre permanens appliqueront aux coupables, soit de désertion, soit d'évasion des ateliers de travaux publics ou du boulet, soit de délits graves dans ces ateliers, les peines spécifiées par l'arrêté du 19 vendémiaire an 12 (12 octobre 1803), par l'avis du Conseil-d'Etat du 22 ventose de la même année (13 mars 1804), par les décrets des 8 nivose, 23 ventose et 8 fructidor an 13 (29 décembre 1804, 14 mars et 26 août 1805), 8 vendémiaire an 14 (30 septembre 1805), 16 février 1807, 23 novembre 1811, 2 février 1812 et 5 avril 1813, à l'exception de la peine de l'amende de 1,500 francs, qui sera remplacée par la condamnation aux frais de poursuite, conformément à la loi du 18 germinal an 7 (7 avril 1799).

3. L'article 1er du décret du 14 octobre 1811, qui défend de juger par coutumace les prévenus de désertion est maintenu.

4. Aussitôt le retour d'un prévenu de désertion à son corps, le chef de ce corps en portera plainte au commandant supérieur du lieu où siégera le conseil de guerre permanent. Ce commandant pourra user de la faculté accordée par le décret du 4 janvier 1814, refuser l'information, et se borner à infliger une peine de discipline, si des circonstances particulières militent en faveur du prévenu; mais il devra rendre compte, dans les vingt-quatre heures, des motifs de son refus, à notre ministre secrétaire d'Etat de la guerre,

qui approuvera ce refus, ou ordonnera de passer outre au jugement (1).

5. Les titres IV, V, VI, VII, IX, X, XI et XII de l'arrêté du 19 vendémiaire an 12 (12 octobre 1803) relatifs à la définition de la désertion, à l'application des peines et à l'exécution des jugemens, sont maintenus dans toutes les dispositions qui ne sont pas contraires à la présente ordonnance.

6. Nos ministres de la guerre et de la justice sont chargés de l'exécution de la présente ordonnance.

21 FÉVRIER = Pr. 2 AVRIL 1816. — Ordonnance du Roi portant création d'un corps royal d'artillerie de la marine. (7, Bull. 77, n° 546.)

Voy. loi du 3 BRUMAIRE an 4; arrêté du 18 BRUMAIRE an 13, et réglement du 29 FÉVRIER 1816.

Louis, etc.

Une des premières institutions qui se sont liées à la création de la marine royale avait spécialement affecté un corps de troupes à la garnison des bâtimens de guerre et à la garde des arsenaux maritimes. Le temps et l'expérience ayant donné à ce système plus de perfection et une application plus étendue, les troupes de la marine ont été exercées au canonnage, aux travaux des parcs d'artillerie, et même à la manœuvre des vaisseaux : ainsi s'était formé un des principaux élémens de la force navale, lorsque des événemens dont nous voudrions effacer jusqu'au souvenir nous ont mis dans la nécessité de comprendre les canonniers de la marine dans le licenciement général de l'armée. Mais un grand nombre de ces militaires étant animés du désir de servir leur prince et leur patrie, nous avons jugé que la formation d'un nouveau corps d'artillerie de la marine, en même temps qu'elle concourrait au bien de notre service, nous permettrait d'ouvrir une carrière avantageuse à ceux de nos sujets qui se sont destinés ou se destineront à cette arme, et de leur procurer les encouragemens et les récompenses dont ils se rendront dignes par leur zèle, leur instruction et leur fidélité :

A ces causes,

Et notre intention étant de réunir dans une seule et même ordonnance toutes les vues utiles qui ont servi de base aux réglemens rendus jusqu'à ce jour sur les troupes de la marine;

Oui le rapport de notre ministre secrétaire d'Etat au département de la marine et des colonies,

Nous avons ordonné et ordonnons ce qui suit :

TITRE Ier. Création du corps royal d'artillerie de la marine.

Art. 1er. Nous créons et établissons, par les présentes, un corps d'artillerie spécialement affecté au service de la marine et des colonies, lequel sera composé ainsi qu'il suit :

1° De huit bataillons d'artillerie de la marine;

2° De cinq compagnies d'ouvriers;

3° De cinq compagnies d'apprentis canonniers;

4° Et des officiers et employés nécessaires, tant pour les directions d'artillerie dans nos ports et arsenaux, que pour le service des forges, fonderies et manufactures d'armes.

2. Il y aura une inspection générale de l'artillerie de la marine, laquelle s'étendra tant sur le personnel que sur le matériel de cette arme.

3. Le corps d'artillerie établi pour le service de la marine et des colonies prendra le titre de *Corps royal d'artillerie de la marine.*

TITRE II. Des bataillons du corps royal d'artillerie de la marine.

SECTION Ire. *De l'organisation des bataillons.*

4. Chacun des huit bataillons du corps royal d'artillerie de la marine aura un état-major et six compagnies, dont une de bombardiers et les cinq autres de canonniers.

5. L'état-major du bataillon sera formé ainsi qu'il suit : chef de bataillon, un; adjudant-major, un; lieutenant chargé de l'habillement, un; lieutenant officier-payeur, un; lieutenant en deuxième sous-adjudant-major, un. Total, cinq.

Tambour-maître, un; maître tailleur, un. Total deux.

6. La compagnie de bombardiers comprendra cinquante-huit officiers, sous-officiers et soldats, savoir :

Capitaine, un; lieutenant en premier, un; lieutenant en second, un. Total, trois.

Sergent-major, maitre-canonnier, un; sergens, seconds maitres-canonniers de première classe, quatre; fourrier *idem*, un; caporaux, seconds maitres-canonniers de seconde classe, huit; bombardiers de première classe, aides-canonniers de première *idem*, seize; bombardiers de seconde classe, aides-canonniers de seconde *idem*, vingt-quatre; tambour, un. Total, cinquante-cinq.

Indépendamment des trois officiers employés dans la compagnie de bombardiers, il pourra y être attaché un chef de bataillon qui en exercera le commandement supérieur.

(1) *Voy.* ordonnance du 23 janvier 1822.

7. Chaque compagnie de canonniers comprendra quatre-vingt-onze officiers, sous-officiers et canonniers, savoir :

Capitaine, un; lieutenant en premier, un; lieutenant en second, un. Total, trois.

Sergent-major, un; sergens, quatre ; fourrier, un; caporaux, huit; artificiers, quatre; canonniers de première classe, douze; de seconde classe, seize; de troisième classe, quarante; tambours, deux. Total, quatre-vingt-huit.

8. Chaque compagnie sera divisée en huit escouades, composées chacune,

Dans les compagnies de bombardiers, de six hommes, savoir :

Caporal, un ; bombardiers de première classe, deux; bombardiers de seconde classe, trois. Total, six.

Dans les compagnies de canonniers, de dix hommes, savoir :

Caporal, un; artificiers ou canonniers de première classe, deux; canonniers de seconde classe, deux; de troisième classe, cinq. Total, dix.

Deux escouades formeront une section commandée par un sergent.

Deux sections formeront une division.

Le capitaine et le lieutenant en second seront attachés à la première division ;

Le lieutenant en premier et le sergent-major, à la seconde.

Chaque division aura un tambour.

9. Lorsque les circonstances l'exigeront, les bataillons d'artillerie de la marine seront portés au grand complet, par l'addition à chaque compagnie de bombardiers et de canonniers, d'une division subdivisée en deux sections et quatre escouades, savoir :

Dans les compagnies de bombardiers,

Sergens, deux ; caporaux, quatre; bombardiers de première classe, huit; bombardiers de seconde classe, douze. Total, vingt-six.

Dans les compagnies de canonniers,

Sergens, deux ; caporaux quatre; canonniers de première classe, quatre ; de seconde classe, quatre; de troisième classe, vingt-huit. Total, quarante-deux.

Dans ce cas, le commandement des divisions sera réglé comme il suit :

Première division : le capitaine, le fourrier ;

Seconde division : le lieutenant en premier, le plus ancien sergent ;

Troisième division : le lieutenant en second, le sergent-major.

10. Il sera admis dans chaque compagnie deux enfans de troupe, lesquels seront choisis par le chef de bataillon parmi les fils des sous-officiers et soldats du corps ayant atteint l'âge de huit ans au moins.

11. Les bataillons d'artillerie de la marine seront désignés par un numéro, depuis 1 jusqu'à 8.

Ils seront répartis dans les ports ci-après, savoir :

A Brest, le 1er et le 8e ; à Toulon, le 2e et le 7e ; à Rochefort, le 3e et le 6e; à Lorient, le 4e; à Cherbourg, le 5e.

12. Dans les ports où seront rassemblés deux bataillons d'artillerie de la marine, un colonel ou lieutenant-colonel de cette arme exercera le commandement supérieur desdits bataillons, sous les ordres du major général de la marine.

SECTION II. Du recrutement.

13. Les compagnies de bombardiers se recruteront dans les compagnies de canonniers et dans les quartiers des classes, parmi les hommes ayant le mérite à la mer de maitre, second maitre ou aide-canonnier, de la taille d'un mètre sept cent trente-un millimètres (cinq pieds quatre pouces), d'une forte constitution, ayant au moins vingt-quatre ans, et sachant lire et écrire.

Nul ne pourra être admis que dans le grade auquel il sera susceptible de prétendre en raison du mérite qu'il aura acquis à la mer.

14. Les compagnies de canonniers se recruteront d'après le mode qui sera réglé pour les corps d'artillerie de l'armée de terre.

15. Outre les recrues qui seront fournies par le mode général de recrutement, il pourra être admis des enrôlés volontaires dans lesdites compagnies.

16. Le conseil d'administration de chaque bataillon, avec l'autorisation de notre ministre secrétaire-d'Etat de la marine, détachera, pour faciliter lesdits enrôlemens, le nombre de sous-officiers qu'il jugera nécessaire, et proposera le traitement qu'il croira convenable de leur accorder.

S'il était de l'intérêt de notre service de détacher en recrue quelques officiers, notre ministre secrétaire d'Etat de la marine donnerait des ordres à cet effet.

17. Les officiers et sous-officiers détachés en recrue seront munis d'un ordre du conseil d'administration, dans lequel il sera fait mention des lieux où ils devront se rendre pour procéder aux enrôlemens.

18. Lesdits officiers et sous-officiers seront tenus, en arrivant dans les villes, de se présenter au commandant de la place et au maire, de leur donner connaissance des pouvoirs dont ils seront porteurs, et de leur demander l'autorisation de faire battre la caisse ou d'afficher tel avis dont la publication sera nécessaire.

19. Ne pourront être admis, comme enrôlés volontaires, que des hommes de l'âge de dix-huit à trente ans, sains, robustes et bien conformés; ils devront avoir la taille d'un mètre six cent soixante-dix-huit millimètres (cinq pieds deux pouces) au moins.

Les jeunes gens de seize à dix-huit ans pourront aussi, s'ils ont la taille et les qualités requises, être admis à s'enrôler volontairement; mais ils devront être munis du consentement de leur père ou de leur tuteur.

20. Tout homme qui demandera à s'enrôler devra justifier de son âge par des pièces authentiques, et produire des certificats de bonne vie et mœurs.

Les gens soupçonnés de délits, repris de justice ou flétris par un jugement, ne seront point admissibles.

Nous défendons d'enrôler aucun homme déjà engagé à notre service, ou qui, ayant servi, ne produirait pas un congé en bonne forme.

Il ne pourra être enrôlé de gens de mer classés, sans l'approbation de notre ministre secrétaire d'État de la marine.

21. Tout enrôlement devra être reçu par le maire du lieu, à peine de nullité.

A cet effet, les maires feront tenir un registre sur lequel les enrôlemens seront inscrits, et les officiers ou sous-officiers détachés en recrue leur présenteront les hommes qui auront demandé à s'enrôler.

22. Avant de recevoir un enrôlement, le maire s'assurera que l'officier ou sous-officier détaché en recrue aura fait procéder, par un médecin ou chirurgien, à la visite du sujet qui se sera présenté, afin de constater qu'il n'est atteint d'aucune infirmité qui l'empêche de servir.

23. La durée des engagemens sera de huit ans, à l'expiration desquels il pourra être contracté de nouveaux engagemens, comme il sera expliqué ci-après.

24. Les hommes qui s'enrôleront volontairement seront susceptibles de recevoir une somme de cinquante francs, comme prix d'engagement.

25. Les actes d'enrôlement seront libellés ainsi qu'il suit :

Enrôlement volontaire.

DÉPARTEMENT

d

—

ARRONDISSEMENT

d

—

COMMUNE

d

« L'an   le   s'est présenté devant nous,
« maire (ou adjoint) de la ville d   (ou de la commune
« d   ), département d   le sieur
« fils de   et de   domicilié à
« canton d   département d   né le
« à   canton d   département d
« taille de   cheveux   sourcils   yeux
« front   nez   bouche   menton
« visage   teint (indiquer en outre tout signe particulier).
« Lequel a déclaré s'enrôler volontairement pour servir dans le (désigner
« ici le corps).
« Nous, maire, après nous être assuré que le susnommé a été visité par
« un officier de santé, pour constater qu'il est propre au service militaire ;
« après nous être fait représenter ses certificats de bonne vie et mœurs ;
« après avoir enfin reconnu qu'il a les qualités requises pour servir dans les
« corps ci-dessus désigné, et qu'il n'appartient ni aux troupes de terre, ni
« aux classes, nous avons reçu son engagement, en présence du sieur
«   officier (ou sous-officier) du corps royal d'artillerie de la
« marine, et avons délivré au sieur (rappeler ici le nom de l'enrôlé) l'ordre
« de se rendre auprès du commissaire des guerres, à (désigner la résidence
« du commissaire des guerres le plus voisin), à l'effet de recevoir une feuille
« de route pour rejoindre le port d (indiquer le port où le corps est en gar-
« nison); et a ledit sieur   signé avec nous. »

26. L'enrôlement sera signé par l'officier ou sous-officier détaché en recrue et par l'enrôlé; et, à défaut de celui-ci de savoir signer, il fera sa marque en présence de deux témoins, qui signeront au registre.

L'individu âgé de moins de dix-huit ans devra produire le consentement par écrit de son père ou de son tuteur, si l'un d'eux n'est présent pour signer son engagement.

27. Le maire remettra à l'enrôlé une expédition de l'enrôlement qu'il aura reçu, et lui expédiera, en même temps, un ordre de route pour se rendre auprès du commissaire des guerres de la résidence la plus voisine.

Il sera fait mention, sur l'ordre de route,

de la somme que l'officier ou sous-officier détaché en recrue aura remis à l'enrôlé au moment où il aura souscrit son engagement.

28. Avant de délivrer une feuille de route à l'enrôlé volontaire, le commissaire des guerres se fera remettre par lui l'expédition de son acte d'enrôlement; il enverra au corps, par la poste, ladite expédition, sur laquelle il indiquera l'époque présumée de l'arrivée de l'enrôlé au port de sa destination.

29. Nous défendons expressément d'annuler un enrôlement volontaire en bonne forme, sans l'autorisation formelle de notre ministre secrétaire d'État de la marine.

30. Tout homme qui aura souscrit un enrôlement volontaire suivant les formes ci-dessus prescrites fera partie, dès ce moment, du corps royal d'artillerie de la marine, et sera soumis, par ce fait seul, à toutes les dispositions des réglemens militaires.

31. Lorsqu'un enrôlé volontaire sera trouvé par la gendarmerie hors de la route qu'il devra suivre, il sera arrêté et conduit de brigade en brigade à son corps.

32. Si un enrôlé volontaire tombe malade en se rendant au corps, il devra, pour être admis dans un hôpital, représenter la feuille de route dont il sera porteur.

L'économe de l'hôpital la remettra au commissaire des guerres ayant la police de l'hôpital, ou au fonctionnaire chargé de le suppléer.

Le commissaire des guerres, ou le fonctionnaire qui le suppléera, fera connaître l'entrée de l'enrôlé volontaire à l'hôpital, au commandant du bataillon sur lequel il aura été dirigé. Il informera également ledit commandant de la sortie de l'enrôlé ou de son évasion.

Lorsque l'enrôlé volontaire sortira de l'hôpital, il sera fait mention, sur sa feuille de route, de la date de son entrée et de sa sortie.

33. Si un enrôlé volontaire meurt en route, la feuille de route dont il aura été trouvé porteur et son acte de décès seront envoyés, par le maire du lieu où il sera mort, au maire de la commune d'où il sera parti : il donnera, en même temps, connaissance de ce décès au commandant du bataillon sur lequel l'enrôlé avait été dirigé.

34. A l'arrivée d'un enrôlé volontaire au corps, le commandant du bataillon le fera porter sur le registre-matricule.

S'il est jugé propre au service, il sera immédiatement incorporé dans une compagnie.

S'il est jugé impropre au service, il n'en devra pas moins être reçu provisoirement par le commandant du bataillon, qui ne lui fera délivrer que les effets d'habillement ou d'équipement absolument nécessaires, et il sera présenté pour la réforme à la première revue d'inspection.

35. Tout enrôlé volontaire sera employé sur les revues, à compter du jour de son incorporation.

36. Si, quinze jours après celui où un enrôlé volontaire aura dû arriver au bataillon, il ne s'y est pas rendu et si le commandant du corps n'a pas été informé de son entrée à l'hôpital ou de son décès en route, ledit enrôlé sera considéré comme déserteur et poursuivi comme tel.

37. Il sera tenu compte à tout enrôlé volontaire qui, à son arrivée au corps, aura été reconnu propre au service, de la somme qui resterait à lui délivrer pour prix d'engagement.

Tout enrôlé volontaire qui serait admis provisoirement au corps jusqu'à la revue d'inspection générale n'aura droit au complément du prix de son engagement qu'autant que l'inspecteur général prononcerait son admission définitive.

Tout enrôlé volontaire qui serait jugé impropre au service par l'inspecteur général sera licencié.

38. Les dépenses faites pour l'engagement des hommes qui n'auraient pu être admis en raison d'infirmités, défaut de taille ou autre qualité requise, seront à la charge des officiers ou sous-officiers détachés en recrue.

39. Le conseil d'administration fera passer auxdits officiers et sous-officiers les sommes qu'il jugera nécessaires à leurs opérations, à la charge par eux d'en rendre compte.

40. Les officiers et sous-officiers détachés en recrue tiendront des livrets de recette et dépense cotés et paraphés par le commissaire de la marine préposé aux revues. Ils y porteront en recette les sommes qui leur auront été remises par le conseil d'administration, et en dépense celles qu'ils auront payées ; ils y porteront aussi les noms et signalement des hommes engagés, la date de leur engagement, les noms de ceux qui auront déserté, ceux des morts, et les époques de leur désertion ou décès : ils en adresseront tous les mois au conseil d'administration les extraits arrêtés par le commissaire des guerres de la place, ou, à son défaut, par le maire.

41. Dans les communes où il ne se trouverait pas d'officiers ou de sous-officiers détachés en recrue, les maires sont autorisés à recevoir des enrôlemens volontaires pour l'artillerie de la marine ; mais ils devront préalablement s'assurer que les sujets qui se présenteront réunissent les qualités et conditions prescrites par la présente ordonnance pour être admis dans cette arme.

Tout homme ainsi enrôlé sera expédié pour le corps par les soins des maires et des commissaires des guerres ou administrateurs de la marine, et il lui sera tenu compte de la totalité du prix de son engagement aussitôt après son incorporation.

42. Chaque mois, les commandans des bataillons feront connaître au ministre secrétaire d'État de la marine, par une feuille de mouvement :

1° L'arrivée au corps des enrôlés volontaires qui s'y seront rendus ;

2° L'incorporation dans une compagnie de ceux qui auront été jugés propres au service ;

3° L'admission provisoire et jusqu'à la revue d'inspection de ceux qui auront été jugés impropres au service ;

4° La désertion de ceux qui n'auront pas rejoint au terme fixé;

5° Le décès de ceux qui seraient morts en route.

Lesdits commandans auront soin d'indiquer exactement les nom et prénoms de chaque enrôlé, son signalement, la date de l'enrôlement, et le nom de la commune et du département ou il aura été souscrit.

43. Les enfans de troupe parvenus à l'âge de seize ans devront souscrire un enrôlement. Dans le cas contraire, ils seront tenus de rembourser à la caisse du corps le montant de la solde qu'ils auront touchée depuis l'époque de leur admission.

SECTION III. Des rengagemens.

44. Tout sous-officier, bombardier ou canonnier admis dans les bataillons d'artillerie de la marine d'après le mode adopté pour le recrutement général des troupes qui, à l'expiration du temps fixé pour son service, contractera et signera l'obligation de continuer à servir pendant quatre ans, recevra une haute-paie d'un franc par mois.

Il en sera de même de tout sous-officier, bombardier ou canonnier incorporé comme enrôlé volontaire ou comme enfant de troupe, qui, arrivé au terme de son premier engagement, contractera et signera la même obligation.

45. Ceux qui, au bout de ces quatre ans, contracteront et signeront un nouvel engagement de pareille durée recevront une haute-paie d'un franc cinquante centimes par mois.

46. Ceux qui, après avoir atteint le terme de ce nouvel engagement, demanderont, pour la troisième fois, a servir encore pendant quatre ans recevront une haute-paie de deux francs par mois.

47. Les sous-officiers, bombardiers et canonniers qui auront vingt ans de service au corps et qui continueront à servir auront droit à une haute-paie de trois francs par mois, qui leur sera conservée tant qu'ils resteront au corps.

Les engagemens qu'ils souscriront à cette époque n'auront lieu que pour un an, et seront susceptibles d'être renouvelés d'année en année.

48. Les caporaux et canonniers qui auront atteint l'âge de quarante-cinq ans ne seront plus admis à se rengager. Sont exceptés de cette disposition les bombardiers ainsi que les canonniers qui auraient à la mer le mérite d'officiers-mariniers de canonnage.

49. Les hautes-paies d'ancienneté qui, suivant les dispositions des articles précédens, ont acquises à ceux dont le service continuera, par un acte de leur volonté, au-delà lu terme de leurs obligations ou de leur en-

gagement, seront également accordées, après la même durée de service, aux militaires qui, sans avoir souscrit d'acte, seraient maintenus dans les bataillons d'artillerie de la marine.

50. Les sous-officiers, bombardiers et canonniers qui auront plus de huit ans de service dans le corps royal seront distingués par un chevron de laine rouge, qu'ils porteront sur le bras gauche.

Ceux qui se rengageront ou continueront leurs services au-delà de seize ans porteront deux chevrons.

A vingt ans et au-delà, ils en porteront trois.

Tout sous-officier, bombardier et canonnier ayant servi pendant vingt-quatre ans dans le corps royal sera susceptible d'obtenir les décorations ou récompenses militaires qui seront par nous accordées aux troupes d'artillerie de terre.

SECTION IV. Des congés.

51. En temps de paix, les sous-officiers, bombardiers et canonniers incorporés dans les bataillons d'artillerie de la marine, d'après le mode adopté pour le recrutement général des troupes, auront droit à recevoir leur congé absolu à l'expiration du terme qui sera fixé pour les autres corps de l'armée.

52. Tout sous-officier, bombardier et canonnier, admis dans le corps comme enrôlé volontaire ou comme enfant de troupe qui sera également parvenu en temps de paix au terme de son engagement aura droit à son congé absolu.

53. En cas de guerre, l'expédition des congés absolus sera déterminée par une ordonnance ou règlement particulier.

54. Les sous-officiers, bombardiers et canonniers reconnus hors de service pour blessures ou infirmités dûment constatées, seront susceptibles d'être admis à la réforme, d'après la proposition de l'inspecteur général, et avec l'approbation de notre ministre secrétaire d'Etat de la marine.

Il sera statué par nous sur les soldes de retraite ou demi-solde auxquelles ils auraient droit de prétendre, ainsi que sur les admissions à l'Hôtel royal des Invalides.

55. Indépendamment des congés d'ancienneté ou de réforme, il pourra être expédié, en temps de paix, des congés de grâce; notre ministre secrétaire d'Etat de la marine, sur la proposition de l'inspecteur général, en déterminera tous les ans le nombre, sans pouvoir néanmoins en accorder plus d'un par compagnie.

56. Nul ne pourra obtenir un congé de grâce sans avoir remboursé au corps une somme de six cents francs, s'il se retire dans le cours des quatre premières années de son service, et de trois cents francs après ce terme.

Le montant dudit remboursement sera versé à la masse générale du corps.

57. A chaque revue d'inspection, notre ministre déterminera, sur la proposition de l'inspecteur général, le nombre de congés de semestre qui sera accordé au bataillon d'artillerie de la marine.

58. Les congés absolus de réforme, de grâce et de semestre, autorisés comme il a été expliqué aux articles précédens, seront expédiés par les conseils d'administration, suivant les modèles annexés à la présente ordonnance.

Section V. Du service des bataillons.

59. Les bataillons d'artillerie de la marine serviront à terre, à la mer et dans nos colonies.

Les compagnies de bombardiers seront employées dans nos ports, soit sur les batteries armées par la marine, soit aux travaux et manœuvres de la direction d'artillerie, soit à l'école de canonnage et à l'instruction des bataillons et compagnies d'apprentis canonniers.

Il pourra être détaché des sous-officiers desdites compagnies dans les forges, fonderies et manufactures d'armes.

Les compagnies de canonniers seront employées, à terre, à la police, garde et sûreté des arsenaux maritimes, au service du port, des batteries et des magasins à poudre, à la confection des artifices, mitrailles et grément de canons, enfin à l'embarquement, débarquement et emmagasinement des armes.

Elles fourniront des détachemens pour tenir garnison sur nos bâtimens de guerre, et pour faire le service de l'artillerie dans nos colonies.

Les maîtres, seconds maîtres et aides-canonniers destinés à être embarqués sur nos vaisseaux et bâtimens de guerre, seront choisis dans les compagnies de bombardiers et de canonniers, concurremment avec les officiers-mariniers de canonnage provenant des classes.

60. Les bombardiers seront chargés de l'établissement et du service des mortiers sur les galiotes à bombes, ainsi que de la fabrication et de la disposition des artifices à bord des brûlots.

61. Lorsqu'un de nos bâtimens entrera en armement, le major général de la marine et le directeur d'artillerie, d'après les ordres qu'ils auront reçus du commandant de la marine, se concerteront pour faire le choix des sous-officiers, bombardiers et canonniers qui devront être embarqués en qualité de maîtres, seconds maîtres et aides-canonniers.

Le major général fera également former le détachement de canonniers qui devra être fourni pour la garnison dudit bâtiment, conformément à nos ordonnances et réglemens sur la composition des équipages.

Ce détachement sera formé, autant que possible, par compagnies, divisions, sections et escouades.

62. Les officiers seront embarqués au nombre fixé par lesdites ordonnances et réglemens; ils suivront, autant que possible, les compagnies auxquelles ils sont attachés, et la division qu'ils commandent.

63. Les capitaines d'armes seront choisis, suivant le rang du bâtiment, parmi les sous-officiers et caporaux des compagnies de canonniers.

64. Quoique les canonniers soient principalement destinés au service de la garnison et du canonnage sur nos bâtimens, ils y seront cependant employés à toutes les manœuvres, comme les matelots, et seront subordonnés, à cet égard, aux officiers mariniers de manœuvre.

Tout canonnier qui sera reconnu pour s'être constamment porté aux manœuvres hautes aura droit, sur le certificat de l'officier ayant le détail général du bâtiment, visé par le capitaine, à une haute-paie de trois francs par mois, pendant la durée de la campagne.

65. Les officiers d'artillerie de la marine embarqués feront partie de l'état-major du bâtiment; ils seront chargés, sous les ordres du capitaine et de l'officier ayant le détail général, de la police et de la discipline des détachemens embarqués, tant pour la garnison que pour le canonnage.

66. Les officiers n'auront point de poste fixe dans le combat: ils se rendront ou se porteront à tel poste qui leur sera assigné par le capitaine du bâtiment.

67. En cas de descente, les bataillons d'artillerie de la marine seront chargés, concurremment avec les canonniers des classes, sous les ordres du commandant de l'escadre ou du bâtiment, de la construction, de l'établissement et de tout ce qui concerne la disposition des batteries.

68. Les bataillons et les détachemens de ces corps seront, dans nos ports et arsenaux, sous l'autorité du commandant de la marine, aux ordres du major général ou major de la marine.

Toutefois, le commandant du corps mettra à la disposition du directeur d'artillerie les sous-officiers, bombardiers et canonniers qu'il sera nécessaire d'employer au service du parc ou aux travaux et manœuvres de l'artillerie.

69. Lorsque les bataillons prendront les armes, les compagnies de bombardiers rempliront le service de compagnies d'élite, en occuperont les postes, et auront les prérogatives qui leur sont attribuées.

70. Les bataillons d'artillerie de la marine fourniront les gardes d'honneur aux officiers généraux de la marine à qui elles sont dues, ainsi qu'aux officiers généraux de terre, lorsque ceux-ci occuperont des édifices appartenant à la marine.

SECTION VI. De l'instruction.

71. Il y aura dans chacun de nos ports de Brest, Toulon, Rochefort, Lorient et Cherbourg, une école pratique de canonnage, tant à bord d'un bâtiment qui sera disposé à cet effet sur la rade, que sur deux batteries qui seront établies à terre.

72. Notre ministre secrétaire d'État de la marine fera choix d'un officier supérieur ou capitaine du corps royal d'artillerie de la marine, pour diriger et surveiller l'instruction que les officiers, sous-officiers, bombardiers et canonniers recevront dans ladite école.

Cet officier se concertera avec le commandant du bataillon sur les jours et les heures où les exercices devront avoir lieu, et prendra les ordres du directeur d'artillerie du port, sur la mise en état et l'approvisionnement des batteries.

Il présidera aux exercices, et rendra compte de ce qui s'y sera passé, tant au major général ou major de la marine, qu'au directeur de l'artillerie.

Il veillera à l'entretien des agrès, attirails, ustensiles et munitions qui auront été délivrés pour le service des batteries d'instruction.

73. Les sous-officiers, bombardiers et canonniers seront exercés, le plus fréquemment qu'il sera possible, sur le bâtiment à ce destiné, aux différentes manœuvres, tant du vaisseau que du canon.

74. Lorsque le calme ou le gros temps ne permettra pas les exercices sous voiles, on exécutera au mouillage diverses manœuvres, particulièrement celles qui concernent le grément et le dégrément des mâts, vergues et voiles, passage des canons d'un bord à l'autre, changemens dans l'arrimage, embarquement, débarquement et service des chaloupes et canots, simulacre de descente et d'abordage, et tout autre mouvement que la position d'un bâtiment au mouillage peut permettre; on exercera aussi les canonniers à faire des paillets, garcettes et rabans.

Ces exercices auront lieu toutes les fois que le commandant de la marine le jugera convenable et pendant le temps qu'il aura déterminé.

75. Il sera tiré, chaque jour d'exercice, un certain nombre de coups de canon; les bombardiers et canonniers seront formés à viser sur des objets à terre et sur des corps flottans, afin d'apprendre à pointer le canon en raison des distances, du mouvement et de la marche respective des vaisseaux.

76. Les jours que les bombardiers et canonniers ne seront pas exercés sur les vaisseaux, ils devront l'être aux deux batteries qui auront été construites à terre pour cet effet; ils exécuteront successivement dans une des batteries les manœuvres des canons, telles qu'elles se font à bord des vaisseaux, et, dans l'autre, celles qui sont en usage dans les écoles royales d'artillerie, pour le service du canon de siége, de place et de côte. Ils seront également exercés à toutes les manœuvres du canon de campagne et à celles de force relative à ces divers services.

77. Les bombardiers et canonniers seront exercés au jet des bombes et au tir de tous autres projectiles, ainsi qu'à la fabrication des artifices de guerre en usage sur les vaisseaux et dans les batteries de terre.

78. Il sera payé une gratification aux bombardiers et canonniers qui auront atteint le but.

Cette gratification variera d'un franc à deux francs pour le tir du canon, et d'un franc cinquante centimes à trois francs pour le jet de la bombe, suivant que le bombardier ou canonnier aura atteint plus complétement le but placé pour servir de point de mire.

Ces gratifications seront accordées par le commandant de la marine, sur le rapport de l'officier chargé de présider aux exercices, lequel sera remis audit commandant par le directeur de l'artillerie.

L'intendant de la marine fera compter le montant desdites gratifications à l'officier préposé à l'école du canonnage, pour être par lui distribué à qui de droit.

79. Le directeur d'artillerie, d'après les demandes qui lui en seront faites par l'officier chargé de présider aux exercices, pourvoira à ce que les batteries d'instruction soient approvisionnées des munitions nécessaires pour le jour auquel les exercices auront lieu, afin que les détachemens puissent les commencer au moment même de leur arrivée.

80. Les bombardiers et canonniers seront également instruits à tous les exercices et manœuvres de l'infanterie.

81. Le commandant de la marine, ou, d'après ses ordres, le major général ou major de la marine, fera exécuter en sa présence, au moins un jour de chaque mois, les différens exercices.

Le directeur d'artillerie devra également, et d'après les ordres du commandant, s'assurer par lui-même de l'instruction des canonniers et bombardiers, en ce qui concerne les différentes manœuvres du canon, et toutes autres relatives au service de l'artillerie.

82. Il sera établi dans chaque bataillon une école d'écriture et d'arithmétique : les militaires qui auront été désignés comme instituteurs par les commandans de bataillon seront dispensés de tout autre service, et il pourra leur être accordé, à chaque revue générale d'inspection, une gratification qui, toutefois, n'excédera pas soixante-douze francs par an; cette somme sera prise sur la masse générale.

L'instruction sera donnée aux bombardiers et canonniers qui montreront l'aptitude nécessaire pour en profiter.

Les compagnies suivront ces exercices à tour de rôle.

SECTION VII. De l'avancement.

83. Nul canonnier de troisième classe ne pourra passer à la seconde s'il ne compte au moins douze mois de navigation, et s'il n'est instruit de toutes les manœuvres du canon de mer.

Les places de canonniers de première classe ne seront données qu'aux canonniers de seconde qui réuniront au moins dix-huit mois de navigation, et connaîtront, indépendamment des manœuvres du canon, celles de toutes les autres bouches à feu.

Les uns et les autres devront préalablement avoir obtenu du commandant du dernier bâtiment sur lequel ils auront navigué un certificat d'intelligence et de bonne conduite.

Ils seront choisis et nommés par le commandant de la compagnie.

84. Les artificiers seront tirés des canonniers ayant au moins deux ans de service dans la première classe, sachant lire et écrire et les quatre premières règles de l'arithmétique. Ils devront, en outre, connaître tous les devoirs du canonnier et les différentes manœuvres de l'artillerie.

85. Les caporaux seront pris parmi les canonniers de première classe qui réuniront a la connaissance des différentes manœuvres de l'artillerie celle des ordonnances et réglemens sur la discipline militaire.

86. Le choix des fourriers et sergens aura lieu parmi les caporaux et les artificiers qui seront en état d'enseigner les différentes manœuvres de l'artillerie, et qui connaîtront les principaux détails de la comptabilité d'une compagnie.

87. Les sergens-majors seront choisis parmi les sergens et fourriers qui, indépendamment des connaissances exigées pour leur grade, y joindront, dans tous ses détails, celle de la comptabilité d'une compagnie.

88. Pour établir les titres que les canonniers, caporaux, fourriers et sergens pourront avoir à obtenir de l'avancement, le commandant de chaque compagnie de canonniers formera une liste de candidats, savoir :

2 canonniers de première classe, pour le grade d'artificier;

2 idem, pour celui de caporal;

2 caporaux ou artificiers, pour celui de sergent ou fourrier;

2 sergens ou fourriers, pour celui de sergent-major.

Le choix des candidats ne pourra se porter que sur les hommes qui seront en état de remplir les conditions exigées par les articles précédens.

89. Chaque commandant de compagnie de canonniers indiquera, en même temps, sur une liste séparée, parmi les hommes de sa compagnie ayant acquis des mérites à la mer, un aide-canonnier de seconde classe, un second maître canonnier de seconde classe, deux seconds maîtres canonniers de première classe et un maître canonnier, pour concourir aux places vacantes de bombardier de seconde classe, de caporal, de fourrier, de sergent et de sergent-major de la deuxième compagnie de bombardiers.

90. Les commandans de compagnie ne négligeront pas de porter sur la liste des candidats les canonniers, caporaux et sergens qui seraient embarqués sur nos bâtimens; notre intention étant que le service de mer détermine et accélère leur avancement, et ne puisse jamais le retarder.

91. La liste des candidats servira pendant une année entière, à moins qu'elle ne se trouve réduite à moitié par des causes quelconques. Dans ce cas, il serait immédiatement procédé à la formation d'une nouvelle liste.

92. Les candidats portés sur les listes particulières qui auront été dressées pour chaque grade par les commandans des compagnies seront réunis sur deux listes générales dans lesquelles ils seront inscrits par ordre d'ancienneté, l'une pour la compagnie de bombardiers, l'autre pour celle de canonniers.

Ces listes resteront déposées au bureau de l'état-major, après avoir été arrêtées et certifiées véritables par le commandant du bataillon.

93. Lorsqu'il vaquera, dans une compagnie de canonniers, une place d'artificier, de caporal, de fourrier, de sergent ou de sergent-major, le commandant de la compagnie prendra trois candidats dans la liste générale, et les présentera au commandant du bataillon, qui choisira.

94. Les marins devant concourir avec les sous-officiers et canonniers aux places vacantes dans la compagnie de bombardiers, l'administrateur de la marine chargé du détail des classes, dans le chef-lieu de l'arrondissement, dressera une liste des maîtres et offi-

ciers-mariniers de canonnage qui réuniront les conditions nécessaires pour être admis dans cette compagnie.

Cette liste sera par lui adressée au commandant du bataillon, et déposée au bureau de l'état-major.

95. Lorsqu'il y aura lieu à nommer un bombardier de seconde classe, le commandant de la compagnie présentera au commandant du bataillon une liste de trois sujets, dont deux seront pris sur la liste générale des candidats du corps royal d'artillerie de la marine, et le troisième parmi les aides-canonniers des classés. Celui des trois dont le commandant du bataillon aura fait choix sera incorporé dans la compagnie de bombardiers.

Les bombardiers de seconde classe seront susceptibles de parvenir à la première par le fait seul de leur ancienneté, pourvu qu'ils aient acquis le mérite à la mer d'aide-canonnier à haute-paie.

Les caporaux, sergens, fourriers et sergens-majors desdites compagnies de bombardiers, seront choisis par le commandant du bataillon, sur des listes triples que le commandant de la compagnie lui présentera, et qui se composeront de deux sujets pris dans le corps royal d'artillerie de la marine, et d'un maître ou officier-marinier de canonnage des classes.

Les sergens et sergens-majors ne pourront être nommés définitivement qu'avec l'approbation du directeur d'artillerie du port.

96. Le mérite de maître, second maître et aide-canonnier, ne s'acquerra qu'à la mer : il sera conféré aux bombardiers et canonniers de la marine, d'après les dispositions de nos ordonnances et réglemens sur l'avancement des gens de mer.

97. Nous défendons expressément de faire passer aux grades de sergent-major, sergent, maître et second maître canonnier, et d'incorporer dans les compagnies de bombardiers, tout homme qui, dans le cours de ses services, se serait rendu coupable de désertion.

98. Lorsqu'il vaquera une place de maître canonnier entretenu ; les sous-officiers des compagnies de bombardiers et de canonniers ayant à la mer le mérite de maître canonnier à haute-paie, concourront, pour l'obtenir, avec les maîtres canonniers non entretenus des classes également à haute-paie.

A cet effet, le directeur d'artillerie formera une liste de candidats, dont la moitié sera prise parmi lesdits sous-officiers, et l'autre moitié parmi les maîtres canonniers des classes. Il présentera cette liste, avec les états de service de chacun, au conseil de marine du port, lequel la réduira aux trois sujets qui lui paraîtront réunir le plus de titres en leur faveur.

Le commandant de la marine adressera ladite liste, avec l'avis du conseil, à notre ministre secrétaire d'Etat de la marine, qui nommera celui des trois qu'il jugera mériter la préférence.

99. Les places de maître artificier entretenu, de contrôleur des forges et fonderies et de garde d'artillerie dans nos ports, seront accordées aux sous-officiers des compagnies de bombardiers et de canonniers, concurremment avec les maîtres canonniers à haute-paie.

En conséquence, lorsqu'il vaquera une de ces places, le directeur d'artillerie présentera une liste de candidats au conseil de marine du port, lequel, ainsi qu'il a été dit à l'article précédent, la réduira à trois sujets, parmi lesquels notre ministre fera son choix.

100. Les lieutenans en second seront choisis par nous, sur la proposition de notre ministre secrétaire d'Etat de la marine, soit parmi les élèves des écoles spéciales de l'artillerie de terre, soit parmi les sergens-majors du corps royal d'artillerie de marine, soit enfin parmi les maîtres canonniers entretenus.

101. Nul sergent-major ou maître canonnier ne pourra prétendre au grade de lieutenant en second, s'il ne possède complétement toutes les connaissances exigées pour les grades inférieurs, et s'il n'est en état de subir avec succès un examen sur l'arithmétique et les élémens de géométrie et de trigonométrie.

102. Les lieutenans en second parviendront, à leur tour d'ancienneté, aux emplois de lieutenant en premier.

103. En temps de paix, les premiers lieutenans parviendront au grade et à l'emploi de capitaine, les trois quarts à l'ancienneté et un quart à notre choix, et ce en roulant sur tout le corps royal d'artillerie de la marine.

En temps de guerre, le tiers des places sera à notre choix.

En conséquence de ces dispositions, l'inspecteur général, après chaque tournée d'inspection, remettra à notre ministre secrétaire d'Etat au département de la marine la liste des lieutenans qui lui paraîtront susceptibles d'être avancés. Cette liste sera d'un nombre double de celui des places vacantes et réservées à notre choix, et elle présentera l'analyse des services et des notes sur la capacité de chaque officier. Ce travail nous sera soumis par notre ministre, et nous choisirons parmi les candidats qu'il nous aura présentés.

104. Les sous-adjudans-majors et les adjudans-majors seront au choix du commandant du bataillon.

Les premiers seront pris parmi les lieutenans en second ; les seconds, parmi les lieutenans en premier.

Lorsqu'un sous-adjudant-major sera porté,

par son ancienneté, au grade de lieutenant en premier, il devra passer immédiatement dans une compagnie.

Il en sera de même de l'adjudant-major, lorsqu'il sera avancé au grade de capitaine.

105. Les places d'officiers supérieurs seront toutes à notre choix.

106. Sont exceptés des conditions ordinaires d'avancement ceux qui seraient motivés sur des actions d'éclat.

Ils pourront être accordés, sur les propositions qui seront adressées à notre ministre secrétaire d'Etat de la marine, soit par les commandans de la marine, soit par les commandans des escadres et bâtimens de guerre.

SECTION VIII. De l'habillement, armement, équipement, chauffage et luminaire.

107. L'habillement des sous-officiers et canonniers des bataillons d'artillerie de la marine sera composé d'un habit veste en drap bleu, d'un gilet à manches en drap bleu, d'un pantalon de tricot de même couleur, d'un caleçon de toile, d'un pantalon de toile, d'une capote de drap beige, d'un schako, et d'un bonnet de police.

Les bombardiers porteront l'habit long et le bonnet d'oursin.

Les officiers continueront de porter l'habit long; ils seront sous les armes en haussecol et en demi-bottes; ils auront le baudrier en écharpe et l'épée à la main.

108. Les parties de l'habillement des sous-officiers, bombardiers et canonniers, ne seront renouvelées qu'aux époques déterminées ci-après, savoir :

L'habit, après trois ans; le gilet à manches, deux ans; le pantalon de tricot, un an; le pantalon de toile, un an; le caleçon de toile, un an; la capote, trois ans; le bonnet d'oursin, six ans; le schako, quatre ans.

Quant au bonnet de police, il ne se donnera qu'une fois, le renouvellement devant s'opérer au moyen des habits hors de service, ou des bénéfices de la coupe.

109. Les objets de petit équipement qui seront délivrés à chaque bombardier et canonnier, lors de son arrivée au corps, consisteront, savoir :

En un sac de peau, trois chemises, trois mouchoirs, une paire de demi-guêtres d'estamette noire, une paire de demi-guêtres de toile grise, deux paires de souliers, trois paires de bas, deux cols noirs, brosses, peigne, boucles, épinglette et pompon.

110. Il sera délivré à chaque sous-officier, bombardier et canonnier qui sera destiné pour embarquer, un sarrau de toile, deux chemises bleues, un hamac et une couverture.

La durée de ces objets est fixée :

Celle du sarrau, à un an; celle des chemises bleues, à un an; celle du hamac, à deux ans; et celle de la couverture, à trois ans.

Il sera, en outre, délivré à tout homme de la compagnie de bombardiers qui devra s'embarquer un chapeau monté à la française en feutre, orné d'une cocarde et surmonté d'un pompon rouge; sa durée sera de deux ans.

111. Les officiers supérieurs, officiers des compagnies, sous-officiers et caporaux, porteront les mêmes distinctions pour les grades que les officiers, sous-officiers et caporaux de l'artillerie de terre à pied.

Les bombardiers, artificiers et canonniers de première classe, porteront deux épaulettes en laine rouge, avec la frange de même couleur.

Les canonniers de seconde classe porteront deux contre-épaulettes en drap rouge, avec un passe-poil bleu.

Les canonniers de troisième classe auront deux contre-épaulettes en drap bleu, liséré de rouge.

112. L'habit du tambour-maître sera long et de la même couleur que celui des sous-officiers, bombardiers et canonniers; les revers de la doublure seront rouges.

L'habit sera garni d'un galon en laine cramoisi et blanc.

Le tambour-maître portera sur la manche les marques distinctives de son grade.

Les tambours porteront l'habit-veste, doublure et revers rouges, et un galon cramoisi et blanc.

113. Les sous-officiers, bombardiers et canonniers auront dans leur uniforme les marques distinctives ci après :

Le collet rouge montant;

La patte rouge en long sur le parement de la manche;

La doublure de l'habit en cadis rouge;

Les retroussis ayant d'un côté une grenade, et de l'autre une fleur-de-lis en drap bleu;

Le liséré écarlate;

Et le bouton orné de deux canons en sautoir, avec une ancre transversale et une légende autour, portant le nom de l'arme et le numéro du bataillon.

114. Les sous-officiers, bombardiers et canonniers qui auront acquis ou acquerront à la mer le mérite de maître-canonnier, porteront, pour marque distinctive, un galon d'or large de sept millimètres (trois lignes) autour du collet.

115. Ceux qui ont ou obtiendront le mérite de second maître porteront, également autour du collet de l'habit, un galon large de sept millimètres (trois lignes) en laine aurore.

116. L'armement et l'équipement des sous-officiers, bombardiers et canonniers, seront composés d'un fusil avec sa baïonnette (conforme au modèle qui sera établi par notre ministre secrétaire d'Etat de la marine), d'une giberne, banderole, sabre et baudrier en buffle blanc; le sabre ne sera porté que par les sous-officiers, caporaux, bombardiers, artificiers, canonniers de première classe, et tambours.

La durée des objets de grand équipement est fixée comme il suit:

Giberne, porte-giberne, baudrier, bretelle de fusil, caisse et baguettes de tambour, vingt ans.

L'armement sera fourni à mesure des besoins, et sur des ordres particuliers de notre ministre secrétaire d'Etat de la marine.

117. Les objets de casernement seront fournis et renouvelés d'après un réglement de l'inspecteur général, approuvé par notre ministre secrétaire d'Etat de la marine.

118. Il n'est rien innové aux dispositions des réglemens qui fixent la quotité des distributions en bois et lumière; elles devront être faites suivant les lieux et les saisons.

SECTION IX. Des appointemens et solde.

119. Les appointemens et solde des officiers, bombardiers et canonniers des bataillons d'artillerie de la marine seront conformes aux tableaux annexés à la présente ordonnance.

120. Les appointemens et traitemens des officiers, ainsi que la solde, et les hautes-paies des sous-officiers, bombardiers et canonniers desdits bataillons, seront passibles d'une retenue de trois centimes par franc au profit de la caisse des invalides de la marine.

Les officiers acquitteront les deux tiers de cette retenue, et le troisième tiers sera supporté par la masse générale du corps.

Quant aux sous-officiers, bombardiers et canonniers, ils recevront leur solde dans son intégralité, et les trois centimes par franc qui doivent être versés sur ladite solde dans la caisse des invalides seront acquittés par la masse générale.

121. Les officiers, sous-officiers, bombardiers et canonniers auxquels il aura été accordé des congés de semestre seront susceptibles de recevoir la demi-solde pendant la durée de ces congés.

Il n'en seront toutefois rappelés sur les revues que s'ils rejoignent à l'expiration du terme qui leur aura été fixé.

S'il arrivait que des sous-officiers, bombardiers et canonniers ne fussent pas de retour à l'expiration de leurs congés, ils ne seraient rappelés que de la masse de linge et chaussure, à moins que leur retard ne fût justifié par des motifs valables.

122. Le décompte des hautes-paies sera fait en même temps et de la même manière que celui de la solde.

Toutefois, les hautes-paies seront acquittées à raison de trente jours pour chaque mois, et allouées pour les journées d'absence comme pour celles de présence.

123. Les tambours jouiront, dans toutes les positions, d'une haute-paie de dix centimes par jour, pour l'entretien de leur caisse et des baguettes.

124. Les sous-officiers, bombardiers et canonniers qui seront embarqués sur nos bâtimens dans le grade dont ils auront acquis le mérite à la mer jouiront de la solde attribuée aux maîtres et officiers-mariniers des classes du grade correspondant.

En conséquence, il leur sera alloué, pendant la durée de leur embarquement, un supplément de solde tel, qu'il forme, avec celle dont ils jouissent à terre, la totalité de la paie attribuée auxdits maîtres et officiers-mariniers.

Et, attendu que le corps est chargé de pourvoir à l'habillement, entretien et fournitures de bord desdits sous-officiers, bombardiers et canonniers, il leur sera déduit de leur décompte la somme pour laquelle ils sont compris dans la masse générale.

125. L'officier supérieur qui commandera en chef un bataillon d'artillerie de la marine recevra une indemnité annuelle de six cents francs à titre de frais de représentation. Cette indemnité sera portée à dix-huit cents francs pour tout officier supérieur qui réunirait sous son commandement deux bataillons, et, dans ce cas, les commandans particuliers de chacun de ces corps n'auraient droit à aucuns frais de représentation.

Lesdites indemnités ne seront allouées que pour le temps effectif de présence au corps.

SECTION X. Des masses.

126. Les masses d'habillement, d'équipement et recrutement, de logement et casernement et de chauffage, seront réunies en une seule masse sous la désignation de *masse générale*.

127. Au mois de décembre de chaque année, notre ministre secrétaire d'Etat de la marine déterminera la quotité de la somme qui devra être allouée pendant l'année suivante pour la masse générale de chaque sous-officier, bombardier et canonnier.

128. La masse générale sera payée à l'effectif des hommes présens au corps, embarqués, aux hôpitaux et en congé, les officiers non compris.

129. Les dépenses auxquelles cette masse doit subvenir sont:

1° Les dépenses d'enrôlement volontaire et tous autres frais de recrutement à la charge des corps;

2° L'achat des étoffes, la confection et l'entretien de toutes les parties de l'habillement et de la coiffure des sous-officiers, bombardiers et canonniers;

3° Les galons pour marques distinctives des sous-officiers, les galons d'ancienneté de service, les pompons et cocardes, les épaulettes des bombardiers et canonniers de 1re classe;

4° La première mise des sous-officiers promus au grade de lieutenant en second;

5° La fourniture des effets de petit équipement qui seront délivrés à chaque bombardier et canonnier, lors de son arrivée au corps.

6° Les sarraux et chemises bleues aux hommes embarqués;

7° L'entretien et le remplacement des ceinturons, baudriers, gibernes, bretelles de fusil, caisses et colliers de tambour, et la réparation des armes;

8° L'entretien, les réparations locatives et loyers de casernes et corps-de-garde;

9° La fourniture et entretien des lits militaires et ustensiles de caserne, et des hamacs et couvertures nécessaires aux sous-officiers, bombardiers et canonniers embarqués;

10° L'indemnité en argent due aux officiers de tout grade, lorsqu'ils ne pourront être logés en nature dans les bâtimens affectés aux troupes d'artillerie, ou lorsque étant logés ils ont à se pourvoir de meubles;

11° Les indemnités allouées aux habitans qui, à défaut et en cas d'insuffisance de bâtimens militaires, logeraient des sous-officiers, bombardiers et canonniers, ou qui leur fourniraient des lits;

12° La fourniture des lits de camp, tables, bancs, marmites, gamelles, bidons, effets de campement, et généralement de tous les ustensiles de caserne et corps-de-garde, et des capotes de sentinelle;

13° La fourniture du bois et autres combustibles nécessaires à la préparation des alimens, au chauffage et à l'éclairage des casernes et des corps-de-garde du quartier;

14° Tous les frais de police, de garde et d'administration des casernes;

15° Les frais de bureau de l'état-major, dont la quotité sera fixée par notre ministre secrétaire d'État de la marine;

16° Enfin, les trois centimes par franc qui doivent être versés dans la caisse des invalides, tant sur les fonds de la masse elle-même que sur la solde des sous-officiers, bombardiers et canonniers, et le centime par franc que la masse doit acquitter sur les appointemens des officiers.

130. Il sera payé au corps, pour l'habillement et équipement des hommes nouvellement incorporés, les deux tiers de la somme fixée par leur masse; rappel de cette somme sera fait sur les revues, indépendamment de la masse courante, qui sera allouée à compter du jour où les recrues appartiendront au corps.

131. L'entretien et le remplacement des effets de petit équipement seront à la charge de chaque sous-officier, bombardier et canonnier; il sera fait, en conséquence, sur leur solde, une retenue de dix centimes par jour pour chacun, sans distinction de grade. Le produit de cette retenue formera une masse dite *de linge et chaussure.*

132. La masse de linge et chaussure sera administrée dans chaque corps par les capitaines de compagnie, sous la surveillance du conseil d'administration.

133. Il sera tenu un compte ouvert à chaque sous-officier, bombardier et canonnier, pour les dépenses et l'entretien de son petit équipement, et le décompte en sera fait tous les trois mois; mais il ne sera payé à chaque homme que ce qui excédera quarante francs pour les sergens majors, sergens, fourriers, caporaux et bombardiers, et trente francs pour les canonniers. Ces sommes resteront toujours à la masse, pour subvenir aux dépenses journalières du petit équipement.

134. Lorsqu'un sous-officier, bombardier ou canonnier obtiendra son congé absolu, le décompte de sa masse de linge et chaussure lui sera fait en son entier, et le montant lui en sera remis avec la seule déduction de ce qu'il pourra devoir au corps. Les sommes dues aux hommes morts ou désertés, sur leur masse de linge et chaussure, seront versées à la masse générale.

135. Les indemnités de logement devront être allouées à chaque officier, d'après son grade et dans les proportions établies par le tarif n° 3 annexé à la présente ordonnance.

136. Il ne sera payé d'indemnité de logement aux officiers que lorsqu'ils ne seront ni campés, ni baraqués, ni logés dans les bâtimens militaires ou autres édifices publics. Ceux logés dans les bâtimens non meublés auront droit à l'indemnité d'ameublement déterminée par le tarif. Les indemnités de logement et d'ameublement ne seront payées qu'aux officiers présens à leur poste; et, dans le cas de changement de résidence, elles ne seront pas payées pour le temps de la route. Les officiers passant de l'inactivité ou de la réforme à l'activité, et ceux arrivant au corps pour la première fois, n'auront droit à l'indemnité qu'à compter du jour de leur arrivée au corps. Les indemnités de logement et d'ameublement accordées aux officiers employés à Paris seront augmentées d'une moitié en sus.

Les officiers payeurs dont les bureaux ne pourront être placés dans les casernes recevront une indemnité supplémentaire de dix francs par mois.

137. Les officiers auront droit à des rations de fourrages, suivant leur grade et conformément au tarif n° 3 annexé à la présente ordonnance.

138. Il ne sera point établi, dans les bataillons d'artillerie de la marine, de masses de boulangerie ni d'hôpitaux.

Notre ministre secrétaire d'Etat de la marine pourvoira à la fourniture de la ration de pain allouée aux sous-officiers, bombardiers et canonniers présens au corps et détachés pour le service.

139. Les officiers, sous-officiers, bombardiers et canonniers seront admis et traités dans les hôpitaux des ports et des colonies.

Ils recevront, pendant leur séjour à l'hôpital, la portion de solde déterminée par le tarif n° 1.

Lesdits officiers, sous-officiers, bombardiers et canonniers seront susceptibles d'être admis dans les établissemens d'eaux thermales, dans les mêmes cas et aux mêmes conditions que les militaires de notre armée de terre.

140. Les fonds de la masse générale seront faits tous les mois par douzième et versés dans la caisse de chaque bataillon en même temps que ceux affectés à la solde.

SECTION XI. Conseil d'administration.

141. Il sera formé dans chaque bataillon un conseil d'administration, lequel sera chargé de tous les détails relatifs à l'administration intérieure et économique du corps.

142. Le conseil sera composé, dans chaque bataillon, de trois membres, savoir :

Le chef de bataillon, deux capitaines.

Il y aura deux capitaines suppléans.

143. Dans chaque bataillon, les capitaines membres du conseil et les capitaines suppléans seront élus successivement et séparément chaque année, au scrutin et à la majorité des suffrages, par tous les officiers du corps, en présence de l'inspecteur général, qui soumettra ce choix à l'approbation de notre ministre sécrétaire d'Etat de la marine.

Ils seront rééligibles.

Cette élection aura lieu chaque année pour l'année suivante, à l'époque des revues d'inspection.

Il sera tenu procès-verbal de cette opération et du nombre des suffrages que chaque capitaine aura obtenus.

144. Le conseil sera présidé par le chef de bataillon : l'officier payeur remplira les fonctions de secrétaire du conseil.

Il n'aura pas voix délibérative, et sera chargé d'écrire les délibérations sur un registre établi à cet effet, et de fournir au conseil tous les éclaircissemens dont il aura besoin.

145. En cas d'absence ou de maladie, le chef de bataillon sera remplacé par un des capitaines ; le capitaine, par un capitaine suppléant.

146. Lorsqu'un officier supérieur sera nommé par nous au commandement de plusieurs bataillons d'artillerie de la marine réunis dans un même port, il en présidera les divers conseils d'administration ; et, en cas de partage de voix dans les délibérations, celle du président sera prépondérante.

147. Les capitaines suppléans seront appelés à tous les conseils et y assisteront ; mais ils n'auront voix ou action qu'en cas d'absence de ceux qu'ils devront remplacer.

148. Le conseil d'administration dirigera l'emploi des fonds accordés au corps pour la masse générale.

Il surveillera également l'emploi de la masse de linge et chaussure des sous-officiers, bombardiers et canonniers.

149. Le conseil passera les marchés relatifs à l'habillement, au casernement, au chauffage et au luminaire, ainsi que ceux pour la fourniture des objets de petit équipement.

Les marchés passés pour l'habillement seront soumis à l'examen du conseil de marine du port, et sa délibération sera transmise, dans les formes ordinaires, à notre ministre secrétaire d'Etat de la marine.

Les marchés ne seront exécutoires qu'autant que notredit ministre les aura revêtus de son approbation.

Quant aux objets de casernement, de chauffage, de luminaire et de petit équipement, notre ministre arrêtera, tous les ans, au 1er janvier, un tarif des prix auxquels les conseils d'administration pourront traiter.

Les formalités établies par le présent article pour les marchés d'habillement seront applicables à tous les autres, avec cette différence que l'approbation de notre ministre ne sera demandée que pour les objets dont le prix excèderait les limites du tarif. Toutes les fois que ces limites n'auront pas été dépassées, les marchés seront exécutoires lorsqu'ils auront été approuvés par le conseil de marine.

150. Les marchés de toute espèce seront renouvelés chaque année, immédiatement après l'entrée en fonctions du conseil d'administration.

151. Le conseil d'administration choisira, hors de son sein, deux lieutenans en premier ou en second, l'un pour être chargé des détails de l'habillement, l'autre pour remplir le service d'officier-payeur. Ce choix sera sou-

mis par l'inspecteur général à l'approbation de notre ministre secrétaire d'État de la marine : lesdits officiers seront en déhors et en sus des cadres.

L'officier chargé de l'habillement sera renouvelé tous les deux ans, et passera à un autre emploi, soit dans le personnel, soit dans le matériel de l'artillerie; il ne pourra être réélu qu'après un intervalle de deux ans.

152. Les formes à suivre pour l'administration et la comptabilité des bataillons d'artillerie de la marine seront les mêmes que celles déterminées pour l'armée de terre, en tout ce qui ne sera pas contraire à la présente ordonnance.

TITRE III. Des compagnies d'ouvriers.

153. Les cinq compagnies d'ouvriers d'artillerie de la marine seront distinguées par des numéros, depuis 1 jusqu'à 5.

Elles seront placées dans les ports ci-après, savoir :

A Brest, la première compagnie; à Toulon, la deuxième; à Rochefort, la troisième; à Lorient, la quatrième; à Cherbourg, la cinquième.

154. Chaque compagnie sera composée comme il suit :

Capitaine en premier, un; capitaine en second, un; lieutenant en premier, un; lieutenant en second, un. Total, quatre.

Sergent-major, un; sergens, dont un armurier, sept; fourrier, un; caporaux, dont un armurier, sept; ouvriers de première classe, dont quatre armuriers, vingt-huit; *idem* de deuxième classe, dont quatre armuriers, vingt-huit; *idem* de troisième classe, dont huit armuriers, cinquante-six; tambour, un. Total, cent vingt-neuf.

155. Les compagnies d'ouvriers seront divisées en sept escouades, dont une d'armuriers.

Chaque escouade sera composée de dix-huit hommes, savoir :

Sergent, un; caporal, un; ouvriers de première classe, quatre; *idem* de deuxième, quatre; *idem* de troisième, huit. Total, dix-huit.

Deux escouades réunies formeront une section commandée par un officier.

Deux sections formeront une division.

L'escouade d'armuriers restera séparée des escouades d'ouvriers.

156. Chaque compagnie sera composée de manière à réunir deux tiers d'ouvriers en fer, y compris les armuriers, et un tiers d'ouvriers en bois; et l'on aura soin, en observant ces proportions, d'assortir les professions nécessaires aux travaux de l'artillerie, soit dans le choix des sous-officiers, soit dans celui des ouvriers.

157. Il sera admis deux enfans de troupe dans chaque compagnie, lesquels ne pourront être pris que parmi les fils des sous-officiers et ouvriers de la compagnie même, ou parmi ceux des sous-officiers, bombardiers et canonniers des bataillons d'artillerie de la marine.

158. En cas de travaux extraordinaires, il pourra être ajouté à chaque compagnie vingt-un ouvriers de troisième classe, dont trois armuriers.

159. Les compagnies d'ouvriers seront recrutées par des enrôlés volontaires, par des canonniers des bataillons d'artillerie de la marine, par des hommes ayant servi dans les compagnies d'ouvriers militaires, et enfin par des ouvriers classés.

Les uns et les autres ne pourront être choisis que parmi les hommes des diverses professions qui doivent former lesdites compagnies, en suivant, pour les ouvriers en fer et en bois, la proportion établie par l'article 156 de la présente ordonnance.

160. Les enfans de troupe parvenus à l'âge de seize ans devront, s'ils sont reconnus propres au service, passer à la troisième classe d'ouvriers; autrement, ils seront tenus de rembourser à la caisse de la compagnie le montant de la solde qu'ils auront touchée depuis l'époque de leur admission.

161. Les dispositions de la présente ordonnance, en ce qui concerne les formes et la durée de l'enrôlement, les rengagemens, hautes-paies, distinctions et congés des sous-officiers, bombardiers et canonniers d'artillerie de la marine, sont applicables aux sous-officiers et ouvriers.

162. Les compagnies d'ouvriers d'artillerie de la marine seront sous les ordres immédiats et à la disposition du directeur d'artillerie de chaque port, lequel emploiera lesdits ouvriers dans leur profession respective, et sous la surveillance de leurs officiers, aux différens travaux de la direction.

163. Nous défendons expressément d'employer, sous quelque prétexte que ce soit, les sous-officiers et ouvriers à des travaux étrangers à notre service; les directeurs d'artillerie veilleront à ce que cette disposition soit strictement exécutée.

164. Lorsqu'il y aura lieu à réunir les compagnies pour un service militaire, elles seront sous les ordres du major général ou major de la marine, comme faisant partie de la force militaire du port.

165. Les compagnies seront exercées au maniement des armes et aux manœuvres de l'infanterie, quand elles ne seront pas employées sur les travaux.

166. Les maîtres et aides-armuriers destinés à s'embarquer sur nos bâtimens de guerre seront choisis de préférence dans les compa-

gnies d'ouvriers d'artillerie de la marine, en tant que le service le permettra.

Il pourra, en outre, être embarqué des détachemens desdites compagnies, soit pour des expéditions particulières, soit pour le service de nos colonies.

167. L'avancement des ouvriers d'une classe à une autre sera donné par le directeur d'artillerie du port, sur une liste de trois sujets pris dans la classe immédiatement inférieure.

Cette liste lui sera présentée par le capitaine de la compagnie.

La nomination des caporaux et sous-officiers sera faite suivant le même mode; mais les capitaines ne pourront présenter pour le grade de caporal que des ouvriers de première classe, sachant lire et écrire, et connaissant les ordonnances et réglemens sur la discipline militaire;

Pour le grade de fourrier et sergent, des caporaux distingués dans leur profession, et au fait des principaux détails de la comptabilité d'une compagnie;

Et enfin, pour le grade de sergent-major, des fourriers et sergens qui réuniront au talent de diriger un atelier la connaissance approfondie de la comptabilité d'une compagnie.

168. Les places de maître armurier entretenu seront accordées aux sous-officiers des compagnies d'ouvriers qui seront reconnus les plus habiles dans cette profession, et principalement à ceux qui auront fait plusieurs campagnes sur nos bâtimens de guerre comme maîtres armuriers.

Lorsqu'il vaquera une de ces places, le directeur d'artillerie présentera au conseil de la marine du port une liste de sujets choisis parmi ces sous-officiers; le conseil la réduira à trois candidats, parmi lesquels notre ministre secrétaire d'État de la marine choisira celui des concurrens qu'il jugera digne de la préférence.

169. Les officiers des compagnies d'ouvriers feront partie de ceux du corps royal d'artillerie, et seront susceptibles d'être alternativement attachés aux compagnies de bombardiers, de canonniers et d'ouvriers, ainsi qu'au matériel de l'artillerie, soit dans nos ports, soit dans les forges, fonderies et manufactures d'armes.

170. L'uniforme des officiers, sous-officiers et soldats des compagnies d'ouvriers sera le même que celui des canonniers de la marine, à l'exception des revers de l'habit, qui seront en drap rouge. La légende du bouton portera le numéro de la compagnie.

Les ouvriers de première classe auront deux épaulettes en laine rouge; avec la frange de même couleur;

Ceux de deuxième classe, deux contre-épaulettes en drap rouge, avec un passe poil bleu;

Ceux de troisième, deux contre-épaulettes en drap bleu, avec liséré rouge.

171. L'armement des sous-officiers, caporaux et ouvriers d'artillerie de la marine, se composera d'un fusil avec sa baïonnette, d'un sabre et baudrier, d'une giberne et d'une banderolle en buffleterie blanche.

Le sabre ne sera porté que par les sous-officiers, caporaux, ouvriers de première classe et tambours.

172. Les époques de renouvellement des différentes parties de l'habillement et du grand équipement, la fourniture des objets de petit équipement aux ouvriers nouvellement admis dans la compagnie, celle des effets à délivrer en cas d'embarquement, et les dispositions relatives au casernement et chauffage, seront les mêmes pour les compagnies d'ouvriers que pour les bataillons d'artillerie de la marine.

173. Les officiers des compagnies d'ouvriers recevront les appointemens de leur grade dans le corps d'artillerie de la marine, conformément au tarif n° 1, annexé à la présente ordonnance.

174. La solde des sous-officiers et ouvriers se divisera en deux parties :

Solde militaire;

Solde de travail ou supplément de solde.

La solde militaire est fixée, pour chaque grade, par le tarif n° 1, annexé à la présente ordonnance.

La solde de travail, ou supplément de solde, sera réglée ainsi qu'il suit :

Sergent-major	
Sergent	75 cent.
Fourrier.	
Caporal.	
Ouvriers de 1ʳᵉ classe.	50 cent.
Idem de 2ᵉ classe	
Idem de 3ᵉ classe	

La solde de travail ou supplément de solde ne sera acquise aux sous-officiers, caporaux et ouvriers, que pour chaque journée de travail dans les ateliers de la marine.

175. La solde militaire sera payée par forme de prêt.

La solde de travail sera payée par mois.

176. La présence aux travaux des sous-officiers et ouvriers sera constatée, le matin et le soir, par un état indiquant le nombre des hommes de tout grade et de toute classe qui auront été employés pendant la journée ou la demi-journée.

Cet état sera signé par le sergent-major de la compagnie et certifié véritable par le capitaine. Il sera remis au directeur d'artillerie, lequel en adressera le relevé, à la fin du mois, au commissaire des chantiers et ateliers, pour servir au paiement de la solde de travail.

177. La masse générale des compagnies d'ouvriers et la masse de linge et chaussure sont fixées au même taux que celles des bataillons d'artillerie de la marine, et devront pourvoir aux mêmes dépenses.

178. Il y aura dans chaque compagnie d'ouvriers un conseil d'administration, composé ainsi qu'il suit :

Le directeur d'artillerie du port, président;
Le commandant de la compagnie ;
L'officier ayant rang après lui.

L'officier de la compagnie ayant rang après les membres du conseil sera suppléant.

Les fonctions de secrétaire du conseil seront remplies par le sergent-major ou fourrier de la compagnie.

L'officier de la compagnie qui ne sera pas membre du conseil d'administration sera chargé des détails de l'habillement.

179. Le conseil d'administration suivra, dans toutes les opérations dont il est chargé, les formes établies par les articles 141 et suivans de la présente ordonnance.

TITRE IV. Des apprentis canonniers.

180. Les cinq compagnies d'apprentis canonniers seront désignées sous les numéros 1, 2, 3, 4 et 5.

La première sera casernée à Brest; la seconde, à Toulon; la troisième, à Rochefort; la quatrième, à Lorient; la cinquième, à Cherbourg.

181. Chaque compagnie sera composée ainsi qu'il suit :

Capitaine 1	} 2	
Lieutenant 1		
Maîtres canonniers entretenus 4	} 135	
Seconds maîtres 8		
Chefs d'escouade . . . . . . 16 } 133		
Apprentis canonniers . . . 104		
Tambour 1		

182. Chaque escouade d'apprentis canonniers se formera de seize hommes, savoir :

Second maître canonnier 1	} 16
Chefs d'escouade 2	
Apprentis canonniers 13	

Lorsqu'il y aura lieu à employer des apprentis canonniers par détachement, deux escouades formeront une section commandée par un maître-canonnier, et deux sections, une division commandée par un des officiers de la compagnie.

183. Il n'y aura point d'enfans de troupe dans les compagnies d'apprentis canonniers.

184. Ne pourront être admis dans les apprentis canonniers que des novices matelots

de l'âge de dix-huit à vingt-deux ans, de la taille d'au moins un mètre six cent soixante-dix-huit millimètres (cinq pieds deux pouces), d'une constitution saine et robuste, et ayant au moins dix-huit mois de navigation.

Ces novices seront levés dans les quartiers des classes.

Devront être choisis de préférence les jeunes marins qui sauront lire et écrire, et qui annonceront des dispositions pour le service de l'artillerie.

185. Les jeunes marins qui, ayant les qualités prescrites par l'article précédent, se présenteront volontairement, lors des levées, pour ce service, seront inscrits en tête des listes et désignés particulièrement.

186. Il sera payé une conduite aux apprentis canonniers, pour se rendre de leurs quartiers dans le port de leur destination, ainsi que pour retourner dans leurs quartiers, à l'époque de leur licenciement.

187. Le commandant de la marine se concertera avec l'intendant sur les époques auxquelles les levées devront avoir lieu dans l'arrondissement, ainsi que sur le nombre de seconds maîtres et apprentis canonniers qui devront être licenciés et remplacés.

Lesdites levées seront combinées de manière que tous les quartiers des classes de l'arrondissement participent, autant que possible, à la formation des compagnies d'apprentis canonniers.

188. Les chefs d'escouades seront choisis parmi les apprentis canonniers qui, sachant lire et écrire et ayant déjà une année d'instruction dans la compagnie, se seront le plus distingués par leur intelligence, leur application et la régularité de leur conduite.

Ce choix sera fait par le directeur de l'artillerie, sur une liste triple qui lui sera présentée par le capitaine de la compagnie.

Les chefs d'escouade pourront continuer de servir dans la compagnie pendant deux ans, à dater de leur nomination à ce grade.

189. Les seconds maîtres canonniers attachés aux compagnies d'apprentis canonniers ne pourront être pris que parmi les officiers-mariniers ayant le mérite de ce grade.

Les bombardiers concourront, pour obtenir ces places avec les seconds maîtres canonniers des classes.

190. Les maîtres canonniers entretenus seront pris parmi ceux du port et de l'arrondissement qui, par leur conduite, leurs services et leur expérience, seront reconnus les plus propres à ces emplois. Le choix en sera proposé au commandant de la marine par le directeur d'artillerie.

Lesdits maîtres pourront être maintenus dans la compagnie jusqu'à ce qu'ils obtiennent de l'avancement, ou qu'ils reçoivent la destination dont ils seront jugés susceptibles.

191. Indépendamment des maîtres et seconds maîtres qui seront affectés aux compagnies d'apprentis canonniers, il sera détaché journellement tel nombre de sous-officiers et d'hommes de la compagnie de bombardiers qu'il paraîtra nécessaire au directeur d'artillerie d'employer à l'instruction desdits apprentis canonniers.

Le choix desdits sous-officiers et bombardiers sera proposé au directeur par le commandant du bataillon et par l'officier préposé à l'école du canonnage.

192. Les compagnies d'apprentis canonniers seront sous l'autorité du directeur d'artillerie; chaque capitaine sera chargé, sous ses ordres, de la police, discipline et instruction de la compagnie.

193. Toutes les dispositions établies par la présente ordonnance sur la théorie et la pratique du canonnage pour les bataillons d'artillerie sont communes aux compagnies d'apprentis canonniers. Le directeur d'artillerie est spécialement chargé de tenir la main à ce qu'elles soient exactement suivies.

194. Elles seront employées, concurremment avec les troupes d'artillerie, à tous les travaux et mouvemens dans les parcs et magasins à poudre, à la confection des artifices, au grément des canons, à l'embarquement, débarquement et emmagasinement des armes et munitions d'artillerie, et à tout ce qui concerne ce service.

195. Les apprentis canonniers pourront être également employés, lorsque les besoins du service l'exigeront et sur la demande du directeur du port, aux mouvemens des vaisseaux, ainsi qu'à leur armement et désarmement.

Les détachemens qu'il y aura lieu à fournir pour ce service seront sous les ordres des officiers de la direction du port, et conduits aux travaux par un officier ou un maître canonnier entretenu, qui tiendra la main à l'exécution des ordres qui leur seront donnés.

196. Les compagnies d'apprentis canonniers seront casernées, sans qu'il puisse être permis, sous quelque prétexte que ce soit, à aucun des apprentis canonniers de loger hors des casernes; les maîtres et seconds maîtres seront également tenus de coucher à la caserne.

197. Les maîtres canonniers, seconds maîtres et apprentis canonniers, pourvoiront à leur subsistance sur la solde qui leur est allouée.

198. L'uniforme des apprentis canonniers se composera d'un paletot, d'un pantalon de drap bleu et d'un gilet bleu. Ils auront pour coiffure un chapeau rond de feutre verni, orné d'une cocarde.

Le chapeau leur sera fourni à nos frais.

Les autres objets d'habillement leur seront également fournis par le magasin général du port; mais la valeur en sera retenue par douzième sur leur solde.

L'uniforme des maîtres attachés aux compagnies sera le même que celui des sous-officiers de bombardiers, à l'exception de la coiffure, qui consistera en un chapeau monté à la française, orné d'une cocarde et d'un pompon rouge.

199. Il n'y aura point de masses d'habillement, de casernement ni de chauffage, pour les compagnies d'apprentis canonniers. Les effets de casernement, ustensiles et bois à brûler, leur seront fournis par le magasin général du port.

200. Les compagnies d'apprentis canonniers n'auront point d'armement.

Les maîtres, seconds maîtres et chefs d'escouade pourront seuls porter un sabre.

201. Les emplois de lieutenant et de capitaine des compagnies d'apprentis canonniers seront exercés par des officiers du corps royal d'artillerie de la marine. Ils pourront, ainsi que tous les autres, être alternativement attachés auxdites compagnies et à celles de bombardiers, de canonniers et d'ouvriers, ou passer au service du matériel, soit dans les directions d'artillerie, soit dans les forges, fonderies et manufactures d'armes.

202. Les seconds maîtres et apprentis seront renouvelés tous les ans par moitié. Ceux qui auront été le plus anciennement admis seront expédiés les premiers pour leurs quartiers; mais ils ne devront quitter les compagnies que lorsqu'ils auront été remplacés.

203. Il sera fait un examen général des apprentis canonniers de chaque compagnie, aux époques désignées pour les licenciemens et remplacemens.

Cet examen aura lieu en présence du directeur, du sous-directeur d'artillerie, de l'officier préposé à l'école du canonnage, de l'adjudant du parc, des officiers et maîtres canonniers de la compagnie; il portera sur toutes les parties d'instruction théorique et pratique qui auront été enseignées.

Le directeur d'artillerie rendra compte au commandant de la marine du résultat de l'examen des apprentis canonniers, et il sera délivré des certificats de mérite à ceux qui, par leur instruction, seront susceptibles d'en obtenir.

Il sera également délivré aux maîtres et seconds maîtres canonniers non entretenus des certificats qui feront connaître le degré d'instruction qu'ils auront acquis à la compagnie, soit dans la théorie et la pratique du canonnage, soit dans les divers détails du matériel.

Ces certificats seront annotés sur les matricules des quartiers, et rappelés exactement sur les bulletins de levée.

204. Les maîtres et seconds maîtres canonniers qui sortiront des compagnies seront susceptibles d'obtenir de l'avancement de classe ou de grade, ou d'être admis comme sous-officiers dans les compagnies de bombardiers.

205. Tous les apprentis canonniers sortant des compagnies seront faits matelots de troisième classe, ou même de seconde classe, s'ils réunissent au mérite de canonnier les conditions établies par le règlement pour prétendre à ce grade.

Ils continueront d'être employés au service du canonnage, à bord de nos bâtimens de guerre, concurremment avec les marins qui auront acquis à la mer l'instruction relative à ce service.

Les conseils d'avancement de nosdits bâtimens devront prendre en considération les certificats de mérite, pour faire passer, de préférence, à la classe immédiatement supérieure, les hommes qui les auront obtenus, lorsqu'ils réuniront d'ailleurs les conditions exigées par nos ordonnances et réglemens sur l'avancement des gens de mer.

206. Les compagnies d'apprentis canonniers ne seront point tenues au service de la garde nationale.

TITRE V. Des directions d'artillerie, forges, fonderies et manufactures d'armes.

207. Conformément aux dispositions de l'article premier de la présente ordonnance, les directeurs et sous-directeurs d'artillerie, les officiers attachés aux parcs, ainsi qu'aux forges, fonderies et manufactures d'armes, feront partie du corps royal d'artillerie de la marine.

208. Il y aura dans chacune des directions d'artillerie des ports de Brest, Toulon et Rochefort :
Un directeur de première classe, colonel;
Un sous-directeur, lieutenant-colonel, ou chef de bataillon;
Un adjudant-capitaine.
Et dans chacune des directions d'artillerie des ports de Lorient et de Cherbourg,
Un directeur de deuxième classe, lieutenant-colonel ou chef de bataillon;
Un adjudant-capitaine.
Lorsque les circonstances le comporteront, il pourra être détaché dans les ports secondaires un capitaine d'artillerie pour le service du parc.

209. Il sera employé dans chacune des directions d'artillerie des ports de Brest, Toulon, Rochefort, Lorient et Cherbourg :
Un garde d'artillerie, sous-garde-magasin ;
Un maître-artificier entretenu;
Un maître-armurier entretenu.

Et dans les ports secondaires où il aura été détaché un officier pour le service du parc d'artillerie :
Un garde d'artillerie, sous-garde-magasin;
Un maître-canonnier entretenu.

210. Les directeurs d'artillerie, sous-directeurs et adjudans des parcs, jouiront des appointemens et traitemens attribués à leurs grades, conformément au tarif N° 2, annexé à la présente ordonnance.

Les frais de bureau et d'écrivain des directeurs sont déterminés par notre règlement du 16 décembre 1815.

Les officiers préposés au service du parc, dans les ports secondaires, recevront une somme annuelle de neuf cents francs pour leur frais de bureau.

211. Les appointemens des gardes d'artillerie, sous-garde-magasins, sont fixés par le tarif N° 2, annexé à la présente ordonnance.

212. Les directeurs d'artillerie exerceront les fonctions et rempliront le service qui leur sont attribués par notre ordonnance du 29 novembre 1815 et par les dispositions de la présente.

213. Le nombre des maîtres-canonniers entretenus, tant pour le service des directions que pour celui des bâtimens de guerre, pourra être porté à cinquante, divisé en quatre classes, savoir :

	1re CLASSE.	2e CLASSE.	3e CLASSE.	4e CLASSE.	TOTAL.
A Brest	1	1	6	6	14
A Toulon	1	1	6	6	14
A Rochefort. . .	1	1	4	4	10
A Lorient	"	1	2	3	6
A Cherbourg. . .	"	1	2	3	6
Total. . . .	3	5	20	22	50

Les appointemens des maîtres canonniers de chaque classe sont déterminés par le tarif N° 1, annexé à la présente ordonnance.

214. Notre ministre secrétaire d'État de la marine détachera des officiers supérieurs ou capitaines d'artillerie dans les forges, fonderies et manufactures d'armes, soit que ces établissemens s'administrent en régie, soit que les travaux s'y exécutent à l'entreprise.

Ces officiers pourront être portés au nombre de douze.

Ils auront sous leurs ordres des contrôleurs, qui seront nommés ainsi qu'il a été prescrit par l'article 99 de la présente ordonnance.

215. Il sera, en outre, attaché au service des forges, fonderies et manufactures d'armes, des administrateurs et employés, qui seront nommés par notre ministre secrétaire d'État de la marine.

216. Nous nous réservons de statuer, par un réglement particulier, sur la répartition, dans lesdits établissemens, des officiers, contrôleurs, administrateurs et employés ; sur leurs fonctions respectives, ainsi que sur les appointemens, supplémens et indemnités qui leur seront alloués.

TITRE VI. De l'inspection générale.

217. Il y aura deux inspecteurs généraux de l'artillerie de la marine, lesquels seront par nous choisis parmi les officiers généraux provenant du corps royal d'artillerie de la marine.

218. Les inspecteurs généraux de l'artillerie de la marine jouiront des appointemens, traitemens et prérogatives d'activité attribués aux grades militaires dont ils seront pourvus.

219. Les inspecteurs généraux n'auront point d'aides-de-camp à poste fixe ; mais pendant leurs tournées, il leur sera permis, sauf l'approbation de notre ministre secrétaire d'État de la marine, de se faire accompagner par des officiers du corps royal d'artillerie de la marine.

220. Les inspecteurs généraux, d'après les ordres et instructions qui leur seront expédiés par notre ministre secrétaire d'État de la marine, inspecteront les bataillons, les compagnies d'ouvriers et d'apprentis canonniers, les parcs, forges, fonderies et manufactures d'armes, et tous autres établissemens dépendant de l'artillerie de la marine.

221. L'inspecteur général qui aura reçu l'ordre de procéder à son inspection, prendra connaissance de la conduite et de l'aptitude des officiers de chaque corps, et proposera à notre ministre secrétaire d'État de la marine les avancemens et autres récompenses dont il les aura reconnus susceptibles.

Il proposera également la retraite de ceux qui ne seront plus en état de continuer leurs services.

222. Il se fera rendre compte des avancemens de grade et de classe qui auront été accordés, dans l'intervalle d'une inspection à l'autre, aux sous-officiers, bombardiers, canonniers et ouvriers, comme aussi des congés de semestre qui auront été délivrés par les corps, des progrès du recrutement, et des diminutions, augmentations et mouvemens du personnel.

Il s'assurera si tous les hommes sont pourvus des effets d'habillement et de petit équipement qui doivent leur appartenir, et si toutes les dispositions de nos ordonnances et réglemens relatives au bien-être du soldat sont strictement exécutées.

223. Il examinera les demandes de congés absolus qui pourront être faites, soit pour cause de maladies ou d'infirmités, soit pour d'autres motifs, et transmettra à notre ministre secrétaire d'État de la marine celles qui lui paraîtront susceptibles d'être accueillies.

Il dressera l'état des militaires qui auront mérité d'obtenir des pensions ou demi-soldes, en raison de leur ancienneté ou des blessures qu'ils auraient reçues, ou enfin des infirmités qu'ils auraient contractées à notre service ; et il remettra ledit état à notre ministre avec les états de service de chacun.

224. Pour s'assurer de l'instruction des troupes, il fera exécuter en sa présence toutes les manœuvres et exercices d'infanterie et d'artillerie, et fera connaître à l'ordre ceux qui auront montré dans lesdits exercices le plus de précision et d'habileté.

225. Il vérifiera toutes les opérations des conseils d'administration, et arrêtera leur comptabilité.

Il prendra connaissance de la situation des objets d'habillement et de casernement appartenant au corps; il établira de l'ordre et de l'uniformité dans toutes les parties de l'administration, et proposera les économies et les améliorations qu'il jugera praticables.

226. Les dispositions à suivre pour la police intérieure, l'instruction et la discipline des corps, seront établies par un réglement de l'inspecteur général, lequel sera revêtu de l'approbation de notre ministre secrétaire d'État de la marine.

227. L'inspecteur général visitera les parcs et magasins d'artillerie, ainsi que les salles d'armes : il s'assurera si les armes sont en bon ordre et en bon état, si les magasins à poudre sont à l'abri de l'humidité et des accidens du feu, si les barils y sont engerbés au nombre fixé par les ordonnances, et si, dans les autres magasins, hangars et parcs, les affûts, bois et munitions de toute espèce sont rangés avec ordre et de la manière la plus convenable pour leur conservation.

228. Il examinera si les constructions et fabrications exécutées par les directions d'artillerie ont les dimensions requises, si elles sont faites avec de bons matériaux, si le travail en est soigné, et si elles ne seraient pas susceptibles de perfectionnement.

229. Il portera son attention sur la tenue des registres et comptes des directions et vérifiera si les ouvrages fabriqués, particulièrement ceux provenant des fonderies en bronze, sont en proportion avec les matières dépensées.

230. Il transmettra sommairement aux commandans de la marine les observations qu'il aura faites et qui pourront être de quelque avantage pour notre service.

231. Dans les forges et fonderies de l'intérieur, l'inspecteur général examinera si l'on s'occupe avec activité des travaux ordonnés, si les matières sont de bonne qualité, et si le nombre des pièces et les quantités d'approvisionnemens de toute nature sont les mêmes que ceux portés aux derniers états de situation adressés à notre ministre secrétaire d'Etat de la marine.

232. Il fera visiter et éprouver les bouches à feu dont la recette aurait été suspendue jusqu'à son inspection; toutefois, s'il y avait lieu à une épreuve extraordinaire, il attendrait l'ordre de notre ministre pour y procéder.

233. Il vérifiera si les poudres pour épreuve, ainsi que les modèles, châssis et autres ustensiles nécessaires à la fabrication des bouches à feu, sont en bon état et placés dans les locaux où ils puissent se couserver.

234. Il prendra note des réparations à faire aux bâtimens des fonderies, comme aussi des constructions indispensables, et de celles qui n'auraient qu'un objet d'utilité moins pressant et dont on peut ajourner l'exécution.

235. Dans les forges à boulets, il examinera les divers procédés employés par les maîtres desdites forges pour fabriquer les boulets ronds, boulets ramés, boulets creux et balles de mitraille, et indiquera ceux qu'il jugera préférables.

Il vérifiera l'exactitude des lunettes et cylindres de réception.

236. Dans les manufactures d'armes et de platines à canon, il s'assurera si les armes en fabrication sont conformes aux modèles prescrits, et si les matières sont de bonne qualité; il visitera et comparera toutes les pièces d'un certain nombre de fusils et de platines à canon.

237. Dans les établissemens en régie, il se fera rendre compte des détails de la comptabilité, s'assurera de la bonne tenue des registres, et ordonnera tous redressemens ou rectifications convenables.

238. Il prendra connaissance de l'aptitude et du degré d'instruction des officiers et maîtres attachés aux directions, ainsi que des officiers et contrôleurs employés dans les forges et fonderies et manufactures d'armes; il exigera des tracés de ceux qui dirigent les constructions, et fera visiter par eux, en sa présence, des canons, boulets, affûts et tous autres objets d'artillerie.

239. A la fin de sa tournée, il remettra à notre ministre secrétaire d'Etat de la marine un rapport général et détaillé sur toutes les parties de son inspection.

Titre VII. Dispositions générales.

240. Le corps royal d'artillerie de la marine est sous les ordres et l'autorité de notre ministre secrétaire d'Etat de la marine et des colonies.

241. Les officiers, sous-officiers, bombardiers, canonniers, ouvriers et apprentis canonniers qui seront admis dans le corps royal d'artillerie de la marine, seront tenus de prêter individuellement le serment de fidélité au Roi.

Cet acte aura lieu à la première revue d'inspection générale, ou à celle du commissaire de la marine préposé aux revues, à laquelle ces officiers, sous-officiers et soldats seront présens.

Les troupes se formeront en cercle, et les tambours battront un ban.

Le serment sera ainsi conçu :

« Je jure et promets de bien et fidèlement « servir le Roi, d'obéir dans toutes les occa- « sions aux chefs qui me seront donnés par « sa majesté, et de ne jamais abandonner « mes drapeaux. »

Il sera lu à haute voix par le commissaire préposé aux revues, et lesdits officiers, sous-officiers, bombardiers, canonniers, ouvriers et apprentis canonniers, répéteront, l'un après l'autre, ces mots : *Je le jure.*

Il sera dressé procès-verbal de cet acte par triple expédition, dont chacune devra être signée des officiers qui auront prêté serment, du commissaire aux revues, du commandant du corps, et visée par l'inspecteur général, ou, en son absence, par le major général ou major.

Une des ces expéditions restera déposée au bureau major; la seconde, au contrôle de la marine; et la troisième sera adressée, par le commandant de la marine, à notre ministre secrétaire d'Etat de la marine.

242. Chaque bataillon du corps royal d'artillerie de la marine recevra un drapeau dont le fond sera blanc, parsemé de fleurs-de-lis d'or, portant au milieu l'écusson de France et la désignation du bataillon, et dans chaque coin une ancre d'or.

Nous nous réservons de fixer l'époque à laquelle ces drapeaux seront distribués.

243. Conformément aux dispositions générales que nous avons adoptées pour tous les corps de notre armée, le grade de lieutenant colonel sera intermédiaire entre ceux de colonel et de chef de bataillon.

Le lieutenant colonel portera les marques distinctives qui étaient précédemment attribuées au major, et aura le même rang dans le corps.

244. Indépendamment de la solde fixée par le tarif n° 1 joint à la présente ordonnance pour les bataillons de l'artillerie de la marine, les compagnies d'ouvriers et celles d'apprentis canonniers, il sera délivré chaque jour une ration de pain de sept hectogrammes

et demi (vingt-quatre onces) à tout sous-officier, caporal, bombardier, canonnier, ouvrier
et apprenti canonnier, présent ou détaché
pour le service.

245. Les officiers des bataillons, des compagnies d'ouvriers, des compagnies d'apprentis canonniers, ceux attachés aux directions
d'artillerie et autres établissemens du matériel, rouleront tous ensemble d'après l'ordre
du tableau.

Les officiers employés au matériel pourront passer alternativement, et en raison des
besoins du service, soit dans les divers établissemens dépendant de l'artillerie, soit
dans les bataillons et compagnies.

246. Les officiers du corps royal d'artillerie
de la marine auront droit aux mêmes récompenses militaires que tous les corps de l'armée.

247. Lorsque les troupes d'artillerie de la
marine seront appelées à servir à terre concurremment avec nos troupes de ligne, elles
seront considérées et employées comme corps
de grenadiers.

248. Sont et demeurent annulées toutes
dispositions contraires à celles de la présente
ordonnance.

N° I.

TARIF DE LA SOLDE DU CORPS ROYAL D'ARTILLERIE DE LA MARINE.

GRADES.	SOLDE DE PRÉSENCE				SOLDE D'ABSENCE,		
	MEN-SUELLE.	JOURNALIÈRE.					
	Embarqués avec vivres de bord, ou à terre avec vivres de campagne.	Embarqués avec vivres de bord, ou à terre avec vivres de campagne.	En station avec le pain pour les sous-officiers et canonniers.	En marche avec le pain pour les sous-officiers et canonniers.	en congé de convalescence ou de semestre.	à l'hôpital.	aux militaires isolés recevant l'indemnité de route.
ÉTAT-MAJOR.							
Colonels	520f 83	17f 361	17f 361	22f 361	"	14f 361	17f 361
Lieutenans-colonels	441 66	14 722	14 722	19 222	"	11 722	14 722
Chefs de bataillon	375 00	12 500	12 500	16 500	"	9 500	12 500
Adjudans-majors (1). . . .	"	"	"	"	"	"	"
Officiers payeurs (2).	"	"	"	"	"	"	"
Lieutenans sous-adjudans-majors (3).	"	"	"	"	"	"	"
Tambours-maîtres	"	0 81	0 96	1 06	0f 405	0 10	0 10
Maîtres tailleur.	"	0 32	0 47	0 57	0 16	0 10	0 10
OFFICIERS DES COMPAGNIES.							
Capitaines. . . { en 1er . . .	208 333	6 944	6 944	9 944	"	4 944	6 944
{ en 2e . . .	166 666	5 555	5 555	8 555	"	3 555	5 555
Lieutenans . . { en 1er . . .	125 00	4 166	4 166	6 666	"	2 666	4 166
{ en 2e . . .	108 333	3 611	3 611	6 661	"	2 111	3 611

(1, 2 et 3) Les appointemens du grade.

GRADES.	SOLDE DE PRÉSENCE				SOLDE D'ABSENCE,		
	MENSUELLE.	JOURNALIÈRE.			en congé de convalescence ou de semestre.	à l'hôpital.	aux militaires isolés recevant l'indemnité de route.
	Embarqués avec vivres de bord, ou à terre avec vivres de campagne.	Embarqués avec vivres de bord, ou à terre avec vivres de campagne.	En station avec le pain pour les sous-officiers et canonniers.	En marche avec le pain pour les sous-officiers et canonniers.			
COMPAGNIES DE BOMBARDIERS.							
Sergens-majors. / Maître canonnier.	«	1f 85c	2f 00c	2f 25c	0f 975m	0f 10c	0f 10c
Sergens. / 2es maîtres canonniers de 1re classe.	«	1 25	1 40	1 60	0 625	0 10	0 10
Fourriers. / 2es maîtres canonniers de 1re classe.	«	1 25	1 40	1 60	0 625	0 10	0 10
Caporaux. / 2es maîtres canonniers de 2e classe.	«	0 92	1 07	1 17	0 46	0 10	0 10
Bombardiers { de 1re classe . . . / aide-canonnier de 1re classe.	«	0 75	0 90	1 00	0 375	0 10	0 10
{ de 2e idem / aide canonnier de 2e classe.	«	0 60	0 75	6 85	0 30	0 10	0 10
Tambours.	«	0 46	0 61	0 71	0 23	0 10	0 10
COMPAGNIES DE CANONNIERS.							
Sergens-majors.	«	1 44	1 59	1 84	0 72	0 10	0 00
Sergens et fourriers.	«	0 98	1 13	1 33	0 49	0 10	0 10
Caporaux.	«	0 71	0 86	0 96	0 355	0 10	0 10
Artificiers.	«	0 51	0 66	0 76	0 255	0 10	0 10
Canonniers { de 1re classe.	«	0 46	0 61	0 71	0 23	0 10	0 10
{ de 2e idem.	«	0 37	0 52	0 62	0 185	0 10	0 10
{ de 3e idem.	«	0 30	0 45	0 55	0 15	0 10	0 10
Enfans { de 1re classe.	«	0 20	0 35	0 45	«	0 10	0 10
{ de 2e idem.	«	0 15	0 30	0 40	«	0 10	0 10
Tambours.	«	0 46	0 61	0 71	0 23	0 10	0 10
COMPAGNIES D'OUVRIERS.							
Sergens-majors.	«	1 79	1 94	2 19	0 895	0 10	0 10
Sergens et fourriers.	«	0 98	1 13	1 33	0 49	0 10	0 10
Caporaux.	«	0 88	1 03	1 13	0 44	0 10	0 10
Ouvriers { de 1re classe.	«	0 73	0 88	0 98	0 365	0 10	0 10
{ de 2e idem.	«	0 58	0 73	0 83	0 29	0 10	0 10
{ de 3e idem.	«	0 48	0 63	0 73	0 24	0 10	0 10
Enfans.. { de 1re classe.	«	0 20	0 35	0 45	«	0 10	0 10
{ de 2e idem.	«	0 15	0 30	0 40	«	0 10	0 10
Tambours.	«	0 46	0 61	0 71	0 23	0 10	0 10

GRADES.	SOLDE DE PRÉSENCE par			RETENUE PAR JOURNÉE D'HÔPITAL.	
	an.	mois.	jour.	Fiévreux.	Vénériens.

COMPAGNIES D'APPRENTIS CANONNIERS.

Maîtres canonn.rs entretenus (1).	"	"	"	"	"
Idem non entretenus.	576f 00c	48f 000 m	1f 600 m	1f 070 m	1f 334 m
Seconds maîtres	456 00	38 000	1 266	0 844	1 055
Apprentis chefs d'escouade . .	324 00	27 000	0 900	0 600	0 750
Apprentis	288 00	24 000	0 800	0 532	0 665

MAÎTRES CANONNIERS ENTRETENUS.

De 1re classe	1,500 00	125 000	4 166	1 000	3 472
De 2e.	1,200 00	100 000	3 333	1 000	2 778
De 3e.	1,000 00	83 333	2 777	1 000	2 314
De 4e.	900 00	75 000	2 500	1 000	2 084

(1) Les appointemens de leur classe.

N° II.

TARIF DE LA SOLDE DES OFFICIERS

ET AUTRES EMPLOYÉS AUX PARCS D'ARTILLERIE.

GRADES.	APPOINTEMENS par		
	an.	mois.	jour.
Directeur de 1re classe, colonel (1)	6,250f	520f 833	17f 361
Direct.r de 2e classe. Lieutenant-colonel. . . .	5,300	441 667	14 722
ou			
Sous-directeur. . . . Chef de bataillon	4,500	375 000	12 500
Adjudant . . . . . . Capitaine	2,500	208 333	6 944
Gardes d'artillerie et Sous-garde-magasin, { à Brest et à Toulon . . .	1,800	150 000	5 000
	à Rochefort	1,600	133 333	4 444
	à Lorient et à Cherbourg.	1,500	125 000	4 166
	dans les ports secondaires.	1,200	100 000	3 333
Maîtres artificiers. . { à Brest et à Toulon . . .	1,600	133 333	4 444
	à Rochefort.	1,500	125 000	4 166
	à Lorient et à Cherbourg.	1,400	116 666	3 888
Maîtres armuriers. . dans tous les ports	1,500	125 000	4 166

(1) Les directeurs, sous-directeurs et adjudans des parcs ont droit aux indemnités accordées aux officiers du grade correspondant, et dont la quotité est fixée par le tarif N° III.

No III.

TARIF DES INDEMNITÉS DE LOGEMENT ET D'AMEUBLEMENT,

ET DE L'INDEMNITÉ REPRÉSENTATIVE DES RATIONS DE FOURRAGES.

GRADES.	INDEMNITÉ						NOMBRE DE RATIONS au pied de	
	DE LOGEMENT par			D'AMEUBLEMENT par				
	an.	mois.	jour.	an.	mois.	jour.	paix.	guerre.
Lieutenant général. .	1,800f	150f	5f 000 m	600f	50f oo	1f666m	8	8
Maréchal-de-camp. .	1,200	100	3 330	400	33 333	1 111	6	6
Colonel.	600	50	1 666	200	16 666	o 555	2	4
Lieutenant-colonel. .	540	45	1 500	180	15 oo	o 500	2	4
Chef de bataillon. .	480	40	1 333	160	13 333	o 444	1	3
Adjudant-major. . .	216	18	o 600	108	9 00	o 300	«	«
Capitaine.								
Lieutenant.	144	12	o 400	72	6 00	o 200	«	«
Garde d'artillerie et sous-garde-magasin.	120	10	o 333	60	5 00	o 166	«	«
Maître armurier. . .	72	6	o 200	36	3 00	o 100	«	«

Les officiers-payeurs, les adjudans-majors, les capitaines, lieutenans et sous-lieutenans, âgés de plus de cinquante ans, ont droit au pied de guerre, à un cheval, pour lequel les fourrages doivent être fournis en nature, à moins d'une décision spéciale du ministre qui autorise le paiement de l'indemnité représentative.

(*Recto.*)

DE PAR LE ROI.

CONGÉ ABSOLU.

Nous soussignés, membres du conseil d'
certifions avoir donné congé absolu à
dit   de la   compagnie du
natif d   département d
âgé de   taille d   cheveux et
sourcils   yeux   front   nez   bouche
menton   visage   compris au registre matricule du corps
sous le no   le présent congé accordé en vertu d
Fait à   le

Les membres du conseil d'administration,

Vu par nous,   Approuvé par nous,
Commissaire de la marine, | PRÉCIS | CAMPAGNES | *Inspecteur général,*
préposé aux revues, | des services. | et blessures. |

(*Verso du congé absolu qui précède.*)

Le décompte de ce qui revenait au militaire désigné de l'autre part, pour sa solde et pour son linge et chaussure, lui a été fait jusqu'au

(*Recto.*)

DE PAR LE ROÏ.

CONGÉ DE RÉFORME.

Nous soussignés, membres du conseil d'administration d
certifions avoir donné, d'après l'autorisation du ministre de la marine et des colonies, congé de réforme à
compagnie du   natif d
département d   âgé d
taille de   cheveux et sourcils
yeux   front   nez   bouche
menton   visage   compris au registre-matricule du corps
sous le nº   lequel a été jugé hors d'état de continuer le service militaire par le   de santé, dont le certificat est transcrit au dos du présent.

Fait à   le

Les membres du conseil d'administration,

Vu par nous, *Commissaire de la marine, préposé aux revues,*	PRÉCIS des services.	CAMPAGNES et blessures.	Approuvé par nous, *Inspecteur général,*

(*Verso du congé de réforme qui précède.*)

COPIE DU CERTIFICAT DE VISITE
DES OFFICIERS DE SANTÉ.

Pour copie conforme :
Les membres du conseil d'administration,

Nota. Le décompte de ce qui était dû au militaire ci-dessus désigné, pour la solde et la masse de linge et chaussure, lui a été fait jusqu'au

---

(*Recto.*)

DE PAR LE ROI.

CONGÉ

Nous soussignés, membres du conseil d'administration d
certifions avoir donné congé pour aller à
jusqu'au   prochain à   de la compagnie
d   natif d   département
d   âgé de   de la taille d
lequel est signalé au registre matricule du corps sous le n°
Le présent congé délivré en vertu d
Fait à   le
Les membres du conseil d'administration,

N. B. Le porteur sera tenu de faire viser le présent congé par le chef de la gendarmerie dans l'arrondissement où il devra passer le temps dudit congé, et ce, dans le délai de *cinq jours*, sous les peines portées par *les réglemens militaires.*

Vu et approuvé par nous,
commissaire de la marine,
préposé aux revues,

Approuvé par nous,

(*Verso du congé ci-dessus.*)

Le décompte de solde du militaire dénommé de l'autre part lui a été fait jusqu'au
Il lui reste, à la masse de linge et chaussure, la somme de
Il est porteur des effets ci-après :

DÉSIGNATION DES EFFETS.   NOMBRE D'EFFETS.

En conséquence du détail ci-dessus, ce militaire n'aura besoin d'aucun secours dans sa route pour aller en congé.
Fait à   le

21 FÉVRIER 1816. — Ordonnance du Roi sur les pensions et secours des veuves et orphelins des officiers militaires et autres entretenus du département de la marine. (Annal. marit. de M. Bajot, 1816, p. 169.)

Louis, etc.

Vu notre ordonnance du 14 août 1814 portant réglement sur les pensions et secours aux veuves et enfans orphelins des militaires de l'armée de terre;

Sur le rapport de notre ministre de la marine et des colonies,

Nous avons ordonné et ordonnons ce qui suit :

Art. 1er. Les veuves des officiers militaires et autres entretenus du département de la marine seront susceptibles d'obtenir des pensions:

1° Si leurs maris ont été tués dans les combats;

2° S'ils sont morts, avant le terme de six mois, des blessures qu'ils y auront reçues;

3° S'ils ont péri dans un naufrage ou par l'effet de tout autre événement résultant du service maritime.

2. Les veuves des officiers militaires et entretenus de la marine jouissant au moment de leur décès d'une solde de retraite acquise par des blessures ou par l'ancienneté de services, celles dont les maris morts en activité auront rempli les conditions exigées pour l'obtention de ladite solde de retraite, seront également susceptibles d'être admises à la pension.

3. Pour jouir du bénéfice de la présente ordonnance, les veuves des officiers et autres entretenus, morts des suites de leurs blessures, seront tenues de prouver que leur mariage a été contracté antérieurement au combat dans lequel leurs maris ont été blessés.

Celles des veuves mentionnées en l'art. 2 qui n'auront point d'enfans de leur mariage seront assujéties à constater qu'elles n'ont point divorcé, et qu'elles ont passé au moins cinq ans de leur union légitime, avec les officiers ou entretenus aux droits desquels elles prétendront être substituées. A défaut des preuves exigées d'elles, les unes et les autres ne pourront être proposées pour la pension.

Les veuves non divorcées ayant un ou plusieurs enfans seront dispensées de cette justification de cinq ans de mariage.

4. Les pensions des veuves seront fixées sur le pied du quart du maximum de la solde de retraite d'ancienneté affectée au grade de leurs maris.

5. Les enfans orphelins nés en légitime mariage des officiers militaires et autres entretenus de la marine auront droit à un secours annuel.

Ce secours ne pourra excéder, quel que soit le nombre des enfans, le montant de la pension qui aurait été accordée à leur mère; il s'éteindra proportionnellement à mesure que chaque enfant sera parvenu à l'âge de vingt ans accomplis.

6. Lorsque les officiers militaires et autres entretenus de la marine auront rendu à l'Etat des services distingués, notre ministre de la marine nous proposera, en faveur de leurs veuves ou orphelins, des pensions particulières proportionnées à l'importance des services.

7. Les pensions et secours qui auront été réglés en exécution de la présente ordonnance seront acquittés sur les fonds de la caisse des invalides de la marine.

8. Toutes les pensions et secours accordés jusqu'à ce jour aux veuves et enfans des officiers militaires et autres entretenus sont maintenus au taux auquel ils ont été fixés.

9. Notre ministre de la marine et des colonies est chargé de l'exécution de la présente ordonnance.

___

21 FÉVRIER 1816. — Ordonnances du Roi qui accordent des lettres de déclaration de naturalité aux sieurs Cohen, Lavenay, Bouteau, Santory et Colomb d'Areine. (7, Bull. 77, 89. et 109, n°s 552, 584, 603, 604 et 1052.)

___

21 FÉVRIER 1816. — Ordonnance du Roi qui admet le sieur Estrado à établir son domicile en France. (7, Bull. 77, n° 553.)

___

21 FÉVRIER 1816. — Ordonnance du Roi qui autorise le sieur Jacques Pierrard, chevalier de l'ordre royal et militaire de Saint-Louis, à rester au service de sa majesté le roi d'Espagne, sans perdre la qualité de sujet français. (7, Bull. 109, n° 1051.)

___

22 FÉVRIER = 14 MARS 1816. — Ordonnance du Roi relative à la translation à Arles du siége de la sous-préfecture de Tarascon, et du tribunal de première instance du même arrondissement, etc., et aux informations qui seront faites contre les auteurs et complices de la sédition et des violences qui ont eu lieu en cette dernière ville dans les journées du 13 et du 14 février. (7, Bull. 72, n° 485.)

Louis, etc.

Les lois ont été violées à Tarascon ; des séditieux ont commandé aux magistrats un jugement illégal; des prisonniers, régulièrement détenus ont été arrachés des mains de la justice; la garde nationale, appelée pour défendre l'ordre public, est restée immobile; le sous-préfet lui-même a dû se soustraire aux violences dont il était menacé. De tels excès demandent une punition prompte et sévère :

A ces causes, nous avons ordonné et ordonnons ce qui suit :

Art. 1er. Le siége de la sous-préfecture de Tarascon et du Tribunal de première instance du même arrondissement, ainsi que les établissemens qui en dépendent et qui appartiennent au chef-lieu seront transférés dans la ville d'Arles;

2. Les détenus arrachés des prisons de Tarascon, le 13 de ce mois, seront conduits dans les prisons d'Arles, pour être poursuivis et jugés conformément aux lois.

3. Le jugement ou ordonnance rendu par le tribunal de Tarascon, sous la date du 14 février, dix heures du matin, et portant que les nommés Gouvernet et Aubert ne doivent pas être poursuivis et qu'ils seront mis en liberté sera déféré, s'il y a lieu, par notre procureur général, soit à notre cour royale d'Aix, soit à notre Cour de cassation, pour être ordonné ce qu'il appartiendra, sur le vu dudit acte et des procès-verbaux dressés par le même tribunal dans la journée du 14 février.

4. Il sera informé de suite, conformément à l'article 235 du Code d'instruction criminelle, contre les auteurs et complices de la sédition et des violences qui ont eu lieu à Tarascon dans les journées du 13 et du 14 février.

5. Il nous sera rendu compte de la conduite des juges et de notre procureur dans la journée du 14, pour être par nous ordonné ultérieurement ce qu'au cas appartiendra.

6. Nos ministres de la justice et de l'intérieur sont chargés de l'exécution de la présente ordonnance.

22 FÉVRIER 1816. — Ordonnances du Roi qui autorisent l'acceptation de dons et legs faits aux pauvres, aux congrégations, séminaires, hospices et fabriques des églises de Montségur, Saint-Jean-de-Mont, Issengeaux, Saint-Dizier, Chevautie, Nantua, Villers-Cotterêts, Felletin, Toulouse, Lectoure, Tours, Besançon, Amiens, Saint-Thomas-de-Villeneuve, Castres, Triel, Besse, Mâcon, Evreux, Metz, Chaumont, Lyon, St.-Pierre-le-Vieux et Arintold. (7, Bull. 76, 77 et 79, nos 540 à 545, 555, 576 à 585.)

25 FÉVRIER = Pr. 12 MARS 1816. — Ordonnance du Roi relative à la fixation des pensions des instituteurs, professeurs et répétiteurs des écoles d'artillerie et du génie, et à la quotité des retenues pour le fond de retraite. (7, Bull. 71, n° 478.)

Voy. loi du 25 MARS 1817, tit. IV, et les notes.

Louis, etc.

Voulant donner une preuve de l'intérêt que nous prenons aux travaux des instituteurs, professeurs et répétiteurs des écoles d'artillerie et du génie, et assurer à ces fonctionnaires des pensions proportionnées à l'utilité et à la durée de leurs services, ainsi qu'à la quotité des retenues qui sont exercées sur leurs traitemens, d'après l'arrêté du 12 vendémiaire an 11, pour former un fonds de retraite;

Sur la proposition de notre ministre secrétaire d'Etat de la guerre,

Nous avons ordonné et ordonnons ce qui suit :

Art. 1er. Les instituteurs, professeurs et répétiteurs des écoles d'artillerie et du génie supporteront la retenue de trois pour cent sur leur traitement fixe pour le fonds de retraite. Toutes retenues autres que celles réglées par les budgets sur les traitemens d'activité cesseront de leur être faites à dater de ce jour.

2. Ces instituteurs, professeurs et répétiteurs ne pourront obtenir de pension avant vingt années de service en cette qualité, et leur activité dans lesdites écoles ne comptera que de l'âge de vingt ans. Tous autres services publics seront ensuite admis pour l'accroissement de la pension.

L'admission à la retraite n'aura lieu que sur un mémoire de proposition accompagné de pièces justificatives de services, et d'après la demande des généraux inspecteurs d'artillerie et du génie.

3. La pension se réglera sur le taux moyen du traitement fixe dont ils auront joui pendant les trois dernières années de leur activité.

Ils obtiendront, à vingt ans de services effectifs, le *minimum* de la pension, qui sera du tiers de l'année moyenne du traitement; à trente ans, la moitié du même traitement; et à quarante ans, le *maximum* déterminé aux deux tiers de ce traitement.

4. Il sera accordé des annuités pour le temps au-delà de trente ans, jusqu'au terme fixé pour le *maximum*. La même disposition s'étendra à ceux qui, ayant droit au *minimum*, auraient quelques années au-delà du temps exigé pour l'obtenir.

Ces annuités seront réglées uniformément à un soixantième du traitement moyen.

5. Ceux qui n'auraient pas vingt ans de service obtiendront le remboursement des retenues qui leur auraient été faites pour la pension, s'ils n'ont pas cessé leur activité par démission ou par destitution.

Dans le cas où ils seraient forcés de quitter leur emploi par suite d'infirmités ou d'accidens résultant de leur service, avant d'avoir atteint les vingt ans, il en sera rendu un compte particulier au ministre secrétaire d'Etat de la guerre, afin qu'il juge s'il y a lieu de leur accorder une pension par exception, dont le montant ne pourra toutefois dépasser la moitié du *minimum* fixé pour vingt ans de services.

6. Les veuves des instituteurs, professeurs, et répétiteurs décédés en activité ou en retraite, pourront obtenir des pensions réglées à la moitié de celles auxquelles leurs maris avaient droit, si, au moment du décès de ces derniers, elles sont âgées de cinquante ans, ou ont des enfans au-dessous de l'âge de dix-huit ans.

Elles n'auront que le quart de cette même pension, si elles ne se trouvent pas dans cette position : elles devront, dans tous les cas, n'avoir point divorcé; et celles qui n'auraient pas d'enfans devront justifier de cinq ans de mariage.

7. Les orphelins recevront, jusqu'à leur dix-huitième année révolue, à titre de secours annuel, les deux tiers de la pension à laquelle leur mère aurait eu droit.

8. Les veuves et orphelins qui n'auraient pas droit à la pension pourront obtenir, suivant leur position, à titre de secours, une somme une fois payée, prélevée sur le fonds de retraite, et dont la quotité ne pourra excéder la moitié de l'année de la pension dont ils auraient été susceptibles, aux termes des articles 6 et 7.

9. Les instituteurs, professeurs et répétiteurs qui auraient obtenu une solde de retraite, ne pourront la cumuler avec la pension : ils devront opter entre l'une ou l'autre de ces récompenses. Les pensionnaires seront tenus, à chaque époque de paiement, de faire la déclaration qu'ils ne jouissent d'aucun traitement d'activité soldé par le Trésor.

10. Il ne sera apporté aucun changement au taux des pensions accordées antérieurement à la présente ordonnance.

11. Le fonds de retraite des instituteurs, professeurs et répétiteurs, se trouvant, en ce moment, insuffisant pour le paiement des pensions dont la liquidation va avoir lieu, elles seront payées provisoirement sur les fonds du Trésor royal.

12. Nos ministres de la guerre et des finances sont chargés de l'exécution de la présente ordonnance.

_____

25 FÉVRIER=Pr. 12 MARS 1816.—Ordonnance du Roi relative à la fixation des pensions des contrôleurs d'armes, des forges et des fonderies, ainsi que des réviseurs d'armes. (7, Bull. 7, n° 479.)

Voy. loi du 25 MARS 1817, tit. IV, et les notes.

Louis, etc.

Sur le compte qui nous a été rendu que le décret du 14 août 1806, relatif à la formation d'un fonds de retraite pour les contrôleurs et réviseurs des manufactures d'armes, et les contrôleurs des forges et fonderies, n'as-

surait pas convenablement le sort de ces employés et de leurs veuves, et voulant leur donner une preuve de notre intérêt ;

Sur la proposition de notre ministre secrétaire d'État au département de la guerre ;

Nous avons ordonné et ordonnons ce qui suit :

Art. 1er. Les contrôleurs d'armes, des forges et des fonderies, et les réviseurs d'armes pourront obtenir des pensions ainsi qu'il est déterminé ci-après.

Ils auront, à vingt-cinq ans de service dans les établissemens d'artillerie, le *minimum* de la pension, fixé au tiers du taux moyen du traitement fixe dont ils auront joui pendant les trois dernières années de leur activité; à trente-cinq ans, la moitié du même traitement; et à quarante-cinq ans, le *maximum* déterminé aux deux tiers de ce traitement.

Il leur sera accordé des annuités réglées au soixantième du traitement moyen pour les années au-delà de vingt-cinq et trente-cinq ans de services.

2. Leurs services dans les manufactures royales ne courront que de l'âge de vingt ans ; et le temps durant lequel ils auront été occupés comme ouvriers de ces manufactures, leur sera compté lorsqu'ils auront exercé, au moins pendant dix ans, les fonctions de contrôleur ou de réviseur.

Tout autre service salarié par le Trésor pourra être ensuite admis pour l'accroissement de la pension.

3. Toutes les autres dispositions de l'ordonnance de ce jour en faveur des instituteurs, professeurs et répétiteurs des écoles d'artillerie et du génie, notamment celles sur la quotité des retenues à exercer pour le fonds de retraite, sur les droits des veuves et des orphelins à des pensions ou secours, sur les formes de proposition à la retraite et le mode de paiement de cette récompense, sont entièrement applicables aux contrôleurs d'armes, des forges et des fonderies, et aux réviseurs, sauf les modifications pour la durée des services désignés dans les articles 1er et 2 de cette présente ordonnance.

4. Notre ministre de la guerre et des finances sont chargés de l'exécution de la présente ordonnance.

_____

27 FÉVRIER=Pr. 14 MARS 1816.—Ordonnance du Roi portant qu'il sera élevé des statues aux généraux Moreau et Pichegru. (7, Bull. 72, n° 487.)

Art. 1er. Il sera élevé des statues au général Moreau et au général Pichegru.

2. Nos ministres de l'intérieur est chargé de l'exécution de la présente ordonnance.

_____

28 FÉVRIER = Pr. 6 MARS 1816. — Ordonnance du Roi qui détermine le prix de la vente des cigares. (7, Bull. 70, n° 475.)

Art. 1er. Les cigares de toute forme et dimension qui seront fabriqués dans nos manufactures seront vendus au public à raison de cinq centimes la pièce, en gros et en détail.

28 FÉVRIER = Pr. 12 MARS 1816. — Ordonnance du Roi relative à l'imprimerie royale. (7, Bull. 71, n° 480.)

Voy. ordonnances des 12 JANVIER 1820, 23 JUILLET 1823, et 11 AOUT 1824.

Louis, etc.

Vu notre ordonnance du 28 décembre 1814, qui rétablit, à dater du 1er janvier 1815, l'imprimerie royale sous la conduite et au compte d'un directeur garde des poinçons, matrices, etc.,

Sur le rapport de notre garde-des-sceaux ministre secrétaire d'Etat au département de la justice,

Nous avons ordonné et ordonnons ce qui suit : Art. 1er. Le compte des recettes et dépenses en matières faites jusqu'au 31 décembre 1814, par le sieur Duboy-Laverne, agent comptable de l'imprimerie royale, lequel compte a été reçu par le sieur Metman, liquidateur de cet établissement, et remis au ministère de la justice, en sera retiré par ledit sieur Metman, et sera par lui déposé au greffe de notre cour des comptes, avec les inventaires, registres et pièces justificatives à l'appui.

2. Notre cour des comptes vérifiera et jugera définitivement ledit compte en matières ; elle prononcera, s'il y a lieu, le *quitus* définitif de la gestion dudit sieur Duboy-Laverne, et lui accordera la décharge de son cautionnement.

3. Il sera adressé par notre procureur général près ladite cour, à notre garde-des-sceaux, ministre de la justice, une expédition de l'arrêt définitif rendu par notre cour des comptes sur ledit compte en matières, avec un double de l'inventaire du mobilier de l'imprimerie royale, dressé contradictoirement avec le directeur.

4. Le double de l'inventaire demeurera déposé aux archives du ministère de la justice, à l'effet de constater les ustensiles et effets mobiliers que le directeur est tenu de représenter, à toute réquisition, comme propriété du Gouvernement, et d'y ajouter les nouveaux poinçons et matrices qui pourront lui être fournis avec les fonds de l'Etat, en exécution des articles 5 et 6 de notre ordonnance du 28 décembre 1814.

5. Le sieur Metman présentera à notre cour des comptes, avant le 1er avril prochain, son compte en deniers des recouvremens par lui effectués et des paiemens faits dans le cours de l'année 1815, pour y être vérifié et jugé définitivement.

6. Ce compte, appuyé des états, registres, ordonnances et pièces justificatives, sera, en outre, accompagné des états de créances arriérées, antérieures au 1er janvier 1815, restant à recouvrer, ainsi que des sommes dues par le directeur sur le prix des papiers, matières, ustensiles divers et autres objets d'approvisionnement qui lui ont été livrés pour son compte personnel, suivant l'estimation de l'inventaire.

7. Les fonctions du sieur Metman en qualité de liquidateur de l'imprimerie royale cesseront au 1er janvier 1817. Il sera tenu, dans les trois mois qui suivront, de rendre le compte des opérations par lui faites, pendant l'année 1816, à notre cour des comptes, qui le vérifiera, apurera définitivement, et lui accordera, s'il y a lieu, la décharge définitive de sa gestion et la remise de son cautionnement.

8. A l'égard des fonds qui pourront rester disponibles et des créances non encore recouvrées à la fin de la gestion du sieur Metman, il y sera par nous statué d'après le rapport de notre garde-des-sceaux, ministre de la justice, auquel il sera remis, à cet effet, un état desdits fonds et créances.

9. Notre ministre de la justice est chargé de l'exécution de la présente ordonnance.

28 FÉVRIER 1816. — Ordonnance du Roi qui permet à M. le comte de Mussey de continuer de résider en Gallicie. (7, Bull. 72 n° 488.)

28 FÉVRIER 1816. — Ordonnance du Roi qui admet les sieurs Wisenfeld, Nivel et Dietrich à établir leur domicile en France. (7, Bull. 79, n° 587.)

28 FÉVRIER 1816. — Ordonnances du Roi qui accordent des lettres de déclaration de naturalité aux sieurs Férogio, Audi, Berthet, Perregaux, Carrier, Alliot, William, Thomas, Vaddington, Riolfo, Conconselli, Destanberg, Teichmann et Bozzano. (7, Bull. 65, 79, 80, 135, 139, 201 et 223.)

29 FÉVRIER = Pr. 19 MARS 1816. — Ordonnance du Roi portant qu'il sera formé, dans chaque canton, un comité gratuit et de charité pour surveiller et encourager l'instruction primaire. (7, Bull 73, n° 495.)

Voy. loi du 3 BRUMAIRE an 4; ordonnances des 3 AVRIL 1820, et 4 AVRIL 1824, tit. V.

Louis, etc.

Sur le rapport de notre ministre secrétaire d'Etat au département de l'intérieur;

Nous étant fait rendre compte de l'état actuel de l'instruction du peuple des villes et des campagnes dans notre royaume, nous avons reconnu qu'il manque, dans les unes et dans les autres, un très-grand nombre d'écoles; que les écoles existantes sont susceptibles d'importantes améliorations. Persuadés qu'un des plus grands avantages que nous puissions procurer à nos sujets est une instruction convenable à leurs conditions respectives, que cette instruction, surtout lorsqu'elle est fondée sur les véritables principes de la religion et de la morale, est non-seulement une des sources les plus fécondes de la prospérité publique, mais qu'elle contribue au bon ordre de la société, prépare l'obéissance aux lois, et l'accomplissement de tous les genres de devoirs; voulant d'ailleurs seconder, autant qu'il est en notre pouvoir, le zèle que montrent des personnes bienfaisantes pour une si utile entreprise, et régulariser, par une surveillance convenable, les efforts qui seraient tentés pour atteindre un but si désirable, nous nous sommes fait représenter les réglemens anciens, et nous avons vu qu'ils se bornaient à annoncer des dispositions subséquentes qui, jusqu'à ce jour, n'ont point été mises en vigueur.

Vu le mémoire de notre commission d'instruction publique, et sa délibération en date du 7 novembre dernier;

Notre conseil-d'État entendu,

Nous avons ordonné et ordonnons ce qui suit:

Art. 1er. Il sera formé dans chaque canton, par les soins de nos préfets, un comité gratuit et de charité pour surveiller et encourager l'instruction primaire.

2. Seront membres nécessaires de ce comité, le curé cantonal, le juge-de-paix, le principal du collège, s'il y en a un dans le canton.

3. Les autres membres, au nombre de trois ou quatre au plus, seront choisis par le recteur de l'académie, d'après les indications du sous-préfet et des inspecteurs d'académie. Leur nomination sera approuvée par le préfet.

4. Les membres du comité prendront rang entre eux d'après l'ordre d'ancienneté de nomination; ceux qui seraient nommés le même jour prendront rang d'après leur âge. Le curé cantonal présidera.

5. Le sous-préfet et le procureur du Roi seront membres de tous les comités cantonaux de leur arrondissement, et y prendront les premières places toutes les fois qu'ils voudront y assister. Dans les villes composées de plusieurs cantons, les comités cantonaux, sur la demande du recteur, pourront se réunir pour concerter ensemble des mesures uniformes.

6. Dans les cantons où l'un des deux cultes protestans est professé, il sera formé un comité semblable pour veiller à l'éducation des enfans de ces communions. Les autorités civiles exerceront sur ces comités la même autorité et la même surveillance que sur les comités formés pour l'éducation des enfans catholiques.

7. Le comité cantonal veillera au maintien de l'ordre, des mœurs et de l'enseignement religieux, à l'observation des réglemens et à la réforme des abus dans toutes les écoles du canton. Il sollicitera, près du préfet et de toute autre autorité compétente, les mesures convenables, soit pour l'entretien des écoles, soit pour l'ordre et la discipline.

Il est spécialement chargé d'employer tous ses soins pour faire établir des écoles dans les lieux où il n'y en a point.

8. Chaque école aura pour surveillans spéciaux le curé ou desservant de la paroisse et le maire de la commune où elle est située.

Le comité cantonal pourra adjoindre au curé et maire, comme surveillant spécial, l'un des notables de la commune, choisi de préférence parmi les bienfaiteurs de l'école.

Dans les communes où les enfans de différentes religions ont des écoles séparées, le pasteur protestant sera surveillant spécial des écoles de son culte.

9. Les surveillans spéciaux visiteront, au moins une fois par mois, l'école primaire qui sera sous leur inspection, feront faire les exercices sous leurs yeux et en rendront compte au comité cantonal.

10. Tout particulier qui désirera se vouer aux fonctions d'instituteur primaire devra présenter au recteur de son académie un certificat de bonne conduite des curés et maires de la commune ou des communes où il aura habité depuis trois ans au moins; il sera ensuite examiné par un inspecteur d'académie, ou par tel autre fonctionnaire de l'instruction publique que le recteur déléguera, et recevra, s'il en est trouvé digne, un brevet de capacité du recteur (1).

11. Les brevets de capacité seront de trois degrés:

Le troisième degré, ou le degré inférieur, sera accordé à ceux qui savent suffisamment lire, écrire et chiffrer, pour en donner des leçons;

Le deuxième degré, à ceux qui possèdent bien l'orthographe, la calligraphie et le calcul, et qui sont en état de donner un enseignement simultané analogue à celui des frères des écoles chrétiennes;

_____

(1) Voy. notes sur l'article 56 du décret du 15 novembre 1811.

Le premier degré ou supérieur, à ceux qui possèdent par principes la grammaire française et l'arithmétique, et sont en état de donner des notions de géographie, d'arpentage et des autres connaissances utiles dans l'enseignement primaire.

12. Chaque recteur fixera, pour son académie, une époque passé laquelle il ne sera plus délivré de brevets du premier degré qu'à ceux qui, outre l'instruction requise, posséderont les meilleures méthodes d'enseignement primaire.

13. Pour avoir le droit d'exercer, il faut, outre le brevet général de capacité, une autorisation spéciale du recteur pour un lieu déterminé. Cette autorisation spéciale devra être agréée par le préfet (1).

14. Toute commune sera tenue de pourvoir à ce que les enfans qui l'habitent reçoivent l'instruction primaire, et à ce que les enfans indigens la reçoivent gratuitement.

15. Deux ou plusieurs communes voisines pourront, quand les localités le permettront, et avec l'autorisation du comité cantonal, se réunir pour entretenir une école en commun. Les communes pourront aussi traiter avec les instituteurs volontaires établis dans leur enceinte, pour que les enfans indigens suivent gratuitement l'école.

16. Les communes pourront traiter également avec les maîtres d'école pour fixer le montant des rétributions qui leur seront payées par les parens qui demanderont que leurs enfans soient admis à l'école.

Dans ce cas, le conseil municipal fixera le montant de la rétribution à payer par les parens, et arrêtera le tableau des indigens dispensés de payer.

17. Le maire fera dresser dans chaque commune et arrêtera le tableau des enfans qui, ne recevant point ou n'ayant point reçu à domicile l'instruction primaire, devront être appelés aux écoles publiques d'après la demande de leurs parens.

18. Toute personne ou association qui aurait fondé une école, ou qui l'entretiendrait par charité, pourra présenter l'instituteur : pourvu qu'il soit muni d'un certificat de capacité et que le comité cantonal n'ait rien à objecter sur sa conduite, il recevra l'autorisation du recteur.

Celui qui aura fondé une école, soit par donation, soit par testament, pourra réserver à ses héritiers ou successeurs, dans l'ordre qu'il désignera, le droit de présenter l'instituteur.

19. Les personnes ou associations et les bureaux de charité qui auraient fondé et entretiendraient des écoles gratuites pourront aussi se réserver, ou à leurs successeurs, l'administration économique de ces écoles, et

donneront leur avis au comité de surveillance sur ce qui concerne leur régime intérieur.

20. Les maîtres des écoles fondées ou entretenues par les communes seront présentés par le maire et par le curé ou desservant, à charge par eux de choisir un individu muni d'un certificat de capacité, et dont la conduite soit sans reproche.

21. Si le maire et le curé ou desservant ne s'accordent pas sur le choix, le comité cantonal examinera les sujets présentés par chacun d'eux, et donnera son avis au recteur sur celui qui mérite la préférence.

22. Les communes et les fondateurs particuliers pourront donner les places d'instituteurs au concours, et établir la nécessité de ce mode, ainsi que les formalités à y observer.

En ce cas, les concurrens devront d'abord justifier de leurs certificats de capacité et de bonne conduite; et celui qui, par le résultat du concours, aura été jugé le plus digne sera présenté.

23. Toute présentation d'instituteur sera adressée au comité cantonal, qui la transmettra, avec son avis, au recteur de l'académie, lequel donnera l'autorisation nécessaire.

24. Lorsqu'un individu muni de brevet de capacité désirera s'établir librement dans une commune à l'effet d'y tenir école, il s'adressera au comité cantonal, et lui présentera, outre son brevet de capacité, des certificats qui attestent sa bonne conduite depuis qu'il l'a obtenu.

Le comité examinera si cette commune n'est point déjà suffisamment pourvue d'instituteurs, et donnera son avis au recteur, comme dans le cas de l'article précédent.

25. Sur le rapport motivé des surveillans spéciaux et l'avis du comité cantonal, le recteur peut révoquer l'autorisation donnée, pour un lieu déterminé, à un instituteur.

26. Le comité cantonal peut aussi provoquer d'office cette révocation de la part du recteur.

27. S'il y a urgence, et dans le cas de scandale, le comité cantonal a le droit de suspension.

28. Le recteur peut même retirer le brevet de capacité à un instituteur.

29. Le recteur et les inspecteurs d'académie, dans leur tournée, donneront la plus grande attention à l'instruction primaire; ils réuniront les comités cantonaux, et se feront rendre compte des progrès de cette instruction. Ils visiteront les écoles autant qu'il leur sera possible.

30. La commission de l'instruction publique veillera avec soin à ce que, dans toutes les écoles, l'instruction primaire soit fondée

_____

(1) *Voy.* notes sur l'article 56 du décret du 15 novembre 1811.

sur la religion, le respect pour les lois, et l'amour dû au souverain. Elle fera les réglemens généraux sur l'instruction primaire, et indiquera les méthodes à suivre dans cette instruction, et les ouvrages dont les maîtres devront faire usage.

31. Les personnes ou les associations qui entretiendront à leurs frais des écoles ne pourront y établir des méthodes et des réglemens particuliers.

32. Les garçons et les filles ne pourront jamais être réunis pour recevoir l'enseignement.

33. Au mois de juillet de chaque année, le recteur enverra à la commission d'instruction publique le tableau général des communes et des instituteurs primaires de son académie, avec des notes suffisantes pour que l'on puisse apprécier l'état de cette partie de l'instruction.

34. Les élèves et les maîtres des écoles primaires sont exempts de tous droits et contributions envers l'administration de l'instruction publique.

35. Il sera fait annuellement, par notre Trésor royal, un fonds de cinquante mille francs pour être employé par la commission d'instruction publique, soit à faire composer ou imprimer des ouvrages propres à l'instruction populaire, soit à établir temporairement des écoles-modèles dans les pays où les bonnes méthodes n'ont point encore pénétré, soit à récompenser les maîtres qui se sont le plus distingués par l'emploi de ces méthodes.

36. Toute association religieuse ou charitable, telle que celle des écoles chrétiennes, pourra être admise à fournir, à des conditions convenues, des maîtres aux communes qui en demanderont, pourvu que cette association soit autorisée par nous, et que ses réglemens et les méthodes qu'elle emploie aient été approuvés par notre commission de l'instruction publique.

37. Ces associations, et spécialement leurs noviciats, pourront être soutenus, au besoin, soit par les départemens où il serait jugé nécessaire d'en établir, soit sur les fonds de l'instruction publique.

38. Les écoles pourvues de maîtres par ces sortes d'associations resteront soumises, comme les autres, à la surveillance des autorités établies par la présente ordonnance.

39. Dans les grandes communes, on favorisera, autant qu'il sera possible, les réunions de plusieurs classes sous un seul maître et plusieurs adjoints, afin de former un certain nombre de jeunes gens dans l'art d'enseigner.

40. Les archevêques et évêques, dans le cours de leurs tournées, pourront prendre connaissance de l'état de l'enseignement religieux dans les écoles du culte catholique. S'ils

assistaient au comité central, ils y prendraient la première place.

Les consistoires et les pasteurs exerceront la même surveillance sur les écoles des cultes protestans.

41. Les préfets, sous-préfets et maires conserveront, dans tous les cas, l'autorité et la surveillance administrative qui leur sont attribuées sur les écoles primaires par les lois et réglemens en vigueur.

42. Notre ministre de l'intérieur est chargé de l'exécution de la présente ordonnance.

———

29 FÉVRIER = Pr. 2 AVRIL 1816. — Réglement sur le mode de licenciement du corps des canonniers de la marine et des compagnies d'ouvriers militaires, et sur la première formation du corps royal d'artillerie de la marine. (7, Bull. 77, n° 547.)

Voy. ordonnance du 21 FÉVRIER 1816.

Sa majesté, considérant que le corps des canonniers de la marine et les compagnies d'ouvriers militaires sont compris dans les dispositions de l'ordonnance du 23 mars 1815 sur le licenciement de l'armée de terre et de mer ; que, s'ils ont continué d'être provisoirement employés, soit à bord des bâtimens de guerre, soit dans les arsenaux maritimes, il convient de substituer à des mesures temporaires un état de choses stable et régulier, et de fixer définitivement le sort des militaires qui ont servi jusqu'à ce jour dans ces corps ;

Vu l'ordonnance du 21 février 1816 portant création d'un corps royal d'artillerie de la marine ;

Et sur le rapport du ministre secrétaire d'Etat de la marine et des colonies,

Sa majesté a ordonné et ordonne ce qui suit :

Art. 1er. Le corps des canonniers de la marine et les compagnies d'ouvriers militaires, licenciés par l'ordonnance du 23 mars 1815, cesseront tout service le 31 mars 1816.

2. Il sera procédé sans délai à la formation du corps royal d'artillerie de la marine créé par l'ordonnance du 21 février 1816.

En conséquence, le ministre secrétaire d'Etat au département de la marine présentera à sa majesté l'état des officiers de tout grade qui, par leur bonne conduite et la nature de leurs services, seront reconnus susceptibles d'être admis dans ledit corps.

3. Les listes arrêtées par sa majesté, des officiers qui devront être attachés au corps royal d'artillerie de la marine, seront adressées aux commandans et intendans de la marine avant le 15 mars prochain.

4. Dans chacun des ports de Brest, Toulon, Rochefort, Lorient et Cherbourg, il sera formé une commission composée du major général ou major de la marine, du directeur

d'artillerie, des officiers supérieurs du corps royal d'artillerie de la marine, et du commissaire aux revues.

Cette commission sera chargée de procéder au choix et au classement des sous-officiers, bombardiers, canonniers et ouvriers qui devront composer le corps royal d'artillerie de la marine.

5. La commission se fera représenter les contrôles des corps licenciés, pour connaître l'âge, les services et le grade actuel de chacun des sous-officiers, caporaux, canonniers, ouvriers et apprentis canonniers; elle prendra, en outre, des officiers desdits corps, tous les renseignemens qui pourront éclairer son travail et la mettre à portée de rendre à chacun la justice qui lui est due.

6. Seront admis dans le corps royal d'artillerie de la marine tous sous-officiers, caporaux, canonniers, ouvriers et apprentis canonniers provenant du corps des canonniers de la marine, ainsi que tous sous-officiers, caporaux et soldats provenant des compagnies d'ouvriers militaires, qui seront jugés dignes et capables de servir sa majesté.

7. Ne pourront être compris dans la nouvelle formation :

Les hommes que la commission jugera impropres au service, à raison de leurs infirmités, de leur inaptitude ou de leur inconduite ;

Ceux qui n'auraient pas la taille d'un mètre six cent soixante-dix millimètres (cinq pieds deux pouces), à moins qu'ils n'aient acquis des mérites à la mer ;

Ceux qui ayant obtenu un grade sans avoir rempli les conditions réglées par les ordonnances ne demanderaient pas à servir dans le grade auquel ils peuvent prétendre par la nature de leurs services ;

Ceux enfin qui, en raison de leur ancienneté, seraient susceptibles d'obtenir des congés absolus.

8. Tout chef d'escouade ou apprenti canonnier qui sera parvenu au terme fixé pour son instruction devra être compris dans le licenciement.

9. La commission procédera successivement à la formation du petit état-major des bataillons et des compagnies de bombardiers, de canonniers, d'ouvriers et d'apprentis canonniers.

Elle n'admettra dans la compagnie de bombardiers que des hommes ayant le mérite à la mer exigé pour leur grade respectif par l'ordonnance du 21 février 1816 ; et pour que les maîtres et officiers-mariniers des classes puissent participer à l'avantage de servir dans cette compagnie, il y sera laissé un certain nombre de places vacantes dans les grades de sergent, caporal et bombardier.

Les compagnies de canonniers seront formées, quant aux grades et aux classes, de

sous-officiers, caporaux et canonniers qui auront rempli les conditions prescrites par ladite ordonnance.

Les compagnies d'ouvriers se composeront d'ouvriers d'artillerie et d'ouvriers militaires, suivant le nombre, les classes et les professions déterminées par l'ordonnance susdite.

Les mêmes bases serviront de règle pour la formation des compagnies d'apprentis canonniers.

10. Il est spécialement recommandé à la commission d'apporter le plus grand soin dans le choix des sous-officiers et ouvriers militaires qui seront admis dans les compagnies d'ouvriers d'artillerie, voulant sa majesté que cet avantage soit la récompense de l'habileté, du zèle et de la bonne conduite.

11. La commission ne négligera pas de comprendre dans la nouvelle formation les sous-officiers, caporaux et canonniers qui seraient embarqués sur les bâtimens de sa majesté, ceux détachés pour son service et ceux en congé limité : elle aura spécialement égard, dans le classement des hommes embarqués, au temps de mer qu'ils auront acquis dans leur campagne actuelle, et aux comptes qui auraient été rendus au corps sur leur conduite.

12. Si des sous-officiers, caporaux, canonniers et ouvriers des premières classes réunissant les conditions exigées par l'ordonnance du 21 février 1816 se trouvaient dans un port en nombre supérieur à celui fixé pour les compagnies qui devront s'y former, ces hommes resteraient provisoirement placés à la suite desdites compagnies, et le ministre secrétaire d'État de la marine, sur le compte qui lui en serait rendu, les ferait passer dans tel autre port, où il y aurait lieu à les employer dans leur grade ou leur classe.

13. Dans le cas où, nonobstant les dispositions de l'article précédent, il resterait un certain nombre de places vacantes, soit parmi les sous-officiers, soit dans les premières classes de canonniers et ouvriers, l'intention de sa majesté est qu'elles soient réservées pour ceux qui, par leur instruction et leurs services, acquerront ultérieurement des droits à les obtenir.

14. La formation du corps royal d'artillerie de la marine sera complètement terminée le 31 mars prochain, de manière qu'il puisse commencer le service le 1er avril.

15. A dater du même jour 1er avril, la solde et les indemnités attribuées aux individus compris dans ledit corps, ainsi que les masses, seront payées conformément au tarif annexé à l'ordonnance du 21 février 1816.

Toutefois, les officiers, sous-officiers, canonniers et ouvriers de l'ancien corps des canonniers de la marine, et les sous-officiers et soldats des compagnies d'ouvriers militaires qui seront admis dans le corps royal d'artillerie de la marine, conserveront la solde dont ils jouissent, jusqu'à ce qu'ils obtiennent par avancement une solde supérieure.

16. Les sous-officiers, caporaux, bombardiers, canonniers, ouvriers et apprentis canonniers, que la commission aura désignés pour faire partie du corps royal d'artillerie de la marine, seront passés en revue, le 1er avril, par le commandant de la marine, en présence des membres de la commission, et incorporés définitivement, après cette inspection, dans les compagnies auxquelles ils devront appartenir.

Ledit commandant fera reconnaître en même temps les officiers que sa majesté aura nommés pour chaque partie du corps.

17. Le commandant de la marine, après avoir passé la revue de formation, recevra le serment individuel des officiers, sous-officiers, bombardiers, canonniers, ouvriers et apprentis canonniers.

Les troupes se formeront en cercle et les tambours battront un ban.

Le serment sera ainsi conçu :

« Je jure et promets de bien et fidèlement
» « servir le Roi, d'obéir dans toutes les occa-
» « sions aux chefs qui me seront donnés par
» « sa majesté, et de ne jamais abandonner
» « mes drapeaux. »

Il sera lu à haute et intelligible voix par le commissaire préposé aux revues, et les officiers, sous-officiers, bombardiers, canonniers, ouvriers et apprentis canonniers, répéteront, l'un après l'autre, ces mots : Je le jure.

Il sera dressé procès-verbal de cet acte, lequel sera signé, en triple expédition, par le commandant de la marine, par les membres de la commission, et par tous les officiers de chaque corps.

L'une de ces expéditions restera déposée au bureau major; la seconde, au contrôle; et l'autre sera adressée par le commandant au ministre secrétaire d'État de la marine.

18. Dès que le corps royal d'artillerie de la marine aura été organisé, la commission arrêtera la situation de chacun des anciens corps, au moment de sa dissolution, tant sous le rapport du personnel que sous celui du matériel et de la comptabilité.

Toutes les opérations relatives à la dissolution des anciens corps et à la formation de chaque partie du corps royal d'artillerie de la marine seront constatées par procès-verbaux signés des membres de la commission, et visés par le commandant de la marine, lequel en adressera une expédition au ministre secrétaire d'État de la marine.

Le commandant de la marine, sur les propositions qui lui seront faites par la commission, désignera les officiers qui devront composer le conseil d'administration de chaque corps, et les installera dans leurs fonctions. Ces nominations seront soumises à l'approbation du ministre secrétaire d'État de la marine.

19. Les fonds qui resteraient dans la caisse du corps des canonniers de la marine, ainsi que les effets d'habillement, de casernement et autres appartenant audit corps, seront remis à la disposition des bataillons du corps royal d'artillerie de la marine. Dans les ports où il y aura deux bataillons, la répartition des fonds et des matières s'effectuera proportionnellement entre eux, d'après le nombre d'hommes dont chacun sera composé.

Les fonds et effets provenant des compagnies d'ouvriers militaires seront versés aux compagnies d'ouvriers d'artillerie de la marine.

20. Les conseils d'administration des corps supprimés, ainsi que les quartiers-maîtres et capitaines d'habillement, seront maintenus jusqu'à ce que la comptabilité desdits corps ait été arrêtée définitivement, et que les effets en magasin aient été remis au corps de nouvelle création; ils fourniront tous les comptes et renseignemens qui leur seront demandés par qui de droit.

Le délai ci-dessus établi ne pourra se prolonger au-delà du 30 juin prochain.

21. Avant de terminer ses travaux, la commission prendra connaissance de l'aptitude et de la conduite des maîtres-canonniers et maîtres-artificiers entretenus, et remettra au commandant de la marine un rapport sur ceux de ces maîtres qui ne paraîtraient pas devoir être maintenus au service de sa majesté.

Ce rapport sera adressé par le commandant au ministre secrétaire d'État de la marine, lequel proposera à sa majesté d'accorder auxdits maîtres entretenus les pensions auxquelles ils pourront avoir droit de prétendre.

22. Les officiers, sous-officiers, canonniers, ouvriers et apprentis canonniers qui n'auront pas été compris dans le corps royal d'artillerie de la marine, recevront des feuilles de route pour se rendre dans leurs foyers.

Les sous-officiers et ouvriers partiront, soit par détachement de cinq à dix hommes, soit individuellement, selon que le commandant de la marine le jugera convenable.

Ils recevront leurs frais de route, comme voyageant isolément, jusqu'au lieu où ils demanderont à se retirer.

23. Le décompte des appointemens et solde dus aux officiers et soldats licenciés sera établi par les conseils d'administration de leurs corps respectifs; les uns et les autres en toucheront le montant avant leur départ : il en sera de même du décompte de la masse de linge et chaussure.

24. Les officiers de l'ancien corps des canonniers de la marine et des compagnies d'ouvriers militaires qui ne seront pas admis dans le corps royal d'artillerie de la marine pourront obtenir des pensions de retraite, conformément aux ordonnances et réglemens, si, d'après les titres qu'ils devront produire, ils en sont reconnus susceptibles par leur bonne conduite et la durée de leurs services.

A l'égard des sous-officiers, canonniers et ouvriers qui auraient droit à une demi-solde, en considération de leurs blessures ou de l'ancienneté de leurs services, ils présenteront leur demande, accompagnée des pièces justificatives, au conseil d'administration de leur ancien corps, lequel la remettra au commandant de la marine, pour être adressée au ministre secrétaire d'Etat de la marine.

Lesdits officiers et sous-officiers, canonniers et ouvriers jouiront de la moitié de la solde attribuée à leur grade, sans supplément ou indemnité, jusqu'à ce que leur pension de retraite ou de demi-solde ait été réglée ; toutefois, ce traitement provisoire ne pourra être payé au-delà du 31 décembre 1816.

Ils seront tenus de faire connaître le lieu de leur domicile au major général de la marine.

25. Les officiers de l'ancien corps des canonniers de la marine employés dans les forges, fonderies et manufactures d'armes, qui seraient appelés à une nouvelle destination dans le corps royal d'artillerie de la marine, ou pourraient être admis à prendre leur retraite, continueront d'exercer provisoirement leurs fonctions jusqu'à ce qu'ils aient été remplacés.

26. Ceux des officiers, sous-officiers, canonniers et ouvriers non compris dans la nouvelle formation, qui se trouveraient à la mer, ou qui seraient employés hors du royaume, en vertu d'ordres supérieurs, ou enfin qui ne pourraient pas être immédiatement remplacés dans le service qu'ils remplissent, seront portés sur les revues à la suite dudit corps, jusqu'à l'époque à laquelle ils cesseront réellement leurs fonctions.

27. Les canonniers de première, de seconde et de troisième classe, provenant du corps des canonniers de la marine et retirés dans leurs foyers qui auraient le désir de reprendre du service pourront être admis dans les bataillons du corps royal d'artillerie de la marine, s'ils se présentent, avant le 1er juillet prochain, dans un des ports de Brest, Toulon, Rochefort, Lorient ou Cherbourg.

Il leur sera délivré, à cet effet, des feuilles de route par les commissaires des guerres ou les administrateurs de la marine, après qu'ils se seront assurés que lesdits canonniers sont en état de servir et que leur conduite n'a donné lieu à aucune plainte.

28. Conformément aux dispositions des actes portant institution des ouvriers militaires, ceux des sous-officiers, caporaux et ouvriers qui ne seront pas admis dans les compagnies d'ouvriers d'artillerie de la marine auront la faculté de se faire inscrire, comme ouvriers civils, sur les registres et matricules des classes, dans tel quartier qu'ils désigneront, sauf l'approbation de l'intendant ou ordonnateur de la marine.

A dater de leur inscription, ils seront susceptibles d'être levés pour le service de nos arsenaux, d'être promus aux grades de contre-maître et de maître, d'obtenir l'entretien et de participer à tous les avantages des ouvriers classés.

———

29 FÉVRIER 1816. — Ordonnance du Roi concernant les alignemens pour les constructions à faire dans les rues qui ne dépendent point de la grande voirie. (Publiée par M. Dupin.)

Ordonnance du 31 JUILLET 1817.

Louis, etc.

Art. 1er. Les maires des villes susceptibles de l'application de l'article 52 de la loi du 16 septembre 1807, et dont les plans généraux d'alignement n'ont pas encore été arrêtés en Conseil-d'Etat, pourront, en cas d'urgence et jusqu'au 1er mars 1818, donner des alignemens partiels pour les constructions à faire dans les rues qui ne dépendent point de la grande voirie des ponts-et-chaussées, après avoir pris l'avis des architectes-voyers et sans l'approbation des préfets (1).

En cas de réclamations contre ces alignemens particuliers, il sera statué en Conseil-d'Etat et sur le rapport du ministre de l'intérieur.

———

29 FÉVRIER 1816. — Ordonnance du Roi portant nomination et institution des membres de la cour royale d'Aix. (7, Bull. 74, n° 511.)

———

29 FÉVRIER 1816. — Ordonnances du Roi qui établissent une foire dans la commune de Miribel et au port de Binic. (7, Bull. 79, n° 592 et 593.)

———

29 FÉVRIER 1816. — Ordonnance du Roi qui approuve les statuts des sœurs hospitalières établies dans les villes du Puy, Rouen et Agen. (7, Bull. 80, n° 607.)

———

(1) Nous pensons qu'il faut lire : *sauf l'approbation des préfets*. *Voy*. ordonnance du 31 juillet 1817.

29 FÉVRIER 1816.—Ordonnances du Roi qui autorisent MM. Armand-Emmanuel-Charles de Guignard, comte de Saint-Priest, et Charles-Emmanuel-Antoine-Languedoc de Guignard, de Saint-Priest, à continuer de résider, le premier dans les états de sa majesté l'empereur de Russie, et le second dans les états de sa majesté l'empereur d'Autriche. (7, Bull. 72, n° 489.)

1er = Pr. 12 MARS 1816.—Ordonnance du Roi portant révocation de l'ordonnance du 28 août 1815 qui avait suspendu l'effet de celle du 3 mars même année, concernant l'exportation des beurres. (7, Bull. 71, n° 481.)

Louis, etc,

Vu notre ordonnance du 3 mars 1815 qui permet la sortie des beurres, moyennant un droit de cinq francs par quintal décimal, et notre ordonnance du 28 août dernier qui suspend momentanément cette exportation; considérant que les motifs de cette mesure provisoire n'existent plus,

Nous avons ordonné et ordonnons ce qui suit :

Art. 1er. Notre ordonnance du 28 août 1815 qui avait suspendu l'effet de celle du 3 mars même année, relativement à l'exportation des beurres, est révoquée.

2. Nos ministres de l'intérieur et des finances sont chargés de l'exécution de la présente ordonnance.

2 MARS 1816.—Ordonnance du Roi qui nomme M. le comte de Caraman, pair de France, ambassadeur près la cour de Vienne. (Mon. n° 65.)

2 MARS 1816.— Décision du Roi portant que les Français décorés d'ordres étrangers en informeront le grand-chancelier de la Légion-d'Honneur, qui prendra les ordres du Roi pour les autorisations qu'ils n'auraient pas encore obtenues de sa majesté. (7, Bull. 79, n° 564.)

3 MARS = Pr. 8 AVRIL 1816.— Ordonnance du Roi portant organisation définitive de la maison royale de Saint-Denis (1). (7, Bull. 79, n° 565.)

Voy. décret du 29 MARS 1809, et ordonnance du 16 MAI 1816.

Louis, etc.

Nous étant fait représenter les divers décrets, statuts et ordonnances relatifs aux maisons royales d'Ecouen et de Saint-Denis, notamment le statut du 29 mars 1809, et notre ordonnance du 19 juillet 1814, qui a réuni la maison d'Ecouen à celle de Saint-Denis;

Voulant donner à la maison de Saint-Denis une organisation définitive, et procurer indistinctement à tous les membres de nos ordres royaux qui ont rendu des services à l'Etat les moyens de faire élever leurs filles dans des sentimens d'attachement à notre personne;

Sur le rapport de notre cousin le maréchal Macdonald, duc de Tarente, pair de France, grand-chancelier de la Légion-d'Honneur,

Nous avons ordonné et ordonnons ce qui suit :

TITRE Ier. Du nombre des élèves, et des conditions de leur admission.

Art. 1er. Le nombre des élèves est fixé à cinq cents.

Sur ce nombre, quatre cents places seront gratuites, et les cent autres seront aux frais des familles.

2. Le prix de la pension d'une élève gratuite, à la charge de la Légion-d'Honneur, est fixé à huit cent francs.

Le prix de la pension d'une élève aux frais des familles est porté à mille francs.

3. Les places gratuites seront accordées aux filles des membres de nos ordres royaux qui se trouveront hors d'état de pourvoir à leur éducation.

4. Les places d'élèves pensionnaires seront données aux filles, sœurs, nièces ou cousines des membres de nos ordres royaux ayant de la fortune.

5. Les élèves seront nommées par nous, sur la présentation de notre grand-chancelier de la Légion-d'Honneur.

6. Toute demoiselle, pour être admise dans la maison, devra :

1° Etre âgée de six à douze ans au plus;

2° Avoir eu la petite vérole, ou avoir été inoculée ou vaccinée;

3° Produire un certificat de médecins constatant qu'elle n'est point affectée de maladies chroniques ou contagieuses;

4° Remettre pour les demandes de places gratuites un acte de notoriété portant que la demoiselle appartient à des parens qui sont dans l'impossibilité de subvenir à son éducation.

7. A leur entrée dans la maison, l'élève gratuite et l'élève pensionnaire paieront la somme de quatre cents francs, représentant la valeur du trousseau qui leur sera fourni.

8. La pension de l'élève pensionnaire, fixée à mille francs, se paiera par trimestre et d'avance.

---

(1) Le Bulletin des Lois porte la date du 9 mars, mais cette date a été corrigée par un *erratum* inséré au Bulletin des Lois, 89, p. 772.

9. Les parens de l'élève gratuite et pensionnaire indiqueront une personne ayant domicile à Paris, qui s'engagera à recevoir l'élève à sa sortie de la maison ; cette personne s'engagera également pour l'élève pensionnaire à payer la pension annuelle de mille francs.

10. La sortie d'une élève est fixée à l'âge de dix-huit ans ; néanmoins les parens pourront la retirer avant cet âge si son éducation est terminée, ou si d'autres raisons l'exigent.

TITRE II. De l'éducation et de l'instruction des élèves.

11. La religion sera la base de l'enseignement.

12. Les élèves entendront la messe tous les jours.

Il y aura, tous les dimanches et fêtes, une grand'messe, un catéchisme et une instruction à la portée des élèves.

Les vêpres seront chantées par les élèves tous les dimanches et fêtes.

13. Les élèves recevront des leçons de lecture, d'écriture, de calcul, de grammaire, d'histoire, de géographie, de dessin, de musique et de botanique usuelle.

14. Elles recevront également des leçons de danse qui pourront être nécessaires à leur santé et à leur maintien.

15. Les élèves feront leurs robes, leur linge et celui de la maison.

16. On enseignera aux élèves tout ce qui peut être nécessaire à une mère de famille pour la conduite de l'intérieur de sa maison, la préparation du pain et des autres alimens, ainsi que pour les travaux de buanderie.

TITRE III. Des dames de la maison, et de leur organisation.

17. La maison sera régie par une surintendante, qui sera nommée par nous sur la présentation de notre grand-chancelier de la Légion-d'Honneur, et qui pourra être prise en dehors de la maison.

18. La surintendante prêtera, entre les mains de notre grand-chancelier, le serment suivant :

« Je jure devant Dieu d'être fidèle au Roi,
« de remplir les obligations qui me sont pres-
« crites, et de ne me servir de l'autorité qui
« m'est confiée que pour former des élèves
« attachées à la religion, à sa majesté et
« à leurs parens ; d'être pour chaque élève
« une seconde mère, et de les préparer, par
« l'exemple des bonnes mœurs et du travail,
« aux devoirs d'épouses vertueuses et de
« bonnes mères de familles, qu'elles seront
« un jour appelées à remplir. »

19. Il y aura sept dignitaires, dix dames de première classe, trente dames de seconde classe, et vingt novices.

20. Les dignitaires se composeront,

1° D'une inspectrice, qui aura autorité dans la maison après la surintendante ; 2° d'une directrice des études, 3° d'une trésorière, 4° d'une économe, 5° d'une dépositaire de la lingerie, 6° d'une dépositaire de la roberie, 7° d'une dépositaire des comestibles, etc.

21. Les dames de première et de seconde classe, ainsi que les novices, rempliront les fonctions de surveillantes, institutrices, maîtresses, tourières, infirmières et pharmaciennes.

22. Les dignitaires, les dames de première et seconde classe, ainsi que les novices, seront prises parmi les élèves sortant de la maison.

Il n'y aura d'exception que pour les dames comprises dans l'organisation actuelle, que l'on maintiendra.

23. On prendra les novices parmi les élèves qui auront atteint l'âge de dix-huit ans, sous le consentement des parens. A cet effet, les dignitaires, réunies en conseil, présenteront trois élèves pour chaque place de novice ; la surintendante transmettra cette présentation, avec son opinion personnelle sur les candidats, à notre grand-chancelier, qui nommera. Les élèves nommées feront un noviciat de deux ans, avant de pouvoir parvenir au rang de dame de seconde classe.

24. On choisira les dames de seconde classe parmi les novices qui réuniront les qualités requises sous le consentement des parens. A cet effet, les dignitaires, réunies en conseil, présenteront trois novices pour chaque place vacante ; la surintendante transmettra cette présentation, avec son opinion personnelle sur les candidats, à notre grand-chancelier, qui nommera.

25. Les dames de première classe seront choisies parmi les dames de seconde classe. A cet effet, les dignitaires, réunies en conseil, présenteront trois dames de seconde classe pour chaque place vacante ; la surintendante transmettra cette présentation, avec son opinion personnelle sur les candidats, à notre grand-chancelier, qui nommera.

26. Les dignitaires seront prises parmi les dames de première classe. A cet effet le conseil présentera trois dames de première classe pour chaque place vacante ; la surintendante transmettra cette présentation, avec son opinion personnelle sur les candidats, à notre grand-chancelier, qui nommera sous notre approbation.

27. Les novices qui deviendront dames de seconde classe contracteront l'obligation de remplir les devoirs de cette classe pendant cinq années consécutives, et pourront renouveler de semblables engagemens ;

Les dames de seconde classe qui passeront au grade de dame de première classe contracteront l'obligation d'un service de six années en cette nouvelle qualité; elles pourront aussi renouveler de pareils engagemens;

Enfin les dames de première classe qui deviendront dignitaires contracteront l'engagement de rester leur vie entière dans la maison;

Nous réservant le droit de dispenser les dames de seconde et de première classe, ainsi que les dignitaires, de l'obligation qui leur est imposée par le présent article.

28. Les dignitaires, les dames de première et de seconde classe, seront présentées par la surintendante à notre grand-chancelier de la Légion, entre les mains duquel elles prêteront le serment suivant:

« Je jure devant Dieu d'être fidèle au Roi, « de remplir les obligations qui me sont « prescrites, de concourir de tous mes moyens « au bonheur des élèves attachées à la religion, « à sa majesté et à leurs parens, et d'obéir à « madame la surintendante en tout ce qu'elle « me commandera pour le service de sa majesté et le bien de la maison. »

29. La surintendante assignera aux dames de première et de seconde classe, ainsi qu'aux novices, les fonctions qu'elles devront exercer.

30. La surintendante, les dignitaires, les dames de première et de seconde classe, ainsi que les novices, assisteront à tous les offices divins et rempliront dans la maison, en présence des élèves, tous les devoirs de la religion.

TITRE IV. Du régime intérieur, de la police et de la discipline.

31. La surintendante, les dignitaires, les dames de première et de seconde classe, ainsi que les novices, auront toutes un costume uniforme, qui sera fourni aux frais de la maison.

Elles porteront une distinction honorifique.

32. Les dignitaires, les dames de première et de seconde classe, ainsi que les novices, mangeront à la même table que les élèves.

La surintendante seule pourra avoir une table particulière.

33. Lorsque les dignitaires, dames de première et de seconde classe, ainsi que les novices, tomberont malades, elles seront soignées dans l'infirmerie de la maison.

34. La clôture sera de rigueur pour les dignitaires, ainsi que pour les dames de première et de seconde classe et novices, à moins que des causes majeures n'exigent leur absence momentanée de la maison; et à cet effet, il faudra une autorisation expresse de notre grand-chancelier, qui sera provoquée par la surintendante, avec son avis motivé.

35. Aucune élève ne pourra sortir de la maison, même pour le temps le plus court, à moins qu'il n'y ait des raisons de santé ou d'affaires de famille très-pressantes : dans l'un et dans l'autre de ces cas, la sortie devra être autorisée par notre grand-chancelier, sur la demande motivée de la surintendante.

36. La surintendante ne pourra recevoir de visites qu'au parloir.

Il y aura aussi un parloir pour les dignitaires et les dames de première et de seconde classe et novices.

37. Les élèves auront un parloir particulier.

Les élèves auxquelles la surintendante permettra de se rendre au parloir y seront accompagnées par une dame surveillante.

38. Les élèves pourront, avec la permission de la surintendante, être conduites dans les parties extérieures du parloir, lorsque leur père ou leur mère viendra les voir.

Cette dernière permission ne leur sera jamais accordée, lorsque les élèves recevront des visites de leurs autres parens.

39. Si une élève est atteinte, pendant son séjour dans la maison, de maladies contagieuses ou incurables, elle sera rendue à sa famille.

40. Lorsqu'une élève aura commis des fautes graves, notre grand-chancelier ordonnera sa sortie définitive de la maison.

41. Lorsqu'une dame de première, de seconde classe, et novice, aura manqué essentiellement à ses devoirs ou à la subordination, la surintendante assemblera les dignitaires en conseil, fera comparaître devant elle la délinquante, l'entendra dans ses moyens de défense, et transmettra la délibération du conseil à notre grand-chancelier, qui prononcera, s'il y a lieu, le renvoi de la dame ou novice.

42. Si c'est une dignitaire, la surintendante en rendra compte à notre grand-chancelier, qui statuera sous notre approbation.

43. Si la conduite de la surintendante est blâmable, notre grand-chancelier, après avoir fait une enquête à son égard, prendra nos ordres.

44. Aucun homme ne pourra entrer dans l'intérieur de la maison : auront seuls ce droit les princes de notre sang, notre grand-aumônier, l'archevêque de Paris, notre grand-chancelier de la Légion-d'Honneur, et le secrétaire général de la grande chancellerie, qui, en cas d'absence ou de maladie du grand-chancelier, le représente et a la signature.

TITRE V. De la chapelle de la maison.

45. La chapelle de la maison est placée sous la juridiction de notre grand-aumônier.

46. Les aumôniers et chapelains seront nommés par notre grand-aumônier et agréés par notre grand-chancelier.

TITRE VI. Du conseil d'administration, des traitemens et dépenses.

47. Les dignitaires, présidées par la surintendante, composeront le conseil d'administration; la voix de la surintendante comptera pour deux en cas de partage.

48. Le traitement de la surintendante sera de six mille francs; celui d'une dignitaire de quinze cents francs; celui d'une dame de première classe, de mille francs; celui d'une dame de seconde classe, de cinq cents francs.

49. Il sera alloué à la maison, des fonds pour le service de la chapelle, le service de santé et l'entretien des bâtimens.

50. Les sommes relatives au traitement, au service de la chapelle, au service de santé, à l'entretien des bâtimens et aux pensions des élèves gratuites, seront versées par douzièmes, par la grande-chancellerie de la Légion-d'Honneur, dans la caisse de la maison.

51. Le nombre des élèves gratuites sera constaté, tous les ans, par des revues établies par la surintendante de la maison, et visées par notre grand-chancelier.

52. Sur le montant des pensions à huit cents francs et à mille francs seront prélevées toutes les dépenses de nourriture, d'habillement des dames et des élèves, d'instruction, d'entretien du mobilier et de la lingerie, des salaires des femmes à gages, etc.

53. Dans le courant du dernier trimestre de chaque année, la surintendante, après avoir convoqué le conseil d'administration et pris son avis, soumettra à notre grand-chancelier des états de répartition de sommes entre les différentes dépenses; ces états devront être approuvés par lui.

54. Les comptes des recettes et dépenses seront arrêtés, chaque mois, en conseil d'administration, et adressés à notre grand-chancelier pour être par lui examinés.

55. La dame de seconde classe qui aura passé dix années dans la maison en sus du noviciat jouira d'une pension de retraite de deux cent cinquante francs; après quinze ans, cette pension sera de trois cent soixante-quinze francs; et ainsi progressivement de cinq ans en cinq ans, de manière cependant que le *maximum* n'excède jamais huit cents francs.

56. La dame de première classe qui aura passé douze années en cette qualité dans la maison aura une pension de retraite de quatre cents francs, en sus de celle à laquelle elle aura eu droit pour le nombre d'années pendant lesquelles elle aurait rempli les fonctions de dame de seconde classe.

Après dix-huit années, cette pension sera de six cents francs; et ainsi progressivement de six ans en six ans, avec la faculté de cumuler accordée par le paragraphe ci-dessus, de manière cependant que le *maximum* n'excède jamais douze cents francs.

TITRE VII. Dispositions générales.

57. Notre grand-chancelier de la Légion-d'Honneur inspectera la maison, fera tenir le conseil d'administration en sa présence lorsqu'il le jugera convenable; il entrera dans les détails, recevra les plaintes, reconnaîtra les abus, et nous en rendra compte, s'il y a lieu.

58. Les divers détails relatifs au costume des dames et des élèves, à la forme de la distinction honorifique, à l'instruction et à chaque service, seront déterminés par des réglemens particuliers, rédigés en conseil d'administration, et approuvés par notre grand-chancelier.

59. Notre grand-aumônier et notre grand-chancelier de la Légion-d'Honneur sont chargés, chacun en ce qui le concerne, de l'exécution de la présente ordonnance.

3 MARS = Pr. 8 AVRIL 1816. — Ordonnance du Roi qui nomme madame la comtesse Duquengo surintendante de la maison royale de Saint-Denis. (7, Bull. 79, n° 566.)

Louis, etc.

Sur le rapport de notre cousin le maréchal Macdonald, duc de Tarente, pair de France, grand-chancelier de la Légion-d'Honneur,

Nous avons ordonné et ordonnons ce qui suit :

Art. 1er. Madame la comtesse Duquengo est nommée surintendante de la maison royale de Saint-Denis.

2. Notre grand-chancelier de la Légion-d'Honneur est chargé de l'exécution de la présente ordonnance.

26 MARS 1816.

Le Roi a approuvé les nominations faites par le grand-chancelier de l'ordre royal de la Légion-d'Honneur des dames dignitaires de la maison royale de Saint-Denis, ci-après dénommées, savoir:

Madame la comtesse de Brilhac, madame....., madame de Soucy, madame Laporte, madame Charreton, madame Dalvymare, madame Bernardin de Saint-Pierre.

6 = Pr. 14 MARS 1816. — Ordonnance du Roi qui proroge le délai dans lequel les officiers nés Français qui ont servi ou qui servent encore à l'étranger doivent se pourvoir pour être relevés de la déchéance qu'ils ont encourue, aux termes des ordonnances des 16 décembre

1814 et 20 décembre 1815. (7, Bull. 72, n° 486.)

Voy. ordonnance du 29 OCTOBRE 1817.

Louis, etc.

Sur le rapport de notre ministre secrétaire d'Etat de la guerre;

Vu les ordonnances des 16 décembre 1814 et 20 décembre 1815, sur les officiers nés Français qui ont servi ou qui servent encore chez les puissances étrangères;

Considérant que les délais qui leur ont été accordés pour rentrer dans leur patrie ont été insuffisans, à raison des circonstances extraordinaires qui sont survenues, et de l'éloignement dans lequel un grand nombre se trouve encore en ce moment; que, par ces motifs, plusieurs ont encouru la déchéance, et que d'autres sont exposés à l'encourir contre leur volonté;

Voulant donner à tous une nouvelle marque de notre sollicitude, et leur offrir un nouveau moyen de recouvrer leurs droits de citoyens français,

Avons ordonné et ordonnons ce qui suit :

Art. 1er. Le délai dans lequel les officiers français qui ont servi à l'étranger doivent se pourvoir pour être relevés de la déchéance qu'ils ont encourue, aux termes de nos ordonnances des 16 décembre 1814, et 20 décembre 1815, est prorogé jusqu'au 1er mars 1817.

2. Ceux de ces officiers qui n'ont pas encore quitté le service étranger se conformeront aux dispositions de l'article 2 de notre ordonnance du 16 décembre 1814, pour justifier de leur retour; et ceux qui sont déjà rentrés en France depuis le 15 avril 1815 s'adresseront à notre ministre secrétaire d'Etat de la guerre, pour se faire relever de leur déchéance, conformément à l'article 3 de notre ordonnance du 20 décembre 1815.

3. Nos ministres sont chargés de l'exécution de la présente ordonnance.

---

6 = Pr. 19 MARS 1816. — Ordonnance du Roi portant que les contestations élevées, soit sur l'adjudication des coupes de bois domaniaux, soit sur le paiement de ces adjudications, sont du ressort des tribunaux. (7, Bull. 73, n° 496.)

Louis, etc.

Sur le rapport du comité du contentieux;

Vu la requête à nous présentée, le 15 février 1815, par l'administration des domaines, pour qu'il nous plaise annuler, pour cause d'incompétence, un arrêté du conseil de préfecture du département du Doubs, en date du 27 septembre 1814, qui a déclaré la succession de feu Antoine Bernard définitivement libérée du prix de deux adjudications de coupes de bois consenties, le 11 septembre

1788, à divers adjudicataires dont ledit Bernard s'était rendu caution;

Vu la requête en défense présentée par le sieur Pierre-Louis-Marie Bernard, en date du 26 juillet 1815, concluant au maintien de l'arrêté rendu, à son profit, par le conseil de préfecture du département du Doubs;

Vu l'arrêté du conseil de préfecture du département du Doubs susmentionné, ensemble toutes les autres pièces respectivement produites et jointes au dossier;

Vu le décret du 17 août 1817, et notre ordonnance du 11 décembre 1814, qui ont renvoyé aux tribunaux la connaissance des contestations relatives à l'adjudication de coupes de bois;

Considérant que, depuis la suppression des grandes maîtrises des eaux et forêts, les tribunaux ordinaires sont seuls compétens pour connaître des contestations élevées soit sur l'adjudication des coupes de bois domaniaux, soit sur le prix desdites adjudications;

Notre conseil d'Etat entendu,

Avons ordonné et ordonnons ce qui suit :

Art. 1er. L'arrêté du conseil de préfecture du département du Doubs du 27 septembre 1814 est annulé pour cause d'incompétence; la cause et les parties sont renvoyées devant les tribunaux ordinaires.

2. Le sieur Bernard est condamné aux dépens.

3. Notre ministre de la justice est chargé de l'exécution de la présente ordonnance.

---

6 MARS 1816. — Ordonnance du Roi portant nomination et institution des membres de la cour royale de Metz. (7, Bull. 74, n° 512.)

---

6 MARS 1816. — Ordonnance du Roi qui admet les sieurs Wolmar et Frank à établir leur domicile en France. (7, Bull. 80, n° 608.)

---

6 MARS 1816. — Ordonnance du Roi qui permet au sieur Baudesson de Poinchi d'ajouter à son nom celui de Richebourg. (7, Bull. 80, n° 609.)

---

6 MARS 1816. — Ordonnances du Roi qui accordent des lettres de déclaration de naturalité aux sieurs Musso, Chiodi, Meschini, Winter et Rossetti. (7, Bull. 80, 95, 101 et 159, n°s 610, 611, 823, 923 et 2275.)

---

7 MARS 1816. — Ordonnance du Roi qui accorde des lettres de déclaration de naturalité au sieur Rossi. (7, Bull. 65, n° 416.)

---

7 MARS 1816. — Ordonnance du Roi portant nomination et institution des membres de la cour royale de Nancy. (7, Bull. 74, n° 513.)

9 MARS 1816.—Ordonnance du Roi portant autorisation au sieur comte Charles de Lambert de rester au service de sa majesté l'empereur de toutes les Russies. (7, Bull. 87, n° 720.)

12 MARS 1816.—Ordonnance portant nomination et institution des membres de la cour royale d'Ajaccio. (7, Bull. 76, n° 537.)

13 = Pr. 21 MARS 1816.—Ordonnance du Roi qui règle les dépenses auxquelles donnera lieu l'établissement des cours prévôtales (7, Bull. 74, n° 510.)

Louis, etc.

Sur le rapport de notre garde-des sceaux, ministre secrétaire d'Etat;

Vu la loi du 20 décembre 1815, portant établissement des juridictions prévôtales; les lois et réglemens concernant les dépenses judiciaires et les frais de justice en matière criminelle, notamment les décrets des 30 janvier et 18 juin 1811, et du 7 avril 1813;

Voulant régler les dépenses auxquelles donnera lieu l'établissement des cours prévôtales,

Avons ordonné et ordonnons ce qui suit :

Art. 1er. Les présidens ou juges des tribunaux de première instance qui seront nommés pour présider une cour prévôtale auront, indépendamment de la totalité de leur traitement, une indemnité annuelle du tiers du traitement alloué aux juges du tribunal de première instance dont ils font partie.

2. Les prévôts, outre le traitement d'activité, la demi-solde ou pension de retraite dont ils jouissent maintenant sur les fonds de la guerre, recevront, sur ceux du ministère de la justice, une indemnité de mille francs par an, qui leur sera payée à dater du jour de leur prestation de serment devant la cour royale du ressort.

L'indemnité du prévôt de Paris sera de deux mille francs.

3. Lorsqu'à raison de leurs fonctions, les prévôts et assesseurs se transporteront hors du lieu de leur résidence, ils recevront, ainsi que le greffier qui les accompagnera, les indemnités de voyage et de séjour fixées par les articles 88 et 89 du règlement du 18 juin 1811.

4. Dans le cas où, conformément à l'article 51 de la loi sur l'établissement des cours prévôtales, une de ces cours se transporterait en entier hors de la commune où elle siège habituellement, le président, le prévôt, l'assesseur, les juges et les officiers du parquet, recevront, pour tous frais de voyage et de séjour, l'indemnité de quinze francs par jour chacun, allouée par l'article 19 du décret du 30 janvier 1811. Si le greffier accompagne la cour, il recevra dix francs.

5. Pour subvenir aux frais de chauffage,

éclairage, papier, plumes, etc., auxquels donnera lieu le service de nos cours prévôtales, il sera accordé une augmentation de deux cents francs aux tribunaux de première instance siégeant dans les mêmes villes, et dont l'abonnement, fixé par notre ordonnance du 27 janvier 1815, pour les menues dépenses, n'excède pas douze cents francs.

Cette augmentation sera de trois cents francs pour ceux dont l'abonnement excède douze cents francs, et de quatre cents francs pour ceux dont l'abonnement excède deux mille francs.

Elle sera de deux mille francs pour le tribunal de première instance de Paris.

Au moyen de cette augmentation, les tribunaux pourvoiront aux menues dépenses des prévôts et assesseurs.

6. Nos ministres de la justice, de la guerre, de la marine et des finances sont chargés de l'exécution de la présente ordonnance.

13 MARS 1816.—Ordonnance du Roi portant nomination et institution des membres de la cour royale de Pau. (7, Bull. 76, n°. 538.)

13 MARS 1816.—Ordonnances du Roi qui accordent des lettres de déclaration de naturalité aux sieurs Kindélan, Bella, Jeanreneau, Bernard, Chautagnat, Gentil dit Maurin, Garard et Bruezzo (7, Bull. 80, 85, 86, 105, 143 et 156.)

13 MARS 1816.—Ordonnance du Roi qui autorise le sieur comte de Lambert à rester au service de sa majesté l'empereur de toutes les Russies. (7, Bull. 80, n° 644.)

13 MARS 1816.—Ordonnance du Roi qui admet les sieurs Kusmitz, Jolovvitz, Loppens, Hein et Cavallari à établir leur domicile en France. (7, Bull. 80, n° 615.)

13 MARS 1816.—Ordonnance du Roi qui permet au sieur de Campredon d'ajouter à son nom celui de Ducros-Papon-Marchoulx de Goutelas. (7, Bull. 80, n° 616.)

13 MARS 1816.—Ordonnance du Roi qui réintègre le sieur Voisin dans la qualité et les droits de citoyen français. (7, Bull. 80, n° 617.)

16 = Pr. 28 MARS 1816.—Ordonnance du Roi relative au réglement des budgets des villes ayant au moins trente mille francs de recette. (7, Bull. 75, n° 523.)

Voy. ordonnance des 21 mai 1817, et 8 AOUT 1821.

Art. 1er. A compter de 1817, les budgets des villes ayant au moins trente mille francs de recettes ordinaires seront réglés par nous, sur la proposition de notre ministre secrétaire d'Etat de l'intérieur.

Les budgets des villes ayant moins de trente mille francs de revenus seront réglés par nos préfets.

2. Néanmoins, notre cour des comptes continuera de régler les comptabilités de toutes les communes qui ont été jusqu'à ce jour dans sa compétence.

3. Les dispositions de notre ordonnance du 6 septembre dernier qui chargent notre ministre secrétaire d'Etat de l'intérieur de régler les dépenses extraordinaires des villes en 1816, ne seront exécutées que pour celles qui ont au moins trente mille francs de revenus.

Les dépenses extraordinaires des autres communes seront réglées par nos préfets.

4. Les comptes d'administration, dont la formation est prescrite par l'article 12 de notre ordonnance du 28 janvier 1815, cesseront d'être adressés à notre ministre secrétaire d'Etat de l'intérieur.

5. Notre ministre de l'intérieur est chargé de l'exécution de la présente ordonnance.

———

16 = Pr. 28 MARS 1816. — Ordonnance du Roi portant augmentation du nombre des adjudans sous-officiers dans les régimens d'infanterie de la garde royale. (7, Bull. 75, n° 524.)

Louis, etc.

. Sur la représentation qui nous a été faite que le nombre d'adjudans sous-officiers que l'ordonnance du 1er septembre donne aux régimens d'infanterie de notre garde royale était insuffisant pour pourvoir aux besoins du service,

Nous avons ordonné et ordonnons ce qui suit :

Art. 1er. Le nombre des adjudans sous-officiers dans les régimens d'infanterie de notre garde royale sera augmenté ; il sera porté à deux par bataillon : d'où il suit qu'un régiment de trois bataillons aura six adjudans sous-officiers.

2. Notre ministre de la guerre est chargé de l'exécution de la présente ordonnance.

———

16 MARS 1816 — Ordonnances du Roi qui autorisent l'acceptation de dons et legs faits aux fabriques des églises de Pierrefort, Gourdiége, Amettes, Azay-le-Rideau, Saint-Vincent-de-Paul de Marseille, Sainte-Ménéhould, Maxéville, Lichens-Willer, Bourg, Cerqueux-de-Moulevrier, Faon, et aux séminaires de Besançon, Vannes et Quimper. (7, Bull. 80, n°s 618 à 620.)

———

20 = Pr. 28 MARS 1816 — Ordonnance du Roi portant augmentation du nombre des trompettes attachés aux régimens de cavalerie. (7, Bull. 75, n° 525.)

Louis, etc.

Sur la représentation qui nous a été faite que le nombre des trompettes attachés à nos régimens de cavalerie par l'ordonnance de création était insuffisant pour pourvoir aux besoins du service,

Nous avons ordonné et ordonnons ce qui suit :

Art. 1er. Dans nos régimens de cavalerie de ligne, lorsqu'ils seront portés au complet déterminé par notre ordonnance du 30 août 1815, le nombre des trompettes sera augmenté et porté à trois par escadron, ce qui donnera douze trompettes par régiment de quatre escadrons au lieu de huit.

2. Notre ministre de la guerre est chargé de l'exécution de la présente ordonnance.

———

20 = Pr. 28 MARS 1816. — Ordonnance du Roi qui met la ville d'Antibes au rang des bonnes villes du royaume. (7, Bull. 75, n° 526.)

Voy. ordonnance du 23 AVRIL 1821.

Louis, etc.

Sur le compte qui nous a été rendu, par notre ministre secrétaire d'Etat au département de la guerre, de la belle conduite des habitans de notre ville et place d'Antibes, qui, au mois d'août et de septembre 1815, environnés de troupes étrangères prêtes à pénétrer dans la place, et ne doutant pas du prix que nous mettions à sa conservation, jurèrent, quoique abandonnés à eux-mêmes, et sans le secours d'aucune garnison, de la défendre jusqu'à la dernière extrémité, et persistèrent jusqu'au bout dans cette noble résolution, supportant toutes les fatigues, endurant tous les sacrifices, et s'abstenant toutefois, par respect pour nos intentions, de tout acte hostile qui aurait pu troubler le rétablissement de l'état de paix avec les puissances alliées ;

Nous rappelant, en outre, l'exemple mémorable de fidélité qui nous a été donné, au mois de mars 1815, par les autorités et les habitans de la même ville d'Antibes, la première, qui, placée sur le passage de l'usurpateur, ait fermé ses portes à lui et à ses émissaires ; exemple qui, s'il eût été mieux imité, eût infailliblement préservé nos peuples des calamités sans nombre qui les ont accablés ;

Voulant reconnaître dignement un dévouement si parfait, et en perpétuer le souvenir d'une manière durable ;

Sur le rapport de nos ministres secrétaires d'Etat de l'intérieur et de la guerre,

17.

Nous avons ordonné et ordonnons ce qui suit :

Art. 1er. La ville d'Antibes est mise au rang de nos bonnes villes du royaume.

Notre bien-aimé frère Monsieur, colonel général des gardes nationales de France, est chargé de faire remettre, en notre nom, à la garde nationale d'Antibes, un drapeau d'un modèle particulier, présentant, d'un côté, l'écusson aux armes de France, entouré d'une couronne de chêne, avec cette inscription : *Fidei servandæ exemplum ;* de l'autre côté, le même écusson, avec ces mots : 1er *mars* 1815. — 27 *août* 1815.

2. La croix de la Légion-d'Honneur est accordée aux deux citoyens de la garde nationale d'Antibes qui se sont le plus distingués dans le cours du dernier blocus, et qui nous seront désignés par notre ministre secrétaire d'Etat de la guerre.

Il nous sera également désigné un sujet choisi dans l'une des familles les plus recommandables d'Antibes, pour être élevé aux frais de l'Etat, dans nos écoles militaires.

3. La ville d'Antibes est autorisée à inscrire le texte de la présente ordonnance sur une pierre monumentale, qui sera placée dans un lieu public et apparent de la ville.

4. Nos ministres de l'intérieur et de la guerre sont chargés de l'exécution de la présente ordonnance.

20 MARS 1816.—Ordonnances du Roi qui accordent des lettres de déclaration de naturalité aux sieurs Tabalet, Masson, Corte de Bonvoisin, Gaillard, Brunery, de Rivorossa, Charve, Preve, veuve Hastin, Mayan, Sigaldy, Dépigny, Feddermann, Ficher, baron Girard dit vieux et Fogen. (7, Bull. 80, 83, 84, 85, 86, 105, 205, 212 et 220.

20 MARS 1816. — Ordonnance du Roi qui admet les sieurs Aquilina et Delobel à établir leur domicile en France. (7, Bull. 84)

20 MARS 1816.—Ordonnance du Roi qui autorise les sieurs de Chaillou et Fabre à ajouter à leurs noms ceux de Desbarres et de Robert de Rieunégré. (7, Bull. 80, n° 622)

21 = Pr. 28 MARS 1816.—Ordonnance du Roi concernant la nouvelle organisation de l'institut. (7, Bull. 75, n° 527.)

Voy. décret du 3 PLUVIOSE an II.

Louis, etc.

La protection que les rois nos aïeux ont constamment accordée aux sciences et aux lettres nous a toujours fait considérer avec un intérêt particulier les divers établissemens qu'ils ont fondés pour honorer ceux qui les cultivent ; aussi, n'avons-nous pu voir sans douleur la chute de ces académies qui avaient si puissamment contribué à la prospérité des lettres, et dont la fondation a été un titre de gloire pour nos augustes prédécesseurs. Depuis l'époque où elles ont été rétablies sous une dénomination nouvelle, nous avons vu avec une vive satisfaction la considération et la renommée que l'Institut a méritées en Europe. Aussitôt que la divine Providence nous a rappelé sur le trône de nos pères, notre intention a été de maintenir et de protéger cette savante compagnie ; mais nous avons jugé convenable de rendre à chacune de ses classes son nom primitif, afin de rattacher leur gloire passée à celle qu'elles ont acquise, et afin de leur rappeler à la fois ce qu'elles ont pu faire dans des temps difficiles, et ce que nous devons en attendre dans des jours plus heureux.

Enfin, nous nous sommes proposé de donner aux académies une marque de notre royale bienveillance, en associant leur établissement à la restauration de la monarchie, et en mettant leur composition et leurs statuts en accord avec l'ordre actuel de notre Gouvernement :

A ces causes, et sur le rapport de notre ministre secrétaire-d'Etat au département de l'intérieur ;

Notre Conseil-d'Etat entendu,

Nous avons ordonné et ordonnons ce qui suit :

Art. 1er. L'Institut sera composé de quatre académies, dénommées ainsi qu'il suit, et selon l'ordre de leur fondation, savoir :

L'académie française, l'académie royale des inscriptions et belles-lettres, l'académie royale des sciences, l'académie royale des beaux-arts.

2. Les académies sont sous la protection directe et spéciale du Roi.

3. Chaque académie aura son régime indépendant, et la libre disposition des fonds qui lui sont ou lui seront spécialement affectés.

4. Toutefois, l'agence, le secrétariat, la bibliothèque et les autres collections de l'Institut demeureront communs aux quatre académies.

5. Les propriétés communes aux quatre académies, et les fonds y affectés, seront régis et administrés, sous l'autorité de notre ministre secrétaire d'Etat au département de l'intérieur, par une commission de huit membres, dont deux seront pris dans chaque académie.

Ces commissaires seront élus chacun pour un an, et seront toujours rééligibles.

6. Les propriétés et fonds particuliers de chaque académie seront régis, en son nom, par les bureaux ou commissions institués ou à instituer, et dans les formes établies par les réglemens.

7. Chaque académie disposera, selon ses convenances, du local affecté aux séances publiques.

8. Elles tiendront une séance publique commune le 24 avril, jour de notre rentrée dans notre royaume.

9. Les membres de chaque académie pourront être élus aux trois autres académies.

10. L'académie française reprendra ses anciens statuts, sauf les modifications que nous pourrions juger nécessaires, et qui nous seront présentées, s'il y a lieu, par notre ministre et secrétaire d'État au département de l'intérieur.

11. L'académie française est et demeure composée ainsi qu'il suit :

MM. de Roquelaure, évêque de Senlis; Suard, secrétaire perpétuel; Ducis; le comte de Choiseul-Gouffier; Morellet; le comte d'Aguesseau; le comte Volney; Andrieux; l'abbé Sicard; le comte de Cessac; Villar; le comte de Fontanes; le comte François de Neufchâteau; le comte Bigot de Préameneu; le comte de Ségur; Lacretelle ainé; le comte Daru; Raynouard; Picard; le comte Destutt-Tracy; Lemercier; Parseval-Grandmaison; le vicomte de Châteaubriant; Lacretelle jeune; Alexandre Duval; Campenon; Michaud; Aignan; de Jouy; Baour-Lormian; de Beausset, évêque d'Alais; de Bonald; le comte Ferrand; le comte de Lally-Tolendal; le duc de Lévis; le duc de Richelieu; l'abbé de Montesquiou; Lainé; N. . . . .

12. L'académie royale des inscriptions et belles-lettres conservera l'organisation et les réglemens actuels de la troisième classe de l'Institut.

13. L'académie royale des inscriptions et belles-lettres est et demeure composée ainsi qu'il suit :

MM. Dacier, secrétaire perpétuel; le comte de Choiseul-Gouffier; le comte Pastoret; le baron Silvestre de Sacy; Gosselin; Daunou; de Sales; Dupont de Nemours; le baron Reinhard; Ginguené; le prince de Talleyrand; le comte Garran de Coulon; Langlès; Pougens; le duc de Plaisance; Quatremère de Quincy; le chevalier Visconti; le comte Boissy d'Anglas; Millin; le baron de Gérando; Dom Brial; Petit-Radel; Barbié du Bocage; le comte Lanjuinais; Caussin; Gail; Clavier; Amaury-Duval; Bernadi; Boissonnade; le comte de Laborde; Walkenaer; Vanderbourg; Quatremère (Étienne); Raoul Rochette; Letronne; Mollevaut.

14. L'académie royale des sciences conservera l'organisation et la distribution en sections de la première classe de l'Institut.

15. L'académie royale des sciences est et demeure composée ainsi qu'il suit :

SECTION Ire. Géométrie.

MM. le comte Laplace, le chevalier Legendre, Lacroix, Biot, Poinsot, Ampère.

SECTION II. Mécanique.

MM. Périer, de Plony, le baron Sané, Molard, Cauchy, Bréguet.

SECTION III. Astronomie.

MM. Messier, Cassini, Lefrançais-Lalande, Bouvard, Burckhardt, Arago.

SECTION IV. Géographie et navigation.

MM. Buache, Beautemps-Beaupré, Rossel.

SECTION V. Phisique générale.

MM. Rochon, Charles, Lefèvre-Gineau, Gay-Lussac, Poisson, Girard.

SECTION VI. Chimie.

MM. le comte Berthollet, Vauquelin, Deyeux, le comte Chaptal, Thénard, Proust.

SECTION VII. Minéralogie.

MM. Sage, Haüy, Duhamel, Lelièvre, le baron Ramond, Brogniard.

SECTION VIII. Botanique.

MM. de Jussieu, de Lamark, Desfontaines, Labillardière, Palissot-Beauvois, Mirbel.

SECTION IX. Economie rurale.

MM. Tessier, Thonin, Huzard, Silvestre, Bosc, Yvart.

SECTION X. Anatomie et zoologie.

MM. le comte Lacépède, Richard, Pinel, le chevalier Geoffroy-Saint-Hilaire, Latreille, Duméril.

SECTION XI. Médecine et chirurgie.

MM. le chevalier Portal, le chevalier Hallé, le chevalier Pelletan, le baron Percy, le baron Corvisart, Deschamps.

M. le chevalier Delambre, secrétaire perpétuel pour les sciences mathématiques;

M. le chevalier Cuvier, secrétaire perpétuel pour les sciences physiques.

16. L'académie royale des beaux-arts conservera l'organisation de la distribution en sections de la quatrième classe de l'institut.

17. L'académie royale des beaux-arts est et demeure composée ainsi qu'il suit :

SECTION Ire. Peinture.

MM. Vanspaendonck, Vincent, Regnault, Taunay, Denon, Visconti, Menageot, Gérard, Guérin, le Barbier aîné, Girodet, Gros, Meynier, Vernet (Carle).

SECTION II. Sculpture.

MM. Rolland, Houdon, Dejoux, Lemot, Cartelier, Lecomte, Bosio, Dupaty.

SECTION III. Architecture.

MM. Gondoin, {Peyre, Dufourny, Heurtier, Percier, Fontainne, Rondelet, Bonnard.

SECTION IV. Gravure.

MM. Bervic, Jeuffroy, Duvivier, Desnoyer (Auguste).

SECTION V. Composition musicale.

MM. Méhul, Gossec, Monsigny, Grandménil, Chérubini, Lesueur.

M...... Secrétaire perpétuel.

18. Il sera ajouté, tant à l'académie royale des inscriptions et belles-lettres qu'à l'académie royale des sciences, une classe d'académiciens libres, au nombre de dix pour chacune de ces deux académies.

19. Les académiciens libres n'auront d'autre indemnité que celle du droit de présence.

Ils jouiront des mêmes droits que les autres académiciens ; et seront élus selon les formes accoutumées.

20. Les anciens honoraires et académiciens, tant de l'académie royale des sciences que de l'académie royale des inscriptions et belles-lettres, seront, de droit, académiciens libres de l'académie à laquelle ils ont appartenu.

Ces académiciens feront les élections nécessaires pour compléter le nombre de dix académiciens libres dans chacune d'elles.

21. L'académie royale des beaux-arts aura également une classe d'académiciens libres, dont le nombre sera déterminé par un réglement particulier, sur la proposition de l'académie elle-même.

22. Notre ministre et secrétaire d'Etat au département de l'intérieur soumettra à notre approbation les modifications qui pourraient être jugées nécessaires dans les réglemens de la première, de la troisième et de la quatrième classe de l'institut, pour adapter lesdits réglemens à l'académie royale des sciences, à l'académie royale des inscriptions et belles-lettres, et à l'académie royale des beaux-arts.

23. Il sera, chaque année, alloué, au budget de notre ministre secrétaire d'Etat de l'intérieur, un fonds général et suffisant pour payer les traitemens conservés et indemnités

aux membres, secrétaires perpétuels et employés des quatre classes de l'Institut, ainsi que pour les divers travaux littéraires, les expériences, impressions, prix et autres objets.

Le fonds sera réparti entre chacune des quatre académies qui composent l'Institut, selon la nature de leurs travaux, et de manière que chacune d'elles ait la libre jouissance de ce qui sera assigné pour son service.

24. Tous les membres qui ont appartenu jusqu'à ce jour à l'une des quatre classes de l'Institut conserveront la totalité de leur traitement.

25. Sont maintenus les décrets et réglemens qui ne contiennent aucune disposition contraire à celles de la présente ordonnance.

26. Notre ministre de l'intérieur est chargé de l'exécution de la présente ordonnance.

---

21 = Pr. 29 MARS 1816. — Ordonnance du Roi relative à la reddition et à l'apurement des comptes des receveurs des hôpitaux et établissemens de charité du royaume. (7, Bull. 76, n° 539)

Voy. ordonnance des 28 JANVIER 1815, et 21 MAI 1817.)

Art. 1er. Les comptes à rendre, à dater de la présente année, par les receveurs des hôpitaux et établissemens de charité du royaume seront apurés et arrêtés définitivement par les préfets, en conseil de préfecture.

Ces comptes seront préalablement entendus par les administrateurs des établissemens respectifs, et transmis par les sous-préfets, avec leur avis, au préfet du département.

Le préfet désignera, pour chaque compte, le membre du conseil de préfecture qui fera les fonctions de rapporteur, pour en proposer l'apurement.

2. Les comptes rendus et à rendre pour l'année 1815 et les années antérieures, qui n'ont point encore été arrêtées par les préfets, seront jugés dans les formes prescrites par l'article précédent.

3. Les comptes sur lesquels les préfets ont déjà prononcé provisoirement seront considérés comme définitivement apurés, conformément aux arrêtés pris par ces administrateurs.

4. Aussitôt après l'apurement de chaque compte, un relevé sommaire en sèra adressé à notre ministre secrétaire d'Etat au département de l'intérieur.

5. Notre ministre de l'intérieur est chargé de l'exécution de la présente ordonnance.

[L 21 MARS = Pr. 2 AVRIL 1816. — Ordonnance du Roi qui confirme celle rendue, le 10 juillet 1815, par son altesse royale le duc d'Angoulême, et porte que le hameau des Guinguettes prendra le nom de Bourg-Madame, et que le siége de la mairie d'Hix y sera transféré. (7, Bull. 78, n° 557)

Louis, etc.

Sur le rapport de notre ministre secrétaire d'Etat de l'intérieur;

Voulant donner aux habitans du hameau de Guinguettes, commune d'Hix, département des Pyrénées-Orientales, un témoignage de notre satisfaction des sentimens dont ils sont animés pour notre personne, et favoriser, d'ailleurs, le commerce dont ce hameau est l'entrepôt;

Notre Conseil-d'Etat entendu,

Nous avons ordonné et ordonnons ce qui suit :

Art. 1er. L'ordonnance rendue à Puicerda, le 10 juillet 1815, par notre très-cher et très-amé neveu duc d'Angoulême, est confirmée pour être exécutée suivant sa teneur; en conséquence, le hameau des Guinguettes prendra le nom de Bourg-Madame, et le siége de la mairie d'Hix y sera transféré.

2. Nos ministres de l'intérieur, de la justice et des finances sont chargés de l'exécution de la présente ordonnance.

21 MARS 1816. — Ordonnances du Roi portant concession et permission au sieur Louis Pétre d'exploiter les mines de lignite, sulfate de fer et sulfate d'alumine situées près de Bouxviller, arrondissement de Saverne. (7, Bull. 84, n°s 651 et 652.)

21 MARS 1816. — Ordonnance du Roi qui confirme les établissemens d'éducation gratuite et de charité légalement fondés à Vannes et à Auray, par madame Molé de Champlâtreux. (7, Bull. 84, n° 653.)

22 MARS 1816. — Ordonnance du Roi portant nomination et institution des membres de la cour royale de Grenoble. (7, Bull. 78, n° 558.)

23 MARS = Pr. 13 MAI 1816. — Ordonnance du Roi qui détermine les formalités nécessaires pour constater l'état civil des princes et princesses de la maison royale. (7, Bull. 85, n° 660.)

Voy. la première note sur la Charte et l'ordonnance du 25 AVRIL 1820.)

Art. 1er. Notre chancelier remplira, par rapport à nous, et aux princes et princesses de notre maison, les fonctions attribuées par les lois aux officiers de l'état civil.

En conséquence, il recevra les actes de naissance, de mariage, de décès, et tous autres actes de l'état civil prescrits ou autorisés par le Code civil.

2. Ces actes seront transcrits sur un registre double, coté par première et dernière, et paraphé, sur chaque feuille, par notre chancelier. Ce registre sera tenu par le ministre secrétaire d'Etat de notre maison, et, à son défaut, par le président de notre conseil des ministres.

3. Ces doubles registres demeureront déposés aux archives de la Chambre des pairs jusqu'à ce qu'ils soient remplis en entier. Le garde des archives de ladite Chambre délivrera les extraits des actes y contenus, lesquels seront visés par notre chancelier.

4. Lorsque ces registres seront finis, ils seront clos et arrêtés par notre chancelier; l'un des doubles sera déposé aux archives du royaume, et l'autre demeurera déposé aux archives de la Chambre des pairs.

5. Nous indiquerons les témoins qui doivent assister aux actes de naissance et de mariage des membres de notre famille.

6. Notre chancelier, le président de notre conseil des ministres, et le ministre secrétaire d'Etat de notre maison, sont chargés, chacun en ce qui le concerne, de l'exécution de la présente ordonnance.

23 MARS = Pr. 13 MAI 1816. — Ordonnance du Roi relative aux formes d'admission dans la Chambre des pairs de ceux de ses membres qui y sont appelés par droit d'hérédité (7, Bull. 85, n° 661.)

Voy. les notes sur l'art. 27 de la Charte.

Louis, etc.

Voulant, à l'exemple des rois nos prédécesseurs, pourvoir à tout ce qui peut rehausser la pairie héréditaire créée par notre ordonnance du 9 août 1815, nous avons jugé qu'il importe que ceux qui sont appelés à la pairie par leur naissance soient, avant d'être admis à l'honneur d'exercer leurs droits, reconnus dignes d'en remplir les hautes et importantes fonctions :

En conséquence,

Nous avons ordonné et ordonnons ce qui suit :

Art. 1er. Le décès d'un pair arrivant, son successeur à la pairie se pourvoira près de nous pour obtenir notre agrément, à l'effet de poursuivre sa réception.

2. Il présentera ensuite sa requête à la Chambre des pairs; elle sera accompagnée des actes établissant son droit à la pairie, ainsi que d'une liste de douze pairs choisis par lui pour lui servir de garans.

3. La requête et les pièces seront remises aux archives; il en sera fait mention sur le registre.

4. La requête présentée à la Chambre des

pairs sera lue dans une-de ses plus prochaines séances. Il sera nommé, par la voie du sort, une commission de trois membres, à l'effet de procéder à la vérification des titres justificatifs.

5. Sur le rapport fait par un des membres de la commission, et les titres étant jugés valables par la Chambre, il sera choisi, par la voie du sort, six pairs sur les douze portés dans la liste présentée par le nouveau pair.

6. Le président interrogera les six pairs séparément, et leur demandera de déclarer, sur leur honneur, si le nouveau pair est digne d'être admis à prêter serment, et à prendre séance.

7. Sur leur déclaration affirmative, unanime et signée d'eux, de laquelle il sera rendu compte à la Chambre par le président, la Chambre fixera un jour pour la réception du nouveau pair, et il y sera procédé conformément à l'article 78 du règlement intérieur.

8. En cas que leur déclaration ne soit pas unanime, le président en rendra compte à la Chambre, et la réception du nouveau pair pourra être ajournée.

9. Aucune des dispositions ci-dessus ne saurait porter préjudice au droit d'hérédité et de successibilité à la pairie.

10. Notre secrétaire d'Etat au département des affaires étrangères, président du conseil des ministres, est chargé de l'exécution de la présente ordonnance.

---

25 MARS 1816.—Ordonnance du Roi portant nomination et institution des membres de la cour royale de Toulouse. (7, Bull. 78, n° 559.)

---

26 MARS = Pr. 8 AVRIL 1816.—Ordonnance du Roi concernant l'organisation, la composition et l'administration de la Légion-d'Honneur, sous le titre d'*ordre royal de la Légion-d'Honneur.*(7, Bull. 79, n° 563.)

Voy. les notes sur l'art. 72 de la Charte; ordonnance des 16 et 22 MAI, et 3 et 24 JUILLET 1816; loi du 6 JUILLET 1820; ordonnances des 3 AVRIL 1821, et 26 MAI 1824.

Louis, etc.

Considérant que les dispositions des lois, statuts et actes relatifs à la Légion-d'Honneur se trouvent éparses dans différentes ordonnances, et qu'il est important d'en former une seule qui, les renfermant toutes, devienne ainsi le Code de la Légion;

Sur le rapport de notre cousin le maréchal duc de Tarente, grand-chancelier de la Légion-d'Honneur;

De l'avis du conseil de nos ministres,

Nous avons ordonné et ordonnons ce qui suit:

TITRE Ier. Organisation et composition de la Légion-d'Honneur.

Art. 1er. La Légion-d'Honneur est instituée pour récompenser les services civils et militaires.

2. Le Roi est chef souverain et grand-maître de la Légion-d'Honneur.

3. La Légion prend le titre d'*ordre royal de la Légion-d'Honneur*; les commandans, celui de *commandeurs*, et les grands-cordons, celui de *grand's-croix.*

4. L'ordre royal de la Légion-d'Honneur est composé de chevaliers, d'officiers, de commandeurs, de grands-officiers et de grand's-croix.

5. Les membres de la Légion sont à vie.

6. Le nombre des chevaliers est illimité;
Celui des commandeurs est fixé à deux mille;
Celui des commandeurs, à quatre cents;
Celui des grands-officiers, à cent soixante;
Celui des grand's-croix à quatre-vingts.

7. Le nombre des grand's-croix, grands-officiers, commandeurs et officiers dépassant celui fixé par l'article 6, ceux qui sont revêtus de ces grades les conservent; mais, par les extinctions, nous pourrons les réduire.

8. Les princes de la famille royale et de notre sang, et les étrangers auxquels nous conférons la grande décoration, ne sont point compris dans le nombre fixé par l'article 6.

9. Les étrangers sont admis et non reçus, et ne prêtent aucun serment.

TITRE II. Forme de la décoration, et manière de la porter.

10. La décoration de l'ordre royal de la Légion-d'Honneur consiste dans une étoile à cinq rayons doubles, surmontée de la couronne royale. Le centre de l'étoile, entouré d'une couronne de chêne et de laurier, présente, d'un côté, l'effigie de Henri IV, avec cette exergue: *Henri IV, Roi de France et de Navarre*; et, de l'autre, trois fleurs-de-lis, avec cette exergue: *Honneur et patrie.*

11. L'étoile, émaillée de blanc, est en argent pour les chevaliers, et en or pour les grand's-croix, les grands-officiers, les commandeurs et les officiers.

12. Les chevaliers portent la décoration en argent à une des boutonnières de leur habit, attachée par un ruban moiré rouge sans rosette. Les officiers la portent en or à une des boutonnières de leur habit, attachée par un ruban moiré rouge avec une rosette.

Les commandeurs portent la décoration en sautoir, attachée à un ruban moiré rouge, un peu plus large que celui des officiers.

Les grands-officiers portent, sur le côté droit de leur habit, une plaque semblable à celle des grand's-croix, brodée en argent, mais du diamètre de sept centimètres deux millimètres. Cette plaque est substituée au large ruban qu'ils portent actuellement, et ils continuent, en outre, de porter la simple croix en or à la boutonnière gauche.

Les grand's-croix portent un large ruban moiré rouge, passant de l'épaule droite au côté gauche, au bas duquel est attachée une grande étoile en or; ils portent en même temps une plaque brodée en argent, du diamètre de dix centimètres quatre millimètres, attachée sur le côté gauche des habits et des manteaux, et au milieu de laquelle est l'effigie de Henri IV, avec l'exergue : *Honneur et Patrie*.

Ils cessent, ainsi que les commandeurs, de porter la simple croix en or lorsqu'ils sont décorés des marques distinctives de leurs grades; néanmoins, cette croix leur est permise lorsqu'ils ne les portent pas extérieurement.

13. Les membres de l'ordre royal de la Légion-d'Honneur, portent toujours la décoration.

14. Les grand's-croix, grands-officiers, commandeurs, officiers et chevaliers ne peuvent porter que les marques distinctives de leurs grades; le Roi *seul* porte chacune d'elles à sa volonté. Tous nos sujets membres de l'ordre royal de la Legion d'Honneur sont toujours décorés selon leurs grades, quand ils paraissent devant nous, et devant les princes de la famille royale et de notre sang; lorsque, dûment convoqués par les autorités d'après les réglemens sur les préséances, ils assistent, soit en notre présence, soit en notre absence, aux grandes audiences, aux grandes réceptions, aux cérémonies politiques, religieuses et civiles, aux revues, aux grandes parades, etc.

TITRE III. Admission et avancement dans la Légion.

15. En temps de paix, pour être admis dans la Légion-d'Honneur il faut avoir exercé pendant vingt-cinq ans des fonctions civiles et militaires avec la distinction requise.

16. Nul ne peut être admis dans la Légion qu'avec le premier grade de chevalier.

17. Pour être susceptible de monter à un grade supérieur, il est indispensable d'avoir passé dans le grade inférieur, savoir :

1° Pour le grade d'officier, quatre ans dans celui de chevalier ;

2° Pour le grade de commandeur, deux ans dans celui d'officier ;

3° Pour le grade de grand-officier, trois ans dans celui de commandeur;

4° Enfin, pour le grade de grand'-croix, cinq ans dans celui de grand-officier.

18. Chaque campagne est comptée double aux militaires dans l'évaluation des années exigées par les articles 15 et 16; mais on ne peut jamais compter qu'une campagne par année, sauf les cas d'exception qui doivent être déterminés par une ordonnance spéciale.

19. En temps de guerre les actions d'éclat et les blessures graves peuvent dispenser des conditions exigées par les articles 15 et 16 pour l'admission ou l'avancement dans l'ordre royal de la Légion-d'Honneur.

20. En temps de guerre, comme en temps de paix, les services extraordinaires rendus à nous et à l'Etat dans les fonctions civiles ou militaires, les sciences et les arts, peuvent également dispenser de ces conditions, mais sous la réserve expresse de ne franchir aucun grade.

21. Pour donner lieu aux dispenses mentionnées dans les articles précédens, les actions d'éclat, blessures et services extraordinaires doivent être dûment constatés, savoir :

1° Dans les régimens de toutes armes, par un certificat signé de tous les officiers du corps présens à l'affaire, et visé par le chef du corps ou du détachement, par le chef d'état-major de la division, et le chef d'état-major de l'armée;

2° Pour les officiers de l'état-major général de l'artillerie et du génie, les ingénieurs géographes, le corps des inspecteurs aux revues, celui des commissaires des guerres, les gardes de l'artillerie et du génie, et les employés des administrations militaires, par un certificat signé de cinq militaires du même corps que le sujet proposé, parmi lesquels devront se trouver nécessairement ceux qui sont revêtus, dans la Légion, du grade sollicité pour lui. Ce certificat sera signé, en outre par le chef de l'état-major de la division, pour les officiers d'état-major ; par le chef de l'artillerie ou celui du génie, pour les militaires de ces deux armes ; par l'inspecteur en chef aux revues ou l'ordonnateur en chef, pour les personnes de leur administration, et visé par le chef de l'état-major général de l'armée;

3° Pour les militaires de nos armées navales, par un certificat signé de cinq militaires du même équipage que le sujet proposé, parmi lesquels devront se trouver ceux de l'équipage revêtus, dans la Légion, du grade sollicité pour lui. Ce certificat devra être visé par le commandant du bâtiment ou des ports, et par le commandant en chef de l'escadre, quand ce bâtiment n'aura pas été employé isolément;

4° Pour tout individu non militaire, par un certificat signé de cinq personnes exerçant des fonctions analogues à celles du sujet proposé, et, autant que faire se pourra, revêtues, dans la Légion, du grade sollicité pour lui. Ce certificat, visé par son supérieur immédiat, ou par le préfet du département pour les personnes qui ne sont soumises à aucune hiérarchie, sera annexé au rapport spécial que nous fera, pour cet objet, le ministre compétent, et qui nous sera soumis par notre grand-chancelier.

22. Outre les cas extraordinaires mentionnés aux précédens articles, il pourra y avoir une ou deux nominations et promotions par année, mais seulement aux époques fixées ci-après, savoir :

Une au 1er janvier,

Et une au 15 juillet, jour de saint Henri, patron de notre auguste aïeul Henri IV.

23. La répartition des nominations et promotions dans la Légion-d'Honneur, entre les divers ministères, a lieu dans la proportion suivante, savoir :

Un quarantième, au ministère de la maison du Roi ;

Deux quarantièmes, au ministère de la justice ;

Un quarantième, au ministère des affaires étrangères ;

Six quarantièmes, au ministère de l'intérieur ;

Deux quarantièmes, au ministère des finances ;

Vingt quarantièmes, au ministère de la guerre ;

Cinq quarantièmes, au ministère de la marine ;

Un demi-quarantième, au ministère de la police générale ;

Deux quarantièmes et demi, à la grande-chancellerie de la Légion-d'Honneur.

24. Dans le mois qui précédera les deux époques indiquées dans l'article 22, notre grand-chancelier, d'après l'avis de nos ministres, prendra nos ordres ; et, si nous jugeons convenable de faire des nominations et promotions, nous déterminerons le nombre des décorations pour chaque grade : notre grand-chancelier en fera la répartition à nos ministres, conformément à l'article 23.

25. Sur l'avis que notre grand-chancelier leur donnera, nos ministres lui adresseront la liste des personnes qu'ils jugeront avoir mérité cette distinction.

26. De la réunion de ces listes, notre grand-chancelier formera un corps d'ordonnance, qu'il soumettra à notre approbation.

27. Nos ministres, après chaque nomination ou promotion, expédient des lettres d'avis à toutes les personnes nommées dans leurs ministères. Ces lettres d'avis leur prescrivent de se pourvoir auprès de notre grand-chancelier pour obtenir l'autorisation nécessaire de se faire recevoir, d'être décorées, et l'expédition du brevet.

28. Toutes demandes de nomination et de promotion qui nous seront adressées ou soumises, par quelque personne que ce soit, autre que nos ministres, seront renvoyées à notre grand-chancelier, qui en fera le rapport, et nous présentera des projets d'ordonnance, s'il y a lieu.

29. A l'avenir, nul ne pourra porter la décoration du grade auquel il aura été nommé ou promu qu'après sa réception.

TITRE IV. Modes de réception des membres de la Légion, et du serment.

30. Les princes de la famille royale, de notre sang, et les grand's-croix, prêtent serment entre nos mains, et reçoivent de nous les décorations.

31. En cas d'empêchement, nous désignons les princes de notre famille et de notre sang, ou notre grand-chancelier, pour recevoir le serment, et procéder aux réceptions des grand's-croix. Dans l'un et l'autre cas, notre grand-chancelier prend nos ordres.

32. Notre grand-chancelier désigne, pour procéder aux réceptions des chevaliers, officiers, commandeurs, grands-officiers et grand's-croix, un membre de la Légion d'un grade au moins égal à celui du récipiendaire.

33. Les militaires de tous grades et de toutes armes de terre et de mer, les membres des administrations qui en dépendent, et les gardes nationaux, sont reçus à la parade.

34. Les personnes appartenant au civil sont reçues en séance publique des cours royales ou tribunaux d'arrondissement lorsqu'elles ne pourront pas l'être par notre grand-chancelier, ou la personne qu'il aura déléguée.

35. Le récipiendaire des troupes de terre et de mer prête à genoux le serment ci-après : « Je jure d'être fidèle au Roi, à l'honneur « et à la patrie ; de révéler, à l'instant, tout « ce qui pourrait venir à ma connaissance « et qui serait contraire au service de sa ma- « jesté et au bien de l'Etat ; de ne prendre « aucun service et de ne recevoir aucune « pension ni traitement d'un prince étran- « ger sans le consentement exprès de sa « majesté ; d'observer les lois, ordonnances « et réglemens, et généralement de faire tout « ce qui est du devoir d'un brave et loyal « chevalier de la Légion-d'Honneur. »

36. L'officier chargé de la réception d'un militaire, après avoir reçu son serment, le frappe d'un coup de plat d'épée, sur chaque épaule, et, en lui remettant son brevet ainsi que sa décoration, lui donne l'accolade en notre nom.

37. Il est adressé, au grand chancelier, un procès-verbal de chaque réception. Des réglemens particuliers déterminent les modèles de procès-verbaux de réception.

38. A la guerre, les militaires de nos armées de terre et de mer, et les personnes qui dépendent de ces deux administrations, nom-

més ou promus, pourront être autorisés, par notre grand-chancelier, à porter le ruban en attendant la réception.

39. En temps de guerre, comme en temps de paix, il ne pourra être porté cumulativement avec nos ordres royaux aucun ordre étranger sans notre autorisation expresse, transmise par notre grand-chancelier.

TITRE V. Des séries de numéros et des brevets.

40. Les séries de numéros formées depuis la fondation de la Légion-d'Honneur jusqu'à ce jour sont supprimées.

41. Il sera commencé une seule et unique série de numéros, à laquelle seront assujéties toutes les nominations faites depuis l'établissement de la Légion - d'Honneur et toutes celles que nous pourrons faire dans la suite.

42. Toutes les lettres d'avis, diplômes ou brevets délivrés depuis l'établissement de la Légion - d'Honneur jusqu'à ce jour, seront remplacés par de nouveaux brevets dont nous avons arrêté les modèles; ils seront signés de notre main, et contresignés par notre grand-chancelier.

43. A la demande de notre grand-chancelier, tous les membres de l'ordre sont tenus de lui envoyer les pièces mentionnées au précédent article; et, après s'être assuré de l'identité des titulaires, il leur expédiera la formule de serment conforme à l'article 35, qu'ils devront signer, savoir :

1° Les militaires de toutes armes et de tous grades, en activité dans l'armée de terre et de mer, en présence des conseils d'administration, qui certifieront les signatures et l'identité des titulaires;

2° Les militaires et membres des administrations de terre et de mer en demi-solde et en retraite, dans la même formule que pour les certificats de vie ou feuilles de revue ;

3° Les états-majors des gouvernemens, des divisions militaires, des départemens, des places et colonies, des armées de terre et de mer, et les membres des administrations qui en dépendent, devant les inspecteurs ou sous-inspecteurs ou commissaires de la marine;

4° Dans les ministères, directions et administrations, devant les chefs de division, dans les formes usitées pour les certificats et les légalisations;

5° Enfin, pour le civil, et pour les Français dans l'étranger, les certificats seront donnés dans les formes usitées.

44. Tout individu qui n'obéira point aux dispositions de l'article qui précède, ou qui ne justifiera pas, par acte de notoriété, de l'impossibilité de représenter ses anciennes lettres, diplôme ou brevet, sera, après une enquête faite à ce sujet, rayé des registres-matricules de l'ordre, et il en sera donné avis aux autorités du ressort de l'individu.

TITRE VI. Droits et prérogatives des membres de l'ordre, fêtes et cérémonies publiques. (1).

45. Les grand's-croix et les grands-officiers de la Légion jouissent, dans nos palais et dans les grandes cérémonies, des mêmes droits, honneurs et prérogatives que les grand's-croix de l'ordre de Saint-Louis.

46. Les grand's-croix et les grands-officiers prennent rang, dans les cérémonies publiques, avec les grand's-croix de l'ordre de Saint-Louis, par ancienneté de nomination; les commandeurs après eux; et les officiers et chevaliers, avec les chevaliers de Saint-Louis, également par ancienneté de nomination.

47. La fête de l'ordre est fixée au 15 juillet, jour de saint Henri, fête de notre auguste aïeul.

48. Les grand's-croix, les grands-officiers, les commandeurs, officiers et chevaliers qui sont convoqués et assistent aux cérémonies publiques, religieuses ou civiles, y occupent, concurremment avec les mêmes grades de l'ordre de Saint-Louis, des places particulières qui leur sont assignées par les autorités constituées, conformément au réglement sur les préséances.

49. Pour les honneurs funèbres et militaires, les grand's-croix et les grands-officiers de la Légion-d'Honneur sont traités comme les lieutenans généraux employés lorsqu'ils n'ont point un grade militaire supérieur : les commandeurs, comme les colonels; les officiers, comme les capitaines; les chevaliers, comme les lieutenans.

50. Des grand's-croix et des grands-officiers de la Légion assistent aux grandes cérémonies publiques, civiles ou religieuses et funèbres. Le grand-maître des cérémonies de France prend chaque fois nos ordres à cet égard, et les transmet au grand-chancelier, lequel convoque, parmi les grand's-croix et les grands-officiers, les personnes que nous avons désignées.

51. On porte les armes aux grands-officiers, commandeurs, officiers et chevaliers ; on les présente aux grand's-croix.

52. Le grand-chancelier nous propose, pour les légionnaires sous-officiers et soldats retirés de l'armée active, des gratifications annuelles, dont le montant est déterminé d'après l'âge du légionnaire, ses blessures, ses infirmités, son revenu personnel, l'état

(1) Voy. ordonnance du 22 mai 1816.

de sa famille, et la population du lieu de sa résidence.

TITRE VII. Discipline des membres de l'ordre.

53. La qualité de membre de la Légion-d'Honneur se perd par les mêmes causes que celles qui font perdre la qualité de citoyen français.

54. L'exercice des droits et des prérogatives des membres de la Légion-d'Honneur est suspendu par les mêmes causes que celles qui suspendent les droits de citoyen français.

55. Les ministres secrétaires d'État de la justice, de la guerre et de la marine transmettent au grand-chancelier des copies de tous les jugemens en matière criminelle, correctionnelle et de police relatifs à des membres de la Légion.

56. Toutes les fois qu'il y aura un recours en cassation contre un jugement rendu en matière criminelle, correctionnelle et de police, relatif à un légionnaire, le procureur général du Roi auprès de la cour de cassation en rend compte sans délai au ministre secrétaire d'État de la justice, qui en donne avis au grand-chancelier de la Légion-d'Honneur.

57. Les procureurs généraux du Roi auprès des cours royales, et les rapporteurs auprès des conseils de guerre, ne peuvent faire exécuter aucune peine infamante contre un membre de la Légion qu'il n'ait été dégradé.

58. Pour cette dégradation, le président de la cour royale, sur le réquisitoire de l'avocat général, ou le président du conseil de guerre, sur le réquisitoire du rapporteur, prononce, immédiatement après la lecture du jugement, la formule suivante : *Vous avez manqué à l'honneur ; je déclare, au nom de la Légion, que vous avez cessé d'en être membre.*

59. Les chefs militaires de terre et de mer, et les commandans des corps et bâtimens de l'État, rendent aux ministres secrétaires d'État de la guerre et de la marine un compte particulier de toutes les peines de discipline qui ont été infligées à des légionnaires sous leurs ordres. Ces ministres transmettent des copies de ce compte au grand-chancelier.

60. La cassation d'un chevalier de la Légion sous-officier en activité, et le renvoi d'un soldat ou d'un marin chevalier de la Légion, ne peuvent avoir lieu que d'après l'autorisation des ministres secrétaires d'État de la guerre ou de la marine. Ces ministres ne peuvent donner cette autorisation qu'après en avoir informé le grand-chancelier, qui prendra nos ordres (1).

61. Le Roi peut suspendre, en tout ou en partie, l'exercice des droits et prérogatives attachés à la qualité de membre de la Légion-d'Honneur, et même exclure de la Légion, lorsque la nature du délit et la gravité de la peine prononcée correctionnellement paraissent rendre cette mesure nécessaire.

62. Un règlement particulier détermine les peines à infliger pour les actions qui ne peuvent être l'objet d'aucune poursuite de la part des tribunaux ou des conseils de guerre, et qui cependant attentent à l'honneur d'un membre de la Légion.

TITRE VIII. Administration de l'ordre.

63. L'administration de l'ordre est confiée à un grand-chancelier, qui travaille directement avec nous ; il entre au conseil de nos ministres, toutes les fois que nous jugeons convenable de l'y appeler pour discuter les intérêts de l'ordre.

64. Le grand-chancelier sera toujours choisi parmi les grands-officiers de la Légion.

65. Un secrétaire général, nommé par nous, est attaché à la grande-chancellerie ; il a la signature en cas d'absence ou de maladie du grand-chancelier, et le représente.

66. Le grand-chancelier est dépositaire du sceau de l'ordre.

67. Tous les ordres étrangers sont dans les attributions du grand-chancelier de l'ordre royal de la Légion-d'Honneur.

68. Nos ordonnances relatives à cet ordre sont contresignées par le président du conseil de nos ministres, et visées par notre grand-chancelier pour leur exécution.

69. Notre grand-chancelier nous présente :

1° Les rapports, projets d'ordonnances, réglemens et décisions concernant l'ordre de la Légion et les ordres étrangers ;

2° Les candidats désignés par nos ministres, par d'autres personnes ou par lui pour les nominations et promotions ;

3° Présente les diplômes ou brevets à notre signature ;

4° Prend nos ordres à l'égard des ordres étrangers conférés à nos sujets qui l'en informent ;

5° Transmet les autorisations de les accepter et de les porter ;

6° Soumet à notre approbation le travail relatif aux gratifications extraordinaires des chevaliers de l'ordre, ainsi qu'à l'admission et à la révocation des élèves pensionnaires et gratuites dans les maisons royales de Saint-Denis et des orphelines de nos ordres royaux ;

7° Dirige et surveille toutes les parties de l'administration de l'ordre et ses établissemens, la perception des revenus, les paiemens et dépenses ;

_____

(1) *Voy.* ordonnance du 25 novembre 1818.

8° Nous présente annuellement les projets de budget, préside les assemblées de canaux, etc.

70. Notre cour des comptes sera chargée de l'apurement et réglement des comptes des dépenses annuelles relatives à la Légion-d'Honneur.

71. Toutes les dispositions antérieures, contraires à celles de la présente ordonnance sont abrogées.

72. Nos ministres, et notre grand-chancelier de l'ordre royal de la Légion-d'Honneur, sont chargés, chacun en ce qui le concerne, de l'exécution de la présente ordonnance.

---

27 = Pr. 29. MARS 1816. — Loi qui proroge de deux mois la perception des contributions directes de 1816, sur les rôles de 1815. (7, Bull. 76, n° 536 ; Mon. des 10, 13, 14 et 24 mars 1816.)

Voy. la note sur la loi du 23 DÉCEMBRE 1815.

Louis, etc.

Article unique. Il sera, sur les rôles de 1815, perçu deux nouveaux douzièmes provisoires des contributions directes de 1816, en sus des quatre douzièmes dont le recouvrement a été prescrit par la loi du 23 décembre 1815.

---

27 MARS = Pr. 8 AVRIL 1816. — Ordonnance du Roi qui affecte sur la caisse dite *du Sceau* un supplément de fonds pour la continuation du recueil des ordonnances des rois de France de la troisième race, et du recueil des historiens des Gaules et de la France, et porte que de pareils supplémens pourront être accordés pour faciliter et accélérer les autres travaux littéraires dont l'académie royale des inscriptions et belles-lettres est chargée. (7, Bull. 79, n° 571.)

Louis, etc.

A différentes époques, des hommes savans et studieux se sont appliqués à la recherche des anciennes lois du royaume et des monumens de notre histoire : le recueil des ordonnances des rois de France de la troisième race, continué jusqu'à l'année 1515, embrasse déjà près de cinq siècles: le recueil des historiens des Gaules et de la France a été formé par les soins et la diligence des religieux de l'ordre des bénédictins, et il s'étend jusqu'au commencement du règne de Philippe-Auguste. Ces travaux importans, et dont l'achèvement était universellement désiré, se poursuivaient avec un plein succès et une grande activité, lorsqu'ils ont été ralentis par l'effet des malheurs de nos derniers temps. Les recherches ont été reprises, et sont continuées par des membres de l'académie royale des inscriptions et belles-lettres; des savans illustres, des magistrats zélés et éclairés, s'en occupent

sans relâche : mais ces utiles entreprises languiraient de nouveau, si elles étaient atteintes par des retranchemens sur les fonds qui, jusqu'à ce jour, y ont été destinés. Nous avons voulu prévenir le dommage qui en résulterait pour l'histoire et pour les lettres, auxquelles nous accorderons toujours une faveur spéciale.

A quoi voulant pourvoir, et informé que la caisse dite *du Sceau* pouvait subvenir à cette dépense sans que son service ordinaire fût empêché, nous avons ordonné et ordonnons que, sur les fonds de ladite caisse, notre garde-des-sceaux mettra à la disposition de l'académie royale des inscriptions et belles-lettres le supplément nécessaire, tant pour acquitter ce qui pourrait être dû pour cette dépense à l'imprimerie royale que pour conduire les deux entreprises à leur fin. Ce supplément sera fourni annuellement des fonds de la caisse du sceau, sur les ordonnances de notre garde-des-sceaux, et, à cet effet, les quittances en bonne forme du directeur de notre imprimerie seront reçues pour justification d'autant dans le compte annuel du caissier.

Nous nous réservons de faciliter et accélérer, autant que faire se pourra, par de pareils supplémens, les autres travaux littéraires dont l'académie royale des inscriptions et belles-lettres est chargée.

Notre garde-des-sceaux veillera à l'exécution de la présente ordonnance.

---

27 MARS = Pr. 22 AVRIL 1816. — Ordonnance du Roi concernant les fonds de retenue et les pensions des employés de l'administration des octrois des villes. (7, Bull. 80, n° 594.)

Louis, etc.

Sur le rapport de notre ministre secrétaire d'Etat des finances ;

Vu les dispositions de la loi du 8 décembre 1814, qui rendent aux mairies, à compter du 1er janvier 1815, l'administration et la perception des octrois, précédemment attribuées à la régie des contributions indirectes ;

Vu notre ordonnance du 9 du même mois portant réglement sur les octrois, et voulant suppléer à son silence sur le sort des anciens employés qui, pendant la réunion des octrois aux contributions indirectes, ont obtenu des pensions sur le fonds de retraites commun à ces deux parties ;

Ouï le rapport de notre ministre secrétaire d'Etat des finances ;

Notre Conseil entendu,

Nous avons ordonné et ordonnons ce qui suit :

Art. 1er. L'administration des contributions indirectes restituera aux villes tous les fonds de retraites et de retenues qu'elle en a reçus pour les employés de leurs octrois, sauf déduction des paiemens opérés sur lesdits fonds.

2. Les pensionnaires des octrois continueront à jouir de leurs pensions telles qu'elles ont été réglées. Ces pensions seront, à partir du 1er janvier 1815, payées par les villes, qui, en cas d'insuffisance du fonds de retraites, sont autorisées à y pourvoir sur le produit de leurs octrois.

3. Nos ministres des finances et de l'intérieur sont chargés de l'exécution de la présente ordonnance.

27 MARS = 7 MAI 1816. — Ordonnance du Roi relative à la suppression des entrepôts principaux de tabac. (7, Bull. 82, n° 624.)

Voy. ordonnance du 8 JANVIER 1817.

Art. 1er. Les entrepôts principaux de tabac seront supprimés, et les cautionnemens remboursés à mesure des vacances par décès ou démission, ou par suite de nomination des titulaires à d'autres emplois.

2. Pour accélérer l'exécution de la précédente disposition, les entreposeurs principaux seront, à partir de la date de la présente, nommés, de préférence à tous autres, aux places d'entreposeurs particuliers qui seront ou deviendront vacantes, par quelque cause que ce puisse être.

3. Notre ministre des finances est chargé de l'exécution de la présente ordonnance.

27 MARS 1816. — Ordonnance du Roi portant nomination et institution des membres de la cour royale de Besançon. (7, Bull. 80, n° 595.)

27 MARS 1816. — Ordonnances du Roi qui accordent des lettres de déclaration de naturalité aux sieurs Gay, Winkler, Mermond, comte de Saint-Sauveur, Malatesta, Plantard, Bonjon, Jacot-le-Baron, Mayau, Régard, Dupont, Nacke et Meynet. (7, Bull. 84, 85, 86, 87, 105, 122, 139, et 143.)

27 MARS 1816. — Ordonnance du Roi qui admet les sieurs Sigismond de Ximénès et Gottlieb Schuller à établir leur domicile en France. (7, Bull. 84, n° 657.)

27 MARS 1816. — Ordonnance du Roi portant que les communes de Verneuil et de Bridéré sont distraites du canton du Grand-Pressigny, et réunies à celui de Loches. (7, Bull. 84, n° 658.)

27 MARS 1816. — Ordonnance du Roi qui autorise les sieurs Mittre, Gueu et Dubarle à faire des additions et changemens à leurs noms. (7, Bull. 80, n° 672.)

27 MARS 1816. — Ordonnance du Roi portant que la rente de six cent soixante-dix mille francs, cinq pour cent consolidés, qui formait la dotation du duché de Guastalla, reste affectée au remplacement des rentes illégalement aliénées en vertu des actes des 8 et 16 mai 1815. (1).

27 MARS 1816. — Ordonnance du Roi qui autorise l'acceptation de dons et legs faits aux pauvres de Marck, Oye, Chirac et Saint-Brieuc, et aux hospices de Bas, Lyon, Douai, Cahors, Loches et Saint-Omer. (7, Bull. 85.)

27 MARS 1816. — Ordonnance du Roi qui établit une nouvelle foire à Tangon-la-Ronde, arrondissement de La Rochelle, et change le jour de la tenue de celle déjà existante dans cette commune. (7, Bull. 84, n° 659.)

28 MARS = Pr. 2 AVRIL 1816. — Loi relative à l'établissement et au mariage de son altesse royale monseigneur le duc de Berry. (7, Bull. 78, n° 556; Mon. des 24, 26, 28 et 29 mars 1816.)

Louis, etc.

Le désir constant qui nous anime d'assurer, par tous les moyens qui sont en notre pouvoir, la stabilité de l'Etat et le bonheur des peuples que la divine providence a confiés à nos soins nous ayant fait considérer comme un devoir de pourvoir à l'établissement de notre très-cher neveu le duc de Berry, nous nous sommes déterminé à l'unir à la princesse Marie-Caroline des Deux-Siciles;

Et comme par l'article 23 de la loi qui a déterminé la dotation de notre couronne, il a été statué que, lorsqu'il surviendrait un changement dans le nombre des membres de notre famille, il serait pourvu à une fixation nouvelle de cette dotation, et qu'il est nécessaire, en outre, de régulariser, par une disposition législative, les dépenses que ce mariage occasionnera,

Nous avons proposé, les Chambres ont adopté, nous avons ordonné et ordonnons ce qui suit:

Art. 1er. Il sera payé annuellement, par le Trésor royal, une somme d'un million de francs pour être ajoutée à celle qui, en vertu de l'article 23 du titre III de la loi du 8 novembre 1814, est destinée à tenir lieu d'apa-

_____

(1) Cette ordonnance, qui n'est point au Bulletin des Lois, est confirmée par l'art. 2 de celle du 22 mai 1816, relative aux dotations à la charge du domaine extraordinaire.

nage aux princes et princesses de la famille royale.

2. Le budget du ministère des affaires étrangères sera augmenté, pour la présente année, de la somme d'un million cinq cent mille francs, qui doivent être affectés tant aux dépenses du mariage et de l'établissement de notre cher neveu le duc de Berry qu'à celles des présens qui seront faits dans cette circonstance, et aux prix des joyaux et diamans qui ont été stipulés dans le contrat.

———

28 MARS 1816. — Ordonnances du Roi qui autorisent l'acceptation de dons et legs faits au séminaire de Cambrai, à la fabrique de l'église de Voué et aux religieuses ursulines de La Rochelle. (7, Bull. 85.)

———

19 MARS 1816. — Ordonnance du Roi qui admet les sieurs Berrutti et Bovay à établir leur domicile en France. (7, Bull. 82, n° 788.)

———

30 MARS = Pr. 22 AVRIL 1816. — Ordonnance du Roi qui ajoute à l'état-major de l'escadron du train des équipages militaires un officier d'habillement, un adjudant-sous-officier et un artiste vétérinaire. (7, Bull. 80, n° 596.)

Art. 1er. Il sera ajouté à l'état-major de l'escadron du train des équipages militaires, dont l'organisation est déterminée par notre ordonnance du 23 octobre 1815 :

Un officier d'habillement, du grade de lieutenant ou de sous-lieutenant; un adjudant-sous-officier; un artiste vétérinaire en premier.

2. Notre ministre de la guerre est chargé de l'exécution de la présente ordonnance.

———

2 AVRIL 1816 = Pr. 20 NOVEMBRE 1830. — Ordonnance du Roi (Louis XVIII) qui reconnaît l'existence de deux congrégations d'hommes et leur accorde des secours. (9, Bull. O. 23, n° 424.)

Louis, etc.

Sur le rapport de notre ministre secrétaire d'Etat au département de l'intérieur;

Nous avons ordonné et ordonnons ce qui suit :

Art. 1er. Il est accordé, à compter du 1er janvier 1816: 1° un secours annuel de quatre mille francs à la congrégation des Lazaristes; 2° un secours annuel de cinq mille francs à celle du Saint-Esprit.

2. Ces secours seront imputés sur les fonds compris dans le budget du ministère de l'intérieur pour les dépenses du clergé.

3. Notre ministre secrétaire d'Etat de l'intérieur (comte Vaublanc) est chargé de l'exécution de la présente ordonnance.

———

2 AVRIL 1816. — Ordonnance du Roi contenant règlement sur l'exercice de la profession de boulanger dans la ville de Valenciennes. (7, Bull. 85, n° 679.)

———

2 AVRIL 1816. — Ordonnance du Roi qui établit douze foires dans la commune de Noaillé, arrondissement de La Rochelle, en remplacement des huit actuellement existantes. (7, Bull. 85, n° 678.)

———

2 AVRIL 1816. — Ordonnance du Roi qui autorise l'acceptation de donations faites aux fabriques de Plourin et de Sizun, et aux séminaires du Mans et de Baïeux. (7, Bull. 85, n°s 680 et 682.)

———

3 AVRIL 1816. — Ordonnances du Roi qui autorisent l'acceptation de legs faits aux séminaires de Lyon, Metz, Nancy, et aux dames du Refuge de la ville de Nantes. (7, Bull. 85, n° 681.)

———

3 AVRIL 1816. — Ordonnances du Roi qui accordent des lettres de déclaration de naturalité aux sieurs Buffa, Charvet, Duplanqué, Halleux, Kirchheim, Jean-Honoré Masséna, Adam Heinzmann, Buthod, Martoglio, Pasqual dit Saint-Jean, Baratay, Tatin, Richstein et Serra (7, Bull. 85, 86, 105, 116, 127, 155, 197, 202 et 233.)

———

3 AVRIL 1816. — Ordonnance du Roi qui permet au sieur Henrion d'ajouter à son nom celui de Staal. (7, Bull. 85, n° 686.)

———

5 AVRIL 1816. — Ordonnance du Roi qui admet les sieurs Gast et Neumann à établir leur domicile en France. (7, Bull. 86, n° 702.)

———

8 = Pr. 22 AVRIL 1816. — Ordonnance du Roi qui met la ville de Cette au rang des bonnes villes du royaume, lui accorde des armoiries, et décore du titre de vicomte de la Peyrade, M. Ratié fils, maire de ladite ville. (7, Bull. 80, 597.)

Voy. ordonnance du 23 AVRIL 1821.

Louis, etc.

Voulant récompenser la ville et le port de Cette, département de l'Hérault, et le sieur Etienne Ratié fils, maire de cette ville, de la fidélité et du dévouement qu'ils ont montrés à l'époque de l'usurpation et dans les temps postérieurs, en servant de point d'appui à l'armée royale du Midi, en sauvant des valeurs considérables en effets d'artillerie et autres, et surtout en contribuant aussi, par le prompt embarquement de notre cher neveu le duc d'Angoulême, à le soustraire aux coups de l'usurpateur ;

Sur le rapport de notre ministre secrétaire d'Etat au département de l'intérieur,

Nous avons ordonné et ordonnons ce qui suit :

Art. 1er. La ville de Cette est mise au rang de nos bonnes villes du royaume.

2. Nous avons accordé et accordons à ladite ville des armoiries portant d'azur semé de fleurs-de-lis d'or à la balcine de sable lançant un jet d'obus et de grenades flambantes, surmontées d'une couronne murale, avec deux ancres en sautoir pour supports, à la devise de *vive le Roi* inscrite sur.les jouails.

3. Nous avons décoré et décorons du titre de vicomte de la Peyrade le sieur Etienne Ratié fils, maire de Cette.

4. La ville de Cette et le sieur Ratié se pourvoiront par-devant notre garde-des-sceaux pour obtenir la délivrance desdites armoiries et des lettres de vicomte.

5. Notre ministre de l'intérieur est chargé de l'exécution de la présente ordonnance.

---

8 AVRIL 1816.—Ordonnance du Roi portant que la maison dite *des Clarisses*, située à Marseille, est affectée au service de l'institution des dames Clarisses de cette ville. (7, Bull. 86, n° 703.)

---

11 = Pr. 22 AVRIL 1816.—Ordonnance qui porte à six le nombre des brigadiers pour chacune des compagnies des gardes de *Monsieur*. (7, Bull. 80, n° 598.)

Louis, etc.

Vu notre ordonnance du 25 décembre 1815 concernant l'organisation des deux compagnies des gardes de Monsieur ; considérant que l'expérience a démontré que le nombre des brigadiers de ce corps était insuffisant pour les besoins du service,

Avons ordonné et ordonnons ce qui suit :

Art. 1er. Le nombre de brigadiers, fixé à quatre par l'ordonnance du 25 décembre 1815, pour chacune des compagnies des gardes de Monsieur, sera porté à six par compagnie.

2. Tous ces brigadiers jouiront des grade, solde et prérogatives accordés, par ladite ordonnance du 25 décembre 1815, aux officiers revêtus de cet emploi.

3. Nos ministres de la guerre et de notre maison sont chargés de l'exécution de la présente ordonnance.

11 AVRIL 1816.—Ordonnance du Roi qui augmente et qui fixe les jours de la tenue des foires de Cavin-Epinay, Cérilly et du hameau de la Belouze. (7, Bull. 86, n°ˢ 704 et 706.)

---

11 AVRIL 1816. — Ordonnance du Roi qui fixe l'indemnité de route pour les sous-officiers et soldats de la garde royale (1).

---

11 AVRIL 1816.—Ordonnance du Roi portant qu'il n'y a lieu à aucun recours contre le duc de Gaëte et Mollien, en raison de l'opération ordonnée par l'acte du 16 mai 1815, et qui approuve l'acte passé avec la maison Perregaux-Lafitte, le 3 juillet 1815, ainsi que le dépôt d'un million cinq cent mille francs de rente fait à la Banque, le 27 mai 1815. (Mon. n° 111.)

---

12 AVRIL 1816. — Ordonnance du Roi qui autorise l'acceptation de dons et legs faits aux fabriques de Sizun, Mouchin, Huillé, Bazoches-lès-Gallerande et au séminaire de Paris. (7, 86, n° 607.)

---

13 AVRIL 1816. — Ordonnance du Roi qui dissout l'école polytechnique. (Mon. du 15 avril 1816.)

Voy. ordonnance des 4 SEPTEMBRE 1816, 17 SEPTEMBRE 1822, et 20 OCTOBRE 1822.

Louis, etc.

Nous avions reconnu l'utilité de l'école polytechnique pour le progrès des sciences et des arts, et pour l'amélioration des services publics. Nous avions ordonné à nos ministres de l'intérieur et de la guerre de nous soumettre une nouvelle organisation de cet établissement, afin d'étendre ses avantages, de lui donner un nouvel éclat, et de le porter à la perfection dont il est susceptible;

Mais la désobéissance récente et générale des élèves de cette école aux ordres de leurs chefs, en même temps qu'elle nécessite une prompte répression et un exemple pour l'avenir, vient de prouver que ces élèves, s'ils étaient introduits dans les services publics, y porteraient l'indiscipline dont ils sont animés :

A ces causes,

Et sur la proposition de nos ministres de l'intérieur et de la guerre,

Nous avons ordonné et ordonnons ce qui suit :

Art. 1er. Les élèves de l'école royale polytechnique sont licenciés; ils se rendront immédiatement dans leurs familles; ils recevront des feuilles de route qui leur seront délivrées

---

(1) Cette ordonnance, qui n'est point au Bulletin des Lois, est citée dans l'ordonnance du 7 août 1816 qui règle l'indemnité de route pour les officiers, sous-officiers et soldats de la garde royale.

par les ordres du ministre de la guerre, et une indemnité sur les fonds de l'école.

2. Il nous sera rendu compte de la conduite du petit nombre des élèves qui n'ont pas pris part au dernier acte d'insubordination, nous réservant de statuer à leur égard lorsque l'école sera rétablie et recomposée par nos ordres.

3. Les officiers de l'état-major, et tous les employés militaires, cesseront leurs fonctions à l'école après le licenciement, et recevront de nouveaux ordres de notre ministre de la guerre.

Le quartier-maître y restera jusque après la reddition de ses comptes.

4. Les instituteurs, adjoints, répétiteurs, maîtres et autres agens de l'instruction, recevront provisoirement, et jusqu'à nouvel ordre, la moitié de leurs traitemens actuels, à dater de la présente ordonnance.

5. L'administrateur, le bibliothécaire, l'aumônier et les employés subalternes, continueront, provisoirement et jusqu'à nouvel ordre, à recevoir la totalité de leurs traitemens actuels, et à résider à l'école pour veiller à la conservation de l'établissement et de tout le matériel qu'il renferme. Il en sera dressé un inventaire.

6. Une commission, composée de cinq membres, sera nommée immédiatement par nos ministres secrétaires d'État de l'intérieur et de la guerre pour préparer une nouvelle organisation de l'école. Aussitôt après que ce travail aura été examiné par eux, il nous sera présenté en notre conseil, afin de statuer sur la prompte recomposition de l'école d'après les bases que nous aurons jugé convenable d'arrêter.

7. Nos ministres de l'intérieur et de la guerre sont chargés de l'exécution de la présente ordonnance.

---

13 AVRIL 1816. — Ordonnance du Roi qui admet les sieurs Braun, Baron, Barbi, Pavé et Egerton à établir leur domicile en France. (7, Bull. 86, n° 708.)

13 AVRIL 1816. — Ordonnances du Roi qui accordent des lettres de déclaration de naturalité aux sieurs de Weichenheim, Curial, Léotard, Loneux, Gindre, Ingaramo, Jacquemard, Tavil et Mondone, etc (7, Bull. 85, 87, 95, 101, 134, 149 et 156.)

15 = Pr. 22 AVRIL 1816. — Ordonnance du Roi portant institution des membres de la cour de Colmar. (7, Bull 80, n° 599)

Art. 1er. Sont nommés et institués membres de notre cour royale de Colmar, savoir :

Premier président, le sieur de Serre, actuellement premier président et conseiller à notre Conseil-d'État.

Présidens, les sieurs Marquair, actuellement conseiller ; Poujal, actuellement président ; Athalin, actuellement président.

Conseillers, les sieurs Auger, actuellement conseiller ; Wicka, idem ; Salomon, idem ; Levasseur, idem ; de Golbery, idem ; Demouge, idem ; Moreau, idem ; André, idem ; Jacquot Donat, idem ; Gamet de Saint-Germain, idem ; Mueg, idem ; Ebert, idem ; de Roque, ancien conseiller au conseil souverain d'Alsace, Stourm, ancien magistrat ; Metz, ancien magistrat ; Kuggler, avocat ;

Conseillers auditeurs, les sieurs.....

2. Nous avons nommé et nommons, pour remplir les fonctions de notre procureur général près ladite cour, le sieur Millet de Chevert, actuellement procureur général ;

Pour remplir les fonctions d'avocats généraux, les sieurs Parot, actuellement notre procureur près le tribunal de première instance de Colmar ; Rossée, avocat général ;

Pour remplir les fonctions de substituts de notre procureur général, les sieurs Dumoulin, actuellement substitut ; Costé, actuellement notre procureur près le tribunal de première instance de Milhau,

Lesquels exerceront, tant qu'il nous plaira, lesdites fonctions.

Nous avons nommé et nommons le sieur Ruele pour remplir les fonctions de greffier en chef de ladite cour.

3. Le sieur de Serre, premier président, sera tenu, à l'expiration de la présente session des deux Chambres, d'opter entre lesdites fonctions de premier président et celles de conseiller d'État en service ordinaire ; et, dans le cas où il continuerait à exercer celles de premier président, il passera en service extraordinaire dans notre Conseil-d'État.

4. Le ministre de la justice est chargé de l'exécution de la présente ordonnance.

---

17 AVRIL 1816. — Ordonnances du Roi qui autorisent l'acceptation de dons et legs faits aux pauvres de Condon, Saint-André-Cipièze, Oloron, Sainte-Marie, Peyrus, Conliège, Briod, Troyes, Auxerre, Meylan, Isle, Pouligny, Alençon, Château-Gonthier et La Flèche ; aux hospices de Lons le-Saulnier, Cluny, Figeac, Carcassonne, Cavaillon, Dijon, Mauléon, Saint-Vallier, Lavaur, Tullins, Charité-sur-Loire, Poitiers et La Flèche ; aux fabriques des églises de Saint-Malo, Valognes, Achiet-le-Grand et Ay ; au bureau de bienfaisance de Troyes ; et pour la fondation d'une école gratuite à Autun. (7, Bull. 86, 87, 88 et 89.)

---

18 AVRIL 1816. — Ordonnance du Roi contenant la formule du serment à prêter par tout membre de la garde nationale de Paris qui sera reconnu susceptible d'obtenir la décoration

instituée par l'ordonnance du 5 février dernier. (Mon. n° 111.)

Louis, etc.

En reconnaissance des services qui nous ont été rendus par la garde nationale de notre bonne ville de Paris, et pour en perpétuer le souvenir, nous avons accordé à ceux de ses membres qui se sont toujours distingués par leur dévouement à notre personne et leur exactitude dans le service, le droit de remplacer la décoration du lis par une décoration particulière ; considérant que plus cette décoration recevra d'éclat, et plus ceux de nos fidèles sujets qui l'auront méritée y attacheront de prix.

De l'avis de notre bien-aimé frère Monsieur, colonel général des gardes nationales du royale,

Et après avoir entendu notre ministre secrétaire d'État au département de l'intérieur,

Nous avons ordonné et ordonnons ce qui suit :

Art. 1er. Tout membre de la garde nationale de Paris qui, aux termes de notre ordonnance du 5 février dernier, aura été reconnu susceptible d'obtenir la décoration que nous avons instituée par ladite ordonnance, prêtera un serment conçu en ces termes :

« Je jure devant Dieu fidélité et dévouement au Roi ; je jure de défendre ses droits et ceux de ses successeurs légitimes à la couronne, et de révéler à l'instant tout ce qui viendrait à ma connaissance de contraire à la sûreté de la famille royale ou à la tranquillité de l'État. »

2. Notre bien-aimé frère Monsieur, colonel des gardes nationales du royaume, déterminera le mode suivant lequel le serment sera prêté par chacune des personnes qui recevront la décoration.

18 AVRIL 1816.—Ordonnance du Roi qui autorise la commune de Villeneuve-les-Maguelonne, département de l'Hérault, à substituer à ce nom celui de Villeneuve-Angoulême. (7, Bull. 82, n° 625.)

18 AVRIL 1816.—Ordonnance du Roi qui nomme les sieurs Musnier de la Converserie et de Guer préfets des départemens de Lot-et-Garonne et du Morbihan (7, Bull. 82, n° 626.)

18 AVRIL 1816.—Ordonnances du Roi qui accordent des lettres de déclaration de naturalité aux sieurs Hovyn, Arnaud, Brignon, Dronchat, Anselmier et Webre. (7, Bull. 88, 95, et 149.)

18 AVRIL 1816.—Ordonnance du Roi qui révoque celle du 6 septembre 1814, par laquelle le sieur Taillefer et ses deux fils étaient autorisés à ajouter à leur nom celui de la Rosière. (7, Bull. 82, n° 634)

19 AVRIL.=7 MAI 1816.—Ordonnance qui réintègre Carcassonne au rang des bonnes villes (7, Bull. 82, n° 628.)

Voy. ordonnance du 23 AVRIL 1821.

Louis, etc.

Notre ville de Carcassonne ayant obtenu des rois nos ancêtres le titre de *bonne ville,* nous voulons perpétuer des souvenirs honorables pour elle, reconnaître le zèle qu'elle a montré pour notre service, et témoigner à ses habitans la satisfaction que nous font éprouver les sentimens dont ils sont animés pour notre personne ;

En conséquence,

Et sur le rapport de notre ministre secrétaire d'État au département de l'intérieur,

Nous avons ordonné et ordonnons ce qui suit :

Art. 1er. La ville de Carcassonne est réintégrée au rang des bonnes villes de notre royaume.

2. Notre ministre de l'intérieur est chargé de l'exécution de la présente ordonnance.

19 AVRIL 1816.— Ordonnance du Roi qui change le jour de la tenue de la foire de Bauns-le-Comte, arrondissement d'Yvetot. (7, Bull. 89, n° 763.)

19 AVRIL 1816.—Ordonnance du Roi portant proclamation des brevets d'invention, de perfectionnement et d'importation délivrés, pendant le 1er trimestre de 1816, aux sieurs Suireau-Durochereau, Straubharth, Moizard, Grenié, Bozon, Toulouze, Willcox, Bordier-Marcet, Gengembre ; Dusaulchoy, Leistenschneider, Fabre, Lecoufflé, Baudin, Ashmore, Sevenne, Bagneris, Dumont, Lemaistre, de Deschot, Trégan, Baglioni, Foucques, Busby, Denière, Matelin, Mariotte, Andriel, Pajol et Biesta de Bonval. (7, Bull. 82, n° 627.)

19 AVRIL 1816.— Ordonnance du Roi qui nomme juge-de-paix du second arrondissement de Paris le sieur Lérat de Magnilot, ancien magistrat. (Mon. n° 111.)

20 AVRIL.= Pr. 8 MAI 1816.—Ordonnance du Roi qui nomme pair de France M. Courtois de Pressigny, ambassadeur extraordinaire de sa majesté près le Saint-Siége. (7, Bulletin 82, n° 629.)

Louis, etc.

Nous avons nommé et nommons membre

de la Chambre des pairs le sieur Courtois de Pressiguy, ancien évêque de Saint-Malo, et notre ambassadeur extraordinaire près le saint-siége.

___

21 AVRIL 1816. — Ordonnance du Roi qui nomme M. de Guilhermy, conseiller d'État en service extraordinaire. (7, Bull. 86, n° 690.)

___

25 AVRIL 1816. — Ordonnances du Roi qui accordent des lettres de déclaration de naturalité aux sieurs Roisard, Foa, Mangé, Jacquiot, Bertolus, Biermann, Anfossi, Chilfigy, de Sordeval, Raique et Blanc. (7, Bull. 89, 101, 118, 129, 134, 160, 168, 173 et 199.)

___

25 AVRIL 1816. — Ordonnance du Roi qui permet au sieur Boltz d'ajouter à son nom celui d'Eslon. (7, Bull. 89, n° 767.)

___

25 AVRIL 1816. — Ordonnance du Roi qui approuve les statuts des sœurs hospitalières de la congrégation de Sainte-Catherine de Metz. (7, Bull. 90, n° 772.)

___

25 AVRIL 1816. — Ordonnance du Roi qui admet les sieurs Barthélemy et Jérôme Ramoroni, Grimaldi, Berti, Ferrara, Hans Olsen, Vanlingen, Carletti, Gignony, et Fabricius à établir leur domicile en France. (7, Bull. 90, n° 773.)

___

26 AVRIL 1816. — Ordonnance du Roi portant nomination et institution des membres de la cour royale de Douai. (7, Bull. 82, n° 631.)

___

28 AVRIL = Pr. 4 MAI 1816. — Loi sur les finances (1). (7, Bull. 81, n° 623.)

Voy. loi des 23 SEPTEMBRE 1814, et 25 MARS 1817.

TITRE Ier. Budget de 1814.

Art. 1er Le budget des neuf derniers mois de 1814 est définitivement réglé en recettes, conformément à l'état A ci-annexé, à la somme de cinq cent trente-trois millions sept cent treize mille neuf cent quarante francs quatre centimes;

En dépenses, conformément à l'état B ci-

___

(1) Présentation à la Chambre des députés, le 23 décembre 1815 (Mon. du 24 décembre). — 26 février 1816 (Mon. du 27 février). — 23 mars (Mon. du 24 mars).

Rapport par M. de Corbière le 9 mars 1816 (Mon. du 13 mars).

Discussion générale le 23 mars (Mon. du 24 mars).

Discussion article par article, le 23 mars (Mon. des 24, 26, 27, 28, 29 et 30 mars).

Adoption, le 27 mars (Mon. du 28).

Présentation à la Chambre des pairs, le 20 avril (Mon. du 24).

Rapport de M. le comte Garnier, le 27 avril (Mon. du 28).

Adoption, le 27 avril (Mon. des 28 avril et 1er mai.)

Il s'est élevé des difficultés à l'occasion de la promulgation de cette loi.

Le Bulletin 81, dans lequel elle est contenue, porte la date du 4 mai; ainsi en considérant le 4 mai comme jour de la promulgation, la loi n'aurait pû être exécutée à Paris que le 6; selon les dispositions de l'article 1er du Code civil et l'ordonnance du 27 novembre 1816: cependant une ordonnance du 29 mai relative à *l'arriéré*, et une ordonnance du 11 juin 1816 relative aux cautionnemens, supposent, du moins la première, que la loi du 28 avril a dû être exécutée dès le 5 mai.

D'un autre côté, un avis du Conseil-d'État du 24 février 1817 est conçu en ces termes:

« Doit-on accorder un *jour franc* entre la « promulgation et l'exécution de la loi, et par « exemple, *la loi du 28 avril 1816, contenue au « Bulletin qui a paru le 4 mai a-t-elle dû être « exécutée le 5, ou seulement le 6 du même mois, « dans le département de la Seine, qui est celui « de la résidence royale?* »

Voici la réponse:

« Les lois ne sont exécutoires *qu'un jour* entier « après celui de la publication du Bulletin qui « les renferme; par conséquent le 3, si le Bulle-« tin porte la date du 1er; le 6, s'il porte celle « du 4: ainsi, la loi du 28 avril 1816 n'était « réellement exécutoire à Paris que le 6 mai, « et non le 5, comme l'ont indiqué les ordon-« nances du 29 mai et 11 juin 1816.

Enfin, la question de savoir à quelle époque la loi du 28 avril a été exécutoire s'est présentée devant la Cour de cassation: on soutenait d'un côté, qu'avant l'ordonnance du 27 novembre 1816 (*Voy.* cette ordonnance et les notes), la date de la sanction et la date de la promulgation se confondaient, qu'ainsi la loi avait été exécutoire à Paris le jour après le 28 avril; que l'ordonnance du 27 novembre 1816, aux termes de laquelle la promulgation résulte de l'insertion au Bulletin, est une innovation, et n'était pas applicable à l'espèce.

On a répondu que la sanction et la promulgation ne pouvaient être confondues; que si, sous l'empire de la constitution de l'an 8, la promulgation était occulte, du moins l'émission de la loi étant publique, et la *promulgation* étant donnée nécessairement le dixième jour de l'émission, tous les inconvéniens étaient prévenus; que sous l'empire de la Charte, l'émission de la loi n'étant pas publique, il fallait nécessairement revenir à ce système qui fait résulter la promulgation de l'insertion au Bulletin.

La Cour de cassation n'a pas décidé la question en thèse générale; elle a pensé que, dans le cas particulier, des ordonnances spéciales (celles des 29 mai et 11 juin 1816, précitées), ayant fixé la date de l'exécution au 5 mai, il n'appartenait pas aux tribunaux d'assigner une autre date.

Voy. arrêt du 9 juin 1818; Sirey, 18, 2, 290.

annexé, à la somme de six cent trente-sept millions quatre cent trente-deux mille cinq cent soixante-deux francs soixante-cinq centimes.

Il sera pourvu à l'excédant des dépenses par le mode déterminé au titre de *l'arriéré*.

2. Le budget de 1814 est fermé.

Les recouvremens qui seraient encore faits sur cet exercice seront réunis aux recettes de 1816, et viendront accroître ses ressources.

TITRE II. Budget de 1815.

3. Le budget des recettes de l'année 1815 est fixé, conformément à l'état C ci-annexé, à sept cent cinquante-trois millions cinq cent dix mille francs.

Le budget des dépenses est réglé, conformément à l'état D ci-annexé, à la somme de huit cent quatre-vingt-trois millions neuf cent quarante-trois mille francs.

Il sera pourvu à l'excédant des dépenses par le mode déterminé au titre de *l'arriéré* (1).

TITRE III. Contributions extraordinaires de 1815 (2).

Confirmation des ordonnances du Roi qui ont autorisé, pendant l'occupation militaire, des impôts extraordinaires, et régularisation des levées extraordinaires faites à la même époque.

4. L'ordonnance du 16 août 1815 qui a autorisé la levée d'un emprunt de cent millions, et toutes les autres ordonnances qui ont approuvé les impositions locales levées dans les départemens, par les autorités administratives, pendant l'occupation militaire, sont confirmées (3).

Les contribuables en retard sont tenus d'acquitter leur taxe dans les deux mois de la promulgation de la présente loi, sous les peines portées en ladite ordonnance et autres de droit.

5. Les impositions locales mentionnées en l'article précédent qui ont été établies par voie de centimes additionnels aux contributions directes ne seront perçues que jusqu'à concurrence des sommes nécessaires à l'acquittement des charges qui les ont nécessitées. A cet effet, une commission de six membres, nommée par le conseil général du département dans sa prochaine réunion, et présidée par le préfet, vérifiera et arrêtera tous les comptes. Le montant des dépenses sera réparti entre les contribuables primitivement imposés; ceux qui auraient payé au delà de leur contingent sur leur sera assigné par cette répartition seront remboursés de l'excédant sur les cotes des retardataires (4).

6. Dans les départemens où il a été fait, pendant l'occupation militaire de 1815, des réquisitions de guerre, soit en argent, soit en denrées, soit en marchandises, autres que celles énoncées en l'article 11, ou passé des marchés pour la fourniture de ces denrées ou marchandises, il sera formé une commission semblable à celle mentionnée en l'article précédent. Toutes les réclamations accompagnées de pièces justificatives et de l'avis du sous-pré-

---

On pourrait induire de cet arrêt que, lorsque la date de l'exécution d'une loi a été fixée par une décision spéciale, il n'y a pas lieu d'appliquer les règles générales; que ces règles ne sont utiles pour déterminer la date de l'exécution, que dans le cas où l'autorité souveraine n'a pas pris soin de fixer elle-même cette date.

Mais remarquons que cet arrêt a été rendu dans une espèce antérieure à l'ordonnance du 27 novembre 1816; que cette ordonnance ayant tracé des règles générales, qui ne peuvent plus laisser de doute, et qui ne paraissent comporter d'exception qu'au cas prévu par l'article 4, il serait bien extraordinaire que le pouvoir exécutif pût arbitrairement déterminer la date de l'exécution de chaque loi; que cela est d'autant moins vraisemblable que l'article 4 de l'ordonnance du 27 novembre 1816 et l'ordonnance du 18 janvier 1817 ont soin d'indiquer les motifs et le mode de toute *exécution hâtive*. Il est donc raisonnable de dire que le pouvoir exécutif a le droit, dans les cas *et en la forme* déterminés par l'ordonnance du 18 janvier 1817, de fixer la date de l'exécution d'une loi; mais que, s'il n'a pas usé de cette faculté, il n'est pas possible, par des ordonnances ultérieures, de donner à la loi une date d'exécution autre que celle qui résulte des règles ordinaires, comme l'ont fait les ordonnances des

29 mai et 11 juin 1816, pour la loi du 28 avril même année.

Voy. au surplus les notes sur les ordonnances du 27 novembre 1816, et du 18 janvier 1817.

(1) *Voy.* loi du 27 juin 1819, titre 1er.

(2) *Voy.* ordonnance du 29 mai 1816.

(3) Conformément à la loi du 5 ventose an 12, qui autorise dans la ville de Paris la perception de la taxe personnelle à raison du loyer, quoique le même contribuable y soit assujéti dans un autre département, les impositions communales extraordinaires, autorisées par la loi du 28 avril 1816, doivent être supportées par chacun, à raison du loyer de chaque habitation, sans égard au lieu du domicile et à la principale habitation.

Cette décision est recueillie, comme pouvant servir de règle pour l'application de la loi du 5 ventose an 12 dans des cas analogues (9 septembre 1818; ord. J. C. t. 4, p. 455.)

(4) Cette loi n'a pas donné aux commissions départementales le pouvoir de statuer comme juges d'équité, lorsqu'il existe un marché écrit. Une commission départementale excède donc ses pouvoirs en réduisant les prix fixés par un marché représenté (28 août 1822; ord. Mac. 4, 278).

Les appels des arrêts des commissions dépar-

fet devront être transmises à cette commission avant le 15 août prochain pour tout délai. Elle vérifiera et arrêtera tous les comptes et marchés, et proposera, pour la régularisation, la répartition et le mode d'acquittement des mesures qui, pour leur exécution, devront être autorisées par une ordonnance du Roi.

7. Les impositions mises ou à mettre pour acquitter ces dépenses extraordinaires n'étant point assimilées aux contributions directes ordinaires seront, en ce qui portera sur la contribution foncière des biens ruraux, moulins et usines, et nonobstant toute stipulation relative au paiement des contributions, de quelque nature que ce soit, par moitié à la charge des propriétaires, et par moitié à celle des fermiers à prix fixe, soit en argent, soit en denrées.

Quant aux colons, métayers ou cultivateurs de biens ruraux, à portion de fruits par partage avec les propriétaires, si, par leurs conventions, ces colons et métayers sont obligés au paiement de la contribution foncière ordinaire, ils supporteront la moitié du montant de ces impositions, et l'autre moitié sera à la charge des propriétaires; si, au contraire, par les conventions, les colons ne sont pas obligés au paiement de la contribution foncière ordinaire, le paiement en restera en totalité à la charge du propriétaire.

8. Outre les dix millions accordés par le Roi sur la liste civile, toutes les contributions directes arriérées et dues au 1er janvier 1815 seront employées au dégrèvement et secours pour les départemens qui ont le plus souffert pendant l'occupation militaire de 1815. Le mode de répartition sera réglé par des ordonnances du Roi (1).

9. La réquisition de guerre levée extraordinairement en vertu de l'ordonnance du 16 août 1815 sera remboursée de la même manière que la dette arriérée.

10. Les mesures d'exécution de ce remboursement seront réglées par une ordonnance du Roi.

11. Les vingt millions avancés par les départemens pour l'habillement et l'équipement des troupes étrangères seront acquittés par moitié dans les années 1816 et 1817, et portés aux budgets extraordinaires de ces deux années.

TITRE IV. Acquittement de l'arriéré (2).

12. Les créances antérieures au 1er avril 1814, et les dépenses restant à acquitter sur le service des neuf derniers mois de 1814 et sur l'exercice de 1815, en excédant des recettes de ces deux exercices, seront réunies sous le titre d'*arriéré antérieur au 1er janvier 1816*.

13. Les créances arriérées pour lesquelles il n'a pas encore été délivré d'obligations, en exécution de la loi du 23 septembre 1814, continueront à être liquidées conformément aux lois existantes, et dans les formes déterminées par les ordonnances de sa majesté.

Elles porteront intérêt à cinq pour cent sans retenue, payable par semestre, à compter de la publication de la présente loi, quelle que soit l'époque de la liquidation.

Il sera délivré aux créanciers liquidés des reconnaissances du montant de leur liquidation; ces reconnaissances ne seront pas négociables, et ne pourront être transportées que dans les formes déterminées par la loi pour les cessions d'obligations entre particuliers(3).

14. Les propriétaires de ces reconnaissances auront la faculté de les échanger contre

---

tementales doivent être portés devant le Conseil d'Etat (27 août 1823; ord. Mac. 5, 650).

Des habitans d'une commune ne sont pas recevables à attaquer la répartition d'une cotisation établie pour l'acquit de charges de guerre, lorsqu'elle a été homologuée par une ordonnance du Roi, conformément à la présente loi (18 avril 1821; ord. Mac. 1, 531).

Des tiers qui ont acheté à divers habitans d'une commune des bons de fournitures, déclarés ensuite sans droit contre l'Etat par la commission départementale, ne peuvent se prétendre créanciers de la commune sur le fondement que la commission de la liquidation a déclaré que les fournitures étaient une charge communale (8 juillet 1829; ord. Mac. 11, 243).

La ville de Paris est tenue d'exécuter les marchés passés en son nom, par le commissaire aux subsistances qu'elle avait institué durant l'occupation militaire de 1815.

Les comptes arrêtés par ce commissaire ont pu être revisés et définitivement réglés par la com-

mission départementale de la Seine, établie en vertu de la présente loi (28 juillet 1824; ord. Mac. 6, 467).

(1) En matière d'indemnités pour pertes occasionnées par l'invasion de 1814, lorsqu'il y a lieu à déduire des dégrèvemens de la contribution foncière, cette déduction ne peut être faite que sur les secours et dégrèvemens alloués en vertu de cet article (11 février 1824; ord. Mac. 6, 115).

(2) Ordonnances du 29 mai 1816, du 24 juillet 1816, du 2 avril 1817 et du 27 juin 1819, titre 1er.

(3) Il ne doit pas être accordé à un fournisseur des intérêts pour retard de paiement, si le marché ne stipulait aucun terme fixe ou de rigueur, si d'ailleurs il remonte à une époque antérieure à celle qui est fixée pour les intérêts des créances arriérées par cet article et par l'ordonnance du 27 mai 1816 (11 juin 1817; ord. J. C. 1, 4, 9, 51).

des inscriptions de leur montant au grand-livre de la dette publique. Celles de ces reconnaissances qui n'auront pas été inscrites au grand-livre seront acquittées suivant le mode qui sera fixé dans la session de la Chambre de 1820.

15. Les lois des 20 mars 1813 et 23 septembre 1814 sont rapportées en ce qu'elles ont de contraire à la présente.

En conséquence, la vente des bois de l'État cessera d'avoir lieu, et les biens des communes non encore vendus seront remis à leur disposition, comme ils l'étaient avant lesdites lois.

TITRE V. Fixation du budget de 1816.

16. Le budget de 1816 est divisé en budget ordinaire et budget extraordinaire.

17. Le budget ordinaire comprend les dépenses publiques ordinaires, et les recettes ordinaires qui doivent y subvenir.

Le budget extraordinaire comprend les charges extraordinaires résultant des traités et conventions du 20 novembre, et les recettes extraordinaires destinées à les acquitter.

18. La dépense ordinaire est réglée, conformément à l'état E annexé à la présente loi, à la somme de cinq cent quarante-huit millions deux cent cinquante-deux mille cinq cent vingt francs.

La recette ordinaire de l'année 1816 est fixée, conformément à l'état F annexé à la présente loi, à la somme de cinq cent soixante-dix millions quatre cent cinquante-quatre mille neuf cent quarante francs.

19. La dépense extraordinaire de l'année 1816 est, conformément à l'état G annexé à la présente loi, fixée à la somme de deux cent quatre-vingt-dix millions huit cent mille francs.

La recette extraordinaire est réglée, conformément à l'état H ci-annexé, à la somme de deux cent soixante-neuf millions cent quarante mille sept cent vingt-un francs.

Le complément sera formé par l'excédant des recettes ordinaires énoncées en l'article précédent.

TITRE VI. Contributions directes de 1816.

20. La contribution foncière, la contribution personnelle et mobilière, et la contribution des portes et fenêtres, seront perçues en 1816, en principal, sur le même pied qu'en 1815, et réparties dans les mêmes formes.

21. Les patentes continueront d'être établies et perçues comme en 1815.

22. Les centimes additionnels aux quatre contributions directes perçues en 1815, conformément aux tableaux annexés à la loi du 23 septembre 1814, continueront de l'être en 1816.

23. Il sera prélevé sur les cinquante centimes de la contribution foncière et de la contribution personnelle et mobilière, douze centimes pour les dépenses variables des départemens.

24. Sur ces douze centimes, dix seront immédiatement remis à la disposition des départemens, et employés suivant les ordonnances des préfets, qui seront tenus de se conformer aux budgets, tels qu'ils seront arrêtés par les conseils généraux, et approuvés par le ministre de l'intérieur. Les deux autres centimes seront à la disposition de ce ministre, pour venir au secours des départemens dont les dépenses variables excèdent le produit des centimes imposées dans le système des fonds communs.

25. La répartition et la sous-répartition de la contribution foncière et de la contribution personnelle et mobilière seront faites par les conseils généraux et par les conseils d'arrondissement.

26. La répartition et la sous-répartition de la contribution des portes et fenêtres seront faites, comme précédemment, par les préfets et sous-préfets.

27. Les traitemens fixes et remises des receveurs généraux et des receveurs particuliers, ainsi que les remises des percepteurs à vie, seront imposés en sus dans les rôles des quatre contributions.

28. Il sera aussi, comme précédemment, imposé en sus cinq centimes au principal de la contribution foncière et de la contribution personnelle et mobilière de 1815, pour subvenir aux dépenses des communes. Il ne pourra, sous aucun prétexte, être fait de prélèvement sur ces cinq centimes.

Dans le cas où, ces centimes épuisés, la commune aurait à pourvoir à une dépense véritablement urgente, le maire, sur l'autorisation du préfet, convoquera le conseil municipal; la délibération, prise à la majorité des voix, sera adressée au préfet, qui la transmettra au ministre secrétaire d'État de l'intérieur, pour y être définitivement statué.

29. Les lois et réglemens sur le cadastre continueront d'être exécutés; néanmoins la nouvelle répartition entre les cantons cadastrés, ordonnée par l'article 15 de la loi du 20 mars 1813, sera suspendue pour 1816, de manière que tous les cantons cadastrés auront en principal les mêmes contingens qu'en 1813.

30. Les départemens qui, au moyen du dernier traité de paix, et des délimitations qui seront faites en conséquence, se trouveront éprouver une distraction de territoire éprouveront aussi sur les contributions directes une diminution en raison de ces distractions.

31. Les biens qui ont cessé ou cesseront d'être dans la propriété ou possession de l'Etat, soit à titre de restitution, soit à titre de donation en majorat, ou de toute autre manière, accroîtront le contingent des communes où ils seront situés; ils seront, d'après une matrice particulière, rédigée dans la forme accoutumée, cotisés comme tous les autres biens de même nature de la commune, ou, s'il n'en existe pas dans cette commune, comme ceux qui se trouveront dans les communes les plus voisines.

Les redevances sur les mines seront perçues comme par le passé.

32. Toutes contributions directes ou indirectes, autres que celles autorisées ou maintenues par la présente loi, à quelque titre et sous quelque dénomination que ce soit, sont formellement interdites, à peine, contre les autorités qui ordonneraient, contre les employés qui confectionneraient les rôles ou tarifs, et ceux qui en feraient le recouvrement, d'être poursuivis comme concussionnaires (1).

33. Les demandes en décharge et réduction, remises et modérations sur les contributions foncière, personnelle et mobilière, portes et fenêtres, et patentes, continueront d'être instruites et jugées comme précédemment (2).

34. Il sera perçu extraordinairement en 1816:

1° Cent dix centimes sur les patentes, y compris dix centimes pour frais de non-valeurs et dégrèvement;

2° Cinquante centimes sur le principal des portes et fenêtres;

3° Dix centimes sur le principal de la contribution personnelle et mobilière.

Le paiement en sera fait par huitièmes, à compter du 1er mai de la présente année.

35. Indépendamment des contributions autorisées par les articles ci-dessus, les conseils généraux de département pourront, avec l'approbation du ministre de l'intérieur, établir des impositions facultatives, dont le montant ne devra pas excéder cinq centimes du principal des contributions foncière, personnelle et mobilière de 1816.

36. Les produits de ces contributions locales extraordinaires seront recouvrés par les receveurs des contributions directes, et versés dans la caisse du receveur général du département, qui les tiendra à la disposition des départemens pour être employés comme il est spécifié à l'article 24.

TITRE VII. Droits d'enregistrement, hypothèques, timbre, etc (3).

§ 1er. Droits d'enregistrement.

37. A compter de la promulgation de la présente loi, et jusqu'à ce que l'acquittement des charges extraordinaires soit terminé, les droits d'enregistrement, timbre et hypothèques, seront perçus avec les augmentations énoncées aux articles suivans.

38. Tous actes judiciaires en matière civile, tous jugemens en matière criminelle, correctionnelle ou de police, seront, sans exception, soumis à l'enregistrement sur les minutes ou originaux.

Les greffiers ne seront personnellement tenus de l'acquittement des droits que dans les cas prévus par les articles 7 et 35 de la loi du 22 frimaire an 7. Ils continueront de jouir de la faculté accordée par l'article 37, pour les jugemens et actes y énoncés.

Il sera délivré aux greffiers, par le receveur de l'enregistrement, des récépissés, sur papier non timbré des extraits de jugement qu'ils doivent fournir en exécution dudit article 37. Ces récépissés seront inscrits sur leurs répertoires (4).

39. Les jugemens des tribunaux en matière de contributions publiques ou locales, et autres sommes dues à l'Etat et aux établissemens locaux, seront assujétis aux mêmes droits d'enregistrement que ceux rendus entre particuliers.

40. Les héritiers, légataires et tous autres appelés à exercer des droits subordonnés au décès d'un individu dont l'absence est déclarée, sont tenus de faire, dans les six mois du jour de l'envoi en possession provisoire, la déclaration à laquelle ils seraient tenus s'ils étaient appelés par effet de la mort, et d'acquitter les droits sur la valeur entière des biens ou droits qu'ils recueillent.

En cas de retour de l'absent, les droits payés seront restitués, sous la seule déduction de celui auquel aura donné lieu la jouissance des héritiers.

Ceux qui ont obtenu cet envoi jusqu'à ce jour, sans avoir acquitté les droits de succession, jouiront d'un délai de six mois, à compter de la publication de la présente, pour faire leur déclaration et payer les droits sans être assujétis à l'amende (5).

---

(1) Cette disposition est reproduite dans toutes les lois de finances. *Voy.* la note sur l'article 7 du décret du 17 mars 1808, relatif à la perception des frais du culte israélite.

(2) *Voy.* notes sur l'article 21 de la loi du 23 septembre 1814.

(3) *Voy.* les diverses lois de finances et la loi du 16 juin 1824. *Voy.* aussi la loi du 22 frimaire an 7 et les notes.

(4) *Voy.* ordonnance du 22 mai 1816.

(5) Le délai de six mois dans lequel les envoyés en possession doivent payer les droits de

41. Seront assujétis au droit fixe de cinquante centimes :

1° Les significations d'avoué à avoué pour l'instruction des procédures devant les tribunaux de première instance;

2° Les assignations et tous autres exploits devant les prud'hommes.

42. Seront sujettes au droit fixe d'un franc les significations d'avoué à avoué devant les cours royales.

43. Seront sujets au droit fixe de deux francs :

1° Les acquiescemens purs et simples;

2° Les actes de notoriété;

3° Les actes refaits pour nullité ou autre motif, sans aucun changement qui ajoute aux objets des conventions ou à leur valeur;

4° Les avis de parens;

5° Les autorisations pures et simples ;

6° Les certificats de cautions et de cautionnemens;

7° Les consentemens purs et simples;

8° Les décharges également pures et simples, et les récépissés de pièces (1);

9° Les déclarations aussi pures et simples en matière civile et de commerce ;

10° Les dépôts d'actes et pièces chez les officiers publics;

11° Les dépôts et consignations de sommes et effets mobiliers chez des officiers publics, lorsqu'ils n'opèrent pas la libération des déposans, et les décharges qu'en donnent les déposans ou leurs héritiers, lorsque la remise des objets déposés leur est faite;

12° Les désistemens purs et simples;

13° Les exploits et autres actes du ministère des huissiers qui ne peuvent donner lieu au droit proportionnel (2).

Sont exceptés les exploits relatifs aux procédures devant les juges de paix, les prud'hommes, les Cours royales, la Cour de cassation, et les conseils de sa majesté, jusques et compris les significations des jugemens et arrêts définitifs; les déclarations d'appel ou de recours en cassation; les significations d'avoué à avoué, et les exploits ayant pour objet le recouvrement des contributions directes ou indirectes, publiques ou locales;

14° Les lettres missives qui ne contiennent ni obligation, ni quittance, ni aucune autre convention donnant lieu au droit proportionnel;

15° Les nominations d'experts hors jugement ;

16° Les procès-verbaux et rapports d'employés, gardes, commissaires, séquestres, experts et arpenteurs;

17° Les procurations et pouvoirs pour agir ne contenant aucune stipulation ni clause donnant lieu au droit proportionnel;

18° Les promesses d'idemnités indéterminées et non susceptibles d'estimation;

19° Les reconnaissances pures et simples ne contenant aucune obligation ni quittance ;

20° Les résiliemens purs et simples faits par acte authentique, dans les vingt-quatre heures des actes résiliés;

21° Les rétractations et révocations;

22° Les reconnaissances d'enfans naturels par acte de célébration de mariage (3).

44. Seront sujets au droit fixe de trois francs :

1° Les adjudications à la folle-enchère, lorsque le prix n'est pas supérieur à celui de la précédente adjudication;

2° Les compromis, ou nominations d'arbitres, qui ne contiennent aucune obligation de sommes et valeurs donnant lieu au droit proportionnel;

3° Les déclarations ou élections de command et d'ami, lorsque la faculté d'élire un command a été réservée dans l'acte d'adjudication ou le contrat de vente, et que la déclaration est faite par acte public et notifié dans les vingt-quatre heures de l'adjudication ou du contrat;

---

mutation se compte à partir du jour du jugement qui prononce l'envoi en possession, et non pas seulement du jour où est fournie la caution exigée par l'article 120 du Code civil (9 novembre 1819; Cass. S. 20, 1, 89).

Idem, 2 avril 1823, Cass. S. 23, 1, 300.

Voy. les notes sur l'article 24 de la loi du 22 frimaire an 7.

(1) Lorsqu'un acte destiné au réglement des comptes entre des héritiers, des légataires et un exécuteur testamentaire, énonce qu'antérieurement certains légataires ont reçu la délivrance de leurs legs, cette énonciation constitue une décharge de legs, et donne lieu à la perception d'un droit fixe de 2 francs pour chacun des legs, aux termes de l'article 68, § 1er, n° 22, loi du 22 frimaire an 7 (22 avril 1823 Cass. S. 23, 1, 329).

Lorsqu'un dépôt d'extraits de contrat de mariage et de jugemens de séparation de biens, fait à la chambre des notaires, aux termes des articles 67, Code de commerce, et 872, Code de procédure civile, n'est constaté que par un récépissé du secrétaire de la chambre, ce récépissé est assujéti au droit fixe de 2 francs (16 février 1824). Cass. S. 24, 1, 253).

(2) Les protêts faits par les notaires ne sont sujets qu'au droit fixe d'un franc, réglé par la loi du 22 frimaire an 7; ils ne sont pas passibles du nouveau droit fixe de deux francs, auquel la loi du 28 avril 1816, art. 43, n° 16, assujétit en général les exploits et autres actes d'huissiers qui ne peuvent donner lieu au droit proportionnel (1er mars 1825 ; Cass. S. 25, 1, 271).

(3) *Voy.* ordonnance du 22 mai 1816.

4° Les réunions de l'usufruit à la propriété, lorsque la réunion s'opère par acte de cession, et qu'elle n'est pas faite pour un prix supérieur à celui sur lequel le droit a été perçu lors de l'aliénation de la propriété;

5° Les titres-nouvels et reconnaissances de rentes dont les contrats sont justifiés en forme;

6° Les connaissemens ou reconnaissances de chargemens par mer;

7° Les exploits et autres actes du ministère des huissiers relatifs aux procédures devant les cours royales, jusques et compris la signification des arrêts définitifs :

Sont exceptées les déclarations d'appel et les significations d'avoué à avoué;

8° Les transactions, en quelque matière que ce soit, qui ne contiennent aucune stipulation de sommes et valeurs, ni dispositions soumises à un plus fort droit d'enregistrement;

9° Les jugemens définitifs des juges-de-paix rendus en dernier ressort, d'après la volonté expresse des parties, au-delà des limites de la compétence ordinaire, lorsqu'ils ne contiennent pas de dispositions donnant ouverture à un droit proportionnel supérieur;

10° Les jugemens interlocutoires ou préparatoires, ordonnances et autres énoncés dans les nos 6 et 7 du 2e paragraphe de l'article 68 de la loi du 22 frimaire an 7, lorsqu'ils auront lieu dans les tribunaux de première instance, de commerce ou d'arbitrage, et ne seront pas de l'espèce de ceux dont il sera parlé dans l'article suivant;

11° Les significations d'avocat à avocat dans les instances à la cour de cassation et aux conseils de sa majesté.

45. Seront sujets au droit fixe de cinq francs :

1° Les exploits et autres actes du ministère des huissiers relatifs aux procédures devant la cour de cassation et les conseils de sa majesté, jusques et compris les significations des arrêts définitifs :

Le premier acte de recours est excepté;

2° Les contrats de mariage et actes de formation ou de dissolution de société, actuellement soumis au droit fixe de trois francs;

3° Les partages de biens-meubles et immeubles entre copropriétaires, à quelque titre que ce soit, pourvu qu'il en soit justifié;

4° Les testamens et tous autres actes de libéralité qui ne contiennent que des dispositions soumises à l'événement du décès, et les dispositions de même nature qui sont faites par contrat de mariage entre les futurs ou par d'autres personnes (1);

5° Les jugemens des tribunaux civils prononçant sur l'appel des juges-de-paix; ceux desdits tribunaux et des tribunaux de commerce ou d'arbitres rendus en premier ressort, contenant des dispositions définitives qui ne donneraient pas lieu à un droit plus élevé;

6° Les arrêts interlocutoires ou préparatoires rendus par les cours royales, lorsqu'ils ne seront pas susceptibles d'un droit plus élevé, et les ordonnances et actes désignés dans les numéros 6 et 7, 2e paragraphe de l'art. 68 de la loi du 22 frimaire an 7, devant les mêmes cours;

7° Les reconnaissances d'enfans naturels autrement que par acte de mariage;

8° Les actes et jugemens interlocutoires ou préparatoires des divorces.

46. Seront assujétis au droit fixe de dix francs :

1° Les jugemens rendus en dernier ressort par les tribunaux de première instance ou les arbitres, d'après le consentement des parties, lorsque la matière ne comportait pas ce dernier ressort, sauf la perception du droit proportionnel, s'il s'élève au-delà de dix francs;

2° Les arrêts définitifs des cours royales dont le droit proportionnel ne s'élèverait pas à dix francs;

3° Les arrêts interlocutoires ou préparatoires de la cour de cassation et des conseils de sa majesté.

47. Seront sujets au droit fixe de vingt-cinq francs :

1° Le premier acte de recours en cassation ou devant les conseils de sa majesté, soit par requête, mémoire ou déclaration, en matière civile, de police simple ou de police correctionnelle;

2° Les arrêts des cours royales portant interdiction ou prononçant séparation de corps entre mari et femme;

3° Les arrêts définitifs de la cour de cassation et des conseils de sa majesté.

48. Seront sujets au droit fixe de cinquante francs :

1° Les actes de tutelle officieuse;

---

(1) Les avantages stipulés par contrat de mariage en faveur de l'un des époux, dans le partage futur de la communauté, ne peuvent être considérés comme des *donations* ou *libéralités éventuelles*, dans le sens de cet article, et en conséquence ne donnent pas ouverture au droit fixe de 5 francs. — Tel le cas d'une stipulation d'usufruit en faveur de l'un des époux sur des immeubles que l'autre époux fait entrer dans la communauté par une cause d'ameublissement, et à l'égard desquels il renonce à la faculté de retrait que lui accorde l'art. 1509, même Code (26 décembre 1831; Cass. S. 32, 1, 119; D. 32, 1, 22).

2° Les jugemens de première instance admettaut une adoption, ou prononçant un divorce.

49. Seront sujets au droit fixe de cent francs :

1° Les arrêts de cour d'appel confirmant une adoption;

2° Ceux qui prononceront définitivement sur une demande en divorce; s'il n'y a pas d'appel, ce droit sera perçu sur l'acte de l'officier de l'état civil.

5o. Seront soumises au droit de vingt-cinq centimes par cent francs les lettres de change tirées de place en place, et celles venant de l'étranger ou des colonies françaises, lorsqu'elles sont protestées faute de paiement.

Elles pourront n'être présentées à l'enregistrement qu'avec l'assignation (1).

Dans le cas de protêt faute d'*acceptation*, les lettres de change devront être enregistrées seulement avant que la demande en remboursement ou en cautionnement puisse être formée contre les endosseurs et le tireur.

Seront sujets au droit de cinquante centimes par cent francs les cautionnemens de se représenter ou de représenter un tiers, en cas de mise en liberté provisoire, soit en vertu d'un sauf-conduit dans les cas prévus par le Code de procédure et par le Code de commerce, soit en matière civile, soit en matière correctionnelle ou criminelle.

51. Seront sujets au droit d'un franc par cent francs :

1° Les abandonnemens pour fait d'assurance ou grosse aventure :

Le droit sera perçu sur la valeur des objets abandonnés;

En temps de guerre il ne sera dû qu'un demi-droit;

2° Les actes et contrats d'assurance :

Le droit sera perçu sur la valeur de la prime;

En temps de guerre, il n'y aura lieu qu'au demi-droit (2);

3° Les adjudications au rabais et marchés

pour constructions, réparations, entretien, approvisionnemens et fournitures dont le prix doit être payé par le Trésor royal, ou par les administrations locales, ou par des établissemens publics (3).

52. Le droit d'enregistrement des ventes d'immeubles est fixé à cinq et demi pour cent; mais la formalité de la transcription au bureau de la conservation des hypothèques ne donnera plus lieu à aucun droit proportionnel (4).

53. Les droits des donations entre vifs et des mutations qui s'effectuent par décès, soit par succession, soit par testament ou autres actes de libéralité à cause de mort, de propriété ou d'usufruit de biens-meubles et immeubles, entre époux, en ligne collatérale, et entre personnes non parentes, seront perçus selon les quotités ci-après :

Pour les biens-*immeubles*,

D'un époux à un autre époux, par donation ou testament, trois francs par cent francs;

Des frères et sœurs à des frères et sœurs et descendans d'iceux, successions de neveux et nièces, petits-neveux et petites-nièces, dévolues à des oncles et tantes, grands-oncles et grand's-tantes, et autres parens au degré successible, cinq francs par cent francs;

Entre toutes autres personnes, sept francs par cent francs;

Pour les biens-*meubles*,

Entre époux, un et demi pour cent; entre frères, sœurs, oncles, tantes, neveux et nièces, et autres parens au degré successible, deux et demi pour cent;

Entre toutes autres personnes, trois et demi pour cent.

Lorsque l'époux survivant ou les enfans naturels sont appelés à la succession, à défaut de parens au degré successible, ils seront considérés, quant à la quotité des droits, comme personnes non parentes.

Lorsque les donations entre vifs auront été faites par contrat de mariage aux futurs, il ne sera perçu que moitié du droit (5).

54. Dans tous les cas où les actes seront

---

(1) L'enregistrement des lettres-de-change doit avoir lieu avant l'assignation donnée pour en obtenir le paiement; il ne suffit pas, pour que l'huissier soit à l'abri de l'amende, que l'enregistrement ait été fait avant la prononciation du jugement (7 novembre 1820; Cass. S. 21, 1, 182).

(2) *Voy.* loi du 16 juin 1824, art. 5.

(3) On doit considérer comme un *marché* pour *fourniture* à faire au *Gouvernement*, et non comme une *vente d'objets mobiliers*, le traité par lequel un négociant s'engage envers l'administration des subsistances militaires à lui *laisser prendre*, moyennant un prix déterminé, une certaine

quantité de denrées que le négociant a dans ses magasins, et dont la qualité devra être agréée par l'administration ou par des arbitres. En conséquence, un pareil traité est soumis au droit d'enregistrement de 1 pour 100 (4 avril 1827; Cass. S. 27, 1, 365; D. 27, 1, 191).

Le droit proportionnel ne peut être modéré par les tribunaux quel que soit à cet égard l'usage et même le vœu des chefs de l'administration pour laquelle le marché a été fait, le jugement qui accorde une telle modération doit être cassé (21 mars 1825; Cass. S. 26, 1, 193; D 25, 1, 220).

(4) *Voy.* loi du 16 juin 1824, art. 2 et 3.

(5) La donation d'un immeuble par contrat de

de nature à être transcrits au bureau des hypothèques, le droit sera augmenté d'un et demi pour cent, et la transcription ne donnera plus lieu à aucun droit proportionnel (1).

55. Il sera perçu, au profit du Trésor royal, pour lettres-patentes scellées, un droit d'enregistrement suivant le tableau ci-après.

Aucune expédition desdites lettres-patentes ne pourra être délivrée par le conseil du sceau des titres que le droit d'enregistrement n'ait préalablement été payé.

---

en mariage à l'un des époux, quoique faite avec réserve, de la part du donateur, de la faculté de vendre cet immeuble, constitue, non une simple donation à cause de *mort*, mais une donation *entre-vifs*. En conséquence, si le donateur décède sans avoir disposé de l'immeuble, il n'est dû pour la donation que le droit d'enregistrement de 2 1/2 pour 100 établi sur les donations entre-vifs par contrat de mariage, et non le droit de 5 pour 100 établi au cas de mutation par décès.

Lorsque le donateur d'un immeuble par contrat de mariage s'est réservé le droit de disposer d'une certaine somme à prendre sur cet immeuble, et qu'il a usé de ce droit au profit d'un tiers, les droits de mutation dus par le donataire à raison de l'immeuble donné, ne doivent être calculés que déduction faite, sur sa valeur, de la somme dont le donateur a disposé. Cette somme ne peut être considérée comme une charge de la donation (Cass. 17 août 1831; S. 31, 1, 401; D. 31, 1, 310).

La donation entre-vifs faite à une succession doit être réputée à ceux auxquels cette succession est échue et non au défunt. — Par suite, les droits d'enregistrement d'une telle donation doivent être fixés, non d'après les rapports de parenté du donateur avec le défunt, mais bien d'après ses rapports de parenté avec les héritiers de la succession. — Ainsi une donation, quoique faite à la succession d'un parent en *ligne directe*, comporte le droit d'enregistrement établi pour les donations au profit de personnes *non parentes*, si ceux qui recueillent la succession donataire sont en effet non parens du donateur.

Les donations faites au profit d'un *allié* en ligne directe du donateur doivent être réputées faites au profit d'une personne *non parente*. — Les dispositions du Code civil qui assimilent les alliés aux parens dans certains cas sont inapplicables en matière d'enregistrement (22 décembre 1829; Cass. S. 30, 1, 60; D. 30, 1, 20).

(1) La soulte de partage entre cohéritiers est passible seulement du droit proportionnel de mutation de quatre pour cent, et non du droit de cinq et demi pour cent (27 juillet 1819; Cass. S. 20, 1, 105).

Une licitation entre codonataires n'est pas sujette au droit de cinq et demi pour cent établi pour les actes sujets à transcription; elle n'est passible que du droit de quatre pour cent (27 novembre 1821; Cass. S. 22, 1, 216).

Id. Pour la vente (ou la licitation) entre copropriétaires d'un immeuble acheté en commun, ce n'est ni une vente d'immeuble, dans le sens de l'article 52, ni un acte de nature à être transcrit, dans le sens de l'article 54 (14 juillet 1824; Cass. S. 24, 1, 342).

Id. Pour la soulte de partage entre copropriétaires d'immeubles achetés en commun (10 août 1824; Cass. 25, 1, 97).

Lorsqu'un immeuble est indivis entre plusieurs copropriétaires et que l'un d'eux vient ensuite à acquérir la portion d'un de ses copropriétaires, cette acquisition ne faisant pas cesser entièrement l'indivision ne peut être considérée ni comme partage, ni comme licitation, dans le sens de l'article 883 du Code civil; en conséquence, elle est soumise au droit de 5 1/2 pour 100 (16 janvier 1817; Cass. S. 27, 1, 242; D. 27, 1, 118.— 24 août 1829; Cass. S. 29, 1, 421; D. 29, 1, 346.— 27 décembre 1830; Cass. S. 31, 1, 27; D. 31, 1, 39).

Il en est de même si la portion d'un des copropriétaires est vendue à tous les autres (31 janvier 1832; Cass. S. 32, 1, 160; D. 32, 1, 80.— 16 mai 1832; Cass. S. 32, 1, 602).

Voy. les observations que j'ai publiées contre cette jurisprudence, dans ma continuation de Toullier, tome XVII, n°s 147 et suivans.

L'acte de cession d'un usufruitier au nu-propriétaire est un acte sujet à transcription, passible par conséquent de l'augmentation de 1 1/2 pour 100 (10 août 1830; Cass. S. 30, 1, 315; D. 30, 1, 326).

La renonciation à l'usufruit d'un immeuble faite au profit du nu-propriétaire avant l'expiration du terme fixé pour sa durée est un acte de nature à être transcrit au bureau des hypothèques. Vainement on dirait que c'est là une simple extinction d'usufruit, par réunion de l'usufruit à la nu-propriété. — La vérité est que la renonciation au profit du nu-propriétaire équivaut pour lui à une donation; que le donataire doit ou peut vouloir purger les hypothèques antérieures, et que cette purge nécessite la transcription. — Il y a lieu, par suite, de percevoir, lors de l'enregistrement de l'acte renfermant cette renonciation, le droit d'un et demi pour 100 (6 janvier 1830; Cass. S. 30, 1, 50).

En supposant que l'acte par lequel un individu déjà acquéreur de partie d'une succession en acquiert l'autre partie, ne soit pas sujet à transcription, il n'y aurait cependant pas lieu à restitution, si la transcription avait été *requise* par l'acquéreur, la transcription ainsi requise et opérée, qu'elle soit ou non nécessaire, donnant, dans tous les cas, ouverture au droit additionnel (25 juillet 1827; Cass. S. 27, 1, 414; D. 27, 1, 321).

En supposant que le transport d'un bail emphytéotique ne soit pas un acte de nature à être *transcrit*, la perception du droit qui aurait été faite ne donnerait pas lieu à restitution, si la transcription avait été ultérieurement requise par le cessionnaire du bail (11 mars 1829; Cass. S. 29, 1, 163; D. 29, 1, 175).

Etat des Droits de Sceau perçus par le Conseil du sceau des titres, et du droit d'enregistrement proposé pour le compte du Trésor royal.*

DATES des ORDONNANCES.	NATURE DES LETTRES-PATENTES SCELLÉES.	MONTANT du	
		DROIT du sceau.	DROIT d'enregistrem^t proposé à 20 p^r 100.
Ordonnance du 5 octobre 1814.	Renouvellement de lettres-patentes { de comte ..	100 f	20 f
	portant confirmation du même { de baron ..	50	10
	titre et changement d'armoiries, { de chevalier.	15	3
	Collation du titre de duc .... "		3,000
	Collation du titre hérédi- { de marquis et comte.	6,000	1,200
	taire de marquis, comte, { de vicomte	4,000	800
	vicomte et baron, lettres- { de baron	3,000	600
	patentes de chevalier et { de chevalier	60	12
	lettres de noblesse. . . . { Lettres de noblesse (1).	600.	120
	Grandes lettres de naturalisation.	gratis.	"
	Lettres de déclaration de naturalité	100	20
	Lettres portant autorisation de se faire natura- liser ou de servir à l'étranger	500	100
	Dispense d'âge pour mariage (2).	100	20
	Dispense de parenté pour le mariage (3). . . .	200	40
Ordonnance du 25 décembre 1814.	Lettres portant renou- { p^r les villes de 1re classe.	150	30
	vellement d'anciennes { pour les villes de 2e. .	100	20
	armoiries . . . . . . { villes et communes de 3e.	50	10
	Lettres accordant des ar- { Les villes de 1re classe.	600	120
	moiries aux villes qui { Celle de 2e.	400	80
	n'en ont pas encore. . . { Celle de 3e.	200	40

56. L'article 24 (4) de la loi du 22 frimaire an 7 continuera d'être exécuté; néanmoins à l'égard des actes que le même officier aurait reçus, et dont le délai d'enregistrement ne serait pas encore expiré, il pourra en énoncer la date, avec la mention que ledit acte sera présenté à l'enregistrement en même temps que celui qui contient ladite mention ; mais, dans aucun cas, l'enregistrement du second acte ne pourra être requis avant celui du premier, sous les peines de droit.

57. Lorsque, après une sommation extra-

Le droit de cinq et demi pour cent établi sur les ventes d'immeubles est applicable à toutes les ventes d'immeubles sans distinction, aux adjudications sur expropriation forcée, comme aux ventes volontaires (25 juillet 1821 ; Cass. S. 21, 1, 410).

L'héritier bénéficiaire auquel un immeuble de la succession est adjugé et qui requiert la transcription du jugement d'adjudication, est passible du droit de transcription d'un et demi pour cent, établi par cet article.

Vainement on dirait que le jugement d'adjudication n'est pas translatif de propriété. Il suffit que la transcription soit nécessaire et qu'elle ait été requise pour qu'il y ait lieu à la perception du droit (12 novembre 1823 ; Cass. S. 24, 1, 74).

Le droit est dû ; peu importe que l'adjudica-

taire ait ou non requis la transcription (26 décembre 1831 ; Cass. S. 32, 1, 121).

Une rente ancienne, créée (avant l'an 7) sous l'empire d'une législation qui la réputait immeuble et susceptible d'hypothèque est encore aujourd'hui réputée immeuble, en ce sens que l'acte qui en fait transport est, nonobstant la loi du 11 brumaire an 7, qui a mobilisé les rentes, sujet à transcription, et passible par conséquent du droit additionnel d'un et demi pour cent, auquel la loi du 28 avril 1816 assujétit les actes de nature à être transcrits (12 mai 1824 ; Cass. S. 24, 1, 316 ; — 4 mars 1828 ; Cass. S. 28, 1, 161 ; D. 28, 1, 158).

(1) Ordonnance du 31 août 1817, art 6.

(2 et 3) *Voy.* loi du 15 mai 1818, art. 77.

(4) *Lisez* 42.

ibidiciaire ou une demande tendant à obtenir un paiement, une livraison, ou l'exécution de toute autre convention dont le titre
n'aurait point été indiqué dans lesdits exploits,
et si qu'on aura simplement énoncé comme
verbale, on produira, au cours d'instance,
les écrits, billets, marchés, factures acceptées, lettres ou tout autre titre émané du dé-
bandeur, qui n'auraient pas été enregistrés
avant ladite demande ou sommation, le double droit sera dû, et pourra être exigé ou
perçu lors de l'enregistrement du jugement
intervenu (1).

58. Il ne pourra être fait usage en justice
d'aucun acte passé en pays étranger ou dans
les colonies qu'il n'est acquitté les mêmes
droits que s'il avait été souscrit en France et
pour des biens situés dans le royaume ; il en
sera de même pour les mentions desdits actes
dans des actes publics (2).

59. Les droits de mutation établis par la
présente loi ne seront perçus que sur les mutations qui surviendront après sa publication ; les lois antérieures s'appliqueront aux
mutations effectuées jusqu'à ladite publication.

Quant aux actes, l'article 1er de la loi du
7 ventose an 9 continuera d'être exécuté (3).

§ II. Des hypothèques.

60. Le droit d'inscription des créances hypothécaires sera d'un pour mille, sans distinction des créances antérieures ou postérieures à la loi du 11 brumaire an 7.
La perception de ces droits suivra les
mêmes et valeurs de 20 francs en 20 francs
inclusivement, et sans fraction.

61. Les actes de transmission d'immeubles
ou droits immobiliers, susceptibles de transcription, ne seront assujétis à cette formalité
que pour un droit fixe d'un franc, outre le

droit du conservateur, lorsque les droits en
auront été acquittés de la manière prescrite
par les articles 52 et 54 de la présente
loi (4).

§ III. Du timbre et autres droits (5).

62. A compter de la promulgation de la
présente loi, le droit du timbre ordinaire et
extraordinaire pour les actes sera fixé ainsi
qu'il suit :

Demi-feuille de petit papier	0f	35c
Feuille de petit papier	0	70
Feuille de moyen papier	1	25
Feuille de grand papier	1	50
Feuille de dimensions supérieures	2	00

63. Aucune expédition, copie ou extrait
d'actes reçus par des notaires, greffiers ou
autres dépositaires publics ne pourra être délivré que sur papier d'un franc 25 centimes (6).
Il n'est point dérogé à ce qui a lieu pour
les certificats de vie des rentiers et des pensionnaires de l'Etat, ou des administrations
et établissemens publics.

64. Les droits du timbre proportionnel sur
les effets de commerce seront augmentés des
deux cinquièmes du montant fixé par l'art. 10
de la loi du 13 brumaire an 7 (7).

65. Toutes les affiches, quel qu'en soit l'objet, seront sur papier timbré, qui sera fourni
par la régie, et dont le débit sera soumis aux
mêmes règles que celui du papier timbré
destiné aux actes.
Conformément à la loi du 28 juillet 1791,
ce papier ne pourra être de couleur blanche ;
il portera le même filigrane que les autres
papiers timbrés.
Le prix de la feuille portant vingt-cinq décimètres carrés de superficie sera de 10 centimes ; celui de la demi-feuille, de 5 centimes (8).

---

(1) Une citation en conciliation ne peut être assimilée à une sommation de payer, ni à une demande ou assignation en justice, dans le sens de
cet article (25 janvier 1827 ; Cass. S. 27, 1,
813).
(2) Cet article n'est applicable qu'au cas où la
production est faite par le demandeur, et non
au cas où elle a lieu de la part du défendeur
dans l'intérêt de sa défense ; il suffit alors pour
éviter le double droit que l'acte ait été enregistré avant que le défendeur en ait excipé (9 février 1832 ; Cass. S. 32, 1, 217 ; D. 32, 1, 75).
(2) Le droit de mutation n'est pas dû sur les
actes passés en France et contenant transmission de biens situés en pays étrangers (11 décembre 1820 ; Cass. S. 22, 1, 358).
Voy. art. 4, loi du 16 juin 1824.
(3) Cet article doit s'entendre, tant des muta-

tions par décès que des mutations par vente, et
comme faisant exception à leur égard à l'art. 1er
de la loi du 27 ventose an 9, qui établit en général que les droits sont réglés par la loi existante
à l'époque du paiement de ces droits (23 janvier
1818 ; Cass. S. 18, 1, 243).
Idem, 6 juillet 1818 ; Cass. S. 18, 1, 333.
(4) Voy. ordonnance du 1er mai 1816.
(5) Voy. autre ordonnance du 1er mai 1816.
(6) Le récépissé par lequel le secrétaire d'une
chambre de notaire constate le dépôt d'extraits
de contrats de mariage peut être délivré sur un
papier de trente-cinq centimes (16 février 1824 ;
Cass. S. 24, 1, 253).
(7) Voy. art. 8, loi du 16 juin 1824.
(8) Des placards faits pour parvenir à une vente
d'immeubles (Code de procéd., art. 960 et 961)

66. Les avis et autres annonces, de quelque nature et espèce qu'ils soient, assujétis au timbre par la loi du 6 prairial an 7, qui ne sont pas destinés à être affichés, pourront être imprimés sur papier blanc.

Le prix de la feuille sera de 10 centimes ; celui de la demi-feuille, de 5 centimes ; celui du quart de feuille, de 2 centimes et demi ; celui du demi-quart, cartes et autres de plus petite dimension, sera d'un centime.

Le papier sera fourni par la régie ; les cartes seront fournies par les particuliers, mais timbrées avant tout emploi.

67. La subvention du dixième ne sera point ajoutée aux droits de timbre énoncés aux cinq articles précédens.

68. Il est défendu aux imprimeurs de tirer aucun exemplaire desdites annonces, affiches ou avis, sur papier non timbré, sous prétexte de les faire frapper d'un timbre extraordinaire. Une ordonnance déterminera l'époque à laquelle l'approvisionnement de la régie permettra de faire exécuter le présent article.

69. La contravention d'un imprimeur à ces dispositions sera punie d'une amende de 500 francs, sans préjudice du droit de sa majesté de lui retirer sa commission (1).

Ceux qui seront convaincus d'avoir ainsi fait afficher et distribuer des imprimés non timbrés seront condamnés à une amende de 100 francs.

Les afficheurs et distributeurs seront, en outre, condamnés aux peines de simple police déterminées par l'article 474 du Code pénal (2).

L'amende sera solidaire, et emportera contrainte par corps.

70. Les autres dispositions des lois du tim-

bre relatives aux prospectus, catalogues de livres, tableaux et objets de sciences et journaux, continueront d'être exécutées (3). Celles qui concernent le timbre des journaux s'appliqueront à tous ouvrages, de quelque étendue qu'ils soient, qui paraîtraient, soit régulièrement, soit irrégulièrement par semaine, soit par numéros, quand même le service n'en serait pas régulier (4).

71. Il ne pourra, sous quelque prétexte que ce soit, être admis aucune espèce de papier au timbre en débet, et les receveurs seront poursuivis en recette de tous les droits résultant du timbre des feuilles qui auront été frappées, sans qu'aucune dispense ou crédit accordé puisse être invoqué par eux (5).

72. Les livres de commerce qui, aux termes du Code de commerce, doivent être paraphés, seront timbrés, à tous les feuillets, d'un timbre spécial, et dont le prix sera, indépendamment du papier que les parties fourniront,

Pour les registres de papier petit ou moyen, pour chaque feuillet, recto et verso.	0f 20	0c
Pour les registres de grand papier. .	0 30	0
Pour les registres de toutes autres dimensions supérieures.	0 50	0

Tous individus assujétis à tenir des livres par les lois et réglemens seront tenus de les faire timbrer, sous peine d'une amende de 500 fr. pour chaque contravention. Ils seront néanmoins admis à présenter au visa pour timbre leurs livres actuels dans les trois mois de la promulgation de la présente loi, sans qu'il puisse être exigé d'amende pour la contravention aux lois antérieures. Ils ne seront tenus que de faire timbrer la partie de leurs

---

ne sont pas de simples affiches, dans le sens de cet article, qui puissent être faits sur du papier de cinq et dix centimes. Ils doivent être faits sur du papier timbré ordinaire, à peine de 100 fr. d'amende (2 avril 1818 ; Cass. S. 18, 1, 267).

Les affiches qui annoncent les ventes de coupes de bois des communes et des établissemens publics sont exemptes du timbre (6 janvier 1832 ; décision de la régie).

Voy. lois du 25 mars 1817, art. 77 ; du 15 mai 1818, art. 76.

(1) *Voy.* notes sur l'art. 12 de la loi du 21 octobre 1814.

(2) Ces mots, *seront en outre condamnés* aux peines de *simple police*, ne doivent pas être entendus en ce sens que les afficheurs et distributeurs soient passibles et de ces peines de police et de l'amende de 100 fr. portée contre ceux qui les emploient ; ils sont seulement punissables des peines de police indiquées. En conséquence, le tribunal de police est compé-

tent pour connaître des poursuites exercées contre eux à cet égard (16 avril 1829 ; Cass. S. 29, 1, 367 ; D. 29, 1, 222).

(3) *Voy.* lois du 25 mars 1817, art. 76 ; du 15 mai 1818, art. 83.

(4) *Voy.* lois du 15 mai 1818, art. 83 ; du 17 juillet 1819, art. 2 ; du 23 juillet 1820, art. 5 ; et les autres lois de finances.

Sur la question de savoir si les *écrits périodiques, littéraires ou scientifiques*, paraissant plus d'une fois par mois, sont assujétis au timbre, il faut consulter les lois du 9 vendémiaire an 6, art. 56 et 57 ; du 25 mars 1817, art. 76 ; du 17 juillet 1819, art. 2 ; du 23 juillet 1820, art. 5 ; et sur la question de savoir ce qu'on doit entendre par écrits périodiques, outre les lois ci-dessus rappelées, on peut consulter les lois sur la censure du 31 mars 1820 et du 26 juillet 1821. *Voy.* Sirey, 16, 2, 79.

(5) *Voy.* ordonnance du 22 mai 1816.

ib. dits livres ou registres qui se trouvera alors en blanc (1).

73. Le paraphe qui doit précéder l'usage d'un registre sera enregistré moyennant un simple droit d'un franc.

74. Aucun livre assujéti au timbre par les lois ne pourra être produit en justice ou devant des arbitres, déposé à un greffe en cas de faillite, ni énoncé dans aucun acte, s'il n'est timbré, ou si l'amende n'a été acquittée.

Aucun concordat ne pourra être rédigé sans énoncer si les livres du failli sont revêtus des formalités ci-dessus, ni recevoir d'exécution avant que les amendes aient été payées.

75. Seront *solidaires* pour le paiement des droits de timbre et des amendes :

Tous les signataires, pour les actes synallagmatiques;

Les prêteurs et les emprunteurs, pour les obligations;

Les créanciers et les débiteurs, pour les quittances;

Les officiers ministériels qui auront reçu ou rédigé des actes énonçant des actes ou livres non timbrés.

76. Le recouvrement des droits de timbre et des amendes de contravention y relatives sera poursuivi par voie de contrainte; et, en cas d'oppositions, les instances seront instruites et jugées selon les formes prescrites par les lois des 22 frimaire an 7 et 27 ventose an 9, sur l'enregistrement (2).

En cas de décès des contrevenans, lesdits droits et amendes seront dus par leurs successeurs, et jouiront, soit dans les successions, soit dans les faillites ou tous autres cas, du privilége des contributions directes.

77. Les autres dispositions des lois, décrets et ordonnances auxquelles il n'est pas dérogé par la présente loi, et qui régissent actuellement la perception des droits d'enregistrement, hypothèques, timbre, greffes, passeports, port d'armes, et décime pour franc sur ceux de ces droits qui n'en sont pas affranchis, sont et demeurent maintenues. Néanmoins, le droit sur le permis de port d'armes est réduit à 15 francs (3).

TITRE VIII. Des traitemens.

78. Nul ne pourra cumuler en entier les traitemens de plusieurs places, emplois ou commissions, dans quelque partie que ce soit : en cas de cumul de deux traitemens, le moindre sera réduit à moitié; en cas de cumul de trois traitemens, le troisième sera en outre réduit au quart, et ainsi en suivant cette proportion.

Il n'est toutefois dérogé à aucune disposition des lois sur l'incompatibilité de certaines fonctions.

La réduction portée par le présent article n'aura pas lieu pour les traitemens cumulés qui seront au-dessous de 3,000 fr.

79. A compter du 1er janvier de la présente année, et jusqu'à ce qu'il en soit autrement ordonné, tous traitemens et salaires accordés à des fonctionnaires ou employés payés, soit par des fonds fournis par le Trésor royal, soit par des recettes provenant de contributions publiques, directes ou indirectes dont ils sont agens; toutes remises accordées à des receveurs, percepteurs, payeurs, sur les sommes qu'ils reçoivent ou qu'ils paient pour l'État ou ses régies, seront assujétis à une retenue proportionnelle, conformément au tarif ci-après :

---

(1) *Voy.* loi du 16 juin 1824, art. 9.

(2) Le tribunal compétent pour connaître d'une contravention en matière de timbre est celui dans l'arrondissement duquel la contravention a été découverte ou légalement constatée, et la contrainte décernée contre le délinquant. Ici ne s'applique pas la règle *actor sequitur forum rei*; tel est le cas où il s'agit d'une contravention au timbre commise par la publication d'un jour-

nal répandu en divers lieux; l'auteur d'une telle publication est censé s'être soumis d'avance à la juridiction du tribunal dans le ressort duquel les contraventions à la loi du timbre se trouveront légalement constatées et poursuivies (30 mai 1826; Cass. S. 26, 1, 458).

(3) *Voy.* ordonnance du 17 juillet 1816, et le décret du 11 juillet 1810, qui fixait le prix à 30 francs.

Tarif des Retenues à opérer, à partir du 1er janvier 1816, au profit du Trésor royal, sur tous les traitemens, appointemens et salaires payés sur les budgets ministériels, ou sur les fonds spéciaux ou recettes particulières des diverses administrations ou établissemens publics.

SÉRIE des classes.	CLASSES des TRAITEMENS.		CENTIMES de retenue.	SÉRIE des classes.	CLASSES des TRAITEMENS.		CENTIMES de retenue.
1re	de 501f à	1,000f	1	18e	de 13,001f à	14,000f	18
2e	de 1,001	1,500	2	19e	de 14,001	15,000	19
3e	de 1,501	2,000	3	20e	de 15,001	16,000	20
4e	de 2,001	2,500	4	21e	de 16,001	17,000	21
5e	de 2,501	3,000	5	22e	de 17,001	18,000	22
6e	de 3,001	3,500	6	23e	de 18,001	19,000	23
7e	de 3,501	4,000	7	24e	de 19,001	20,000	24
8e	de 4,001	4,500	8	25e	de 20,001	30,000	25
9e	de 4,001	5,000	9	26e	de 30,001	40,000	26
10e	de 5,001	6,000	10	27e	de 40,001	50,000	27
11e	de 6,001	7,000	11	28e	de 50,001	60,000	28
12e	de 7,001	8,000	12	29e	de 60,001	70,000	29
13e	de 8,001	9,000	13	30e	de 70,001	85,000	30
14e	de 9,001	10,000	14	31e	de 85,001	100,000	31
15e	de 10,001	11,000	15	32e	de 100,001	150,000	32
16e	de 11,001	12,000	16	33e	de 150,000	300,000	33
17e	de 12,001	13,000	17				

Ladite retenue sera faite sur les traitemens et portions de traitemens cumulés.

Sont seuls exceptés de la retenue prescrite par l'article précédent les employés et salariés dont le traitement est au-dessous de cinq cents francs, et les militaires au-dessous du grade de sous-lieutenant (1).

TITRE IX. Des cautionnemens (2).

§ Ier. *Supplémens de cautionnemens à fournir par les comptables du Trésor.*

80. A partir du 1er janvier 1816, les cautionnemens que les receveurs généraux ont fournis d'après la loi du 2 ventose an 13, pour les recettes qu'ils font sur le produit de l'enregistrement, des domaines et des douanes, s'étendront aux recettes provenant des contributions indirectes, des tabacs, des sels, de la loterie, et généralement de tous les produits indirects.

Ce supplément sera fixé conformément à l'état annexé à la présente loi sous le No 1er, ainsi que le cautionnement primitif l'avait

été par l'article 16 de la loi du 2 ventose an 13.

81. Les receveurs des arrondissemens autres que celui du chef-lieu du département fourniront, pour les mêmes produits, ainsi que pour l'enregistrement, les domaines et les douanes, un cautionnement qui est fixé par le tarif annexé sous le No 2.

82. Les cautionnemens de percepteurs sont fixés au douzième du montant total, en principal et centimes additionnels, des recettes qu'ils font sur les quatre contributions directes qu'ils font pour le compte du Trésor, des départemens et des communes.

Dans les villes de Paris, Bordeaux, Marseille, Lyon, Montpellier, Nantes, Rouen, Lille, Strasbourg, Orléans, Toulouse, Amiens, Metz, Dijon, Caen, Rennes, Nîmes et Versailles, le cautionnement des percepteurs ne sera que du quart en sus de celui auquel ils sont assujétis.

83. Les cautionnemens des receveurs des communes sont fixés au dixième de toutes

---

(1) *Voy.* ordonnance des 15 octobre 1815; 24 janvier 1816 ; 7 mars, 17 mai et 27 août 1817; lois des 25 mars 1817, art. 136, 137 et 138; 15 mai 1818, art. 92; 17 juillet 1819, art. 6; 23 juillet 1820, art. 7; et enfin du 31 juillet 1821, art. 8, qui fait cesser la retenue.

(2) *Voy.* ordonnance du 1er mai 1816, du 8 mai 1816, et du 25 septembre 1816.

les recettes qu'ils font pour le compte des communes.

84. Les cautionnemens des payeurs divisionnaires et des payeurs des départemens sont fixés d'après l'état annexé à la présente loi sous le N° 3.

85. Les inspecteurs, contrôleurs principaux, contrôleurs ambulans et contrôleurs de ville pour les contributions indirectes, employés des manufactures de tabacs, contrôleurs de navigation, contrôleurs de salines ou vérificateurs, seront tenus de fournir un cautionnement en numéraire, d'après le tarif annexé à la présente loi sous le N° 4.

86. Les cautionnemens des conservateurs des hypothèques seront augmentés et fixés conformément au tarif ci-joint, N° 5.

87. Les divers agens de l'administration des douanes fourniront des cautionnemens, conformément à l'état ci joint sous le N° 6.

§ II. Cautionnemens et supplémens de cautionnemens à fournir par les officiers ministériels (3), agens de change, courtiers de commerce, et autres non comptables du Trésor (2).

88. Les cautionnemens des avocats à la Cour de cassation, notaires, avoués, greffiers et huissiers à notre Cour de cassation et dans les cours royales et tribunaux de première instance, tribunaux de commerce et justices-de-paix, sont fixés en raison de la population et du ressort des tribunaux de la résidence de ces fonctionnaires, conformément au tarif annexé à la présente loi sous les Nos 7, 8 et 9.

89. Il pourra être établi, dans toutes les villes et lieux où sa majesté le jugera convenable, des commissaires-priseurs dont les attributions seront les mêmes que celles des commissaires-priseurs établis à Paris par la loi du 27 ventose an 9.

Ces commissaires n'auront, conformément à l'article 1er de ladite loi, de droit exclusif que dans le chef-lieu de leur établissement. Ils auront dans tout le reste de l'arrondissement la concurrence avec les autres officiers ministériels, d'après les lois existantes (3).

---

(1) *Voy.* ordonnance du 9 octobre 1816.

(2) *Voy.* loi du 25 ventose an 13 et autres indiquées sur cette loi; ordonnance du 9 janvier 1818.

(3) Les commissaires-priseurs ne peuvent procéder aux ventes de récoltes sur pied; ces récoltes ne sont pas meubles dans le sens de la loi (7 mai 1818, Douai; S. 20, 2, 53).

Cet arrêt a été cassé par l'arrêt suivant :

Les ventes aux enchères de récoltes sur pied sont considérées comme ventes d'objets mobiliers, et doivent être faites par les commissaires-priseurs exclusivement, si elles ont lieu au chef-lieu de leur établissement (Cass. 8 mars 1820; S. 20, 1, 277).

Après la cassation il y a eu renvoi devant la cour de Paris, qui a jugé dans le même sens que la cour de Douai; sur le pourvoi en cassation porté devant les sections réunies, est intervenu l'arrêt suivant, conforme à ceux de Paris et de Douai, et contraire au premier arrêt de la Cour de cassation.

Les commissaires-priseurs ne peuvent pas procéder à la vente des récoltes sur pied; ce ne sont pas là des effets mobiliers dans le sens de la loi qui institue les commissaires-priseurs. Il faut entendre par effets mobiliers seulement les objets qui sont meubles par leur nature, ou par la détermination de la loi avant la vente et au moment de la vente qui ne sont mobilisés que par l'effet de la vente, sauf les exceptions spéciales (1er juin 1822; Cass. S. 22, 1, 308).

Le privilége conféré aux commissaires-priseurs de procéder à la vente publique et aux enchères d'effets mobiliers ne s'étend pas à la vente du *mobilier de l'État*; la régie peut faire vendre ce mobilier par ses préposés, sans assistance d'un commissaire-priseur : la disposition de l'art. 3 de l'arrêté du 23 nivose an 6, qui lui accorde cette faculté, n'est point abrogée.

La cour de Paris avait d'abord jugé en sens contraire le 6 février 1830 (S. 30, 2, 175); mais son arrêt a été cassé par la Cour de cassation le 7 mai 1832 (S. 32, 1, 325; D. 32, 1, 181). La cour d'Orléans, saisie par le renvoi de la Cour de cassation, a décidé comme elle (arrêt du 20 juin 1833; S. 33, 2, 445).

Les commissaires-priseurs ne peuvent vendre qu'au comptant (Code de procéd., art. 624 et 625); toutefois, et s'ils procèdent à une vente à terme, il n'appartient qu'aux parties de s'en plaindre : les notaires n'ont point action pour faire réprimer de telles ventes consommées; vainement ils diraient que, par les ventes à terme, les commissaires-priseurs empiètent sur leurs attributions (26 avril 1830, Paris; S. 30, 2, 235; D. 30, 2, 187).

Lorsque des commissaires-priseurs, en réclamant le droit exclusif de vendre certains objets mobiliers saisis dans une manufacture, ont d'ailleurs consenti à ce que d'autres objets non saisis, tels qu'un brevet d'invention, le droit à un bail, l'achalandage, etc., soient vendus par un notaire, s'il arrive qu'il soit jugé, ensuite que les objets dont la vente est revendiquée ne soient que l'accessoire des autres objets pour lesquels il n'y a pas eu de revendication, et que la vente du tout doit être faite par notaire, les commissaires-priseurs ne sont plus recevables à faire valoir, comme moyen de cassation contre l'arrêt qui le décide ainsi, que cet arrêt viole les lois qui leur attribuent le droit exclusif de vendre tous les meubles et objets mobiliers; ils sont liés, dans ce cas, par leur propre acquiescement; d'ailleurs un brevet d'invention, la cession d'un droit à un bail et l'achalandage d'un établissement de commerce, ne sont pas des objets mobiliers dont la vente appartienne aux commissaires-priseurs, à l'exclusion des notaires (27 février 1826; Cass. S. 26, 1, 271; D. 26, 1, 140).

Les notaires ont le droit de procéder à la vente publique et aux enchères de l'achalandage d'un établissement de commerce, ainsi qu'à la vente en bloc des outils, ustensiles et autres objets mobiliers affectés à cet établissement de commerce, alors surtout que la vente est à terme, et qu'à cette vente se joint la cession du bail des lieux occupés par le vendeur, et la stipulation soit de sûretés hypothécaires, soit d'un cautionnement (30 janvier 1827, Colmar; S. 27, 2, 154; D. 27, 2, 131. — 15 juin 1833, Paris; S. 33, 2, 339; D. 33, 2, 220).

Les courtiers de commerce, à l'exclusion des commissaires-priseurs, ont seuls le droit de procéder à la vente publique non-seulement des marchandises, mais encore des effets mobiliers dépendans d'une faillite (20 août 1825, Douai; S. 26, 2, 138; D. 26, 2, 76).

Cet arrêt a été cassé, et la Cour suprême a jugé qu'en permettant aux courtiers de commerce de faire ces ventes, la loi n'avait fait que leur rendre commun avec les commissaires-priseurs le droit que, auparavant eux, ils possédaient exclusivement (27 février 1828; Cass. S. 28, 1, 122; D. 28, 1, 146).

Les commissaires-priseurs ont le droit de procéder à la vente publique et aux enchères de toutes espèces de marchandises neuves, dans les villes même où il existe des courtiers de commerce. En concédant aux courtiers le droit de vendre aux enchères publiques des marchandises neuves, la loi n'a fait que leur rendre *commun* avec les commissaires-priseurs le droit qu'auparavant ceux-ci possédaient exclusivement.

Pour procéder à de telles ventes, les commissaires-priseurs ne sont pas même astreints à remplir les formalités imposées aux courtiers par le décret de 1812 et l'ordonnance de 1819.

Les officiers publics (et, par exemple, les commissaires-priseurs) auxquels la loi attribue le droit exclusif de procéder à de certaines ventes ne peuvent refuser leur ministère à ceux qui le réclament (6 janvier 1832; Poitiers, 32, 2, 450; D. 32, 2, 69).

Les marchands (colporteurs ou sédentaires) peuvent faire vendre à volonté, aux enchères publiques et en détail, par le ministère des commissaires-priseurs ou autres officiers publics ayant qualité pour procéder aux ventes mobilières des marchandises *neuves* faisant l'objet de leur commerce (14 décembre 1829, Bourges; S. 30, 2, 155; D. 30, 2, 284).

Décidé en sens contraire (Cass. 20 juillet 1829; S. 29, 1, 321, Bordeaux; 29 janvier 1830; S. 30, 2, 155; D. 30, 2, 285).

Les huissiers, greffiers et commissaires-priseurs, peuvent-ils, concurremment avec les notaires, procéder à la vente publique des fruits et récoltes pendans par branche ou par racine, notamment à la vente des bois de haute futaie sur pied, ainsi que des matériaux à provenir de démolition? A cet égard, ces objets sont-ils réputés de nature mobilière? Cette question, longtemps fort controversée, a été résolue négativement par arrêts de la Cour de cassation des 1er août 1823 (S. 24, 1, 161), 18 juillet 1826 (S. 27, 1, 93; D. 26, 1, 419), 10 décembre 1828 (S. 29, 1, 256; D. 29, 1, 60), 8 juin 1831, sections réunies (S. 31, 1, 225; D. 31, 1, 212). L'affirmative, au contraire, a été décidée par arrêts des cours royales de Rouen (8 février 1826; S. 26, 2, 316; D. 26, 2, 151); d'Amiens (19 février 1829; S. 29, 2, 129; D. 29, 2, 96); de Paris (10 juin 1826; S. 27, 2, 51); et du 16 mai 1829 (S. 29, 2, 153). Cette dissidence entre la Cour de cassation et les cours royales a rendu l'interprétation législative nécessaire. Une loi a été présentée en 1832, mais elle n'a pas été votée.

Aucune peine n'est applicable au propriétaire d'effets mobiliers qui, dans la vente publique aux enchères de ces effets, les a mis en vente, a crié et reçu les enchères, lorsque d'ailleurs un commissaire-priseur, présent à la vente, a adjugé les effets et dressé procès-verbal : ce n'est point, de la part du propriétaire, s'être immiscé à la vente (7 janvier 1830, Bourges, S. 30, 2, 359).

Les commissaires-priseurs établis dans les départemens ne doivent pas être affranchis du droit de patente (16 janvier 1822; ord. Mac. 3, 24).

Le droit de procéder à la prisée ou estimation des meubles, après décès, appartient aux notaires, greffiers et huissiers (concurremment avec les commissaires-priseurs), à l'exclusion des simples particuliers.

La règle s'applique même au cas de prisée lors des inventaires, sauf le cas où, à raison de la nature des objets, il y aurait nécessité d'appeler des experts ayant des connaissances spéciales (8 juin 1832, Bourges; S. 32, 2, 476).

Les commissaires-priseurs de la ville de Lyon ont le droit exclusif de procéder aux ventes publiques de meubles, non-seulement dans l'étendue du territoire de la mairie de Lyon, mais encore dans l'étendue du territoire des mairies de la Guillotière, de la Croix-Rousse et de Vaise : ces trois faubourgs, quoique formant trois communes distinctes de celles de Lyon, sont néanmoins réputés faire partie de la ville de Lyon (22 mars 1832; Cass. S. 32, 1, 332; D. 32, 1, 132).

On peut, en chargeant un commissaire-priseur de procéder à la vente d'effets mobiliers, valablement renoncer au bénéfice de la responsabilité à laquelle sont soumis les commissaires-priseurs, pour la représentation du prix de vente. Une telle renonciation, alors même qu'elle n'aurait eu lieu que par suite de la promesse du commissaire-priseur d'abandonner la vente à la discrétion du vendeur, ne présente rien d'illicite (17 janvier 1831, Colmar; S. 32, 2, 37).

En attendant qu'il ait été statué par une loi générale sur les vacations et frais desdits officiers, ils ne pourront percevoir autres et plus forts droits que ceux qu'à fixés la loi du 17 septembre 1793 (1).

90. Il sera fait par le Gouvernement une nouvelle fixation des cautionnemens des agens de change et courtiers de commerce ; cet état sera réglé sur la population et le commerce des lieux où résident lesdits agens de change et courtiers, et portera les cautionnemens au *minimum* de quatre mille francs et au *maximum* de cent vingt-cinq mille francs (2).

91. Les avocats à la Cour de cassation, notaires, avoués, greffiers, huissiers, agens de change, courtiers, commissaires - priseurs, pourront présenter à l'agrément de sa majesté des successeurs, pourvu qu'ils réunissent les qualités exigées par les lois. Cette faculté n'aura pas lieu pour les titulaires destitués.

Il sera statué, par une loi particulière, sur l'exécution de cette disposition, et sur les moyens d'en faire jouir les héritiers ou ayant-cause desdits officiers.

Cette faculté de présenter des successeurs ne déroge point, au surplus, au droit de sa majesté de réduire le nombre desdits fonctionnaires, notamment celui des notaires, dans les cas prévus par la loi du 25 ventose an 11 sur le notariat (3).

§ III. Dispositions générales.

92. Les cautionnemens et supplémens de cautionnemens demandés par la présente loi seront versés au Trésor, savoir : un quart en numéraire, un mois après la promulgation de la présente loi, et les trois autres quarts en obligations payables à la fin des mois de juillet, octobre et décembre 1816.

A l'égard des cautionnemens intégraux à fournir pour des créations de places nouvelles, ou pour des mutations, ils seront versés en numéraire avant l'installation des fonctionnaires.

---

(1) *Voy.* ordonnance du 26 juin 1816.

Les commissaires-priseurs, dans les villes autres que Paris, ne peuvent percevoir, à titre d'honoraires sur les ventes de meubles, d'autres droits que les droits fixes réglés par la loi du 17 septembre 1793. Ils ne peuvent exiger les droits proportionnels attribués exclusivement aux commissaires-priseurs de Paris, par la loi du 27 ventose an 9, quel que soit d'ailleurs l'usage contraire (13 juin 1825 ; Cass. S. 26, 1, 59).

Les honoraires des commissaires-priseurs des départemens peuvent être fixés par des conventions particulières, sauf intervention du juge, en cas d'abus dans la fixation. A cet égard continue de subsister la disposition finale de l'article 8 de la loi du 21 juillet 1790 (17 janvier 1831 ; Colmar, S. 32, 2, 37 ; D. 32, 2, 204).

(2) *Voy.* ordonnance du 29 mai 1816.

(3) On sait qu'avant la révolution les offices ministériels étaient transmissibles à prix d'argent. *Voyez* le *Répertoire de Jurisprudence* de Merlin, verbo *Offices*. Les lois de 1790 et 1791 en prononcèrent la suppression. Cependant, antérieurement à la loi du 28 avril 1816 , l'usage de traiter des offices s'était rétabli, et était sinon autorisé, du moins toléré par le Gouvernement ; mais, devant les tribunaux, de pareils traités n'avaient réellement aucune force obligatoire, encore même que les parties parussent n'avoir voulu comprendre dans leurs conventions que la clientelle. *Voyez* deux arrêts, l'un de la cour de Bordeaux, du 27 janvier 1816 (S. 16, 2, 59), et l'autre de la cour de Paris, du 12 octobre 1815 (S. 16, 2, 39). *Voy.* circulaire ministérielle du 21 février 1817, à sa date.

Cette disposition autorise par cela même les officiers ministériels à traiter de leurs charges ou offices, et à en stipuler le prix. Une telle stipulation rentre dans la classe des conventions licites.

Les héritiers des officiers ministériels désignés dans cet article ont, comme les titulaires eux-mêmes, la faculté de présenter des successeurs pour les offices vacans (25 mars 1828, Besançon ; S. 28, 2, 273 ; D. 28, 2, 210). — 9 février 1830, Lyon ; S. 30, 2, 227 ; D. 30, 2, 144).

La circulaire ministérielle du 21 février 1817, qui défend aux greffiers d'élever le prix de cession de leurs offices au-delà du revenu de deux années, n'est pas obligatoire pour les tribunaux, au point qu'elle puisse autoriser la résiliation ou réduction d'un traité de bonne foi, mais à un prix plus élevé, entre le précédent titulaire et son successeur (20 juin 1820 ; Cass. S. 21, 1, 43).

La présentation de son successeur faite par le titulaire d'un office ou d'un brevet, au moyen d'une simple lettre, suffit pour que les héritiers du titulaire ne puissent en disposer ultérieurement. A cet égard, il ne faut ni vente, ni donation, dans les formes usitées pour les transmissions de propriété ordinaires (8 février 1826 ; Cass S. 26, 1, 358).

En France, nulle fonction à la nomination du Roi n'est dans le commerce ; en conséquence, bien que les officiers ministériels aient le droit de présenter leur successeur, cependant les créanciers des officiers ministériels ne peuvent requérir en justice la vente de leurs charges (12 juillet 1827, Caen ; S. 28, 2, 240).

Celui qui a vendu son office n'en a pas transmis la propriété ; il n'est tenu qu'à un fait personnel, c'est-à-dire à donner sa démission : s'il s'y refuse, l'acquéreur ne peut l'y contraindre ; il peut seulement le faire condamner à des dommages-intérêts. Telle est du moins l'opinion que j'ai soutenue dans ma continuation de Toullier, t. 16, n° 208. Elle a été aussi professée par M. de Villeneuve, continuateur de Sirey. *Voy.* dissertation insérée dans son tome 35 , 2ᵉ partie. Il existe, dans le même sens, un arrêt de la cour d'Agen du 19 janvier 1836 (S. 36, 2, 65).

93. L'intérêt des cautionnemens et des supplémens de cautionnemens continuera d'être payé, comme pour le cautionnement primitif, aux taux et aux époques usités pour le passé.

94. Les fonds de tous les cautionnemens fournis jusqu'à ce jour ayant été remis au Trésor, il demeure chargé de rembourser le capital lorsqu'il y aura lieu, et d'en payer les intérêts ainsi que ceux des supplémens et des cautionnemens nouveaux qu'il recevra en exécution de la présente loi.

L'intérêt des cautionnemens nouveaux sera fixé à quatre pour cent sans retenue.

95. Il sera pourvu au remplacement des fonctionnaires qui ne fourniraient pas les cautionnemens et supplémens de cautionnemens dans le délai ci-dessus fixé, ou qui manqueraient de s'acquitter aux époques déterminé ci-dessus (1).

96. Nul ne sera admis à prêter serment et à être installé dans les fonctions auxquelles il aura été nommé, s'il ne justifie préalablement de la quittance de son cautionnement.

97. La faculté conservée à des fonctionnaires de l'ordre judiciaire, employés des administrations civiles, receveurs des communes et comptables de deniers publics, de fournir tout ou partie de leurs cautionnemens ou en rentes sur l'Etat, ne sera pas accordée à ceux qui seront nommés à partir de la publication de la présente loi. Ces cautionnemens devront, en conséquence, être fournis, à l'avenir, en numéraire pour la totalité (2)

TITRE X. De la caisse d'amortissement et de la caisse des dépôts (3).

93. La caisse d'amortissement actuellement existante sera liquidée (4). Les sommes dont elle est débitrice passeront à la charge du Trésor, qui sera tenu de rembourser les capitaux et de payer les intérêts dans les cas et aux époques où il y aura lieu auxdits remboursement et paiement.

99. Il sera créé une nouvelle caisse d'amortissement, qui sera surveillée par six commissaires.

La commission de surveillance sera composée d'un pair de France, président; de deux membres de la Chambre des députés; de celui des trois présidens de la cour des comptes qui sera désigné par le Roi; du gouverneur de la Banque de France, et du président de la chambre de commerce de Paris.

Les nominations du pair de France et des deux membres de la Chambre des députés seront faites par le Roi, sur une liste de trois candidats présentés par la Chambre des pairs, et de six candidats présentés par la Chambre des députés.

Les nominations seront faites pour trois ans.

Les membres sortant seront rééligibles (5).

100. La caisse d'amortissement sera dirigée et administrée par un directeur général, auquel il pourra être adjoint un sous-directeur.

Il y aura un caissier responsable.

101. Le directeur général, le sous-directeur et le caissier seront nommés par le Roi. Les traitemens du directeur général, du sous-directeur et du caissier, seront fixés par le Roi, sur la proposition de la commission de surveillance.

102. Le directeur général sera responsable de la gestion et du détournement des deniers de la caisse, s'il y a contribué ou consenti.

Il ne pourra être révoqué que sur une demande motivée de la commission de surveillance directement adressée au Roi.

103. Le caissier sera responsable du maniement des deniers. Il fournira un cautionnement dont le montant sera réglé par une ordonnance du Roi, sur la proposition de la commission.

104. Le revenu des postes est exclusivement et immuablement attribué à la caisse d'amortissement.

Ce revenu sera versé par douzièmes, de mois en mois, à ladite caisse. Si le produit de chaque mois ne s'élève pas au douzième de quatorze millions, la différence sera payée par le Trésor, dans les quinze premiers jours du mois suivant.

Le caissier de l'administration des postes ne sera valablement libéré des sommes qu'il aura dû verser à la caisse d'amortissement que par un récépissé du caissier de cette caisse.

105. Il sera versé, en outre, dans la première quinzaine de chaque mois, par le Trésor royal à la caisse d'amortissement, une somme de cinq cent mille francs.

106. Les versemens à faire en vertu des deux articles ci-dessus auront lieu pour cette année, par huitièmes, à compter du 1er mai 1816.

107. A mesure que lesdites sommes seront versées dans la caisse d'amortissement, l'em-

---

(1) *Voy.* ordonnances du 19 février 1817, du 9 janvier 1818, du 12 janvier 1820, du 6 avril 1820, qui accordent prorogation de délai.

(2) *Voy.* ordonnance du 11 juin 1816.

(3) *Voy.* ordonnance des 22 et 29 mai 1816, et du 3 juillet 1816.

(4) *Voy.* ordonnance du 26 juin 1816; loi du 27 juin 1819, art. 16.

(5) *Voy.* ordonnance du 8 mai 1816.

ploi en sera fait en achats de rentes sur le grand-livre de la dette publique.

108. Les sommes qui rentreront par le paiement des semestres seront également et immédiatement employées en achats de rentes.

109. Les rentes acquises par la caisse au moyen 1° des sommes affectées à sa dotation, 2° des arrérages desdites sommes, seront immobilisées, et ne pourront, dans aucun cas ni sous aucun prétexte, être vendues ni mises en circulation, à peine de faux et autres peines de droit contre tous vendeurs et acheteurs.

Lesdites rentes seront annulées aux époques et pour la quotité qui seront déterminées par une loi.

110. La caisse d'amortissement ne pourra recevoir aucun dépôt ni consignation, de quelque espèce que ce soit.

Les dépôts, les consignations, les services relatifs à la Légion-d'Honneur, à la compagnie des canaux, aux fonds de retraite, et les autres attributions (l'amortissement excepté) confiées à la caisse actuellement existante, seront administrés par un établissement spécial sous le nom de *Caisse de dépôts et consignations* (1).

111. Cet établissement est soumis à la même surveillance et aux mêmes règles de responsabilité et de garantie que la nouvelle caisse d'amortissement instituée par la présente loi.

Il sera organisé par une ordonnance royale, sur la proposition des commissaires surveillans mentionnés en l'article 99 de la présente loi.

112. Tous les trois mois, les commissaires surveillans entendront le compte qui leur sera rendu de la situation de ces établissemens. Ce compte sera rendu public.

Ils vérifieront toutes les fois qu'ils le jugeront utile, et au moins une fois par mois, l'état des caisses, la bonne tenue des écritures, et tous les détails administratifs.

113. La commission fera passer au directeur général les observations qu'elle jugera convenables, et qui cependant ne seront point obligatoires pour lui.

114. A la session annuelle des Chambres des pairs et des députés, le pair de France, commissaire du Roi, au nom de la commission et en présence du directeur général, fera un rapport aux deux Chambres sur la direction morale et sur la situation matérielle de ces établissemens.

Ce rapport et les tableaux dont il pourra être accompagné seront rendus publics.

115. Il ne pourra, dans aucun cas ni sous aucun prétexte, être porté atteinte à la dotation de la caisse d'amortissement. Ces établissemens sont placés, de la manière la plus spéciale, sous la surveillance et la garantie de l'autorité législative.

116. La condition mise par la loi du 5 décembre 1814 à la restitution des biens provenant d'émigrés qui ont été cédés à la caisse d'amortissement est révoquée : ces biens seront rendus aux propriétaires, lorsqu'ils auront rempli les formalités prescrites par cette loi.

A l'égard des biens à restituer qui consisteraient en domaines engagés, la loi du 11 pluviose an 12 et le paragraphe second de l'article 15 de celle du 14 ventose an 7 sont rapportés. Les possesseurs réintégrés ne seront assujétis qu'à l'exécution des autres dispositions de cette dernière loi.

La présente disposition sera commune à tous les engagistes. (2).

---

(1) *Voy.* lois du 23 septembre 1793, du 24 frimaire an 6; arrêté du 5 nivose an 7; du 28 nivose an 13 ; ordonnance du 3 juillet 1816; loi du 17 juillet 1819, art. 33.

(2) Cet article n'a relevé de la déchéance prononcée par la loi du 14 ventose an 7 (art. 13), contre les engagistes qui n'ont pas fait leur soumission dans le délai utile, que les seuls engagistes des forêts au-dessus de 150 hectares, dépossédés par suite de la loi du 11 pluviose an 12 (28 août 1827; ord. Mac. 9, 450).

Lorsque l'engagiste a renoncé volontairement au bénéfice de sa soumission pour se présenter comme créancier de l'Etat, et qu'en cette qualité il a encouru la déchéance prononcée par un décret définitif et irrévocable, il ne peut invoquer les lois des 28 avril 1816 et 12 mars 1820, pour faire de nouvelles soumissions en vertu de son ancienne qualité (28 août 1827; ord. Mac. 9, 450).

Un particulier auquel des bois auraient été concédés ne peut être considéré comme engagiste, si les lettres-patentes portant concession à son profit n'ont point été enregistrées; et, s'il n'a jamais été mis en possession des biens concédés, ses héritiers ne sont pas fondés à demander le maintien de la concession, sous la condition même de se conformer aux lois des 14 ventose an 7 et 28 avril 1816; car, n'étant ni détenteurs, ni dépossédés, ils ne se trouvent dans aucun des cas prévus par l'article 14 de la première de ces lois.

De telles questions sont jugées par la justice administrative (27 décembre 1820; ordonnance, J. C. t. 5, p. 508).

Les engagistes qui n'ont pas été remboursés de leurs finances d'engagement doivent être maintenus dans leur jouissance, et ceux qui ont été dépossédés doivent être réintégrés, lorsque les biens se trouvent encore entre les mains de l'Etat, en faisant les déclarations et soumissions prescrites par les articles 13 et 14 de la loi du 14 ventose an 7 (21 mars 1821; J. C. t. 5, p. 578).

TITRE XI. Crédit supplémentaire.

117. Il est ouvert au ministre des finances, pour le service de l'année 1816, un crédit de 6 millions de rente : en conséquence, le Gouvernement est autorisé à créer et à faire inscrire au grand-livre de la dette publique, à mesure des besoins, jusqu'à concurrence de ce crédit.

118. Ce crédit servira à pourvoir aux dépenses indispensables et imprévues, et au déficit qui pourrait exister entre les recettes et les dépenses, tant du budget ordinaire que du budget extraordinaire.

119. Le ministre des finances rendra compte, lors de la présentation du budget de 1817, de la réalisation et de l'emploi de tout ou partie de ce crédit, qui se régularisé par la loi de finances de 1817.

120. Il est ouvert au même ministre un autre crédit semblable de 6 millions de rente, qui ne pourra être employé qu'à diminuer pour l'avenir, s'il y a lieu, les charges extraordinaires de l'Etat.

Le ministre des finances rendra compte, lors de la présentation du budget de 1817, des opérations qu'il aurait pu faire en vertu du présent article.

TITRE XII.

121. Les dispositions des lois, décrets et ordonnances relatives aux perceptions concernant l'instruction publique, les postes (1) et loteries, continueront d'être exécutées. Les lois, décrets et arrêtés qui seraient contraires à la présente, sont annulés.

122. Les comptes des dépenses de chaque ministère, qui doivent, conformément aux lois antérieures, être rendus chaque année, seront imprimés. Les comptes des années 1814 et 1815 seront présentés à la prochaine session des Chambres; ceux de 1816 le seront à la session de 1817, et avant la présentation du budget de 1818 (2).

La faculté de soumissionner certains domaines engagés (les forêts au-dessus de 150 hectares), que refusait l'article 15, § 2, de la loi du 14 ventose an 7, et qu'accorde l'article 116 de la loi du 28 avril 1816, doit profiter au légataire universel, par préférence à l'héritier légitime de l'engagiste décédé avant la loi du 28 avril 1816 (30 mars 1824; Cass. S. 24, 1, 424).
Voy. loi du 15 mai 1818, sur les échangistes, et du 12 mars 1820.

(1) Voy. ordonnance du 6 août 1817.

(2) Voy. lois du 25 mars 1817, art. 148 et suiv., et du 15 mai 1818, art. 102 Ces dispositions contiennent des règles sur le mode de présentation des comptes aux Chambres, et veulent que dorénavant une loi spéciale soit consacrée au réglement définitif des budgets antérieurs.

Voy. la première note placée sur la loi du 23 septembre 1814, explicative des modes successifs suivis dans la présentation des lois de finances.

Voy. également ce qui est dit dans cette note touchant la spécialité.

Il importe de remarquer que les deux lois sur les contributions indirectes et sur les douanes qui suivent les tableaux annexés à celle-ci, ont la même date, et peuvent, jusqu'à un certain point, être considérées comme formant avec elle une seule et même loi; cependant leurs articles ont une série particulière de numéros; en conséquence, lorsqu'il y a renvoi à la loi du 28 avril 1816, il faut examiner, d'après la nature des matières, si l'on a entendu désigner la loi sur les finances, la loi sur les contributions indirectes, ou enfin la loi sur les douanes.

Ӭ Etat N° I.

ÉTAT DES CAUTIONNEMENS

DES RECEVEURS GÉNÉRAUX

sur les Contributions directes et indirectes.

DÉPARTEMENS.	CAUTIONNEMENS fournis par les receveurs généraux.	SUPPLÉMENS de cautionnement à fournir par les receveurs généraux sur les produits indirects.	TOTAUX.
	fr. c.	fr.	fr. c.
Ain.	156,141 00	30,000	186,141 00
Aisne	372,199 00	100,000	472,199 00
Allier	172,849 00	40,000	212,849 00
Alpes (Basses).	82,750 00	15,000	97,750 00
Alpes (Hautes)	60,725 00	10,000	70,725 00
Ardèche.	117,916 00	30,000	147,916 00
Ardennes	202,608 00	80,000	282,608 00
Ariége.	80,399 00	20,000	100,399 00
Aube	206,891 00	50,000	256,891 00
Aude	224,375 00	50,000	274,375 00
Aveyron.	239,555 00	30,000	269,555 00
Bouches-du-Rhône.	491,749 00	80,000	571,749 00
Calvados.	515,641 00	100,000	615,641 00
Cantal	158,600 00	30,000	188,600 00
Charente	242,716 00	50,000	292,716 00
Charente-Inférieure	335,200 00	100,000	435,200 00
Cher.	135,941 00	35,000	170,941 00
Corrèze	125,341 00	35,000	168,341 00
Corse	26,964 00	10,000	36,964 00
Côte-d'Or	315,274 00	90,000	405,274 00
Côtes-du-Nord	207,466 00	100,000	307,466 00
Creuze.	102,607 00	25,000	127,607 00
Dordogne.	256,449 00	40,000	296,449 00
Doubs.	157,266 00	25,000	182,266 00
Drôme	161,820 00	25,000	186,820 00
Eure.	422,558 00	80,000	502,558 00
Eure-et-Loir.	326,966 00	40,000	366,966 00
Finistère.	203,007 00	100,000	303,007 00
Gard	240,866 00	100,000	340,866 00
Garonne (Haute)	301,136 00	100,000	401,136 00
Gers.	203,074 00	25,000	228,074 00
Gironde.	546,053 00	100,000	646,053 00
Hérault	335,499 00	85,000	420,499 00
Ille-et-Vilaine.	247,891 00	120,000	367,891 00
Indre	130,425 00	30,000	160,425 00
Indre-et-Loire	232,040 00	60,000	292,040 00
Isère.	301,216 00	60,000	361,216 00
Jura.	169,799 00	50,000	219,799 00
Landes	96,624 00	25,000	121,624 00
Loir-et-Cher	186,003 00	30,000	216,003 00
Loire	219,266 00	40,000	259,266 00
Loire (Haute)	126,408 00	20,000	146,408 00

DÉPARTEMENS.	CAUTIONNEMENS fournis par les receveurs généraux.		SUPPLÉMENS de cautionnement à fournir par les receveurs généraux sur les produits indirects.	TOTAUX.	
	fr.	c.	fr.	fr.	c.
Loire-Inférieure	268,057	00	130,000	398,057	00
Loiret	299,151	00	130,000	429,151	00
Lot	166,301	00	20,000	186,301	00
Lot-et-Garonne.	283,109	00	30,000	313,109	00
Lozère.	72,223	00	25,000	97,233	00
Maine-et-Loire.	325,441	00	50,000	374,441	00
Manche	421,533	00	130,000	551,533	00
Marne.	324,274	00	80,000	404,274	00
Marne (Haute).	186,499	00	80,000	266,499	00
Mayenne	233,116	00	50,000	283,116	00
Meurthe.	242,033	00	100,000	342,033	00
Meuse.	201,949	00	80,000	281,949	00
Mont-Blanc.	108,766	00	"	108,766	00
Morbihan	188,766	00	120,000	308,766	00
Moselle	251,174	00	100,000	351,174	00
Nièvre.	172,632	00	50,000	222,632	00
Nord	608,833	00	150,000	758,833	00
Oise	366,357	00	100,000	466,357	00
Orne.	291,958	00	60,000	351,958	00
Pas-de-Calais	424,383	00	100,000	524,383	00
Puy-de-Dôme	301,450	00	50,000	351,450	00
Pyrénées (Basses).	149,774	00	100,000	249,774	00
Pyrénées (Hautes)	75,833	00	30,000	105,833	00
Pyrénées-Orientales . . .	82,291	00	50,000	132,291	00
Rhin (Bas)	322,375	00	100,000	422,375	00
Rhin (Haut)	259,227	06	100,000	359,227	06
Rhône.	369,624	00	150,000	519,624	00
Saône (Haute)	185,133	00	50,000	235,233	00
Saône-et-Loire	355,182	00	60,000	415,182	00
Sarthe.	316,250	00	70,000	386,250	00
Seine	1,268,741	00	"	1,268,741	00
Seine-Inférieure	734,882	00	150,000	884,882	00
Seine-et-Marne.	387,198	20	80,000	467,198	20
Seine-et-Oise	577,066	00	80,000	657,066	00
Sèvres (Deux)	199,599	00	40,000	239,599	00
Somme.	447,299	00	60,000	507,299	00
Tarn.	214,566	00	30,000	244,566	00
Tarn-et-Garonne.	198,895	00	40,000	238,895	00
Var.	198,991	00	100,000	298,991	00
Vaucluse.	124,300	00	50,000	174,300	00
Vendée	186,341	00	50,000	236,341	00
Vienne	159,749	00	50,000	209,749	00
Vienne (Haute)	132,624	00	50,000	182,624	00
Vosges.	163,558	00	60,000	223,558	00
Yonne.	242,566	00	80,000	322,566	00
Totaux. . .	22,528,452	26	5,530,000	28,058,452	26

I ETAT No II.

ÉTAT DES CAUTIONNEMENS

DES RECEVEURS PARTICULIERS.

DÉSIGNATION des DÉPARTEMENS.	ARRONDISSEMENS.	MONTANT des cautionnemens fournis par les receveurs particuliers.	SUPPLÉMENT de cautionnement à fournir par les receveurs particuliers.	TOTAL.
Ain.	Trévoux.	33,097	15,000	48,097
	Belley.	23,457	10,000	33,457
	Nantua.	12,342	10,000	22,342
	Gex.	"	5,000	5,000
Aisne.	Château-Thierry.	50,281	15,000	65,281
	Saint-Quentin.	55,901	20,000	75,901
	Soissons.	60,951	20,000	80,951
	Vervins.	50,072	20,000	70,072
Allier.	Gannat.	29,268	10,000	39,268
	La Palice.	34,750	10,000	44,750
	Montluçon.	37,752	15,000	52,752
Alpes-Basses.	Barcelonnette.	4,503	2,000	6,503
	Castellane.	8,086	5,000	13,086
	Forcalquier.	18,454	10,000	28,454
	Sisteron.	11,792	5,000	16,792
Alpes-Hautes.	Briançon.	8,365	5,000	13,365
	Embrun.	11,893	5,000	16,893
Ardèche.	L'Argentière.	27,225	10,000	37,225
	Tournon.	34,617	15,000	49,617
Ardennes.	Rethel.	44,125	15,000	59,125
	Rocroy.	24,224	10,000	34,224
	Sédan.	34,431	10,000	44,431
	Vouziers.	46,708	10,000	56,708
Ariége.	Pamiers.	26,118	10,000	36,118
	Saint-Girons.	20,177	10,000	30,177
Aube.	Arcis-sur-Aube.	24,353	10,000	34,353
	Bar-sur-Aube.	28,600	10,000	38,600
	Bar-sur-Seine.	36,100	10,000	46,100
	Nogent-sur-Seine.	24,810	10,000	34,810
Aude.	Castelnaudary.	47,554	20,000	67,554
	Limoux.	38,887	15,000	53,887
	Narbonne.	45,251	40,000	85,251
Aveyron.	Espalion.	33,945	15,000	48,945
	Milhau.	40,227	15,000	55,227
	Saint-Afrique.	35,377	15,000	50,377
	Villefranche.	44,216	15,000	59,216
Bouches-du-Rhône.	Aix.	49,389	30,000	79,389
	Tarascon.	44,329	25,000	69,329
Calvados.	Bayeux.	72,722	25,000	97,722
	Pont-l'Evêque.	80,313	25,000	105,313
	Lisieux.	80,368	25,000	105,368
	Falaise.	49,579	15,000	64,579
	Vire.	48,762	15,000	63,762
Cantal.	Saint-Flour.	37,705	15,000	52,705
	Mauriac.	31,846	15,000	46,846
	Murat.	20,499	10,000	30,499
Charente.	Barbezieux.	38,024	10,000	48,024
	Cognac.	37,626	15,000	25,626
	Confolens.	33,535	10,000	43,535
	Ruffec.	28,018	10,000	38,018

DÉSIGNATION des DÉPARTEMENS.	ARRONDISSEMENS.	MONTANT des cautionnemens fournis par les receveurs particuliers.	SUPPLÉMENT de cautionnement à fournir par les receveurs particuliers.	TOTAL.
	Jonzac.	58,402	20,000	78,402
	Saintes.	68,105	25,000	93,105
Charente-Inférieure.	Marennes.	31,474	15,000	46,474
	Rochefort.	34,508	50,000	84,508
	Saint-Jean-d'Angély.	39,734	15,000	54,734
Cher.	Saint-Amand.	42,029	15,000 ·	57,029
	Sancerre.	31,112	10,000	41,112
Corrèze.	Brives.	47,354	15,000	62 354
	Ussel.	17,571	10,000	27,571
	Bastia.	1,097	1,000	2,097
Corse.	Calvi.	2,987	1,000	3,987
	Corté.	3,159	1,000	4,159
	Sartène.	2,541	1,000	3,541
	Beaune.	88,078	40,000	128,078
Côte-d'Or.	Châtillon.	32,458	15,000	47,458
	Semur.	43,965	20,000	63,965
	Lannion.	28,283	10,000	38,283
Côtes-du-Nord.	Dinan.	36,607	15,000	51,607
	Loudéac.	26,445	10,000	36,445
	Guingamp.	34,743	15,000	49,743
	Aubusson.	30,314	15,000	45,314
Creuse.	Bourgàneuf.	10,484	5,000	15,484
	Boussac.	14,481	5,000	19,481
	Bergerac.	68,131	25,000	93,131
Dordogne.	Nontron.	32,689	15,000	47,689
	Riberac.	36,049	15,000	51,049
	Sarlat.	41,275	20,000	61,275
	Baume.	32,911	15,000	47,911
Doubs.	Pontarlier.	26,002	10,000	36,002
	Saint-Hyppolite.	15,002	10,000	25,002
	Die.	26,560	10,000	36,560
Drôme.	Montélimart.	25,800	10,000	35,800
	Nyons.	13,100	5,000	18,100
	Pont-Audemer.	85,333	20,000	105,333
Eure.	Louviers.	56,634	20,000	76,634
	Les Andelys.	64,732	20,000	84,732
	Bernay.	75,384	20,000	95,384
	Châteaudun.	60,823	15,000	75,823
Eure-et-Loir.	Dreux.	67,250	15,000	82,250
	Nogent-le-Rotrou.	31,408	10,000	41,408
	Brest.	60,467	30,000	90,467
Finistère.	Morlaix.	42,189	30,000	72,189
	Châteaulin.	26,975	10,000	36,975
	Quimperlé.	13,725	5,000	18,725
	Alais.	29,301	15,000	44,301
Gard.	Uzès.	53,596	20,000	73,596
	Le Vigan.	24,676	10,000	34,176
	Muret.	51,884	20,000	71,884
Garonne (Haute).	Saint-Gaudens.	49,964	15,000	64,964
	Villefranche.	51,788	20,000	71,788
	Condom.	46,470	15,000	61,470
Gers.	Lectoure.	36,012	10,000	46,012
	Lombez.	24,174	10,000	34,174
	Mirande.	37,726	15,000	52,726
	Bazas.	22,941	10,000	32,941
	Blaye.	25,121	10,000	35,121
Gironde.	La Réole.	33,079	10,000	43,079
	Lesparre.	17,175	10,000	27,275
	Libourne.	61,461	40,000	101,461

DÉSIGNATION des DÉPARTEMENS.	ARRONDISSEMENS.	MONTANT des cautionnemens fournis par les receveurs particuliers.	SUPPLÉMENT de cautionnement à fournir par les receveurs particuliers.	TOTAL.
H. Hérault.	Saint-Pons.	21,929	5.000	26,929
	Béziers.	112,027	40,000	152,027
	Lodève.	37,521	15,000	52,521
II Ille-et-Vilaine.	Saint-Malo.	45,939	35,000	80,939
	Fougères.	29,269	10,000	39,269
	Vitré.	31,634	10,000	41,634
	Redon.	23,640	40,000	63,640
	Montfort.	25,300	10,000	35,300
I Indre.	Blanc.	23,925	10,000	33,925
	Issoudun.	24,187	10,000	34,187
	La Châtre.	23,220	10,000	33,220
I Indre-et-Loire.	Chinon.	62,700	20,000	82,700
	Loches.	36,193	15,000	51,193
II Isère.	La Tour-du-Pin.	51,469	20,000	71,469
	Saint-Marcellin.	37,318	15,000	52,318
	Vienne.	64,108	30,000	94,108
L Jura.	Saint-Claude.	14,503	5,000	19,503
	Dôle.	37,881	15,000	52,881
	Poligny.	35,933	15,000	50,933
I Landes.	Dax.	31,221	10,000	41,221
	Saint-Sever.	29,703	10,000	39,703
I Loir-et-Cher.	Romorantin.	26,000	10,000	36,000
	Vendôme.	54,798	15,000	69,798
I Loire.	Saint-Etienne.	62,010	25,000	87,010
	Roanne.	59,026	20,000	79,026
I Loire (Haute).	Brioude.	31,887	15,000	46,887
	Issengeaux.	23,591	10,000	33,591
I Loire-Inférieure.	Ancenis.	17,003	5,000	22,003
	Châteaubriant.	19,342	5,000	24,342
	Paimbœuf.	17,560	5,000	22,560
	Savenay.	44,689	30,000	74,689
I Loiret.	Gien.	27,966	10,000	37,966
	Montargis.	43,545	15,000	58,545
	Pithiviers.	54,204	15,000	69,204
I Lot.	Figeac.	46,104	15,000	61,104
	Gourdon.	37,999	10,000	47,999
I Lot-et-Garonne.	Marmande.	74,299	25,000	99,299
	Nérac.	44,338	15,000	59,338
	Villeneuve-d'Agen.	65,832	20,000	85,832
I Lozère.	Florac.	17,075	5,000	22,075
	Marvejols.	22,549	10,000	32,549
I Maine-et-Loire.	Baugé.	46,418	15,000	61,418
	Beaupréau.	54,416	15,000	69,416
	Saumur.	77,508	20,000	97,508
	Segré.	44,203	15,000	59,203
I Manche.	Valognes.	78,038	50,000	128,038
	Mortain.	32,519	10,000	42,519
	Avranches.	56,138	40,000	96,138
	Coutances.	82,341	30,000	112,341
	Cherbourg.	44,260	25,000	69,260
I Marne.	Epernay.	77,143	25,000	102,143
	Reims.	97,027	30,000	127,027
	Sainte-Menehould.	28,938	10,000	38,938
I Marne (Haute).	Vitry-sur-Marne.	49,176	15,000	64,176
	Langres.	60,640	25,000	85,640
	Vassy.	44,708	20,000	64,708
I Mayenne.	Château-Gontier.	52,675	15,000	67,675
	Mayenne.	88,500	30,000	118,500

DÉSIGNATION des DÉPARTEMENS.	ARRONDISSEMENS.	MONTANT des cautionnemens fournis par les receveurs particuliers.	SUPPLÉMENT de cautionnement à fournir par les receveurs particuliers.	TOTAL.
Meurthe.	Château-Salins.	39,867	15,000	54,867
	Lunéville.	45,702	20,000	65,702
	Sarrebourg.	22,043	15,000	37,043
	Toul.	29,491	15,000	44,491
Meuse.	Commercy.	47,754	20,000	67,754
	Montmédy.	36,211	15,000	51,211
	Verdun.	44,392	20,000	64,392
Morbihan.	Pontivy.	34,671	15,000	49,671
	Ploermel.	32,843	10,000	42,843
	Lorient.	50,142	40,000	90,142
Moselle.	Briey.	34,036	15,000	49,036
	Sarguemines.	41,996	15,000	56,996
	Thionville.	47,053	15,000	62,053
	Sarrebruck.	"	"	"
Nièvre.	Château-Chinon.	26,386	10,000	36,386
	Clamecy.	36,916	15,000	51,916
	Cosne.	33,610	15,000	48,610
Nord.	Avesnes.	50,190	20,000	70,190
	Dunkerque.	60,669	50,000	110,669
	Cambrai.	54,012	25,000	79,012
	Douai.	91,786	40,000	131,786
	Hazebrouck.	60,702	25,000	85,572
Oise.	Clermont.	78,174	25,000	103,174
	Compiègne.	65,572	20,000	85,772
	Senlis.	76,282	20,000	96,282
Orne.	Domfront.	42,710	15,000	57,710
	Argentan.	92,420	40,000	132,420
	Mortagne.	72,066	30,000	102,066
Pas-de-Calais.	Boulogne.	37,860	50,000	87,870
	Saint-Omer.	56,665	25,000	81,665
	Béthune.	65,008	25,000	90,008
	Saint-Pol.	42,733	15,000	57,733
	Montreuil.	37,001	15,000	52,001
Puy-de-Dôme.	Ambert.	29,146	15,000	44,146
	Issoire.	44,319	20,000	64,319
	Riom.	61,593	25,000	86,593
	Thiers.	28,338	15,000	43,338
Pyrénées (Basses).	Bayonne.	22,792	50,000	72,792
	Mauléon.	13,629	5,000	18,629
	Oléron.	17,618	10,000	27,618
	Orthez.	24,099	10,000	34,099
Pyrénées (Hautes).	Argelès.	8,085	5,000	13,085
	Bagnères.	18,589	10,000	28,589
Pyrénées-Orientales.	Ceret.	12,330	15,000	27,330
	Prades.	17,615	15,000	32,615
Rhin (Bas).	Saverne.	39,021	20,000	59,021
	Schelestadt.	55,007	25,000	80,007
	Wissembourg.	50,806	25,000	75,806
Rhin (Haut).	Altkirch.	48,491	50,000	98,491
	Belfort.	39,719	20,000	59,719
Rhône.	Villefranche.	68,431	30,000	98,431
Saône (Haute).	Gray.	51,800	25,000	76,800
	Lure.	39,767	20,000	59,767
Saône-et-Loire.	Châlons.	82,578	20,000	102,578
	Charolles.	56,941	15,000	71,941
	Louhans.	47,703	15,000	62,703
	Autun.	39,773	15,000	54,773

DÉSIGNATION des DÉPARTEMENS.	ARRONDISSEMENS.	MONTANT des cautionnemens fournis par les receveurs particuliers.	SUPPLÉMENT de cautionnement à fournir par les receveurs particuliers.	TOTAL.
Sarthe.	La Flèche.	58,422	25,000	83,422
	Mamers	85,360	30,000	115,360
	Saint-Calais.	38,381	15,000	53,381
Seine.	Saint-Denis.	60,537	30,000	90,537
	Sceaux.	59,088	25,000	84,088
	Le Havre.	118,298	50,000	168,298
Seine-Inférieure.	Yvetot.	110,690	30,000	140,690
	Dieppe.	104,016	40,000	144,016
	Neufchâtel.	85,617	30,000	115.617
	Coulommiers.	52,045	20,000	72,045
Seine-et-Marne.	Fontainebleau.	52,639	20,000	72,639
	Meaux.	114,855	40,000	154,855
	Provins.	56,317	20,000	76,317
	Corbeil.	71,706	20,000	91,706
	Etampes.	71,830	20,000	91,830
Seine-et-Oise.	Mantes.	56,456	15,000	71,456
	Pontoise.	124,398	40,000	164,398
	Rambouillet.	78,889	30,000	108,889
	Bressuire.	41,159	10,000	51,159
Sèvres (Deux).	Melle.	39,655	10,000	49,655
	Parthenay.	37,775	10,000	47,775
	Abbeville.	97,752	30,000	127,752
	Doullens.	40,728	15,000	55,728
Somme.	Péronne.	73,154	25,000	98,154
	Mont-Didier.	57,728	20,000	77,728
	Castres.	61,040	25,000	86,040
Tarn.	Gaillac.	45,461	20,000	65,461
	Lavaur.	38,869	15,000	53,869
	Moissac.	38,192	15,000	53,192
Tarn-et-Garonne.	Castel-Sarrazin.	59,294	20,000	79,294
	Grasse.	34,960	15,000	59,960
Var.	Draguignan.	46,032	20,000	66,032
	Brignolles.	36,570	15,000	51,570
	Apt.	24,477	10,000	34,477
Vaucluse.	Orange.	24,093	10,000	34,093
	Carpentras.	18,925	10,000	28,925
Vendée.	Fontenay.	76,581	20,000	96,581
	Sables-d'Olonne.	47,128	30,000	77,128
	Châtellerault.	24,872	10,000	34,872
	Civray.	20,411	10,000	30,411
Vienne.	Loudun.	23,657	10,000	33,657
	Montmorillon.	23,310	10,000	33,310
	Bellac.	35,649	10,000	45,649
Vienne (Haute).	Rochechouart.	19,976	5,000	21,976
	Saint-Yrieix.	15,675	5,000	20,675
	Mirecourt.	30,901	15,000	45,901
	Neuchâteau.	30,312	15,000	45,312
Vosges.	Remiremont.	24,833	10,000	24,833
	Saint-Dié.	16,017	15,000	41,017
	Avallon.	27,555	10,000	37,555
	Sens.	39,700	15,000	44,700
Yonne.	Joigny.	47,833	20,000	67,833
	Tonnerre.	35,324	15,000	50,324
Total. . . .		11,813,862	4,806,000	16,619,862

ÉTAT N° III. *État général des Cautionnemens des Payeurs des divisions et des départemens et des ports.*

DIVISIONS.	CAUTIONNE-MENS actuels.	SUPPLÉ-MENS.	TOTAUX.	DIVISIONS.	CAUTIONNE-MENS actuels.	SUPPLÉ-MENS.	TOTAUX.	
Payeurs des divisions militaires.				*Payeurs des divisions militaires.*				
1re, Paris . .	133,200f	49,400f	182,600f	14e	62,400f	20,800f	82,200f	o
2e	58,800	19,600	78,400	15e	60,000	25,000	85,000	o
3e	57,600	24,200	81,800	16e	84,000	33,000	117,000	o
4e	43,200	19,400	62,600	17e	"	"	"	
5e	69,600	28,200	97,800	18e	56,400	23,800	80,200	o
6e	55,200	18,400	73,600	19e	52,880	22,626	75,506	ô
7e	64,800	21,600	86,400	20e	46,800	15,600	62,400	o
8e	64,800	21,600	86,400	21e	48,000	16,000	64,000	o
9e	66,000	22,000	88,000	22e	37,200	12,400	49,600	o
10e	66,000	22,000	88,000	Corse	33,600	11,200	44,800	o
11e	43,200	19,114	62,314					
12e	66,000	22,000	88,000	Totaux . . .	1,335,680	494,940	1,830,620	o
13e	66,000	27,000	93,000					

DÉPARTEMENS.	CAUTIONNEMENS actuels.	SUPPLÉMENS.	TOTAUX.
Payeurs des départemens.			
1. Ain	9,000	4,600	13,600
2. Aisne	10,000	5,000	15,000
3. Allier	9,000	4,600	13,600
4. Alpes (Basses)	8,000	4,000	12,000
5. Alpes (Hautes)	8,000	4,100	12,100
6. Ardèche	9,000	4,600	13,600
7. Ardennes	9,000	4,600	13,600
8. Ariége	8,000	4,100	12,100
9. Aube	9,000	4,600	13,600
10. Aude	9,000	4,600	13,600
11. Aveyron	10,000	5,000	15,000
12. Bouches-du-Rhône . . .	10,000	5,000	15,000
13. Calvados	10,000	5,000	15,000
14. Cantal	9,000	4,600	13,600
15. Charente	10,000	5,000	15,000
16. Charente-Inférieure . . .	10,000	5,000	15,000
17. Cher	9,000	4,600	13,600
18. Corrèze	9,000	4,600	13,600
19. Corse (île de)	8,000	4,100	12,100
20. Côte-d'Or	10,000	5,000	15,000
21. Côtes-du-Nord	10,000	5,000	15,000
22. Creuse	9,000	4,600	13,600
23. Dordogne	10,000	5,000	15,000
24. Doubs	9,000	4,600	13,600
25. Drôme	9,000	4,600	53,600
26. Eure	10,000	5,000	15,000
27. Eure-et-Loir	9,000	4,600	13,600
28. Finistère	10,000	5,000	15,000
29. Gard	9,000	4,600	13,600
30. Garonne (Haute)	10,000	5,000	15,000
31. Gers	9,000	4,600	13,600
32. Gironde	10,000	5,000	15,000

DÉPARTEMENS.	CAUTIONNEMENS actuels.	SUPPLÉMENS.	TOTAUX.

Payeurs des départemens.

DÉPARTEMENS.	CAUTIONNEMENS actuels.	SUPPLÉMENS.	TOTAUX.
33. Hérault..............	9,000	4,600	13,600
34. Ille-et-Vilaine......	10,000	5,000	15,000
35. Indre.............	9,000	4,600	13,600
36. Indre-et-Loire......	9,000	4,600	13,600
37. Isère.............	10,000	5,000	15,000
38. Jura..............	9,000	4,600	13,600
39. Landes...........	9,000	4,600	13,600
40. Loir-et-Cher.......	9,000	4,600	13,600
41. Loire.............	9,000	4,600	13,600
42. Loire (Haute)......	9,000	4,600	13,600
43. Loire-Inférieure.....	10,000	5,000	15,000
44. Loiret..	9,000	4,600	13,600
45. Lot..............	10,000	5,000	15,000
46. Lot-et-Garonne......	10,000	5,000	15,000
47. Lozère...........	8,000	4,100	12,100
48. Maine-et-Loire......	10,000	5,000	15,000
49. Manche...........	10,000	5,000	15,000
50. Marne............	9,000	4,600	13,600
51. Marne (Haute)......	9,000	4,600	13,600
52. Mayenne..........	10,000	5,000	15,000
53. Meurthe..........	10,000	5,000	15,000
54. Meuse............	9,000	4,600	13,600
55. Mont-Blanc........	9,000	"	9,000
56. Morbihan.........	10,000	5,000	15,000
57. Moselle...........	10,000	5,000	15,000
58. Nièvre...........	9,000	4,600	13,600
59. Nord.............	10,000	5,000	15,000
60. Oise.............	10,000	5,000	15,000
61. Orne.............	10,000	5,000	15,000
62. Pas-de-Calais.......	10,000	5,000	15,000
63. Puy-de-Dôme.......	10,000	5,000	15,000
64. Pyrénées (Basses)....	10,000	5,000	15,000
65. Pyrénées (Hautes)....	8,000	4,100	12,100
66. Pyrénées (Orientales).	8,000	4,100	12,100
67. Rhin (Bas)........	10,000	5,000	15,000
68. Rhin (Haut).......	10,000	5,000	15,000
69. Rhône............	10,000	5,000	15,000
70. Saône (Haute)......	9,000	4,600	13,600
71. Saône-et-Loire......	10,000	5,000	15,000
72. Sarthe...........	10,000	5,000	15,000
73. Seine............	"	"	"
74. Seine-et-Marne......	10,000	5,000	15,000
75. Seine-et-Oise.......	9,000	4,600	13,600
76. Seine-Inférieure.....	10,000	5,000	15,000
77. Sèvres (Deux)......	9,000	4,600	13,600
78. Somme...........	10,000	5,000	15,000
79. Tarn.............	9,000	4,600	13,600
80. Tarn-et-Garonne.....	9,000	4,600	13,600
81. Var..............	9,000	4,600	13,600
82. Vaucluse..........	8,000	4,100	12,100
83. Vendée...........	9,000	4,600	13,600
84. Vienne...........	9,000	4,600	13,600
85. Vienne (Haute)......	9,000	4,600	13,600
86. Vosges...........	9,000	4,600	13,600
87. Yonne...........	10,000	5,000	15,000
Totaux	805,000	402,500	1,207,500

DÉPARTEMENS ET PORTS.	CAUTIONNEMENS actuels.	SUPPLÉMENS.	TOTAUX.
Payeurs des ports.			
Dunkerque.	20,640^f	6,880^f	27,520^f
Le Havre	29,040	9,680	38,720
Cherbourg	24,000	8,000	32,000
Brest	45,600	15,200	60,800
Saint-Servan	12,000	4,000	16,000
Lorient	33,600	11,200	44,800
Rochefort.	42,000	14,000	56,000
Bordeaux.	36,000	12,000	48,000
Toulon	45,600	15,200	60,800
Nantes.	19,200	6,400	25,600
Totaux. . . .	307,680	102,560	410,240

RÉCAPITULATION.

	CAUTIONNEMENS actuels.	SUPPLÉMENS.	TOTAUX.
22 payeurs des divisions militaires. . .	1,335,680^f	494,940^f	1,830,620^f
85 des départemens	805,000	402,500	1,207,500
10 des ports	307,680	102,560	410,240
Totaux. . . .	2,448,360	1,000,000	3,448,360

ÉTAT N° IV.   *État des Cautionnemens à verser par les employés de l'administration des contributions indirectes, en exécution de la loi du 28 avril sur les finances.*

NOMBRE.	GRADES.			SOMMES A VERSER.	
85	Inspecteurs	divisés en 3 classes,	à 4,000^f à 5,000 à 6,000	Terme moyen à 5,000 fr.	425,000^f
360	Contrôleurs principaux.	divisés en 4 classes,	à 3,000 à 4,000 à 5,000 à 6,000	Terme moyen à 4,000 fr.	1,440,000
200	Contrôleurs ambulans.	à 3,000			600,000
150	Contrôleurs de ville . .	à 3,000			450,000
				Total. . . .	2,915,000

Addition ou Tableau Nº IV, des Cautionnemens.

NOMBRE	GRADES.	CLASSES.	MONTANT des cautionnemens	SOMMES à verser.
10	Régisseurs des manufactures de tabacs. .	"	à 12,000 f	120,000 f
10	Garde-magasins	"	6,000	60,000
10	Contrôleurs en chef de fabrication. . . .	"	4,000	40,000
10	Idem de comptabilité	"	4,000	40,000
2	Garde-magasins généraux des feuilles . .	1re	8,000	16,000
2	Idem	2e	6,000	12,000
3	Idem	3e	5,000	15,000
2	Contrôleurs en chef	1re	4,000	8,000
5	Idem	2e	3,000	15,000
2	Garde-magasins particuliers.	1re	4,000	8,000
14	Idem	2e	3,000	42,000
2	Contrôleurs de culture	2e	4,000	8,000
5	Idem	2e	3,000	15,000
18	Contrôleurs particuliers	"	3,000	54,000
40	Contrôleurs de navigation	"	3,000	120,000
20	Contrôleurs des salines ou vérificateurs. .	"	3,000	60,000

ÉTAT Nº V.   *État des Supplémens de Cautionnement en numéraire à fournir par les conservateurs des hypothèques, en exécution de la loi du 28 avril 1816, sur les finances.*

DÉPARTEMENS	CHEFS-LIEUX de conservations d'hypothèques.	SUPPLÉMENS de cautionnement en numéraire à exiger.	DÉPARTEMENS.	CHEFS-LIEUX de conservations d'hypothèques.	SUPPLÉMENS de cautionnement en numéraire à exiger.
Ain.	Belley.	3,300	Alp. (Hautes)	Briançon.	1,000
	Bourg.	4,900		Embrun.	900
	Gex.	500		Gap.	3,600
	Nantua.	1,800	Ardèche. . . .	L'Argentière.	3,700
	Trévoux.	3,800		Privas.	2,600
				Tournon.	3,300
Aisne	Château Thierry.	5,100		Charleville.	2,900
	Laon.	10,200		Rethel.	2,700
	Saint-Quentin.	4,800	Ardennes. . .	Rocroy.	2,600
	Soissons.	6,600		Sédan.	3,000
	Vervins.	5,900		Vouziers.	2,800
Allier	Cusset.	2,300	Ariége.	Foix.	1,000
	Gannat.	2,100		Pamiers.	1,100
	Montluçon.	1,800		Saint-Girons.	1,100
	Moulins.	3,900			
Alp. (Basses)	Barcelonnette.	600		Arcis-sur-Aube.	2,700
	Castellane.	600		Bar-sur-Aube.	2,800
	Digne.	2,000	Aube.	Bar-sur-Seine.	5,900
	Forcalquier.	1,400		Nogent-sur-Seine.	3,600
	Sisteron.	1,200		Troyes.	15,900

DÉPARTEMENS.	CHEFS-LIEUX de conservations d'hypothèques.	SUPPLÉMENS de cautionnement en numéraire à exiger.	DÉPARTEMENS	CHEFS-LIEUX de conservations d'hypothèques.	SUPPLÉMENS de cautionnement en numéraire à exiger.	
Aude. . . .	Carcassonne.	4,500	Côt.-du Nord	Dinan.	3,300	
	Castelnaudary.	2,700		Guingamp.	2,700	
	Limoux.	3,400		Lannion.	1,000	
	Narbonne.	1,900		Loudéac.	1,700	
				Saint-Brieux.	4,700	
Aveyron . . .	Espalion.	1,700	Creuse	Aubusson.	5,100	
	Milhau.	1,600		Bourganeuf.	1,800	
	Saint-Affrique.	2,500		Chambon.	1,500	
	Rodez.	2,200		Guéret.	4,500	
	Villefranche.	2,500				
Bouch-du R.	Aix.	12,500	Dordogne . .	Bergerac.	3,600	o
	Marseille.	15,500		Nontron.	2,800	o
	Tarascon.	6,600		Périgueux.	2,600	o
				Riberac.	2,000	o
Calvados. . .	Bayeux.	5,600		Sarlat.	1,800	o
	Caen.	7,000				
	Falaise.	2,800	Doubs	Beaume.	2,200	o
	Lisieux.	7,600		Besançon.	3,300	o
	Pont-L'Evêque.	10,000		Pontarlier.	1,700	o
	Vire.	3,200		Saint-Hippolyte.	1,400	o
Cantal	Aurillac.	3,800	Drôme	Die.	3,900	o
	Mauriac.	2,400		Montélimart.	2,000	o
	Murat.	2,200		Nyons.	1,100	o
	Saint-Flour.	2,900		Valence.	6,300	o
Charente. . .	Angoulème.	10,300	Eure	Andelys (Les).	4,400	o
	Barbezieux.	1,900		Bernay.	7,200	o
	Cognac.	2,600		Evreux.	10,800	o
	Confolens.	1,900		Louviers.	6,800	o
	Ruffec.	3,100		Pont-Audemer.	8,800	o
Charente-Inf.	Jonzac.	1,800	Eure-et-Loir.	Chartres.	10,100	o
	La Rochelle.	7,600		Châteaudun.	5,200	o
	Marennes.	1,500		Dreux.	8,400	o
	Rochefort.	3,400		Nogent-le-Rotrou.	3,700	o
	Saintes.	4,000				
	St.-Jean-d'Angély.	2,000	Finistère . . .	Brest.	2,600	o
				Châteaulin.	1,400	o
Cher	Bourges.	6,400		Morlaix.	2,500	o
	Saint-Amand.	3,600		Quimper.	2,500	o
	Sancerre.	2,600		Quimperlé.	600	o
Corrèze . . .	Brives.	2,800	Gard.	Alais.	5,000	o
	Tulle.	4,200		Nimes.	7,700	o
	Ussel.	1,800		Uzès.	3,400	o
				Vigan (Le).	3,800	o
Corse. . . .	Ajaccio.	200	Garonne (H.)	Muret.	2,200	o
	Bastia.	400		Saint-Gaudens.	1,700	o
	Calvi.	100		Toulouse.	9,500	o
	Corte.	100		Villefranche.	3,600	o
	Sartene.	100				
Côte-d'Or . .	Beaune.	4,500	Gers	Auch.	1,300	o
	Châtillon-sur-Seine.	1,800		Condom.	1,300	o
	Dijon.	7,600		Lectoure.	800	o
	Semur.	2,400		Lombez.	800	o
				Mirande.	1,400	o

DÉPARTEMENS.	CHEFS-LIEUX de conservations d'hypothèques.	SUPPLÉMENS de cautionnement en numéraire à exiger.	DÉPARTEMENS.	CHEFS-LIEUX de conservations d'hypothèques.	SUPPLÉMENS de cautionnement en numéraire à exiger.
Gironde . . .	Bazas.	1,000	Loiret	Gien.	1,700
	Blaye.	2,300		Montargis.	4,800
	Bordeaux.	18,800		Orléans.	18,900
	La Réole.	2,300		Pithiviers.	5,700
	Lespare.	1,100			
	Libourne.	2,200	Lot	Cahors.	2,200
				Figeac.	1,800
Hérault . . .	Béziers.	7,200		Gourdon.	1,200
	Lodève.	2,900			
	Montpellier.	9,700	Lot-et-Gar. .	Agen.	2,000
	Saint-Pons.	900		Marmande.	2,500
				Nérac.	900
Ille-et-Vilaine	Fougères.	2,600		Villeneuve-d'Agen.	2,000
	Monfort-sur-Mer.	1,300			
	Redon.	800	Lozère	Florac.	1,700
	Rennes.	3,900		Marvejols.	1,400
	Saint-Malo.	4,400		Mende.	1,900
	Vitré.	1,900			
			Maine-et-Lre	Angers.	6,600
Indre	Blanc (Le).	2,100		Baugé.	2,600
	Châteauroux.	4,200		Beaupréau.	3,400
	Issoudun.	2,200		Saumur.	7,100
	La Châtre.	2,300		Segré.	1,500
Indre-et-Lre.	Chinon.	9,300		Avranches.	4,500
	Loches.	4,400		Cherbourg.	2,100
	Tours.	24,300	Manche . . .	Coutances.	7,700
				Mortain.	2,800
Isère	Bourgoin.	5,000		Saint-Lô.	7,100
	Grenoble.	12,600		Valognes.	700
	Saint-Marcellin.	3,000			
	Vienne.	8,700		Châlons.	2,400
			Marne	Epernay.	6,900
Jura	Dôle.	3,400		Reims.	7,300
	Arbois.	2,700		Sainte-Ménéhould.	2,300
	Lons-le-Saulnier.	2,500		Vitry-le-Français.	4,100
	Saint-Claude.	2,000			
			Marne (Hte).	Chaumont.	3,200
Landes. . . .	Dax.	1,200		Langres.	2,300
	Mont-de-Marsan.	800		Vassy.	1,800
	Saint-Sever.	700			
			Mayenne. . .	Château-Gontier.	2,300
Loir-et-Cher.	Blois.	13,200		Laval.	3,600
	Romorantin.	2,100		Mayenne.	4,800
	Vendôme.	4,700			
				Lunéville.	4,000
Loire.	Montbrison.	6,500		Nancy.	9,300
	Roanne.	6,000	Meurthe . . .	Sarrebourg.	1,300
	Saint-Etienne.	7,000		Toul.	4,200
				Vic.	1,600
Loire (Hte)..	Brioude.	2,700			
	Le Puy.	4,800		Bar-le-Duc.	4,900
	Issengeaux.	1,900	Meuse	Montmédy.	2,400
				Saint-Mihiel.	3,600
Loire-Infre..	Ancenis.	700		Verdun.	4,400
	Châteaubriant.	600			
	Nantes.	5,500		Lorient.	2,400
	Paimbœuf.	900	Morbihan . .	Ploermel.	700
	Savenay.	1,500		Pontivy.	1,400
				Vannes.	1,400

DÉPARTEMENS.	CHEFS-LIEUX de conservations d'hypothèques.	SUPPLÉMENS de cautionnement en numéraire à exiger.	DÉPARTEMENS.	CHEFS-LIEUX de conservations d'hypothèques.	SUPPLÉMENS de cautionnement en numéraire à exiger.
Moselle...	Briey.	2,700	Rhin (Haut).	Altkirch.	6,300
	Metz.	7,700		Colmar.	9,700
	Sarguemine.	1,700		Belfort.	3,200
	Thionville.	3,100			
Nièvre....	Château-Chinon.	3,700	Rhône....	Lyon.	20,300
	Clamecy.	4,800		Villefranche.	9,600
	Cosne.	3,400	Saône (Hte).	Gray.	4,500
	Nevers.	5,400		Lure.	2,500
				Vesoul.	4,700
Nord....	Avesnes.	4,900			
	Cambrai.	6,700	Saône-et-Lre	Autun.	3,300
	Douai.	3,400		Châlons.	4,300
	Dunkerque.	5,000		Charolles.	4,100
	Hazebrouck.	3,900		Louhans.	1,600
	Lille.	12,500		Mâcon.	6,800
	Valenciennes.	5,400			
Oise......	Beauvais.	13,900	Sarthe....	La Flèche.	3,800
	Clermont.	7,100		Le Mans.	8,400
	Compiègne.	10,900		Mamers.	7,600
	Senlis.	11,000		Saint-Calais.	3,500
Orne.....	Alençon.	4,900	Seine....	Paris.	54,000
	Argentan.	8,300		Saint-Denis.	11,900
	Domfront.	6,200		Sceaux.	18,800
	Mortagne.	7,400			
Pas-de-Calais	Arras.	8,100	Seine-et-Mne.	Coulommiers.	5,600
	Béthune.	4,000		Fontainebleau.	7,700
	Boulogne.	4,700		Meaux.	13,900
	Montreuil.	3,400		Melun.	10,500
	Saint-Omer.	5,800		Provins.	6,700
	Saint-Pol.	3,400			
Puy-de-Dôme	Ambert.	5,900	Seine-et-Oise	Corbeil.	15,900
	Clermont.	12,200		Etampes.	5,800
	Issoire.	5,900		Mantes.	8,100
	Riom.	7,100		Pontoise.	22,500
	Thiers.	4,500		Rambouillet.	9,800
				Versailles.	37,000
Pyrénées (B.)	Bayonne.	1,700	Seine-Inférre	Dieppe.	5,600
	Oléron.	4,100		Le Havre.	6,900
	Orthez.	1,900		Neufchâtel.	5,900
	Pau.	5,000		Rouen.	24,100
	Saint-Palais.	2,000		Yvetot.	8,700
Pyrénées (H.)	Bagnères.	1,100	Sèvres (Deux)	Bressuire.	2,200
	Lourdes.	800		Melle.	1,500
	Tarbes.	2,700		Niort.	4,400
				Parthenay	1,800
Pyrénées-Or.	Ceret.	600	Somme....	Abbeville.	7,300
	Perpignan.	2,200		Amiens.	11,200
	Prades.	700		Doullens.	3,100
				Mont-Didier.	4,400
				Péronne.	4,400
Rhin (Bas)..	Saverne.	3,600	Tarn.....	Alby.	2,500
	Schelestadt.	6,600		Castres.	3,000
	Strasbourg.	12,600		Gaillac.	2,100
	Wissembourg.	4,600		Lavaur.	1,000

DÉPARTEMENS.	CHEFS-LIEUX de conservations d'hypothèques.	SUPPLÉMENS de cautionnement en numéraire à exiger.	DÉPARTEMENS.	CHEFS-LIEUX de conservations d'hypothèques.	SUPPLÉMENS de cautionnement en numéraire à exiger.
Tarn-et-Gar.)	Castel-Sarrasin.	2,100	Vienne (Hᵗᵉ)	Bellac.	2,500
	Moissac.	1,600		Limoges.	5,900
	Montauban.	4,100		Rochechouart.	2,000
Var.	Brignolles.	3,800		Saint-Yrieix.	2,200
	Draguignan.	5,600	Vosges	Épinal.	3,500
	Grasse.	4,400		Mirecourt.	3,000
	Toulon.	11,300		Neufchâteau.	3,300
Vaucluse. . .	Apt.	2,100		Remiremont.	2,400
	Avignon.	6,500		Saint-Dié.	2,400
	Carpentras.	4,400	Yonne	Auxerre.	13,100
	Orange.	5,400		Avallon.	2,200
Vendée. . . .	Bourbon-Vendée.	1,500		Joigny.	8,200
	Fontenay.	3,100		Sens.	8,100
	Sables d'Olonne (les)	1,300		Tonnerre.	1,900
Vienne. . . .	Châtellerault.	2,000			
	Civray.	1,700			
	Loudun.	1,200		Total. . . .	2707,200
	Montmorillon.	2,000			
	Poitiers.	4,400			

ÉTAT Nᵒ VI. *Etat présentant les sommes que devront fournir, à titre de cautionnement, les différens agens de l'administration des douanes.*

4 Administrateurs, à 6,000 fr.	24,000ᶠ
24 Directeurs, à 10,000 fr.	240,000
64 Inspecteurs, à 5,000 fr.	320,000
97 Sous-inspecteurs ou contrôleurs aux visites, à 2,500 fr.	242,500
21 Contrôleurs aux entrepôts, à 2,000 fr.	42,000
26 Receveurs à la navigation, à 2,000 fr.	52,000
50 Receveurs aux déclarations, à 1,000 fr.	50,000
50 Vérificateurs, à 1,000 fr.	50,000
125 Receveurs principaux, suivant l'état qui en sera fourni.	830,500
1 Receveur subordonné, à Frontignan	5,000
82 Receveurs subordonnés, à 1,500 fr. d'appointemens et au-dessus, à 500 fr.	41,000
546 Receveurs subordonnés, ayant un traitement au-dessous de 1,500 fr., jusqu'à 800 fr., à 300 fr.	163,800
75 Receveurs subordonnés, n'ayant que 700 fr. et au-dessous, à 200 fr. . . .	15,000
Total.	2,075,800
Les anciens cautionnemens montent à	398,056
Reste à fournir.	1,677,744

ÉTAT Nº VII.   ÉTAT COMPARATIF DE LA FIXATION

d'après les lois des 25 ventose an 11 et 2 ventose an 11

RÉSIDENCE DES COURS ROYALES.			RÉSIDENCE DES TRIBUNAUX
POPULATION.	FIXATION DES CAUTIONNEMENS,		POPULATION.
	ancienne.	nouvelle.	
5,000 habitans et au-dessous.	2,667 ᶠ	4,000 ᶠ	2,000 habitans et au-dessous.
5,001 à 6,000	2,800	4,500	2,001 à 2,500
6,001 à 7,000	2,933	5,000	2,501 à 3,000
7,001 à 8,000	3,067	5,500	3,001 à 3,500
8,001 à 9,000	3,200	6,000	3,501 à 4,000
9,001 à 10,000	3,333	6,500	4,001 à 4,500
10,001 à 12,000	3,467	7,000	4,501 à 5,000
12,001 à 14,000	3,600	7,500	5,001 à 5,500
14,001 à 16,000	3,733	8,000	5,501 à 6,000
16,001 à 18,000	3,867	8,500	6,001 à 6,500
18,001 à 20,000	4,000	9,000	6,501 à 7,000
20,001 à 22,000	4,067	9,500	7,001 à 7,500
22,001 à 24,000	4,133	10,000	7,501 à 8,000
24,001 à 26,000	4,200	10,500	8,001 à 8,500
26,001 à 28,000	4,267	11,000	8,501 à 9,000
28,001 à 30,000	4,400	11,500	9,001 à 9,500
30,001 à 32,000	4,533	12,000	9,501 à 10,000
32,001 à 34,000	4,667	12,500	10,001 à 11,000
34,001 à 36,000	4,800	13,000	11,001 à 12,000
36,001 à 38,000	4,933	13,500	12,001 à 13,000
38,001 à 42,000	5,067	14,000	13,001 à 14,000
42,001 à 46,000	5,200	14,500	14,001 à 15,000
46,001 à 50,000	5,333	15,000	15,001 à 16,000
50,001 à 55,000	5,467	15,500	16,001 à 17,000
55,001 à 60,000	5,600	16,000	17,001 à 18,000
60,001 à 65,000	5,733	16,500	18,001 à 19,000
65,001 à 70,000	5,867	17,000	19,001 à 20,000
70,001 à 75,000	6,067	17,500	20,001 à 25,000
75,001 à 80,000	6,133	18,000	25,001 à 30,000
80,001 à 85,000	6,267	18,500	30,001 à 35,000
85,001 à 90,000	6,400	19,000	35,001 à 40,000
90,001 à 95,000	6,533	19,500	40,001 à 50,000
95,001 à 100,000	6,667	20,000	50,001 à 60,000
100,001 et au-dessus.	8,000	25,000	60,001 à 70,000
A Paris.	24,000	50,000	70,001 et au-dessus.

...OCAUTIONNEMENS DES NOTAIRES,

...velle ordonnée par la loi du 28 avril 1816 sur les finances.

PREMIÈRE INSTANCE.		RÉSIDENCE DES JUSTICES DE PAIX.		
FIXATION DES CAUTIONNEMENS,		POPULATION.	FIXATION DES CAUTIONNEMENS,	
ancienne.	nouvelle.		ancienne.	nouvelle.
1,333 f	3,000 f	2,000 habitans et au-dessous.	667	1,800
1,467	3,200	2,001 à 2,500	733	1,900
1,600	3,400	2,501 à 3,000	800	2,000
1,733	3,600	3,001 à 3,500	867	2,100
1,867	3,800	3,501 à 4,000	933	2,200
1,867	4,000	4,001 à 4,500	1,067	2,300
2,000	4,200	4,501 à 5,000	1,067	2,400
2,000	4,400	5,001 à 5,500	1,067	2,500
2,133	4,600	5,501 à 6,000	1,067	2,600
2,133	4,800	6,001 à 6,500	1,067	2,700
2,133	5,000	6,501 à 7,000	1,067	2,800
2,267	5,200	7,001 à 7,500	1,200	2,900
2,267	5,400	7,501 à 8,000	1,200	3,000
2,267	5,600	8,001 à 8,500	1,200	3,100
2,267	5,800	8,501 à 9,000	1,200	3,200
2,400	6,000	9,001 à 9,500	1,200	3,300
2,400	6,200	9,501 à 10,500	1,333	3,400
2,400	6,400	10,001 à 11,000	1,333	3,500
2,400	6,600	11,001 à 12,000	1,333	3,600
2,533	6,800	12,001 à 13,000	1,467	3,700
2,533	7,000	13,001 à 14,000	1,467	3,800
2,533	7,200	14,001 à 15,000	1,467	3,900
2,533	7,400	15,001 à 16,000	1,467	4,000
2,667	7,600	16,001 à 17,000	1,600	4,100
2,667	7,800	17,001 à 18,000	1,600	4,200
2,667	8,000	18,001 à 19,000	1,600	4,300
2,800	8,200	19,001 à 20,000	1,600	4,400
2,933	8,400	20,001 à 25,000	1,733	4,500
3,067	8,600	25,001 à 30,000	2,000	4,600
3,333	8,800	30,001 à 35,000	2,267	4,700
3,467	9,000	35,001 à 40,000	2,400	4,800
3,733	9,200	40,001 à 50,000	2,683	4,900
4,000	9,400	50,001 à 60,000	2,683	5,000
4,267	9,600	60,001 à 70,000	2,683	5,100
5,333	12,000	70,001 et au-dessus	2,683	5,200

ÉTAT N° VIII.   *Tableau comparatif de la Fixation des Cautionnemens des avoués, greffiers des tribunaux et huissiers, d'après les lois des 27 ventose an 8 et 2 ventose an 13, avec celle ordonnée par la loi du 28 avril 1816, sur les finances.*

| | FIXATION. | | | | | |
| | AVOUÉS. | | GREFFIERS. | | HUISSIERS. | |
Tribunaux de première instance antérieurement à l'année 1810.	Ancienne	Nouvelle.	Ancienne	Nouvelle.	Ancienne	Nouvelle.
Où il y avait trois juges et deux suppléans	800^f	1,800^f	1,067^f	4,000^f	267^f	600^f
Idem quatre juges et trois *idem.*	1,200	2,600	1,600	5,000	400	900
Idem sept juges et quatre *idem.*	1,600	3,000	2,133	5,500	533	1,200
Idem dix juges et cinq *idem* . .	2,000	5,000	2,667	6,500	667	1,600
A Paris.	3,600	8,000	4,800	10,000	1,200	3,000
Cours royales antérieurement à 1810.						
Où il y avait douze, treize ou quatorze juges.	2,400	4,000	3,200	12,000	800	"
Idem vingt, vingt-un ou vingt-deux juges.	2,800	5,000	3,733	14,000	933	"
Idem trente-un juges	3,200	6,000	4,267	16,000	1,067	"
A Paris.	6,000	10,000	8,000	20,000	2,000	"
Tribunaux de commerce.						
Dans tous les départemens . . .	"	"	1,333	3,000	333	"
A Paris.	"	"	5,333	8,000	1,333	"
Cour de cassation.	AVOCATS.					
A Paris.	4,000	7,000	5,333	8,000	1,333	"

ÉTAT N° IX.   *État comparatif de la Fixation des Cautionnemens des greffiers des justices de paix, d'après les lois des 27 ventose an 8 et 2 ventose an 13, avec celle ordonnée par la loi du 28 avril 1816, sur les finances.*

| | FIXATION | |
	Ancienne.	Nouvelle.
A Paris	6,400^f	10,000^f
A Bordeaux, Lyon et Marseille	4,800	6,000
Dans les communes de 50,001 à 100,000 habitans	3,200	4,000
Idem 30,001 à 50,000.	2,400	3,000
Idem 10,001 à 30,000.	1,600	2,400
Idem 3,001 à 10,000.	1,067	1,800
Idem 3,000 et au-dessous	533	1,200

E ETAT N° X.   *Fixation des Cautionnemens des Commissaires-Priseurs.*

POPULATION.	CAUTIONNE- MENS.	POPULATION.	CAUTIONNE- MENS.
2,500 habitans et au-dessous.	4,000	14,001. . . . à . . . 15,000	7,400
2,501. . . . à . . . 3,000	4,200	15,001. . . . à . . . 16,000	7,600
3,001. . . . à . . . 3,500	4,400	16,001. . . . à . . . 17,000	7,800
3,501. . . . à . . . 4,000	4,600	17,001. . . . à . . . 18,000	8,000
4,001. . . . à . . . 4,500	4,800	18,001. . . . à . . . 19,000	8,200
4,501. . . . à . . . 5,000	5,000	19,001. . . . à . . . 20,000	8,400
5,001. . . . à . . . 5,500	5,200	20,001. . . . à . . . 25,000	8,600
5,501. . . . à . . . 6,000	5,400	25,001. . . . à . . . 30,000	8,800
6,001. . . . à . . . 6,500	5,600	30,001. . . . à . . . 35,000	9,000
6,501. . . . à . . . 7,000	5,800	35,001. . . . à . . . 40,000	9,200
7,001. . . . à . . . 8,000	6,000	40,001. . . . à . . . 50,000	9,400
8,001. . . . à . . . 9,000	6,200	50,001. . . . à . . . 60,000	9,600
9,001. . . . à . . . 10,000	6,400	60,001. . . . à . . . 70,000	9,800
10,001. . . . à . . . 11,000	6,600	70,001. . . . à . . . 80,000	10,000
11,001. . . . à . . . 12,000	6,800	80,001. . . . à . . . 100,000	12,000
12,001. . . . à . . . 13,000	7,000	100,001 et au-dessus	15,000
13,001. . . . à . . . 14,000	7,200	A Paris	20,000

CONTRIBUTIONS INDIRECTES.

TITRE Ier. Droits sur les boissons (1).

CHAPITRE Ier. *Droits de circulation.*

Art. 1er. A chaque enlèvement ou déplacement de vins, cidres, poirés, eaux-de-vie, esprits et liqueurs composées d'eau-de-vie ou d'esprits, sauf les exceptions qui seront énoncées par les articles 3, 4 et 5, il sera perçu un droit de circulation, conformément au tarif annexé à la présente loi sous le numéro 1.

2. Il ne sera dû qu'un seul droit pour le transport à la destination déclarée, qu'elles que soient la longueur et la durée du trajet, et nonobstant toute interception ou changement de voie et de moyens de transport.

3. Ne seront pas assujétis au droit imposé par l'article 1er :

1° Les boissons qu'un propriétaire fera conduire de son pressoir, ou d'un pressoir public, dans ses caves ou celliers ;

2° Celles qu'un colon partiaire, fermier ou preneur à bail emphytéotique à rente remettra au propriétaire ou recevra de lui en vertu de baux authentiques ou d'usages notoires ;

3° Les vins, cidres et poirés qui seront expédiés par un propriétaire colon partiaire, ou fermier, des caves ou celliers où sa récolte aura été déposée, et pourvu qu'ils proviennent de ladite recolte, quels que soient le lieu de destination et la qualité du destinataire.

4. La même exemption sera accordée aux négocians, marchands en gros, courtiers, facteurs, commissionnaires, distillateurs et débitans, pour les boissons qu'ils feront transporter de l'une de leurs caves dans une autre située dans l'étendue du même département (2).

5. Le transport des boissons qui seront enlevées pour l'étranger ou pour les colonies françaises sera également affranchi du droit de circulation (3).

---

(1) Cette loi fait partie de la loi précédente ; cependant elle est séparée et présente une nouvelle série de numéros. *Voy.* les lois du 8 décembre 1814, et les notes sur cette loi ; du 25 mars 1817, tit. 7; du 15 mai 1818, tit. 8 ; du 17 juillet 1819, art. 1er et 3 ; du 23 juillet 1820, du 31 juillet 1821, art. 4 ; et les autres lois de finances.

Présentation à la Chambre des députés, le 23 décembre 1815 (Mon. du 24 décembre 1815).

Rapport fait par M. Feuillant, le 9 mars 1816 (Mon. du 13).

Discussion article par article, le 30 mars, 2,

4, 5 et 6 avril (Mon. du 1er, 3, 4, 5, 6, 7 et 8 avril).

Adoption, le 7 avril (Mon. du 8 avril).

Présentation à la Chambre des pairs, le 20 avril (Mon. du 24).

Rapport de M. le comte Garnier, le 27 avril (Mon. du 28).

Adoption, le 27 avril (Mon. des 28 avril et 1er mai).

(2) *Voy.* loi du 17 juillet 1819, art. 3.

(3) *Voy.* ordonnances du 11 juin 1816 et 20 mai 1818.

6. Aucun enlèvement ni transport de boissons ne pourra être fait sans déclaration préalable de l'expéditeur ou de l'acheteur, et sans que le conducteur soit muni d'un congé, d'un acquit-à-caution ou d'un passavant pris au bureau de la régie. Il suffira d'une seule de ces expéditions pour plusieurs voitures ayant la même destination et marchant ensemble (1).

7. Les propriétaires, fermiers ou négocians, qui feront transporter des vins, des cidres ou des poirés, dans un des cas prévus par les articles 3 et 4, ne seront tenus de se munir que d'un passavant dont le coût sera de vingt-cinq centimes, le droit de timbre compris.

8. Lorsque la déclaration aura pour objet des boissons expédiées à l'étranger ou aux colonies françaises, l'expéditeur, pour jouir de l'exemption prononcée par l'article 4, sera obligé de se munir d'un acquit-à-caution sur lequel sera désigné le lieu de sortie. Ce lieu ne pourra être changé sans qu'il y ait ouverture à la perception du droit, si ce n'est du consentement de la régie, qui ne pourra le refuser en cas de force majeure.

Le coût de l'acquit-à-caution sera également de vingt-cinq centimes, y compris le timbre (2).

9. Dans tous les cas autres que ceux déterminés par les deux articles précédens, l'expéditeur sera tenu de payer les droits portés en l'article 1er, au moyen d'un congé, s'il s'agit de vins, de cidres ou de poirés, ou d'un acquit-à-caution, s'il s'agit d'eaux-de-vie, d'esprits ou de liqueurs, sauf l'exception qui sera prononcée par l'article 88 ci-après.

10. Il ne sera délivré de passavant, congé

ou acquit-à-caution, que sur des déclarations énonçant les quantités, espèces et qualités de boissons, les lieux d'enlèvement et de destination; les noms, prénoms, demeures et professions des expéditeurs, voituriers et acheteurs ou destinataires. Dans les cas d'exception posés par l'article 3, les déclarations contiendront, en outre, la mention que l'expéditeur est réellement propriétaire, fermier ou colon partiaire récoltant, et non marchand en gros ni débitant, et que les boissons expédiées proviennent de sa récolte (3).

11. L'obligation de déclarer l'enlèvement et de prendre des expéditions n'est point applicable aux transports de vendanges ou de fruits.

12. Dans tous les cas où un simple passavant sera nécessaire, et lorsque la régie n'aura pas de bureau dans le lieu de l'enlèvement, cette expédition pourra n'être délivrée qu'au passage des boissons, devant le premier bureau, moyennant que le conducteur ait été muni, au départ, d'un laissez-passer signé par l'expéditeur, et contenant toutes les indications voulues par la déclaration; ce laissez-passer sera échangé contre le passavant.

Les laissez-passer seront marqués du timbre de la régie: il en sera déposé en blanc dans les bureaux principaux, pour être délivrés aux personnes solvables qui seront autorisées à en faire usage. Les propriétaires qui les auront obtenus seront obligés d'en faire connaître l'emploi; ils n'auront de valeur que durant le cours de l'année pendant laquelle ils auront été délivrés.

Toutes boissons circulant avec un laissez-passer au-delà du bureau où il aurait dû être

---

(1) Lorsque les boissons voyagent avec une destination indiquée par le congé, si les préposés soupçonnent que la destination soit fausse, ils ne sont point obligés de suivre les boissons jusqu'à leur arrivée à leur destination réelle; la fausse destination est suffisamment constatée si elle est avouée par le conducteur des boissons. Le conducteur représente le propriétaire; son aveu est une présomption légale (23 avril 1819; Cass. S. 19, 1, 416).

(2) Le congé, acquit-à-caution ou passavant, exigé pour le transport des boissons, ne peut être remplacé par aucune autre pièce, notamment par la représentation d'une déclaration faite à la régie pour vendre du vin en détail, d'une licence de débitant ambulant, et même d'un certificat de receveur, énonçant qu'il a délivré un congé pour les boissons transportées (30 juillet 1825; Cass. S. 26, 1, 219).

L'huissier qui a fait une saisie de boissons sur un débiteur ne peut faire enlever et conduire ces boissons au marché pour y être vendues, sans être muni d'un congé ou passavant. A défaut de cette formalité, la confiscation des bois-

sons peut être prononcée contre l'huissier; vainement il prétendrait que, n'ayant agi que de l'autorité de la justice et au nom du Roi, il ne pouvait être tenu d'aucune formalité envers l'administration (4 février 1816; Cass. S. 26, 1, 328).

Voy. ordonnances des 11 juin 1816 et 20 mai 1818.

(3) L'administration n'est liée par les actes de ses agens qu'autant que ces actes sont faits dans l'exercice du mandat légal que la loi leur confie. Ainsi, lorsqu'un receveur buraliste, à qui l'on déclare des boissons pour obtenir un acquit-à-caution, convertit les mesures du pays qui lui sont déclarées en mesures légales; qu'il commet une erreur dans son calcul, et que, par suite, l'acquit-à-caution énonce une quantité de boissons moindre que la quantité expédiée, la contravention qui en résulte ne peut être excusée comme provenant du fait d'un agent de l'administration, en ce que le receveur, en faisant le calcul, n'a pas procédé dans l'exercice de ses fonctions (11 février 1825; Cass. S. 25, 1, 342, D. 25, 1, 247). Voy. ordonnances du 11 juin 1816 et 20 mai 1818.

dbichangé seront considérées comme n'étant point accompagnées d'aucune expédition, et passibles de la saisie.

13. Les boissons devront être conduites à sa destination déclarée, dans le délai porté pour l'expédition. Ce délai sera fixé en raison des distances à parcourir et des moyens de transport. Il sera prolongé, en cas de séjour en route, de tout le temps pendant lequel le transport aura été interrompu. Il n'y aura lieu à la perception d'un nouveau droit de circulation, que dans le cas où l'interruption aurait suivi d'un changement de destination (1).

14. Le conducteur d'un chargement dont le transport sera suspendu sera tenu d'en faire la déclaration au bureau de la régie dans les vingt-quatre heures, et avant le déchargement des boissons. Les congés, acquits-à-caution ou passavans, seront conservés par les employés jusqu'à la reprise du transport. Ils seront visés et remis au départ, après vérification des boissons, lesquelles devront être représentées aux employés, à toute réquisition.

15. Toute opération nécessaire à la conservation des boissons, telle que transvasion, ouillage ou rabattage, sera permise en cours de transport, mais seulement en présence des employés, qui en feront mention au dos des expéditions. Dans le cas où un accident de force majeure nécessiterait le prompt déchargement d'une voiture ou d'un bateau, ou la transvasion immédiate des boissons, ces opérations pourront avoir lieu sans déclaration préalable, à charge par le conducteur de faire constater l'accident par les employés, ou, à leur défaut, par le maire ou l'adjoint de la commune la plus voisine (2).

16. Les déductions réclamées pour coulage de route seront réglées d'après les distances parcourues, l'espèce de boissons, les moyens employés pour le transport, sa durée, la saison dans laquelle il aura été effectué, et les accidens légalement constatés. La régie se conformera, à cet égard, aux usages du commerce.

17. Les voituriers, bateliers et tous autres qui transporteront ou conduiront des boissons, seront tenus d'exhiber, à toute réquisition des employés des contributions indirectes, des douanes et des octrois, les congés, passavans, ou acquits-à-caution, ou laissez-passer dont ils devront être porteurs : faute de représentation desdites expéditions, ou en cas de fraude ou de contravention, les employés saisiront le chargement; ils saisiront aussi les voitures, chevaux et autres objets servant au transport, mais seulement comme garantie de l'amende, à défaut de caution solvable. Les marchandises faisant partie du chargement qui ne seront pas en fraude seront rendues au propriétaire (3).

18. Les voyageurs ne seront pas tenus de se munir d'expéditions pour les vins destinés à leur usage pendant le voyage, pourvu qu'ils n'en transportent pas au-delà de trois bouteilles par personne (4).

19. Les contraventions du présent chapitre seront punies de la confiscation des boissons saisies, et d'une amende de cent francs à six cents francs, suivant la gravité des cas.

---

(1) Le transport de boissons doit être réputé fait sans congé dès que le délai dans lequel il devait s'effectuer est expiré, ne fût-ce que de puis une heure; les tribunaux ne peuvent excuser le contrevenant par des motifs tirés soit de sa bonne foi, soit de l'opinion personnelle que les employés de la régie auraient conçue sur les causes qui ont empêché les boissons d'arriver en temps utile à leur destination (26 mai 1827; Cass. S. 28, 1, 72; D. 27, 1, 419).

(2) Voy. décrets du 5 décembre 1813 et 2 janvier 1814; ordonnances du 18 juin 1817 et 27 octobre 1819.

(3) Un conducteur de boissons est tenu de représenter, à l'instant même où il en est requis par les employés, les expéditions qui doivent accompagner ces boissons. Il n'est plus recevable, après que la saisie des boissons lui a été déclarée, sur la réponse qu'il n'avait pas d'expéditions, à offrir de représenter ces expéditions, si les employés voulaient consentir à le suivre. Les tribunaux n'en doivent pas moins punir, dans ce cas, la contravention constatée par le procès-verbal, alors même qu'il paraîtrait résulter de divers témoignages étrangers à ce procès-verbal que le conducteur des boissons était réellement porteur d'expéditions en règle. En un tel cas, ce n'est qu'à l'administration seule qu'il appartient d'apprécier les circonstances qui peuvent atténuer ou même détruire la contravention, et, par suite de modifier les peines encourues, ou même d'en faire remise (9 juin 1826; Cass. S. 27, 1, 181; D. 26, 1, 280.) Voy. loi du 23 avril 1836.

(4) Cet article doit s'entendre du voyageur qui part de son habitation pour aller en voyage; il ne s'entend pas du citadin qui revenant de la campagne, rentre à son habitation ordinaire (18 novembre 1825; Cass. S. 26, 1, 109).

Le droit accordé par cet article aux voyageurs, s'étend à tout autre espèce de boissons, même à l'eau-de-vie, en quantité équivalente à 3 bouteilles de vin (18 mars 1830; Nîmes, S. 32, 2, 61).

Le transport d'une certaine quantité d'eau-de-vie sans déclaration ni expédition, quelque peu considérable que soit cette quantité (un demi-litre) par un individu qui n'est pas voyageur, constitue une contravention passible d'amende et de confiscation. A ce cas ne s'applique pas l'exception portée en cet article (10 février 1831; Cass. S. 31, 1, 218; D. 31, 1, 91).

CHAPITRE II. Droits d'entrée sur les boissons (1).

§ 1er. De la perception.

20. Il sera perçu au profit du Trésor, dans les villes et communes ayant une population agglomérée de deux mille âmes et au-dessus, conformément au tarif annexé à la présente loi sous le n° 2, un droit d'entrée sur les boissons introduites ou fabriquées dans l'intérieur et destinées à la consommation du lieu.

Le classement des départemens, établi par le tableau n° 3, pourra, s'il s'élève des réclamations, être rectifié par le ministre secrétaire d'Etat des finances, sur l'avis du directeur général des contributions indirectes, lorsqu'il sera reconnu qu'il y a eu erreur dans les calculs ou les bases qui ont déterminé la classification.

21. Ce droit sera perçu dans les faubourgs des lieux sujets et sur toutes les boissons reçues par les débitans établis sur le territoire de la commune; mais les habitations éparses et les dépendances rurales entièrement détachées du lieu principal en seront affranchies (2).

22. Les communes assujéties aux droits d'entrée seront rangées dans les différentes classes du tarif, en raison de leur population agglomérée. S'il s'élève des difficultés relativement à l'assujétissement d'une commune, ou à la classe dans laquelle elle devra être rangée par sa population, la réclamation de la commune sera soumise au préfet, qui, après avoir pris l'opinion du sous-préfet et celle du directeur, la transmettra, avec son avis, au directeur général des contributions indirectes, sur le rapport duquel il sera statué par le ministre des finances, sauf le recours de droit; et la décision du préfet sera provisoirement exécutée.

23. Les vendanges et les fruits à cidre ou à poiré seront soumis au même droit, à raison de trois hectolitres de vendanges pour deux hectolitres de vin, et cinq hectolitres de pommes ou poires pour deux hectolitres de cidre ou de poiré (3).

Les fruits secs destinés à la fabrication du cidre et du poiré seront imposés à raison de vingt-cinq kilogrammes de fruits pour un hectolitre de cidre ou de poiré. Les eaux-de-vie ou esprits altérés par un mélange quelconque seront soumis au même droit que les eaux-de-vie ou esprits purs.

24. Tout conducteur de boissons sera tenu, avant de les introduire dans un lieu sujet aux droits d'entrée, d'en faire la déclaration au bureau, de produire les congés, acquits-à-caution ou passavans dont il sera porteur, et d'acquitter les droits, si les boissons sont destinées à la consommation du lieu.

25. Dans tous les lieux où il n'existera qu'un bureau central de perception, les conducteurs ne pourront décharger les voitures, ni introduire les boissons au domicile du destinataire, avant d'avoir rempli les obligations qui leur sont imposées par l'article précédent.

26. Les boissons ne pourront être introduites dans un lieu sujet aux droits d'entrée que dans les intervalles de temps ci-après déterminés, savoir :

Pendant les mois de janvier, février, novembre et décembre, depuis sept heures du matin jusqu'à six heures du soir ;

Pendant les mois de mars, avril, septembre et octobre, depuis six heures du matin jusqu'à sept heures du soir ;

Pendant les mois de mai, juin, juillet et août depuis cinq heures du matin jusqu'à huit heures du soir.

27. Toute boisson introduite sans déclaration dans un lieu sujet aux droits d'entrée sera saisie par les employés; il en sera de même des voitures, chevaux et autres objets servant au transport, à défaut par le contrevenant de consigner le *maximum* de l'amende, ou de donner caution solvable.

---

(1) *Voy.* loi du 24 juin 1824.

(2) Cette exemption ne concerne que les droits qui se perçoivent au profit de l'Etat, elle ne s'applique pas aux droits d'octroi qui se perçoivent au profit des communes (26 mai 1827 ; Cass. S. 28, 1, 32; D. 27, 1, 420).

Les débitans de boissons établis dans les habitations éparses et dépendances rurales, entièrement détachées du lieu principal, ne sont pas affranchis du droit d'entrée. L'exemption de ce droit portée au présent article, ne s'applique qu'aux seules habitations isolées des particuliers (5 décembre 1820; S. 21, 1, 239). — 1er mars 1822 (Cass. S. 22, 1, 276).

Le propriétaire d'une habitation rurale isolée qui débite dans sa maison de campagne, au détail, le vin de sa récolte, ne doit pas le droit d'entrée qu'il aurait à payer, s'il vendait son vin à la ville (15 mars 1826; Cass. S. 26, 1, 312).

Voy. l'art. 85.

(3) Le droit d'octroi à percevoir pour l'entrée des vendanges étant basé sur la quantité exacte qu'on en introduit, il s'ensuit que la déclaration à faire au bureau d'octroi doit déterminer cette quantité précisément et non approximativement, et que l'inexactitude, dans une telle déclaration, constitue une contravention punissable, conformément à la présente loi, sans que cette contravention puisse être excusée sur le motif que la fermentation de la vendange a pu en augmenter la quantité en apparence pendant le trajet fait pour la conduire (23 mai 1828; Cass. S. 28, 2, 350; D. 28, 1, 254).

§ II. Du passe-debout.

28. Les boissons introduites dans un lieu sujet aux droits d'entrée, pour traverser seulement, ou y séjourner moins de vingt-quatre heures, ne seront pas soumises à ces droits; mais le conducteur sera tenu d'en consigner ou d'en faire cautionner le montant à l'entrée et de se munir d'un permis de passe-debout.

La somme consignée ne sera restituée, ou la caution libérée, qu'au départ des boissons, et après que la sortie du lieu en aura été justifiée.

Lorsqu'il sera possible de faire escorter les chargémens, le conducteur sera dispensé de consigner ou de faire cautionner les droits.

29. Les boissons conduites à un marché dans un lieu sujet aux droits d'entrée seront soumises aux formalités prescrites par l'article précédent.

§ III. Du transit.

30. En cas de séjour des boissons au-delà de vingt-quatre heures, le transit sera déclaré conformément aux dispositions de l'article 14, et la consignation ou le cautionnement du droit d'entrée subsisteront pendant toute la durée du séjour.

§ IV. De l'entrepôt.

31. Tout négociant ou propriétaire qui fera conduire dans un lieu sujet aux droits d'entrée, au moins neuf hectolitres de vin, dix-huit hectolitres de cidre ou poiré, ou quatre hectolitres d'eaux-de-vie ou esprit, pourra réclamer l'admission de ces boissons en entrepôt, et ne sera tenu d'acquitter les droits que sur les quantités non représentées et qu'il ne justifiera pas avoir fait sortir de la commune.

La durée de l'entrepôt sera illimitée.

Ne seront pas tenus de faire entrer la quantité des boissons ci-dessus fixée les négociants ou propriétaires jouissant déjà de l'entrepôt lors de l'introduction desdites boissons, en sorte qu'ils pourront n'en faire entrer qu'un hectolitre, s'ils le jugent à propos, sans qu'ils puissent être tenus d'en acquitter de suite les droits.

30. Tout bouilleur ou distillateur qui introduira dans un lieu sujet des vins, cidres ou poirés, pour être convertis en eau-de-vie ou esprit, pourra aussi réclamer l'entrepôt.

Le produit de la distillation, constaté par l'exercice des employés, ne sera soumis aux droits d'entrée que dans le cas déterminé par l'article précédent.

33. La faculté d'entrepôt sera aussi accordée aux personnes qui introduiront dans des lieux sujets aux droits d'entrée des vendanges et fruits, et qui destineront les boissons en provenant à être transportées hors de la commune.

34. Cette même faculté pourra également être accordée à des particuliers qui recevraient des boissons pour être conduites, peu de temps après leur arrivée, soit à la campagne, soit dans une autre résidence. La déclaration devra en être faite au moment de l'arrivée des boissons.

35. Les déclarations d'entrepôt seront faites avant l'introduction des chargemens et signées par les entrepositaires ou leurs fondés de pouvoirs. Elles indiqueront les magasins, caves ou celliers où les boissons devront être déposées, et serviront de titre pour la prise en charge.

36. Tout bouilleur ou distillateur de grains, marcs, lies, fruits et autres substances, établi dans un lieu sujet au droit d'entrée, sera tenu, s'il ne réclame la faculté de l'entrepôt, d'acquitter ce droit sur l'eau-de-vie provenant de sa distillation, et dont la quantité sera constatée par l'exercice des commis.

37. Les entrepositaires, négocians ou distillateurs, seront soumis à toutes les obligations imposées aux marchands en gros de boissons. Ils seront tenus, en outre, de produire aux commis, lors de leurs exercices, des certificats de sortie pour les boissons qu'ils auront expédiées pour l'extérieur, et des quittances du droit d'entrée pour celles qu'ils auront livrées à l'intérieur. A la fin de chaque trimestre, ils seront soumis au paiement de ce même droit sur les quantités manquantes à leurs charges, sauf les déductions pour coulage et ouillage autorisées par l'article 103 de la présente loi (1).

38. Lorsque les boissons auront été emmagasinées dans un entrepôt public, sous la clé de la régie, il ne sera exigé aucun droit de l'entrepositaire pour les manquans à ses charges.

39. Les personnes qui auront droit à l'entrepôt pourront l'obtenir à domicile, lors même qu'il existerait dans le lieu un entrepôt public (Paris excepté).

---

(1) On peut considérer comme preuve suffisante de la sortie de boissons expédiées à l'extérieur par un entrepositaire la représentation du congé pris pour l'expédition, et revêtu au moment de la sortie du visa du préposé à la porte de sortie.

L'article 37 ne doit pas s'entendre en ce sens que la preuve de la sortie ne puisse être faite que par un certificat spécial du préposé à la porte de sortie (30 juillet 1822; Cass. S. 24, 1, 134).

40. Dans celles des villes ouvertes où la perception des droits d'entrée sur les vendanges, pommes ou poires, ne peut être opérée au moment de l'introduction, la régie sera autorisée à faire faire, après la récolte, chez tous les propriétaires récoltans, l'inventaire des vins ou cidres fabriqués. Il en sera de même à l'égard des vendanges et fruits récoltés dans l'intérieur d'un lieu sujet aux droits d'entrée. Tout propriétaire qui ne réclamera pas l'entrepôt, ou qui n'aura pas récolté une quantité de boissons suffisante pour l'obtenir, sera tenu de payer immédiatement les droits d'entrée sur les vins ou cidres inventoriés.

41. Les propriétaires qui jouiront de l'entrepôt pour les produits de leur récolte seulement, en vertu de l'article précédent, ne seront soumis, outre l'inventaire, qu'à un recensement avant la récolte suivante; toutefois, ils seront obligés de payer le droit d'entrée au fur et à mesure de leurs ventes à l'intérieur. Lors du recensement, ils acquitteront le même droit sur les manquans non justifiés, déduction faite de la quantité allouée pour coulage et ouillage.

42. Les boissons dites *piquettes* faites par les propriétaires récoltans avec de l'eau jetée sur de simples marcs, sans pression, ne seront pas inventoriées chez eux, et seront conséquemment exemptes du droit, à moins qu'elles ne soient déplacées pour être vendues en gros ou en détail (1).

43. Dans celles des villes sujettes aux droits d'entrée où la perception du droit de détail sera remplacée par un abonnement avec la commune, conformément à l'article 73, le compte d'entrée et de sortie des boissons reçues par les entrepositaires sera tenu au bureau de la régie. Les employés feront seulement, chaque trimestre, et en présence de l'entrepositaire, les vérifications nécessaires pour constater les quantités de boissons qui resteront en magasin, et établir le décompte des droits sur celles qui auront été livrées à la consommation du lieu.

§ V. Dispositions particulières.

44. Les personnes voyageant à pied, à cheval, ou en voitures particulières et suspendues, ne seront pas assujéties aux visites des commis à l'entrée des villes sujettes aux droits d'entrée (2).

45. Les courriers ne pourront être arrêtés à leur passage, sous prétexte de la perception; mais ils seront obligés d'acquitter les droits sur les objets qui y seront sujets. A cet effet, les employés pourront accompagner les malles et assister à leur déchargement.

Tout courrier, tout employé des postes, qui serait convaincu d'avoir fait ou favorisé la fraude, outre les peines résultant de la contravention, serait destitué par l'autorité compétente.

46. Les contraventions aux dispositions du présent chapitre seront punies de la confiscation des boissons saisies, et d'une amende de cent à deux cents francs, suivant la gravité des cas, et sauf celui de fraude en voitures suspendues, lequel entraînera toujours la condamnation à une amende de mille francs.

Dans le cas de fraude par escalade, par un souterrain ou à main armée, il sera infligé aux contrevenans une peine correctionnelle de six mois de prison, outre l'amende et la confiscation.

CHAPITRE III. Droit à la vente en détail des boissons (2).

§ Ier. De la perception.

47. Il sera perçu, lors de la vente en détail des vins, cidres, poirés, eaux-de-vie, esprits ou liqueurs composées d'eaux-de-vie ou esprit, un droit de quinze pour cent de ladite vente.

48. Les vendans en détail seront tenus de déclarer aux commis le prix de vente de leurs boissons, chaque fois qu'ils en seront requis; lesdits prix seront inscrits tant sur les portatifs et registres que sur une affiche apposée par le débitant dans le lieu le plus apparent de son domicile.

49. En cas de contestation entre les employés et les débitans, relativement à l'exactitude de la déclaration des prix de vente, il en sera référé au maire de la commune, lequel prononcera sur le différent, sauf le re-

---

(1) La *piquette* affranchie du droit est la boisson faite avec de l'eau jetée sur du marc de raisin après l'action du pressoir. Si la boisson est faite avec de l'eau jetée sur la vendange après extraction du vin de pure goutte, c'est du *demi-vin* sujet au droit (4 juillet 1820; Cass. S. 20, 1, 436).

La piquette destinée à la consommation du propriétaire est, dans tous les cas exempte du droit d'entrée, peu importe qu'elle ait été fabriquée dans un lieu sujet ou non sujet à l'inventaire (4 juillet 1820; Cass. S. 21, 1, 37).

(2) Cet article est applicable à l'individu qui, de sa maison de campagne revient dans sa voiture suspendue à la ville qu'il habite; en conséquence, les employés de l'octroi qui le supposent nantis d'objets sujets aux droits d'entrée, n'ont pas le droit de le visiter sur place; ils ne peuvent que le conduire devant un commissaire de police, ou devant le maire pour l'y faire interroger et le visiter alors si l'un de ces magistrats l'ordonne (20 juin 1828; Cass. S. 28, 1, 241; D. 28, 1, 284).

(3) *Voy.* art. 56 et 237.

cours, de part et d'autre, au préfet en conseil de préfecture, qui statuera définitivement dans la huitaine, après avoir pris l'avis du sous-préfet et du directeur des contributions indirectes.

Le droit sera provisoirement perçu d'après la décision du maire, sauf rappel ou restitution. La décision ne pourra s'appliquer aux boissons débitées antérieurement à la contestation.

§ II. Des débitans.

50. Les cabaretiers, aubergistes, traiteurs, restaurateurs, maîtres d'hôtels garnis, cafetiers, liquoristes, buvetiers, débitans d'eaux-de-vie, concierges, et autres donnant à manger au jour, au mois ou à l'année, ainsi que tous autres qui voudront se livrer à la vente en détail des boissons spécifiées en l'article 47, seront tenus de faire leur déclaration au bureau de la régie dans les trois jours de la mise à exécution de la présente loi, et, à l'avenir, avant de commencer leur débit, et de désigner les espèces et quantités de boissons qu'ils auront en leur possession, dans les caves ou celliers de leur demeure, ou ailleurs, ainsi que le lieu de la vente ; comme aussi

d'indiquer par une enseigne ou bouchon leur qualité de débitant (1).

51. Les cantiniers de troupe seront tenus de se conformer aux dispositions de l'article précédent, à l'exception de ceux établis dans les camps, forts et citadelles, pourvu qu'ils ne reçoivent que des militaires, et qu'ils aient une commission du ministre de la guerre.

52. Toute personne qui vend en détail des boissons de quelque espèce que ce soit est sujette aux visites et exercices des employés de la régie (2).

53. Les boissons déclarées par les dénommés en l'article 50 seront comptées et prises en charge aux registres portatifs des commis.

A cet effet, les futailles seront jaugées et marquées par les employés, les boissons dégustées, et le degré des eaux-de-vie et esprits vérifié ; il en sera de même de toutes les boissons qui arriveront chez les vendans en détail pendant le cours du débit, et qui ne pourront être introduites dans leur domicile, leurs caves ou celliers, qu'en vertu de congés, acquits-à-caution ou passavans, lesquels seront produits lors des visites et exercices, et seront relatés dans les actes de charge (3).

---

(1) Cet article doit s'entendre en ce sens que les cabaretiers, etc. doivent déclarer, outre les boissons placées dans les celliers de leur demeure, celles qu'ils ont placées dans tous autres celliers, même ceux situés hors de la commune du débit, et à quelque distance que ce soit (2 juillet 1818 ; Cass. S. 18, 1, 401).

Un particulier qui reçoit chez lui et à sa table des pensionnaires à tant par mois n'est pas par cela seul assimilé aux cabaretiers, aubergistes, traiteurs, etc., et comme tel soumis à faire à la régie les déclarations prescrites (23 mai 1822 ; Cass. S. 22, 1, 423).

Tout cafetier est soumis aux visites et exercices des agens de la direction générale des contributions indirectes, et au cachetage des bouteilles de vin trouvées dans sa cave ; peu importe qu'il n'ait pas déclaré vouloir en vendre, que de l'aveu de la régie il n'en ait pas encore vendu, et qu'il allègue que celui trouvé dans sa cave est pour sa consommation personnelle et celle de sa famille ; peu importe encore la négligence ou l'indulgence de la régie, antérieurement à l'époque où elle a requis le cachetage.

La circonstance que la régie a exigé antérieurement du cafetier un droit de circulation, droit qu'elle n'eût pas exigé si elle eût considéré ce cafetier comme un débitant de vin, ne peut non plus autoriser celui-ci à se refuser au cachetage des bouteilles trouvées chez lui : le cafetier peut seulement réclamer le montant de l'indue perception (25 mai 1821 ; Cass. S. 21, 1, 335).

Un seul fait de vente de boissons en détail, sans déclaration préalable à la régie, suffit pour constituer une contravention ; il n'est pas nécessaire qu'il y ait habitude de vendre (27 février 1820 ; Cass. S. 23, 1, 193).

Le seul fait de recevoir et de loger habituellement des voituriers et leurs chevaux constitue un aubergiste et impose l'obligation de faire une déclaration à la régie des contributions indirectes, et de prendre une licence ; peu importe qu'on ne débite point de boissons, et qu'on ne donne point à manger (19 nov. 1819 ; Cass. S. 20, 1, 217. — 9 décembre 1826 ; Cass. S. 27, 1, 304 ; D. 27, 1, 87).

Tout ceux qui donnent à manger au jour, au mois ou à l'année sont tenus de faire la déclaration et de prendre la licence prescrite par cet article, encore qu'ils ne donnent pas à boire (4 juin 1829 ; Cass. S. 29, 1, 347 ; D. 29, 1, 262).

Le fait seul d'exercice d'une des professions désignées en cet article établit la présomption légale de la vente de boissons en détail, indépendamment du fait de débit, et astreint les particuliers qui exercent ces professions, à l'obligation de faire la déclaration et de prendre la licence exigée des débitans de boissons (9 décembre 1826 ; Cass. S. 27, 1, 303 ; D. 27, 1, 86).

Cette décision s'applique notamment à l'aubergiste qui loge habituellement des voituriers et leurs chevaux, bien qu'il ne débite pas de boissons et ne donne pas à manger ; au cafetier qui ne vend que du café en infusion, bien qu'il ne débite aucune boisson ni liqueur assujéties aux droits, etc. (1er octobre 1824 ; Cass. S. 25, 1, 112. — 7 février 1829 ; Cass. S. 29, 1, 49). Voy. loi du 23 avril 1836.

(2) Voy. loi du 24 juin 1824.

(3) Les débitans restent assujétis à l'obligation

Les débitans domiciliés dans des lieux sujets aux droits d'entrée seront tenus, en outre, de produire aux employés, lors de leurs exercices, les quittances de ces droits pour les boissons qu'ils auront reçues, ainsi que celles des droits d'octroi ou de banlieue, lorsqu'ils auront dû être acquittés.

54. Le débit de chaque pièce sera suivi séparément, et le vide marqué sur la futaille à chaque exercice des employés. Les manquans seront constatés, comme les charges, par des actes réguliers, lesquels devront être signés de deux commis, et inscrits à leurs registres portatifs.

55. Les débitans pourront avoir un registre sur papier libre, coté et paraphé par un juge de paix, et les commis seront tenus d'y consigner le résultat de leurs exercices et les paiemens qui auront été faits, ou de mentionner dans leurs actes, au portatif, le refus qu'aura fait le débitant de se munir dudit registre ou de le représenter.

56. Les débitans seront tenus d'ouvrir leurs caves, celliers et autres parties de leurs maisons, aux employés, pour y faire leurs visites, même les jours de fêtes et dimanches, hors les heures où, à raison du service divin, lesdits lieux seront fermés en exécution des lois et ordonnances (1).

57. Les débitans ne pourront vendre de boissons en gros qu'en futailles contenant au moins un hectolitre ; et il ne pourra en être fait décharge à leur compte qu'autant que les vaisseaux auront été démarqués par les commis. En cas d'enlèvement sans démarque, le droit de détail sera constaté sur la contenance des futailles, sans préjudice des effets de la contravention (2).

---

prescrite par cet article, trois mois après la déclaration de cesser (28 novembre 1819 ; Cass. S. 20, 1, 88).

Ils doivent pendant cet espace de temps, exhiber aux employés qui leur en font la demande, et immédiatement, les expéditions des différentes boissons qu'ils ont reçues, sous peine d'être considérés comme contrevenans. Le retard dans l'exhibition des congés ne peut être excusé sur le motif que le débitant a justifié postérieurement d'un congé applicable à la boisson saisie, que sa femme trouvée seule au logis lors de la visite des préposés, ignorait les obligations que la loi imposait, et que l'absence de son mari, qui avait enfermé le congé, s'opposait à ce qu'elle le produisît (8 juin 1827 ; Cass. S. 28, 148 ; D. 27, 1, 418).

L'introduction dans le domicile d'un cabaretier d'une bouteille de vin dont il n'est pas représenté d'expédition le rend passible des peines prononcées par l'art. 96 de la loi du 28 avril 1816, encore que le cabaretier n'ait point coopéré à l'introduction du vin... lorsque la bouteille de vin a été trouvée sur la table d'une personne chargée de tenir le cabaret, en l'absence du cabaretier (30 juillet 1825 ; Cass. S. 26, 1, 218).

(1) Le refus de la part d'un débitant de boissons d'ouvrir une armoire, sur la réquisition des employés de l'administration des contributions indirectes, constitue un refus d'exercice, et rend le débitant passible des peines portées par la loi du 28 avril 1816 ; en vain le refus serait motivé sur ce que les employés n'étaient pas assistés d'un officier de police, conformément à l'article 83 de la loi du 5 ventose an 12 ; cet article n'est applicable qu'aux particuliers non débitans (27 décembre 1817 ; Cass S. 18, 1, 305).

Les débitans de boissons sont tenus d'ouvrir aux employés les armoires ou autres meubles placés dans leur domicile et susceptibles de renfermer des objets de fraude ; ils ne peuvent s'y refuser sous le prétexte qu'ils n'en sont pas propriétaires et qu'ils n'en ont pas les clefs ; ils ne peuvent même dans ce cas exiger que le juge de paix, le maire ou l'adjoint assistent à l'ouverture (22 novembre 1824 ; Cass. sections réunies ; S. 25, 1, 190).

Le refus d'exercice de la part d'un débitant de boissons ne peut être justifié par le motif qu'il serait le successeur d'un autre débitant, lequel, en vertu d'une convention antérieurement faite avec la régie, aurait été exempté de la visite des employés ; peu importe que la convention ait déjà reçu exécution à l'égard du nouveau débitant. Une telle convention, en supposant qu'elle fût obligatoire pour l'administration, ne serait applicable qu'à la personne du débitant avec lequel elle aurait été passée ; elle ne serait pas transmissible à son successeur (2 avril 1825 ; Cass. S. 26, 1, 249).

Le refus de la part d'un débitant de boissons d'ouvrir la porte d'entrée de sa maison, à l'instant de la sommation à haute et intelligible voix qui lui en est faite par les employés, constitue un refus d'exercice et rend le débitant passible des peines portées par la présente loi. Peu importe d'ailleurs que le procès-verbal de contravention n'établisse pas si les employés ont fait connaître leur qualité en demandant à entrer, ni s'ils ont pu être vus ou entendus du débitant ; il suffit à cet égard qu'on puisse induire de l'ensemble des faits reconnus certains que le débitant a fermé sa porte pour empêcher la visite des employés, et cette induction peut suffisamment résulter de la circonstance que le débitant se trouvant dehors à une certaine distance en avant des employés, a couru vers sa maison, y est entré et en a fermé la porte (17 novembre 1826 ; Cass. S. 27, 1, 526 ; D. 27, 1, 345).

Voy. art. 237.

(2) La direction des contributions indirectes peut transiger relativement au droit de détail exigible sur des boissons vendues en gros et enlevées sans démarque par un débitant.

En ce cas, le droit n'est pas un impôt sur la vente, c'est une peine contre l'enlèvement sans démarque (30 juillet 1823 ; Cass. S. 24, 1, 120).

Le compte des débitans sera également déchargé des quantités de boissons gâtées ou perdues, lorsque la perte sera dûment justifiée (1).

58. Les vendans en détail ne pourront recevoir ni avoir chez eux, à moins d'une autorisation spéciale, de boissons en vaisseaux d'une contenance moindre d'un hectolitre (2). Ils ne pourront établir le débit des vins et eaux-de-vie sur des vaisseaux d'une contenance supérieure à cinq hectolitres, ni mettre en vente ou en avoir en perce à la fois plus de trois pièces de chaque espèce de boissons. L'usage de mettre les vins en bouteilles sera néanmoins permis, pourvu que la transvasion ait lieu en présence des commis. Les bouteilles seront cachetées du cachet de la régie; le débitant fournira la cire et le feu.

59. Il est défendu aux débitans de faire aucun remplissage sur les tonneaux, soit marqués, soit démarqués, si ce n'est en présence des commis; d'enlever de leurs caves les pièces vides, sans qu'elles aient été préalablement démarquées, et de substituer de l'eau ou tout autre liquide aux boissons qui auront été reconnues dans les futailles lors de la prise en charge.

60. Les débitans ne pourront avoir qu'un seul râpé de raisin de trois hectolitres au plus, et pourvu qu'ils aient en cave au moins trente hectolitre de vins. Ils ne pourront verser de vin sur ce râpé hors la présence des commis.

61. Il est fait défense aux vendans en détail de recéler des boissons dans leurs maisons ou ailleurs, et à tous propriétaires ou principaux locataires, de laisser entrer chez eux des boissons appartenant aux débitans, sans qu'il y ait bail par acte authentique pour les caves, celliers, magasins et autres lieux où seront placées lesdites boissons. Toute communication intérieure entre les maisons des débitans et les maisons voisines est interdite, et les commis sont autorisés à exiger qu'elle soit scellée (3).

62. Lorsqu'il y aura impossibilité d'interdire les communications, le voisin du débitant pourra être soumis aux exercices des commis, et au paiement du droit à la vente en détail, lorsque sa consommation apparente sera évidemment supérieure à ses facultés et à la consommation réelle de sa famille, d'après les habitudes du pays.

63. Dans le cas prévu par l'article précédent, et avant de-procéder à aucune opération, les employés feront par écrit un rapport à leur directeur. Le directeur le transmettra au préfet, qui prononcera définitivement, sur l'avis du maire, et autorisera, s'il y a lieu, l'exercice chez le voisin du débitant. Les employés ne pourront procéder à cet exercice sans exhiber l'arrêté du préfet qui l'aura autorisé (4).

64. Si le résultat de cet exercice fait reconnaître une consommation apparente évidemment supérieure à la consommation réelle de l'individu exercé, le directeur en référera au préfet, qui, sur son rapport, et après avoir pris l'avis du sous-préfet et du maire, déterminera, chaque trimestre, la quantité qui lui sera allouée pour consommation et celle qui sera assujétie au paiement du droit.

---

(1) Cet article, n'excluant aucun genre particulier de preuve, s'en est, par cela même, remis, à l'égard de cette preuve, à la prudence des juges. Ainsi, en cette matière, les juges, à défaut de procès-verbaux, peuvent, selon les règles ordinaires, admettre la preuve testimoniale, lorsqu'elle est soutenue d'un commencement de preuve par écrit, et ils peuvent voir ce commencement de preuve par écrit dans les annotations portées aux registres portatifs des employés de la régie (6 février 1826; Cass. S. 26, 1, 315).

(2) Cette disposition ne doit point s'entendre des liqueurs proprement dites; en conséquence, les marchands de liqueurs en gros peuvent expédier aux détaillans, et ceux-ci peuvent recevoir des caisses ou paniers de vingt-cinq bouteilles (11 janvier 1819; Cass. S. 19, 1, 187).

(3) Le fait d'introduction de boissons sans déclaration dans un local faisant partie de la maison du débitant et qui y communique, constitue de la part de ce dernier une contravention punissable, bien qu'il soit allégué que le local est loué à un autre individu (sans toutefois en rapporter un bail authentique), et que cet individu lui-même représente un congé des boissons dont il s'agit (30 janvier 1824, Cass. S. 24, 1, 227).

Un débitant chez lequel ont été trouvées des boissons en fraude, qu'il prétend appartenir à un tiers, ne peut être affranchi de la responsabilité personnelle qui pèse sur lui qu'autant qu'il indique un tiers solvable contre lequel la régie puisse utilement exercer des poursuites (10 août 1832; Cass. S. 32, 1, 771; D. 32, 1, 405).

Il y a présomption légale que le local d'une maison voisine dans lequel un débitant de boissons a un libre accès et peut communiquer à volonté appartient à ce débitant; en conséquence, les liquides qui s'y trouvent, sans qu'il en ait été fait déclaration, sont censés introduits en fraude. Peu importe que la maison dont dépend le local soit occupée par un individu assujetti lui-même à l'exercice de la régie, si cet exercice n'a lieu qu'à raison du commerce d'un liquide autre que celui qui se trouve dans le local (8 juin 1827; Cass. S. 28, 1, 69; D. 27, 1, 418).

(4) L'arrêté d'un préfet est exécutoire *provisoirement*, et nonobstant toute *opposition* ou pourvoi pour le faire rapporter. Il soumet le voisin aux mêmes obligations que le débitant, quant à l'exercice des employés (7 juillet 1827; Cass. S. 27, 1, 511; D. 27, 1, 298).

65. Le décompte des droits à percevoir en raison des boissons trouvées manquantes chez chaque débitant sera arrêté tous les trois mois, et les quantités de boissons restantes seront portées à compte nouveau. Le paiement desdits droits sera exigé à la fin de chaque trimestre, ou à la cessation du commerce d'un débitant. Il pourra même l'être au fur et à mesure de la vente, pourvu qu'il y ait une pièce entière débitée, ou lorsque les boissons auront été mises en vente dans les foires, marchés ou assemblées.

66. Il sera accordé aux débitans, pour tous déchets et pour consommation de famille, trois pour cent sur le montant des droits de détail qu'ils auront à payer (1).

67. Les débitans de boissons qui auront déclaré cesser leur débit seront tenus de retirer leur enseigne ou bouchon, et resteront soumis, pendant les trois mois suivans, aux visites et exercices des commis. En cas de continuation de vente, il sera dressé procès-verbal de cette contravention, et, en outre, ils seront contraints, pour tout le temps écoulé depuis la déclaration de cesser, au paiement des droits proportionnellement aux sommes constatées à leur charge pendant le trimestre précédent.

68. Les débitans qui auront refusé de souffrir les exercices des employés seront contraints, nonobstant les suites à donner aux procès-verbaux, au paiement du droit de détail sur toutes les boissons restant en charge lors du dernier exercice; ils seront tenus d'acquitter en outre le même droit, pour tout le temps que les exercices demeureront suspendus, au prorata de la somme la plus élevée qu'ils auront payée pour un trimestre pendant deux années précédentes.

A l'égard des débitans qui n'auraient pas été soumis précédemment aux exercices, ils seront obligés d'acquitter une somme égale à celle payée par le débitant le plus imposé du même canton de justice de paix.

Les procès-verbaux rapportés pour refus d'exercice seront présentés, dans les vingt-quatre heures, au maire de la commune, qui sera tenu de viser l'original (2).

69. La vente en détail des boissons ne pourra être faite par les bouilleurs ou distillateurs pendant le temps que durera leur fabrication. Cette vente pourra toutefois être autorisée, si le lieu du débit est totalement séparé de l'atelier de distillation.

§ III. Des abonnemens pour le droit de vente en détail.

70. Toutes les fois qu'un débitant se soumettra à payer par abonnement l'équivalent du droit de détail dont il sera estimé passible, il devra y être admis par la régie. Lorsque la régie ne sera pas d'accord avec le débitant pour fixer l'équivalent du droit, le préfet, en conseil de préfecture, prononcera, sauf le recours au Conseil-d'État, en prenant en considération les consommations des années précédentes et les circonstances particulières qui peuvent influer sur le débit de l'année pour laquelle l'abonnement est requis. Les abonnemens seront faits par écrit, et ne seront définitifs qu'après l'approbation de la régie. Leur durée ne pourra excéder un an. Ils ne pourront avoir pour effet d'attribuer à l'abonné le privilége de vendre à l'exclusion de tous autres débitans qui voudraient s'établir dans la même commune.

71. Il pourra encore être consenti par la régie, de gré à gré avec les débitans, des abonnemens à l'hectolitre pour les différentes espèces de boissons qu'ils auront déclaré vouloir vendre. Ces abonnemens auront pour effet d'affranchir les débitans des obligations qui leur sont imposées, relativement aux déclarations de prix de vente. Ils seront faits par écrit et approuvés par les directeurs, et ne pourront avoir plus de durée que deux trimestres (3).

72. Les abonnemens consentis en vertu des deux articles précédens seront révoqués de plein droit, en cas de fraude ou contravention dûment constatée.

73. La régie devra également consentir, dans les villes, avec les conseils municipaux, lorsqu'ils en feront la demande, un abonnement général pour le montant des droits de détail et de circulation dans l'intérieur, moyennant que la commune s'engage à verser dans les caisses de la régie, par vingt-quatrièmes, de quinzaine en quinzaine, la somme convenue pour l'abonnement, sauf à elle à s'imposer sur elle-même pour le recouvrement de cette somme, comme elle est autorisée à le faire pour les dépenses communales.

---

(1) Le droit de détail de quinze pour cent sur la vente des boissons n'est pas exigible sur les boissons qu'un débitant prouve avoir servi à la consommation de sa famille (11 avril 1821 ; Cass. S. 21, 1, 395).

(2) Un procès-verbal des préposés des contributions indirectes constatant un refus d'exercice n'est pas nul pour défaut du visa du maire, et à plus forte raison pour irrégularité du visa, notamment par défaut de date (1er mars 1822 ; Cass. S. 22, 1, 275).

(3) Lorsque des débitans de boissons, dans une soumission d'abonnement, ont librement consenti que leur abonnement ne comprendrait pas les eaux-de-vie et liqueurs, la convention doit être exécutée, sans qu'il soit permis d'exciper en sens contraire de la loi des finances du 28 avril 1816 (22 octobre 1817 ; ordonnance, J. C. t 4, p. 156).

74. Ces abonnemens, discutés entre les directeurs de la régie ou leurs délégués et les conseils municipaux, n'auront d'exécution qu'après qu'ils auront été approuvés par le ministre des finances, sur l'avis du préfet et le rapport du directeur général des contributions indirectes. Ils ne seront conclus que pour une année, et seront révocables, de plein droit, en cas de non-paiement d'un des termes à l'époque fixée.

75. La régie poursuivra le recouvrement des sommes dues au Trésor, en raison desdits abonnemens, par voie de contrainte sur le receveur municipal, et par la saisie des deniers et revenus de la commune.

76. Dans les villes où ces abonnemens seront accordés, tout exercice chez les débitans sera supprimé, et la circulation des boissons dans l'intérieur affranchie de toute formalité.

77. Sur la demande des deux tiers au moins des débitans d'une commune, approuvée en conseil municipal, et notifiée par le maire, la régie devra consentir, pour une année, et sauf renouvellement, à remplacer la perception du droit de détail par exercice, au moyen d'une répartition, sur la totalité des redevables, de l'équivalent dudit droit (1).

78. Ce mode de remplacement ne pourra être admis qu'autant qu'il offrira un produit égal à celui d'une année moyenne, calculée d'après trois années consécutives d'exercices. Il sera discuté entre les débitans ou leurs délégués et l'employé supérieur de la régie, en présence du maire ou d'un membre du conseil municipal, et pourra être exécuté provisoirement en vertu de l'autorisation du préfet, donnée sur la proposition du directeur de la régie. Il devra néanmoins être approuvé par le ministre des finances, sur le rapport du directeur général des contributions indirectes.

Lorsque la régie ne sera pas d'accord avec lesdits débitans pour fixer l'équivalent du droit, le préfet, en conseil de préfecture, prononcera, sauf le recours au Conseil-d'Etat, en prenant en considération les consommations des années précédentes et les circonstances particulières qui peuvent influer sur le débit de l'année pour laquelle l'abonnement est requis (2).

79. Lorsque ce remplacement sera adopté,

(1 et 2) Bien loin d'interdire à l'administration des contributions indirectes la faculté de renouveler les abonnemens consentis avec les débitans de boissons, en exécution de l'art. 77 de la loi du 28 avril 1816, la loi du 31 décembre 1818 lui prescrit de se conformer à ses dispositions.

Aux termes de l'article 78 de la même loi du 28 avril 1816, lorsque l'administration n'est pas d'accord avec les débitans pour fixer l'équivalent du droit d'exercice, le préfet doit prononcer en conseil de préfecture, non-seulement en se réglant sur le taux moyen des trois années antérieures, mais encore en prenant en considération les circonstances particulières de nature à influer sur le débit de l'année pour laquelle l'abonnement est requis (14 juillet 1819; ordonnance, J. C. t. 5, p. 169).

Au cas de contestation entre le directeur général des contributions indirectes et les débitans de boissons d'une ville, au sujet de la fixation d'un abonnement ou équivalent d'un droit de détail, si la difficulté porte sur les circonstances particulières qui peuvent influer sur le débit de l'année pour laquelle l'abonnement est demandé, le conseil de préfecture est l'appréciateur de ces circonstances (6 décembre 1820; J. C. t. 5, p. 498).

Les conseils de préfecture sont compétens pour prononcer sur les réclamations auxquelles peut donner lieu, entre les débitans de boissons abonnés, le rôle de répartition des abonnemens (17 juillet 1822; ord. Mac. 4. 79).

En prescrivant que le taux des abonnemens pour contributions indirectes soit fixé d'après le taux moyen de trois années consécutives d'exercice, la loi permet néanmoins des modérations circonstancielles (24 décembre 1818; ordonnance, J. C. t. 6, p. 43).

Cet article n'astreint le préfet, pour déterminer le taux de l'abonnement, qu'à prendre en considération les consommations des années précédentes et les circonstances particulières qui peuvent influer sur le débit de l'année pour laquelle l'abonnement est requis.

Lorsqu'il n'est survenu aucune nouvelle circonstance qui puisse motiver une diminution, il y a lieu de maintenir l'abonnement tel qu'il a été fixé pendant les deux années immédiatement précédentes (15 novembre 1826; ord. Mac. 8, 692).

Lorsqu'il s'agit de fixer le prix d'un abonnement demandé par les débitans de vins, cidres et poirés, d'une commune, la régie ne doit pas comprendre dans les calculs qui en doivent déterminer le taux les droits perçus des vins sur les cafetiers et débitans d'eaux-de-vie pour leur consommation domestique de ces boissons.

Lorsque l'augmentation de débit qui a eu lieu pendant les années prises pour fixer l'abonnement, est déjà entrée comme élément dans cette fixation, la régie ne peut pas demander que cette augmentation soit de nouveau considérée comme une circonstance particulière pouvant influer sur le débit de l'année pour laquelle l'abonnement est demandé (31 juillet 1822; ord. Mac. 4, 130).

L'abonnement fixé par le conseil de préfecture doit être maintenu si ce conseil a ajouté au produit d'une année moyenne, calculé d'après trois années consécutives, une somme représentative de l'augmentation progressive des produits pendant l'année d'abonnement, encore que la régie prétende que les droits de détail ont reçu une augmentation dans les communes environ-

les syndics nommés par les débitans, sous la présidence du maire ou de son délégué, procèderont, en présence de ce magistrat, à la répartition de la somme à imposer entre tous les débitans alors existant dans la commune. Les rôles arrêtés par les syndics et rendus exécutoires par le maire seront remis au receveur de la régie, pour en poursuivre le recouvrement.

80. Les débitans ainsi abonnés seront solidaires pour le paiement des sommes portées aux rôles. En conséquence, aucun nouveau débitant ne pourra s'établir dans la commune pendant la durée de l'abonnement, s'il ne remplace un autre débitant compris dans la répartition.

81. Les sommes portées aux rôles seront exigibles par douzièmes, de mois en mois, d'avance et par voie de contrainte. A défaut de paiement d'un terme échu, les redevables dûment mis en demeure, le directeur de la régie sera autorisé à faire prononcer, par le préfet, la révocation de l'abonnement, et à faire rétablir immédiatement la perception par exercices, sans préjudice des poursuites à exercer pour raison des sommes exigibles.

82. Les employés de la régie constateront par procès-verbal, à la requête des débitans ou de leurs syndics, toute vente en détail de boissons opérée dans la commune abonnée par des personnes non comprises dans la répartition. Les poursuites seront exercées par les syndics, et les condamnations prononcées au profit de la masse des débitans.

83. Les débitans ainsi abonnés, ou leurs syndics, pourront concéder à des personnes non comprises aux rôles de répartition, le droit de vendre en détail des boissons lors des foires et assemblées.

84. Les sommes à recouvrer en exécution des deux articles précédens seront perçues par le receveur de la régie, et imputées à tous les débitans de la commune, au marc le franc de leur cote.

§ IV. Des propriétaires vendant en détail les boissons de leur cru.

85. Les propriétaires qui voudront vendre les boissons de leur cru en détail jouiront d'une remise de vingt-cinq pour cent sur les droits qu'ils auront à payer. Ils devront, dans la déclaration préalable à laquelle ils seront tenus comme tous les autres débitans, indiquer la quantité de boissons de leur cru qu'ils auront en leur possession, et celle dont ils

entendront faire la vente en détail, et se soumettre, en outre, à ne vendre aucune boisson autre que celles de leur cru. Ils devront faire cette vente par eux-mêmes, ou par des domestiques à leurs gages, dans des maisons à eux appartenant, ou qu'ils auront louées par bail authentique (1).

86. Ils ne pourront fournir aux buveurs que les boissons déclarées, avec des bancs et tables, et seront libres d'établir leur vente en détail sur des vaisseaux d'une contenance supérieure à cinq hectolitres. Ils seront, d'ailleurs, assujétis à toutes les obligations imposées aux débitans de profession : néanmoins, les visites et exercices des commis n'auront pas lieu dans l'intérieur de leur domicile, pourvu que le local où leurs boissons seront vendues en détail en soit séparé.

§ V. Du droit général de consommation sur l'eau-de-vie.

87. Un droit général de consommation égal à celui fixé pour la vente en détail par l'article 47 sera perçu sur toute quantité d'eau-de-vie, d'esprit, ou de liqueur composée d'eau-de-vie ou d'esprit, qui sera adressée à une personne autre que celles assujéties aux exercices des employés de la régie.

Ce droit ne sera pas dû sur les eaux-de-vie, esprits et liqueurs qui seront exportés à l'étranger (2).

88. Le droit général de consommation sera perçu d'après le prix courant de la vente en détail au lieu de destination. Il sera payé à l'arrivée des boissons, et avant la décharge de l'acquit-à-caution; il pourra néanmoins être acquitté au lieu de l'enlèvement par les expéditeurs, lesquels, dans ce cas, seront tenus seulement, pour opérer le transport, de se munir d'un congé au lieu d'un acquit-à-caution.

89. Tout marchand en gros d'eau-de-vie, esprit et liqueur, acquittera le droit de consommation sur les quantités de ces boissons qui manqueront à ses charges, après la déduction fixée par l'article 103. La même obligation est imposée à tout débitant qui cessera son commerce pour les quantités d'eaux-de-vie, esprits et liqueurs, qu'il conservera.

90. Le droit de consommation ne sera point exigé des personnes non soumises aux exercices, en cas de transport d'eaux-de-vie, d'esprits ou de liqueurs de l'une de leurs maisons dans une autre, ou dans un nouveau domicile, en justifiant toutefois aux employés ap-

nantes, et quoique le relevé des acquits-à-caution pour l'année précédente démontre que la commune qui demande l'abonnement a reçu une plus grande quantité de liquides que celle sur laquelle le conseil de préfecture s'est fondé (23 juillet 1823; ord. Mac. 5, 505). Voy. lois du 17 octobre et du 12 décembre 1830.

(1) Voy. art. 21 et notes.

(2) Voy. ordonnance du 20 mai 1818.

pelés à décharger les acquits-à-caution, de leur droit à cette exemption.

Les bouilleurs de cru qui feront transporter les produits de leur distillation dans des caves ou magasins séparés de la brûlerie n'auront droit à la même exemption qu'en soumettant ces caves ou magasins aux exercices des préposés de la régie.

91. Les eaux-de-vie versées sur les vins seront également affranchies du droit de consommation, pourvu que la quantité employée n'excède pas un vingtième de la quantité de vin soumise à cette opération, qui ne pourra se faire qu'en présence des employés de la régie.

§ VI. Remplacement du droit de détail à Paris

92. Il n'y aura pas, dans l'intérieur de la ville de Paris, d'exercice sur les boissons autres que les bières ; le droit de détail et celui d'entrée y seront remplacés au moyen d'une taxe unique aux entrées, fixée ainsi qu'il suit :

Par hectolitre de vin en cercles, dix francs cinquante centimes.

Par hectolitre de vin en bouteilles, quinze francs.

Par hectolitre de cidre et poiré, cinq francs.

Par hectolitre d'eau-de-vie simple au-dessous de vingt-deux degrés, dix-huit francs.

Par hectolitre d'eau-de-vie de vingt-deux degrés jusqu'à vingt-huit exclusivement, trente six francs.

Par hectolitre d'esprit à vingt-huit degrés et au-dessus, d'eau-de-vie de toute espèce en bouteilles et de liqueurs composées d'eau-de-vie ou d'esprit, tant en cercles qu'en bouteilles, soixante francs.

93. Les dispositions du chapitre II et les peines y prononcées, en cas de contravention, sont applicables à la taxe établie par l'article précédent.

§ VII. Dispositions générales applicables au présent chapitre.

94. Les boissons trouvées en la possession de personnes vendant en détail sans déclaration, ainsi que celles à l'égard desquelles des contraventions seront constatées chez les débitans, seront saisies par les employés de la régie.

95. Les personnes convaincues de faire le commerce des boissons en détail, sans déclaration préalable ou après déclaration de cesser, seront punies d'une amende de trois cents francs à mille francs, et de la confiscation des boissons saisies. Les contrevenans pourront néanmoins obtenir la restitution desdites boissons, en payant une somme de mille francs, indépendamment de l'amende prononcée par le tribunal.

96. Les autres contraventions aux dispositions du présent chapitre seront punies de la confiscation des objets saisis, et d'une amende qui, pour la première fois, ne pourra être moindre de cinquante francs, ni supérieure à trois cents francs, et qui sera toujours de cinq cents francs en cas de récidive (1).

CHAPITRE IV. Des marchands en gros (2).

97. Les négocians, les marchands en gros, courtiers, facteurs, commissionnaires de roulage, dépositaires, distillateurs, bouilleurs de profession et autres, qui voudront faire le commerce des boissons en gros (qu'ils soient ou non entrepositaires, s'ils habitent un lieu sujet aux entrées), seront tenus de déclarer les quantités, espèces et qualités des boissons qu'ils possèdent, tant dans le lieu de leur domicile qu'ailleurs.

98. Sera considéré comme marchand en gros tout particulier qui recevra ou expédiera soit pour son compte, soit pour le compte d'autrui, des boissons, soit en futailles d'un hectolitre au moins, ou en plusieurs futailles qui, réunies, contiendraient plus d'un hectolitre soit en caisses et paniers de vingt-cinq bouteilles et au-dessus (3).

99. Ne seront pas considérés comme marchands en gros les particuliers recevant accidentellement une pièce, une caisse ou un panier de vin pour le partager avec d'autres personnes, pourvu que, dans sa déclaration, l'expéditeur ait énoncé, outre le nom et le domicile du destinataire, ceux des copartageans, et la quantité destinée à chacun d'eux.

La même exception sera applicable aux

---

(1) L'article 365, Code d'instr. crim., qui veut qu'en cas de conviction de plusieurs crimes ou délits, il n'y ait pas cumul de peines, que la peine la plus forte soit seule prononcée, ne s'applique qu'aux crimes et délits ordinaires. Il ne s'applique pas notamment aux contraventions relatives aux contributions indirectes ; en cette matière, les peines encourues pour plusieurs contraventions ne peuvent en aucun cas être réduites à une seule (26 mars 1825 ; Cass. S. 26, 1, 81).

(2) Voy. loi du 24 juin 1824.

(3) Lorsque des particuliers reçoivent et transportent, à dos de cheval ou de mulet, soit pour leur compte, soit pour le compte d'autrui, des futailles ou autres qui, réunies, contiennent plus d'un hectolitre, ils doivent, aux termes de cet article, être considérés comme marchands de vins en gros, et, en conséquence, être assujétis, s'ils habitent une commune de cinq mille ames et au-dessus, à la patente fixe de quarante francs (14 janvier 1824 ; ord. Mac. 6, 12).

personnes qui, dans le cas de changement de domicile, vendront les boissons qu'elles auront reçues pour leur consommation.

Elle le sera également aux personnes qui vendraient, immédiatement après le décès de celle à qui elles auraient succédé, les boissons dépendant de sa succession et provenant de sa récolte ou de ses provisions, pourvu qu'elle ne fût ni marchand en gros, ni débitant, ni fabricant de boissons.

100. Les dénommés en l'article 97 pourront transvaser, mélanger et couper leurs boissons hors la présence des employés; les pièces ne seront pas marquées à l'arrivée : seulement il sera tenu, pour les boissons, en leur possession, un compte d'entrée et de sortie dont les charges seront établies d'après les congés, acquits-à-caution ou passavans qu'ils seront tenus de représenter, sous peine de saisie, et les décharges, d'après les quittances du droit de circulation.

Les eaux-de-vie et esprits seront suivis par degrés. Les charges seront accrues, lors du réglement de compte, en proportion de l'affaiblissement du degré des quantités expédiées ou restant en magasin.

101. Les employés pourront faire, à la fin de chaque trimestre, les vérifications nécessaires, à l'effet de constater les quantités de boissons restant en magasin, et le degré des eaux-de-vie et esprits.

Indépendamment de ces vérifications, ils pourront également faire, dans le cours du trimestre, toutes celles qui seront nécessaires pour connaître si les boissons reçues ou expédiées ont été soumises au droit à la circulation ou aux autres droits dont elles pourraient être passibles.

Ces vérifications n'auront lieu que dans les magasins, caves et celliers, et seulement depuis le lever jusqu'au coucher du soleil (1).

102. Les dénommés en l'article 97 pourront faire accidentellement des ventes de boissons en quantités inférieures à celles fixées par l'article 98. Ils seront tenus de payer le droit de détail pour ces ventes, lorsque la quantité expédiée ne formera pas un hectolitre, si elle est en une ou plusieurs futailles, ou vingt-cinq litres, si elle est en bouteilles. Les vins, eaux-de-vie et liqueurs en bouteilles, expédiés en quantité de vingt-cinq litres et au-dessus, devront être contenus dans des caisses ou paniers fermés et emballés suivant les usages du commerce.

103. Il sera accordé aux marchands en gros, pour ouillage, coulage et affaiblissement de degrés, une déduction de cinq pour cent par an sur les eaux-de-vie au-dessous de vingt-huit degrés, et de six pour cent sur les eaux-de-vie rectifiées et esprits de vingt-huit degrés et au-dessus, et de six pour cent sur les cidres et poirés.

Le décompte de cette déduction sera fait à la fin de chaque trimestre, en raison de la durée du séjour des eaux-de-vie, cidres et poirés en magasin.

La déduction sur les vins sera de six pour cent divisés par portions égales sur les trimestres d'octobre et de janvier, pour les vins nouveaux entrés pendant ces deux trimestres; et d'un pour cent, pour chacun de ceux d'avril et de juillet, sur les vins existant lors de ces deux exercices.

La régie pourra accorder une plus forte déduction pour les vins qui éprouvent un déchet supérieur à la remise ci-dessus fixée (2).

104. Les marchands en gros seront tenus de payer un droit égal à celui de détail, d'après le prix courant du lieu de leur résidence, sur les quantités de boissons qui seront reconnues manquer à leurs charges, après la déduction accordée pour coulage et ouillage.

105. Nul ne pourra faire une déclaration de cesser le commerce en gros de boissons, tant qu'il conservera en sa possession des boissons qu'il aura reçues en raison de ce commerce, excepté toutefois lorsque la quantité n'excédera pas celle reconnue nécessaire pour sa propre consommation.

106. Toute personne qui fera le commerce des boissons en gros sans déclaration préalable, ou après une déclaration de cesser, ou qui, ayant fait une déclaration de marchand en gros, exercera réellement le commerce des boissons en détail, sera punie d'une amende de cinq cents francs à deux mille

(1) Les marchands et débitans de boissons assujétis aux visites et exercices des employés doivent dans tous les temps et même en cas d'absence pourvoir à ce que ces visites et exercices n'éprouvent aucun obstacle ni retard. Ainsi le refus fait aux employés, lors de leur visite, par la femme d'un marchand de boissons en gros, de leur ouvrir les magasins de son mari, sous prétexte qu'il est absent et qu'il en a emporté ou caché les clefs, constitue le refus de visite ou d'exercice prévu et puni par cet article et l'article 106. A cet égard les juges ne peuvent excuser le prévenu par des considérations puisées dans l'interprétation des énonciations contenues au procès-verbal des employés, ou dans des circonstances étrangères à ce même procès-verbal (20 décembre 1828 ; Cass. S. 29, 1, 11 ; D 29 ; 1, 72).

(2) Outre la déduction allouée par cet article aux marchands de vins en gros pour ouillage et coulage, on doit leur tenir compte du déficit résultant des lies ; ainsi, les lies provenant des vins en charge ne peuvent être considérées comme des quantités manquantes qui rendent les négocians passibles du droit de détail (30 décembre 1818 ; Cass. S. 19, 1, 203)

Voy. loi du 24 juin 1824

francs, sans préjudice de la saisie et de la confiscation des boissons en sa possession. Elle pourra en obtenir la main-levée en payant une somme de deux mille francs, indépendamment de l'amende prononcée par le tribunal.

Toute autre contravention aux dispositions du présent chapitre sera punie de la confiscation des objets saisis, et d'une amende qui ne pourra être moindre de cinquante francs, ni supérieure à trois cents francs. En cas de récidive, cette amende sera toujours de cinq cents francs.

CHAPITRE V. Des brasseries.

107. Il sera perçu, à la fabrication des bières, un droit de 2 francs par hectolitre de bière forte, et de cinquante centimes par hectolitre de petite bière.

Ce dernier droit sera de soixante-quinze centimes, lorsqu'il sera constaté par un arrêté du préfet pour chaque arrondissement, et sur l'avis du sous-préfet, qui prendra celui des maires, que l'hectolitre se vend cinq francs et au-dessus (1).

108. Il n'y aura lieu à faire l'application de la taxe sur la petite bière, que lorsqu'il aura été fabriqué plusieurs brassins avec la même drêche; et cette exception ne sera appliquée qu'au dernier brassin, pourvu d'ailleurs qu'il ne soit entré dans sa fabrication aucune portion des matières résultant des trempes données pour les premiers, qu'il n'ait été fait aucune addition ni remplacement de drêche, et que la chaudière où il aura été fabriqué n'excède, en contenance, aucune de celles qui auront servi pour ces brassins; faute de quoi, tous les brassins seront réputés de bière forte et imposés comme tels (2).

109. Le produit des trempes données pour un brassin ne pourra excéder de plus du

vingtième la contenance de la chaudière déclarée pour sa fabrication; la régie des contributions indirectes est autorisée à régler, suivant les circonstances, l'emploi de cet excédant, de manière qu'il ne puisse en résulter aucun abus.

110. La quantité de bière passible du droit sera évaluée, quelles qu'en soient l'espèce et la qualité, en comptant pour chaque brassin la contenance de la chaudière, lors même qu'elle ne serait pas entièrement pleine. Il sera seulement déduit, sur cette contenance, vingt pour cent pour tenir lieu de tous déchets de fabrication, d'ouillage, de coulage et autres accidens.

111. Les employés de la régie sont autorisés à vérifier, dans les bacs et cuves ou à l'entonnement, le produit de la fabrication de chaque brassin.

Tout excédant à la contenance brute de la chaudière sera saisi. Un excédant de plus du dixième supposera, en outre, la fabrication d'un brassin non déclaré, et le droit sera perçu en conséquence, indépendamment de l'amende encourue.

Tout excédant à la quantité déclarée imposable par l'art. 110 sera soumis au droit, quand il sera de plus du dixième de cette quantité, soit qu'on le constate sur les bacs ou à l'entonnement.

112. L'entonnement de la bière ne pourra avoir lieu que de jour.

113. Il ne pourra être fait d'un même brassin qu'une seule espèce de bière; elle sera retirée de la chaudière et mise aux bacs refroidissoirs sans interruption : les décharges partielles sont par conséquent défendues (3).

114. La petite bière fabriquée sans ébullition sur des marcs qui auront déjà servi à la fabrication de tous les brassins déclarés sera exempte de tout droit, pourvu qu'elle ne soit que le produit d'eau froide versée dans la

---

(1 et 2) Abrogés. *Voy.* loi du 1ᵉʳ mai 1822, art. 8.

(3) Cet article doit s'entendre en ce sens, que s'il y a seulement deux brassins, le second n'est passible que de la taxe sur la petite bière, surtout dans les lieux où le mode de fabrication est tel que le second brassin n'est en effet que de la petite bière (14 janvier 1824; Cass. S. 25, 1, 4).

Un brasseur contrevient à la loi en cachant ou en ne représentant pas aux employés une partie de la bière qu'il a fabriquée; en faisant un brassin sans déclaration, et en faisant des décharges partielles. Quant à la preuve de ces deux dernières contraventions, elle résulte suffisamment du concours des circonstances suivantes, savoir: que les employés ont trouvé chez le brasseur une quantité de bière non déclarée encore chaude, tandis que le houblon avec lequel il prétendait l'avoir faite était froid ; que les brassins étaient également refroidis, et que le houblon

épuisé ne pouvait produire une aussi grande quantité de bière que celle qui a été découverte. Dans ce cas, il y a lieu à la saisie et confiscation des bières trouvées en fraude, avec amende de 200 à 600 francs (20 mai 1826; Cass. S. 27, 1, 164; D. 26, 1, 367). *Voy.* art 120, 125 et 129.

Le premier bac, ou bac à houblon, d'une brasserie est soumis à l'opération du jaugeage par les employés de la régie. Le brasseur ne peut s'opposer au jaugeage sous prétexte que ce bac se trouve avec la bière le résidu du houblon et des autres substances employées à la fabrication, la loi ayant autorisé une déduction pour tous déchets de fabrication. En conséquence, la simple opposition au jaugeage en un tel cas, ne fût-elle que purement verbale, constitue un refus d'exercice passible des peines portées par l'article 129 (7 octobre 1830 ; Cass. S. 51, 1, 384; D. 31, 1, 12).

cuve-matière sur ses marcs, qu'elle ne soit fabriquée que de jour, qu'elle n'excède pas en quantité le huitième des bières assujéties au droit pour un des brassins précédens, et qu'en sortant de la cuve-matière elle soit livrée de suite à la consommation, sans être mélangée d'aucune autre espèce de bière.

A défaut d'une de ces conditions, toute la petite bière fabriquée sera soumise au droit, indépendamment des peines encourues pour fausse déclaration, s'il y a lieu.

115. Les bières destinées à être converties en vinaigre seront assujéties aux mêmes droits de fabrication que les autres bières.

Les quantités passibles du droit seront évaluées, lorsque ces bières auront été fabriquées par infusion, en comptant pour chaque brassin la contenance de la cuve dans laquelle le produit des trempes aura dû être réuni pour fermenter, lors même qu'elle ne serait pas entièrement pleine.

Il sera déduit sur la contenance de la chaudière ou de la cuve, quelles que soient les quantités fabriquées, pourvu qu'elles n'excèdent point la contenance des vaisseaux, vingt pour cent pour tous déchets de fabrication, d'ouillage, de coulage, d'évaporation et autres accidens.

En cas d'excédant à la contenance de la chaudière ou de la cuve il sera fait application des peines établies par l'article 111 pour les autres bières.

116. Il ne pourra être fait usage, pour la fabrication de la bière, que de chaudières de six hectolitres et au-dessus.

Il est défendu de se servir de chaudières qui ne seraient pas fixées à demeure et maçonnées.

Les brasseries ambulantes sont interdites, et néanmoins la régie pourra les permettre suivant les localités.

117. Les brasseurs seront tenus de faire au bureau de la régie la déclaration de leur profession et du lieu où seront situés leurs établissemens ; ils seront, en outre, obligés à déclarer par écrit la contenance de leurs chaudières, cuves et bacs, avant de s'en servir ; ils fourniront l'eau et les ouvriers nécessaires pour vérifier par l'empotement de ces vaisseaux les contenances déclarées : cette opération sera dirigée en leur présence par des employés de la régie et il en sera dressé procès-verbal.

Chaque vaisseau portera un numéro et l'indication de sa contenance en hectolitres.

118. Il est défendu de changer, modifier ou altérer la contenance des chaudières, cuves et bacs, ou d'en établir des nouveaux sans en avoir fait la déclaration par écrit vingt-quatre heures d'avance. Cette déclaration contiendra la soumission du brasseur de ne faire usage desdits ustensiles qu'après que leur contenance aura été vérifiée conformément à l'article précédent (1).

119. Le feu ne pourra être allumé sous les chaudières dans les brasseries que pour la fabrication de la bière.

120. Tout brasseur sera tenu, chaque fois qu'il voudra mettre le feu sous ses chaudières, de déclarer, au moins quatre heures d'avance dans les villes, et douze dans les campagnes :

1° Le numéro et la contenance des chaudières qu'il voudra employer, et l'heure de la mise de feu sous chacune ;

2° Le nombre et la qualité des brassins qu'il devra fabriquer avec la même drèche ;

3° L'heure de l'entonnement de chaque brassin ;

4° Le moment où l'eau sera versée sur les marcs, pour fabriquer la petite bière sans ébullition, exempte du droit, et celui où elle devra sortir de la brasserie.

Les brasseurs qui voudront faire, pour la fabrication du vinaigre, un ou plusieurs brassins par infusion, déclareront, en outre, la contenance de la cuve dans laquelle toutes les trempes devront être réunies pour fermenter.

Le préposé qui aura reçu une déclaration en remettra une ampliation signée de lui au brasseur, lequel sera tenu de la représenter à toute réquisition des employés, pendant la durée de la fabrication (2).

121. La mise de feu sous une chaudière supplémentaire pourra être autorisée, sans donner ouverture au paiement du droit de fabrication, pourvu qu'elle ne serve qu'à chauffer les eaux nécessaires à la confection de la bière et au lavage des ustensiles de la brasserie. Le feu éteint sous la chaudière supplémentaire, et elle sera vidée aussitôt que l'eau destinée à la dernière trempe en aura été retirée.

122. Les brasseurs sont autorisés à se servir de hausses mobiles, qui ne seront point comprises dans l'épalement ; pourvu qu'elles n'aient pas plus d'un décimètre (environ quatre pouces) de hauteur, qu'elles ne soient placées sur les chaudières qu'après l'ébullition de la bière, et qu'on ne se serve point de mastic ou autres matières pour les soutenir ou pour les élever.

_____

(1) Le brasseur qui a pratiqué sur une ou plusieurs de ces chaudières des changemens susceptibles d'en modifier la contenance, ou qui en a établi de nouvelles sans déclaration préalable à la régie, doit être puni des peines portées par l'article 129, peu importe d'ailleurs qu'il ait ou non fait usage de ces chaudières ainsi modifiées ou nouvellement établies (15 décembre 1827; Cass S. 28, 1, 180 ; D. 28, 1, 60).

(2) Voy. loi du 1er mai 1822, art. 8.

123. Toutes onstructions en charpente, en maçonnerie ou autrement, qui seront fixées à demeure sur les chaudières, et qui s'étendront sur plus de moitié de leur contour, seront comprises dans l'épalement; les brasseurs devront en conséquence les détruire, ou faire les dispositions convenables pour qu'elles puissent être épalées.

124. Toute brasserie en activité portera une enseigne sur laquelle sera inscrit le mot *Brasserie*.

Les brasseurs de profession apposeront sur leurs tonneaux une marque particulière, dont une empreinte sera par eux déposée au bureau de la régie, au moment où ils feront la déclaration prescrite par l'article 117.

125. Les brasseurs seront soumis aux visites et vérifications des employés, et tenus de leur ouvrir, à toute réquisition, leurs maisons, brasseries, ateliers, magasins, caves et celliers, ainsi que de leur représenter les bières qu'ils auront en leur possession. Ces visites ne pourront avoir lieu dans les maisons non contiguës aux brasseries, ou non enclavées dans la même enceinte.

Ils seront également tenus de faire sceller toute communication des brasseries avec les maisons voisines autres que leur maison d'habitation.

126. Les brasseurs pourront avoir un registre coté et paraphé par le juge-de-paix, sur lequel les employés consigneront le résultat des actes inscrits à leurs portatifs.

127. Les brasseurs auront, avec la régie des contributions indirectes, pour les droits constatés à leur charge, un compte ouvert qui sera réglé et soldé à la fin de chaque mois.

Les sommes dues pourront être payées en obligations dûment cautionnées, à trois, six ou neuf mois de terme, pourvu que chaque obligation soit au moins de trois cents francs.

128. Les particuliers qui ne brassent que pour leur consommation, les collèges, maisons d'instruction et autres établissemens publics, sont assujétis aux mêmes taxes que les brasseurs de profession, et tenus aux mêmes obligations, excepté au paiement du prix de sa licence.

Néanmoins, les hôpitaux ne seront assujétis qu'à un droit proportionnel à la qualité de la bière qu'ils font fabriquer pour leur consommation intérieure; ce droit sera réglé par deux experts, dont l'un sera nommé par la régie, et l'autre par les administrateurs des hôpitaux; en cas de discorde, le tiers-arbitre sera nommé par le préfet.

129. Toute contravention aux dispositions du présent chapitre sera punie d'une amende de deux cents à six cents francs.

Les bières trouvées en fraude, et les chaudières qui ne seraient pas fixées à demeure et maçonnées, seront, en outre, saisies et confisquées.

130. La régie pourra consentir, de gré à gré, avec les brasseurs de la ville de Paris et des villes au-dessus de trente mille ames, un abonnement général pour le montant du droit de fabrication dont ils seront présumés passibles; cet abonnement sera discuté entre le directeur de la régie et les syndics qui seront nommés par les brasseurs : il ne pourra être accordé pour 1816 qu'autant qu'il offrira un produit égal à celui d'une année moyenne, calculée d'après la quantité de bière fabriquée dans Paris durant dix années consécutives. Il ne sera définitif qu'après qu'il aura été approuvé par le ministre des finances sur le rapport du directeur général des contributions indirectes.

131. Dans le cas de l'abonnement autorisé par l'article précédent, les syndics des brasseurs procéderont, chaque trimestre, en présence du préfet, ou d'un membre du conseil municipal délégué par lui, à la répartition entre les brasseurs, en proportion de l'importance du commerce de chacun, de la somme à imposer sur tous. Les rôles arrêtés par les syndics et rendus exécutoires par le préfet ou son délégué seront remis au directeur de la régie, pour qu'il en fasse poursuivre le recouvrement.

132. Les brasseurs de Paris et des villes au-dessus de trente mille ames seront solidaires pour le paiement des sommes portées aux rôles; en conséquence aucun nouveau brasseur ne pourra s'établir, s'il ne remplace un autre brasseur compris dans la répartition.

133. Pendant toute la durée de l'abonnement nul brasseur ne pourra accroître les moyens de fabrication, soit en augmentant le nombre et la capacité des chaudières, soit de toute autre manière.

134. Les sommes portées aux rôles de répartition seront exigibles par un douzième de mois en mois, d'avance et par voie de contrainte. A défaut de paiement d'un terme échu, les redevables dûment mis en demeure, ou, en cas de contravention à l'article précédent, le ministre des finances, sur le rapport du directeur général des contributions indirectes, sera autorisé à prononcer la révocation de l'abonnement, et à faire remettre immédiatement en vigueur le mode de perception établi par la présente loi, sans préjudice des poursuites à exercer pour raison des sommes exigibles.

135. Au moyen de l'abonnement autorisé par l'article 130, les brasseurs seront dispensés de la déclaration qu'ils sont tenus, par l'article 120 de la présente loi, de faire au bureau de la régie, avant chaque mise de feu; mais, afin de fournir aux syndics les élémens de la répartition, et à la régie les moyens de discuter l'abonnement pour l'année

suivante, les brasseurs inscriront, sur leur registre coté et paraphé, chaque mise de feu, au moment même où elle aura lieu. Les commis, lors de leurs visites, établiront sur leur registre portatif les produits de la fabrication, d'après la contenance des chaudières et sous la déduction réglée par l'article 110, et s'assureront, seulement par la vérification des quantités de bière existant dans les brasseries, qu'il n'a point été fait de brassin qui n'ait été inscrit sur le registre des fabricans.

136. L'abonnement ne pourra être consenti que pour une année. En cas de renouvellement, les brasseurs procèderont, au préalable, à la nomination d'un tiers des membres du syndicat. Les syndics qui devront être remplacés la première et la deuxième année, seront désignés par le sort. Ils ne pourront, dans aucun cas, être réélus qu'après une année au moins d'intervalle.

137. Les bières fabriquées dans Paris, qui seraient expédiées hors du département de la Seine seront soumises, à la sortie dudit département, au droit de fabrication établi par l'article 107 de la présente loi, et auquel sont assujétis les brasseurs des départemens circonvoisins.

Il en sera de même des bières fabriquées dans les villes où l'abonnement avec les brasseurs aura été consenti, lorqu'elles seront expédiées hors desdites villes.

CHAPITRE VI. Des distilleries.

138. Les distillateurs et bouilleurs de profession seront tenus de faire, par écrit, avant de commencer à distiller, toutes les déclarations nécessaires pour que les employés puissent surveiller leur fabrication, en constater les résultats, et les prendre en charge sur leurs portatifs.

Il leur sera délivré des ampliations de leurs déclarations, qu'ils devront représenter, à toutes réquisitions des employés, pendant la durée de la fabrication (1).

§ 1er. Des distilleries de grains, pommes de terre et autres substances farineuses.

139. La déclaration à faire par les distillateurs de profession, en conformité de l'article précédent, aura lieu au moins quatre heures d'avance dans les villes, et douze heures dans les campagnes; elle énoncera :

1° Le numéro et la contenance des chaudières et cuves de macération qui devront être mises en activité ;

2° Le nombre des jours de travail ;

3° Le moment où le feu sera allumé et éteint chaque jour sous les chaudières;

4° L'heure du chargement des cuves de macération;

5° La quantité de farine qui sera employée ;

6° Enfin, et par approximation, la quantité et le degré de l'eau-de-vie qui devra être fabriquée.

140. Les dispositions des articles 117, 118 et 125, relatives à la déclaration des vaisseaux en usage dans les brasseries, et aux vérifications que les brasseurs sont obligés de souffrir dans leurs ateliers et dépendances, sont applicables aux distillateurs de profession.

§ II. Des distilleries de vins, cidres, poirés, marcs, lies et fruits.

141. La déclaration à faire par les bouilleurs de profession, en conformité de l'article 138, aura lieu au moins quatre heures d'avance dans les villes, et douze heures dans les campagnes : elle énoncera :

1° Le nombre des jours de travail ;

2° La quantité des vins, cidres, poirés, marcs, lies, fruits, mélasses, qui seront mis en distillation;

3° Par approximation, la quantité et le degré de l'eau-de-vie qui devra être fabriquée.

142. Les distillateurs (2) de la régie sont autorisés à convenir de gré à gré, avec les bouilleurs de profession, d'une base d'évaluation pour la conversion des vins, cidres, poirés,

---

(1) L'obligation imposée aux bouilleurs et distillateurs de profession de faire une déclaration à la régie avant le commencement de leur distillation, et de se munir d'une licence, ne s'étend pas aux bouilleurs de cru (20 novembre 1818; Cass. S. 19, 1, 207).

Celui qui distille des marcs de vendange par lui achetés doit être assimilé, quant à la nécessité d'une déclaration préalable, au distillateur de profession; peu importe qu'il ne distille pas pour revendre (24 septembre 1829; Cass. S. 29, 1, 377; D. 29, 1, 364).

Bien qu'une cour royale, interprétant un procès-verbal des préposés des contributions indirectes, ait décidé que des opérations de distil-

lation, constatées par le procès verbal, sont de simples essais, faits en vertu d'une autorisation spéciale du directeur, et qu'en conséquence le prévenu n'est pas punissable, aux termes des articles 138 et 171 de la loi du 28 avril 1816, la cour de cassation peut, par une interprétation contraire du procès-verbal, décider que la cour royale a commis une erreur de fait, que le procès-verbal constate des opérations de distillation, autres que de simples essais, et qu'en conséquence, l'arrêt a violé la loi pénale, applicable à ceux qui font des opérations de distillation sans licence (25 mars 1825; Cass. S. 26, 1, 68).

(2) Lisez directeur, erratum Bulletin n° 301.

illies, marcs, ou fruits, en eaux-de-vie ou esprits.

143. Toute contravention aux dispositions du présent chapitre sera punie conformément à ce qui est prescrit par l'article 129 ci-b dessus.

CHAPITRE VII *Dispositions générales applicables au présent titre.*

144. Toute personne assujétie par le présent titre à une déclaration préalable, en raison d'un commerce quelconque de boissons, sera tenue, en faisant ladite déclaration, et sous les mêmes peines, de se munir d'une licence, dont le prix annuel est fixé par le tarif ci-annexé (1).

145. Dans toutes les opérations relatives aux taxes établies par le présent titre, les bouteilles seront comptées chacune pour un litre, les demi-bouteilles, chacune pour un demi-litre, et les droits seront perçus en raison de ces contenances.

146. Toute personne qui contestera le résultat d'un jaugeage fait par les employés de la régie pourra requérir qu'il soit fait un nouveau jaugeage, en présence d'un officier public, par un expert que nommera le juge-de-paix, et dont il recevra le serment. La régie pourra faire vérifier l'opération par un contre-expert, qui sera nommé par le président du tribunal d'arrondissement. Les frais de l'une et de l'autre vérification seront à la charge de la partie qui aura élevé mal à propos la contestation.

TITRE II. *Des octrois* (2).

147. Lorsque les revenus d'une commune seront insuffisans pour ses dépenses, il pourra y être établi, sur la demande du conseil municipal, un droit d'octroi sur les consommations. La désignation des objets imposés, le tarif, le mode et les limites de la perception,

seront délibérés par le conseil municipal et réglés de la même manière que les dépenses et les revenus communaux. Le conseil municipal décidera si le mode de perception sera la régie simple, la régie intéressée, le bail à ferme ou l'abonnement avec la régie des contributions indirectes : dans tous les cas, la perception du droit se fera sous la surveillance du maire, du sous-préfet et du préfet (3).

148. Les droits d'octroi continueront à n'être imposés que sur les objets destinés à la consommation locale. Il ne pourra être fait d'exceptions à cette règle que dans les cas extraordinaires et en vertu d'une loi spéciale (4).

149. Les droits d'octroi qui seront établis à l'avenir sur les boissons ne pourront excéder ceux qui seront perçus aux entrées des villes au profit du Trésor. Si une exception à cette règle devenait nécessaire, elle ne pourrait avoir lieu qu'en vertu d'une ordonnance spéciale du Roi.

150. Les réglemens d'octrois ne pourront contenir aucune disposition contraire à celles des lois et réglemens relatifs aux différens droits imposés au profit du Trésor.

151. En cas de quelque infraction de la part des conseils municipaux aux règles posées par les articles précédens, le ministre des finances, sur le rapport du directeur général des contributions indirectes, en référera au conseil du Roi, lequel statuera ce qu'il appartiendra.

152. Des perceptions pourront être établies dans les banlieues autour des grandes villes, afin de restreindre la fraude ; mais les recettes faites dans les banlieues appartiendront toujours aux communes dont elles seront composées (5).

153. Le produit net des octrois, dans toutes les communes où il est perçu, sera soumis, au profit du Trésor, à un prélèvement de dix pour cent, à titre de subvention, pendant la durée de la présente loi.

---

(1) *Voy.* l'art. 171.

(2) *Voy.* loi du 8 décembre 1814, titre 8, et ordonnance du 9 décembre 1814.

(3) *Voy.* notes sur l'article 26 de l'ordonnance du 9 décembre 1814 ; ordonnance du 3 juin 1818.

L'intérêt de l'octroi ou des communes est un motif suffisant pour englober dans la ligne de l'octroi des habitations détachées du lieu principal. L'ordonnance du 9 décembre 1814, qui affranchit des droits d'octroi les dépendances rurales entièrement détachées du lieu principal, a été modifiée par les articles 147 et 152 de la présente loi (1er septembre 1819 ; ordonnance, L.J. C. t. 5, p. 202).

(4) Les provisions d'un navire en relâche dans un port, lorsqu'elles ont été régulièrement dé-

clarées devoir rester à bord pour être employées à la consommation de l'équipage, sont exemptes de tout droit d'entrée et d'octroi ; à cet égard, les dispositions de la loi du 6 = 22 août 1791, relatives au commerce maritime n'ont aucunement été modifiées par les lois subséquentes en matière d'octroi ou d'impositions indirectes (24 juillet 1820 ; Cass. S. 21, 1, 87).

Les bières fabriquées à Paris sont soumises aux droits d'octroi, bien qu'elles doivent être consommées au dehors. La règle que les droits d'octroi ne sont imposés que sur les objets destinés à la *consommation locale* n'a pas dérogé aux lois et réglemens anciens relatifs à la ville de Paris (7 juin 1830 ; Cass. S. 30, 1, 250 ; D. 30, 1, 354).

(5) Loi du 23 juillet 1820, art. 3. *Voy.* l'article 147, ci-dessus.

Il sera fait déduction sur les produits passibles de cette retenue, du montant de la contribution mobilière, dans les villes où elle est remplacée par une addition à l'octroi.

Il en sera de même du montant de l'abonnement que la régie pourrait consentir avec les villes, en remplacement du droit de détail en exécution de l'article 73 de la présente loi.

A compter du 1er juillet 1816, il ne pourra être fait aucun autre prélèvement, soit sur le produit net des octrois, soit sur les autres revenus des communes sous quelque prétexte que ce soit, et en vertu de quelques lois et ordonnances que ce puisse être. Elles sont expressément rapportées en ce qu'elles pourraient avoir de contraire à la présente loi (1).

154. Les préposés des octrois seront tenus, sous peine de destitution, d'opérer la perception des droits établis aux entrées des villes au profit du Trésor, lorsque la régie le jugera convenable; elle fera exercer, relativement à ces perceptions, tel genre de contrôle ou de surveillance qu'elle croira nécessaire d'établir.

Lorsque la régie chargera de la perception des droits d'entrée des préposés commissionnés par elle, les communes seront tenues de les placer avec leurs propres receveurs dans les bureaux établis aux portes des villes.

155. Dans toutes les communes où les produits annuels du droit d'octroi s'élèveront à vingt mille francs et au-dessus, il pourra être établi un préposé en chef de l'octroi. Ce préposé sera nommé par le ministre des finances, sur la présentation du maire, approuvée par le préfet, et sur le rapport du directeur général des contributions indirectes (2).

Le traitement du préposé surveillant sera fixé par le ministre des finances, sur la proposition du conseil municipal, et fera partie des frais de perception de l'octroi.

Les dispositions de cet article ne sont point applicables à l'octroi de Paris, dont l'administration reste soumise à des réglemens particuliers.

156. Les préposés de tout grade des octrois seront nommés par les préfets, sur la proposition des maires. Le directeur général des contributions indirectes pourra, dans l'intérêt du Trésor, faire révoquer ceux de ces préposés qui ne rempliraient pas convenablement leurs fonctions.

157. Les dix pour cent du produit net des octrois seront versés dans les caisses de la régie, aux époques qu'elle aura déterminées; le montant de ce prélèvement sera arrêté, tous les trois mois, par des bordereaux de recettes et dépenses, visés et vérifiés par le préposé surveillant de l'octroi; le recouvrement s'en poursuivra par la saisie des deniers de l'octroi, et même par voie de contrainte, à l'égard du receveur municipal.

158. La régie des contributions indirectes sera autorisée à traiter de gré à gré avec les communes pour la perception de leurs octrois; les traités ne seront définitifs qu'après avoir été approuvés par le ministre des finances.

159. Tous les préposés comptables des octrois sont tenus de fournir un cautionnement en numéraire, qui sera fixé par le ministre secrétaire d'Etat des finances, à raison du vingt-cinquième brut de la recette présumée.

Le minimum ne pourra être au-dessous de deux cents francs.

Pour les octrois des grandes villes, il sera présenté des fixations particulières.

Ces cautionnemens seront versés au Trésor, qui en paiera l'intérêt au taux fixé pour ceux des employés des contributions indirectes.

TITRE III. Droit sur les cartes (3).

160. Le droit de vingt-cinq centimes actuellement perçu par chaque jeu de cartes est réduit à quinze centimes par jeu, de quelque nombre de cartes qu'il soit composé.

161. En conséquence de la réduction prononcée par l'article précédent, il ne sera plus accordé aux fabricans de cartes aucune déduction sur le montant du droit, ni sur le papier qui leur sera livré par la régie, sous prétexte d'avarie, de déchet, ou par quelque autre motif que ce soit (4).

---

(1) Lorsque la régie des contributions indirectes réclame d'une commune une indemnité pour les frais d'exercice des employés, cette indemnité n'est pas un prélèvement au profit du Trésor, mais bien le remboursement des frais résultant desdits exercices. Ainsi, la commune ne peut alors exciper de l'article 153 de la loi du 28 avril 1816, qui interdit tout autre prélèvement que celui de dix pour cent sur le revenu net des octrois au profit du Trésor (28 juillet 1819, ordonnance; J. C. t 5, p. 179).

Idem. Notamment relativement au droit de dix pour cent au profit de la régie, pour chaque quittance délivrée aux contribuables (14 juillet 1819, ordonnance; J. C. t. 5, p. 165).

(2) Cette faculté ne peut être contestée au ministre des finances (même par la commune), quand il juge que la nomination peut être utile au bien du service (14 juillet 1819; J. C. t. 5, p 165).

(3) *Voy.* ordonnances du 18 juin 1817 et du 4 juillet 1821.

(4) Les cartes avariées et impropres à entrer dans la composition des jeux ne sont pas sujettes aux droits établis par cette loi; le droit ne peut être exigé sous prétexte que la loi refuse toute réduction sur le droit, ou le papier, à raison d'avaries ou de déchets (11 mars 1823; Cass. S. 25, 1re. 1, 136).

162. La régie des contributions indirectes continuera de fournir aux fabricans de cartes les feuilles de moulage, ainsi que le papier filigrané qu'ils sont tenus d'employer à leur fabrication. Le prix de chaque espèce sera déterminé, chaque année, par le ministre des finances, et devra être payé par ces fabricans à l'instant de la livraison.

163. Les fabricans qui ne pourront justifier de l'emploi ou de l'existence du papier qui leur aura été délivré seront censés avoir employé à des jeux de trente-deux cartes toutes les feuilles manquantes. Le décompte en sera fait d'après cette base, et ils acquitteront, pour chaque jeu, le double du droit établi.

164. Les fabricans de cartes seront soumis au paiement annuel d'un droit de licence, conformément au tarif annexé à la présente loi.

165. Les fabricans pourront faire usage de papiers tarotés ou de couleur pour le dessus de leurs cartes.

166. Tout individu qui fabriquera des cartes à jouer, ou qui en introduira dans le royaume, ou qui en distribuera, vendra ou colportera sans y être autorisé par la régie, sera puni de la confiscation des objets de fraude, d'une amende de trois mille francs et d'un mois d'emprisonnement; en cas de récidive, l'amende sera toujours de trois mille francs.

167. Les mêmes peines seront appliquées à ceux qui tiennent des cafés, des auberges, des débits de boissons et, en général, des établissemens où le public est admis, s'ils permettent que l'on se serve chez eux des cartes prohibées lors même qu'elles auraient été apportées par les joueurs. Les personnes désignées au présent article seront tenues de souffrir les visites des préposés de la régie.

168. Ceux qui auront contrefait ou imité les moules, timbres et marques employés par la régie pour distinguer les cartes légalement fabriquées, et ceux qui se serviront des véritables moules, timbres ou marques, en les employant d'une manière nuisible aux intérêts de l'État, seront punis, indépendamment de l'amende fixée par l'article 166, des peines portées par les articles 142 et 143 du Code pénal.

169. Les dispositions des articles 223, 224, 225 et 226 de la présente loi, sont applicables à la fraude et à la contrebande sur les cartes à jouer.

170. Les dispositions des lois, arrêtés et réglemens auxquelles il n'est pas dérogé par le présent titre, continueront à recevoir leur exécution (1).

TITRE IV. Droit de licence.

171. Toutes les personnes dénommées au tarif ci-annexé ne pourront commencer la fabrication ou le débit qu'après avoir obtenu une licence qui ne sera valable que pour un seul établissement et pour l'année où elle aura été délivrée.

Il sera payé comptant, pour droit de licence, la somme fixée audit tarif, à quelque époque de l'année que soit faite la déclaration.

Toute contravention relative au droit de licence sera punie d'une amende de trois cents francs, laquelle, en cas de fraude, sera augmentée du quadruple des droits fraudés (2).

TITRE V. Tabacs.

CHAPITRE Ier. *De la fabrication et de la vente du tabac.*

172. L'achat, la fabrication et la vente des tabacs continueront à avoir lieu par la régie des contributions indirectes dans toute l'étendue du royaume, exclusivement, au profit de l'État (3).

173. Les tabacs fabriqués à l'étranger, de quelque pays qu'ils proviennent, sont prohibés à l'entrée du royaume, à moins qu'ils ne soient achetés pour le compte de la régie.

174. Le prix des tabacs fabriqués que la régie vendra aux consommateurs ne pourra excéder la fixation ci-après, savoir :

Par kilogramme de première qualité de toute espèce, onze francs vingt centimes;

Par kilogramme de seconde qualité de toute espèce, sept francs vingt centimes;

Par cigare, cinq centimes.

175. Il sera fabriqué une espèce de tabac dite de *cantine*, dont le prix ne pourra excéder quatre francs le kilogramme.

---

(1) Toute vente de jeux de cartes sans autorisation de la régie est punissable d'une amende de mille francs : peu importe que les jeux vendus soient composés de cartes ayant servi, qu'ils soient formés de cartes recoupées, ou de cartes prises de divers jeux et réassorties (26 avril 1822; Cass. S. 22, 1, 390).

(2) Le marchand de vin en gros muni de licence pour une année est passible de l'amende de trois cents francs par le seul fait de continuation de son commerce dans une des années suivantes, sans avoir préalablement pris une nouvelle licence pour cette année (6 mars 1818; Cass. S. 18, 1, 275).

Un propriétaire qui exerce la profession de bouilleur d'eau-de-vie, et qui vend du cidre de son cru, ne peut être assujéti à payer d'autre patente que celle de bouilleur; il n'est pas soumis à prendre la licence de marchand de boissons (25 juillet 1825; Cass. S. 25, 1, 370).

(3) *Voy.* lois du 24 décembre 1814 et notes du 28 avril 1819 et du 17 juin 1824.

176. Les prix fixés par les articles 174 et 175 pourront être réduits en vertu d'ordonnances du Roi, et il pourra, de plus, être établi des qualités intermédiaires de tabac, dont les prix seront proportionnés à ceux fixés par ces articles.

177. La régie est autorisée à vendre aux consommateurs des tabacs étrangers de toute espèce; le prix en sera déterminé par des ordonnances du Roi.

178. La régie est également autorisée à vendre aux pharmaciens, aux propriétaires de bestiaux et autres artistes vétérinaires, des feuilles indigènes, au prix du tabac de cantine.

179. La régie pourra vendre des tabacs en feuilles exotiques, et les caboches et les côtes des feuilles indigènes, à la charge de les exporter. Elle pourra vendre également des tabacs fabriqués, à la même condition et à des prix inférieurs à ceux qui sont déterminés ci-dessus.

Dans l'un et l'autre cas, les prix seront fixés par le ministre des finances.

CHAPITRE II. De la culture du tabac en général.

180. La culture du tabac est maintenue dans les départemens où elle est autorisée aujourd'hui, si, d'ailleurs, elle s'élève à cent mille kilogrammes en tabacs secs.

Nul ne pourra se livrer à la culture du tabac, sans en avoir fait préalablement la déclaration, et sans en avoir obtenu la permission. Il ne sera pas admis de déclaration pour moins de vingt ares en une seule pièce.

181. Les tabacs qui seront plantés en contravention au précédent article seront détruits aux frais des cultivateurs, sur l'ordre que le sous-préfet en donnera, à la réquisition du contrôleur principal des contributions indirectes. Les contrevenans seront, en outre, damnés à une amende de cinquante francs par cent pieds de tabacs, si la plantation est faite sur un terrain ouvert, et de cent cinquante francs, si le terrain est clos de murs, sans que cette amende puisse, en aucun cas, excéder trois mille francs (1).

182. Les cultivateurs seront tenus de représenter, en totalité, le produit de leur récolte calculé sur les bases qui seront déterminées ci-après, à peine de payer, pour les quantités manquantes, le prix du tabac fabriqué de cantine.

183. À l'avenir, les cultivateurs auront la faculté de destiner leur récolte, soit à l'approvisionnement des manufactures royales, soit à l'exportation, en se conformant aux dispositions prescrites dans l'un et l'autre cas.

CHAPITRE III. De la culture pour l'approvisionnement des manufactures royales.

184. Le directeur général des contributions indirectes fera connaître, dans le mois d'octobre de chaque année, dans chacun des départemens où la culture est autorisée, le nombre de quintaux métriques de tabac qui sont nécessaires à la régie, et qui devront lui être fournis sur la récolte de l'année suivante.

185. Le directeur général répartira ces quantités de tabacs de manière à assurer au moins les cinq sixièmes des approvisionnemens des manufactures en tabacs indigènes.

186. Le préfet en conseil de préfecture, après avoir entendu deux des principaux planteurs de tabac de chaque arrondissement, et d'après l'avis du directeur des contributions indirectes du département, réglera, par approximation, le nombre d'hectares de terre qu'il sera permis de planter en tabac, pour produire les quantités ci-dessus mentionnées.

187. Le préfet, en la forme prescrite par l'article précédent, décidera si cette fourniture se fera par voie d'adjudication ou soumission, ou traité avec les planteurs de tabac, ou si l'on se conformera aux usages adoptés les années précédentes.

188. Le préfet déterminera alors, et toujours après avoir entendu deux des principaux planteurs, et après l'avis du directeur des contributions indirectes du département, le mode de déclaration, permission, surveillance, contrôle, décharge, classification, expertise et livraison de la récolte.

189. Dans les arrondissemens où les adjudications, soumissions ou traités seraient adoptés, il sera dressé un cahier de charges, qui sera approuvé par le directeur des contributions indirectes du département.

Ce cahier de charges contiendra toutes les obligations que les adjudicataires ou soumissionnaires auront à remplir, et déterminera notamment le mode de surveillance et de contrôle de la culture, ainsi que le mode de livraison des tabacs : les conditions en seront obligatoires pour l'administration et les contractans, comme toute convention faite par acte authentique entre particuliers, et aucun réglement ou circulaire d'administration publique ne pourra changer ou modifier ces conventions ou traités ainsi consentis.

190. Ne seront admis à concourir aux adjudications, soumissions ou traités, que les planteurs de tabac reconnus solvables par le

_____

(1) L'amende prononcée par cet article s'applique à raison de cinquante centimes par pied de tabac; il n'est pas vrai qu'il faut que la centaine de pieds soit complétée pour qu'il y ait lieu à amende (12 janvier 1822; Cass. S. 22, 1, 210).

lèrréfet et le directeur des contributions indi-
lossectes, ou qui pourront fournir caution pour
mûreté de leurs engagemens.

191. Lorsque le préfet aura réglé que la
tuourniture se fera par traité particulier,
ou conformément à ce qui était précédemment
en usage, il déterminera alors le mode de sur-
lisveillance, contrôle, et livraison.

192. Le préfet fixera, en la forme prescrite
par l'article 186, le prix des diverses qualités de tabacs qui, dans aucun cas, ne pourront être au-dessous de ceux accordés en 1815
pour la récolte de 1814.

Ces prix pourront servir de base aux traités particuliers, et, d'accord avec les principaux planteurs de tabac, être fixés pour toute
la durée de la présente loi.

Il pourra être accordé, en outre des prix
fixés, à titre d'encouragement de culture,
xiix centimes par kilogramme de tabac, pour
les qualités dites *surchoix*.

193. Lorsque la vérification de culture fera
connaître qu'il y a excédant de plus d'un cinquième, soit sur la quantité de terre déclarée, soit sur le nombre des pieds de tabac,
suivant le mode déterminé par le préfet, il en
sera dressé procès-verbal, et le contrevenant
sera condamné à une amende de vingt-cinq
francs par cent pieds de tabac plantés sur les
terres excédant la déclaration, sans que cette
amende puisse s'élever au-dessus de quinze
cents francs, et sans préjudice de l'augmentation de charge qui en résultera au compte
du cultivateur.

194. En cas de contestation sur le mesurage
des terres plantées en tabac, ou sur le nombre
des pieds de tabac excédans, la vérification
en sera ordonnée d'office par le préfet, et les
frais en resteront à la charge de celle des parties dont l'estimation aura présenté la différence la plus forte, comparativement avec la
contenance réelle.

195. Dans le cas prévu par les articles 182
et 193, les cultivateurs seront privés du droit
de planter à l'avenir du tabac. Il en sera de
même à l'égard de ceux qui auront soustrait,
en tout ou en partie, leur récolte à l'exportation.

196. Les cultivateurs seront tenus d'arra-
cher et de détruire, immédiatement après la
récolte, les tiges et souches de leurs planta-
tions : sur leur refus, l'opération sera exécutée de la manière prescrite en l'article 181.

197. Les planteurs de tabac seront admis
à faire constater, par les employés de la régie,
en présence du maire et de concert avec lui,
les accidens que leur récolte encore sur pied
aurait éprouvés par suite de l'intempérie des
saisons. La réduction à laquelle ils pourront
prétendre sur la quantité ou le nombre qu'ils
seraient tenus de représenter en exécution de
l'article 182 sera estimée de gré à gré au même

instant ; et, en cas de discussion, il sera prononcé par des experts nommés par le préfet.

Ils seront de même admis à présenter au
magasin de réception les tabacs avariés depuis la récolte, et à en requérir la destruction
en leur présence, et à la faire constater par
les employés.

198. Le compte du cultivateur de tabac
sera déchargé des quantités ou nombres dont
la détérioration ou la destruction sur pied
aura été constatée, et de ceux du tabac ava-
rié depuis la récolte qu'il aura présenté au
bureau, et qui aura été détruit, conformément
à l'article précédent.

199. Lors de la livraison, le compte du
cultivateur de tabac sera balancé. En cas de
déficit, il sera tenu de payer la valeur des
quantités manquantes, d'après le taux arrêté
par le préfet, aux taux du tabac de cantine.

200. Les sommes dues par les cultivateurs,
en vertu de l'article précédent, seront recouvrées dans la forme des impositions directes, sur un état dressé par le directeur
des contributions indirectes, et rendu exécutoire par le préfet.

201. Les cultivateurs seront recevables,
pendant un mois, à porter devant le conseil de
préfecture leurs réclamations contre le
résultat de leur décompte. Le conseil de préfecture devra prononcer dans les deux mois.

CHAPITRE IV. De la culture du tabac pour l'exportation.

202. La culture du tabac pour l'exportation
est autorisée dans les départemens où la culture est maintenue.

Tous propriétaires et fermiers pourront
être admis à cultiver du tabac pour l'exportation, s'ils sont reconnus solvables par le
préfet et le directeur des contributions indirectes du département, ou s'ils fournissent
caution pour sûreté de l'exportation de leur
tabac.

Les articles 180, 181, 182 de la présente
loi, sont applicables à ceux qui voudraient
cultiver pour l'exportation.

203. Le préfet, dans la forme prescrite à
l'article 136, déterminera le mode de déclaration, vérification, contrôle et charges des
cultivateurs pour l'exportation.

204. Dans le cas où le planteur de tabac
pour l'exportation cultiverait aussi pour l'approvisionnement des manufactures royales,
le préfet, en conseil de préfecture, après
avoir entendu deux des principaux cultivateurs de tabac, et d'après l'avis du directeur
des contributions indirectes du département,
déterminera le mode de livraison à faire à la
régie, et celui de surveillance à exercer pour
les tabacs restant à exporter.

205. Les charges des planteurs de tabac
établies conformément au mode déterminé

par le préfet seront portées sur des registres qui seront ensuite déposés dans le bureau où les tabacs devront être présentés avant l'exportation.

206. L'exportation sera effectuée avant le 1er août de l'année qui suivra la récolte, à moins que le cultivateur n'ait obtenu du préfet, sur l'avis du directeur du département, une prolongation de délai, qui, en aucun cas, ne pourra passer le 1er septembre, et qui ne pourra lui être accordée qu'autant qu'il justifiera que sa récolte est intacte.

Néanmoins, si le cultivateur, au lieu d'exporter ses tabacs, conformément au présent article, préfère les déposer dans les magasins de la régie, ils y seront admis en entrepôt, et y resteront jusqu'à l'exportation. Les frais de magasinage et autres seront payés par lui, d'après un tarif dressé par le préfet.

207. Après les délais qui auront été accordés pour l'exportation, les tabacs qui n'auront été ni exportés, ni mis en entrepôt, seront saisis et confisqués, sans préjudice des répétitions de la régie contre le cultivateur et sa caution, pour raison des quantités manquantes.

208. Les tabacs ne pourront être enlevés de chez le cultivateur qu'en vertu d'un laissez-passer des employés des contributions indirectes, qui ne sera délivré que pour le bureau établi près le magasin le plus voisin.

209. A ce bureau, les tabacs seront reconnus, pesés, cordés et plombés; et il sera délivré au cultivateur, sans autre caution que celle qu'il aura fournie en exécution de l'article 202, et sans qu'il soit besoin qu'elle intervienne de nouveau, un acquit pour les accompagner jusqu'à l'étranger.

Si les tabacs n'étaient pas encore parvenus à un état de dessiccation complet, ou s'il était reconnu qu'ils eussent été mouillés, il serait fait, de gré à gré, sur le poids, une réduction qui serait mentionnée sur l'acquit-à-caution.

Dans le cas où l'on ne s'accorderait pas sur cette réduction, les tabacs resteraient déposés au bureau jusqu'à parfaite dessiccation.

210. Les tabacs admis en entrepôt seront enregistrés après reconnaissance du poids et de la qualité, et il sera délivré acte du dépôt au cultivateur.

211. Le compte du cultivateur de tabac pour l'exportation sera chargé des quantités détériorées et avariées, conformément aux articles 181 et 203.

212. A l'expiration du délai fixé pour l'exportation, le compte sera balancé, et les articles 214, 215 et 216 de la présente loi seront applicables au planteur pour l'exportation.

213. Les sommes dues par les cultivateurs, en vertu de l'article précédent, seront recouvrées dans la forme des impositions directes,

sur un état dressé par le directeur des contributions indirectes, et rendu exécutoire par le préfet.

214. Les cultivateurs seront recevables, pendant un mois, à porter devant le conseil de préfecture leurs réclamations contre le résultat de leur décompte. Le conseil de préfecture devra prononcer dans les deux mois.

CHAPITRE V. Dispositions générales applicables au présent titre.

215. Les tabacs en feuille ne pourront circuler sans acquit-à-caution, si ce n'est dans le cas prévu par l'article 208, ou lorsqu'ils auront été cultivés pour l'approvisionnement de la régie, et qu'ils seront transportés du domicile du cultivateur au magasin de réception : ils devront, dans ce dernier cas, comme dans le premier, être accompagnés d'un laissez-passer.

Les tabacs fabriqués ne pourront circuler sans acquit-à-caution toutes les fois que la quantité excédera dix kilogrammes; les quantités d'un kilogramme à dix devront être accompagnées d'un laissez-passer, à moins qu'elles ne soient revêtues des marques et vignettes de la régie.

216. Les tabacs circulant en contravention à l'article précédent seront saisis et confisqués, ainsi que les chevaux, voitures, bateaux et autres objets servant au transport : le contrevenant sera puni, en outre, d'une amende de cent francs à mille francs.

Toute personne convaincue d'avoir fourni le tabac saisi en fraude sera passible de cette dernière amende.

217. Nul ne peut avoir en sa possession des tabacs en feuille, s'il n'est cultivateur dûment autorisé.

Nul ne peut avoir en provision des tabacs fabriqués, autres que ceux des manufactures royales; et cette provision ne peut excéder dix kilogrammes, à moins que les tabacs ne soient revêtus des marques et vignettes de la régie.

218. Les contraventions à l'article précédent seront punies de la confiscation, et, en outre, d'une amende de dix francs par kilogramme de tabac saisi. Cette amende ne pourra excéder la somme de trois mille francs, ni être au-dessous de cent francs.

219. Les tabacs vendus par la régie comme tabacs de cantine seront saisis comme étant en fraude, lorsqu'ils seront trouvés dans les lieux où la vente n'en sera pas autorisée; et les détenteurs seront passibles de l'amende portée en l'article précédent.

220. Les ustensiles de fabrication, tels que moulins, râpes, hache-tabacs, rouets, mécaniques à scaferlati, presses à carottes et autres, de quelque forme qu'ils puissent être, qui, quinze jours après la promulgation de la présente loi, ne seraient point rétablis sous

le scellé ordonné par l'article 44 de la loi du 24 décembre 1814, seront saisis et confisqués.

221. Seront considérés et punis comme fabricans frauduleux, les particuliers chez lesquels il sera trouvé des ustensiles, machines ou mécaniques propres à la fabrication ou à la pulvérisation, et en même temps des tabacs en feuilles ou en préparation, quelle qu'en soit la quantité, ou plus de dix kilogrammes de tabac fabriqué, non revêtu des marques de la régie (1).

Les tabacs et ustensiles, machines ou mécaniques, seront saisis et confisqués, et les contrevenans condamnés, en outre, à une amende de mille à trois mille francs.

En cas de récidive, l'amende sera double.

222. Ceux qui seront trouvés vendant en fraude du tabac à leur domicile, ou ceux qui en colporteront, qu'ils soient ou non surpris à le vendre, seront arrêtés et constitués prisonniers, et condamnés à une amende de trois cents francs à mille francs, indépendamment de la confiscation des tabacs saisis, de celle des ustensiles servant à la vente, et, en cas de colportage, de celle des moyens de transport, conformément à l'article 216 (2).

223. Les employés des contributions indirectes, des douanes ou des octrois, les gendarmes, les préposés forestiers, les gardes-champêtres, et généralement tout employé assermenté, pourront constater la vente des tabacs en contravention à l'article 172, le colportage, les circulations illégales, et généralement les fraudes sur le tabac; procéder à la saisie des tabacs, ustensiles et mécaniques prohibés par la présente loi, à celle

des chevaux, voitures, bateaux et autres objets servant au transport, et constituer prisonniers les fraudeurs et colporteurs, dans le cas prévu par l'article précédent (3).

224. Lorsque, conformément aux articles 222 et 223, les employés auront arrêté un colporteur ou fraudeur de tabac, ils seront tenus de le conduire sur-le-champ devant un officier de police judiciaire, ou de le remettre à la force armée, qui le conduira devant le juge compétent, lequel statuera de suite, par une décision motivée, sur son emprisonnement ou sa mise en liberté.

Néanmoins, si le prévenu offre bonne et suffisante caution de se présenter en justice et d'acquitter l'amende encourue, ou s'il consigne lui-même le montant de ladite amende, il sera mis en liberté, s'il n'existe aucune autre charge contre lui.

225. Tout individu condamné pour fait de contrebande en tabac sera détenu jusqu'à ce qu'il ait acquitté le montant des condamnations prononcées contre lui : cependant le temps de la détention ne pourra excéder six mois, sauf le cas de récidive, ou le terme pourra être d'un an.

226. La contrebande de tabac avec attroupement et à main armée sera poursuivie et punie comme en matière de douanes.

227. Les préposés aux entrepôts et à la vente des tabacs qui seraient convaincus d'avoir falsifié des tabacs des manufactures royales, par l'addition ou le mélange de matières hétérogènes, seront destitués, sans préjudice des peines portées par l'article 178 du Code pénal (4).

---

(1) Un réglement municipal qui met à l'abri de toute responsabilité les logeurs qui font connaître les auteurs des délits commis chez eux ne fait pas obstacle à l'application de cet article, qui dispose en sens contraire, relativement au logeur qui reçoit de la contrebande (13 août 1819 ; Cass. S. 19, 1, 388).

Le particulier chez lequel sont trouvés des ustensiles propres à la fabrication ou à la pulvérisation du tabac, et en même temps du tabac en feuilles ou en préparation, quelle qu'en soit la quantité, doit être présumé fabricant frauduleux de tabac. Il ne peut être renvoyé des poursuites sous prétexte qu'il ne serait pas prouvé qu'il ait fait usage des ustensiles, et que d'ailleurs le tabac trouvé chez lui était en trop petite quantité; la présomption légale établie par cet article ne peut être détruite par des présomptions contraires (10 juillet 1829 ; Cass. S. 29, 1, 437 ; D. 29, 1, 229).

Celui qui invente et fabrique une poudre pouvant servir aux mêmes usages que le tabac, sans cependant du tabac proprement dit, et sans contenir aucune parcelle de la feuille végétale dite tabac, ne contrevient pas aux articles 220, 222 et 223 de la présente loi (7 juin 1831 ; Cass.

S. 31, 1, 235). Voy. loi du 12 février 1835 et ordonnance du 13 février 1835.

(2) Le fait de celui qui, hors de sa maison, porte du tabac de cantine, dans un lieu où la vente n'en est pas autorisée, est punissable des peines prononcées par le présent article. Ce n'est pas là seulement le fait de détention frauduleuse de tabac de cantine, punissable des peines portées en l'article 219 de la même loi (1er juillet 1830, Cass. S. 31, 1, 32 ; D. 30, 1, 249).

(3) La défense de prononcer l'amende en même temps que la confiscation, au cas d'irrégularité dans le procès-verbal constatant une contravention en matière de contributions indirectes (par exemple la fabrication illicite de cartes à jouer), est une disposition spéciale qui ne s'applique qu'aux contraventions constatées par des employés aux contributions indirectes (art 34, décret du 1er germinal an 13). L'amende doit être prononcée avec la confiscation, si c'est un autre fonctionnaire ayant qualité qui rédige le procès-verbal, supposant toujours irrégularité du procès-verbal, et cependant preuves suffisantes de la contravention (3 mars 1826 ; Cass. S. 26, 1, 354). Voy. ordonnance du 31 décembre 1817.

(4) Voy. loi du 25 mars 1817, art. 125.

20.

23

228. Les droits et actions acquis à la régie en vertu de la loi du 24 décembre 1814 lui sont réservés.

229. Le ministre des finances rendra, à la prochaine session des Chambres, un compte détaillé de la régie des tabacs, comprenant le montant total de ses recettes et dépenses effectives depuis son établissement.

Ledit compte fera connaître la quantité des tabacs indigènes et exotiques restant en magasin, et leur valeur calculée d'après le prix d'achat des feuilles, en y ajoutant, quant aux tabacs fabriqués, les frais de fabrication.

Le présent titre, relatif au tabac, n'aura d'effet que jusqu'au 1er janvier 1821.

TITRE VI. Des acquits-à-caution.

230. Tout ce qui concerne les acquits-à-caution délivrés par la régie sera réglé suivant les dispositions de la loi du 22 août 1791 (1).

TITRE VII. Dispositions générales.

231. Les dispositions des lois, décrets et réglemens, auxquelles il n'est pas dérogé par la présente, et qui autorisent et régissent actuellement la perception des droits sur la navigation, les bacs, les bateaux, les péages, les passages de ponts et écluses, les canaux, la pêche, les francs-bords, les matières d'or et d'argent, les voitures publiques, la régie des poudres et salpêtres, sont et demeurent maintenues (2).

232. Le décime par franc pour contribution de guerre est maintenu sur ceux des droits désignés établis ou conservés par la présente loi, qui en sont passibles; il sera également perçu en sus des droits établis par les titres Ier, III et IV de la présente loi (3).

233. La régie des contributions indirectes établira un bureau dans toutes les communes où il sera présenté un habitant solvable qui puisse remplir les fonctions de buraliste.

234. Les buralistes tiendront leur bureau ouvert au public depuis le lever jusqu'au coucher du soleil, les jours ouvrables seulement.

235. Les visites et exercices que les employés sont autorisés à faire chez les redevables ne pourront avoir lieu que pendant le jour : cependant, ils pourront aussi être faits la nuit dans les brasseries, distilleries, lorsqu'il résultera des déclarations que ces établissemens sont en activité, et chez les débitans de boissons, pendant tout le temps que les lieux de débit seront ouverts au public.

236. Les visites et vérifications que les employés sont autorisés à faire pendant le jour seulement ne pourront avoir lieu que dans les intervalles de temps déterminés par l'art. 26 de la présente loi.

237. En cas de soupçon de fraude à l'égard des particuliers non sujets à l'exercice, les employés pourront faire des visites dans l'intérieur de leurs habitations en se faisant assister du juge-de-paix, du maire, de son adjoint, ou du commissaire de police, lesquels seront tenus de déférer à la réquisition qui leur en sera faite, et qui sera transcrite en tête du procès-verbal. Ces visites ne pourront avoir lieu que d'après l'ordre d'un employé supérieur, du grade de contrôleur au moins, qui rendra compte des motifs au directeur du département (4).

---

(1) *Voy.* ordonnance du 11 juin 1816.

La régie des contributions indirectes n'est pas tenue des *intérêts* des sommes par elle indûment perçues, et qu'elle est condamnée à restituer, non plus que de *dommages intérêts* à raison de l'indue perception. La règle s'applique notamment au cas ou la régie est condamnée à restituer des droits qu'elle avait provisoirement exigés, par suite d'un refus mal fondé de sa part de reconnaître la validité des certificats de décharge, d'acquits-à-caution, qui lui avaient été représentés en temps utile ; à cet égard, les dispositions de l'art. 33, tit. 13 de la loi du 22 août 1791, déclarées applicables aux contributions indirectes ne le sont pas également en ce qui touche les dommages-intérêts réservés aux parties (21 décembre 1831; Cass. S. 32, 1, 124).

(2) Les tribunaux ne peuvent se dispenser d'appliquer les peines d'amende et de confiscation prononcées, par le décret du 23 pluviôse an 13, contre les personnes trouvées nanties de poudre de guerre, sous prétexte que ce décret, dérogeant aux lois préexistantes, renferme une usurpation du pouvoir législatif (8 février 1820; Cass. S. 20, 1, 185).

(2 et 3) *Voy.* lois du 21 décembre 1814, et du 25 mars 1817, art. 123.

(4) Le procès-verbal dressé par des employés des contributions indirectes, dans le domicile d'un particulier non soumis à leur visite, est nul, si les employés se sont introduits sans être munis de l'ordre d'un employé supérieur, encore qu'il n'y ait pas eu opposition à la visite de la part du particulier (16 avril 1818; Cass. S. 19, 1, 177). — 13 février 1819; Cass. S. 19, 1, 257).

Le procès-verbal dressé par des employés des contributions indirectes, dans le domicile d'un particulier non sujet à l'exercice, est nul, si les employés se sont introduits sans justifier préalablement de l'ordre d'un employé supérieur. Il ne suffit pas que le procès-verbal énonce que les employés ont agi par l'ordre de leur directeur.

Le procès-verbal dressé par des employés des contributions indirectes, dans le domicile d'un particulier non sujet à exercice, est nul, si les

Les marchandises transportées en fraude qui, au moment d'être saisies, seraient introduites dans une habitation pour les soustraire aux employés pourront y être suivies par eux, sans qu'ils soient tenus, dans ce cas, d'observer les formalités ci-dessus prescrites.

238. Les rébellions ou voies de fait contre les employés seront poursuivies devant les tribunaux, qui ordonneront l'application des peines prononcées par le Code pénal, indépendamment des amendes et confiscations qui pourraient être encourues par les contrevenans. Quand les rébellions ou voies de fait auront été commises par un débitant de boissons, le tribunal ordonnera, en outre, la clôture du débit pendant un délai de trois mois au moins et de six mois au plus.

239. A défaut de paiement des droits, il sera décerné, contre les redevables, des contraintes qui seront exécutoires nonobstant opposition et sans y préjudicier (1).

240. Les employés n'auront aucun droit au partage du produit net des amendes et confiscations; un tiers de ce produit appartiendra à la caisse des retraites, les deux autres tiers feront partie des recettes ordinaires de la régie; le tout conformément aux dispositions de l'article 137 de la loi du 8 décembre 1814 sur les boissons.

Néanmoins les employés saisissans auront droit au partage du produit net des amendes et confiscations prononcées par suite des fraudes et contraventions relatives aux octrois, aux tabacs et cartes.

A Paris, et dans les villes où l'abonnement général autorisé par l'article 72 sera consenti, les communes disposeront, relativement aux saisies faites aux entrées par les préposés de l'octroi, du tiers affecté ci-dessus à la caisse des retraites de la régie.

241. Les registres portatifs tenus par les employés de la régie seront cotés et paraphés par les juges-de-paix : les registres de perception et de déclaration, et tous autres pouvant servir à établir les droits du Trésor et ceux des redevables, seront cotés et para-

---

employés se sont introduits sans l'assistance du juge-de-paix ou du maire, encore que, dans l'absence du particulier, sa femme ou sa fille trouvée dans son domicile, ne se soit pas opposée à la visite. (10 avril 1823; Cass. S. 23, 1, 276.)

. . . . Il est nul encore que, de la part du particulier, il n'y ait pas eu opposition à la visite.

Mais il n'y a pas nullité, si les employés, non porteurs d'un ordre, étaient accompagnés d'un employé supérieur du grade voulu par la loi (24 septembre 1830; Cass. S. 31, 1, 171; D. 30, 1, 381).

Lorsqu'une visite et une saisie faites par les préposés des contributions indirectes, dans le domicile d'un particulier non sujet à l'exercice, ont été commencées sans l'assistance du juge-de-paix ou du maire, mais continuées avec cette assistance, le procès-verbal est nul, non pas seulement dans la partie relative au commencement de l'opération faite sans assistance : il est nul pour le tout.

La réquisition d'assistance du juge-de-paix ou du maire, faite par les employés des contributions indirectes, doit être transcrite en tête du procès-verbal, à peine de nullité (10 avril 1823; Cass. S. 23, 1, 276).

Les teneurs de billards publics sont assujétis aux visites et exercices des préposés de l'administration des contributions indirectes, du moins en ce qui concerne les droits de timbre sur les cartes à jouer, et, par suite, la vente des boissons en fraude.

Les préposés de l'administration des contributions indirectes ne sont pas tenus, en entrant chez un individu assujéti à leur exercice, de déclarer quel est l'objet de la visite qu'ils se proposent de faire chez lui.

Lorsqu'un procès-verbal des employés des contributions indirectes constate qu'ils ont fait une visite chez un individu comme tenant un billard

public, et en se fondant sur les dispositions de l'arrêté du 3 pluviose an 6, et de la loi du 28 avril 1816, relatifs aux cartes à jouer, les juges ne peuvent pas, sans violer la foi due à ce procès-verbal, méconnaître ce fait pour arriver à déclarer que cet individu n'était pas sujet aux exercices des employés (18 février 1826; Cass. S. 26, 1, 376).

Le particulier qui, à cause des communications existantes entre sa maison et celle d'un débitant de boissons, a été déclaré, par arrêté du préfet, sujet aux exercices, ne peut exiger pour s'y soumettre que les employés soient accompagnés du commissaire de police; il se rend coupable du refus d'exercice, lorsque, nonobstant la représentation de l'arrêté du préfet, il refuse de se soumettre à la visite des employés.

Peu importe le consentement donné plus tard, et à l'arrivée du commissaire de police (9 avril 1825; Cass. S. 26, 1, 251). Voy. art. 56.

(1) Les contraintes décernées en matière de contributions indirectes doivent être exécutées, nonobstant toute opposition, même fondée sur ce qu'il y aurait eu abonnement pour les droits réclamés, et que rien n'était dû au moment de la contrainte (6 août 1817; Cass. S. 17, 1, 375).

Les contraintes décernées par l'administration des contributions indirectes doivent être annulées quand elles sont fondées sur des actes irréguliers et inexacts, alors même qu'il est reconnu que le particulier contre lequel les contraintes sont décernées est réellement redevable d'une somme telle qu'elle; ce n'est pas le cas de maintenir la contrainte, en ne lui attribuant toutefois effet que jusqu'à concurrence de cette somme, comme il y aurait lieu de le faire si la contrainte fondée sur des actes réguliers péchait seulement en ce qu'elle aurait pour objet une somme excessive (26 mai 1830; Cass. S. 30, 1, 257; D. 30, 1, 253).

22.

phés, dans chaque arrondissement de sous-préfecture, par un des fonctionnaires publics que les sous-préfets désigneront à cet effet.

242. Les actes inscrits par les employés, dans le cours de leurs exercices, sur leur registres portatifs, auront foi en justice jusqu'à inscription de faux (1).

243. Les expéditions et quittances délivrées par les employés seront marquées d'un timbre spécial dont le prix est fixé à dix centimes.

244. Les préposés ou employés de la régie prévenus de crimes ou délits commis dans l'exercice de leurs fonctions seront poursuivis et traduits, dans les formes communes à tous les citoyens, devant les tribunaux compétens, sans autorisation préalable de la régie : seulement le juge-instructeur, lorsqu'il aura décerné un mandat d'arrêt, sera tenu d'en informer le directeur des impositions indirectes du département de l'employé poursuivi, le tout conformément aux dispositions de la loi du 8 décembre 1814, article 144 (2).

245. Les autorités civiles et militaires, et la force publique, prêteront aide et assistance aux employés pour l'exercice de leurs fonctions, toutes les fois qu'elles en seront requises.

246. Une loi spéciale déterminera le mode de procéder, relativement aux instances qui concernent la perception des contributions indirectes (3).

247. Aucunes instructions, soit du ministre, soit du directeur général, ou de la régie des impositions indirectes, soit d'aucuns des préposés, ne pourront, sous quelque prétexte que ce soit, annuler, étendre, modifier ou forcer le vrai sens des dispositions de la présente loi. Les tribunaux ne pourront prononcer de condamnations qui seraient fondées sur lesdites instructions, et qui ne résulteraient pas formellement de la présente loi.

Les contribuables de qui il aurait été exigé ou perçu quelques sommes au-delà du tarif, ou d'après les seules dispositions d'instructions ministérielles, pourront en réclamer la restitution.

Leur demande devra être formée dans les six mois; elle sera instruite et jugée dans les formes qui sont observées en matière de domaine (4).

248. La présente loi sera mise à exécution à dater du jour de sa promulgation, et n'aura d'effet que jusqu'au 1er février 1817, excepté en ce qui concerne les tabacs.

---

(1) La preuve des contraventions peut, en cas de nullité des procès-verbaux, être faite par la représentation des registres portatifs des employés qui les constatent (28 avril 1818; Cass. S. 19, 1, 146).

Les registres portatifs des employés des contributions indirectes font foi jusqu'à inscription de faux des actes d'exercice qui y sont portés : un tribunal ne peut y refuser créance, sous prétexte que des interlignes qui paraîtraient y avoir été ajoutées n'ont pas été approuvées ni signées au moment de la confection de l'acte (9 décembre 1818; Cass. S. 20, 1, 101).

Encore bien que les registres portatifs tenus par les employés de la régie des contributions indirectes fassent foi jusqu'à inscription de faux, néanmoins les tribunaux peuvent ordonner l'examen et la vérification de ces registres par des experts, si la régie elle-même a reconnu la nécessité de cette mesure, sur le motif que les portatifs n'étaient pas conformes à la vérité. En un tel cas, la régie n'est pas fondée à se plaindre en cassation qu'il y a eu violation de l'article 242 (27 avril 1825; Cass. S. 26, 1, 131).

(2) L'autorisation du préfet n'est plus nécessaire pour la poursuite des préposés de l'octroi ou des contributions indirectes, à raison des faits relatifs à leurs fonctions; ces préposés sont poursuivis dans les formes communes à tous les citoyens. Cet article a dérogé au décret du 17 mai 1809 (25 août 1827; Cass. S. 28, 1, 21; 30 septembre 1830, ord. Mac. 12, 451).

(3) L'instruction doit se faire par écrit et le jugement doit être rendu sur le rapport d'un juge, conformément à l'article 88 de la loi du 5 ventose an 12; cet article, en disant qu'une loi déterminera le mode de procéder dans ces instances, n'a point remplacé cette matière sous l'empire du droit commun (5 mars 1823; Cass. S. 23, 1, 279. — 28 mars 1825; Cass. S. 26, 1, 23).

La prescription annale, établie par l'article 640 du Code d'instruction criminelle pour la poursuite de contraventions de simple police, n'est point applicable à l'action intentée à raison de contraventions en matière de contributions indirectes, contraventions toujours punissables d'une amende excédant le maximum porté en l'article 137, Code d'instruction criminelle (25 novembre 1818; Cass. 19, 1, 179).

(4) Les peines fiscales ont cela de particulier, qu'on en devient passible sans aucune mauvaise intention; il n'en est pas comme en droit criminel, où nul n'est puni s'il n'y a concours de fait illégal et d'intention répréhensible.

Ainsi, lorsque des faits matériels sont constatés par des procès-verbaux réguliers des employés de la régie, le pouvoir des tribunaux, après qu'ils ont reconnu que ces faits constituent l'une des contraventions prévues par la loi, se borne à appliquer la peine : il ne leur appartient pas d'entrer dans l'examen de la moralité des faits constatés, et de décider s'ils sont exempts de fraude; cet examen est exclusivement réservé à la régie (6 avril 1820; Cass. S. 20, 1, 339).

N° I. *Tarif du Droit à percevoir, par hectolitre, à la circulation des boissons, en exécution de l'article 1er de la présente loi.*

Dans les départemens	VINS EN CERCLES, enlevés pour un lieu situé dans le même département ou dans un département limitrophe.	enlevés pour un lieu situé au-delà des départemens limitrophes.	en bouteilles.	Cidres et poirés.	Eaux-de-vie en cercles au-dessous de 22 degrés.	Eaux-de-vie en cercles de 22 degrés jusqu'à 28 degrés exclusivement.	Eaux-de-vie et esprits de 28 degrés et au-dessus.	Eaux-de-vie de toute espèce en bouteilles, liqueurs composées d'eau-de-vie ou d'esprit, tant en cercles qu'en bouteilles, et fruits à l'eau-de-vie.
de 1re classe.....	0f 40c	0f 60c						
de 2e idem......	0 50	0 75	5f 00c	0f 20c	1f 80c	2f 50c	3f	8f 00c
de 3e idem......	0 60	0 90						
de 4e idem......	1 00	1 20						

N° II. *Tarif des droits d'entrée à percevoir sur les boissons, dans les villes et communes de deux mille ames de population agglomérée et au-dessus, en exécution de l'article 20 de la présente loi.*

POPULATION des COMMUNES.	PAR HECTOLITRE de vin en cercles, dans les départemens de 1re classe.	2e classe.	3e classe.	4e classe.	PAR HECTOLITRE de vin en bouteilles ou de vin de liqueur, tant en cercles qu'en bouteilles.	de cidre et poiré.	d'eau-de-vie en cercles au-dessous de 22 degrés.	d'eau-de-vie en cercles de 22 degrés jusqu'à 28 degrés exclusivement.	d'eau-de-vie rectifiée à 28 degrés et au-dessus, d'eau-de-vie de toute espèce en bouteilles, de liqueurs composées d'eau et d'esprit, tant en cercles qu'en bouteilles, et de fruits à l'eau-de-vie.
De 2,000 à 4,000 ames.......	0f 55c	0f 70c	0f 85c	1f 00c	1f 15c	0f 35c	1f 40c	2f 10c	2f 80c
De 4,000 à 6,000	0 85	1 00	1 15	1 30	1 70	0 45	2 10	3 15	4 20
De 6,000 à 10,000	1 15	1 35	1 55	1 75	2 25	0 65	2 50	3 80	5 10
De 10,000 à 15,000	1 40	1 70	2 00	2 25	2 80	0 85	3 40	5 10	6 80
De 15,000 à 20,000	2 00	2 25	2 45	2 80	4 00	1 15	4 90	7 35	9 80
De 20,000 à 30,000	2 80	3 10	3 40	3 80	5 60	1 55	7 00	10 50	14 00
De 30,000 à 50,000	3 70	4 10	4 60 (a)	5 10	7 30	2 10	9 30	13 90	18 60
De 50,000 et au-dessus.....	4 60	5 10	5 50 (b)	6 30	9 30	2 80	11 80	17 60	23 60

(a et b) *Lisez* 4 fr. 50 c. et 5 fr. 60 c. Errata, Bull. 301,

No III. *Tableau des Départemens du royaume divisés en quatre classes, pour la perception des droits de circulation et d'entrée sur les boissons.*

1re *Classe.* — Var, Basses-Alpes, Vaucluse, Bouches-du-Rhône, Gard, Hérault, Aude, Pyrénées-Orientales, Tarn, Haute-Garonne, Ariége, Lot, Tarn-et-Garonne, Gers, Hautes-Pyrénées, Dordogne, Lot-et-Garonne, Charente-Inférieure, Charente, Gironde, Landes, Basses-Pyrénées, Aveyron.

2e *Classe.* — Drôme, Ardèche, Hautes-Alpes, Isère, Puy-de-Dôme, Allier, Nièvre, Cher, Indre, Vienne, Deux-Sèvres, Vendée, Loire-Inférieure, Maine-et-Loire, Indre-et-Loire, Loir-et-Cher, Loiret, Yonne, Côte-d'Or, Ain, Aube, Haute-Marne, Marne, Meuse, Moselle, Meurthe.

3e *Classe.* — Jura, Doubs, Haute-Saône, Saône-et-Loire, Rhône, Loire, Sarthe, Morbihan, Seine, Seine-et-Oise, Seine-et-Marne, Eure-et-Loir, Creuse, Haute-Vienne, Corrèze, Cantal, Haute-Loire, Lozère, Bas-Rhin, Haut-Rhin, Vosges, Eure, Oise, Aisne.

4e *Classe.* — Nord, Pas-de-Calais, Somme, Ardennes, Seine-Inférieure, Calvados, Orne, Manche, Mayenne, Ille-et-Vilaine, Côtes-du-Nord, Finistère.

No IV. *Tarif des droits de licence à percevoir, en exécution de l'article 71 de la présente loi.*

PROFESSIONS.	DÉSIGNATION DES LIEUX.	PRIX de LA LICENCE.
Débitans de boissons.	Dans les communes au-dessous de 4,000 ames. . . .	6f
	Dans celles de 4 à 6,000 ames.	8
	Dans celles de 6 à 10,000 ames.	10
	Dans celles de 10 à 15,000 ames.	12
	Dans celles de 15 à 20,000 ames.	14
	Dans celles de 20 à 30,000 ames.	16
	Dans celles de 30 à 50,000 ames.	18
	Dans celles de 50,000 ames et au-dessus (Paris excepté)	20
Brasseurs	Dans les départemens de l'Aisne, des Ardennes, du Nord, du Pas-de-Calais, du Bas-Rhin, de la Seine et de la Somme.	50
	Dans les départemens du Calvados, de la Côte-d'Or, du Doubs, du Finistère, de la Gironde, d'Ille-et-Vilaine, de la Marne, de la Meurthe, de la Meuse, de la Moselle, du Haut-Rhin, du Rhône, de la Seine-Inférieure, de Seine-et-Marne, de Seine-et-Oise et des Vosges.	30
	Dans les autres départemens.	20
Bouilleurs et distillateurs	Dans tous les lieux.	10
Marchands en gros de boissons . . .	Dans tous les lieux.	50
Fabricans de cartes.	Dans tous les lieux.	50

DOUANES (1).

TITRE Ier. *Tarif des droits.*

Art. 1er. Le tarif des douanes sera modifié et publié d'après les dispositions suivantes :

Droits d'entrée.

2. Les droits imposés par les décrets des 5 août et 12 septembre 1810, et qui n'ont été réduits ni par l'ordonnance du 23 avril, ni par la loi du 17 décembre 1814, le seront ainsi qu'il suit :

Écorce de quercitron, de 30 fr., savoir :	par navires français.	des pays hors d'Europe. . . . à	6^f par 100 kilogr.
		des entrepôts d'Europe et de la Méditerranée. . . . . . à	9
	par navires étrangers. . . . . à		12
Sumac de toute sorte, redoul et fustet. . . . . de		30 à	15
Gingembre. . . . . de		30 à	20
Ipécacuanha. . . . . de		1,200 à	500
Rhubarbe, et, par assimilation, méchoacan. . . . . de		600 à	300
Cachou. . . . . de		600 à	100
Casse ou canéfice. . . . . de		150 à	100
Orseille.	celle dite *tournesole en pâte*. . . . . . . de		200 à	100
	celle dite *gudbeard* continuera à payer.		200
Huile de poisson, de 25 fr., savoir :	par navires français.	de la pêche française. . . . . . à		1
		des pays hors d'Europe. . . . . à		20
		des entrepôts d'Europe et de la Méditerranée. . . . . . . à		24
	par navires étrangers et par terre. . . . . . . à		28

Résine.	de gaïac. . . . . de 75	Comme les gommes non dénommées, taxées par l'article suivant.
	ammoniaque. . . . . de 200	
	sagapenum, séraphique, tacamaca. . de 200	
	élémi. . . . . de 500	
	gutte, ou de Cambogium. . . . . . . de 600	
	Opopanax. . . . . de 400	
Bois exotiques.	de Cayenne satiné, ou de féroles. . . de 30	Comme bois d'ébénisterie.
	de palixandre ou bois violet. . . . . de 30	
	rouge. . . . . de 150	
	d'aloès, ou aspalathum. . . . . de 800	
	néphrétique. . . . . de 500	à 70^f
	de Rhodes. . . . . de 200	
	de sandal citrin. . . . . de 250	
	tamaris. . . . . de 150	
Ouate de coton. . . . . de 800 à 100			

3. Les droits fixés par la loi du 17 décembre 1814, sur les marchandises ci-après, sont portés, savoir :

Café. .	par navires français	des colonies françaises.	au-delà du cap de Bonne-Espérance, par 100 kil. 50^f 00^c
			en-deçà du cap de Bonne-Espérance. 60 00
		de l'Inde (2). 85 00
		d'ailleurs, hors d'Europe. 95 00
		des entrepôts d'Europe et de la Méditerranée. 100 00
	par navires étrangers. 105 00		

---

(1) Cette loi fait partie de la loi des finances du 28 avril 1816; cependant elle a une série de numéros particuliers. *Voy.* les lois des 17 décembre 1814, 27 mars 1817, 21 avril 1818; ordonnance du 11 août 1819; lois des 7 juin 1820, 27 juillet 1822, 17 mai 1826.

Présentation à la Chambre des députés, le 23 décembre 1815 (Mon. du 24).

Rapport de M. Morgan de Belloy, le 9 mars 1816 (Mon. du 13 mars).

Discussion article par article, les 30 mars, 13, 15 et 17 avril (Mon. des 14, 17, 18 et 19 avril)

Adoption, le 17 avril (Mon. du 19 avril).

Présentation à la Chambre des Pairs, le 20 avril (Mon. du 24).

Rapport de M. le comte Garnier, le 27 avril (Mon. du 28).

Adoption, le 27 avril (Mon. des 28 avril et 1er mai).

(2) Ce qui s'entend, quant à l'objet de présente loi, des pays situés à l'est du cap de Bonne-Espérance et à l'ouest du cap Horn.

Sucres

bruts
- des colonies françaises, sans distinction d'espèces. 45 00
- étrangers,
  - autres que blancs
    - par navires français.
      - de l'Inde. 60 00
      - d'ailleurs, hors d'Europe. . 70 00
      - des entrepôts d'Europe et de la Méditerranée. 75 00
    - par navires étrangers. 80 00
  - blancs
    - par navires français.
      - de l'Inde. 70 00
      - d'ailleurs, hors d'Europe. . 80 00
      - des entrepôts d'Europe et de la Méditerranée. 85 00
    - par navires étrangers 90 00

terrés
- des colonies françaises, sans distinction d'espèces. 70 00
- étrangers,
  - autres que blancs
    - par navires français
      - des pays hors d'Europe. . . . 95 00
      - des entrepôts d'Europe et de la Méditerranée. 100 00
    - par navires étrangers. 105 00
  - blancs
    - par navires français
      - des pays hors d'Europe. . . . 115 00
      - des entrepôts d'Europe et de la Méditerranée. 120 00
    - par navires étrangers. 125 00

Sucre raffiné, en pains, en poudre, ou candi. . . . . prohibition maintenue.

Il sera accordé, après une année de la publication de la présente loi, une prime d'exportation pour les sucres raffinés blancs, en pains, de deux à cinq kilogrammes, expédiés directement pour l'étranger des fabriques françaises ayant plus de deux années d'exercice.

La prime sera de 90 francs par 100 kilogrammes.

Des ordonnances du Roi régleront le mode d'exécution.

Cacao et pelures. . . . . . .
- par navires français
  - des colonies françaises, par 100 kilogrammes. 80f 00c
  - des pays hors d'Europe. 115 00
  - des entrepôts d'Europe et de la Méditerranée. 120 00
- par navires étrangers. 125 00

Thé. . . . .
- par navires français
  - de l'Inde, par kilogramme 2 50
  - d'ailleurs, hors d'Europe. 3 00
  - des entrepôts d'Europe et de la Méditerranée 3 25
- par navires étrangers. 3 50

Poivre et piment. . . . . .
- par navires français
  - des colonies françaises, par 100 kilogrammes. 90 00
  - de l'Inde. 130 00
  - d'ailleurs, hors d'Europe. 140 00
  - des entrepôts d'Europe et de la Méditerranée. 145 00
- par navires étrangers. 150 00

Girofle (clous, queues et antofles de). . . . .
- par navires français
  - des colonies frnçaises. . . . . le kilog. 2 00
  - de l'Inde. 3 00
  - d'ailleurs, hors d'Europe. 3 50
  - des entrepôts d Europe et de la Méditerranée. 3 75
- par navires étrangers. 4 00

Cannelle et cassialignea. . .
- par navires français
  - des colonies françaises. . . . . le kilog. 4 00
  - de l'Inde. 5 00
  - d'ailleurs, hors d'Europe. 5 50
  - des entrepôts d'Europe et de la Méditerranée. 5 75
- par navires étrangers 6 00

Muscade et macis. . . . . .
- par navires français
  - des colonies françaises. . . . . le kilog. 8 00
  - de l'Inde. 9 00
  - d'ailleurs, hors d'Europe. 9 50
  - des entrepôts d'Europe et de la Méditerranée. 9 75
- par navires étrangers. 10 00

Cochenille et pastel d'écarlate. . . . .
- par navires français
  - des pays hors d'Europe. . . . . . . le kilog. 4 00
  - des entrepôts d'Europe et de la Méditerranée. 5 00
- par navires étrangers. 6 00

Indigo. . . . .
- par navires français
  - des colonies françaises. . . . . le kilog. 1 00
  - de l'Inde. 1 50
  - d'ailleurs, hors d'Europe. 1 75
  - des entrepôts d'Europe et de la Méditerranée. 2 00
- par navires étrangers. 2 25

»H Rocou. . . . . { par navires français { des colonies françaises. . . . . les 100 kilog. 10 00
des pays hors d'Europe 20 00
des entrepôts d'Europe et de la Méditerranée. 25 00
par navires étrangers. 30 00

»H Bois de Brésil, Fernambouc. { par navires français { des pays hors d'Europe, par 100 kilog. . . . 7 00
des entrepôts d'Europe et de la Méditerranée. 10 00
par navires étrangers. 15 00

»T Tous autres bois de teinture, et le gaïac par exception. . { par navires français { des colonies françaises, par 100 kilog. 1 00
des pays hors d'Europe. 2 00
des entrepôts d'Europe et de la Méditerranée. 4 00
par navires étrangers. 7 00

»H Bois de teinture moulu. . . { Fernambouc. 30 00
Tous autres. . . . . droit actuel. 20 00

Bois d'acajou, { en arbres ou blocs ayant plus de 3 décimètres d'épaisseur. { par navires français { des colonies françaises, par 100 kilog. . . . 10 00
des pays hors d'Europe. 40 00
des entrepôts d'Europe et de la Méditerranée. 50 00
par navires étrangers. 55 00
en planches, ais ou madriers, ayant de 3 décimètres à 2 centimètres. 100 00
en feuilles de placage ayant moins de 2 centimètres d'épaisseur. 200 00

A. Autre bois d'ébénisterie. . . { par navires français { des colonies françaises. . . . . les 100 kilog. 10 00
de l'Inde. 20 00
d'ailleurs, hors d'Europe. 27 00
des entrepôts d'Europe et de la Méditerranée. 30 00
par navires étrangers. 35 00

Ne seront considérés comme bois de teinture que ceux présentés en copeaux, en petites pièces, en éclats ou en bûches irrégulières, dont il ne peut être tiré ni planches ni feuilles pour l'ébénisterie.

Les espèces ci-dessus et autres bois d'ébénisterie (le gaïac excepté) qui seront présentés en blocs, poutrelles, planches et madriers, paieront comme bois d'ébénisterie.

En cas de difficulté, les employés des douanes feront scier, fendre ou briser les pièces qu'on déclarerait comme teinture.

Cotons en laine, { des colonies françaises et par navires français, sans distinction d'espèces. . . . . les 100 kilogrammes. 10 00
étrangers, { longue soie. . . { par navires français { des pays hors d'Europe. 40 00
des entrepôts d'Europe. 50 00
par navires étrangers. 55 00
courte soie. . . . { par navires français { de l'Inde.. . . . . 15 00
des autres pays hors d'Europe. 20 00
des entrepôts d'Europe. 30 00
par navires étrangers. 35 00
de Turquie. { par navires français. 15 00
par navires étrangers. 25 00

Il sera accordé une prime de cinquante francs par quintal métrique de tissus de pur coton exportés à l'étranger par les bureaux que le Gouvernement désignera.

Gommes et résines exotiques, { d'acajou. . . . .
adragant et de Bassora. . . . .
arabique de toute sorte. . . . .
ammoniaque. . .
caoutchouc. . .
de Monbain. . .
Sandaraque. . .
du Sénégal. . . } { par navires français { des colonies françaises, les 100 kilogrammes 10 00
des pays hors d'Europe. 20 00
des entrepôts d'Europe et de la Méditerranée. 25 00
par navires étrangers. 30 00
{ Toutes autres gommes, résines et gommes résineuses non spécialement taxées à un droit au-dessus de celui ci-contre. . . } { par navires français { des colonies françaises. 20 00
de l'Inde. 40 00
d'ailleurs, hors d'Europe.. . . . . 50 00
des entrepôts d'Europe et de la Méditerranée. 55 00
par navires étrangers. 60 00

Dents d'éléphant entières.
- par navires français
  - des colonies françaises, les 100 kilogrammes.   80 00   0
  - de l'Inde. 90 00   0
  - des autres pays hors d'Europe. 100 00   0
  - des entrepôts d'Europe et de la Méditerranée. 105 00   0
- par navires étrangers. 110 00   0

Les dents d'éléphant non entières, paieront un droit double.

Peaux sèches en poil, de vache, de bœuf et cheval.
- par navires français
  - des colonies françaises, les 100 kilogrammes.   1 00   0
  - des pays hors d'Europe. 5 00   0
  - des entrepôts d'Europe et de la Méditerranée. 10 00   0
- par navires étrangers et par terre. 15 00   0

Toiles écrues sans apprêt.
- par le seul bureau de Lille. . . .
  - grossières ou d'étoupes. 25 00   0
  - de moyenne qualité. 35 00   0
  - fines. 60 00   0
- par les autres bureaux ouverts, sans distinction de qualités. 60 00   0

Le Gouvernement déterminera les moyens de rendre la division des qualités certaine et facile dans l'application.

Pour jouir de la modération des droits, les toiles devront être présentées à Lille, séparément par espèce, suivant les divers droits établis.

Les toiles écrues cylindrées ou autrement préparées, et les toiles teintes, paieront, comme les toiles blanches, un droit commun fixé à. 150 00   00

Noix de galle. . . . .
- par navires français
  - de la mer Noire et des pays hors d'Europe. . 8 00   00
  - des entrepôts d'Europe. 10 00   00
- par navires étrangers et par terre. 15 00   00

Nankin des Indes. . . . .
- par navires français
  - des pays hors d'Europe, le kilogramme. . . 8 00   00
  - des entrepôts d'Europe et de la Méditerranée. 9 00   00
- par navires étrangers. 10 00   00

Salaisons. . . . .
- beurre, par 100 kilogrammes. 2 00   00
- viande.
  - de porc (lard compris). 15 00   00
  - autre. 12 00   00

potasse et perlasse. . . . .
- par navires français
  - des pays hors d'Europe, les 100 kilogrammes. 15 00   00
  - des entrepôts d'Europe et de la Méditerranée. 18 00   00
- par navires étrangers et par terre. 21 00   00

4: Les objets ci-après seront spécialement taxés comme il suit :

Aiguilles à coudre. . . . . 2 00 par kilog. gol

Bestiaux.
- bœufs et taureaux. . . . . 3 00 } par tête.
- vaches, génisses et bouvillons. 1 00
- veaux, béliers, brebis, moutons, chèvres et porcs. 0 25
- agneaux, chevreaux et cochons de lait. 0 10

Camphre. . . . .
- brut. 150 00
- raffiné. 300 00

Céruse et blanc de plomb. 30 00

Chanvre, y compris les étoupes et le battin. 2 00

Charbons de terre importés.
- par mer.
  - par navires étrangers. . . . . 1 50 } par 100 kilog. go.
  - par navires français. 1 00
- par terre. 0 30
- exceptions.
  - de la mer à Baisieux exclusivement. 0 60
  - par les départemens de la Meuse, de la Moselle et des Ardennes. . . . 0 15

Chevaux, mules et mulets. . . . . 15 00 par tête.

Cire jaune non ouvrée. . . .
- par navires français
  - des pays hors d'Europe. . . . . . . 8 00 }
  - des entrepôts d'Europe et de la Méditerranée. 10 00
- par navires étrangers et par terre. 15 00

Couleurs préparées. . . . .
- non spécialement taxées, qu'elles soient sèches ou liquides, en sacs ou vessies, en boîtes, en vases ou en trochisques. . . . . 35 00 } par 100 kilog. go.

Couleurs fixées sur des loques, ou maurelle en drapeaux. . . . 25 00

Cuivre rouge et laiton brut.
- par navires français
  - des pays hors d'Europe. 1 00
  - des entrepôts d'Europe et de la Méditerranée. 2 00
- par navires étrangers et par terre. 4 00

niin non ouvré......	par navires français	de l'Inde.............. des autres pays hors d'Europe.... des entrepôts d'Europe et de la Méditerranée............	5 00 7 00 8 00 } par 100 kil.
	par navires étrangers et par terre.........	10 00	
aonons et barbes de baleine nd bruts..........	de la pêche française............. des pêches étrangères { par navires français (droit actuel).. par navires étrangers et par terre..	1 00 30 00 35 00	

Leur admission au droit d'un franc sera subordonnée à la preuve qu'ils proviennent réellement de la pêche française. Cette preuve résultera de l'examen des papiers de mer, et, en outre, de la déclaration faite, sous serment, par le capitaine du navire, et revêtue de l'avis de la chambre de commerce du port d'arrivée.

En cas de suspicion, il y aura lieu à faire entendre les gens de l'équipage.

Si la fausse déclaration est constatée, le signataire sera condamné à une amende égale au double des droits dont le Trésor aurait été frustré, la fraude n'étant pas découverte, et il ne sera plus admis à produire d'autres déclarations.

olrloges en bois..........................	1 00 la pièce.
ldublon...............................	15 00 par 100 kil.
mmès, dit graines d'écarlate.................	2 00 par kilogr.

S'il est en poudre ou pastel, comme cochenille.

ugue.............	naturelle, en bâtons, en grains ou en table.	Comme les autres gommes non dénommées.
	préparée en petits pains carrés ou lacklack, et toutes autres préparations de laque....	0 50 par kilogr.

, ,, y compris les étoupes......................	4 00 par 100 kil.
imnium.......................	18 00
qrprun, graine jaune ou graine d'Avignon............	10 00
mmb......... { par navires français............... par navires étrangers et par terre........	5 00 7 00
slulains........................	5 00 par tête.

....	par navires français	de l'Inde............. des autres pays hors d'Europe.. des entrepôts d'Europe et de la Méditerranée...........	1 00 par 100 kil. 2 00 4 00
	par navires étrangers et par terre........	7 00	

b du Piémont, par terre.......................	4 00
Yf de toute origine.... { par navires français............... par navires étrangers et par terre.......	2 50 5 00
abac en feuille importé onour la régie.......... { par navires français.............. par navires étrangers..............	Exempt. 10 00 par 100 kil.
aos ordinaires importés... { par mer.................... par terre....................	35 00 } par hectol. 15 00 }

.ō. L'application du décret du 8 février 1810 sera régularisé ainsi qu'il suit :

Les droits antérieurs à ce décret seront portés à cinq francs par cent kilogrammes, pour a marchandises dénommées dans la première section du tableau ci-annexé, sous le N° 1.

Les droits sur celles comprises en la deuxième section demeureront simplement doublés, o complétant, quand il y aura lieu, le dernier franc par l'addition du nombre nécessaire io centimes.

Celles comprises en la troisième section paieront les droits spécialement indiqués pour paque article.

.ō. Les droits d'entrée qui n'ont été changés ni par le décret du 8 février 1810, ni par ucune disposition postérieure, seront mis en rapport avec les autres taxes du tarif, au vyen d'augmentations proportionnelles établies sur les bases de l'article précédent, et tqprès le tableau ci-annexé sous le N° 2, lequel est également divisé en trois sections.

.y. Les marchandises importées autrement que par navires français, à l'égard desquelles i's'est fait aucune distinction d'origine par les trois premiers articles de la présente, seront imjétées à un droit supplémentaire d'après le tarif ci-après.

Le droit principal fixé au poids sera augmenté, savoir :

1° Jusques et y compris cinquante francs, du dixième de ce même droit;

2° De cinquante jusques et y compris trois cents francs, du vingtième de cette seconde portion du droit.

Nulle augmentation n'affectera le surplus.

La surtaxe établie par le présent article sera réduite au tarif des douanes, de manière que ce que les centimes de chaque droit soient toujours en nombres décimaux.

Droits de sortie.

8. Les produits exotiques ci-après pourront être exportés en payant, savoir :

Café.		
Cacao.		
Sucres brut, terré et raffiné, lorsqu'il n'y a pas lieu à la prime.	0f 25e	par 100 kilogr.
Mélasse.		
Poivre et piment.		
Cochenille.		
Coton en laine de toute sorte.		
Indigo sans exception.	0 50	*idem.*
Riz.		
Soufre brut, en canon, en fleur et mèches soufrées.		
Corail brut.	2 00	*idem.*

9. Les droits de sortie des produits agricoles et industriels ci-après, que les besoins du royaume ne réclament pas exclusivement, seront réduits de la manière suivante :

Caractères d'imprimerie neufs. . . . . de	4f 08e à 1f 00c	par 100 kil.
Couperose et vitriols de toute sorte. . . . . de	4 08 à 1 00	*idem.*
Ouvrages en cuivre, laiton, bronze, airain et autres alliages, à l'exception des objets compris dans la classe de la mercerie, et des instrumens et outils et du cuivre laminé, et autres désignés par la loi du 8 floréal an 11. . . . . . . de	4 08 à 1 00	*idem.*
Ouvrages en étain, excepté les objets de bimbeloterie et mercerie. . . . . de	5 10 à 1 00	*idem.*
Fontes en gueuses. . . . . de	5 10 à 1 00	*idem.*
Graine de trèfle. . . . . de	2 00	au droit de balance.
Pâte de pastel et autres pour teinture. . . . . de	10 20 à 5 00	par 100 kil.

Laines.	filées.	blanches de toute sorte. . . . . . . de	20 40 à 10 00	*idem.*
		teintes. . . . . de	51 00 à 5 00	*idem.*
	non filées teintes . . . . de		20 40 à 12 00	*idem.*

Liége en planches. de	4 00 à 1 00	*idem.*
Miel. . . . . de	5 00 à 1 00	*idem.*
Marrons et châtaignes, sauf les prohibitions temporaires ou locales. . . . . de	2 00	au droit des fruits.
Millet, mil, alpiste et escajoles. . . . . de	3 06 à 2 00	par 100 kil.
Parchemin et vélin, y compris les bandes. . . . . de	12 24 à 1 00	*idem.*
Plomb battu, laminé en grenailles et ouvrages en plomb. . . de	5 10 à 0 50	*idem.*
Sel marin et de saline. . . . . du droit de balance.	à 0 01	*idem.*

Substances végétales propres à la médecine, à la teinture ou aux tanneries, qu'elles soient ou non dénommées au tarif actuel de sortie.	Racines et écorces, sans préjudice à la prohibition du tan et des écorces à tan. . . . . . de	10 20 à 4 00	*idem.*
	Tiges herbacées, feuilles, bois et brindilles. . . . . de	20 40 à 6 00	*idem.*
	Fleurs, fruits, baies, graines et capsules séminales. . . . . de	10 20 à 8 00	*idem.*
	Mousses et lichens. . . . . . du droit de balance.	à 2 00	*idem.*

Vins de toute sorte exportés	par les frontières de terre et les côtes de la Charente-Inférieure, de la Vendée et de la Loire-Inférieure. . . . . à	0 50	l'hectolitre.
	par la Méditerranée et les frontières d'Espagne. . . . . à	1 00	
	partout ailleurs. . . . . à	2 01	

Charbon de terre. . . . . de	0 10 à 0 01	par 100 kil.

	entière, ou produit de l'épilage des peaux passées.................. 10 00	par 100 kil.
Bourre de laine de toute couleur........	Lanice, ou déchet produit par le battage des laines et les peignages des draps................. 5 00	idem.
	Tontisse, ou déchet produit par la tonte des draps.............. 8 00	idem.

11 10. Pour les mêmes motifs que ceux de l'article précédent, et afin de favoriser l'agriculture, la sortie des produits ci-après sera permise, moyennant les droits qui vont être fixés, savoir :

Chanvre de toute sorte, y compris les étoupes............. par 100 kilogrammes. 6f 00c
Cuivre, laiton, airain, bronze et autres alliages en lingots et en mitraille........ 2 00
Engrais (ce qui ne s'entend que des matières animales et végéto-animales, sans autre destination).................................. 0 25
Étain brut, soit en lingots ou en mitraille........................ 2 00
Foin et fourrages, et toutes herbes de pâturages..................... 0 50
Graine de pastel.................................. 2 00
Graisses et suif................................. 10 00
Graphite (mine de plomb noir)....................... 3 00
Houblon..................................... 2 00
Indique..................................... 5 10
Lin de toute sorte et étoupes...................... 10 00
Œufs, sans distinction de frontières................... 2 00
Peaux sèches en poil. { de cheval, d'âne, de bœuf, vache, bouvillon et génisse... 25 00
{ de veaux, moutons, brebis, béliers et agneaux........ 70 00

Les peaux en vert ou salées ne paieront que les deux tiers des droits fixés ci-dessus.

Les peaux passées ou préparées pour parchemin................. 4 00
Plomb brut en saumons ou en mitraille.................... 2 00
Potasse et salins.............................. 0 25
Tourbes................................... 0 01
Bestiaux, sauf les prohi- { Bœuf et taureaux......... la pièce. 6 00
bitions temporaires ou { Vaches, génisses et bouvillons...... 3 00
locales et le régime { Veaux et porcs sans distinction..... 2 00
particulier aux méri- { Chèvres, béliers, brebis et moutons de race commune. 0 50
nos et métis. { Agneaux et chevreaux.......... 0 25
Beurre, sauf les prohibitions temporaires ou locales........ par 100 kilogrammes. 5 00

11. Les droits de sortie des marchandises et denrées ci-après seront augmentés ou régularisés ainsi qu'il suit :

Cailloux à faïence et à porcelaine............. de 0f 51c à 2f 00c par 100 kil.
Perle, ou terre de porcelaine............ de 1 02 à 3 00 idem.

Boissons spiritueuses....	Eau-de-vie de vin simple, double et rectifiée, ou esprit-de-vin........ de 0 10 à 0 50	
	Kirschwasser........ du droit de bal. à 0 50	l'hectolitre.
	Liqueurs et ratafias de toute sorte........... idem. à 0 25	

Os, cornes et sabots de bétail............ de 10 00 à 20 00 par 100 kil.
Plâtre et pierres à plâtre, de 1 fr. 1,565 kilogrammes......... à 00 15 idem.

Résines de pin, de sapin, et de mélèze,	brutes.	d'exsudation.. { molle..... concrète, ou barras et galipot..... } de 1 et 2 00 à 5 00	idem.
		obtenues par combustion.. { concrète ou brai gras liquide ou goudron. } de 1 et 2 00 à 1 00	idem.
	épurées, ou pâte de térébenthine.... { commune..... fine, de Venise, de Chio, ou de Soleil. } de 0 51 à 5 00	idem.
	distillées, ou essence de térébenthine..... de 0 51 à 0 50	idem.
	résidu de la distillation { brai sec ou arcanson. colophane..... résine d'huile..... } de 1 et 2 00 à 1 00	idem.

Terre de marne, de 15 cent. les 2,000 kilogrammes..... de 0 15 à 0 02 idem.
Terre de pipe, de 10 fr. 20 cent. les 2,000 kilogrammes... de 10 20 à 0 60 idem.

Droits de balance du commerce.

12. Les droits établis par la loi du 24 nivose an 5, pour faciliter la formation d'une balance de commerce, sont modifiés par les dispositions suivantes :

La faculté de déclarer à l'entrée les mêmes marchandises au poids et à la valeur est supprimée ; on devra énoncer exclusivement, soit le poids, le nombre, la mesure ou la valeur, conformément au tarif établi, pour l'entrée, par le tableau ci-annexé n° 3.

13. Les marchandises dont l'exportation est autorisée moyennant le simple droit de balance, comme n'étant pas dénommées au tarif de sortie, devront être déclarées sous des noms admis au tarif général d'entrée.

14. Elles paieront :

1° Celles qui, à l'entrée, sont taxées au poids ou prohibées, vingt-cinq centimes par cent kilogrammes ;

2° Celles qui, à l'entrée, resteront taxées à la valeur, nonobstant les articles ci-après, un quart pour cent de la valeur.

15. Les droits de balance et autres encore fixés sans nécessité à la valeur, ou qui portent, à l'entrée, sur les unités différentes de celles admises pour la sortie, seront mis en concordance par le tableau ci-joint sous le n° 4.

16. Toute marchandise omise au tarif d'entrée, qui paie maintenant à la valeur, d'après les lois des 22 août 1791 ou 30 avril 1806, vingt-dix ou trois pour cent, ne pourra être importée que par un bureau principal de douane, où le droit de l'article le plus analogue lui sera appliqué.

Décime additionnel.

17. Le décime additionnel, tel qu'il est établi par la loi du 6 prairial an 7, est maintenu jusqu'à ce qu'il en soit autrement ordonné.

Taxe de consommation sur les sels.

18. La taxe sur les sels continuera à être perçue à raison de trois décimes par kilogramme, jusqu'à ce qu'il en soit autrement ordonné.

Timbre des expéditions de douane.

19. Les actes délivrés par les douanes porteront un timbre particulier, dont le droit est réglé comme il suit, sans qu'il puisse y avoir addition du décime :

Pour les acquits-à-caution, les actes relatifs à la navigation et les commissions d'emploi, soixante-quinze centimes ;

Pour les quittances de droits au-dessus de dix francs, vingt-cinq centimes ;

Pour toutes les autres expéditions, cinq centimes.

L'administration des douanes fera elle-même appliquer ce timbre, et comptera du à son produit.

Les dispositions ci-dessus ne concernent pas les actes judiciaires dressés par les agents des douanes. Ces actes seront assujétis au timbre ordinaire.

TITRE II, Désignation des bureaux d'entrée.

20. Les marchandises dont le droit d'entrée est fixé à plus de vingt francs par cent kilogrammes, non compris le décime additionnel, ni la surtaxe relative au mode de navigation, ne pourront être importées en France, savoir :

Que par les ports de Toulon, Marseille, Cette, Agde, Port-Vendres, Saint-Jean-de-Luz, Bayonne, Bordeaux, Rochefort, La Rochelle, Les Sables, Nantes, Lorient, Vannes, Brest, Morlaix, Saint-Brieuc, Le Légué, Saint-Malo, Granville, Cherbourg, Caen, Rouen, Le Havre, Honfleur, Fécamp, Dieppe, Saint-Valéry-sur-Somme, Boulogne, Calais et Dunkerque ;

Et par les bureaux d'Armentières, par la Lys ; Lille, par Halluin et Baisieux, pour le commerce par terre, et Bousbeck, pour les transports par eau ; Valenciennes, Condé, Maubeuge, Rocroy, Givet, Charleville, Sedan, par Saint-Menge ; Givonne, Thionville, par Roussy ou par Sierck, Bouzonville, Trombornborn, Forbach, Sareguemines, par Grosbliderstroff et Frauenberg, Lauterbourg, Strasbourg, l'île-de-Paille, Saint-Louis, Les Rousses, Châtillon, Saissel, Pont-de-Beauvoisin, Chapareillan, Mont-Genèvre, Saint-Laurent-du-Var, Septèmes, Perpignan, par Perthus et Hainoa, Béhobie.

21. Il pourra néanmoins être importé par tous les autres bureaux, savoir :

Jusqu'à la concurrence de cinq kilogrammes de fil, de toute sorte de rubans ou d'ouvrages de passementerie ;

Vingt-cinq kilogrammes de fil ou toile de lin, de chanvre ou d'étoupes écrus ;

Cinquante kilogrammes de fer, d'outils de fer ou de fer rechargé d'acier.

Il sera d'ailleurs pourvu, quant aux matières à fabriquer, par des mesures administratives, aux exceptions locales qu'exigerait la position des fabriques.

22. A l'égard des marchandises ci-après : Sucres bruts et terrés, café, cacao, indigo, thé, poivre et piment, girofle, cannelle et casia lignéa, muscade et macis, cochenille et orseille, rocou, bois exotiques de teinture et d'ébénisterie, cotons en laine, gommes et résines autres que d'Europe, ivoire, carret et nacre de perle, nankins des Indes, elles doivent être importées exclusivement, et sans exception de petites quantités, par les seuls ports d'entrepôt, et sur des bâtimens de soixante

tonneaux au moins pour l'Océan, ou de quarante au moins pour la Méditerranée.

Cependant, le port de Bayonne conservera sa faculté de recevoir, sur des bâtimens de vingt-cinq tonneaux et au-dessus des marchandises des espèces désignées lorsqu'elles proviendront des ports situés entre Bayonne et le cap Ortégal.

Titre III. Entrepôts.

23. Les armemens pour les colonies françaises seront permis dans le port du Légué, près Saint-Brieuc, sous les conditions résultant des lois et réglemens. Les denrées régulièrement importées de ces colonies jouiront, soit au Légué, soit à Saint-Brieuc, des mêmes priviléges que dans les autres ports désignés pour leur admission.

24. Les marchandises étrangères non prohibées pourront être mises en entrepôt réel dans les ports de Morlaix, Caen et Saint-Valéry-sur-Somme, par application de la loi du 8 floréal an 11, lorsque ces villes auront fourni et fait disposer, à leurs frais ou à ceux du commerce, des magasins d'entrepôts *sûrs et convenables*, en se conformant à l'article 25 de la même loi.

Le port de Caen sera également ouvert au commerce des colonies françaises, avec les mêmes priviléges et sous les mêmes conditions que celui du Légué.

Titre IV. Police des importations par terre, et du rayon frontière.

25. Les négocians, voituriers et autres qui feront entrer des marchandises dans le royaume par les frontières de terre seront tenus, en les déclarant au premier bureau d'entrée, d'ajouter aux détails que doit présenter leur déclaration, d'après l'article 9 du titre II de la loi du 22 août 1791, le nom, l'état ou profession et domicile de la personne à qui les marchandises seront adressées.

26. Aucune desdites marchandises ne pourra être retirée du premier bureau d'entrée qu'après qu'elle y aura été déclarée en détail; que la vérification en aura été faite sous la responsabilité personnelle des employés chargés d'y procéder, et des chefs de bureau; que les détails et les résultats de la visite auront été constatés en des registres spéciaux; que les droits auront été portés en recette, et que le conducteur sera muni de l'expédition nécessaire pour circuler.

27. Seront seules exceptées de la déclaration en détail et d'une visite complète au premier bureau, les marchandises qui, d'après les ordres particuliers de l'administration des douanes et les modifications qu'elle apportera à la marche du service pour la facilité du commerce, devront être transférées à un deuxième bureau pour y être soumises à ces formalités.

28. Dans le cas prévu à l'article précédent, les négocians, voituriers et autres qui présenteront les marchandises au premier bureau seront tenus d'y faire au moins une déclaration du nombre de balles, caisses ou futailles destinées à être introduites, et de produire des lettres de voiture en bonne forme, délivrées dans le lieu du chargement ou de dernière expédition sur le pays étranger, lesquelles indiqueront l'espèce de marchandise, et les marques, numéro et poids séparés de chaque colis.

Les objets ainsi déclarés ne seront assujétis, au premier bureau, qu'à une vérification sommaire du nombre et du poids des colis, si les préposés l'exigent; ils pourront être ensuite expédiés sous plombs et sous acquit-à-caution pour le bureau auquel sera attribuée la vérification en détail.

29. Les différences constatées, au premier bureau, sur le nombre, l'espèce ou le poids des colis déclarés seront mentionnées dans l'acquit-à-caution, auquel on réunira les lettres de voiture par une ligature cachetée.

On n'exigera que le plombage par capacité des voitures dont le chargement sera enveloppé d'une toile qui puisse le renfermer en totalité par l'apposition de deux plombs. Il suffira également de plomber, par capacité, les bateaux où les marchandises pourront être renfermées sous planches, ou par d'autres moyens qui permettent l'emploi de ce plombage.

Les marchandises devront, en outre, être escortées, dans le trajet du premier au deuxième bureau, par deux préposés.

30. La déclaration sommaire ainsi faite au premier bureau d'entrée, ne pourra être rectifiée par la déclaration en détail et définitive à fournir au deuxième bureau que pour la distinction des marchandises imposées à différens droits, suivant leur qualité, mais dont l'espèce aura été indiquée sans fraude dans les lettres de voiture, et, pour l'indication du poids de colis, dans le cas seulement où l'on n'aurait pas constaté, au premier bureau, un excédant de poids au-dessus du dixième pour les marchandises ordinaires, et du vingtième pour les métaux.

Le poids indiqué dans les lettres de voiture sera réputé être celui en usage dans le lieu où elles auront été délivrées, à moins qu'elles ne portent expressément que le poids est en kilogrammes.

Seront réputées introduites en fraude, toutes marchandises prohibées à l'entrée du royaume qui n'auront pas été désignées et distinguées dans la déclaration sommaire, au premier bureau d'entrée, et toutes celles qui se trouveront dans les colis non déclarés à ce bureau.

31. Les dispositions ci-dessus modifieront, en ce qui y serait contraire, celles des articles 40 et 41 de la loi du 8 floréal an 11, dans leur application particulière aux importations faites par Strasbourg. L'article 42 de la même loi sera appliqué à toutes les marchandises qui seront transférées, pour la visite en détail et le paiement des droits, d'un premier bureau d'entrée à un autre bureau.

32. Les marchandises qu'on voudra retirer des bureaux après y avoir rempli les formalités prescrites pour leur introduction par terre dans le royaume, ne pourront être rechargées que dans l'emplacement affecté à cette opération dans la douane, ou dans les cours et dépendances du bureau, et sous la surveillance des préposés. Les acquits de paiement ou autres expéditions ne seront remis aux intéressés qu'au moment du départ des marchandises, lequel sera constaté par un *visa* des préposés de service près du bureau.

33. Tous les acquits de paiement qui seront délivrés pour des marchandises introduites par les frontières de terre indiqueront l'espèce, la qualité et la quantité de ces marchandises, d'après le résultat de la visite, en rappelant en marge les marques et numéros des colis; ils présenteront la liquidation des droits, et en porteront quittance, sans que cette dernière condition puisse déranger le mode du crédit que les receveurs auraient été autorisés à accorder, ni nuire à l'effet des obligations à terme qu'ils auront acceptées.

Les acquits de paiement indiqueront, en outre, le lieu ou les marchandises auront été chargées hors de France, le nom et domicile de celui qui aura payé les droits, le lieu de la destination, avec le nom, l'état ou profession de la personne à qui elles seront adressées.

34. Lorsque les marchandises introduites par les frontières de terre seront destinées pour le lieu même de l'établissement du bureau où elles auront payé les droits, l'acquit de paiement n'accordera que la faculté de les conduire immédiatement au domicile de celui à qui elles seront adressées, et ne pourra servir à aucun transport hors de la commune.

35. Si les marchandises ont une autre destination que le lieu où elles auront payé les droits d'entrée, l'acquit de paiement servira à les transporter jusqu'à la destination déclarée; il désignera la route à suivre, et indiquera le bureau où les conducteurs seront tenus de faire reconnaître les marchandises,

et contrôler l'acquit de paiement. Le délai dans lequel le chargement devra être présenté au bureau de contrôle, et celui qui sera nécessaire pour les faire arriver à leur destination, seront également fixés par les acquits.

36. Pour faciliter la répression de la fraude sur toutes les parties des frontières de terre où la mesure fixe de deux myriamètres de rayon n'offre pas les positions les plus convenables au service des douanes, ce rayon pourra être étendu, sur une mesure variable, jusqu'à la distance de deux myriamètres et demi de l'extrême frontière.

Dans toutes les localités où le Gouvernement jugera à propos de faire ces changemens à la démarcation actuelle du rayon des frontières, ils seront déterminés par un tableau indicatif des villes, bourgs, villages et bâtimens isolés les plus voisins de la nouvelle ligne de démarcation, et que cette ligne mettra dans le rayon en suivant les limites de leur territoire.

L'exécution des lois et réglemens de douane deviendra obligatoire sur toutes les parties de territoire ainsi ajoutées au rayon des frontières, à l'expiration d'un délai de quinze jours après que ledit tableau, adressé officiellement aux préfets aura été publié et affiché dans les chefs-lieux des arrondissemens et cantons que traversera la nouvelle ligne de démarcation.

37. Des ordonnances du Roi, en maintenant les dispositions de la loi du 22 août 1791, et de celle du 19 vendémiaire an 6, qui exemptent de la formalité du passavant, pour la circulation dans le rayon des frontières, les bestiaux, poisson, pain, vin, cidre ou poiré, bière, viande fraîche ou salée, volaille, gibier, fruits, légumes, laitage, beurre, fromage et objet de jardinage, lorsqu'ils ne font pas route vers l'étranger, et, dans tous les cas, lorsqu'ils sont transportés, aux jours de foire et marché, dans les villes de la frontière, pourront :

1° Renouveler ou modifier toute autre disposition des réglemens actuellement en vigueur qui aurait pour objet de régler les formes et l'emploi des passavans ou d'exiger, avant la délivrance de ces expéditions, la justification de l'origine des marchandises de la classe de celles qui sont prohibées à l'entrée, ou dont l'admission est réservée à certains bureaux par l'article 20 de la présente;

2° Déterminer, suivant la population des communes comprises dans le rayon des frontières, celles où il sera permis de recevoir en magasin et de réexpédier, pour le commerce en gros ou en détail, les marchandises désignées par le paragraphe précédent, en soumettant à la vérification des préposés des douanes les magasins où seront reçues lesdites marchandises et les pièces justificatives de leur extraction légale, soit de l'étranger, soit de l'intérieur ;

3° Régler le mode d'exécution des art, 91 du titre XIII de la loi du 22 août 1791, 1er et 2 de la loi du 21 ventose an 11, et 75 de la loi du 30 avril 1806, relatifs à l'établissement des fabriques dans le rayon des frontières, et étendre sur les magasins où seront reçus les produits de ces fabriques la surveillance nécessaire pour qu'elles ne puissent mettre en circulation, avec des passavans, aucune marchandise importée frauduleusement dans le royaume.

38. Les marchandises de la classe de celles qui sont prohibées à l'entrée, ou dont l'admission est réservée à certains bureaux par l'article 20 de la présente, seront réputées avoir été introduites en fraude dans tous les cas de contravention ci-après indiqués :

1° Lorsqu'elles seront trouvées dans le rayon des frontières sans être munies d'un acquit de paiement, passavant, ou autre expédition valable pour la route qu'elles tiendront, et pour le temps dans lequel se fera le transport, à moins qu'elles ne viennent de l'intérieur par la route qui conduira directement au premier bureau de deuxième ligne;

2° Lorsque même, étant accompagnées d'une expédition portant l'obligation expresse de la faire viser à un bureau de passage, elles auront dépassé ce bureau sans que ladite obligation ait été remplie ;

3° Lorsque, ayant été chargées sur le rayon des frontières, et amenées au bureau ou représentées aux préposés pour être mises en circulation avec passavant, dans les circonstances où les réglemens permettent ce transport préalable, elles se trouveront dépourvues des pièces justificatives de leur extraction légale de l'étranger ou de l'intérieur, ou de leur fabrication dans le rayon des frontières ;

4° Lorsqu'elles auront été reçues en magasin ou en dépôt dans le rayon des frontières en contravention aux ordonnances du Roi qui désigneront les communes où ces magasins et dépôts pourront être établis, suivant le deuxième paragraphe de l'article 37 de la présente loi, et caractériseront ceux qui sont interdits comme frauduleux.

39. Les marchandises désignées à l'article précédent, et réputées introduites en fraude, à défaut d'expédition qui en légitiment le transport dans le rayon des frontières, ou sur laquelle on ait rempli les formalités obligatoires, seront saisissables, à quelque distance qu'elles puissent être arrêtées dans l'intérieur, s'il est constaté par le procès-verbal en bonne forme rédigé par les préposés saisissans :

1° Qu'elles ont franchi la limite du rayon, et qu'ils les ont poursuivies, sans que leur transport ni leur poursuite aient été interrompus, jusqu'au moment où ils auront atteint et arrêté ce transport sur les routes ou en pleine campagne, ou jusqu'à celui de l'introduction des marchandises dans une maison ou autre bâtiment, dans le cas de poursuite prévu à l'article 36 du titre XIII de la loi du 22 août 1791 ;

2° Que lesdites marchandises sont dépourvues, au moment de la saisie, de l'expédition qui était nécessaire pour les transporter ou faire circuler dans le rayon des frontières.

40. Il sera établi, soit sur la ligne de démarcation du rayon des frontières, soit dans les positions convenables les plus rapprochées de cette ligne, en dedans ou en dehors du rayon, de nouveaux postes de préposés des douanes, formés de brigades à résidence fixe ou ambulantes, lesquelles seront spécialement chargées d'exercer le droit de poursuite de la fraude, suivant les dispositions de l'article précédent.

TITRE V. Répression de la contrebande.

41. Toute importation par terre d'objets prohibés, et toute introduction frauduleuse d'objets tarifés dont le droit serait de vingt francs par quintal métrique et au-dessus, donneront lieu à l'arrestation des contrevenans, et à leur traduction devant le tribunal correctionnel, qui, indépendamment de la confiscation de l'objet de contrebande et des moyens de transport, prononcera solidairement contre eux une amende de cinq cents francs, quand la valeur de l'objet de contrebande n'excédera pas cette somme, et dans le cas contraire, une amende égale à la valeur de l'objet (1).

42. Les contrevenans seront, en outre, condamnés à la peine d'emprisonnement.

(1) Lorsque des objets ont été déclarés à la douane comme fabriqués dans des ateliers français situés dans le rayon de la ligne des douanes, s'il arrive que les employés des douanes saisissent ces objets comme fabriqués en pays étranger, la demande en validité de la saisie doit être portée devant le juge-de-paix jugeant civilement et non devant le tribunal correction-

nel; il n'en est pas de ce cas comme de celui où les objets auraient été introduits pour être mis en circulation sans aucune déclaration à la douane. L'incompétence du tribunal correctionnel est tellement absolue qu'elle peut être proposée pour la première fois devant la Cour de cassation ; ou même après acquiescement à un jugement qui aurait déclaré la juridiction correc-

43. Si ces importations ou introductions ont été commises par moins de trois individus, l'emprisonnement sera d'un mois au plus, et pourra être réduit à trois jours, lorsque l'objet de fraude n'excèdera pas dix mètres, si ce sont des tissus, ou cinq kilogrammes, si ce sont d'autres marchandises.

44. Dans le cas où elles auraient été commises par une réunion de trois individus et plus, jusqu'à six inclusivement, l'emprisonnement sera d'un an au plus et de trois mois au moins.

45. Le prévenu qui n'aurait pas été mis en arrestation sera cité à comparaître en personne devant le tribunal correctionnel; citation lui sera donnée à son domicile, s'il réside dans le ressort du tribunal; et, dans le cas contraire, elle lui sera donnée au domicile du procureur du Roi près ce même tribunal.

Il y aura trois jours au moins entre celui de la citation et celui indiqué pour la comparution (1).

46. Si, au jour fixé, il ne comparaît pas en personne, le tribunal sera tenu de rendre son jugement.

47. Si, le prévenu comparaissant, il y a lieu d'accorder une remise, elle ne pourra excéder cinq jours; et le cinquième jour, le tribunal prononcera, partie présente ou absente.

48. Seront justiciables des cours prévôtales les prévenus de toute importation prohibée ou frauduleuse, si, étant à cheval, ils sont au nombre de trois et plus, et si, étant à pied, ils sont en nombre supérieur à six (2).

49. On observera, pour l'arrestation et la procédure, ce que prescrit la loi du 20 décembre 1815 relative aux cours prévôtales. Toutefois, les procès-verbaux réguliers des employés des douanes auront foi obligée devant ces cours, comme devant les autres tribunaux, à moins qu'il n'y ait inscription en faux déclarée et suivie dans les formes et délais voulus par le Code d'instruction criminelle. Hors ce cas, et celui des injures et voies de fait, nulle preuve testimoniale ne sera admise contre les procès-verbaux des employés.

50. Dans le cas néanmoins où les individus désignés comme prévenus auxdits procès-verbaux n'auraient pu être arrêtés, ces procès-verbaux ne feront plus foi que pour faire prononcer la confiscation avec amende; et, en ce qui touche les autres condamnations, ils ne seront considérés que comme simple plainte, sur laquelle le prévôt fera toutes recherches et informations nécessaires.

51. Tout fait de contrebande de compétence prévôtale entraînera: 1° la confiscation des marchandises et des moyens de transport; 2° une amende solidaire de mille francs, si l'objet de la confiscation n'excède pas cette somme, ou du double de la valeur des objets

___

tionnelle compétente (3 janvier 1829; Cass. S. 29, 1, 57).

Le fait qu'un individu s'est introduit sur le territoire français porteur de marchandises prohibées doit être réprimé comme délit de contrebande, alors même que cet individu, échappé d'abord aux douaniers avant toute saisie, et même toute constatation qu'il fût porteur de marchandises prohibées, ne serait rentré sur le territoire français et n'aurait été arrêté que par l'effet d'une force majeure. Vainement on dirait que l'administration des douanes ne doit pas profiter de cet accident de force majeure pour constater et poursuivre le délit (25 juillet 1829; Cass. S. 29, 1, 313; D. 29, 1, 313).

La confiscation des objets servant à transporter des marchandises prohibées doit être prononcée, ainsi qu'une amende contre le conducteur des marchandises, encore qu'il ne soit pas voiturier public, et que le propriétaire, présent à la saisie, ait déclaré que les marchandises lui appartenaient (27 mars 1818; Cass. S. 18, 1, 344).

Si le contrebandier est monté sur un cheval, le cheval est réputé servir au transport de la contrebande; et doit être confisqué (25 octobre 1827; Cass. S. 28, 1, 65).

L'administration des messageries est responsable à raison des marchandises de contrebande qui se trouvent chargées sur les voitures qui en dépendent, lorsqu'il n'est pas justifié que ces marchandises appartiennent à des voyageurs. La circonstance que la saisie a eu lieu au moment du départ, avant que la feuille du conducteur (sur laquelle les objets saisis ne se trouvent pas portés) eût été arrêtée et signée, ne fait pas obstacle à la prononciation de l'amende, avec confiscation des marchandises prohibées et des moyens de transport, tels que voiture, chevaux, etc. À cet égard, l'art. 29, tit. 2, loi du 6 = 22 août 1791, est abrogé par les art. 41 et 51 de la présente loi (1er décembre 1826; Cass. S. 27, 1, 63; D. 27, 1, 350).

(1) Encore que la loi ordonne de poursuivre les délinquans par voie de citation directe, à l'audience du tribunal correctionnel, il n'est pas défendu de procéder contre eux en la forme généralement établie à l'égard des prévenus de délits correctionnels (3 septembre 1824; Cass. S. 25, 1, 70).

(2) Quoique les conseils de guerre permanens soient seuls compétens pour juger même les délits communs commis par les militaires en garnison et sous les drapeaux, lorsqu'ils n'ont pas de complices non militaires, cette compétence ne peut s'étendre aux matières spéciales dont la connaissance est attribuée, sans aucune exception, aux tribunaux ordinaires. Ainsi il n'appartient qu'aux tribunaux ordinaires de juger les délits de contrebande commis par des militaires, bien qu'il n'y ait pas de non militaires prévenus de complicité du même délit (18 septembre 1829; Cass. S. 29, 1, 425).

confisqués, si cette valeur excède mille francs ; 3° un emprisonnement qui ne pourra être moindre de six mois, ni excéder trois ans.

52. Le prévôt sera tenu de faire d'office toutes les poursuites nécessaires pour découvrir les entrepreneurs, assureurs, et généralement tous les intéressés à ladite contrebande (1).

53. Ceux qui, par l'effet de ces poursuites, seraient jugés coupables d'avoir participé, comme assureurs, comme ayant fait assurer, ou comme intéressés d'une manière quelconque, à un fait de contrebande, deviendront solidaires de l'amende, et passibles de l'emprisonnement prononcé.

Ils seront, en outre, déclarés incapables de se présenter à la Bourse, d'exercer les fonctions d'agent de change ou de courtier, de voter dans les assemblées tenues pour l'élection des commerçans ou des prud'hommes, et d'être élus pour aucune de ces fonctions, tant et aussi long-temps qu'ils n'auront pas été relevés de cette incapacité par lettres de sa majesté.

A cet effet, le procureur du Roi, chargé du ministère public près la cour prévôtale, enverra aux procureurs généraux près les cours royales, ainsi qu'à tous les directeurs des douanes, des extraits des arrêts de la cour relatifs à ces individus, pour être affichés et rendus publics dans tous les auditoires, bourses et places de commerce, et pour être insérés dans les journaux, conformément à l'article 457 du Code de commerce.

Les dispositions des deuxième et troisième paragraphes du présent article sont applicables à tous individus qui auraient été déclarés coupables d'avoir participé, soit comme assureurs, soit comme ayant fait assurer, soit comme intéressés d'une manière quelconque

à des faits de contrebande dont la connaissance est attribuée aux tribunaux correctionnels ; à l'effet de quoi les procureurs du Roi près lesdits tribunaux sont tenus de diriger les mêmes recherches et poursuites prescrites aux prévôts par l'article 52 (2).

54. Les cours prévôtales continueront à connaître des crimes de rébellion et de contrebande avec attroupement et port d'armes, précédemment attribués aux cours spéciales.

55. Seront également justiciables des cours prévôtales les préposés des douanes prévenus de forfaiture, comme ayant fait eux-mêmes la contrebande, ou s'étant laissé corrompre pour la favoriser ; et il ne sera pas besoin alors de l'autorisation du Gouvernement pour leur mise en jugement.

56. Les crimes prévus par les deux articles précédens seront poursuivis, jugés et punis ainsi que le prescrit la loi du 20 décembre 1815 ; et il sera, en même temps, statué sur les condamnations civiles en résultant, telles que confiscation, amende, dommages et intérêts.

57. Au moyen des présentes dispositions, le titre III de la loi du 17 décembre 1814 est annulé.

58. Toutes les autres lois et actes du Gouvernement relatifs aux douanes encore en vigueur, et que la présente n'abroge pas, continueront à être observés.

TITRE VI. Recherche, dans l'intérieur, des marchandises soustraites aux douanes (3).

59. A dater de la publication de la présente loi, les cotons filés, les tissus et tricots de coton et de laine, et tous autres tissus de fabrique étrangère prohibés, seront recherchés et saisis dans toute l'étendue du royaume (4).

---

(1) On ne peut, hors le cas de flagrant délit, saisir les papiers d'un citoyen pour parvenir à la découverte d'un délit de contrebande. Cet article, en autorisant toutes poursuites nécessaires pour découvrir les entrepreneurs et tous les intéressés à la contrebande, ne porte aucune atteinte au principe de l'inviolabilité du secret des papiers domestiques (19 juin 1830; Nancy. S. 30 , 2 , 222; D. 30, 2, 236).

(2) L'assureur de contrebande correctionnelle, de même que l'assureur de contrebande prévôtale, est, en qualité de complice, passible d'amende et d'emprisonnement, comme l'auteur même de la contrebande (22 octobre 1825; Cass. S. 25 , 1 , 429).

(3) *Voy.* ordonnances du 8 mai 1816, du 19 juillet 1816, du 8 août 1816, du 23 septembre 1818 et 12 décembre 1818.

Ce titre 6 de la loi étant la loi spéciale en matière de recherche et de saisie, dans l'inté-

rieur, de marchandises soustraites aux douanes, ses dispositions sont seules applicables en cette matière; elles ne peuvent être combinées avec les dispositions des lois générales sur les douanes. Ainsi, une saisie ne peut être déclarée nulle pour défaut de lecture du procès-verbal au contrevenant, par application de l'art. 6 , titre 4, de la loi générale du 9 floréal an 7 , sur les douanes (28 juin 1823 ; Cass. S. 23 , 1 , 387).

(4) Le particulier au domicile duquel des recherches infructueuses ont été faites par les préposés des douanes, pour l'objet spécial désigné dans cet article, ne peut réclamer l'indemnité de 24 fr. accordée par l'article 40 , tit. 13 de la loi de 1791; l'article 68, n'ayant accordé d'indemnité qu'au cas d'injuste saisie, est censé l'avoir refusée dans toute autre hypothèse (31 juillet 1826 ; Cass. S. 27 , 1 , 366 ; D. 26 , 1 , 436).

Voy. notes sur l'article 46 de la loi du 21 avril 1818.

23.

A l'effet de distinguer les tissus fabriqués en France, toute pièce d'étoffe de la nature de celles prohibées devra porter une marque et un numéro de fabrication, pour servir de premier indice au jury dont il sera parlé ci-après.

Les détenteurs de tissus qui ne pourraient pas en justifier l'origine française sont autorisés à les déclarer avant le 1er juillet, et à les faire réexporter, par acquit-à-caution, avant le 1er janvier 1817.

60. Devront, en conséquence, les préposés des douanes, en se faisant accompagner d'un officier municipal ou d'un commissaire de police, qui sera tenu de se rendre à leur réquisition, se transporter dans les maisons et endroits situés dans toutes les villes et communes de l'étendue du rayon qui leur seraient indiqués comme recélant des marchandises de l'espèce de celles dénommées en l'art. 59, et en effectuer la saisie. Ces visites ne pourront avoir lieu que pendant le jour.

61. Le procès-verbal qui, à moins d'empêchement, sera rédigé au domicile même de la partie devra faire mention: 1° de la désignation des marchandises par poids, nombre et nature des pièces, ou par mètres, s'il ne s'agit que de coupons; 2° du prélèvement qui sera fait d'échantillons sur chaque pièce ou coupon; 3° et de la mise sous enveloppe desdits échantillons. Cette enveloppe sera revêtue du cachet de l'officier public, de celui des saisissans, et de celui de la partie, à moins qu'elle ne s'y refuse; ce dont le procès-verbal ferait également mention. Les mêmes cachets seront apposés en marge du rapport; les marchandises, ensuite emballées et scellées desdits cachets, seront transportées et déposées au plus prochain bureau, autant que les circonstances pourront le permettre, et le paquet contenant les échantillons sera immédiatement transmis au directeur général de l'administration des douanes (1).

62. Les mêmes obligations et les mêmes formes de procéder sont imposées, dans les villes et endroits de l'intérieur où il n'y a point de bureaux de douanes, aux juges-de-paix, maires, officiers municipaux et commissaires de police.

Les préfets et sous-préfets veilleront à ce qu'elles soient exactement remplies.

Les marchandises saisies dans ces communes seront transportées et déposées au chef-lieu de l'arrondissement, et les échantillons, ainsi que le procès-verbal, seront envoyés au préfet du département, qui les transmettra au directeur général des douanes.

63. Aussitôt que ces procès-verbaux et échantillons lui seront parvenus, le directeur général des douanes les adressera au ministre de l'intérieur, qui fera procéder à l'examen desdits échantillons par un jury assermenté, et composé de cinq négocians pris dans la classe des fabricans et manufacturiers les plus connus (2).

64. Avant de procéder à cet examen, le jury constatera l'intégrité des cachets, et leur identité avec ceux en marge du rapport; et, l'examen achevé, il apposera le sien sur la nouvelle enveloppe.

65. Si de la vérification, ou, en cas de doute, de l'absence des preuves de nationalité que le jury est autorisé à exiger des parties saisies, il résulte que les marchandises sont d'origine étrangère, le directeur général des douanes, d'après le renvoi que lui aura fait le ministre de l'intérieur, du procès-verbal, des échantillons, et de la décision des membres du jury, transmettra le tout, soit au préfet du département, si la saisie a été faite dans l'intérieur, soit, dans le cas contraire, au directeur des douanes, pour lesdites pièces et échantillons être remis par eux au procureur du Roi près le tribunal correctionnel dans le ressort duquel le dépôt des marchandises aura été effectué.

66. Les poursuites seront dirigées par le procureur du Roi, et les délinquans seront condamnés à la confiscation des marchandises avec amende de cinq cents francs (3).

---

(1) Il n'est pas nécessaire que le cachet employé soit celui des administrations auxquelles appartiennent les saisissans ou l'officier public. Il suffit que les uns et les autres apposent le cachet dont ils se trouvent en possession au moment de la saisie et qu'ils déclarent être le leur (16 décembre 1830, Cass. S. 31, 1, 180; D. 31, 1, 57).

(2) La vérification de nationalité peut se faire par le jury, sans que les parties soient présentes ou appelées; il n'en est pas comme des expertises ou des vérifications dans les matières civiles (3 octobre 1817; Cass. S. 18, 1, 164).

(3) Dans les affaires de douanes de la compétence des tribunaux correctionnels poursuivies à la requête de la régie, le ministère public n'est pas seulement partie jointe, il y est partie principale ayant droit de procéder par voie d'ac-

tion. Il peut en conséquence interjeter appel de son chef, bien que la régie ait laissé écouler les délais sans appeler. En un tel cas, l'acquiescement de la régie ne pourrait élever une fin de non-recevoir contre l'appel du ministère public, qu'autant que cet acquiescement aurait les caractères d'une transaction revêtue des formes légales (21 novembre 1828; Cass. S. 29, 1, 108; D. 29, 1, 24).

Les articles 65 et 66, qui prescrivent l'envoi au ministère public du rapport et des autres pièces du procès, pour qu'il dirige les poursuites, n'ont pas ôté à l'administration des douanes le droit qu'elle avait avant d'agir elle-même, et, par exemple, d'appeler des jugemens qui seraient rendus à son préjudice (29 mars 1828; Cass. S. 29, 1, 127; D. 28, 1, 199).

67. Lorsque le jugement qui aura prononcé ces condamnations sera devenu définitif, il sera procédé à la vente des marchandises, à charge de réexportation; et, à cet effet, celles qui auraient été saisies dans l'intérieur seront envoyées dans le bureau de douanes qui sera indiqué par le directeur général.

68. Dans le cas où des marchandises qui auraient été saisies comme étant d'origine étrangère seraient reconnues par le jury provenir réellement de fabrication française, le propriétaire aura droit à la restitution de tous les frais auxquels la saisie aura donné lieu, et, en outre, à une indemnité, qui sera d'un pour cent par mois de la valeur de ses marchandises, à compter du jour de la saisie jusqu'à celui de la remise. Ladite valeur sera fixée par le jury vérificateur dans le procès-verbal même de son expertise.

N° Ier.

Marchandises auxquelles le décret du 8 février 1810 a été appliqué, et dont les droits primitifs doivent être régularisés, aux termes de l'article 5 de la présente loi.

SECTION Ire.

Absinthe, herbe.
Alquifoux.
Garance verte.
Graphite (mine de plomb noire).
Noirs de terre et de fumée communs.
Orcanette.
Orobe (graine d').
Sanguine (si elle est sciée en crayons, *voyez* crayons).
Sarrette.
Sénevé (graine de moutarde.
Soufre en canons.
Tutie.

SECTION II.

Acide muriatique (esprit de sel.) Acide nitrique (esprit de nitre, eau forte). Acide sulfurique (esprit de soufre, ou huile de vitriol).
Æs ustum, ou cuivre brûlé.
Agaric de mélèse.
Aloès (suc d').
Alun brûlé ou calciné.
Ambre gris.
Antimoine cru.
Antimoine préparé, soit en régule ou autrement.
Arsenic.
Asphalte ou bitume de Judée.
Azur de roche fin, ou lazulite.
Barboline ou semen-contra.
Benjoin.
Betel (feuilles de).
Beurre de Saturne.
Bézoard.
Bleu de Prusse, ou prussiate de potasse.
Bol d'Arménie.
Borax brut ou gras.
Borax purifié ou raffiné.
Calamine blanche ou pompholyx.
Cantharides.

Cardamome.
Carmin fin et commun.
Castoréum.
Cendres vertes et bleues, autres que celles de cobalt.
Cloportes.
Colle de poisson.
Contra yerva.
Costus d'Arabie.
Eaux médicinales et de senteur.
Encre de la Chine.
Esprits (*voyez* huiles, acides *ou* alcool).
Essences ou quintessences (*voyez* huiles).
Garance sèche.
Garance moulue.
Ginseng.
Girofle (feuilles de).
Gui de chêne.
Glu.
Huile ambrée.
Huile d'anis.
Huile de bergamote.
Huile de gaïac.
Huile de lavande.
Huile de Marjolaine.
Huile de Rhodes.
Huile de romarin et autres semblables.
Huile sandaraque (de thuya).
Huile de sassafras.
Huile de sauge.
Huile de jasmin et autres fleurs.
Huile de cacao, ou beurre de cacao.
Huile de laurier.
Huile de macis.
Huile de palma-christi, ricin ou castor.
Huile de palmes.
Huile de pignons.
Huile d'asphalte (bitume liquide).
Huile de pétrole (*idem*).
Hyacinthe (pierres d').
Iris.
Ivoire (râpures d').
Jalap (racine de).
Jalap (suc de).
Joncs et cannes non montés.
Laudanum liquide et purifié.
Manne.
Massicot.
Mercure ou argent vif.
Moelle et vessie de cerf.
Musc.
Myrobolans confits.
Naphte.
Nard indien.
Nitre ou salpêtre (beurre de).
Noirs d'Espagne, d'ivoire, d'os de cerf.
Noix de coco.
Opium.
Os de cœur de cerfs.
Outremer.
Papier de la Chine.
Pierres arméniennes.
Râpures de cornes de cerf.
Réglisse (racine et suc de).
Safran.
Safranum.
Salep et sagou.
Salsepareille.
Sang de bouc ou bouquetin.

Scammonée (racine de).
Scammonée (résine de).
Schénante (paille de).
Séné en feuilles, follicules ou grabeau,
Serpentaire (racine de).
Sirop de kermès.
Sorbec.
Soufre (fleur de).
Stil de grains.
Storax naturel, calamite ou roug .
Storax liquide.
Storax en pains.
Succin.

Tamarin (fruit).
Tamarin confit ou gourre.
Térébenthine (pâte commune).
Térébenthine de Venise, de Chio ou de soleil.
Trochisques d'agaric.
Turbith (racine).
Vermeil (couleur).
Vermillon.
Vernis de toute sorte.
Vert-de-gris de toute sorte.
Vert-de-montagne.
Yeux d'écrevisse.
Zédoaire.

SECTION III. *Marchandises dont les droits ont été spécialement fixés, par exception aux règles appliquées aux sections précédentes.*

Anis étoilé ou badiane. . . . . 60 fr. les 100 kilogr.
Anis vert. 35
Azur en poudre, safre et smalt. 30
Baumes ou résines benjoïques. . . . . 10 fr. par kilogr.
Blanc de baleine . . . . comme cire blanche non ouvrée.
Calebasse (fruit) . . . . 35 fr. les 100 kilogr.
Cinabre 150
Civette . . . . 123 fr. le kilogr.
Crème ou cristal de tartre. . . . . 30 fr. les 100 kilogr.

crayons

simples { en pierre noire, en pierre d'Italie, ardoises et pierres dures ou argiles schisteuses . . . .
en sanguine sciée ou terres ferrugineuses . . . . . .
et autres simplement sciées. . . . . } 10 fr. les 100 kilogr.

composés { pastel de toutes couleurs . . . .
dits façon Conté. . . . . } 50 *idem.*
de sanguine, { fins pour les arts . . . . .
ou graphite incrustée { communs, en bois blancs
dans du bois. { pour les métiers. . . . . } 20
et tous autres de fabrique. . . . . | 50

Essaie . . . . comme garance.

Huiles { à l'usage de la médecine et des arts. {
de girofle . . . . 900 fr. *idem.*
de cannelle . . . . 100 fr. le kilogr.
d'aspic. . . . .
de cade, de cedria, d'oxicèdre (ou de genévrier. . . . . } comme huile de lavande.
de genièvre . . . .
de citron et d'orange. . . . . 4 fr. le kilogr.
de fenouil. . . . . comme huile d'anis,
de rose . . . . 100 fr. le kilogr.
de muscade. . . . . comme huile de macis.
de soufre . . . . comme acide sulfurique.
de térébenthine. . . . . 25 fr. les 100 kilogr.
de graines grasses. . . . . 12 *idem.*
d'olive commune 15
de tartre ou potasse liquide . . . . . . comme potasse. }

Huiles { comestibles {
d'olive fine et d'amandes. . . . . 25 fr.
d'œillette ou de pavot blanc ou noir 20
de noix ou de faîne . . . . 15 }
(Lies d') . . . . comme leurs huiles. }

Lapis antalis. . . . . comme antale.
Mercure précipité et sublimé doux et corrosif. . . . . 150 fr. les 100 kilogr.
Miel. 25
Orpiment, orpin et réalgar . . . . comme arsenic.

Plumes de parure . . . . {
grandes . . . { brutes . . . . 500 fr. les 100 kilogr.
{ apprêtées . . . . 700 *idem.*
petites . . . { brutes . . . . 100 *idem.*
{ apprêtées . . . . 300 *idem.*

Poivre à queue ou cubèbes. comme poivre.
Ras ou ronas. . . . . comme garance.

Régule . . . . . . $\left\{\begin{array}{l}\text{martial . . . .}\\\text{de Vénus . . . .}\end{array}\right\}$ comme antimoine préparé.

Roseaux des Indes ou rotins . . . . 50 fr. les 100 kilogr.
Sassafras. . . . . comme gingembre.
Schénante ou jonc odorant . . . . comme paille de schénante.
Sel ammoniac, sans distinction d'origine . . . . 3 fr. le kilogr.

Sels non prohibés, comme suit :

$\qquad$ Sels d'Epsom. . . . . $\left.\begin{array}{l}\\\text{— duobus et de Glauber . . . .}\\\text{— d'oseille . . . .}\\\text{— de Saturne, de tartre, de Seignette . . . .}\end{array}\right\}$ 70 fr. les 100 kilogr.

Sels, huiles ou esprits volatils de corne de cerf, de succin et de vipère. 200 *idem.*
Spode d'ivoire . . . . comme noir d'ivoire.
Sucre de lait (sel de lait). . . . . comme sucre terré blanc.

Substances végétales principa- $\left\{\begin{array}{l}\\\\\\\\\\\\\\\end{array}\right.$
lement destinées à la phar- $\quad$ Racines . . . . 20 fr. les 100 kilogr.
macie, non dénommées en $\quad$ Bois et brindilles. 100
la présente loi, ni en celle $\quad$ Ecorces 150
du 17 décembre 1814, et $\quad$ Tiges herbacées et feuillées 30
qui antérieurement étaient $\quad$ Fleurs. 40
omises au tarif ou frappées $\quad$ Fruits (non confits). . . . . $\left.\begin{array}{l}\\\end{array}\right\}$
de droits plus faibles que $\quad$ Baies, graines et capsules sémi- $\quad$ 53
ceux ci-contre. . . . . $\quad$ nales. . . . .
$\qquad$ Mousses et lichens. 15

Tartre brut. . . . . comme potasse.
Terres, bois, argiles, ocres et schistes propres aux arts, non autrement dénommés dans la présente loi . . . . 2 fr.

N° II.

*Marchandises qui n'ont pas été assujéties au dé-
cret du 8 février 1810, et dont la taxe d'entrée
n'ayant été modifiée par aucune disposition postérieure, doit être mise en rapport avec les autres fixations du tarif, conformément à l'art. 6
de la présente loi.*

SECTION Ire.

Aétite, ou pierre d'aigle.
Ail.
Aimant.
Allumettes.
Amiante.
Bitumes autres que ceux dénommés.
Bois de cèdre.
Bruyères à faire vergettes.
Carrobe ou carrouge.
Cobalt (Minerai de).
Corne de cerf et snack.
Craie alana ou tripoli.
Dents de loup.
Ecailles d'ablette.
Emeril.
Escajoles.
Ferret d'Espagne.
Fil d'étoupe simple.
Flin.
Graines grasses.
Groison.
Hématite.
Légumes secs (pois, fèves et féveroles, haricots
et lentilles).
Marc de roses en chapeaux.
Nattes de paille de jonc, de battin, de roseaux,
et d'autres plantes et écorces.
Os de sèches.
Pierres à aiguiser.

Pierre-ponce.
Pierre de touche.
Presle (Feuille ou tige de).

SECTION II.

Amadou.
Amidon.
Antale.
Argent faux en masses ou lingots.
Argent faux battu, tiré ou laminé.
Argent faux filé sur fil.
Armes blanches.
Arsenic (métal).
Batiste et linon.
Blanc (fard).
Boîtes de bois blanc.
Calebasses ou courges vidées.
Caractères d'imprimerie en langue française.
Caractères d'imprimerie en langues étrangères.
Cardes à carder.
Chandelles de suif.
Choucroute et tous légumes en sauce.
Cire à cacheter.
Cire à gommer.
Cire à soulier.
Cobalt (métal).
Colle, sauf celle de poisson.
Cornichons confits.
Couperose blanche et bleue.
Couperose verte.
Cristal de roche non ouvré.
Dégras de peaux.
Duvet de cygne, d'oie et de canard.
Ecorce de citron, orange et bergamote.
Edredon.
Encre à écrire.
Encre à imprimer et en taille douce.
Epingles blanches, jaunes et noires.
Faïence et poterie de grés, y compris les pipes.

Farine d'avoine en gruau.
Fil de ploc.
Fleurs artificielles.
Fromages.
Fruits de table, frais, salés ou en sauce, séchés ou tapés.
Fruits à l'eau-de-vie.
Graisse de cheval. (dite huile).
Gypse cristallisé.
Huîtres marinées.
Marcassites brutes.
Moules de boutons en buis seulement.
Moutarde.
Or faux en barres ou lingots.
Or faux battu, tiré ou laminé.
Or faux filé sur fil.
Ouvrages de palme, de jonc et de paille.
Ouvrages d'osier.
Pain d'épice.
Parchemin neuf, travaillé, bandes comprises
Pâte d'amande et de pignons.
Peaux de chiens de mer et autres phoques non dénommés.
Peaux d'oie et de cygne apprêtées pour éventails.
Peignes d'écaille.
Peignes d'ivoire et billes de billard.

Pierres à feu.
Pinceaux de poils fins.
Pinceaux autres que de poils fins et de cheveux. *Voy.* Brosserie.
Plumes à écrire brutes.
Plumes à lit.
Poil de chèvre filé.
Pommades de toute sorte.
Poudre à poudrer.
Poudre de Chypre.
Poudre de senteur.
Rouge (fard).
Salpêtre, sous la restriction existante.
Savonnettes.
Sirops non dénommés.
Tapisseries façon de Bruxelles.
Tapisseries avec or et argent.
Tapisseries peintes.
Tapisseries autres que celles ci-dessus.
Toile de crin ou rapatelle.
Truffes fraîches.
Truffes sèches.
Vélin.
Visnage ou bisnague.
Vitriol blanc.
Vitriol rubifié, calcanthum, colcolar.

SECTION III. *Marchandises dont les droits ont été spécialement fixés par exception aux règles appliquées aux sections précédentes.*

Argent fin battu, tiré, laminé ou filé sur soie			30 fr. le kilogr.
Alpiste, mil ou millet			comme escajoles.
Fanons de baleine coupés et apprêtés			60 fr. les 100 kilogr.
Bougie de blanc de baleine			comme cire blanche ouvrée.
Boutargue et caviar.			comme poisson de mer.
Bimbeloterie			droit actuel.
Bismuth ou étain de glace			comme étain.
Boîtes et tabatières de carton et de papier			200 fr. les 100 kilogr.

Bonneterie non prohibée	de fil, de poil de lapin, lièvre et chèvre. .	200 *idem.*
	de filoselle et fleuret	300 *idem.*
	de soie.	1,200 *idem.*
	de castor.	400 *idem.*

Cire	jaune ouvrée.		50 fr. les 100 kilogr.
	blanche. . . .	non ouvrée	60 *idem.*
		ouvrée.	85 *idem.*
	(Crasse de).		comme cire jaune.

Confitures, dragées et bonbons . . . . 100 fr. les 100 kilogr.
Cordages de chanvre (y compris les filets pour la pêche). . . . . . droit actuel.
Cordages de jonc, de tilleul, de battin et d'herbes. . . . . 5 fr. les 100 kilogr.
Corail non ouvré. . . . . 20 *idem.*

Cornes	brutes et sabots de bétail.	1 *idem.*
	préparées ou ébauch., soit rondes ou plates.	25 *idem.*
	en feuillets transparens.	droits actuels.

Crins . . . . 40 fr. les 100 kilogr.
Poils de porc et de sanglier . . . . 20 *idem.*
Email en gâteaux. . . . . 2 fr. le kilogr.
Couvertures de plocs et autres basses matières . . . . 50 fr. les 100 kilogr.
Couvertures de laine et de soie. . . . . droits actuels.

Cuivre et laiton.	battus, laminés ou fondus en barres.	
	chevilles et plaques pour verdets	
	de tréfilerie non polis, excepté les cordes métalliques jaunes et le fil de laiton noir pour la fabrication des épingles, qui sont maintenus au droit actuel.	80 fr. les 100 kilogr.

Dentelles	d'or fin			200 fr. le kilogr.
	d'argent fin			100 *idem.*
	d'or ou d'argent faux			25 *idem.*

Défenses de licorne (narval) et d'hippopotame . . . . 5 *idem.*

Éponges	communes	droit actuel.
	fines	*Idem.*

Étain en feuilles et battu . . . . 60 fr. les 100 kilogr.
Étoffes de soie, gaze, marly, etc. . . . . droits actuels, le dernier franc complété.
Fil de cuivre propre à la broderie . . . . comme or faux tiré.
Fil de lin et de chanvre, sauf celui d'étoupes. . . . . droits actuels, le dernier franc complété.
Glaces et miroirs de trois cent vingt-cinq millimètres et au-dessous. 40 f. les 100 kilogr.
Gazettes et journaux. . . . . comme librairie.
Habillement vieux . . . . droit actuel.
Jais travaillé . . . . comme grains de verre, à mercerie commune.
Kamine mâle. . . . . comme huile d'asphalte.

Liége	en planches	droit actuel.
	ouvré	45 fr. les 100 kilogr.

Livres imprimés à l'étranger, en toutes langues, à l'exception des contrefaçons . . . . 25 *idem.*
Mercerie commune . . . . 100 *idem.*
Munitions de guerre . . . . droits actuels, le dernier franc complété.

Or fin	battu en feuilles	30 fr. l'hectogramme.
	trait, battu en paillettes et clinquans	10 *idem.*
	filé ou fil d'or	10 *idem.*

Orge perlé ou mondé . . . . droit actuel.
Paille de fer ou d'acier . . . . comme limailles.

Passementerie et lissonnerie, comme franges, galons, cordons, cordonnets, tresses, sangles, lacets, torsades, jarretières, aiguillettes.	d'or et d'argent	faux		3 fr. par kilogr.
		fin		30 *idem.*
	de soie	sans mélange		16 *idem.*
		mêlée	d'or et d'argent fin	25 *idem.*
			d'or et d'argent faux et de toutes autres matières (1).	8 *idem.*
	de filoselle et de fleuret			
	de fil	écru et d'étoupes, sans aucun degré de blanchiment		80 pour 100 kilogr.
		blanc ou mélangé de blanc		120 *idem.*
		teint en tout ou en partie		150 *idem.*
	de laine	pure ou mêlée de fil de chèvre		120 *idem.*
		teinte		150 *idem.*
	mélangé de fil, de laine ou de poil			150 *idem.*

Pâte d'Italie, vermicelle et semoule compris . . . . 20 *idem.*
Plumes à écrire apprêtées. . . . . 120 *idem.*
Porcelaine . . . . droits actuels, le dernier franc complété.
Régule d'étain ou jovial . . . . comme antimoine préparé.

Rubans	de soie sans mélange, y compris ceux de velours.	800 fr. par 100 kilogr.
	de fil à jour imitant la dentelle	500 *idem.*
	de filoselle, de laine, de fil, et mélangés.	comme passementerie, suivant l'espèce.

Sangles de toute sorte . . . .
Soies brutes ou en écheveaux. . . . . droits actuels.
Soies en ouate . . . . droit actuel, le dernier franc complété.
Tapis de soie ou mêlés de soie. . . . . droit actuel.
Thon mariné, et tous poissons dans l'huile . . . . 100 fr. les 100 kilogr.
Tombac non ouvré . . . . comme or faux en lingots.

_____

(1) Le coton excepté, à cause de la prohibition.

Autour . . . .
Bistres. *Voy.* Couleurs préparées. . . . .
Calamus verus ou *amarus*.. . . . .
Cendres de bronze. *Voy.* Couleurs préparées. . . . .
Ciment . . . .
Dibidivi. . . . .
Émail. . . . . . . { brut. *Voy.* Email en gâteaux . . . .
                  { ouvré. *Voy.* Bijouterie . . . .
Épines anglières ou aspini. . . . .
Garouille . . . .   Dénominations supprimées
Parfums non dénommés. . . . .   comme incorrectes ou for-
Herbe de maroquin. . . . .   mant double emploi.
Huile de gland. . . . .
Laque colombine sèche. *Voy.* Laque préparée . . . . .
Laque de Venise. *Voy.* Couleurs ou Ouvrages de tabletterie . . . .
Malherbe . . . .
Noir de teinturier et de corroyeur. *Voy.* Couleurs apprêtées . . .
Pourpre naturelle et factice. *Voy.* Couleurs préparées . . . . .
Rodon ou Rédon . . . .
Vert de vessie. *Voy.* Couleurs préparées. . . . .
Vez-cabouli . . . .

Nᵒ III.

*Classement des marchandises qui, à l'entrée, sont
assujéties au simple droit de balance de commerce, tel qu'il est établi par l'article 12 de
la présente loi.*

SECTION Iʳᵉ. Marchandises qui paieront au poids,
à raison d'un franc par quintal métrique.

Agaric amadouvier, improprement appelé *éponge*.
Armuca ou marc d'olives.
Autruche (poil et duvet d').
Avelanèdes ou valanèdes.
Bourdaine (Ecorce de).
Baies de genièvre.
Baie de myrtille.
Bourres ou plocs de toute sorte.
Bourres de laines et de poils de chèvre de toute-
    sorte.
Bulbes de fleurs.
Caractères d'imprimerie (vieux).
Cartons gris, ou pâte de papier.
Castine.
Cendres à l'usage des manufactures, sauf celles
    spécialement tarifées.
Charbons à drapier et à bonnetier.
Cheveux.
Coquillages de mer, tels que moules, etc.
Coris ou Cauris.
Cuivre en flaons pour les monnaies.
Echantillons de gants et de bas de soie.
Ecorce d'aulne.
Ecorce de grenade.
Ecorce ou brout de noix.
Feuilles, de houx, de noyer, de myrte et au-
    tres propres à la teinture ou aux tanneries.
Fil de linon et de mulquinerie.
Galles légères, entières, concassées ou pulvéri-
    sées.
Garou ou thymélée (racine de).

Gaude.
Genestrolle.
Gommes d'Europe.
Graines de pâturage.
Graine de pastel.
Graine de coton.
Graine de garance.
Graine de trèfle.
Graine de jardin.
Graisses non dénommées.
Gravelle (lie de vin séchée).
Héliotrope.
Jais brut.
Jus de linon et de citron.
Laines non filées.
Lichens sans apprêt, propres à la fabrication de
    l'orseille.
Lie de vin.
Lierre (feuilles et branches de).
Mine de fer brute ou lavée, et tous minerais non
    dénommés au tarif.
Manganèse, périgueux, ou pierre de mangayer.
Nerfs de bœufs et d'autres animaux.
Oreillons.
Os de bœufs, de vaches et d'autres animaux.
Pastel ou guède.
Peaux en vert et salées, et peaux sèches en poil,
    sauf celles du bœuf, de vache et de cheval.
Peaux passées et préparées pour parchemins.
Poils en masse et non filés, de lapin, lièvre, cas-
    tor, chameau, bouc, chèvre, chevreau, etc.
Poils de chien, même filés.
Roseau ordinaire et roseau à l'usage des toile-
    ries.
Soie (semences de vers à).
Soies en cocons et bourres écrues.
Soufre brut ou vif.
Spath.
Suie de cheminée.
Talc.
Verre ou talc de Moscovie et mica

SECTION II. *Marchandises qui paieront au poids, à raison de cinquante centimes par quintal métrique* (1).

Beurre frais ou fondu.
Eaux minérales, sauf le droit sur les bouteilles.
Farines.
Gibier de toute sorte.
Grains.
Lard frais.
Légumes verts de toute sorte.
Œufs de volaille et de gibier.
Osier en bottes.
Pain et biscuit de mer.
Pains ou tourteaux de navette, lin, colza, etc.
Plâtre à bâtir.
Plants d'arbres.
Poissons frais d'eau douce.
Présure.
Rogues, coques, raves ou résures de morue.
Son de toute sorte de grain.
Tan moulu.
Viande fraîche.
Volaille.

SECTION III. *Marchandises qui paieront au poids, à raison de dix centimes par quintal métrique.*

Argile ou terre glaise.

Boules de terres.
Cailloux à faïence ou à porcelaine.
Carreaux de pierre.
Cordages et câbles usés.
Derle ou terre de porcelaine.
Drilles.
Ecorce de tilleul pour cordages.
Bois à tan.
Ecorces de chêne et autres à faire tan.
Engrais (ce qui ne s'entend que des matières animales et végéto-animales, sans autres destination).
Foin, fourrages et toutes herbes de pâturage.
Groisil ou verre cassé.
Mâchefer.
Pailles de blé et d'autres grains.
Pavés, même piqués.
Pierres à bâtir.
Pierres de choin brutes ou même taillées, sans être polies.
Pierres à plâtre.
Pouzzolane.
Terre de marne.
Terres à pipe.
Tourbes.
Varech, algues et goémons.
Marc de raisin.

SECTION IV. *Objets qui paieront au poids, des droits spéciaux, tant à l'entrée qu'à la sortie.*

Poudre d'or, or et platine, en masse, en lingots, en barres, brûlé, vieux galons, bijoux cassés, etc. . . . . of 25c par hectogramme.
Argent en masse, lingots, brûlé, vieux galons, argenterie cassée, etc. o 05 par kilogramme.
Monnaie . . . . { d'or. o 01 par hectogramme.
{ d'argent. . . . . o 01 par kilogramme.

SECTION V. *Marchandises qui paieront au nombre ou à la mesure.*

Bateaux, barques, canots et autres bâtimens hors d'état de servir . . . o 25 le tonneau de mer.
Bois merrain et douvain. . . . . o 10 le mille.
Futailles vides . . . . { cerclées en bois. . . . . o 10 { par hectolitre
{ cerclées en fer . . . . o 15 { de contenance.
Peaux de castor et de rats musqués. . . . . o 05 la pièce.
Peaux de lièvre et de lapin de toute espèce de couleur, non apprêtées. o 01 la pièce.

SECTION VI. *A la valeur, à raison d'un pour cent.*

Objets de collection { d'histoire naturelle, y compris les coquillages.
hors de commerce, { de curiosités, momies, vieilles armures, meubles de boule, etc.
{ d'arts : bronzes et marbres antiques, tableaux sans cadre.
Numismatiques; médailles, pierres antiques.

(1) *Voy.* ordonnances du 7 août 1816, du 4 mars 1819, et loi du 16 juillet 1819, sur les grains, art. 1er.

MARCHANDISES DONT LES DROITS DOIVE[N]

soit parce qu'ils sont actuellement fixés à la valeur, sans nécessité, soit parce q[ue]
de sorti[e]

DÉNOMINATIONS DES MARCHANDISES telles qu'elles se trouvent au tarif actuel, sauf rectification au tarif à publier.	DROIT[S] D'ENTRÉE.
Alpargates, souliers de corde . . . . , ...	1 f. 50 c. la douzaine..[s]
Ardoises { ordinaires, par toutes les frontières.	7 f. 50 c. le mille.
{ en table	30 f. le cent.
Avirons et rames de bateau.	1 f. idem.
BOIS, par les seuls endroits actuellem.[t] ouverts à la sortie, à brûler { en bûches.	balance.
en fagots	idem.
de construction, en brin, grume ou équarri, { de pin et sapin.	idem.
{ d'autre espèce.	idem.
en solives, poteaux, chevrons et courbes, au-dessus de 8 centimètres (3 pouces) d'épaisseur . . . . { en pin et sapin.	idem.
{ d'autre espèce.	idem.
en planches et madriers de 8 centimètres et au-dessus	idem.
Mâts de vaisseau dans les cas déterminés. . . .	droit de balance.
Pièces de rechange, dans les mêmes cas. . . .	idem.
par toutes les frontières, en perches	25 c. le mille.
en échalas	5 pour 100.
en éclisses	25 c. le mille.
feuillards	2 f. 4 c. le quintal.
de buis	30 f. idem.
d'ébénisterie, marqueterie et tabletterie	15 pour 100.
ouvrés en boiselleire	
Balais de millet, de bouleau, et autres communs	5 pour 100.
Bambous.	12 pour 100.
Bâts, selles grossières	50 c. la pièce.
Bateaux et nacelles de rivière	10 pour 100.
Bâtiment de mer en état de servir	2 1/2 pour 100.
Briques, tuiles et carreaux de terre	75 c. le mille en nombr[e]d[e]
Cartes géographiques.	5 pour 100.

ITRE APPLIQUÉS A DES UNITÉS NOUVELLES,

unité adoptée pour les droits d'entrée n'est pas celle adoptée pour les droits
vice versâ.

ACTUELS,	CONVERSION DES DROITS CI-CONTRE,		
DE SORTIE.	POUR L'ENTRÉE.	POUR LA SORTIE.	UNITÉS sur lesquelles portent les nouveaux droits.
roit de balance.	o f. 15 c.	o f. 02	la paire.
f. par deux départe-mens, droit de balance pour les autres.	droit actuel.	1 00	le mille en nombre.
roit de balance.	idem.	o 50	le cent en nombre.
idem.	idem.	5 00	idem.
fférens droits.	o f. 25 c.	10 00	le stère.
idem.	o 25	40 00	le cent en nombre.
idem.	o 10	50 00	le stère.
idem.	o 10	prohibé.	idem.
idem.	o 15	25 f. 00 c.	idem.
idem.	o 15	prohibé.	idem.
idem.	1 00	2 f. 50 c.	les 100 mètres de long.
pour 100.	o 50	10 00	la pièce.
idem.	o 05	5 00	le stère.
	o 25	15 00	le mille en nombre.
pour 100.	o 25	1 00	idem.
idem.	2 00	2 00	les mille feuilles.
idem.	o 25	10 00	le mille en nombre.
idem.	10 00	2 00	les 100 kilogrammes.
idem.	art. 3.	o 50	idem.
pour 100.	4 f. 00	o 25	idem.
roit de balance.	o 25	o 05	le cent en nombre.
lem.	20 00	1 00	idem.
2 pour 100.	droit actuel.	o 05	la pièce.
roit de balance.	20 f. 00 c.	o 25	par tonneau de mer.
rohibé.	20 00	régime actuel.	idem.
lance.	1 00	o f. 25 c.	le mille en nombre.
idem.	200 00	o 25	les 100 kilogrammes.

DÉNOMINATIONS DES MARCHANDISES telles qu'elles se trouvent au tarif actuel, sauf rectification au tarif à publier.	DROITS D'ENTRÉE.
Cartons . . . . { gris, ou pâte de papier.	droit de balance.
en feuilles, autres que ceux ci-après.	48 f. 96 c.
——— à presser les draps	48 f. 96 c.
Chapeaux de crin	2 f. 50 c. la douzaine.
Charbon de bois et de chenevottes, par les seules frontières ouvertes à leur sortie.	droit de balance.
Chaux . . . . . { d'extraction, dite *pierre à chaux*	30 c. le mètre cube du
calcinée. . . . { vive.	30 c. *idem.*
préparée pour stuc et ciment	balance.
Champignons, morilles et mousserons. . . . . . . { frais	3 pour 100 de la valeur
secs.	30 f. 60 c. et 24 48
Chiens de chasse.	50 c. pièce.
Coques de coco.	balance.
Corail ouvré non monté	15 pour 100.
Cornes en feuillets transparens . . . . { première classe. . . deuxième. . . . . troisième. . . . . quatrième	différens droits.
Crêpes de soie.	9 f. la pièce.
Diamans non montés.	balance.
Epiceries non dénommées.	10 pour 100.
Estampes	15 pour 100.
Forces à tondre les draps	10 f. 20 c. le quintal
Fournitures d'horlogerie, non montées, à la grosse et par pièces séparées.	10 pour 100.
Habillemens neufs et ornemens d'églises.	15 pour 100.
Horloges en bois.	10 pour 100.
Instrumens de musique. { Piano de forme carrée et verticale.	300 f., 400 f. pièce
Orgues d'églises	12 pour 100.
Harpes et clavecins	36 f., 48 f. pièce.
Tous autres dénommés au tarif actuel	différens droits.
Ceux non dénommés.	12 pour 100.
Limailles.	
Liquides. { Bière.	15 f. les 268 litres
Cidre, poiré et verjus.	6 f. *idem.*
Eaux-de-vie autres que de vin	prohibées.

A ACTUELS,	CONVERSION DES DROITS CI-CONTRE,		
DE SORTIE.	POUR L'ENTRÉE.	POUR LA SORTIE.	UNITÉS sur lesquelles portent les nouveaux droits.
q prohibé.	1 f. 00.	prohibé.	les 100 kilogrammes.
idem.	demi-droit du papier.	idem.	idem.
1 1 pour 100.	50 f. 00 c.	2 f. 00 c.	idem.
b droit de balance.	0 25	0 05	la pièce.
b différens droits.	0 05	0 10	l'hectolitre.
1 15 c. le quintal.	0 10	0 15	les 100 kilogrammes.
1 15 c. idem.	0 10	0 15	idem.
d balance.	0 01	0 15.	idem.
d balance.	0 15 c.	1 f. 00 c.	les 100 kilogrammes.
idem.	0 50		
idem.	droit actuel.	0 50	la pièce.
idem.	comme bois de tabletterie.		
idem.	10 f. 00 c.	0 f. 1	le kilogramme.
		0 40	
		0 30	
1 1 f. le quintal.	droits actuels.	0 20	les 104 feuillets.
		0 15	
1 2 f. le quintal.	idem.	0 50	la pièce n'excéd. pas 12 mèt.
1 balance.	1 f. 00 c.	0 10	l'hectogramme.
idem.	article 16 de la loi.		
idem.	300 f. 00 c.	0 25	les 100 kilogrammes.
1 3 f. pièce.	seront traitées comme outils en fer rechargés d'acier.		
1 balance.	20 f. 00 c.	0 f. 05 c.	le kilogramme.
idem.	comme l'étoffe principale dont ils sont formés.		
idem.	article 4.	0 f. 05 c.	la pièce.
idem.	droits actuels.	1 00	idem.
idem.	comme piano de F. vert.	1 00	idem.
idem.	droits actuels.	1 00	idem.
idem.	idem	le 20e du droit d'entrée sans fraction.	
idem.	seront traités comme leurs analogues.		
	comme leurs minerais.		
1 balance.	6 f. 00 c.	0 f. 15 c.	l'hectolitre.
idem.	2 00.	0 10	idem.
idem.	prohibées.	comme eau-de-vie de vin.	

DÉNOMINATIONS DES MARCHANDISES telles qu'elles se trouvent au tarif actuel, sauf rectification au tarif à publier.			DROITS D'ENTRÉE.
Suite des liquides.	Rom, rack et tafia		prohibés.
	Vinaigres	de vin	10 c. le litre.
		de bière.	
		de cidre et poiré.	
	Vendanges		les deux tiers des
	Moût		*idem.*
Marbre et albâtre	non poli, soit brut ou scié		6 c. le décimètre cube.
	poli, soit scié, taillé ou sculpté		12 c. *idem*
Mercerie	fine		15 pour 100.
	Une liste arrêtée par le ministre des finances indiquera les objets ou matière de fabrication variable qui doivent être rangés sous les dénominations de mercerie fine et de mercerie commune.		
	en soie et filoselle, y compris les mouchoirs		12 f. 24 c. le kilogr.
Meules à taillandier			différens droits.
Mottes à brûler.			balance.
Ouvrages d'or et d'argent, même ceux au poinçon de France. . . .	de bijouterie et joaillerie . . .	en or ou platine.	12 pour 100.
		en argent	*idem.*
	d'orfévrerie . . .	en or, platine ou vermeil . . .	10 pour 100.
		en argent	12 f. 24 c. le kilog.
Ouvrages en pierres et perles fausses, dites *de composition*		montées sur or et argent . . .	5 pour 100.
		montées sur métaux communs, ou non montées	*idem.*
Ouvrages en cuirs et en peaux de toute sorte, maroquinés, vernissés ou autrement apprêtés: ce qui comprend la cordonnerie sans exception, etc., sauf les harnais, qui sont particulièrement tarifés à la sortie			prohibés.
Papier	blanc de toute sorte		61 f. 20 c. le quintal.
	gris, noir, bleu et brouillard.		36 f. 72 c.
	rayé pour musique		15 pour 100.
Parapluies et parassols.	en soie		2 f pièce.
	en toile cirée.		75 c. pièce.
Peaux préparées . . .	au tannin, ou cuirs	simplement tannés	prohibés.
		corroyés de toute sorte, gras ou secs.	*idem.*
	à la chaux ou peaux	mégies en laine ou en poil. .	*idem.*
		mégies épilées	*idem.*
		chamoisées.	*idem.*
	vernissées.		*idem.*
	maroquinées, ou peaux de Turquie de toute couleur		*idem*

ACTUELS, DE SORTIE.	CONVERSION DES DROITS CI-CONTRE,		UNITÉS sur lesquelles portent les nouveaux droits.
	POUR L'ENTRÉE.	POUR LA SORTIE.	
"	prohibés.	o f. 25 c.	l'hectolitre.
comme le vin.	10 f. 00 c.	comme le vin.	idem.
2 f. le muid.	2 00	o f. 15 c.	idem.
comme le vin.	2 00	o · 15	idem.
droits du vin.	moitié des droits sur le vin.		
"	les deux tiers des droits sur le vin.		
balance.	2 00	o f o5 c.	les 100 kilogrammes.
	4 00	o 01	idem.
1 f. 5o c. le quintal.	200 00	2 00	idem.
omise.	comme l'espèce de soierie dont elle est formée.		
omises.	Droits actuels: le quadruple des droits d'entrée,		la pièce.
idem.	o f. 15	o 5o	le mille en nombre.
1/2 pour 100.	20 00	1 00	l'hectogramme.
1/2 pour 100.	10 00	o 5o	idem.
1 pour 100.	10 00	o 5o	idem.
1 pour 100.	3 00	o 15	idem.
1/2 pour 100.	comme bijouterie.		
droit de balance.	2 00	o f. 2	le kilogramme.
1/2 pour 100.	prohibition actuelle.	o 5o	les 100 kilogrammes.
1 et 1/2 pour 100.	150 f. 00 c.	1 00	idem.
1 pour 100.	80 00	o 5o	idem.
droit de balance.	comme papier blanc.		
idem.	droit actuel.	o f. 10 c.	la pièce.
idem.	idem.	o 05	idem.
idem.			
idem.			
1 pour 100.			
1 pour 100.			
1 pour 100.	prohibées.	2 20	les 100 kilogrammes.
balance.			
1 pour 100.			

20.   24

DÉNOMINATIONS DES MARCHANDISES telles qu'elles se trouvent au tarif actuel, sauf rectification au tarif à publier.	DROITS D'ENTRÉE.
Pelleteries. . . . { brutes, à l'exception des peaux de lièvre et de lapin, et pour l'entrée seulement des peaux de rats musqués et castors	différens droits.
apprêtées, mais non coupées et cousues pour vêtemens	idem.
Pennes ou paines et corrons de laine, de fil, de coton, etc	balance.
Perles fines et pierres précieuses ou fines non montées, sauf diamans, qui sont spécialement tarifés	idem.
Perruques.	2 f. pièce.
Pieds d'élan.	1 f. 50 c. le cent.
Pierres de choin polies en cheminées, etc.	2 1/2 pour cent.
———— à feu.	4 f. 8 c. le quintal.
Outils de cuivre ou laiton pour les arts et métiers.	omis.
Ruches à miel.	balance
Terre de Lemnos ou sigillée.	idem.
Verres en bouteilles et fioles pleines	12 f. le cent.
Vipères vivantes ou sèches	10 idem.
Zinc. . . , ... { Minerai ou pierres calaminaires	balance.
Calamine grillée, pulvérisée ou non	5 f.
Métal formé en masse ou lingots	10 f.
Laminé	50 f.
Chicorée moulue	20 pour 100.
Chiques, billes ou gobilles. . . . { de pierre	15 pour 100.
de marbre.	idem.
d'agate.	idem.
Tissus . . . . . . { de lin et de chanvre de toute sorte . . . . }	prohibés,
de laine.	ou droits divers
de soie	suivant
de coton	les espèces.

(*) Le zinc destiné aux fabriques de laitonnoi

ACTUELS,	CONVERSION DES DROITS CI-CONTRE,		
DE SORTIE.	POUR L'ENTRÉE.	POUR LA SORTIE.	UNITÉS sur lesquelles portent les nouveaux droits.
1 1/2 pour 100 pour les sauvagines, balance pour les autres.	droits actuels.	le 5e des droits d'entrée, sans fractions.	
balance.	idem.	le 10e idem.	
prohibées, excepté celles de coton.	comme la matière dont elles dérivent		
balance.	o f. 5o c.	o f. o5 c.	l'hectogramme.
idem.	droit actuel.	o o5	la pièce,
idem.	idem.	o 10	le cent en nombre.
idem.	comme marbre brut.		
1 pour 100.	tableau N° 2.	1 f. 00 c.	les 100 kilogrammes.
1 f. 6o c. le quintal.	comme outils de pur acier.		
balance.	1 f. 00 c.	1 f. 25 c.	la pièce.
idem.	comme bol d'arménie.		
balance.	o f. 15 c.	o f. o1 c.	par litre du contenu.
idem.	droit actuel.	1 00	le cent en nombre.
prohibé.	o f. 10 c.	2 00	les 100 kilogrammes.
idem.	2 00 c.	1 00	idem.
balance.	5 00 (¹).	o 5o	idem.
idem.	5o 00	o 25	idem.
idem.	20 00	o 25	id m.
idem.	10 00	o 25	idem.
idem.	15 00	o 25	idem.
idem.	20 00	o 25	idem.
droits divers suivant les espèces et qualités.	régime actuel maintenu.	1 6o	idem.
		1 5o	idem.
		2 00	idem.
		o 5o	idem.

ne paiera que comme minerai, sauf garantie.

28 AVRIL = Pr. 17 MAI 1816. — Proclamation du Roi relative à la clôture de la session de 1815 de la Chambre des pairs et de la Chambre des députés des départemens. (7, Bull. 86, n° 692.)

La session de 1815 de la Chambre des pairs et de la Chambre des députés des départemens est et demeure close : la session de 1816 s'ouvrira le 1ᵉʳ octobre prochain.

La présente proclamation sera portée à la Chambre des Pairs, par notre ministre secrétaire d'Etat du département des affaires étrangères, président du conseil des ministres, et par notre ministre secrétaire d'Etat au département de la police générale.

30 AVRIL = Pr 13 MAI 1816 — Ordonnance du Roi qui prescrit le paiement des sommes dues, à titre d'indemnité, à des propriétaires de terrains, maisons, usines, etc., qui ont été dépossédés pour cause d'intérêt et d'utilité publics. (7, Bull. 85, n° 662.)

Voy. notes sur l'article 10 de la Charte.

Louis, etc.

Considérant que l'article 10 de la Charte constitutionnelle garantit aux propriétaires dépossédés pour cause d'intérêt public, une juste et préalable indemnité ; que cette indemnité ne se trouve pas dans le mode de paiement établi par les lois sur l'arriéré antérieur au 1ᵉʳ janvier 1816 ; voulant que le silence des lois à cet égard ne puisse être invoqué contre l'article de la Charte précité;

Sur le rapport de notre ministre de l'intérieur,

Nous avons ordonné et ordonnons ce qui suit :

Art. 1ᵉʳ. Toutes les sommes restant dues, au jour de la présente ordonnance, à des propriétaires de terrains, maisons, usines, etc. dépossédés pour cause d'intérêt et d'utilité publics, seront acquittées en numéraire et conformément aux clauses des contrats, quelles que soient les dispositions des lois de l'arriéré.

2. Notre ministre de l'intérieur est autorisé à faire payer ces créances sur les fonds de 1816 et années suivantes, sans qu'il puisse néanmoins excéder les crédits qui lui sont ou seront attribués par les budgets.

3. Nos ministres de l'intérieur et des finances sont chargés de l'exécution de la présente ordonnance.

30 AVRIL 1816. — Ordonnance du Roi qui fixe le taux du cautionnement des agens-de-change, courtiers de marchandises (1).

30 AVRIL 1816. — Ordonnance du Roi qui, considérant que toute concession de terrain dépendant ou ayant fait partie de la voie publique est hors des attributions des conseils de préfecture, ainsi que leur évaluation, annulle un arrêté du conseil de préfecture du département de la Loire-Inférieure portant implicitement concession au sieur Perray, aubergiste et propriétaire en la commune du Cellier, de deux portions de terrain vague, situées le long de la route royale de 2ᵉ classe, n° 26, de Paris à Nantes, et porte que ces deux portions de terrain seront vendues aux enchères publiques, et que le produit de la vente sera versé dans la caisse du receveur des domaines. (7, Bull. 90, n° 774.)

30 AVRIL 1816. — Ordonnance du Roi portant qu'il y aura dans la ville de Tarare, département du Rhône, deux courtiers de commerce, dont le cautionnement est fixé au *minimum* de la loi. (7, Bull. 90, n° 775.)

30 AVRIL 1816. — Ordonnance du Roi qui accorde quatre foires annuelles à la commune de Puy-l'Evêque, arrondissement de Cahors. (7, Bull. 90, n° 776.)

30 AVRIL 1816. — Ordonnance du Roi qui autorise l'acceptation de dons et legs faits aux communes de Gaudebronde, Fontenay-le-Pesnel, Tonneins, Propières et Hauterivoire. (7, Bull. 91, n° 784.)

1ᵉʳ = Pr. 8 mai 1816. — Ordonnance du Roi relative à l'exécution du titre VII de la loi de finances, concernant les droits de timbre. (7, Bull. 83, n° 635.)

Louis, etc.

Vu le titre VII de la loi du 28 avril dernier ;

Voulant pourvoir à son exécution ;

Ouï le rapport de notre ministre secrétaire d'Etat des finances, nous avons ordonné et ordonnons ce qui suit :

Art. 1ᵉʳ. L'administration de l'enregistrement et des domaines continuera à faire débiter les papiers frappés des timbres actuellement en usage, après y avoir fait apposer un contre-timbre qui indiquera l'augmentation des droits.

Pour les effets de commerce et pour les feuilles et demi-feuilles de petit papier de dimension, dont le prix est augmenté de deux cinquièmes, le contre-timbre portera en légende : *Deux cinquièmes en sus; loi de 1816.*

Pour les feuilles de moyen papier et de grand papier, et celles de dimensions supé

_____

(1) Cette ordonnance n'est point au Bulletin des Lois ; elle est citée dans celle du 31 décembre 1817, qui réduit à cinq le nombre des courtiers attachés au service de la bourse de Caen.

rieures, dont l'augmentation est portée à cinquante centimes, la légende sera : *Cinquante centimes en sus, loi de 1816.*

Ces contre-timbres seront également apposés, outre les timbres actuellement en usage, sur les papiers qu'on présentera au timbre extraordinaire.

2. Pour les affiches, un timbre destiné aux feuilles de vingt-cinq décimètres carrés portera le prix de *dix centimes.*

Le timbre actuel de *cinq centimes* servira pour les demi-feuilles.

3. Pour les avis et annonces, les feuilles de vingt-cinq décimètres carrés et les demi-feuilles recevront l'empreinte des timbres de *dix centimes* et de *cinq centimes* indiqués à l'article précédent.

Deux autres timbres, portant les prix de *deux centimes et demi et d'un centime*, serviront pour les quarts de feuille et les dimensions inférieures.

4. Pour les livres du commerce, deux nouveaux timbres seront mis en activité, avec l'indication des droits de *vingt centimes* et de *trente centimes*, fixés pour chaque feuillet de papier petit ou moyen, et de grand papier.

Le timbre actuel de *cinquante centimes* sera appliqué sur chaque feuillet des registres de dimensions supérieures.

5. Dans les trois mois qui suivront la publication de la loi, les officiers publics et les particuliers seront admis à échanger, au bureau de distribution de leur domicile, les papiers de la débite ordinaire qui resteront sans emploi entre leurs mains, contre des papiers frappés des contre-timbres établis par la présente, en acquittant les suppléments de droits.

Ils pourront, dans le même délai, présenter à la formalité du contre-timbre, en acquittant les suppléments de droits, les papiers précédemment soumis au timbre extraordinaire et non employés.

6. Dans le même délai de trois mois, le papier pour les affiches, avis et annonces, sera fourni par la régie. Jusqu'à l'expiration de ce délai, les imprimeurs et les particuliers présenteront le papier au timbre, ainsi qu'il a été d'usage jusqu'à présent, et acquitteront les droits suivant les nouvelles quotités.

7. L'administration de l'enregistrement fera déposer aux greffes des Cours et tribunaux les empreintes des timbres et contre-timbres établis par la présente.

8. Dans le cas où les timbres et contre-timbres ne pourraient être mis en activité, au moment de la publication de la loi, dans quelques départemens du royaume, il y sera suppléé par un *visa* daté et signé du receveur

de l'administration, énonçant la quotité du droit ou supplément de droit, conformément aux articles 1, 2, 3 et 4 de la présente.

9. Notre garde-des-sceaux et notre ministre des finances sont chargés de l'exécution de la présente ordonnance.

1er = Pr. 8 MAI 1816. — Ordonnance du Roi qui règle, d'après de nouvelles bases, le salaire des conservateurs des hypothèques. (7, Bull. 83, n° 636.)

Louis, etc.

Vu la loi du 21 ventose an 7, et le décret du 21 septembre 1810, portant fixation des salaires attribués aux conservateurs des hypothèques;

Considérant que la loi de finances de 1816 contient de nouvelles dispositions pour la transcription des actes de mutation, et qu'il convient de régler, d'après ces dispositions, les salaires des conservateurs;

Vu les observations de notre conseiller d'Etat directeur général de l'administration de l'enregistrement et des domaines; sur le rapport de notre ministre secrétaire d'Etat des finances,

Nous avons ordonné et ordonnons ce qui suit :

Art. 1er. A partir de la publication de la loi des finances de 1816, les conservateurs des hypothèques porteront en recette, pour le compte du Trésor royal, la moitié des salaires fixés par le n° 7 du tableau annexé au décret du 21 septembre 1810, pour la transcription des actes de mutation.

2. Notre ministre des finances est chargé de l'exécution de la présente ordonnance.

1er = Pr. 8 MAI 1816. — Ordonnance du Roi concernant l'exécution du titre IX de la loi des finances, relatif aux suppléments de cautionnement. (7, Bull. 83, n° 637.)

Voy. ordonnances des 19 FÉVRIER 1817, 9 JANVIER 1818, 12 JANVIER et 6 AVRIL 1820.

Louis, etc.

Vu le titre 9 de la loi du 28 avril 1816,

Art. 1er. Les suppléments de cautionnement à fournir, en exécution de ladite loi, par les receveurs généraux, receveurs particuliers d'arrondissement, payeurs des divisions militaires et des départemens, employés des contributions directes, conservateurs des hypothèques, agens de l'administration des douanes, agens de change et courtiers de commerce, sont fixés conformément aux états annexés à la loi sous les numéros

1, 2, 3, 5 et à ceux joints à la présente ordonnance sous les numéros 11, 12 et 13 (1).

2. Les préfets feront dresser: 1° des états
qui présenteront le montant des recouvremens sur les quatre contributions directes
de 1815 dont était chargé chaque percepteur
de leur département, et le montant de son
cautionnement primitif; les préfets détermi-
neront, d'après ces recouvremens, et suivant
les proportions fixées par l'article 82 de la
loi du 28 avril 1816, le supplément du cautionnement que les percepteurs auront à
fournir;

2° De semblables états, pour les receveurs
communaux : ces états seront aussi basés sur
les recettes de 1815, et fixeront le supplément à fournir par les receveurs communaux,
d'après l'article 83 de la loi.

3. Nos procureurs généraux près les Cours
royales feront dresser, par nos procureurs
près les tribunaux de première instance, des
états séparés des notaires, avoués, greffiers
et huissiers près des cours et tribunaux,
greffiers des justices de paix et commissaires-
priseurs attachés au ressort de chaque tribunal, ou de ceux qu'il sera convenable d'y
attacher.

Ces états, certifiés par nos procureurs
près les tribunaux de première instance,
présenteront le nom du titulaire, le lieu de
sa résidence, la population de la ville où il
exercera, son cautionnement actuel, et le
supplément qu'il devra fournir conformément
à l'article 88 de la loi du 28 avril, et aux états
annexés à ladite loi sous les nos 7, 8 et 9.

Nos procureurs généraux, après avoir visé
les états que leur enverront nos procureurs
près les tribunaux, les adresseront au préfet
du département.

4. Le préfet rendra ces états exécutoires,
ainsi que ceux qu'il aura fait dresser lui-
même pour les percepteurs et les receveurs
communaux. Il ordonnera aussitôt aux fonctionnaires qui feront partie de ces divers
états, d'acquitter, dans la huitaine, le supplément de cautionnement, soit en argent,
soit en obligations entre les mains du receveur général du département. Il sera, en conséquence, remis copie de ces états exécutoires au receveur général; une autre copie
sera adressée, sans délai, à notre ministre
secrétaire d'État des finances.

5. Les supplémens de cautionnement dont
la fixation est faite par les états annexés à la
loi du 28 avril 1816, ou par ceux joints à la
présente ordonnance, seront versés, dans la
quinzaine à compter de ce jour, aux receveurs généraux de département, savoir : un
quart en numéraire, et les trois autres quarts

en obligations payables les 30 juin, 30 septembre et 31 décembre prochains.

6. Les souscripteurs des obligations seront
tenus d'en faire remettre les fonds, aux
échéances, au domicile du receveur général :
à défaut, les obligations seront protestées audit domicile; et sur l'envoi que le receveur
général en fera à notre Trésor avec l'acte de
protêt, il sera remboursé du montant des
obligations. Nos ministres pourvoiront sur-
le-champ, conformément à l'article 95 de la
loi du 28 avril 1816, au remplacement du
fonctionnaire qui aurait manqué de s'acquitter.

Il en sera usé de même à l'égard des fonctionnaires qui retarderaient de faire les versemens ordonnés par les articles 4 et 6 ci-
dessus.

7. Dans le cas où un souscripteur d'obligations pour supplément de cautionnement
cesserait ses fonctions avant le 31 décembre
prochain, les obligations par lui souscrites
et qui resteront à acquitter seront payées
par son successeur comme si celui-ci les eût
souscrites lui-même; le souscripteur sera entièrement libéré du montant de ces obligations au moment où il quittera ses fonctions.

8. Les intérêts du supplément de cautionnement courront à partir de la date des paiemens.

9. Les supplémens de cautionnement exigés par la loi du 28 avril 1816 seront transmis au Trésor, et au moyen d'obligations
que les receveurs généraux souscriront à l'ordre du caissier général de la caisse de service payables un mois après celles des fonctionnaires qui sont assujétis à ces supplémens.

Ce délai d'un mois tiendra lieu de toute
remise et commission aux receveurs généraux pour la recette et la transmission de
ces fonds.

10. Nos ministres de la justice et des finances sont chargés de l'exécution de la
présente ordonnance.

1er=Pr. 17 MAI 1816.—Ordonnance du Roi
qui annulle un arrêté du préfet du département de la Seine, relatif à une inscription hypothécaire prise par l'administration des domaines, comme représentant des créanciers
émigrés, et renvoie les parties devant les tribunaux compétens. (7, Bull. 86, n° 691.)

Louis, etc.

Sur le rapport du comité du contentieux ;

Vu la requête à nous présentée par la dame
Louise-Catherine Thévenot, veuve Jobart,
et consorts, demeurant à Paris, enregistrée

(1) Ces états n'ont point été imprimés, et ont été envoyés par extrait à chaque préfet.

au secrétariat du comité du contentieux de notre Conseil-d'Etat le 12 mars 1816, pour qu'il nous plaise, réformant un arrêté rendu le 23 décembre 1815, par le préfet du département de la Seine, ordonner qu'il sera fait aux supplians par ledit préfet main-levée pure et simple d'une inscription hypothécaire prise, le 17 mars 1809, par l'administration des domaines comme représentant des créanciers émigrés, sur une maison ayant appartenu aux supplians, et par eux vendue, à l'audience des criées du tribunal civil du département de la Seine, le 1ᵉʳ décembre 1812 ;

Vu l'arrêté attaqué;

Considérant qu'une inscription n'est qu'un acte conservatoire de l'hypothèque de la créance pour sûreté de laquelle elle a été prise, et qu'elle suit le sort de la créance ;

Considérant qu'aux termes de la loi du 5 décembre 1814, les créances appartenant aux émigrés et sur eux séquestrées doivent leur être restituées, ou à leurs héritiers ou ayant-cause, et que tous les titres intéressant les créances et les actes conservatoires, en font partie nécessaire ;

Considérant, dans l'espèce, que la demande en main-levée de la dame Thévenot et consorts est postérieure à la loi du 5 décembre, et qu'ainsi l'administration était sans intérêt et sans qualité pour en connaitre, et que les tribunaux sont seuls compétens pour y statuer;

Notre Conseil-d'Etat entendu,

Nous avons ordonné et ordonnons ce qui suit :

Art. 1ᵉʳ. L'arrêté du préfet du département de la Seine du 23 décembre 1815, est annulé ; les parties sont renvoyées à se pourvoir comme elles aviseront devant les tribunaux compétens.

2. Notre garde des sceaux ministre de la justice est chargé de l'exécution de la présente ordonnance.

_____

1ᵉʳ = Pr. 27 MAI 1816. — Ordonnance du Roi qui prescrit l'exécution d'une disposition de l'arrêt du Conseil, du 13 novembre 1778, en ce qui concerne les ventes de meubles par des officiers publics et des commissaires-priseurs. (7, Bull. 87, n° 713.)

Voy. lois des 27 VENTOSE an 9, et 28 AVRIL 1816 ; ordonnance du 26 JUIN 1816.

Louis, etc.

Vu le mémoire de la chambre des commissaires-priseurs du département de la Seine, tendant à ce qu'il soit statué sur la question de savoir si, lorsqu'un objet quelconque a été exposé en vente publique, et qu'il a reçu une ou plusieurs enchères sur sa première mise à prix, il doit, dans ce cas,

être adjugé, et le prix porté sur le procès-verbal que dresse le commissaire-priseur, quand bien même cet objet serait adjugé au propriétaire comme dernier enchérisseur ;

Vu la loi du 22 pluviose an 7, qui détermine les obligations imposées aux officiers publics ayant droit de procéder aux ventes mobilières ;

Vu les rapports de l'administration de l'enregistrement et des domaines, et les observations y relatives de notre garde-des-sceaux ;

Considérant que la mise en vigueur des dispositions de l'arrêt rendu, le 13 novembre 1778, par le roi notre auguste frère, ne peut qu'assurer l'exécution plus complète de la loi susdite du 22 pluviose an 7, et prévenir toute omission frauduleuse au préjudice, soit des parties, soit de notre Trésor, dans les procès-verbaux des ventes mobilières ;

Sur le rapport de notre ministre secrétaire d'Etat des finances,

Nous avons ordonné et ordonnons ce qui suit :

Art. 1ᵉʳ. La disposition de l'arrêt du Conseil-d'Etat du 13 novembre 1778 qui oblige les notaires, greffiers, huissiers et tous autres officiers publics ayant droit de procéder aux ventes mobilières, de comprendre dans leurs procès-verbaux tous les articles exposés en vente, tant ceux par eux adjugés soit en totalité ou sur simple échantillon, que ceux *retirés* ou *livrés* par les propriétaires ou les héritiers pour le prix de l'enchère et de la prisée, sous peine de cent francs d'amende, est remise en vigueur, et sortira sa pleine et entière exécution.

2. Nos ministres de la justice et des finances sont chargés de l'exécution de la présente ordonnance.

_____

Arrêt du Conseil-d'Etat du Roi qui fait défense à toutes personnes, autres que les notaires, greffiers, huissiers ou sergens royaux, de faire les prisées, expositions et ventes de biens-meubles.

Le Roi étant informé que, malgré les dispositions précises de l'édit du mois de février 1771, et des lettres-patentes du 7 juillet suivant, qui défendent à toutes personnes, autres que les notaires, greffiers, huissiers ou sergens royaux, de faire les prisées, expositions et ventes de biens-meubles, il arrive journellement que les propriétaires desdits biens-meubles s'ingèrent à en faire eux-mêmes les ventes au plus offrant et dernier enchérisseur, sans requérir le ministère d'aucun officier public; que souvent les notaires, greffiers, huissiers ou sergens royaux, auxquels il est enjoint de rédiger des procès-verbaux en forme des ventes qu'ils sont requis de faire, s'abstiennent d'en dresser des procès-verbaux et de les faire contrôler, pour ôter la connaissance desdites ventes; que d'autres, d'intelligence avec les parties, ne comprennent dans leurs procès-verbaux que les objets de moindre valeur, et en soustraient les plus considérables, pour frauder une partie des droits; et que ceux-ci affectent de faire contrôler lesdits procès-verbaux dans les bureaux éloignés où l'on ne peut avoir connaissance ni des ventes ni des objets vendus:

A quoi sa majesté voulant pourvoir;

Ouï le rapport du sieur Moreau de Beaumont, conseiller d'Etat ordinaire et au conseil royal des finances;

Le Roi étant en son Conseil,

A ordonné et ordonne que l'édit du mois de février 1771, les lettres-patentes du 7 juillet de la même année, les arrêts des 21 août 1772 et 20 juin 1775, seront exécutés selon leur forme et teneur.

Fait en conséquence sa majesté défenses à toutes personnes sans caractère, même aux propriétaires, héritiers ou autres, de faire personnellement l'exposition, vente ou adjudication à l'encan, d'aucuns biens meubles à eux appartenant ou à d'autres, à peine de confiscation des meubles et de mille livres d'amende; leur enjoint d'y faire procéder par tel notaire, huissier ou sergent royal que bon leur semblera, lesquels seront tenus, sous les mêmes peines, de dresser des procès-verbaux en forme et sur papier timbré desdites ventes, et de comprendre dans lesdits procès verbaux, tous les articles exposés en vente, tant ceux par eux adjugés, soit en totalité ou sur simples échantillons, que ceux retirés ou livrés par les propriétaires ou héritiers, pour le prix de l'enchère ou de la prisée; veut sa majesté que lesdits notaires, greffiers, huissiers ou sergens, soient pareillement tenus de rapporter les originaux desdits procès-verbaux de vente, dans les délais fixés pour le contrôle, aux bureaux du régisseur dans l'arrondissement desquels les ventes auront été faites, et d'y acquitter les quatre deniers pour livre du montant desdites ventes; leur fait très-expresses inhibitions et défenses, à peine de mille livres d'amende, de porter lesdits procès verbaux, sous quelque cause que ce puisse être à d'autres bureaux que ceux des lieux de l'arrondissement; et aux contrôleurs des actes et exploits, de contrôler aucuns procès-verbaux de ventes de biens-meubles qui auraient été faites hors des lieux de leur arrondissement, qu'il ne leur soit apparu de la quittance du paiement des droits de quatre deniers pour livre entre les mains du receveur du bureau dans l'arrondissement duquel la vente aura été faite, à peine de nullité, de mille livres d'amende et de plus grande peine en cas de récidive: lesquelles amendes ci-dessus ordonnées ne pourront, en aucun cas, être remises ni modérées par les juges. Enjoint sa majesté aux sieurs intendans et commissaires départis dans les généralités du royaume, de tenir la main à l'exécution du présent arrêt, en ce qui les concerne: lequel sera imprimé, publié et affiché partout où besoin sera.

Fait au Conseil-d'Etat du Roi, sa majesté y étant, tenu à Versailles, le treize novembre mil sept cent soixante dix-huit.

Signé AMELOT.

Louis, par la grace de Dieu, Roi de France et de Navarre, à notre amé et féal conseiller en nos conseils, le sieur intendant et commissaire départi pour l'exécution de nos ordres dans la généralité de Paris, salut.

Nous vous mandons et ordonnons par ces présentes, signées de nous, de tenir la main à l'exécution de l'arrêt dont expédition est ci-attachée sous le contre-scel de notre chancellerie, rendu le 13 novembre dernier en notre Conseil-d'Etat, nous y étant, pour les causes y contenues: commandons au premier notre huissier ou sergent, sur ce requis, de signifier ledit arrêt à tous ceux qu'il appartiendra, à ce que personne n'en ignore, et de faire en outre, pour l'entière exécution d'icelui, et de ce que vous ordonnerez en conséquence, tous commandemens, sommations, significations et autres actes et exploits de justice requis et nécessaires, sans autre congé ni permission, nonobstant toutes choses à ce contraires, car tel est notre plaisir.

Donné à Versailles, le sixième jour du mois de décembre, l'an de grace mil sept cent soixante-dix-huit, et de notre règne le cinquième.

Signé LOUIS.

Et plus bas, par le Roi:
Signé AMELOT.
Et scellé.

1er MAI = Pr. 14 JUIN 1816 —Ordonnance du Roi qui autorise le Trésor royal à payer les rentes et pensions sur des procurations, quand les titulaires ne jugeront pas à propos de se dessaisir de leurs inscriptions. (7, Bull. 92, n° 786.)

Voy. ordonnance du 9 JANVIER 1818.

Louis, etc.

Informé des réclamations qui se sont élevées par suite de l'exécution trop absolue donnée aux dispositions de la loi du 22 floréal an 7, relatives au paiement des arrérages des rentes et pensions sur l'Etat, nous nous sommes fait représenter cette loi qui, pour *dégager le paiement des rentes et pensions de formalités gênantes et coûteuses;*

porte que les arrérages en seront payés *au porteur en inscriptions au grand-livre*.

Nous avons jugé que ladite loi, ayant pour but de faciliter le paiement des arrérages de la dette publique, n'avait pu créer pour les rentiers et pensionnaires des difficultés qui n'existaient pas précédemment, en leur interdisant la faculté de constituer des fondés de pouvoirs, et en les obligeant à remettre leurs titres à des tiers au lieu de procurations.

Considérant que la remise de ces titres serait contraire aux droits de propriété, si elle était obligatoire, et qu'elle ne peut être que facultative; que cette remise, imposée jusqu'à ce jour par une interprétation trop littérale de la loi, inspire aux propriétaires des inquiétudes dont il est important de les dégager; qu'elle détourne les capitalistes du désir de placer leurs fonds en inscriptions, et qu'elle nuit par là au développement d'une concurrence favorable aux cours des rentes; qu'enfin plus d'un tiers-porteur d'inscriptions peut en abuser après le décès des titulaires, pour en recevoir indéfiniment les arrérages au préjudice des héritiers et ayant-droit; voulant remédier à ces inconvéniens, et concilier les facilités accordées par la loi du 22 floréal an 7, avec les convenances et la sûreté des créanciers;

Sur le rapport de notre ministre secrétaire d'État des finances,

Et de l'avis de notre Conseil,

Nous avons ordonné et ordonnons ce qui suit:

Art. 1er. Les propriétaires de rentes et pensions sur l'État qui, ne pouvant recevoir par eux-mêmes les arrérages échus, ne jugeront pas à propos de confier leurs inscriptions à des tiers, sont libres d'y suppléer par des procurations spéciales qui seront passées par-devant notaires.

2. Ces procurations rappelleront les numéros et sommes des inscriptions dont elles tiendront lieu entre les mains des fondés de pouvoirs; elles seront déposées chez les notaires de Paris, qui en délivreront des extraits conformément au modèle dont le ministre des finances réglera la forme. L'un de ces extraits sera joint à la première quittance de paiement, et l'autre, après avoir été visé du directeur du grand-livre, demeurera au fondé de pouvoirs, pour être par lui présenté au lieu des inscriptions à chaque semestre.

3. Ce dernier extrait recevra l'empreinte du paiement prescrite par l'article 9 de la loi précitée du 22 floréal an 7.

4. Ces procurations seront valables pendant dix ans, sauf révocation; et si dans l'intervalle le titulaire se présente pour recevoir un semestre, sa quittance sera interprétée comme la révocation des pouvoirs qu'il aura précédemment donnés.

5. Les fondés de pouvoirs qui, ayant connaissance du décès de leurs commettans, auront néanmoins reçu des arrérages postérieurement au décès, sans avoir fait opérer la mutation, seront, à la diligence de l'agent judiciaire du Trésor, poursuivis conformément aux lois.

6. Notre ministre des finances est chargé de l'exécution de la présente ordonnance.

────────

2 MAI 1816. — Ordonnances du Roi qui accordent des lettres de déclaration de naturalité aux sieurs Franco, Dupasquiers, Janin, de Carli, Jacquemard, Hopfer, Pagano, Sidrac-Malan et Bruno. (7, Bull. 90, 97, 134, 149, 157, 158 et 164.)

────────

3 = Pr. 7 MAI 1816. — Ordonnance du Roi qui accorde une amnistie à tout individu poursuivi et condamné comme fauteur ou complice de la désertion qui a eu lieu antérieurement au 1er octobre 1815 (7, Bull. 82, n° 632.)

Louis, etc.

Informé que plusieurs de nos sujets ont été condamnés à des peines corporelles et pécuniaires, comme fauteurs ou complices de la désertion des militaires de l'armée licenciée et qu'en vertu de jugemens rendus par des conseils de guerre spéciaux, quelques déserteurs sont sous le poids d'une condamnation à l'amende de quinze cents francs;

Vu l'ordonnance du 23 avril 1814, rendue par notre bien-aimé frère Monsieur, en qualité de lieutenant général du royaume, portant annulation de toutes poursuites pour faits et délits relatifs à la conscription.

Vu notre ordonnance du 17 janvier 1816, qui accorde aux conscrits ou parens de conscrits expropriés la remise de ce qui était encore dû, soit par eux comme adjudicataires de leurs propres biens, soit par des tiers acquéreurs desdits biens;

Vu enfin notre ordonnance du 21 février dernier qui supprime de la législation pénale contre les déserteurs l'amende de quinze cents francs; voulant signaler l'anniversaire de notre entrée dans notre capitale par des actes d'indulgence, et donner à nos peuples de nouvelles preuves de notre bonté paternelle;

Sur le rapport de notre ministre secrétaire d'État au département de la guerre,

Nous avons ordonné et ordonnons ce qui suit:

Art. 1er. Amnistie entière et absolue est accordée à tout individu poursuivi et condamné comme fauteur ou complice de la désertion qui a eu lieu antérieurement au 1er octobre 1815.

En conséquence, nous remettons toute peine encourue pour ce délit, sauf néanmoins le remboursement des frais qui ont pu être prononcés.

Nous n'entendons pas non plus dégager les personnes auxquelles s'applique la présente amnistie, des dommages et intérêts auxquels prétendraient des particuliers, à raison de violences et voies de fait exercées sur leurs personnes ou sur leurs propriétés.

2. Nous faisons remise de ce qui peut rester dû de l'amende de quinze cents francs à laquelle ont été condamnés jusqu'à ce jour les déserteurs, indépendamment des peines corporelles.

3. Nos ministres des finances, de la guerre et de la justice sont chargés de l'exécution de la présente ordonnance.

----

3 = Pr. 7 MAI 1816.—Ordonnance du Roi portant nomination de grand's-croix et de commandeurs de l'ordre royal et militaire de Saint-Louis. (7, Bull. 82, n° 633.)

Art. 1er. Sont nommés grand's-croix de l'ordre royal et militaire de Saint-Louis :

Le vicomte Dubouchage, notre ministre secrétaire d'Etat au département de la marine et des colonies, lieutenant général de nos armées,

Le comte de Ferrière, chef de division de nos armées navales, major général de la marine à Toulon.

2. Sont nommés commandeurs dudit ordre :
Le comte Truguet, vice-amiral,
Le comte Ganteaume, vice-amiral, pair de France,
Le marquis de Sercey, vice-amiral,
Le comte de Missiessy, vice-amiral, commandant de la marine à Toulon,
Le marquis de Saint Félix, vice amiral,
Le vicomte de Fontanges, lieutenant général de nos armées,
Le sieur Deleisseigues, contre-amiral,
Le comte de Gourdon, contre amiral, commandant de la marine à Rochefort,
Le sieur Levasseur de Villeblanche, contre-amiral,
Le comte Rafelis de Broves, chef de division de nos armées navales,
Le comte Colbert de Maulevrier, chef de division de nos armées navales.

3. Notre ministre de la marine et des colonies est chargé de l'exécution de la présente ordonnance.

----

3 MAI = Pc. 3 JUIN 1816. — Ordonnance du Roi qui porte provisoirement à cent vingt le nombre des commandeurs de l'ordre royal et militaire de Saint-Louis, et contient nomination de grand's-croix et de commandeurs de cet ordre. (7. Bull. 89, n° 756.)

Art. 1er. Le nombre des commandeurs de l'ordre royal et militaire de Saint-Louis, fixé par l'édit du mois de janvier 1779 à quatre-vingts, est provisoirement porté à cent vingt.

2. Sont nommés grand's-croix de l'ordre royal et militaire de Saint-Louis :
Le marquis de Balivière,
Le sieur Bidet de Juzancourt,
Le comte Etienne de Durfort,
Le comte de Précy,
Notre cousin le duc d'Havré et de Croy,
Le marquis de Grénolle,
Le comte de Nantouillet,
Notre cousin le maréchal duc de Reggio,
Notre cousin le maréchal comte Gouvion-Saint-Cyr,
Le sieur Bachmann,
Le marquis de Rivière.

3. Sont nommés commandeurs de l'ordre royal et militaire de Saint-Louis :
Notre cousin le maréchal duc de Bellune,
Notre cousin le maréchal duc de Tarente,
Notre cousin le maréchal duc de Raguse,
Notre cousin le maréchal comte de Pérignon,
Le comte de Beurnonville,
Le baron Ernouf,
Le comte d'Espinoy,
Le comte de Chasseloup-Laubat,
Le comte Law de Lauriston,
Le comte Victor de la Tour-Maubourg.
Le comte Maison,
Le comte Bordesoulle,
Le baron Dubreton,
Le vicomte de Briche,
Le comte d'Ortans,
Le vicomte de Saint-Blancard (Gontaut-Biron),
Le chevalier de Rebourgueil,
Le comte de d'Ecquevilly,
Le vidame de Vassé,
Le comte Baschy du Cayla,
Le comte Roger de Damas.
Le marquis de Lambertye,
Le marquis de Thumerie,
Le marquis de Jumilhac,
Le marquis de Sennevoy,
Le marquis de Clermont-Gallerande,
Le baron de Bartillat,
Le marquis de Chasteloger,
Le comte de Loverdo,
Le sieur Sapinaud,
Le comte d'Astorg,
Le comte Duclusel.

Liste des grand's-croix et commandeurs de l'ordre royal et militaire de Saint-Louis nommés par diverses ordonnances antérieures, et dont l'expédition des brevets avait été suspendue jusqu'au 3 mai 1816.

Grand's-croix.

MM.

Le comte de Bonsol.
Le comte de Brion.
Le comte Beaupoil de Saint-Aulaire,
Le comte de Tenteniac.

Commandeurs.

Goujon de Gasville,
Le comte de la Tourette-Portalès,
Le comte de Valory,
Le vicomte de Mossey,
Le comte de Ginestous,
Le baron d'Hunolstein,
Le baron de Rebel,
Le chevalier d'Agay,
Le baron de Tourdonnet,
Le vicomte de Busseul,
Le comte d'Agoult,
Le comte de Lussac,
Le comte de Brisay.

4. Notre ministre de la guerre est chargé de l'exécution de la présente ordonnance.

———

3 MAI 1816. — Ordonnance du Roi qui nomme M. de Saint-Luc préfet des Côtes-du-Nord. (7, Bull. 84, n° 646.)

———

7 = Pr. 10 MAI 1816. — Ordonnance du Roi portant que le chancelier reprendra les sceaux. (7, Bull. 84. n° 642.)

Louis, etc.

Prenant en considération l'état de la santé de notre garde-des-sceaux le comte de Barbé-Marbois, et voulant pourvoir à l'administration de la justice,

Nous avons ordonné et ordonnons ce qui suit :

Art. 1er. Notre amé et féal chevalier le chancelier de France reprendra les sceaux du royaume.

2. Il sera chargé, par *interim*, du portefeuille du ministre de la justice.

3. Le président de notre conseil des ministres est chargé de l'exécution de la présente ordonnance.

———

7 MAI 1816. — Ordonnances du Roi qui nomment MM. Lainé, ministre de l'intérieur, et le comte de Vaublanc ministres-d'Etat et membres du conseil privé. (7, Bull. 84, n°s 643 et 644.)

———

8 = Pr. 10 MAI 1816. — Loi sur l'abolition du divorce (1). (7, Bull. 84, n° 645.)

Voy. loi du 20 SEPTEMBRE 1792, et notes.

Louis, etc.

Art. 1er. Le divorce est aboli.

2. Toutes demandes et instances en divorce pour causes déterminées sont converties en demandes et instances en séparation de corps ; les jugemens et arrêts restés sans exécution par le défaut de prononciation du divorce par l'officier civil, conformément aux articles 227, 264, 265 et 266 du Code civil, sont restreints aux effets de la séparation (2).

3. Tous actes faits pour parvenir au divorce par consentement mutuel sont annulés ; les jugemens et arrêts rendus en ce cas, mais non suivis de la prononciation du divorce, sont considérés comme non avenus, conformément à l'art. 294.

———

8 = Pr. 17 MAI 1816. — Ordonnance du Roi relative à l'exécution du titre VI de la loi du 28 avril 1816 concernant la recherche des marchandises soustraites aux douanes. (7, Bull. 86, n° 688.)

Voy ordonnances des 19 JUILLET et 8 AOUT 1816.

Louis, etc.

Sur le rapport de notre ministre secrétaire d'Etat des finances ;

Vu le titre VI de la partie de la loi du 28 avril dernier relative aux douanes, portant que certaines marchandises prohibées seront recherchées dans l'intérieur ; voulant régler le mode d'exécution de ces dispositions,

Avons ordonné et ordonnons ce qui suit :

Art. 1er. La déclaration voulue par l'ar-

———

(1) Proposition, par M. de Bonald, à la Chambre des députés, le 26 décembre 1815 (*Mon.* du 29). — Rapport de M. Trinquelague le 19 février 1816 (*Mon.* du 23). — Présentation à la Chambre des pairs, le 12 mars (*Mon.* du 13 et 19). — Discussion et adoption le 19 (*Mon.* du 23).

Présentation à la Chambre des pairs, le 21 avril, (*Mon.* du 22). — Rapport de M. Lamoignon, discussion et adoption le 25 avril (*Mon.* du 26 et 28). — Présentation à la Chambre des députés, le 26 avril (*Mon.* du 27) — Rapport de M. de Blaire, et adoption le 27 avril (*Mon.* des 28 et 29).

(2) La loi française ne permet pas en France le convol d'un divorcé même étranger avec un Français (30 août 1824, Paris ; S. 25, 2, 204).

Le divorcé antérieurement à la loi abolitive, peut se remarier après la loi, et quoique son conjoint soit vivant (17 mars 1827 ; tribunal de première instance de Paris. *Voy.* Moniteur du 20 mars 1827.

Le mariage qu'un Français aurait contracté depuis cette loi avec une étrangère, alors libre légalement par l'effet d'un divorce obtenu selon les lois de son pays, ne peut être déclaré nul sur la demande du mari (30 août 1826, Nancy ; S. 26, 2, 251).

Le ministère public n'a pas qualité pour s'opposer à la prononciation d'un divorce ordonné par jugement antérieur à la loi abolitive (5 juillet 1824 ; Cass. S. 25, 1, 121).

ticle 59 du titre *Douanes* de la loi du 28 avril dernier, de toutes les marchandises de fabrique étrangère dénommées en cet article, et qui existeraient dans l'étendue du royaume, devra être faite par les détenteurs desdites marchandises au bureau des douanes, s'ils sont domiciliés dans l'étendue du rayon, ou à la municipalité de leur domicile, s'ils résident dans l'intérieur, et qu'il n'y ait pas de bureau de douanes dans leur commune.

2. Cette déclaration indiquera les quantité, qualité et valeur des marchandises, et sera transcrite et signée sur un registre à ce destiné.

3. Dans les trois jours qui suivront la déclaration, le maire ou un officier municipal délégué par lui, et, dans les villes où il y a un bureau, un agent des douanes, se transportera au domicile du déclarant, et vérifiera les objets déclarés, qui seront mis ensuite par les propriétaires ou dépositaires en caisses ou ballots, lesquels, après avoir été ficelés et scellés du sceau de la mairie ou des douanes, et de celui desdits propriétaires ou dépositaires, seront immédiatement transportés, ou au chef-lieu de la municipalité, ou au bureau des douanes, pour être, à la diligence desdits propriétaires ou dépositaires, retirés desdits lieux de dépôt et renvoyés à l'étranger dans le délai voulu par ledit article 59.

4. Une copie de la déclaration, au bas de laquelle sera le certificat constatant le dépôt, sera transmise au directeur général des douanes, dans la forme prescrite pour l'envoi des échantillons par les articles 61 et 62 du titre *Douanes* de la loi du 28 avril dernier.

5. A la sortie du dépôt, les marchandises seront vérifiées de nouveau, et décrites, pour chaque pièce ou coupon, par espèce, qualité, poids, mesure et valeur, après quoi les colis étant refermés, ficelés, et scellés du sceau de la mairie ou des douanes, le propriétaire ou consignataire s'obligera, par une soumission dûment cautionnée, à les réexporter du royaume, et on lui délivrera, à cet effet, un acquit-à-caution, suivant les modèles de soumission et d'acquit-à-caution annexés à la présente ordonnance.

6. Lesdites marchandises ne pourront être réexportées que par un des bureaux ci-après désignés, lequel sera indiqué dans la soumission et l'acquit à-caution, au choix des propriétaires, savoir :

Par mer, Dunkerque, Calais, Saint-Valéry-sur-Somme, Dieppe, le Havre, Rouen, Caen, Cherbourg, Saint-Malo, Morlaix, Brest, Lorient, Nantes, La Rochelle, Bordeaux, Bayonne, Cette, Marseille et Toulon;

Par terre, Halluin, Baisieux, Valencien-

nes, Givet, Givonne, Thionville, Sierck, Forbach, Strasbourg, Saint-Louis, Verrières-de-Joux, Cougne, Châtillon-de-Michaille, Seyssel, Pont-de-Beauvoisin, Chapareillan, Saint-Laurent-du-Var, Ainhoa et Béhobie.

7. Immédiatement après la délivrance de l'acquit-à-caution, il en sera adressé un duplicata au directeur général des douanes, qui n'autorisera la radiation de la soumission qu'après s'être assuré de la vérité du certificat de décharge.

8. La sortie des marchandises sera constatée dans les formes prescrites par la loi du 17 décembre 1814, relativement au transit : en conséquence, les préposés du bureau de sortie n'accorderont les certificats de décharge qu'après une vérification exacte de l'état des plombs et cachets, de l'espèce, de la qualité, du nombre, du poids et de la valeur des marchandises, lesquelles seront ensuite embarquées en présence des préposés dans les ports de mer, ou conduites sous escorte à l'étranger si elles sortent par terre, sauf, dans le premier cas, l'exécution des formalités nécessaires pour assurer la destination, suivant l'art. 78 de la loi du 8 floréal an 11.

Les actes de décharge ne seront valables qu'autant que les opérations successives de la visite, de l'embarquement, ou de la sortie sous escorte, auront été certifiées sur les acquits-à-caution par les vérificateurs et autres préposés, et que ces actes de décharge seront, en outre, signés du receveur et d'un autre employé du bureau.

9. Après l'expiration du délai fixé par ledit article 59 du titre *Douanes* de la loi du 28 avril dernier pour effectuer la réexportation, les marchandises qui se trouveront encore dans les dépôts ci-dessus seront considérées comme abandonnées, et seront vendues à charge de réexportation immédiate : leur produit, déduction faite des frais de vente, transports, etc., sera remis aux propriétaires desdites marchandises.

10. La vente de celles de ces marchandises dont le dépôt aurait eu lieu dans l'intérieur s'effectuera dans le bureau des douanes qui sera désigné par le directeur général de l'administration des douanes. A cet effet, les maires des municipalités où il existerait de semblables dépôts à l'époque du 1er janvier prochain, seront tenus d'en faire immédiatement parvenir l'état au préfet de leur département, qui devra lui-même le transmettre au directeur général.

11. Au 1er juillet prochain, les registres sur lesquels les déclarations auront été inscrites seront arrêtés; il ne pourra plus en être reçu de nouvelles, et il sera procédé aux recherches et saisies voulues par l'article 59.

12. Les dispositions des articles 5, 6, 7

et 8 de la présente ordonnance, seront applicables à toutes les marchandises prohibées qui devront être réexportées par suite de saisie, abandon, vente, ou remise faite, sous condition de réexportation, au propriétaire.

13. Notre ministre des finances est chargé de l'exécution de la présente ordonnance.

SOUMISSION.

DÉPARTEMENT
d

MAIRIE
d

ou

DIRECTION
des douanes
d

BUREAU
d

—

N°

Le   du mois d   mil huit cent   , à (la mairie ou bureau des douanes d   ), M.   demeurant à   rue   déclare expédier pour la réexportation la quantité de (indiquer le nombre des caisses ou ballots), marqués et numérotés comme en marge, contenant les marchandises prohibées ci-après détaillées, provenant de dépôt effectué en exécution de la loi du 28 avril 1816, sur sa déclaration du   n°   et qu'il fera sortir par le bureau des douanes de   savoir (rappeler en détail, pour chaque caisse ou ballot, les espèce, qualité, nombre de pièces, mesure, poids et valeur des marchandises), le tout évalué à la somme de (récapitulation de la valeur), lesd   caisses ou ballots ficelé   et scellé   du (sceau de la mairie ou plomb de la douane).

Lesquelles marchandises M.   a fait charger sur   à la conduite du sieur

En conséquence, il se soumet par la présente, solidairement avec M.   demeurant à   rue   qui se rend sa caution, à faire sortir lesdites marchandises du royaume par la route ci-dessus indiquée, et non par aucune autre, dans le délai de   , et à rapporter à cette (mairie ou douane du lieu de l'expédition), dans le même délai augmenté de vingt jours, le présent acquit-à-caution, revêtu du certificat de décharge délivré au bureau des douanes d   qui constatera, après vérification des cordes, plombs et cachets, et de l'identité des marchandises, qu'elles sont réellement sorties du royaume, le déclarant et sa caution s'obligeant, dans le cas contraire, à payer la valeur des marchandises avec amende de cinq cents francs, suivant la loi du 28 avril 1816.

A cet effet, ils ont signé la présente déclaration et soumission.

ACQUIT-A-CAUTION.

DÉPARTEMENT
d

MAIRIE
d

ou

DIRECTION
des douanes
d

BUREAU
d

—

N°

Les préposés des douanes laisseront passer pour M.   demeurant à   la quantité de (indiquer le nombre des caisses et ballots), marqués et numérotés comme en marge, et contenant les marchandises prohibées ci-après détaillées, provenant de dépôt effectué en exécution de la loi du 28 avril 1816, sur sa déclaration du   n°   et qu'il réexporte à l'étranger par le bureau des douanes d   savoir (rappeler en détail, pour chaque caisse ou ballot, les espèce, qualité, nombre de pièces, mesure, poids et valeur des marchandises):

Le tout évalué à la somme de (récapitulation de la valeur), lesd caisses ou ballots ficelé   et scellé   du (sceau de la mairie ou plomb de la douane);

Lesquelles marchandises M.   a fait charger sur   à la conduite du sieur   et s'est soumis avec M.   sa caution solidaire, à les exporter par la route ci-dessus indiquée, et non par aucune autre, dans le délai de   et à rapporter à cette (mairie ou douane du lieu d'où se fera l'expédition), dans le même délai augmenté de vingt jours, le présent acquit-à-caution, revêtu du certificat de décharge délivré au bureau des douanes d   qui constatera, après vérification des cordes, plombs ou cachets, et de l'identité des marchandises, qu'elles sont réellement sorties du royaume, sous peine d'être contraint à payer la valeur desdites marchandises et l'amende de cinq cents francs, en vertu de la loi du 28 avril 1816.

Fait à (la mairie ou au bureau des douanes) à   le   mil huit cent

8 = Pr. 26 MAI 1816. — Ordonnance du Roi qui transfère au Trésor royal l'administration des cautionnemens, précédemment attribuée à l'ancienne caisse d'amortissement. (7, Bull. 87, n° 714.)

Louis, etc.

Les attributions de la caisse d'amortissement, instituée par la loi du 28 avril 1816, étant dégagées du service des cautionnemens, et ce service devant, conformément aux dispositions de la même loi, être fait par le Trésor;

Voulant maintenir, nonobstant ce changement, les règles d'après lesquelles il a été dirigé depuis son principe.

Nous avons jugé qu'en incorporant l'administration des cautionnemens dans celle de notre Trésor royal, il était utile d'en faire une partie distincte pour la suivre d'après les principes et les formes qui lui sont propres:

A ces causes,

De l'avis de notre Conseil,

Et sur le rapport de notre ministre secrétaire d'Etat des finances,

Nous avons ordonné et ordonnons ce qui suit:

Art. 1er. Le service des cautionnemens, précédemment attribué à la caisse d'amortissement, est transféré au Trésor royal; il sera dirigé par le sieur Lemonnier, administrateur dudit Trésor, qui prendra la qualité d'administrateur des cautionnemens sous les ordres de notre ministre des finances.

2. La division qui, à la caisse d'amortissement, était spécialement chargée des affaires relatives aux cautionnemens, passera sous la direction immédiate de l'administrateur avec le fonds affecté à ces dépenses.

3. Les règles suivies, tant pour la recette, l'inscription, les transferts, applications et remboursemens des cautionnemens, que pour le mode et les époques de paiement des intérêts, sont maintenues, sauf les modifications dont le temps et l'expérience pourront démontrer la convenance et la nécessité pour l'avantage respectif des créanciers et du Trésor.

4. Les comptes annuels du Trésor, imprimés et publiés, contiendront un chapitre spécial destiné à présenter les mouvemens en recettes et dépenses, et la situation de cette partie du service de nos finances.

5. Notre ministre des finances est chargé de l'exécution de la présente ordonnance.

8 = Pr. 17 MAI 1816. — Ordonnance du Roi Portant nomination des membres de la commis-

sion de surveillance de la nouvelle caisse d'amortissement. (7, Bull. 86, n° 689.)

Louis, etc.

Vu l'article 99 de la loi de finances de 1816; vu les procès-verbaux des délibérations de la Chambre des pairs et de la Chambre des députés pour la nomination des candidats parmi lesquels doivent être choisis les trois commissaires appelés à faire partie de la commission de surveillance de la nouvelle caisse d'amortissement;

Sur le rapport de notre ministre secrétaire d'Etat des finances,

Nous avons ordonné et ordonnons ce qui suit:

Sont nommés membres de la commission instituée en exécution de l'article 99 de la loi de finances de 1816:

Les sieurs comte de Villemanzy, pair de France; Pardessus, Piet, membres de la Chambre des députés; Brière de Surgy, président de la cour des comptes; Laffitte, gouverneur provisoire de la Banque de France; comte Chabrol de Volvic, président de la chambre de commerce de Paris.

___

9 = Pr. 13 MAI 1816. — Ordonnance du Roi portant que les sous-secrétaires d'Etat attachés aux ministres secrétaires d'Etat lorsque ceux-ci le jugeront nécessaire au bien du service. (7, Bull. 85, n° 665.)

Louis, etc.

Art. 1er. Des sous-secrétaires d'Etat, nommés par nous, seront attachés à nos ministres secrétaires d'Etat, lorsque ceux-ci le jugeront nécessaire au bien du service.

2. Les sous-secrétaires d'Etat seront chargés de toutes les parties de l'administration et de la correspondance générale qui leur seront déléguées par nos ministres secrétaires d'Etat dans leurs départemens respectifs.

3. Nos ministres sont chargés de l'exécution de la présente ordonnance.

___

8 MAI = Pr. 6 JUIN 1816. — Ordonnance du Roi qui institue une commission pour la répartition de six millions accordés par sa majesté et les princes de sa famille pour secourir les départemens qui ont le plus souffert de la guerre. (7, Bull. 90, n° 768.)

___

9 MAI 1816. — Ordonnance du Roi qui nomme sous-secrétaire d'Etat au département de la guerre M. le vicomte Tabarié, conseiller d'Etat en service extraordinaire. (7, Bull. 85, n° 667.)

9 MAI 1816. — Ordonnance du Roi qui nomme MM. le vicomte Tabarié et de Trinquelague conseillers d'Etat en service extraordinaire. (7, Bull. 85, n°s 663 et 664.)

9 MAI 1816. — Ordonnance du Roi qui nomme sous-secrétaire d'Etat au département de la justice M. de Trinquelague, conseiller d'Etat en service extraordinaire. (7, Bull. 85, n° 666.)

9 MAI 1816. — Ordonnance du Roi qui nomme M. Becquey sous-secrétaire d'Etat au département de l'intérieur. (7, Bull. 85, n° 668.)

9 MAI 1816. — Ordonnance du Roi qui accorde au sieur Louis-Jacques Debeaune, né à Paris le 30 octobre 1773, demeurant à Bruges, la permission de continuer à résider dans le royaume des Pays-Bas, et d'y accepter au besoin des emplois; l'impétrant continuera de jouir de la qualité de sujet français. (7, Bull 96, n° 835.)

9 MAI 1816. — Ordonnance du Roi qui admet les sieurs Locurzio et Duringe à établir leur domicile en France. (7, Bull. 91, n° 785.)

9 MAI 1816. — Ordonnances du Roi qui accordent des lettres de déclaration de naturalité aux sieurs Bourdet, Hottinger, Cachardi, de Rhoth et Meneti. (7, Bull. 95, 96, 97, 109, et 115.)

9 MAI 1816. — Ordonnance du Roi qui nomme sous-secrétaire d'Etat au département des finances M. de la Bouillerie conseiller d'Etat. (7, Bull. 85, n° 669.)

12 et 13 MAI 1816. — Ordonnances du Roi qui confèrent des titres honorifiques, des croix de la Légion d'Honneur et autres récompenses aux fonctionnaires publics, aux officiers, sous-officiers, soldats et gardes nationaux qui se sont distingués dans les événemens de Grenoble. (Mon. n°s 135 et 136.)

15 MAI 1816. — Ordonnance du Roi portant que les deux communes de Loupiac, situées dans le département de la Gironde, prendront, l'une le nom de Loupiac de Cadillac, et l'autre celui de Loupiac de Blaignac. (7, Bull. 89, n° 757.)

15 MAI 1816. — Ordonnances du Roi qui nomment MM. les comtes de la Vieuville et Frain de la Villegontier préfets des départemens de la Somme et de l'Allier. (7, Bull. 87, n°s 715 et 716.)

15 MAI 1816. — Ordonnances du Roi qui autorisent l'acceptation de dons et legs faits aux pauvres de Saint-Brieuc, Verlaison, Chaurial,

Damarie, Metz, Grenoble, Trillé, Saint-Germain-en-Laye, Herbelaye, Traon, Clermont (Puy-de-Dôme) et de Merris; aux hospices de Saint-Nicolas-de-Port, Cluny, Metz, Remiremont, Beauvais, Sainte-Périne, de Chaillot, Mans, Aigueperse, Auxerre, Figanière, Pithiviers, Marseille et Montréal. (7, Bull. 92, et 95.)

15 MAI 1816. — Ordonnances du Roi qui accordent des lettres de déclaration de naturalité aux sieurs Héritier, Vandervrecken de Bormans, de Beausobre, Mueller, Dégaillon, et Huart. (7, Bull. 96, 113, 118 et 178.)

15 MAI 1816. — Ordonnance du Roi qui permet au sieur Rouly de substituer à son nom celui de la Roliana; et à la nommée Marguerite de prendre le nom de Fouilleron, et de le faire précéder du prénom de Marguerite. (7, Bull. 96, n° 840.)

16 MAI = Pr. 3 juin 1816. — Ordonnance du Roi portant organisation des succursales de la maison royale de St-Denis. (7, Bull. 89, n° 759.)

Voy. ordonnance du 3 MARS 1816.

Louis, etc.

Nous étant fait rendre compte des divers décrets et ordonnances relatifs aux maisons royales d'orphelines de la Légion-d'Honneur, notamment du décret d'institution du 15 juillet 1810, et des ordonnances des 19 juillet et 27 septembre 1814;

Ayant reconnu que le maintien de ces établissemens, consacrés uniquement à des orphelines de la Légion-d'Honneur, n'avait plus d'objet dans les circonstances actuelles;

Notre grand-chancelier nous ayant d'ailleurs fait observer que le nombre des demandes d'admission dans ces maisons diminuait sensiblement, à raison de la qualité d'*orpheline* que l'on doit présenter comme une condition indispensable, et notre désir étant de faciliter le plus possible à tous les membres de nos ordres royaux les moyens de faire élever leurs filles;

Sur le rapport de notre cousin le maréchal duc de Tarente, ministre d'Etat, grand-chancelier de l'ordre royal de la Légion-d'Honneur,

Nous avons ordonné et ordonnons ce qui suit:

TITRE Ier. De la congrégation religieuse par laquelle les maisons sont desservies.

Art. 1er. Les maisons royales d'orphelines de la Légion-d'Honneur prendront le titre de *succursales de la maison royale de Saint-Denis*; elles continueront d'être desservies par la congrégation religieuse existant sous le nom de *congrégation de la Mère de Dieu*, qui se conformera, pour son régime, à ses statuts particuliers.

2. La maison royale de Saint-Denis, déjà organisée par le statut du 3 mars dernier (1), tiendra le premier rang;

La succursale de Paris aura le deuxième rang;

La succursale des Loges, le troisième rang.

3. Jusqu'à ce qu'il en soit autrement ordonné, la succursale des Barbeaux ne sera pas rétablie.

TITRE II. Du nombre des élèves, et des conditions de leur admission.

4. Le nombre des places est fixé à quatre cents; elles seront toutes gratuites; on ne recevra point, à l'avenir, d'élèves pensionnaires dans ces maisons.

5. Les places gratuites seront accordées aux filles des membres de nos ordres royaux qui se trouveraient hors d'état de pourvoir à leur éducation.

6. Les élèves seront nommées par nous, sur la présentation de notre grand-chancelier de l'ordre royal de la Légion-d'Honneur.

7. Toute demoiselle, pour être admise dans les succursales, devra :

1° Etre âgée de quatre à douze ans exclusivement;

2° Avoir eu la petite vérole, ou avoir été inoculée ou vaccinée;

3° Produire un certificat de médecins constatant qu'elle n'est point affectée de maladies chroniques ou contagieuses;

4° Remettre, pour les demandes de places, un acte de notoriété portant que la demoiselle appartient à des parens qui se trouvent hors d'état de pourvoir à son éducation.

8. Les parens de l'élève indiqueront une personne connue, ayant domicile à Paris, qui s'engagera à recevoir l'élève à sa sortie des maisons, pour quelque motif que ce soit.

9. La sortie d'une élève est fixée à dix-huit ans : néanmoins les parens pourront la retirer avant cet âge, si son éducation est terminée, ou si des raisons de santé l'exigent.

TITRE III De l'éducation et de l'instruction des élèves.

Succursale de Paris.

10. L'éducation sera uniforme pour les élèves; la religion en sera la base.

11. Les élèves recevront des leçons de lecture, d'écriture, de calcul, de grammaire, d'histoire et de géographie.

12. Elles recevront également les leçons de danse qui pourront être nécessaires à leur santé et à leur maintien.

13. Le linge de la maison, les robes et les articles du trousseau, seront faits par les élèves; on leur apprendra tous les ouvrages de broderie.

14. On enseignera aux élèves tout ce qui peut être nécessaire à une mère de famille pour la conduite de l'intérieur de sa maison, la préparation du pain et des autres alimens, ainsi que pour les travaux de buanderie.

Succursale des Loges.

15. L'éducation sera uniforme pour les élèves; la religion en sera la base : elles apprendront à lire, écrire, compter, et à travailler de manière à pouvoir gagner leur vie en sortant de la maison.

16. Les élèves feront leurs robes, leur linge et celui de la maison; on leur apprendra tous les ouvrages de broderie.

17. On enseignera aux élèves tout ce qui peut être nécessaire pour la préparation du pain et des autres alimens, pour les travaux de buanderie, et on les instruira dans ce qui est relatif aux soins d'une garde-malade attentive et éclairée.

TITRE IV. Des pensions, trousseaux et autres dépenses des maisons.

18. Le prix de la pension d'une élève de la succursale de Paris est fixé à cinq cents francs par an, et celui de la pension d'une élève de la succursale des loges est porté à quatre cents francs par an.

Le montant de ces pensions sera payé sur les fonds de la Légion-d'Honneur.

19. La Légion-d'Honneur paiera aux maisons deux cents francs pour la valeur du trousseau qui sera fourni à une élève lors de son entrée.

20. Il sera alloué annuellement quarante mille francs pour les dépenses de la congrégation.

Il sera également accordé des fonds pour l'entretien des bâtimens.

21. Les fonds relatifs à la congrégation et à l'entretien des bâtimens, ainsi que le montant des pensions, seront versés par douzièmes, par la grande chancellerie de la Légion-d'Honneur, dans la caisse des maisons.

22. Le nombre des élèves sera constaté, tous les ans, par des revues établies par la supérieure générale des maisons, et visées par notre grand-chancelier.

(1) C'est par une erreur de copiste que ce statut du 3 mars 1816 a été imprimé (Bulletin n° 565) sous la date du 9 du même mois (Note du Bulletin).

23. Sur le montant des pensions et sur les fonds de la congrégation, de trousseaux et d'entretien des bâtimens, seront prélevées toutes les dépenses des maisons.

24. Dans le courant du dernier trimestre de chaque année, la supérieure générale des maisons soumettra à notre grand-chancelier des états de la somme qu'il conviendra d'affecter à chaque partie des dépenses.

Ces états devront être approuvés par lui, et il ne pourra y être apporté de changement qu'avec son approbation.

25. Les comptes des recettes et dépenses seront arrêtés chaque mois, et adressés à notre grand-chancelier, pour être par lui examinés.

TITRE V. De la discipline.

26. Aucune élève ne pourra sortir de la maison, même pour le temps le plus court, à moins qu'il n'y ait des raisons de santé ou des affaires de famille très-pressantes ; dans l'un et l'autre de ces cas, la sortie devra être autorisée par notre grand-chancelier, sur la demande motivée de la supérieure générale.

27. Il y aura un parloir pour les élèves ; elles pourront, avec la permission de la supérieure générale, être conduites dans les parties extérieures du parloir, lorsque leur père ou leur mère viendront les voir.

Cette permission ne leur sera jamais accordée lorsque les élèves recevront des visites de leurs autres parens.

28. Si une élève est atteinte, pendant son séjour dans les maisons, de maladies contagieuses ou incurables, elle sera rendue à sa famille.

29. Lorsqu'une élève aura commis des fautes graves, notre grand-chancelier ordonnera sa sortie définitive de la maison.

30. Aucun homme ne pourra entrer dans l'intérieur des maisons : auront seuls ce droit, les princes de notre sang, notre grand-aumônier, notre grand-chancelier de l'ordre royal de la Légion-d'Honneur; et le secrétaire général de la grande chancellerie qui, en cas d'absence ou de maladie du grand-chancelier, le représente et a la signature.

TITRE VI. Dispositions générales.

31. Notre grand-chancelier inspectera les maisons, entrera dans les détails, recevra les plaintes, reconnaîtra les abus, et nous en rendra compte s'il y a lieu.

32. Les divers détails de l'instruction, de la discipline et de chaque service, seront déterminés par des réglemens particuliers rédigés par la supérieure générale, et approuvés par notre grand-chancelier.

20.

33. Notre grand-aumônier et notre grand-chancelier de l'ordre royal de la Légion-d'Honneur, sont chargés, chacun en ce qui le concerne, de l'exécution de la présente ordonnance.

16 MAI 1816.—Ordonnance du Roi qui nomme M. Guizot maître des requêtes ordinaire au Conseil-d'Etat. (7, Bull. 89, n° 758.)

16 MAI 1816. — Ordonnance du Roi qui nomme secrétaire général du sceau le sieur Cuvillier, chef du bureau du sceau. (Moniteur, n° 139.)

22 = Pr. 30 MAI 1816. — Ordonnance du Roi portant rétablissement de la caisse des invalides de la marine dans les attributions du ministre secrétaire d'Etat de la marine et des colonies. (7. Bull. 88, n° 728.)

Louis, etc.

Constamment occupé d'assurer à ceux de nos sujets qui se livrent à la carrière maritime le prix de leurs travaux et de leurs services, nous nous sommes fait rendre compte des mesures prises pour venir à leur secours, lorsque l'âge, les infirmités ou d'honorables blessures mettent un terme à leur activité. Ce n'est pas sans éprouver un sentiment pénible que nous avons reconnu que la caisse des invalides de la marine, monument de prévoyance et de bonté érigé par Louis XIV, de glorieuse mémoire et spécialement protégé par les rois nos prédécesseurs, a été distraite des attributions du ministre de ce département, et que les fonds qui en composaient la dotation spéciale, provenant en majeure partie des retenues effectuées sur des appointemens et salaires, ont été divertis de la destination sacrée qu'ils devaient recevoir; que, par cette subversion de principes, les marins ont vu disparaître le gage qui assurait leur existence, et sont devenus étrangers à un établissement formé pour eux et par eux ; qu'en laissant subsister un tel état de choses, nous nous verrions peut-être dans la triste nécessité de laisser des services sans récompense, ou l'infortune sans secours :

A quoi voulant pourvoir, nous avons jugé convenable de replacer la caisse des invalides de la marine sur les bases de son institution primitive, d'en consacrer les fonds au service dont elle doit être exclusivement chargée, d'en soumettre la direction et la surveillance à l'administration qui a le plus de moyens pour en suivre les détails et le plus d'intérêt à en favoriser l'accroissement, et de manifester ainsi notre sollicitude pour des hommes accoutumés à se livrer à leur profession avec d'autant plus de zèle et de

25

sécurité, que le gouvernement paternel des rois veillait sur leur avenir.

En conséquence,

Et sur le rapport de notre ministre secrétaire d'Etat du département de la marine et des colonies ;

Vu l'édit du mois de juillet 1720 ;

Vu la loi du 13 mai 1791,

Nous avons ordonné et ordonnons ce qui suit :

Art. 1er. La caisse des invalides de la marine est rétablie sur les bases de son institution, conformément aux dispositions de l'édit de 1720 et de la loi du 13 mai 1791.

2. Cette caisse est un dépôt confié à notre ministre secrétaire d'Etat de la marine.

Elle est placée sous sa surveillance immédiate et exclusive.

Elle est et demeure essentiellement distincte et séparée de notre Trésor royal.

3. Tous les agens nécessaires au service de la caisse des invalides sont exclusivement sous les ordres de notre ministre secrétaire d'Etat de la marine.

4. Les fonds de la caisse des invalides de la marine sont spécialement et uniquement destinés à la récompense des services des officiers militaires et civils, maîtres, officiers-mariniers, matelots, novices, mousses, sous-officiers, soldats, ouvriers et tous autres agens ou employés, entretenus ou non entretenus, du département de la marine, et au soulagement de leurs veuves et enfans, même de leurs pères et mères, ainsi qu'aux dépenses concernant l'administration et la comptabilité de l'établissement.

5. La caisse conserve les dotations et revenus qui lui ont été attribués par les édits, lois, ordonnances et réglemens rendus jusqu'à ce jour, et dont elle est actuellement en jouissance.

Ces dotations et revenus se composent :

1° De la retenue de trois centimes par franc sur toutes les dépenses de la marine et des colonies, tant pour le personnel que pour le matériel ;

2° Des droits établis sur les armemens du commerce et de la pêche, savoir :

Sur les gages des marins du commerce naviguant à salaire, trois centimes par franc ;

Sur les bénéfices des marins du commerce naviguant à la part,

Pour chaque capitaine, maître ou patron, un franc quatre-vingts centimes par mois ;

Pour chaque officier-marinier, quatre-vingt-dix centimes par mois ;

Pour chaque matelot indifféremment, quarante-cinq centimes par mois ;

Sur les bateaux de pêche,

Pour ceux de vingt tonneaux et au-dessous, un franc vingt centimes par tonneau et par an ;

Pour ceux au-dessus de vingt tonneaux, un franc cinquante centimes par tonneau et par an ;

3° De la solde entière des déserteurs de nos bâtimens, des arsenaux, chantiers et ateliers de nos ports,

Et de la moitié de la solde des déserteurs des bâtimens du commerce ;

4° Du produit non réclamé des successions des marins et autres personnes mortes en mer, des parts de prises, gratifications, salaires, journées d'ouvriers et autres objets concernant le service de la marine ;

5° De la totalité du produit non réclamé des bris et naufrages ;

6° Des droits réglés sur le produit des prises, savoir :

Sur les prises faites par nos bâtimens de guerre,

Deux et demi pour cent du produit brut de toutes les prises quelconques faites sur l'ennemi ;

Un demi pour cent du même produit en faveur des caissiers des prises ;

Et, indépendamment des deux retenues ci-dessus, le tiers du produit net des corsaires, bâtimens et cargaisons pris sur le commerce ennemi ;

Sur les prises faites par les corsaires,

Cinq pour cent du produit net desdites prises ;

7° De la plus-value des feuilles de rôles délivrées pour les armemens et désarmemens des bâtimens du commerce ;

8° Du produit des amendes et confiscations légalement prononcées pour contraventions aux lois et réglemens maritimes ;

9° Des produits des prises non répartissables ;

10° Enfin des arrérages des rentes appartenant à ladite caisse sur le grand-livre de la dette publique, et du revenu des autres placemens provenant de ses économies.

6. La caisse jouira seule des droits qui lui sont attribués sur les prises et de la totalité du produit non réclamé des bris et naufrages. En conséquence, nous révoquons et annulons la disposition de l'article 4 de notre ordonnance du 12 décembre 1814, qui admettait la caisse de l'Hôtel royal des Invalides de la guerre au partage de ces droits et produits.

7. La caisse continuera d'être chargée du paiement :

1° Des demi-soldes et pensions accordées aux marins de l'Etat et du commerce, à leurs veuves et enfans, pères et mères, le tout dans les proportions déterminées par les ordonnances et réglemens ;

2° Des soldes de retraite, pensions, traitemens de réforme et gratifications accordées aux officiers civils et militaires, et aux entretenus du département de la marine ;

3° Des gratifications et secours accordés aux marins, soldats, ouvriers et entretenus du département de la marine, à leurs veuves et à leurs enfans ;

4° Du secours annuel de six mille francs attribué à l'hospice de Rochefort pour la subsistance et l'entretien de douze veuves infirmes et de quarante orphelines de marins, ouvriers et militaires de la marine ;

5° Des gratifications allouées aux officiers et équipages des corsaires, en raison du nombre des prisonniers amenés dans les ports, et du nombre et calibre des canons capturés;

6° Des appointemens attribués au bureau chargé de son administration, des traitemens, taxations et attributions accordés au trésorier général à Paris, et aux trésoriers particuliers dans les ports ;

7° Des frais de bureau administratif, des frais de service du trésorier général et des trésoriers particuliers ; plus, des frais d'impression, soit des rôles d'armement et de désarmement du commerce, soit des états de situation, et généralement de tous autres frais et impressions uniquement relatifs à son administration.

8. La caisse versera, en outre, dans la caisse des invalides de la guerre, le montant de la pension représentative de l'Hôtel, pour tout marin et militaire de la marine qui sera admis à l'Hôtel royal des Invalides.

9. La caisse ne supportera aucuns frais ordinaires que ceux qui seront réglés par notre ministre secrétaire d'Etat de la marine, pour le traitement des agens auxquels seront confiées l'administration et la comptabilité de l'établissement.

A l'égard des frais extraordinaires, il ne sera alloué que ceux nécessaires pour assurer le recouvrement des sommes dues à l'établissement.

10. Si, par succession de temps ou par l'effet de circonstances imprévues et par le résultat d'une bonne et sage administration, la caisse parvenait à réunir des fonds supérieurs aux besoins de son service courant, nous entendons que ces sommes surabondantes soient immédiatement capitalisées et placées au profit de l'établissement en inscriptions sur le grand-livre de la dette publique.

11. Il y aura un trésorier général de la caisse des invalides de la marine à Paris, et des trésoriers particuliers dans chacun des ports où nous jugerons convenable d'en établir. Ces trésoriers, en même temps caissiers des gens de mer et des prises, seront sous les ordres immédiats et exclusifs de l'administration de la marine.

Les trésoriers des ports seront tenus d'avoir, partout où besoin sera, des préposés chargés, sous leurs ordres et leur responsabilité, des recettes locales et remises des fonds.

Le trésorier général et les trésoriers particuliers fourniront un cautionnement dont la nature et la quotité seront fixées par notre ministre secrétaire d'Etat de la marine, d'après l'importance relative de leur service.

12. Les consuls de France établis dans les pays étrangers, et les payeurs généraux dans nos colonies, rempliront provisoirement les fonctions de trésoriers des invalides de la marine et de caissiers des gens de mer et des prises, et se conformeront, à cet égard, aux instructions qui leur seront données par notre ministre secrétaire d'Etat de la marine.

13. Notre ministre secrétaire d'Etat de la marine aura seul la faculté d'ordonner les remises de fonds d'une caisse dans une autre, suivant les besoins du service.

14. Aucune recette ne pourra être admise, aucune dépense ne pourra être allouée sur la caisse des invalides, qu'en vertu d'une ordonnance signée par notre ministre secrétaire d'Etat de la marine.

15. L'administration de la marine est chargée des poursuites à faire pour la rentrée des sommes dues à l'établissement, à quelque titre que ce soit.

Elle est également chargée de vérifier les recettes et dépenses journalières du trésorier général et des trésoriers particuliers, d'inspecter leurs caisses, d'en constater la situation, de prendre connaissance de leurs écritures, et de surveiller toutes leurs opérations et leur comptabilité.

Néanmoins, pour être assurés que le service des invalides, sous le rapport des finances, demeure soumis aux règles générales de la comptabilité, nous conservons à notre ministre secrétaire d'Etat des finances la faculté de faire inspecter la caisse générale à Paris, et les caisses particulières dans les ports, toutes les fois qu'il le jugera convenable.

Les administrateurs de la marine chargés de la surveillance et de l'inspection ordinaires desdites caisses seront tenus d'être présens, afin d'assister et de seconder les agens du Trésor dans ces vérifications extraordinaires.

16. Tous les ans, au 1er du mois de mai, chacun des trésoriers particuliers fermera son compte de l'année précédente, dûment visé et certifié par l'administration de la marine, et l'adressera au trésorier général à Paris.

Le trésorier général réunira tous ces comptes à celui qu'il doit fournir pour sa propre gestion, et en dressera un compte général, qui sera soumis dans le cours de l'année, à l'examen et au jugement de notre cour des comptes.

17. Il sera statué par un règlement particulier sur les fonctions et devoirs des administrateurs

de la marine, des trésoriers et de tous autres agens qui doivent concourir au service de la caisse des invalides; sur les formes à observer de la part des prétendans à des soldes de retraite, demi-soldes, pensions et secours, et enfin sur tous les détails d'administration et comptabilité de l'établissement.

18. Les dispositions de la présente ordonnance seront exécutées à dater du 1er juillet prochain.

En conséquence, le personnel des trésoriers et le matériel des fonds de la caisse des invalides rentreront, à cette époque, sous l'autorité de l'administration de la marine, et tous les dépositaires des caisses cesseront d'être réputés agens du Trésor royal.

19. Sont et demeurent abrogées toutes dispositions contraires à celles de la présente ordonnance.

———

22 = Pr. 3o MAI 1816. — Ordonnance du Roi qui détermine la composition et les attributions, en ce qui concerne la désertion, des conseils de guerre permanens et des conseils de révision établis dans les ports militaires du royaume. (7, Bull. 88, n° 729.)

Louis, etc.

Vu les lois des 3 novembre 1796 (13 brumaire an 5), et 9 octobre 1797 (18 vendémiaire an 6);

Vu les arrêtés des 12 octobre 1803 (19 vendémiaire an 12), 26 mars et 21 avril 1804 (5 germinal et 1er floréal an 12), ensemble les actes subséquens relatifs à la répression de la désertion des officiers-mariniers et marins, et des sous-officiers et canonniers d'artillerie de la marine;

Vu notre ordonnance du 21 février 1816 par laquelle nous avons restitué aux conseils de guerre permanens la connaissance du délit de désertion dans nos troupes de ligne;

Considérant que jusqu'à ce qu'il ait été statué, par un code complet, sur la répression des délits de cette nature, il est de notre justice de faire jouir les marins prévenus de désertion, des dispositions que nous avons récemment arrêtées, et spécialement de la faculté de se pourvoir en révision contre un premier jugement qui les aurait frappés;

Sur le rapport de notre ministre secrétaire d'État de la marine et des colonies,

Nous avons ordonné et ordonnons ce qui suit:

Art. 1er. Les officiers-mariniers et marins, et les sous-officiers, canonniers et ouvriers du corps royal d'artillerie de la marine, prévenus du crime de désertion, seront traduits à des conseils de guerre permanens.

Il sera établi, en conséquence, des conseils de guerre permanens et des conseils de révision dans chacun de nos ports de Brest, Toulon, Rochefort, Lorient et Cherbourg.

2. Conformément aux dispositions des articles 2 et 3 de la loi du 9 novembre 1796 (13 brumaire an 5), le conseil permanent sera composé de sept membres, savoir:

Un capitaine de vaisseau ou colonel du corps royal d'artillerie de la marine, président;

Un officier de la marine ou d'artillerie ayant le rang ou le grade de lieutenant-colonel ou de chef de bataillon;

Deux officiers de la marine ou d'artillerie ayant le rang ou le grade de capitaine;

Deux officiers de la marine ou d'artillerie ayant le rang ou le grade de lieutenant en premier;

Un maître d'équipage ou maître canonnier, ou un sous-officier d'artillerie.

Les fonctions de rapporteur, et celles de commissaire du Roi tant pour l'observation des formes que pour l'application et l'exécution de la loi, seront remplies chacune par un officier de la marine ou d'artillerie ayant le rang ou le grade de capitaine.

Le greffier sera au choix du rapporteur.

3. Le conseil de révision sera composé de cinq membres, ainsi qu'il est prescrit par la loi du 9 octobre 1797 (18 vendémiaire an 6), savoir:

Un officier général de la marine ou du corps royal d'artillerie de la marine, président;

Un capitaine de vaisseau ou colonel d'artillerie;

Un capitaine de frégate ou lieutenant-colonel d'artillerie;

Deux lieutenans de vaisseau ou deux capitaines d'artillerie.

Le rapporteur sera pris parmi les membres du conseil, et choisi par eux.

Il y aura, en outre, près le conseil de révision, un commissaire du Roi.

Le greffier dudit conseil sera au choix du président.

4. Les membres du conseil permanent et du conseil de révision, ainsi que les rapporteurs et commissaires du Roi, seront nommés dans chaque arrondissement par le commandant de la marine.

5. Lorsqu'il s'agira de procéder au jugement d'un officier-marinier ou marin prévenu de désertion, le rapporteur, le commissaire du Roi, et au moins quatre membres du conseil permanent, seront choisis parmi les officiers de la marine.

Ledit conseil devra également être composé en majorité d'officiers d'artillerie de la marine, et le rapporteur, ainsi que le commissaire du Roi, seront pris dans cette arme, quand le prévenu fera partie du corps royal d'artillerie de la marine.

Les conseils de révision seront aussi composés de manière que la majorité des mem_ bres fasse partie du corps auquel appartiendra le prévenu.

6. Dans le cas où il ne se trouverait pas, dans un port, d'officier général de la marine ou du corps royal d'artillerie de la marine pour présider le conseil de révision, ces fonctions seront remplies par un capitaine de vaisseau ou colonel d'artillerie; mais cet officier devra être plus ancien dans son grade que celui qui aura présidé le conseil de guerre permanent.

7. La procédure devant le conseil de guerre permanent aura lieu, quant aux officiers-mariniers et marins, conformément aux dispositions de l'arrêté des 26 mars et 21 avril 1804 (5 germinal et 1ᵉʳ floréal an 12).

A cet effet, lorsqu'il s'agira d'un marin levé pour le service, qui sera prévenu de désertion, ou d'un marin qui aura déserté de l'hôpital ou de la caserne, l'intendant de la marine fera dresser la plainte contre le délinquant par l'administrateur chargé du détail des armemens, des classes, de l'hôpital ou de la caserne, suivant la position dans laquelle se trouvait le marin au moment de sa désertion, et adressera ladite plainte au commandant de la marine.

Lorsqu'il s'agira d'un marin embarqué, la plainte sera portée par le commandant du bâtiment à l'officier général ou supérieur commandant l'escadre, la division ou la rade; et ledit officier général ou supérieur adressera cette plainte au commandant de la marine.

Les conseils de guerre permanens appliqueront aux coupables les peines spécifiées par lesdits arrêtés des 26 mars et 21 avril 1804 (5 germinal et 1ᵉʳ floréal an 12).

8. La procédure contre les sous-officiers et canonniers du corps royal d'artillerie prévenus de désertion continuera d'avoir lieu d'après les dispositions de l'arrêté du 12 octobre 1803 (19 vendémiaire an 12), et des actes subséquens relatifs à nos troupes de ligne; et les peines établies par lesdits actes seront appliquées aux coupables, à l'exception de l'amende de 1,500 fr., qui sera remplacée par la condamnation aux frais de poursuite.

9. Il ne sera point rendu de jugement par contumace contre les prévenus de désertion.

10. Le conseil de révision, sur la demande du commissaire du Roi, ou celle des accusés, révisera les jugemens rendus par le conseil de guerre permanent, en se conformant aux dispositions de la loi du 9 octobre 1797 (18 vendémiaire an 6), en ce qui concerne la compétence des conseils de révision, la forme de procéder, et le renvoi, en cas d'annulation, à un second conseil permanent.

11. Le conseil de guerre permanent et le conseil de révision tiendront leurs séances à terre, dans le local qui sera désigné par le commandant de la marine.

12. Les sous-officiers et soldats de nos troupes de terre embarqués, soit comme garnison, soit comme pasagers, sur nos vaisseaux et autres bâtimens, seront jugés, en cas de désertion, conformément à notre ordonnance du 21 février 1816.

En conséquence, le capitaine du bâtiment remettra, soit au commandant de l'escadre ou division, soit au commandant de la marine, le signalement du déserteur au moment même de sa désertion, pour être envoyé en double expédition à notre ministre de la guerre; il adressera lui-même ce signalement à notre-dit ministre, lorsqu'il naviguera isolément.

Le prévenu qui aura été ramené à bord, y restera détenu jusqu'à ce qu'il soit possible de le renvoyer avec une plainte par-devant l'officier général commandant la division militaire, lequel fera procéder à son jugement.

13. Les dispositions des lois des 3 novembre 1796 (13 brumaire an 5), 9 octobre 1797 (18 vendémiaire an 6), et des arrêtés des 12 octobre 1803 (19 vendémiaire an 12), des 26 mars et 21 avril 1804 (5 germinal et 1ᵉʳ floréal an 12), continueront d'être provisoirement exécutées en ce qui n'est pas contraire à celles de la présente ordonnance.

22=Pr. 30 MAI 1816.— Ordonnance du Roi concernant les dotations à la charge du domaine extraordinaire. (7, Bull. 88, n° 730.)

Voy. sénatus-consulte du 30 JANVIER 1810, titre II, et les notes. *Voy.* lois des finances du 15 MAI 1818, titres X, et du 26 JUILLET 1821.

Louis, etc.

Sur le compte qui nous a été rendu qu'un grand nombre de militaires dotés se sont trouvés, par suite des événemens de la guerre, privés de la jouissance des dotations qui leur avaient été accordées en récompense de leurs services, et en raison des amputations qu'ils ont subies;

Considérant que, si jusqu'à présent l'état du Trésor du domaine extraordinaire nous a empêchés de venir au secours de ces militaires, leur situation n'en a pas moins été l'objet de notre sollicitude;

Que les dispositions de la loi du 12 du mois de janvier dernier, qui privent les individus de la famille de Buonaparte de tous les biens à eux concédés à titre gratuit, nous permettent de suivre les mouvemens de notre cœur paternel envers des sujets arrachés pour la plupart à leurs familles pour servir des projets ambitieux, dont ils ont été les premières victimes;

Considérant aussi que, par suite des événemens du 20 mars, un certain nombre de nos fidèles sujets des armées royales de l'ouest et du midi ont reçu des blessures qui les ont mis hors d'état de continuer leur service, et voulant leur accorder les secours dont ils peuvent avoir besoin, sans que notre Trésor royal en soit grevé :

A ces causes, vu les réclamations adressées au nom des militaires et de plusieurs autres,

Nous avons ordonné et ordonnons ce qui suit :

Art. 1er. Les biens et revenus provenant de la famille Buonaparte qui on fait retour par l'effet de la loi du 12 janvier dernier, sont spécialement affectés au secours à distribuer aux militaires amputés, ainsi qu'aux donataires du domaine extraordinaire de 6e, 5e et 4e classe qui nous seront restés fidèles : ces secours leur seront délivrés en raison de leurs besoins, et jusqu'à ce que nous puissions reconstituer, sur les retours qui s'opéreront, des dotations équivalentes à celles dont ils jouissaient.

2. Néanmoins la rente de 670,000 fr. cinq pour cent consolidés, qui formait la dotation du duché de Guastalla, reste, conformément à l'article 1er de notre ordonnance du 27 mars dernier, affectée au remplacement des rentes illégalement aliénées en vertu des actes des 8 et 16 mai 1815, sauf à restituer au domaine extraordinaire, en vertu de l'article 2 de ladite ordonnance, une rente égale qui sera prise sur les 1, 500,000 fr. de rente déposés, à titre de nantissement, à la Banque de France, dès que ce dépôt sera dégagé.

3. Les militaires de nos armées royales de l'ouest et du midi amputés, ou mis hors d'état de service par suite des événemens du mois de mars 1815, participeront à ces secours :

A cet effet, notre ministre secrétaire d'Etat de la guerre fera dresser et transmettre à notre ministre secrétaire d'Etat de notre maison un état nominatif et énonciatif du grade des militaires par lui reconnus susceptibles d'être admis aux secours accordés par la présente.

4. Le ministre secrétaire d'Etat de notre maison fera prendre possession de tous les biens spécifiés en l'article 1er, et en fera verser les revenus et arrérages au trésor du domaine extraordinaire.

5. Le ministre secrétaire d'Etat de notre maison ordonnera, au profit des militaires et donataires désignés en l'article 1er, des secours qui seront fixés selon les proportions suivantes :

Pour les donataires de la 6e classe, à raison de la moitié du revenu annuel de la dotation ;

Pour la 5e et la 4e classe, à raison du quart du revenu de ces classes.

6. Les militaires de nos armées royales désignés en l'article 3 de la présente seront assimilés aux classes ci-dessus spécifiées, savoir : les soldats et sous-officiers, à la 6e classe : les

officiers, à la 5e classe ; et les officiers supérieurs, à la 4e classe.

7. Il sera fait imputation, sur ces secours, des sommes qui ont pu être payées, à ce titre, à quelques-uns des militaires et donataires désignés en l'article 1er, depuis la perte de leurs dotations.

8. Le ministre secrétaire d'Etat de notre maison est chargé de l'exécution de la présente ordonnance.

———

22 = Pr. 30 MAI 1816. — Ordonnance du Roi ayant pour objet de prévenir les difficultés qui pourraient s'élever sur l'exécution de la loi du 28 avril 1816, en ce qui concerne le paiement des droits de timbre et d'enregistrement auxquels sont assujétis les procès-verbaux, actes et jugemens en matière criminelle, etc. (7, Bull. 88, n° 731.)

Louis, etc.

Sur le rapport de notre amé et féal chevalier le sieur Dambray, chancelier de France, chargé du portefeuille du ministère de la justice ;

Vu les lois du 13 brumaire et 22 frimaire an 7 sur le timbre et l'enregistrement, et les articles 38, 43 et 71 de la loi du 28 avril dernier sur les finances ;

Voulant prévenir les difficultés qui pourraient s'élever sur l'exécution de cette dernière loi, en ce qui concerne le paiement des droits de timbre et d'enregistrement auxquels sont assujétis les procès-verbaux, actes et jugemens en matière criminelle, correctionnelle et de police, et assurer, autant qu'il est possible, la perception des revenus publics, sans entraver la marche de la justice répressive, si nécessaire au maintien de la tranquillité publique et de l'ordre social,

Nous avons ordonné et ordonnons ce qui suit :

Art. 1er. Les procès-verbaux, actes et jugemens en matière criminelle, lorsqu'il n'y a pas de partie civile, continueront à être exempts de la formalité de l'enregistrement, ou à être enregistrés gratis, conformément aux dispositions de l'article 70, § 2, n° 3 et § 3, n° 9, de la loi du 22 frimaire an 7.

Tous autres actes et jugemens en matière criminelle, correctionnelle et de police, qui étaient précédemment soumis à l'enregistrement sur les expéditions, seront, conformément à l'article 38 de la loi du 28 avril dernier, enregistrés sur les minutes ou originaux dans les vingt jours de leur date.

2. Lorsqu'il y aura une partie civile, les droits seront acquittés par elle. A cet effet, le greffier pourra exiger d'avance la consignation entre ses mains du montant des droits. A défaut de cette consignation et de l'accomplissement de la formalité dans le délai pres-

crit, le recouvrement du droit ordinaire et du droit en sus sera poursuivi contre la partie civile, par le receveur de l'enregistrement, sur l'extrait du jugement que le greffier sera tenu de lui délivrer dans les dix jours qui suivront l'expiration du délai fixé pour l'enregistrement, le tout conformément à l'article 37 de la loi du 22 frimaire an 7.

3. Tout greffier qui aura négligé de faire enregistrer, dans le délai fixé, les jugemens pour l'enregistrement desquels le montant des droits lui aura été consigné, ou qui, dans les dix jours qui suivront l'expiration de ce délai, n'aura pas remis au receveur de l'enregistrement l'extrait des jugemens non enregistrés faute de consignation des droits par la partie civile, sera personnellement tenu au paiement des droits et de l'amende pour chaque contravention, conformément aux articles 35 et 37 de la même loi.

4. Dans les affaires de police correctionnelle ou de simple police qui sont poursuivies à la seule requête du ministère public, sans partie civile, ou même à la requête d'une administration publique agissant dans l'intérêt de l'Etat, d'une commune ou d'un établissement public, la partie poursuivante ne sera pas tenue de consigner d'avance le montant des frais de poursuite ni des droits d'enregistrement auxquels peuvent donner lieu les jugemens; mais les minutes de ces jugemens devront être enregistrées en débet, conformément au § 1er de l'article 70 de la loi du 22 frimaire an 7, et il y aura lieu de suivre la rentrée des droits contre les parties condamnées, en même temps et de la même manière que celle des frais de justice.

Les dispositions du présent article ne sont pas applicables à la régie des contributions indirectes, laquelle continuera à faire l'avance des frais de poursuite et des droits de timbre et d'enregistrement, dans toutes les affaires poursuivies à sa requête et dans son intérêt ou celui de ses agens.

5. Les actes et procès-verbaux des huissiers, gendarmes, préposés, gardes champêtres ou forestiers (autres que ceux des particuliers), et généralement tous actes et procès-verbaux concernant la police ordinaire, et qui ont pour objet la poursuite et la répression des délits et contraventions aux réglemens généraux de police ou d'impositions, continueront à être visés pour timbre et enregistrés en débet lorsqu'il n'y aura pas de partie civile poursuivante, ou qu'elle aura négligé ou refusé de consigner les frais de poursuite, sauf à poursuivre le recouvrement des droits contre qui il appartiendra.

Le *visa* du receveur de l'enregistrement devra toujours faire mention du montant des droits en suspens, pour en faciliter l'emploi et le recouvrement dans la taxe des frais.

6. Notre chancelier de France, chargé du portefeuille de la justice, et notre ministre des finances sont chargés de l'exécution de la présente ordonnance.

---

22 MAI = Pr. 3 JUIN 1816. — Ordonnance du Roi relative aux statuts de l'ordre royal et militaire de Saint-Louis et du Mérite militaire, et au rang que prendront, dans les cérémonies publiques, les membres de cet ordre, et ceux de la Légion-d'Honneur. (7, Bull. 89, n° 760.)

Louis, etc.

Voulant remettre en vigueur les statuts de notre ordre royal de Saint-Louis et du Mérite militaire, et ayant à prononcer sur des questions qui nous ont été soumises, relativement à l'exécution de plusieurs dispositions du titre VI de l'ordonnance du 26 mars dernier;

Nos ministres secrétaires d'Etat entendus,

Nous avons ordonné et ordonnons ce qui suit:

Art. 1er. Notre chancelier et garde-des-sceaux de France remplira les fonctions de chancelier et garde-des-sceaux de l'ordre royal et militaire de Saint-Louis et du Mérite militaire, conformément à l'art. 13 de l'édit de création du mois d'avril 1693, et à l'art. 28 de l'édit du mois de janvier 1779. A cet effet, le sceau de l'ordre sera rétabli tel qu'il existait, et demeurera entre les mains de notre chancelier de France.

2. Les brevets que nous accorderons aux officiers de nos armées qui auront été choisis par nous pour être chevaliers dudit ordre, ou que nous jugerons convenable d'élever aux dignités de commandeur ou de grand'-croix, seront signés, pour les officiers de nos troupes de terre, par notre ministre secrétaire d'Etat de la guerre; et pour les officiers du service de mer, par notre ministre secrétaire d'Etat de la marine. Ils seront tous scellés du sceau dudit ordre de Saint-Louis.

3. L'administration de l'ordre est confiée à notre ministre secrétaire d'Etat de la guerre. Il en dirigera et surveillera toutes les parties, la perception des revenus, les paiemens et les dépenses, en se conformant d'ailleurs aux dispositions de l'édit du mois de janvier 1779 relatif à la suppression des officiers d'administration.

4. Les grand's-croix de l'ordre royal de Saint-Louis et du Mérite militaire prendront rang, dans les cérémonies publiques, avec les grand's-croix de la Légion-d'Honneur, par ancienneté de nomination;

Les grands-officiers de la Légion, avec les commandeurs de Saint-Louis, également par ancienneté de nomination;

Les commandeurs de la Légion, après les précédens;

Les officiers de la Légion, avec les chevaliers de Saint-Louis, par ancienneté de nomination, et avant les chevaliers de la Légion-d'Honneur.

5. Nos ministres sont chargés de l'exécution de la présente ordonnance.

---

22 MAI = Pr. 6 JUIN 1816. — Ordonnance du Roi contenant réglement sur l'administration de la caisse d'amortissement, et de la caisse des dépôts et consignations, créées par la loi du 28 avril 1816. (7, Bull. 90, n° 769.)

Voy. ordonnance du 3 JUILLET 1816 ; loi du 25 MARS 1817, titres X et XI ; ordonnance du 12 MAI 1825.

Louis, etc.

Vu la loi du 28 avril 1816 portant, titre X, établissement d'une caisse d'amortissement et d'une caisse de dépôts et consignations;

Sur le rapport de notre ministre secrétaire d'Etat des finances, et d'après la proposition de la commission de surveillance de ces deux établissemens;

Considérant que la distinction établie par la loi entre les opérations de la caisse d'amortissement et celles de la caisse des dépôts et consignations ne s'oppose pas à ce que ces deux caisses puissent être dirigées par une même administration, comme elles sont surveillées par une même commission; que cette unité d'administration présente des avantages réels pour le service, et des ressources d'économie; que, pour remplir le vœu de la loi, et fonder la confiance publique sur des bases solides, il suffit que les opérations et les écritures de l'un et de l'autre de ces établissemens soient tellement distinctes, que la situation de chaque caisse puisse être instantanément vérifiée et arrêtée, de manière à prévenir tous abus, confusions et détournemens de deniers,

Nous avons ordonné et ordonnons ce qui suit :

TITRE Iᵉʳ. De l'administration.

Art. 1ᵉʳ. Il y aura une seule administration pour la caisse d'amortissement et pour celle des dépôts et consignations créées par la loi du 28 avril 1816.

2. L'administration de ces deux caisses sera exercée par un directeur général, qui aura sous ses ordres un sous-directeur, un caissier, et le nombre de chefs et employés nécessaire pour le service.

3. Les deux établissemens, quoique placés dans le même local et soumis à la même administration, seront invariablement distincts. Il sera tenu pour chacun des livres et registres séparés. Leurs écritures et leurs caisses ne seront jamais confondues ; la vérification en sera toujours faite simultanément, afin d'en garantir plus sûrement l'exactitude.

4. La clôture des livres et registres de l'ancienne caisse d'amortissement sera faite au 31 mai 1816; son bilan sera dressé, et sa situation sera constatée et arrêtée par la commission speciale que nous avons nommée à cet effet, en présence des commisssaires surveillans, qui assisteront à cette vérification avec le directeur général et le caissier du nouvel établissement.

5. Cette opération étant terminée, les espèces existant en caisse et les effets en portefeuille qui intéresseront les dépôts et consignations, ainsi que les services réunis à la nouvelle caisse, seront remis à son caissier, qui en délivrera récépissé, et s'en chargera en recette à titre de dépôt.

6. La remise ainsi faite des deniers en caisse et des effets en portefeuille provenant de l'ancienne caisse d'amortissement, ne sera réputée que provisoire ; elle ne pourra préjudicier aux droits respectifs du Trésor et de la caisse des dépôts et consignations qui résulteront de la liquidation définitive de ladite caisse d'amortissement, lesquels droits seront réglés par nous ultérieurement, ainsi qu'il appartiendra.

7. La nouvelle administration des deux caisses d'amortissement et des dépôts et consignations entrera en exercice le 1ᵉʳ juin prochain. Il sera ouvert, pour chacune, de nouveaux livres et registres, et les écritures seront passées à comptes nouveaux.

TITRE II. Du directeur général.

8. Le directeur général prêtera serment devant la commission de surveillance, entre les mains du président.

9. Il ordonnera toutes les opérations et réglera les diverses partie du service des deux établissemens ; il prescrira les mesures nécessaires pour la tenue régulière des livres et des caisses ; il tiendra la main à ce que les écritures en soient distinctes et les fonds séparés ; il ordonnancera les paiemens de toute nature ; il visera et arrêtera les divers états de situation et comptes ; il signera la correspondance générale et en fera tenir registre.

10. Il donnera à la commission de surveillance, toutes les fois qu'elle le requerra, tous les documens et renseignemens qu'elle jugera utiles pour l'exercice de sa surveillance ; il lui proposera ses vues pour l'amélioration des deux établissemens. Il nous en sera référé, s'il y a lieu, par cette commission et par l'intermédiaire de notre ministre des finances, pour être par nous ordonné ce qu'il appartiendra.

11. Les employés de tout grade des deux établissemens seront à la nomination du directeur général, qui pourra les révoquer.

Ceux attachés à la caisse seront aussi nommés par lui, mais sur la présentation du caissier.

Titre III. Du sous-directeur.

12. Le sous-directeur sera chargé habituellement, sous les ordres du directeur général, de suivre les parties du service dont celui-ci jugera à propos de lui confier la direction particulière.

13. En cas d'absence ou de maladie du directeur général, le sous-directeur le remplacera dans l'exercice de ses fonctions. Il sera, dans ce cas, soumis aux mêmes règles et à la même responsabilité que le directeur général.

14. Le sous-directeur prêtera serment devant la commission de surveillance, entre les mains du président.

Titre IV. Du caissier.

15. Le caissier, avant d'entrer en fonctions, fournira, pour sûreté de sa gestion, un cautionnement de cent mille francs en numéraire.

Il ne pourra être admis au serment, qu'il prêtera devant notre cour des comptes, et ne sera installé qu'après avoir justifié du versement de son cautionnement au Trésor.

16. Il sera chargé de la recette, garde et conservation des deniers et valeurs actives déposés entre ses mains à quelque titre que ce soit.

Il acquittera toutes les dépenses et soldera tous les effets payables à la caisse.

Il tiendra, pour chaque caisse, des journaux distincts, sur lesquels il inscrira, jour par jour, ses recettes et ses dépenses.

17. Il sera responsable des erreurs et des déficits autres que ceux provenant de force majeure.

18. Les effets et valeurs actives seront passés à l'ordre du caissier, et adressés au directeur général, qui visera les accusés de réception donnés par le caissier.

19. Le caissier signera et délivrera les récépissés des fonds versés à sa caisse; ces récépissés ne seront valables et ne donneront droit contre l'administration qu'autant qu'ils seront visés par le directeur général.

Il restera personnellement responsable envers les ayant-droit, pour raison des accusés de réception et des récépissés qui ne seraient revêtus que de sa signature.

20. Aucun paiement ne pourra être fait par le caissier que sur pièces justificatives en règle, et en vertu des mandats du directeur général.

21. Chaque jour le caissier donnera au directeur général, pour chacune des caisses, un état de situation par recette, dépense et restant en caisse; cet état, fait double, sera certifié par lui et arrêté par le directeur général, qui gardera l'un des doubles et remettra l'autre au caissier.

Il remettra aussi, chaque jour, au chef de la comptabilité, les états des recettes et paiemens par lui faits, pour être inscrits sur le journal général.

22. Tous les mois le caissier remettra au chef de la comptabilité les pièces justificatives des recettes et dépenses par lui faites dans le mois pour être vérifiées.

La situation de sa caisse sera vérifiée par le directeur général au moins une fois par mois, indépendamment des vérifications que la commission de surveillance pourra faire toutes les fois qu'elle le jugera utile.

23. Le caissier dressera, chaque année, deux comptes des recettes et dépenses par lui faites pendant ladite année, l'un pour la caisse d'amortissement, l'autre pour celle des dépôts et consignations.

Ces deux comptes, appuyés des pièces justificatives, seront remis, dans le mois qui suivra l'expiration de l'année de chaque exercice; ils seront vérifiés à l'administration et arrêtés provisoirement par le directeur général.

24. Outre le traitement attribué au caissier, il lui sera accordé une indemnité payable tous les six mois.

Titre V. Dispositions particulières à la caisse d'amortissement.

25. Les rentes sur le grand-livre de la dette publique acquises pas la caisse d'amortissement seront inscrites en son nom. Il sera fait mention sur les inscriptions au grand-livre qu'elles ne peuvent être transférées; et il sera, en outre, apposé sur les extraits desdites inscriptions qui seront délivrés au nom de la caisse, un timbre portant ces mots: *Non transférables.*

26. Tous transferts desdites inscriptions qui seraient faits nonobstant les défenses ci-dessus seront néanmoins valables à l'égard des acquéreurs; le recours, dans ce cas, sera exercé par le Gouvernement contre les agens du Trésor et de la caisse d'amortissement, ainsi que contre tous autres fauteurs ou complices du délit, conformément aux dispositions de l'article 109 de la loi du 28 avril 1816.

Titre VI. Dispositions particulières à la caisse des dépôts et consignations.

27. Le directeur général est autorisé à se servir de l'intermédiaire des receveurs généraux, pour effectuer dans les départemens les recettes et dépenses qui concernent la caisse des dépôts et consignations.

28. Les receveurs généraux seront comptables, envers la caisse des dépôts et consi-

gnations, des recettes et dépenses qui leur seront confiées par ladite caisse.

29. Ils seront responsables des erreurs qu'ils auront commises, ainsi que des recettes et dépenses qui n'auront pas été valablement justifiées, conformément aux lois sur la comptabilité.

30. Ils adresseront, tous les mois, au directeur général, les états, par eux certifiés, des recettes qu'ils auront faites et des paiemens qu'ils auront effectués dans le mois, avec les pièces justificatives et un bordereau en double expédition.

L'un de ces bordereaux restera, avec les états et pièces, au bureau de la comptabilité, pour servir aux vérifications qui y seront faites; l'autre sera renvoyé au comptable avec les observations dont les états et pièces auront été reconnus susceptibles.

31. Ils seront, en outre, tenus de dresser et remettre à l'administration, dans le premier mois qui suivra la fin de chaque année d'exercice, le compte général des recettes et dépenses par eux faites, pendant ladite année, pour la caisse des dépôts et consignations.

Les comptes annuels, certifiés par chaque receveur général et appuyés des pièces justificatives, seront vérifiés à l'administration et arrêtés provisoirement par le directeur général.

32. Dans le second mois de l'année qui suivra chaque exercice, le directeur général fera adresser aux administrations et établissemens pour qui la caisse des dépôts et consignations est chargée de faire des recettes et dépenses, le compte général de l'année concernant chaque administration ou établissement.

Ces comptes devront être renvoyés dans le mois suivant au directeur général, après avoir été arrêtés par lesdits établissemens et administrations.

Ils seront joints au compte général de la caisse des dépôts et consignations.

33. L'indemnité à accorder aux receveurs généraux, en raison du service dont ils pourront être chargés par la caisse des dépôts et consignations, sera réglée de concert entre notre ministre secrétaire d'Etat des finances et la commission de surveillance.

Titre VII. Des dépenses administratives.

34. Le traitement du directeur général est fixé par année à vingt mille francs;

Celui du sous-directeur, à douze mille francs;

Celui du caissier, à douze mille francs, compris une indemnité de trois mille francs.

Les appointemens des chefs et employés des bureaux sont fixés annuellement à la somme de quatre-vingt-dix-neuf mille six

cents francs, compris l'abonnement pour frais de négociation de la caisse d'amortissement, et les honoraires de l'avocat, conformément à l'état annexé à notre présente ordonnance.

35. Il sera de plus fait un fonds annuel de seize mille huit cents francs pour gratifications, auquel le directeur, le sous-directeur, et le caissier ne participeront pas, et qui sera réparti, tous les six mois, entre les chefs, employés et surnuméraires, à raison de la capacité, de l'exactitude et du zèle qu'ils auront montrés dans l'exercice de leurs fonctions.

L'état des répartitions, après avoir été préalablement soumis à la commission de surveillance, sera arrêté par le directeur général.

36. Les dépenses variables pour frais de bureau, bois, lumières, entretien et réparations des bâtimens, et autres de diverses natures, sont évaluées, pour la présente année, sur le pied de vingt mille francs par an.

37. A l'avenir, le directeur général présentera, avant la fin de l'année, à la commission de surveillance, un état détaillé et certifié par lui, des dépenses administratives à faire pour l'année suivante. Cet état, revêtu de l'avis de la commission, sera soumis à notre approbation.

38. Les dépenses administratives seront acquittées par le caissier. L'emploi en sera justifié par états, mémoires réglés, mandats du directeur général, et par les acquits des parties prenantes. Elles ne pourront être excédées sans une autorisation spéciale donnée par nous, sur la proposition de la commission de surveillance, sous peine de responsabilité solidaire, pour raison de l'excédant, contre le directeur général qui l'aurait ordonné et le caissier qui l'aurait acquitté.

39. Les employés de l'ancienne caisse d'amortissement non compris dans la présente organisation qui ne resteront pas attachés aux bureaux du Trésor, ou qui ne seront pas replacés dans une administration publique, jouiront, à titre d'indemnité, à dater du 1er juin 1816, de quatre mois de leur traitement, qui leur sera payé chaque mois par le Trésor. Il sera accordé, sur le rapport de notre ministre des finances, des pensions de retraite à ceux d'entre eux qui y auront droit en raison de leurs services.

Titre VIII. De la présentation, vérification et du jugement définitif des comptes.

40. Les comptes annuels du caissier, tant pour la caisse d'amortissement que pour celle des dépôts et consignations, et ceux des receveurs généraux pour les recettes et dépenses par eux faites dans les départemens au nom de cette dernière caisse, seront présen-

tés et remis, avec les états et pièces justificatives nécessaires à leur vérification, dans les six mois qui suivront chaque exercice expiré, à notre cour des comptes, qui les vérifiera, jugera et apurera définitivement.

41. Les livres et registres de la caisse ne seront point déplacés; mais la cour des comptes pourra en faire prendre telle communication qu'elle jugera utile pour la vérification des comptes.

42. Le caissier et les receveurs généraux dont les recettes auront été reconnues exactes et les dépenses justifiées par pièces valables et régulières, seront déchargés de leurs gestions respectives, et obtiendront de notre cour des comptes leur *quitus* définitif.

43. Les pièces de comptabilité ne pourront être brûlées avant un délai de cinq ans après l'expiration de l'exercice des comptes auxquels elles appartiendront, distraction faite préalablement de celles qui pourraient être utiles à l'administration comme renseignemens.

44. Notre ministre des finances est chargé de l'exécution de la présente ordonnance.

---

22 MAI=Pr. 24 JUIN 1816.—Ordonnance du Roi portant reconstitution du domaine extraordinaire. (7, Bull. 94, n° 813.)

Voy. sénatus-consulte du 30 JANVIER 1810, titre II; loi du 15 MAI 1818, titre X.

Louis, etc.

Sur le compte qui nous a été rendu des actes et réglemens relatifs au domaine extraordinaire, nous avons reconnu que cette institution, en devenant dorénavant étrangère au système d'invasion perpétuelle qui lui servait de base, nous offrirait les moyens de récompenser les services rendus à l'État, et d'encourager les sciences et les arts, et il nous a paru nécessaire de modifier ces actes et réglemens d'une manière conforme à leur objet. En conséquence, et jusqu'à ce que nous puissions proposer les mesures législatives qui doivent amener ces modifications, nous avons jugé à propos d'adopter les dispositions suivantes, afin de pourvoir dès à présent à l'administration des revenus et à l'acquittement des charges de ce domaine :

A ces causes,

Ouï le rapport de notre ministre et secrétaire d'État des finances, et de l'avis de notre conseil,

Nous avons ordonné et ordonnons ce qui suit :

Art. 1er. Les biens mobiliers et immobiliers, droits et actions du domaine extraordinaire, actuellement existans, continueront à former, sous la même dénomination, un domaine distinct et séparé de celui de l'État et de celui de la couronne.

2. Toute disposition légale et réalisée par une transmission effective faite jusqu'à ce jour, de biens de ce domaine, sortira son plein et entier effet, en tant qu'il n'y aura pas été dérogé par les traités et conventions, ou par des lois spéciales.

3. Les fonctions attribuées par l'acte du 30 janvier 1810 à l'intendant général du domaine extraordinaire seront remplies par le ministre secrétaire d'État de notre maison, qui aura sous ses ordres un intendant et un trésorier.

4. Les attributions de l'intendant et du trésorier seront déterminées par nous, sur le rapport de notre ministre secrétaire d'État de notre maison.

5. Le budget du domaine extraordinaire sera réglé, chaque année, par nous, sur le rapport de notre ministre secrétaire d'État de notre maison.

6. Notre ministre secrétaire d'État de notre maison mettra sous nos yeux, le plus promptement possible, un état général de la situation, de la consistance et des ressources actuelles du domaine extraordinaire, et nous proposera les moyens les plus convenables pour venir au secours des donataires blessés ou pauvres qui ont perdu leurs dotations.

7. Les réglemens actuels concernant le domaine extraordinaire continueront à être exécutés en tout ce qui ne sera pas contraire aux dispositions des présentes.

8. Nos ministres de notre maison et des finances sont chargés de l'exécution de la présente ordonnance.

---

24 MAI=Pr. 3 JUIN 1816.—Ordonnance du Roi relative aux inscriptions hypothécaires prises au bureau du conservateur de Porentrui, séparé du royaume par les derniers traités, sur des immeubles situés dans les cantons de Montbéliard et d'Audincourt, réunis au département du Doubs. (7, Bull. 89, n° 761.)

Art. 1er. Les droits de privilége et hypothèque acquis par des inscriptions prises au bureau du conservateur de Porentrui, séparé de notre royaume par les derniers traités, sur des immeubles situés dans les cantons de Montbéliard et d'Audincourt, réunis au département du Doubs, et qui ne se conservent pas indépendamment de l'inscription sur les registres du conservateur, ainsi que les transcriptions faites au même bureau, sont maintenus dans la priorité de leur date en remplissant les conditions suivantes.

2. Les porteurs des bordereaux d'inscriptions ou de contrats, ainsi que des certificats de transcription, seront tenus de les représenter, dans le délai de six mois, au conservateur des hypothèques de Montbéliard, département du Doubs, qui les portera sur

son registre suivant l'ordre des présentations, avec la date primitive de l'inscription ou transcription, dont il sera fait mention tant sur ledit registre que sur les bordereaux d'inscriptions ou les certificats de transcription.

3. Les bordereaux d'inscriptions, les certificats de transcription, qui n'auront pas été présentés au conservateur des hypothèques de Montbéliard avant l'expiration du délai ci-dessus déterminé, n'auront effet qu'à compter du jour de l'inscription qui en sera faite postérieurement.

Dans le même cas, les priviléges dégénéreront en simple hypothèque, et n'auront rang que du jour de leur inscription.

4. Notre chancelier de France et notre ministre des finances sont chargés de l'exécution de la présente ordonnance.

24 MAI 1816. — Ordonnance du Roi qui permet au sieur Boudin de joindre à son nom celui de Roville. (7, Bull. 96, n° 846.)

24 MAI 1816. — Ordonnance du Roi qui autorise le sieur Ferrière à fixer sa résidence dans le royaume de Wurtemberg. (7, Bull. 199, n° 3682.)

24 MAI 1816. — Ordonnances du Roi qui accordent des lettres de déclaration de naturalité aux sieurs Grand-Jean, Daenzer, Reymond, Nysten, Galvrey, Massay, Eydallin, Sylvestre, Gellel, Simon, Vérany, Marquet et Schwertfeger. (7, Bull. 86, 101, 116, 134, 153, 166, 168, 178, 197.)

24 MAI 1816. — Ordonnance du Roi qui admet les sieurs Hittorf, Kanckel, Eckert, Borts, Koubola et Stanhope-Holland, à établir leur domicile en France. (7, Bull. 96, n° 845.)

25 MAI 1816. — Ordonnance du Roi qui nomme et institue membre de la Cour de cassation M le Picard, en remplacement de M. Babille nommé conseiller honoraire en cette cour. (7, Bull. 97, n° 717.)

27 MAI — 11 JUIN 1816. — Ordonnance du Roi qui annulle, pour cause d'incompétence, des arrêtés pris par le préfet de la Seine, au sujet d'un marché passé entre ce magistrat et un fournisseur, et renvoie les parties à traiter de gré à gré sur le paiement des fournitures, ou, en cas de contestation, devant le conseil de préfecture. (7, Bull. 91, n° 780)

Louis, etc.

Sur le rapport du comité du contentieux; vu le pourvoi formé par le sieur Levacher-Duplessis, enregistré au secrétariat du comité du contentieux de notre Conseil-d'Etat,

le 11 février 1815, contre un arrêté du préfet du département de la Seine en date du 12 novembre 1812, approuvé par le ministre de l'intérieur le 5 décembre suivant, et aussi contre deux autres arrêtés du même préfet sous les dates des 3 septembre et 12 décembre 1812;

Vu les conclusions de la requête introductive dudit pourvoi, portant qu'il nous plaise ordonner que le marché passé entre le suppliant et le préfet du département de la Seine sera exécuté suivant sa forme et teneur; qu'en conséquence, et attendu qu'il résulte dudit marché que la fourniture du pain devait être payée dans une proportion qui avait pour base le prix moyen du sac de farine première qualité établi à la halle de Paris, d'après les transactions libres du commerce, et que dès lors, si les transactions libres qui avaient lieu à la halle de Paris avaient été interrompues par le fait du Gouvernement, qui a cru devoir s'y constituer le seul vendeur et fixer arbitrairement un prix, il devient indispensable de recourir au prix moyen du blé, tel qu'il était établi par les transactions libres;

Vu le marché de fourniture de pain passé, le 1er messidor an 10, entre le préfet du département de la Seine et le sieur Levacher-Duplessis, lequel marché détermine, par son article 9, la base des paiemens à faire aux fournisseurs, et règle, par son article 15, que toutes les contestations qui pourraient s'élever sur l'exécution du marché seront jugées administrativement;

Vu l'arrêté du préfet du département de la Seine en date du 3 septembre 1812, qui dispose que les fournitures faites en pain aux prisons de Paris et de Bicêtre et à la maison de répression de Saint-Denis, seront réglées et payées, à dater du 13 mai 1812, jusqu'à ce que l'ordonnance de maximum alors en vigueur cesse d'avoir son effet, sur le pied de cent cinq francs le sac de première qualité;

Vu l'arrêté du 12 novembre 1812, approuvé par le ministre de l'intérieur le 5 décembre suivant, lequel arrêté fait au paiement des fournitures du sieur Levacher-Duplessis l'application des dispositions d'un arrêté antérieur concernant le pain fourni aux compagnies de réserve; en conséquence, écarte de ses réclamations le service des mois de janvier et février 1812, et le soumet, pour le paiement de ses fournitures de mars, avril et des douze premiers jours de mai de la même année, à prendre pour base un terme moyen composé du prix du sac de blé et de celui du sac de farine vendus à la halle de Paris;

Vu l'arrêté du préfet du département de la Seine du 12 décembre 1812, lequel est exécutoire du précédent, et règle, d'après les bases qu'il a fixées, le décompte des fournitures du sieur Duplessis pour les mois de mars, avril et les douze premiers jours de mai 1812 ;

Vu les observations produites par le préfet du département de la Seine en défense des arrêtés attaqués, ensemble toutes les pièces jointes au dossier ; considérant qu'il s'agissait de prononcer sur une contestation relative à l'exécution d'un marché ; que, par conséquent, cette affaire était du ressort du conseil de préfecture ; que le préfet avait d'autant moins le droit de la juger, qu'il était partie contractante ;

Notre Conseil-d'État entendu,

Nous avons ordonné et ordonnons ce qui suit :

Art. 1er. Les arrêtés du préfet du département de la Seine sous les dates du 3 septembre, 12 novembre et 12 décembre 1812, sont annulés pour cause d'incompétence.

2. Les parties sont renvoyées à traiter de gré à gré sur le paiement de ces fournitures, ou en cas de contestation, devant le conseil de préfecture.

3. Notre chancelier de France, chargé par *interim* du portefeuille du ministre de la justice, est chargé de l'exécution de la présente ordonnance.

——————

27 MAI 1816. — Ordonnance du Roi relative à la tontine d'épargnes (1).

——————

29 MAI = Pr. 3 JUIN 1816. — Ordonnance du Roi qui détermine celles des attributions de l'ancien ministère des cultes qui ressortissent à M. l'archevêque de Reims, grand aumônier de France, et celles qui restent exclusivement affectées au ministère de l'intérieur. (7, Bull. 89, n° 762.)

Art. 1er. Notre ordonnance du 24 septembre 1814 qui attribue à notre cousin l'archevêque de Reims, notre grand aumônier, la présentation des sujets les plus dignes d'être promus aux archevêchés, évêchés et autres titres ecclésiastiques, ainsi que la nomination des bourses fondées dans les séminaires, continuera d'être exécutée selon sa forme et teneur. A cet effet, l'abbé de la Fare, évêque de Nancy, premier aumônier de notre bien-aimée nièce Madame, duchesse d'Angoulême, reste adjoint à notre cousin l'archevêque de Reims, notre grand aumônier (2).

2. L'administration générale des cultes est supprimée, et toutes leurs attributions, autres que celles fixées par l'article 1er de la présente ordonnance, et qui dépendaient de l'ancien ministère des cultes, restent exclusivement affectées au ministère de l'intérieur.

3. Les dispositions de nos ordonnances contraires à la présente sont révoquées.

4. Notre ministre de l'intérieur est chargé de l'exécution de la présente ordonnance.

——————

29 MAI = Pr. 6 JUIN 1816. — Ordonnance du Roi portant nomination du directeur général, du directeur adjoint et du caissier de la caisse d'amortissement, et fixation du traitement de ces fonctionnaires. (7, Bull. 90. n° 770.)

Louis, etc.

Vu le titre X de la loi du 28 avril dernier qui crée, article 99, une nouvelle caisse d'amortissement ;

Après avoir, conformément au même article, pourvu, par notre ordonnance du 28 de ce mois, à la composition de la commission chargée de surveiller ces établissemens, désirant procéder au complément de l'organisation prescrite par la loi ;

Vu l'article 100, portant que « la caisse « d'amortissement sera dirigée par un direc- « teur général, auquel il pourra être adjoint « un sous-directeur, et qu'il y aura un cais- « sier responsable ; » vu l'article 101, d'après lequel ces fonctionnaires doivent être nommés par nous ; voulant statuer sur ces nominations ;

Sur le rapport de notre ministre secrétaire d'État des finances,

Nous avons ordonné et ordonnons ce qui suit :

Art. 1er. Le sieur Dutramblay père est nommé directeur général de la caisse d'amortissement, avec un traitement de vingt mille francs.

Le sieur Desfougerais, député, est nommé directeur-adjoint, avec un traitement de douze mille francs.

Le sieur Gravier, député, est nommé caissier, avec un traitement de neuf mille francs, auquel sera ajoutée une indemnité de trois mille francs, pour le couvrir des erreurs et mécomptes.

2. Ces fonctionnaires entreront en fonctions le 1er du mois prochain.

——————

(1) Cette ordonnance n'est point au Bulletin des Lois ; elle est rappelée par celle du 7 octobre 1818 relative à la régie et à l'administration des établissemens sous le titre de *Tontines d'épargnes.*

(2) *Voy* l'ordonnance du 26 août 1824, qui crée le ministère des affaires ecclésiastiques.

29 MAI = Pr. 14 JUIN 1816. — Ordonnance du Roi ayant pour objet d'assurer l'exécution des dispositions des titres III et IV de la loi du 28 avril 1816, qui déterminent le mode de liquidation et d'acquittement de l'arriéré antérieur au 1er janvier même année, ainsi que le remboursement de la réquisition de guerre levée en 1815. (7, Bull. 91, n° 781.)

Voy. ordonnances des 13 JANVIER 1819, et 20 DÉCEMBRE 1820 ; loi du 8 MARS 1821.

Louis, etc.

Vu les dispositions des titres III et IV de la loi du 28 avril dernier qui déterminent le mode de liquidation et d'acquittement de l'arriéré antérieur au 1er janvier 1816, ainsi que le remboursement de la réquisition de guerre levée en 1815 ;

Voulant assurer l'exécution de ces dispositions, et régler la marche des opérations du Trésor en cette partie ;

Sur le rapport de notre ministre secrétaire d'État des finances,

Nous avons ordonné et ordonnons ce qui suit :

Art. 1er. Les titulaires d'ordonnances de l'arriéré expédiées postérieurement au 4 mai, présent mois, date de la promulgation de cette loi, qui, en usant de la faculté accordée par l'article 14, réclameront leur paiement en rentes cinq pour cent consolidés, seront immédiatement inscrits au grand-livre, avec jouissance du 22 septembre 1816. Les arrérages antérieurs, à compter du 5 dudit mois de mai, seront acquittés à l'échéance, sur des mandats spéciaux qui seront délivrés en même temps que l'extrait d'inscription.

2. La jouissance des arrérages, à l'égard des ordonnances antérieures au 5 mai 1816, continuera d'être accordée, savoir : pour les exercices 1809 et antérieurs, à compter de la date de l'ordonnance ; et pour les exercices 1810 et suivans, à compter du premier jour du semestre dans lequel l'ordonnance aura été expédiée.

3. Les reconnaissances de liquidation qui doivent, en exécution de l'article 13 de la même loi, être données en paiement à ceux qui ne réclameront pas l'inscription immédiate au grand-livre, seront délivrées par le directeur du grand-livre, dans la forme du modèle N° 1er joint à la présente. Les paiemens de cette nature, comme tous ceux en effets de la dette publique, ne pourront être effectués qu'à Paris.

4. L'échéance des intérêts des reconnaissances de liquidation sera comme pour les cinq pour cent consolidés, 22 mars et 22 septembre de chaque année. Ces intérêts courront ludit jour 5 mai 1816.

5. La conversion de ces reconnaissances en cinq pour cent consolidés, suivant la faculté accordée par la même loi, s'opérera, sauf les droits des tiers opposans ou cessionnaires, par un simple dépôt à la direction de la dette publique, appuyé d'une demande d'inscription signée du propriétaire ou d'un fondé de pouvoirs, et des expéditions ou extraits des actes établissant la propriété, s'il y eu mutation depuis le paiement.

6. Les créances au-dessous de mille francs en capital, qui ne peuvent donner lieu à une inscription au grand-livre, devant, d'après les dispositions du second paragraphe de l'article 13 de la loi du 28 avril 1816, être productives d'intérêts à compter de la même époque 5 mai 1816, les paiemens ou les conversions de reconnaissances de liquidation pour créances de cette quotité seront faits en promesses de cinq pour cent consolidés, dans la forme du modèle n° 2, avec faculté par les propriétaires porteurs, en réunissant jusqu'au *minimum* de mille francs de capital, ou 50 francs de rente, de les faire inscrire au grand-livre, jouissance du 22 septembre 1816.

7. A compter du 22 septembre 1816, toutes les inscriptions au grand-livre provenant de paiemens directs, ou de conversions de reconnaissances de liquidation, auront lieu avec jouissance du semestre courant. Les arrérages antérieurs seront acquittés comme il est dit article 1er.

8. Les règles établies par la loi du 24 août 1793, relativement au *minimum* des rentes à inscrire, ne permettant pas de posséder au-dessous de cinquante francs de rente, les porteurs de promesses cinq pour cent consolidés devront, à compter de la même époque 22 septembre 1816, les réunir et les rapporter à la direction du grand-livre, pour obtenir l'inscription avant l'expiration du semestre, afin de n'éprouver aucun retard dans le paiement de leurs arrérages.

9. Le paiement des intérêts des reconnaissances de liquidation sera imputé sur les fonds généraux de la dette publique ; les quittances seront signées des propriétaires, ou de leurs fondés de procuration spéciale ; on suivra pour le surplus les règles établies pour le paiement des arrérages de la dette publique.

10. La réquisition ou emprunt de guerre levé en exécution de notre ordonnance du 16 août 1815, faisant, aux termes de l'article 9 du titre III de la loi du 28 avril 1816, partie de la dette arriérée, le remboursement en sera effectué dans les mêmes valeurs que ci-dessus, sur des ordonnances du ministre des finances, et après une liquidation qui sera opérée de la manière suivante.

11. Les contribuables seront divisés en deux classes.

La première sera composée de ceux qui, comme principaux capitalistes, patentables et propriétaires, ont été taxés spécialement sur des listes arrêtées par les autorités locales.

On comprendra dans la deuxième classe tous les individus taxés au centime le franc de leurs contributions directes, par l'effet d'une répartition générale.

12. Les contribuables de la première classe indistinctement, ainsi que ceux de la seconde dont les taxes sont de mille francs et au-dessus, qui voudront obtenir leur remboursement, seront tenus de produire à la préfecture de leur département leur quittance finale, indicative de leurs noms et prénoms, signée du percepteur, et visée par le maire et sous-préfet. Il en sera, par les soins de chaque préfet, dressé des listes qui seront adressées, avec les quittances à l'appui, à notre ministre des finances, et transmises, avant d'être ordonnancées, au comité de révision institué par notre ordonnance du 10 octobre 1814.

13. Les contribuables de la deuxième classe, pour les taxes au-dessous de mille francs, seront liquidés collectivement.

Les préfets feront dresser des listes indicatives des sommes payées par chaque commune ; ces listes seront également adressées à notre ministre des finances et soumises au comité de révision.

14. Le produit des liquidations collectives sera acquitté en rentes ou reconnaissances de liquidation, au nom du maire de chaque commune, avec faculté d'aliéner pour en répartir le prix, de l'avis du conseil munipal, à qui de droit.

15. Le comité de révision prendra connaissance des abandons qui ont été faits, au profit de l'État, des sommes versées dans l'emprunt. Il en fera, conformément aux offres des contribuables, opérer la distraction des listes ou états de liquidation, dans le cas où ces sommes y auraient été mal à propos comprises.

16. Les inscriptions ou reconnaissances de liquidation délivrées en remboursement de cet emprunt porteront intérêt à compter du 5 mai 1816, pour les paiemens faits pour solde des taxes avant la promulgation de la loi des finances ; et à l'égard de ceux postérieurs, à compter du premier jour du semestre qui suivra le paiement.

17. Le remboursement de taxes non acquittées intégralement demeurera ajourné jusqu'à paiement définitif.

———

29 MAI = 11 JUIN 1816. — Ordonnance du Roi qui conserve dans les attributions du ministre des finances la compagnie des agens de change, banque, finance et commerce de la ville de Paris, et contient réglement sur cette compagnie. (7, Bull. 91, n° 782.)

Voy. loi du 28 VENTOSE an 9, et les notes.

Louis, etc.

Nous étant fait représenter les édits, déclarations, arrêts de notre conseil, lettres-patentes, concernant les agens de change, banque, finance et commerce de notre bonne ville de Paris, et notamment la déclaration du 19 mars 1786, ainsi que l'arrêt de notre Conseil-d'Etat du 10 septembre suivant, et les lettres-patentes intervenues sur icelui le 4 novembre de la même année, qui fixe irrévocablement à soixante le nombre des agens de change de Paris, sans pouvoir être augmenté, sous quelque prétexte que ce soit ;

Vu les articles 90 et 91 de la loi sur les finances du 28 avril dernier, qui, en statuant sur le supplément de cautionnement à fournir par les agens de change, accorde aux titulaires la faculté de disposer de leurs offices avec notre agrément ;

Vu la loi du 28 ventose an 9 (19 mars 1801), qui attribue au Gouvernement la nomination des agens de change que la loi du 8 mai 1791 avait supprimés ; informé de l'insuffisance du réglement du 29 germinal an 9, en ce qui concerne les agens de change de Paris ; voulant y pourvoir, et jugeant que, pour assurer à cette compagnie la confiance et l'estime qui doivent l'environner, il est utile de la rendre, en quelque sorte, gardienne de sa propre considération, en établissant dans son sein une autorité surveillante, composée de ses membres les plus instruits et les mieux famés ;

Sur le rapport de notre ministre secrétaire d'Etat des finances,

Et de l'avis de notre Conseil,

Nous avons ordonné et ordonnons ce qui suit :

Art. 1er. La compagnie des agens de change, banque, finance et commerce de notre bonne ville de Paris, reste placée dans les attributions de notre ministre et secrétaire d'Etat des finances.

2. S'il est nécessaire de compléter le nombre desdits agens de change fixé par l'arrêt du Conseil du 10 septembre 1786, les nominations aux charges complémentaires seront, sur une liste triple du nombre des vacances à remplir, proposées par la chambre syndicale de la compagnie à notre ministre secrétaire d'Etat des finances, qui nous soumettra la liste des candidats qu'il jugera dignes de notre choix.

3. La chambre syndicale aura sur les membres de la compagnie la surveillance et

l'autorité d'une chambre de discipline ; elle veillera avec le plus grand soin à ce que chaque agent de change se renferme strictement dans les limites légales de ses fonctions; elle pourra, suivant la gravité des cas, censurer, suspendre les contrevenans de leurs fonctions, et provoquer auprès de notre ministre des finances leur destitution.

4. Les agens de change qui voudront, conformément à l'article 91 de la loi sur les finances du 28 avril dernier, disposer de leurs charges seront tenus de faire agréer provisoirement leurs successeurs par la chambre syndicale, qui exprimera son adhésion motivée, et les présentera à notre ministre des finances, chargé de les agréer définitivement, pour être, sur sa proposition, nommés par nous.

La même faculté est, aux mêmes conditions, accordée aux veuves et enfans des agens de change qui décéderont dans l'exercice de leurs fonctions.

5. En cas de vacance d'un office dont il n'aura point été disposé conformément à l'article précédent, il y sera pourvu dans les formes prescrites par l'art. 2.

6. Les édits, déclarations, lettres-patentes et arrêts de notre Conseil qui déterminent les attributions des agens de change et interdisent à tout individu non pourvu de leurs offices de s'immiscer dans leurs fonctions, et tous autres réglemens qui régissent actuellement la compagnie, sont maintenus, sauf les changemens et modifications que la chambre syndicale croira nécessaire de proposer à notre ministre secrétaire d'État des finances, pour être par lui soumis à notre approbation.

7. Les dispositions contraires à la présente ordonnance sont abrogées.

8. Notre ministre des finances est chargé de l'exécution de la présente ordonnance.

---

29 MAI 1816. — Ordonnances du Roi qui accordent des lettres de déclaration de naturalité aux sieurs Maeyens, Van-Elsberg, Oggé, Frarin, Kemperdick et Maillet. (7, Bull. 96, 118, 134, 153 et 167.)

29 MAI 1816. — Ordonnance du Roi qui admet les sieurs Berutti et Bovay, à établir leur domicile en France. (7, Bull. 92.)

5 = Pr. 11 JUIN 1816. — Ordonnance du Roi qui contient répartition des fonds destinés par la loi du 28 avril 1816 à l'amélioration du sort du clergé, et comprend, dans cette répartition, la dépense à laquelle donnera lieu la création, dans les séminaires, de mille bourses nouvelles destinées à l'éducation des ecclésiastiques. (7, Bull. 91, n° 783.)

Voy. ordonnances des 9 AVRIL 1817, 20 MAI 1818, et 31 JUILLET 1821.

Louis, etc.

Un des grands objets de notre sollicitude a toujours été de venir au secours du clergé, et de faire cesser la détresse affligeante où il se trouve réduit, particulièrement dans les campagnes.

Sans les événemens désastreux de l'année dernière, les dispositions législatives, fondées sur les ressources que présentaient alors les finances de l'État, auraient satisfait ce besoin de notre cœur ; mais nous éprouvons au moins la consolation de pouvoir, dès aujourd'hui, réaliser une partie des espérances que nous avions conçues ; et, à cet égard, le vœu des Chambres n'a fait que suivre le nôtre.

Les fonds destinés par la loi du 28 avril à l'amélioration du sort du clergé sont déjà une ressource précieuse, qui, employée avec discernement, peut amener d'importans résultats pour la religion.

Soulager la classe la plus nombreuse et la moins aisée de ses ministres, encourager ceux de nos sujets qui se destinent à la carrière ecclésiastique, tel est le double but que cette loi nous permet d'atteindre :

A ces causes,

Nous avons ordonné et ordonnons ce qui suit :

Art. 1er. Il sera créé dans les séminaires mille bourses nouvelles destinées à l'éducation des ecclésiastiques. Le montant de ces bourses et la dépense de la réparation ou de l'augmentation des bâtimens et des mobiliers, seront pris sur un crédit d'un million qui sera porté au budget de l'intérieur, exercice 1816, chapitre du Clergé, et qui, à cet effet, sera prélevé sur les cinq millions ajoutés à ce chapitre en exécution de la loi des finances du 28 avril dernier.

2. L'emploi des quatre millions restans est réglé ainsi qu'il suit, à compter de l'année 1816 :

42,000 francs pour porter de mille francs à onze cents francs les traitemens des chanoines.

228,000 francs pour la même augmentation aux curés de deuxième classe ;

2,240,000 francs pour porter à six cents francs le traitement actuel de cinq cents francs des succursalistes ;

850,000 francs pour assurer deux cents francs aux vicaires autres que ceux des villes de grande population qui n'ont jusqu'à présent joui d'aucune rétribution sur les fonds de l'État ;

50,000 francs pour augmenter le fonds de secours aux congrégations ;

3,410,000

3,410,000

90,000 francs pour ajouter à celui qui est affecté aux prêtres agés et infirmes;

500,000 francs qui seront tenus en réserve pour être ajoutés au produit des vacances dans chaque département, et le tout est réparti, à titre d'indemnité ou de supplément de traitement, aux curés succursalistes qui seront désignés par les évêques.

4,000,000 francs.

3. Nos ministres secrétaires d'Etat de l'intérieur et des finances sont chargés de l'exécution de la présente ordonnance.

5 = Pr. 20 JUIN 1816. — Ordonnance du Roi qui fixe définitivement le sort et les droits des militaires étrangers susceptibles de conserver ou d'obtenir en France des soldes de retraite et traitemens de réforme. (7, Bull. 93, n° 807.)

Voy. ordonnances des 7 DÉCEMBRE 1816, 27 AOUT et 29 OCTOBRE 1817, et 13 JUILLET 1820.

Louis, etc.

Vu notre ordonnance du 17 février 1815, rendue en conformité de l'article 26 du traité de paix du 30 mai précédent, et relative aux militaires étrangers susceptibles de conserver ou d'obtenir en France des soldes de retraite et traitemens de réforme ;

Voulant que son exécution, suspendue par les désastres du mois de mars suivant, ait aujourd'hui tout l'effet qui peut se concilier avec l'état actuel des choses et la teneur du nouveau traité du 20 novembre dernier ;

Ayant, à cette fin, jugé à propos de nous en faire représenter une nouvelle rédaction, pour fixer définitivement le sort et les droits des militaires qui en sont l'objet ;

Sur le rapport de notre ministre secrétaire d'Etat au département de la guerre ;

Nous avons ordonné et ordonnons ce qui suit :

Art. 1er. Les anciens militaires nés dans les pays précédemment réunis au territoire français depuis 1790, qui avaient pris du service volontairement et comme étrangers dans les troupes à la solde de la France, avant la réunion de leur pays au territoire français, pourront conserver sur notre Trésor royal les soldes de retraite qu'ils en recevaient avant les traités des 30 mai 1814 et 20 novembre 1815, d'après lesquels ces pays ont cessé de faire partie de la France : mais ils seront tenus de fixer, d'ici au 1er janvier prochain pour tout délai, leur domicile dans notre royaume, s'ils ne l'y ont déjà établi, et de se pourvoir de lettres de déclaration de naturalité.

Le paiement de leur solde de retraite sera continué en France à compter du premier jour du trimestre dans lequel ils auront déclaré, devant le maire du lieu de leur nouveau domicile, leur intention de résider dans le royaume.

2. Ceux qui sont entrés au service de la France par l'effet de la réunion de leur pays à son territoire depuis 1790 continueront à jouir de leurs soldes de retraite sur notre Trésor royal, si, avant la date du traité par lequel le lieu de leur naissance s'est trouvé détaché du territoire français, ils avaient leur domicile légal dans une commune faisant aujourd'hui partie de notre royaume, et s'ils justifient qu'ils y étaient dès lors portés au rôle des contributions, ou que, par leur dénûment de fortune, ils n'étaient pas susceptibles d'y être portés ; mais ils seront également tenus de se pourvoir de lettres de naturalisation.

3. Les militaires dont le lieu de la naissance avait déjà été détaché du territoire français par le traité du 30 mai 1814, et qui, admis à jouir de leurs soldes de retraite dans une des communes que le traité du 20 novembre 1815 a fait passer sous une domination étrangère, y avaient déclaré, devant l'autorité instituée par nous, leur intention de se faire naturaliser Français, pourront conserver ces mêmes soldes de retraite en France, s'ils transfèrent leur domicile sur le territoire actuel du royaume dans le délai fixé par l'article 1er ci-dessus ; et leur paiement sera continué en France, à dater du premier jour du trimestre dans lequel ils auront réitéré, devant le maire du lieu de leur nouveau domicile, la déclaration de leur intention de se fixer en France.

4. La solde de retraite de ceux qui ne se trouveront pas dans l'une des circonstances prévues par les articles précédens, a définitivement cessé d'être à notre charge, et ils ne seront plus admis, même en obtenant des lettres de naturalisation, à faire revivre envers le Trésor de France une prétention sur laquelle il a été statué par les traités des 30 mai 1814 et 20 novembre 1815, à moins d'une grace spéciale de notre part, qui devra nécessairement être exprimée dans des lettres de déclaration de naturalité.

5. Les arrérages dus par notre Trésor royal pour les soldes de retraite qui ne sont plus à sa charge s'arrêtent au 1er janvier 1814, à l'égard des pays détachés de la France par le traité du 30 mai de la même année.

Pour ce qui regarde les pays cédés par le traité du 20 novembre 1815, ces arrérages auraient pu s'arrêter au jour de la remise de chaque territoire au nouveau souverain; mais, pour éviter des décomptes et partir d'une base uniforme, notre Trésor royal les soldera jusqu'au terme ordinaire de l'échéance du dernier semestre ou du dernier trimestre de 1815, c'est-à-dire, jusqu'au 22 décembre pour les soldes de retraite acquittées par semestre et jusqu'au 31 du même mois pour celles qui se payaient par trimestre.

6. Les soldes de retraite des sujets de la principauté de Monaco cessent d'être à la charge de notre Trésor royal, à compter de l'échéance du dernier semestre ou du dernier trimestre de 1815, ainsi qu'il est expliqué dans l'article précédent.

Néanmoins, les militaires nés dans cette principauté qui avaient servi dans les troupes de France avant l'époque où la principauté fut incorporée au territoire français, et ceux qui avaient leur domicile légal sur le territoire actuel du royaume avant le 20 novembre 1815, jouiront du bénéfice des articles 1 et 2 ci-dessus, sous les conditions imposées par ces articles.

7. Toutes les dispositions contenues dans les articles précédens sont applicables aux officiers jouissant du traitement de réforme.

8. Les anciens militaires nés dans les provinces détachées de la France, et qui, non compris dans la formation nouvelle de notre armée, ont été ou seront désignés pour la solde de retraite ou le traitement de réforme, pourront y être admis comme les militaires français, si, au 1er mars 1815, ils se trouvaient en activité à notre service, ou domiciliés dans une commune faisant aujourd'hui partie de notre royaume, et sous la condition aussi de se pourvoir de lettres de naturalisation.

9. Ceux qui, n'ayant pas de titres suffisans pour obtenir une solde de retraite ou un traitement de réforme, ont été ou seront, à la même organisation, reconnus susceptibles de l'indemnité ou de la gratification qu'obtiennent dans la même position les militaires français, pourront la recevoir, comme ces derniers, dans le lieu de leur domicile en France, sur le simple certificat de leur présence à ce domicile, sans être tenus de se faire naturaliser.

10. Les anciens militaires étrangers qui auraient été admissibles aux traitemens et récompenses ci-dessus déterminés, en remplissant la condition de se fixer en France, et qui préféreront retourner dans leur pays natal, seront dirigés, avec l'indemnité de route et, s'il y a lieu, avec les moyens de transport, sur les cantonnemens occupés à la frontière de France par les troupes du souverain dont ils sont sujets. Ils y seront remis à la disposition du commandant de ces troupes, duquel ils pourront recevoir la direction ultérieure qu'il jugera la plus convenable, avec les facilités nécessaires pour continuer leur voyage hors du territoire français.

11. Les militaires nés hors du territoire actuel du royaume, qui, après la réorganisation de notre armée, auront été conservés à

notre service, et les étrangers qui, à l'avenir, seront admis dans nos troupes, auront droit aux récompenses comme les militaires français, en obtenant des lettres de naturalisation dans les cas où elles sont exigées par les dispositions ci-dessus.

12. Les étrangers naturalisés ne jouiront de leur solde de retraite ou de réforme qu'autant qu'ils conserveront leur domicile réel dans notre royaume, et qu'ils y supporteront les charges communes à nos sujets; ils cesseront d'y avoir droit s'ils résident hors de France sans en avoir obtenu de nous la permission, conformément à ce qui est prescrit pour les militaires français par l'article 16 de notre ordonnance du 27 août 1814.

13. Les Suisses qui auront servi en France dans les régimens auxiliaires de leur nation, en vertu des capitulations militaires existant entre les deux Gouvernemens, pourront, à leur choix, jouir de la solde de retraite et des autres récompenses dans notre royaume, sans être tenus de s'y faire naturaliser, ou dans leur pays, sans avoir besoin de la permission mentionnée dans l'article précédent.

Mais, dans ce dernier cas, ils cessent d'avoir droit à leur solde de retraite ou de réforme, s'ils passent au service d'un Gouvernement autre que celui de leur canton ; de même que, dans tous les autres cas qui peuvent leur être communs avec les militaires français, ils en sont privés par les circonstances qui la font perdre à ceux-ci.

14. Nos anciens sujets nés dans les communes qui faisaient partie de notre royaume avant 1790, et qui en ont été ou en seront détachées par la nouvelle démarcation des frontières, ne cesseront pas d'avoir droit à leur solde de retraite ou de réforme sur notre Trésor royal, si, dans l'année qui aura suivi la remise du lieu de leur naissance à une puissance étrangère, ils ont transféré leur domicile dans la partie de leur département restée à la France, ou dans tout autre département du royaume; leur paiement sera continué en France à compter du premier jour du trimestre dans lequel ils auront déclaré, devant le maire du lieu de leur nouveau domicile, leur intention de se fixer sur le territoire actuel de la France.

15. Seront seuls exempts de l'obligation de produire des lettres de naturalisation : 1° les militaires qui se trouveront dans le cas prévu par l'article précédent; 2° les militaires suisses qui profiteront de la faculté qui leur est accordée par l'article 13; 3° les militaires nés d'un Français en pays étranger, et qui seront en jouissance des droits civils attachés à la qualité de Français.

Dans toute autre position, les militaires nés hors du territoire actuel du royaume seront tenus, quel que soit le pays de leur naissance, de se faire naturaliser Français pour jouir de la solde de retraite ou du traitement de réforme, à moins qu'ils n'en aient été dispensés par une décision spéciale de notre part.

16. Les individus nés Français qui ont anciennement servi dans les armées étrangères, et qui, avant le traité du 30 mai 1814, jouissaient, sur le territoire actuel de notre royaume, de soldes de retraite ou de réforme anciennement obtenues en Piémont, en Hollande, ou dans d'autres pays à la réunion desquels elles avaient passé à la charge de la France, continueront à recevoir les mêmes soldes sur le pied de l'inscription qui en avait eu lieu en France avant le traité du 30 mai 1814, pourvu toutefois qu'ils soient restés en France, qu'ils y aient fixé leur domicile, et qu'ils soient portés sur les rôles des contributions.

17. Dans tous les cas où les militaires jouissant de la solde de retraite ou du traitement de réforme sont tenus de représenter leur acte de naissance, les étrangers assujétis à se faire naturaliser devront représenter en même temps leurs lettres de naturalisation.

18. Afin que le délai nécessaire à l'expédition des lettres de naturalisation ne porte aucun préjudice au paiement des militaires qui se seront mis en règle pour les obtenir, elles pourront être provisoirement remplacées :

1° Pour les soldes de retraite de trois mille francs et au-dessus, inscrites au livre des pensions de notre Trésor royal, par un certificat du ministère de la justice constatant le dépôt de toutes les pièces exigibles et l'époque présumée de l'expédition des lettres;

2° Pour les soldes de retraite ou de réforme payées sur les fonds du ministère de la guerre, par un certificat du commissaire-ordonnateur de la division militaire où le pensionnaire a son domicile constatant la date de l'envoi à notre ministre secrétaire-d'Etat au département de la guerre, de la demande et des pièces relatives à la naturalisation.

Ces certificats vaudront jusqu'à l'obtention des lettres de déclaration de naturalité, ou jusqu'à décision contraire.

19. L'acte de naturalisation et les certificats qui en tiendront lieu provisoirement ne seront admis, pour le paiement des militaires étrangers qui avaient pris domicile dans les communes détachées de la France par le traité du 20 novembre 1815, qu'autant qu'ils seront revêtus de la nouvelle déclaration prescrite par l'article 3 ci-dessus, et dont un double aura été envoyé au ministre compétent, pour être annexé à la première demande en naturalisation.

20. La présentation de l'acte de naturalisation ou du certificat provisoire qui en tiendra lieu sera énoncée dans les certificats de vie.

21. Notre chancelier de France, ayant par *interim* le portefeuille de la justice, et les ministres de la guerre, des affaires étrangères, des finances et de la police générale du royaume, sont chargés de l'exécution de la présente ordonnance.

———

5 = 20 JUIN 1816. — Ordonnance du Roi relative à l'avancement des sous-officiers qui aura lieu, au mois de juillet prochain, dans chacun des corps de la garde royale et de la ligne. (7, Bull. 93, n° 808.)

Louis, etc.

D'après le compte qui nous a été rendu par notre ministre secrétaire d'Etat au département de la guerre, sur les sous-officiers admis dans les régimens nouvellement organisés de notre garde et de la ligne;

Considérant que ces militaires s'y sont rendus très-utiles pour la formation et pour l'instruction des jeunes soldats; que la plupart ont des services anciens, des talens qui les distinguent, et qu'ils ont fait preuve de zèle et de dévouement dans plusieurs circonstances;

Voulant leur donner un témoignage de notre satisfaction, et les faire participer à l'avancement que notre intention est d'accorder aux militaires de tout grade qui s'en seront rendus dignes,

Nous avons ordonné et ordonnons ce qui suit :

Art. 1er. Notre ministre secrétaire d'Etat au département de la guerre nous proposera, dans le courant du mois de juillet prochain, de nommer à des emplois de sous-lieutenans, dans chacun des corps de notre garde et de la ligne, le nombre de sous-officiers désigné ci-après, savoir :

Dans chacun des régimens d'infanterie de la garde, trois;

Dans chacune des légions départementales, deux;

Dans chacun des régimens de cavalerie de la garde royale, trois;

Dans chacun des régimens de cavalerie de ligne, deux.

2. Les emplois qui sont restés vacans dans chaque corps seront conférés de suite à ces nouveaux officiers.

Les sous-lieutenans qui ne pourraient pas être placés immédiatement jouiront des prérogatives et émolumens attribués à leur grade, en attendant les premières places vacantes.

3. Cet avancement particulier ne dérogera que pour cette fois à l'ordonnance du 1er septembre 1815 qui crée la garde royale et d'après laquelle les officiers et sous-officiers qui en font partie ne doivent obtenir de l'avancement qu'en passant dans la ligne.

———

5 JUIN — 12 JUILLET 1816. — Ordonnance du Roi concernant les deux compagnies des gardes-du-corps de *Monsieur*. (7, Bull. 99, n° 884.)

Voy. ordonnances des 21 AVRIL 1819, et 16 SEPTEMBRE 1824.

Louis, etc.

Vu notre ordonnance du 25 décembre 1815 concernant l'organisation du corps des gardes de notre bien-aimé frère Monsieur, et considérant qu'il est indispensable d'aug-menter la force de chacune des deux compagnies dont ce corps est composé, pour qu'il puisse suffire au service auquel il est appelé;

Sur le rapport de notre ministre secrétaire d'Etat de la guerre,

Nous avons ordonné et ordonnons ce qui suit :

Art. 1er. L'état-major des deux compagnies des gardes-du corps de Monsieur sera composé, savoir :

GRADES ET EMPLOIS DANS LE CORPS.	RANG DANS L'ARMÉE.
1 Major.	Colonel.
1 Aide-major.	Lieutenant-colonel.
1 Adjudant sous-lieutenant.	Chef d'escadron.
1 Maréchal-des-logis en chef commandant l'hôtel	Capitaine-commandant.
1 Maréchal-des-logis instructeur	Capitaine en second.
1 Aumônier.	
1 Trésorier.	*Selon son grade dans le corps.*
1 Chirurgien-major.	
1 Trompette-major.	
1 Maréchal-vétérinaire.	
1 Piqueur.	

2. Les deux compagnies conserveront entre elles le même rang qu'elles ont aujour-d'hui, et chacune d'elles aura la composition suivante :

GRADES ET EMPLOIS DANS LE CORPS.	RANG DANS L'ARMÉE.
1 Capitaine des gardes	Maréchal-de-camp.
1 Premier lieutenant	Lieutenant-colonel.
1 Deuxième lieutenant.	Lieutenant-colonel.
12 Sous-lieutenans, dont { 8 avec appointemens. { 4 sans appointemens.	Chef d'escadron.
1 Maréchal-des-logis chef	Capitaine-commandant.
4 Maréchaux-des-logis	Capitaine en second.
1 Brigadier-fourrier	Lieutenant.
8 Brigadiers.	Lieutenant.
85 Gardes.	Sous-lieutenant.
15 Surnuméraires sans appointemens. . . .	Sous-lieutenant.
	Le brevet de ce grade ne sera expédié au surnuméraire qu'après un an de service réel dans le corps.
2 Trompettes.	

3. Les sous-lieutenans avec appointemens et les sous-lieutenans sans appointemens prendront rang entre eux dans ce grade selon leur ancienneté; mais les sous-lieutenans sans appointemens ne pourront passer à des sous-lieutenances avec appointemens, lesdites sous-lieutenances étant réservées, conformément aux dispositions de l'article 5 de notre ordonnance du 25 décembre 1815, savoir :

La première vacante, au plus ancien maréchal-des-logis ;

La seconde, à un capitaine-commandant de nos troupes à cheval, au choix du capitaine de la compagnie, et ainsi de suite au fur et à mesure des vacances.

4. Pour pouvoir être reçu garde-du-corps de Monsieur, il faut être âgé de dix-huit ans au moins et de vingt-cinq ans au plus, et avoir la taille de cinq pieds quatre pouces. Le postulant devra présenter : 1° son acte de naissance ; 2° un certificat du maire de sa commune et de trois notables constatant sa bonne conduite et l'état de sa famille ; 3° l'obligation par sa famille de lui assurer au moins huit cents francs de pension. S'il a des services militaires, il en produira l'attestation en bonne et due forme.

5. Les gardes surnuméraires pourront être admis dans le corps dès l'âge de 16 ans, pourvu qu'ils soient d'une constitution qui promette la taille exigée pour les gardes-du-corps.

Le surnuméraire sera tenu de produire son acte de naissance, et un certificat du maire de sa commune et de trois notables constatant sa bonne conduite et l'état de sa famille, laquelle, par une déclaration expresse, contractera l'obligation de lui assurer une pension de quinze cents francs au moins.

6. La solde et les fourrages seront réglés ainsi qu'il suit, à compter du 1er juin 1816 :

GRADES.	FIXATION annuelle DE LA SOLDE.	NOMBRE de CHEVAUX.	OBSERVATIONS.
État-major.			
Major.	12,000f	2	
Aide-major.	7,000	2	
Adjudant sous-lieutenant.	5,000	2	
Maréchal-des-logis en chef commandant l'hôtel	1,800		
Maréchal-des-logis instructeur. . . .	1,800		
Aumônier	1,500		
Trésorier.	2,400		
Chirurgien-major	1,500		
Trompette-major.	820		
Maréchal-vétérinaire	1,000		
Piqueur	800		
Compagnie.			
Capitaine des gardes.	24,000	2	
Premier lieutenant	8,000	2	
Second lieutenant.	7,000	2	
Sous-lieutenant	5,000	2	Le sous-lieutenant sans appointemens a deux chevaux, comme le sous-lieutenant avec appointemens.
Maréchal-des-logis chef	1,800		
Maréchal-des-logis	1,600		
Brigadier-fourrier.	1,400		
Brigadier.	1,200		
Garde	800		
Trompette	720		

La solde sera payée à l'effectif, à la fin de chaque mois. Les fourrages pour les chevaux du corps, dont il sera parlé ci-après, seront fournis par les soins du conseil d'administration des deux compagnies.

7. Nonobstant le nombre des officiers inférieurs et gardes composant les deux compagnies, il n'y aura, pour assurer le service qui leur est attribué, que cent cinquante chevaux, à la remonte et à l'entretien desquels il sera pourvu par une masse particulière.

8. Nous accordons au corps, conformément aux dispositions de l'article 13 de notre ordonnance du 25 décembre 1815 :

1° Une masse d'habillement de cent cinquante francs par an pour chacun des officiers inférieurs, gardes et trompettes des deux compagnies : cette masse sera payée par douzième chaque mois, en même temps que la solde, au complet de deux cent sept hommes, en y comprenant le maréchal-vétérinaire et le piqueur, qui sont à la suite de l'état-major du corps ;

2° Une masse de fourrages calculée sur le pied de quatre cents francs par cheval et par an, pour pourvoir à la nourriture des cent cinquante chevaux du corps, et à celle des soixante-six chevaux d'officiers : mais on n'allouera que la dépense justifiée pour les chevaux présens ;

3° Une masse de remonte, de harnachement et de ferrage, de deux cents francs par an : cette masse, qui doit pourvoir au renouvellement du cheval, à son équipement, au ferrage et aux médicamens, sera payée par douzième chaque mois, au complet de cent cinquante chevaux ;

4. Enfin une masse extraordinaire d'entretien de quarante-cinq mille francs par an, payable au corps par douzième chaque mois, pour subvenir au salaire et à l'entretien des ouvriers et palefreniers à sa suite, à l'éclairage de l'hôtel des gardes, et au chauffage d'un corps-de-garde dans ledit hôtel.

9. Les officiers supérieurs, officiers inférieurs et gardes continueront, en cas de maladie, à être admis dans l'infirmerie de notre maison militaire, sous la condition d'une retenue sur leur solde, en conformité du tarif arrêté par nous pour les différens corps composant ladite maison militaire, dont les gardes-du-corps de *Monsieur* font partie.

10. Les dispositions de notre ordonnance du 25 décembre 1815, en ce qui n'est pas contraire à la présente, sont maintenues et continueront à être exécutées.

11. Nos ministres de la guerre et de notre maison sont chargés de l'exécution de la présente ordonnance.

5 = Pr. 14 JUIN 1816. — Ordonnance du Roi sur la distribution des cinq centimes de non-valeurs. (7, Bull. 92, n° 787.)

Vu l'article 22 du titre VI de la loi du 28 avril dernier sur les finances, duquel il résulte qu'il sera imposé additionnellement au principal des contributions foncière, personnelle et mobilière de 1816, cinq centimes pour fonds de non-valeurs, et voulant déterminer la portion de ces cinq centimes qui sera à la disposition des préfets des départemens pour pourvoir aux remises et modérations :

A ces causes,

De l'avis de notre Conseil, et sur le rapport de notre ministre secrétaire d'Etat des finances,

Nous avons ordonné et ordonnons ce qui suit :

Art. 1er. Il est mis, sur les cinq centimes additionnels au principal des contributions foncière, personnelle et mobilière de 1816 pour fonds de non-valeurs, un centime à la disposition des préfets des départemens pour faire face aux remises et modérations.

2. Nous nous réservons d'accorder sur les centimes restans, tous dégrèvemens nécessaires à ceux des départemens qui, par les pertes qu'ils auraient éprouvées, auront le plus de droit à la bienfaisance du Gouvernement.

3. Notre ministre des finances est chargé de l'exécution de la présente ordonnance.

5 JUIN 1816. — Ordonnance du Roi qui accordent des lettres de déclaration de naturalité aux sieurs Brun, baron de Saint-Georges, au comte de la Ville de Villestelon, Bally, Miot, Constantin, Gonzalès, Munos de la Espada frères, Castillon, Tamier et Zuccoli. (7, Bull. 90, 97, 105, 109, 113 et 160.)

5 JUIN 1816. — Ordonnance du Roi qui autorise les hospices de Châlons-sur-Marne à faire un emprunt de 60,000 francs. (7, Bull. 96.)

5 JUIN 1816. — Ordonnances du Roi qui autorisent l'acceptation de dons et legs faits aux pauvres, hospices et bureaux de bienfaisance de Pithiviers, Isle, Mirepoix, Nevers, Mans, Clermont-Ferrand, Châlons-sur-Marne, Pamiers, Bastide, Nolay, Meudon, Marmande, Mas-d'Agenois, Sainte-Bazeille, Beaupuy, Lyon, Dijon, Solliès-Pont, Rosières-aux-Salines, Grenade, la Rochefoucault, Mantes, Armance, Larreule, Vigy, Limoges et Reynies. (7, Bull. 96, 97, 98, 99 et 100.)

5 JUIN 1816. — Ordonnance du Roi qui permet au sieur Fromentin d'ajouter à son nom celui de Saint-Charles, au sieur Viallet-Deslianes, celui de Lenencourt, et au sieur baron Faucheux de faire précéder son nom de l'article le, et d'y ajouter le surnom de des Aunois. (7, Bull. 96, n° 854.)

9 JUIN = Pr. 12 JUILLET 1816. — Ordonnance du Roi relative aux témoignages de satisfaction et de reconnaissance donnés par sa majesté aux princes de la maison d'Hohenlohe-Bartenstein. (7, Bull. 99, n° 885.)

Louis, etc.

Les princes de la maison d'Hohenlohe-Waldenbourg-Bartenstein et Schillingsfurst, et singulièrement les princes Louis-Aloys d'Hohenlohe-Bartenstein et Charles-Joseph-Ernest-Justin d'Hohenlohe Bartenstein-Jagxtberg, n'ont cessé de témoigner depuis 1792 à nous et à notre famille le dévouement le plus vrai.

Dès cette époque, les princes d'Hohenlohe - Waldenbourg - Bartenstein, mus par une générosité qui leur est propre, n'ont point hésité à contribuer, en tout ce qui dépendait d'eux, à défendre nos droits, qui étaient ceux de tous les trônes; ils firent les plus grands sacrifices pour notre service, et recueillirent momentanément dans leurs Etats de fidèles troupes qui nous avaient suivi, et que nous avions placées sous les ordres de notre cousin le prince de Condé, ce modèle d'une fidélité et d'une bravoure vraiment héroïques.

Les princes d'Hohenlohe en augmentèrent le nombre par la levée, dans leurs Etats, de deux régimens à notre service, qui ont porté dignement leurs noms, et ont combattu glorieusement pour nos droits pendant plusieurs années et aussi long-temps que l'état de la guerre en Europe a pu le permettre.

Voulant remplir, autant qu'il est en nous et autant que les circonstances le comportent, les engagemens que nous avons contractés envers les princes d'Hohenlohe - Waldenbourg-Bartenstein;

Voulant surtout leur donner dès à présent un gage de notre bienveillance royale et d'une reconnaissance dont le souvenir vivra toujours dans notre maison et que nous aimons à proclamer;

Dans le désir, enfin, de donner à notre légion étrangère une marque de la satisfaction que nous éprouvons des bons services qu'elle n'a cessé de nous rendre, sous les ordres du comte de Witgenstein, depuis sa création:

A ces causes,

Nous avons ordonné et ordonnons ce qui suit:

Art. 1er. Le prince Louis-Aloys d'Hohenlohe-Bartenstein est nommé chevalier-commandeur de nos ordres de Saint-Michel et du Saint-Esprit.

2. Ce prince prendra rang dans nos armées en qualité de lieutenant-général, à dater du 28 février 1806. Il sera employé, cette année, comme inspecteur d'infanterie.

3. Une partie du château de Lunéville dont notre secrétaire d'Etat de la guerre nous soumettra les plans, et à l'exclusion de la partie destinée au casernement de nos troupes, sera affectée au logement dudit prince et de sa famille sa vie durant.

4. Notre légion étrangère prendra incessamment le nom de légion d'Hohenlohe.

Le prince Louis-Aloys d'Hohenlohe-Bartenstein en est nommé colonel supérieur.

Le comte de Witgenstein, son colonel actuel, en conservera le commandement sous les ordres de ce prince.

2. Notre chancelier de France, chancelier garde-des-sceaux et surintendant des finances des ordres de Saint-Michel et du Saint-Esprit, et notre ministre de la guerre sont chargés de l'exécution de la présente ordonnance.

---

9 JUIN 1816. — Ordonnance du Roi qui dissout la garde nationale de la ville de Sens. (Mon. 1817, n° 162.)

---

11 = 20 JUIN 1816. — Ordonnance du Roi concernant l'admission des marchandises étrangères non prohibées et des denrées coloniales à l'entrepôt de Lyon. (7, Bull. 93, n° 809.)

Louis, etc.

Vu les dispositions de la loi du 30 avril 1806 relatives à l'entrepôt de Lyon, et les actes postérieurs qui ont étendu les facilités originairement attachées à cet établissement;

Sur le rapport de notre ministre secrétaire d'Etat des finances,

Nous avons ordonné et ordonnons ce qui suit:

Art. 1er. L'entrepôt de Lyon continuera de recevoir les denrées coloniales françaises ou étrangères et toutes les marchandises étrangères non prohibées et non fabriquées qui seront tirées des ports de Marseille, Bayonne, Bordeaux, Nantes, Rouen, et le Havre.

Lesdites denrées coloniales et autres marchandises devront, à cet effet, être déclarées, vérifiées et plombées au port d'arrivée, et expédiées par acquit-à-caution qui en assurera le transport et le déchargement à l'entrepôt de Lyon, sous les conditions résultant de l'application combinée de l'article 32 de la loi du 30 avril 1806, des art. 6, 7, 8 et 9 de la loi du 17 décembre 1814.

2. Le terme de l'entrepôt à Lyon est fixé à huit mois, à compter de la date de l'acquit-à-caution avec lequel les marchandises auront été dirigées sur cet entrepôt.

3. Les denrées coloniales et autres marchandises désignées à l'article 4 de la loi du 17 décembre 1814, pourront être retirées de l'entrepôt de Lyon, soit pour être mises en consommation dans l'intérieur en acquittant les droits d'entrée, soit pour être réexportées en transit par l'un des bureaux de Strasbourg, Saint-Louis, Verrière-de-Joux, Châtillon-de-Michaille, Seyssel et Pont-de-Beauvoisin, à charge de se conformer aux règles générales du transit.

4. Notre ministre des finances est chargé de l'exécution de la présente ordonnance.

---

11 = Pr. 20 JUIN 1816. — Ordonnance du Roi portant que l'élévation de trois à quatre pour cent du taux des intérêts des cautionnemens qu'une classe de comptables avait précédemment la faculté de remplacer en immeubles ou en rentes, aura lieu à dater du 5 mai, jour

de la publication de la loi du 28 avril 1816.
(7, Bull. 93, n° 810.)

Louis, etc,

Sur le rapport de notre ministre secrétaire
d'Etat des finances,

Vu l'article 97 du titre IX de la loi du
28 avril dernier, portant que la faculté conservée à des fonctionnaires de l'ordre judiciaire, employés des administrations civiles,
receveurs des communes et comptables des
deniers publics, de fournir tout ou partie de
leurs cautionnemens en immeubles ou rentes
sur l'Etat, ne sera plus accordée à ceux qui
seront nommés à partir de la publication de
cette loi;

Prenant en considération les motifs qui
ont fait réduire à trois pour cent les intérêts
des cautionnemens versés en numéraire par
les titulaires qui avaient la faculté de les
remplacer à volonté en immeubles ou rentes
sur l'Etat,

Avons ordonné et ordonnons ce qui suit :

Art. 1er. A dater du 5 mai, jour de la publication de la loi du 28 avril 1816, les intérêts des capitaux de cautionnement versés
en numéraire par les titulaires français en
activité de service qui antérieurement avaient
la faculté de les remplacer en immeubles ou
rentes sur l'Etat, seront payés à raison de
quatre pour cent.

2. Notre ministre des finances est chargé
de l'exécution de la présente ordonnance.

---

11 = Pr. 20 juin 1816.—Ordonnance du Roi
relative au mode d'exécution de l'article 230
de la loi du 28 avril 1816 sur les acquits-à-
caution délivrés par la régie des contributions
indirectes. (7, Bull. 93, n° 811.)

Voy. ordonnance du 20 mai 1818.

Louis, etc.

L'article 230 de la loi du 28 avril dernier
a ordonné que tout ce qui concerne les acquits-à-caution délivrés par la régie des contributions indirectes serait réglé conformément à la loi du 22 août 1791. Les dispositions de la susdite loi n'ayant été originairement prescrites pour le service de nos
douanes, nous avons jugé à propos de déterminer, par une ordonnance spéciale et régle-
mentaire, de quelle sorte elles seraient employées pour garantir la perception des droits
de consommation intérieure que la régie des
contributions indirectes est chargée de recouvrer :

A ces causes,

Et sur le rapport de notre ministre secrétaire d'Etat des finances,

Notre Conseil-d'Etat entendu,

Nous avons ordonné et ordonnons ce qui
suit :

Art. 1er. Dans tous les cas où , en
vertu des lois et réglemens en vigueur,
la régie des contributions indirectes délivrera un acquit-à-caution, l'expéditeur des
marchandises que cet acquit-à-caution devra
accompagner, s'engagera à rapporter , dans
un délai déterminé, un certificat de l'arrivée
desdites marchandises à la destination déclarée, ou de leur sortie du royaume, et se soumettra à payer, à défaut de cette justification,
le double des droits que l'acquit-à-caution
aura eu pour objet de garantir; ledit expéditeur donnera, en outre, caution solvable qui
s'obligera solidairement avec lui à rapporter
le certificat de décharge, si mieux il n'aime
consigner le montant du double droit.

2. Les acquits-à-caution délivrés pour les
marchandises à la destination de l'étranger
seront déchargés après la sortie du territoire
ou l'embarquement. Ceux qui auront accompagné des marchandises enlevées pour l'intérieur ne seront déchargés qu'après la prise
en charge des quantités y énoncées, si le destinataire est assujéti aux exercices des employés de la régie, ou le paiement du droit,
dans le cas où il sera dû à l'arrivée.

3. Les certificats de décharge seront signés
par deux employés au moins, et enregistrés
au lieu de la destination.

Les employés qui auront signé un certificat
de décharge seront tenus d'en délivrer un
duplicata, toutes les fois qu'ils en seront requis.

4. Les préposés de la régie ne pourront
délivrer de certificats de décharge pour les
marchandises qui leur seront représentées
après le terme fixé par l'acquit-à-caution, ni
pour celles qui ne seraient pas de l'espèce
énoncée dans l'acquit-à-caution. Dans ces
deux cas, les marchandises seront saisies
comme n'étant pas accompagnées d'une expédition valable, et il sera dressé procès-verbal de cette contravention, conformément à
la loi.

5. Lorsqu'il y aura seulement différence
dans la quantité, et qu'il sera reconnu que
cette différence provient de substitution,
d'addition ou de soustraction, l'acquit-à-caution sera déchargé pour la quantité représentée, indépendamment du procès-verbal qui
sera rapporté dans ce cas pour contravention
aux articles 6 et 10 de la loi du 28 avril 1816.
Si la différence est en moins, l'expéditeur
sera tenu, aux termes de la soumission, de
payer le double droit pour la quantité man-
quante. Si la différence est en plus, le destinataire sera tenu d'acquitter sur l'exédant
le double des mêmes droits.

6. Lorsque les acquits-à-caution seront
rapportés au bureau d'enlèvement, revêtus de
certificats de décharge en bonne forme, ou,

en cas de perte de ces expéditions, lorsqu'il sera produit des *duplicata* réguliers desdits certificats de décharge, les engagemens des soumissionnaires et de leurs cautions seront annulés, et les sommes consignées restituées, sauf la retenue, s'il y a lieu, pour doubles droits, sur les manquans reconnus à l'arrivée, et moyennant que les soumissionnaires certifient au dos desdites expéditions, la remise qu'ils en feront, et qu'ils déclarent le nom, la demeure et la profession de celui qui leur aura renvoyé leur certificat de décharge.

7. Dans le cas où les certificats de décharge, après vérification, seraient reconnus faux, les soumissionnaires et leurs cautions ne seraient tenus que des condamnations purement civiles, conformément à leur soumission, sans préjudice des poursuites à exercer contre qui de droit, comme à l'égard de falsification ou altération d'écritures publiques. La régie aura quatre mois pour s'assurer de la valeur des certificats de décharge et intenter l'action; après ce délai, elle ne sera plus recevable à former aucune demande.

8. Si les certificats de décharge ne sont pas rapportés dans les délais prescrits par la soumission, et s'il n'y a pas eu consignation au départ, les préposés à la perception décerneront contrainte contre les soumissionnaires et leurs cautions, pour le paiement des doubles droits : néanmoins, si les soumissionnaires rapportent, dans le terme de six mois après l'expiration dudit délai, le certificat de décharge en bonne forme, délivré en temps utile, les sommes qu'ils auront payées leur seront remboursées.

9. Après le délai de six mois, aucune réclamation ne sera admise, et les doubles droits seront acquis à la régie, l'un comme perception ordinaire, l'autre à titre d'amende.

10. Notre ministre des finances est chargé de l'exécution de la présente ordonnance.

———

11 = Pr. 20 juin 1816. — Ordonnance du Roi qui détermine la condition sous laquelle les soies du Piémont et de l'Italie jouiront du transit dans le royaume. (7, Bull. 93, n° 812.)

Louis, etc.

Vu l'article 14 de la loi du 17 décembre 1814 relative aux douanes;

Sur le rapport de notre ministre secrétaire d'Etat des finances,

Nous avons ordonné et ordonnons ce qui suit :

Art. 1er. Les soies grèges et ouvrées du Piémont et de l'Italie jouiront du transit dans le royaume sous la condition de les introduire par le bureau de Pont-de-Beauvoisin, d'où elles seront expédiées par acquit-à-

caution et sous plombs pour l'entrepôt de Lyon.

2. Il sera accordé, à compter du jour de la réception des soies dans cet entrepôt, un délai de dix-huit mois, soit pour les mettre en consommation en payant les droits d'entrée, soit pour les réexpédier en transit, sous les conditions résultant des articles 5, 6, 7, 8, 9 et 12 de la loi du 17 décembre 1814. Dans ce dernier cas, les soies ne seront assujéties qu'au droit de balance du commerce, payable à la sortie de l'entrepôt de Lyon, et elles ne pourront être exportées que par un des bureaux de Châtillon-de-Michaille, Verrières-de-Joux, Saint-Louis, Strasbourg, Calais et le Havre.

3. Notre ministre des finances est chargé de l'exécution de la présente ordonnance.

———

11 = Pr. 24 juin 1816. — Ordonnance du Roi qui détermine un mode pour effectuer avec régularité les remises prescrites par l'article 8 de la loi du 5 décembre 1814, concernant les biens non vendus des émigrés. (7, Bull. 94, n° 814.)

Louis, etc.

Sur le rapport de notre ministre secrétaire d'Etat au département de l'intérieur;

Vu l'article 8 de la loi du 5 décembre 1814, portant que, lorsque les hospices auront reçu un accroissement de dotation égal à la valeur de leurs biens, et lorsque les biens donnés en remplacement ou en paiement excèderont la valeur des biens aliénés et le montant des sommes dues à ces établissemens, l'excédant sera remis aux anciens propriétaires, leurs héritiers et ayant-cause;

Voulant pourvoir à ce que les remises ordonnées par ladite loi se fassent avec régularité ;

Notre Conseil-d'Etat entendu,

Nous avons ordonné et ordonnons ce qui suit :

Art. 1er. Les émigrés, ou leurs héritiers et ayant-cause, qui croiront avoir droit à des reprises sur les hospices ou bureaux de charité en vertu de l'article 8 de la loi du 5 décembre 1814, présenteront leur requête au préfet du département, qui la communiquera à l'administration de l'hospice ou du bureau contre lequel la réclamation sera dirigée.

2. Sur la réponse de l'établissement de charité, l'avis du sous-préfet, et après les expertises prescrites ci-après, le préfet donnera également son avis, et l'adressera, avec les pièces, à notre ministre secrétaire d'Etat au département de l'intérieur, pour, sur son rapport, y être pourvu par nous en Conseil-d'Etat, comme pour les transactions et aliénations des biens des hospices ou des communes.

3. Si les biens concédés à un établissement de charité, en exécution de la loi du 16 vendémiaire an 5, en remplacement de son ancienne dotation vendue en vertu de la loi de messidor an 2, excèdent la valeur de ladite dotation, l'excédant sera restitué aux émigrés dont tout ou partie de ces biens sera provenu, dans quelque forme que la concession ait été faite (1).

4. Si l'Etat a affecté, depuis la loi du 16 vendémiaire an 5, ou vient à affecter par la suite d'autres biens auxdits hospices, il sera remis aux émigrés y ayant-droit, ou à leurs héritiers, une portion correspondante de biens provenant d'eux ou de leurs auteurs.

5. Seront compris dans les biens affectés par l'Etat les biens domaniaux ou ecclésiastiques concédés aux établissemens de charité par suite de révélations ou de découvertes, en exécution de la loi du 4 ventose an 9, ou les sommes qui les représentent.

6. Seront comprises dans les affectations mentionnées en l'article 4, les donations entre vifs ou testamentaires faites aux établissemens par des particuliers avec l'autorisation du Gouvernement (2).

7. Ne seront pas compris dans l'estimation des anciennes dotations des établissemens, les dimes, droits féodaux et autres revenus dont ils ont été privés par des lois générales, et dont l'Etat n'a point bénéficié, ni les rentes hypothéquées sur les domaines nationaux qui en ont été affranchis par les lois, et dont les établissemens ont dû poursuivre la liquidation et l'inscription au grand-livre.

8. La comparaison de la valeur des anciens biens des établissemens avec ceux qui leur ont été affectés en remplacement sera faite d'après l'état actuel desdits biens (3).

9. Elle sera faite en masse, c'est-à-dire que l'on estimera la valeur totale de l'ancienne dotation de l'établissement et la valeur totale des biens reçus en remplacement, et que l'hospice n'aura à restituer que l'excédant définitif.

10. Cette estimation sera faite par expertises contradictoires : les émigrés réclamans, d'une part, et les hospices, de l'autre, nommeront les experts; et, faute par les hospices de le faire, le préfet en nommera d'office.

11. En cas de partage, les experts nommeront un tiers-expert; et, s'ils ne sont pas d'accord sur le choix, ce tiers-expert sera nommé par le conseil de préfecture.

12. Dans le cas où les capitaux de rente transférés aux hospices, en vertu de l'arrêté du 15 brumaire an 9, auraient excédé le montant des créances antérieures à l'an 9 que ces capitaux devaient acquitter, l'excédant sera restitué aux émigrés auxquels lesdits capitaux appartenaient.

13. Seront considérés comme acquittement des dettes, les capitaux donnés en remplacement des subventions dues par le ministère de l'intérieur pour les enfans-trouvés et autres dépenses à sa charge.

14. Lorsque deux ou plusieurs hospices auront été réunis soit avant, soit depuis les remplacemens ou acquittemens prescrits par la loi du 16 vendémiaire an 5 et l'arrêté du 15 brumaire an 9, la comparaison s'établira également entre la totalité de leurs anciennes dotations et la totalité des indemnités qu'ils ont reçues, et ils restitueront l'excédant définitif.

15. Si un établissement réunissait autrefois des fondations ecclésiastiques ou monastiques à des fondations de charité, il ne sera considéré comme ayant eu droit à remplacement que pour la partie de son ancien revenu qui était expressément consacrée à des œuvres de charité, et son ancienne dotation sera estimée sur ce pied. Ne sont pas compris au nombre de ces établissemens mixtes, les hospices desservis par des membres de congrégations religieuses qui n'y étaient placés que pour soigner les pauvres et les malades.

16. Lorsqu'un hospice aura été indemnisé aux dépens de deux ou de plusieurs émigrés, et que l'excédant qu'il a eu ou qu'il aura à restituer en vertu des articles ci-dessus, ne suffira pas pour que chacun desdits émigrés retrouve ce qu'il avait perdu, cet excédant sera partagé entre eux au prorata de ce qui provenait de chacun.

17. Lorsque les biens provenant d'un émi-

---

(1) M. de *Cormenin* dans ses questions de droit administratif, *verbo Hospices*, § 1er, soutient que tout bien *définitivement* attribué à un hospice devait lui être conservé, même dans le cas où le bien n'aurait pas été donné en remplacement de biens dont l'hospice aurait été dépouillé; il pense que l'article 3 de l'ordonnance du 11 juin 1816 ne reproduit pas le véritable esprit de la loi du 5 décembre 1814; mais il cite plusieurs ordonnances qui ont décidé contrairement à son opinion et conformément à l'ordonnance du 11 juin; il regarde la jurisprudence comme fixée

(2) Expressément abrogé, ordonnance du 12 août 1818.

(3) Un hospice n'est pas recevable à se pourvoir, par la voie contentieuse, en opposition à une ordonnance royale rendue sur le rapport du ministre de l'intérieur, et qui a ordonné, contradictoirement avec l'hospice, la remise, à d'anciens émigrés, de l'excédant de la dotation actuelle sur la dotation ancienne dudit hospice (9 janvier 1828; ord. Mac. 10, 31).

gré seront sortis des mains de l'hospice par voie d'échange, ou lorsqu'ils auront été vendus à l'effet d'acquérir d'autres biens, l'excédant, s'il existe ou s'il vient à exister en vertu des articles ci-dessus, sera dû par ledit hospice.

18. Il en sera de même si les biens d'émigrés ont été vendus à l'effet d'acquitter les dettes antérieures aux ventes des anciens biens de l'hospice.

19. Notre ministre de l'intérieur est chargé de l'exécution de la présente ordonnance.

---

11 JUIN = Pr. 22 JUILLET 1816. — Réglement concernant les élèves vice-consuls. (7, Bull. 101, n° 919.)

Vu les articles 1 et 3 de l'ordonnance du Roi en date du 15 décembre 1815, concernant les élèves vice-consuls, nous avons arrêté les dispositions réglementaires qui suivent :

Art. 1er. Les postulans aux places d'élèves vice-consuls auront à justifier par pièces authentiques :

Qu'ils sont dans l'âge prescrit par l'ordonnance, c'est-à-dire qu'ils ont vingt ans accomplis et moins de vingt-cinq ;

Qu'ils ont terminé leurs études dans la faculté des lettres ;

Et qu'ils ont suivi le cours de droit professé à Paris sur le Code de commerce.

2. Les postulans devront, en outre, avoir la connaissance au moins de l'une des trois langues, allemande, anglaise ou espagnole ;

Être instruits de l'arithmétique comprise dans le cours de Bezout, et avoir les notions de géométrie et de trigonométrie au point convenable pour le jaugeage des navires, pour l'art de lever les plans, et pour la détermination absolue des lieux par celle de leur latitude et de leur longitude : ils seront examinés par les personnes que le ministre indiquera.

Ils devront joindre à cette instruction une écriture régulière et une connaissance du dessin suffisante pour le lavis des plans.

3. Parmi les postulans, les fils et neveux des consuls seront préférés, pourvu toutefois qu'ils remplissent les conditions prescrites par les articles précédens.

4. Les élèves vice-consuls sont placés sous l'autorité et la direction des consuls généraux et consuls près desquels ils résident ; ils se maintiendront à leur égard dans la subordination la plus exacte.

5. Les consuls généraux et consuls s'appliqueront par-dessus tout à cultiver dans les élèves les sentimens de religion et de morale, ainsi que la noblesse et l'élévation de carac-

tère qui doivent appartenir à des hommes destinés à servir le Roi, et à faire honorer le nom Français chez les nations étrangères.

6. Les études des élèves auront pour objet :

1° La connaissance de ce qui constitue l'office de consul : ils feront l'analyse des ordonnances, réglemens et instructions qui se rapportent aux fonctions des consuls, soit dans leurs rapports avec l'autorité étrangère, soit dans l'exercice de la justice et de la police envers les nationaux, négocians, navigateurs et autres, soit dans la partie d'administration qui leur peut être déléguée relativement à nos établissemens commerciaux et aux services de la marine ;

2° La connaissance des intérêts commerciaux de la France à l'égard des pays où ils résident : ils étudieront et analyseront les ouvrages les plus recommandables en matière de commerce et d'économie politique ; les ouvrages de statistique faits sur la France et le pays de leur résidence ; les institutions, les lois et réglemens d'administration du même pays qui se rapportent directement ou indirectement au commerce ; les traités et conventions de commerce faits par cette puissance avec les autres peuples, et notamment avec la France.

7. Les élèves apprendront la langue du pays de leur résidence, ou s'y perfectionneront, s'ils la savent déjà. Ceux envoyés en Levant s'appliqueront à l'étude des langues turque et grecque. Leurs progrès seront constatés par les drogmans de l'Echelle, ainsi qu'il est prescrit par l'ordonnance du 3 mars 1781.

8. Les élèves assisteront les consuls généraux et consuls dans l'exercice de leurs fonctions, toutes les fois que ceux-ci le jugeront convenable ; ils pourront remplir quelques-unes de ces fonctions, d'après leurs ordres et sous leur direction ; ils seront employés à la transcription de la correspondance et des mémoires.

9. A la fin de chaque année, il sera désigné, par le secrétaire d'Etat au département des affaires étrangères, un sujet sur lequel les élèves seront tenus de rédiger un mémoire qu'ils remettront aux consuls dans le courant du mois d'août de l'année suivante. Ce mémoire sera adressé au département des affaires étrangères, et servira à fixer l'opinion du ministre sur la capacité et l'application de l'élève.

10. Les élèves seront dans le cas de la révocation,

S'ils manquent à la subordination qui leur est prescrite envers les consuls généraux et consuls;

Si leur conduite présente des irrégularités d'où l'on ait à inférer qu'ils ne possèdent point toutes les qualités morales que demande la charge de consul;

Si, sans égard aux remontrances des consuls, ils s'abandonnent à une dissipation ou à une indolence habituelle qui leur fasse négliger leurs devoirs et leurs études;

S'ils se marient sans avoir obtenu la permission du Roi.

11. Les élèves ne pourront être présentés à la nomination du Roi pour les places de vice-consuls, qu'après au moins deux ans d'activité en leur qualité d'élèves. Ceux qui se seront distingués par leur bonne conduite, leur application et leur capacité seront avancés de préférence, sans qu'on ait égard à l'ancienneté.

12. Sa majesté ayant daigné pourvoir, par son ordonnance du 15 décembre dernier, à ce que les élèves jouissent d'un traitement annuel, il ne leur sera alloué aucune autre somme à titre de frais de route, d'établissement ou d'indemnité quelconque.

Les cinq cents francs à prélever sur les traitemens annuels des élèves, conformément à l'article 4 de ladite ordonnance, seront comptés par le fondé de pouvoirs de l'élève, sur le paiement de chaque trimestre, entre les mains du fondé de pouvoirs du consul général ou consul auprès duquel il aura été placé.

13. Les élèves vice-consuls porteront un habit civil, qui se composera ainsi qu'il suit :

Habit à la française de drap bleu-de-roi, collet et paremens de la même couleur, veste d'étoffe blanche, culotte bleue ou noire, doublure de l'habit en soie; boutons de cuivre dorés, timbrés aux armes du Roi. Le collet et les paremens de l'habit seront bordés d'une baguette en broderie d'or, de la largeur de trois lignes.

14. Les besoins éventuels du service ne permettent pas de différer la nomination des élèves vice-consuls pendant le temps qui serait nécessaire aux postulans pour acquérir toutes les connaissances préliminaires qu'exigent les articles 1 et 2 du présent règlement. En conséquence, sur les douze places d'élèves établies par l'ordonnance, il sera actuellement pourvu à six, avec dispense pour les postulans de satisfaire entièrement aux conditions prescrites, sans que cette dispense puisse s'appliquer à l'âge : les six autres élèves seront seulement désignés, et leur admission définitive n'aura lieu qu'après qu'ils auront rempli toutes les conditions portées au réglement. Les élèves désignés jouiront toutefois d'un traitement qui sera fixé, ainsi que celui des élèves, par l'ordonnance de nomination.

11 JUIN 1816. — Ordonnance du Roi qui érige en succursale l'église de Prévessin, département de l'Ain. (7, Bull. 100, n° 905.)

11 JUIN 1816. — Ordonnance du Roi qui admet les sieurs Anders Jonsson et Goilop-Zelner à établir leur domicile en France. (7, Bull. 100, n° 906.)

11 JUIN 1816. — Ordonnance du Roi qui permet au sieur Bouthillon de la Servette de changer son surnom de la Servette en celui de Romenay. (7, Bull. 100, n° 907.)

11 JUIN 1816. — Ordonnances du Roi qui accordent des lettres de déclaration de naturalité aux sieurs Hoffmans, Samuel Pugs, Pomélius et Droz-des-Bayards. (7, Bull. 100, 102, 105 et 125.)

18 JUIN 1816. — Ordonnance du Roi qui nomme conseiller d'Etat en service extraordinaire M. le comte de Montlivault, préfet du département de l'Isère. (7, Bull. 94, n° 815.)

19 = Pr. 24 JUIN 1816. — Ordonnance du Roi qui fait remise, à l'occasion du mariage de S. A. R. monseigneur le duc de Berry, des confiscations générales prononcées par les cours et tribunaux pour quelque cause que ce soit, et des amendes et frais de procédure encourus dans des affaires relatives à des faits purement politiques, dont le but était de servir la cause royale. (7, Bull. 94, n° 816.)

Louis, etc.

Voulant marquer par des actes de bienfaisance l'heureuse époque du mariage de notre cher et bien-aimé neveu le duc de Berry;

Sur le rapport de notre amé et féal chevalier le sieur Dambray, chancelier de France, chargé du portefeuille du ministère de la justice,

Nous avons ordonné et ordonnons ce qui suit :

Art. 1er. Toute poursuite, tout séquestre, opérés à la diligence de l'administration de l'enregistrement, en exécution d'arrêts ou jugemens prononçant des confiscations générales pour quelque cause que ce soit, ou ayant pour objet d'assurer le recouvrement des amendes encourues et des frais de procédure prononcés par les cours et les tribunaux, dans des affaires relatives à des faits purement politiques, dont le but évident était de servir la cause royale, cesseront d'avoir leur effet pour la partie qui n'aurait pas été perçue au moment de la publication de notre présente ordonnance (1).

2. Les biens-immeubles confisqués et ceux acquis par l'administration de l'enregistrement par suite d'expropriation forcée dans les affaires ci-dessus désignées, et qui sont encore possédés en nature et régis par elle, seront restitués aux propriétaires ou à leurs héritiers ou ayant-cause, sauf toutefois le prélèvement, s'il y a lieu, des frais de procédure, de régie, de gestion et autres.

3. Notre chancelier de France, ayant par *interim* le portefeuille du ministère de la justice, se concertera, en cas de doute, avec notre ministre secrétaire d'État des finances, pour décider quelles sont les affaires dans lesquelles la remise des frais de procédure, etc., devra avoir lieu.

4. Tous nos ministres sont chargés de l'exécution de la présente ordonnance.

---

19 = Pr. 26 JUIN 1816. — Ordonnance du Roi qui accorde amnistie pleine et entière pour tous les déserteurs du département de la marine, à l'occasion du mariage de S. A. R. monseigneur le duc de Berry. (7, Bull. 95, n° 817.)

Louis, etc.

Sur le compte qui nous a été rendu qu'un grand nombre de gens de mer et soldats des troupes du département de la marine se trouvent, en ce moment, en état de désertion; voulant signaler par des actes d'indulgence l'époque heureuse du mariage de notre neveu bien-aimé le duc de Berry, et donner à nos peuples de nouvelles preuves de notre clémence ;

Sur le rapport de notre ministre secrétaire d'État au département de la marine et des colonies,

Nous avons ordonné et ordonnons ce qui suit :

Art. 1er. Amnistie pleine, entière et absolue, est accordée à tous les officiers-mariniers, marins et ouvriers qui sont présentement en état de désertion.

La même disposition est applicable aux ouvriers d'artillerie, ouvriers militaires, aux apprentis canonniers, aux sous-officiers et soldats provenant de l'artillerie de la marine, aux gardes-chiourmes, et généralement à tous les déserteurs du département de la marine.

2. Sont compris dans les dispositions de l'article précédent ceux des individus y désignés qui, ayant été arrêtés ou s'étant présentés volontairement, n'auraient pas été jugés jusqu'à ce jour. Ceux d'entre eux qui seraient détenus devront être immédiatement mis en liberté.

3. Les déserteurs amnistiés par la présente ordonnance seront tenus de se présenter dans le délai de trois mois, savoir : les gens de mer, au commissaire de l'inscription maritime dont ils dépendent, ou à l'administrateur de la marine le plus voisin de leur résidence actuelle, ou, à défaut, au maire de la commune où ils se trouvent, et les autres déserteurs, aux autorités civiles de leur département.

Les uns et les autres déclareront qu'ils demandent à profiter du bienfait de l'amnistie; il leur sera donné un acte en forme de cette déclaration, afin qu'ils en puissent justifier au besoin.

Ils recevront, en outre, une feuille de route pour être dirigés, savoir : les gens de mer et ouvriers, sur le quartier où ils sont classés ; les canonniers, ouvriers militaires et d'artillerie et les gardes-chiourmes, sur le port où était stationné le corps dont ils faisaient partie.

4. Le délai accordé aux déserteurs qui sont hors du royaume est fixé à six mois, pour ceux qui se trouvent en Europe; à un an, pour ceux qui sont dans les pays hors d'Europe, soit sur la Méditerranée, soit sur l'Océan; et à dix-huit mois, pour ceux qui seraient au-delà du cap de Bonne-Espérance.

5. Les gens de mer et tous autres marins et militaires appartenant au département de la marine qui, à compter de la publication de la présente ordonnance, abandonneraient leur poste, seront poursuivis comme déserteurs, et jugés d'après les lois et arrêtés en vigueur.

---

19 = Pr. 26 JUIN 1816. — Ordonnance du Roi relative à la formation d'une escouade d'ouvriers dans l'artillerie de la garde royale. (7, Bull. 95, n° 818)

Art. 1er. Il sera formé, dans l'artillerie de notre garde, une escouade d'ouvriers, composée ainsi qu'il suit :

Un lieutenant en premier, un sergent, un fourrier, un caporal, deux maîtres-ouvriers, quatre ouvriers de première classe, six ouvriers de seconde classe. Total, seize.

2. Cette escouade d'ouvriers sera attachée au régiment d'artillerie à pied de notre garde.

3. Le lieutenant, les sous-officiers et ouvriers seront choisis parmi les officiers, sous-officiers et ouvriers de notre corps royal de l'artillerie.

---

(1) *Voy. erratum* VII, Bull. 95.

Les ouvriers de compagnie des régimens de notre garde pourront être admis dans cette escouade : ils seront alors remplacés par des canonniers ayant un métier qui les rende propres à être employés aux travaux de l'artillerie, en cas de besoin.

4. La solde du lieutenant sera la même que celle des lieutenans d'artillerie à pied de notre garde.

Celle des sous-officiers et des ouvriers sera établie d'après la solde des sous-officiers et des ouvriers d'artillerie de la ligne, dans le même rapport que celle des sous-officiers et canonniers de notre garde l'est sur la solde des sous-officiers et canonniers de la ligne.

5. Les masses d'habillement et autres seront les mêmes que celles des canonniers à pied de notre garde, et seront administrées par le capitaine de la compagnie à la suite de laquelle sera mise l'escouade, comme celles de la compagnie entière.

6. Nos ministres de la guerre et des finances sont chargés de l'exécution de la présente ordonnance.

19 = **Pr. 28 juin 1816.** — Ordonnance du Roi contenant réglement pour les fabriques de sel par l'action du feu. (7, Bull. 96, n° 833)

Voy. ordonnance du 19 mars 1817.

Louis, etc.

Il nous a été rendu compte de l'état de dépérissement où se trouvent les fabriques de sel par l'action du feu sur les côtes de la Manche, et des causes qui l'ont produit.

Nous avons reconnu plus particulièrement parmi celles-ci l'absence d'un régime convenable et approprié à ces sortes de fabriques, tel qu'il avait été établi par plusieurs actes émanés de l'autorité des rois nos prédécesseurs, et notamment par la déclaration du 24 mai 1768.

Vu les dispositions de ladite déclaration, celles des lois et réglemens qui régissent maintenant l'impôt établi sur le sel; vu également l'article 28 de la loi du 17 décembre 1814, portant qu'un réglement déterminera ultérieurement le mode de surveillance auquel les fabriques de sel par l'action du feu seront assujéties;

Sur le rapport de notre ministre secrétaire d'Etat des finances ;

Notre Conseil-d'Etat entendu,

Nous avons ordonné et ordonnons ce qui suit :

Art. 1er. Il n'y aura dans le département de la Manche que treize havres qui jouiront de la faculté de faire sel, c'est-à-dire, dont les grèves pourront être cultivées et le sable lessivé de façon à obtenir, par l'action du feu, le sel qu'on appelle *ignifère.*

2. Ces havres sont ceux de Courtils, Ceaux-en-la-Marcherie, Bouillet, Gisors, Saint-Léonard, Genest, Bricqueville, Créance, Saint-Germain-sur-Ay, Portbail, Rideauville, Quineville et Montmartin. Le nombre des salines établies dans chacun de ces havres est maintenu.

3. Chaque saline sera numérotée par les soins de notre directeur des douanes à Cherbourg, et la série des numéros sera inscrite au greffe du tribunal de première instance en la même ville, où les vrais propriétaires devront se faire connaître dans les trois mois de la publication du présent réglement, sous peine d'interdiction de leur établissement.

4. Il est défendu de construire aucune nouvelle saline avant d'en avoir obtenu la permission de notre ministre des finances, sur le rapport de notre directeur général des douanes; il est pareillement défendu de transférer aucune des salines existantes, sans une autorisation semblable, le tout sous peine de saisie des sels et des ustensiles ayant servi à la fabrication, et de l'amende de cent francs.

5. En cas de mutation de propriété d'une saline, il en sera fait déclaration à la direction de nos douanes à Cherbourg, en même temps qu'au greffe du tribunal de première instance en la même ville, sous les peines portées en l'article précédent.

6. Il ne pourra être fait sel dans les salines que pendant quatre-vingts jours de l'année, divisés par semestres, c'est-à-dire, quarante jours du 1er janvier au 30 juin, et quarante autres jours du 1er juillet au 31 décembre.

7. Nul saunier ne pourra bouillir qu'après en avoir obtenu, sur sa déclaration écrite, la permission du bureau des douanes dont ressortit son établissement. Ce permis, donné sans frais et inscrit sur un registre à ce destiné, ne sera délivré qu'après reconnaissance, par le receveur, du numéro affecté à la saline, et qu'après également que ce même receveur se sera assuré que la saline est pourvue des poids et balances (suivant le système décimal) nécessaires soit aux ventes, soit aux recensemens.

Dans le cas où une saline serait possédée et exploitée par plusieurs copropriétaires par indivis, la déclaration ci-dessus ne pourra être faite que par l'un d'eux qui, seul, sera reconnu en douane.

8. Les permis ci-dessus seront représentés, à toute réquisition, aux préposés des douanes. Ils énonceront le jour et l'heure où commencera le *bouillage*, le nombre d'heures *consécutives* de sa durée, lequel ne pourra excéder soixante-douze heures. Tout saunier qui commencera ses opérations avant l'heure indiquée, ou les prolongera au-delà de celle qui sera assignée pour terme audit permis,

sera condamné à la confiscation des sels qui se trouveront dans les plombs, et à l'amende de cent francs.

9. Les salines seront tenues en exercice de nuit comme de jour, et sans le concours d'un officier public, par les préposés des douanes : tout refus de la part des sauniers de se prêter à leurs recherches ou vérifications entraînera l'amende de cent francs.

10. Conformément à l'article 19 du réglement du 11 juin 1806, il sera tenu, par les fabricans et par les préposés des douanes, des registres sur lesquels seront portées les quantités de sel fabriquées, à mesure de leur fabrication, et celles qui seront successivement vendues. Les sauniers devront représenter, chaque fois qu'ils en seront requis, leurs registres aux préposés, qui pourront les arrêter immédiatement. S'il était fait refus d'exhiber ces registres, ou si les enregistremens n'étaient pas au courant, les contrevenans seront condamnés à l'amende de cent francs.

11. Le recensement des sels dans les magasins des salines pourra être fait chaque fois que les préposés le jugeront convenable : les sauniers seront tenus de leur fournir les poids et balances nécessaires à cet effet, sous les peines portées en l'article 9.

12. Ces poids et balances seront étalonnés en la manière ordinaire; et, s'ils sont reconnus faux par les préposés des douanes, qui devront en faire souvent la vérification, les sauniers auxquels ils appartiendront seront condamnés aux peines portées contre les marchands qui vendent à faux poids.

13. Tout déficit au-dessus du dixième, constaté lors des recensemens dans les salines, emportera contre le saunier la peine du double droit sur les sels manquans. Le simple droit sera payé immédiatement, si le déficit est au-dessous du dixième. S'il y a excédant aux quantités enregistrées en charge, il sera saisi avec amende de cent francs. Dans le cas cependant ou cet excédant ne serait que du dixième de la quantité qui doit exister en magasin, on se bornera à en faire enregistrement au compte du saunier, pour le droit être acquitté lors de la sortie dudit magasin.

14. Chaque saline ne pourra avoir que trois plombs en activité; pareil nombre sera tenu en réserve pour rechange. Chacun de ces plombs sera de la contenance exacte de vingt litres, et ils devront être rebattus après quarante-huit heures de bouillon, le tout à peine de cent francs d'amende.

15. Dans la journée qui suivra l'expiration du permis de bouillir, chaque saunier sera tenu de remettre au bureau de la douane le plus voisin une déclaration écrite énonçant les quantités de sel qu'il aura fabriquées pen-dant le temps accordé par ledit permis, à peine de confiscation de ce même sel et de cent francs d'amende. Ces déclarations seront le relevé des inscriptions journalières que le fabricant est tenu de faire à son registre, aux termes de l'article 10 de la présente ordonnance. Les préposés pourront en vérifier l'exactitude.

16. Des expériences rigoureuses et suivies ayant démontré que le déchet de dix pour cent accordé ci-devant est insuffisant au succès de la fabrication du sel ignifère, il est porté dès ce moment à vingt pour cent, sans y comprendre celui de cinq pour cent accordé à l'acheteur. Ce déchet sera réglé d'après la déclaration prescrite en l'article précédent, c'est-à-dire, sur le résultat de la fabrication à la sortie des plombs.

17. Les particuliers qui voudront acheter des sels dans une saline, seront tenus de déclarer au bureau des douanes dont elle ressortit les quantités qu'ils entendront enlever. Il leur sera, à cet effet, délivré un permis qu'ils devront rapporter au même bureau avec le sel qu'il mentionnera, à peine de cent francs d'amende. Ce permis, après la vérification et acquittement des droits, sera échangé contre un acquit de paiement, qui, outre la quantité soumise au droit, devra énoncer le montant du déchet de cinq pour cent accordé à l'acheteur. Si le résultat de cette vérification fait reconnaître un excédant à la quantité déclarée, il sera procédé conformément aux réglemens généraux.

18. L'acquit de paiement mentionnera l'an, le mois, le jour et l'heure du départ du bureau où il sera délivré; il désignera les moyens de transport, la quantité de sel, y compris le déchet, le montant du droit acquitté, la route à tenir, enfin l'heure de la sortie du rayon des trois lieues; il portera, en outre, l'obligation, sous peine de cent francs d'amende, de représenter cet acquit, à toute réquisition, aux employés des douanes dans l'étendue dudit rayon.

19. Tout jugement de condamnation contre un fabricant de sel, prononcera en même temps la fermeture absolue de la saline, dans le cas où le montant de ces condamnations ne serait pas acquitté dans les trois mois après la signification dudit jugement. En cas d'insolvabilité d'un locataire, le propriétaire sera responsable de ces mêmes condamnations, et pourra être poursuivi par l'administration des douanes aux fins de leur recouvrement.

20. Le déchet de dix pour cent accordé ci-devant, et porté à vingt pour cent par l'article 16 de la présente ordonnance, en faveur des fabricans qui, aux termes de l'article 28 de la loi précitée, sont comptables envers l'administration des douanes, n'est point

applicable aux autres sauniers qui emploient l'action du feu pour extraire le sel de l'eau des sources, fontaines ou puits salés, et qui sont sous la surveillance de l'administration des contributions indirectes.

21. La défense faite aux sauniers de déplacer ou vendre l'eau propre à faire le sel est maintenue. Les contrevenans, quels qu'ils soient, seront condamnés à l'amende de cent francs.

22. L'enlèvement des cendres de saline, des calcins, des débris de fournaise et des curins, soit mélangés, soit séparés, est également interdit. Ceux qui seront saisis transportant ces matières, et ceux qui seront convaincus de les leur avoir cédées ou vendues, seront solidairement condamnés à la même amende de cent francs.

23. Est pareillement défendu, sous les mêmes peines, l'enlèvement du sable de mer connu sous la dénomination de sablon, et propre à la fabrication du sel.

24. Néanmoins le directeur des douanes pourra accorder aux propriétaires connus et bien famés, sur un certificat du sous-préfet de l'arrondissement, la permission d'enlever les sablons, les cendres de saline, les débris de fourneau et les curins nécessaires à l'amélioration de leurs terres, sous la condition que chaque enlèvement sera accompagné d'un permis de la douane qui devra être rapporté revêtu d'un visa du maire de la commune attestant l'emploi de ces matières, à peine de cent francs d'amende.

25. Tout individu qui aura lessivé des sables de mer, des cendres de saline, des calcins et curins ou débris de fourneau, ou qui en aura extrait, par quelque procédé que ce soit, des sels ou des liqueurs salines, ailleurs que dans les usines en exercice, conformément à la présente ordonnance, sera poursuivi comme coupable de contravention aux lois relatives à l'impôt du sel.

26. Jouiront du bénéfice des dispositions de la présente ordonnance, et seront soumises aux conditions et formalités qu'elle prescrit : 1° les douze fabriques de sel par l'action du feu existant dans la commune de Touques, département du Calvados (1) ; 2° celles existant dans les départemens des Côtes-du-Nord et d'Ille-et-Vilaine, au nombre de trente-cinq, savoir : trois sur les grèves de Ros-sur-Coesnon et Cherueix, vingt-neuf sur celles de Langueux, une sur celles d'Effiniac, et deux sur celles d'Hillion.

27. Notre ministre des finances est chargé de l'exécution de la présente ordonnance.

19 JUIN 1816.—Ordonnances du Roi qui accordent des lettres de déclaration de naturalité aux sieurs Perasso, Ré, Dalmas, baron Philippon de Romain, Emonet, Weygold, Bollano, Benzo, Bartolini, Voirol, Petit-Pierre, Eichelkamp, Durochat, Dunoyer et Costamagna. (7, Bull. 100, 101, 110, 113, 122, 134 et 158.)

19 JUIN 1816.—Ordonnance du Roi qui admet le sieur Frédérikson à établir son domicile en France. (7, Bull. 100.)

20 = Pr. 26 JUIN 1816. — Ordonnance du Roi qui proroge le délai accordé, par l'ordonnance du 25 octobre 1814, aux actionnaires de la tontine du pacte social, pour justifier de l'existence des têtes sur lesquelles reposent leurs actions. (7, Bull. 95, n° 819.)

Voy. ordonnances des 1er SEPTEMBRE 1819, et 14 NOVEMBRE 1821.

Art. 1er. Le délai accordé, par l'article 7 de notre ordonnance du 25 octobre 1814, aux actionnaires de la tontine du pacte social, pour justifier de l'existence des têtes sur lesquelles reposent leurs actions et en rapporter les titres, est prorogé de trois mois à dater du jour de la publication de la présente ordonnance.

Les actionnaires qui, à l'expiration de ce nouveau délai, n'auront pas fourni les justifications requises seront définitivement déchus de tous droits dans la tontine.

2. Notre ministre de l'intérieur est chargé de l'exécution de la présente ordonnance.

20 JUIN 1816. — Ordonnance du Roi contenant réglement sur l'exercice de la profession de boulanger dans la ville de Béziers, département de l'Hérault. (7, Bull. 100, n° 929.)

21 JUIN = Pr. 12 JUILLET 1816.—Ordonnance du Roi qui crée, dans chacune des compagnies du train d'artillerie de la garde royale, un emploi de sous-lieutenant. (7, Bull. 99, n° 886.)

Louis, etc.

Après avoir entendu notre ministre secrétaire d'Etat au département de la guerre sur l'avantage qui résulterait pour le service de la création d'un emploi de sous-lieutenant par compagnie dans le train d'artillerie de notre garde,

Nous avons ordonné et ordonnons ce qui suit :

Art. 1er. Il est créé dans chacune des com-

---

(1) Voy. *erratum* VII, Bull. 101.

pagnies du train d'artillerie de notre garde un emploi de sous-lieutenant.

2. Notre ministre de la guerre est chargé de l'exécution de la présente ordonnance.

26 = Pr. 28 JUIN 1816. — Ordonnance du Roi qui proroge la perception des contributions directes de l'année courante, sur les rôles de 1815, en attendant la confection des rôles de 1816. (7, Bull. 96, n° 834.)

Louis, etc.

Vu la loi du 28 avril dernier portant que les contributions directes seront perçues en 1816, tant en principal qu'en centimes additionnels, sur le même pied qu'en 1815, et prescrivant, en outre, qu'il sera perçu extraordinairement : 1° cent dix centimes sur les patentes, y compris dix centimes pour frais de non-valeurs et de dégrèvement; 2° cinquante centimes sur le principal des portes et fenêtres; 3° dix centimes sur le principal de la contribution personnelle et mobilière, et que le paiement de cette perception extraordinaire sera fait par huitième, à compter du 1er mai de la présente année;

Et sur ce qu'il nous a été représenté, d'une part, que les douzièmes perçus jusqu'à ce jour sur les rôles de 1815, à valoir sur les rôles de 1816, donnaient une somme moindre que celle que la loi accorde pour cette même année 1816; de l'autre, que les sessions des conseils généraux et des conseils d'arrondissement, chargés de faire la répartition et la sous-répartition de la contribution foncière et de la contribution personnelle et mobilière, dureraient jusqu'à la fin du présent mois de juin; qu'ainsi les rôles définitifs de 1816 ne pourront être commencés qu'au 1er juillet, et être mis partout en recouvrement avant le 1er août prochain.

Voulant remédier au double inconvénient d'un retard et même d'une interruption dans le recouvrement, et assurer l'exécution de la loi du 28 avril;

De l'avis de notre Conseil,

Et sur le rapport de notre ministre secrétaire d'Etat des finances,

Nous avons ordonné et ordonnons ce qui suit :

Art. 1er. En attendant que les rôles définitifs de 1816 puissent être confectionnés, les contributions directes continueront à être perçues sur les rôles de 1815.

2. Toutes les mesures seront prises pour que les termes échus soient payés d'après les bases prescrites par la loi du 28 avril dernier.

3. Notre ministre des finances est chargé de l'exécution de la présente ordonnance.

26 JUIN = Pr. 22 JUILLET 1816. — Ordonnance du Roi qui établit, en exécution de la loi du 28 avril 1816, des commissaires-priseurs dans les villes chefs-lieux d'arrondissement, ou qui sont le siège d'un tribunal de première instance, et dans celles qui, n'ayant ni sous-préfecture ni tribunal, renferment une population de cinq mille âmes et au-dessus. (7, Bull. 101, n° 911.)

Voy. loi du 28 AVRIL 1816, article 89. *Voy.* aussi loi du 27 VENTOSE, an 9, et les notes.

Louis, etc.

La loi sur le budget porte qu'il sera établi dans toutes les villes où nous le jugerons convenable, des commissaires-priseurs dont les attributions seront les mêmes que celles des commissaires-priseurs établis à Paris.

Le principe posé par cette loi a besoin d'être développé, et son exécution doit être réglée d'une manière uniforme.

A quoi voulant pourvoir, après nous être fait représenter les anciens édits, ordonnances, réglemens et décrets sur cette matière;

Sur le rapport de notre amé et féal chevalier, chancelier de France, le sieur Dambray, chargé par *interim* du portefeuille du ministère de la justice,

Avons ordonné et ordonnons ce qui suit :

Art. 1er. Dans toutes les villes chefs-lieux d'arrondissement, ou qui sont le siège d'un tribunal de première instance, et dans toutes celles qui, n'ayant ni sous-préfecture ni tribunal, renferment une population de cinq mille âmes et au-dessus, il sera nommé un commissaire-priseur par chaque justice de paix existant dans la ville.

Les justices de paix des faubourgs et celles désignées sous le nom d'*extra-muros* seront considérées comme faisant partie de celles des villes dont elles dépendent.

2. Il n'est rien innové aux dispositions de la loi du 27 ventose an 9, qui accordent aux commissaires-priseurs de Paris la concurrence pour les ventes et prisées qui se font dans l'étendue du département de la Seine.

3. A compter du jour de leur prestation de serment devant le tribunal de première instance dans le ressort duquel ils seront établis, les commissaires-priseurs nouvellement nommés dans les chefs-lieux d'arrondissement feront exclusivement toutes les prisées de meubles et ventes publiques aux enchères qui auront lieu dans le chef-lieu de leur établissement, et ils auront la concurrence pour les opérations de même nature qui se feront dans l'étendue de leur arrondissement, à l'exception des villes où résiderait un commissaire-priseur.

Cette concurrence, pour les commissaires-priseurs établis dans les villes qui ne sont pas chefs-lieux d'arrondissement, se bornera à l'étendue de leur canton (1).

4. Il y aura une bourse commune entre les commissaires-priseurs d'une même résidence; ils seront tenus d'y verser la portion de leurs droits et honoraires fixée par notre ordonnance du 18 février 1815.

5. Dans les villes où il existe des monts-de-piété, des commissaires-priseurs choisis parmi ceux résidant dans ces villes seront exclusivement chargés de toutes les opérations de prisées et de ventes, ainsi que cela est établi pour les commissaires-priseurs de Paris par le règlement du 27 juillet 1805 (8 thermidor an 13) (2).

La désignation des commissaires-priseurs près des monts-de-piété sera faite par les administrateurs de ces établissemens, qui fixeront le nombre de ces officiers nécessaire pour le service.

Ils verseront dans la bourse commune, ainsi que les commissaires-priseurs établis près du mont-de-piété de Paris sont tenus de le faire, et dans les mêmes proportions, les remises et droits qui leur seront alloués. Les dispositions du règlement précité relatives aux garanties pour fait de charge leur sont également applicables.

6. Lesdits commissaires-priseurs pourront recevoir toute déclaration concernant les ventes auxquelles ils procèderont, recevoir et viser toutes les oppositions qui y seront formées, introduire devant les autorités compétentes tous référés auxquels leurs opérations pourront donner lieu, et citer, à cet effet, les parties intéressées devant lesdites autorités.

7. Toute opposition, toute saisie-arrêt, formées entre les mains des commissaires-priseurs et relatives à leurs fonctions, toute signification de jugement prononçant la validité desdites oppositions ou saisies-arrêts, seront sans effet, à moins que l'original desdites oppositions, saisies-arrêts ou significations de jugement, n'ait été visé par le commissaire-priseur : en cas d'absence ou de refus, il en sera dressé procès-verbal par l'huissier, qui sera tenu de le faire viser par le maire de la commune.

8. Les commissaires-priseurs auront la police dans les ventes, et pourront faire toutes réquisitions pour y maintenir l'ordre.

Ils pourront porter, dans l'exercice de leurs fonctions, une toge de laine noire, fermée par devant, à manches larges ; toque noire, cravate tombante de batiste blanche plissée, cheveux longs ou ronds.

9. Les commissaires-priseurs seront nommés par nous, sur la présentation qui nous en sera faite par notre ministre de la justice.

10. Nul ne pourra être admis à exercer les fonctions de commissaire-priseur, s'il n'a vingt-cinq ans accomplis, ou s'il n'a obtenu de nous les dispenses d'âge que nous nous réservons d'accorder lorsque nous le jugerons convenable.

11. Les fonctions de commissaire-priseur seront compatibles, dans toutes les résidences autres que la ville de Paris, avec les fonctions de notaire (3), de greffier de justice de paix ou de tribunal de police et d'huissier.

12. Il est fait défenses expresses aux commissaires-priseurs d'exercer la profession de marchand de meubles, de marchand fripier ou tapissier, ni même d'être associé à aucun commerce de cette nature, à peine de destitution.

13. Les commissaires-priseurs tiendront un répertoire sur lequel ils inscriront leurs procès-verbaux jour par jour, et qui sera préalablement visé au commencement, coté et paraphé à chaque page par le président du tribunal de leur arrondissement. Ce répertoire sera arrêté tous les trois mois par le receveur de l'enregistrement : une expédition en sera déposée, chaque année, avant le 1er mars, au greffe du tribunal civil.

14. Les commissaires-priseurs seront placés sous la surveillance de nos procureurs près des tribunaux de première instance.

15. Aucun commissaire-priseur ne pourra être admis au serment, qu'il n'ait préalablement justifié du paiement de son cautionnement, conformément à la loi du budget (4).

16. Les dispositions des anciens édits, lois, ordonnances et décrets, qui ne sont point formellement abrogées, continueront à recevoir leur exécution pour tout ce qui tient à la discipline du corps des commissaires-priseurs.

17. Notre amé et féal chevalier, chancelier de France, chargé du portefeuille du ministère de la justice, est chargé de l'exécution de la présente ordonnance.

---

(1) *Voy*. notes sur l'article 89 de la loi du 28 avril 1816.

(2) On lit dans le Bulletin : 10 mars 1807 ; c'est une erreur, voy. *erratum* du Bulletin CXII.

C'est aux tribunaux ordinaires et non à la justice administrative, à statuer sur une demande formée par des commissaires-priseurs contre les appréciateurs d'un mont-de-piété, en

ce qu'ils se seraient immiscés dans des fonctions réservées à eux commissaires-priseurs. Ordonnance du 25 février 1818 (J. C. t. 4, p. 254).

(3) Abrogé. *Voy.* ordonnance du 31 juillet 1822.

(4) *Voy.* ordonnances du 9 janvier 1818, du 22 août 1821.

26 JUIN Pr. = 24 AOUT 1816.—Ordonnance du Roi relative à la liquidation de l'ancienne caisse d'amortissement, conformément à la loi du 28 avril 1816. (7, Bull. 108, n° 1023.)

Louis, etc.

Vu l'art. 98 de la loi du 28 avril 1816, qui ordonne la liquidation de l'ancienne caisse d'amortissement; voulant accélérer les travaux de cette liquidation, ainsi que l'examen et le jugement des différentes comptabilités qui s'y rattachent;

Sur le rapport de notre ministre secrétaire d'Etat des finances,

Avons ordonné et ordonnons ce qui suit:

Art. 1er. Les comptes du caissier de l'ancienne caisse d'amortissement pour l'année 1815 et les cinq mois échus de l'année 1816, ceux des receveurs généraux pour l'année 1815, ceux des cinq mois échus de l'année 1816, ceux non encore jugés des années antérieures, et ceux des receveurs des domaines qui ont géré pour le compte de ladite caisse, seront vérifiés et jugés conformément au décret du 11 septembre 1808.

2. Un commissaire nommé par nous sera chargé, sous la direction de notre ministre secrétaire d'Etat au département des finances, de la liquidation et des autres opérations préparatoires au jugement desdits comptes.

3. Le commissaire-liquidateur établi par le précédent article présentera, tous les trois mois, à la commission de notre Conseil nommée par l'ordonnance du 8 mai dernier, les comptes vérifiés et provisoirement arrêtés par lui, pour, sur la vérification définitive et le rapport de ladite commission, être statué par nous ce qu'il conviendra relativement au résultat desdits comptes.

4. Notre ministre secrétaire d'Etat au département des finances mettra à la disposition du commissaire-liquidateur le nombre d'employés nécessaire pour terminer, dans le délai le plus court qu'il sera possible, cette liquidation, et réglera le traitement de ces employés.

5. Notre ministre des finances est chargé de l'exécution de la présente ordonnance.

———

26 JUIN 1816.—Ordonnances du Roi qui accordent des lettres de déclaration de naturalité aux sieurs Pédrelli, Gallarolli et Guistelli. (7, Bull. 101, 149 et 158.)

———

26 JUIN 1816.—Ordonnance du Roi qui nomme M. Labrouste commissaire-liquidateur de l'ancienne caisse d'amortissement, et lui attribue un traitement annuel de 12,000 francs. (7, Bull. 108, n° 1024.)

———

26 JUIN 1816. —Ordonnance du Roi qui permet aux sieurs Barle et Perreymond d'ajouter à leur nom ceux de Saint-Far et de Bellon. (7, Bull. 101.)

———

26 JUIN 1816.— Ordonnance du Roi qui permet au sieur Nouvion fils de prendre des lettres de bourgeoisie à Berne. (7, Bull. 102.)

———

2 = Pr. 5 JUILLET 1816.—Ordonnance du Roi portant création de douze bureaux de charité pour la distribution des secours à domicile à Paris. (7, Bull. 97, n° 864.)

Louis, etc.

Ce qui peut tendre à améliorer le sort de la classe indigente de nos sujets sera toujours un des principaux objets de notre sollicitude.

Nous nous sommes fait rendre compte de l'organisation actuelle de l'administration des secours à domicile dans notre bonne ville de Paris; nous avons reconnu qu'en simplifiant les formes de cette administration et en multipliant le nombre des personnes chargées de rechercher les véritables pauvres et de constater leurs besoins, on atteindra le double but d'accélérer la distribution des secours et de leur donner une juste application:

A ces causes,

Et sur le rapport de notre ministre secrétaire d'Etat au département de l'intérieur,

Nous avons ordonné et ordonnons ce qui suit:

Art. 1er. Douze bureaux de charité seront désormais chargés de la distribution des secours à domicile dans les douze arrondissemens de la ville de Paris.

2. Ces bureaux continueront d'être sous la direction du préfet du département de la Seine et du conseil général d'administration des hospices, et chacun d'eux sera composé:

1° Du maire de l'arrondissement, président né du bureau, des adjoints, du curé de la paroisse, du desservant des succursales;

2° De douze autres administrateurs nommés par notre ministre secrétaire d'Etat de l'intérieur;

3° D'un nombre indéterminé de visiteurs des pauvres, et de dames de charité, qui n'assisteront aux séances qu'avec voix consultative, et lorsqu'ils y seront spécialement invités par le bureau.

3. Dans ces deux arrondissemens municipaux où se trouve situé un temple protestant, le ministre fera partie du bureau de charité.

4. Pour la première nomination des administrateurs temporaires, les maires formeront des listes quintuples de candidats choisis parmi les habitans de leur arrondissement

les plus recommandables par leur piété et leur amour pour les pauvres. Les membres actuels des bureaux de bienfaisance seront, de droit, compris dans ces listes; elles seront réduites à des listes triples par le conseil général des hospices, et transmises par le préfet, avec son avis, à notre ministre secrétaire d'Etat de l'intérieur, qui nommera.

5. Dans la suite, la désignation quintuple des candidats se fera au scrutin par les bureaux de charité.

6. Le renouvellement des membres des bureaux de charité s'opérera par quart chaque année; les trois premières années, par la voie du sort, et les années subséquentes, suivant l'ordre de nomination.

, Pour les trois premières années, les membres sortans seront rééligibles. A l'avenir, nul ne pourra être réélu qu'après un intervalle d'un an.

7. Les commissaires visiteurs et les dames de charité seront nommés par les bureaux.

8. Un agent comptable sera attaché à chaque bureau sous le titre de *secrétaire-trésorier*.

Cet agent sera salarié et tenu de fournir un cautionnement.

9. Les réglemens relatifs à l'organisation des bureaux de charité, à l'ordre de leur comptabilité, à la classification des indigens et au mode d'application des secours, seront arrêtés par notre ministre secrétaire d'Etat de l'intérieur, sur la proposition du conseil des hospices, et l'avis du préfet de la Seine.

10. Notre ministre de l'intérieur est chargé de l'exécution de la présente ordonnance.

———

3 = Pr. 5 JUILLET 1816. — Ordonnance du Roi qui détermine un mode pour faire déclarer l'absence ou constater le décès des militaires et employés aux armées depuis le 21 avril 1792 jusqu'au 20 novembre 1815. (7, Bull. 97, n° 865.)

Voy. loi du 13 JANVIER 1817.

Louis, etc.

Prenant en considération la position où se trouvent un grand nombre de nos sujets par suite de la disparition des militaires ou employés aux armées dont on n'a pas eu de nouvelles, nous avons résolu de proposer sur cet objet, à la prochaine session des Chambres, une loi destinée à concilier, autant que possible, l'intérêt des absens avec celui des familles ;

Voulant dès à présent rendre plus faciles et moins dispendieuses les recherches auxquelles les parties intéressées sont obligées de se livrer pour vérifier devant nos tribunaux leurs demandes, afin de faire déclarer l'absence ou constater le décès desdits militaires et employés ;

Sur le rapport de notre chancelier de France ;

Notre Conseil-d'Etat entendu,

Nous avons ordonné et ordonnons ce qui suit :

Art. 1er. Les parties intéressées qui voudront faire déclarer l'absence ou constater en justice le décès des militaires, administrateurs ou employés aux armées, disparus depuis la première déclaration de guerre du 21 avril 1792 jusqu'au traité de paix signé à Paris le 20 novembre 1815, présenteront requête, à cet effet, au tribunal du dernier domicile de la personne disparue.

2. Seront relatés dans ladite requête, autant que faire se pourra, les nom, prénoms et surnoms du militaire ou employé aux armées, ceux de ses père et mère, le lieu et la date de sa naissance, les lieux de son dernier domicile ou de sa dernière résidence ; les nom et numéro du corps dans lequel il servait, ou l'indication de l'état-major et de la partie de l'administration auxquels il était attaché, l'époque de son entrée au service; celle à laquelle il a cessé de donner directement ou indirectement de ses nouvelles ; les timbres et dates des dernières lettres qu'il aura adressées, ou dans lesquelles il aurait été question de lui ; enfin les autres renseignemens quelconques que les requérans auraient pu se procurer. Toutes pièces justificatives seront jointes.

3. La requête et les pièces seront communiquées à notre procureur près le tribunal, et par lui adressées au ministre de la justice, qui les transmettra au ministre de la guerre.

Le ministre de la guerre prescrira, soit dans ses bureaux, soit dans ceux des administrations militaires, soit aux dépôts des corps, toutes les recherches qui pourront produire des preuves ou des renseignemens sur l'objet de la demande.

4. Si les recherches ont eu quelques résultats, le ministre de la guerre fera joindre à la requête : 1° une copie littérale et authentique, tant des actes de l'état civil des militaires que des articles de registres-matricules ou contrôles, et des autres pièces quelconques qui seront reconnues concerner la personne dans ladite requête ; 2° une note séparée contenant les renseignemens qui auraient été recueillis sur les circonstances et l'époque de sa disparition.

Lorsqu'il n'aura pas existé de registres de l'état civil, ou lorsqu'ils auront été perdus; lorsqu'il n'existera aucune pièce, aucun document ou aucun renseignement, le ministre de la guerre le constatera par un certificat.

5. La requête, les pièces, renseignemens et certificats, seront renvoyés, par l'intermédiaire du ministre de la justice, à notre procureur, qui, après avoir prévenu les parties de ce renvoi remettra le tout au greffe,

pour être procédé et statué ultérieurement ainsi que de droit.

Néanmoins, dans le cas où l'acte de décès même de la personne désignée aurait été transmis à notre procureur, il l'exceptera de la remise au greffe, et en fera immédiatement le renvoi à l'officier de l'état civil, qui sera tenu de se conformer à l'article 98 du Code civil.

6. Les pièces, certificats et renseignemens envoyés par le ministre de la guerre, et qui auront été remis au greffe en vertu de l'article précédent, y resteront déposés pour être communiqués, sans déplacement, à toutes parties intéressées qui le requerront.

7. Lorsqu'il s'agira de déclarer l'absence ou de constater en justice le décès des personnes mentionnées en l'article 1er de la présente ordonnance, les jugemens contiendront uniquement les conclusions, le sommaire des motifs et le dispositif, sans que la requête puisse y être insérée ; les parties pourront même se faire délivrer par simple extrait le dispositif des jugemens interlocutoires, et, s'il y a lieu à enquêtes, elles seront mises en minute sous les yeux des juges.

8. Notre ministre de la guerre donnera dès à présent la plus grande publicité à un avis officiel par lequel tous individus qui, ayant été militaires ou employés aux armées, se seraient fixés en un lieu quelconque, sans en avoir directement ou indirectement informé leurs parens, amis ou mandataires, seront prévenus que, suivant le mode qui sera déterminé par la loi à intervenir, leurs héritiers présomptifs, ou autres parties intéressées, pourront être admis à faire déclarer leur absence, et à demander l'envoi en possession de leurs biens.

9. Notre chancelier de France et notre ministre de la guerre sont chargés de l'exécution de la présente ordonnance.

---

3 = Pr. 12 JUILLET 1816. — Ordonnance du Roi relative aux attributions de la caisse des dépôts et consignations créée par la loi du 28 avril 1816. (7, Bull. 98, n° 876.

Voy. les notes sur l'article 110 de la loi du 28 AVRIL 1816, et deux ordonnances du même jour, 3 JUILLET 1816.

Louis, etc.

Les rois nos augustes prédécesseurs, en créant des établissemens pour recevoir les dépôts et consignations, ont eu pour objet de remédier à des abus non moins préjudiciables aux fortunes particulières qu'à l'intérêt général de l'État.

L'édit du mois de juin 1578 a toujours été considéré comme un bienfait signalé ; et deux siècles après, malgré tant de variations importantes survenues dans l'administration de la justice, l'édit du mois d'octobre 1772 proclamait cette maxime « qu'il importait à « la sûreté publique qu'il existât, sous les « yeux des magistrats, un dépôt permanent et « inviolable pour toutes les consignations ju-« diciaires. »

Depuis 1789 même, l'esprit d'innovation qui s'est trop malheureusement introduit dans toutes les parties de la législation n'a pas empêché qu'on ne reconnût cette vérité.

Les lois des 30 septembre 1791, 23 septembre 1793, et 18 janvier 1805 (28 nivose an 13), paraissent l'avoir prise pour base ; mais, les établissemens qu'elles avaient formés manquant d'indépendance, d'une surveillance et d'une garantie qui n'eussent rien d'illusoire, leur exécution n'a point répondu à ce qu'on pouvait en attendre. Il est notoire que la plupart des sommes sur lesquelles diverses personnes prétendent des droits opposés ou litigieux, loin d'être mises en séquestre dans une caisse de dépôts dont l'inviolabilité puisse rassurer chacun des intéressés, restent entre les mains de débiteurs qui ne présentent aucune garantie, d'officiers ministériels dont le cautionnemens n'ont pas pour objet de répondre de ces sommes, parce qu'il n'entre pas dans leurs fonctions de les recevoir et de les garder. Ainsi, la confiance publique est trompée, les dépôts sont violés ; on a vu des officiers ministériels détourner des sommes qu'ils avaient conservées contre le vœu des lois et l'intention des parties, sans qu'il y eût des moyens pour prévenir de tels abus.

Frappé de tant de désordres, résolu d'y mettre fin, et convaincu que les intérêts particuliers ne peuvent trouver une plus sûre garantie que dans un dépôt placé sous la foi publique et sous la surveillance de la commission qui inspecte la caisse d'amortissement, dont les opérations touchent si directement la fortune de l'État, nous avons proposé aux Chambres, et elles ont adopté dans les articles 110, 111 et 112 de la loi du 28 avril dernier, l'institution d'une caisse des dépôts et consignations.

L'article 112 de ladite loi nous attribuant le droit d'organiser cette caisse, nous avons cru, en attendant qu'une loi spéciale ait déterminé les cas dans lesquels il y a lieu à consigner des sommes ou valeurs, devoir réunir les diverses dispositions des lois actuelles sur cet objet, et déterminer les mesures propres à en assurer l'exécution :

À ces causes,

Et vu les articles 110 et suivans de la loi du 28 avril 1816 ;

Vu l'article 14 de la Charte constitutionnelle, qui nous réserve et attribue le droit de faire tous les réglemens nécessaires pour l'exécution des lois ;

Sur la proposition de la commission chargée de la surveillance des caisses d'amortissement et consignations, et le rapport de notre ministre secrétaire d'Etat des finances,

Avons ordonné et ordonnons ce qui suit :

SECTION Ire. Des sommes qui doivent être versées dans la caisse des dépôts et consignations.

Art. 1er. La caisse des dépôts et consignations, créée par l'article 10 de la loi du 28 avril dernier, recevra seule toutes les consignations judiciaires.

2. Seront en conséquence versés dans ladite caisse :

1° Les deniers offerts réellement, conformément aux articles 1257 et suivans du Code civil ; ceux que voudra consigner un acquéreur ou donataire, dans le cas prévu par les articles 2183, 2184, 2186 et 2189 ; le montant des effets de commerce dont le porteur ne se présente pas à l'échéance, lorsque le débiteur voudra se libérer conformément à la loi du 23 juillet 1795 (6 thermidor an 3) ; et, en général, toutes sommes offertes à des créanciers refusans par des débiteurs qui veulent se libérer ;

2° Les sommes qu'offriront de consigner, suivant la faculté que leur accordent les articles 2041 du Code civil, 167, 542 du Code de procédure, 117 du Code d'instruction criminelle, et autres dispositions des lois, toutes personnes qui, astreintes, soit par lesdites lois, soit par des jugemens ou arrêts, à donner des cautions ou garanties, ne pourraient ou ne voudraient pas les fournir en immeubles ;

3° Les deniers remis par un débiteur à un garde de commerce exerçant une contrainte par corps, pour éviter l'arrestation, conformément à l'article 14 du décret du 14 mars 1808, et ceux qui, dans les mêmes circonstances, seraient remis à un huissier exerçant la contrainte par corps dans les villes et lieux autres que Paris, lorsque le créancier n'aura pas voulu recevoir lesdites sommes dans les vingt-quatre heures accordées auxdits officiers ministériels pour lui en faire la remise ;

4° Les sommes que les débiteurs incarcérés doivent, aux termes de l'article 798 du Code de procédure, déposer ès-mains du geôlier de la maison de détention pour être mis en liberté, lorsque le créancier ne les aura pas acceptées dans le délai de vingt-quatre heures ;

5° Les sommes dont les cours et tribunaux ou les autorités administratives, quand ce droit leur appartient, auraient ordonné la consignation, faute par les ayant-droit de les recevoir ou réclamer, ou le séquestre en cas de prétentions opposées ;

6° Le prix que doivent consigner, conformément à l'article 209 du Code de commerce, les adjudicataires de bâtimens de mer vendus par autorité de justice ;

7° Les deniers comptans saisis par un huissier chez un débiteur contre lequel il exerce une saisie-exécution, lorsque, conformément à l'article 590 du Code de procédure civile, le saisissant, la partie saisie et les opposans, ayant la capacité de transiger, ne seront pas convenus d'un séquestre volontaire dans les trois jours du procès-verbal de saisie ; et ceux qui se trouveront, lors d'une apposition de scellés ou d'un inventaire, si le tribunal l'ordonne ainsi, sur le référé provoqué par le juge-de-paix ;

8° Les sommes saisies et arrêtées entre les mains de dépositaires ou débiteurs, à quelque titre que ce soit ; celles qui proviendraient de ventes de biens-meubles de toute espèce, par suite de toute sorte de saisies, ou même de ventes volontaires, lorsqu'il y aura des oppositions dans les cas prévus par les articles 656 et 657 du Code de procédure civile ;

9° Le produit des coupes et des ventes de fruits pendans par les racines sur des immeubles saisis réellement ; celui des loyers ou fermages des biens non affermés lors de la saisie, qui seraient perçus au profit des créanciers, dans les cas prévus par l'article 688 du Code de procédure : ensemble tous les prix de loyers, fermages ou autres prestations, échus depuis la dénonciation au saisi, au fur et à mesure des échéances ;

10° Le prix ou portion de prix d'une adjudication d'immeubles vendus sur saisie immobilière, bénéfice d'inventaire (1), cession de biens, faillite, que le cahier des charges n'autoriserait pas l'acquéreur à conserver entre ses mains, si le tribunal ordonne cette consignation sur la demande d'un ou de plusieurs créanciers ;

11° Les deniers provenant des ventes des meubles, marchandises des faillis, et de leurs dettes actives, dans le cas prévu par l'article 497 du Code de commerce ;

12° Les sommes d'argent trouvées ou provenues des ventes et recouvremens dans une

_____

(1) Cette disposition n'a apporté aucun changement aux principes du droit civil d'après lesquels l'héritier bénéficiaire peut se dispenser de consigner les sommes de la succession en fournissant caution (28 novembre 1831 : Aix, S. 32, 2, 132 ; D. 32, 2, 104).

succession bénéficiaire, lorsque, sur la demande de quelque créancier, le tribunal en aura ordonné la consignation;

13° Les sommes de deniers trouvées dans une succession vacante, ou provenant du prix des biens d'icelle, conformément à l'avis du Conseil-d'Etat du 13 octobre 1809;

14° Enfin toutes les consignations ordonnées par des lois, même dans les cas qui ne sont pas rappelés ci-dessus, soit que lesdites lois n'indiquent pas le lieu de la consignation, soit qu'elles désignent une autre caisse, et notamment ce qui peut être encore dû par les anciens commissaires aux saisies réelles, conformément au décret du 12 février 1812, lequel continuera de recevoir son exécution.

3. Défendons à nos cours, tribunaux et administrations quelconques, d'autoriser ou d'ordonner des consignations en autres caisses et dépôts publics ou particuliers, même d'autoriser les débiteurs, dépositaires, tiers-saisis, à les conserver sous le nom de séquestre ou autrement; et au cas où de telles consignations auraient lieu, elles seront nulles et non libératoires.

4. Pour assurer l'exécution des dispositions ci-dessus, il ne pourra être ouvert aucune contribution de deniers provenant de ventes, recouvremens, mobiliers, saisies-arrêts ou autres, que l'acte de réquisition qui doit être rédigé conformément à l'art. 658 du Code de procédure civile, ne contienne mention de la date et du numéro de la consignation qui en a été faite; défendons aux présidens de nos tribunaux de commettre des commissaires pour procéder aux distributions ainsi requises sans ladite mention; et, au cas où une nomination leur serait surprise, défendons à tous commissaires nommés d'y procéder, sauf aux parties qui seraient lésées, leur recours contre les avoués par la faute desquels la distribution n'aurait pas lieu; défendons pareillement à tous greffiers de délivrer les mandemens énoncés en l'article 671 du même Code, sur autres que sur les préposés de la caisse des dépôts et consignations. Il en sera de même relativement aux ordres, lorsque le prix aura dû être versé dans le cas prévu n° 10 de l'article 2.

SECTION II. Obligations des officiers ministériels ou autres, tenus de faire les versemens à la caisse des dépôts et consignations.

5. Tout officier ministériel qui aura fait des offres réelles extrajudiciairement ou judiciairement sera tenu, si elles ne sont pas acceptées, d'en effectuer le versement, dans les vingt-quatre heures qui suivront l'acte desdites offres, à la caisse des dépôts et consignations, à moins qu'il n'en ait été dispensé par ordre écrit de celui qui l'a chargé de faire lesdites offres.

6. Tout garde de commerce, huissier ou geôlier, qui, ayant reçu des sommes dans les cas prévus par les n°s 3 et 4 de l'article 2 ci-dessus, n'en aura pas fait le versement à la caisse des dépôts et consignations dans les délais prescrits par ledit article 2, sera poursuivi comme rétentionnaire de deniers publics.

Seront, à cet effet, tenus les gardes de commerce et huissiers de mentionner au pied de leurs exploits, et avant de les présenter à l'enregistrement, s'ils ont remis au créancier les sommes par eux reçues, et de mentionner également cette remise sur leurs répertoires, et les geôliers feront ladite mention sur leurs registres d'écrou.

7. Tout notaire, greffier, huissier, commissaire-priseur, courtier, etc., qui aura procédé à une vente, sera tenu de déclarer au pied de la minute du procès-verbal en le présentant à l'enregistrement, et de certifier par sa signature, qu'il y a ou n'a pas d'oppositions et qu'il y a ou n'a pas connaissance d'oppositions aux scellés ou autres opérations qui ont précédé ladite vente.

8. Les versemens des sommes énoncées au n° 8 de l'article 2 seront faits dans la huitaine, à compter de l'expiration du mois accordé par l'article 656 du Code de procédure aux créanciers pour procéder à une distribution amiable.

Ce mois comptera, pour les sommes saisies et arrêtées, du jour de la signification au tiers-saisi du jugement qui fixe ce qu'il doit rapporter.

S'il s'agit de deniers provenant de ventes ordonnées par justice, ou résultant de saisies-exécutions, saisies foraines, saisies-brandons, ou même de ventes volontaires auxquelles il y aurait eu des oppositions, ce délai courra du jour de la dernière séance du procès-verbal de vente;

S'il s'agit de deniers provenant de saisies de rentes ou d'immeubles, du jour du jugement d'adjudication.

9. Conformément à l'article 10 de la déclaration du 29 février 1648 et de celle du 16 juillet 1669, le directeur général de la caisse des consignations pourra décerner, ou faire décerner par les préposés de la caisse contre toute personne, qui, tenue d'après les dispositions ci-dessus de verser des sommes dans ladite caisse ou dans celle de ses préposés, sera en retard de remplir ces obligations; il sera procédé, pour l'exécution desdites contraintes, comme pour celles qui sont décernées en matière d'enregistrement, et la procédure sera communiquée à nos procureurs près les tribunaux.

10. Tout notaire, courtier, commissaire-priseur, huissier ou geôlier, qui aura contrevenu aux obligations qui lui sont imposées par la présente ordonnance, en conser-

vant des sommes de nature à être versées dans la caisse des consignations, sera dénoncé par nos préfets ou procureurs à celui de nos ministres dans les attributions duquel est sa nomination, pour sa révocation nous être proposée, s'il y a lieu, sans préjudice des peines qui sont ou pourront être prononcées par les lois.

SECTION III. Obligations de la caisse des dépôts et consignations, et de ses préposés.

11. La caisse des consignations aura des préposés, pour le service qui lui est confié, dans toutes les villes du royaume où siége un tribunal de première instance.

Elle sera responsable des sommes par eux reçues, lorsque les parties auront fait enregistrer leurs reconnaissances dans les cinq jours de celui du versement, conformément à l'article 3 de la loi du 18 janvier 1805 (28 nivose an 13).

12. Les reconnaissances de consignations délivrées à Paris par le caissier, et dans les départemens par les préposés de la caisse, énonceront sommairement les arrêts, jugemens, actes ou causes qui donnent lieu auxdites consignations; et dans le cas où les deniers consignés proviendraient d'un emprunt, et qu'il y aurait lieu à opérer une subrogation en faveur du prêteur, il sera fait mention expresse de la déclaration faite par le déposant, conformément à l'article 1250 du Code civil, laquelle produira le même effet de subrogation que si elle était passée devant notaire. Le timbre et l'enregistrement seront aux frais de celui qui consigne, s'il est débiteur, ou prélevés sur la somme, s'il la dépose à un autre titre.

13. Tous les frais et risques relatifs à la garde, conservation et mouvement des fonds consignés, sont à la charge de la caisse: défendons à ses préposés, ou à leurs commis et employés de se faire payer par les déposans, ou ceux qui retireront les sommes consignées, aucun droit de garde, prompte expédition, travail extraordinaire, ou autre, à quelque titre que ce soit, à peine de destitution et d'être poursuivis comme concussionnaires.

14. Conformément à l'article 2 de la loi du 18 janvier 1805 (28 nivose an 13), la caisse des dépôts et consignations paiera l'intérêt de toute somme consignée, à raison de trois pour cent, à compter du soixante-unième jour à partir de la date de la consignation jusques et non compris celui du remboursement.

Les sommes qui resteront moins de soixante jours en état de consignation ne produiront aucun intérêt: lorsque les sommes consignées seront retirées partiellement, l'intérêt des portions restantes continuera de courir sans interruption (1).

15. Conformément à l'article 4 de la susdite loi, les sommes consignées seront remises, dans le lieu où le dépôt aura été fait, à ceux qui justifieront leurs droits, dix jours après la réquisition de paiement au préposé de la caisse.

Ladite réquisition contiendra élection de domicile dans le lieu où demeure le préposé de la caisse des consignations; elle devra être accompagnée de l'offre de remettre les pièces à l'appui de la demande, de laquelle remise mention sera faite dans le *visa* que doit donner le préposé, conformément à l'article 69 du Code de procédure civile.

Les préposés qui ne satisferaient pas au paiement après ce délai seront contraignables par corps, sans préjudice des droits des réclamans contre la caisse des consignations, ainsi qu'il est dit en l'article 11.

16. Ne pourront lesdits préposés refuser les remises réclamées que dans les deux cas suivans :

1° Sur le fondement d'opposition dans leurs mains, soit sur la généralité de la consignation, soit sur la portion réclamée, soit sur la personne requérante; 2° sur le défaut de régularité des pièces produites à l'appui de la réquisition.

Ils devront dans ce cas, avant l'expiration du dixième jour, dénoncer lesdites oppositions ou irrégularités aux requérans, par signification au domicile élu, et ne seront contraignables que dix jours après la signification des mains-levées ou du rapport des pièces régularisées.

Les frais de cette dénonciation seront à la charge des parties réclamantes, à moins qu'elles n'aient fait juger contre le préposé que son refus était mal fondé, auquel cas les frais seront à la charge de ce dernier, sans répétition contre la caisse des dépôts et consignations, sauf le cas où son refus aurait été approuvé par le directeur général.

17. Pour assurer la régularité des paiemens requis par suite d'ordre ou de contribution, il sera fait par le greffier du tribunal un extrait du procès-verbal dressé par le

(1) Les paiemens partiels faits par la caisse des consignations sur les fonds qu'elle tient en dépôt pour des particuliers, doivent être imputés d'abord sur les intérêts produits par ces fonds; et ensuite seulement sur le capital; l'art. 1254, Code civ. est applicable à la caisse des consignations de même qu'à tout autre débiteur (20 mars 1830; Paris, S. 30, 2, 212. — 7 janvier 1831; Paris, S. 31, 2, 219).

juge-commissaire, lequel extrait contiendra : 1° les noms et prénoms des créanciers colloqués; 2° les sommes qui leur sont allouées; 3° mention de l'ordonnance du juge qui, à l'égard des ordres, ordonne la radiation des inscriptions, et, à l'égard des contributions, fait main-levée des oppositions des créanciers forclos ou rejetés.

Le coût de cet extrait sera compris dans les frais de poursuite, nonobstant toutes dispositions contraires de l'article 137 du décret du 16 février 1807. Dans les dix jours de la clôture de l'ordre ou contribution, cet extrait sera remis par l'avoué poursuivant, savoir, à Paris, au caissier, et dans les autres villes, au préposé de la caisse des consignations, à peine de dommages-intérêts envers les créanciers colloqués à qui ce retard pourra être préjudiciable.

La caisse des consignations ne pourra être tenue de payer aucun mandement ou bordereau de collocation avant la remise de cet extrait, si ce n'est dans le cas de l'article 758 du Code de procédure civile.

SECTION IV. Dispositions transitoires.

18. Toute personne, sans distinction, dépositaire ou débitrice, à quelque titre que ce soit, de sommes qui, d'après les dispositions de la présente ordonnance, doivent être reçues par la caisse des consignations ou par celle de ses préposés, est tenue d'en faire la déclaration et le versement avant le 1er août prochain, sous les peines prononcées par les articles 3, 8 et 10 de la présente ordonnance.

19. Nos ministres sont chargés de l'exécution de la présente ordonnance.

3 = Pr. 12 JUILLET 1816. — Ordonnance du Roi qui autorise la caisse des dépôts et consignations à recevoir les dépôts volontaires et particuliers. (7, Bull. 98, n° 877.)

Louis, etc.

L'ancienne caisse d'amortissement était autorisée, par l'article 7 de la loi du 18 janvier 1805 (28 nivose an 13), à recevoir des dépôts volontaires aux mêmes conditions que les dépôts judiciaires; mais il était difficile d'espérer qu'un établissement dépourvu de toute garantie pût obtenir la confiance, qui ne se commande point. Les attributions de cette caisse ayant été transférées, par l'article 110 de la loi du 28 avril 1816, à la nouvelle caisse des consignations et dépôts, nous avons jugé que le moment était venu de faire jouir le public des avantages d'un établissement qui, placé sous la plus forte de toutes les garanties, peut faire fructifier les capitaux qui lui sont confiés, et les rendre à la première réquisition :

A ces causes,

Vu l'article 111 de la susdite loi du 28 avril 1816, sur la proposition de la commission de surveillance de la caisse d'amortissement et de celle des dépôts et consignations, et sur le rapport de notre ministre secrétaire d'Etat des finances,

Nous avons ordonné et ordonnons ce qui suit :

Art. 1er. Conformément à la faculté accordée par l'article 7 de la loi du 18 janvier 1805 (28 nivose an 13), la caisse des dépôts et consignations est autorisée à recevoir les dépôts volontaires des particuliers.

2. Ces dépôts ne pourront être faits qu'à Paris, et seulement en monnaie ayant cours d'après les lois et ordonnances, ou en billets de la Banque de France.

3. La caisse et ses préposés ne pourront sous aucun prétexte exiger de droit de garde ni aucune rétribution, sous quelque dénomination que ce soit, tant lors du dépôt que lors de sa restitution.

4. La caisse sera chargée des sommes versées par les récépissés du caissier, visés par le directeur, conformément à l'article 19 de notre ordonnance du 22 mai dernier. Le déposant devra, sur ce même récépissé et par déclaration de lui signée, élire dans la ville de Paris un domicile qui sera attributif de juridiction pour tout ce qui aura trait audit dépôt, conformément à l'article 111 du Code civil.

5. Les sommes déposées porteront intérêt à trois pour cent, pourvu qu'elles soient restées à la caisse trente jours. Si elles sont retirées avant ce temps, la caisse ne devra aucun intérêt.

6. Le dépôt sera rendu à celui qui l'aura fait, à son fondé de pouvoirs ou ses ayant-cause, à l'époque convenue par l'acte de dépôt, et, s'il n'en a pas été convenu, à simple présentation. Ceux qui retireront ainsi leurs fonds ne seront soumis à aucune autre condition que celle de remettre la reconnaissance de la caisse et de signer leur quittance.

7. Les sommes déposées ne pourront être saisies et arrêtées que dans les cas, les formes et sous les conditions prévus par les articles 557 et suivans du Code de procédure civile.

Pourront néanmoins être reçues des oppositions, sans que lesdites formes soient observées :

1° De la part du déposant qui déclarerait avoir perdu son récépissé;

2° De la part des agens ou syndics d'un failli, comme il est dit dans l'article 149 du Code de commerce.

8. Les départemens et communes sont autorisés à déposer à la caisse, ou à ses préposés dans les villes autres que Paris, les fonds qui sont ou seront à leur disposition, soit d'après les lois annuelles sur les finances,

soit d'après celles qui les auraient autorisés à quelques impositions extraordinaires, soit enfin les sommes qui proviendraient de leurs revenus ordinaires et extraordinaires, excédans de recettes sur les dépenses, coupes de bois et autres causes semblables.

La même faculté est accordée à tous les établissemens publics.

9. La caisse ou ses préposés effectueront les remboursemens entre les mains du receveur de l'établissement au nom duquel le dépôt aura été fait d'après les mandats des préfets, des maires ou administrateurs compétens.

10. Le caissier et autres préposés qui, sans motifs fondés sur les dispositions de la présente ordonnance, refuseraient de faire un remboursement, seraient personnellement condamnés à bonifier les intérêts à la partie prenante sur le pied de cinq pour cent, et poursuivis par voie de contrainte par corps, tant pour le capital que pour les intérêts, sans préjudice du recours du créancier contre la caisse, qui devra elle-même ladite bonification de retard, comme garante des faits de ses préposés, et sauf son recours contre eux.

11. En cas de perte d'un récépissé le déposant devra former opposition fondée sur cette cause; ladite opposition sera insérée par extrait dans le journal officiel, aux frais et diligence du réclamant, un mois après ladite insertion; la caisse sera valablement libérée en lui remboursant le montant du dépôt sur sa quittance motivée.

12. Notre ministre des finances est chargé de l'exécution de la présente ordonnance.

3 = Pr. 12 JUILLET 1816. — Ordonnance du Roi relative au versement à la caisse des dépôts et consignations des fonds de retraite des ministères, administrations et établissemens. (7, Bull. 98, n° 878.)

Louis, etc.

Notre sollicitude pour les fonctionnaires et employés qui se consacrent à notre service, nous a porté à rendre diverses ordonnances dont l'objet a été d'assurer des fonds de retraite dans diverses administrations. Nous n'avons pas été moins jaloux de veiller à la conservation des sommes destinées à l'acquit de cette dette sacrée, et, à cet effet, nous avons proposé et les chambres ont adopté l'article 110 de la loi du 28 avril 1816, qui charge la nouvelle caisse des dépôts et consignations de recevoir les fonds de retraite:

A ces causes,

Sur la proposition de la commission de surveillance de la caisse des dépôts et consignations, et sur le rapport de notre secrétaire d'Etat ministre des finances,

Nous avons ordonné et ordonnons ce qui suit:

Art. 1er. Toutes les sommes provenant de retenues qui sont ou seront exercées en vertu de nos ordonnances, dans les ministères, administrations et établissemens, sur les appointemens, salaires et autres rétributions, seront versées à la caisse des dépôts et consignations, conformément à l'article 110 de la loi du 28 avril dernier, et les receveurs ou préposés desdites administrations n'en seront libérés que par un récépissé du caissier ou préposé de cette caisse.

2. Les sommes et valeurs provenant des retenues exercées jusqu'à présent qui pourraient se trouver entre les mains des chefs ou préposés desdites administrations et établissemens publics, ou en quelque autre dépôt que ce soit, seront versées immédiatement dans la susdite caisse.

3. Il sera ouvert à la caisse des dépôts et consignations un compte courant avec chaque administration : à la fin de l'année, les sommes qui se trouveront rester au crédit de chaque établissement, après l'acquittement des retraites dont il est chargé, seront employées en achats d'inscriptions sur le grand-livre, dont les arrérages seront perçus pour son compte, et accroîtront d'autant les fonds destinés aux pensions de retraite à sa charge.

4. Notre ministre des finances est chargé de l'exécution de la présente ordonnance.

3 = Pr. 12 JUILLET 1816. — Ordonnance du Roi qui accorde, cette année, deux mois de vacances à la cour des comptes, et institue une chambre des vacations pour faire le service pendant la durée de ces vacances (1) (7, Bull. 99, n° 880.)

Louis, etc.

Nous nous sommes fait rendre compte de l'état des différentes comptabilités dont le jugement appartient à notre cour des comptes, et nous avons reconnu qu'elle avait apporté à ces travaux toute la diligence qui peut dépendre d'elle. En conséquence, nous avons cru que les magistrats qui s'en occupent devaient jouir du même temps de relâche que ceux de notre cour de cassation et autres.

Sur le rapport de notre ministre et secrétaire d'Etat des finances,

Avons ordonné et ordonnons ce qui suit :

_____

(1) Chaque année, une ordonnance fixe l'époque et la durée des vacations.

Art. 1er. Notre cour des comptes prendra vacance en la présente année, depuis le 1er septembre jusqu'au 1er novembre suivant.

2. Il y aura pendant ce temps une chambre des vacations, composée d'un président de chambre et de six conseillers-maîtres, qui tiendra ses séances au moins trois jours de chaque semaine.

Le premier président présidera toutes les fois qu'il le jugera convenable.

Notre procureur général remplira, pour cette fois, ses fonctions ordinaires près la chambre des vacations.

3. La chambre des vacations connaîtra de toutes les affaires attribuées aux trois chambres, sauf celles qui seront exceptées par un comité composé du premier président, des trois présidens et de notre procureur général, et desquelles le jugement demeurera suspendu jusqu'à la rentrée.

4. Nous nommons, pour former cette année la chambre des vacations de notre cour des comptes, savoir : pour y remplir les fonctions de président, le sieur Jard-Panvillier, président de la première chambre; et pour y remplir les fonctions de conseillers-maîtres, les sieurs Féval, Girod (de l'Ain), Gillet, Malès, Duvidal et Adet.

Le greffier en chef pourra être suppléé par un des commis du greffe, sur la désignation du premier président.

Le sieur de Laumoy tiendra la plume aux séances de la chambre des vacations.

5. Nous autorisons le premier président à donner aux conseillers référendaires, pour la durée du temps où la chambre des vacations sera en activité, les congés dont ils auront besoin, sans qu'il puisse néanmoins donner ces congés à plus de la moitié des référendaires de chaque classe.

6. L'absence qui aura lieu en vertu des dispositions qui précèdent sera comptée comme temps d'activité pour les magistrats de tous les ordres de notre cour des comptes.

7. Nos ministres de la justice et des finances sont chargés de l'exécution de la présente ordonnance.

3 = Pr 12 JUILLET 1816. — Ordonnance du Roi portant que la formalité du visa des acquits-à-caution de transit, prescrite par la loi du 17 décembre 1814, sera remplie au premier bureau de deuxième ligne des douanes. (7, Bull. 99, n° 881.)

Voy. ordonnance du 21 AVRIL 1818.

Art. 1er. La formalité du visa des acquits-à-caution de transit, prescrite par l'article 10 de la loi du 17 décembre 1814, n'aura plus lieu dans les bureaux des contributions indirectes; elle sera remplie, sous les conditions exprimées par la loi, au premier bureau de deuxième ligne des douanes, quel que soit le trajet pour lequel on aura accordé le transit.

2. Notre ministre des finances est chargé de l'exécution de la présente ordonnance.

3 = Pr. 12 JUILLET 1816. — Ordonnance du Roi qui règle le mode de transmission des fonctions d'agens de change et de courtiers de commerce dans tout le royaume, en cas de démission ou de décès. (7, Bull. 99, n° 882.)

Louis, etc.

Vu l'article 91 de la loi du 28 avril présente année, après avoir réglé, par notre ordonnance du 29 mai 1816, le mode de nomination des agens de change de Paris, placés dans les attributions du ministre secrétaire d'État au département des finances;

Voulant statuer sur celui qu'il convient d'adopter, tant pour les agens de change des autres places que pour les courtiers de commerce de tout le royaume, les uns et les autres ressortissant au ministère de l'intérieur :

Sur le rapport de notre ministre secrétaire d'État au département de l'intérieur,

Nous avons ordonné et ordonnons ce qui suit :

Art. 1er. Dans le cas de transmission prévu par l'article 91 de la loi du 28 avril dernier, les agens de change et courtiers de commerce pourront présenter leurs successeurs, à la charge, par ces derniers, de justifier, de la manière ci-après déterminée, qu'ils réunissent les qualités requises.

La même faculté est accordée aux veuves et enfans des titulaires qui décéderaient en exercice.

2. Les demandes de transmission seront adressées aux préfets, et par eux renvoyées aux tribunaux de commerce du ressort.

Ces tribunaux donneront leur avis motivé sur l'aptitude et la réputation de probité du candidat présenté, en se conformant d'ailleurs aux articles 88 et 89 du Code de commerce et aux articles 6 et 7 de l'arrêté du 29 germinal an 9 (19 avril 1801).

Les demandes seront ensuite communiquées par le préfet aux syndic et adjoints des agens de change et des courtiers, pour avoir leurs observations.

Partout où il n'existe pas de syndic et adjoints, l'avis favorable du tribunal de commerce sera suffisant.

3. Ces formalités remplies, la demande sera adressée à notre ministre secrétaire d'État de l'intérieur par le préfet, qui y joindra son avis.

Notre ministre secrétaire d'État agréera définitivement le candidat, et le proposera à notre nomination.

4. Les agens de change ou courtiers de

commerce, leurs veuves et enfans, ne pourront jouir du bénéfice de l'article 91 de la loi du 28 avril dernier, s'ils ne justifient du versement intégral du cautionnement, tant en principal qu'à titre de supplément.

5. Il n'est rien changé au mode actuel de nomination des agens de change et des courtiers de commerce, toutes les fois qu'il n'y aura pas lieu à l'application de l'article 91 de ladite loi.

6. Notre ministre de l'intérieur est chargé de l'exécution de la présente ordonnance.

3 = Pr. 12 JUILLET 1816. — Ordonnance du Roi qui assimile la légion royale corse aux légions des autres départemens. (7, Bull. 99, n° 883.)

Louis, etc.

La légion royale corse, créée par notre ordonnance du 15 septembre 1815, étant destinée à faire le même service que nos autres corps d'infanterie, nous avons jugé convenable de la faire jouir des mêmes avantages et prérogatives.

En conséquence,

Sur le rapport de notre ministre secrétaire d'État de la guerre,

Nous avons ordonné et ordonnons ce qui suit :

Art. 1er. Notre légion royale corse est assimilée en tout aux légions des autres départemens : l'uniforme, l'équipement et l'armement seront semblables à ceux de ces légions : elle prendra dans son arme le N° 54.

2. Notre ministre de la guerre est chargé de l'exécution de la présente ordonnance.

3 = Pr. 12 JUILLET 1816. — Ordonnance du Roi relative à la discipline et à la justice militaires à exercer dans les bataillons coloniaux. (7, Bull. 99, n° 887.)

Sur le rapport du ministre de la guerre, exposant que l'arrêté du 16 germinal an 12, relatif à la discipline et à la justice militaires à exercer dans les bataillons coloniaux, contient, entre autres dispositions, celle de faire juger ceux qui appartiennent à ces corps par une commission militaire, lorsqu'ils se rendent coupables de quelques délits, sa majesté a ordonné, d'après les dispositions de la Charte constitutionnelle, qui prohibe la création de tribunaux extraordinaires, que les conseils de guerre permanens seront ressaisis, conformément à la loi, de la connaissance des faits imputés à ces militaires présens à leurs corps, et qui nécessiteraient leur mise en jugement.

3 = Pr. 19 JUILLET 1816. — Ordonnance du Roi qui confère la grand'-croix de l'ordre royal de la Légion-d'Honneur aux princes de la famille royale et aux princes du sang. (7, Bull. 100, n° 895.)

Louis, etc.

Voulant donner un nouvel éclat à l'ordre royal de la Légion-d'Honneur et solenniser la fête de notre auguste aïeul Henry IV, patron de l'ordre,

Nous avons ordonné et ordonnons ce qui suit :

Art. 1er. Nous conférons la grand'-croix de l'ordre royal de la Légion-d'Honneur :

A notre bien-aimé frère Monsieur, à notre bien-aimé neveu le duc d'Angoulême, à notre bien-aimé neveu le duc de Berry, à notre cousin le duc d'Orléans, à notre cousin le prince de Condé, et à notre cousin le duc de Bourbon.

2. Notre grand-chancelier de l'ordre royal de la Légion-d'Honneur est chargé de l'exécution de la présente ordonnance.

3 = Pr. 19 JUILLET 1816. — Ordonnance du Roi qui élève à la dignité de maréchal de France les lieutenans généraux y dénommés. (7, Bull. 100, n° 896.)

Louis, etc.

Voulant marquer l'époque où l'avancement militaire va reprendre son cours, par une promotion qui appelle au premier grade de l'armée des lieutenans généraux recommandables par d'importans services, et dont nous désirons récompenser la fidélité,

Nous avons ordonné et ordonnons ce qui suit :

Art. 1er. Sont élevés à la dignité de maréchal de France les lieutenans généraux dont les noms suivent :

Le duc de Coigny, le comte de Beurnonville, le duc de Feltre, le comte de Viomesnil.

2. Notre ministre de la guerre est chargé de l'exécution de la présente ordonnance.

3 JUILLET 1816. — Ordonnance du Roi portant création d'une caisse commune de pension de retraite et de secours en faveur des employés et ouvriers de l'imprimerie royale et de leurs veuves et de leurs orphelins. (7, Bull. 104, n° 957.)

3 JUILLET 1816. — Ordonnances du Roi qui accordent des lettres de déclaration de naturalité aux sieurs Porto, Daleoso, Rovéri, Prévost, Zignaigo, Marette, Chaumontel, Arnaud, Sietti et Damerio. (7, Bull. 101, 105, 111, 113, 134, 153 et 159.)

3 JUILLET 1816. — Ordonnances du Roi qui autorisent l'acceptation de dons et legs faits aux pauvres, aux hospices, aux fabriques et aux séminaires de Saint-Sulpice de Paris, de Tours, Pradelles, La Rochelle, Saint-Aubin-d'Aubigné, Sierck, L'Hor, Méru, Draguignan, Riom, Cadenet, Rivière Mirecourt, Epinal, Cucuron, Malaucène, Béziers, Noyon, Bordeaux, Limoux, Vitry-le-Français, Valognes, Embrun, Sarlat, Charleville, Vic, Strasbourg, Saint-Omer, Châlons-sur-Marne, Saint-Didier-la-Seauve, Saint-Rambert, Brantôme, Salon, Lodève, Roullac, Montaut, Rontignon, Arbus, Jouy et Bult. (7, Bull. 101, 104 et 105.)

3 JUILLET 1816. — Ordonnance du Roi qui admet les sieurs Erard, Schoop et Artopé, à établir leur domicile en France. (7, Bull. 101, n° 935.)

3 JUILLET 1816. — Ordonnance du Roi qui permet aux sieurs Davois et Boudin d'ajouter à leurs noms ceux de Kinkerville et de Larry de Fontenelles. (7, Bull. 101, n° 936.)

3 JUILLET 1816. — Ordonnances du Roi qui changent les jours de la tenue des deux foires établies à Epernon, et qui en accordent aux communes de Largentière, Saint-Martin-de-Vers, et Colombiés. (7, Bull. 101 et 102.)

3 JUILLET 1816. — Ordonnance du Roi qui assigne une somme de 6 millions pour l'acquittement des dettes pour réquisition de 1813 et de 1814, qui ne pourraient être payées avec les sommes provenant des centimes extraordinaires (1).

3 JUILLET 1816. — Ordonnance du Roi contenant réglement sur l'exercice de la profession de boulanger dans la ville de Caen, département du Calvados. (7, Bull. 102, n° 949.)

10 = Pr. 19 JUILLET 1816. — Ordonnance du Roi portant qu'à l'avenir aucun corps civil ou militaire ne pourra décerner, voter ou offrir, comme témoignage de la reconnaissance publique, aucun don, hommage ou récompense sans l'autorisation préalable de sa majesté. (7, Bull. 100, n° 898.)

Louis, etc.

Nous sommes informé que des conseils généraux, des conseils municipaux, des gardes nationales, des corps militaires, approuvant de leur propre mouvement la conduite de divers fonctionnaires de l'État, se sont permis de voter des hommages publics, de délibérer des inscriptions, de décerner des épées ou armes d'honneur, et autres récompenses, à des généraux, à des maires, à des officiers supérieurs de la garde nationale et à plusieurs autres de nos sujets.

Le droit de décerner des récompenses publiques est un des droits inhérens à notre couronne. Dans la monarchie, toutes les graces doivent émaner du souverain, et c'est à nous seul qu'il appartient d'apprécier les services rendus à l'État, et d'assigner des récompenses à ceux que nous jugeons en être dignes : n'entendant pas toutefois comprimer l'élan de la reconnaissance publique, mais voulant diriger, mesurer l'étendue des récompenses à l'importance des services, et donner par notre sanction royale un nouveau prix aux hommages que, dans de grandes occasions seulement, nous permettons de décerner;

Sur le rapport de notre ministre secrétaire d'État au département de l'intérieur,

Nous avons ordonné et ordonnons ce qui suit :

Art. 1er. A l'avenir, aucun don, aucun hommage, aucune récompense, ne pourront être votés, offerts ou décernés comme témoignages de la reconnaissance publique par les conseils généraux, conseils municipaux, gardes nationales ou tout autre corps civil ou militaire, sans notre autorisation préalable.

2. Nos ministres sont chargés de l'exécution de la présente ordonnance.

10 = Pr. 19 JUILLET 1816. — Ordonnance du Roi qui nomme grand's-croix de l'ordre royal et militaire de Saint-Louis les princes de la famille royale et les princes du sang. (7, Bull. 100, n° 899.)

Louis, etc.

Voulant donner aux princes de notre famille et aux princes de notre sang une nouvelle marque de notre affection, qui soit en même temps une juste récompense de leur dévouement à notre personne et à l'État,

Nous avons ordonné et ordonnons ce qui suit :

Art. 1er. Notre bien-aimé frère Monsieur, nos bien-aimés neveux les ducs d'Angoulême et de Berry, nos cousins le duc d'Orléans, le prince de Condé et le duc de Bourbon, sont nommés grand's-croix de l'ordre royal et militaire de Saint-Louis.

2. Notre grand-chancelier de l'ordre royal de la Légion-d'Honneur est chargé de l'exécution de la présente ordonnance.

_____

(1) Cette ordonnance n'est pas imprimée au Bulletin des Lois; elle est indiquée par l'art. 4 de la loi des finances du 25 mars 1817.

10 == Pr. 23 JUILLET 1816. — Ordonnance du Roi qui annulle, comme contraire aux lois, un arrêté du conseil de préfecture du département d'Eure-et-Loir, et porte qu'il sera donné suite aux procès-verbaux dressés pour contraventions au décret du 23 juin 1806, concernant le poids des voitures et la police du roulage. (7, Bull. 102, n° 942)

Voy. notes sur le décret du 23 JUIN 1806.

Louis, etc.

Vu l'arrêté du conseil de préfecture du département d'Eure-et-Loir, du 21 décembre 1815, portant qu'il n'y a point lieu de donner suite aux procès-verbaux dressés, pendant les mois de septembre et d'octobre précédens, contre l'administration des messageries, pour excès de chargement de ces voitures à jantes de quatorze centimètres;

Vu les articles 6 et 7 du décret du 23 juin 1806, qui fixent à onze centimètres le *maximum* de la largeur des jantes des voitures des messageries, et à trois mille cinq cents kilogrammes, y compris cent kilogrammes de tolérance, celui de leurs chargemens;

Considérant que l'administration des messageries, quelle que fût d'ailleurs la largeur des jantes de ses roues, ne pouvait, sans y être autorisée, excéder les chargemens arrêtés par le décret du 23 juin 1806; qu'elle a évidemment contrevenu aux dispositions de ce décret, en portant ses chargemens au-delà du *maximum* qu'il a fixé;

Considérant que le conseil de préfecture du département d'Eure-et-Loir, en la déchargeant des amendes qu'elle avait encourues, a contrevenu lui-même aux dispositions des réglemens en vigueur;

Sur le rapport de notre ministre secrétaire d'État de l'intérieur;

Notre Conseil-d'État entendu,

Nous avons ordonné et ordonnons ce qui suit:

Art. 1er. L'arrêté du conseil de préfecture du département d'Eure-et-Loir du 21 décembre 1815, est annulé comme contraire aux lois.

2. Il sera donné suite à tous les procès-verbaux dressés contre l'administration des messageries pour contraventions au décret du 23 juin 1806.

3. Nos ministres de l'intérieur et des finances sont chargés de l'exécution de la présente ordonnance.

10 JUILLET 1816. — Ordonnance du Roi qui nomme M. de Coucy préfet du département du Jura. (7, Bull. 100, n° 897.)

10 JUILLET 1816. — Ordonnance du Roi qui autorise la ville de Pont-sur-Seine, à prendre le nom de Pont-le-Roi. (7, Bull. 101, n° 912.)

10 JUILLET 1816. — Ordonnance du Roi portant proclamation des brevets d'invention, de perfectionnement et d'importation délivrés pendant le second trimestre de 1816 aux sieurs Dobo, Jorge, de Jouffroy d'Abans, Mendes, Bezard, Amavet, Juvelin, Roche Didot Lecouste et Baudin, Culhat, Ajac, Chapelain, Preuss, Prévost, Cessier, Guzy, Sartois, Magnan, Fechet, Pajol, Rouy. Lebrec, Leroux, Brunet, Dietz, Saladin, Sevène, Brunet et Cochot. (7, Bull. 103, n° 955.)

10 JUILLET 1816. — Ordonnance du Roi portant que la maison des Ursulines de Redon et ses dépendances, y compris la partie occupée jusqu'à présent par la gendarmerie, est affectée au service de l'institution de ces dames. (7, Bull. 102, n° 950.)

10 JUILLET 1816. — Ordonnance du Roi qui nomme M. le duc de Massa membre de la Chambre des pairs. (7, Bull. 168, n° 2583.)

10 JUILLET 1816. — Ordonnances du Roi qui accordent des lettres de déclaration de naturalité aux sieurs Amoros, Portau, Rischter, Borssou, Rolfo, Burnier, Croce, Capeillères, Maffei, Imbert et Van-Gammingen. (7, Bull. 102, 107, 110, 111, 113, 125, 153 et 250.)

10 JUILLET 1816. — Ordonnance du Roi qui permet aux sieurs Pinel, Silex-Quesney et Boullenoy, d'ajouter à leurs noms ceux de Truilhas Lerouge et de Senuc. (7, Bull. 102, n° 952.)

17 == Pr. 22 JUILLET 1816. — Ordonnance du Roi contenant de nouvelles dispositions relatives à la garde nationale du royaume. (7, Bull. 101, n° 913.)

Voy. ordonnnances des 16 JUILLET 1814, et notes sur cette ordonnance; 11 DÉCEMBRE 1816, et 30 SEPTEMBRE 1818. *Voy.* aussi les réglemens des 6, 19, 26 et 31 OCTOBRE et 6 DÉCEMBRE 1820.

Louis, etc.

Vu les dispositions non abrogées des lois et réglemens sur les gardes nationales;

Vu nos ordonnances des 13 mai et 16 juillet 1814; et celles des 13 novembre et 27 décembre 1815;

Sur le rapport de notre ministre secrétaire d'État au département de l'intérieur;

Notre Conseil-d'État entendu,

Nous avons ordonné et ordonnons ce qui suit:

TITRE Ier. Dispositions fondamentales.

Art. 1er. La garde nationale ne pourra être organisée ni mise en activité, recevoir une organisation nouvelle ou définitive, que dans les lieux où nous jugerons à propos de l'ordonner.

2. Nos ordonnances désigneront les départemens, arrondissemens, cantons ou communes dans lesquels la garde nationale devra être organisée, les cadres qu'elle devra y former, et l'époque à laquelle elle fera le service.

3. Tous les Français de vingt à soixante ans, imposés ou fils d'imposés aux rôles des contributions directes, sont soumis au service de la garde nationale dans le lieu de leur domicile, sauf les exceptions dont il sera parlé ci-après : toutefois, les personnes âgées de plus de cinquante ans ne pourront être commandées que pour le service sédentaire (1).

4. L'inspecteur des gardes nationales du département a l'inspection de toute la garde nationale : ses fonctions sont les mêmes à cet égard que celles des inspecteurs d'armes à l'égard de nos troupes de ligne. Il pourra avoir en outre le commandement immédiat de la garde nationale de l'arrondissement du chef-lieu, et, en cette qualité, il y fera exécuter les réquisitions de service extraordinaire du préfet, et y dirigera le service ordinaire, sous l'autorité administrative de ce magistrat.

5. Dans chacun des autres arrondissemens, le commandant de la garde nationale de cet arrondissement fera exécuter les réquisitions de service extraordinaire qui lui seront adressées par le sous-préfet, et dirigera, sous l'autorité administrative de ce magistrat, le service ordinaire des gardes nationales de l'arrondissement.

6. Dans chaque commune où la garde nationale sera organisée, il y aura un commandant de la garde communale, qui en aura le commandement immédiat, tant qu'elle restera dans l'état sédentaire, sur le territoire et pour le service de la commune.

Le commandant de la garde communale fera exécuter les réquisitions de service extraordinaire qui lui seront adressées par le maire, et dirigera, sous l'autorité administrative de ce magistrat, le service ordinaire de ladite garde.

7. Tous les officiers des gardes nationales du royaume sont nommés par nous, dans les formes prescrites par notre ordonnance du 27 décembre 1815.

La durée de leurs fonctions sera de cinq années.

8. Il ne pourra y avoir dans la garde nationale aucun grade sans emploi.

9. Les différens corps de la garde nationale ne peuvent, sous aucun prétexte, correspondre entre eux, ni se réunir pour voter des adresses ou prendre aucune espèce de délibération.

10. Les commandans des différens corps de la garde nationale ne doivent faire d'ordres du jour que pour ce qui est relatif au service ordinaire ; aucun ordre du jour ne peut être imprimé, s'il ne porte l'approbation du préfet.

Ces commandans ne peuvent, dans aucun cas, faire ni proclamation ni adresse.

11. Les gardes nationales ne pourront passer du service sédentaire au service d'activité militaire que par notre ordre, si ce n'est dans le cas de révolte ou d'invasion, et suivant le mode déterminé par les lois, les ordonnances et les réglemens.

12. La garde nationale sédentaire ne peut être requise pour un service d'activité militaire, que lorsqu'il y a insuffisance de la gendarmerie, des compagnies départementales, des troupes de ligne et autres corps soldés.

13. Les gardes nationales ne peuvent ni prendre les armes ni s'assembler sans l'ordre des chefs, qui ne peuvent le donner que sur une réquisition ou autorisation écrite, émanée de l'autorité administrative.

14. Il ne pourra être attaché d'artillerie à un corps quelconque de la garde nationale, que dans le cas où il serait requis pour un service d'activité militaire, et, en ce cas, l'artillerie sera fournie par nos arsenaux, pour y rentrer après que le service aura cessé.

15. Nul ne peut avoir un commandement de garde nationale dans plus d'un arrondissement.

16. Nul ne peut avoir un commandement actif dans les armées de terre ou de mer, ou autre corps soldé, et un commandement dans la garde nationale.

Cette disposition ne peut s'appliquer au cas où la garde nationale passe de droit sous l'autorité des commandans militaires, en vertu des lois et réglemens.

TITRE II. Formation des listes et contrôles.

17. Les citoyens qui sont, en vertu de l'article 3, soumis au service de la garde nationale seront inscrits sur des listes ou registres matricules par des conseils de recensement formés ainsi qu'il est dit ci-après.

18. Ces conseils seront, dans les grandes communes, composés du maire, qui en aura

(1) Un citoyen n'est tenu de faire le service de la garde nationale que dans la commune où il a son domicile ; l'obligation cesse quand le domicile change (31 mars 1819 ; ordonnance ; S. 20, 2, 63).

la présidence, et de quatre à six notables, nommés par le préfet et choisis parmi les membres du conseil municipal.

Il y aura à Paris autant de conseils de recensement que d'arrondissemens municipaux.

19. Dans les petites communes, le préfet pourra ne former qu'un conseil de recensement pour plusieurs d'entre elles : les maires en feront partie de droit; le préfet désignera parmi eux le président.

20. Les maires remettront au conseil de recensement un état nominatif de tous les citoyens domiciliés sur le territoire de leur commune, et, à Paris, dans chaque arrondissement municipal. Cet état contiendra leurs noms, prénoms, âge, demeure, profession, et mentionnera s'ils sont imposés ou fils d'imposés à un rôle de contributions directes. Le conseil, sur le vu de cet état, et d'après les autres renseignemens qu'il se sera procurés, formera par communes les registres-matricules de la garde nationale.

21. Les listes seront divisées en deux chapitres : l'un formera le contrôle ordinaire, et l'autre le contrôle de réserve (1).

Le contrôle ordinaire comprendra tous les citoyens que le conseil de recensement jugera pouvoir concourir au service habituel.

Le contrôle de réserve comprendra tous les citoyens pour qui ce service serait une charge trop onéreuse, et qui ne devront être requis que dans des circonstances extraordinaires.

22. Les cadres ne seront formés que sur les contrôles ordinaires. Les citoyens inscrits au contrôle de réserve seront répartis à la suite de ces cadres, pour y être incorporés au besoin.

23. Ne seront inscrits sur aucun desdits contrôle :

1° Les ecclésiastiques;

2° Les ministres des différens cultes ;

3° Les militaires des armées de terre et de mer en activité de service, ceux qui sont à la disposition des ministres de la guerre et de la marine ; les administrateurs ou agens commissionnés du service de terre ou de mer également en activité de service;

4° Les officiers sous-officiers et soldats des compagnies départementales et autres corps soldés ;

5° Les préposés des douanes en service actif.

24. Ne pourront être inscrits sur aucun desdits contrôles :

Les concierges des maisons d'arrêt ;

Les geôliers, guichetiers et autres agens subalternes de justice et de police ;

Les domestiques et serviteurs à gages attachés au service de la maison ou à la personne du maître.

25. Sont exclus du service de la garde nationale les individus qui sont privés de l'exercice des droits politiques ou des droits civils, conformément aux lois.

TITRE III. Exemptions et dispenses.

26. Sont incompatibles avec le service de la garde nationale, les fonctions des magistrats investis du droit de la requérir, tels que:

Nos ministres secrétaires d'Etat;

Les sous-secrétaires d'Etat ;

Les préfets, sous-préfets, maires et adjoints;

Les présidens, juges d'instruction de nos cours et tribunaux ;

Nos procureurs et leurs substituts ;

Les prévôts et leurs assesseurs ;

Les juges-de-paix et leurs suppléans;

Les lieutenans et commissaires de police.

27. Peuvent se dispenser du service de la garde nationale :

Les pairs de France et les membres de la Chambre des députés;

Les ministres d'Etat;

Les membres de notre conseil privé et de notre Conseil-d'Etat;

Les militaires de tout grade en retraite;

Les membres des cours et tribunaux non mentionnés dans l'article précédent ;

Les greffiers des tribunaux et des justices de paix ;

Les directeurs généraux ;

Les secrétaires généraux des ministères ;

Les conseillers et secrétaires généraux de préfecture;

Les inspecteurs généraux des études ;

Les recteurs et inspecteurs d'académie ;

Les chefs et professeurs des colléges et établissemens royaux d'enseignement;

Les premiers commis des finances et les chefs de division des ministères.

28. Peuvent se dispenser du service personnel, les personnes au-dessus de cinquante ans; mais, en ce cas, elles seront soumises à une indemnité, si, d'après leur fortune, elles sont jugées pouvoir la supporter.

Sont dispensées de tout service, les personnes qu'une infirmité mettrait hors d'état de faire ce service, sans néanmoins que ces

---

(1) La répartition des gardes nationaux sur les contrôles d'activité et de réserve, dépend d'une application de leurs facultés relatives, qui n'est déterminée par aucun cens ou autre base légale, et constitue une opération administrative qui n'est pas susceptible d'être déférée par la voie contentieuse au Roi en son Conseil-d'Etat (15 octobre 1826; ord. Mac, 8, n° 614).

personnes puissent être assujéties à l'indemnité.

29. Toutes les fois qu'un service public exigera d'autres dispenses, elles ne pourront être que temporaires, et seront accordées par décision spéciale du préfet en conseil de préfecture, sur l'avis de l'inspecteur. -

TITRE IV. Dispositions générales.

30. Dans le service ordinaire, les remplacemens ou échanges de tour de service ne peuvent avoir lieu qu'entre des gardes nationaux de la même compagnie, ou entre proches parens; savoir, le père pour le fils, le frère pour le frère, l'oncle pour le neveu, et réciproquement.

31. Les opérations des conseils de recensement devront être revêtues de l'approbation du préfet, et pourront être modifiées par lui, sur l'avis des sous-préfets et des maires.

32. Les sous-préfets prononceront, sauf le recours au préfet, et après avoir pris l'avis des maires, sur toutes les réclamations individuelles auxquelles les opérations des conseils de recensement auraient donné lieu. En cas de recours, le préfet statuera en conseil de préfecture (1).

Si les réclamations sont présentées lorsque la garde nationale sera en activité, le commandant de l'arrondissement sera consulté par le sous-préfet; et, en cas de recours, l'inspecteur par le préfet.

33. Les préfets en conseil de préfecture régleront, chaque année, le taux de l'indemnité de service.

34. Cette indemnité sera perçue par le receveur municipal, sur l'extrait du rôle de dispensés; les sommes perçues resteront dans la caisse dudit receveur, pour y former un fonds spécial affecté aux dépenses de la garde nationale, et dont l'emploi sera réglé par le préfet, sur l'avis de l'inspecteur.

35. Les fautes ou délits des gardes nationales, à raison du service, seront jugées par un conseil de discipline.

Les peines seront, selon la gravité des cas, les arrêts, qui ne pourront excéder cinq jours; l'amende, qui ne pourra excéder cinquante francs; la détention qui ne pourra excéder trois jours.

La peine de la détention pourra être commuée, à la demande du prévenu, en une amende plus ou moins forte, mais qui ne pourra excéder vingt francs par jour de détention. Les conseils de discipline peuvent néanmoins, suivant la gravité des cas, prononcer la détention sans commutation (2).

36. Toutes les dispositions des lois, décrets, ordonnances et réglemens qui ne sont point abrogées par la présente ordonnance, continueront d'être exécutées.

37. Notre bien-aimé frère, Monsieur, nous proposera, de concert avec notre ministre de l'intérieur, et dans les formes établies par notre ordonnance du 27 décembre 1815, les réglemens d'exécution et de discipline appropriés aux localités; et, en attendant, ceux qui sont en usage, soit à Paris, soit dans les départemens, continueront d'être exécutés en ce qui n'est pas contraire à la présente ordonnance.

38. Notre bien-aimé frère, Monsieur, colonel général des gardes nationales du royaume, et notre ministre secrétaire d'Etat au département de l'intérieur, sont chargés de l'exécution de la présente ordonnance.

---

(1) C'est aux préfets séant en conseil de préfecture, et non aux conseils de préfecture seuls, qu'il appartient de prononcer sur toutes les réclamations individuelles ayant pour objet le maintien ou la radiation des contrôles de la garde nationale (1er décembre 1824; ord. Mac. 6, 659).

(2) Les conseils de discipline de la garde nationale sont compétens pour connaître du fait d'un garde national qui, requis pour le service, ne se rend pas à cet ordre. Sur ce point, les décrets du 12 novembre 1806 et 5 avril 1813 ont dérogé à la loi du 29 septembre = 14 octobre 1791.

Le fait du garde national qui ne se rend pas à un ordre de service peut être puni par le conseil de discipline; l'article 35 de l'ordonnance du 17 juillet 1816 a substitué la peine de la détention à la taxe de remplacement, et aux arrêts prononcés par les articles 4 et 8, sect. 5 de la loi du 29 septembre = 14 octobre 1791 (19 décembre 1822; Cass. S. 23, 1, 57).

Les gardes nationaux convoqués en grande tenue doivent se présenter en uniforme; leur refus, surtout en cas de récidive, peut être puni d'emprisonnement (Voy. art. 57 du réglement du 16 juillet 1814).

Les jugemens rendus par des conseils de discipline de la garde nationale portant condamnation à un emprisonnement peuvent être rendus par cinq membres. Ces conseils peuvent prendre en considération la récidive; ils peuvent graduer les peines (19 janvier 1826; Cass. S. 26, 1, 255).

L'autorité administrative peut intervenir pour faire, au besoin, exécuter les jugemens rendus par les conseils de discipline de la garde nationale.

La voie de l'appel n'est pas ouverte, devant l'autorité judiciaire, contre ces jugemens, lorsqu'ils sont rendus dans les limites de la compétence des conseils de discipline.

Les parties peuvent les attaquer devant la Cour de cassation, pour incompétence où violation de la loi (6 février 1822; ord. Mac. 3, 100).

17 = Pr. 22 JUILLET 1816. — Ordonnance du Roi qui supprime, dans les différens Codes, les dénominations, expressions et formules qui ne sont plus en harmonie avec les principes du Gouvernement établi par la Charte constitutionnelle, et porte qu'il sera fait une édition nouvelle de ces Codes. (7, Bull. 101, n° 914.)

Voy. loi du 3 SEPTEMBRE 1807 ; ordonnances des 30 AOUT 1816, et 9 SEPTEMBRE 1816.

Louis, etc.

Nous sommes trop convaincu des maux que l'instabilité de la législation peut causer dans un Etat, pour songer à une révision générale des cinq Codes qui étaient en vigueur dans notre royaume au moment où nous avons donné à nos peuples la Charte constitutionnelle; et nous nous réservons seulement de proposer des lois particulières, pour réformer les dispositions susceptibles d'être améliorées, ou dans lesquelles le temps ou l'expérience nous aurait fait apercevoir des imperfections; mais, si de pareilles réformes ne peuvent être que l'ouvrage du temps et le fruit de longues méditations, il est indispensable de supprimer dès à présent des différens Codes les dénominations, expressions et formules qui ne sont plus en harmonie avec les principes de notre gouvernement, et qui rappellent des temps et des circonstances dont nous voudrions pouvoir effacer jusqu'au souvenir:

A ces causes, de l'avis de notre Conseil et sur le rapport de notre amé et féal chevalier le chancelier de France, garde-des-sceaux, chargé par *interim* du portefeuille de la justice,

Nous avons ordonné et ordonnons ce qui suit :

Art. 1er. Les dénominations, expressions et formules qui rappellent les divers gouvernemens antérieurs à notre retour dans notre royaume, sont et demeurent effacées du Code civil, du Code de procédure civile, du Code de commerce, du Code d'instruction criminelle et du Code pénal, et elles y sont dès à présent remplacées par les dénominations, expressions et formules conformes au gouvernement établi par la Charte constitutionnelle.

2. Nous défendons, en conséquence, à nos cours et tribunaux, préfets, sous-préfets, conseillers de préfecture, et à tous autres nos officiers et sujets, d'employer, dans les citations qu'ils seraient obligés de faire d'aucune loi, arrêté, décret, ou autre acte quelconque, les dénominations et expressions supprimées par l'article précédent.

3. Il sera fait incessamment, et sous la direction de notre chancelier, chargé par *interim* du portefeuille du département de la justice, une édition nouvelle des différens Codes, contenant les changemens ordonnés par la présente.

4. Dans l'édition présentement ordonnée, la substance et la rédaction de tous les articles actuellement en vigueur demeureront textuellement les mêmes.

Cette édition contiendra ceux même des articles des différens Codes qui ont été abrogés ou modifiés par les lois postérieures: mais il sera fait mention, en note ou en marge, des lois qui les changent ou les modifient; et ces lois seront imprimées à la suite desdits Codes.

5. Les éditions nouvelles des Codes seront soumises à notre approbation, et chacun des Codes sera inséré au Bulletin des Lois, sur lequel il sera libre à tous imprimeurs de notre royaume d'en faire eux-mêmes, et pour leur compte, telles éditions qu'ils jugeront convenables.

6. Notre chancelier est chargé de l'exécution de la présente ordonnance.

———

17 = Pr. 22 JUILLET 1816. — Ordonnance du Roi relative à la délivrance des permis de port d'armes. (7, Bull. 101, n° 915.)

Louis, etc.

Vu les décrets des 11 juillet 1810, 21 mars 1811 et 12 mars 1813; vu notre ordonnance du 9 septembre 1814 et l'article 77 de la loi du 28 avril dernier; considérant que la faculté accordée aux personnes décorées des ordres français, d'obtenir des permis de ports d'armes en payant seulement 1 franc, n'a point été confirmée par la loi du 28 avril, qui a réduit de moitié le prix de ces permis; que cette exemption est en opposition avec le texte et l'esprit de notre Charte, qui n'admet aucun privilége en matière de contributions;

Sur le rapport de notre ministre secrétaire d'Etat des finances,

Nous avons ordonné et ordonnons ce qui suit :

Art. 1er. La faculté accordée par les décrets des 22 mars 1811 et 12 mars 1813 aux personnes décorées des ordres français qui existaient alors, de ne payer qu'un franc fixe pour l'obtention du permis de port d'armes, laquelle faculté a été étendue par notre ordonnance du 9 septembre 1814 aux chevaliers de notre ordre royal et militaire de Saint-Louis, est et demeure supprimée : en conséquence, le droit de quinze francs, fixé par l'article 70 de la loi du 28 avril dernier, sera payé indistinctement par tous ceux qui seront dans le cas de se pourvoir de ces permis.

2. La gratification de trois francs, précédemment accordée à tout gendarme, garde-champêtre ou forestier qui constate des contraventions aux lois et réglemens sur la chasse, est portée à cinq francs.

3. Notre chancelier, ayant le portefeuille du ministère de la justice, et nos ministres des finances et de la police générale sont chargés de l'exécution de la présente ordonnance.

———

17 = Pr. 22 JUILLET 1816. — Ordonnance du Roi qui détermine les conditions sous lesquelles les tabacs exotiques destinés pour les pays étrangers jouiront du transit dans le royaume. (7, Bull. 101, n° 916)

Art. 1er. Les tabacs en feuilles étrangers, importés par les bureaux du Havre, Nantes, Bordeaux et Marseille, jouiront du transit dans le royaume en payant le droit de balance du commerce, et sous la condition de les exporter par le bureau de Strasbourg exclusivement.

2. Les négocians qui voudront jouir de ce transit seront tenus de déclarer au bureau d'entrée l'espèce, la qualité et le poids des tabacs, et de les y faire vérifier, plomber et expédier par acquit-à-caution. Ils fourniront, en conséquence, leur soumission cautionnée de les faire sortir par le bureau de Strasbourg, et d'en justifier en rapportant l'acquit-à-caution revêtu du certificat de décharge et de sortie, sous peine de payer, à titre de confiscation et d'amende, la somme de 11 francs 20 centimes par kilogramme de tabac.

3. Les employés de la manufacture royale de Strasbourg, et les chefs du service général de la régie des contributions indirectes dans cette ville, concourront avec ceux des douanes à la vérification des tabacs présentés à la sortie avec des acquits-à-caution de transit, et à l'exécution des formalités à remplir pour assurer l'exportation.

4. Les peines portées par l'article 2 de la présente ordonnance seront encourues pour tout déficit reconnu, au bureau de sortie, sur la quantité des tabacs introduits en transit, sans que les soumissionnaires soient admis à justifier que le déficit provient d'accident dans le transport.

5. Les tabacs avariés et les côtes de tabacs détachées des feuilles seront exclus du transit. Les tabacs qui se trouveraient avariés lorsqu'on les présentera à la sortie, ne pourront être reconnus, si l'avarie excède deux pour cent de la valeur.

6. Indépendamment des condamnations encourues, suivant l'article 2, pour toute soustraction de tabac introduit en transit, les substitutions de tabacs indigènes et de tous autres objets par lesquels on aurait cherché à couvrir la soustraction donneront lieu à la saisie et à la confiscation desdits objets substitués, et les conducteurs seront en outre condamnés à l'amende portée par l'article 9 du titre III de la loi du 22 août 1791.

7. Les dispositions des art. 5, 6, 7, 10 et 12 de la loi du 17 décembre 1814, seront applicables au transit des tabacs, sauf les modifications résultant de la présente ordonnance.

8. Notre ministre des finances est chargé de l'exécution de la présente ordonnance.

———

17 = Pr. 22 JUILLET 1816. — Ordonnance du Roi qui maintient, aux conditions y exprimées, les droits de privilége et hypothèque acquis par des inscriptions prises au bureau du conservateur de Genève, séparé du royaume, sur des immeubles situés dans la partie de cet ancien arrondissement qui forme aujourd'hui celui de Gex, département de l'Ain. (7, Bull. 101, n° 917)

Art. 1er. Les droits de privilége et hypothèque acquis par des inscriptions prises au bureau du conservateur de Genève, séparé de notre royaume par les derniers traités, sur des immeubles situés dans la partie de cet ancien arrondissement qui forme aujourd'hui celui de Gex, réuni au département de l'Ain, et qui ne se conservent pas indépendamment de l'inscription sur les registres du conservateur, ainsi que les transcriptions faites au même bureau, sont maintenus dans la priorité de la date, en remplissant les conditions suivantes.

2. Les porteurs des bordereaux d'inscriptions ou de contrats, ainsi que des certificats de transcriptions, seront tenus de les représenter, *dans le délai de six mois*, au conservateur des hypothèques de Gex, qui les portera sur son registre suivant l'ordre des présentations, avec la date primitive de l'inscription ou transcription, dont il sera fait mention tant sur ledit registre que sur les bordereaux d'inscription ou les certificats de transcription.

3. Les bordereaux d'inscription, les certificats de transcription, qui n'auront pas été présentés au conservateur des hypothèques de Gex avant l'expiration du délai ci-dessus déterminé, n'auront leur effet qu'à compter du jour de l'inscription qui en sera faite postérieurement.

Dans le même cas, les priviléges dégénèreront en simple hypothèque, et n'auront rang que du jour de leur inscription.

4. Notre chancelier et notre ministre des finances sont chargés de l'exécution de la présente ordonnance.

———

17 = Pr. 22 JUILLET 1816. — Ordonnance du Roi relative à la désignation de deux nouveaux bureaux de douanes pour la sortie des ouvrages d'or et d'argent de fabrique française. (7, Bull. 101, n° 918.)

Louis, etc.

Vu notre ordonnance du 3 mars 1815;

28.

Sur le rapport de notre ministre secrétaire d'État des finances,

Nous avons ordonné et ordonnons ce qui suit :

Art. 1er. Les bureaux de douanes du Pont-de-Beauvoisin et de Forbach feront partie, à l'avenir, de ceux désignés pour la sortie des ouvrages d'or et d'argent de fabrique française qui, étant destinés pour l'étranger, doivent jouir de la prime d'exportation.

2. Notre ministre des finances est chargé de l'exécution de la présente ordonnance.

———

17 JUILLET 1816. — Ordonnances du Roi qui accordent des lettres de déclaration de naturalité aux sieurs Aguillony, Perèra, Ducque, Dolce-Segre, Henry, Desparre, Obus, Roata, Pilati, Zelich, Schmalzigaud, Godefroi Cetto, Horix-Valdan, Sardi, Zanino, Gandolf, Marmoux et Appermann. (7, Bull. 102, 107, 111, 122, 125, 127, 134, 138, 139, 143, et 153.)

———

17 JUILLET 1816. — Ordonnance du Roi qui permet aux sieurs Carrier, Guillotin, Cocural, Chauchis et Belting, de faire des changemens et additions à leurs noms. (7 , Bull. 105, n° 1001.)

———

17 JUILLET 1816. — Ordonnance du Roi qui admet les sieurs Ardisson, Coste et Pietra, à établir leur domicile en France. (7. Bull. 107, n° 1015.)

———

17 JUILLET 1816. — Ordonnances du Roi qui autorisent l'acceptation de dons et legs faits aux fabriques des églises de Cangey, Becquigny, Lhor, Saint-Pol, Solliés-Pont, Martigné-Briand, et aux séminaires diocésains de Metz et de Carcassonne. (7, Bull. 115, n°s 1164 à 1171.)

———

17 JUILLET 1816. — Ordonnance du Roi qui autorise le sieur d'Ortaffa à rester au service de S. M. le roi d'Espagne. (7 , Bull. 120, n° 1290.)

———

18 JUILLET = Pr. 20 AOUT 1816. — Ordonnance du Roi concernant l'organisation des quatre régimens d'infanterie de ligne suisses. (7, Bull. 107, n° 1006.)

———

18 JUILLET = Pr. 20 AOUT 1816. — Ordonnance du Roi portant organisation des deux régimens qui doivent former la quatrième brigade d'infanterie de la garde royale. (7 , Bull. 107, n° 1007.)

———

19 = Pr. 23 JUILLET 1816. — Ordonnance du Roi qui proroge le délai accordé pour faire la déclaration des cotons et tissus de fabrique étrangère prohibés dont la réexportation est ordonnée par la loi sur les douanes. (7, Bull. 102, n° 941.)

———

Louis, etc.

Informé que plusieurs négocians et autres détenteurs de marchandises prohibées désignées en l'article 59 de la loi du 28 avril dernier sur les finances, qui devaient les déclarer avant le 1er juillet présent mois, et les faire réexporter avant le 1er janvier 1817, paraîtraient s'être mépris sur le motif du double délai spécifié par l'article précité, et s'être persuadés faussement, mais de bonne foi, qu'ils étaient admis jusqu'au 1er janvier 1817 à déclarer lesdites marchandises ;

Que d'autres, également de bonne foi, se sont crus dispensés de déclarer des tissus de l'espèce de ceux dénommés en l'article 59, originaires des pays maintenant étrangers, par la raison que ces pays ont été ci-devant réunis à la France, et qu'ils les avaient acquis dans le temps de cette réunion, auquel cas, lesdits tissus, n'étant point de fait étranger, peuvent bien n'être pas obligés à la réexportation, mais doivent toujours être déclarés comme tous autres d'origine maintenant étrangère, d'après les termes généraux et absolus de la loi, qui n'en excepte aucun de la nécessité de la déclaration ;

Voulant éviter que les uns et les autres, qui peuvent n'être contrevenus à la loi qu'involontairement, soient privés de tout moyen de se soustraire à ses dispositions pénales, et confondus ainsi avec les fraudeurs d'intention,

Nous avons jugé à propos d'étendre le délai fixé pour recevoir les déclarations de marchandises prohibées, sans pour cela suspendre le droit de rechercher et saisir en dépôt dans l'intérieur les marchandises de l'espèce non déclarées ;

A ces causes,

Vu les observations de notre conseiller d'Etat directeur général des douanes ;

Sur le rapport de notre ministre secrétaire d'Etat des finances,

Notre Conseil entendu,

Nous avons ordonné et ordonnons ce qui suit :

Art. 1er. Le délai fixé par l'article 59 de la loi sur les douanes du 28 avril dernier, et expiré au 1er juillet présent mois, pour déclarer les tissus prohibés par ledit article comme étant de fabrique étrangère, est renouvelé et prorogé jusqu'au 1er septembre prochain exclusivement.

2. A dater du jour de la promulgation de la présente ordonnance, les dispositions de notre ordonnance du 8 mai dernier, qui a réglé les formalités à remplir pour les déclarations de l'espèce, sont remises en vigueur, à l'exception de l'article 11, et continueront d'être exécutées jusqu'au jour auquel lesdites déclarations cesseront définitivement de pouvoir être reçues (1er septembre 1816).

3. La faculté accordée par les deux articles ci-dessus aux négocians, marchands et tous autres détenteurs de bonne foi de tissus prohibés des espèces désignées par l'article 59 de la loi du 28 avril, de les déclarer jusqu'au 1er septembre prochain, ne suspendra pas l'exécution de la dite loi à l'égard des tissus *non déclarés*, lesquels continueront d'être recherchés et saisis dans toute l'étendue de notre royaume, sauf à ne donner d'autre suite que la simple réexportation aux saisies déjà faites, ou à faire, d'ici au 1er septembre prochain, de tissus prohibés dont les propriétaires ou détenteurs seraient reconnus par notre ministre secrétaire d'Etat des finances être ou avoir été dans l'un des cas d'ignorance ou de bonne foi prévus par la présente ordonnance.

4. À partir du 1er septembre prochain, nul ne sera plus admis à prétendre qu'il s'est abstenu de déclarer des tissus fabriqués dans un lieu présentement étranger, sur le motif qu'il les *regardait* comme ayant primitivement une origine française; l'obligation de déclarer ces tissus, comme tous autres, sous peine de saisie et de confiscation, étant devenue patente et notoire pour tous, non-seulement par les lois et ordonnances antérieures, mais aussi et plus particulièrement encore par la présente.

Néanmoins, les individus qui prétendraient que les marchandises dont ils sont assujétis à faire la déclaration, proviennent des fabriques de pays ayant fait partie de la France, et qu'ils en étaient déjà détenteurs avant la séparation desdits pays, sont autorisés à l'affirmer dans leurs déclarations, en se soumettant à le justifier par leurs registres et factures. Cette justification sera faite devant le jury institué en vertu de la loi du 28 avril; et, si elle est reconnue suffisante, les marchandises à l'égard desquelles elle aura été admises, seront remises à la disposition des propriétaires et dispensées de la réexportation.

5. Notre ministre secrétaire d'Etat des finances est chargé de l'exécution de la présente ordonnance, qui sera insérée au Bulletin des Lois.

---

20 JUILLET 1816. — Lettres-patentes du Roi qui affectent un majorat en faveur de M. Antoine-Louis Rouillé d'Orfeuil. (7, Bull. 174, n° 2778.)

---

24 JUILLET = Pr. 1er AOUT 1816. — Ordonnance du Roi qui annulle les obligations dites *annuités*, échues et non payées, qui ont été souscrites, au profit des caisses du sceau et de l'ordre royal de la Légion-d'Honneur, par les titulaires de dotations situées hors du royaume. (7, Bull. 103, n° 954.)

Louis, etc.

Sur ce qu'il nous a été représenté qu'il existe, dans la caisse du sceau et de notre ordre royal de la Légion-d'Honneur, des obligations, dites *annuités*, qui ont été souscrites au profit desdites caisses soit par les titulaires de dotations situées hors du royaume, soit par les veuves des titulaires auxquelles il a été accordé des pensions sur ces dotations, et que les titulaires desdites dotations et pensions ont cessé d'en jouir;

Vu l'avis du grand-chancelier de notre ordre royal de la Légion-d'Honneur;

Sur le rapport de notre amé et féal chevalier chancelier de France, le sieur Dambray,

Nous avons ordonné et ordonnons ce qui suit:

Art. 1er. Sont et demeurent annulées les obligations dites *annuités*, échues et non payées, ou à échoir, qui ont été souscrites, pour l'acquittement des droits attribués aux caisses du sceau et de notre ordre royal de la Légion-d'Honneur, par les titulaires de dotations dont les biens se trouvent situés hors du territoire actuel de notre royaume et par les veuves des titulaires auxquelles il a été accordé des pensions sur lesdites dotations, dérogeant, quant à ce, à tous statuts et réglemens contraires.

2. L'annulation prononcée par la présente ordonnance ne donnera point ouverture au remboursement de celles desdites annuités qui auraient été acquittées jusqu'à ce jour par les titulaires desdites dotations ou pensions, ou pour raison desquelles il aurait été exercé des retenues.

3. Notre chancelier de France et le grand-chancelier de notre ordre royal de la Légion-d'Honneur sont chargés de l'exécution de la présente ordonnance.

---

24 JUILLET = Pr. 24 AOUT 1816. — Ordonnance du Roi portant que l'arriéré spécifié par la loi du 20 mars 1813 sera payé dans les valeurs et suivant le mode prescrits par la loi du 28 avril 1816. (7, Bull. 108, n° 1025)

Voy. lois du 25 MARS 1817, titre Ier.

Louis, etc.

Voulant faire cesser les incertitudes qui se sont élevées sur l'étendue d'application que devait recevoir la loi du 20 mars 1813, qui ordonne de payer en rente les dettes de l'exercice 1809 et antérieures jusqu'à l'an 9 (23 septembre 1800) inclusivement;

Attendu que les termes de cette loi, promettant le paiement de tout l'arriéré à partir de l'an 9, impliqueraient contradiction si on en inférait que la portion de l'arriéré qui excédera le crédit qu'elle ouvre ne pourra plus être payée;

Considérant que ce crédit ne peut être interprété que comme une évaluation approxi-

mative du montant de l'arriéré qu'on se pro-
posait d'éteindre, extinction d'ailleurs garantie par l'article 22 de la loi du 23 septembre
1814 ;

Qu'en conséquence, l'insuffisance dudit
crédit ne saurait être un obstacle au paiement
des dettes qui l'excéderont, et que cet excédant rentre dans la masse de l'arriéré antérieur au 1er janvier 1816, dont le sort est
réglé par la loi du 28 avril dernier :

A ces causes,

Oui le rapport de notre ministre secrétaire
d'Etat des finances,

Et de l'avis de notre Conseil,

Nous avons ordonné et ordonnons ce qui
suit :

Art. 1er. L'arriéré spécifié par la loi du
20 mars 1813, et qui s'étend depuis le 23
septembre 1800 jusqu'au 31 décembre 1809,
fait partie de l'arriéré postérieur qui part du
1er janvier 1810 et finit au 1er janvier 1816,
et sera payé dans les valeurs et suivant le
mode prescrit par la loi du 28 avril 1816.

2. Les sommes restant à solder sur les
exercices énoncés dans ladite loi du 20 mars
1813, pourront en conséquence être, au gré
des créanciers, acquittées, soit en reconnaissances de liquidation, soit en inscriptions au
grand-livre des cinq pour cent consolidés.

3. Le reliquat disponible du crédit d'un
million de rentes ouvert par la loi précitée
du 20 mars, cesse d'être distinct, et se fond
dans le crédit illimité que la loi du 28 avril
accorde en faveur des créanciers de l'arriéré
qui voudront recevoir leur paiement en inscriptions.

4. Les jouissances d'arrérages desdites inscriptions seront réglées conformément aux
articles 1er et 2 de notre ordonnance du 29
mai 1816, auxquels il n'est rien innové.

5. Nos ministres sont chargés de l'exécution de la présente ordonnance.

24 JUILLET = PR. 8 SEPTEMBRE 1816. —Ordonnance du Roi qui attache un aumônier à tous
les corps de l'armée portant le nom de régiment ou de légion. (7, Bull. 111, n° 1083.)

Louis, etc.

Nous étant fait rendre compte des anciens
réglemens qui attachaient des aumôniers aux
régimens de toutes armes, nous avons résolu
de faire revivre cette sage et salutaire institution, que réclament les principes d'une
saine morale, en y apportant des modifications propres à prévenir les abus, et à la
rendre utile, sous tous les rapports, aux militaires qui composent nos armées.

Nous avons, en conséquence, ordonné et
ordonnons ce qui suit :

Art. 1er. Il sera attaché un aumônier à

tous les corps de notre armée qui portent le
nom de régiment ou de légion.

2. L'aumônier aura rang de capitaine. Il
jouira du traitement de capitaine d'infanterie de troisième classe, et des indemnités
attribuées aux capitaines de l'arme dans laquelle il sera placé.

Dans l'infanterie, les aumôniers recevront,
en outre, l'indemnité de fourrage. Ce traitement et ces indemnités seront payés, en temps
de paix et en temps de guerre, comme aux
autres officiers du régiment.

Après vingt ans de service, les aumôniers
auront droit à la solde de retraite de capitaine.

Les aumôniers des corps qui composent
notre garde royale auront la moitié en sus de
la solde de ceux des corps de la ligne, ainsi
que le porte l'article 7 de notre ordonnance
du 1er septembre 1815 en faveur des officiers
de notre garde.

3. Les aumôniers seront sous la juridiction
ecclésiastique du grand aumônier.

4. Lorsqu'il y aura une place d'aumônier
à nommer, notre ministre secrétaire d'Etat
au département de la guerre en donnera avis
au grand aumônier, qui lui désignera l'ecclésiastique qu'il jugera réunir les qualités requises pour l'occuper. Notre ministre secrétaire d'Etat de la guerre soumettra à notre
approbation l'ordonnance de nomination, et
fera expédier aux aumôniers nommés leurs
commissions, comme il est d'usage pour les
autres officiers de l'armée. Il chargera les
colonels de les installer et faire reconnaître.

5. Les aumôniers ne seront pas sujets aux
punitions portées par les réglemens militaires
contre les autres officiers du régiment ; mais,
en cas d'inconduite de leur part, ou de fautes
graves qui pourraient produire du désordre
parmi la troupe, les colonels en rendront
compte à notre ministre secrétaire d'Etat au
département de la guerre. Dans ce cas, le
ministre s'entendra avec le grand aumônier
sur les moyens qu'il conviendra de prendre
soit pour le changement, soit pour le remplacement de l'aumônier, s'il y a lieu.

6. L'aumônier aura sous sa garde tous les
objets nécessaires à la célébration du culte,
tels que vases et ornemens, qui seront ren-
fermés dans une caisse dite chapelle.

Le ministre secrétaire d'Etat de la guerre
pourvoira, sur les fonds de son ministère,
au premier achat de cette chapelle, qui sera
ensuite entretenue sur les fonds qui seront
faits à chaque régiment.

7. Indépendamment de leurs fonctions spi-
rituelles, les aumôniers seront établis conservateurs de la bibliothèque du régiment : ils
seront, en outre, les surveillans et les chefs
supérieurs des écoles qui seront établies dans
les régimens pour l'instruction primaire des
enfans de troupe et autres jeunes militaires
désignés par le colonel.

8. Pour tout ce qui a rapport au spirituel, les aumôniers se conformeront aux réglemens qui leur seront envoyés par le grand aumônier; mais, pour les objets qui se rattachent à la discipline intérieure des corps et au service, le ministre secrétaire d'Etat au département de la guerre prescrira les mesures qu'il sera nécessaire de prendre.

9. Notre grand aumônier et notre ministre de la guerre sont chargés de l'exécution de la présente ordonnance.

———

24 JUILLET = Pr. 2 AOUT 1816. — Ordonnance du Roi relative aux armes de guerre. (7 Bull. 104, n° 956.)

Voy. loi du 24 MAI 1834.

Louis, etc.

Instruit, par le compte qui nous a été rendu, qu'il existe entre les mains des particuliers un très-grand nombre d'armes de guerre; que la liberté du commerce de ces armes a été défendue par différentes lois et ordonnances, ainsi que par plusieurs décrets et réglemens publiés depuis 1774 jusqu'à ce jour;

Voulant mettre un terme aux abus qui se sont multipliés, et recueillir les armes de guerre, soit pour les placer dans nos arsenaux, soit pour armer la garde nationale dans les lieux où elle sera mise en activité, nous avons jugé à propos de rappeler les principales dispositions des lois et décrets qui doivent, sur cette matière, servir de règle aux administrations et aux tribunaux.

En conséquence,

Sur le rapport de notre ministre de la guerre,

Nous avons ordonné et ordonnons ce qui suit:

Art. 1er. Il est enjoint à tous individus, autres que ceux qui seront ci-après indiqués, détenteurs d'armes de guerre, de les déposer à la mairie de leur domicile, dans le délai d'un mois après la promulgation de la présente ordonnance.

Les maires en tiendront un registre particulier, où seront inscrits les noms des détenteurs. Il sera ensuite pris des mesures pour les faire verser dans les arsenaux. Sont comprises sous la dénomination d'*armes de guerre*, toutes les armes à feu ou blanches à l'usage des troupes françaises, telles que fusils, mousquetons, carabines, pistolets de calibre, sabres ou baïonnettes.

Cette mesure est applicable aux armes de guerre étrangères et aux armes de commerce dont la fabrication a été défendue par l'article 2 du décret du 14 décembre 1810, lequel est ainsi conçu:

« Les armes du commerce n'auront jamais le calibre de guerre, et pourront être regardées comme appartenant au Gouver-

nement, et être saisissables par lui, si leur calibre n'est pas au moins de dix points et demi (deux millimètres) au-dessus ou au-dessous de ce calibre, qui est de sept lignes neuf points (0, mèt. 0177). »

2. Sont exceptés des dispositions de l'article 1er les citoyens faisant partie de la garde nationale, lesquels néanmoins ne pourront conserver, savoir:

Les gardes nationaux à pied, qu'un fusil et un sabre-briquet;

Les gardes nationaux à cheval, un mousqueton, une paire de pistolets et un sabre de cavalerie.

Sont compris aussi dans cette exception les gardes forestiers et les gardes champêtres, auxquels il sera permis d'avoir un fusil de guerre lorsqu'ils y seront autorisés par les sous-préfets.

Il n'est rien innové à ce qui est en usage pour l'armement des douaniers.

3. Il est défendu à tout particulier, même aux armuriers et arquebusiers, de vendre ou acheter des armes des modèles de guerre français ou étrangers, ou des calibres proscrits par l'article 1er.

4. Les gardes nationaux, gardes champêtres et forestiers, ne pourront, sous aucun prétexte, vendre, échanger ni mutiler leurs armes. Lorsqu'elles seront hors de service, elles devront être versées dans les arsenaux, et remplacées, selon qu'il y aura lieu, aux frais de l'Etat ou aux frais des gardes.

Les armes des gardes nationaux morts ou exemptés de la garde nationale seront retirées par les soins des chefs de cette garde, et déposées aux mairies, jusqu'à ce qu'il en soit disposé en faveur d'autres gardes nationaux.

5. Les individus qui ne se conformeront pas à ce qui est prescrit à l'article 1er, ou qui contreviendront aux dispositions des articles 2, 3 et 4, seront poursuivis correctionnellement, et punis, selon la gravité des cas, outre la confiscation des armes, d'une amende de trois cents francs au plus, et d'un emprisonnement qui ne pourra excéder trois mois.

En cas de récidive, la peine sera double.

6. Dans chaque commune, le maire inscrira sur un registre les noms des habitans faisant partie de la garde nationale et qui auraient des armes de guerre entre les mains, et chaque garde national sera tenu de représenter lesdites armes quand il en sera requis.

7. Tout individu qui achètera ou prendra en gage les armes d'un soldat sera traduit devant les tribunaux de police correctionnelle, et puni d'une amende qui sera de six cents francs au plus, et d'un emprisonnement qui ne pourra être de plus de six mois, les dispositions du Code pénal militaire restant ap-

plicables aux soldats qui vendraient leurs armes et les mettraient en gage.

8. Toutes les fois que des armes abandonnées par des militaires déserteurs ou morts tomberont entre les mains d'un particulier, celui-ci sera tenu de les porter de suite dans les magasins de l'Etat, s'il s'en trouve à sa portée, ou de les remettre, sur récépissé, au maire de sa commune, qui sera chargé d'en faire la restitution au Gouvernement.

9. La fabrication des armes des calibres et des modèles de guerre hors des manufactures royales est expressément défendue, à moins d'une autorisation spéciale délivrée par notre ministre secrétaire d'Etat de la guerre.

10. Les fabriques d'armes de commerce, dans les villes où il y aura une manufacture royale, seront surveillées par l'inspecteur de ladite manufacture. Quand il croira devoir faire une visite chez les fabricans ou ouvriers armuriers, il requerra le maire, qui pourra déléguer un commissaire de police pour assister à la visite.

11. Les armes dites *de traite* rentrent dans la classe des armes de commerce, et ne pourront, hors des manufactures royales, être fabriquées qu'au calibre fixé pour ces dernières par le décret du 14 décembre 1810, c'est-à-dire, au calibre de dix points et demi (deux millimètres) au-dessus ou au-dessous de celui de guerre, qui est de sept lignes neuf points.

12. Tout armurier ou fabricant d'armes devra être muni d'un registre paraphé par le maire, sur lequel seront inscrites l'espèce et la quantité d'armes qu'il fabriquera ou achètera, ainsi que l'espèce et la quantité de celles qu'il vendra, avec les noms et domiciles des vendeurs et acquéreurs.

Les maires, par eux ou par les commissaires de police, devront arrêter, tous les mois, ces registres.

Il sera, en outre, donné connaissance des dépôts d'armes dites *de traite* et qui sont du calibre de guerre français, par les propriétaires, aux commissaires de police des villes où sont situés ces dépôts. Un registre tenu par ces commissaires indiquera l'entrée, la sortie et la destination de ces armes. Les maires et sous-préfets seront informés de ces mouvemens.

13. L'exportation des armes des modèles et des calibres de guerre est interdite aux particuliers. Nous nous réservons d'en autoriser la fourniture par nos manufactures royales aux puissances étrangères qui en feraient la demande.

14. L'importation des armes de guerre étrangères ou de modèles français est expressément défendue, à moins qu'elle ne soit ordonnée par notre ministre de la guerre.

15. Les contrevenans aux dispositions des articles 8, 9, 11, 12, 13 et 14, seront passibles des peines énoncées à l'article 5.

16. Les dispositions qui viennent d'être rappelées concernant les armes de guerre, s'appliquent aussi aux pièces d'armes de guerre. Les mêmes peines sont prononcées contre les possesseurs, marchands et fabricans desdites pièces d'armes, et contre ceux qui en feraient ou l'importation ou l'exportation.

17. Il est néanmoins permis aux armuriers qui sont désignés par les maires de faire les réparations qu'exigeront les armes des gardes nationales.

Les maires veilleront à ce que ces permissions ne puissent dégénérer en abus.

18. Le décret du 14 décembre 1810 contenant réglement sur la fabrication et les épreuves des armes à feu destinées pour le commerce, continuera à être exécuté, à l'exception de ce qui a rapport aux armes dites *de traite*, qui seront considérées à l'avenir comme armes de commerce, ainsi qu'il est dit à l'article 12 de la présente ordonnance.

19. Nos ministres de la guerre, de l'intérieur, de la justice et de la police générale, sont chargés de l'exécution de la présente ordonnance.

---

24 JUILLET 1816. — Ordonnance du Roi qui permet au sieur Cocud de substituer à son nom celui de Luce. (7, Bull. 104, n° 668.)

---

24 JUILLET 1816. — Ordonnances du Roi qui accordent des lettres de déclaration de naturalité aux sieurs Milliet, Lathuile, Panhoy, Violla, Enrico, Boysson, Bartholomé, Huart, Henry, Lasalle, Hubart-Eichelkamp, Covelle, Borelli, Waldis et Weick. (7 Bull. 107, 110, 111, 113, 117, 120 et 134.)

---

24 JUILLET 1816. — Ordonnances du Roi qui autorisent l'acceptation de dons et legs faits aux pauvres et aux hospices de Lyon, Aix, Avignon, Saint-Valéry, Châlons-sur-Saône, Agen, Troyes, Saint-Pol, Bar-le-Duc, Redesson, Lannion, Clairac, Marcillac, Chauny, Saint-Omer, Metz, Lamure, Nevers, Châlons-sur-Marne, Aups, Figeac, Rodez, Bar-sur-Seine, Marvejols, Avéjean, Monthéry, Roquebrussane, Limoux, Savigny, Beauvais, Rabastens, Saint-Paul-les-Sablons, Baubigny, Grenade, Besançon, Aurillac et Joinville, et à plusieurs communes du département de la Manche. (7, Bull. 107, 108, 110 et 111.)

---

24 JUILLET 1816. — Ordonnance du Roi qui change le jour de la tenue de la foire établie à Mézin, arrondissement de Nérac. (7, Bull. 107, n° 1020.)

31 JUILLET = Pr. 16 DÉCEMBRE 1816. — Ordonnance du Roi qui exempte des droits de tonnage les navires étrangers venant sur lest charger des sels dans les ports de la Méditerranée. (7, Bull. 126, n° 1390.)

Voy. ordonnance du 4 DÉCEMBRE 1816.)

Louis, etc.

Sur ce qu'il nous a été représenté que le droit de tonnage sur les navires étrangers est un obstacle à l'exportation des produits des salines de Cette et du Bagnas;

Vu le rapport de notre ministre secrétaire d'Etat des finances;

Notre Conseil-d'Etat entendu,

Nous avons ordonné et ordonnons ce qui suit :

Art. 1er. Les navires venant sur lest, soit de l'étranger, soit de Marseille, charger des sels dans les ports de Cette, Agde et autres de la Méditerranée, seront exempts des droits de tonnage, à condition que leurs cargaisons seront uniquement composées de sels. Dans le cas où ces cargaisons ne seraient pas complètes, le surplus du tonnage sera assujéti au droit.

2. Notre ministre des finances est chargé de l'exécution de la présente ordonnance.

———

31 JUILLET 1816. — Ordonnances du Roi qui accordent des lettres de déclaration de naturalité aux sieurs Gauthier, Mathel, Delaforge, Pignères Boëry, Julien, Pellegrini, Beaumont, Crosset, de Roissard-Bellet, Donetti et Croesy. (7, Bull. 111, 112, 113, 116, 156, 165 et 185.)

———

31 JUILLET 1816. — Ordonnance du Roi qui admet les sieurs Scheer, Dahl et Geisen à établir leur domicile en France. (7, Bull. 111, n° 11000.)

———

31 JUILLET 1816. — Ordonnance du Roi qui permet au sieur Joseph Jean de prendre le nom de Pascal, et aux sieurs Mondésir et Tribert d'ajouter à leurs noms ceux de Richard et de Septmonts. (7, Bull. 112.)

———

31 JUILLET 1816. — Ordonnance du Roi qui détermine les fonctions attribuées aux administrateurs de l'enregistrement et des domaines (1).

———

(1) Cette ordonnance n'est pas au Bulletin des Lois; elle est rappelée par l'article 6 de celle du 17 mai 1817, qui réunit l'administration forestière à celle de l'enregistrement.

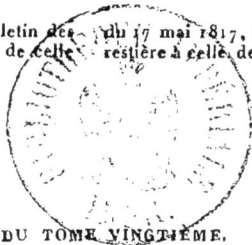

FIN DU TOME VINGTIÈME.

www.ingramcontent.com/pod-product-compliance
Lightning Source LLC
Chambersburg PA
CBHW060539220326
41599CB00022B/3544